1 MONTH OF
FREE
READING

at
www.ForgottenBooks.com

By purchasing this book you are eligible for one month membership to ForgottenBooks.com, giving you unlimited access to our entire collection of over 1,000,000 titles via our web site and mobile apps.

To claim your free month visit:
www.forgottenbooks.com/free583367

ISBN 978-0-656-72109-2
PIBN 10583367

Der Orient.

Berichte, Studien und Kritiken

Achter — für — Jahrgang.

jüdische Geschichte und Literatur.

Das Abonnement auf ein Jahr ist 5 Thlr. Man abonnirt bei allen löbl. Postämtern und allen solid. Buchhandlungen auf ein Jahr.

Herausgegeben

von

Dr. Julius Fürst.

Von dieser Zeitschrift erscheinen wöchentlich das Literaturblatt mitgerechnet, zwei Bogen, und zwar an jedem Dienstag regelmäßig.

№ 1. — Leipzig, den 1. Januar — 1848.

Unser Programm auf das Jahr 1848.

Die jüdische Journalistik ist erstarkt. Durch die Macht der Oeffentlichkeit und die Kraft des Wortes hat sie einen festen Boden gewonnen, so daß sie den Mittelpunkt der jüdischen Presse bildet. Die Vorurtheile in bürgerlicher, socialer, religiöser und wissenschaftlicher Beziehung finden in ihr eine unerbittliche Gegnerin, und darum findet sie auch ihre Gegner. Es giebt Gelehrte, welche, stünde es in ihrer Macht, den „Orient" mit einem Banne nach mittelalterlicher Form belegen möchten, weil er keine Arena für ihre Eitelkeit bildet und das moderne Gaonat nicht anerkennen will. Als Minister der Gelehrtenrepublik halten sich viele Gelehrte für infallibel und sind entsetzt, statt Huldigungen die offene Sprache der Wahrheit zu hören. Es giebt Rabbinen, die den „Orient" echt rabbinisch verdammen möchten, weil er, dem Prinzipe des Judenthums gemäß, aller Hierarchie und jeder geistlichen Anmaßung den bittersten Krieg ankündigt. Die Wissenschaft allein als den Schwerpunkt des Judenthums betrachtend, hat er vielen Rabbinen, die ihre Befähigung in Stolz, Hochmuth und Eigendünkel zu finden glauben und der Wissenschaft auch nicht den geringsten Vorschub leisten, schonungslos ihre wahre Stellung angewiesen und denen, die in Heuchelei und religiöser Verderbtheit den widerlichsten Mißbräuchen Nahrung geben, die Maske ein wenig gelüftet. Es giebt Vorsteher, welche den „Orient" in ihren Gemeinden verbieten möchten, weil er die Gebrechen unserer Gemeindeverhältnisse enthüllt und das demokratische Prinzip unserer ältesten Gemeindeverwaltungen unterstützt. Dies Alles ist dem „Orient" nicht fremd. Allein er buhlt nicht um die Gunst selbstsüchtiger Gelehrten, strebt nicht nach dem Beifall hierarchischer und das Volk verdummender Rabbinen, und weist jede Cliquengemeinschaft von sich. Wahrheit ist sein Ziel, Freiheit sein Streben, Offenheit und Rücksichtslosigkeit seine Rüstkammer. Die Journalistik hat ihr Knabenalter hinter sich und es ziemt ihr, eine männliche Sprache zu führen. Der „Orient" hat aber die besondere Aufgabe, jugendliche wissenschaftliche Kräfte zu wecken und zu nähren, damit die Wissenschaft nicht ein Allerheiligstes für Einzelne, sondern ein Tempel für Alle sei, die Kraft und Beruf in sich fühlen, mitzuarbeiten an der Erkenntniß der jüdischen Geschichte und Literatur. Dies Alles sucht der „Orient" durch folgende drei Theile zu erreichen:

I. Berichte.

Hier befindet er sich mitten in der Gegenwart und wendet seine Aufmerksamkeit auf Schule, Synagoge, Gemeindeleben, Reformbestrebungen und Emancipation. In den Schulen soll

1

der Geist der modernen Pädagogik herrschen und die Zopfherrschaft der mittelalterlichen Melamdim ihr Ende erreichen. In der Synagoge soll unsere Bildung sich nicht verletzt fühlen durch die Codices des Mittelalters. Im Gemeindeleben soll die gleiche Berechtigung Aller vorherrschend sein, und der Emancipationskampf muß so lange durchgeführt werden, bis kein Jude mehr geächtet und geknechtet sein wird. Es giebt aber noch einen anderen Emancipationskampf: es ist der Kampf der innern Emancipation. Es ragen noch so viele Mißbräuche und Vorurtheile an unserem innern Leben, der religiöse Zwiespalt, die Heuchelei, die Verstellung erzeugen so viele entsittlichende und demoralisirende Momente unter den Juden, daß dieser Kampf mit Wärme und Begeisterung geführt werden muß, was der Redakteur dieses Blattes, da er kein von Volkslaunen und Rücksichten abhängiger Theologe, zu leisten im Stande ist. Aber auch die Geschichte erhält ihren Tribut durch Aktenstücke und statistische Nachrichten. Ueberhaupt sucht die Redaktion diesen Theil frisch und lebendig zu erhalten, damit er ein wahres Bild der innern Gährung, des Kampfes, des Zwiespaltes und der Zerrissenheit abgebe, wenn sie auch unmöglich alle ihre Korrespondenten kontroliren und die volle Verantwortlichkeit für dieselben übernehmen kann. Sie ist sich aber bewußt, stets im uneigennützigen Dienste der Wahrheit zu stehen.

II. Studien.

Hier liegt das ganze große Gebiet der jüdischen Wissenschaft offen. Geschichte, Sprachforschung, Exegese, Literaturkunde, Bibliographie, Religionsphilosophie, Theologie, Alterthumskunde — alle bieten ihre Fundgruben zur Benutzung dar. Natürlich kann die Aufgabe eines Journals nur sein, anzuregen, aufzumuntern, Winke zu geben, Materialien zu sammeln, Grundlinien zu entwerfen, in der höchsten journalistischen Form, Abhandlungen zu liefern. Was der „Orient" bis jetzt in diesem seiner Theile geleistet, kann nur der beurtheilen, welcher der Literaturentwickelung seit einem Jahrzehend ungefähr gefolgt ist. Er hat die jüdische Wissenschaft aus der verschlossenen Bücherwelt in das Volk eingeführt, und den Geistern der verschiedensten Länder einen Vereinigungspunkt geboten. Wir führen hier die Worte des Geschichtschreibers Jost an: „Wir müssen dem Orient das Verdienst besonders beimessen, den vielen vereinzelten wissenschaftlichen Erörterungen und namentlich der historischen und linguistischen Seite der jüdischen Studien eine weit verbreitete Theilnahme und höhere Anerkennung verschafft zu haben, ein Verdienst, welches durch einen Rückblick auf die Verwahrlosung aller jüdischen Wissenschaft noch bis in die Zeit der Juli=Revolution, an Werth gewinnt."

III. Kritiken.

Alle Erscheinungen der jüdischen Literatur kommen zur Anzeige vom Standpunkte der Wahrheit aus. Die Jugend der jüdisch=literarischen Thätigkeit anerkennend, gehören wir nicht zu denen, die Alles bekritteln, sondern wir wollen fördern und aufmuntern, da die Zahl der jüdischen Schriftsteller ohnedies nur sehr gering ist. Auch die kleinste Gabe nehmen wir mit Liebe und Anerkennung auf, wenn wir auch nicht unser Blatt zu literarischen Lobhudeleien hergeben wollen.

Und so treten wir unserem Publikum entgegen mit der Fahne der Wahrheit und Offenheit, das Geschwätz unserer Gegner bemitleidend, Kultur und Wissenschaft fördernd, unsere zahlreichen Mitarbeiter achtend und zum Schlusse die Worte eines jüdischen Schriftstellers gebrauchend: „Somit sei der „Orient" der Gunst der Kenner und Würdigen empfohlen. Gegen Schimpf und Unglimpf ist er, wie sein Vater, gehärtet und gleichgiltig".

Die Redaktion des „Orients".

Deutschland.

Berlin, Ende Decbr. 1847. Meine Sternwarte, von der ich Ihnen in meinem letzten Briefe schrieb, ist errichtet. Sie hat die Höhe des babylonischen Thurmes und reicht bis zum Himmel. Die Orthodoxie hat das Baumaterial dazu geliefert, denn nur durch sie kommt man in den Himmel. Die Tausend und aber Tausend Ceremonien und Gebräuche habe ich auf einander geschichtet — und siehe da, es blieb noch ein bedeutender Rest übrig. Sie werden sich vielleicht wundern, wie ein solches Riesenwerk in so kurzer Zeit vollendet werden konnte; allein wenn man eine Geschichte der Israeliten aus einigen Handbüchern so schnell zusammensetzen kann, wie der JW. exkommunicirt und der Reformrausch verfliegt, so ist in der That eine Kleinigkeit, sich einen Weg zu den Sternen zu bahnen. Der Vortheil, den ich durch meine Sternwarte erreicht habe, ist, daß mir Niemand so leicht zu Leibe kann. Allerdings erscheinen mir von meiner Höhe aus die Großen der Erde sehr kleinlich. Eine besondere Laune des Schicksals ist es, daß unsere größten Geister von kleiner Statur sind und mir daher sehr winzig erscheinen. Doch ich will mir nicht vorgreifen.

Zuerst wende sich meine Betrachtung dem Himmel zu. Die erste Beobachtung, die ich anstellte, betrifft die Planetenbewohner. Auf allen Planeten, die sich sehr langsam bewegen, herrscht der christliche Staat, und als man erfuhr, ein Jude sei so kühn, einen prüfenden Blick auf dieselben zu richten, trat die größte Bestürzung ein. „Wie, auch im Himmel keine Ruhe vor den Juden", erscholl es vom Mars und vom Jupiter, und als ich bemerkte, daß ein deutscher Jude genöthigt sei, einen andern Planeten als die Erde aufzusuchen, wurde mir erwiedert, daß das Himmelreich auch seine Privilegien habe und daß nur christliche Astronomen das Recht hätten, den Himmel zu mustern. Ich dachte auf Erden zu sein! Am tolerantesten zeigte sich der neue Planet Leverrier, den ein Franzose entdeckt hat. Dort giebt es auch Juden und zwar sehr orthodoxe, die gegenwärtig damit beschäftigt sind, Weihnachten zu feiern. Tout comme chez nous; auch im Himmel feiern die Juden Weihnachten. — Die zweite Beobachtung betrifft den Schatten, welchen die verschiedenen Länder auf den Himmel werfen. Deutschland's Schatten hat die Gestalt eines Zopfes und überragt alle andern Schatten. Darum ist man auch im Himmel Deutschland nicht besonders hold und es gilt für einen finstern Theil der Erde. Vergebens suchte ich zu beweisen, daß in Deutschland am meisten von Aufklärung und Licht gesprochen wird; es wurde allgemein behauptet, es gebe dort mehr Schatten als Licht. „Und die Deutschkatholiken!" rief ich aus; sind sie nicht Herolde des Lichts? Mit Nichten, erwiederte mir der große Bär; ihr Lichtputzer Ronge ist ein Dunkelmann, denn er das Judenthum beleuchtet. — Meine dritte Beobachtung bezieht sich auf die Centralsonne. Sie wissen, daß man in neuerer Zeit nicht blos von einem Central-Komité zu RG, sondern auch von einer Centralsonne viel gesprochen hat. Diese theilt ihr Licht sehr uneigennützig aus und klagt nicht darüber, daß die andern Sonnen ein Plagiat an ihr begehen. Dadurch unterscheiden sich die himmlischen von den irdischen Lichtern. Es herrscht überhaupt weder Neid noch Zwietracht unter ihnen und jeder freut sich seines eigenen Glanzes. Doch lassen sie mich jetzt einen Blick auf die Erde werfen. Daß mir Berlin mit seinem Treiber kleinlich erscheint, werden Sie natürlich finden, denn Sie bedenken, wie hoch ich über demselben stehe. Mein Gesichtskreis geht aber noch über Berlin hinaus und ich stehe über den Parteien. In meiner Isolirtheit auf der Sternwarte kommt mir Alles, voraif manche Helden sich so viel zu Gute thun, sehr unbedeutend vor. Unsere Alten stehen und gehen rückwärts beim Gebete; Unsere Neuen beten gar nicht. (Der alte römische Satyriker Kalonymos sagte: „Je tiefer sich Einer „Modim" bückt, desto weiter stehst du „Osse Schalem" zurück".) Unsere Alten glauben an Träume; unsere Neuen träumen im Glauben. Unsere Alten wa-

schen sich; unsere Neuen sind erst ungewaschen. Unsere Alten lieben die Mäßigkeit; unsere Neuen sind maaßlos im Leben. Unsere Alten essen nur Geschlachtetes; unsere Neuen essen ungeschlacht. Unsern Alten gilt „ora" am Sabbat; unsern Neuen „labora". Doch genug dieser Gegensätze. Wenn das Alte mit dem Neuen eine gemischte Ehe eingeht, dann wird diese Ehe bedeutender als die Königsberger sein. Allerdings werden viele Juden sich dieser Ehe widersetzen. Allein „seid umschlungen Millionen" rufe ich — nicht im Sinne Rothschild's — wohl aber im Sinne des Friedens aus, der unter den Sternen herrscht. Adieu für das Jahr 1847.

*

Baiern, Nov. 1847. (Monatsbericht). Die schon gedachte Vorstellung Seitens der israelitischen Vorstände Münchens an die zweite Kammer kam im dritten Ausschuß zur Verhandlung und der Referent, Hr. Regierungsrath Freiherr von Lindenfels*) trug darauf an, den verjährigen Gesammtbeschluß beider Kammern zu erneuern. Dieser Beschluß ging dahin, daß 1) bis zum nächsten Landtag ein Gesetzentwurf zur Beseitigung der gegen die Israeliten bestehenden civilrechtlichen und prozessualischen Ausnahmsgesetze vorgelegt; und 2) das Edikt über 10. Juni 1813 über die Verhältnisse der jüdischen Glaubensgenossen einer gründlichen und zeitgemäßen Revision unterstellt, jedoch dabei die nothwendige Rücksicht auf den, unsern christlichen Landleuten gebührenden Schutz gegen Uebervortheilung in Darlehns- und im Kreise der Landbevölkerung gewöhnlich vorkommenden Rechtsgeschäften genommen werde." Der Ausschuß hat diesen Antrag beigestimmt. — Die Angelegenheit selbst muß nun noch auf die Tagesordnung selbst gestellt**) und nach wahrscheinlich kurzer Debatte der Reichskammer zur Beschlußfassung im Ausschuß und Plenarversammlung hinüber gegeben werden. Erst dann ist eine k. Entschließung zu gewärtigen, wenn anders derlei Anträge zur k. Verabschiedung diesmal gelangen. Mag es aber auch bei der Kürze, welche die ständische Thätigkeit anbefuhr wird, nicht zu einem solchen gemeinen Antrag kommen, der Vorstand Münchens hat den Zweck, welchen er bei seiner diesjährigen Vorstellung wahrscheinlich hatte, erreicht. Er hat keine Gelegenheit vorüber gehen lassen, gegen gerechten Klagen zu erheben. Einen sofortigen Erfolg konnte er nicht erwarten und erwartete ihn gewiß nicht.

Die Vorstellung der 43 Gemeinden Mittelfrankens, deren Zustandekommen man zunächst dem löblichen Eifer des Hr. Joseph Kohn in Nürnberg zu danken hat

---

*) Bei Hrn. v. Lindenfels in Mittelfranken, Referent in israelitischen Kirchen- u. Schulsachen, ist gehörige Sachkenntniß vorauszusetzen.
**) Laut neuern Nachrichten ist dies für die XX. öffentliche Sitzung bereits geschehen.

(Verfasser derselben ist der Rechtsgelehrte jüdischen Glaubens Hr. Dr. Morgenstern aus Büchenbach), ist umfassend und stellt, wie in der verfallsigen Vorstellung beim vorigen Landtag, die gedrückte Lage der Juden besonders in komerzieller Hinsicht dar. Gebührt ihr einerseits das Lob klarer, warmer, besonnener u. praktischer Darstellung, so wäre andererseits diesmal Kürze mehr zu wünschen gewesen. Man kennt unsre Begehren, weiß sattsam, wo uns der Schuh drückt, wenn man nur helfen will; aber unser Landtag kann uns diesmal noch nicht helfen. Ich übersende Ihnen anliegend Vorstellung und Aufforderung in Abschrift zu beliebigem Gebrauch und dürfte der „Orient" der erstern, als eine Momente beibringend, seine Spalten öffnen.

Daß unsre Kammer u den bei der Debatte über die Geldfragen in der Diplomatenloge anwesenden Hrn. v. Rothschild nur den Juden sah, daß in einer neuern Debatte der Ausdruck Jude synonym mit Wucherer wiederholt zur Belustigung der Kammer gebraucht wurde, werden Sie aus andern öffentlichen Organen ersehen haben; es sei hier nur zur Bezeichnung des herrschenden Geistes und zur Erinnerung für die, welche beim nächsten Landtag, aus denselben Personagen bestehend, Großes hin erwarten, vorläufig niedergelegt.

Nach diesem Allgemeinen zur Mittheilung einiger Spezialitäten. Eine neuere Nummer des Intelligenzblatts für Mittelfranken bringt uns wieder eine allerhöchsten Orts bewilligte Kollekte für Reichmannsdorf, Landgerichte Burgebrach, zum Bau einer Synagoge. Gegen die unter der vorigen Verwaltung getroffene, der Sache nachtheilige Veränderung werden wieder die Landgerichte zur Einsendung der Beiträge aufgefordert. Besser jedenfalls, wenn die Sache den Gemeinden allein zu überlassen, obschon traurig genug derlei Kollekten aus mancherlei Gründen, deren Angabe hier zu weit führen würde, gar ärmlich ausfallen. Da haben es deshalb die Würtemberger noch auf alter Weise mit erklecklichem Erfolg angegriffen. Zwei Abgeordnete der Gemeinde Teufstetten haben in unsrer Gegend mit einem guten alten Schulbuch zum Bau einer Synagoge gesammelt. —

Der schon gedachte Rekurs der Gemeinde Altenmühr in Mittelfranken an die allerhöchste Stelle ist zu deren Gunsten entschieden worden und dieselbe gehört fortan zum Rabbinate Wassertrüdingen. Aus diesem resultirt, wie auch die dermalige höchste Verwaltung ohne Rücksicht auf Entlegenheit der Orte und gesetzliche Befähigung der zuständigen Rabbiner den Gemeinden unbedingten Spielraum gewährt und der bisherigen Normatien, welche die Auflösung der Rabbinate unbedingt gestatten, auch ferner in Giltigkeit belassen. Dagegen gereicht es Ihrem Korrespondenten zur hohen Befriedigung berichten zu können, daß Dr. Herz die allerhöchste Bestätigung als Professor an der Universität

zu Erlangen erhalten hat. Somit ist nicht nur diesem Manne ein seinen Neigungen und Talenten angemessener Wirkungskreis eröffnet, sondern auch jenem System, das hartnäckig jedem Juden jede öffentliche Anstellung versagte, die Spitze abgebrochen.

Das Gerücht, als habe Hr. Joseph Kohn die Ansäßigmachung in Nürnberg erhalten, hat sich leider nicht bestätigt. Dieselbe ist von Hr. Kohn nicht nachgesucht worden und konnte daher natürlich nicht gewährt werden.

Im Kreise Oberfranken beklagt man sehr die Versetzung des Hrn. Regierungsraths v. Muffel nach Würzburg, der mit dem Referat über jüdische Angelegenheit betraut, vielen Eifer und guten Sinn bethätigt hatte. Gewiß bleibt das schöne Wirken des Hr. Rabbiners Dr. Aub in der Kreishauptstadt, der durch die Förderung alles Schönen und die Schöpfung gemeinnütziger Anstalten in seiner Gemeinde sich deren Hochachtung wie aller gebildeten Kreise daselbst erworben, nicht ohne wohlthätigen Einfluß auf die jeweiligen Mitglieder der Regierung und namentlich des Referenten in jüdischen Sachen, und wird daher diese Branche von dem neuen Referenten in gleichem Geiste wie bisher gehandhabt werden. Es ist uns schon gar oft von christlichen Studirenden und Beamten, welche aus Baireuth kommen, erzählt worden, wie der dortige Rabbiner durch seine Gelehrsamkeit hochgeachtet und wie die dortigen Professoren in ihren eignen Kränzchen gern mit ihm verkehren.

Unerquicklich dagegen lauten, wie man erzählt, die Nachrichten aus Schwaben, besonders aus der großen Gemeinde Hürben. Der dortige Rabbiner Schwarz hatte durch mehre exzentrische Schritte, wie z. B. die Feilbietung von heiliger Erde mittelst öffentlichen Anschlags an der Synagogenthür, besonders aber durch heftiges öffentliches Losziehen über שעטנז ישראלים, deren Sünden die Nahrungslosigkeit herbeigeführt hätten, den Unwillen des jüngern Geschlechts auf sich geladen und mehre sind mit ihren Anklagen, an der Spitze ein Arzt, in die Oeffentlichkeit getreten. Schwer ist ihre Anklage, daß der Rabbiner gegen eine gewisse Handelspraktik, die gedachte Nahrungslosigkeit herbeigeführt habe, nie öffentlich aufgetreten, vielmehr ihr Vorschub geleistet haben soll. Gegen diese schweren Beschuldigungen ist der Rabbiner nun klagend aufgetreten und ich werde später ein Weiteres mittheilen können. Auch in einer benachbarten Gemeinde Hürbens soll man den Prediger und zwar weil er in einer Predigt jenes Uebel, mit dessen Berührung sich schon Mancher den Mund verbrannt, tadelte, ungehalten sein. Man siehet, es ist nicht das schönste Loos Rabbiner einer schwäbischen Gemeinde zu sein. Indeß ist kein jüdischer Bedensteter auf Rosen gebettet. Thun wir aber ein jeder in seinem Kreise was recht ist und es wird gut stehn. —

In München excellirt der neue Vorsänger Edinburger und hat schon hochgestellte Personen, wie Prinz Luitpold, Minister von Maurer ꝛc., in die Synagoge gelockt. —

Der Regierungspräsident in Mittelfranken Hr. v. Andrian unterläßt nicht bei seinen Inspektionen im Kreise, die jüdischen Anstalten wie Synagogen, Schulen, Frauenbäder ꝛc. in Augenschein zu nehmen und sich die befundenen Uebelstände zu notiren, wie er kürzlich in Mt. Erlbach gethan, bei welcher Gelegenheit er sich auch sehr anerkennend über das Wirken des Rabbiners Dr. Löwi, zu dessen Rabbinat genannter Ort gehört, ausgesprochen hat. — Der Lehrer dieser Gemeinde entbietet sich öffentlich zur Unterrichtsertheilung im Englischen, ohne Unterschied der Confession. In derselben Nummer des Korrespondent v. u. f. D., in welchem dies Anerbieten gemacht wird, hart neben daran, sucht jemand einen Theilnehmer zu einer Handlung und zwar gleichfalls ohne Rücksicht auf Konfession. Sind wir nicht mit Riesenschritten in der Toleranz u. d. gl. vorwärts geschritten?

Damit ich Ihnen aus jedem Kreise etwas gemeldet habe, theile ich Ihnen das Kuriosum mit, daß man im Schullehrer-Seminar zu Würzburg den jüdischen Zöglingen nicht nur Berthold Auerbachs „Dichter und Kaufmann" konfiszirt hat, was sich noch damit entschuldigen ließe, den jungen Leuten die Zerrissenheit im Judenthum noch nicht zur Kenntniß kommen zu lassen, aber auch sogar Mendelssohns Phädon ist diesem Schicksal verfallen. Dies in Ermangelung von etwas Besserm zum Schluß. —

Leipzig, 16. Decbr. 1847. Unser gefährdetes Lese-Museum ist vorerst wieder gesichert; was die ganze Leipziger Kaufmannschaft nicht that, die vielmehr eine auffallende Theilnahmlosigkeit gegen das Institut beweisen, das haben zwei Juden gethan, die Herren Aschard und Oppenheimer. Sie — zwei Ehrenmänner und freisinnige aufgeklärte Bürger im schönsten Sinne — haben ein Rundschreiben an ihre Genossen erlassen und nicht eher geruht, bis sie dem Museum noch hundert Jahresabonnenten, also eine Einnahme von 800 Thlrn. verschafft hatten; ja, sie erklärten rund heraus, daß sie für 100 Abonnenten einstünden und die fehlenden selbst übernehmen würden. So haben zwei Juden in einer Stadt gehandelt, wo die Judenfurcht größer als irgendwo im Lande ist, und wo man den Ruin Leipzigs immer aus aller Ecke hervorbrechen sieht, wenn ein Jude aufgenommen sein will.

(Schles. Z.)

Oesterreich.

Aus Mähren, 1. Decbr. 1847. (Offene Briefe aus Mähren. Fortsetzung von Nr. 47.)

V. Ich habe meinen jüngsten Brief mit einem Widerspruch geschlossen. Lassen Sie mich heute den Faden aufnehmen, wo ich ihn habe fallen lassen und mich von Widersprüchen wieder sprechen. Wir leben in einem Jahrhundert der Widersprüche. Dies will ich sowohl im Allgemeinen als im Einzelnen nachweisen. A jove initium. Mit der Theologie und ihren Jüngern mache ich den Anfang. Wir hatten schon so viele Rabbinerversammlungen, und doch kamen noch keine Rabbiner zusammen. (Tiefer in die Sache eingegangen so löst sich der Widerspruch: so wenig ein Rechtsfreund immer ein Freund des Rechtes ist, ebensowenig muß eine Rabbinerversammlung immer eine Versammlung von Rabbinern sein.) Es herrscht so große Theurung und dennoch ist unsern Reformern Nichts theuer. Das Leben ist im Widerspruch mit der Lehre, die Lehre mit den Lehrern, und die Lehrer mit sich selber. Ist es nicht eine מהומה, wenn man immer nur einreißt und dennoch nichts aufgebaut wird? Wir haben so viele Vereine und doch keine Vereinigung. Wir haben so viele Zeitblätter und doch zeitigen für uns keine Früchte. Jedes Jahr bringt uns so viele gute Werke und doch hört man so selten von einem guten Werk. Unsere Zeit scheint ein Uhrwerk, das nur auf Federn geht. Man erleichtert uns das Schwören, und erschwert uns was doch Andern so leicht gemacht wird — das Leben. — Breslau hat einen so geschickten Geiger und dennoch keine Harmonie. Berlin, das seinen Rabbiner sich so gerne nach Sachsen geholt hätte, würdigt nun doch so wenig seinen Sachs und Hr. Stein, so durchdrungen von seinem seltenen Werth, hält dennoch jeden Kirschern für einen Stein. O Widerspruch der Widersprüche, spricht Kohelet, Alles ist Widerspruch!

Doch — dulce est pro patria loqui, und so will ich die Widersprüche auf heimathlichem Boden nachweisen. Bei uns herrscht so viel Bewegung beim Gottesdienst (das „Schaukeln" ist in der Meravia noch ganz heimisch) und dennoch so wenig Bewegung im religiösen Leben. Man legt ein scharfes Veto ein gegen Hülsenfrüchte, — hoffentlich wird bei uns die Reisfrage bald wieder eine Preisfrage werden! — und doch halten wir noch so sehr auf Hülsen und Schalen, die gar keine Früchte sind. Wir stehen unter der Hegemonie eines Hirsch, und doch kriechen wir so langsam vorwärts, und haben doch eine trockene Mischna קצב. Ist es nicht ein Widerspruch, daß in einem Lande, wo so großer Druck herrscht, dennoch nichts gedruckt wird; wo so viel zu wünschen bleibt, dennoch nichts begehrt wird? Wir haben in unserer Metropole (Nikolsburg) ein so blühendes Institut für Stimme, und dennoch wir Alle leider die Zunge nicht zu regen, wissen keine Bitte einzulegen, werden gequält und protestiren nicht dagegen. Wir haben so viele Schranken und dennoch keine anderen Gedanken. — Wir sind so nahe

(Verfaſſer derſelben iſt der Rechtsgelehrte jüdiſchen Glau=
bens Hr. Dr. Morgenſtern aus Büchenbach), iſt um=
faſſend und ſtellt, wie in der verfallſigen Vorſtellung
beim vorigen Landtag, die gedrückte Lage der Juden be=
ſonders in komerzieller Hinſicht dar. Gebührt ihr einer=
ſeits das Lob klarer, warmer, beſonnener n. praktiſcher
Darſtellung. ſo wäre andererſeits diesmal Kürze mehr zu
wünſchen geweſen. Man kennt unſre Begehren, ｜weiß
ſattſam, wo uns der Schuh drückt, ven man nur hel=
fen will; aber unſer Landtag kann uns diesmal noch
nicht helfen. Ich überſende Ihnen anliegend Vorſtellung
und Aufforderung in Abſchrift zu beliebigem Gebrauch
und dürfte der „Orient” der erſtern, als reine Momente
beibringend, ſeine Spalten öffnen..

Daß unſre Kammer in dem bei der Debatte über
die Geldfragen in der Diplomatenloge anweſenden Hrn.
v. Rothſchild nur den Juden ſah, daß in einer neuern
Debatte der Ausdruck Jude ſynonym mit Wucherer nie=
derholt zur Beluſtigung der Kammer gebraucht wurde,
werden Sie aus andern öffentlichen Organen erſehen ha=
ben; es ſei hier nur zur Bezeichnung des herrſchenden
Geiſtes und zur Erinnerung für die, welche beim näch=
ſten Landtag, an denſelben Perſonagen beſtehend, Gro=
ßes für uns erwarten, vorläufig niedergelegt.

Nach dieſem Allgemeinen zur Mittheilung einiger
Spezialitäten. Eine neuere Nummer des Intelligenz=
blattes für Mittelfranken bringt uns wieder eine allerhöch=
ſten Orts bewilligte Kollekte für Reichmannsdorf, Land=
gerichts Burgebrach, zum Bau einer Synagoge. Ge=
gen die unter der vorigen Verwaltung getroffene, der
Sache nachtheilige Veränderung werden wieder die Land=
gerichte zur Einſendung der Beiträge aufgefordert. Beſſer
jedenfalls, als die Sache den Gemeinden allein zu über=
laſſen, obſchon traurig genug derlei Kollekten aus man=
cherlei Gründen, deren Angabe hier zu weit führen würde,
gar ärmlich ausfallen. Da haben es deshalb die Wür=
temberger wieder nach alter Weiſe und gewiß mit erklecli=
chem Erfolg angegriffen. Zwei Abgeordnete der Ge=
meinde Teuffſtetten haben in unſerer Gegend mit einem
guten alten Schulbuch zum Bau einer Synagoge ge=
ſammelt.

Der ſchon gedachte Rekurs der Gemeinde Alten=
muhr in Mittelfranken an die allerhöchſte Stelle iſt zu
deren Gunſten entſchieden worden und dieſelbe gehört
fortan zum Rabbinate Waſſertrüdingen. Aus die=
ſem reſultirt, ſeine nachmalige höchſte Verwaltung
ohne Rückſicht auf Entlegenheit der Orte und geſetzlicher
Befähigung der zuſtändigen Rabbiner den Gemeinden
unbedingten Spielraum gewährt und der bisherigen Nor=
matien, welche die Auflöſung der Rabbinate unbedingt
geſtatten, auch ferner in Giltigkeit verbleiben.

Dagegen gereicht es Ihrem Korreſpondenten zur
hohen Befriedigung berichten zu können, daß Dr. Herz
die allerhöchſte Beſtätigung als Proſector an der Uni=

verſtät in Erlangen erhalten hat. Somit iſt nicht
nur dieſem Manne ein ſeinen Neigungen und Talenten
angemeſſener Wirkungskreis eröffnet, ſondern auch jenem
Syſtem, das hartnäckig jedem Juden jede öffentliche
Anſtellung verſagte, die Spitze abgebrochen.

Das Gerücht, als habe Hr. Joſeph Kohn die An=
ſäßigmachung in Nürnberg erhalten, hat ſich leider
nicht beſtätigt. Dieſelbe iſt von Hr. Kohn nicht nach=
geſucht worden und konnte daher natürlich nicht ge=
währt werden.

Im Kreiſe Oberfranken beklagt man ſehr die
Verſetzung des Hrn. Regierungsraths v. Muffel nach
Würzburg, der mit dem Referat über jüdiſche Angele=
genheit betraut, vielen Eifer und guten Sinn bethätigt
hatte. Gewiß bleibt das ſchöne Wirken des Hr. Rab=
biners Dr. Aub in der Kreishauptſtadt, der durch die
Förderung alles Schönen und die Schöpfung gemein=
nütziger Anſtalten in ſeiner Gemeinde ſich deren Hoch=
achtung und die aller gebildeten Kreiſe daſelbſt erworben,
nicht ohne wohlthätigen Einfluß auf die jeweiligen Mit=
glieder der Regierung und namentlich des Referenten in
jüdiſchen Sachen, und wird daher dieſe Branche von dem
neuen Referenten in gleichem Geiſte wie bisher gehand=
habt werden. Es iſt uns ſchon gar oft von chriſtlichen
Studirenden und Beamten, welche aus Baireuth kom=
men, erzählt worden, wie der dortige Rabbiner durch
ſeine Gelehrſamkeit hochgeachtet und wie die dortigen
Profeſſoren in ihren eigen Kränzchen gern mit ihm
verkehren.

Unerquicklich dagegen lauten, wie man erzählt, die
Nachrichten aus Schwaben, beſonders aus der großen
Gemeinde Hürben. Der dortige Rabbiner Schwarz hatte
durch mehre exzentriſche Schritte, wie z. B. die Feilbie=
tung von heiliger Erde mittelſt öffentlichen Anſchlags an
der Synagogenthür, beſonders aber durch heftiges öffent=
liches Losziehen über ישׂראל רשעי, deren Sünden die
Nahrungsloſigkeit herbeigeführt hätten, den Unwillen des
jüngern Geſchlechts auf ſich geladen und mehre ſind mit
ihren Anklagen, an der Spitze ein Arzt, in die Oeffent=
lichkeit getreten. Schwer iſt ihre Anklage, daß der Rab=
biner gegen eine gewiſſe Handelspraktik, die gedachte
Nahrungsloſigkeit herbeigeführt habe, nie öffentlich auf=
getreten, vielmehr ihr Vorſchub geleiſtet haben ſoll. Ge=
gen dieſe ſchweren Beſchuldigungen iſt der Rabbiner in
klagend aufgetreten und ich werde ſpäter ein Weiteres
mittheilen können. Auch in einer benachbarten Gemeinde
Hürbens ſoll man gegen den Prediger und zwar weil
er in einer Predigt jenes Uebel, mit deſſen Berührung
ſich ſchon Mancher den Mund verbrannt, tadelte, unge=
halten ſein. Man ſiehet, es iſt nicht das ſchönſte Loos
Rabbiner und Prediger einer ſchwäbiſchen Gemeinde zu
ſein. Indeß iſt kein jüdiſcher Bedienſteter auf Roſen
gebettet. Thun wir aber ein jeder in ſeinem Kreiſe was
recht und es wird gut ſtehn. —

In München exzellirt der neue Vorsänger Edinburger und hat schon hochgestellte Personen, wie Prinz Luitpold, Minister von Maurer rc., in die Synagoge gelockt.

Der Regierungspräsident in Mittelfranken Hr. v. Andrian unterläßt nicht bei seinen Inspektionen im Kreise, die jüdischen Anstalten wie Synagogen, Schulen, Frauenbäder rc. in Augenschein zu nehmen und sich die befundenen Uebelstände zu notiren, wie er kürzlich in Mt. Erlsbach gethan, bei welcher Gelegenheit er sich auch sehr anerkennend über das Wirken des Rabbiners Dr. Löwi, zu dessen Rabbinat genannter Ort gehört, ausgesprochen hat. — Der Lehrer dieser Gemeinde erbietet sich öffentlich zur Unterrichtsertheilung im Englischen, ohne Unterschied der Confession. In derselben Nummer des Korrespondent v. u. f. D., in welchem dies Anerbieten gemacht wird, harrt neben daran, sucht jemand einen Theilnehmer zu einer Handlung und zwar gleichfalls ohne Rücksicht auf Konfession. Sind wir nicht mit Riesenschritten in der Toleranz u. d. gl. vorwärts geschritten?

Damit ich Ihnen aus jedem Kreise etwas gemeldet habe, theile ich Ihnen das Kuriosum mit, daß man im Schullehrer-Seminar zu Würzburg den jüdischen Zöglingen nicht nur Berthold Auerbach's „Dichter und Kaufmann" konfiszirt hat, was sich noch damit entschuldigen ließe, den jungen Leuten die Zerrissenheit im Judenthum noch nicht zur Kenntniß kommen zu lassen, aber auch sogar Mendelssohn's Phädon ist diesem Schicksal verfallen. Dies in Ermangelung von etwas Besserem zum Schluß. —

Leipzig, 16. Decbr. 1847. Unser gefährdetes Lese-Museum ist vorerst wieder gesichert; was die ganze Leipziger Kaufmannschaft nicht that, die vielmehr eine auffallende Theilnahmlosigkeit gegen das Institut bewiesen, das haben zwei Juden gethan, die Herren Aschard und Oppenheimer. Sie — zwei Ehrenmänner und rechtsinnige aufgeklärte Bürger im schönsten Sinne — haben ein Rundschreiben an ihre Genossen erlassen und nicht eher geruht, bis sie dem Museum noch hundert Jahresabonnenten, also eine Einnahme von 800 Thlrn. verschafft hatten; ja, sie erklärten rund heraus, daß sie für 100 Abonnenten einständen und die fehlenden selbst übernehmen würden. So haben zwei Juden an einer Stadt gehandelt, wo die Judenfurcht größer als irgendwo im Lande ist, und wo man den Ruin Leipzigs immer aus aller Ecke hervorbrechen sieht, wenn ein Jude aufgenommen werden will.

(Schles. Z.)

Oesterreich.

Aus Mähren, 1. Decbr. 1847. (Offene Briefe aus Mähren. Fortsetzung von Nr. 47.)

V. Ich habe meinen jüngsten Brief mit einem Widerspruch geschlossen. Lassen Sie mich heute den Faden aufnehmen, wo ich ihn habe fallen lassen und mich von Widersprüchen wieder sprechen. Wir leben in einem Jahrhundert der Widersprüche. Dies will ich sowohl im Allgemeinen als im Einzelnen nachweisen. A jove initium. Mit der Theologie und ihren Jüngern mache ich den Anfang. Wir hatten schon so viele Rabbinerversammlungen, und doch kamen noch keine Rabbiner zusammen. (Tiefer in die Sache eingegangen: Wie der Widerspruch: so wenig ein Rechtsfreund immer ein Freund des Rechtes ist, ebensowenig muß eine Rabbinerversammlung immer eine Versammlung von Rabbinern sein.) Es herrscht so große Theurung und dennoch ist unsern Reformern Nichts theuer. Das Leben ist im Widerspruch mit der Lehre, die Lehre mit den Lehrern, und die Lehrer mit sich selber. Ist es nicht eine סתירה, wenn man immer nur einreißt und dennoch nichts aufgebaut wird? Wir haben so viele Vereine und doch keine Vereinigung. Wir haben so viele Zeitblätter und doch zeitigen für uns keine Früchte. Jedes Jahr bringt uns so viele gute Werke und doch hört man so selten von einem guten Werk. Unsere Zeit scheint ein Uhrwerk, das nur auf Federn geht. Man erleichtert uns das Schwören und erschwert uns was doch Andern so leicht gemacht wird — das Leben. — Breslau hat einen so geschickten Geiger und dennoch keine Harmonie. Berlin, das seinen Rabbiner so gerne aus Sachsen geholt hätte, würdigt nun doch so wenig seinen Sachs und Hr. Stein, so durchdrungen von seinem seltenen Werth, hält dennoch jeden Kuschkern für einen Stein. O Widerspruch der Widersprüche, spricht Kohelet, Alles ist Widerspruch!

Doch — dulce est pro patria loqui, und so will ich die Widersprüche auf heimathlichem Boden nachweisen. Bei uns herrscht so viel Bewegung beim Gottesdienst (das „Schaukeln" ist in der Moravia noch ganz heimisch) und dennoch so wenig Bewegung im religiösen Leben. Man legt ein scharfes Veto ein gegen Hülsenfrüchte, — hoffentlich wird bei uns die Reisfrage bald wieder eine Preisfrage werden! — und doch hatten wir noch ein Veto auf Hülsen und Schalen, die gar keine Früchte sind. Wir stehen unter der Hegemonie eines Hirsch, und doch kriechen wir so langsam vorwärts, und haben doch eine trockene Mischna רב רבה? Ist es nicht ein Widerspruch, daß in einem Lande, wo so großer Druck herrscht, dennoch nichts gedruckt wird; wo so viel zu wünschen bleibt, dennoch nichts begehrt wird? Wir haben in unserer Metropole (Nikolsburg) ein so blühendes Institut für Stimme, und dennoch wissen wir leider die Zunge nicht zu regen, werden gequält und protestiren nicht dagegen. Wir haben so viele Schranken und dennoch keine anderen Gedanken. — Wir sind so rohe

a1 Preußen, und kennen dennoch den Preis der Frei=
heit 1icht, sondern preisen uns schon höchst glücklich,
we11 wir nur die Familienstelle Nr. N. N. erhalten.
Viele haben bei uns schon Familie und haben doch
noch weder Weib noch Kinder (auch ich!). Viele zah=
len bei uns Vermögenssteuer und haben doch kei1 Ver=
mögen (auch ich!). O Widerspruch der Widersprüche!
Wir haben so viele Stellen (5400 Familienstellen) und
dennoch klagen unsere Kandidaten, und wissen sich 1icht
zu rathen.

Zum Schlusse empfange1 Sie etwas Wunder=
bares, nämlich mährische „Literaturberichte". Hr.
Fassel läßt uns Gnade für Recht ergehen, und vill
uns i1 seinem משפט חסר was Anmuthiges u1d
was Rechtes bieten; doch hält es die Censur noch
immer u1ter ihrem verhängnißvollen Rothstift. Hr. Rab=
biner Neuda hat eine Monographie „die Jiden i1
Mähren" für den Druck bereitet. O ihr armen Juden
i1 Mähren, euch ist der Druck wohl gar nichts Neues.
Hr. Deutsch hat das erste Heft seines Plutarch fertig.
Wie es heißt, wird derselbe nach München berufen um
für die dortige Hofbibliothek eine1 Katalog zu schrei=
ben, d. h. wenn ihm nämlich Kraft dazu gibt.
Schließlich hat ihr bescheidener Korrespondent so eben a1
ein Werk „Spitzige Nägel" den letzte1 Hammer ange=
legt, daran die Giten ihre Freude, die Ärger und Bö=
sen aber recht viel Herzeleid haben werden. Sehen Sie,
doch dachte ich, es wird hier bei uns 1ichts gedruckt. Aber=
mals ein Widerspruch!

VI. Ihre Leser dürften sich wohl wundern, daß
ich mich als Autor ankündige, da sie doch noch so we=
nig Rühmliches von mir gehört; und so sei es mir
den1 gegön1t, der freundlichen Lesewelt einen höhern Be=
griff von meiner armer Wenigkeit beizubringen.

    Auch ich bin zum Dichter geboren,
    Auch ich hab' der Literatur,
    Den Eid der Treue zugeschworen;
    Auch ich bin zum Dichter geboren,
    Doch glauben's bis Dato mir Wenige nur.

Sie sehen, ich laß mich durch das Dichten recht wenig
geniren, ich reime hübsch muthig fort, ohne gar zu
skandiren.

    Ich schreib ein so glänzend Hebräisch,
    Wie man es nur immer kann schreiben;
    Versteh' mich superbe auf's Aramäisch
    Und thu' auch Arabisch betreiben.

    Und Griechisch, Latein,
    Versteh' ich gar fein,
    Und gar nun die Kunde der lebendigen Sprachen
    Die wird mir doch Niemand wohl streitig machen.
    Ich hab' auf Universitäten gehört,
    Was immer zum mir eruditus geht,
    Und trage ich auch 1och keinen Doktortitel
    So glaubt mir, es fehlen bis jetzt mir dazu nur die Mittel.
    Auch bin ich ein grundehrlicher Mähre
    Vom reinsten Blut.
    Im Auge die Zähre

    Im Herzen den Muth,
    Bekunden daß ich nach Geist und Sinn
    Nicht einer der ärgsten Kinder Israels bin.
    Nach meinem Stand und Charakter dürft ihr mich nicht
        fragen,
    Der kan1 ich und den darf ich euch wahrlich nicht sagen.
    Doch wenn ihr halt gar zu neugierig drauf seid,
    So wisset, daß man mich zum Bischof von Olmütz — nie=
        mals geweiht.
                                                    *

VII. Der geistreiche Lbt. schrieb i1 Ihrem Blatte
vor kurzem ein Paar gesunde Witze über den ju1gen
Rothschild; und das erinnerte mich daran, daß ich
Ihnen eine alte Neuigkeit zu berichten habe. Seit
einem Jahre gehört Hr. Rothschild zu unsern mährischen
Ständen. Er ist Herr der Herrschaft Koritschon im
Brünner Kreise. Die dortige Gemeinde (sie darf kühn
mit der Gemeinde zu Köslin in die Schranken treten!)
betet alle Tage und alle Stunden — meinen Sie etwa
ohne מנין? nein, — für das lange Leben ihres golte=
nen Grundherrn. Denn derselbe hat ihren „Kultus=
beamten" (bevor wir so fleißige Zeitungsleser geworden,
haben wir immer משעבדים gesagt) also den Kultusbeam=
ten der Koritschoner קהלה, auf so lange eine jährliche
Gehaltszulage zugesagt, als es dem Herrn über Leben
und Tod gefallen wird, ihn i1 dem Jammerthal des
Lebens zu belassen.

Rothschild —, das ist eine Name voll Bedeutung,
vor dem ich allen Respekt habe! Hr. Dessauer, bei
dem nicht nur das Porträt, sondern auch das Motto
in so hoher Gunst steht, hätte auf die leeren Titelblätter
seiner Geschichte, vor der mittlern und neuern Zeit, als
Devise, das eine Wort Rothschild hinzusetzen sollen, und
da hätte er denn doch was Originelles i1 seiner Ge=
schichte gehabt. Roth=Schild, d. h. das Rothe (אדומים)
war, und ist noch immer, der Schild der Söhne Is=
raels; darum ja1 auch der Appetit nach den אדם האדם
הזה von Esau auf Jakob übergegangen. Ach wie
Manchen schon hat die rothe Lockspeise zum Verkauf
seiner Erstgeburt verleitet! (Bei uns Mährern im buch=
stäblichen Sinne! —). Und dann sind ja die
Blätter unserer Geschichte zumeist roth gefärbt, und der
Kampf der Zeit hat ja unsern Schild niemals rosten
lassen, sondern stets von neuem ein frisches, warmes
Roth darauf getragen!

Wir haben gegen Hrn. Rothschild eine ewige Ver=
pflichtung. Er hat den raschen Fortschritt bei uns
eingeführt, wie sehr auch Fiaker und Lohnkutscher sich
darüber beklagen. Man sagt, mit den eisernen Schie=
nen ist das eiserne Zeitalter eingetreten. Aber das
war noch so arg gewesen. Allein die eiserne Bahn
hat gar ein papiernes Zeitalter für uns herauf=
beschworen, und das ist das Schlimme. Es gibt eine
ungeheure Menschenklasse, die mit verzweifelter Stimme
immerfort schreit: La bourse ou la vie! Die Börse

oder das Leben. — Alles ist jetzt Papier. Unser Reich-
thum besteht in Papier. לא העשיר משה אלא מפסולת של לוחות, d. h. zu deutsch, der Bekenner Messiö wird
nur reich durch die schlechteste Gattung von Schreib-
tafeln-Papier. All unser Wissen steht auf dem Papier. Der Schauplatz all unserer Großthaten ist einzig
das Papier. Wir führen Krieg auf dem Papier, und
die Waffen, mit denen wir uns siegreich wehren, oder
gegenseitig tödtlich verwunden, sie sind Papier. Und
Herr Rothschild ist der Fürst der Papiere! O, ven
seine papierne Hoheit doch einmal aus so einem großen
Papier, einen Grundstein machen und für uns anlegen
wollte; wir würden darauf ein Gebäude aufführen und
einen Thurm, der bis in den Himmel ragt der ihm
gewiß einen Sitz im Himmel verschafft. Aber Herr
Rothschild trägt einen eisernen Schild um das Herz und
einen Panzer um die Seele, damit ja bei Leibe kein
Fünkchen von Nationalsinn dahinein dringe. Hr. Rothschild gibt mit vollen Händen, aber nur Bettlern und
Vagabunden. Als Fürst der Papiere verhüllt er sich
mit den Lumpen. Volles Recht hat die Augsburger
Allgemeine, venn sie so venig Sympathie für die Herren
Rothschild hegt, denn auch die Herren Rothschild
hegen für's Allgemeine gar venig Sympathie. Doch
ich verschreibe mein Papier über den Mann der Papiere,
wovon er gewiß kein Sterbenswörtchen veiß, inmitten
seiner aufgehäuften Papiere.   *

Pesth, Ende Decbr. 1847. Nicht blos ein be-
rüchtigter Weimar'scher Deputirter machte die Juden des
19. Jahrhunderts für das Gold und Silber verantwortlich, das ihre Ahnen einst als Arbeitslohn aus Egypten mitnahmen, sondern auch die "Pesther Zeitung",
ein zur Schmach der Deutschen hier erscheinendes Blatt.
Ja, es geht noch weiter, indem ein trauriger Ritter des
Mittelalters darin behauptet, die Juden stehlen heute
noch, oder kaufen alles gestohlene Gold und Silber.
Wir dürfen dem Ritter glauben, da er in die Diebs-
höhlen sehr eingeweiht zu sein scheint. Die deutsche
Presse in Ungarn erntet durch die "Pesther Zeitung"
nichts als Lorbeeren, und wenn in Deutschland irgend
ein Judenfeind in Verlegenheit sein sollte, vo er die
rostigen Waffen des schmutzigen Judenhasses feilbieten
könnte, so wende er sich nur an unsere Zeitung. Diese
frißt jeden Tag zehn Juden, während sie eben so viele
pater noster betet. Man erzählt hier, daß der ruhm-
gekrönte Redakteur so heilig ist, daß er beim Anblick
eines Juden sich fünf Mal bekreuzigt. Darum rufen die
hiesigen Juden, venn sie ihn sehen: "Kreuzigt ihn!"
O, die deutsche Sprache feiert die schönsten Triumphe
in der "Pesther Zeitung". Sie ist der Apostel der
Freiheit und der Humanität. Ja, sie möchte sogar ihr
Makulatur zum Verbrennen der Juden hergeben. Allein
sie hat sich ein venig verrechnet. Jeder Ungar wendet
sich mit Abscheu von diesem Sumpf und Tummelplatz
der gemeinsten Gesinnungen weg. Sie vill ihr Leben
von Judenhaß fristen. Trauriges Schicksal einer Zeitung, die zu solchen Mitteln greifen muß, um ihre
Spalten auszufüllen. Weiter können wir der "Pesther
Zeitung" nicht folgen, da uns ihre Gesellschaft höchst
widerlich ist. Dixi.

Aus Ungarn, Ende Decbr. 1847. Der ungarische Reichstag ist versammelt, die Opposition stark
vertreten — und die Hoffnungen der Juden sind sehr
gesteigert. Was wird uns dieser Reichstag bringen?
Die "Pesther Zeitung" — dieser deutsche Sklave im
freien Ungarlande, diese feige Rückschrittsmemme im
Lande der Fortschritts — wird auf diese Frage bedächtig den deutschen Zopf schütteln, sich pietistisch in die
Brust schlagen, die Augen gottesfürchtig verdrehen und
die Juden in das liebe Mittelalter, vori sie sich so
heimisch fühlt, zurückdrängen. Ihr Motto ist: "Thut
nichts, der Jude wird verbrannt"; venn sie auch keine
Priorenstelle in Jerusalem bekleidet. Indem sie zu gemein denkt, um die Idee des freien Menschen fassen zu
können, sucht sie in christlicher Liebe den Juden zu de-
nunciren, zu verläumden, zu brandmarken und möchte gern
alles gestohlene Silber und Gold zusammenraffen, um
daraus ein Brennmaterial für die Juden zu sammeln.
Allein die Stimmung des besseren Theils des Landes
ist liberal und frei von den knechtlichen Geiste der deutschen Perrückenzeitung. Man hofft vielmehr, daß dieser
Reichstag unser geschmälertes Recht wenigstens zum Theil
vieder herstellen wird. Die "Pesther Zeitung" sammelt
schon jetzt Gold und Asche, um es auf ihr Haupt zu
streuen, im Falle die Juden den Sieg über den Skla-
vensinn davontragen. An Staub wird es ihr, bei
ihren mittelalterlichen Gesinnungen, nicht fehlen und für
die Asche werden die Juden Sorge tragen. Welch' ein
Jammerbild wird die Zeitung abgeben, wenn sie in
Trauer gehüllt, vor dem kleinen Publikum erscheinen
vird! Ihre Trostlosigkeit ist unser Triumph, und väre
unsere Sache nicht gerecht, so würde sie nicht so viel
Lumpen konsumiren, um die Juden zu verkunden.
"Das sind nicht die schlechtesten Früchte, voran die
Wespen nagen", und die "Pesther Zeitung" ist eine
Wespe ohne Stachel.

Großbritannien.

London, 16. Decbr. (D. A. Z.) Lord J. Russel stellte seinen angemeldeten Antrag, das Haus möge
sich in ein Gesammtkomitee über die bürgerlichen und
politischen Beschränkungen der jüdischen Unterthanen Ihr.
Maj. verwandeln. "Wenngleich, hob der edle Lord an,
ich zur Unterstützung meines Antrags nicht die wichtigen

und schweren Gründe geltend machen kann, welche in Betracht kamen, als es sich um Beseitigung der bürgerlichen und politischen Beschränkungen handelte, denen Dissidenten und Katholiken noch unterworfen waren, so betrifft doch die dem Hause vorgelegte Frage die bürgerlichen und politischen Rechte von 40,000 britischen Unterthanen. Die Frage über Zulassung von Juden ins Parlament ist mehr eine Principienfrage als eine politische. Von dem Gesichtspunkte ausgehend, daß jeder Engländer ein Recht auf die Ehren und Vortheile besitzt, welche die britische Verfassung gewährt, und daß religiöse Meinungen niemals ein Hinderniß des Genusses dieser Vortheile abgeben sollte, behaupte ich, so lange nicht nachgewiesen wird, daß die Juden schlechte Bürger sind, daß sie auch gleiche Rechte wie die Christen genießen müssen. Ohne bei den Ansprüchen verweilen zu wollen, welche die Juden auf unsere Achtung als gute und loyale Unterthanen etwa besitzen, und da ich gar nicht komme, eine Gunst für meine israelitischen Brüder von Ihnen zu verlangen, will ich nur kurz die gegen ihre Zulassung ins Parlament erhobenen Einwendungen betrachten. Es ist gesagt worden, daß man durch die Zulassung der Juden das Land entchristlichen, ihm seinen christlichen Charakter entziehen und zu den öffentlichen Funktionen Ungläubigen aller Art Zutritt geben wolle. Allein ich verneine, daß über die religiöse Gesinnung eines Menschen eine Gewißheit dadurch erhalten werde, daß man ihn ein Bekenntniß deshalb unterschreiben läßt. England wird ein christliches Land genannt, obgleich seine Bewohner eine Gesellschaft von Individuen verschiedener Glaubensbekenntnisse bilden. In gleicher Weise wird auch eine gesetzgebende Versammlung eine christliche heißen können, wenngleich Mitglieder davon die jüdische Religion bekennen. Was die Verfolgungen anlangt, welche die Juden in den Jahrhunderten der Barbarei zu erleiden hatten, so wurden diese hauptsächlich von den Katholiken über sie verhängt. Das zur Zeit der Reformation aufgestellte Bekenntniß war weniger gegen die Juden als gegen die Katholiken gerichtet. Andere haben behauptet, die Zulassung der Juden zu parlamentarischen Funktionen sei unkonstitutionell, indem das Christenthum die verfassungsmäßig proklamirte Landesreligion sei. Ich kann diese Auslegung nicht zugeben. Es ist nichts in der Gesetzgebung zu finden, was die Juden dem Rechte beraubte, im Parlamente zu sitzen. Man hat ferner gesagt, die Juden bildeten eine Bevölkerung für sich. Die Juden verneinen das. Und in der That bilden sie kein verschiedenes Volk, sondern sind in aller Weise mit der Gesellschaft verschmolzen, von der sie einen Theil ausmachen. Ein Jude und französischer Unterthan hängt an Frankreich ebenso, wie der englische Jude an England hängt. Allein wenn es wahr wäre, daß die Juden für ihr Vaterland dieselbe Anhänglichkeit nicht empfänden wie die Christen, würde das nicht den Verfolgungen zugeschrieben werden müssen, deren Opfer sie waren? Von eifrigen Orthodoxen ist angeführt worden, daß Weissagungen über die Hebräer ihre Zerstreuung vorher verkündet hätten. Dürfte das aber als Grund gelten, wo sollte man da aufhören? In Frankreich werden die Juden geachtet und zu öffentlichen und höchsten Funktionen zugelassen. In England übertragen wir ihnen bürgerliche Befugnisse, und vor wenig Tagen erst ist ein Bekenner der jüdischen Religion als Alderman der City von London vereidet worden. Ich wiederhole, wer wagte den angeführten Weissagungen eine Grenze zu setzen? wer möchte behaupten, der Allmächtige habe einen Juden wohl zum Schöffen, aber niemals ein Parlamentsmitglied werden lassen wollen? Die Bezeichnung als Jude ist stets eine Geringschätzung gewesen. Mit Vergnügen aber sehe ich, daß dieses Vorurtheil fast vollständig verschwunden ist, zumal in dieser Hauptstadt, indem 7000 Wähler zu ihrem Vertreter in diesem Hause einen Abkömmling jenes vor kurzem noch verfolgten Volkes erwählt haben. Fragt man nach dem Hauptbeweggrunde, der mich zu dem vorliegenden Antrage treibt, so berufe ich mich zuerst auf Grundsätze des britischen Reiches, die jedem Menschen den Lohn, die Ehren, die öffentliche Achtung zu sichern bezwecken, auf welche Talent und Leistungen ihm ein Recht geben. Ich verweise auf diese Verfassung, die ein Feind der Beschränkungen und Ausschließung ist. Im Namen dieser aller Britten theuren Verfassung fordere ich das Haus auf, diese letzte Spur religiöser Verfolgungen und Vorurtheile finsterer und barbarischer Jahrhunderte verschwinden zu machen. Ich verlange von ihm im Namen der Verfassung, die Juden zuzulassen zu allen Privilegien, zu allen Rechten, auf die alle andern nicht davon ausgeschlossenen Bürger stolz sind. Ich beschwöre das Haus im Namen der Freiheit und heiligen Gerechtigkeit, ich beschwöre es im Namen des Christenthums, das eine Religion des Friedens und der Milde und des Wohlwollens ist gegen alle Menschen und das verschreibt, Andern nicht zu thun, was wir nicht wünschen, das uns gethan werde, meinen Antrag anzunehmen und seine Aufmerksamkeit den bürgerlichen und politischen Beschränkungen zuzuwenden, von welchen die israelitischen Unterthanen Ihr. Maj. betroffen werden."

Unter langem Beifall von einem großen Theile des Hauses beendete der Premierminister seine Rede.

Verlag von C. L. Fritzsche.　　　Druck von J. H. Nagel.

Der Orient.

Berichte, Studien und Kritiken

Neunter   für   **Jahrgang.**

jüdische Geschichte und Literatur.

Herausgegeben

von

Dr. Julius Fürst.

Das Abonnement auf ein Jahr ist 5 Thlr. Man abonnirt bei allen löbl. Postämtern und allen solid. Buchhandlungen auf ein Jahr.

Von dieser Zeitschrift erscheinen wöchentlich das Literaturblatt mitgerechnet, zwei Bogen, und zwar an jedem Dienstag regelmäßig.

№ 2.   Leipzig, den 8. Januar   **1848.**

Deutschland.

Aus der Provinz Posen, 15. Decbr. 1847. Diesmal mein lieber Herr Redakteur, müssen Sie mit einiger „vermischten Nachrichten" fürlieb nehmen, die ich Ihnen noch dazu ganz kurz und trocken geben werde. In Posen, der zahlreichsten Gemeinde unserer Provinz, geht Alles seinen alten Schlendrian fort. Der Indifferentismus wächst von Tag zu Tag und für Kultus- und Unterrichtswesen wird noch weniger als gar Nichts gethan. — In Lissa hat am Chanuka-Sabbat ein zugereister Kandidat, mit Namen Poper, alt und neu gepredigt, oder — wie die Lissaer sich ausdrücken — gesogt und gesagt. Den nähern Bericht über dieses Faktum will ich Ihrem dortigen Korrespondenten B. überlassen. — In Storchnest, einer kleinen und sehr armen Gemeinde bei Lissa, hat sich ein früher Gerbergeselle zum Rabbiner, und noch dazu zum sogenannten deutschen Rabbiner emporgeschwungen. Er ist aber nicht Rabbiner allein, sondern auch noch Kantor und Schächter nebenbei und wie ich höre, soll er dazu befähigt sein. — Schmiegel ist mit seiner Feldblume zufrieden. — Kosten, eine Gemeinde mit kaum 30 jüdischen Familien, will auch einen deutschen Rabbiner (oder Prediger) aufnehmen, und wie verlautet, schwanken sie dort zwischen Arnheim in Glogau und Dr. Wiener in Grüneberg. — In Grätz hat der orthodoxe Rabbiner eine

sargartige Todtenbahre, welche ein dortiger jüd. Arzt (zur Benutzung bei Sterbefällen von Kindern) der Gemeinde geschenkt hatte, in Stücke hauen und verbrennen lassen. Die Asche davon soll sich der JW. erbeten haben. Ihr Berliner *Korrespondent möge uns sagen, wozu. — In Burk ist eine neue Synagoge erbaut und am 4. d. M. durch Hrn. Pleßner aus Posen eingeweiht worden. — In Pinne steht die Heerde noch immer weit hinter dem Hirten zurück. Er will sie modernisiren; aber er findet die Heerde unlenksam. — In Meseritz ist in diesem Jahre ein neues, sehr schönes und äußerst geschmackvolles Schulhaus erbaut worden. Mögen die Herren Lehrer dafür sorgen, daß das Innere von dem Aeußern nicht absteche, wenigstens nicht zu grell. — In Birnbaum ist die von Dr. Er. innegehabte Predigerstelle noch immer nicht wieder besetzt. Woran das liegt, kann sich Jeder an den Fingern abzählen. — Schwerin (a. d. W.) hat bereits das zweite Jahr einen modernen Rabbi aus der schwäbischen Schule, von dem man aber in unserer Provinz gar Nichts hört. Sollte vielleicht der Satz, daß die besten Regierungen und Fürsten diejenigen, von denen am wenigsten gesprochen werde, auch auf die neuen Rabbinen zu beziehen sein? Dann müßte Schw. aus dem Schwabenlande eine sehr gute Aquisition gemacht haben. — Karge ist noch immer rabbinerlos, und wird es wohl bleiben. — In Wollstein wird, Dank sei es dem dortigen Rabbiner, Hrn.

Dr. Hirschfeld, sehr viel für geregelten Religions-unterricht gethan. — In Rakwitz, welche Gemeinde bekanntlich zum Sprengel des Wollsteiner Rabbiners gehört, will man Chorgesang und regelmäßigern Gottes-dienst einführen. Das Wort Gottes lassen sie sich jetzt nur zwei Mal im Jahre verkünden. — Fraustadt hat jetzt bloß Einen Lehrer. Aber auch der ist zu viel; denn die Schule schrumpft immer mehr zusammen. — In Rawicz sind Juden zum christlichen Kasino zu-gelassen. — In Krotoschin ist gar Nichts vorgefallen. — Ostrowo hat Unglück mit seinen Lehrern. Entweder sie bekommen Einen, der zu viel, oder sie bekommen Einen, der zu wenig gelernt hat. — Pleschen hat gar keine Schule, d. h. keine öffentliche. — Schroda will eine organisiren; aber es bleibt beim Wollen. — Wreschen fängt an einzusehen, daß es gegen Geb-hardt doch zu arg gehandelt, und wird nächstens Buße thun. An wen man sich dieserhalb wenden wird, kann ich Ihnen noch nicht sagen. So viel weiß ich aber, daß der heilige Zions-Wächter-Orden dort einen Agenten hat. — In Rogasen ist der Rabbi im strengsten Sinne orthodox und dabei doch nicht so into-lerant wie Andere seiner Farbe. — Ins Netzgebiet wol-len wir uns heute nicht verirren. — Schließlich noch Etwas von Lissa. Der Dirigent der dortigen jüdischen Schule (ein evang. Pastor) ist neulich ins Reich der Seligen hinübergegangen. Die Frage, wem man die vakant-gewordene Stelle zu übertragen, ist dort jetzt an der Tagesordnung und sie soll den Leuten nicht wenig die Köpfe warm machen. — Auch hierüber mag Ihnen Ihr dortiger B.Korrespondent das Nähere mittheilen. — Für dieses Jahr Gott befohlen! — W.

Krotoschin, im Jan. Die Konservativen haben hier einen glänzenden Sieg über die Orthodoxen errun-gen. Am 9. December 1847 wurde der Kantor H. Grünwald aus Boskowitz in Mähren, ein Schüler Sulzers und des Wiener Konservatoriums einstimmig zum Kantor gewählt. Diejenigen, welche vor noch nicht langer Zeit entschieden gegen Choralgesang in der Sy-nagoge waren, würden jetzt dagegen sich auflehnen, wenn man denselben nun wieder aus der Synagoge bannen wollte; solchen Einfluß übt der bessere Geschmack selbst über diejenigen aus, bei welchen man kaum vermuthen konnte, daß er bei ihnen sich Eingang zu verschaffen vermöchte. Im Uebrigen macht die hiesige Gemeinde an Hrn. Grünwald eine sehr gute Akquisition, wovon sich auch jedes Mitglied derselben überzeugt hält, da derselbe mit seiner umfangreichen musikalischen und guten allgemeinen Bildung auch eine hervorstechende und sehr erfreuende Anspruchslosigkeit und Bescheidenheit verbindet, die ihm die Herzen Aller sich geneigt machen. Anderer-seits hat Herr Grünwald ebenfalls Ursache mit dem Ge-halte, das von 300 Thlr. seinetwegen auf 400 Thlr. jährlich erhöht ist worden, zufrieden zu sein, zumal da die hiesige Kantorstelle, die außer dem Gesangunterricht in der Elementarschule kein anderes Amt mit sich ver-bindet, die einzige in unserem Herzogthum, welche so hoch dotirt ist. — Wenn übrigens zwischen Sänger und Kantor streng genommen ein Unterschied gemacht werden müßte, so dürfte es hier an rechter Stelle sein sich hier-über auszusprechen. Der Sänger, vorweg für's Theater gebildet, kann, wenn die Natur ihn mit einer metallrei-chen angenehmen Stimme ausgerüstet hat, die durch Uebung und anhaltenden Fleiß noch zarter, lieblicher und gefälliger geworden, sich einen Ruf erwerben, ohne auch mit dem Talente der Selbstschöpfung begabt zu sein. Der jüdische Kantor hingegen verdient meines Dafürhaltens nur dann dieses Prädikat, wenn er seine Aufgabe als Kantor allseitig zu lösen versteht. Es ge-nügt für ihn nicht nur vom Blatte zu singen, tüchtig musikalisch gebildet und sehr gut geschult zu sein, son-dern er muß auch selbst zu schaffen und zu komponiren besonders aber zu improvisiren verstehen. Den von sich habenden Text muß er fühlen und tief empfinden und ihn im Gesang wiederzugeben verstehen. Soll das Chor nicht langweilig, ja überdrüßig werden, so muß er in der jüdischen Liturgie den zweiten, der Kantor aber den ersten Rang einnehmen. Auch muß dieser sein Publikum nicht zu sich heranziehen, es für seine Recita-tive heranbilden und gewinnen wollen, sondern er muß den Geschmack und Anspruch desselben kennen und so-nach die Saiten seines Gesanges stimmen. Er muß die Schöpfungen des unsterblichen Beethoven studirt haben, um zu den Herzen seiner Zuhörer zu singen, hauptsäch-lich bei uns zu Lande, wo die wehmüthigen Mollklänge und Gesänge der polnische Chasanim so bezaubernden Einfluß auf das Ohr und die Gemüther der Zuhörer stets ausgeübt haben. Es wäre demnach zu wünschen, daß Herr Grünwald sich wenigstens mit derlei Ge-sängen vertraut machte, sie von ihren Schnörkeleien und den musikalischen Schlacken reinigte, um ihnen den ge-bührenden Platz unter den Synagogalgesängen einzuräumen.

Es dürfte Ihren geehrten Lesern vielleicht nicht un-lieb sein, wenn ich Ihnen eine Kuriosität, den Vorher-gesagten angereiht, zum Besten gebe. Der Repräsentant der hiesigen Strengorthodoxen und besoldeter Dajjan Hr. S. M. stellte oder richtiger setzte sich am 10. Januar v. J. an der Spitze eines sogenannten בית דין גדול, das dem Korporationsvorstand unaufgefordert einen פסק überschickte, worin es unter andern Tiraden heißt:

לכן אספנו הלוסרים המוסכלים פה הוצענו לפניהם הדין,
שלא אהיה בן יחידי וחקרנו על סקירין ויצא מאתנו חתימה
מטה כי איסור גמור הוא להתפלל עם הקהלה.

Da jedoch diesem פסק jeder Nachweis der Stellen, auf die er sich gründet fehlte, mangelte, so sah sich der Vorstand veranlaßt, sich deswegen an anerkannte Autoritäten zu wenden, und so stimmen mehrseitige Antworten ein mit der Erklärung, daß Choralgesang in der Synagoge nicht unstatthaft sei. In Folge dessen also wurde besagter אִיסוּר ohne Weiteres annullirt. Der schönste Spaß hierbei ist, daß dieser Dajan obendrein keinen Anstand nimmt, jetzt die Synagoge zu besuchen, um den schönen Choralgesang trotz seinem אִיסוּר mit anzuhören. Und wenn er befragt wird, warum er gegen seinen eigenen אִיסוּר jetzt handele, so lautet seine naive Antwort: Ahron ging ja auch zum עֵגֶל! Diese Antwort wäre witzig zu nennen, wenn sie auch wahr wäre. Wenn aber auch der gequälte Aaron, um sich aus einer unvermeidlichen Verlegenheit zu retten, das goldene Kalb langsam formte, so würde Samuel ohne Zweifel ein gottloses Ansinnen gewiß zurückgewiesen haben. Der arme schwache Mann! Da lobe ich mir doch Einige seines festen בֵּית דִין גָדוֹל, die ihrem Ausspruche getreu in ihrem בֵּית הַמִדרָשׁ, wie an den Strömen Babels sitzen und ihre Andacht verrichten. Hier gewahrt man doch wenigstens festen festen Willen und Charakter, der den Menschen ziert! — Doch halt, ich muß nicht so schnell und voreilig mich belobend aussprechen. Der Hyder, nachdem man sie aller Köpfe beraubt hat, wächst im Nu ein frischer ragelreier Kopf. Wie man hört soll eine Denunciation gegen die am 9. v. M. stattgehabten Kantorwahl von der Orthodoxie, den sogenannten אוֹהֲבִים, an die vorgesetzte höhere Behörde abgesegelt sein; da jedoch Verleumdungen in der Regel wenig oder gar nichts schaden, so wird hiervon wenig Notiz genommen, zumal nicht Personen sondern die Sache selbst den schönen Sieg davon getragen hat.

Ueber die hiesige Rabbinerwahl weiß ich wenig Erfreuliches zu berichten. Vorläufig ist dieselbe kaum in Aussicht, da es an geeigneten Kandidaten mangelt. Wie man sagt, soll Hr. Rabbiner Fassel zu Proßnitz ein von ihm verfaßtes hebr. Werk hier drucken lassen und deswegen bald herkommen. Die Wahrheit dieses Gerüchtes kann ich jedoch nicht verbürgen. Sollte Hr. Fassel die hiesige Rabbinerstelle nicht für zu unbedeutend dotirt finden, so ließe sich ihm schon im Voraus versichern, daß sein Ruf und seine anerkannte Gelehrsamkeit ihm die ganze Gemeinde, ohne seine persönlichen Vorzüge und sein Rednertalent zu kennen, geneigt gemacht hat.

Fulda, 1. Decbr. 1847. (Nekrolog.) Die hiesige israelitische Gemeinde hat einen schmerzlichen Verlust zu beklagen. Den 27. v. M. Abends 7 Uhr entschlief nach 25tägiger schmerzloser Krankheit an einem Schleimfieber in seinem 55. Lebensjahre der Kaufmann Baruch Isaac Haßdörffer hier zu einem bessern Leben.

Nicht minder durch seine Wohlthätigkeit, als durch seine sehr ausgebreiteten Geschäftsverbindungen in allen Gauen Deutschlands bekannt, hält Referent es für eine Pflicht der Pietät gegen den Verstorbenen, seinen aus-

wärtigen zahlreichen Freunden einige Züge aus seinem Leben mitzutheilen.

Nachdem der Verblichene längere Zeit als Rechnungsführer der Israeliten des Großherzogthums Fulda thätig gewesen, erwarb er sich durch strenge Redlichkeit, Uneigennützigkeit und innige Religiösität das Zutrauen der hiesigen israelitischen Gemeinde in den Grade, daß ihn dieselbe zu ihrem Vorstande wählte, als welcher er denn auch einige zwanzig Jahre lang unentgeltlich thätig war und weder Zeit noch Mühe oder Kosten scheute, um soviel als nur immer möglich, sein sehr beschwerliches Amt zur allgemeinen Zufriedenheit und gewissenhaft zu verwalten. Auch das Zutrauen seiner christlichen Mitbürger zu seiner Geschäftskundigkeit und seinem Einflusse bethätigte sich dadurch, daß er mehrfach als Deputirter der Handels- und Gewerbstände die Interessen derselben bei der Staatsregierung vertrat und siegreich verfocht. Nicht minder anerkennungswerth ist seine Mildthätigkeit, Gastfreundschaft und Gefälligkeit. Er entließ keinen Hilfesuchenden, vor denen er sehr häufig in Anspruch genommen wurde, wes Glaubens und Standes sie auch waren, ohne Rath, Trost, Unterstützung oder Fürsprache bei Hochgestellten.

Die fromme Sitte, die armen, außerordentlich bedrängten Israeliten Palästina's durch jährliche Geldspenden zu unterstützen, übte er nicht nur sehr eifrig, sondern er unterzog sich sogar den Mühe, Gaben von wohlthätigen Glaubensgenossen zu diesem Zwecke zu erbitten, mit Beschwerlichkeit und Zeitverlust zu sammeln und nach den Orte ihrer Bestimmung zu befördern, wofür ihm ein Ehrendiplom von der israelitischen Bevölkerung Palästinas zu Theil wurde. Aber dasselbe Herz, das so warm für die soweit entfernten Glaubensgenossen schlug, erglühte nicht minder für das Wohl seiner nächsten Umgebung. So war er der zärtlichste Gatte, der liebevollste Vater, dessen eifrigstes, weder Mühe noch Kosten scheuendes Streben, dahin ging, seine Kinder zu guten und gebildeten Menschen, zu echte Glaubensgenossen erziehen zu lassen. Endlich war er ein frommer Israelit, der bei allem Ueberflusse an irdischen Gütern dennoch mäßig und nüchtern war, und bei seinen häufigen Reisen, was auch der Redner bei seinem Grabe mit Recht hervorhob — allen Entbehrungen, die ein streng nach jüdischen Satzungen geregeltes Leben erheischt, sich völlig unterzog.

Diese zu einem unverwelkbaren Kranze vereinigten Tugenden des zu einem bessern Jenseits nur leider für uns zu früh Entschlafenen, fanden aber auch eine würdige Anerkennung bei dessen Beerdigung am 29. v. M. Mittags 12¼ Uhr. Ein unabsehbarer Leichenzug füllte die Straßen, Männer von allen Konfessionen und aus allen selbst den höchsten Ständen gaben ihm trotz der ungeeigneten Tageszeit, das Geleite zur letzten Ruhestätte, an welcher der Provinzial-Rabbiner Hr. Dr. Rosen-

2*

berg an die Schriftstelle Spruch. 4—23 anknüpfende, über den Werth eines edlen Herzens, das zur Ausübung jedweder Tugend, zur Darbringung der größten Opfer jederzeit bereit ist, in einer gehaltvollen Rede, in welcher derselbe zugleich die vielseitigen Verdienste des Verblichenen würdig zu schildern suchte, sprach. Tief ergreifend waren die Worte des Redners, kein Herz blieb ungerührt, kein Auge thränenleer. Vieler Seelen heißes Flehen war wohl in diesem Augenblicke: „O! daß auch mein Ende dem seinigen gleichen möge!" (4 Mos. 23, 10). Friede seiner Asche!

Jastrow, 9. December. Nur sehr selten, hochgeehrtester Herr Redakteur, bringt Ihr geschätztes Blatt Berichte aus der Provinz Westpreußen, namentlich aus dem hiesigen Regierungsbezirke, und doch wäre das für viele Leser von besonderem Interesse und für die Entwickelung unseres Gemeindelebens, für die Verbesserung und Hebung unseres Synagogen- und Schulwesens aber auch gewiß sehr zweckmäßig. Und so angemessen und nützlich es ist, das Gute und Verdienstliche hervorzuheben und zur Nacheiferung und Nachahmung aufzustellen, eben so nützlich und sogar nothwendig ist es unseres Bedünkens auch, bestehende Mängel und Mißstände vor das Forum der Oeffentlichkeit zu bringen und frei und ohne Rückhalt zu tadeln und zu rügen. Denn nur wenn das Uebel genau erkannt ist, läßt sich eine Heilung, eine radikale Heilung desselben vornehmen und auch herbeiführen; nur wenn bestehende Misbräuche als solche allgemein erkannt und die Nothwendigkeit der Abstellung derselben allgemein zum Bewußtsein gekommen, läßt sich die Beseitigung derselben mit Erfolg erstreben. Hiermit wollen wir aber nicht etwa sagen, daß bei uns noch Alles bunt durcheinander liegt, daß von den Gemeinden des **marienwerderschen Departements** gar nichts Erfreuliches zu berichten wäre — bewahre. Auch bei uns ist schon Etwas geschehen für Glaube und Sittlichkeit und für die Anerkennung unserer heiligen Religion nach Innen und Außen; aber — gestehen wir es nur — noch lange nicht genug; wir haben noch viel, sehr viel zu thun, wenn wir den Anforderungen der Zeit und der Religion entsprechen wollen! — Was unsere Stellung im sozialen und öffentlichen Leben betrifft, so ist es erfreulich und wohlthuend, wenn man sieht, wie der mittelalterliche Wahn, das mittelalterliche Vorurtheil immer mehr schwindet und das Licht der Aufklärung und Humanität sich immer mehr Bahn bricht; wenn man wahrnimmt, daß die Bürger in den Städten, wenigstens der intelligente Theil derselben auch im Israeliten das Ebenbild Gottes, den treuen Unterthan, den friedlichen Bürger achten und ehren und immer mehr einsehen will, daß der Israelit die Interessen der Stadt mit eben der Treue und Umsicht wahrnimmt, wie der christliche Bürger. Und schon seit längerer Zeit werden in den meisten Städten unseres Regierungsbezirks Israeliten zu Kommunalämtern gewählt, und ist dies hier zu Lande schon so etwas Gewöhnliches, daß man darin gar keinen besondern Fortschritt erblickt. Um ein Beispiel zu erwähnen, so bekleiden gegenwärtig in unserer Stadt vier Israeliten städtische Aemter und zwar fungirt einer als Rathmann im Magistratskollegium, zwei sind Stadtverordneten-Stellvertreter. Aehnliche Verhältnisse finden sich auch in vielen andern Städten und können wir zuversichtlich hoffen, daß die noch hie und da vorkommenden Beispiele von Lieblosigkeit und Intoleranz gegen Juden und Judenthum immer mehr schwinden und die Wahrheit auch hier endlich den Sieg davon tragen wird. —

Mit dem Gemeinde- und Synagogenwesen unseres Regierungsbezirks sieht's im Allgemeinen noch sehr übel aus. Wohl giebts manche Gemeinden, die hierfür schon Etwas gethan haben, so die Gemeinden zu **Thorn** und **Graudenz,** (in welchen beiden Städten erst vor Kurzem durch Herrn Dr. **Sachs** aus Berlin, zwei neue Synagogen eingeweiht wurden), **Marienwerder** (die schon seit längerer Zeit eine statutengemäße Gemeinde- und Synagogenordnung besitzt), **Schwetz** (die an Hrn. A. Kassel einen guten Prediger haben soll), **Märk. Friedland** (wo besonders schon sehr viel für das Gemeinde- und Synagogenwesen, namentlich aber für den Jugendunterricht geschehen ist [1]) und zum Theil auch **Cönig,** D. **Crone** und **Schloppe** (welche letztere Gemeinde seit zwei Jahren in der Person des Herrn Joseph Neustadt einen durch seine schönen deutschen Predigten recht segensreich wirkenden Rabbiner besitzt); aber in den meisten Gemeinden herrscht zeither noch der alte Schlendrian, die alte Unordnung und läßt sich die ganze Verfassung derselben mit dem alten Ausspruch א"ש הַיָּשָׁר בְּעֵינָיו יַעֲשֶׂה am treffendsten bezeichnen. Indeß ist nicht zu leugnen, daß die zeither bestehende Unordnung im Gemeinde- und Synagogenwesen zum Theil eine Folge der wenigen gesetzlichen Kraft und Autorität ist, welche die Gemeindevorsteher bis jetzt besaßen und daß die Nothwendigkeit einer Aenderung und Verbesserung der bestehenden Verhältnisse und Zustände immer mehr zum Bewußtsein kommt. Und wenn unsere Gemeinden auch im Allgemeinen Gottlob weit davon entfernt sind, sich von jenem Reformschwindel, vor jenen Himmelsstürmern der Neuzeit, diesen wahren עולים die sich für בני אלהים einbilden zu können, bethören zu lassen: so werden sie dennoch immer mehr überzeugt, daß es Pflicht,

---

1) Durch die im Juni c. erfolgte Abdankung des Herrn Dr. Fränkel und durch die Abdankung des bisherigen seit vielen Jahren dort fungirenden Kantors ist in F. gegenwärtig das Rabbinat und Kantorat vakant. Es haben sich um beide Aemter schon mehrere Kandidaten, zum Theil aus weiter Ferne beworben; aber zu einer bestimmten Wahl soll es immer noch nicht gekommen sein.

unabweisbare Pflicht ist, alle wirklichen Mißbräuche, die sich eingeschlichen, abzuschaffen und sowohl im Gotteshause, als auch bei religiösen Handlungen (als Trauungen, Leichenbegängnisse ꝛc.) eine der Heiligkeit und Wichtigkeit der Sache angemessene Ruhe und Ordnung herzustellen und im Kultus überhaupt alle diejenigen Veränderungen eintreten zu lassen, die nicht nur den Anforderungen der Zeit entsprechen, sondern auch vor dem Tribunal des Judenthums gut geheißen und als wahre Verbesserungen anerkannt werden. Hoffen wir, daß das Gesetz vom 23. Juli c., vor dem schon vor dessen Erscheinen so viel gesprochen und geschrieben wurde und von dem man sich so Vieles versprach wenigstens in einer [2] Beziehung Etwas bringen und die darin vorgeschriebene Organisation der Synagogengemeinden die besten Erfolge haben wird. — Vor Allem ist's jedoch das Schulwesen, mit dem es im Allgemeinen noch sehr übel bestellt ist, und das einer durchgreifenden Verbesserung bedarf. Wohl giebt es auch hierin einige ehrenwerthe Ausnahmen. Wir haben schon einige öffentliche Schulen, und zwar in Märk. Friedland und in D. Crone, [3] auch haben wir einige gute Privatschulen, von welchen wir nur die zu Thorn, Marienwerder [4] (1ter Lehrer Rosenthal), Conitz (1ter Lehrer Jordan) Tuchel (1ter Lehrer Stern) und

die hiesige nennen wollen; aber in den meisten Gemeinden, und es sind deren 43 mit ungefähr 2900 schulfähigen Kindern in unserem Regierungsbezirke [5] sieht's mit den Jugendunterricht noch sehr traurig aus. Manche Gemeinden haben nämlich gar keine Schulen; in andern besteht sie zwar, aber nur für einen Theil der Kinder, während die Mehrzahl derselben ohne Kenntniß der Religion, oft auch ohne allen Unterricht aufwächst. Und ist's wahrlich sehr nachtheilig, daß die Schule noch immer kein Gemeindeinstitut ist, sondern von den Beiträgen Einzelner, die schulpflichtige Kinder haben, ihr Dasein fristet, und es daher nicht selten vorkommt, daß sobald eine oder einige Familien ihre Kinder aus der Schule nehmen, diese sich ganz auflöst und die betreffenden übrigen Kinder alsdann monden- und mitunter jahrelang keinen Unterricht genießen. Auch ist's ein Uebel und giebt nicht selten zu Konflikten mit dem Lehrer Anlaß, daß die Anforderungen, die man an die Schule macht so verschiedenartig und mitunter noch so ungebührlich sind. Während der Eine z. B. verlangt, daß die meiste Schulzeit den weltlichen Gegenständen eingeräumt und für den Religions- und andern sich zunächst auf das Judenthum beziehenden Unterricht nur wenige Stunden wöchentlich in Anspruch genommen werden soll — indem es nach seiner Meinung schon hinreichend ist, wenn der Knabe nur hebräisch lesen und einzelne Stellen des Pentateuch übersetzen kann — verlangt noch so Mancher, indem er auf den Unterricht, den er einst genossen zurückblickt, daß auch in der heutigen Schule nicht nur Tenach sondern auch Raschi und sogar Talmud, wenigstens Mischna gelehrt werden soll. Daß ein systematischer Herz und Geist bildender Unterricht in der Religion, in der bibl. und jüd. Geschichte, ganz besonders aber ein zeitgemäßer Unterricht im Uebersetzen der Tora, der Gebete und etwa noch der ersten Propheten und Psalmen, so wie die Kenntniß der hebräischen Grammatik (wenigstens die Elemente derselben), wozu dann noch einige andere jüdische Gegenstände kommen, heutzutage unerläßlich sei, und dies, soll etwas Erkleckliches geleistet werden sich nicht mit ein paar Stunden wöchentlich abthun läßt, besonders wenn der Lehrer, wie es bei uns in der Regel der Fall ist, Kinder von 6—14 Jahren gleichzeitig zu unterrichten hat — ist immer noch nicht genug zum Bewußtsein gekommen. Das Hauptübel ist jedoch unstreitig, die so prekäre Stellung der meisten Lehrer, besonders aber das an vielen Orten wirkliche Nichtvorhandensein zeitgemäßer Unter-

---

2) Denn außer der Freizügigkeit und der Zulassung zu manchen Aemtern (mit denen es übrigens noch weit im Felde ist) hat uns das neue Gesetz wenig gebracht, ja in mancher Beziehung sogar noch beschränkt; man denke nur an die Meldungen bei Geburts- Heiraths- und Sterbefällen und an die damit verbundenen Kosten, die besonders dem Unbemittelten eine fühlbare Ausgabe sind. Während dergleichen Anmeldungen sonst mit einigen Groschen abgemacht waren, betragen jetzt hierbei zu entrichtende Gebühren mitunter einige Thaler, ja sogar bei der Anmeldung eines todtgebornen Kindes mußte ein hiesiger Israelit neulich 1 Thlr. zahlen. Eine Vorstellung hierüber bei Sr. Majestät dem Könige, von den bedeutendsten Gemeinden ausgehend, würde gewiß nicht ganz ohne Erfolg bleiben.

3) An der Schule zu M. Friedl. welche im Jahre 1819 gestiftet wurde, wirken gegenwärtig zwei Lehrer und an der zu D. Crone (gestiftet anno 1842) ebenfalls zwei Lehrer. Die Schule zu D. Gr. stand längere Zeit unter 1ter Aufsicht die sich auch in dieser Beziehung sehr schön wirkenden Herrn Ephraimsohn (prakt. Arzt); später aber wurde die Inspektion derselben dem evangelischen Ortsgeistlichen übertragen, wie übrigens auch die jüdischen Privatschulen in der Regel den evangel. Geistlichen subordinirt sind.

4) Als Beweis, wie dem jüdischen Schulwesen auch von unsern christlichen Beamten und Schulmännern immer mehr Theilnahme geschenkt wird, möge hier erwähnt werden, daß bei einer in diesem J. in der jüd. Schule zu Marmingen der stattgehabten Prüfung unter andern Notabilitäten auch die Herren Regierungs- und Schulrath Dr. Grolp, Gymnasialdirektor Dr. Lehmann und Konsistorialrath Dr. Giehlow anwesend waren und sich — beiläufig gesagt — über die Leistungen des Hrn. Rosenthal sehr belobend aussprachen.

5) Im Regierungsbezirk Marienwerder leben ungefähr 16000 jüd. Ew. Die größten Gemeinden sind: Zempelburg (mit 1590 jüd. Bewohnern) Tuchel (mit 720), Krojanke (665), Gollub (660), M. Friedland (610), D. Crone (570), Flatow (530), und Jastrow (mit 509 jüd. Einw.).

richtsanstalten. Doch hiervon so Gott will und wenn Sie, bester Herr Doktor, es gestatten, das nächste Mal. Heute nur noch den Wunsch, daß man doch das wichtigste und edelste Werk des Erdenlebens, die Bildung des heranwachsenden Geschlechts, nicht so oft ganz außer Acht lasse, vielmehr endlich zu der Einsicht gelangen möchte, daß es in den religiösen Wirren der Jetztzeit ganz besonders Noth thue, daß alle unsere Kinder, Knaben und Mädchen einen zeitgemäßen Religions- und Elementarunterricht erhalten und daß es eine der wichtigsten Aufgaben der zu wählenden Repräsentanten und Vorsteher sei, mit Rücksicht auf §. 62 des neuen Judengesetzes dahin zu wirken, daß es keinem Kinde an dem nöthigen Unterrichte fehle! W — ll.

Leipzig, 2. Jan. Mit dem neuen Jahre geht in der Redaktion des Israeliten eine Veränderung vor. Dr. Holdheim, der Rabbiner der Reformgenossen, wird Mit- oder Hauptredakteur, und damit wird der „Israelit" ein Organ der berliner Reformgenossen, wo alle Aktenstücke und Verhandlungen allein abgedruckt werden sollen, wo ausschließlich über Reform gesprochen und die officiellen Nachrichten erscheinen sollen. Die Reform-Zeitung muß, dieser Erklärung des „Israeliten" zufolge, zu Grabe gegangen sein, oder richtiger Holdheim-Ahriman muß über Nebenstern-Ormuz gesiegt haben. — Von den französisch-jüdischen Blättern kommt seit langer Zeit gar keines mehr an, weder der „Univers" noch „la Paix" noch „L'Ami" ist seit vielen Wochen angelangt, und ich weiß nicht, ob dies in äußern Hemmnissen des Verkehrs oder in innern Umgestaltungen zu suchen. Es wäre unverzeihlich, wenn dort auch, wie so oft in Deutschland, die Konkurrenz dem Fortbestehen entgegen wirkte; der jüdische Journalismus daselbst ist noch in seiner ersten Entfaltung und kann dergleichen nicht vertragen. — Seit 2½ Jahren bereitet die Rabbiner-Versammlung ein eigenes Gebetbuch vor, das bis jetzt noch nicht erschienen und nun wird über diese Zögerung Klage geführt und die Mitglieder der dazu niedergesetzten Kommission der Lässigkeit beschuldigt. Allein dies mit Unrecht. Die Theilnahmslosigkeit der Massen, der Eigendünkel so vieler Vorstände und der niedrige Geiz der Reichen, selbst derer, die mit Reformplänen prunken, ist der einzige Grund des Nichterscheinens. Wäre doch selbst die Protokolle, die sogar selbst als Lektüre anziehend sind, keine Leser gefunden und mußten zu einem Antiquarpreis herabgesetzt werden, ohne dennoch Käufer zu finden? Wohl that sich mancher Gutsbesitzer viel darauf zu Gut, bei der Rabbiner-Versammlung die Schweinezucht beantragt zu haben, aber wenn es gilt, ein solches Werk zu fördern, so geben solche ihr isr. reformistisches Himmelreich für einen Dreier hin.

Baiern, Ende Dez. 1847. Die ersten Tage dieses Monats brachten uns neue, hochwichtige Veränderungen in den obersten Staatsämtern, Veränderungen deren ich in meinen frühern Berichten schon Erwähnung gethan habe, und mit welchen wenn auch ein Wechsel der Personen aber nicht des Systems vorgegangen ist. An die Spitze unsrer Staatsverwaltung ist ein Mann getreten, dessen Wirken aus den Jahren 1832 bis 1837 auch für unsre Verhältnisse noch in Segen steht. Nicht nur einzelne Erscheinungen im kirchlichen Gebiete waren im Sinn des Fortschritts beschieden, auch dem Ganzen war die Regelung in gleichem Sinn, wozu die angeordneten Kreisversammlungen von Rabbinern, Lehrern und Gemeindeabgeordneten einen wesentlichen Schritt bildeten, in Aussicht gestellt. Dem isr.-deutschen Schulen ward der Antheil an den Staatsmitteln zuerkannt und manche materielle und geistige Vortheile erwuchsen hieraus. Auch in unsrer politisch bürgerlichen Stellung geschahen Schritte vorwärts. Was Wunder daher, daß auch wir uns der Berufung des Fürsten von Wallerstein besonders als Minister des Innern für Kirchen- und Schulangelegenheit mit dem ganzen Lande freuen!

Seien wir aber auch nicht undankbar gegen das zurückgetretene Ministerium Maurer-Zurhein! Waren auch die Maaßregeln bezüglich unsrer Verhältnisse nicht allgemeiner Natur und konnten wir wenig Thatsachen beweisen, wir bescheiden uns gern mit unsern Wünschen und Begehren, da wo so ein reiches Material zu bewältigen war, zu warten und von der Zeit und dem guten Willen Gewährung billiger Wünsche zu erhoffen. Indeß wurde ein Zankapfel, ein Ueberbleibsel aus jener Zeit der Neologie-Schöpfung, beseitigt: das Begehren der Minorität in Fürth, sich einen besondern Rabbiner nach ihrem Geschmack neben dem Rabbiner der Gemeinde Dr. Loewi anzustellen, durch allerhöchsten Erlaß abgewiesen. Zu den vielen in dem desfallsigen Reskript angeführten Gründen gehört auch der, daß durch Gewährung des Begehrens der Friede nun wieder gestört würde, und wer die Verhältnisse in Fürth kennt, muß diesem Grund die höchste Gerechtigkeit widerfahren lassen, denn die Gegner des Rabbiners sinken in der That täglich mehr auf ein Minimum herab, in welchem weder die Intelligenz noch der Reichthum vertreten ist. — Ein weiteres Verdienst der abgetretenen Verwaltung ist: den Akt der Beschneidung in sanitäts-polizeilicher Hinsicht durch abverlangte gutachtliche Beweise, besonders über die Schädlichkeit und Gefährlichkeit der מציצה gewürdigt zu haben. Ob diese Beweise vor der neuen Staatsverwaltung beachtet werden, muß die Zukunft lehren. — Die Nachricht, als würde die Zulassung jüdischer Rechtsgelehrten zur Advokatur erleichtert, ist durch kein Faktum bestätigt worden, und von den Grundsätzen unsres neuen Justiz-Ministers v. Beisler ist zu wenig bekannt, als daß auch nur eine Vermuthung ausgesprochen werden könnte.

Dagegen wird aber dermalen gutachtlicher Bericht von aller Landgerichten über die Seelenzahl, Erwerbsverhältnisse, Matrikelwesen ꝛc. der Juden und von einzelnen Distrikts-Schulinspektionen über die §§. 23 bis 34 des Edikts v. 10. Juni 1813, über die Verhältnisse der Juden, ihr Kirchen- und Schulwesen, bearbeitet und zwar, wie wir ersehen, in Folge allerhöchst vorhabender Revision jenes Edikts. Geht nun daraus gleichwohl hervor, wie man nur ein neues Edikt beabsichtigt und von einer Gleichstellung nicht entfernt die Rede ist, so ersieht man doch einen Willen und die neue Staatsverwaltung wird gewiß das eingehende Material nicht ungenützt bei Seite legen. An derlei Berichterstattungen und Materialsammlungen hat es zwar auch unserer wie jeder deutschen Sache, die wohl recht gründlich erörtert und bepapierwirthschaftet werden muß, ehe man sich zu einem frischen Schritte entschließt, nicht gefehlt, und in den dreißiger Jahren hat schon der jetzige Minister den Ständen gegenüber erklärt, es lägen zwei Elaborate vor, allein die Zögerung kann das Gute haben, daß inzwischen die öffentliche Meinung eine günstigere geworden und sich manche Behörden in bessern Sinn ausgesprochen werden. Wirklich wird erzählt: der Magistrat der Stadt Bamberg habe sich für völlige Emancipation gutachtlich ausgesprochen. Von einer andern großen Stadt vermuthet man dies und dergleichen Nachrichten mit dem neuen Jahr, in welchem alle innern Staats- und Kommunalangelegenheiten keiner Zensur mehr unterliegen, gewiß bestimmter und häufiger zur Oeffentlichkeit gelangen.

An sonstigen Vorkommnissen ist wenig zu berichten. In das Seminar zu Schwabach sind in diesem Jahr wieder zwei Israeliten aufgenommen worden, was wirklich nöthig war, wenn der Mangel an Lehrern nicht immer fühlbarer werden soll. Sie erhalten Unterricht in hebräischen Gegenständen bei dem dortigen Rabbiner. — Eine mir zufällig zugekommene Nummer des in Augsburg erscheinenden Missionsblattes fällt mit einer solchen gemeinen Berserkerwuth über die Bemühungen der Christen zur Annäherung der Juden her, daß man es verachten muß, solchen Gemeinheiten öffentlich entgegenzutreten, wohl aber sollte man einem solchen Verläumder einmal durch die Gerichte das Maul stopfen lassen. —

Was soll man aber wohl dazu sagen, wenn die Münchner-Achner Feuerversicherungs-Gesellschaft ihre Agentur beauftragt, jüdische Kaufleute en detail gar nicht oder doch unter erschwerten Bedingungen zur Versicherung anzunehmen? Wenn einer ihrer Beamten bei mehrern Anmeldungen von einer Agentur erklärt: „die Kinder Israel streichen wir vorweg?" Es hatten sich nämlich auch zwei Juden neben vier Christen darum beworben. Wir werden bald in den Stand gesetzt sein, die diesfällige Korrespondenz eines jüdischen Kaufmanns mit der General-Agentur in diesen Blättern veröffentlichen zu können.

So hätten wir also ein Jahr des Hoffens durchlebt und einem solchen gehen wir entgegen, denn wenn auch die Vorlage eines Gesetzentwurfes bei der nächsten Ständeversammlung zu erwarten steht — die außerordentliche dieses Jahres brachte die Frage gar nicht zur Debatte — so wird dies gewiß vor 1849 nicht geschehen, da sie wohl Ende 1848 zusammentreten. Dagegen kann und wird auf dem Weg der Verwaltung manches geschehen und manches daher für den Orient zu berichten sein.   R.

Lissa, (Pr. Posen), den 26. Dezember 1847. Durch das im November erfolgte Ableben des Pastor Schiedewitz ist die Dirigenten-Stelle unserer jüdischen Volks-Elementar-Schule vakant geworden. Unter der fast zehnjährigen Leitung dieses Dahingeschiedenen hatte sich genannte Schule stets eines guten Gedeihens und tadellosen Rufes zu erfreuen gehabt, und wenn auch Manchem aus unserer Mitte dieselbe nebst ihren sel. Dirigenten aus gewissen Rücksichten stets ein Dorn im Auge war, so sind doch deren Leistungen, so wie die Nothwendigkeit des Bestehens derselben nicht zu verkennen. Ob jene Vakanz bald ausgefüllt werden dürfte, ist zu bezweifeln; wahrscheinlich jedoch ist es, daß der nächstfolgende Inspicient der Schule (welches Amt gesetzlich nur einem Geistlichen anvertraut werden darf,) mit seiner Inspektion auch die Direktion derselben, wenn auch nur, pro forma, verbinden wird. — Zwei moderne Rabinats-Kandidaten beehrten uns jüngst mit ihrem Besuche und gaben uns Gelegenheit, wieder einmal einige tüchtige Predigten zu hören, auf die wir seit der Pollach-Epoche Verzicht leisten musten. Der Eine dieser modernen Kandidaten, unser Landsmann Dr. S. Poper, hervorgegangen aus der Schule des Dr. Geiger, gab uns die ersten Kanzel-Vorträge in seiner Rabbinats-Karriere. Sie waren ganz im Sinne des Fortschritts, und obschon Anfangs mit etwas Befangenheit begleitet, so waren sie doch im Ganzen gediegen und hatten einen logischen Ideengang zum Grunde. Aber einen Verstoß beging derselbe doch darin, indem er bei Begründung seiner ersten Predigt, „um, wie er sich selbst ausdrückte, gegen die alten Formen nicht zu verstoßen," nach Art eines Baldarschen mehrere Stellen aus dem Talmud auf der Kanzel citirte. Absichtlich dabei nur den Orthodoxen schmeichelnd, um es mit diesen nicht zu verderben; zeigte er sich doch in einer großen Inkonsequenz, denn schon sein zweiter Vortrag war der Art, daß sich dieselben gewaltig darüber gebehrdeten, theilweise sogar das Gotteshaus verließen, und es nicht mehr der Mühe für werth hielten, die dritte Predigt gar anzuhören. Wir glauben, Herr Dr. P. wird sich auch derartige Demonstrationen weder irre machen, noch abschrecken lassen, und haben alle Hoffnung für diesen gesinnungstüchtigen

Jüngling, der jetzt zwar noch keinen Namen in der Reihe der Kandidaten aufzuweisen hat, daß er bald einen Wirkungskreis erreichen wird, wo er seinem Berufe auf's Vollkommenste entsprechen und eine seinen Fähigkeiten angemessene Anerkennung finden wird.

Der zweite Kandidat, Herr Dr. M. Löwenthal, bekannt als Herausgeber der „Philosophie des Hiob," dem bereits ein ehrenvoller Ruf vorangegangen, erndete durch seine geistreiche Predigt am verflossenen Sabbat, die uns einen schlagenden Beweis seines Talents, seiner Fähigkeiten und seiner Tüchtigkeit gab, einen ungetheilten Beifall. Wir können uns hier nicht auf den höchst gediegenen Inhalt seines Vortrages speciell einlassen, und zollen, im Sinne Ihres ehrenwerthen Korrespondenten in Stockholm demselben nur das Lob, das dieser dem Hrn. Dr. L. in diesen Blättern *) bereits ausgesprochen hat. — Unsere Hoffnung auf die feste Anstellung eines Rabbiners wird sich nicht sobald realisiren; den geistigen Genuß eines Kanzel-Vortrages hat unsere so zahlreiche Gemeinde zu selten und wir müssen uns schon damit begnügen, wenn irgend ein fahrendes Redner-Talent zu einer Gastrolle sich hierher bemüht. Unser Nachbarstädtchen Sternest ist in dieser Beziehung besser daran; der dort fungirende Kantor und Schächter erbaut seine Gemeinde sehr oft durch religiös-deutsche Vorträge und die Sternester finden Gefallen daran.

Mit dem Beginne des neuen Jahres tritt unsere Gemeinde in die Verhältnisse ein, die ihr das Reglement nach dem Gesetze vom 23. Juli vorschreibt. Die Regulirung dieser Verhältnisse machte unserer Gemeinde-Verwaltung viel zu schaffen und noch in dieser Woche wird die Wahl der Repräsentanten und der Verwaltung für die nächsten 6 Jahre vor sich gehen. Von dieser Wahl hängt die zukünftige Gestaltung unseres Gemeindewesens ab, und ganz natürlich bereitet sich jede Farbe auf diese Wahl vor. Es ist schwer zu bestimmen, welcher Farbe das Resultat derselben günstig wird, und daher eher anzunehmen, daß ein Resultat buntscheckiger Natur aus dem Wahlkampfe hervorgehen wird. —

B —

Oesterreich.

3. Egerszeg, 15. Dec. 1847. Ungemeines Interesse erregte hier die in der „Pester Zeitung" vom 7ten Dieses durch einen „Konkurs" veröffentlichte Abdankung des Herrn Predigers Dr. Schiller in Eperies. Folgt derselbe dem Rufe einer größern Gemeinde, oder ist er endlich des mühevollen Kampfes in jener an Po-

---

*) Nr. 50 und 51.

len, und mithin an das Land der Finsterniß gränzenden Gegend müde? — Wir sind hier, wo derselbe dieses Jahr durch eine einzige Predigt sich unvergeßlich gemacht hat, auf die Ursache der Abdankung sehr gespannt; und können wir nicht umhin den Wunsch auszusprechen, daß Herr Professor Dr. S. sich mit den Wenigen, das wir Ihm bieten können, begnügen mag; — wir sagen „Wenigem", trotzdem unsere Gemeinde nicht unbedeutend ist, weil wir einen greisen Rabbinen und ein בית דין haben! — und wir wollen ihn gewiß hierher rufen: Der moralische Nutzen, den ein solch' hochbegabter Mann an der Spitze unseres Kultus zu leisten im Stande ist, ist unberechenbar.

Als Zeichen, wie Hr. Dr. S. bei seiner Anwesenheit hier von dem hies. Vorstande und von den übrigen Gemeindemitgliedern aufgenommen wurde, diene folgende in Begleitung eines nicht unbedeutenden Geschenkes, — das Hr. Dr. S. nicht annehmen wollte, um seine Gemeinde nicht zu kompromitiren, wie er sich ausdrückte — an ihn am Tage nach der Predigt abgesandte Adresse, unterzeichnet vom Vorstande Stern, Kultusvorsteher, den als gebildeter Mann und sehr wackerer Vertreter genügsam bekannten Hr. J. Mayer und dem גבאי Fischer:

Euer Hochwürden!

Wenn wir uns das Vergnügen machen, Ihnen, hochgeehrter Herr Professor, für den geistigen Genuß, den uns Ihr gestern abgehaltener Vortrag über Ezech. 36; 1—15 gewährte, den innigsten Dank abzustatten; so ist dies nur der Wunsch unserer ganzen Gemeinde, den wir zu erfüllen das Glück haben. Ihre geistreichen, tief ins Herz dringenden Worte, Ihre fromme Begeisterung und die heilige Weihe, die Ihren ganzen Vortrag durchweh'te, haben eine solche religiöse Pietät in uns erweckt, daß wir einerseits uns freuen, diese Anerkennung Ihrer Verdienste dankerfüllt zu äußern, und andererseits es tief bedauern, daß die schwachen Kräfte unserer Gemeinde es nicht gestatten, mehr als die beigefügte Kleinigkeit (10 Dukaten!) als Entschädigung Ihres Zeitverlustes Ihnen anbieten zu können.

Nehmen Sie darum unsern innigsten, herzlichsten Dank! und Gott, dessen Worte Sie so gefühlergreifend und herzerwärmend verkündeten, möge Sie noch lange erhalten zur Verherrlichung seiner heiligen Lehre, zum Ruhme seines Volkes!

Von diesem Wunsche beseelt und innigst durchdrungen empfehlen sich achtungsvoll

Ew. Hochw. ergebenste

3. Egerszeg,
22. August 1847.
(L. S.)

Bernhard Stern,
Vorsteher.
Jak. Mayer.
Ed. Fischer.

Sr. Hochwürden, Herrn Dr. Schiller, außerord. öffentl. Professor und Rabbi zu Eperies u. u. hierselbst.

Verlag von C. L. Fritzsche.   Druck von J. H. Nagel.

Der Orient.

Berichte, Studien und Kritiken

Neunter   für   Jahrgang.

jüdische Geschichte und Literatur.

Das Abonnement auf
ein Jahr ist 5 Thlr.
Man abonnirt bei allen
löbl. Postämtern und
allen solid. Buchhand-
lungen auf ein Jahr.

Herausgegeben

von

Dr. Julius Fürst.

Von dieser Zeitschrift
erscheinen wöchentlich
das Literaturblatt mit-
gerechnet, zwei Bogen,
und zwar an jedem
Dienstag regelmäßig.

№ 3.   Leipzig, den 15. Januar   1848.

Deutschland.

Frankfurt a. M., 29. Decbr. 1847. Aaron Moses Fuld. (Nekrolog.) So oft die Erde den letzten Tribut gefordert hat von einem der Bessern, steht der Menschenfreund gedankenvoll an dem frischen Grabeshügel still, sich den Betrachtungen überlassend, die der neuerlittene Verlust Jedem einflößen muß, der die Gesammtheit in den Edlern, aus ihrer Mitte Hervorragenden liebt. So nahmen wir vor wenigen Tagen den letzten, trauervollen Abschied von den irdischen Resten eines in vielfacher Beziehung ausgezeichneten Mannes, dessen theures Andenken noch gar lange Zeit in tausend dankbaren Herzen fortleben wird. Aaron Moses Fuld, geb. am 27. Novbr. 1790, wurde von seinen Eltern, der damaligen Sitte unter den Israeliten gemäß, in seiner Jugend zum Studium der jüdischen Theologie, namentlich der Bibel und der rabbinischen Werke angehalten. Bald entwickelten sich in dem Knaben eminente Fähigkeiten, die ihn zum Gegenstande der Bewunderung seiner Lehrer und Bekannten machten und ihm in seinem dreizehnten Jahre, bei Gelegenheit einer von ihm gehaltenen öffentlichen Disputation, das zu damaliger Zeit keineswegs unschwer zu erlangende rabbinische Diplom erworben. In der That brachte Fuld es, neben einer sonstigen vielseitigen wissenschaftlichen Bildung, in der Bibelkunde sowohl als in dem gesammten weitschichtigen Gebiete der jüdischen Theologie zu

einem solchen Grade der Vollkommenheit, daß er in der Folge, selbst die kühnsten Erwartungen seiner Eltern und Lehrer weit übertreffend, zu einem eigentlichen Lichte der Synagoge ward, indem er, von der Natur mit einem erstaunlichen Gedächtnisse begabt, einen unermeßlichen Schatz von Wissen in sich aufnahm, der ihn im buchstäblichen Sinne in seiner Art einzig und zu einer vollständigen lebendigen Encyclopädie der Bibel, des Talmuds und der rabbinischen Schriften zumal für Diejenigen machte, die sich mit Herausgabe in das Fach einschlagender wissenschaftlicher Werke beschäftigten und denen er stets mit der liebenswürdigsten Bereitwilligkeit die häufigen Anfragen um Citate, Parallelen, Abstammung und Ursprung verschiedener theologischen Objekte rasch und mit erakelmäßiger Sicherheit beantwortete und selbst mit dem entlegensten Material hilfreich an die Hand ging. Beispiele hiervon sind unzählig, und ist der Verlust dieses in seinem äußern Auftreten so bescheidenen und anspruchslosen großen Gelehrten für die Wissenschaft leider völlig unersetzlich!

Aber es ist nicht blos der Gelehrte, den die Wissenschaft als einen ihr verloren gegangenen Schatz beklagt, sondern es ist in nicht geringerem Grade der edle, gemüthvolle, hochherzige Mensch, über dessen Verlust der Freund der Menschheit mit Recht in tiefe Trauer versinkt. Die Anzahl derer, welche seines väterlichen Raths und Beistandes genossen, derer, die seinen stets

3

unentgeltlichen Unterricht (mit dessen Ertheilung er mehrere Stunden des Tages zuzubringen pflegte) empfangen, derer, für die er, zur Milderung ihres Schicksals, mit Aufbietung seines bedeutenden Ansehens, Verwendung und Fürsprache bei mildthätigen Freunden eingelegt, derer, die er mit Kleidung versah, wenn sie entblößt waren, die er mit der zartesten Rücksicht und unter den ehrendsten Formen an seinen Familientisch zog, wenn sie hungerten, die Anzahl derer, die er, obgleich selbst der entschieden orthodoxen Richtung angehörend, ohne Rücksicht auf Glauben und Meinung mit Rath und That unterstützte, die Anzahl derer, welchen seine seltene Tugend stets der Richtschnur und zur festen Stütze durch ihr ganzes Leben geworden, diese Anzahl der Empfänger seiner Wohlthaten beläuft sich, man kann es ohne die allermindeste Uebertreibung sagen, notorischermaßen auf viele Tausende, deren Thränen um den dahingeschiedenen ausgezeichneten Mann und edlen Menschenfreund sich mit denen seiner trostlosen Witwe und seiner zahlreichen, tieftrauernden Kinder vermischen. Am 22. Decbr. 1847 endete dieser merkwürdige Bürger unserer Stadt sein stets der Gottesfurcht und den schönen Werken der Nächstenliebe geweihtes Leben. Seinem Sarge folgte am 26. Decbr. in tiefster Trauer ein unabsehbarer Zug von Verehrern und Freunden des Verblichenen, worunter Niemand von den Notabilitäten aus der Elite der hiesigen israelitischen Gemeinde vermißt ward, da unter allen Parteien und Meinungsgenossen derselben über den biedern und tadellosen Charakter wie über die außerordentlichen Talente des Seligen nur eine einzige Stimme herrschte. Als auf dem Friedhofe das Grabgebet: „des Schöpfers Thun ist tadellos!" 2c. angestimmt ward, da füllten sich Aller Augen mit Thränen und man hörte Greise, Männer und Jünglinge gleich Frauen und Kindern laut weinen und schluchzen. Das Andenken des Frommen sei gesegnet! „Er ist der Glückliche, er hat vollendet!"
L. H. L.

Frankfurt a. M., 8. Jan. (Vorläufiger Bericht über ein neu zu begründendes Religionswerk für Schule und Haus von Dr. Jakob Auerbach und Dr. J. M. Jost.) Eine der wichtigsten Fragen, welche gegenwärtig die Aufmerksamkeit der zur Bildung fortgeschrittenen Israeliten beschäftigen, ist die zeitgemäße Gestaltung des Religionsunterrichts. Die erhöheten Anforderungen, welche an den Unterricht der Jugend gestellt werden, erstrecken sich ganz besonders auch auf die Religionslehre, um so eher, als hier die Ansichten, Grundsätze und Richtungen auf mannigfache Art sich spalten und auseinandergehen. Aber auch die Schwierigkeiten, hierin ein einheitliches Streben zu erzielen, wird allgemein empfunden, und die gewissenhaften Lehrer der Jugend

sehen sich immer vor neuem aufgefordert, ernstlich die Mittel und Wege in Betracht zu ziehen, wie derselben eine gründliche Verbreitung zu ertheilen sei, damit sich eine gesunde, geläuterte, wahrhaft fromme Anschauung und sittliche Gesinnung herausbilde.

Die 24 Bücher der h. Schrift, für den Israeliten die Hauptquelle religiöser Erkenntniß, sind auch beim Unterrichte das alleinige und bleibende Fundament, auf welchem mit Sicherheit fortgebaut werden kann. Lehrbücher und Katechismen, verschieden in Einrichtung, Methode und Ausdruck, auch nothwendig wechselnd nach Alters- und Bildungsstufen, sind nur Hilfsmittel, Wegweiser und Führer auf diesem Gebiete, und entbehren dabei jeglicher Autorität, — die Bibel allein ist die bleibende Grundlage.

Aber hier erheben sich ernste und wichtige Fragen, welche noch nicht gelöst sind, und von deren Erledigung der Erfolg bedingt wird. Anders war es vormals, anders ist es jetzt. Bis in unser Zeitalter herab bediente man sich der h. Schrift beim Unterricht fast nur in der Ursprache. Bei mündlichem Uebersetzen und Erläuterung des Textes zeigte die Beachtung der Aufmerksamkeit stark an; es lag auch in ihr eine Weihe, durch welche jeder Profanirung des Inhaltes vorgebeugt war, und man beschränkte sich häufig auf eine angemessene Auswahl, indem man vieles dem spätern Selbststudium anheimstellte; die weibliche Jugend lernte in der Regel nur Auszüge aus der h. Schrift kennen.

Jetzt aber liegt die gesammte h. Schr. in der Muttersprache vor und ist allgemein zugänglich! Was auch Rigoristen sagen, um der Benutzung der vollständigen Bibelübersetzung in Schulen das Wort zu reden — wir vermögen nicht uns dieser Meinung anzuschließen. Gegen die Benutzung der gesammten h. Schriften beim Unterricht der Jugend beider Geschlechter erregen naheliegende pädagogische Rücksichten so unabweisbare Anstände und sprechen auch sonst so wichtige Bedenken, daß wir wohl annehmen dürfen, die überwiegende Mehrheit der Jugendlehrer theile unsere Ansicht, welche übrigens im Judenthum auch historisch begründet ist.

Schon seit uralten Zeiten war es nämlich ausgesprochene Regel, bei den öffentlichen Vorlesungen der h. Schrift, solche Stücke, welche für das Volk nicht zu eignen schienen, unübersetzt zu lassen. Und selbst die h. Schrift übergab man dem Volke nicht sowohl in wortgetreuer Uebersetzung, als vielmehr in Umschreibungen und Kommentirungen. Man fühlt ganz richtig, daß bei der überaus starken Eigenthümlichkeit des Sprachgeistes, eine noch so treue wörtliche Uebertragung doch nicht den wahren Gehalt wiedergeben könne, und daß bei der Unmöglichkeit, der fremden Sprache die Weihe des Urtextes einzuhauchen, der Inhalt in der Uebersetzung immer den Misverständnissen und den Misdeutungen ausgesetzt sei.

Die Erfahrung hat es hinlänglich bestätigt, wie gerecht diese Besorgnisse waren. Die Uebersetzungen haben unter den Israeliten der Bibel keine neuen Verehrer gewonnen.

Wir haben im Interesse der Jugend und der Wahrheit die mannigfachen und verschiedenartigen Bemerkungen über diesen Gegenstand, welche wir übrigens als hinlänglich bekannt voraussetzen dürfen, sorgfältig erwogen. Die Einwendungen gegen die Einführung der vollständigen Bibelübersetzung in Schulen sind so kräftig und gewinnen besonders in gegenwärtiger Zeit so sehr an Bedeutung, daß es selbst dem strengsten Anhänger des entgegenstehenden Systems schwer werden dürfte sie zu entkräften. Es versteht sich von selbst, daß darum dem Werthe der h. Schriften in keiner Beziehung zu nahe getreten werden soll. Es kommt nur darauf an, im Geiste des historischen Judenthums den Weg zu betreten, welcher unter den Verhältnissen unserer Zeit zum Ziele führt.

Merkwürdiger Weise stellt sich bei näherer Betrachtung dieser Streitfrage noch ein anderer, sehr wesentlicher Umstand heraus, nämlich der, daß in neuerer Zeit alle diejenigen Quellen, welche im Allgemeinen noch gar nicht übersetzt worden, auch fast ganz unbenutzt geblieben sind. Es versteht sich von selbst, daß darum dem überreiche Schatz an moralisch-religiösen Sentenzen und Aussprüchen aller Art, welche ehemals allen unterrichteten Israeliten geläufig, und wie jeder Kundige zugestehen wird, unendlich wohlthuend für Geist und Gemüth waren, ist jetzt beinahe vergessen, und was ist an dessen Stelle gesetzt worden? Dieser Mangel, der durch einige kleine Sammlungen keineswegs gehoben wird, hat noch mehr dazu beigetragen, das Judenthum, beschränkt auf die biblischen Bücher und einige Brosamen späterer Sprüche, für arm an ethischen Lehren zu halten, und hat auch die Theilnahme für dessen genauere Kenntniß vermindert. Selbst wohlunterrichtete Schüler und Schülerinnen, welche die Grundlehre gut verstanden und in sich aufgenommen haben, finden daher zu ihrer fernern Bildung in religiöser Hinsicht nichts mehr vor; sie wissen kaum von einem Fortgange des Judenthums im Laufe der Jahrtausende, sind für dessen Schicksale und Stellung in der Weltgeschichte gleichgiltig, und weil ihnen die nachbiblische Entwickelung fremd geblieben.

Wir dürfen aber mit Sicherheit behaupten, daß die Liebe der Juden zu ihrer Religion, auch unter der neuern freiern Anschauung, ganz vorzüglich durch genauere Bekanntschaft mit der Durchbildung der Lehre genährt worden; wie denn überhaupt eine solche Kenntniß vor dem fortschreitenden innern Leben jeder Erstarrung der Begriffe vorbeugt. Eine große Zahl denkender, fühlender und für die Religion begeisterter

Lehrer haben uns eine Fülle von weisen Sprüchen und Lehren hinterlassen, welche zum geistigen Eigenthum der jüdischen Gemeinde gehören und nur von den vielen störenden Auswüchsen, mit denen sie behaftet sind, befreit zu werden brauchen, um auch in der Gegenwart wieder ihre Kraft zu bewähren. Soll unsere Jugend, blos weil sie die Sprachen nicht erlernt, in denen solche aufbewahrt sind, oder etwa nur an jenen entstellenden Auswartungen vielen, welche durch freie Kritik, unbeschadet des Kerns beseitigt werden können, dieselben nicht in sich aufnehmen? Warum soll überhaupt das Judenthum in seinen Bekenntnißquellen nicht alles das umfassen, was sich als wahrer Ausdruck und echtes Gepräge seines Geistes bewähret?

Darum schien es uns von höchster Wichtigkeit, einerseits zwar was die biblische Grundlage betrifft, vorläufig von allen denjenigen Bestandtheilen, welche aus den angedeuteten Gründen einem spätern Nachstudium vorbehalten bleiben mögen, abzusehen, — dagegen aber andererseits den nachbiblischen Anbau, so weit in demselben der Geist der Religion sich ausprägt, und seine Aeußerungen ein gewisses Ansehen und eine allgemeine Geltung gewonnen haben, mit in den Bereich der Jugendbelehrung hineinzuziehen. Hierzu rechnen wir, außer den unmittelbaren Lehren und Grundsätzen, noch manche ältere Kommentirungen wichtiger Stellen der h. Schrift, eine bestimmte Darstellung der Entwickelungsmomente des Judenthums, eine Kenntniß hervorragender Persönlichkeiten, und Erläuterung alles dessen, was zum Verständniß sowohl der Lehre als auch der religiösen Institutionen dient.

Wir haben uns vereinigt, ein Werk zu gründen, welches diesen Erfordernissen entsprechen soll, und hegen die Zuversicht, daß wir nicht nur der Schule ein umfassendes Buch als bleibende Religionsquelle geben, auf welches sowohl der mündliche Unterricht als auch Lehrbücher und Katechismen sich beziehen können, sondern auch den Familien, welche im häuslichen Kreise gern der Religion einige Stunden festtägiger Erbauung zuwenden, ein Mittel darbieten, ihren Geist zu nähren und Betrachtungen anzuknüpfen, welche der Stimmung zusagen.

Dem Judenthume selbst soll das Werk Achtung und Anerkennung verschaffen, und der Bibelkunde soll es als Vorschule dienen.

Dasselbe soll den Titel führen:

Kleine Bibel für Israeliten,

und im Allgemeinen folgendes enthalten:

1. Die 24 Bücher der h. Schriften im Auszuge, eine, dem Zwecke entsprechende Uebersetzung mit einzelnen eingestreuten Erläuterungen, Parallelen und kurzer Nachweisung.

Es versteht sich, daß hier alles nur als biblischer

3 *

Lehrstoff erscheint, und dem Lehrer auf keinerlei Weise vorgegriffen wird.

2) **Sammlung nachbiblischer Stücke aus Religionsschriften des Judenthums**, den Apokryphen, der agadischen Literatur ꝛc. bestehend in Sentenzen, wichtigen dogmatischen und ethischen Lehren, Parabeln, Sagen; alles in angemessener Auswahl und gedrängter Kürze.

3) **Uebersicht der Geschichte der Israeliten**, insbesondere mit Rücksicht auf die Entwickelung der Religionserkenntniß oder religiösen Literatur; damit wird verbunden sein, außer chronologischen Tabellen, wie

4) **Abriß der biblischen Geographie**, wie auch Uebersicht der spätern Wohnorte der jüdischen Gemeinden, und statistische Notizen.

5) **Abriß der Bibelkunde**; kurze Charakteristik der einzelnen Bücher; Begriff von der Masora; Nachweisung der ältern Uebersetzungen, und des zu Ansehen gelangten Kommentare und späteren Uebersetzungen.

6) **Erklärung gottesdienstlicher Institutionen**, — auch des Kalenderwesens und daran sich knüpfenden Einrichtungen.

7) **Systematisches Register der Belegstellen zu den Religions= und Sittenlehren.**

8) **Tabellen zur Auffindung des Einzelnen.**

Wir geben hier, wie jeder sieht, nur den Umriß des Werkes, welches eine möglichst reichhaltige Sammlung aller der Materien bilden soll, welche zur jüdischen Religionskunde gehören. Obgleich wir das Ganze bald abzuschließen gedenken, so laß uns doch am Herzen, unseren geehrten Herren Amtsbrüdern und den Herren Rabbinern und allen denkenden israelitischen Hausvätern, welche einem so wichtigen Gegenstande ihre Aufmerksamkeit nicht versagen werden, im Voraus davon eine Mittheilung zu machen. Zweierlei Gründe leiten uns hierbei insbesondere:

Erstlich möchten wir, wofern etwa noch bestimmte Wünsche obwalten, denen wir entgegenkommen können, alle Freunde dieses Werkes gebeten haben; uns solche — freilich nur frankirt oder im Wege des Buchhandels — und wo möglich mit Begründung schriftlich zugehen zu lassen.

Zweitens möchten wir die Theilnahme für dieses Unternehmen zeitig in Anspruch nehmen, weil wir den Zweck vor Augen haben, ein Schulbuch zu gründen, wobei mithin auch für die unbemittelte Jugend auf möglichste Wohlfeilheit Bedacht genommen werden muß. Dies wird natürlich nur ausführbar, wenn die Wahrscheinlichkeit einer ausgedehnten Verbreitung sich zeigt und daher eine starke Auflage gemacht werden kann. Zu diesem Ende beabsichtigen wir auch zwei Ausgaben des Werkes zu veranstalten, eine auf feinem Papier, und eine Schulausgabe auf Druckpapier. Je mehr auf Eingang der bessern Ausgabe zu zählen sein

wird, um so viel wohlfeiler kann die Schulausgabe geliefert werden.

Eine geachtete Verlagshandlung wird das Werk übernehmen. Indessen würde es jedenfalls, in Beziehung auf obige Bemerkungen unserm Unternehmen förderlich sein, wenn unsere geehrten auswärtigen Freunde uns im Voraus zu erkennen geben wollen, welchen Anklang wir bei Ihnen erwarten dürfen.

Ueber manches Andere, namentlich aber pädagogische und didaktische Fragen, welche bei Ausführung dieses Planes in Betracht kommen, werden wir Gelegenheit nehmen, uns in den Zeitschriften weiter auszusprechen.

Dr. Jakob Auerbach.   Dr. J. M. Jost.

Berlin, 23. Decbr. 1847. Der Kultusminister Eichhorn verfolgt die Konsequenzen unserer neuesten Judengesetzgebung (v. 23. Juli 1847) mit regem Eifer. Noch ehe die speziell angeregte Frage wegen jüdischer Decentur in den weltlichen akademischen Fakultäten durch Begutachtung der Universitäten erledigt werden konnte, ist jetzt in Betreff der jüdischen Aerzte bestimmt worden, daß sie hier zur Prüfung für die Befähigung zum Kreisphysikate zugelassen werden sollen. Freilich dürfte das hierfür angeführte gesetzliche Motiv nicht frei von Anfechtung sein. Denn wenn der Minister sich darauf beruft, daß das Kreisphysikat keines von den Aemtern, mit richterlicher, polizeilicher und exekutiver Gewalt ausmache, daß ihm der Jude bisher noch untersagt sind, so muß ihm dagegen jeder Sachkenner einwenden, daß der Kreisphysikus einen Theil der Medicinalpolizei in seinem Kreise selbstständig zu üben befugt ist. Es liegt also in jedem Motive die keinem Minister zustehende Auslegung des Gesetzes dahin, daß dem Juden nur die Ausübung der allgemeinen Polizei, nicht die eines technischen Zweiges der Polizei durch den Gesetzgeber untersagt werden sollte. Wir freuen uns herzlich über die neue Vergünstigung, die wir als einen Fortschritt völliger Auffassung des gesammten Staatslebens betrachten — aber wir hätten lieber gewünscht, die Auslegung des Gesetzgebers dafür beantragt zu sehen. Leider kann der ministerielle Reskriptenweg bei solchen Anordnungen sie nicht gegen Aenderung auf demselben Wege unter einen anders gesinnten Amtsnachfolger schützen, daher ist noch kein dauerhafter Verlaß auf jenes neue Verhältniß qualificirter jüdischer Aerzte zu bauen. Daß der Jude als Rittergutsbesitzer die Ortspolizei zu üben hat ist bekannt, bildet aber keinen Widerspruch gegen das Judengesetz vom 23. Juli, da jenes Regal ihm aus eigenem Rechte durch seinen Grundbesitz zusteht, und nicht ein verliehenes Amt ausmacht. Um so weniger steht das Eichhorn'sche Reskript auf festen Füßen.

Berlin, 1. Nov. 1847. (Fortsetzung.)

II. **Folgerungen aus den Prinzipien.**

§. 1. „Wir wollen: Glaube."

Als Anhänger des von den Vätern uns vererbten Glaubeis an Einen Gott, ihres daraus folgenden Bekenntnisses über das Verhältniß des Menschen zu ihm und der Pflichten des Menschen gegen sich selbst, gegen Gott und gegen seine Nebenmenschen, bekennen wir:

1. Als Grundlehre über Gott die Worte der Schrift:
„Höre Israel, der Ewige unser Gott, der Ewige ist einzig."
und
„Heilig, heilig, heilig ist der Ewige Zebaot."

2. Als Grundlehre über das Verhältniß des Menschen zu Gott die Schriftworte:
„Der Mensch ist im Ebenbilde Gottes geschaffen."
und „Ihr seid Kinder der Ewigen Eueres Gottes."

3. Als Grundlehre über den Geist des Menschen die Schriftworte:
„Und es kehrt zurück der Staub zur Erde, woher er ward, und der Geist kehrt zurück zu Gott, der ihn gegeben."

4. Als Hauptpflicht des Menschen gegen sich selber die Schriftworte:
„Erkenne den Gott deines Vaters und bete ihn an."
und
„Ihr sollt heilig sein, denn ich bin heilig, der Ewige Euer Gott."

5. Als Grundpflicht des Menschen gegen Gott die Schriftworte:
„Du sollst lieben den ewigen deinen Gott von ganzen Herzen, von ganzer Seele und von ganzem Vermögen."

6. Als Grundpflicht des Menschen gegen seinen Nebenmenschen die Schriftworte:
„Liebe deinen Nächsten wie dich selbst."

§. 2. „Wir wollen: positive Religion."

Als Angehörige einer positiven Religion sprechen wir die Nothwendigkeit aus:

Institute zu gründen, die das religiöse Bewußtsein der Einzelnen, wie das der Zusammengehörigkeit größerer Gemeinsamkeiten fördern, und bei diesen Instituten ein Ceremoniel festzuhalten, das ihnen durch seine Gemeingültigkeit, Feierlichkeit, wie den wichtigsten Lebensereignissen der Einzelnen, eine religiöse Weihe verleiht.

Wir erklären daher als nothwendig:

1. Die Verbindung der Einzelnen zu Gemeinsamkeiten (Gemeinden, Genossenschaften u. s. w.).

2. Die Einrichtung von Gottesdiensten, die geeignet sind, die Glaubens- und Pflichtenlehren den Einzelnen immer mehr und mehr nahe zu bringen, wie die Abfassung von Gebeten und Betrachtungen für die häusliche Erbauung.

3. Die Feier von gemeinsamen Festen und Sabbaten.

4. Die Feststellung einer, unsern Begriffen von Gott und Wahrhaftigkeit entsprechenden Eidesnorm.

5. Die Einrichtung von Instituten für den gemeinsamen Religionsunterricht.

6. Die Aufnahme der Jugend in den Gemeinde-Verband durch eine öffentliche gottesdienstliche Feierlichkeit.

7. Die Feststellung von religiösen Ehegesetzen.

a. Verbotene Ehen.

b. Religiöser Zuspruch bei Eingehung der Ehe.

c. Religiöser versöhnender Zuspruch bei beabsichtigter Auflösung der Ehe durch Scheidung.

8. Die feierliche Namenertheilung neugeborner Kinder im Gotteshause, und Gebete um Segen für die Wöchnerin beim ersten Besuch des Gottesdienstes nach der Entbindung.

9. Die Leichenbestattung. Trauergebräuche und religiöser Trostzuspruch.

10. Eine Verfassung für die einheitliche Vertretung in Religions-Angelegenheiten (Synode).

§. 3. Wir wollen: Judenthum.

Als Angehörige des Judenthums bekennen wir:

Aus der Geschichte des Judenthums geht hervor, daß unsere Vorväter zu einer Zeit, in welcher die Menschen die trübsten Begriffe von Gottes Dasein und seinem Wesen gehabt, sich zu einer wahren Erkenntniß desselben erhoben haben. Wir nennen dies in der Sprache der Religion: Gott hat sich unsern Vätern offenbart in seiner Wahrheit. Er hat begeisterte Männer unter ihnen erstehen lassen, die das Volk geleitet und durch Gesetze und Vorschriften Israel in trüber Zeit gewahrt vor Untergang und Untreue. Seine besondere Vorsehung hat Gott Israel dargethan in seiner Zerstreuung über den ganzen Erdboden, und wir erkennen unser eignes Bestehen als einen Beweis seines Schutzes, in welchem er Israels reinen Glauben in uns für höhere sittliche Zwecke aufbewahrt.

Aus dieser Erkenntniß erwächst für uns die Pflicht, unseren religiösen Einrichtungen den Charakter zu geben, durch welcher das Bewußtsein unseres Zusammenhanges mit der Geschichte Israels, mit dem religiösen Leben unserer Väter, wie mit den gesammten Bekennern des Judenthums kräftig gehoben wird.

Wir erkennen es daher als unsere Pflicht:

1. Das brüderliche Band, das von je die gesammte Judenheit als Glaubensgemeinde umschlungen, als ein heiliges und hohes für immer festzuhalten, und das Bewußtsein der Zusammengehörigkeit niemals freiwillig aufzugeben.

2. In unsern Gottesdienst die wesentlichsten specifischen Elemente des Judenthums aufzunehmen.

3. Die Geschichte Israels und dessen Bedeutung für Vergangenheit, Gegenwart und Zukunft uns durch Belehrung, wie in den Gebeten und im Jugendunterricht immer mehr zum Bewußtsein zu bringen.

4. Die bedeutendsten historischen Momente in der Geschichte der Väter durch die Feier der jüdischen Feste lebendig in unserm Andenken zu erhalten.

5) In religiösen Sitten und Gebräuchen, soweit sie zur Zeit geeignet sind, religiöse Gefühle in uns zu erwecken, uns den überkommenen religiösen Sitten und Gebräuchen der Väter anzuschließen.

Aus dieser Erkenntniß geht ferner das Bewußtsein für uns hervor:

6. Daß wir die Träger einer wahren Religion sind, und uns in ihr gekräftigt fühlen müssen, Versuchungen im Leben zu widerstehen, und Zurücksetzungen um unserer Religion willen zu ertragen.

7. Daß einst die Gotteserkenntniß des Judenthums zum Eigenthum der ganzen Menschheit und durch sie jener höchste Zustand sittlicher Vollkommenheit des Menschengeschlechts auf Erden verwirklicht werden wird, welchen wir als den einzig wahren Sinn der messianischen Verheißungen ansehen, die seit den Zeiten der Propheten bis auf die Gegenwart in Israel festgehalten worden.

(Beschluß folgt.)

Jastrow, 17. Decbr. Gestatten Sie mir, hochgeehrtester Herr Redakteur, den Lesern Ihres geschätzten Blattes in aller Kürze einen Vorfall mitzutheilen, der zur Charakteristik unserer Gesetze — der jüdischen Konfession gegenüber — und der daraus hervorgehenden Konsequenzen auch für weitere Kreise nicht uninteressant sein dürfte.

Vor ungefähr 1½ Jahren traf hier ein jüdischer Knabe (Namens Moses) ein, der über sich und seine Herkunft weiter nichts mitzutheilen wußte, als daß ihn seine Mutter (Namens Esther) — nachdem sie ihn seit Jahren mit sich herumgeführt — bis vor die hiesige Stadt gebracht und sich sodann entfernt habe. Wo er geboren war ihm unbekannt; auch konnte er sich seines Vaters nicht mehr erinnern; später äußerte er jedoch, daß (wie er von seiner Mutter gehört) sein Vater Mardechai geheißen und sich mit den Unterrichten jüd. Kinder befaßt habe, aber schon seit einigen Jahren verstorben sei. Der Findling wurde nun bis auf etwaige spätere Ermittelungen bei einem hiesigen Polizeidiener untergebracht (das Essen erhielt er jedoch von einiger jüd. Familien, die ihn Freitische gaben) und als alle Erkundigungen über ihn fruchtlos blieben, wurde ihm auf Veranlassung der Königlichen Regierung zu Marienwerder von dem hiesigen Königl. Land- und Stadtgericht, in der Person des genannten Polizeidieners, ein Vormund gesetzt, welcher ihm die Theilnahme an den jüdischen Gottesdienste, die Sabbat- und Fastfeier, so wie das fernere Speisen bei den jüd. Familien streng untersagte, um ihn, der erhaltenen Vorschrift gemäß, in der christl. Religion zu erziehen. Schreiber dieses wandte sich nun im Namen einiger hiesiger jüd. Familienväter an die Königl. Regierung zu Marienwerder und stellte derselben vor: 1) Daß der Knabe Moses von einer jüdischen Mutter geboren, laut ärztlichen Atteste beschnitten und jüdisch erzogen sei; daß er nicht nur hebräisch weiß und mit den Ceremonien bekannt sei, sondern auch schon seit einem Jahre die sogenannten Gebetriemen (Tefillin) angelegt, weßhalb sich mit Wahrscheinlichkeit annehmen läßt, daß er (wofür auch das Attest eines hiesigen Arztes vom 4. Mai c., daß das damalige Alter des Knaben auf ungefähr 12—14 Jahre angiebt, spricht) gegenwärtig schon das 14. Lebensjahr zurückgelegt haben müsse. 2) Daß auch der Vater des Findlings — wie dieser wiederholentlich versichert — dem Judenthum angehört und daß letzterer daher bei Gelegenheit der an den Fasten üblichen Todtenfeier (השכבה הזכרת) auch jedesmal seines Vaters (unter dem Namen Mardechai) erwähnen ließ; wozu noch kommt, daß der Knabe eine ganz besondere Anhänglichkeit an der jüdischen Religion zu erkennen gebe und nicht nur einige Mal gegen den Willen seines Vormundes und trotz der ihm angedrohten Strafe an dem jüdischen Gottesdienste Theil genommen, sondern auch geäußert habe, daß er — obwohl jetzt gezwungen die Speisegesetze zu übertreten, den Sabbat und die Festtage nicht zu feiern — sich dennoch nie zur Annahme des Christenthums verstehen werde. Ferner bemerken wir, daß sich mehrere hiesige jüd. Familienväter verpflichten wollen, für das weitere Fortkommen des Knaben, falls er Jude bleiben dürfe, zu sorgen, und ihn späterhin ein Handwerk erlernen zu lassen, wodurch dem Staate — auf dessen Kosten er jetzt erhalten wird — auch diese Ausgaben erspart und der Findling gleichwohl einst ein brauchbares Mitglied der menschlichen Gesellschaft werden würde u. s. w. Hierauf erließ die Königl. Regierung an den hiesigen löblichen Magistrat nachstehendes Schreiben:

„Der dortige jüdische Lehrer W. hat dringend gebeten, zu gestatten, daß der dort in Pflege untergebrachte heimathlose jüdische Knabe Moses im jüdischen Glauben erzogen werden dürfe. Wir haben nun zwar in unserer Verfügung vom 23. August c. bestimmt, daß der Knabe bis zum 14ten Lebensjahre im christlichen Glauben erzogen werden soll, da indessen die Bestimmung hierüber nicht uns, sondern der Vormundschaftsbehörde zusteht, da die Vorschriften §. 753 seq. Tit. 2. Th. II des A. L. R. von den Befugnissen der Pflegeältern auf den vorliegenden Fall nicht anwendbar sind, so weisen wir den Magistrat an, den W. mit seinem Antrage an das betreffende Vormundschafts-Gericht zu weisen, und dem letztern von dieser Verfügung Kenntniß zu geben. Wenn übrigens nach dem Attest des Dr. Lehrs vom 4. Mai c. das damalige Alter des Knaben als muthmaßlich 12 bis 14 Jahre angegeben ist, so dürfte mit Rücksicht auf §. 83. Tit. 2. Th. II. des A. L. R. kein gesetzlicher Grund vorhanden sein, denselben in der Wahl des Religionsbekenntnisses zu beschränken.

Marienwerder, den 8. November 1847.

Königl. Regierung, Abtheilung des Innern.
gez. Wegener.

Ref. wandte sich mit Bezugnahme auf diese eben

so günstige als gerechte Verfügung ungesäumt an das betreffende Gericht, welches folgenden Bescheid ertheilte:

„Wir müssen, — wie wir Ihnen auf Ihre Eingabe vom 1. d. Mts. eröffnet — zunächst dafür Sorge tragen, daß der Findling Moses Unterricht im christl. Glauben erhält, weil nicht überzeugend nachgewiesen werden kann, daß der F. Moses von jüdischen Eltern abstammt. Da auch das Alter des Findlings nicht feststeht, so ist kein Grund vorhanden, diesen Unterricht jetzt schon auszusetzen. Durch Ertheilung des christl. Unterrichts an den Moses wird übrigens, — was sich von selbst versteht, — seinen künftigen Entschließungen über Annahme eines bestimmten Glaubens, so weit die Gesetze selbst kein Hinderniß in den Weg legen, nicht zu nahe getreten.

Jastrow, den 3. December 1847.

Königl. Lands= und Stadtgericht.

An den Lehrer Herrn Wedell

hier

Während die Kön. Regierung also auf das Zeugniß des Arztes gehörig Rücksicht nimmt, was doch hier allein schon kompetent wäre, wenn nicht andere Indicien für das erforderliche Alter des Knaben zur eigenen Wahl sprechen würden (denn diese Indicien sind unseres Erachtens gerade in dieser zweifelhaften Sache sehr gewichtig, weil erwiesen werden kann, daß nur ein 13jähriger Knabe תפלין legt u. s. w.), umgeht das Stadtgericht die Ansicht der Regierung und schiebt einen Grund vor, der kein Gewicht hat. Weil — so präjudicirt das Gericht — das Alter nicht fest zu ermitteln ist, so muß das bisher jüdische Kind christlich erzogen werden! Ein sonderbarer Grund, um so mehr als nach dem richtigen Bescheid der Kön. Regierung hier die Befugnisse der Pflegeeltern nicht in Anwendung kommen können. — Es ist freilich nicht ganz überzeugend nachgewiesen, ob des Knaben Vater Jude gewesen, aber viele alle Umstände dafür sprechen doch sehr wahrscheinlich. Sollte eine moralisch Ueberzeugung hierbei gar nichts in die Waagschale legen? Sollte das Gericht wirklich ein Recht haben, den Knaben, der bisher Jude gewesen, zum Christen zu machen? — Sollte das hohe Staatsgesetz, das doch allen Konfessionen vollkommene Gewissensfreiheit zusichert, wirklich vorschreiben, daß ein Knabe, der als Jude geboren und erzogen, dessen Vater, wie gesagt höchstwahrscheinlich dem Judenthume angehört und der durchaus Jude bleiben will, zur Taufe und zum Christenthum gezwungen werden könne? Hat der Staat irgend einen Nutzen daran, einen sich bisher zum Judenthum bekennenden Knaben auf seine Kosten in der christlichen Religion erziehen zu lassen, den sich voraussetzen läßt, doch nie ein wahrhafter Anhänger des Christenthums — also keiner Konfession angehörend und dadurch in seinem Gewissen beunruhigt — eher ein unglücklicher, vielleicht gar ein schlechter Mensch werden würde? — Das Judenthum ist von aller Proselytenmacherei fern: das müssen ihm seine Feinde nachsagen. Das Judenthum spricht keinem die Seligkeit ab, der menschlich denkt und fühlt und ein gottgefälliges Leben führt. Der Talmud sagt (Sanh. 59): „Die Frommen aller Nationen können selig werden". Und dennoch ist es Pflicht, heilige Pflicht, die Sache nicht auf sich beruhen zu lassen und den Knaben (wie der Schreiber dieses erst neulich mit Thränen bat) dem Judenthum zu erhalten. Hier die Hände in den Schooß legen wollen, wäre Verrath nicht am Judenthum — das ist wahrlich nicht von der Anzahl seiner Bekenner abhängig — aber Verrath an der Wahrheit, an der Menschlichkeit; Verrath an der Heiligkeit einer Menschenseele! Hier gilt, wie uns jüngst ein achtungswerther jüd. Gelehrter bemerkte, כל המקים נפש אחת מישראל, כאלו משתיה להקב׳ה במעשה בראשית. Wir werden also diese Angelegenheit höhern Orts zur Sprache bringen und Ihnen, bester Hr. Redakteur, die etwaigen Resultate zu seiner Zeit mittheilen. W—U.

Oesterreich.

Wien, 26. Decbr. 1847. Die hiesige Israelitengemeinschaft ist bei Sr. Maj. dem Kaiser in einem Immediat=Bittgesuch um staatsbürgerliche Emancipation eingekommen, welches vom Monarchen signirt, d. h. angeordnet worden ist, daß der Gegenstand von den betreffenden Behörden in Verhandlung zu nehmen und allerhöchsten Orts ein geeigneter Vorschlag darüber zu unterbreiten sei. Die Bittsteller sprechen zwar selbst die Meinung aus, daß der gegenwärtige Zeitpunkt noch nicht geeignet sei, um eine vollständige Gewährung ihrer Wünsche erwarten zu dürfen, und sie haben daher ihr Gesuch hauptsächlich auf drei Punkte gerichtet: nämlich auf Aufhebung des Judensteuer, Abschaffung der Aufenthaltstaxe und Verleihung der Meister= und Bürgerrechte. Die Landesregierung soll, dem Vernehmen nach, die Eingabe im Ganzen günstig begutachtet haben, und es ist wahrscheinlich, daß wesentliche Erleichterungen für die Juden ihnen erfolgen werden, wiewohl in Bezug auf den dritten Punkt vorerst nur die Gewährung von Meister=, nicht aber von den eigentlichen Bürgerrechten zu gewärtigen steht, die auf einen starken Widerstand in der öffentlichen Meinung stoßen würden.

Aus Ungarn, im Novbr. 1847. (Fortsetzung.) Findet der kranke Arme immerhin doch Hilfe und Genesung, so wird dem, durch einen Todesfall hart betroffenen Armen bei der חברה מנחם אבלים trostreiche Unterstützung zu Theil, und zwar auf die Weise, die das schöne Zeugniß von dem uneigennützigen wohlthätigen Sinn der Preßburger liefert. Wenn auch bei der Vollstreckung mancher Wohlthat die nicht dazu geeigneten Hände ins Spiel kommen, ist es die Schuld des Volkes gewiß nicht.: Sobald der Verstorbene in einer Familie zur Ruhe bestattet worden, kommt der Diener der חברא mit zwei Büchsen, wovon die eine verschlossen und die andere offen ist. In beiden befindet sich Geld. Das in der offenen ist für die Leidtragenden bestimmt. Sind diese arm, so nehmen sie es, nachdem der Diener weggegangen, heraus. Sind sie wohlhabend, so verfehlt sie es in die verschlossene Büchse und selten ohne klingende Begleitung. So ist die verschämte Armuth vor jeder Beschämung oder boshaftem Vorwurf sicher.

Unweit Preßburg liegt **Bösing**. Ein altes kleines Freistädtchen, dessen liliput=hoheitliches Magisträthchen bis zum Landtag d. J. 1840 keinen Juden innerhalb seiner alten Ringmauern dulden wollte. Dieses Städtchen mit seiner zerbrochenen Mauer mit seinem Judenhaß deutscher Unduldsamkeit und slavischer Dummheit, kam mir immer vor, wie eine alte häßliche Dame, die in den Methusalem=alten, vergilbten Damastkleide einherstolzirt und nicht einsehen will, daß dies schon längst aus der Mode und sie, obwohl häßlich genug, in diesem Kleide aber vollends ekelig. — Draußen hinter der Mauer hatten die Juden ihr Ghetto. — Auf einem an die Stadt stoßenden palwischen Grunde heißt die bekannte bösinger Diebeskolonie, mit einer vollkommen kahalischen Einrichtung, also: Rabbiner, Synagoge, Schochet. — Es giebt noch mehre solche Raubnester auf herrschaftlicher Gründen in Ungarn z. B. Dina. Diese Piraten ziehen des Sonntags auf nahe und ferne Märkte, viele mit Kind und Kind, und kommen Freitags zur heiligen sabbatlichen Feier heim, beladen mit Beute oder mit blutunterlaufenen Striemen, Beulen und zerbrochenen Gliedern: Erstere prassen und schwelgen, letztere heilen ihren zerfleischten Körper oder ihre zerbrochenen Glieder und ziehen des Sonntags von Neuem auf den Steigreif. Diese Ritter von Langfinger sind aber sehr fromm; sie beten sehr fleißig, viele sogar in Talit und Tefillin, sie waschen die Hände zum Essen, und „benschen". Welch' ein furchtbarer Hohn! Welch' ein in die Seele schneidender Spott mit dem Allerheiligsten getrieben! Der Dieb, der Räuber wäscht die Hände und spricht den Segen über den geraubten Brote! Buchstäblich ובצע ברך נאץ ה! Aber welch' eine gleichgültige Nachlässigkeit von Seiten der ungarischen Juden, einen solchen Schandfleck in ihrer Mitte zu dulden! Hierher, Ihr Magyarisirenden wendet Eure Blicke, hier giebt es ein Feld von Dornen und Disteln zu reinigen in den Garten Gottes, im Hause Israels! — Es ist aber auch eine Freiheit, die ein Recht giebt, Diebe und Mörder auf seinem Grunde

zu schützen, eine wahrhaft barbarische und jedes edle Gefühl empörende. Die afrikanischen Raubstaaten gehen allmälig durch das kräftige Entgegenwirken der europäischen Mächte zu Grunde — und ein aufgeklärter Staat **mitten in Europa** duldet in **seiner Mitte** solche öffentliche Raubnester! Ja nicht nur duldet, sondern schützt sie sogar und befördert dadurch ihren Wohlstand, Vermehrung — eine Geißel der Menschheit, eine Schande der Civilisation! Indessen, wenn wir diese Klasse von Menschen, die allerdings von der bessern Gesellschaft pariaartig ausgeschlossen, gegenüber einer andern amalgamirt mit und emanirt aus der sogenannten vornehmen Welt — jüdisch oder christlich gleichviel — betrachten, so muß man die Frage aufstoßen: welcher Unterschied ist dann zwischen Jenem, der das Geld, das er haben will, durch eine gewisse Fingergeschicklichkeit geradezu aus der Tasche seines Nebenmenschen holt und demjenigen, der es auf eine Weise zu thun versteht, wobei ihn die Gesetze unterstützen müssen, trotz der Vollstrecker des Gesetzes es recht wohl einsehen, daß das Geld des zu Grunde gerichteten Familienvaters Nichts weniger als auf eine rechtmäßige Weise in des Wucherers Tasche gekommen. (Beschl. folgt.)

Italien.

Rom, 17. Dec. 1847. Der Felsineo von Bologna erhebt sich gegen die in mehren Provinzen des Kirchenstaats stattfindende Ausschließung der Juden von Dienste der Bürgergarde und spricht sich bei dieser Gelegenheit zu Gunsten ihrer Emancipation in folgender Weise aus: „Wird denn etwa ihr Geld in den öffentlichen Kassen zurückgewiesen? Und wenn Allen ohne Unterschied des Glaubens das Gesetz die Verpflichtung auflegt, mit ihrem Vermögen zu den Bedürfnissen des Staats beizutragen, warum sollte diese Unterscheidung nöthig sein, wo es sich um persönlichen Dienst handelt. Warum nimmt man die Protestanten auf und weist die Juden zurück. Warum zeigt die Regierung Toleranz und Kourtoisie gegen den Kaiser der Türken, während sie gegen die eigenen israelitischen Unterthanen in ihrer Härte verharrt? Dieser unglückliche Stamm, von Gesetzen, welche durch so viele Jahrhunderte herrschten, in dem traurigsten Zustande gehalten, mußte in nothwendiger Reaction gegen die Unterdrückung feindselige Gesinnungen hegen gegen die Herrschenden, die sie unwürdig die Menschen und Bürger wollten. Aber wenn sie zu bessern Gefühlen der Gerechtigkeit und Liebe zurückzuführen, um sie zu einem vollkommeneren Glauben einzuladen, wollen wir doch bei der allgemeinen Wiedergeburt nicht für sie allein jene Sonne der Freiheit verdunkeln, die uns Allen leuchtet und uns umwärmt." (D. A. Z.)

Verlag von C. L. Fritzsche.   Druck von J. H. Nagel.

Der Orient.
Berichte, Studien und Kritiken
Neunter für **Jahrgang.**

jüdische Geschichte und Literatur.

Herausgegeben

von

Dr. Julius Fürst.

Das Abonnement auf
ein Jahr ist 5 Thlr.
Man abonnirt bei allen
löbl. Postämtern und
allen solid. Buchhand=
lungen auf ein Jahr.

Von dieser Zeitschrift
erscheinen wöchentlich
das Literaturblatt mit=
gerechnet, zwei Bogen,
und zwar an jedem
Dienstag regelmäßig.

№ 4.   Leipzig, den 22. Januar   1848.

Deutschland.

Hamburg, im Decbr. 1847. Die konservative Partei ist jetzt mit Bernays höchst unzufrieden, weil er in der jüngsten Beschneidungsfrage sich unthätig ver= halten, indem der Vater des Kindes für eine vernünftige und gemüthlichen Ermahnungen zugängliche Person be= kannt ist. Man ist daher der allgemeinen Ansicht, daß es nur eines gütlichen Einschreitens von Seiten dieses Geistlichen bedurfte, um den Chillul ha=Schem in ein Kidduisch ha=Schem zu verwandeln, und es ist eigen= thümlich, wie bei den eigenen Anhängern Bernays die Illusion immer mehr schwindet. Freilich hat oft schon die Unthätigkeit B.'s genützt, oder vielmehr in der strengen Scheidung zwischen Verwaltungs= und Kultussachen hat er unsere große Gemeinde von mancher Zerrüttung be= wahrt, aber unmöglich kann dieses Nichtthun zum Prin= zipe erhoben werden und B. auch überdies Geistlicher im kirchlichen Sinne ist. Das wußten von Anfang an alle Gebildeten, die nicht von blinden Zelotismus befangen waren, daß von Seiten der Verwaltung, von Seiten des weltlichen Vorstandes die Beschneidung recht= lich nicht gefordert werden konnte, und selbst wenn der Senat in pietistischem Geiste die Beschneidung ver= langt, so würde es deshalb nicht aufgehört haben, ein Unrecht zu sein; allein das ist auch gewiß, daß es des Geistlichen Amt ist, zu ermahnen und zu belehren, für Erhaltung des Glaubens mit seinen Requisiten sich dann

zu interessiren. Hr. Bernays ist aber leider nur geist= licher Beamte.

Schlesien, 2. Jan. Die Einführung der soge= nannten Civilehe bei den Juden des preußischen Staates, stellt sich immer mehr als ein Pandora=Ge= schenk heraus, und es konnte fast nicht anders sein, da sie nicht wie in Frankreich, aus einer freieren Ansicht über die Ehe, sondern aus einer größern Mißachtung des Judenthums hervorgegangen. Die Masse klagt jetzt freilich blos über die physischen Uebel, welche diese An= ordnung mit sich führt, die Gesinnungsvollen jedoch be= trauern mehr das Prinzip, aus dem diese Freiheitsgabe hervorgegangen; es schmerzt sie, daß der Staat in der jüdischen Ehe gerade einen weltlichen Handel sieht. Diese Demütigung des Judenthums verdanken wir jener reformistischen, excentrischen Schreiern, die in Bre= schüren und Tagesblättern nicht aufhörten, diese franzö= sische Institution zu predigen. Auch der Zionswächter mag seinen Theil dazu beigetragen haben. In den Ver= sammlungen und Concilien der principlosen Rabbiner und Reformer wurden Sabbat=, Speise= und Ehegesetze aus= einandergesetzt, das heißt sie wurden aus den Angeln gehoben, die Offenbarung wurde vertreten, das heißt an dessen Stelle trat etwas Anderes, und diese Männer preisen alltäglich ihr Verdienst, sagend, nur sie wären die Träger des Friedens! עשיו ישמר משה ישמח בחלקו שכר כהניה. Denn war nicht Simri der Ahnherr der gemischten Ehen? Uebrigens scheint Simri ein verhäng=

4

nißvoller Name für sie zu sein, da es auch von einem solchen heißt מזל תורד ארא. Und haben sie sich nicht gegen die rechtmäßige Autorität, gegen ihre väterliche Religion aufgelehnt?

Von der Küddow, 1. Jan. Hier haben Sie ein Seitenstück zu dem, was Ihnen neulich (Nr. 50 v. J.) von Ihren Oberschlesischen Korrespondenten in Betreff des neuen Gesetzes über die Geburts- und Todesanmeldungen mitgetheilt worden. — Einem Juden in dem 5 Meilen von Schneidemühl gelegenen, aber noch zu dessen Gerichtsbezirk gehörenden Städtchen M. wurde unlängst ein Kind geboren. Der erfreute Vater meldet dies Ereigniß bei der Ortsbehörde, wird aber von dieser zurück- und an das Land- und Stadtgericht zu Schneidemühl gewiesen, mit der Bedeutung, daß er vor letzterem persönlich erscheinen müsse. Der Mann ist unbemittelt, sogar arm; allein Armuth entschuldigt vor dem Gesetze nicht. Diesem muß Folge geleistet werden und pünktlich. So miethet denn unser armer Jude eine Fuhre, fährt nach Schn., erscheint vor Gericht, entrichtet die hohen Gebühren und läßt sein Kind in die Geburtslisten eintragen. Nach besorgten Geschäften reist er wieder nach Hause zurück, und daselbst angekommen, findet er sein Kind — todt. Was ist zu thun? Die Fuhre muß zum zweiten Mal bestellt, die Reise nach Schn. zum zweiten Mal unternommen werden. Der arme Vater muß wieder persönlich vor dem Gericht erscheinen und wieder hohe Gebühren entrichten, um sein vorgestern erst als geboren angemeldetes Kind in die Listen der Verstorbenen einregistriren zu lassen. — Dies das Faktum. Die Reflexionen wollen wir uns auf ein anderes Mal aufbewahren. Für heute nur noch die Bemerkung, daß der Vorschlag Ihres Oberschl. Korr. in unserer Provinz sehr lebhaften Anklang findet. W.

Berlin, im Decbr. 1847. Auch das letzte Unternehmen, ein an der jüdischen Wissenschaft hier schon zu wiederholten Malen begangenes Unrecht, so weit es eben noch geschehen konnte, wieder gut zu machen, ist an dem in der Mitte der hiesigen Gemeinde sich kundgebenden Indifferentismus gescheitert. Welcher Verlust es für die jüdische Wissenschaft war, daß die Oppenheimersche Bibliothek aus Mangel an Theilnahme bei den reichen Juden Deutschlands ins Ausland wandern mußte, ist an vielen Orten und namentlich auch in diesen Blättern oft genug dargethan worden. Nach dem Tode des seligen Heimann Michael in Hamburg fürchtete man auch für dessen ausgezeichnete Bibliothek dasselbe Schicksal, und es suchten einzelne Männer theils privatim theils öffentlich ihren Einfluß geltend zu machen, um jene werthvolle Sammlung nicht auch den Jüngern der jüdischen Wissenschaft zu entfremden, aber umsonst, die Gleichgiltigkeit und Theilnahmlosigkeit verschloß ihr Ohr und die seltenen Druckwerke der genann-

ten Bibliothek wurden von dem Buchhändler Herrn Asher für das British Museum angekauft. Noch war aber die große Zahl hebräischer Manuskripte in den Händen des Hrn. A., die dieser für den billigen Preis von 7000 Thlr. ablassen wollte, falls die Gemeinde oder einzelne Gemeindemitglieder sie zu einem gemeinnützigen Zwecke anzukaufen geneigt sein sollten. Wirklich unternahmen es einige Gemeindemitglieder, Zeichnungen zu Beiträgen zu veranstalten, um die Manuskripte dann der für jüdische Handschriften nicht hinreichend mit Geld versehenen, aber doch nach dem Besitze derselben trachtenden Königlichen Bibliothek zu schenken, aber das Unternehmen, zu dessen Unterstützung die alte Orthodoxie und die junge Reform sich hätten die Hände reichen sollen, mußte aufgegeben werden, da die Summe der gezeichneten Beiträge weit hinter der zum Ankaufe nöthigen zurückblieb. So bleibt auch für diese, sicher nicht so bald wieder vorkommende Sammlung jüdischer Manuskripte die betrübende Aussicht, sie gleich den Druckwerken nach England wandern und für die Gelehrten des Kontinents verloren gehen zu sehen!

Jastrow, 15. Decbr. 1847. In unserm Artikel (in Nr. 2 d. Bl.) erwähnten wir in einer Note, daß die Eintragung der Geburts-, Heiraths- und Sterbefälle ins Register jetzt eine bedeutende Summe kostet und bemerkten (wie dies auch schon in Nr. 50 d. Bl. in dem Artikel „Aus Oberschlesien" geschehen ist), daß es an der Zeit wäre, diesen Uebelstand höchsten Orts zur Sprache zu bringen. So eben erfahren wir aus sicherer Quelle, daß Herr Rabbiner Dr. Klein in Stolp entschlossen sei, dagegen einzukommen und zwar im Namen aller Gemeinden, welche es wünschen. Indem wir uns erlauben den Gemeinden hiervon Anzeige zu machen, können wir ihnen nur rathen, sich der Petition des Herrn Dr. Klein anzuschließen und denselben recht bald davon in Kenntniß zu setzen. W-ll.

Oppeln, im Decbr. 1847. Auch unsere Gemeinde, geehrter Hr. Redakteur, hat durch die Aufnahme eines jungen, wissenschaftlich gebildeten Rabbiners bekundet, daß sie mit der Zeit fortgeschritten. Sie wundern sich vielleicht, daß ich dies in der Gegenwart noch als Zeichen des Fortschrittes betrachte; doch mit Unrecht. Denn in unserm Oberschlesien gibt es noch immer Gemeinden, die unter dem Worte Rabbiner sich einen Mann denken können, der in das seine Gehäbe unserer Zeit eingedrungen, sein Geist gebildet, sein Aeußeres geschliffen und mit freundlichem Gesichte in das Leben schaut. Nach ihrer Idee muß ein solcher Gottesgelehrter durch Bart, Schubbeze, Spodeck, Stock und Schnell-Gabbi Ehrfurcht einflößen, oder wenigstens den größten Theil seines Lebens auf das Studium von Schaß und Poskim verwenden, wenn auch das meiste darin Enthaltene in der Gegenwart keine Anwendung mehr findet, und sich demüthig in sein Golus füge, sich wenig oder gar nicht bekümmernd um die Welt und ihre Freuden und Leiden. Wir aber haben, wie Sie sehen, diese alte und veraltete Anschauungsweise über Bord geworfen und einen jungen Mann zu unserm Seelsorger gewählt, der auf der Universität gelebt, sich Weltkenntniß angeeignet und mit den Traurigen traurig ist, kurz einen Mann, der mit wissenschaftlicher Bildung auch gesellige Tugenden verbindet. Und wahrlich, wir haben keine Ursache unsere Wahl zu bereuen. Denn Hr. Dr. Cohn, so nennt sich unser Rabbiner, ist ein Redner, der sowohl durch sein herrliches Organ als durch seine gediegenen Predigten seine jüdischen und christlichen Zuhörer förmlich hinreißt und mit jugendlicher Frische und Kraft von der Kanzel herab eine zeitgemäße, wohlthuende Aufklärung zu verbreiten strebt. Sein vorzüglichstes Augenmerk ist auf unsere Jugend gerichtet, in deren Gemüthern er einen empfänglichen Boden findet für den Samen wahrer Frömmigkeit und echter Religiosität, den er auszustreuen bemühet ist. In der Religionsschule für Knaben und Mädchen, die er zu diesem Behufe ins Leben gerufen, wird er von unserem biedern Kantor und Lehrer, Hrn. Stadthagen, bedeutend unterstützt, dessen Leistungen in Synagoge und Schule sich überhaupt der größten Zufriedenheit von Seiten unserer Gemeinde-Glieder zu erfreuen haben. Auch den hiesigen jüdischen Gymnasiasten, die bisher von dem Glauben und der Geschichte ihrer Väter so wenig wußten, ertheilt Hr. Dr. Cohn einen trefflichen Religions-Unterricht. Seit der Anwesenheit unseres Rabbiners ist in unserer Synagoge Chorgesang eingeführt worden, der, wenn auch jetzt noch geringfügig, unter der Leitung unseres Kantors ganz vorzüglich zu werden verspricht. Mit der Zeit wird Herr Dr. Cohn wohl noch andere zeitgemäße Reformen treffen und so gehen wir freudig einer schönen Zukunft entgegen. Wir können nicht umhin, schließlich noch den Wunsch auszusprechen, daß die Gemeinden unserer Provinz, sobald die angeordneten Synagogen-Bezirke sich konstituirt haben, unserm Beispiele folgen, und zur Aufnahme wissenschaftlich gebildeter Rabbiner schreiten mögen; denn nur dadurch dürfte es gelingen, dem religiösen Indifferentismus zu steuern und die künftigen Generationen zu glaubensinnigen und in die ewige Wahrheiten ihrer Religion immer mehr eindringenden Juden heranzubilden. — r.

Breslau, Ende Decbr. 1847. Die hiesige Regierung hat im Laufe dieses Monats die Listen der zur bevorstehenden Vorstands- und Repräsentantenwahl Zulässigen zur Einsicht ausgelegt. Diejenigen, die seit 3 Jahren ihre Beiträge nicht eingezahlt, wurde die Wahlfähigkeit abgesprochen und ihnen bis zur Reklamation gelassen. Demzufolge sollen nun Viele reklamirt, Viele aber auch ihre Beiträge nachgezahlt haben. Dieser Tage eröffnete Herr Dr. Geiger im Lehr- und Leseverein seine, für diesen Winter angekündigten Vorträge über die jüdische Geschichte der neuesten Zeit. In seinem ersten Vortrage, den er vor einer ungemein zahlreich versammelten Herren- und Damen-Gesellschaft hielt, gab er den Standpunkt an, von welchem aus die neueste Geschichte der Juden betrachtet werden müsse und sprach dann vorbereitend über die, auf die äußere Stellung der Juden einwirkenden Verhältnisse von der französischen Revolution ab bis zum Jahre 1815. In seinem nächsten Vortrage wird er die inneren Verhältnisse der Juden während jener Periode besprechen. Wir hoffen, Ihnen später Vieles über diese Vorträge mittheilen zu können.

Frankfurt a. M., 9. Jan. Dieser Tage fand in den benachbarten Bockenheim die Trauung einer hiesigen israelitischen Bürgers-Tochter mit einem jungen Arzt aus Bonn nach altem jüdischen Herkommen in einfach patriarchalischer Weise statt. Die Trauung ward nämlich nicht von einem besoldeten Rabbiner, sondern von einem dem Kaufmannsstand angehörigen Anverwandten der Braut vollzogen. Man hatte zwar den Kreisrabbiner J. aus Hanau für diese Funktion eingeladen; derselbe war aber aus unbekannten Gründen nicht erschienen, und so ging nun, wie erwähnt, die Ceremonie in Ruhe und gemessenem Anstand, im Beisein der, meist den orthodoxen Theile der hiesigen Juden angehörigen Familienmitglieder von Statten. Wir haben nun neben dem Beispiel einer jüngst von einem der Neologie huldigenden Prediger an sich selbst vollzogenen Trauung einen weiteren praktischen Beleg, daß das Judenthum einer Geistlichkeit durchaus nicht bedarf, da in demselben der Stand der Priester zugleich mit dem alten Opferdienst aufgehört hat, wonach alle religiösen Handlungen, wie Beschneidung, Trauung, Verboten u. dgl., von jedem erwachsenen Jsraeliten vorgenommen werden können.

(Frankf. J.)

Jastrow, 10. Jan. Heute, geehrter Herr Redakteur, nur einige trockene Bemerkungen, die Sie, ob sie auch gerade nicht von Wichtigkeit, ein Plätzchen in Ihrem geschätzten Blatte gönnen wollen. Wir berichteten neulich (Nr. 2 d. Bl.), daß das Rabbinat in M. Friedland vakat sei und daß sich, obwohl diese Vakanz bis jetzt noch nicht in öffentlichen Blättern annoncirt war, mehrere Kandidaten und zum Theil aus weiter Ferne gemeldet. Wie man hört, soll die Stelle verläufig besetzt sein, und zwar durch einen gewissen Rabbinatskandidaten Dr. Cossmann. Wir sagen verläufig; denn Hr. C. soll nur einstweilen als Prediger und nur auf „Probe" angenommen sein. Und warum das? weil — nun, weil das sogenannte Wittwenjahr der Friedl. Gemeinde erst im nächsten Sommer zu Ende geht und weil Fr. vorsichtig zu Werke geht und vorläufig noch keine definitive Wahl treffen will. — Uebrigens ist es lobenswerth, was doch so ein Rabbinatskandidat für „Probe" und חזקה zu bestehen

4 *

hat, ehe er so zu sagen unter die Haube kommt. — Da werden Erkundigungen eingezogen über seine Persönlichkeit, über seinen Charakter, über seine Religiosität, über seine Studien — ob er auch wirklich ein Triennium absolvirt, oder nur dem Namen nach ein akademischer Bürger gewesen, ob der Doktertitel ein echter oder nur ein für Gold erworbener u. s. w., was auch den Gemeinden nicht übel zu nehmen ist; denn es steht geschrieben דרשת וחקרת היטב. Aber nun sollte man glauben, daß ein solcher "Ehebund" zwischen Gemeinde und Rabbiner, dem so viele Erkundigungen und Forschungen und Proben vorangegangen, doch ein glücklicher und dauernder sein müßte. — Und doch ist dem nicht also. So heilig auch in Israel der Ehebund gehalten wird und so sehr auch Friede und Eintracht und Familiensinn und Eheglück in den israelitischen Häusern heimisch sind, so wenig ist diese Zufriedenheit und diese Eintracht in den Bündnissen, so die Gemeinden mit ihren Geistlichen schließen, zu finden. Und nur zu oft sind diese Bündnisse so locker und für die Betheiligten so unerträglich, daß es über kurz oder lang zu einer Scheidung kommt; und dann? — dann bleibt die Gemeinde wieder auf längere Zeit vakant, und der Herr Rabbiner ist wieder was er früher gewesen — ein Rabbinatskandidat. — Ob in solchen Fällen immer die Gemeinde oder der Rabbiner Schuld habe — wer kann das behaupten? — Gewiß, es ist dies ein Mißstand, der sich nur zu häufig wiederholt und wahrlich ein Uebel ist, das sehr nachtheilig wirkt. Doch mit der Zeit pflückt man Rosen. Mit der Zeit wird es auch hiermit, wie mit vielem Andern besser werden; mit der Zeit werden die Gemeinden emancipirt werden von der Unordnung, von der Parteisucht und von den sogenannten modernen Duodeztheologen, die mit Reformen wie mit Pfannkuchen um sich werfen und da glauben, Gott weiß was für's Judenthum gethan zu haben, wenn sie קיום פורקן איהו מקום wegreformiren. Mit der Zeit aber auch die Rabbiner emancipirt werden von der prekären Stellung und von den ungebührlichen Anforderungen, die noch mitunter an sie gemacht werden; mit der Zeit werden die Gotteslehrer in Israel ihrem Stande angemessene Stellung erlangen; aller Hader und aller Federkrieg wird aufhören; es wird in den Gemeinden und unter den Rabbinern ein allgemeiner Frieden herrschen, und dann werden die Gemeinden einig sein und ihre Lehrer einig. Hoffen wir es, denn התקוה חבר משמח, אפילו אם לא יגיע לחפצך תנעם בו sagt ein altes Buch. — Uebrigens, um wieder auf unser Thema zu kommen, soll auch Hr. Dr. C. schon einige Konflikte gehabt haben; er wollte nämlich Religionsunterricht ertheilen, und das soll ihm, weil er die vorgeschriebene Lehrerprüfung nicht gemacht, untersagt worden sein. — Es ist das nicht das erste Mal, daß einem jüdischen Prediger das Unterrichten untersagt wurde; und doch könnte dieser Stein des Anstoßes, wenn es dem Herrn Gottesgelahrten Ernst um die Sache ist, sehr leicht beseitigt werden; sie brauchten ja nur die Elementar- oder Religionsprüfung zu machen; die doch am Ende nicht so schwierig ist! — Doch das ist Nebensache. Was die Hauptsache ist, so ist Friedland eine Gemeinde, die Sinn hat für alles Gute und Zweckmäßige und wäre es zu wünschen, daß sie, wenn sie einmal einen Rabbiner wählt, einen gesinnungstüchtigen und charakterfesten Mann bekäme, wenn er auch gerade nicht den Doktertitel führt, der beiläufig gesagt, ebenso wenig den Rabbiner macht als der breite Hut und der Talar. — Vorläufig aber möge Fr. in Hrn. wenigstens einen Prediger gefunden haben, der seine Stellung würdig ausfüllt; und Hr. Dr. C. möge in Friedland ein Land des Friedens gefunden haben. — Nun noch Etwas. Bei dem Königl. Land- und Stadtgericht zu Tempelburg (in Pommern) ist vor einiger Zeit ein Israelit, Herr H. Jakoby, als Protokollführer und Bureaughilfe angestellt worden. Wir halten dieses Faktum deshalb des Mittheilens werth, weil dies der erste Fall ist, daß hier zu Lande ein Israelit ein Staatsamt (wenn das erwähnte anders so genannt werden kann) bekleidet, und weil jüdische Staatsbeamte in unserm Vaterlande überhaupt noch zu den Seltenheiten gehören. — Schließlich bester Herr Redakteur, gestatten Sie mir noch einige Druckfehler, die sich in unserm Art. (in Nr. 2 d. Bl.) befinden, zu berichtigen. S. 12, Sp. 1 v. u. ist das Wörtchen "will" übrig; Sp. 2, Z. 7 v. o. l. zwei sind Stadtverordnete und einer Stadtverordneten-Stellvertreter. In der Note 1 l. "Durch den ꝛc. Abgang; S. 13, Z. 4 v. o. l. Leichenbegängnissen; Note 2 l. betragen jetzt die hierbei entrichtenden ꝛc.; Note 4, Z. 4 l Marienwerder und Note 5, Z. 3 Krojanke. W—U.

Berlin, 1. Nov. 1847. (Schluß.)

III. Einiges über unser Verhältniß zur gesammten Judenheit, und über einzelne specielle Gesetze.

Wir sehen sämmtliche Bekenner des Judenthums als Bekenner der wahren Religion an, und halten nur die Art und Weise des Bekenntnisses, wie die Bethätigung desselben, als eine Form der Vergangenheit, die einer Reform für die Gegenwart, besonders aber zum gesicherten Fortbestehen des Judenthums für die Zukunft, dringend bedürftig ist. Insofern dieses Bedürfniß in den meisten deutschen Glaubensbrüdern namentlich anerkannt ist, und diese auch auf dem Wege der Reform begriffen sind, sehen wir uns nur als die Vorgänger in der Reform an, so daß wir die gegenwärtig nothwendig gewordene Sonderung in eigne religiöse Institute nur als ein einstweiliges Mittel betrachten, durch welches unserm Bedürfniß genügt, und der Weg, den wir für den richtigen halten, für die Zukunft und für Alle angebahnt wird.

Indem wir ferner die bisherigen Schriften des Judenthums nur als die Quellen der Erkenntniß, der Entstehung, Entwicklung und zeitweiligen Gestaltung der Religion anerkennen, ihnen aber insoweit den Einfluß auf die Gestaltung unserer religiösen Einrichtungen zugestehen, als wir uns verpflichtet fühlen, die Form der Bethätigung unserer Religion aus der in Schrift und Leben auf uns vererbten Religion der Väter zu entnehmen, so weit sie geeignet ist, zur Hebung des religiösen Bewußtseins, oder zum Bewußtwerden der Bedeutung Israels in Vergangenheit, Gegenwart und Zukunft, oder der Zusammengehörigkeit der sämmtlichen Bekenner des Judenthums, sprechen wir aus:

1. Daß wir fortfahren werden: uns der üblichen jüdischen Zeit- und Festrechnung, obwohl wir sie einer Reform bedürftig halten, anzuschließen.

2. Die Feier des biblischen Jom Sichron Teruah in der ihm erst später zugekommenen Bedeutung eines Neujahrsfestes zu begehen.

3. Desgleichen werden wir den Charakter des Schabuot-Festes in der ihm erst in späterer Zeit gewordenen Bedeutung eines Offenbarungsfestes festhalten.

4. Den Grundtypus der Gebetformeln werden wir fortbestehen lassen, und in den Gebeten sowohl ältere wie jüngere Stücke beibehalten, sobald sie nur geeignet sind, wahre religiöse Erbauung zu erwecken.

5. Desgleichen werden wir mindestens ein Minimum der Liturgie in hebräischer Sprache erhalten, und namentlich solche Verse, die, wie das Schema und Kadosch, Fundamente der jüdischen Gotteslehre sind.

6. Das Vorlesen aus der Tora und aus den Propheten werden wir, als Momente der öffentlichen Belehrung beibehalten. Endlich werden wir

7. den religiösen, moralischen und Sittensprüchen des Talmuds, der Midraschim, wie der spätern jüdischen Gotteslehrer, in öffentlicher gottesdienstlicher Belehrung eine Stelle neben denen der Bibel einräumen.

8. Dagegen halten wir uns zur Ausübung von Handlungen nicht verpflichtet, deren religiösen Zweck wir zwar (wie Tefillin, Zizis, Mesusa u. s. w.) anerkennen, die aber in unserer Zeit durch Unterricht, Gottesdienst, gottesdienstliche Belehrung, sowie durch Verbreitung von Schriften religiösen Inhalts leichter und unserer Anschauung entsprechender erreicht werden kann.

9. Ingleichen halten wir uns nicht zur Beobachtung von Verboten verpflichtet, die entweder ursprünglich oder auch nur in der Gegenwart nicht mehr, weder mit den Lehren, noch mit den Pflichten, noch mit der Bedeutung des Judenthums und religiöser Zusammengehörigkeit seiner Bekenner in Verbindung stehen, wie namentlich den größten Theil der Speisegesetze, sowohl die biblischen, wie hauptsächlich, die erst in späterer Zeit entstandenen und an Bibelworte angelehnten.

10. Zufolge der Pflicht, die Zusammengehörigkeit der Israeliten in religiöser Beziehung aufrecht zu erhalten, wollen wir das Gesetz der Beschneidung so lange unter uns fortbestehen lassen, so lange die Bedeutung derselben, als ein Zeichen des Bundes, in unsern Glaubensbrüdern noch thatkräftig genug lebt, um jeden der dies Gesetz unvollzogen läßt, als aus dem Bunde des Judenthums getreten zu erklären. Wir indessen halten uns zu der Aussprache verpflichtet, daß wir, für uns, der Beschneidung solche Bedeutung nicht geben, noch können wir in ihrer Unterlassung stillschweigend einen Austritt aus dem Judenthum annehmen.

11. Dagegen erkennen wir im Sabbat eine echt jüdische Institution, die ihre versittlichende Kraft in der Menschheit in hohem Maaße bekundet hat, und die aufrecht zu erhalten wir die heilige Pflicht haben. Bei der Bedeutung, die das Schriftwort für uns hat, können wir zwar die bisher im Judenthum festgehaltene ängstliche Entfernung von jeder Thätigkeit, die den Namen einer Arbeit haben könnte, als eine nunmehr nur die wahre Sabbatfeier störende Uebertreibung ansehen, halten vielmehr die wahre Feier erfüllt in einem weihevollen Gottesdienst und einer den Verhältnissen jedes Einzelnen angemessenen Rast von den gewöhnlichen Tagewerk, die ihm Sammlung und Erholung von den alltäglichen Mühen und Lasten gewährt, und der er sich hingeben soll, soweit ihn nicht höhere Pflichten an diesem Tage obliegen. — Gegenüber den drängenden Ansichten in der Gegenwart halten wir uns zu der Erklärung verpflichtet, daß wir eine Verlegung des Sabbats auf einen andern Tag nur dann im Interesse des Sabbats und des Judenthums zugestehen werden, wenn die Nothwendigkeit hierzu sich dringend in mindestens den größern Theil der deutschen Judenheit darthun, und wenn der Tag, auf den der Sabbat verlegt werden soll, aufgehört haben wird, ein solcher Feiertag einer Staatsreligion zu sein, der seinem Wesen und seiner Bedeutung nach, der Gotteserkenntniß des Judenthums widerstreitet.

Oesterreich.

Austerlitz, 30. Decbr. 1847. Es ist bereits ein Jahr seit dem Dahinschwinden unseres Seelsorgers verstrichen, und noch steht unsere Gemeinde verwaist. Sie fragen vielleicht „Sollte denn Ihre Gemeinde, heute zu Tag, wo alles von Kandidaten und Philosophen wimmelt, wo denn eine Stelle erledigt, eine Unzahl derselben konkurriren mit Pfeil und Bogen Schwert und Lanze, Ritter und Käppchen, und durch den reißenden Strom ihrer schwulstigen Beredsamkeit, sollte da sich noch Keiner zur Bekleidung der Rabbinatsstelle gefunden haben?"

Darauf erfolgt hier die Antwort. Am 5. Mai v. J. vereinigten sich alle echt orthodoxen Kontribuenten und wählten einstimmig einen zwar Nicht-Philosophen, aber doch tüchtigen Pädagogen, nämlich Hrn. Duschak, Oberlehrer zu Triesch, zum Rabbiner. Aber vom Brodneid gereizt ging der Pfeil vom Bogen los, nämlich der R.-K. Feilbogen, ein absolvirter Philosoph ergriff eine Rekurs beim Kreisamte, mit dem Bemerken, daß Duschak nicht Philosoph und die Wahl ganz ungültig sei: ferner weil bei derselben keiner von dem Amtsvorstande gegenwärtig war, und in Folge dessen ist auch beim Kreisamte als 1. und beim Landesgubernium als 2. Instanz die Wahl für nichtig erklärt worden. Und so wurde auf philosophischem Wege eine herzzerreißende Entzweiung herbeigeführt, welche gegenseitige Schmähungen, Lästerungen und Drohungen zur Folge hatte, da Hr. Feilbogen die Rekurszeit zu benützen und sich durch gewisse Künste, einige Stimmen, wie auch das Wohlwollen des Herrn Amtsvorsteher zu gewinnen gewußt und wollte sich so der Gemeinde, bei der er vorher gar keinen Anklang fand, gewaltsam aufrabbinern. Es wurde auf Anordnung der Behörden am 30. November eine 2. Wahl vorgenommen, wo trotz aller Künste, allem Zureden und Zudringen Duschak durch eine Majorität von 52 gegen 15, zum zweiten Male als Rabbiner gewählt wurde. Nun glaubte die Majorität als „gerechte Sache" den Sieg errungen zu haben, aber es sollte ganz anders kommen. Als der Wahlakt geschlossen werden sollte, kam ein Postschreiben von Landrabbiner Hirsch, worin bedeutet wurde, daß Duschak — welcher sich trotz seiner von drei autorisirten in den talmudischen Wissenschaften vielberühmten mährischen Rabbinen innehabenden Hatara, beim Hrn. H. sich nochmaliger Prüfung unterzog, zur mehren Bekräftigung seiner wirklichen Befähigung zu der ihm bestimmten Rabbinatsstelle, von demselben aber, der seinen Ruf als Talmudist zu begründen vor hat, Herrn Duschak über die im jetzigen gemeinen Leben gar nicht ganz und brauchbaren Hilchot Negaim und Nesikin (Plager und Schäden haben die Juden genug) geprüft wurde und angeblich nicht gut bestehen konnte — ohne Unterziehung einer nochmaligen Prüfung beim Landrabbinate zu einer Rabbinerstelle nicht fähig ist.

Als die Majorität sich in ihren Hoffnungen getäuscht sah, da gab's Verdrießlichkeiten, wobei die Minorität ins Fäustchen lachte.

Nach diesen Debatten wurde beschlossen, das mährische Orakel (Hirsch) zum zweiten Male zu befragen, und er sah ein, wie er sich kompromittirt, welche Flamme der Zwietracht er durch sein verspätetes Schreiben in unsere friedlichen Gemeinde geschleudert und tröstete die Majorität mit den entschuldigenden, schauen Worten: „daß er nach bestehenden Landesgesetzen in die Wahl nicht einzuschreiten hat, folglich ihre Bitten und Beschwerden der höhern Behörde anheim zu stellen, welche bestimmt zum Besten der Gemeinde entscheiden wird. Die Majorität befolgte dessen Rath und bewerkstelligt dies durch eine dritte Rabbinerwahl, welche im Febr. 1848 vor sich gehen wird. Da aber aller guten Dinge drei sind, auch das 3. Mal des Juden Recht ist, so steht in Aussicht: „falls Herr Duschak bei der zweiten Prü-

fung, פי קבלה על die Negaim und Nesikin zu bannen wissen wird, um dadurch den Rabbinerschlag, von der göttlichen Gnade des päpstlichen Oberlandesrabbiners als Stellvertreter Moses, zu erhalten, auch bei der 3. Wahl siegreich hervorgehen wird. Ich meinerseits wünsche Herrn Duschak Kraft, Muth, Ausdauer und Beharrlichkeit sich der Nesikin, die nach der Meinung des Herrn Hirsch nicht mehr vorhanden sind, nicht zu fürchten. Mit den Negaim kann es wohl ein Bischen zu schaffen geben, weil sie sich so leicht nicht bannen lassen, aber da wird schon Herr Hirsch, besonders das Bet Din, worunter ein Verwandter Feilbogens, folglich ein Gönner Duschaks ist, doch schon ein wenig Nachsicht üben; weil ein Nega größtentheils sich von selbst verliert und Herr Feilbogen soll nach dem Hörensagen in Straßnitz die Rabbinatsstelle mit Sturm genommen haben, und somit kein Anstoß mehr im Wege liegt.

Wien, 5. Jan. Mannheimer's in neuerer Zeit immer schärfer hervortretende konservative Richtung hat hie und da in unserer Gemeinde Anstoß erregt, namentlich kann man es diesem Nestor der jüdischen Homiletik nicht verzeihen, daß er seine, wie es scheint erst in letzter Zeit, gewonnenen Ansichten, mit unerbittlicher Strenge zur Geltung zu bringen sich bestrebt. Es hieß darum in neuerer Zeit, es solle noch ein zweiter Prediger am hiesigen Tempel angestellt werden, um dem gewaltigen Eiferer die Waage zu halten. Aber man zögerte mit der Ausführung dieser Drohung, wahrscheinlich in der Erwartung, daß Hr. Mannheimer seinen Eifer dämpfen wird. Wie sich voraussehen ließ, traf dieses nicht ein, und so wurde natürlich zur That geschritten und man wählte einen Lokalrabbiner aus einem Städtchen in Böhmen. Ich sagte, man wählte, denn daß nicht die Gemeinde als solche bei dem ganzen Handel betheiligt sei, ist jedem, der die hiesigen jüdischen Zustände kennt, bekannt. Aber es weiß auch Niemand zu sagen, wer denn, und man kann es höchstens errathen. Der nächste Grund zu diesem Entschlusse soll noch Einigen eine fanatische Predigt (par. wa-Jera) Mannheimer's gewesen sein, die eine Fraktion in der Kammer zum Entschlusse der Intervention getrieben; diese Predigt nämlich, der den Untergang Sodom's zum Text, hatte es gegen die Börsenspekulanten gemünzt, und ein Pariser Börsenritter hätte sich verletzt fühlen können. Mannheimer hat der Gemeinde erklärt, daß sein vorgerücktes Alter ihm nicht erlaube, die Mühewaltung, die mit dem Predigen verbunden ist, allein zu bestreiten. —

Prag, im Decbr. 1847. (Bemerkungen über Prag. Aus dem Tagebuche eines Reisenden, im Monat November 1847.) Die Alteration über das bei Auwall vorgefallene Eisenbahnunglück, dessen Theilgenosse ich war, hielt mich vor meiner Weiterreise über Dresden mehrere Tage in Prag, während welcher Zeit ich Muße hatte, die dortigen Merkwürdigkeiten und Alterthümer in Augenschein zu nehmen, die mich zu manchen Betrachtungen über Einst und Jetzt veranlaßten.

In der Ferne wird wohl mancher aus den Talmudschulen der berühmten Rabbiner Landau, Fischel und Bacharach hervor gegangene Nestor, der Blüthe des ehemaligen Prags sich erinnern; schwerlich aber dürfte jemand, der von jenem Blüthenzustande eine Anschauung hat, an die spurlose Verwischung aller Reste dieser damals weit verzweigten Lehrinstitute glauben wollen. Gleichwohl ist es für Jeden, dem ein religiöses Bewußtsein inne wohnt, eine schmerzliche Gewißheit, daß man hier auf den Trümmern einer entschwundenen Größe wandelt. Ja nicht ein einziges Institut ist hier vorhanden, wo gründliches Talmudstudium ein Asyl fände; daher die Jünger der Theologie und Rabbinatskandidaten auf ihren Privatfleiß beschränkt sind, und von ihrem eigenen, entworfenen oder zerworfenen Studienplane, hängt ihr zukünftiger Bildungsstand und ihre Brauchbarkeit ab. —

Die Grabmäler des hiesigen weltberühmten Gottesackers, deren beredte Inschriften Zeugniß von einer wahrhaft großen Vergangenheit geben, ließen eben die Schatten, jener entschwundenen Koryphäen an meinem trüben Sinn vorüber ziehen, und eben war ich im Begriffe, mich an Ort und Stelle über die Ursachen zu verständigen, welche diesen Kontrast der Vergangenheit mit der Gegenwart herbeizuführen fähig waren, als ich an meinem Führer, eine dem Zwecke meiner Forschungen widerstrebende Eilfertigkeit bemerkte. Auf mein Befremden, folgte die Entschuldigung, daß so eben die Tochter des ehemaligen prager Oberrabbiners Elasar Flekeles zu Grabe bestattet werde, welchem Liebesdienste er sich aus Pietät für Vater und Tochter nicht entziehen könne. Dieser gefeierte Name, für den jeder der rabbinischen Literatur Kundige ein ehrenvolles Andenken bewahrt, erregte mein Interesse, und ich muß es gestehen, auch der Drang, die veränderte Art kennen zu lernen, welche hierorts in der Leichenbestattung eingetreten sein mag, hatte seinen Theil daran, daß ich an der Seite meines Führers einem nahe gelegenen Orte zueilte, wo die Leichen eingesargt werden.

Alsobald näherte sich diesem Orte eine in zahlreichen, aber ungeordneten Massen heranwogende Volksmenge, die unter wildem Gemurmel das treffliche הַמוֹן עַם brüllte. Der chaotische Wirrwarr hatte eher mit einem Volksauflauf als einem Leichenbegängnisse Aehnlichkeit. Dem frommen Lebenswandel der Hingeschiedenen wurde von den Umstehenden die ungeheuchelste Anerkennung gebracht, auch fehlte es nicht an Thränen, die der Verblichenen sowohl, als dem Andenken ihres berühmten Vaters nachgeweint wurden. Diese Herzlichkeit aber stach gegen den regel und anstandslosen Vorgang nur noch bedeutender ab; so daß hier meine Ver-

wunderung über den Widerspruch, der sich in dem religiösen Leben dieser zahlreichen Gemeinde manifestirt, ihren Hochpunkt erreichte. — Daß die ererbten geistigen Schätze leichtsinnig hingegeben, oder als gehaltloser Ballast abgeworfen werden, um sich in der Zeit leichter fortzubewegen, ist in unseren Tagen eben nichts Neues, nichts Auffallendes, aber daß Ihr den innern Kern, das geistige Leben in Eurer Mitte, bis auf den letzten Funken habet verglimmen lassen, und dafür nicht einmal eine erträgliche Aeußerlichkeit errungen habet, dies ist wohl noch etwas Unedleres als die Krankheit des Jahrhunderts! — Oder waret Ihr zu gewissenhaft, an die Stelle des verlassenen Gutes eine Scheinmünze zu setzen? — O niemals wäret die äußeren Formen bei Euch so hinter allem Anstande zurück geblieben, hättet Ihr einen Kern Euch zu bewahren, und auf die Zeit zu übertragen gewußt. — So ungefähr durchkreuzten sich meine Meditationen über die wahrgenommenen Mißstände, welche nach und nach der Gebettumult immer leiser wurde und einer feierlichen Stille Platz machte. — Ich wurde in meinen Betrachtungen unterbrochen, als ein schwarz gekleideter, wehmuthsvoll um sich blickender, von tiefem Seelenschmerz durchdrungener junger Mann, sich an einer mir gegenüber befindlichen schwarz drapperirten Fensterlege zeigte, auf dessen übrigens schöne Gestalt aller Augen gerichtet waren. — „Der Sohn der Verblichenen, ein gelehrter Rabbiner, lispelte mein Führer, wird seiner Mutter eine Leichenrede halten; er ist soeben vom Eilwagen abgestiegen, und erfuhr erst vor wenigen Minuten den Todesfall‟. — In der resignirenden Stimmung, in der ich mich meiner unerfreulichen Beobachtungen halber befand, war ich gespannter als je auf das Kommende; natürlich vermehrte das seltene Ereigniß, die Leichenrede eines Kindes über seine hingeschiedene Mutter mein Interesse.

Mit jedem Worte aber, so aus dem wahrhaft schönen, eben so ungekünstelten als oratorisch richtigen Vortrage des Redners floß, verflüchtigte sich mein Trübsinn; der geist- und gefühlvolle Prediger wußte den Abschied vom irdischen Dasein, den Schmerz eines um seine Mutter trauernden Sohnes, so ganz innerhalb des Talmud und Midrasch zu versöhnen, daß sich in dieser Behandlungsweise eine Persönlichkeit kund gab, welche sprachliche und philosophische Studien, eben so wie talmudisch-theologisches Wissen vereint zu haben scheint. Ganz eigenthümliche lichtvolle Resultate ergaben sich aus diesem wehmüthig lebhaften Vortrage, indem nach voraus gegangenen Reflexionen über Lebenswerth, Lebensbestimmung und Lebenszweck, die folgenden Talmud und Midrasch-Citate mit einem Lichtglanze der Art umstrahlt wurden, daß deren treffliche und doch treue Uebersetzung in die deutsche Muttersprache, die fremde Abstammung ebensowenig ahnen ließ, als es begreiflich war, wie diese mystisch klingenden Stellen jemals dunkel scheinen konten. Dieser Vortrag hatte übrigens das Verdienst, daß die Gedankenfülle nicht zum Nachtheile des Gefühls überwiegend war; denn der mit natürlicher Rednergabe beglückte Prediger wußte bei den zahlreichen Auditorium erbauliche Sympathien zu erwecken, die gewiß langen Nachhall finden werden. Mag es sein, daß die glühenden Gefühle der Kindesliebe, welche sich hier zu offenbarer Gelegenheit hatten, den talentvollen Redner zu Hilfe kamen, in Entgegenhaltung des Impromtü, kann dieser überraschende Effekt dann doch nur bei vorhandenen vielseitigen Studien, und gewandter Beredsamkeit möglich sein, da Ausdruck und Inhalt den Typus der Vollkommenheit nicht verkennen ließen. — Dieser junge Rabbiner, Herr Hermann Hamburger aus Böhmisch-Leippa, der bei der ihn ehrenden Versammlung, wie ich vernahm, längst als beliebter Prediger in Achtung steht, hat allerdings den Verlust einer Mutter zu beklagen, jedoch einen großen Gewinn an allgemeiner Verehrung sich zu erfreuen. — In einer größeren Gemeinde würden die Talente dieses ausgezeichneten Kanzelredners größere Würdigung erlangen, und derselbe in nicht gar langer Zeit als eine Celebrität gefeiert werden.

Diese gefällige Erscheinung beruhigte zum Theil meine Befürchtungen wegen der hier in aller Verhältnissen ausgesprochenen Gleichgiltigkeit gegen religiöse Interessen, und habe ich das talmudisch verödete Prag ob seiner verschwundenen Blüthe bedauert: so gelangte ich hier zur Ueberzeugung, daß die Gelegenheit zur Bildung trefflicher Rabbiner und Kanzelredner denn doch nicht so gar ferne liegen kann. Meine weiteren Forschungen brachten mir die gewiß nicht unmerkwürdige Kunde, daß die Landgemeinden in Böhmen, der Förderung religiöser und selbst kommunaler Interessen, bei weitem mehr Aufmerksamkeit zuwenden, als die der Hauptstadt. Auch sollen die Religionsvorstände der Landgemeinden viel mehr Energie entfalten als die in Prag, welche letztere weder kontinuirliche Talmud-Vorträge halten, noch für die Kanzel überhaupt geeignet sind; ihre ganze Wirksamkeit beschränkt sich auf Ertheilung von Bescheiden in religiös-kasuistischen Anfragen, und auf Hemmung jeder einem höhern Bildungsstande und einer günstigern Stellung entsprechenderen, wenn auch religiös, ganz unwesentlichen Reform. Für diese über 10,000 Seelen starke, in 9 Synagogen getheilte Gemeinde, ist nur eine Predigerkanzel vorhanden, welche vor dem trefflichen Dr. Kämpf vertreten wird, Alles übrige erwartet eine bessere Zukunft von einer erst im Entstehen befindlichen besseren Gesinnung. — Bezüglich eines Handwerks-, Kunst- und Ackerbau-Unterstützungsvereines, von welcher hier viel gesprochen und wenig gethan wird, muß man einstweilen das Wort für That annehmen.

Großbritannien.

London, 6. Jan. Die jetzt veröffentlichte Bill wegen Emancipation der Juden verfügt in der Hauptsache nur die nöthige Abänderung in der Formel des von Parlamentsmitgliedern, Beamten ꝛc. zu leistenden Eides. Zugleich aber schließt sie die Juden von der Regentschaft des Reichs, von allen kirchlichen und Universitätsämtern und von den Aemtern des Lordkanzlers, des geheimen Siegelbewahrers, des Lordlieutenants von Irland und des Lordkommissärs bei der schottischen Kirchenversammlung aus, sowie sie denn auch weder direkt noch indirekt die Krone in kirchlichen Angelegenheiten sollen berathen dürfen oder die Ausübung ihrer kirchlichen Patronatsrechte dem Erzbischofe von Canterbury überlassen müssen. (D. A. Z.)

London, 8. Jan. Nach Lord J. Ruffels Bill sollen Juden, wenn sie ins Unterhaus eintreten, folgenden Eid leisten: „Ich N. N. gelobe und schwöre feierlich, daß ich ihre Maj. der Königin Victoria treu sein und rechte Vasallenpflicht halten und sie nach meinen besten Kräften gegen alle Verschwörungen und Anschläge jedweder Art, die gegen ihre Person, Krone und Würde angestiftet werden mögen, vertheidigen will; und ich will Alles aufbieten um zu entdecken und Ihr. Maj., ihren Erben und Nachfolgern kund zu machen alle Verräthereien und verrätherischen Verschwörungen, welche gegen dieselbe oder dieselben angestiftet werden mögen, und ich gelobe getreulich, nach meinen besten Kräften die Thronfolge zu behaupten, zu unterstützen und zu vertheidigen, welche Thronfolge durch eine Akte unter den Titel „Eine Akte zur weiteren Einschränkung der Krone und zur bessern Sicherstellung der Rechte und Freiheiten des Unterthanen beschränkt ist und bleibt, auf die Prinzessin Sophie, Kurfürstin von Hannover und deren Leibeserben von protestantischem Glauben, und ich verläugne und beschwöre hiermit durchaus jeden Gehorsam und Vasallenpflicht gegen andere und jedes eine Recht auf die Krone dieses Landes prätendiren oder in Anspruch nehmen sollte; und ich erkläre nicht zu glauben, daß irgend ein fremder Fürst, Prälat, Staat oder Potentat irgend welche weltliche oder bürgerliche Gerichtsbarkeit, Macht, Hoheit oder Vorrang, mittelbar oder unmittelbar in diesem Reiche besitzt oder besitzen sollte. Ich schwöre daß ich nach meinem besten Kräften den Bestand des Eigenthums in diesem Reiche, wie er durch das Gesetz festgestellt ist, vertheidigen will, und verläugne und verschwöre hiermit feierlich jedwede Absicht, das gegenwärtige Kircheninstitut, wie es durch das Gesetz in diesem Reiche Bestand hat, umzustoßen; ich gelobe feierlich, daß ich nie irgend ein Privilegium, zu welchem ich berechtigt bin oder werden kann, dazu anwenden will, um die protestantische Religion oder den protestantische Regierung in dem Vereinigten Königreiche zu stören oder zu schwächen; und ich betheure, bezeuge und erkläre feierlich vor Gott, daß ich diese Erklärung und jeden Theil derselben abgebe in dem einfachen und üblichen Sinne der Worte dieses Eides ohne irgend welche Ausflucht, Zweideutigkeit oder innern Vorbehalt. So helfe mir Gott. (D. A. Z.)

Verlag von C. L. Fritzsche.   Druck von J. H. Nagel.

Der Orient.

Berichte, Studien und Kritiken

für

jüdische Geschichte und Literatur.

Neunter   Jahrgang.

Das Abonnement auf ein Jahr ist 5 Thlr. Man abonnirt bei allen löbl. Postämtern und allen solid. Buchhandlungen auf ein Jahr.

Herausgegeben

von

Dr. Julius Fürst.

Von dieser Zeitschrift erscheinen wöchentlich das Literaturblatt mitgerechnet, zwei Bogen, und zwar an jedem Dienstag regelmäßig.

№ 5.   Leipzig, den 29. Januar   1848.

Deutschland.

Berlin, 20. Jan. Von einer Sternwarte bis zum Thierkreise ist der Weg wohl eher möglich, als vom Judenhaß zur christlichen Liebe. Sie werden es daher natürlich finden, daß ich mein Augenmerk auf den Thierkreis richte. Mein Thierkreis besteht aus zwei Zeichen, aus einem Einhorn und einem Adler. Wenn Holdheim einen Toast auf den ersten unbeschnittenen Rabbiner ausbrachte, so ist dies begreiflich. Holdheim ist das perpetuum mobile des Thierkreises der Reform. Wenn aber Einhorn, der ewige Jude mit hierarchischer Salbung ein unbeschnittenes Kind segnet, so hat dasselbe nichts verloren, Einhorn aber nichts gewonnen, indem ein anderer Goj für die Beschneidung in die Schranken getreten ist. Tempora mutantur. Ein Rabbiner ist gegen, ein christlicher Professor der Theologie für ein biblisches Gebot! Wenn Regierungen verlegen sind um Professoren, die das Judenthum bekämpfen, so mögen sie nur den Rabbinen die Universitäten eröffnen. Es sind die radikalsten Gegner des Judenthums. Und die halbaufgeklärten Juden, die Echo's jeder Tagesphrase, fühlen nicht, daß die Hierarchie bald auf den Trümmern ihres Judenthums ihren Sitz aufschlagen wird. Seht, in welchem dreisten und kecken Ton der aufgeklärte Rabbi seine Allokution erlassen hat. Sind die Mohelim überflüssig, so wollen wir auch den Rabbinen ein ewiges Lebewohl sagen. Was

jetzt ein Rabbi weiß, ist jedem Gemeindegliede nicht fremd; und selbst die Gelehrsamkeit eines kecken Adler, der in der jüdischen Literatur gerade so viel Bescheid wie jeder moderne Rabbi weiß, ist leider nur ein Bruchstück, das von der Arroganz multiplicirt wird. — Der jüngste dieser unwissenden und arroganten Handlanger der Literatur scheint ein neuester Geschichtschreiber, der R3. nach, zu sein. Lesen Sie die letzte Nummer der „Reform-Zeitung" und Sie werden sich überzeugen, daß unser modernster Geschichtschreiber, der unsere Geschichte auf die Folterbank seines Geistes gespannt hat, nicht einmal die ersten Bücher des Pentateuch's kennt! Und solche Lehrburschen der Literatur wollen ein biblisches Judenthum! Gott sei uns gnädig!

*

Posen, 27. Decbr. 1847. Die Mitglieder des hier bestehenden Brüder-Vereins haben sich bei der gestern im Ressourcen-Saale stattgehabten Wahl eines neuen Komité sehr vornehm bewiesen: die Neuerwählten verzichteten gutwillig auf ihre Ehrenämter und überließen sie ihren Vorgängern, die sich bei dem Bau des neuen Betlokals und dessen Einrichtung viele Mühe gegeben haben.

Das Herz entbehrt zwar, zu unserem größten Bedauern, noch immer seiner Befriedigung, da man bisher nur die des Auges gesorgt hat; doch dürfen wir uns der Hoffnung hingeben, daß nach diesem Jahre endlich doch ein Prediger bei diesem Vereine ein Asyl finden wird. —

Dieser Verein hatte Anfangs das Ansehen einer

sogenannten Chebra, die aus puren Aristokraten bestand; das Komité desselben hat sich jedoch neuerdings, ange= spornt durch die Predigten des Hrn. Dr. Krakauers, eines Besseren besonnen: Personen, ohne Unterschied des Standes werden als Mitglieder aufgenommen. Am 22. d. Mon. trat der Fleischermeister Hr. W., ein sehr reicher Mann, in den Verein, und wurde bei der Wahl denjenigen Mitgliedern, die davon noch keine Kenntniß genommen hatten, als ihr Vereins-Bruder vorgestellt. Immer vorwärts, immer vorwärts Pesner, ruft man Euch zu. Mögen andere Gemeinden hierdurch ein Beispiel sehen, wie Patrizier mit Plebejern harmo= niren können.

Egalité et liberté oder welches besser klingt, wie der Pole sagt: nómni se i wolnose! Nach ersterem stre= bet Ihr, das sehen wir. Doch ist Letzteres nicht eben so edel?* M...r.

Baiern, im Jan. Mit freudiger Zuversicht sehen wir einer Zukunft entgegen, die bald sowohl in politischer, als religiöser Beziehung unsere Verhältnisse verbessern wird. Schon seit mehreren Monaten werden bei allen Unterbehörden im Namen und Auftrage des kön. Staatsministeriums sowohl christliche als jüdische Gemeindevorsteher dahin vernommen, die Beschwerden vorzubringen, welche über unsere dermaligen Verhältnisse mit Recht geführt werden können und zugleich Vor= schläge über deren Beseitigung zu proponiren. Man muß es zum Ruhme dieser Behörden hier öffentlich er= wähnen, daß sie, wenigstens die weit größere Zahl, in ihren Gutachten nur höchst günstig für uns sich äußern. So hat vor Allen der Magistrat der Stadt Bamberg sich für volle Gleichstellung unserer Glaubensgenossen mit den Christen Baierns ausgesprochen. Obgleich schon im Monat November v. J. mehrere israelitische Gemeinden an den gerade versammelten, außerordentlichen Landtag Petitionen überschickt hatten, wie z. B. Mün= chen, 43 Orte des Kreises Mittelfranken (welche letztere Eingabe meist durch den Eifer des Hrn. Kohn in Nürnberg veranstaltet und eingereicht wurde), so wa= ren diese Anfragen von Seite der obersten Staatsbe= hörde dennoch ohne Folge derselben, indem bestimmte nach dem Antrage der Landstände von 1845 eine Re= vision des, in den meisten Theilen in jetziger Zeit nicht mehr anwendbaren, und im Ganzen nur als Erziehungs= maßregel gegebenen Ediktes vom 10. Juni 1813 vor= genommen werde. Um so mehr können wir eine we= sentliche Verbesserung erwarten, als die derzeitigen Mi=

nister, Fürst von Wallerstein und von Berks sehen früher eine gemäßigten Reform sich geneigt und überhaupt als humane Staatsmänner gezeigt hatten. Das Resultat werde ich Ihnen seiner Zeit mittheilen. Uebrigens hof= fen, und wünschen wir nicht, daß unser religiöses Leben dadurch gefährdet werde. Wenn daher manche Rabbi= ner des Auslandes erwarten, daß ihre Kollegen in Baiern nunmehr unumschränkte Macht zur willkürlichen Reform oder die Bewilligung zur Berufe prinziploser Versammlungen erhalten, so können wir denselben auch ohne prophetische Gabe eine Täuschung mit Gewißheit voraussagen. Denn Sie können kaum glauben, welche Entrüstung, selbst bei den liberalsten Neologen unseres Vaterlandes sich äußerte, als man dieser Tage aus den JJ. Nr. 1 und 2 entnehmen mußte, daß unser Lands= mann, Einhorn, der bei Bewerbungen um Rabbiner= stellen schon gar fromm sich gebährdet, nun die heiligsten Dogmen unserer Religion verspottet und allmälig auf= zuheben sucht. — Nächstens werden wir eine Rundschau in den bedeutendsten Gemeinden Baierns vornehmen und den Orient zusenden. —

Posen, 9. Decbr. 1847. Heute wurde der hie= sige Rabbiner, Salomon Eger als Kultusbeamter für unsere Stadt erwählt. Die Stimmenmehrheit war zwar für Dr. Gebhard, Rabbiner in Gnesen, was jedoch eine zu große Schande für die Hauptstadt der Pro= vinz gewesen wäre, in seiner Mitte nicht einmal ein zu diesem Behufe geeignete Persönlichkeit finden zu können und deshalb in der Nothwendigkeit erseht, nach einer kleinern (aber gebildetern) Stadt Zuflucht neh= men zu müssen; so wurde zugegriffen. Ob ein Miß= griff wird die Folge und — die Erfahrung lehren. M...r.

Hamburg, 6. Jan. Ich erlaube mir, für heute Ihnen einige kleinere Mittheilungen zukommen zu lassen. Fürs erste etwas Statistisches. In der deutsch-israelitischen Gemeinde wurden im Jahre 1847 kopulirt 60 Paare. Geboren wurden 214 Kinder, worunter 6 uneheliche, und zwar 106 Knaben und 108 Mädchen, gestorben sind 246. — Der hiesige seit lange bestehende „Verein zur Beförderung nützlicher Gewerbe unter den Israelite" hat den Sonntag vor Neujahr eine Generalversammlung abgehalten, in welcher der Präses der Direktion, Hr. Hahn, eine Uebersicht der Leistungen dieses Vereins seit 1839 gab und zugleich seinen Austreaden aus der Direktion, worin er segensreich 25 Jahre gewirkt, an= zeigte. Der Verein feierte auch sein 25jähriges Jubi= läum im Viktoria-Hôtel durch ein Essen, wobei es na= türlich an liberalen Toasten nicht fehlte und wobei die des Dr. Jöler in englischer (?) und des Dr. Riesser in deutscher Sprache die vorzüglichsten waren. Der erwähnte Bericht wurde übrigens veröffentlicht u. d. T.: „Bericht, verlesen am 26. Decbr. 1847 in der Generalversamm=

---

*) Die hiesige Gemeinde hat sich dem Immediat-Gesuche der edler denkenden Breslauer Gemeinde, wegen Abschaffung der neuen Geburts- und Sterbe-Steuer nicht anschließen wol= len. Warum? wissen wir nicht. Doch hierüber Nächstens.

Kor.

lnng des hamburgischen Vereins zur Beförderung nützlicher Gewerbe unter den Jsraeliten (Hamb. 1847, 8.)". —

Leipzig, 12. Jan. Der „Phönix" bringt in in Nr. 3 dieses Jahres eine politische Rundschau, die mit großer Belesenheit ausgearbeitet ist, und wir erlauben uns dieselbe als einen Beweis von dem trefflichen Geiste dieses Blattes unseren Lesern vorzuführen:

„In **England** ist die Eidesformel, welche die Juden beim Eintritt ins Parlament schwören sollen, festgestellt worden. — Alderman Salomons hat durch seine Theilnahme an den Berathungen des Gemeinderaths an einem Sonnabend bereits thatsächlich den hochtoryphischen Zweifel beseitigt, ob Juden die politische Pflicht über die religiöse setzen würden, wobei er zugleich die Erklärung gab, daß die Sabbatfeier nicht dem Privat-, wohl aber dem öffentlichen Interesse weichen dürfe und müsse. — Die gegen zahlreiche christlich-religiöse Wohlthätigkeitsvereine durch einen geübte Freigebigkeit wurde in öffentlichen Blättern mit der besondern Bemerkung gerühmt, daß schon hierdurch der Ungrund der Furcht orthodoxer Eiferer, als ob jüdische Parlamentsmitglieder sich dem Christenthum feindselig zeigen könnten, erwiesen sei. — In **Italien** läßt sich der Ruf des Volkes nach Judenemancipation immer lauter und immer öfter vernehmen. So in Rom bei Gelegenheit der öffentlichen Feier des Namenstages des Pabstes am Ende des vorigen Monats; so in Sardinien durch eine u. A. auch von 4 Bischöfen unterzeichnete Petition; so in der Presse, namentlich vor Kurzem im Felsineo von Bologna, in welchem die Ausschließung der Juden von der Bürgergarde getadelt und eine warme Befürwortung der vollständigen Emancipation der Protestanten wie der Juden hinzugefügt wurde. — In **Rußland** dagegen hat sich der Despotismus wieder kürzlich in seiner ganzen Härte gegen die Juden an der polnisch-preußischen Grenze gezeigt. Vor einigen Monaten war nämlich verkündigt worden, daß in diesem Jahre wegen Annäherung der Cholera keine Rekrutirung in Polen stattfinden werde. Die Juden, dadurch sicher gemacht, blieben im Lande, wurden aber plötzlich im December zur Nachtzeit ihrer Familien entrissen, um vielleicht sichere Opfer des Krieges im Kaukasus zu werden. — Unter den **deutschen Staaten** ist zuerst Oesterreich zu erwähnen, wo die Juden in Wien eine Bittschrift um Verbesserung ihrer Lage an die Regierung gerichtet haben, worauf scheint wohl theilweise ihren gerechten Klagen abgeholfen werden zu sollen.* In Prag hat die städtische Behörde die Juden in kommerzieller Beziehung noch mehr zu beschränken versucht. — In **Preußen** wird die neue Organisation der Synagogengemeinden und Synagogenbezirke bald ins Leben treten; namentlich sind in den Hauptstädten der Provinzen Schlesien, Sachsen, Pommern, Brandenburg und Ostpreußen die nöthigen Vorbereitungen, z. B. Eintragung der zur Wahl Berechtigten in die Listen, Berufung von Versammlungen durch die resp. Polizeibehörden u. s. w. bereits getroffen worden. Von den Universitäten Breslau, Berlin, Königsberg und Bonn sind theils von allen, theils von einigen Fakultäten die vom Kultusminister geforderten Gutachten über die Zulassungsfähigkeit der Juden zu akademischen Aemtern abgegeben worden. Unter den Bonner Professoren soll sich besonders Herr Bischoff in einem buchdicken Gutachten aus ethischen (?) Gründen gegen die Juden erklärt haben; über die Vota der andern Universitäten ist theilweise schon früher berichtet worden, so daß wir nur noch hinzuzufügen haben, daß in der Breslauer medicinischen Fakultät blos die Professoren Henschel und Betscher sich den Juden günstig, dagegen die Professoren Remer, Benedikt, Barkow und Purkinje für dieselben ungünstig ausgesprochen haben, was den Austritt sämmtlicher jüdischen Aerzte aus einem dortigen geselligen ärztlichen Verein zur Folge hatte; auch hat der Konsistorialrath Wachler in Breslau, seinem liberalen und rationalistischen Vater, dem verstorbenen Prof. Ludwig Wachler in Bezug auf seine religiöse und politische Richtung sehr unähnlich, hat in einer Predigt gegen die Juden stark geeifert. — Unter den Berliner Professoren der Jurisprudenz soll nur Heffter sich für die Juden erklärt haben. — Auch in dem sonst so liberalen Königsberg haben zwei Professoren der philosophischen Fakultät, Drumann und Voigt, die Behauptung gewagt, die Juden seien zur Bekleidung von akademischen Aemtern nicht passend. Denn sagen sie, sind dieselben orthodox, so können sie in das Wesen des bestehenden — d. h. wohl des sog. „christlichen" — Staates nicht eingehen, sind sie es nicht, so würden sie denselben nur untergraben. Es ist sehr treffend bemerkt worden, daß diese Argumentation an jenes Bild in den Münchner „Fliegenden Blättern" erinnere, auf welchem eine Frau dargestellt wird, die es ihrem Ehemanne durchaus nicht recht machen kann, welche vielmehr, wie sie es auch anfängt, immer den Ausspruch thut: „Schläge kriegt sie jedenfalls". — Erfreulicher ist es, zu vernehmen, daß die Juden in Preußen wenigstens an den Prüfungen zum Kreisphysikate sollen Theil nehmen dürfen; dagegen scheint ihnen die Advokatur versperrt bleiben zu sollen. — In den großen und selbst in kleineren Städten scheint sich übrigens die Stellung der Juden im Bürgerverbande immer günstiger zu gestalten. In **Görlitz** haben (in der preuß. Lausitz) jetzt zuerst zwei Juden als Bürger niedergelassen (vor dem Gesetze vom 23. Juli vorigen Jahres durften dort keine Juden wohnen); in Breslau ist ein erfreulicher Jahresbericht über die dortige jüdische Mädchen-Industrieschule erschienen; daselbst bestehen neben 17 christlichen 3 jüdische Privatschulen. In Berlin hat die Behörde die Einführung eines ganz unkonfessionell gehaltenen Lesebuches für jüdische Schulen, welches von zwei jüdischen Lehrern

verfaßt ist, beanstandet. In Königsberg hat der Un=
terstützungsverein, dessen Mitglieder großentheils Juden
sind, vor Kurzem sein Stiftungsfest gefeiert; bei dieser
Gelegenheit legten wiederum die bedeutendsten Notabili=
täten Königsbergs ihre Sympathieen für die völlige
Gleichstellung an den Tag. — Die Stettiner Arbeits=
nachweisungsanstalt für den Winter 1847—48 will
nicht recht gedeihen; desto mehr aber ist dies mit dem
Adreß=Comtoir für die arbeitende Klasse und mit der
damit verbundenen Arbeiterkinderschule in Düsseldorf der
Fall. — Unter den Zeitungen der preuß. Rheinprovinz
hat kürzlich die Kölnische einen trefflichen leitenden Ar=
tikel über die englischen Emancipations=Debatten gebracht;
in der Trierschen fährt der Korrespondent von der Ostsee
fort, sich mit den Bestrebungen unserer Gesellschaft zu
beschäftigen und macht u. A. die treffende Bemerkung,
daß das dem Jahresbericht derselben angehängte Budget
nur bedeutende Beiträge von englischen und französischen
aber nicht von außerhamburgischen deutschen Juden auf=
weise, was leider dafür zeuge, wie gering das Interesse
der letzteren für unsere socialen Bestrebungen, denen er
bei dieser Gelegenheit warm das Wort redet, noch sei.
— Die Klagen der Juden im Königreich Sachsen
haben in voriger Woche in der Heidelberger „Deutschen
Zeitung" einen trübestimmenden Ausdruck gefunden.
Auf den sächsischen Juden lasten noch viele gewerbliche,
bürgerliche und politische Beschränkungen, und es ist
wenig Hoffnung vorhanden, daß der nächste Landtag auf
die Beseitigung derselben antrage. Und doch haben erst
kürzlich zwei Juden in Leipzig das dortige Museum vor
dem Eingehen bewahrt. — In Baden nehmen an
dem neuen Bürgerverein viele Juden in Mannheim
Theil. Der Abg. Helmreich wird nächstens in der zwei=
ten Kammer auf eine neue zeitgemäße Gewerbordnung
antragen; auch die Emancipationsfrage wird wohl wie=
der zur Sprache kommen. — Der „Landesverein" hat
über seine im vorigen Jahre gehaltene Generalversamm=
lung einen Bericht veröffentlicht, auf dessen Inhalt wir
umständlicher zurückkommen werden. — In Baiern
scheint endlich eine Revision des Judengesetzes bevorzu=
stehen. — Ueber die Juden in Mecklenburg enthält
das Decemberheft des „Wächters an der Ostsee" einen
längeren Artikel. — Die Lage der Juden in Ham=
burg und Altona in der reinen und neuesten Zeit
wird von Hrn. Dr. Kleinpaul in zwei Heften von
Wislicenus „kirchlicher Reform" geschildert. — Die
„Neuen Lübeckischen Blätter" haben seit mehreren
Wochen fortlaufende Berichte über die Fortschritte der
Judengesetzgebung in Deutschland und im Auslande. —
In Holstein nehmen die Juden an Zahl und
Bedeutung stets zunehmenden Bürgerverein einen sehr
regen Antheil. — So in Altona, und nun auch in
Rendsburg, wo der Vorsteher der Gemeinde, Hr. Rhein=
dorff, in den provisorischen Vorstand des sich eben jetzt

bildenden Bürgervereins gewählt ist. Auch an dem Ge=
deihen der reorganisirten Liedertafel nimmt derselbe einen
sehr thätigen Antheil. — Von dem Ueberschusse der
Aachener und Münchener Feuerversicherungsgesellschaft,
ist so weit die Kommune Glückstadt zugefallen, ein
Theil dem dortigen israelitischen Handwerkerverein über=
wiesen worden.

Oesterreich.

Aus Mähren, 2. Jan. (Offene Briefe. VIII.)
Wer kennt nicht die lehrreiche Geschichte von den beiden
Planeten, die der Talmud und Herder uns erzäh=
len; wie der eine Stern den andern nicht neben sich
dulden und das Licht und den Glanz für sich ganz
allein in Anspruch nehmen wollte. Ihr Berliner ✳
hat sich von dem Geschicke des blassen Sterns keine Lehre
genommen, und will Ihrem mährischen ✳ das bischen
Licht das er ausstrahlt, nicht gönnen, anstatt an seiner
Seite ruhig und friedlich seine Bahn dahinzuwandeln,
durch den bald klaren, bald wolkigen Himmel der Jour=
nalistik. Darf am Orient etwa Ein Stern nur
leuchten? Weiß er nicht wie geschrieben steht: בן יחר
כוכבי בקר? Zusammen und in Eintracht sollen sie ihr
Werk verrichten die Sterne des Orients!" Wahrschein=
lich hat er eine andere Absmachta: הכוכבים ממסילותם נלחמו
„die Sterne sollen streiten mit einander auf ihrer Bahn!"
Nun so sei es denn meinetwegen, ich habe wahrlich
nichts dagegen. Wirft er mir den Handschuh hin, so
hebe ich ihn auf und lege meine Lanze ein.

Nun ich betrete die Arena. Mein feindlicher Stern
greift nicht nur meine geringe Persönlichkeit, sondern in
mir mein ganzes Vaterland, mein gutes Mähren, an.
Es gilt also einen Kampf pro ara. Der Berliner ✳
ist Generalpächter des Witzes. Der Witz ist ein Pri=
vilegium Preußens, und findet er es demnach unerhört,
und zwar noch dazu ein Mähre,
in die Gauen der Satyre sich wage.

„Der Witz, der Humor und die Satyre
sind preußisch!" Was ich von preußischem Witz
kenne, das ist Mislowitz, ferner Tarnowitz (wo auch
ein mährischer „Emissär" seinen Sitz hat) und endlich
Gleiwitz (das ebenfalls einen mährischen Emissär in
seine Mitte wünscht). „Der Humor ist preußisch",
und doch ist der europäisch berühmte „Humorist" ein
Oesterreicher. — Und wenn die Satyren, wie manche
Mythologen behaupten, Kinder des Bachus sind, so ist
auch die Satyre weit eher in den reichen Rebenwäldern
der Moravia, als in den weiten Sandfeldern der Mark
Brandenburg heimisch. Ja was gedeihet gewöhnlich
in sandigen Steppen? Höchstens ein Dorn der sticht.
Wir haben Traubenblut, das uns das Blut frisch und
lebendig durch die Adern treibt. Ihr habt höchstens
euer aqua vitae, süßes gefärbtes Wasser, darinnen kein

Leben ist. Wir fabriciren gesunden, kräftigen Slywo=
witz; ihr habt eure parfümirten Liqueure, honigsüß, aber
ohne Kraft und Geist.

Doch ich will ohne Scherz reden. Gewiß ist Nie=
mand geneigter Preußens Vorzüge anzuerkennen als ich.
„Wir ehren fremd Verdienst". Preußen hat unstreitig
viele geistvolle Männer, Gelehrte von allem Geire's und
Kalibers. In jedem Gebiete der Wissenschaft hat es
seine Meister gestellt, und die Energie und die Willens=
kraft sind dort zu Hause. Nir sollten sie von der Höhe
ihres „Preußenthums" herab, nicht so geringschätzend
auf Andere, deren Wiege nicht so glücklich war auf
Preußens Sand zu stehen, hinunterblicken; und wie sie
den משרה und die קרבנות aus ihrem סדור gestrichen,
so sollten sie den אהה בחרתנו aus ihrem Kopfe strei=
chen. Der Humor ist wahrlich kein ausschließliches Pri=
vilegium Preußens, und der Witz hat nicht nur an den
„trockenen Ufern der Spree" seine Residenz aufgeschla=
gen. Nicht nur an Preußens blauem Himmel leuchten
blißende Sterne; haben wir doch unlängst erst nachge=
wiesen, daß es auch in unserm Mähren manchen hellen
Stern gibt, wenn wir gleich bei den Preußen so schlech=
ten כוכב haben.

Und nun mein lieber Berliner ✳, nachdem du
siehst, daß ich nicht Anstand nehme in allen Ehren eine
Lanze mit dir zu brechen, und daß mir weder der Muth
noch die Gelenkigkeit fehlt, einen Kampf mit dir zu
bestehen, will ich dir für die Zukunft einen Friedens=
vertrag vorschlagen. Glaubst du ein großes Theil vom
Lucifer an dir und in dir zu haben, so will ich
dir gerne den Titel des Morgensterns gönnen, wäh=
rend ich mich mit dem bescheidenern Namen des Hes=
perus begnüge. Ach ich habe ja meistens Dunkelheit
und Nacht um mich her, während es in deiner Umgebung
schon zu tagen und licht zu werden beginnt. —

Prag, 4. Jan. Aus dem Anzeiger des „Orient"
werden Sie ersehen haben, daß am hiesigen Tempel die
erste Kantorstelle vakant ist, indem der bis Michaeli
durch fünf Jahre hindurch dort angestellt gewesene Pe=
reles diesen Posten eigenwillig aufgegeben. Der Vor=
stand ist nun bemüht, die betreffende Stelle in jeder
Beziehung würdig zu besetzen, da man zu der Erkennt=
niß gelangt, der Vorbeter einer solchen Gemeinde neben
dem musikalischen Talente auch noch andere Eigenschaf=
ten haben muß, als sittliche Bildung, religiöse Gesinnung
u. s. w., um diesen Posten ganz auszufüllen und es
einem Einheimischen schwer fällt, diese Würde zu be=
haupten. Es ist erfreulich, wie der Sinn für das Gute
und Wahre innerhalb dieses Instituts mehr und mehr
sich offenbart, wie nicht blos eine lächerliche Mode=
sucht das bewegende Element ist. Der Singsang ist
gegenwärtig aus dem Tempel fast ganz verschwunden,
ohne daß deshalb der Tempelbesuch sich vermindert; die

Räume des Tempels sind immer voll, selbst wenn nicht
Predigt oder Vortrag ist und es stellt sich bei die=
ser Gelegenheit immer mehr heraus, daß das Lokal etwas
zu eng und daß auch die größere Masse den Begriff des
Gottesdienstes richtig begriffen hat. Es gebührt übrigens
dem Vorstande die Anerkennung, daß derselbe, wie auch
die Masse klagen möge, bei der Kantor=Frage sich mit
Takt benommen, und wir hoffen, daß er wie bisher so
auch ferner seinen richtigen Weg wandeln wird. Uebri=
gens habe ich Ihnen noch in Bezug auf Hrn. Pere=
les zu melden, daß derselbe mit großer Auszeichnung
in der großen Gemeinde zu Straßburg angestellt
worden, so daß derselbe nun einen angemessenen Wir=
kungskreis bekommt. Seit Kurzem erscheint hier eine
periodische Schrift, betitelt „Gallerie der Sippurim"
(Sagen). Wollen Sie wissen, weß Geistes Kind diese
Gallerie sei, so mögen Sie Heft 1. S. 27 nachlesen,
wo es buchstäblich heißt: Ein volles Jahr lebte Raschi
glücklich bei der Gemeinde in Prag (!). Die andern
Rabbiner konnten den Ruhm Raschi's nicht länger er=
tragen und trachteten nach seinem Sturze (!). Sie
suchten den Fremdling beim Volke verdächtig zu machen,
seine Frömmigkeit erklärten sie als Heuchelei (!), seine
Lehrer als retrograd (?!). Selbst bei den Christen
suchten sie ihm zu schaden (!). Da aber alle diese Um=
triebe scheiterten, so wurde feierlich beschlossen, den Ver=
haßten durch Meuchelmord aus dem Wege zu schaffen (!!).
Was sagen Sie zu dieser Prager Phantasie? Soll man hier
mehr die handelnde Geldspekulation, oder die Ignoranz,
oder die Arroganz der sich anmaßenden Redaktion oder
die grenzenlose Zerrüttung unserer literarischen Verhält=
nisse bedauern? Bisher hat doch wenigstens ein Grad
von Bildung dazu gehört, um ein Buch herauszugeben,
selbst schlechte Bücher erforderten einige Fähigkeiten; jetzt
scheint blos Papier und ein trödelnder Kolporteur dazu
zu gehören. Uebrigens will ich die Geißelung Ihnen
überlassen.

Mähren, 30. Decbr. 1847. Was vermag nicht
die Gewohnheit über den Menschen, fühlt sich doch der
Verbrecher nach langem Aufenthalte heimisch in seinem
unheimlichen Kerker, so ist auch der Druck den jüdischen
Bewohnern Mährens gleichsam zum Lebenselemente ge=
worden und fühlen in solcher Apathie nur wenige, daß
die gegenwärtigen Verhältnisse schmählich, darum selten
ein Klageton von hier in die Oeffentlichkeit vernehmbar
ist. Das zur Erwiderung auf die bezügliche Rüge in
Nr. 47 Ihres geschätzten Blattes. Da aber, wie ein
großer Mann sehr treffend sagt, man nicht müde wer=
den sollte, die Wahrheit mit Worten immer und immer
zu wiederholen, weil auch der Irrthum nicht müde wird,
in der That zu wiederholen, so wollen wir eine ins
Specialität eingehende nakte Darstellung der vorwalten=
den Uebelstände versuchen.

Wie unsere Altvordern vor Olim von שרי סתם

gedrängt, Schatzkammern für den leidig berühmten Pharao errichten mußten, so müssen auch wir noch jetzt beinahe 4000 Jahre später als Schutzjuden der Kammer den Schatz füllen mit Kontribution=, Dominical=, Familien=, Erwerb=, Verzehrungs=, Haus=, Fleisch=, Wein=, Fisch= u. s. v. Steuer. Wie in Egypten nach Mitteln gesucht wurde, daß die Israeliten sich nicht mehren, darf auch bei uns aus gleichem Grunde, von mehren Söhnen eines Vaters nur der erstgeborene heirathen wenn er kompetenzfähig ist, oder dasselbe mit andern Worten, wenn er Vermögen hat und (nur Geduld) unter der Conditio sine qua non, gerade ein hierzu berechtigter heimgegangen zu seinen Vätern in sein einziges Vaterland — die Mutter Erde. — Warum bleibt man aber bei solchen Beschränkungen im Lande? Weil man alles als nothwendig so und nicht anders möglich sich denkt, weil man gerne bei seinen Lieben bleibt; und weil man endlich nicht auswandern darf, sei es denn, daß man unter unsäglichen Schwierigkeiten und Aufwande die Erlaubniß hierzu erhält und vorerst 10% seines Vermögens als Abzugssteuer zurückläßt — so bleibt man lieber im Lande und zahlt die 90% darauf. — Jetzt kommt erst der tragische Theil dieses Stückes. Die natürlichen Folgen solch unnatürlicher Gesetze sind natürliche Nachfolger, denn da von 4 oder mehren Söhnen eines Vaters nicht alle nachgeborenen zum Cölibate geneigt, das ihnen keine Aussicht auf fette Pfründen gewährt, so geht an uns in Erfüllung und giebt sich kund die uralte Eigenthümlichkeit כן אשר יענו אותו כן ירבה וכן יפרץ und so giebt es auch bei uns eine Unzahl vor dem Gesetze unehelicher, sonst ehelicher Kinder bereits bis in das zweite und dritte Geschlecht, die gewöhnlich als Kanonenfutter verbraucht werden, den Waffendienst für ihre stiefmütterliche Gemeinde versehen müssen. Von der demoralisirenden Kraft dieses Vandalismus zeugen die trauriger Vorkommnisse, daß sogar ein Bruder den andern denuncirt, er weil jener hierdurch jeden Anspruch auf eine Heirathsbewilligung verliert, in das Recht des Straffälligen zu treten und wir waren zu unserer tiefen Betrübniß selber Zeuge eines Auftrittes, wo das Weib eines solchen Verbrechers (?) um die Vaterschaft ihrer Kinder befragt, diese aus Rache dem Sykofanten zuschob, und da dieses und Aehnliches nicht selten ist, wie kann ein besserer Geist gedeihen?

Da meinten denn die vorigen Erleuchteten, wenn erst unser Aeußeres freundlicher geworden, werden auch entsprechend unsere Verhältnisse sich günstiger gestalten, man müsse daher der Stimme der Zeit gehorchen, mit dem Strome schwimmen, die unabweislichen Reformen in den Synagogen und Schulen vernehmen, mit bei den bereits Herangereiften das Versäumte nachzuholen und die Jugend zu einer musterhaften Generation heranzubilden, allerdings höchst löbliche Vorsätze, deren sicherer Erfolg um so begründeter, als man einen vielseitig gebildeten Mann zum Landrabbiner ernennen wollte, um diese Interessen bestens zu fördern. Man holte weit — recht weit aus, um den Heißersehnten zu sehen, als sie ihn fanden, ranten ihm manche Messias, erzählten sich Wunder von ihm, mitunter recht erbauliche Märchen, daß er mit der, nunmehr hochseligen, weiland Kaiserin von Frankreich und dem Fürsten von Metternich in Ischl während der Saison im freundlichsten Verhältnisse gestanden und das Volk glaubte und war selig, und begann eine neue Aera. Er kam, wurde mit beispiellosem Enthusiasmus empfangen und weilt bereits mehr als ein halbes Jahr unter uns, darum wir auch schon eine Bilanz seiner Wirksamkeit ziehen könnten, deren Summa in den schriftlichen Anfragen an die Ortsrabbiner über den Stand der Mikwa, des כופר und מוהל-Wesens begriffen. Da soll ihm ein Schalk in der Antwortsadresse (den bei uns wird nur Herrn Rechtens procedirt) unterbreitet haben: Wir Mähren verstehen uns wohl auf כופר und noch besser auf מוהל, werden häufig außer der מקוה gewaschen und nur zu oft beschnitten, und darum habe man ihn von soweit herbeigerufen, ein Besseres herbeizuführen. Gegenwärtig beschäftigt, wie man glaubt, die Reisfrage, die rabbinisch-diplomatische Welt, und wird eine friedliche Lösung umsomehr bezweifelt, da sie die Souveränität der einzelnen Rabbinen bedingt. Ob denn eine der Großmächte interveniren wird?! — Das sind also die Momente, die die allgemeine Aufmerksamkeit von dem ursprünglich angestrebten Ziele ablenken, darnach mußte man so weit greifen, als wäre man bei uns im Lande nicht ebenso gewandt im Kampfe mit der Windmühle. Vergleichen wir aber unsere gesetzlichen Verhältnisse mit denen unserer nachbarlichen Glaubensbrüder, z. B. der Böhmen, so finden wir, daß diese mit Willens= und Thatkraft abgewälzt den Stein von Lebensgütern, der für das Leben erdrückenden Judensteuer. Was sollen wir erst von den Ungarn sagen, deren selbstbewußte Reg= und Strebsamkeit öffentliche Anerkennung und Würdigung findet? — Mit gerechtem Stolze und wahrhafter Begeisterung zeigt der ungarische Jude auf sein von Einem im Namen Aller geäußertes Glaubensbekenntniß hin, wir aber petitioniren auch — um Beilassung des Alenu. — Und doch können wir eben soviel gebildete Rabbinen als Ungarn aufzählen; sind ja selbst die ersten Kapazitäten dieses Berufes unsere Landeskinder und bei uns herangebildet und sollen endlich nach einem Hofkanzleidekrete vom Jahre 1842 nur philosophisch-gebildete Kandidaten angestellt werden, wo liegt also die Quelle des Uebels? Vielleicht weil es uns an einem tüchtigen Vorkämpfer fehlt, seitdem der Eine, den wir gehabt (Fassel), weil man ihn übergangen, zurückgegangen. Was soll also mit uns werden, möchten wir unsern Seelenhirten zurufen? Was wollt ihr vom כבב

צחק‎ דען לייכטער — וֿיל אויך דער בקב עקב‎ ניכט
מאַג לייכטער? — אבער דעם Fleiſchkreuzerpächter? Was
der Wundermann — der nicht helfen kann? Klopfet
nur recht an — wird euch aufgethan; ehelich werden
eure Kinder — der erſt und der ſpät geboren — ihr nicht
mehr arme Sünder — bleibt fürder ungeſchoren.

Ein Familiant.

Peſth, 1. Jan. Da das Streben nach Verall=
gemeinerung einer zweckmäßigen Volksbildung wohl aus
einem ſelbſtgefühlten Bedürfniſſe hervorgegangen, zugleich
aber auch als eine unerläßliche Bedingung zur Beſſerung
unſerer politiſchen Stellung beanſprucht wurde, ſo iſt
auch unſere Beachtung nothwendig zwiſchen dem erſprieß=
lichen Fortgange einſchlagender Strebungen und den ſich
bethätigenden Anklange getheilt, wie wenig auch unſerer
Seits dieſes der einzige Beweggrund eines beſſern Wol=
lens iſt. Das Horoskop iſt unter günſtigen Auſpicien
geſtellt; man ſpricht beim Landtage davon, wie der Jude
in ſeiner angeborenen Fügigkeit den Anforderungen be=
friedigend nachkommt, ja nicht ſelten die Erwartung
übertrifft, da es erſt eingewanderte Fremdlinge bis zur
ſchriftſtelleriſchen Fertigkeit in der ungariſchen Sprache
gebracht — aber (wenn nur das leidige Aber nicht wäre)
übrigens dürfte es doch wieder beim Alten bleiben, weil
unſere Liberalen radikal und unſere Conſervativen ultra=
montan, jene zu viel mit ſich, dieſe gar nichts mit uns
zu thun haben und darum vorbereitend die verbrauch=
teſten Gravamina (mit ihnen zu reden) und das Ge=
ſpenſt mittelalterlichen Judenhaſſes wieder ins Leben
rufen, das wir theilnahmlos für die Weltintereſſen, un=
empfänglich für die Einflüſſe unſerer Umgebung, in
einem Sonderbunde, welcher Moment uns darum
aus den übrigen herausheben, weil er im auffallenden
Widerſpruche mit der Erfahrung ſtehet. — Wem die
intellektuelle Reiſe der Juden Spaniens unter den un=
chriſtlichen, aber doch hochgeiſtigen Mauren zu weit ent=
fernt, den möchten wir erſuchen ſich bequem zu machen,
im Lande zu bleiben, ja noch mehr ſeine Vorurtheile
beizubehalten, da wir nicht die Lichtſeite herauszuheben
ſuchen, es uns vielmehr blos um die Erhärtung der
Wahrheit nach mathematiſcher Weiſe zu thun iſt. Der
preßburger Jude: preßburger Chriſt = der peſther
Jude: peſther Chriſten oder Finſterniß: Finſterniß =
Licht: Licht. Der peſther Jude petitionirt für Eman=
cipation und das peſther Komitat vertritt und befürwor=
tet ſein Recht. Der preßburger Jude petitionirt dage=
gen und die preßburger Deputirten ſind unerſchöpflich
an Schmähung der Juden. Preßburg will nur die
recipirten Religionen indigenatsartig wiſſen und ein
Verbot gegen Einwanderung fremder Juden ins Leben
rufen, während Keſſut von Peſth ſie bürgerfähig nennt
und auch in dieſer Beziehung unbeſchränkt ſein will; ſo
wie überhaupt, wo es ſich um freiſinnige Inſtitutionen
zum Heile des Landes handelt, Preßburg und Peſth,

die Finſterniß mit dem Lichte, ſich in den Haaren lie=
gen. In der preßburger Stadt, ſo wie am Schloßberg
— iſt keine Spur von dem ſich in Peſth mächtig regen=
den und unter Chriſten und Juden ſich bekundenden
magyariſchen Freiheitsſinne, iſt dieſes nicht Beweiſes ge=
nug, daß hier wie dort Jude und Chriſt von gleichem
Geiſte durchdrungen iſt? — In Ujhely, wo nachgerade
der finſtere Chaſidismus vom einbrechenden Tage ver=
drängt wurde, haben die chriſtlichen Bürger, wie eines
unſerer vaterländiſchen Blätter meldet, Herrn S. Sch.
einen gebildeten Juden als Magiſtratsrathkandidat und
die Juden bei der Reſtauration mitwirkt, hingegen iſt
in dem apoſtoliſchen Weiſſenburg und dem biſchöflichen
Veſprim, wo der Juden im Winterſchlaf noch behagt,
eine Verſchlimmerung ſeiner Stellung nicht zu verkennen
und hat in letzter Zeit das fromme Weiſſenburg eine
neue Judenſteuer kreirt, indem es ihr gefallen, den drei=
fachen Betrag der ehedem gezahlten ſog. Portion den
Juden aufzubürden und was der Sache den rechten
Namen giebt, die Gemeinde in Solidum dafür verant=
wortlich zu machen. Dieſes alles glauben wir beweiſt
genügend unſere vorausgeſchickte Behauptung, lehrt uns
aber auch, wie unſer Heil zu fördern ſei. —

Das jüdiſche Schulweſen

in der

Stadt Poſen.[1]

Aus dem Poſen'ſchen, 10. Jan. Seit anderthalb
Decennien und noch länger beſtehen in ſehr vielen Gemeinden
unſerer Provinz,[2] in größern wie in kleinern, öffentliche
Elementarſchulen, deren Lehrer von der Gemeinde auf=
genommen und beſoldet, von der Regierung aber beſtätigt
und gehörig kontrollirt[3] werden. Eine ſolche öffentliche
Schule hat Poſen bis zu dieſem Augenblicke noch nicht auf=
zuweiſen. Außer einer weiter unten noch einmal zu erwäh=

---

1) In einer Note zu unſerem Art. in Nr. 48. v. J. (da=
tirt "Aus dem Regdiſtrikt 5. Nov.") haben wir zwar ver=
ſprochen, ſo bald wie möglich einen Bericht "über das ge=
ſammte jüdiſche Schulweſen im Großherzog=
thum" folgen zu laſſen; da ſich aber das Schulweſen in der
Gen. P von dem in den übrigen Provinzialgemeinden we=
ſentlich unterſcheidet, ſo wollen wir erſt von P. allein ſpre=
chen, und dann in einem andern Art. zu der "Provinz im
Allgemeinen" übergehen.

2) Namentlich gilt dieſes von dem Regierungs=Bezirk
Poſen. —

3) Die Regierung läßt nicht nur jede jüdiſche Schule
durch einen gewöhnlich den proteſtantiſchen Geiſtlichen des
betr. Ortes inſpiciren, ſondern von Zeit zu Zeit durch ihre
zu Zeit herumreiſenden Schulreviſoren beſuchen und ſich über
die gefundenen Reſultate gehörigen Bericht erſtatten. In die=
ſer Beziehung ſind unſere jüdiſchen Schulen den chriſtlichen
ganz gleichgeſtellt.

nenden sogenannten „Städtisch=Jüdischen Freischule" giebt's dort nur Privat= und Winkelschulen, und zwar von der Beschaffenheit, daß man sie weit eher mit den berüchtigten alten Chebarim, als mit den Bildungsanstalten unseres Jahrhunderts vergleichen könnte. Man findet — so unwahrscheinlich es manchem Leser auch vorkommen mag — in den Posener Privatschulen heutzutage noch dieselbe Unordnung, denselben Geruch, dieselbe Disziplin und dieselbe Unterrichtmethode wie in den „Judenschulen von vor 40 und 50 Jahren," und sähe man nicht da und dort zwischen Chumesch und Siddur auch ein deutsches Lese= ob. Schreibebuch hervorragen, und hörte man nicht dann und wann zwischen dem verworrenen Geschrei laut=Dawenender, oder „Chumesch mit Raschi" plärrende Chöre auch den gellenden Singsang einiger buchstabirenden oder leiernden ABC=Schützen hervorkreischen, — so möchte man schwören, man befinde sich in den Lehrhäusern der alten polnischen „Rebbi's" und lebte in der Mitte oder wenigstens am Ende des vorigen Jahrhunderts. Wenn Eltern ihre Söhne und Töchter in solche Schulen schicken, so geschieht dies entweder aus dem Grunde, weil es noch Viele mit ihrem Gewissen unvereinbar finden, ihre Kinder von christlichen Lehrern unterrichten zu lassen, oder (was noch häufiger der Fall ist) es geschieht aus sogenanntem Rachmones (Mitleiden) gegen die armen jüdischen Schulmeister. Denn jedesmal, wenn ein neues Semester (זמן) beginnen soll, sieht man diese Herren von Haus zu Haus wallfahrten, um sich durch Bitten und Versprechungen, da von einem Vater, dort von einem andern, einen Schüler oder eine neue Schülerin zu verschaffen — oder wenigstens die alten Zöglinge für die Zukunft (d. h. für das nächste halbe Jahr) sich zu sichern. Und die Konkurrenz zwischen den Posener Schulmeistern ist ganz wie die dortige merkantilische; denn es wird nicht so wie in dieser, kein Mittel gescheut, wenn es gilt, seinen Rivalen aus dem Felde zu schlagen, um dessen Kundschaft für sich zu gewinnen. — Wie in P. Alles, so ist leider auch das Lehrfach zum schmutzigen Schacherwesen herabgewürdigt. Was aber einmal in diesen Pfuhl gerathen, wird sich nicht so leicht wieder daraus erheben können. Zu dem, wissen Sie, liebt man in P. Nichts so sehr als den Status quo. „Es bleibt Alles beim Alten" ist die Devise, welche sie dort auf ihre Fahne geschrieben. Das Bild eines Krebses hätte sie darüber malen sollen; denn „Stillstand ist Rückschritt." Wohl giebt es auch dort einige Bessergesinnte, die, wo es sich thun läßt, gegen das so lieb gewonene „Verharren im alten Schlendrian" allen Ernstes ankämpfen. Allein was sind Einige gegen eine Schaar von Tausenden? Und wenn diese Einigen, im Kampfe mit der Legion auch zuweilen den Sieg davon tragen, — dem Indifferentismus — das weiß Jeder — wachsen wie der Hydra immer neue Köpfe; er ist ein nicht zu vertilgender Drache, ein Koloß, durch Nichts zu stürzen, eine Riesenschlange, felsenfest und unersteiglich. — Doch

halt — was sage ich da? Haben wir nicht schon von dem alten macedonischen Philipp gehört, daß keine Mauer so hoch, um nicht von einem mit Gold beladenen Esel erstiegen werden zu können? — Ja, auch die gewaltige Mauer des Posener Indifferentismus könnte leicht erstiegen werden, oder würde von selbst zusammenstürzen, wenn dabei auf der Seite der Indifferenten ein einträgliches Geschäftchen, oder (wie der Frankfurter Trödeljude sagt) „a Profitche" zu machen wäre. Denn „Mammon! Mammon!" ist die Losung. Merkur, dieser metallene Götze, sitzt auf dem Thron — und seine erbärmlichen Vasallen tragen Ketten, goldne und silberne Ketten, die den Leib schmücken, den Geist aber und das Herz sklavisch gefesselt halten. — Ein schauerliches Bild — nicht wahr? Aber es ist treu nach der Natur gezeichnet.

Wenden wir uns nun nach dieser kurzen Abschweifung, die uns aus leicht zu ersehenden Gründen nothwendig geschienen, zu der Eingangs dieses Artikels bereits gedachten sog. Städtisch=Jüdischen Freischule. Dieses Bildungsinstitut, vor einigen Jahren aus der Kombination dreier einzelnen (einklassigen) Frei= oder Armenschulen[4]) hervorgegangen, unterscheidet sich zwar, im Innern wie im Aeußern, wesentlich von den oben skizzirten Privat= und Winkelunterrichtsanstalten, läßt aber dessenungeachtet noch recht viel zu wünschen übrig, indem es noch lange nicht den Anforderungen entspricht, welche man heutigen Tages an die jüdischen Schulen stellt, und zu stellen wohl berechtigt ist.

(Fortf. folgt.)

---

4) Diese Frei= oder Armenschulen hatten wohl schon c. 20 Jahre vorher in P. bestanden, sich aber in ihrem innern Wesen immer nur insofern von den jüdischen Chebarim unterschieden, als in ihnen auch Deutsch u. Polnisch gelehrt worden.

Personalchronik und Miscellen.

Straßburg. Hier ist der Kantor des Prager Tempels, Hr. Pereles, als ministre-officiant, mit einem fixen Gehalt von 2,500 Franks angestellt worden. Sein Gesang fand allgemeinen Beifall.

∗

Dresden. Dr. Frankel hält wöchentliche Vorträge über die Entwickelung der religiösen Idee im Judenthum vor einem Kreise Erwachsener. Sie finden sehr großen Beifall.

∗

Leipzig. Die „Mannheimer Abendzeitung" bringt einen sehr energischen Artikel über die Zustände der Juden in Sachsen, auf den wir zurückkommen werden.

Verlag von C. L. Fritzsche.　　　　　Druck von J. H. Nagel.

Der Orient.

Berichte, Studien und Kritiken

für

jüdische Geschichte und Literatur.

Neunter

Jahrgang.

Herausgegeben

von

Dr. Julius Fürst.

Das Abonnement auf ein Jahr ist 5 Thlr. Man abonnirt bei allen löbl. Postämtern und allen solid. Buchhandlungen auf ein Jahr.

Von dieser Zeitschrift erscheinen wöchentlich das Literaturblatt mitgerechnet, zwei Bogen, und zwar an jedem Dienstag regelmäßig.

№ 6.

Leipzig, den 5. Februar

1848.

Deutschland.

Posen, 18. Jan. Den Lesern dieses Blattes wird größtentheils nur die Schattenseite der hiesigen Gemeinde-Verhältnisse gezeigt, während der auf die Gesammtheit wohlthätig wirkenden Ereignisse selten Erwähnung geschieht. Ich erlaube mir deshalb ein Faktum mitzutheilen, das ein schönes Zeugniß des in unserer Gemeinde vorhandenen Strebens nach Eintracht giebt, und welches den Beweis liefert, wie die verschiedenen religiösen Richtungen, durch Besonnenheit und Mäßigkeit ihrer Vertreter, keine Veranlassung zu den alles Bessere niederdrückenden Parteikämpfen geben.

Ein Mitglied des „Brüdervereins" wünschte, daß die Trauung seiner Tochter im Betlokale des gedachten Vereins vorgenommen werde. Es wurde derselbe mit dem vom Verein abgefaßten die Trauung betreffenden Reglement bekannt gemacht, welches viele Abweichungen von den bisher bei diesem Akte üblichen Gebräuchen enthält. Als derselbe den hiesigen Oberrabbiner mit den Kidduschin beehrte und dabei der Bedingungen jenes Reglements gedachte, erklärte Letzterer, er würde zwar bei Unterlassung der unwesentlichen Ceremonien keine Schwierigkeiten in den Weg legen, müsse aber bei den wesentlichen Gebräuchen fest beharren. Hierauf faßte der Verein sofort den löblichen Entschluß, von den in dem Reglement enthaltenen der Ansicht des Oberrabbiners nicht entsprechenden Bestimmungen abzugehen und sich auf

dessen Ausspruch zu beschränken. So ging dieser feierliche Akt, erhöht durch eine alle Anwesenden befriedigende Traurede, von den rühmlichst bekannten Dr. Calvary gehalten, an geweihter Stätte in Ruhe und Ordnung vorüber, und es ist erfreulich berichten zu können, daß dieser Vorgang auf die Bessergesinnten einen höchst angenehmen Eindruck machte, da er die charaktervolle und humane Gesinnung der Mitglieder dieses Vereins, wie ihr Streben, die Achtung gegen das geistliche Oberhaupt der Gemeinde zu bewahren, bekundet, und an den Tag legt, daß sie keine den Geiste des Judenthums so unangemessene Richtung verfolgen, als man bis jetzt anzunehmen sich berechtigt glaubte. Allerdings ist es zu bedauern, daß die Vorsteher dieses Vereins ihre Synagogenordnung von einem jungen Rabbiner aus der Provinz begutachten ließen; es haben durch diesen Mißgriff Viele den Vereine entfremdet und er kann nur dieselbe wieder gewinnen, wenn er auf dem Wege des mäßigen Fortschrittes beharret und in einer dem Geiste des Judenthums entsprechenden Weise zu wirken fortfährt.
L. K.

Posen, 1. Jan. (An den Berliner Korrespondenten mit dem Stern *). Mein lieber Kollege! So und nicht anders will ich Dich nennen, und ich weiß nicht warum Du Dich noch so sehr darüber mequirst, und wenn Du diese Benennung noch so lächerlich findest. — Was kümmert mich die RB.? Sie ist ja längst „alle geworden". Was kümmert mich Deine

6

Ansicht vom „jüdischen Monotheismus"? Ich lese, oder eigentlich ich studire jetzt die berühmten Magdeburger Abendvorlesungen vom vorigen Jahre. — Was kümmert mich ferner Deine Sehnsucht nach dem Messias? Ich habe die „Verhandlungen über die Judenfrage auf dem ersten vereinigten Landtage in Preußen" fast auswendig gelernt. — Was kümmert mich endlich all' Dein Witz über Wolf und Schaf, und Schaf und Wolf? was kümmert mich alle Deine Satyre und alle Deine Ironie, mit welcher Du mir und Deinen andern Mitkorrespondenten begegnest? — So lange Du nicht in den JW. und nicht in den Israeliten, nicht in die Allgemeine, sondern nur einzig und allein in den Orient Dein Licht leuchten lässest, so lange haben wir das Recht, Dich unsern Kollegen zu nennen, und von diesem Rechte will ich wenigstens Gebrauch machen, ja ich will es und ich werde es, so oft es mir nur belieben wird. Und nun zur Sache. Ich habe Dir aus meiner Provinz wieder ein Geschichtchen zu erzählen, ein Geschichtchen, das Dich an längst vergangene Zeiten erinnern und Dir beweisen soll, daß trotz unseres aufgeklärten Jahrhunderts das gräuliche Gespenst altrabbinischer Hierarchie hier und da herumzuspuken noch nicht aufgehört — und wenn Du hierbei nicht ausrufest: „Es leben die neuen Rabbinen mit ihrer Freisinnigkeit"! so bin ich gezwungen anzunehmen, daß Dein Sinn für Recht und Gerechtigkeit mit dem letzten JW. in das Grab gesunken. — Ich werde mich diesmal ganz kurz fassen. — Vor einigen Wochen kommt ein alter westpreußischer Rabbi in eine Gemeinde des Netzdistrikts und bittet um die Erlaubniß, am Sabbat in der Synagoge eine Derascha halten zu dürfen. Das Gesuch wird gewährt und die Derascha gehört. Tags darauf läßt (nach hergebrachter Sitte) der fremde Rabbi den Schochet des Orts zu sich kommen und heißt ihn „den Chalef stellen". Der Schochet thut, wie ihm befohlen (nicht zu ahnen, was ihm bevorsteht). Im Schafpelz steckt ein Wolf, und das ein sehr grimmiger. Der Rabbi fängt zu tadeln an, und tadelt und krittelt, und krittelt und tadelt — und was ist das Ende von Liebe? Der Schochet wird gepasselt. — Der Ortsrabbiner protestirt gegen dieses Dekret. Vergebens. Der fremde Rabbi gilt als eine größere Autorität, und der arme Schochet, ein Vater von 7 kleinen Kindern, wird seines Amtes entsetzt. — Dieses Faktum ist 1847 in einer Gemeinde des preuß. Staates zugetragen. וְעַל זֶה נֶאֱמַר: וְאַתָּה מָלֵאתָ אֶרֶץ חָמָס וּרְשָׁעָה לִשְׁחֵת. — Dies der Text. Die Noten dazu kannst Du liefern. — Gehab Dich wohl, mein lieber Kollege. W.

Berlin, 23. Jan. Es geht nichts über deutsche Gründlichkeit. Franzosen, die so unchristlich sind, jüdischen Deputirten die Kammern zu eröffnen, sind leicht-

sinnig und oberflächlich; Engländer, die das Unterhaus emancipiren, sind unter der Leitung eines unchristlichen Ministers: gründlich ist nur ein deutscher Professor, dessen Zopf allen Friseurs Trotz bietet. Die Päbste waren so ketzerisch, jüdische Leibärzte zu haben; ein Bischof zu Bonn ist der wahre Apostel unserer Zeit, die Säule der Ethik, und spricht daher den jüd. Aerzten die Fähigkeit ab, Menschen zu heilen, und verweist sie auf das Thierreich. Gelingt es in der That keinem Arzte, z. B. dem Volke Maimûni's, den bischöflichen Professor von dessen Wahne zu heilen, so ist er im Rechte. Also die Juden haben keinen Sinn für das ethische Element. Zugegeben. Warum sucht man nicht ihren Sinn für die Ethik zu wecken? Warum sollen sie blos tolle Hunde, und nicht auch tolle Menschen heilen dürfen? O könnten die jüdischen Aerzte die krankhaften Anschauungen der deutschen Professoren über Wissenschaft und Menschenliebe berichtigen! Haben denn die Ritter der christlichen Privilegien vergessen, daß jüdische Aerzte die Lehrer des christlichen Mittelalters waren? Hatte Jehuda ha-Lewi, Ibn Esra, Maimûni, Montalto u. s. w. keinen ethischen Sinn? War Aeskulap ein Christ, Hippokrates ein Bonner Professor, Galen ein Mann des christlichen Staates? Wir rathen den gelehrten Kämpen der christlich-medicinischen Ethik Feuerbach's „Kritik der christlichen Medicin" zu lesen. Sie erlauben, Hr. Professor, daß ich Ihnen eine Stelle citire: „Sie kennen keine Gesetze der Natur und folglich auch keine Gesetze des Denkens. Ihnen ist das Vernünftige das Absurde und folglich das Absurde das Vernünftige, das Natürliche das Unnatürliche und folglich das Widernatürliche das Natürliche. Sie sind ein Ungläubiger in den allein glaubwürdigen, aber ein Starrgläubiger in allen unglaublichen Dingen. Sie sind ein Esprit fort gegen die Philosophie und Naturwissenschaft, aber dafür glauben Sie Alles ohne Anstand, was Ihnen nur immer der Pfaff vorschwatzt." (Feuerbach's Werke, I. 178.) Ein anderer Champion in Königsberg war einst Jude, ein Sohn Jakob's, hat für ein Gericht Linsen die Erstgeburt verkauft und zieht jetzt, wie sein Ahn Esau, seinen Brüdern mit einem Streitheer, mit Ochsen und Eseln entgegen. — Aber nicht blos die Medicin hat eine christliche Grundlage — die Erbsünde — sondern auch das römische Recht, behaupten die hiesigen Rechtslehrer. Dies räume ich ein. Denn woher kämen die Ausnahmsgesetze über die Juden im römischen Rechte? O, es geht also über christliche Gründlichkeit. — Nun erlaube mir, lieber Leser, mein Gewissen zu beruhigen. Bin ich ein Jude oder bin ich es nicht? ist die Frage, seitdem der JW. erklärt hat, daß kein Jude im „Orient" schreiben dürfe. Wie? sollen meine harmlosen Bemerkungen mir wirklich mein Judenthum rauben? Zweifel verzehren mich, Sorgen verheeren mich, JW. belehre mich, bekehre mich, sonst scheere dich! Doch ich beruhige mich. Seitdem unbeschnittene Kinder von Rabbiner-unbeschnittener Lippen gesegnet werden, kann ein Korrespondent des „Orient" ruhig sein. Allerdings werden mich die Einhorn's nicht segnen, die Holdheim's keinen Toast auf mein Wohl ausbringen, die Geschichtschreiber meinen Namen nicht verewigen, denn sie — kennen mich nicht. Ist es schmerzlich verkannt, so ist es beruhigend nicht gekannt zu werden! Manches Land wäre glücklicher, hätte es seinen Rabbiner verkannt anstatt ihn zu kennen. *

Berlin, 26. Jan. Unsere preußischen Rabbinen, die meist fromm schienen und leicht Geld verdienen, wollen die Laienvernichtung durch die Errichtung von Consistorien. Ich sehe sie schon mit Spott und Hohn herabsehen, die Augen verdrehen, die Gelehrten, die sich nicht bekehrten zu ihrer Ansicht, der Wahrheit gebricht, verachten und sie gering betrachten. Sie sitzen und schwitzen auf ihrem Rabbinerstuhl, dem Höllenpfuhl. „Herr Präsident" — ein schmeichelndes Wort in einer Zionshort, ein lieblicher Namen, ein wohlklingendes Amen — tönt's ihm entgegen auf allen Wegen. Er kann befehlen und verhehlen, einsetzen und absetzen, annehmen und wegnehmen, approbiren und blamiren, Bescheide ertheilen und die Orthodoxen heilen, Verordnungen erlassen und reguliren die Kassen. Mit Demuth und Wehmuth kommt der Kandidat, der nichts hat, zum Präsidenten. Mögen Ew. Hochwürden in Würden mir wohlwollen und nicht grollen. Ich schwöre bei der Ehre der Reform ohne Norm, den Augiasstall der Orthodoxie, durch die Neologie überall zu ersetzen und die Parteien, die Laien, die da schreien, gegen einander zu hetzen, an ihrem Streit, der manchen Vortheil beut, zu ergötzen, und Gebete einzusetzen für das Glück und Geschick des Präsidenten an allen Enden. Der Präsident blickt ganz entzückt auf den Clienten, und gewährt ihm die Bitte, nach hierarchischer Sitte. Dort sitzt die Prüfungskommission, mit gelehrtem Ton, rückt und drückt die Sessel an einander, um zu hören und zu bekehren, zu fragen und zu klagen. Der Kandidat naht, die junge Saat des Wissens tragend. Ein Mitglied beginnt geschwind fragend: Was soll geschehen, wenn uns aus Versehen, ein Tropfen Milch fällt in einen Topf, der Fleisch hält? Liebig und Berzelius werden citirt, und Daraus ernirt, daß so groß auch der Tropfen gewesen, er in sechzig sich muß auflösen. Was uns als Jore Dea bekannt, wird modern nach Chemie der Religion genannt, und die Trefas-Zeichen müssen der Zoologie weichen. Wie köstlich ist ein Präsident zu sein, um die Lai'n, zu verdummen, daß sie verstummen, und die Gelehrten, die blos wissen, schweigen müssen. Soll euch, Gemeinden, eure Freiheit bleiben, so müßt ihr Konsistorien hintertreiben und selbst wählen für das Heil eurer Seelen. *

Aus der Provinz Posen, 16. Jan. Hier haben Sie wieder einen Beweis von dem Indifferentismus der Posener Juden, wenn es sich um Kultussachen u. dgl. handelt. Laut §. 55 des Juden-Gesetzes vom 23. Juli v. J. sollen die Herren Oberpräsidenten den Ministerien der geistl. Angel. u. d. J. die Mitglieder der einzusetzenden Kultus-Kommission zwar vorschlagen, doch zuvor die Anträge der Synagogen-Gemeinden ihres Verwaltungsbezirks darüber einholen und diese Anträge „besonders" berücksichtigen. In Verfolg dieser Bestimmung hat am 9. d. M. in Posen die Wahl des Kandidaten (zur Kultus-Kommission) für die dortige Syn.-Gem. stattgefunden, und — denken Sie sich — von c. 800 Stimmberechtigten waren nicht mehr als 180 Wähler erschienen. Also kaum der vierte Theil? Was sagen Sie zu dieser Gleichgiltigkeit? — So sehr ich auch den Posener Indifferentismus kenne, so hätte ich doch immer geglaubt, daß sie dort für die in Rede stehende Angelegenheit ein so geringes Interesse nehmen werden.[1] — Noch auffallen als die schwache Theilnahme an der gedachten Wahl muß aber das Resultat derselben erscheinen. Wollen Sie es wissen? Der OR. Eger hat 96 und der rühmlichst bekannte, talentvolle Dr. Gebhard (Rabb. in Gnesen) nur einige über 60 Stimmen erhalten.[2] Die SG. von Posen wird also ihren Rabbi dem Oberpräsidenten als Kandidaten vorschlagen, oder hat es wohl schon gethan. Es ist nur die Frage, für wen sich die andern Gemeinden unserer Provinz bestimmen werden. Viele derselben sollen zwar (nach der Vossischen Zeitung vom 13. d. M.) schon beschlossen haben, sich Posen in dieser Beziehung zum Muster zu nehmen;[3] doch da bei der großen Anzahl von Juden im Großherzogthum[4] zu erwarten steht, daß dieses wohl 2 Deputirte zur Kultus-Kommission wird zu schicken haben, so kann man wohl mit Gewißheit annehmen, daß die Wahl des andern den Dr. G. treffen werde. Der Ruf dieses gediegenen Mannes ist zu verbreitet, um nicht voraussehen zu können, daß ihn außer seiner Gemeinde noch viele, ja sehr viele andere[5]

---

1) Zumal da ich es noch mit eigenen Augen gesehen habe, mit welchem Heißhunger sie über das Gesetz vom 23. Juli herfielen und mit welcher Wolfsgier sie einen Paragraphen nach dem andern verschluckten. —

2) Nur zu deutlich geht hieraus hervor, wie schwach, wie sehr schwach die Partei der dem Fortschritte Huldigenden bei der Wahl muß vertreten gewesen sein. — Der Posener Zeitung vom 12. h wird es sehr gerügt, daß nicht Dr. G. einstimmig gewählt worden. — Es heißt übrigens in P., daß die Wahl in einigen Tagen erneuert würde. Doch will uns dies nicht sehr wahrscheinlich vorkommen.

3) Wenn dies wahr ist, so können es nur die um P. herumliegenden kleiner Gemeinden sein, welche mit P. von jeher große Wahlverwandtschaft an den Tag legten.

4) Ueber die ganze gesammten preuß. Judenheit.

5) Und große Gemeinden, wie z. B. Krotoschin, Lissa und vielleicht auch Rawicz und Kempen.

den Oberpräsidenten als Kandidaten vorschlagen wer=
den. Schließlich noch ein Faktum, für dessen nähere
Bezeichnung Sie selber einen Namen auffinden mögen.
Unterm 10. d. M. sind von Posen aus nach vielen
(vielleicht auch nach allen) andern Gemeinden der Pro=
vinz anonym (lithogr.) Briefe abgesendet worden, in
welchen die frohe Botschaft verkündet wird, daß der OR.
C. vor der Posener SG. als Kandidat für die Kultus=
Komm. „durch überaus große Stimmenmehrzahl‟ er=
wählt worden wäre. Wie gesagt, die Briefe sind ano=
nym. — Doch von wem sie gekommen, kann man sich
an den Fingern abzählen.

> „Die Streiche sind bei uns im Schwung‟,
> Sie sind bekannt im ganzen Reiche.
> Man nennt sie halt nur Schwabenstreiche‟.[6]

W.

Aus der Provinz Posen, 17. Jan. Die
anonymen Briefe, von denen ich Ihnen gestern geschrie=
ben, waren doch nicht ganz leer; denn sie enthielten jeder
als Einlage eine gedruckte Anzeige von den in Stettin
erscheinenden, von W. Lüders herausgegebenen „Wäch=
ter an der Ostsee‟.[1] — Wie reimt sich das? wird
Mancher fragen. Wie kommt der Ostseewächter in die
Kultusangelegenheiten der Juden? wie kommt er in jene
Briefe? Würde da nicht eine Anzeige von dem
„Altonaer Wächter‟ hineingepaßt haben, wenn einmal
die feigen Posener ihre Briefe nicht ohne Wache in
die Welt schicken wollten? — Doch das Räthsel soll
gleich gelöst sein. — Hr. Dr. Jost hat in seinen letz=
ten Aufsätze über Salvador (LB. Nr. 3) so manche
von den Mitteln angegeben, deren sich die Herren Ver=
leger bedienen, um den von ihnen herausgegebenen Bü=
chern ꝛc. möglichst ausgedehnte Verbreitung zu ver=
schaffen. Ganz neu (wirklich originell) ist aber das
Mittel, welches der Ostseewächter=Verleger benutzte, um
seinem Blatte einen großen Leserkreis zu gewinnen. Er
hat nämlich den Obervorsteher der israelitischen Ge=
meinde zu Stettin zu bewegen gewußt, daß dieser
auf der Rückseite der „Ostseewächter=Anzeige‟ einige
Zeilen (in hebr. Quadratschrift) drucken ließ, worin
er den Wächter, weil er „die humansten Prinzipien
verfechtend, sich auch der Emancipation unse=
rer Glaubensgenossen wirksam (?) annimmt‟,
zur weitern Verbreitung dringend empfiehlt. Nun muß,
wie es scheint, der Stettiner Obervorsteher eine ganze
Masse dieser, mit seiner Empfehlung versehenen Anzeigen
an den C. V. in P. geschickt haben, denn jedem der

unterm 10. h. von da aus versendeten anonymen Briefe
ein solches Blatt als Leibgarde konnte mitgegeben
werden. Auch muß der St.OB. seine Kollegen in P.
gebeten haben, sich die Verbreitung jener Annoncen möglichst
angelegen sein zu lassen,[2] und die guten Posener hatten
nun nichts Eiligeres zu thun, als mit ihrer Freuden=
post (siehe unsern gestrigen Artikel) auch die St.Wäch=
ter=Vorposten in alle Welt zu verschicken.[3] — Ich be=
dauere sehr, nicht das Talent eines Ihrer Sterne
zu besitzen; denn wäre ich so glücklich, so würde ich
(was gewiß allen Lesern lieb gewesen wäre) die Ver=
bindung jener beiden Posten nach den Gesetzen der Logik,
oder wenigstens humoristisch erklärt haben. Da
mir aber die Fähigkeit hierzu abgeht, so muß ich von
dem Leser mit der Bitte scheiden, sich über Alles, was
ihm dunkel, selber Licht zu verschaffen, und indem ich
zu diesem Behufe den Ostseewächter, den Altonaer Wächter
und alle Wächter im Norden und Osten dringend empfehle,
verharre ich W.

Oesterreich.

Aus Mähren, 8. Jan. (Offene Briefe. IX.)
Ein „Humorist‟ behebt die Frage: Warum die Juden
in Tunis nichts „Grünes‟ an sich tragen dürfen,
wahrscheinlich darum, meint er, weil grün die Farbe
der Hoffnung ist. Ebenso erkläre ich mir, warum
die Rabbiner X. Y. Z. ihren Gemeinden so viel blauen
Dunst vormachen; weil sie ihnen stets den Himmel
vor Augen halten wollen. — In der kleinen Gemeinde
L—z hält der Rabbiner lateinische Predigten (non
est fictio sed res verissima!). Die „Dorfgeher‟ und
Hausirer, die in der Muttersprache Cicero's nicht gar so
bewandert sind, glauben er spräche griechisch und rufen
ihm zu: Graecum est non intelligitur. O, wie frucht=
bar ist unser Jahrhundert an Unsinn! — So eben lese
ich folgende Stelle in einem Taschenbuch für das Jahr
1848: „Heil uns! die fruchtbarste Zeit, die die Ge=
schichte kennt, ist die unsrige.‟ Ich kann dem Ver=
fasser nicht so ganz und unbedingt beistimmen. Vor
Allem gedeihen keine Erdäpfel, ferner sind die Früchte,
die die Sorge des Jahrhunderts reift, meist wurmstichig,
da die Insekten jetzt überhand nehmen. Wahr jedoch
ist es, daß der Feigen sehr viele sind; auch Man=
deln gibt es in Fülle, ebenso Männchen und Männ=

---

2) Oder sollte vielleicht die Versendung der Anzeigen
nach den Provinzial=Hauptgemeinden so wie die Bitte um
Weiterversendung in die kleineren Korporationen von dem
Verleger ausgegangen und der OB. weder an dieser noch
an jener betheiligt sein? — Möglich ist es, aber wahrschein=
lich nicht.

3) Oder war vielleicht die St. Anz. der קיקי und der
אלון Brief der סכך? —

lein, nur wenig Männer. Maulbeer, Stachelbeer, selbst Weinbeer findet man häufig; ebenso gedeiht der Lorbeer gar trefflich. Matrazen und Strohsäcke werden damit gepolstert, um recht behaglich darauf zu ruhen. Auch Stroh giebt es genug, doch fehlet Korn und Kerniges darin. An Klatschrosen haben wir großen Ueberfluß; besonders fruchtbar jedoch ist das Jahrhundert an Blättern, doch decken diese nicht, wie bei Adam, unsere Blößen zu, sondern die meisten Blätter decken unsere Blößen erst recht auf. — Aller guten Dinge sind drei, und so sind auch jetzt drei Gemeinden bei uns leer (d. h. ohne Rabbiner, leer im buchstäblichen Sinne, giebt es bei uns kaum drei, die es nicht sind); darüber fallen nun Kandidaten und Kandidätlein her, und halten darüber eine wahre Hetz- und Treibjagd. „Und es fassen sieben Kandidaten eine Gemeinde an, sprechend: Unser Brod wollen wir essen, und auf eigene Faust voller wir in Kutte und Bäffchen uns kleiden; nur sei dein Name auf uns genannt, o erlös' uns von der Schmach des Kandidatenthums! Und sie ruft an jenem Tage, sprechend: לא בכסף תגאלו! Nein! nur wer mehr giebt, der wird erlöst!" — Der Berliner Stern-Korrespondent hat bei der Aufzählung der „Emissäre", die Mähren in fremden Landen sitzen hat, den gegenwärtigen רב zu Palotta in Ungarn, zu erwähnen vergessen. Sollte ein Fürst des künftigen Jahrhunderts „das Leben dieses רב" schreiben wollen, so will ich ihm hierzu Quellen und Daten geben. Es ist nur böswillige Verleumtung, wenn Leute behaupten, dieser רב, „heißt nichts"; da ich zuverlässig weiß, daß er Peter Singer heißt. Hr. Peter Singer (nicht zu verwechseln mit Peter von Amiens) hat in Ungarn's Brod das Licht der Welt erblickt. An der Wiege großer Männer beginnt schon die Sage, besonders bei solchen, die später selber nichts zu „sagen" haben. Die Sage also geht, gleich an dem neugebornen Kinde hätten die Ungarischbroder Hebammen bemerkt, daß aus ihm ein ungarischer רב (bei uns zu Lande ein bekanntes Notarikon Roth-Bart) werden wird. Es ist evident wahr, daß dieser רב oder einen אפסם noch למספר verfaßt hat (künftige Literaturhistoriker wollen also nicht — wie einst über den weiland רב — hierüber in Zweifel sein). Schließlich hat derselbe die Akademie des אפסם רב — d. h. des seligen Raw zu Papa — besucht. Weitere Daten weiß ich darum nicht, werde aber auch später schwerlich mehr dazu wissen. — Ich könnte Ihnen noch manchen Beitrag zur Geschichte der großen Männer in der Gegenwart geben; fürchte aber die Geduld Ihrer Leser auf gar zu harte Proben zu setzen und so schließe ich für heute meine Epistel.

Von der Donau, im Jan. Die jüngsten Nachrichten von den reichstäglichen Verhandlungen, wo über Heimathsrecht manche Grundprinzipe aufgestellt und die Juden zur Sprache gebracht wurden —

lauten sehr betrübend. Wenn sich die ungarischen Israeliten die 27. Sitzung der Ständetafel von Ende December recht genau ins Gedächtniß rufen, mit welcher Wuth die Ablegaten über die Juden losgezogen sind, besonders die der königlichen Freistädte, so muß dies alle Herzen mit Kummer erfüllt haben. Bei den frühern Reichstagen, wenn von Juden debattirt wurde, waren die Aeußerungen eine Mischung von Lob und Tadel, von Vor- und Nachtheil, Bitteres und Süßes vermengt, aber jetzt wurden nur Schmähungen auf Schmähungen gehäuft, kaum hörbar war die Stimme der Gerechtigkeit und der Humanität. — O! wie können wir den schönen Hoffnungen Raum geben vorwärts zu rücken? Alle Aussichten auf eine heitere Zukunft sind verdüstert. Die Ursache dieser verhängnißvollen Wendung ist, daß sich die in Freistädten angesiedelten Israeliten Adeliges erlaubt haben. Nicht nur der überhandnehmende Wucher, sondern ihr Ungehorsam und ihre Widersetzlichkeit und Lieblosigkeit wurden mit greller Farbe geschildert. Ein Hauptbewegungsgrund dieses Rückfalls rührt davon her, daß viele Gemeinden alte und neue den Rabbiner schonungslos mißhandelten, weil er einer Partei zu alt oder zu streng und einer andern Partei zu neu oder zu leicht war. — Der bedrängte und verfolgte Rabbiner mußte gegen seine Gemeinde Klage führen. — Solche Prozesse sind leider häufig vorgekommen, dadurch wurden Blößen und boshafte Thaten entdeckt. Und der vom Rabbiner gezückte Dolche kehrt in die eigene Brust zurück, die Juden zu entehren, weil sie gegen ihre Geistlichen ehr- und gewissenlos sind. — Günstigere Resultate wären zu gewärtigen, wenn der Reichstag nach Pesth käme, wie dieser Vorschlag bereits bei beiden Tafeln beantragt wurde und Anklang fand, denn in Preßburg kann sich der Adel kein schönes Bild vom Judenthume entwerfen. Da bewegt sich die Judenschaft um den alten Schlendrian und die Preßburger Gemeinde ist stolz auf ihre Alterthümlichkeit, daß sie jede Art Reform kräftig unterdrückt. Unter der Asche der Zurückgezogenheit liegt aber eine Gluth verborgen, den günstigen Zeitpunkt still abwartend, wo die Reformpläne hervorbrechend, eine ganze Umwälzung und erstaunliche Veränderung in der Gemeinde bewirken und alle orthodoxen Gemeinden aufgeschreckt, dem Bessern Gehör geben werden. —

In Papa ist dem Scheine nach Ruhe. Die Eingekerkerten sind seit Neujahr in Freiheit gesetzt. Das Zetergeschrei ist einstweilen zum Schweigen gebracht. Der Löwe brüllt nicht mehr, die Grundobrigkeit droht nicht mehr und die Heiducken schlagen nicht mehr. Der Löw hat die Augen geöffnet und seinen unverzeihlichen Fehler einzusehen, daß er Kanischa ohne Noth verlassen hatte; ein Ort, wo sich sein Geist frei bewegen und er ungenirt leben konnte. Nun ist er überzeugt, daß Zwangsmittel zur Reform bei den Juden erfolglos bleiben, werden aber die Zwangswaffen durch den

Rabbiner geführt; so kommt der sogenannte Bal Ha=
Bajit in Desperation mit grimmiger Wuth Alles nie=
derzureißen und anstatt zu helfen und zu belehren hat
der Rabbiner Alles verschlimmert.

Dem Vernehmen nach soll von Seiten der hohen
Stelle eine Rabbiner=Versammlung in Ungarn stattfin=
den, um auf eine Erleichterung und Amalgamirung vor=
zubereiten. Von den 400 Rabbinen ist sehr wenig Er=
hebliches zu erwarten, hat kaum Einer den Muth einen
Minhag anzugreifen und zu beseitigen. Doch wenn
Schwab aus Pesth, Wahrmann aus G. Wardein,
Freier aus Raab und Openheim aus Temeswar,
als Koryphäen der ungarischen Rabbiner kämen, die jun=
gen feurigen Neulinge zu unterstützen, so wären Hundert
andere Rabbiner aufgewogen; ein Licht würde verbreitet
werden und es wären Anstalten getroffen, den Baum
des Lebens und des Wissens zu genießen.

Das jüdische Schulwesen
in der
Stadt Posen.
(Schluß.)

Es würde jedoch die in Rede stehende Schule unbe=
dingt mehr leisten, wenn erstens die einzelnen Klassen,
nicht so erstaunlich übervölkert wären;[5] wenn ferner zwei=
tens das ganze Institut sorgfältiger inspizirt würde,[6] und

---

[5] Als Frei= oder Armenschule sollte die Anstalt
doch nur solche Kinder aufnehmen, deren Eltern zu arm sind,
um auf sie an Schulgeld Etwas verwenden zu können. Doch
dies vergessen die Herren Lehrer und nehmen Alles, was
sich meldet, am bereitwilligsten die Kinder der Reichen
und Bemittelten, weil sie bei diesen auf die Theilnahme an
den Privatstunden (welche sie nach beendigten Schulstunden
in ihrer Klasse ertheilen und wofür sie sich nach Umständen
mehr oder weniger bezahlen lassen) fast immer mit Gewißheit
rechnen können. — Die Ueberfüllung in den Klassen (nament=
lich in der zweiten und dritten) geht so weit, daß, wo man
immer eine in 3 spalten wollte, jede immer noch eher an
Ueberfluß als an Mangel leiden würde.

[6] Es wird zwar alljährlich (gegen Ostern) von 2 od.
3 Mitgliedern der städt. 1. Schul=Deputation so eine Art
Prüfung abgenommen; doch leider ist (wie in gar vielen
Schulen) mit solchem „öffentlichen Verhören der Kinder“ Nichts
mehr und Nichts weniger als die pomphafte Zurschaustellung
einiger oder mehrerer geschickt und mühsam dressirter Parade=
pferde, als. die eklatante Wiederholung des Stückes, welches
wochen= oder monatlang vorher tagtäglich in der Schule
zur Aufführung gekommen. — Nichts als Mechanismus. —
Und je geschickter der Mechaniker, desto geschickter werden
seine Marionetten tanzen. Nicht selten ist es schon vorge=
kommen, daß durch eine einzige Querfrage aus dem Munde
eines anwesenden Schulraths, Schulinspektors oder Schulde=
putationsmitgliedes das ganze, so mühsam aufgebaute Karten=
haus über den Haufen gestürzt und völlig zertrümmert worden.

---

wenn endlich drittens die 3 Herren Lehrer auf das Bü=
cherherausgeben[7] nicht so versessen sein möchten.[1]) —
Was diesen letzten Punkt betrifft, so können wir nicht umhin,
uns hier darüber (jedoch im Allgemeinen) etwas näher aus=
zulassen. — Die Sucht „Schulbücher, Jugendschriften u. dgl.
zu fabriziren und in die Welt hinauszuschicken“ ist unter den
jüdischen Lehrern unserer Zeit — man möchte sagen — schon
zur Manie[8] geworden — und die Schule kann von Glück
sprechen, deren Lehrer von dieser Krankheit noch nicht befal=
len. — „Von Glück!“ — Wie so? — Weil die Erfahrung
nur schon zu häufig gelehrt hat, daß gerade da in der
Praxis am wenigsten geleistet wird, wo man mit der
Theorie zu viel glänzen will und die scheinbaren Erfindun=
gen in derselben in alle Welt hinausschreien für nöthig
findet. Die That kriecht, wo das Wort lärmt und poltert.[9]
Man hört so oft darüber klagen, daß wir in Deutschland keine
Preßfreiheit hätten. Aber sagen Sie mir, bester Hr. Doktor,
sagen Sie mir um Alles in der Welt, ist das nicht genug
Preßfreiheit, ist nicht noch zu viel Preßfreiheit, wenn
Jedermann befugt ist, durch seine noch so armseligen Mach=
werke die Sündfluth unserer Schulliteratur noch immer grö=
ßer und immer schrecklicher zu machen? Wenn es Allen und
Jedem gestattet ist, auf den Babelsthurm unserer Jugend=
schriftenmakulatur nach Belieben immer mehr papierne Zie=
gel zu häufen, damit er (der Thurm) höher und immer höher
ins Blaue steige und sich endlich ganz hinter Nebel
und Wolken verliere? Man hat keine Censur zu fürch=
ten und kein Druckverbot — es schreckt kein rother Bleistift
und keine Untersuchung — es droht keine Konfiskation und
keine Ausweisung — und das ist nicht genug Preßfrei=
heit? — O was sind wir Deutschen doch für ein ungenüg=
sames Volk! — Glücklicher Weise ist es aber nicht die jü=
dische Schulliteratur allein (z. B. Religion, Bibl.
Geschichte, hebr. Grammatik 2c.) worin unsere jüd. Duodez=
pädagogen ihre Talente versuchen; vielmehr sieht man sie
oft, ja sehr oft, gerade in andere Gebiete (wie deutsche Spra=
che, Geographie, Rechnen, Gesang 2c.) sich verirren und dort

---

[7] Wir haben von den Gliedern unserer Triple=Alliance
schon Bücher in allen Elementarfächern (in der bibl. Gesch.
wie im Rechnen, in der deutschen Sprachlehre, wie in der
polnischen, im Gesange wie in der Geb. Ueb. 2c.) aufzu=
weisen; doch alle diese Bücher sind so fade und so geschmack=
los, daß sich außer den Verfassern wohl schwerlich noch
ein Lehrer finden dürfte, der sie einzuführen geneigt sein
möchte.

[8] Man sieht ja, es wird überall gestielt und gebildet
und ohne Unterlaß geschrieben, gerade so, als wenn es sein
müßte, als wenn Jeder dringend und peinlich dazu aufgefor=
dert wäre, selber Etwas zu schaffen. Ein Stern=Korrespon=
dent würde von solchen Thoren sagen: Der Ritzen ihrer Fi=
bel gehört ins Reich der Fabel, und von ihnen eine
Bibel riecht gewaltig nach Babel.

[9] So paradox dieser Satz auch scheinen mag, so hat er
doch viel, ja sehr viel Wahres an sich. —

„Bücher machen".[10] Und fragt man solch einen bücher=
machenden Schulmeister im Vertrauen: „wozu haft
Du dieses oder jenes Produkt Deines Geistes erst in die Welt
geschickt?" So verweist er Einen auf die Vorrede, oder gar
auf das Titelblatt, wo es groß und breit zu lesen, daß er
das Buch nur für seine Schüler geschrieben. — „Für
seine Schüler geschrieben" — diese Alltagsphrase ist mit einer
von den Gemeinplätzen auf dem großen Markte unserer
Literatur, von den Gemeinplätzen, nach welchen Stümper und
mittelmäßige Köpfe ihre Zuflucht nehmen, in dem thörichten
Wahne, die Fang=Arme der Kritik würden sie dort nicht er=
reichen können. Man schreibt „für seine Schüle" — „für
seine Gemeinde" — „zum Besten dieses oder jenes Vereins"
2c. 2c." Ja, so heißt es allerdings. Aber in der That
schreibt man nur für sich, zu seinem eigenen Besten. Ei=
telkeit und Ehrsucht sind Dinge, die zu Zeiten etwas
stark kitzeln, und der Verlagsbuchhändler wird doch nicht im=
mer so ein Kauz sein, daß er dergleichen Manuskripte gar
nicht honoriren sollte. — Man hat also mit Einem Schlage
zwei Fliegen getödtet; denn indem man für seine Unsterblich=
keit gesorgt, hat man zugleich auch seinen Säckel bereichert.
— Doch genug hiervon. — Denn wenn wir noch länger so
fortführen, würde es nöthig sein, daß wir unsern Artikel dann
auch mit Sternchen unterzeichneten — und das
wollen wir durchaus nicht. —

Kehren wir nun wieder nach Posen zurück. — Diejeni=
gen jüdischen Kinder, welche weder die Privat= und Winkel=
schulen noch die St.J. Freischule besuchen, haben entweder

10) Als wenn nicht schon genug, als wenn nicht schon
zu viel da wäre. Haben wir nicht Ueberfluß an Allem?
und haben wir nicht auch des Guten recht Viel aufzuweisen?
Suchet aus dem Guten das Beste aus und lernt es benutzen,
ja lernt es benutzen. Vergeudet nicht die Zeit mit der Zu=
tageförderung dessen, was in Eurem Gehirne herumspukt und
ihr, weiß Euch nicht scheint, für neu, für noch nicht
dagewesen haltet; sondern bedenket und nehmet es Euch
zu Herzen, daß die Schule viel, o gar gewaltig viel darun=
ter leidet, wenn der Lehrer darnach strebt, sich durch Bücher=
machen einen „Namen", — oder sei es auch nur „Geld"
— zu verschaffen. Denn abgesehen davon, daß ein rühm=
und gewinnsüchtiger Mensch die höhern Zwecke in der Regel
hintenansetzt oder gar vernachlässigt, so ist auch noch zu be=
denken, daß den Schulmeister, welcher seine Mußestunden
zum Büchermachen verwendet, nur selten Zeit zur „Selbst=
vorbereitung für den Unterricht" übrig bleiben dürfte, und
daß so ein Diminutivtalent, das sich einmal selber ein System
geschaffen, immer und ewig bei seiner Produktion beharret
würde, ohne zu erwägen, daß er doch eben so gut, wie jeder
„Gelehrte" hie und da könnte gefehlt haben (Pedantrie).

11) Geschrieben muß werden. Und weiß man
gar nicht mehr, unter welchem Vorwande man Etwas aus
der Rumpelkammer seines Geistes auf den Trödelmarkt der
großen Stadt Makulatura schicken soll, so fängt man an,
Vorreden, Einleitungen oder Anmerkungen zu den Werken
Anderer zu fabriciren und sucht auf diese Weise seinen Zweck
oder seine Zwecke zu erreichen. Exempla sunt nota. —

gar keinen Unterricht, oder sie sind in christlichen Schulen
untergebracht. Das Friedrich=Wilhelm=Gymnasium ist min=
destens von 120 jüdischen Schülern besucht, die sich aber fast
ausschließlich nur in den untern Klassen befinden. Denn wei=
ter als bis zur Quarta läßt selten ein dortiger Jude sein
Kind das Gymnasium besuchen. Wir haben schon vor dem
Beginne dieses Decenniums in P. gelebt und können uns
nicht erinnern, daß mehr als Ein Jude am dortigen Fr.W.
Gymnasium das Abiturienten=Examen absolvirt hätte. Das
Polnische oder Marien=Gymnasium hat nicht einen einzigen
jüdischen Schüler aufzuweisen.[12] — In der Königl. Luisen=
schule, der ersten Töchterschule in Posen, werden nicht alle
jüdische Mädchen aufgenommen, in der Regel nur die Töch=
ter ganz reicher Juden. Es kommt hierbei (wie der Direktor
dieser Anstalt selber schon geäußert haben soll) auf Konnexio=
nen u. dgl. viel an. Dagegen sind die vier Klassen, der
mit dem „Seminar für Erzieherinnen" verbundenen und
unter der Leitung desselben Direktors stehenden, Elementar=
schule fast nur von Judentöchtern frequentirt.[13]
Ueber das Auffallende dieser Erscheinung hat Ihr neuer Pose=
ner M.Korrespondent in Nr. 51 v. J. bereits genügenden
Aufschluß gegeben. — Den Religionsunterricht (2 Stunden
wöchentlich) erhalten sowohl die jüd. Schülerinnen der Luisen=
schule als auch bei der Seminarschule von einem „Theolog=
en in miniature", der sich sehr viel darauf zu Gute thut,
im Sommer 1844 eine Stunde lang Mitglied der ersten
deutschen Rabbiner=Versammlung gewesen zu sein. Derselbe
Gelehrte hat sich auch (weiß der Himmel, durch welche
Gunst) im vorigen Jahre die Erlaubniß zu verschaffen ge=
wußt, den jüdischen Schülern des Fr.W.Gymnasiums in einem
Klassenlokale desselben allwöchentlich 2 Stunden Unterricht in
der Religion ertheilen zu dürfen. Glücklicherweise ist es aber
nur der kleinste Theil der jüdischen Gymnasiasten, welcher an
diesen Stunden Theil nimmt. — Ob aber die anderen dafür
zu Hause in der Lehre Gottes unterwiesen werden? Alle,
gewiß nicht! Doch, das steht fest, besser gar kein Religions=
unterricht, als ihn von solchen „fahrenden Rittern" zu
genießen. Es ist nur eine Satyre auf das heilige Wort
unserer Väter, wenn dergleichen Menschen sich hinstellen,
zu verkünden, zu erklären und in die Gemüther der Jugend

12) Der Grund hiervon ist uns nicht bekannt. Aber
Ihr Posener M. Korr. scheint ihn zu wissen, und thut er
Unrecht, daraus ein Geheimniß zu machen.

13) Der Zudrang der Judentöchter zu dieser Schule
wird mit jedem Semester furchtbarer, würde aber bedeutend
abnehmen, wenn das jüdische Publikum sich doch einmal die
Mühe geben wollte (und es dürfte ihm übrigens keine große
Mühe kosten), die Ueberzeugung zu erlangen, daß in der, be=
reits seit 10 Jahren bestehenden Feitelsfeld'schen Töchter=
schule in jedweder Beziehung mehr geleistet werde. Nur diese
Anstalt kann Ihr Posener M. Korrespondent im Sinne ge=
habt haben, wenn er gesagt, daß in P. sich eine einzige jüd.
Mädchenschule vor allen andern dasigen Privatschulen rühm=
lichst auszeichne.

zu pflanzen. — Doch wo der Indifferentismus den Leuten so über den Kopf gewachsen, wie in der Gemeinde Posen, da geht Alles, da gilt Alles. — Das Provinzial-Schul-Kollegium hatte es im Winter vorigen Jahres den dortigen israel. Korporations-Vorstande anheimgestellt, einen Religionslehrer für die jüd. Gymnasiasten in Vorschlag zu bringen. Doch was geschah? Wie immer, legte man die Hände in den Schooß und ließ die Frist verstreichen. — Und wenn es unterdeß einer Schmarotzerpflanze (und dergleichen giebt es leider überall) gelungen ist, sich an den gesunden Baum der Erkenntniß, der in jedem deutschen Gymnasium grünet und blühet, hinaufzuranken und bis zu den Blättern und Blüthen zu gelangen, so war dies die Schuld des Korporations-Vorstandes, und nicht der Eltern der Schüler, welche von dem ganzen Vorgange erst Kunde erhielten, nachdem die „Ueberweisung des jüd. Rel.-Unterrichtes," durch das gedruckte Oster-Programm veröffentlicht war. — Dann war der Protest zu spät.

Die sogenannte Graben-Schule, eine der besten christl. Unterrichtsanstalten Posens, nimmt auch jüd. Kinder auf, aber nicht zu viel. Andere christl. Schulen, namentlich alle Vorbereitungsschulen, sind stark bevölkert, und manche so stark, daß man sie spottweise „Judenschule" zu nennen pflegt. — Alle jüd. Zöglinge dieser Schulen genießen entweder gar keinen Rel.- und hebr. Unterricht, oder sie genießen ihn nur sehr dürftig. Sie finden in P. Hunderte von Judenkindern, die in ihrem 12. und 13. Jahre noch keinen hebr. Buchstaben kennen. — Man möchte es kaum glauben! — Und doch ist es wahr, leider nur allzu wahr. — Erst, wenn die Knaben zu Jünglingen und die Mädchen zu Jungfrauen herangewachsen, fangen die Eltern an einzusehen, daß ihre Kinder bis jetzt nur den Namen nach Juden gewesen, und zu spät kommt dann die Frage: „Warum haben wir hier keine ordentliche jüdische Schule, in welche wir unsere Kinder vor Jugend auf schicken könnten?" — Und diese Frage, diese in der That sehr wichtige Frage, sie ist schon oft genug dem Vorstande der Gemeinde vorgelegt worden. Aber hat er sie beantwortet? Kann er sie beantworten? Nein! gewiß nicht. — Giebt's hier einen Vorwand? Ist hier eine Ausflucht möglich? Nein! gewiß nicht. — Was aber ist der Grund, daß die Gemeinde noch immer keine öffentliche, gehörig organisirte, allen Kindern zugängige und für alle Kinder ausreichende, Elementar- und Religionsschule aufzuweisen hat, daß sie keine Schule hat, in welche ihre Söhne und Töchter zu schicken alle Eltern gezwungen werden könnten, sofern sie nicht nachwiesen, daß sie ihnen anderweitig gehörigen Rel.- und Elem.-Unterricht zu Theil werden ließen? — Was ist der Grund, daß alle die großartigen Sessionen, Conferenzen, Berathungen rc. die schon über diesen Gegenstand seit 10-15 Jahren gehalten worden, Nichts, gar Nichts zu Stande bringen konnten, und Alles immer wieder beim Alten hat bleiben

müssen? [14]) — Was ist der Grund — so fragst Du, lieber Leser — daß die große und so wichtig thuende Gemeinde von Posen in Betreff des jüdischen Schulwesens noch immer hinter den kleinsten und ärmsten Provinzial-Gemeinden so weit zurücksteht und vor ihren jüngern Schwestern schamroth sich verbergen muß? — Was ist von diesem Allem der Grund? — Geh' hin und belehre Dich selbst. Geh' hin und sieh den großen Drachen, der wie ein Alp auf der Gemeinde sitzt, Alles gewaltsam niederdrückend, was nur um ein Haar aus den breitgetretenen Alltagsgleise sich verrücken möchte, Alles im Keime erstickend und von Grund aus vernichtend, was nur Miene macht gegen das Tageslicht der bessern Ueberzeugung emporzustreben; geh hin und schau das furchtbare Ungeheuer — genannt: „In-dif-fe-ren-tis-mus."
- W.

14) Was hat sich nicht der wackere Rosenthal, als er noch am Gemeinderuder stand, für Mühe gegeben, das dortige Schulwesen auf einen andern Fuß zu bringen. — Und das muß man sagen, hätte dieser Mann damals die gehörige Unterstützung gefunden, es würde heute um die Posener Schulen ganz anders gestanden haben.

Miscellen zur Geschichte der Juden.
Mitgetheilt von A. F. Rudolph.

Im Jahre 1349, wo die Pest Deutschland verheerte, wurden auch die Juden aus Nordhausen mit Konfiskation ihrer Habe vertrieben, und zwar besonders auf Anstiften des Markgrafen Friedrich von Meißen, der nachfolgendes mit diplomatischer Genauigkeit abgedrucktes Schreiben an den Magistrat der Stadt erließ.

Frydrich Marchio Misnensis.

„Ihr Rathmeister und Rath der Stadt Northausen wysset, das wir alle unse Joden haben lassen born, also wot alse unse Lande sin, umme die grosse Boßheyd, dy sy an der Chrystenheit han gethan, wan sy die Chrystenheit gar vollen tod han, mit vergifft dy sy in alle Borne geworffen han, deßen wir genczlich verfunt daßon haben, das bas war ist. Darumme raten wir uch, daß ir uwer Joden lasset toden, GOtte zu Lobe, daß dy Chrystenheit noch icht geschwecht von Ihn werde. Was uch dorumme antreyt, das woln wir kan unzerme Hern, dem Konige und gen alle Herrn abenennen, ouch wißet, daß wyr Henrichen Schnezen unsern Voigt von Salza zu uch senden, dem sol (vorgenamae) uwer Joden klagen, umme dy vorgnannte Boßheyt, dy sy an der Chrystenheit gethan haben, darumme byten wir uch vynstlichen, daß ir deme rechts helffet über sy, das woln wyr sonderlich umme uch verdienen, geben zu Yßenach an den Sonnabende nach Sent-Walpurge Tage, unter unserme Heymelichen Yngesiegel."

Verlag von C. L. Fritzsche.   Druck von J. H. Nagel.

Der Orient.

Berichte, Studien und Kritiken

Neunter

für

jüdische Geschichte und Literatur.

Jahrgang.

Das Abonnement auf ein Jahr ist 5 Thlr. Man abonnirt bei allen löbl. Postämtern und allen solid. Buchhandlungen auf ein Jahr.

Herausgegeben

von

Dr. Julius Fürst.

Von dieser Zeitschrift erscheinen wöchentlich das Literaturblatt mitgerechnet, zwei Bogen, und zwar an jedem Dienstag regelmäßig.

№ 7.

Leipzig, den 12. Februar

1848.

Deutschland.

Baiern, Ende Jan. Die Berichterstattungen über unsere Verhältnisse Seitens der Polizei und Schulbehörden sind nunmehr erfolgt, und wie man mit Grund vermuthet, sind dieselben im Ganzen günstig ausgefallen, so daß also von der Regierung von Mittelfranken wenigstens, welche sich über jeden einzelnen § des Edikts vom 10. Juni 1813 gutachtlich berichten ließ, ein günstiger Generalbericht zu erwarten steht. Von dem neuen Regierungspräsidenten Freiherr v. Welden wird ein vorurtheilsfreier Sinn bezüglich der Juden gerühmt, obschon er gegen ungesetzliche Erwerbsarten derselben sich entschieden ausgesprochen haben soll, was jedem verständigen Israeliten, der nicht unter Besserstellung der Juden Erlaubtheit des Hausir-Viehhandels u. drgl. versteht, nur gebilligt werden kann.

Zu der Stadt **Bamberg,** welche sich wie bereits berichtet für völlige Gleichstellung der Juden durch ihr gesetzliches Organ, den Magistrat ausgesprochen hat, ist nun noch das wichtigere **Regensburg,** die Hauptstadt der Oberpfalz, in gleicher Weise gekommen. Von einer Verwaltung, an deren Spitze ein Hr. von Thon = Dittmar steht, den das Vaterland schmerzlich von der Ständeversammlung ausgeschlossen sieht, war ein solcher Schritt zu erwarten. Die Regensburger Zeitung enthält darüber Folgendes: „Die wichtige Frage über die staats- und gemeindebürgerliche Gleichstellung der Is-

raeliten mit der christlichen Bevölkerung ist dem Vernehmen nach auch vor dem hiesigen Magistrat zu Gunsten der Erstern bevorwortet worden. Die frühere feindselige Gesinnung gegen die Juden ist fast gänzlich verschwunden; man hält es jetzt für unwürdig, Jemanden wegen seines Glaubensbekenntnisses der Theilnahme an den allgemeinen bürgerlichen Rechten auszuschließen oder daran zu beschränken."

Auf den Zusammentritt unserer Stände sind kaum noch zehn Monate. Sehen wir zu, ob ihnen die Staatsregierung einen Gesetzentwurf über unsere bürgerlichen und kirchlichen Verhältnisse vorlegen wird. Ich bin versucht mit dem alten Wort auszurufen: „Möglich wärs schon, aber wahrscheinlich nicht!"

In Freiherrn v. Redens „Zeitschrift des Vereins für deutsche Statistik" theilt Hr. Dr. Eugen Huhn eine auf die neuesten officiellen Erhebungen gegründete religionsstatistische Tabelle über das Gebiet des deutschen Bundes mit, aus welcher ich das Zahlenverhältniß der Juden mit dem Bemerken hervorhebe, daß es bei einigen kleinern Staaten solches nicht angegeben, daher mit — bezeichnet ist: Oesterreich 121,553. Preußen 99,348. Baiern 59,292. Sachsen 882. Hannover 11,208. Würemberg 11,266. Baden 22,609. Kurhessen 22,398. Hessen-Darmstadt 28,325. Holstein und Lauenburg 3,137. Luxemburg und Limburg 141. Braunschweig 980. Mecklenburg = Schwerin 3,318. Nassau 6,788. Sachsen-Weimar 1,448. Sachsen-Gotha 400. Sachsen-

7

Meiningen 1,508. Sachsen-Altenburg —. Meklenburg-Strelitz 800. Oldenburg 1,404. Anhalt-Dessau 1,700. Anhalt-Bernburg 800. Anhalt-Köthen 400. Schwarzburg-Sondershausen —. Schwarzburg-Rudolstadt —. Hohenzollern-Hechingen 740. Lichtenstein —. Hohenzollern-Sigmaringen —. Waldeck 1000. Reuß —. Schaumburg-Lippe —. Lippe-Detmold —. Hessen-Homburg —. Lübeck 4,406. Frankfurt a. M. 4,406. Bremen —. Hamburg 10,000. Zusammen 416,334.

Und nun wie gewöhnlich zu einiger Einzelheiten: Von München aus wird berichtet: Der Hauptmann 1. Klasse, Isidor Marx vom Infanterie-Regiment Zandt hat die nachgesuchte Pension erhalten. Derselbe war der letzte Israelit, der als Officier in der Armee diente. Was die Veranlassung hierzu war, vermögen wir nicht zu bestimmen, wahrscheinlich Gesundheitsrücksichten.

Am 24. des vorigen Monats und Jahrs verstarb in Fürth ein Ehrenmann, Hr. Bankier Herman (Hirsch) Königswarter im 80. Lebensjahre. Er gehörte zu den vorigen Reichen in Israel, die ihre Gaben nicht den Bettlern von Profession spendeten und dadurch den Müssiggang hegen und ziehen; er wendete sie vielmehr allgemeiner Wohlthätigkeitsanstalten zu, nebst dem seine dürftigen Verwandten einer großmüthigen Unterstützer an ihm fanden. Das neuerbaute Spital daselbst dankt ihm seinen ersten Fonds, wie bereits früher gemeldet wurde.

In einer Synagoge Mittelfrankens, in Windsbach, welche das hohe Verdienst sich früher erwarb, die allerhöchst genehmigte Synagogen-Ordnung so viel als gar nicht zur Ausführung gebracht zu haben, sind dieser Tage während des Gottesdienstes arge Thätlichkeiten vorgefallen. Der Vorsteher hat den Arm der weltlichen Gerechtigkeit zu Hilfe gerufen, was ihm der zuständige Distriktsrabbiner gewaltig übel genommen hat. Seht ihr frommen Herren, die Früchte eures verkehrten Treibens. Zuerst ignorirt ihr das, was den Gottesdienst äußerlich zur Ehre bringen kann und sind die Leute so herabgekommen, wie ihr es verschuldet, dann sollen sie zur künftigen Warnung — straflos ausgehen und eine schriftliche Mahnung im Gotteshaus „Furcht und Ehrfurcht zu haben" soll Alles wieder ins Gleis bringen.

Baier'sche Blätter bringen einen Missionsbericht des Bischofs Gobert in Jerusalem. Man ersieht daraus, daß seit neun Jahren (26 unzurechnungsfähige Kinder abgerechnet) 31 Juden, also jährlich 3¼ getauft worden sind. Das ist doch ein großer Fang und so theures Geld. Geklagt wird darin sehr, daß die neuen Proselyten aus Europa so wenig materielle Unterstützung erhalten. Man solle ihnen, wenn man nicht mehr für sie thun wolle, lieber keine Missionäre schicken. Der letzten Meinung sind wir auch.

Mehrere jüdische Gemeinden schreiben in öffentlichen Blättern Schächterstellen aus mit einem Gehalt, der dem des Religionslehrers wenigstens gleich steht. Ihr HH. Religionslehrer! gebt eure Stellen auf und werdet in Gottes Namen — Schächter, so habt ihr doch wenigstens ⅞ der Woche frei.

Unsere in Nr. 17 des Korrespondenten v. u. f. D. übergegangene Bemerkung bezüglich der Konfiskation des Phädon und des Dichter und Kaufmann von Auerbach im Seminar zu Würzburg hat in genanntem Blatte den Widerspruch eines jüdischen Seminaristen hervorgerufen. Darauf erwidere ich: Wer die Stellung eines Schul-Seminaristen seiner Inspektion gegenüber einigermaßen kennt, der wird wohl nicht die Kundgebung solcher Vorkommnisse während des Seminarbesuchs, wohl aber nach erfolgtem Austritt annehmen. Ein solcher ausgetretener Seminarist nun, der in Mittelfranken als Lehrer fungirt, wegen seines guten Charakters alle Glaubwürdigkeit verdient und den wir nöthigenfalls zu nennen bereit sind, ist auch, der uns die beregte Mittheilung gemacht hat. Der Würzburger Widerspruch müßte daher von der kön. Inspektion daselbst ausgehen und dürfte sich nicht auf die jüngste Zeit beschränken, wenn er an unserer Darstellung etwas ändern soll.

Leipzig, 4. Febr. Wir fahren fort in der Mittheilung der politischen Rundschau von Dr. Cohn im „Phönix", indem wir das literarische absondern. Es ist eine Aehrenlese aus den politischen Zeitungen in aphoristischer Form vorgetragen und wiewohl auch der „Orient" dazu einen großen Theil beigetragen, so erscheint die Zusammenfassung doch sehr anziehend. „Seit unsern letzten Berichte hat sich auf dem eigentlich politischen Gebiete verhältnißmäßig wenig zugetragen, was einer besonderen Beachtung würdig erschiene. So viele gesetzgebende Versammlungen nämlich auch jetzt gleichzeitig ihre Berathungen halten — wir glauben, daß eine ähnlich große Anzahl vielleicht noch nie in einem und demselben Momente vereinigt war — so liegt doch eigentlich nur einer einzigen derselben, nämlich dem im Anfange des nächsten Monats nach seinen Ferien wieder zusammentretenden britischen Parlamente die Judenfrage unmittelbar nahe zu einer definitiven Erledigung nah. Denn auf dem nordamerikanischen Kongresse, so wie in den französischen und belgischen Kammern und auf dem kurhessischen Landtage ist in dieser Angelegenheit nichts mehr zu thun übrig; in Portugal, Spanien und Griechenland aber ist die Frage absoluter Gewissensfreiheit noch nicht zur Lösung durch die Cortes oder durch die Nationalversammlung reif. Ob auf dem schwedischen wie auf dem ungarischen Reichstage, dort durch eine Regierungsproposition oder aber in ständischen Anträgen oder anderweitigen Petitionen, hier auf dem zuletztgedachten Wege, die Judenfrage zur Sprache kommen wird, steht noch dahin. Weniger ungewiß ist dies bei den Ständen Badens, Würtembergs und Hessen-Darmstadts. Dagegen werden die meiningschen Stände diesmal wohl kaum das erst aus den letzten Jahren datirende Judengesetz einer neuen Prüfung und Verbesserung unterwerfen. Auch die ständischen Ausschüsse in Preußen werden einmal, weil der vorigjährige Vereinigte Landtag sich mit der Judenfrage lebhaft beschäftigt hat und das neue Gesetz erst am 23. Juli 1847 erlassen worden ist, dann aber besonders weil sie selbst sich wohl mit Petitionen noch mit einem andern Berathungsgegenstande als dem ihnen vorgelegten Strafgesetzentwurfe zu befassen die Absicht haben, der Judenfrage keine Berathung widmen können. Von den übrigen in den nächsten Monaten oder doch noch in diesem Jahre zusammentretenden ständischen Versammlungen haben die holländischen Generalstaaten über eine Judengesetzgebung nicht mehr zu berathen nöthig, weil in Holland seit länger denn 50 Jahren die vollständige Gewissensfreiheit unangetastet besteht. Dagegen wird in Nassau die Sache der Juden wohl diesmal durch einen günstigen Beschluß erledigt werden. Weniger erfreuliche Erwartungen hegen wir dagegen von den weimarschen Ständen und denen des Königreichs Sachsen. Ob die neugewählte hannöversche Abgeordnetenkammer ihre Vorgängerin in Betreff der Frage der Gleichstellung der Juden beschämen und in den Schatten stellen werde, ist mindestens noch zweifelhaft; dagegen hoffen wir von den in Schleswig und Holstein in diesem Jahre wohl nicht ausbleibenden ständischen Debatten über die Judenfrage einen besseren Erfolg als zu unserem besonderen Leidwesen bis jetzt von dorther zu berichten war. Ob in Lübeck, ob endlich in Hamburg die unverjährbaren Forderungen der Juden, denen gewiß die beiderseitigen Behörden ihre volle Sympathie zuwenden, schon in der nächsten Folgezeit auch bei den Bürgern Gehör und durch ihre Zustimmung die längst gehoffte Erfüllung finden werden, ist freilich nicht vorherzusagen, kann aber bei dem, der an den Triumph des Prinzips der Freiheit, der Wahrheit und der Gerechtigkeit ohne Wanken glaubt, keiner erheblicher Zweifel unterliegen. — Doch das sind Hoffnungen für eine nähere oder fernere Zukunft; kommen wir zu den Vorgängen der Gegenwart zurück. — Da treten uns zuerst im britischen Reiche die Anzeichen des neuen Sturmes entgegen, der sich wahrscheinlich schon vor der zweiten Lesung der Judenbill im Unterhause erheben wird. Doch sind Sir Robert Inglis Provokationen an das „christliche Volk Englands", d. h. an die Gegner der Judenemancipation, bis jetzt nicht des von ihm gehofften Erfolges theilhaftig geworden, vielmehr sprach sich die Stimme des Volkes auf den Meetings in Southwark und Edinburg zu Gunsten der Judenbill aus. — Diese Stimme des Volkes, insbesondere der gebildeteren und von echter Humanität erfüllter Bürger, — sie ist in den letzten Wochen auch wiederum in Deutschland an mehreren Orten laut geworden. So im Großherzogthum Baden bei Gelegenheit wegen der Einreichung von Petitionen an die zweite Kammer gehaltenen Bürgerversammlung zu Mannheim, auf welcher u. A. auch die Bitte um Religionsfreiheit, zunächst wohl mit Rücksicht auf die Deutschkatholiken und die Juden, beschlossen wurde. Derselbe Fall hat sich in Würtemberg ereignet; als nämlich am 17. Januar in Stuttgart der Abgeordnete Banquier Federer seine Wähler zur Aeußerung ihrer Wünsche zusammenberufen hatte, legte sie ihm unter zahlreichen andern Wünschen auch folgenden dringend zur Befürwortung bei der Abgeordnetenkammer ans Herz: „Gewissensfreiheit nicht nur dem Worte sondern auch der That nach, so daß Keiner um seines religiösen Glaubens willen seiner bürgerlichen Rechte verlustig gehe." In den beiden ebenerwähnten süddeutschen Staaten ist übrigens auch in gewerblicher Beziehung, in Baden für die Juden speciell, in beiden aber noch für alle Staatsangehörigen Vieles zu bessern übrig. Ueber welche Zurücksetzungen, Beschränkungen und Uebelstände sich die Juden insbesondere noch in Baden zu beklagen haben, das läßt sich am besten aus den in der vorigen und heutigen Nummer d. Bl. enthaltenen Auszügen aus dem Protokolle der im vorigen Jahre zu Emmendingen gehaltenen Generalversammlung des allgemeinen badischen Landesvereins ersehen und ist auch kürzlich in gedrängterer, aber schlagender und rückhaltsloser Weise in einer Korrespondenz der Deutschen Zeitung zur Sprache gekommen. Ob die Annahme des mehrerwähnten Helmreichschen Antrags auf Einführung einer bedingten Gewerbefreiheit auch hierin einen heilsamen Einfluß üben und einen nachhaltigen Umschwung herbeiführen werde, läßt sich zur Zeit noch nicht bestimmen. Jedenfalls steht in Baden wie in Würtemberg eine Umgestaltung der bisher geltenden gewerblichen Verfassung bevor, wie dies namentlich die im vorigen Jahre in Stuttgart und Tübingen gepflogenen Berathungen und die in Folge derselben gefaßten Beschlüsse und herausgegebenen Schriften beweisen. — In Betreff der Universitätsfrage in Preußen ist wieder einiges Detail über die Abstimmung der einzelnen Fakultäten an der Breslauer Universität hinsichtlich der Zulassung der Juden zu akademischen Aemtern bekannt geworden. Die Majorität der medicinischen Fakultät hat, wie bereits früher berichtet worden, diese Zulassung widerrathen, dagegen haben die überwiegend meisten Professoren der philosophischen Fakultät, denen man zu ihrer Ehre nachsagen muß, daß sie schon vor dem vorigjährigen Judengesetze zweimal auf die Gestattung der Promotion jüdischer Doktoranden in Breslau angetragen hatte, für ihre Aufnahme in den Kreis der Universitätslehrer gestimmt, und ein gleich günstiges Votum scheint auch vor der Mehrheit der Professoren der übrigen Fakultäten, nämlich der juristischen, so wie der evangelisch- und der katholisch-theologischen,

7*

abgegeben worden zu sein. — Von Pommern her ertönt dieselbe Klage wie aus Schlesien und aus der Provinz Sachsen, daß die durch das sich so nennende Toleranzedikt vom Jahre 1847 den Dissidenten und den Juden auferlegten Geburts=, Trauungs= und Leichengebühren für Viele drückend, für Manchen sogar unerschwinglich seien. Daß gleichsam eine Geldbuße auf diejenigen gewälzt werden solle, die einer der beiden vom Staate bevorzugten Kirchen entweder nicht angehören oder nicht mehr angehören wollen, ist eine Vermuthung, die wir im Interesse des Rufes der preußischen Regierung nicht durch die That bestätigt sehen möchten. Gewiß läßt sich eine derartige Geldauflage eben so wenig rechtfertigen als die in der Vorenthaltung oder Entziehung einiger oder vieler bürgerlicher und politischer Rechte bestehende Beeinträchtigung derer, die nicht im Schooße einer von jenen beiden Landeskirchen geboren sind oder dieselbe aus freiem Antriebe verlassen haben. Es liegt eine Herabsetzung für den Staat selbst darin, wenn es auch nur den Anschein gewinnt, als wolle er den Armen um seiner Armuth willen von einem Schritte zurückhalten, den der Reiche durch seinen Reichthum zu thun leicht in den Stand gesetzt ist. Das ist nun freilich eine Klage, zu welcher die Deutschkatholiken und die freien Gemeinden (gegen die Altlutheraner scheint die mildere Praxis vorzuwalten) noch viel gerechtere Ursache haben als die Juden; denn diese sind wenigstens von den Kosten des Austritts aus einer der beiden anerkannten Kirchen und von jeder nach demselben fortdauernden Abgabe an dieselben der Natur der Sache nach befreit; aber auch die den Juden auferlegte Abgabe ist eine drückende und die bei Geburts= und Todesfällen eingeführte Ordnung für die zur Anmeldung derselben Verpflichteten, namentlich für die Landbewohner unter denselben, kostspielig, zeitraubend und mit mancherlei Unannehmlichkeiten verknüpft. Die Stettiner Börsennachrichten der Ostsee hatten daher ganz Recht, wenn sie die in dieser Beziehung im vorigen Jahre festgestellten Bestimmungen ziemlich scharf rügten und sogar hinzufügten, die den Juden jetzt auferlegten Abgaben seien einer nur in anderer Form wieder eingeführten Judensteuer gleich zu achten. — In der Stadt Posen hat jüngst die Wahl eines Kultuskommissarius stattgefunden. Die größte Stimmenmehrheit erhielt das Haupt der orthodoxen Partei, Herr Rabbiner Eiger in Posen; die nächstmeisten Stimmen fielen auf den Rabbiner Dr. Gebhard in Gnesen, den man als den Repräsentanten der Reformer betrachtet; nur vier der Anwesenden erklärten sich für den Religionslehrer Herrn Pleßner in Posen. Die Mehrzahl der Stimmberechtigten, die dem Indifferentismus zugethan ist, war ganz ausgeblieben. So ist denn Herr Rabbiner Eiger zu Posen zum Kultuskommissär gewählt worden; doch muß erst die Abstimmung in den übrigen jüdischen Gemeinden des Großherzogthums erfolgen

sein, ehe diese Wahl giltig ist und es ist nicht unmöglich, daß dann das Resultat der Gesammtwahlen ganz anders, und namentlich für den Kandidaten der Reformpartei günstiger ausfällt. — Bei dem im Anfange dieser Woche in Berlin stattgehabten Ordensfeste (es wird dieses eigentlich am 18. Januar zur Erinnerung an die vom 18. Januar 1701 datirende preußische Königswürde gefeiert) wurde auch ein Jude, der Handlungsdisponent Alsfeld zu Brandenburg, mit dem allgemeinen Ehrenzeichen dekorirt. Bisher pflegte die sonst mit Ordenstheilung eben nicht sparsame preußische Regierung die Juden von dieser Auszeichnung auszuschließen, was wir weniger im Interesse der Betheiligten, als in der Gerechtigkeit und des Princips, daß jedem wahren Verdienste seine Anerkennung gebühre, bedauern zu müssen glaubten. Uebrigens hat dieselbe preußische Regierung, die ihren eigenen jüdischen Bürgern eine solche Auszeichnung zu Theil werden ließ, öfter Gelegenheit gehabt, die wissenschaftlichen oder sonstigen Verdienste derselben von auswärtigen Mächten anerkannt zu sehen, in welchen Fällen sie denn die durch fremde Fürsten geschehene Ordens= oder Titelverleihung bestätigte. So geschah es, um nur ein Beispiel zu erwähnen, in Bezug auf den Geheimen Kommerzienrath Beer in Berlin, dem wegen seiner Leistungen im Gebiete der Astronomie von dem jetzt verstorbenen Könige von Dänemark der Danebrogsorden verliehen worden war. Daß der andere Bruder desselben, der Komponist Herr Meyerbeer, viele derartige Auszeichnungen vom Auslande empfing, ist allgemein bekannt. — In Mühlhausen (Provinz Sachsen) ist kürzlich zum ersten Male ein Jude zum Stadtverordneten gewählt worden. — In Baiern ist das neulich erwähnte ministerielle Rundschreiben wegen der Zusammenstellung officieller Listen über die jüdische Bevölkerung an die einzelnen Regierungen erlassen worden. — In Hannover ist die Errichtung eines jüdischen Seminars in der Hauptstadt des Landes anzuzeigen; doch können wir nicht umhin, bei dieser Gelegenheit noch einmal unser Bedauern zu wiederholen, daß die zu Lehrern oder Rabbinen vorbereitenden Juden nicht die allgemeinen Schullehrerseminarien oder die Landesuniversität besuchen. Hr. Dr. Frensdorff, dem bisherigen Oberlehrer der jüdischen Schule zu Hannover, ist die Leitung des neuen Seminars übertragen worden; die dadurch vakat gewordene Oberlehrerstelle soll zu Ostern wieder besetzt werden. — Der Einweihung der neuen Synagoge zu Friedrichstadt im Herzogthum Schleswig würden wir hier nicht besonders gedenken, wenn nicht bei dieser Gelegenheit mehrere christliche Geistliche ganz im Gegensatze zu der Mehrzahl ihrer Kollegen in südlichen Deutschland, sich intolerant gezeigt hätten, indem sie der zu den dabei angeordneten Feierlichkeiten an sie ergangenen Einladung nicht Folge leisteten.

Mannheim, 23. Jan. (Mannh. Abendz.)

Unter den gestern Abend zur Schlußvorlage und Unterzeichnung gekommene Petition hiesiger Bürger und Einwohner an die Abgeordnetenkammer, die bereits mit einigen hundert Unterschriften versehen sind, betrifft die zweite „die Religionsfreiheit, insbesondere die Vollberechtigung der Deutschkatholiken und der Juden und die Beseitigung der konfessionellen Trennung in den Schulen"; sie schließt mit den Anträgen: die zweite Kammer wolle mit allen verfassungsmäßigen Mitteln dahin wirken: 1) **daß den Juden ungesäumt der Vollgenuß aller bürgerlichen und politischen Rechte eingeräumt;** 2) daß die Gleichberechtigung der Deutschkatholiken mit den Anhängern der übrigen christlichen Bekenntnisse sicher gestellt werde; 3) daß in der protestantischen und in der römisch-katholischen Kirche keine unvolksthümliche und der Freiheit feindliche Richtungen und Strebungen begünstigt werden und 4) daß Friede und Eintracht unter den verschiedenen Konfessionen **durch Aufhebung der konfessionellen Trennung in den Schulen** gefördert und in diesem Sinne die desfallsige Regierungsvorlage behandelt werde.

Aus der Provinz Posen, 20. Jan. Am 11. d. M. hat in der S.-G. Posen eine neue Repräsentanten-Wahl stattgefunden, und wie verlautet, soll dieselbe zu Gunsten der Fortschritts-Partei ausgefallen sein. — Auch gut, obgleich es Etwas ist, was nicht viel zu bedeuten hat. — Dr. Er. fährt fort, in der Kwea-Jttim-Chebra Vorträge zu halten, und zwar ganz im Sinne der strenggläubigen Mitglieder dieses Vereins, d. h. wie ein פרץ יום. — Glauben Sie an eine Metamorphose bei unseren modernen Theologen? Ich nicht. Wohl aber glaube ich an eine, vielen von ihnen innewohnende Chamäleons-Natur, die sie fähig macht, ihre Gestalt wie ihr ganzes Wesen nach dem Wetter und der Temperatur der sie umgebenden Luft auf eine Zeit lang zu verändern. Und auf diese Weise pflege ich mir die Widersprüche zu erklären und die Fragen zu beantworten, so sich mir bei diesem und jenem, hie und da manchmal gewaltsam aufdrängen. — Daß der Posener Brüder-Verein über die zu besetzende Predigerstelle in seinem Betlokale die Konkurrenz bereits eröffnet hat, ist den Lesern dieser Blätter hinlänglich bekannt. Zu rügen ist, daß für diesen Posten nicht mehr als 300 Rthlr. Gehalt ausgesetzt worden. Ist die Stadt groß, so sind es auch die Bedürfnisse, und das hätten die Herren Brüder wohl erwägen und ihre Predigerstelle wenigstens mit 400 Rthlrn. (wie es auch früher bestimmt gewesen) dotiren sollen. Uebrigens wird's auch so an Meldungen nicht fehlen; denn die Zahl unserer Kandidaten ist wie Sand am Meere, und wer in einer Stadt wie Posen Prediger wird, hat doch die Aussicht, neben diesem Amte auch als Religionslehrer oder sonst so etwas reüssiren zu können. Ob aber von den in P. selbst lebenden Kandidaten-Trio sich Einer um die in Rede stehende Kanzel bewerben werde, will mir nun so zweifelhafter erscheinen, als sie leider alle Drei schon die Wahrheit des Spruches „Nemo profeta in patria" zu erfahren das Schicksal gehabt haben. — Was die Herren Brüder betrifft, so ist ihnen zu wünschen, daß sie in ihrer neuen Wahl glücklicher sein möchten, als sie es in der vor sechs Jahren gewesen. — Das is:. Handlungsdiener-Institut gewinnt — Dank sei es dem zeitigen Direktor, Herrn Eduard Kantorowicz — immermehr an Ausdehnung und Wirksamkeit. Die wohlthätigen Zwecke, welche genanntes Institut verfolgt, sind von dem Schreiber dieses bereits vor einem Jahre in diesen Blättern ausführlich angegeben worden. Durch den Abgang Dr. Loewenthal's nach Triest hat das Institut einen nicht leicht zu ersetzenden Verlust erlitten. Denn L.'s Vorträge (vor zwei Jahren aus dem Gebiete der Naturlehre und im vorigen Jahre aus der neuern klassischen Literatur), waren jederzeit eben so belehrend als anziehend, wenn sie auch gerade nicht immer eines zu starken Auditoriums sich zu erfreuen gehabt haben. — Die Vorträge des Prof. Müller (gegenwärtig über Geschichte, Politik und Handel) finden nach wie vor regelmäßig an jedem Sonnabende statt und sind, wie immer, auch in diesem Winter sehr stark besucht. Zum Lobe des bereits erwähnten Direktors, Hrn. E. K., muß noch gesagt werden, daß derselbe die, von Vielen gewünschte Umwandlung des Lesekabinets in eine Liederhalle (vgl. unsern Art. in Nr. 51 v. J.) nicht hat zur Ausführung kommen lassen. — Aus andern Gemeinden der Provinz habe ich Ihnen für heute gar Nichts mitzutheilen. Vielleicht das nächste Mal.

W.

Rawicz (im G.H. Posen), 24. Jan. Wenn ich auch nichts Wesentliches auf dem Gebiete des Fortschrittes aus unserer Mitte zu berichten habe, so ist meines Erachtens auch das Geringfügigste ein Gewinn zu nennen in einer Gemeinde, von welcher noch vor einem Jahrzehnt der größte Theil die Last des Rabbinismus und des verbrauchten Herkommens fast unterlag. Doch es ist nun anders geworden. Die Alles heilende Kraft der Zeit ist auch bei uns nicht spurlos vorübergegangen und sie hat es vermocht, auch unsere Herzen fürs Bessere und Zeitgemäße empfänglich zu machen. So hat der von Dr. Löwenthal vor einem sehr zahlreichen Auditorium in unserer Ressource gehaltene Vortrag über Geselligkeit und Freundschaft außerordentlichen Anklang gefunden. Auch hat Dr. Krackauer durch seine am Sonnabend was-Jechi und auf vielseitiges Verlangen an den darauffolgenden Sonnabend in unserer Synagoge gehaltenen gottesdienstlichen Vorträge, durch sein Rednertalent sowohl als durch den gediegenen Inhalt, den ungetheilten Beifall der zahlreich versammelten jüdischen n.

christlichen Zuhörer sich erwerben. Mich auf das Specielle dieser Vorträge einzulassen, erlaubt mir weder Zeit noch Raum; doch war es nicht zu verkennen, daß der gewandte Kanzelredner, wenn auch auf konservativem Boden sich stets bewegend und die Zeitfragen nur leise berührend, seinen Eindruck auf die empfänglichen Herzen nicht verfehlte und seine begeisternden Worte über Glauben und Vertrauen bei der damals sehr großen Kälte alle Herzen erwärmte, und mit dem heißen Wunsche belebte, baldigst einen solchen Seelenhirten zu besitzen, um recht oft eines solchen Seelengenusses theilhaftig werden zu können.

Wenn nun auch dieser allgemein ausgesprochene Wunsch nicht sobald realisirt werden kann, so wird doch diese uns gewordene Erbauung nicht sobald aus unserer Erinnerung schwinden, und ist durch die neulich hier stattgehabte Wahl von Repräsentanten und Verwaltungsbeamten, welche eine ächt gelungene zu nennen ist, indem die Besten unserer Gemeinde gewählt wurden, auch in dieser Hinsicht das schönste Prognostikon für unsere Korporation gestellt.

Auch ist bereits durch die früheren Verwaltungsbeamten schon so manches Lobenswerthe geschehen. So ist unser Gotteshaus äußerlich und innerlich neu restaurirt worden und die veralteten düstern Mauern stehen nun verjüngt da und gewähren dem Eintretenden einen angenehmen und erhebenden Anblick.

Das Aufrufen zur Tora mit Ehrendiplomen Morenu und Chaber ist hier längst abgeschafft, und sollen auch die Mizwot nicht mehr versteigert werden. Die Trauungen werden nicht mehr auf freier Straße, sondern an geweihter Stelle im Tempel, zuweilen auch durch einen deutschen Vortrag verherrlicht und auf eine diesen wichtigen Akte gemäße Weise vollzogen.

Es wurde auch bereits einmal durch Anstellung eines musikalisch-gebildeten Kantors der Versuch gemacht, einen geregelten Gottesdienst nebst Choralgesang bei uns einzuführen, doch dieses Unternehmen scheiterte an dem schroffen Widerstande einiger Zeloten und so wurde das schöne Musenkind gleich bei der Geburt erstickt und so vor der Wiege zu Grabe getragen.

An wohlthätigen Vereinen mangelt es in unserer Gemeinde nicht, unter denselben ist besonders der Verein zur Bekleidung armer Schulknaben und Beförderung von Handwerken besonders hervorzuheben.

Auch bestand bei uns seit mehren Jahren ein Leseverein für jüdische Schriften, welcher sich dieses Jahr in einen Lesezirkel verwandelt hat. Unsere Elementarschule, an welcher jetzt 5 Lehrer fungiren, könnte an Größe und Wirksamkeit wohl den größten Schulen des Herzogthums angereiht werden; auch ist mit derselben eine Industrie-Schule verbunden, und auch der hebräische Unterricht derselben einverleibt, um solchen vor völligem Untergang zu retten, da wie bekannt der Unterricht in den Winkelschulen Seitens der kön. Regierung verboten ist.

Doch nicht nur an unserm Horizonte fängt es allmälig zu tagen an, auch an den für uns so düstern Firmamente des bürgerlich-socialen Lebens haben in jüngster Zeit einige freundliche Sternlein für uns sich blicken lassen.

So sind bereits einige Stadtverordneten-Stellvertreter und bei der jüngsten Wahl auch ein Stadtverordneter aus der Mitte der jüdischen Bürger gewählt worden, und während noch vor voriger Jahren in den Statuten der hiesigen Schützengilde gesagt wurde, daß nur Bürgern christlicher Konfession der Eintritt in diese Gesellschaft gestattet wird, fand bei der im vorigen Jahre hier gebildeten Bürger-Ressource kein Unterschied des Glaubens statt, und von den sich gemeldeten 12 jüdischen Bürgern wurden 8 durch Balletage aufgenommen, und bei ihrem Eintritte mit der größten Zuvorkommenheit behandelt.

So beginnt die seit Jahrtausenden auf Vorurtheil basirte schroffe Scheidewand wie überall auch hier zu wanken, und der sowohl in religiöser, staatlicher und socialer Hinsicht in jüngster Zeit gewonnene Vorsprung kann uns wohl zu den schönsten Hoffnungen für die Zukunft berechtigen.   J. C.

Oesterreich.

Raab, 12. Jan. Gesinnungsfreiheit und Läuterung des Gottesdienstes ist das Feldgeschrei, oder vielmehr Gerede der Israeliten, Entfesselung und Befreiung von den verschrobenen Geist und Herz beschränkenden Zwangsketten der mittelalterlichen Satzungen, ist der Ruf Tausender. — Die dadurch entstandenen Verwirrungen und Zerfallenheiten in den jüd. Gemeinden in Ungarn, sind allbekannt. Es existirt beinah keine Gemeinde, wo ein besserer Sinn für die Organisirung und Regelung der Liturgie und des Lehrfaches wäre kräftig angefacht wäre. Dieser sogenannte Neuheitssinn hat nicht nur eine unausgleichbare Meinungsverschiedenheit erweckt, sondern einen unheilbringenden Parteienkampf hervorgerufen, der den heitern Horizont der Glaubenstreue verdüstert. Dieser Kampf wird nicht mehr zur Ehre Gottes, zur Verbreitung der Lehre, zur Befestigung des Glaubens und zur Erleuchtung und Reinigung der Gesinnungen geführt. — Die Gemüther sind so gereizt und erbittert, daß dieser Kampf verheerend auf das Leben, gefahrvoll auf die Gesittung und auf den Hausfrieden einwirkt. —

Diese Trotzbietungen wären freilich schon beschwichtigt und die Injurien des Parteihasses wären schon vergessen, wenn nicht schwärmerische Frömmler und Zwischenträger jeden Funken, welcher mit dem Mantel der

Menschenliebe zugedeckt, verglimmen würde, mühsam hervorsuchend, zur Zwietrachtsflamme anfachten. —

In Raab haben die divergirenden Meinungen eigenthümliche Merkmale auf dem Kampfplatze zurückgelassen, eine unausfüllbare Trennungskluft, daß sich auf dem Stadtgrunde eine für sich selbst bestehende Gemeinde bildete, wovon in diesem Blatte Nr. 48 v. J. Erwähnung geschah. — Die Motive dieser unerquicklichen und für die Aufrechthaltung des Judenthums höchst nachtheiligen Geist- und Geld-Zersplitterung — sind nicht nur unverwüstlicher Eigensinn, sondern böswillige Zwischenträger haben dieses traurige und betrübende Werk der Zwietracht vollendet.

Die gehörige Darstellung und Erörterung dieser unerhörten Zerfallenheit mag an das Forum der Oeffentlichkeit gebracht werden. — Dem Referenten dieses Bl. Nr. 48 beliebte zu sagen „Raab ist eine gebildete Gemeinde": O möge ihm die Uebereilung verzeihen. — Nur eine Sylbe wurde vergessen, denn anstatt gebildet sollte stehen eingebildet. — Keine Partei hat hier aus innerer Ueberzeugung die Waffen ergriffen und keine hat überwunden die Waffen niedergelegt. Vornehmthuerei und Rechthaberei waren die Beweggründe zum Kampfe, Trotz und Indifferentismus sind die traurigen Folgen. Wie können in einer Gemeinde frommer Ernst, gesinnungsvoller Eifer und ausdauernde Beharrlichkeit bestehen, wo die grellsten Widersprüche sich so offen bekunden? Wo sind Extreme einheimischer und sonderbare Verstellungskünste mehr sichtbar als in R.? Es ist hier nicht selten zu sehen, wie strengverknöcherte Orthodoxe sich mit leichtsinnigen Atheisten verbrüdern, und Neologen mit starren Tilimsagern sich vereinen. — Eitelkeit, Interesse, Vortheil und Gewinn die Triebfedern aller Privat- und Gemeinde-Angelegenheiten.

Die Frage ist also noch auffallender, wie war in einer solchen Gemeinde eine Kraftzersplitterung möglich? Sollte die Ersparniß, denn sie vereint sind, übersehen werden? Konnte ein solcher Gewinn unberücksichtigt bleiben? Manche wollen die Ursache der Trennung darin finden, daß der Vorstand in der alten Gemeinde mit den Hinzugekommenen sehr intolerant war, große Geldsummen für die Einverleibung zu expressen. — Die alte Gemeinde hatte wohl ein Recht für die Theilnahme an aller Requisiten einen Ersatz zu fordern, aber auch die neue Gemeinde ist zu rechtfertigen, wenn sie bei der Ansiedlungsfreiheit, die Unabhängigkeitsbestrebungen verwirklichte. Manche wollen den Rabbiner beschuldigen, daß er die neue Gemeinde gezwungen habe, unter einem Rabbi stehen zu müssen. — Es ist ein sehr edler Charakterzug des Hrn. Freier, daß er mit Selbstaufopferung eine sich organisirende Gemeinde unter Aufsicht eines Seelsorgers gestellt haben wollte. Wenn auch in dieser wirrenvollen Zeit Fehler und Mißgriffe geschehen, so sind sie gewiß nicht so bedeutsam, daß sich eine

Gemeinde, worunter viele achtungsvolle Weltmänner sind, der Verachtung aller Gemeinden Preis geben sollte und aus Uebermuth eine beträchtliche Ersparniß in den Wind zu schlagen.

Ein Hauptorgan des Gemeindewesens ist hier der Notar. Als Beisitzer und Schreiber ist er unstreitig ein vorzügliches Mitglied der Gemeinde. In Raab ist seit 40 Jahren ein Notar, der diesem Amte mit solcher Geschicklichkeit versteht, daß, wiewohl er nur altjüdisch schreiben kann, und sein ganzes Wesen nach dem sechzehnten Jahrhundert riecht, er doch das Faktotum aller Gemeinde-Angelegenheiten ist. — Bei ihm gelten die abergläubischen Mißbräuche und Vorurtheile für echte Religion, indem die Hauptgrundsätze, wovon selbst die 10 Gebote keine Ausnahme machen — nach seiner Ansicht, nur als geringfügige Nebenzusätze einer Beseitigung können untervorfen werden. Mit einer solchen Denkungsart ausgerüstet, weiß dieser Notar mit undurchdringlicher Klugheit die Abergläubischen zu fesseln, den Ungläubigen zu schmeicheln, und alle mit einer Maske der Frömmigkeit zu täuschen. Man wird fragen, welchen Nutzen zog dieser Notar von der Trennung? Dieser hat ein Söhnchen, das mehrere Jahre in der Preßburger Jeschiba zugebracht hatte. Maksl, so heißt er, lernte das Schächterhandwerk, konnte aber schwer ein Befähigungszeugniß erhalten. Nun ergriff er den Wanderstab, bis er Rabbiner fand, die ihm eine Hatara ausfertigten. Er kam eben von der Pilgerschaft nach Hause, und war Deus ex Machina. Der treue Vater war eifrig strebsam, die im Gemeindehause stattfindenden Debatten über die Vereinigung so zu leiten, daß große Forderungen gemacht werden. — Die heftigen Verhandlungen wußte der kluge Notar fleißig und bedächtig hin und her zu tragen, bis die Gemüther gereizt und aufgestachelt von Feindseligkeit entflammt, zwei Gemeinden sich theilten, und das liebe Söhnchen in die neue Gemeinde als מ"ץ zu praktiziren. — In der neuen Synagoge, welche in einem vorstädtischen Wirthshause auf Stallungen aus Brettern zusammengeschlagen ist — soll die Deráscha des מ"ץ so ergreifend gewesen sein, daß die Thiere in den Ställen ganz ergriffen waren. — Diese Trennungskluft zwischen den Gemeinden strebt der Erwähnte immer zu erweitern; alle Vereinigungsvorschläge zu verhindern und alle Vergleichungsanträge zu vereiteln, damit das Söhnlein bei seinem 5 fl. WW. wöchentlich eintragenden Posten bleibe. Gewissenhaft kann betheuert werden, daß dieses Trennungsverhältniß aus reinen Quellen der Wahrheit geschöpft ohne übertriebene Färbung der Umstände geschildert und ohne leidenschaftliche Aufwallung berichtet sind. — Man fühlt sich gedrungen, ein Ereigniß, welches das gesammte Judenthum in den Augen aller Behörden entehrt, in ganz Ungarn unerhört ist, daß ein geduldetes in mancher Hinsich gedrücktes und gequältes Häuflein,. sich selbst beißend und schadend, treuen soll, in einer Zeit, wo sich feindliche Stimmen über die Israeliten, gefahrdrohend erheben, und eine Vereinigung der moralischen und physischen Kräfte höchst nöthig ist, mit dem Stempel der Wahrheit an's Licht der Oeffentlichkeit zu fördern. —

Die hiesige jüdische Lehranstalt leidet seit der Entstehung an Wehen, die die Geburt erwünschter Folgen erschweren und den besten Bestrebungen, diese Anstalt emporzubringen, hemmend entgegentreten. Anfangs waren viele gute und lernbegierige Schüler, es war aber weder ein Schulhaus noch ein tüchtiger Lehrer, Genüge zu leisten. Nun sind Lehrer genug und auch ein geräumiges Schullokal, es fehlen aber die Schüler um unterrichtet zu werden. Kaum 40 Kinder sind in allen drei Klassen zu finden. — Mit dem heftig brausenden Sturm der Gemeindewirren und Spaltungen wurde auch das unschuldige Schulwesen hingerissen. —h.

Prag, 1. Febr. Die Vermögenssteuer ist aufgehoben, das ist das wichtigste Faktum, welches der Mittheilung werth ist; Hr. v. Lämel, Hr. v. Portheim, ferner Richter, Martinovet, Katz u. A. haben um die Aufhebung derselben sich ein großes Verdienst erworben und verdienen den Dank der Gemeinde. Wohl ist mir bekannt, daß über viele derselben und sogar in diesem Blatte Klagen geführt wurden, allein bei genauer Einsicht in die Verhältnisse sieht man sofort, daß die Beschwerde der Vermögenden mehr eine Frucht der Selbstsucht und des Geizes ist und in der That sind die Armen sehr dankbar. — Landau, unser umsichtiger und thätiger Vorstand, war eine längere Zeit an das Zimmer gebunden, um so mehr freuet sich hier Alles, ihn nun wieder hergestellt zu sehen. — Die hiesige Zeitung von 23. Jan. bringt in ihrer Spalte die Nachricht, daß Dr. Kämpf nunmehr durch höchsten Beschluß zum Prediger und Rabbiner der Gemeinde des neuen Bethaus in Prag ernannt worden und daß die Gemeinde diesen Beschluß freudig begrüßt, weil sie nach den bisherigen Wirken desselben, sich zu den schönsten Erwartungen berechtigt halte. Das Provisorium K.'s hat somit aufgehört nach einer Dauer von zwei Jahren und seine Gemeinde ist in der That zu mancher Erwartungen berechtigt. Die regelmäßigen, tief durchdachten Predigten, die er bis jetzt gehalten, und die formell und inhaltlich abgerundet waren, die Vorträge über Pirke Abot, wie überhaupt sein Charakter, Geradheit und Entschiedenheit in seiner Amtsleitung, seine Thätigkeit im Armenwesen, sein strenggläubiges und orthodoxes Verhalten ohne Ueberspannung oder Affektation haben ihn der Gemeinde lieb gemacht. Diese Eigenschaften erkennen auch seine Feinde an, oder eigentlich die Indifferenten, da er keine Feinde hat. Dazu kommt noch seine wissenschaftliche Befähigung, sein Streben und Ringen auf diesem Wege, den er in früheren gelehrten Aufsätzen begonnen, fortzufahren, da jeder Mann weiß, daß das Judenthum in seiner Fortentwickelung nur von der Wissenschaft getragen werden kann. Es wäre nur zu wünschen, daß Hr. K. nunmehr seinen Einfluß auch auf die Bildung der Jugend ausdehnen möchte, da das Provisorium, welches ihm bis jetzt zur Entschuldigung gedient, aufgehört.

Wien, 25. Jan. In meinem vorigen Berichte habe ich bereits angeführt, daß man hier damit umgegangen, Hrn. Mannheimer einen Prediger zuzugesellen und daß dieses mißlungen. Ich will dieses nun Ihnen specieller mittheilen. Der Lokalrabbiner Cohn aus Kaudnitz in Böhmen, der sich um die hiesige zweite Predigerstelle beworben, ist mit seiner Probepredigt, die er vor Kurzem hier gehalten, mit großer Aufmerksamkeit durchgefallen. Es war vorauszusehen, daß das hiesige Publikum, seit so vielen Jahren an Mannheimer's Beredtsamkeit gewöhnt, wohl schwer einen finden werde, der ihr genüge. — Das Börsenspiel, welches unter den hiesigen Israeliten so furchtbar eingerissen, daß seine Mitglieder demoralisirt und viele Familien schon unglücklich gemacht, fordert noch jetzt immer seine Opfer. Es ist das fluchwürdigste und nichtswürdigste Treiben, auf welches der Schandpfahl oder das Zuchthaus stehen sollte, es ist ein Laster, gegen welches Wucher und Schacher als Tugenden erscheinen. Vor 3 Tagen schied aus unserer Mitte ein Gemeindeglied, welches ein Opfer dieses Spiels geworden sein soll. Hr. Josef Wertheimer ging ab nach Paris, um nicht wieder zu uns zukommen, in Verhältnissen, die tief betrüben müssen. Durch Einführung der ersten Kinderbewahranstalt in Wien, durch Gründung eines israelitischen Handwerkervereins und durch seine humanen Bestrebungen bekannt und unter uns sehr beliebt, durch die treffliche historische Schrift, „die Juden in Oesterreich" berühmt, mußte durch Verlockung dieses Ungeheuers fallen und uns um eins der besten Mitglieder bringen.

Personalchronik und Miscellen.

Leipzig. Die freien Bewegungen in Italien geben den Juden neue Hoffnungen. Sind einmal die alten Götzen gestürzt, so wird die Göttin Freiheit auch den Juden ihre Gunst zuwenden und sie für den langen Druck entschädigen.

Verlag von C. L. Fritzsche.   Druck von J. H. Nagel.

Der Orient.

Berichte, Studien und Kritiken

Neunter

für

Jahrgang.

jüdische Geschichte und Literatur.

Herausgegeben

von

Dr. Julius Fürst.

Das Abonnement auf ein Jahr ist 5 Thlr. Man abonnirt bei allen löbl. Postämtern und allen solid. Buchhandlungen auf ein Jahr.

Von dieser Zeitschrift erscheinen wöchentlich das Literaturblatt mitgerechnet, zwei Bogen, und zwar an jedem Dienstag regelmäßig.

№ 8.　　Leipzig, den 19. Februar　　1848.

Deutschland.

Berlin, 1. Febr. Da lobe ich mir den Professor Weber in Bremen. Er war weiland ein Judenfeind, und hat nun in seiner letzten Schrift ein pater peccavi gesagt; er gesteht offen, daß er seine frühere Judenantipathie und Alles, was er gegen das achtklassische Volk geschrieben, herzlich bereue. Als ich dieses Sündenbekenntniß las, berechnete ich, wie viel Papier alle deutschen Antipoden der Juden konsumiren müßten, wenn sie ein Weber'sches Geständniß ablegen möchten. Die Papiere müßten bedeutend steigen und würde man alle jene Geständnisse der Presse übergeben, so könnte man sie „Verirrungen des Menschengeistes", oder „Sündenregister der Geschichte", oder „Feudalherrschaft der Vorurtheils", oder „Reformation der Liebe" nennen. Genügt es aber etwa, daß Hr. Prof. Weber sich eines Bessern besonnen? Muß er nicht das Verschuldete ersetzen? Wie viel Vorurtheile hätte er zerstören können, wenn er im Solde der Wahrheit und Humanität die Feder geführt hätte! Statt des Hasses hätte er Liebe, statt des Bitterkrauts ein Vielliebchen säen können! An Gelegenheit kann es dem bekehrten Humanitätssünder nicht fehlen. Sein liebes Bremen steht mit der neuen Welt in Handelsverbindung, aber in Betreff der Ideenverbindung gehört es der ganz alten Welt an. Bremen schließt sich in seinem Patrizierwahn gegen alle Juden ab — nun denn! es schicke ein Schiff auf den Strom der Geschichte, nenne es „Humanität", lasse es segeln in den Hafen der „Liebe" und reichbeladen mit Früchten der Erkenntniß, mit den Perlen der Thränen der Reue, kehre es stolz in seine Mitte zurück. Oder es lasse das Schiff „Humboldt", den Geist dieses großen Mannes, zollfrei in seine Mauern bringen. Und Hr. Prof. Weber müßte Schiffskapitän werden! Auch unsere Staatsmarine dürfte um ein solches Schiff vermehrt werden. Nur die stolzen Wasser Frankreichs und Englands tragen auf ihrem Rücken solche Humanitätsschiffe; nur auf ihnen ertönt nicht der Kanonendonner des Judenhasses: der Rhein hat sie nicht, soll sie aber haben. Unsere deutschen Flüsse haben noch viel Schlamm, der den hellen Spiegel des Menschlichen trübt. — Vom Wasser gehe ich zur Beschneidung über, obwohl der Uebertritt von den letzten zum erstern häufiger ist. Der hiesige Volkswitz bemerkte von dem Banquier, der sein Kind unbeschnitten und seine Gläubiger unbezahlt ließ: פרע כל ולא ! Vox populi vox dei. Wenn ich nicht irre, kann man die unbeschnittenen Kinder noch an der Hand abzählen; es sind deren nämlich fünf: zu Berlin, Darmstadt, Frankfurt a. M., Hamburg und Mekleiburg, die Hälfte also der egyptischen Plagen. „Und Israel sah die große Hand, die der Herr geübt an Egypten", aber das Volk fürchtete nicht den Herrn und glaubte nicht an den Herrn und seinen Knecht Moses. Damals sangen Heldheim und seine Genossen.

＊

8

Berlin, 8. Febr. Zwei Ihrer Korrespondenten sind meine Opponenten. Mit Hast und Eile versenden sie ihre Pfeile in jeder Zeile, die aber nicht treffen in den Journaltreffen. Der Eine aus Mähren, der leeren, ist so vermessen, sich mit Preußen zu messen. Welcher Aberwitz liegt in seines Witzes Spitz'! Preußen an Gelehrten reich, denen Niemand an Stolz gleich, soll unterliegen in den mährischen Kriegen! Können die mährischen Massen, in ihren Judengassen, den Preußischen Genius fassen, dessen Flügel wie Riegel, Berg und Hügel, Wasser und Land, jeden Stand, umspannt? Preußen, das sich nicht genirt, frisch reformirt, alles Bestehende das Vergehende, alles Dauernde das zu Bedauernde, alles Bleibende das zu Vertreibende, alles Alte das Kalte, alles Neue das Treue, alles Schöne eine Hyäne, alles Häßliche das Unvergeßliche nennt, und sich nur zum Vorwärts bekennt, soll treten in die Schranken mit mährischen Gedanken? Muß Mähren nicht seine Lehren von Preußen erborgen, wie das Heute folgt dem Morgen? Ist Preußen nicht Vorbild, aus dem Leben quillt? Und Berlin, was ist dagegen Wien? Die Königstadt ist nicht matt, sie schafft und rafft ihre Kraft zusammen, um den Geist zu entflammen für Wissenschaft und Kunst, für Nebel und Dunst. In Wien spreizt sich die Arroganz in ihrem Glanz, fügt und schmiegt sich, drückt und bückt sich, um Medaillen zu erlangen, nach Verlangen, und dann zu sagen, was die wissenschaftliche Kuh getragen, zwar mit Milch und Butter, aber Ehrenfutter. Einem hohen Mann, der kein Hebräisch kann, wird ein Buch von altem Gericht dedicirt, und dann wird man honorirt. O der Thoren, die sich erkoren Medaillenprotektoren, die sich aufblähen ohne ihre Leerheit und Verkehrtheit einzusehen und offen einzugestehen, daß die leeren Halme sich erheben und streben in Uebermuth nach des Sieges Palme — das ist ihr Gut und Gott, dem sie flott sich ergeben in ihrem Leben. Nicht die Wissenschaft allein kann ihr Ziel sein, nach Flitter und Tand strebt ihr Verstand in jedem Land. Dann wird ausposaunt wie die Männer gelaunt, die jüdische Gelehrten mit Medaillen beehrten. O der Verkehrten, daß sie sich bekennen zu der Wissenschaft, die uneigennützig schafft! Ganz anders ist es in Berlin, da herrscht ein reger Sinn; da werden Magyaren und Chasaren zu Paaren, die sich zusammen schaaren; da erscheint die „Taube"* um die Abendzeit, zum Schlafengehen bereit — zum Schlafengehen, und das Oelblatt in ihrem Mund, sie verstummt vor des frischen Geistes Wahn; da man Geistes-Riesen sind't, in deren Augen die Mähren wie Heuschrecken sind; da nur blüht die Literatur, gedeiht sie in jedem Kopf, wenn er auch ein Tropf; da werden dicke Bände geschrieben, die nicht so leicht zerstieben; da wird nach der Dicke

*) Ein periodisches Blatt.

gemessen und des magern Inhalts vergessen, aus zwanzig Büchern wird ein Buch gemacht, zu Markte gebracht, der originelle Geistesschacht wird ausgelacht. Nur nach Berlin ziehe der Forscher hin, der hiesige Gelehrtenkreis, alles weiß, durch seiner Arbeit Schweiß, Hegel's Geist alles fortreißt, in der Dialektik Guß, zu bringen der Geschichte Fluß, Bopp's Kombination erhebt auf der Sprachforschung Thron, Werder's „Columbus" lehrt, wie man Dramen zuscheert, Ranke's Geschichtsmethode ist die herrschende Mode, Schelling's neues System ist sehr bequem. Darum laß ab Du Mähre, von der Ehre, Preußen zu erreichen, Du mußt weichen. — Ihr zweiter Korrespondent mich „Kollege" nennt. Ich bin isolirt, darum noch ein Mal protestirt gegen diesen Namen und damit Amen. ✱

München, im Jan. Judenfeindlichkeit eines baierischen Landrichters. Der in Augsburg erscheinenden „D. konst. Ztg." wird aus München geschrieben: „Von allen Blättern, welche jeglicher Toleranz das Wort reden, wurde mit unverhohlener Freude die Nachricht gebracht, daß man sich im Ministerium des Innern eifrigst mit der Revision des Juden-Ediktes vom Jahre 1813 beschäftige. Wohin wir auch hören mochten, überall sprach man sich darüber aus, daß Baiern jetzt auch in diesem Punkte dem Fortschritte huldige. Je mehr wir diese günstige Stimmung namentlich bei Denjenigen für allgemein herrschend glaubten, welche man zu den Gebildeteren zu zählen gewohnt ist, desto größer war unser Erstaunen, als wir folgende Thatsachen erfuhren. Ohne arge Absicht gewiß brachten die „Fliegenden Blätter" vor geraumer Zeit eine Erzählung, „der Güterzertrümmerer" betitelt, in welcher der gewissenlose Treiber einiger Individuen aus dieser Klasse grell beleuchtet wurde. Diese Erzählung nun ließ der Landrichter in Rain, als Beilage zum Rain'schen Wochenblatte, welches sonst nur amtliche und andere Bekanntmachungen zu bringen pflegt, auf seine Kosten abdrucken und mit dem Blatte vertheilen. Wenn auch hierin nur die wohlwollende Absicht erkannt werden sollte, die Angehörigen des Landgerichts auf derlei verderbliche Machinationen aufmerksam zu machen und hierdurch vor Schaden zu bewahren, so gewinnt doch jedenfalls die Sache ein anderes Gesicht dadurch, daß der Landrichter auch den Schullehrern seines Bezirks auftrug, die Erzählung den Schulkindern vorzulesen. Bei diesen kann offenbar der erst angeführte gute Grund nicht vorgeschützt werden. Bald hernach stellte er in seinem Bezirke Vögte zum Einfangen von „Bettlern, Vagabunden, Juden und aus dem Zuchthause Entlassenen" auf und erließ eine Verordnung, nach welcher jeder in seinem Bezirke übernachtende Jude gehalten ist, vom betreffenden Schultheißen einen Nachtzettel zu lösen. Als nun am verflossenen Christtage der Israelit Zacharias Horn, ein seit 30 Jahren das Landgericht Main häufig besuchender und dort von Jedermann geachteter Mann, gegen Abend in das Wirthshaus des dem Size des Langerichts zunächst gelegenen Dorfes einkehrte, um daselbst zu übernachten, bat er den ihm befreundeten Wirth, für ihn einen Nachtzettel zu lösen, der Wirth jedoch redete dem Horn dieß aus, weil jene Verordnung nur vagirende Juden treffen könne. Horn ließ sich durch diese Bemerkung beruhigen und blieb, wurde aber auf Befehl des später eintretenden Landrichters festgenommen, 36 Stunden eingesperrt und um 30 kr. bestraft!"

Lissa (Pr. Posen), 26. Jan. Wiederum hat der alle Schranken durchbrechende Fortschritt einen Sieg über alte Vorurtheile davon getragen und wir sind in socialer Stellung wiederum um Vieles unsern christlichen Mitbürgern näher gerückt. — Die hiesige Schützengilde, deren Statut bisher jüdischen Bürgern den Eintritt in diesen Verband nicht gestattet, hat bei der in jüngster Zeit vorgenommenen Revision ihrer Statuten den besagten Paragraphen annullirt. Dieser Tage ist nun einem unserer geachtesten jüdischen Mitbürger, der als erster Jude der Schützengilde sich angeschlossen hatte, von derselben folgendes Schreiben zugekommen, das als Beleg zu dem eben Gesagten, wohl einige Zeilen in Ihrem Blatte, Herr Redakteur, füllen dürfte. Es lautet:

„Ew. Wohlgeb. Beitritt zu unserer Schützengilde hat uns mit aufrichtiger Freude erfüllt, da wir dadurch nicht nur einen in jeder Beziehung höchst achtbaren Mitbürger für unsere Brüderschaft gewonnen haben, sondern auch alte und unselige Vorurtheile haben schwinden sehen, welche sich in konfessioneller Hinsicht noch aus dem finstern Mittelalter, aus der Zeit, wo die Menschheit in der Sklaverei des Pfaffenthums schmachtete, in die jetzige Zeit hinüber getragen haben. Indem wir Ihnen die Versicherung geben, daß unter uns nie ein Glaubensunterschied gemacht werden wird, da wir das Bewußtsein haben, daß alle Menschen an einen und denselben Gott glauben und daß wir in dem Schützenbruder, weß Glaubens er auch sei, nur unsern Bruder und Mitbürger sehen und ihn, wenn er ein tüchtiger Mann ist, achten und ehren werden, bitten wir Ew. Wohlgeb. ergebenst, dies Ihren Glaubensgenossen mitzutheilen, und darunter diejenigen, welche Sie für geeignet halten, zum Eintritt in die Schützengilde veranlassen.

Zu diesem Zwecke fügen wir 10 Exemplare unserer Statuten bei. Indem wir Ihnen noch für die Erhöhung des gezahlten Eintrittsgeldes danken und die Verspätung dieser Antwort auf Ihr werthes Schreiben vom 25. Oktober zu entschuldigen bitten, zeichnen wir uns mit Achtung als

Die Vorsteher der Lissaer Schützengilde.
Die Repräsentanten der Schützengilde.
Lissa, den 17. Januar 1848.

Das Resultat unserer Repräsentanten-Wahl ist „buntscheckig" ausgefallen. — Im Repräsentanten-Kollegium hat die Fortschrittspartei nur eine schwache Majorität, unter den Verwaltungsbeamten aber eine Minorität. Was der Thätigkeit, Umsicht und Gesinnung dieses Kollegiums zu erwarten haben, wird uns erst die Zeit und der Erfolg lehren. —

Die Wahl des Deputirten zur Kultus-Kommission in Berlin ist in unserem Synagogenbezirk auf Dr. Gebhardt in Gießen gefallen, obschon auch viele Sympathien für Eger vorhanden waren. Nicht ist aber, wie in Posen, die Wahl von den Gemeindemitgliedern, sondern nur von den Repräsentanten vollzogen worden. **B.** —

Aus der Provinz Posen, 6. Febr. So wie im Winter vorigen Jahres, wird auch in diesem Winter von der Posener Judenschaft für die Armen in der Gemeinde viel ja sehr viel gethan. Dieses Verdienst muß man den Posenern lassen. Nicht Verlassen sie nicht erfrieren und nicht verhungern; sie versorgen dieselben, so weit es sich thun läßt, mit Holz, Lebensmitteln und unterstützen sie auch mit baarem Gelde. Außerdem, was aus der Gemeindekasse verabreicht wird, werden oft noch besondere Kollekten veranstaltet,[1] die in der Regel der Oberrabbiner Hr. Eger unternimmt, oder wenigstens in Anregung bringt. Aber auch in den andern Gemeinden unserer Provinz, namentlich in den größern, wie Lissa, Krotoschin, Rawicz, Kempen, Inowraclaw 2c. wird nach Kräften dafür gesorgt, daß die Armen und Dürftigen niemals ohne Unterstützung bleiben. Auch werden Sie bei uns selten eine Gemeinde finden, wo nicht wenigstens Ein Verein vorhanden ist, dessen Zweck es ist, verschämten Armen (אביונים) im Stillen Hilfe zu reichen.[2] Dieser Punkt ist mit einer (und wohl auch die größte) von den Oasen in der großen Sandwüste, welche unsere Gemeinden zusammengenommen, im Verhältniß zu den andern in Deutschland, zu bilden noch nicht aufgehört haben. — Bei der neulich in Posen stattgehabten Wahl der Verwaltungs-Beamten (h. i. der Korporations-Vorsteher) soll auch ein Mann von der sogenannten Fortschritts-Partei mit zur Wahl gekommen sein. Kann auch nicht schaden. Immer besser Etwas, als gar Nichts. Es dauere, wie lange es wolle, am Ende wird dann doch der Fortschritt siegen. In Posen selbst wird bis dahin

---

1) Namentlich, wenn wie im vorigen Jahre, übermäßige Theuerung der Lebensmittel, oder wie heuer, strenger Frost hinzutritt, die Noth der Armen zu vergrößern.

2) Lissa hat mehrere solcher Institute aufzuweisen; am ältesten und wohl auch am wirksamsten ist dort die Chebra מחנה לאביון, die es sich zur Aufgabe gemacht, alle Jahr für eine gewisse Anzahl Dürftiger den Miethzins zu bezahlen.

8*

natürlich³ noch eine geraume Zeit verstreichen müssen; nicht so aber in den andern Gemeinden des Großherzogthums, namentlich in denen, welche in den südlichen und westlichen (an Schlesen und die Mark grenzenden) Kreisen gelegen sind. Dort wird es zuerst, und hoffentlich bald Tag werden; dort wird man sich zuerst und hoffentlich bald von dem alten Sauerteige emancipiren. Der ZW. wird, Dank sei es dem schlechten Style dieses Blattes, in unserer Provinz nur wenig gelesen, und wer ihn liest, wird von dem, was aufgetischt wird, ebensowenig Notiz nehmen,⁴ als der Wächter selbst sich rühmen kann, im ganzen Großherzogthume mehr als einen halben Korrespondenten zu haben.⁵ — Weil ich nun gerade einmal, ich weiß selber nicht wie so, auf den Wächter gestoßen bin,⁶ so kann ich nicht umhin, eine Korrespondenz speciell zu berühren, die derselbe in seinen letzten Nummern (4 und 5) aus dem Riesgau gebracht hat. Unterzeichnet ist der Artikel, den ich meine, von einem „einfältigen Schulmeister"; der Inhalt jedoch ist noch einfältiger als einfältig. Ich muß gestehen, es fällt mir schwer, für solch Geschwätz einen Namen zu finden. Nein, wie kann ein Lehrer, der doch jedenfalls zum Stande der Gebildeten angehören will, so Etwas schreiben und gar in die Welt schicken? — Wer solches Gewäsch auskramt, der besudelt den Namen „Schulmeister" und verdient ihn wahrlich nicht. — Es wird zwar dort über den „Isr. d. 19. Jahrh." hergezogen; doch dies würde uns Freude gemacht haben, wenn man sich dabei anderer Waffen bedient hätte, als die sind, welche Meister Bakel braucht, um den Eisenacher Schmolke⁷ zurechtzuweisen. Solch fades Zeug wie dort hat Schulknabe schreiben, geschweige denn ein Schulmeister. Nein. — Gott sei es gedankt — solche Zöpfe hat unser Großherzogthum unter den Jüngern Pestalozzi's nicht mehr aufzuweisen, weil es. Einer giebt, so kriecht er hinter den Ofen und schweigt. — Herr Dr. E. in A. muß übrigens großen Ueberfluß an Korrespondentenmangel haben, wenn er gezwungen ist, sein Blatt mit solchem elenden Geskribsel auszufüllen, als derjenige Artikel enthält, von welchem hier gesprochen wird. Zuletzt fängt der erzeinfältige Schulmeister gar an, die Lehrer seines Kreises zu biographisiren. — Merkt es Euch Ihr jüdischen Schulmeister meines Vaterlandes! Wenn Euch einmal die Eitelkeit etwas

stark kitzeln sollte, so schicket eine Portion Notizen über Euer Leben an den einfältigen Schulmeister im Riesgau, derselbe macht Biographien daraus, läßt sie durch den Altonaer Wächter austuten, und — ihr seid unsterblich.⁸ Doch zuvor werdet ihr wahrscheinlich das Bekenntniß ablegen müssen, daß ihr noch so stockorthodox denkt und lebt, wie der einfältige Schulmeister in Riesgau und seine nächsten Kollegen, und das, glaub' ich, dürften wohl nur sehr Wenige von Euch mit gutem Gewissen thun können.⁹ —   W.

Oesterreich.

Pesth, Ende Nov. 47. Nr. 44 dieser Blätter lesen wir von hier folgende tagelexe Neuigkeit: „Diese gemäßigten Fortschrittsmänner dürfte es interessiren, daß wir am verflossenen Versöhnungstage, in einem gottesdienstlichen Vortrage zur Einführung eines Gottesdienstes in der Landessprache aufgefordert worden sind." — Die „Landessprache" nennt man gegenwärtig in Ungarn die magyarische. Wie die Charlatanerie sich sogar dort hinauf, vor dem Sanctuarium an dem heiligsten Tage des Jahres verlieren könnte, ist wahrhaft unbegreiflich!! Wer soll denn in der Landessprache beten? Etwa die H.H. Redakteure des magyarisch-jüdischen Kalenders? Und wo soll denn in dieser Landessprache gebetet werden? Etwa im Kasino obbenannter Herren? Man denke! In Deutschland, wo die Aufklärung der Juden mit wenigstens hundert Jahren voran ist, hat man die schwierigsten Aufgaben zu lösen, und nur Schritt vor Schritt gehen die kleinsten Eroberungen auf dem Felde der Reform vor sich. Jedes Wort wird mit den stärksten parlamentarischen Waffen bekämpft oder erkämpft, um wie viel mehr muß das der Fall sein in Ungarn, wo es noch nie versucht ward, nur ein Jota von den hebr. Gebeten zu verändern und abzuändern! — Doch die Herren Pesther haben eine eigene Methode, die Reform-Sprossen in der Himmelsleiter der Aufklärung zu überspringen und mit einem Satze oben auf der Spitze zu stehen! Die Herren, die sich das öffentliche Verletzen des Sabbats nicht verbieten ließen, wie es Hr. Schwab vor einigen Jahren versuchte, wollen (??) einen Gottesdienst in der Landessprache!?! — Jedoch wollen wir nicht voreilig urtheilen. Wahrscheinlich wird das Programm des magyarisch-jüdischen Dawenens (das Wort muß ein-

---

3) So wird es Jeder finden, der unsere frühern Berichte über diese Gemeinde gelesen.

4) Man liest so manches Blatt und so manches Buch, um nur zu lesen, oder auch um zu lachen.

5) Und wer weiß, ob er diesen noch hat? Mir ist es sehr zweifelhaft.

6) Das passirt mir sonst nie, da ich in der Regel jeden Abend noch vor 10 Uhr nach Hause gehe.

7) Wer Langbein's Gedichte gelesen, wird mich hier schon verstehen.

---

8) Auch wer רָאשֵׁי תּיבוֹת zu entziffern hat, kann sich an den „einfältigen Schulmeister" wenden; denn auch in dieser Kunst scheint er (wie aus dem Postskriptum des erwähnten Artikels hervorgeht) eine große Virtuosität zu besitzen.

9) Gehab Dich wohl, lieber einf. Schulmeister, und sei künftig etwas weniger einfältig; denn zehnmal weniger einfältig wärst Du immer noch einfältiger als einfältig.

nal beibehalten werden — es hat ja jüdisch-ungarisches Bürgerrecht) in den magyarisch-jüdischen Kalender der Oeffentlichkeit vorgelegt werden; denn man will ja den Miskó gewinnen, daß er beim nächsten Landtage Gutes von und für die Pester Juden spreche.

Aus Ungarn. Dec. 1847. Unser Landtag hat begonnen und die Tagesfragen schreiten so schnell vorwärts und rückwärts, aufwärts und abwärts, wie die Engel auf der Jakobsleiter, daß man bereits bei der Ablösungsfrage angelangt ist. Von der eigentlichen Judenfrage konnte natürlich die Rede noch nicht sein; hingegen war doch schon die Rede von den Juden. Als es sich um die Einrichtung einer Landeskasse, die den Bauern Gelder vorschießen sollte, handelte, äußerte der Ablegat von Preßburg: „Der Bauer soll nicht bemüßigt sein, von Juden Geld zu borgen." Dem guten Manne muß ein Jud' im Halse stecken geblieben sein, den er nicht eher von sich geben konnte bis das Brechmittel der Ablösung im Landtagssaale ihm dazu verhalf. — Erfreulicher und ergötzlicher jedoch ist eine spätere Debatte, die ich für die Leser des „Orients" aus der Preßburger Zeitung hier wörtlich kopire:

„Olgyai v. Ibrıg will, daß die ausländischen Juden nicht akklimatisirt werden können, welche Modification mit Akklamation angenommen wurde." (Eine Maßregel die gegen die Juden im Allgemeinen nachtheilig influirend, wird vor Allem mit Akklamation aufgenommen, trotzdem daß, wie wir später sehen werden, diese Modifikation auf die Hälfte gebrochen wird. — Jedoch möchten wir uns die Frage erlauben: Wer wird denn die Pässe kontroliren? Wer wird denn der allmächtige Stuhlrichter nachsehen, wenn er Ausländern, als in Ungarn geboren, Pässe giebt?) — „Sebestyen v. Veszprim unterstützt diesen Antrag schon deshalb, weil die Juden sich gar zu stark vermehren. Redner fand die Begründung dieser Vermehrung in den mosaischen Gesetzen." (Allerdings trägt das jüdisch-häuslich-sittliche Familienleben viel zur Fortpflanzung bei. Der jüdische Hausvater, besonders der orthodore, vergeudet seine Kräfte nicht in Wirthshäusern, bei Konkubinen; lebt nicht in wilder Ehe, hält keine Maitressen; ist im Essen und Trinken mäßig 2c. Diese sittliche Lebensweise kann doch wohl nicht zu seinem Nachtheile gereichen?)

Karolyi von der Stadt Pest will sich diejenigen, die gegenwärtig im Lande sind, vom Halse schaffen (schöne parlamentarische Redensarten. Der Herr muß einen sehr weiten Hals haben, wenn so viele Juden daran hängen,) insofern sie nämlich nicht vollkommen ansäßig sind." (Gewiß wäre diese Maßregel sehr heilbringend; aber in Ungarn eine Ausschaffung! Schroffere, unvereinbarere Gegensätze gibt es wohl schwerlich. Von der Sanktion des Gesetzes bis zur Auswei-

bung würden sicherlich alle Ausländer — denn ein Paar Zwanziger könnte sich doch wohl ein Jeder schaffen — in ächte Ungarn umgeformt sein.)

„Reide von Szathmór mag die Juden schon deshalb nicht, weil sie die ungarische Nationalität nicht unterstützen, sie vielmehr gefährden." (Möchtet Ihr selbst durch Eure gewaltsame unpolitische Magyarisirung Eine Nationalität nur nicht gefährden! Nicht die Zungen, die Herzen der verschiedenen Nationalitäten suchet Euch zu erwerben! Machet Gesetze zur Befolgung der Gesetze. — Schaffet die allmächtige unverantwortliche stuhlrichterliche Prügelherrschaft ab! Nicht die Alleinmeinung des mit der dampfenden Cigarre im Munde richtenden Stuhlrichters entscheide! Nicht sein Eigenwille beherrsche und knechte den unglücklichen Untergebenen! — Der Patricier soll nicht ungestraft — — wir wollen das häßliche Wort nicht aussprechen — nur an den Todtschlag der Miskolzer Jüdin und des Geistlichen, der von einem Müller erschossen ward, mögen wir erinnern — dürfen. Gleichheit vor dem Gesetze und Befolgung desselben sind die zwei Genien, die jede gesellschaftliche Verbindung, soll sie gedeihen, umschlingen müssen. — Dem Ausländer, der die Allgewalt des Stuhlrichters nicht kennt, möge folgende Anekdote, die man hier zu Lande erzählt, ein Bild vorführen. Als Kaiser Joseph einst in Ungarn reiste, der vorreitende Husar einem entgegenkommenden Bauernfuhrmann vor den Kaiser befahl, bekam er zur Antwort: Nun wer ist er denn? Er ist ja doch noch nicht der Stuhlrichter! — Hoffen wir jedoch viel Gutes von den Administratoren.)

„Szemere von Borsod kennt keine Antipathie gegen das jüdische Element, er findet in ihnen nur solche Fehler, wie sie andere Nationalitäten auch haben. Sie haben sich der ungarischen Nationalität angeschlossen. Wenn Redner mit Preßburg stimmt, so geschieht es nicht aus Antipathie gegen die Juden, sondern eben darin, weil er will, daß die im Lande wohnenden Juden um so eher emancipirt werden. Ebenso sprachen Tarmássy und Schnée. Boris von Szobules erklärt, daß seine Kommittenten die ausländischen Juden, namentlich die polnischen nicht ins Land aufnehmen wollen." (Vor zwanzig Jahren wäre diese Regel an ihrem Platze und von unberechenbaren segensreichen Folgen gewesen. Wie manche Gemeinde wäre heute mit fünfzig Jahren an Bildung und Aufklärung vorwärts! Wie manche Gemeinde steckte nicht zu tief im Schlamme des Zelotismus! Wie viele Schulklopfer-Processe hätten weniger Skandala verursacht, wie viel Miswet-Licitations-Streitigkeiten hätten die Würde der Synagoge in den Augen unserer christlichen Mitbrüder nicht noch tiefer hinabgedrückt, als sie es früher durch ihren erbärmlichen Gottesdienst so ziemlich schon genug war. Aber jetzt — wir werden es erleben, daß ungarische Juden nach Galizien einwandern werde. — Höre einmal, wie es wahrscheinlich bald geschehen wird, die drückenden Judensteuern auf, so lebt ja der polnische Jude unter der Aegide des österreichischen Gesetzes so sicher, wie in Abrahams Schooß, während in Ungarn fast keine persönliche Sicherheit ist. Wehe mir, wenn es den ersten besten Vacskaras-nemes einfiele, mitten auf der Straße par plaisir mich tüchtig durchprügeln zu wollen, und ich mich erkühnen wollte, um mich zu vertheidigen, meine Hand gegen ihn zu erheben oder ihn gar zu berühren? Nur das Davonlaufen steht mir frei. — Und auf welche Weise ist es dem Parozt möglich den in seinem Hause wohnenden Nemes, wenn derselbe auch jahrelang den Miethzins nicht zahlt, wenigstens los zu werden? Und dem Hausherrn, wenn er von den ihm in seinem eigenem Hause zustehendem Rechte: sich von einem überflüssigen Gaste befreien zu wollen, Gebrauch zu machen sich erkühnte! Wir weisen nur hin auf die Brutalitäten der Juraten gleich bei ihrem Ankommen in Preßburg. Sich gleichsam zu legitimiren und der Welt zu zeigen wer sie sind und was sie vermögen, hatten sie nichts Besseres zu thun, als die Juden aus ihrem Kasino zu werfen, sie zu schlagen, die Möbel zu zerbrechen, kurz auf ächt ungarische Weise darin zu wirthschaften. Diese Menschen werden Ungarns Gesetzgeber, diese Herren Ungarns Richter!) „Die Modifikation wurde angenommen."

„Szentkirálvi von Gömör." (In diesem Komitate wohnt trotz dem Gesetze von 1840, noch kein einziger Jude, und Schreiber dieses hat von einem dortigen Stuhlrichter selbst gehört: So lange die Juden nicht emancipirt sind, wollen wir von ihnen nichts wissen! Also B.=teremtete! Schaffet Gesetze zur Befolgung Eurer Gesetze!!) „glaubt nicht, daß man sich der Juden wegen so zu verschanzen brauche, man sollte wohl den armen Juden des Auslandes ausschließen, aber nicht dem begüterten, der dem Lande Nutzen sein könnte." (Schwerlich wird es bei dem allmäligen aber sichern Verschwinden der mittelalterlichen Principien, mithin auch der daraus entflossenen Bedrückungen und des sich immer mehr und mehr ausdehnenden freien Wirkungskreises der jüdischen Betriebsamkeit in fast allen angrenzenden Staaten, einem ehrlichen reichen Juden einfallen nach einem Lande gehen zu wollen, wo der Willkühr und der Bestechlichkeit so viel Spielraum, wenn nicht geradezu gestattet, doch gelassen ist.)

„Koßuth (vom Pester Komitat) glaubt man ist zu weit gegangen, denn man sprach schon von der Hereinlassung der ausländischen Juden während nur von den Indigenate die Rede ist; denn von der Niederlassung wird erst im dritten Abschnitte die Rede sein. Redner unterstützt den Antrag Preßburgs. Jedoch muß er Kende widersprechen, er wünsche nämlich, daß die andern Nationalitäten nur so viel für die ungarische Na-tionalität gethan hätten, als eben die Juden und doch haben sie (die Juden) nicht so viel Vortheile. Pesth's Abgeordnete müsse er sagen, daß in der Stadt Pesth in der letzten Zeit der Noth mehr christliche Kornwucherer waren als jüdische. Redner könne es beweisen." (Noch im Frühjahr waren die Magazine der hohen Geistlichkeit, selbst die des Primas v. Ungarn mit ungeheuern Vorräthen gefüllt, während der Bauer schmachtete. ... In Györgyös mißten verflossenen Winter viele herrschaftliche Magazine, weil die Edelleute das Korn zu den vom Komitat bestimmten Preisen nicht hergeben wollten, damit der Bauer von demjenigen Korn, das die Herrschaft — wir wollen, wie jener Abgesandte bei der Ständetafel, nicht sagen: „nur rechtmäßig" — wir sind das zu untersuchen nicht berufen — von ihm erpreßte, für sein theueres Geld etwas zurückbekomme, um — horrendum dictu! — des schrecklichsten aller Tode: des nagenden Hungertodes nicht sterben zu müssen. O herrliche — nach einem gewissen John von ganz Europa beneidete (??) S. Preßb. Zeit. 134—135 — ungarische Freiheit! — „Einen solchen Sieg gönne ich meinen Feinden!" — Hannibal E.). „Er unterstützt, wie bemerkt, Preßb. Antrag, eben weil in dem Juden Ungarns ihre Lage erleichtern will Neutra erklärt sich in ähnlicher Weise".

Wenn wir das Extrakt aus dieser Debatte herausziehen, so stellt sich uns das Resultat dar, daß im Ganzen keine judenfeindlichen Prinzipien, geschöpft aus Eisenmengerischem Reservoir nunmehr als Basis untergelegt werden. Und wenn jener Herr äußert: die Juden vermehren sich so stark — was freilich ein ganz eigener Grund (oder vielmehr Ungrund) gegen die Emancipation anzukämpfen; — so scheint er nicht bedacht zu haben, daß die Vermehrung der Juden in Ungarn nicht von Innen heraus, sondern von Außen herein vor sich ging. Gleich dem Mineral, das einer Ansetzung von Außen wächst, vermehren sie sich durch Anströmung aus unsern Nachbarländern, was sich verlieren muß, wenn man einerseits dem Strome durch starke, haltbare Dämme Einhalt thun wird und andererseits, wenn den Anlässen, wodurch der fremde Jude gezwungen ist sein Geburtsland zu verlassen von den dortigen Regierungen kein Impuls mehr gegeben wird, was sicherlich bald geschieht. — Auch hat ja schon der Strom ein anderes Bette, nach dem jenseitigen atlantischen Meere, sich gegraben. — Auch glauben wir keine Fehlmeinung zu äußern, wenn wir die Behauptung hinstellen, daß die Vermehrung der unemancipirten Juden dem Lande weniger nützlich, als die der emancipirten. Und gewiß werden die Juden emancipirt, sich nicht mehr als jetzt vermehren. — Die andere Ansicht: sie gefährden die Nationalität, ist reine Chimäre. Dieses könnte gelten von Nationalitäten, die ihren Hinblick nach auswärtigen Brüdern, die einen eigenen Staat haben, richtet — z. B. von den Raizen. Hat es Sch. dieses vor mehren Jahren selbst gehört, wie ein Raiz — in P. beim weißen Schiff — sich äußerte: „Mein Kaiser ist der von Rußland"! — Wenn der Jude auch nicht magyarisch spricht, er bleibt nicht minder, im strengsten Sinne des Wortes, ein treuer Ungar. Denn Gott sei Dank, einer Rückkehr nach ארץ ישראל denkt nunmehr kein vernünftiger Jude, er gehöre der alten oder neuen Schule an.

Lemberg, 19. Jan. Der Haß des Pöbels gegen die 30,000 in Lemberg wohnenden Juden ist neuerlich auf sonderbare Weise erregt worden und leider noch immer im Steigen. Es hatte sich nämlich das Gerücht verbreitet, ein hiesiger bürgerlicher Apotheker und Ausschußmann habe im Namen der Bürger beim Magistrate die Bitte eingereicht, man möchte jenen Juden, die hier in Lemberg Häuser besitzen, das Bürgerrecht verleihen, und die sodann zu Gunsten besseren städtischen Steuereinkommens herbeiziehen. Wirklich hatte eine Menge Polen diese Bittschrift mitunterschrieben, obgleich sie nicht deutsch lesen konnten, und denen der Apotheker etwas Anderes vorgelesen hatte. Obgleich nun Gouverneur Graf Stadion, der dieserhalb bei ihm erschienenen bürgerlichen Deputation die fernere Bewahrung unverletzten Rechtes zugesichert hat, so findet sich der unwissende Pöbel dadurch nicht beruhigt und wird durch Uebelgesinnte immer mehr aufgestachelt.

Aus Ungarn, im Novbr. 1847. (Fortsetzung.) Wenn Wucherer und Diebe keine leiblichen Brüder sind, so sind sie doch Halbbrüder. — Ja der Wucherer ist bei Weitem ärger als der Dieb. Das Unglück, das Letzterer herbeiführt, kommt plötzlich und endigt mit einem Schlage. Bald tröstet sich der Bestohlene und richtet sich in seiner Armuth ein, so gut es geht. Er hat sich nichts vorzuwerfen, er fühlt keine Gewissensbisse; nur aber der kummervolle Familienvater, der durch einen Fehltritt, oder was wohl häufiger der Fall, durch Unglück, Geschäftsverlust, falsche Scham ꝛc. dem Wucherer in die Hände gefallen ist, eine zahlreiche, zum Theil noch unmündige und unversorgte Familie übersieht, und in das ihn umgarnende Wuchernetz schaut, in das er immer mehr verstrickt wird — gleich der schwachen Fliege, die je noch mehr sie zappelt und sich losreißen will, sich nur noch tiefer in die Fäden des im herumspinnenden, sechsfüßigen häßlichen Insekts verstrickt — und mit zuckenden Vorahnungen sich entsetzt ob dem Zeitpunkte, wo die Beißzange des blutsaugerischen Drillags ihn bei der Kehle packen wird. Da ist auch körperliches, da ist auch geistiges, tief, tief geistiges Leiden, da ist rasender Seelenschmerz, der die Wurzel des Lebens abnagt, da ist auch Herzenskrampf, der es tausendfach zerreißt und zerfleischt! —

Tirnau. Wer kennt nicht das alte „treffene" Tirnau, das bis auf den unsterblichen Joseph den Juden so verschlossen war, daß es keiner passiren durfte. Joseph öffnete es für die Marktzeit. Der Landtag des J. 1840 brachte ihm den „Vierziger." — Die Aerzte sagen, wenn ein Kind den „Vierziger" bekommt, so ist es nachher gesund. Tirnau hat auch den „Vierziger," d. h. die Juden aus dem „vierziger Landtag" — wie man ihn gewöhnlich nennt — bekommen, und wird sich hoffentlich recht gesund und frisch dabei befinden. Es scheint eine recht brave Gemeinde daselbst sich bilden zu wollen. Etwa dreißig Familien stark haben sie doch schon eine Synagoge gebaut. Eine alte Slavin vergoß Thränen bei der Einweihung. „Was weinst du Alte?" fragte sie Jemand. „Ach, ich denke der guten alten Christenheit, als noch kein Jud nach Tirnau kommen durfte, und jetzt haben sie einen „Kestel" (Synagoge)! das sind die Zeiten des Antichrist!" Wohl, wohl, die Zeiten haben sich gewaltig geändert — Tirnau eine Kehilla!

Nun lieber freundlicher Leser! verlassen wir die slavischen Gemeinden und folge mir in das Wieselburger Komitat auf das rechte Ufer der Donau zu den deutschen Gemeinden, den sogenannten חמש קהלות. Das Primat derselben spielt **Frauenkirchen** — oder nach der נוסחא der Hyperorthodoxen „Flaukarchen". Sie ist die zahl- und geldreichste, obwohl ihr Nahrungszweig fast ausschließlich der Klein- und Hausirhandel. Sie ist jetzt hirtenlos. Sie hatte eine Schule, die aber auch den Weg alles Fleisches ging und zwar aus einem ganz eigenen Grunde. Der damalige Rabbiner, der ins Leben gerufen, hatte so großes Vergnügen von den HH. Lehrern und unterhielt sich mit ihnen so häufig, daß er die Gemeinde derart Misvergnügen machte, daß sie sich gedrungen fühlte, den Lehrern den Unterhalt zu entziehen, sie zu entlassen und die Schule zu verlassen.

Bogendorf ist eine Gemeinde mit einem Rabbiner an der Spitze, der sich wohl rühmt der erste Hebräer in Europa zu sein, und doch weiß man nicht einmal in seiner nächsten Nähe von ihm und seiner hebräischen Kenntniß. Neben einem Joachim Pollak in den Rochbe-Jizchak*) dürfte sich

*) Weil wir gerade bei den ז"ל sind. Im LB. Nr. 40 rechnet der Recensent auch Hrn. Adler, Notar in Eperies, S. S., F. in S. ꝛc. zu den vorzüglichsten Mitarbeitern. Wie man Menschen so prostituiren kann, begreife ich nicht! — Ich meine es aufrichtig. — Blos im Hefte 6 S. 100 sind zwei Gereimsel von ersterem und weder früher noch später, obwohl ich es aus sicherer Quelle weiß, kein Iota erschienen, ist von ihm Etwas erschienen. Es könnte auch nicht. — Wer seine ... Gereimsel und das unhebräische Hebräisch, worunter הרות חשב לשבר בתינו liest, wird es wohl einsehen, daß die hebräische Sprache längst verschüttet, wenn solche Arbeiter an ihr Betuben reimfelten.

keineswegs ein Bogendorfer Rabbiner ∙schämen. Er
rühmt sich aber überhaupt ein Universalgelehrter zu sein
— sogar ein Chemiker! Nun, wenn dem so, so wissen wir mit einem Male, woher seine Faulheit. Wir
wissen nämlich, daß bei Wasser, Luft und Wärme
die faule Gährung — der gemeine Mann nennt es
„Jährung" — statt findet!

Um das Seelenheil der **Kittseer** Kehilla mit ihrem
Filiale Gattendorf ist mir wirklich bange. Sie ist
rabbinerlos und ist da — nicht wie bei Fraßen-
kirchen — fast gar keine Aussicht vorhanden unter den
treuen Hirtenstabe eines Seelenhirten sich sobald einzu-
stallen. Kittsee hat wenigstens noch den Vortheil, die
Nähe von Preßburg, wo, wenn ihr der Drang ankommt, das Wort Gottes zu vernehmen, sie es bei den
vielen ∙und vortrefflichen Volksschirsager mit leichter
Mühe findet; aber das ferne Gattendorf! מי יגד לך ומי
ינחמך.

Wir kommen zu **Karlburg.** Hier müssen wir
etwas länger verweilen. Diese Gemeinde von 100 Familien besitzt das leuchtende Dreigestirn: Rabbiner,
Synagoge, Schule, ein folgereiches wirkendes
Triumvirat, so ersterer es versteht beide letztern כשני
אהים האומים an einander und in einander zu fügen.
— In dieser Gemeinde stellt sich die Wahrheit: Daß
die Intelligenz und Bildung sich nach der Lebensbe-
schäftigung richtet in ihrer vollsten Bedeutung heraus.
Wir hätten nie geglaubt, daß so nahe an Deutschland
die Unwissenheit einen solchen hohen Grad erreichen
kann! Unter hundert Familien ein einzig Gebildeter!
Aber es kann nicht anders sein, die Gemeinde sind
theils „Handelewos" in Oesterreich oder Hausirer,
folglich äußerst arm. Sobald also der Junge das Alter
erreicht, wo er mit Schwefelhölzchen handeln kann, nimmt
ihn der Vater mit, richtet ihn — gleich dem Katze den
Jungen — zum — anfangen ab; denn die Werthschätzung abgeschabter Röcke und alter Stiefelschäfte ist
nichts Geringes, was der Junge neben seinem Schwefel-
hölzchenhandel allmälig erlernen muß. Und so verfällt
der Vater in die bedauernswertheste Lage, verkrüppelt an
Geist und Körper, weil, so wie letzterer unter dem nach
und nach schwerer werdenden Zwergsack sich immer mehr
krümmen muß, so der Geist auch von der freieren Ausdehnung im Gebiete des Wissens auf den einzigen
Punkt des Trödelmarktes zusammenschrumpfen muß und
bleibt für immer Handelsjud. Es ist hier dies noch
besonders merkwürdig, daß, trotz dem man sehr fromm
ist, man doch nicht, wie ein jeder sogenannte „ehrliche
Jud" bis zum dreizehnten, den von der Religion
aus vorgeschriebene Konfirmations-Jahr, wartet, was

nicht nur gefühllose Unwissenheit, sondern sogar
tiefe Rohheit bekundet. Es ist demnach leicht ersichtlich,
daß da von einem höher liegenden Bewußtsein in religiöser Anschauungsweise nicht einmal eine Ahnung vorhanden. Hier ist noch die sechseckige Sabbatlampe ein
heiliges נשמה יתרה =Geräth und wehe dem, der sich erkühnen wollte, ihr das Recht mitten ober den שבת=
Tisch zu paradiren, nehmen wollte. — Dennoch hat die
Gemeinde eine Schule. Zwar war sie nach einem Bestehen von ungefähr drei Jahren, während welcher Zeit
nahe an zwei Dutzend Lehrer gastirten, in Sturm und
Unruhe entschlummert; allein der edle Graf Zichi Fe-
raris, Grundherr des Ortes, befahl die Wiedererweckung
und das löbliche Komitat nahm sie unter ihren unmittelbaren Schutz, so daß ihr Bestand legitimirt, obwohl
ihre Fortdauer, da diese nur von den Schulgeldern bedingt, schwerlich ein hohes Alter erreichen wird. Nichts
destoweniger wird sie von dem wahrhaft edeln Grafen
mit Holz versehen, was hier, bei der immensen Theuerung desselben recht viel sagen will. Das erste und gewiß auch das meiste Verdienst um die Schule hat aber
doch Hr. Rubinstein, der von Komitat aus im
Namen der Gemeinde fungirende Schulaufseher —
denn im Namen des Komitates ist der Bezirks-
Stuhlrichter, der im wahren Sinne des Wortes edle und
gerechte Mezéi, Inspektor — der sie das erste Mal ins
Leben gerufen und jetzt wieder ihre Restauration bewirkt.

..r.. ..r..

Personalchronik und Miscellen.

Netzdistrikt, 1. Febr. In der Synagogengemeinde
von Filehne wird zum nächsten Sabbat (Mischpatim) der
neuerwählte Rabbiner und Prediger Hr. Stein aus Kassel
mit Bestimmtheit erwartet. Es soll ihm, wie man hört, ein
sehr feierlicher Empfang bereitet werden. Wir werden mit
unserm Berichte über denselben nicht ausbleiben.   • W.

Frankfurt a. M. Hier werden mehr Schriften von
Josef Kaspi gedruckt, die Hr. Kirchheim beim gelehrten
Publikum einführen wird. Nur immer vorwärts in der Li-
teratur!

Paris. Cremieux genießt das Vertrauen der Studenten
in einem sehr hohem Maaße. In seine Hände legten sie eine
Petition.

Verlag von C. L. Fritzsche.   Druck von J. H. Nagel.

Der Orient.

Berichte, Studien und Kritiken

Neunter

—

für
jüdische Geschichte und Literatur.

Jahrgang.

Das Abonnement auf
ein Jahr ist 5 Thlr.
Man abonnirt bei allen
löbl. Postämtern und
allen solid. Buchhand-
lungen auf ein Jahr.

Herausgegeben
von
Dr. Julius Fürst.

Von dieser Zeitschrift
erscheinen wöchentlich
das Literaturblatt mit-
gerechnet, zwei Bogen,
und zwar an jedem
Dienstag regelmäßig.

№ 9.   Leipzig, den 26. Februar   1848.

Deutschland.

Breslau, im Febr. Wie die Hyperorthodoxie und Nachtwächterzunft sich selbst nur bei jeder Gelegen-heit blamirt und die echte Orthodoxie kompromittirt, davon möge Ihnen folgendes Faktum einer neuen Be-veis geben. Ein hiesiger sehr ehrenhafter Kaufmann feierte jüngst seine Hochzeit mit einer Dame aus Kem-pen zu Polnisch-Wartemberg. Der Bräutigam hatte seinen Freund, den Rabbiner Hrn. Dr. Levy aus Rosenberg, zum Trauer verschrieben, der auch die Trau-ungsrede halten sollte. Herr Dr. Levy kam. Aber auch der Vater der Braut hatte den Kempner Rabbiner Hrn. Malbin mitgebracht. Anstandshalber trat der jüngere Rabbiner seinem älteren Kollegen die Voll-ziehung des Trauungsaktes aus eigener Spontanität ab, und hielt blos die Trauungsrede, die sehr angemessen und wohlpassend, allgemeinen Beifall erntete. Der ge-sinnungstüchtige Bräutigam hatte indeß das Zertreten eines guten Glases nach der Trauung entschieden zurück-gewiesen. — Wie aber gab der Rabbi seinem Kollegen Dankbarkeit zu erkennen? Hören Sie und Sie werden staunen, oder vielmehr nicht staunen; denn wessen wä-ren gewisse Leute nicht wohl fähig! Bei Tische un-terhielt sich der auch talmudisch wohlgebildete Bräuti-gam so wie Andere mit dem Kempner Rabbi, und es bewegte sich die Diskussion auf talmudischem Gebiete. Da nahm denn der Herr Malbim Veranlassung, sei-

ner Galle dadurch Luft zu machen, daß er dem Bräu-tigam folgendes Zschettel zur Lösung gab: מה פסו! Zu wem gehört Sie? Sennen se einer von die Alte, vorim hobben se rischt des Glos zetreten? Seinen se obber von de Naje, vorim hobben se sech a Marschal-lek mitgebracht? — Sofort aber wandte ihm die Ge-sellschaft entrüstet den Rücken, und ein beredter viel-sagender Blick war der gebührende Lohn für die Er-bärmlichkeit. — Triumphire Zionswächterei! Deine Hü-ter versetzen sich selbst den Todesstoß, und irren wir nicht, so liegst du schon in der Agonie. A.

Berlin, 15. Febr. Heute ist Lessing's To-destag. Der moderne Herkules, der den Augiasstall des Judenhasses zuerst zu säubern begann, der Kritiker, unter dessen Streichen die dramatische Theologie und die theologische Dramatik sich beugten, der Freund unseres Mendelssohn — dessen Manen unsere hiesigen Guelfen und Ghibellinen zum Losungsworte ihres Parteistreites machen — wir wollen ihm in einem jüdischen Blatte eine Gedächtnißfeier halten. Schöne Zeiten, wo im Rie-sengeist Bergmassen auf Bergmassen häufte, um in den Himmel freier Anschauungen zu steigen und den Jupi-ter Tonans des Judenhasses zu stürzen; schöne Zeiten, wo ein Berliner Jide sich darüber noch grämte, seinen christlichen Freund einen Spinozisten gerathen zu sehen: sie kehren nicht wieder! Im Judenhaß ist Göthe und Schiller Vorbild geworden und der Spinozismus spukt unter den Berliner Jiden. Hr. v. Thadden citirt den

Patricier Göthe, um seine krassen Vorurtheile zu be=
mänteln; Lessing war für ihn. Es war der Blüthen=
rest der Romantik, als ein bewunderter Kritiker mit
einem Berliner Gelehrten brieflich verkehrte; in unsern
Tagen des Selbstbewußtseins ist Lessing's Humanitäts=
prinzip überwunden. Die Kritik des 18. Jahrhunderts
brach dem Schwert des Vorurtheils die Spitze ab; die
Kritik unserer Zeit ist bäuerisch, roh, ausschließlich,
alleinseligmachend. Würdest du aber, Dichter des Na=
than, sehen, wie so viele Juden hier sich für Nathan
die Weisen halten und nicht blos die Ringe, sondern
auch ihre Meinungen wechseln; wie deine milde Recha
hier eine brutale Rache zweier sich feindlich gegenüber=
stehender Parteien geworden; wie dein Freund Mendels=
sohn in den Bewegungen unseres Gemeindelebens zum
Stichworte geworden: Du würdest in deine Gruft
zurückkehren mit der Ueberzeugung, daß das Menschen=
geschlecht noch sehr ungezogen ist. Aber eine Thräne
voller wir dir weihen, darin sich dein Genius ab=
spiegle, der weder Hexentänze, noch Kabale, sondern blos
Liebe, hingebende Liebe für die ganze Menschheit geschaf=
fen. Dein Nathan verkehrt nicht mit Teufeln; Engel
steigen in sein Haus, sowie dein Engel der Menschen=
liebe dich stets umschwebt hat. Du hast den Wun=
derglauben zerstört; Du selbst ein Wunder deiner Zeit,
bist unvergänglich. Das Andenken des Gerechten ist
zum Segen! ✻

Berlin, 16. Febr. Zwei Krankheiten gewahr'
ich in unseren Zeiten, die Viele gefangen halten und
die Eintracht spalten, bei Neuen und Alten. Willst
Du ihren Namen kennen, ich will sie Dir nennen: die
Titelsucht und die Streitsucht. Da giebt es junge
Köpfe und alte Zöpfe, die auf der Titel Leiter immer
streben weiter. Das junge Blut strebt nach dem Dok=
torhut, giebt sein Letztes her, zu kaufen die Ehr', Hr.
Doktor geraint zu werden, auf Erden. Es ist ein
Rennen und Jagen, den leeren Titel davon zu tragen;
ob das Wesen dem Namen gleich, fragt weder Arm noch
Reich; an Namen wurde stets gehalten, in der neuen
Zeit wie in der alten. „Alles ist eitel", ruft der Geld=
beutel, doch der Titel wird erstanden in vielen Landen
für hohen Kauf — das ist der Kandidaten Lauf. Er
ist Blüthe und Knauf für des Geistes Menora, ein
Schmuck der Tora. Hast du das erste Titelchen errun=
gen, kann weiter vorgedrungen. Von den Gesellschaften
und Akademien sei dein Bemühen, Dich zu wenden, um
das Titelgebäude zu vollenden. Von der Stirne heiß
rinnen muß der Schweiß, soll die Welt dich loben,
doch die Protektion kommt von oben. Die Gesellschaft
der Asiaten nimmt auch den Kandidaten, wieder un Ba=
taillon mehr in der Titel Heer. Ein großer Geist, der
viel gereist, begnügt sich nicht damit, er wendet weiter
seiner Schritt. Noch eine Gesellschaft der Wissenschaft
wird aufgesucht und um ein Diplom nachgesucht. Schüch=

tern und beklommen wird das Gesuch entgegengenommen.
Kann es eine größere Pein, wohl als meine geben,
meinem Ziel nah' zu sein, seufzend doch nur leben,
ruft der Titelkranke aus in seinem Haus. Endlich
kommt die Kunde, die frohe Stunde, wieder ein Titel
bescheert und die Unterschrift vermehrt. O göttliches Ge=
fühl, zu ruhen auf der Titel Pfühl! Sollte damit genug
sein? Nein! immer langsam voran, damit jeder Schwach=
kopf nachkommen kann. In Afrika, ha! da ist ein
Verein, dessen Mitglied muß er sein. Man schreibt
demüthig und hochmüthig an einen großen Stern in
der Ferne, bittet und fleht, wie im Gebet: um einen
Titel ein Königreich, der mir zum Ruhme gereich'! Wie
das Herz in Schmerz sich regt, ob der Präsident über
den Client bewegt, wie bang über den Anklang, doch
nicht sang, kommt das Diplom an seinen Mann.
Himmlische Worte, des Namens Sonne vermehrt und
geehrt bewundert von Hundert zu sehen; nie kann er
untergehen! An der Geschichte Zelt vor aller Welt,
prangt er, erhaben und hehr, für immer, im erborgten
Schimmer! Er zählt die Häupter seiner Lieben und die
Titelzahl ist sieben. Wo den Rahmen für all' die Na=
men, mit denen sich so Viele krönen? Die Titelkrone zum Lohne für sein Treiben
und Schreiben auf dem Haupt, er an sich als einen
Gott glaubt. Ob der Geist leer, wer wollte danach
fragen oder darüber klagen? Er hält die Welt für dumm
genug und sich für weis' und klug. Wessen Inneres
leer, ringt mit dem Titel Heer, und wenn er Sieger
bleibt, man seinen Namen Jakob=Israel schreibt;
in der Unwissenheit Nacht, die das Weiße schwarz macht,
hast du geringen und die Titel errungen. Im
Süden dort ist der Ort, wo die Titelsucht Jeder heim=
sucht, dem Schein Sein, Leeres Gehres, Tand Verstand,
Diplom kein Phantom, nach Titeln streben höchstes Le=
ben; Bar=Kochba voran, Bi=Sahab kann, und mit
Melr's Wahn beschließt Aschkenas die Bahn. Dieses
Treiben zu beschreiben, ist meine Feder zu schwach und
darum schließ ich mit einem „Ach". — Die zweite
Krankheit nicht minder zählt viele Kinder. Israel ist
erkrankt, Alles wankt und Jeder zankt. Wenn sonst die
Schechina dreier war nah, die an jüdischer Wissenschaft
erprobten ihre Kraft, ist jetzt der Streit, überall bereit
zur Seit: Der Eine dünkt sich größer, der Andere bes=
ser, diesem gar, trifft Alles auf's Haar. Dieser
hat die Geschichte überkommen, und wehe dem ihm
will gleichkommen! Jenem gehören die Geserot, Di=
Sahab und Chazerot, Tofel und Laban ist sein Ur=
ahn. Dieser ist der Reform Haupt, die er auf die Fol=
ter spannt, das Neueste der Reformsachen kann nur er
allein machen in seiner Fabrik mit Geschick. Der Eine
bewandert in Katalogen, der Andere der größte der Phi=
lologen. Dieser würde pachten alle Rechtsgutachten,
Jener behauptet nie war in der Geographie, im heili=

gen Land, Jemand so bekannt, wie meine Wenigkeit in ihrer Vielseitigkeit. Kurz Jeder meint, in ihm sei vereint, Scharfsinn und Tiefsinn, Bibel, Midrasch und Talmud, was schön und groß und gut; die Geschichtsepochen wisse er bis auf die Wochen, die Tage und die Stunden; was entdeckt und erfunden auf beiden Hemisphären könne er lehren; Philo, Josefus und Tacitus, seien für ihn keine harte Nuß, Griechisch und Latein ist sein; in Granada kenne er jedes Haus, in Cordova wisse er sich aus; Maimûni's Stellung zu Saladin sei für ihn so klar und wahr und auf's Haar kenne er die Medikamente und Instrumente, die Maimûni angewandt in der Egypter Land. Ja selbst Maimûni's Kleider, und deren Schneider habe er herausgebracht in dunkler Mitternacht, beim Lichte der höhern Geschichte. In der Philosophie ein Hegel, in der Philologie ein Schlegel, in der Geographie er und Ritter, sonst kein Dritter, in der Bibelkunde ein Winer, in der Einbildung ein Wiener, im Griechischen ein Hermann, unter den Juden ein berühmter Mann, im Arabischen ein Sacy, im Persischen ein Gassor de Taffy, im Türkischen ein Sultan, im Charakter ein Wetterhahn, kurz Niemand könne bestehen, er er sich lasse sehen. Wer den Grund sucht der Streitsucht, findet sie in der Einbildung der Bildung. Mögen diese Zeilen, beide Krankheiten heilen. — *

Lübeck, im Febr. Unsere „Anzeigen" bringen folgende zwei die Juden unseres kleinen Freistaats betreffende Bekanntmachungen, publicirt den 28. Jan., die ich hier als ein Scherflein zu unserem verknöcherten Freistaatsleben mittheile. Unser uraltfreier Staat, der bekanntlich kommerciell tief herabgesunken und mit seinem Freistaatslappen kaum die Blöße bedecken kann, hat bekanntlich nach der Restauration Deutschlands die Juden - aus freistaatlichem Zopfreiche verjagt; ein nahegelegenes Städtchen Moisling, wurde die Kloake für die Lübeck'sche Judenheit, Moisling wurde zur Belustigung unserer hanseatischen Freireichstädter das Ghetto, und das Elend dieser Gemeinde, wie kaum eine, ist nicht nur eine Schande und Schmach Lübecks, sondern auch ein Flecken der Reaktion Deutschlands nach den Befreiungskriege. Diese Bekanntmachungen zeigen so recht deutlich, wie dieser Staat so vertrocknet und verknöchert, daß es sich kaum zu einem Schattenleben erheben kann und ich theile diese Bekanntmachungen auch nur zum Angedenken unserer Hansa mit:

Bekanntmachung, die Führung der Geburts- und Sterberegister für die zu Moisling wohnhaften Juden, so wie der Heirathsregister für die jüdische Gemeinde betreffend.

Ueber die Führung der Geburts- und Sterberegister für die zu Moisling wohnhaften Juden so wie der Hei-

rathsregister für die im hiesigen Freistaate bestehende jüdische Gemeinde werden die nachstehenden Bestimmungen hierdurch vom Landgerichte in Auftrag Eines Hochedlen Rathes zur öffentlicher Kunde gebracht.

1) Die Führung der Geburts- und Sterberegister für die zu Moisling wohnhaften Juden nach dem Muster der auf der Stadtkanzlei geführten Civilstandsregister, so wie die Führung der Heirathsregister für die jüdische Gemeinde, wird bis auf Weiteres dem Gemeindediener anvertraut, nachdem derselbe zuvor über die gewissenhafte Verwaltung dieses Geschäfts von Landgerichte beeidigt worden ist.

2) Alle Geburten und Sterbefälle unter den zu Moisling wohnhaften Juden sind daher bei dem Gemeindediener anzumelden und der von dem Letzteren aufzunehmende Akt von den Anmeldenden mit zu unterzeichnen.

3) Die Anmeldung der Geburt eines ehelichen Kindes geschieht durch den Vater oder in dessen Abwesenheit durch ein anderes glaubhaftes zu Moisling wohnhaftes Mitglied der jüdischen Gemeinde. Bei unehelichen Kindern ist die Hebamme des Distrikts zu der Anzeige verpflichtet.

Sämmtliche Geburtsanzeigen müssen innerhalb 8 Tagen geschehen, obrigkeitliche Ahndung auf den Fall der Verspätung vorbehältlich; auch müssen die dem Kinde zu gebenden Vornamen sämmtlich sogleich mitbemerkt werden.

4) Die Angabe eines Sterbefalles ist durch einen der männlichen Verwandten des Verstorbenen, oder durch ein sonstiges glaubwürdiges zu Moisling wohnhaftes Mitglied der jüdischen Gemeinde innerhalb 24 Stunden nach dem Tode zu beschaffen.

5) Bei Vermeidung obrigkeitlicher Ahndung darf keine Beschneidung oder eine sonstige religiöse Ceremonie hinsichtlich der Geborenen, auch keine Beerdigung Verstorbener stattfinden, bevor nicht vorgeschriebene Anmeldung erfolgt ist.

6) Eben so ist keine Heirath eines jüdischen Glaubensgenossen eher zu vollziehen, als bis der Rabbiner und dem Gemeindediener die Erlaubniß des Landgerichts dazu vorgelegt ist.

Der Gemeindediener hat über die vollzogene Heirath eine Akte aufzunehmen und in das Heirathsregister einzutragen, worauf der Rabbiner die Richtigkeit desselben durch seine Mitunterschrift zu bezeugen hat.

7) Sämmtliche Register sind in deutscher Sprache und mit deutschen Buchstaben zu schreiben, und ist am Schlusse jeden Jahres eine Abschrift derselben dem Landgerichte einzureichen.

8) Ausfertigungen aus den Geburts-, Sterbe- und Heirathsregister werden von dem Gemeindediener geschrieben und mit dem Register den Gemeindeältesten zur Ver-

gleichrig, demnächstigen Unterzeichnung und Beidrückung des Gemeindesiegels vorgelegt.

Für jede derselben ist 1 Mk. zu entrichten, von denen 4 Sch. für den Stempel und 4 Sch. für die Besiegelung gerechnet werden, die übrigen 8 Sch. aber den Gemeindediener beikommen.

Es ist jedoch für Ausfertigungen, welche von Amtswegen gefordert, oder für von der Gemeinde unterstützte Personen gemacht werden, nichts zu zahlen, und der Gemeindediener verpflichtet, ehe solche Ausfertigungen von den Gemeindeältesten vollzogen werden, dieselben statt des Stempels mit den Worte Gratis zu bezeichnen.

9) Diese Anordnung ist alljährlich in der Synagoge zu verlesen, vorauf die Gemeindeältesten bei eigner Verantwortlichkeit zu halten haben.

Lübeck im Landgerichte den 28. Januar 1848.

In fidem   J. P. Plessing, Dr., Act.

Bekanntmachung, die Verpflichtung der im Lübeckischen Staate ansässigen Israeliten zur Annahme bestimmter und unveränderlicher Familiennamen betreffend.

Zur Beseitigung der Unzuträglichkeiten, welche aus dem Mangel gesetzlicher Vorschriften zur Führung bestimmter und unveränderlicher Familiennamen von Seiten der im hiesigen Staate wohlhaften Israeliten sich ergeben haben, sind folgende Anordnungen getroffen, welche das Landgericht im Auftrage Eines Hochedlen Raths hierdurch zur allgemeinen Kenntniß bringt.

1) Jeder im Lübeckischen Freistaate ansässige Israelit ist verpflichtet, sofort für sich, seine Ehefrau und Kinder einen auf die Nachkommenschaft vererbenden und unabänderlichen Familiennamen anzunehmen.

Für Waisen liegt diese Verpflichtung der Mutter und wenn auch diese verstorben sein sollte, den Vormündern ob.

2) Die Wahl eines solchen Familiennamens ist zwar der Willkür eines jeden Familienhauptes überlassen, und daher ihm auch gestattet, den bisher geführten Namen als bleibenden Familiennamen anzunehmen, jedoch darf kann unter der Nachkommenschaft die willkürliche Versetzung der Vor- und Zunamen nicht weiter stattfinden, auch der gewählte Familienname nicht weiter als Vorname gebraucht werden.

3) Jeder gewählte Familienname bedarf der Bestätigung des Landesgerichts und ist bei derselben darauf zu sehen, daß nicht solche Namen gewählt werden, welche bekannte christliche Familien führen.

4) Die Erklärung über die gewählten Namen geschieht vor den Landgerichte und sind von derselben auch diejenigen Israeliten nicht ausgeschlossen, welche bisher schon einen von ihren Vorfahren ererbten Familiennamen geführt haben.

5) Das Landgericht ist beauftragt, darauf zu halten, daß die von den Israeliten gewählten und bestä-

tigten Familiennamen beibehalten und insbesondere auch bei allen Angaben zum Civilstandsregister gebracht werden.

6) Israeliten, welche dieser Anordnung zuwider handeln, haben nachdrückliche Geld- oder Gefängnißstrafe nach Maßgabe der Umstände zu erwarten.

Lübeck im Landgerichte den 28. Januar 1848.

In fidem   J. P. Plessing, Dr., Act.

Stettin, 15. Febr. Zu den 11 hiesiger Gemeinde bereits bestehenden Wohlthätigkeitsanstalten ist vor Kurzem ein Frauenverein getreten, dessen Tendenz „Pflege verarmter weiblicher Kranken und Erfüllung der ceremoniellen Obliegenheiten bei Sterbefällen" ist. Der Verein, an welchem Mehrere, die sonst ziemlich indifferent leben, Theil genommen haben, besteht aus einigen 70 Mitgliedern, welche in Dienstleistenden und in nur Beitrag Zahlenden getheilt sind. Das Statut des Vereins wurde in einer Generalversammlung sämmtlicher Mitgliedern unter Vorsitz des Herrn Rabbiners und einiger Vorstandsmitglieder der Gemeinde berathen, wobei die Damen die parlamentarische Form aufrecht zu halten bestens beflissen waren, und sind nun zur Bestätigung dem Hrn. Oberpräsidenten des Vereins eingereicht. Durch den Beitritt der vorigen Mitglieder einer früher hierbestandenen חברא קדישא hat der Verein bereits ein Kapital als Grundfonds erworben.

Im Allgemeinen ist der vorjährigen Bewegung in jüdischen Angelegenheiten auch in unserer Provinz eine auffallende Stille gefolgt, man spricht zwar hier und dort über die enorme Höhe der Gebühren bei Heirathen, Geburten und Sterbefällen, und es bleibt auch beim bloßen Gerede, indem man ein wirksames Handeln von den größeren Gemeinden und namentlich von der größten des Staats — Berlin — erwartet. Diese Erwartungen dürften sich aber wohl in ein freilich nicht „wirklich" auflösen. Auf eine eigenthümliche Art wird aber das neue Judengesetz von den Behörden interpretirt. Während der eine Richter bei Geburtsanmeldungen 2c. jedesmal auch ohne Verlangen ein Attest ausstellt und dadurch die Kosten bedeutend erhöht, nimmt ein Anderer den niedrigsten Satz. — Das hiesige kön. Land- und Stadtgericht berechnet für jede Geburtseintragung 1 Thlr. für Kaufleute und 15 Sgr. für Handwerker.

Es hatte ein hiesiges Mitglied über ersteren Satz beim Obergerichte beschwert und nachfolgenden Bescheid erhalten:

„Auf Ihre Beschwerde vom 17. Oktober wider das Königl. Land- und Stadtgericht hierselbst, wird Ihnen zum Bescheide ertheilt, daß nach der Ministerial-Instruktion vom 9. August d. J. §. 7 für die Beglaubigung einer Geburt ein Pauschquantum von 10 Sgr. bis 2 Thlr. gefordert werden darf und es der Beurtheilung des genannten Gerichts überlassen

bleiber muß, den in jedem Falle einzuziehenden Betrag nach ihm bekannten Vermögens- oder-Erwerbs-
verhältnissen des Betheiligten festzusetzen.

Die Einziehung eines Pauschquantums von 1 Thlr.
kann daher nicht als ungesetzlich betrachtet werden.

Stettin, den 10. November 1847.

Königliches Ober-Landes Gericht.

(gez.) Selbstherr.

Hiernach soll also der Richter die Vermögens- oder
Erwerbsverhältnisse eines Jeden in einem Orte, wie der
hiesige (c. 50,000 Seelen) kennen (?) und darnach
arbitriren!

Auch in Bezug auf die Bildung und Abgrenzung
der Synagogenbezirke, waltet eine verschiedene Praxis
bei den Königl. Regierungen ob. Während die Cösliner Regierung aus jeder Stadt ihres Bezirks eine Synagogengemeinde bildet — was freilich nur Miniatur-
gemeinden[1] abgeben dürfte — hat die hiesige Königl.
Regierung, welche überhaupt für die Fortbildung des
Judenthums die humansten Prinzipien befolgt, die Bildung der Synagogenbezirke nach den bestehenden land-
räthlichen Kreisen angeordnet. Demzufolge wird der
hiesige Synagogenbezirk aus 6 Städten (c. 1000 jüd.
Seelen) bestehen, zu deren Kommissarius der Landrath
von Puttkammer[2] ernannt ist.

Ihr Posener Korrespondent W. will in der von
hier aus erfolgten Empfehlung des von W. Lüders herausgegebenen „Wächters an der Ostsee"
eine buchhändlerische Spekulation wittern, und glaubt
daß sich der OberverSteher hiesiger Gemeinde zur Erreichung solcher Zwecke hat bereden lassen, die genannte
Monatsschrift zu empfehlen. Da hat sich aber[3] der
Herr W. in seiner Korrespondenz in Nr. 6 Ihres
geschätzten Orients doch stark geirrt, es geht ihm wie
jenem Polen, der die Anfertigung einer Kanone dahin
erklärt: „daß man ein Loch nimmt und ein
Stück Eisen herumlegt". Er hat irgend einen
lächerlichen Gedanken ergriffen, ihn mit einem nich-
tigen Witze bekleidet und in die weite Welt geschickt
als — Knallpulver.

Dem Herrn W. wollen wir hiermit nur an
die Worte des achtbaren Dr. Frankel erinnern, der
sagt:[4]

„Die Bestrebungen, das dem Judenthum gebührende
Recht zur Anerkennung zu bringen, treten von verschiedenen Seiten hervor, und sie können, mag auch

---

1) Mit Ausnahme der Gemeinde zu Stolp.

2) Welcher sich bekanntlich bei den landständischen Debatten mit aller Kraft für Emancipation der Juden verwendet hat.

3) Das Faktum ist mir genau bekannt.

4) Vorwort zur Zeitschrift für die religiösen Interessen
des Judenthums 1844.

nur ein zweifelhafter Erfolg die Bemühungen krönen,
nicht niedergedrückt werden, da der Kampf den geheiligten Rechte der Menschheit gilt."

Noch bestehen manche falsche Ansichten und sehr
irrige Voraussetzungen gegen uns bei den christlichen Bevölkerung, und Jeder ist in seiner Sphäre berechtigt
und sogar verpflichtet, diese Irrthümer zu berichtigen,
den Irrenden auf den Weg der Wahrheit zu geleiten,
und das Judenthum gegen äußere Angriffe nach Möglichkeit zu rechtfertigen.

Wenn nun den Juden Vorkämpfer erstehen, die
dem Judenthume selbst nicht angehören, so
sind deren Bemühungen gewiß der Unterstützung würdig,
und ist eine Empfehlung des gedachten „Wächters an
der Ostsee", von einem lichteren Standpunkte aus betrachtet, gewiß gerechtfertigt.   — X. —

Aus Pommern, im Febr. (Aus dem Briefe
eines Freundes, mitgetheilt von Welmy.) Sie fragen mich, was ich zu der Antwort Einhorn's in der
Beschneidungsfrage sage? Lieber Freund, was ist da
noch anders zu sagen, als das Wort des Propheten:
„Wehe euch Hirten, die ihr irre leitet und zersplittert
meine Heerde". Als vor 4 Jahren in Frankfurt a. M.
einige dem Judenthum entfremdete in ihrem Nihilismus
sich breit machende Menschen mit ihrer Reform hervor-
traten, nahm man nun die Sache für das, was sie in der
That war — für Effektgeschrei unreifer Weltverbesserer,
die wie Herostrat nur einen Namen haben wollen und
müßte auch der Tempel des Judenthums verbrannt werden. Daß Holdheim dies billigte (in einer eigenen
Broschüre) war ebenfalls zu erwarten, denn es galt, wie
der Berliner *Korrespondent des Orients eben so wahr
als witzig bemerkte, etwas aus dem Judenthum abzuschaffen, aber nun kommt Herr Einhorn und weist mit
großem Wortschwulst und zum Schlusse mit frömmeln-
der Salbaderei nach, daß nach Jore Dea 2, 7, der
unbeschnittene Israelit weiter nichts als מומר לדבר אחר
sei, und nur חייב כרת und deducirt dies היקש auf
חילול שבת, der ungemein erbaulich klingt. Ich will absehen von dieser Bocher-Gelehrsamkeit, die einen Paragraph im רמ"א oder ש"ע sich zum Stützpunkt holt, ohne
auf den Geist und den Sinn des Gesetzgebers weiter
einzugehen, der sicher seine Glossen nicht geschrieben, damit Jemand die Abschaffung des ganzen Gesetzes daraus
deducire; ich will auch nicht oberflächlich auf die erste
Mischna in Kerituth hinweisen, die unter die unbeschnittenen der Karet-Strafe verfallenen neben den unbeschnittenen Israeliten auch den Sabbatschänder den עובד ע"ז והנותן
מזרע למולך und Fälle rechnet, die obschon auch כרת
(wornach heut zu Tage wohl kein Fortgeschrittener
(!) mehr fragt) gewiß von keinem Rabbiner als so
nichtsagend dem Judenthum gegenüber betrachtet und
beurtheilt werden mögen, wie gesagt, ich sehe von solcher Spitzfindigkeit ab; aber ich frage anders: Wie?

diese freien und freisinnigen Herren, die sich ja so groß geberden, daß sie, der talmudischen engen Fesseln sich entledigt haben, und nur rein auf biblischem Standpunkte stehen wollen, verlassen nun nebst dem Talmud eben so treulos die Bibel, wo es Ihnen gilt, einem Abtrünnigen zu Gefallen zu reden? Für ein Gesetz, das das festeste Band seit Abraham bildete, wegen dessen zeitweiliger Unterlassung selbst ein Moses mehr als getadelt wird, wegen dessen Aufrechthaltung vor und nach den Maktabäern, tausende und tausend Blutzeugen ihr Leben opferten, um Märtyrer zu sein, nichts gegen dasselbe aber als einen § im Jore Dea anführen zu können — wahrlich, das ist mehr als man vom biblischen Standpunkte aus hätte erwarten mögen, und wir können, wie jener Rabbi im Talmud (Sanhedrin 83 b) sagen: דבר זה מתורת משה רבינו לא למדנו ,עד שבא דוד אינהרין למדנו. Wie, wenn jener Vater, der seiner Handlung nach zu urtheilen, gewiß doch auch der talmudischen Fessel sich entledigt hat, den Hrn. Rabbiner gefragt hätte, ob die Bibel (nicht der Talmud) seine Unterlassung billige — was hätte er ihm wohl geantwortet? Hätte er wohl sagen können, er verstände die Bibel und deren Geist und deren Gebote besser, als Moses und die Propheten sie auffaßten, und darum dürfe heutzutage die Beschneidung unterbleiben. Recht hat also der Schreiber aus Mecklenburg-Schwerin, in der Z. d. J. Nr. 5, daß Hr. Dr. Einhorn besser gethan, dem Vater zu bekehren und seine fromme Beredsamkeit bei diesem anzuwenden. — Doch seien wir auch so getröstet, wie Hr. E., daß auch dieses Bundeszeichen nicht aus Israel schwinden werde, bis die Erde, wie ein Kleid altert, und die Himmel wie Rauch zerfließen. **K.**

Leipzig, im Febr. Die Allg. Zeit. für Christenthum und Kirche schreibt: „Der Prediger bei der Leipzig-Berliner Synagoge, Ad. Jellinek, hat herausgegeben: „Die erste Konfirmationsfeier in der Leipzig-Berliner Synagoge am 22. Mai 1847". (Leipzig, C. L. Fritzsche.) Bei dieser Konfirmation wurde ein Mädchen eingesegnet. Die Feier selbst bestand aus folgenden Theilen: Gesang des 8. Psalmes; Gebet der Konfirmandin; Einleitungsrede über 5 Mos. 6, 5—7; Anrede an die Konfirmandin; Prüfung; die Eltern segnen ihr Kind; Glaubensbekenntniß; Gesang des 67. Psalmes; Schlußgebet der Konfirmandin; Schlußrede. Es hat uns Wunder genommen, daß auch in die Synagoge ein Glaubensbekenntniß aufgenommen worden ist; denn wie das neue Testament, so weiß auch das alte Testament nichts von den Fürwahrhaltungen des sogenannten Glaubens. Daher bemerkt Dr. B. Beer in seiner Schrift: „Die freie christliche Kirche und das Judenthum". (Leipzig. Hunger. 1848.): „Unter dem Worte „Glauben" (Emuna) wird in den talmudischen Schriften jedesmal Vertrauen, lebendiger, zuversichtlicher Glaube an die Allgüte Gottes . . .

verstanden. Das Judenthum hat darum auch nie besondere Glaubensartikel festgesetzt". Nach diesen Ansichten kann das Kind nur veranlaßt werden, zu geloben, Gott dem Heiligen zu vertrauen; es kann weder bei Juden noch Christen von einem Glaubensbekenntniß, sondern nur von einem Gelübde des Vertrauens die Rede sein. — Aus der „Prüfung" heben wir die letzte Frage hervor: „8. Fr. Was lehrt die israelitische Religion über die Zukunft der Menschheit? Antw. Der Ewige wird immer und ewig. An jenem Tage wird der Ewige einig-einzig und sein Name Einig-Einziger sein. Alle Menschen werden friedlich und brüderlich Gott als den einig-einzigen Vater anerkennen, wie uns dies die Propheten verkündet haben". — Bei der herannahenden Kindereinsegnung unter den Evangelischen empfehlen wir diese israelitische Einsegnungsfeier angelegentlich zur Beachtung und Vergleichung.

Krotoschin, den 13. Februar. Die Wahlen der Mitglieder zur Bildung einer Kommission, welche laut Gesetz von 23. Juli 1847 § 53 — 57 über die in dieser oder jener preußischen Synagogen-Gemeinde ausgebrochenen Zwistigkeiten in innern Kultuseinrichtungen ihr Gutachten abzugeben haben, sind, soweit uns bekannt, mit Ausschluß einiger Gemeinden der Provinz Posen, wo solche schon statt gefunden haben, in Aussicht, es dürfte daher noch an der Zeit sein, über die zu treffenden Wahlen sich zu äußern und nachzuweisen, ob und inwiefern es rathsam sei, Rabbinen oder Laien zu dieser Kommission zu wählen. Der Impuls zur Besprechung dieses nicht unwichtigen Gegenstandes gab mir eigene eine Korrespondenz in diesem Blatte Nr. 6 d. J. mit der Chiffer W, die über die in **Posen** den O. Rabb. Salomon Eger getroffene Wahl handelt, und sich hierüber mißfällig ausspricht, weil dieser und nicht Dr. Gebhardt, Rabbiner zu Gnesen, gewählt worden, ohne nachgewiesen zu haben, und zwar nur Dr. G. das geeignetste Subjekt zum Mitglied einer solchen Kommission wäre, außer — dies ist sein Argument — daß derselbe „rühmlichst bekannt" sei und einen guten Ruf habe." Nun hat sich aber Dr. G. weder durch irgend eine Schrift rühmlichst bekannt noch durch Bekämpfung einer nicht zu duldenden Richtung im Judenthume einen Ruf erworben, vielmehr scheint derselbe auf Ruhm und Ruf, ganz seinem biedern Charakter angemessen, gern zu verzichten und wirkt lediglich in seiner jetzigen Gemeinde wie jeder redliche Seelsorger geräusch- und anspruchslos; was hat also dieser, außer seiner höhern Schul- und Universitätsbildung, gegen Eger im Voraus? Talmudisches Wissen? Diese Behauptung wird hoffentlich Herr W. nicht aufstellen wollen. Etwa Einsicht, Weltklugheit und Weisheit? Diese Prädikate dürfen wir doch wohl beim ehrwürdigen Alter in reichem Maaße voraussetzen! Oder etwa die von

Dr. G. noch nicht sehr bekannt gewordene Liebe zum Fortschritt? Gut, wir wollen sie zugestehn, obgleich ich gar nicht überzeugt bin, daß Dr. G. mir solch ein Zugeständniß in seinem Namen nicht verargen würde. Was soll denn aber aus der Orthodoxie, die in den Herzen so sehr Vieler unserer Brüder des Herzogthums wohnet, werden? Soll und darf sie aus purer Intoleranz unsererseits gar keinen Vertreter haben? Ist der zum Gesetz gewordene Ausspruch der Alten: אין מעידין בפני שלא nicht eine ihrer schönsten Zierden? Soll die Orthodoxie darum, weil wir ihr keinen Defensor oder Mandatar beigeben wollen, in contumaciam verurtheilt werden? — Soweit die religiöse Richtung unter den Israeliten in den übrigen Provinzen Preußens mittelst der jüd. Journale bekannt worden sind, ist anzunehmen, daß sie nach ihrem Sinne entweder Personen, die dem Fortschritte huldigen, oder gar Neologen wählen werden, demnach dürfte die Wahl Posens eine richtige zu nennen sein.

Im Uebrigen ist der O. R. Eger nicht so blind orthodox, wie er wohl unrechtmäßiger Weise verschrieen ist. Er schreitet langsam und besonnen vorwärts, wie dies die allgemeine religiösen Richtung in seiner Gemeinde und sein Ruf der Frömmigkeit nach Außen zuläßt, ohne den talmudischen Standpunkt zu verlassen, und solches Verfahren kann nur weise genannt werden, zumal die Partei des Fortschrittes in seiner Gemeinde von vornherein ihm jedes Fünkchen Zutrauen entzogen hat. — Wir begehen aber ein unverzeihliches Unrecht, wenn wir um das Haupt eines Mannes die Dornenkrone der Verleumdung und Verlästerung gewaltsam winden, weil er nicht nach dem Lorbeerkranz eines ehrgeizigen Kämpfers und Siegers strebt. —

Wir wollen nun jede subjektive Beziehung lassen und zur Besprechung und Beurtheilung der Frage: Ist es gar rathsam Rabbinen in die Kommission zu wählen? übergehen.

Das Gesetz (§ 51) beschränkt das Bilden der Kommission nicht lediglich auf Kultusbeamten, sondern es stellt frei, dieselbe aus 11 anderen Männern jüdischen Glaubens, die das Vertrauen der Synagogen-Gemeinde, welcher sie angehören, besitzen, zu bilden, demnach sollen nur tüchtige Männer zu wählen. Denn die Stellung des Rabbinen in seiner Gemeinde ist fast durchweg darum eine mißliche zu nennen, weil es selbst in unserem Herzogthume, geschweige in den andern Provinzen, kaum eine Gemeinde giebt, deren Mitglieder in religiöser Beziehung nicht mit einander in Konflikt wären. Gesetzt nun es entstehen in dieser oder jener Gemeinde „Streitigkeiten über die innern Kultuseinrichtungen" (§ 53) und die Begutachtung hierüber wäre einer Kommission aus lauter Rabbinen bestehend übertragen, so steht zu gewärtigen, daß entweder der Ritualkodex nebst allem Herkömmlichen — מנהגים —, oder eine radikale Reform im Kultus den Sieg davon trägt,

was rein eine Folge der Prinzipien wäre, die jedes Mitglied zur Kommission mitbringt, und sich abmüht sie geltend zu machen. Der Eine möchte dann dem talmudischen, der Andere dem historischen, der Dritte dem biblischen, der Vierte dem rein geistigen Judenthume Eingang zu verschaffen suchen, und sonach zwar alle Richtungen vollauf vertreten, aber die Gemeinden, worin Zwistigkeiten wegen ihrer innern Kultuseinrichtungen eingetreten sind, dürften gerade deswegen unbefriedigt ausgehen, da in der Regel bei Vertheidigungen divergirender Principien eine Vereinigung, welche durch Zusammenberufung der Kommission erzielt werden soll, schwerlich und selten zu Stande kommt. — Ein Anderes wäre es, wenn die zu bildende Kommission aus vorurtheilsfreien Privatmännern bestünde, die ausgerüstet sind mit jüdischer und höherer Bildung, wo Jeder von ihnen den geistigen Gährungsstoff, nicht allein seiner Gemeinde sondern auch den der Provinz, welcher er angehört, kennt: dieser würde, wenn in einer Stadt derselben Streitigkeiten über innere Kultuseinrichtungen ausgebrochen sind, weniger vorherrschende Prinzipien über Kultus, der bekanntlich ein in das Judenthum hineingetragenes, sich nach Zeiten und Umständen umgestaltetes und nach verschiedenartigen Riten sanktionirtes Element ist, geltend zu machen suchen, sondern diese als etwas Abseitiges beachten und nur nach Sachlage des allgemeinen ästhetischen Geschmackes der Gemeinden seiner Provinz, die nach Aenderungen in den bestehenden Kultuseinrichtungen ringt, rücksichtslos und freimüthig urtheilen und zu überzeugen streben, was gewiß eine Vereinigung in der Kommission zu Wege brächte.

Hiernach wären Ihre Korrespondenten, sowohl bestimmte als unbestimmte, jedes Rathes an die Gemeinden, wen sie wählen sollen, überhoben, da es in jeder Gemeinde wohl ein Individuum geben wird, das sich eignete, von ihr in die Kommission gewählt zu werden.

Aus Hinterpommern, im Febr. Das neue Judengesetz und die dadurch bezweckte Bildung von Korporationen erhält unsere Gemeinden in der lebhaftesten Spannung, und wird es noch manche Schwierigkeit zu beseitigen geben, ehe Ordnung in dieses Chaos gebracht wird. Es sind da die verschiedensten Eigenthumsverhältnisse vorhanden; so giebt es Gemeinden, wo die Synagoge Privateigenthum einiger weniger Mitglieder ist, andere, wo einige an der Synagoge, andere an dem Badehaus noch andere an der Schule participiren, und nun soll dies alles Korporationseigenthum werden. Ohne die schreiendste Verletzung oft sauer erworbener Eigenthumsrechte läßt sich dies nicht durchführen, denn von Entschädigung der Privaten erwähnt weder das Gesetz, noch die erläuternde Instruktion des Ministers ein Wort. Ob aber der Regierung das Recht zusteht, ohne Einwilligung der betreffenden Personen, Privateigenthum zu

Korporationsvermögen umzuwandeln? Diese Frage mögen Rechtsgelehrte beantworten!

Noch stärker werden die Gemüther von der drückenden Abgabe bei Geburten, Trauungen ꝛc. aufgeregt und es ist allerdings befremdend, daß die Registrirungen von Civilakten zu einer Vermögenssteuer benutzt werden. Ein Mitglied bemerkte jüngst darüber, daß wohl deshalb die Gebühren nach dem Vermögen bestimmt sind, weil die Armen mehr Kinder haben, also den Mangel an Qualität durch die Quantität ersetzen. Es ist auch in diesen Blätter schon genug darüber geschrieben worden, geschrieben wird noch mehr, aber gethan — nichts.

Möchte Hr. Dr. Klein in Stolpe, welcher wie verlautet deshalb eine Beschwerde bei den höchsten Behörden einreichen will, dies bald thun, und die sämmtlichen Gemeinden des Cösliner Regierungsbezirk zum Beitritt auffordern. Er würde sich damit, wenn auch vielleicht sein Schritt ohne Erfolg bleibt den Dank der Pommerschen Gemeinden erwerben. Es ist schon ein großer Gewinn, bei der Isolirtheit und gänzlicher Abgeschlossenheit, in welcher die israel. Gemeinden Pommerns gegenseitig existiren, irgend eine gemeinsame Maßregel zu veranlassen und so einen Anknüpfungspunkt zu begründen, zu einer dauernden Vereinigung, wie sie von allen Besseren, Behufs Kräftigung des religiösen Gemeinsinnes ersehnt wird.

Ueber die innern Verhältnisse der pommerschen Gemeinden nächstens.

Aus der Provinz Posen, Ende Januar. Ihr Korrespondent hat Ihnen in seinem Berichte vom 26. v. M. (s. Nr. 2 d. Bl.) bereits mitgetheilt, mit welchem Beifall der RR. Dr. Löwenthal am Sabbat Wa-Jechi (25. Decbr.) in der dortigen Synagoge gepredigt hat. Wir freuen uns, jener Mittheilung nun hinzufügen zu können, daß Dr. L. am darauffolgenden Sabbat (Schemot) in der Synagoge zu Lissa eine zweite Predigt gehalten, welche die erste an Gediegenheit und Ausstattung fast noch übertroffen und dem Redner einen noch höhern Grad von Beifall als diese eingeärntet hat. Es sollen sich die Lissaer über Dr. L. um so mehr gefreut haben, als sie in demselben ein Kind des Landes, einen Herzogthümer (L. stammt aus Jareczewo im Kreise Schrim) hatten sprechen hören. Wie groß würde aber erst die Freude der guten Lissaer gewesen sein, wenn sie im Sommer v. J. die Talente eines Kindes aus ihren eigenen Mauern, die Talente des Dr. Kämpf (Pred. in Prag); zu bewundern das Glück gehabt hätten! Dr. K. hat sich im letzten Sommer 6 Wochen lang bei seinen Eltern und Verwandten in L. aufgehalten, und wäre zur selbigen Zeit nicht gerade die Synagoge restaurirt worden, so würde dieser tüchtige Redner aus seiner

Vaterstadt gewiß nicht wieder abgereist sein, ohne zuvor mindestens 2 oder 3 Mal das Wort Gottes von heiliger Stätte aus verkündigt zu haben. — Die Lissaer sind jetzt für eine gute Predigt eben so sehr eingenommen, als sie es ehedem für einen schönen Nigun waren. Es hat eine Zeit gegeben (und sie ist noch nicht gar zu lange verstrichen), wo kein fremder Chasan durch L. reisen durfte, ohne wenigstens zweimal (Freitag Abend und Sabbat Vormittag) in der großen Synagoge seine Stimme hören zu lassen. Aber: „Tempora mutantur et nos mutamur in illis". Man läßt jetzt die fahrenden Sänger ruhig passiren, man hat keinen Sinn mehr für die alten groß- oder kleinpolnischen Melodieen, man verschließt ihnen Ohr, Herz und Hand — und wie in L., so fast in allen größern Gemeinden des Großherzogthums. Sie finden nur noch wenige derselben, wo mit Reb Henoch's Eidam, so ein zugereister kleinpolnischer oder lithauischer „Chasan mit M'schorerim" für das größte „O'neg Schabbes" gehalten wird. Und selbst da, wo schon seit lange her solche aus dem Osten hergekommene und nur zu voreilig aufgegriffene Jekum-Purkan-Virtuosen, als Vorbeter fungiren, würde man es weit lieber sehen, wenn sie am Sonntage (oder an irgend einem Werkeltage) als am Sabbat der Gemeinde den Rücken kehrten, das heißt zu deutsch man würde es lieber sehen, wenn sie sich gänzlich empfehlen wollten. — Und wie den alten Chasanim, so und nicht besser geht es den alten Rabanim. Wo nicht gerade Einer durch irgend Etwas, sei es durch ungeheuchelten frommen Lebenswandel, sei es durch Klugheit und Umsichtigkeit ꝛc. ausgezeichnet, da hat er seinen Werth verloren, wie ein Kalender vom vorigen Jahre, wie ein Kleid, das aus der Mode gekommen, wie ein Buch, das von Niemand mehr gelesen wird u. s. w.; die Gemeinde sieht dann in ihrem geistlichen Oberhaupte Nichts weiter als ein überflüssiges Subjekt, als eine Last, von der man sich gewiß befreien würde, wenn nicht zwei Himmelstöchter: Pietät und Humanität, in Israel so einheimisch wären. — Nicht taub geblieben sind unsere Gemeinden gegen den mächtigen Flügelschlag des mächtigen Zeitgeistes, nicht blind gegen die Wunder der letzten Decennien unseres Jahrhunderts und nicht ganz empfindungsloses gegen die Lockungen jener edeln, unbedingt dem Eden entwichenen Schlange, welche bei uns mit dem Namen „Aufklärung" getauft worden.

(Beschluß folgt.)

Verlag von C. L. Fritzsche.　　　Druck von J. H. Nagel.

Der Orient.

Berichte, Studien und Kritiken

Neunter für **Jahrgang.**

—

jüdische Geschichte und Literatur.

Das Abonnement auf
ein Jahr ist 5 Thlr.
Man abonnirt bei allen
löbl. Postämtern und
allen solid. Buchhand-
lungen auf ein Jahr.

Herausgegeben

von

Dr. Julius Fürst.

Von dieser Zeitschrift
erscheinen wöchentlich
das Literaturblatt mit-
gerechnet, zwei Bogen,
und zwar an jedem
Dienstag regelmäßig.

№ **10.**   Leipzig, den 4. März   **1848.**

Deutschland.

Berlin, 21. Febr. Wenn ich heute wieder einen
Todten in Ihrem Blatte feiere, so wundern Sie sich
nicht darüber. Während des Lebens wird man bei den
Juden todt gemacht und nach dem Tode wird man gefeiert. In die elysäischen Felder kehrt ein Jude nur
ein, nachdem er im Leben den Orcus passirt hat. Wissen Sie, wessen Todestag heute ist? **Spinoza's**!
Verdamme mich nicht, lieber Leser, wegen dieser Feier:
das Judenthum mußte Spinoza ausschließen; die
Judenheit wird ihn mit Stolz ihren Sohn nennen.
Uebrigens ist nach der Theorie des Hrn. Einhorn Spinoza ebenso gut ein Jude wie er selbst. Als der Geist
aus dem Dickicht der Scholastik, aus den Dornenhecken
der Spitzfindigkeiten auf den hohen Berg des freien
Denkens treten sollte, erschien Spinoza als Wegführer.
Die Schärfe der talmudischen Dialektik und die Tiefe
der jüdischen Mystik gebaren den Geist, der das Signal
einer neuen Schlacht wurde, ausgeführt auf dem Boden
der Geschichte — und vor dem Judenknaben Spinoza
beugten sich die stolzen Söhne Germaniens, den jüdischen Titanen anerkennend! Nur ein Jude konnte ein
Spinoza, wenn auch ein Spinoza kein Jude werden
konnte. —

Von den Todten zu den Lebenden. Wie prasselt
und knistert das Feuer der Geschichte! Zündstoff von
allen Seiten und als ein geborner Kosmopolit wandern

wir heute durch ganz Europa. „Du, stolzes England freue dich“, rufen wir aus, aber nicht zu den
Zeiten von Richard Löwenherz. England sühnt die Schuld,
an unsern Ahnen begangen. Die Minister der Krone
erheben sich für das Volk, das der Sonne gleich überall
sichtbar ist. Wann wirst du, mein freies Deutschland,
dem stammverwandten Volke gleichen? Wann wird die
turnende Jugend den verrenkten Anschauungen eine andere Richtung geben? Wann wird man in Cassel erre-
then ob den Brosamen, die man dem Volke der Geschichte entreißen will? — Du, stolzes, sporenklirrendes
Magyarenvolk, wann wirst du so frei sein, die Juden
frei sein zu lassen? In Pesth will die medicinische Fakultät die jüdischen Mediciner beschränken — wahrlich,
Ungarn bedarf der Aerzte, da es so sehr kränkelt. Rom,
du stolze Tiberstadt, Residenz des Titus und du, ein-
stige Herberge der Finsterniß, einstiger Zufluchtsort der
Verurtheile, beginnst zu sühnen, zu versöhnen, nicht
durch den Tod am Kreuze, sondern durch die raschen
Pulsschläge der Geschichte, durch das Leben außerhalb
des Ghetto. Modena braucht Geld; das ist nichts
Neues. Modena besteuert deswegen die Juden; das ist
mittelalterlich. Sicilien und Sardinien proklamiren
Konstitutionen, aber nicht für die Juden. So ist die
Sonne der Freiheit noch immer von Wolken verhüllt.
Spanien! auch du sühnst durch deine Isabella, was
einst eine andere Isabella verschuldet. Frankreich, sind
die Säulen des Staates noch nicht zerrüttet durch die

10

Freiheit der Juden? Mein deutsches Vaterland, wann werdet deine Landväter uns ein Vaterland geben? Wann wird die Liebe eine Wahrheit, die Religion der Liebe verwirklicht werden? Stumm ist Alles, die Zunge ist gefesselt.

Entfesselt ist aber die Zunge bei uns in Berlin. Zur Ehre des Gottes des Friedens fallen sich die Parteien gegenseitig an. Jede will den Sieg; wer siegt aber im Bürgerkrieg? Auf den Trümmern unserer Zustände sitze ich, ein klagender Jeremia, und weine in stiller Nacht.   *

Berlin, 22. Febr.   In der That ist ein Kandidat jetzt rathlos und bloß in Abraham's Schooß. Sonst konnte er am Freitischen sich erfrischen; jetzt muß er im Trüben fischen.   Man hielt es für eine Ehre, die Jünger der Lehre zu erhalten, bei den Alten, die Neuen scheuen diese Sitte und erfreuen nie des Kandidaten Tritte, erhören nie seine Bitte, treten nie in seine Mitte.   Mögen sie es bereuen!   Das Herz der Reichen läßt sich nicht erweichen, und eher läßt ein Censor das Streichen als das Vornehmthun die Reichen.   Statt ruhig zu studiren, muß der Kandidat die Feder führen, sich als Lehrer geriren, oft kriechen auf allen Vieren in des Verdienstes Revieren.   Die Jeschibot haben aufgehört, und die Bitte nach Fakultäten, die Noth thäten, blieb unerhört!   So bleibt's ihm selbst überlassen, das Judenthum zu erfassen. er zieht hin und her, die Kreuz die Quer, ruht bald bei Hellenen aus, kehrt bald bei Syrern in's Haus, pilgert bald nach Jemen, um mit Arabesken sich zu verbrämen, in Aram richtet er seinen Vater zu Grunde, lebt in Egypten eine Stunde, sucht goldene Triften in Assyriens Inschriften, zieht dann nach Charan, lebt bei Laban, zieht nach Kanaan, studirt Phönicien's Reste, findet sich ein unter Persepoli's Gäste, auch China's Herrn sind ihm nicht fern: was ist aber des Pudels Kern?   Fremd in Zion, heimisch in der Julirevolution; die jüdischen Philosophen sind ihm unbekannt, desto besser kennt er Kant; Jehuda ha Lewi hat für ihn nicht gesungen, Ibn Esra's Leier ist für ihn nicht erklungen, in Klopstock's Messias ist er eingedrungen, in höhere Regionen hat er sich geschwungen durch die Dichtungen pietistischer Richtungen.   Hegel verehrt er, mit Schelling verkehrt er, Fichte belehrt er, das Judenthum verkehrt er!   Thiers und Guizot, Voltaire und Rousseau, Hume und Locke, Milton und alle englischen Klopstocke, kennt er, nennt er; aber Charisi und Immanuel, Aboab und Abravanel, Adrat und Ghajat, Ralbag und Semag, Eideles und Jeitteles, More Nebuchim und Wikkuchim sind ihm nicht verwandt, für ihn ein fremdes Land, dahin er Kundschafter sendet, deren Bericht endet: Thoren sind die, so wir gesehen, laß sie gehen — und in der Wüste leer, zieht er vierzig

Jahre einher, zu Vierzig kommt der Verstand, ist den Talmudisten bekannt.   Vergebens suchet der Kandidat, einen guten Rath, ihm fehlt die Saat, um ihn kümmert sich nicht der Staat.   Zum Regiren braucht man nichts zu wissen; darum sind unsere Kandidaten beflissen im Sokratischen Nichtwissen.   Ich glaube die Fakultät kommt bald zu spät: von den Gesetzen bleiben nur Fetzen, der Talmud wird verbannt, die jüdische Literatur verbrannt, der Unbeschnittene ein Jude genannt!   *

Berlin, 24. Febr.   Seit 1492 hat Spanien keine Jüdin gesehen.   Am letzten Hofballe erschien die Königin Isabella in einem jüdischen Kostüme, wie die französischen Blätter melden.   Außer der Baronesse von Rothschild ist Isabella die einzige hoffähige Jüdin. Fast wird die Prophezeihung des Sohar, daß im Jahre 5608 der Messias sicher erscheint, eine Wahrheit.   Wenn man am spanischen Hofe sich jüdisch kleidet, und in Mecklenburg jedes äußere Kennzeichen des Judenthums entfernt wird; wenn in London die Minister den Juden das Wort reden und in dem großen Reiche Detmold die Juden einen höchst komischen Leibzoll zu bezahlen haben, so ist die messianische Zeit nicht mehr fern. — Der große Staat Detmold ist übrigens höchst originell.   Die jüdischen Fleischer sind dort verpflichtet, die Zungen ihres Schlachtviehes herzugeben.   Wenn dies die Schochtim beträfe, die in der Regel lose Zungen haben, so wäre es noch begreiflich.   Bei Sterbefällen müssen die Juden in Detmold eine besondere Steuer entrichten.   Bei den Griechen kam der Todte mit einem Obolus davon; in Detmold ist man viel klassischer, der Orcus in Detmold ist nicht so billig. — Wenn übrigens eine spanische Königin sich jüdisch kleidet, so kleiden sich unsere hiesigen jüdischen Damen königlich.   Der Luxus ist die Erbsünde der Juden.   *

Jastrow, 20. Febr.   Mit Bezug auf unsere Mittheilung über den sich hier aufhaltenden heimatlosen jüdischen Knaben Moses (s. Nr. 3 d. Bl.) erlauben wir uns den geehrten Lesern in aller Eile die Nachricht zu geben, daß in Folge einer dem Königl. Hohen Justizministerium vorgelegten Bittschrift hier so eben eine Verfügung des Königl. Oberlandesgerichts zu Marienwerder einging, die dem hiesigen Land- und Stadtgericht aufgiebt, dafür Sorge zu tragen, daß der Findling Moses, falls nachgewiesen wird, daß er beschnitten sei (und dies läßt sich durch ärztliche Atteste sehr gut nachweisen) in der jüdischen Religion erzogen werde. — Nächstens mehr über diesen Gegenstand.   W—n.

Aus der Provinz Posen, Ende Januar. (Schluß.)   Und haben bis jetzt auch nur noch sehr wenige[1] unserer Gemeinden von dem Baume der Erkenntniß gekostet, so sieht man doch schon eine ganze Masse von ihnen die Hände darnach ausstrecken, und da, wo leider noch die Hände gebunden, sieht man lüsterne und sehnsüchtige Blicke nach der erhabenen Frucht richten, und da, wo der Zelotismus noch so weit geht, daß man den Emporwollenden Sand in die Augen streut, um sie gewaltsam zu verblenden, hört man doch wenigstens mit den Füßen stampfen und mit den Zähnen knirschen, was ein Zeichen ist, daß die Maltraitirten, wenn sie sich selber auch (noch) nicht helfen können, zum wenigstens das bereits morsch gewordene Philistergebäude einzustürzen, beschlossen haben. — Noch ist es weiter Nichts, als ein buntes Gemisch von auftauchenden und verschwindenden Gestalten und Umständen, so sich bei der Betrachtung unserer Gemeinden dem Auge des Beobachters darbietet; Nichts ist vollendet, Alles im Werden. Und mitten durch dieses Chaos von Embryonen donnert die Stimme der Zeit unablässig ihr gewaltig mahnendes „Vorwärts"! Feiglinge erschrecken und werden bleich. Die Andern aber steuern muthig dem Ufer entgegen — und sie werden es erreichen; denn man hört aus dem Donnerrufe des Jahrhunderts auch die sanfte Stimme eines tröstenden Genius, der da spricht: „Nur rüstig ans Werk; es wird anders werden, denn es muß ja anders werden!"

Verzeihe uns lieber Leser, diese kurze Abschweifung! Wir konnten sie uns nicht versagen, und daher Dir nicht ersparen. Jetzt wollest Du mit uns wieder nach der Gemeinde zurückkehren, mit welcher wir unsern heutigen Bericht begonnen haben, und mit welcher wir denselben auch zu schließen gedenken, nämlich nach Lissa. — Diese Gemeinde ist nicht nur eine mit von den größten und wichtigsten im ganzen Großherzogthume, sondern sie verdient sogar noch allen diesen, ja selbst den ersten unserer Gemeinden, nämlich Posen, in mehr denn Einer Beziehung vorgezogen zu werden. Es giebt — und das kann und wird Niemand in Abrede stellen — in der ganzen Provinz, von der Brahe bis zur Orta und von der Prosna bis zur faulen Obra, keine Gemeinde mit mehr Intelligenz, als die von Lissa, und so viel Sinn für das Gute, und Schöne, wie dort, dürfte auch anderswo nicht so leicht gefunden werden. L. zeichnet sich aus durch die Menge seiner wohlthätigen Vereine, mehr aber noch durch die Art und Weise, wie

1) Im Posener Bezirk ist Schwerin a. d. W. und im Bromberger Gnesen die einzige Gemeinde, wo zeitgemäßerer Gottesdienst, mit Chorgesang und deutscher Predigt, eingeführt worden. Krotoschin hat bis jetzt nur einen modernen Kantor, aber noch keinen Prediger angestellt. In Fraustadt, Schmiegel, Wollstein, Schwersens, Filehne re. wird das Wort Gottes in der Landessprache verkündigt, der eigentliche Gottesdienst aber noch nach dem alten Styl verrichtet.

dergleichen Institute dort gehandhabt werden. Der schöne Geschmack, mit welchem dort irgend Etwas, wie z. B. eine Feierlichkeit in der Gemeinde, angeordnet wird, ist weit und breit bekannt, und der Takt und die Ordnung, mit welcher bei Versammlungen, Sessionen re. zu Werke gegangen wird, sind von der Art, daß L. allen andern Gemeinden zum Muster empfohlen werden könnte. — Und doch, und doch muß die Gemeinde L. erröthen, wenn sie sich unter ihre Schwestern umsieht, und doch, und doch muß sie einen Schritt zurückweichen und verlegen zur Erde blicken, wenn Andere ihr ins Angesicht schauen wollen. — Welches sind die Hauptinstitute einer Gemeinde? — Synagoge und Schule? — Wie sind aber diese in L. beschaffen? Etwa, so, daß sie andern Gemeinden als Vorbild dienen könnten? Wer dies behauptete, würde eine eben so bittere Ironie aussprechen, als der, welcher sich unterfing zu sagen, der „Altonaer Wächter" sei das Blatt, welches am meisten und am liebsten gelesen würde, und der Anti-Milist Dr. Einhorn derjenige Rabbiner, welcher am gründlichsten den Talmud und die Poßkim studirt hätte. — Wie sind Synagoge und Schule in L. beschaffen? Entspreche sie den Anforderungen der Gegenwart? Die Schule nur in verjüngtem Maaßstabe; die Synagoge aber ganz und gar nicht. Erlassen Sie uns das nähere Eingehen auf die erstere und erlauben Sie, daß wir uns heute nur mit der letztern befassen. Was den Bau, die Räumlichkeit, sowie überhaupt die ganze innere und äußere Einrichtung der Lissaer Synagoge anlangt, so kann man dreist von ihr sagen, daß sie alle ihre Schwestern in der ganzen Provinz stark überbietet. Sie ist im Ganzen etwas Erhabenes und Ehrfurcht Gebietendes. Schon der äußere Anblick ist höchst imposant, und erst eingetreten in die heiligen Hallen, fühlt man sich wirklich gedrungen, auszurufen! מה נורא המקום הזה ! אין זה כי אם בית אלהים ! — Doch leider nur zu bald ist dieser erste Eindruck verwischt, leider nur zu bald fühlt man sich enttäuscht. Denn man erkennt den „alten Schlendrian" trotzdem ihr ihn mit etwas moderner Farbe zu übertünchen gesucht, man erkennt ihn, wohin man nur das Auge oder das Ohr richten mag. Ihr habt es Euch Tausende kosten lassen, Euren Tempel zu restauriren und aufs Geschmackvollste zu dekoriren; aber die Hauptsache habt ihr vergessen. Vor Allem hättet ihr die alten Götzen mit ihren Altären hinausschaffen sollen. Und das, theure Brüder, das habt ihr nicht gethan. — Warum? Ist es noch nicht an der Zeit? — Noch nicht an der Zeit, die Unordnung und den alten Schlendrian aus dem Gotteshause zu verbannen und an deren Statt Ruhe, Würde und Anstand einkehren zu lassen? Noch nicht an der Zeit, die Lecha-Dodi-Konzerte, die Marizach-Märsche und An'im-Semirot-Walzer aus den heiligen Räumen zu entfernen und dafür einen zeitgemäßern, würdevollern und erha-

10*

bendern Gottesdienst, mit Choralgesang und deutscher Predigt, einzuführen? Noch nicht an der Zeit, den alten Sauerteig wegzuwerfen, und das Neuere und Bessere anzunehmen? Noch nicht an der Zeit? Wie?— Doch: nein! das könnt ihr nicht glauben, denn dazu besitzt ihr zu viel Intelligenz und zu viel Erfahrung. Wenn irgendwo, so weiß man in L. was Noth thut, wenn irgendwo in unserer Provinz, so weiß man dort, was die Gegenwart von den Gemeinden Israels fordert. Und dennoch zögert man? Und dennoch läßt man ein Jahr nach dem andern unnütz verstreichen. Und dennoch legt man die Hände in den Schooß, sieht müssig den Kämpfen zu, so in andern Gemeinden, wie Gnesen, Krotoschin ꝛc. um des Bessern willen geführt werden, und bleibt gleichgiltig und unangeregt wenn es kund wird, daß aus jenen Kämpfen doch endlich diejenigen, welche das Bessere wollten, siegreich hervorgegangen. Und darum? Haltet ihr etwa eine Gemeinde noch nicht reif, ein neues, modernes Gewand anzulegen? O auf dieser Stufe war sie längst, war sie vielleicht schon am Anfange dieses Jahrhunderts.— Oder scheint ihr das geringe Häuflein der Stabilen? Blicket nach Krotoschin, und ihr werdet sehen, wie, ein orthodoxer Rabbi sich dicht neben einem aufgeklärten Vorsteher an dem neueingerichteten, zeitgemäßen Gottesdienste wahrhaft erbaut.— oder blickt meinetwegen nach Gnesen, und ihr werdet sehen, wie auch, wenn die Orthodoxen gänzlich daheimbleiben, das Gotteshaus nicht leer steht und an Würde durchaus keinen Verlust erleidet.— Oder fürchtet ihr euch etwa vor einer ähnlichen Partei, wie die war, welche vor einigen Jahren gegen die Abbringen des Schulklopfens opponirte?³ Nein! solche Feigheit können und wollen wir den Lissaern durchaus nicht zumuthen.— Was aber ist es denn, das sie zurückhält? — Lieber Leser! Wir glauben den Grund gefunden zu haben, und wir wollen ihn Dir nicht verschweigen. Ob aber die Lissaer in Deinen Augen gerechtfertigt erscheinen werden, das müssen wir dahingestellt sein lassen. So wie Israel überhaupt durch Pietät und Humanität von je sich ausgezeichnet, so gab und giebt es in Israel selbst wiederum gewisse Gemeinden, wie sich diese Tugenden noch ganz besonders stark ausgeprägt haben, und daß Lissa eine von diesen Gemeinden ist, wird Jeder einräumen, der nur je Gelegenheit gehabt, dasselbe etwas mehr als oberflächlich zu lernen. Und nun ist das Räthsel gelöst. Man scheut und fürchtet in L. nicht die Orthodoxie; man will sie nur

2) Wenn Schmiegel und Storchnest deutsche Predigten vertragen können, so wird sich Lissa an diesem modernen Gerichte gewiß nicht mehr den Magen verderben.

3) Jene Antinichtschulklopferpartei war, wie Manche glauben mögen, aus orthodoxen Motiven, sondern einzig und allein aus der „Sucht zu opponiren" hervorgegangen.

schonen; man will den Alten keinen Aerger verursachen' — aus reiner Pietät, aus aufrichtiger Humanität. Und darum begnügt man sich mit dem Statis quo.— Und so bringt man den wenigen Alten ein Opfer auf Unkosten der zahlreichen, blühenden Jugend, auf Unkosten der neuen Generation, die, den wurmstichigen Apfel verwerfend, eine gesunde Frucht vom Baume der Erkenntniß fordert, und sie zu fordern in vollem Maße berechtigt ist. — Nächstens mehr über diese Angelegenheit. —— W.

Oesterreich.

Nikolsburg, 1 Febr. Um Sie zu überzeugen, daß die segensvolle Wirksamkeit unseres würdigen Landrabbiners bereits zum Durchbruche gekommen ist, und die Gnade des Herrn die mährischen Gemeinden zu erleichtern beginnt, überschicke ich Ihnen folgendes Pastoralschreiben, das an alle Gemeinden ergangen ist. Gott segne unsern L-Rabbiner, damit die Synagogen rein werden! Also spricht unser frommer Landesrabbiner:

ב"ה
מקרש תראו!
לא מקדש אתה ירא, אלא ממי שפיקד על המקדש!

Mit diesen Worten mahnt uns das heilige Gotteswort und das Wort der Weisen ז"ל, nie die Achtung vor unsern Gotteshäusern aus den Augen zu verlieren, und ihnen stets diejenige Ehrfurcht zu bewahren, die sie allein das werden können, was sie uns werden sollen, מקרש אל. Gottesheiligthümer, uns zu heiligen und zu weihen, uns über alles Unheilige und Ungöttliche zu erheben, und mit seiner Heiligkeit unser ganzes Leben zu durchdringen, gerne hat daher der Landesrabbiner aus den Berichten der ehrw. Rabbiner und ehrs. Vorstände ersehen, daß dieselben und die ihrer Leitung an-

4) Wenn auch vorauszusehen, daß die Alten (wie in Kr. und anderswo) sich dann auch in die Nothwendigkeit fügen würden, so ist doch mit noch weit größerer Gewißheit zu erwarten, daß es vorher große Aergernisse setzen würde, und diese sind es eben, welche man den lieber Alten ersparen will.

5) Wenn diese das Gotteshaus besuchen, so will sie sich darin erbauen. Hierzu ist aber der alte Jargon durchaus nicht geeignet. Auch will unsere Generation in der Synagoge durch das lebendige Wort, von der Kanzel herunter, darüber belehrt werden, was der Israelit als solcher und was er als Mensch gegen Gott, gegen sich selbst und gegen seine Mitmenschen zu erfüllen hat. Und dann muß ein zeitgemäßer Prediger angestellt werden und der alle alsabbatlich oder wenigstens alle 14 Tage einen öffentlichen Vortrag halten. Würde in L. dieserhalb eine Konkurrenz eröffnet, so ist mit Gewißheit zu erwarten, daß nur große und anerkannte Talente melden werden. Einen Rabbiner aufzunehmen wäre überflüssig. Denn der würdige und fromme Oberdajan, Herr H. J. Abarbanel und seine Kollegen sind talmudisch gründlich genug gebildet, um in den allerschwierigsten kasuistischen Fällen entscheiden zu können.

vertrauten Gemeinden im Allgemeinen ihrer Gotteshäusern und ihrem Gottesdienste diejenige Aufmerksamkeit
schenken, die, der עבודה dieser Mittelsäule des jüdischen
Lebens, in so hohem Grade gebührt, und daher nicht
diejenigen Mängel und Gebrechen übersehen, die hier
und da in den verschiedenen Kreisen unseres gottesdienstlichen Gemeindewesens heimisch geworden, und der ernsten Abhilfe bedürfen.

Der Landesrabbiner sieht sich daher veranlaßt, allen
Verwaltern und Besuchern unserer Gotteshäuser die Bestimmungen erneuert in die Seele zu rufen, mit denen
unsere heiligen Gesetzvorschriften für unsere Gotteshäuser
und unsern Gottesdienst diejenige Ordnung, Ruhe,
und anstandsvolle Ehrfurcht gebieten, ohne die der große
Zweck des Gottesdienstes nie und nimmer erreicht werden kann, und erwartet mit Zuversicht, daß sämmtliche
Rabbiner und Vorstände auf deren genaueste Erfüllung
mit allem Ernst und allem Nachdruck zu wachen sich
angelegen sein lassen werden. —

בתי כנסיות נוהגים בהם כבוד ולרבצן (א alle
Gotteshäuser sollen stets in einem saubern, anständigen
Zustande erhalten werden, damit schon das Aeußere jedem
Besuchenden beim Eintritte zurufe: hier betrittst du einen
heiligen Raum, betrittst ein dem heiligen höchsten Wesen geweihetes Haus, Achtung und Ehrfurcht erfüllen
dich hier!

יש להתקשט בבגדים נאים להתפלל ... טיט שעל (ב
גדולי ראוי לקנחו קודם שיכנס להתפלל, וראוי שלא יהא עליו
ועל בגדיו שום לכלוך. Auch dein Aeußeres soll, sauber
und anständig sein, mit unsauberem und unanständigem
Anzuge darf keiner das Gotteshaus betreten — geschweige
denn, daß die Gewänder die ganz eigentlich zum Gebete
bestimmt sind, nur sauber und anständig sein sollen.
Mit unsauberem und zerrissenem טלית sollte keiner zum
Gebete hintreten.

בבה"כ אסור לרוץ , אלא ילך באימה וביראה. (ג
ובעומד כעבד לפני רבו כאימה וביראה. Auch schon das
Kommen und Gehen, jeder Schritt im Gotteshause, das
ganze Dortsein, jede Bewegung und Regung daselbst,
soll von Gottesfurcht und ehrerbietiger Scheu durchdrungen sein. Dein Auftreten selbst soll es verkünden,
daß du durchdrungen davon bist, כי המקום אשר אתה.
עומד עליו אדמת קודש הוא, und anständig soll jede Stellung sein, בתפלה מעומד עמוד, כעבד לפני רבו , ובתפלה,
מיושב ... יסמוך לאחוריו ... ולא יושה מושה לצדדים, ולא
יפשוט רגליו, ואל ירכיבם על רגליו.

צריך שיהיו הקטנים שעומדו באימה וביראה , ואותן (ד
שרצים ושבים בבה"כ בשחוק פושט שלא להביאם. Ein
vorzügliches Augenmerk ist auf die Kleinen zu richten,
daß sie sowohl durch ihre Anwesenheit die Erwachsenen
nicht im Gebete stören, als auch daß sie selbst von Jugend auf an ein ehrfürchtiges und anständiges Benehmen im Gotteshause gewöhnt werden. Kinder unter

füf Jahren sollen daher im Gotteshause nicht zugelassen werden.

צריך להסיר קודם התפלה כל הדבר הטורדו , וימנע (ה
כל הטרדות כדי שיכוון. Alles was die Andacht beim
Gebete zu stören geeignet ist, muß im Gotteshause ge-
mieden werden, daher ist Alles, was nicht nur die eigene
Andacht, sondern auch die Andacht des Nächsten stören
könne, im Gotteshause zu unterlassen.

בתי כנסיות אין נוהגין בהם קלות ראש , כגון שחוק (ו
והתול, ושיחה בטילה, nicht nur während des Gottesdienstes,
sondern auch vor, und nach demselben, ja ganz außer
der Zeit des Gottesdienstes, ist jedes שיחת חולין , ist jedes
nicht gottesdienstliche Gespräch im Gotteshause אסור und
die tiefste Entweihung des Gottesheiligthums, nur der
Belehrung von Gott und der Erhebung zu Gott sind
unsere כתי כנסיות bestimmt. Wer im Gotteshause שיחה
בטילה spricht, der eben zeigt damit, daß sein Sinn von
dem Göttlichen unerfüllt und unergriffen ist. ומי לה
heißt von ihm ראמאן פרידא, er zeigt, daß ihm die Got-
tesnähe nichts gilt, und daß sein Gemüth sich losgesagt
vom Göttlichen ומי ליה דגרע מהימנותא , daß er die Anhänglichkeit an Göttlichen in sich aufgibt.

ומי ליה דלות ליה, חולקא , באלהא דישראל, דהא
לית,אלהא ולא אשתכחת תמן, ולית ליה,חולקא ,ביה דהא
מיניה , ואנהיג , קלנא . בתיקנוא: עלמא ,דלעלא !
... Weh ihm! er hat keinen Theil an Gott Israels,
er zeigt, daß es ihm keinen Gott gibt, Gott dort nicht
gegenwärtig sei, keinen Theil an ihm habe, er ihn
nicht fürchte, und darum die Anstalt der höchsten Weihe
höhne! Jedes Gespräch, jedes ungottesdienstliche Wort
vor und nach, und ganz besonders während des Gottesdienstes, muß daher, schwinden und irren zusammen,
und haben daher auch die Vorstände selbst und alle
Synagogenbeamten und Synagogendiener die Handha-
bung der Ordnung selbst, und die Verwaltung des Gottesdienstes möglichst geräuschlos wahrzunehmen, und jedes
unnöthige Wort dabei sorgfältig zu meiden.

ישתדל אדם להתפלל עם הצבור וכשעומד עם הצבור (ז
אסור, להקרים תפלתו לתפלה. הצבור, ויתפלל. הפיוטים והתחנות
עם הצבור, ולא יפרוש:מן הצבור אפי' לעסוק ב"ה, ואסור
לומר מעמדות ותחנות ב"ש"ר , או בשעה ש"ש"ע , חזר
התפלה. אפי' ב"ד"ח אסור להפסיק ולעסוק , ואם שהצבור
אומר פיוטים כ"ש שאסור לרהב שום שיחה בטילה זכ"ש"ש"ע חזר
התפלה , הקהל יש להם. לשתוק ולכוין לברכות שמברך
החזן ולענות אמן , ולא ישיח שיחה חולין . בשעה שהש"ץ
חזר התפלה , וגדול . ענוש . מעונש משנה
ונוערים כן , אסור לצאת. ולהניח ס"ת כשהוא פתוח, ואפי' בין
גברא לגברא לא התיר אלא לצורך גדול וכיון שהתחיל הקורא
לקרות כ"ס"ת אסור לספר אפי' ב"ד"ח אפי' בין גברא לגברא ,
א"כ מה שנ עינו' ליום הדין הגדול והנורא, ואנה שמספרים
בשעת הקריאה אוי להם ולנפשותם . והק בלחוש מותר לקרות
עם החזן ד"א לכוין לשמוע . וראוי למרקדק כרבריו לכוין
דעתו ולשמוע מפי הקורא , אסור .לספר כשמפטיר קורא
בנביא Alles dieses soll uns mahnen, im Gotteshause

uns ununterbrochen in Allem und mit Allem der Gemeinde anzuschließen, denn das ist ja eben der Segen des öffentlichen Gottesdienstes, daß du nicht vereinzelt für dich zum Vater im Himmel hintrittst, sondern in Gemeinschaft mit allen seinen Kindern, und so wie du nun deinen Bund mit deinem Gott im Himmel schließest, so auch gleichzeitig den Bund erneuest mit seinen Menschen auf Erden, darum sollst du nur in höchst dringendem Fall den Gemeindegottesdienst verlassen. Darum sollst du dich überall und immer in Gebet und Lehre der Gemeinde anschließen, nicht etwas anderes beten und lesen, mit der Gemeinde beten, mit der Gemeinde lesen, mit ihr schweigend den Vorbeter vernehmen, schweigend mit ihr den Vorleser zuhören, sonst bist du vergebens ins בית הכנסת ins Haus der Vereinigung gegangen und auch wird es dir in vollem Maaße nicht sein.

ח) Aber auch unser Beter selbst soll auf eine würdige den Inhalte und den Zwecke gemessene Weise sein אין אומרים הזמירות במרוצה כי אם בנחת ברכה יוצר וערבית אומר עם השץ בנחת ויזהר לסיים קודם שיסיים הש"ץ יקרא ק"ש בכוונה באימה ויבראה ברתת חיל, בתפלה יעמוד כעבד לפני רבו באימה ויבראה ובפחד, ולא ישמיע קולו בתפלתו, ואף אם אינו יכול לכוין בלחש אסור בצבור להגביה קולו ואף ב"ה ו"כ יתרן שלא להגביה קולו יותר מדי ומי שימול לכוין בלחש עדיף טפי אף ב"ה ו"כ ויאמר עלינו באימה ובבראה, נשואה כפים במעולות שמקולות לא גדול ולא קטן אלא בינוני — אלא בנחת באימה ובבראה. Alles ungeordnete Durcheinanderschreien, alles überlaute Singen und Beten ist daher unstatthaft, heißt es ja המשמיע קולו בתפלה הרי זה מקטני אמונה שנראה כאי ה"קב"ה אין שומע תפלה בלחש, המגביה קולו הרי זה מנביאי שקר, רכתיב בהו ויקראו בקול גדול ; תפלת שמנה עשרה soll jederzeit auch am י"ט nur ganz leise für den Betenden selbst vernehmbar gebetet werden, und nur am ר"ה ist etwas lauteres Beten derselben gestattet, wenn es die Andacht des Beters erfordert.

ט) מש"ץ חוזר התפלה, הקהל יש להם לשתוק ולכוין — לא יאמר לענות קודם שיסיים שיסיים שיסיים — לא יגביה קולו יותר מהמברך. Darauf sollte überall geachtet werden, wo die Gemeinde und der Vorbeter wechselweise zu beten haben, schweigend und andächtig höre die Gemeinde den Vortrag des Vorbeters zu, lasse immer den Vorbeter erst ganz aussprechen, und sei nicht übereilt im Erwidern des für die Gemeinde Bestimmten, und ebenso fahre der Vorbeter nicht fort, bevor die Gemeinde das ihrige ganz geendet. Je gleichzeitiger ferner und je einstimmiger die Gemeinde alles dasjenige spricht, was sie zusammen laut zu beten hat, um so angemessener und entsprechender, um so mehr wird ihr Gebet צבור תפלת nicht das Gebet einzelner, sondern das Gebet einer einigen Gesammtheit sein.

יש לגעור באותם המגביהים קולם heißt es ferner לגעור קולם, ואומרים עם החזן וקדושה, והמזמרים עם החזן

נראה כקלות ראש getadelt wird also alles laute Mitsingen und Mitsagen mit dem Vorbeter, als leichtsinnige Unanständigkeit, aus dem Gotteshause zu verbannen.

Auf gewissenhafte genaue Befolgung aller dieser gottesdienstlichen Vorschriften haben die ehrw. Rabbiner durch Ermahnung und die ehrsam. Verstände durch ernste Ueberwachung mit allem Nachdrucke hinzuwirken, und jeder Uebertretung allen Ernstes zu steuern. Sie haben die Zuwiderhandelnden zuerst durch Ermahnungen an ihre Pflicht zu erinnern, wo aber wiederholte Ermahnungen fruchtlos geblieben, nöthigenfalls durch angemessene Anwendung ihrer Autorität die gottesdienstliche Ordnung aufrecht zu halten, sie haben solche Ermahnungen in der Regel nicht während des Gottesdienstes, sondern außerhalb demselben zu ertheilen, damit die Ermahnungen nicht selbst Störungen herbei führen.

Zu diesem Ende ist diese Bekanntmachung in den Synagogen vorzulesen, und eine Abschrift davon fortwährend in der Synagoge angeschlagen zu halten, halbjährig im אייר und חשון sieht aber der Landesrabbiner den Berichten von Rabbinern und Vorständen über den jedesmaligen Stand des Synagogenwesens entgegen.

Der Oberlandesrabbiner hegt jedoch das Vertrauen zu Jedem ירא ד' וחרד על דברו להתברך בשמו ולכבוד עבודתו בכל לבבו ובכל נפשו daß Jeder gerne die Vorschriften חז"ל beachten werde, ohne daß es der Mahnung und sonstiger Benöthigung bedürfen möge.

למען תהי' תפלתנו וקריאתנו רצויה לפני המקום ב"ה להמות לבבנו אליו, וללכת בכל דרכיו לשמור מצותיו וחקיו ומשפטיו אשר צוה את אבותינו, והיה דברינו ותחינותנו קרובים ד' א' אלינו ולילה לעשות משפטם דבר יום ביומו ולהיות עמנו כאשר היה עם אבותינו עד עולם

Nikolsburg.   חנכה תר"ח לפ"ק
der Oberlandesrabbiner   L. S.
Hirsch.   א"בד דק"ק נ"ש
והמדינה
יע"א

Miskolz, 2. Febr. Der geehrte Gemeindevorstand zu Egerszeg wird es mir höchst wahrscheinlich Dank wissen, wenn ich ihm Mittel und Wege an die Hand gebe, wodurch derselbe in den Stand gesetzt wird, hinsichtlich des Motiv's, welches Herrn Dr. Schiller bestimmt haben mochte, seinen Posten zu verlassen.

Wenn ein geehrter Egerszeger Gemeindevorstand sich einen Namen unter den Adressschreibern unserer Zeit schaffe, und bei dieser Gelegenheit, Beweise sowohl seiner Empfänglichkeit für religiöse Vorträge als auch seiner Befähigung in der Beurtheilung derselben ablegen will, so hat natürlich kein Mensch etwas dagegen; auf seine eigenen Kosten kann und darf dies ein Jeder thun. Wenn derselbe aber in seiner Begeisterung für Rabb. Schiller so weit geht, daß er das Abdankungs-Motiv des Letztern in der „an Polen grenzenden Gemeinde" zu finden glaubt und auf diese grundlose Vermuthung hin, eine der gebildetsten Gemeinden Ungarns, die Hrn. Holländer, einen der Repräsentanten sämmtlicher Israeliten Ungarns, zum Vorsteher hat, dem Reich der Finsterniß überliefert, ohne zu bedenken, daß selbst Egerszeg nie in den Gauen der Staaten Phillips II. lag — so verdient dies eine Berichtigung, sowohl im Interesse der Wahrheitsliebe als auch der Billigkeit. Nur zum Motiv der Abdankung Schillers, natürlich als Hypothese hingestellt. Hr. Dr. Schiller, dem sein meilenlanger Titel noch immer zu kurz schien, mag vielleicht eine unendliche Sehnsucht gefühlt haben, demselben noch das More-Morenu anzuheften, was ihm aber seine Gemeinde wie billig nur nach Vorlage der dazu erforderlichen Dokumente von autorisirten Rabbinen bewilligen wollte.

Im Sommer vorigen Jahres machte Hr. Schiller eine Reise, dieses goldene Vließ aufzufinden, doch es begleitete ihn das Mißgeschick bei vielen Rabbinen, wozu auch das Altofner Bet-Din gehört, das vielleicht um Jahrhunderte zurück, seine rabbinischen Kenntnisse nicht in dem Maße wie der Egerseger Gemeindevorstand zu würdigen vißte; er erlebte Schiffbruch und mußte sich mit der Hattara eines weniger bekannten Rabbiners begnügen, was aber der Eperieser Gemeindevorstand gelten zu lassen nicht gewillt war und ihm nach wie vor das liebe Titelchen versagte. Hr. Schiller, mit Recht entrüstet darüber, daß seine Gemeinde strengere Forderungen an ihn stellte als er an sich selber, dankte in seiner letzten Predigt für die Stelle und bediente sich wahrscheinlich nur deswegen dieses gewagten Mittels, um seiner letzten Rede einen desto nachhaltigeren Eindruck zu verschaffen. Ob dieser Eindruck ein angenehmer oder unangenehmer war, so wie darüber, ob der Eperieser Gemeindevorstand seine bald darauf erfolgte Konkurs-Ausschreibung zu bereuen habe, mögen andere beurtheilen. Niederschlagend ist es jedoch für uns Ungarn, daß selbst bessere Köpfe, den bloßen Ruhme, More-Morenu genannt zu werden, nachjagen und dadurch nur sich verkleinern. Ein Mann wie Schiller, mit schöner Rednergabe und freier Gesinnung, der dem Fortschritt in Ungarn zu den seinigen stets gezählt, sollte über diese Eitelkeit längst erhaben sein, er sollte zeigen, wie er diese werthlosen und nichtssagenden Titel, die nicht einmal den Werth einer klingenden Schelle haben, verachte und mehr die praktische Wirksamkeit liebe.   A. N.

Großbritannien.

London, 19. Febr. Ich sende Ihnen auch über das Schicksal der Judenbill bei der zweiten Lesung im Unterhause, jedoch, wie bei meinem vorhergehenden Artikel,*)

*) Der erste Artikel gelangte viel zu spät an, nachdem das Resultat bereits in allen politischen Zeitblättern bekannt

Sie mit den eigentlichen Reden, da durchaus kein neuer Standpunkt der Judenfrage in ihnen zu entdecken ist, verschonend. Der Antrag auf die zweite Lesung der Bill wurde den 7. dieses Monats gestellt, mit diesem Antrag begannen die Debatten und unter den Rednern waren die des Toryhaupts Sir Robert Peel und des irischen Parlamentsmitgliedes Shiel die vorzüglichsten. Es waren die glänzenden Siege der Menschlichkeit und der Freiheit; der Standpunkt dieser großen Redner war ein so edler und freier, über deutsche Winkel-Humanität so erhaben, daß ich unwillkührlich damit die zwerghaften Gesinnungen meines deutschen Vaterlandes verglich und durch diese Vergleichung sehr verstimmt wurde. Es lagen freilich eine große Anzahl Petitionen für und gegen die Emancipation vor, aber selbst die gegen die Juden, wie ehrenhaft waren diese abgefaßt! Am 10. d. M. kam eine Petition ins Oberhaus zu Gunsten der Judenemancipation vor; sie war aus Bristol und zählte 7000 Unterschriften, und da es Viele giebt, die großes Bedenken über das Resultat unserer großen Zeitfrage im Oberhause tragen, so ist diese Petition, vorgelegt von Lord Fitzhardinge, ein schönes Vorzeichen. Am 11. d. M. wurden die Verhandlungen in der Judenfrage, nach einer kurzen Unterbrechung von Neuem aufgenommen und an demselben Tage langte eine Petition aus Westminster für das Unterhaus zu Gunsten der Juden an, die 6000 Unterschriften zählte. Diese Westminster-Petition wurde durch ein zu Ende Januar abgehaltenes Meeting vorbereitet; dessen Verhandlungen zu Gunsten der Juden bekannt geworden und ein großes Buch füllen können. Dergleichen Meetings wurden abgehalten in London, Derby, Cambridge und in andern Orten, jedoch nicht immer zu Gunsten der Juden. Daß Sir Rob. Inglis, der berühmte Pinchas oder Eiferer für ein christliches England, eine ganze Ladung von Petitionen im Geiste hochkirchlicher Unduldsamkeit gebracht, versteht sich von selbst, und dennoch ist dieser Gegner, dem sich Sir J. Y. Buller, Col. Reid, Mr. Freven, Alderm. Thompson, Mr. Miles u. A. angeschlossen, mit seiner Partei, sehr ehrenwerth. Das Resultat der zweiten Lesung werden Sie vielleicht schon wissen; mit 277 gegen 204 Stimmen ging die zweite Lesung durch und wir harren nun des Ausganges im Oberhause.

war und meine Leser konnten sich mit dem mitgetheilten Resultate begnügen. Die beigeschlossenen Auszüge aus den Reden, abgesehen davon, daß sie ihrer Umfänglichkeit wegen in einem Wochenblatte gar nicht mittheilbar waren, erschienen auch überflüssig, da in Berlin bei Adolf u. Comp. sie vollständig gesammelt erschienen.   Red.

Miscellen zur Geschichte der Juden.
Mitgetheilt von A. F. Rudolph.

Im Jahre 1391 ertheilte Kaiser Wenzel der freien Reichsstadt Nordhausen folgendes Privilegium:

Wir Wenceslau v. G. Gn. Römischer König, zu allen Zeiten, Mehrer des Reichs und König zu Böhmen, bekennen und thun kundt öffentlich mit diesem Briefe allen denen, die ihn sehen, hören, oder lesen: Wenn sich die Burgermeistern und Burgern gemeiniglichen der Stadt zu Nordhausen unser und des Reichs lieben getreue mit Uns von der wegen, die unter ihnen gesessen sindt, vereinet und verrichtet haben, darum haben wir ihnen die besondere Gnade gethan, undthun ihnen in Krafft dieses Briefes und Römischer Königl. Macht, daß sie alle Burger, Einwohner, Unterthanen und Untersassen, alle ihre Schulden, Haupt-Geldes und gesuches, die sie den Juden zu Nordhausen oder andern Juden, wie die in dem Reiche wohnhaftig und gesessen sind, schuldig sind, von ihnen gebürget haben, oder selb schuldig worden sind uff sich selbst, oder uff andere Leute oder Bürge worden sind, oder Wechsel gethan haben gegen den Juden, in welcherley Weise das geschehen were, gentzlich und gar ledig und los sein sollen, und sie soll auch niemand anlangen, hindern oder ihrren in ichte einer Weise, und sollen ihnen auch alle und jegliche alle ihre Pfanden, die bis uff Datum dieses Briefes vorhanden sind, gentzlichen und lediglichen wiederkehren, und were auch, daß icht einerl. Briefe von den Juden, ihren Erben, oder jemand anders von den Juden schulden wegen worden verschwiegen, gehalten oder nicht wieder gegeben worden, dieselben Briefe sollen vorbaß hin icht einerlei Krafft haben oder gewinnen, die Wir, auch gentzlich vernichten, tödten, unmächtig machen, und abthun in Krafft dieses Briefes, wollte oder würde jemandts, geistlich oder weltlich, daß wir doch bei Unser Königl. Hulden rechtiglichen verbiethen, wider obgeschriebene unsere Gnade, Gabe und Ledigung setzen, oder ichts thun, daß dieselbe Gnade, Gabe und Ledigung geirret oder gehindert möchte werden, derselbe wäre zu Stund in unser und des Reichs Ungnade kommen, und vollen auch wider dieselben, den ehgerialten, die die Schuld schuldig wären, und Ihrer Helffern behülffen und beyliegende seyn, daß sie bei solchen unser Gnaden-vestiglich-bleiben, was die Juden Pfand haben vor Schulde, die sie vor denen dieses Briefes verkaufft oder verreusert haben, die sollen sie wieder geben, wolten sie auch jemand um solche Pfandt anlangen, die sie nach Datum dieses Briefes solten gehabt haben, und sie den nicht bekentlich wären, so sollen damit der Ansprach ledig seyn, wem auch jemand den Juden zu Nordhausen semptlichen oder besondern icht eine Schuld schuldig, es weren Fürsten, Herren,

Länd, Stadt, die sich vor Datum des Briefes mit Uns nicht gerichtet, und gesetzet hatten nach unsern Willen von der wegen, die, Schulde, und sollen die Juden daselbst einfordern und einnehmen, doch mit solchem Unterscheydt, ob sich hernach Icht ein Fürst, Herrn, oder sonst wer der wahre, der den Juden zu Nordhausen schuldig ist, mit uns richten wurde, also balde in der Unser Gnade kömpt, und diesen unser Brieff hatte, der soll ihm auch dessen Gnaden brauchen, So mügen die ehgenannten von Nordhausen solche Summa Geldes, die sie Uns gegeben haben, von den Juden bei Ihn gesessen, bescheidlichen wieder einnehmen und ufheben, was sie vorbaß mehr hernach, so sie derselben Summen bekommen, der Juden genießen werden, es sey an Urfallen, Zinsen, Schatzungen, oder woran das sey, das sollen sie uns halb in Unser Cammer antworten nach ihren treuen, die sie Uns und dem Reiche pflichtig sein, und das andern halbe Theil an der Stadt Nutz kehren und wenden, und doch zu voran soll Uns ein jeglich Jude und Jüdin, der über das zwölffte jahr kommen ist, alle Jahr einen gülden Pfennig geben und bezahlen, die auch in unser Cammer sollen geantwortet werden. So haben wir auch die ehgenannten Rathe, Bürger und die Stadt Nordhausen gefreyet und begnadet, freyen und begnaden sie von Röm. Königl. Machte Vollkommenheit, daß sie, oder die Ihren, oder Icht einer, der Ihnen sämptlich und sonderlichen umb icht einerlei Schuld, Sache oder Zusprache, welcherley die ist, oder würden, oder entstünden in künfftigen Zeiten niemand, von wehem oder Würdigkeit der oder die auch ist, oder sind, vor Uns oder Unsrer Nachkommen, oder vor des Reichs Hoffgericht Vorbaß nicht mehr laden oder heischen soll, oder laden oder heischen lassen, und ob von jemands geschehn wieder unwissent, so soll man wider sie weisen mit der Sache, gegen Nordhausen wir Ihr Gerichte, da sie denn der Tagen zu rechte stehet, und dem schuldigen Rechts pfleget sollen, also, daß von alters herkommen ist, und setzen und sprechen in Kraft dieses Briefes und Röm. Königl. Macht, daß solche ehgenannte unsere Gnade und Vorschubungen den ehgenannten Bürgern und Stadt zu Nordhausen an ihren Freyheiten, Rechten und Gnaden, die sie von Röm. Kaysern und Königen redlichen gebracht haben, nicht einen schaden bringen sollen in icht eine Weise. Mit Urkund deß Briefes versiegelt mit unser Königl. Maj. Insiegel, gegeben zu Nornberg nach Christus Geburth 1391 des Donnerstages vor dem Sonntage, als man singet Judica in der festen, unserer Reiche des Böheimischen 28 und des Römischen ein 15.

Verlag von C. L. Fritzsche.   Druck von J. H. Nagel.

Der Orient.

Berichte, Studien und Kritiken

für

jüdische Geschichte und Literatur.

Neunter — **Jahrgang.**

Das Abonnement auf
ein Jahr ist 5 Thlr.
Man abonnirt bei allen
löbl. Postämtern und
allen solid. Buchhand-
lungen auf ein Jahr.

Herausgegeben

von

Dr. Julius Fürst.

Von dieser Zeitschrift
erscheinen wöchentlich
das Literaturblatt mit-
gerechnet, zwei Bogen,
und zwar an jedem
Dienstag regelmäßig.

№ **11.** — Leipzig, den 11. März. — **1848.**

Deutschland.

Leipzig, 1. März. Frankreich ist nach fast 18 Jahren wieder zu neuem Leben erwacht; es hat sich an die Spitze der thatenschwangern Ideen gestellt, welche die europäische Menschheit durchzucken, und auch die Zukunft der Judenheit feiert in dieser Wiedergeburt einen Sieg; auch für die Freiheit des jüdischen Volkes von der Schmach des Mittelalters ist Frankreich schon von seiner ersten Revolution her das Panier. Frankreich hat ein Königthum zertrümmert, das die Sympathien des Volkes verschmähet; es hat eine Republik zum Erstaunen Europa's proklamirt, und der Erste welcher die dynastische Frage inmitten des mit Tod drohenden Volkes in der korrumpirten Deputirtenkammer zurückgedrängt, war ein Israelit, den die Iden Europa's wie Afrika's kennen; in der provisorischen Regierung, welche 40 Millionen Franzosen vertritt, sitzt dieser Israelit als Justizminister, und dieser Israelit ist Cremieux. In der ersten französischen Revolution wurden die Iden Frankreich's als Menschen anerkannt; 1830 wurde ihr Kultus anerkannt und jetzt 1848 ist die letzte Spur einer möglichen socialen Schranke gewichen. Die erste Ernennung der provisorischen Regierung war die eines Israeliten, des Hrn. Goudchaux zum Finanzminister; denn Frankreich kennt keine Iden, sondern nur französische Bürger, und es zeigt dem erstaunten Europa, daß die Ideale einer Menschenverbrüderung, der Frei-

heit und Gleichheit, sogar die Ideale von einem richtigen Verhältnisse zwischen Arbeitgebenden und Arbeitnehmenden bei ihrer nicht zu einer todten Theorie erstarrt. Die Jahrbücher israelitischer Geschichte erzählen uns von jüdischen Finanzministern und königlichen Dienern vor vielen Jahrhunderten; die Wirklichkeit beschämt jene mährchenhaften Klänge. Das Prinzip der Freiheit für Alle ist Lebensnerv eines großen 40 Millionen starken Volkes geworden, und dieses von Frankreich verkörperte Ideal ist das erhabene Ziel, dem wir in aller Welt nachsteuern sollen und auf deren Verwirklichung wir unsere Kräfte, unser Gut und Blut verwenden müssen. Europa stutzt bei diesen gewaltigen Ereignissen des Tages; mein bedächtiges deutsches Vaterland ist fieberhaft aufgeregt; ein rother Faden scheint durch Deutschlands Gauen zu ziehen und die sonst zu politischen Verbrechen gestempelten Ideale ertönen bereits wirklich aus der Mitte deutscher Volksvertreter. Baden verlangt durch seine Vertreter in glühender Begeisterung, Preßfreiheit, Volksbewaffnung, deutsches Parlament; diese Forderungen ziehen durch Deutschland wie Riesenmächte, die bereits hie und da die Gewährung erobert; und das Sprengen der Fesseln jüdischer Deutschen, die völlige Emancipation Israels kann und darf nicht ausbleiben. Die Schmach Deutschland's, die in der Judenfrage verkörpert ist, muß schwinden; mit deutscher eigener Knechtschaft muß auch das Helotenthum Israels verschwinden. Toskana hat die Menschenrechte unserer Brüder aner-

11.

kannt, ganz Italien steht im Begriffe, diesem Beispiele zu folgen und Deutschland wird und muß folgen, wenn es nicht das Brandmal seiner eigenen Sklaverei verewigen will. Israel sei thätig! schlafe und schlummere nicht! indem du für die freieren Institutionen Germaniens heiß mitringst und mitkämpfst, indem du mit deinem Herzblute in hinreißender Begeisterung für freie Gestaltung Deutschlands thätig bist, vergiß auch nicht der Ghetto's deiner Glaubensbrüder, welche mehr unser deutsches Vaterland als Israel ertheuer;' vergiß nicht auf gesetzlichen Wegen gegen die Sklavengesetze anzukämpfen, unter welchen hunderttausende deiner Brüder seufzen; in aller Bewegungen sei ,,völlige Emancipation'' das Losungswort, denn die Emancipation der Juden wird die Oriflamme wahrer deutscher Freiheit sein.

Meklenburg, im Febr. Von dem Regen in die Traufe, sagten schon die alten Leute, und so geht es uns mit dem neuen Rabbiner. Der Mann ist in mancher Hinsicht wirklich besser als sein Vorgänger, er will uns nicht Wehe thun, er will nicht das Herz der Strenggläubigen in Kümmerniß versetzen, er will nach seiner Ansicht unser Wohl, und es könnte ihm gelingen, die Krone des Glaubens, den Frieden in der Gemeinde herzustellen; aber leider waltet da ein böser Geist und der Friede kehrt nicht wieder, und selbst gemäßigte Männer, die gern jede Form oder Reform angenommen hätten, werden jetzt strenge Orthodoxen, ja Fanatiker, weil sie die wilde nutzlose Reform abschreckt. So z. B. darf kein Schochet ohne Autorisation des Rabbiners aufgenommen werden; das ist an und für sich eine religiöse Verordnung, damit kein Unkundiger dies Amt entweihe; nun aber prüft er keinen Schochet, fragt nicht ob er קבלה habe ꝛc., wozu nun seine Autorisation? Ferner erlaubt er jede Andacht in der Synagoge ohne Minjan; nun war ich in Parchim, da stand am Freitag Abend der Chasan und begann den Gottesdienst mit dem Schlage Vier, es waren aber nur drei da, und erst nach Ende des ganzen Gottesdienstes kam die Gemeinde und plauderte und brummte die Gebete ab, jeder für sich, ist das Andacht? — Das Duchanen ist allenthalben, selbst im hamburger Tempel, aufs herrlichste, Andacht erweckend hergestellt, aber unser Rabbiner hat es gänzlich abgeschafft: Zwar giengen alle Reformen von den frühern Rabbinen aus; der jetzige halte aber die bereits eingetretenen üblen Folgen berechnen sollen, und die Reform reformiren sollen. Denn die Folgen machen einen Zwiespalt in unsern Gemeinden, der heillos ist. Bekanntermaßen hat unser Herzog bessere Ansichten als die Reformer, und wegen des Zwiespaltes und auch aus religiösem Sinn, hat er jeder Gemeinde erlaubt, sich wiederum einen alten Gottesdienst und besondern Schochet zu wählen; in Schwerin und Grevesmühlen hat sich bereits eine solche Gemeinde in der Gemeinde gebildet, daß nun

außerdem dadurch die heilsame Verbrüderung gestört ist, und Zank und Verfolgung auf arge Weise überhand nimmt, so entsteht noch ein größeres Uebel. In diesen wiederhergestellten alten Synagogen, haben die bekannten Erbärmlichkeiten, schlechte Vorsänger, herzbrechendes Gejodel, kurz die ganze Verfallenheit Nahrung gefunden, und Mancher in diesem Sonderbund wünscht selbst eine bessere Andacht, würde mit Freuden in Copenhagen oder in Dresden oder in Wien den reformirten Gottesdienst aufsuchen, aber die wilde planlose Reform, wozu man ihn hier zwingen wollte, schreckt ihn zurück. Zum Unglück sind wir Meklenburger sammt und sonders große Am-horazzim, und beschuldigen den Rabbiner Unheim Dinge, voran er gar nicht denkt. So z. B. hatten wir geglaubt, daß er in der Beschneidungsfrage, ganz gegen den Talmud aufgetreten wäre, erst hinterher wurden wir von unserm Irrthum überzeugt. Aber sein Benehmen dabei war sträflich. Als Rabbiner hat er allerdings eine mit dem strengsten Gesetz übereinstimmende Erklärung gegeben; als Geistlicher aber, dem die Abschaffung eines der wichtigsten Glaubensartikel mit Kummer und Sorgen erfüllen müßte, der die Gefahr, die dadurch für unsern heiligen Glauben entstehen kann, beherzigen mußte, hätte er den Vater des unbeschnittenen Knaben mit sanften Worten von seinem Wahn abhalten müssen; hätte auch öffentlich erklären müssen, daß der Knabe zwar Jude sei, daß aber ein solches Vergehen von Seiten des Vaters höchst verwerflich wäre; alles dies hätte ein wirklich frommer Rabbiner gethan, und die Herzen aller Juden in Meklenburg beruhigt; aber was that Einhorn? Er zeigt öffentlich, wie lieb, wie gelegen ihm dieser Abfall vom Judenthume sei, er bestärkte sogar den Vater, schüttet einen ganzen biblischen Segen über ihn, gleichsam als wenn dadurch nun die beste Aussicht sei, den jüdischen Glauben mit Stumpf und Stiel auszurotten, und das soll Emancipation hervorbringen! Eine solche Reform wird so wenig gelingen wie die französische Terroismus-Revolution, Zwietracht und Bigotterie sind die heillosen Früchte dieser herben Anpflanzungen.
⸰⸰⸰⸰⸰⸰⸰⸰⸰⸰⸰⸰⸰⸰⸰⸰⸰⸰⸰⸰⸰⸰⸰ E.

Wollstein, im Febr. Wenn auch schon seit geraumer Zeit im Orient über unsere Gemeinde nicht berichtet wurde, so darf man keineswegs glauben, daß hier die bessern Kräfte schlummern, und daß hier nicht Erhebliches für den gemäßigten Fortschritt gethan wird, welches der Berichterstattung werth wäre. — Im Gegentheile ist seit einigen Jahren für Synagoge und Schule, Dank sei es unserm Dr. Hirschfeld und unserm intelligenten Vorstande, sehr viel gewirkt worden. In unserer Synagoge herrscht die musterhafteste Ruhe und der lobenswertheste Anstand, welches hier um so mehr hervorzuheben ist, als wir noch von Gemeinden umgeben sind, bei denen wir leider Ruhe und Anstand

im Gotteshause mit Bedauern vermissen. Das sogenannte Mizwot-Verkaufen ist schon seit einer Reihe von
Jahren abgeschafft. Die Trauungen werden in der
Synagoge feierlich vollzogen. Unser würdiger Rabbiner
leitet den Religionsunterricht der zu konfirmirenden
Knaben mit einem Eifer und einer Begeisterung, die
sich auch den Zöglingen mittheilt. Wir bemerken dies
bei der jedesmaligen Konfirmation, der wir mit Rührung
beiwohnen, und von der selbst die sogenannten Orthodoxen in unserer Gemeinde sagen müssen, daß dieselbe
ganz würdig ausgeführt wird. Herr Dr. H. ist nunmehr auch fest entschlossen, die Mädchen in der Synagoge zu konfirmiren, und können wir versichern, daß
dieser Fortschritt von der ganzen Gemeinde mit vieler
Freude begrüßt werden wird. Wenn Sie auch in den
angeführten Fortschritten nicht gar sehr Wichtiges erblicken, so wollen Sie bedenken, daß wir im Großherzogthume Posen wohnen, woselbst der kleinste, unbedeu-
tendste Fortschritt erst erkämpft werden muß. — In
unserer nunmehr aus drei Klassen bestehenden Gemeinde-
schule wird neben der Elementarunterrichte, drei Stunden täglich in jeder Klasse hebräisch gelehrt. Der Unterricht wird von den Lehrern der Anstalt geleitet. — Diese
Einrichtung, wobei der hebräische Unterricht mit dem
Elementarunterrichte Hand in Hand gehen, können wir
den Gemeinden nicht genug empfehlen. Wenn trotzdem noch so Manches für den Fortschritt zu thun wäre,
so haben wir die erfreuende Gewißheit, daß in der nächsten Zukunft an dem bereits begonnenen Baue des Fortschrittes mit vieler Kraft und Ausdauer fortgearbeitet
werden wird. Denn bei der jüngst stattgehabten Wahl
der Gemeindebeamten ist ein Mann als Synagogen-
vorsteher gewählt worden, dem das Wohl der Gemeinde
sehr am Herzen liegt, und der mit Leib und Seele dem
gemäßigten Fortschritte zugethan ist. — Es ist dies der
Kaufmann, Hr. Wolf Friedmann. — Dieser würdige Mann, der den guten Willen schnell zur That
realisirt, wird gewiß in Verbindung mit unserm Rabbinate jede nur irgend mögliche Verbesserung in Synagoge und Schule veranlassen, um beide immer mehr
und mehr zu heben. Ueber die vielen Wohlthätigkeitsanstalten in unserer Gemeinde, werde ich, wenn es Ihnen genehm ist, nächstens ausführlich berichten. Freudig hoffen wir auf unsere Gemeinde den Spruch anwenden zu können: Dein Beginn ist zwar gering, aber
die Folgen werden um so größer sein. P.

Berlin, 29. Febr. Es wird uns erzählt, die
alten Aerzte haben gewählt des Verses Klang, um in
ihrem Drang Recepte zu verschreiben, und die Krankheit zu vertreiben: mit einem Wort, der Vers trieb die
Krankheit fort. Ich bin zwar kein Freund des Alten,
doch laß' ich den Gebrauch walten, meine Pillen
in den Reim zu hüllen, meinen Willen durch Gleich-
klang zu erfüllen und die Zeitgrillen durch Assonanz zu
stillen. Heute bin ich Homöopath in meinem ärztlichen
Rath: Gleiches durch Gleiches heilen — diese bekannten Worte stehen an der Homöopathie Pforte — wollen jetzt meine Zeilen; unsere hebräischen Dichter finden
in mir ihren Richter. In Berlin man Sophokles auf
die Bühne bringt; in Wien man Alles hebräisch besingt; Alles beim Alten bleibt, ob man recitirt oder
schreibt. Auf den Universitäten herrscht Latein, das
kann unter den Deutschen nicht anders sein. Die Deutschen lieber das römische Recht, den christlichen Herrn,
den jüdischen Knecht. Deutsch zu sprechen, wäre ein
Verbrechen bei Promotionen und Installationen. Gar
viele Juden werden hyperboräisch und dichten hebräisch.
Die Dichter verschiedener Länder hüllt man in hebräische
Gewänder; diese sind aber nur Pfänder, entlehnt
einer Zeit, die in der Ferne weit: die Sonne verhüllt
ihren Blick, so gieb den die Pfänder zurück. Die
Meassim haben zu ihrer Zeit den Geist befreit, und in
den Landen, wo man kein Deutsch verstanden, das Hebräische zur Tagessprache gemacht; jetzt ist sie die
Sprache der Nacht. In ihrer Eingeweiden wird herz-
umgewühlt und mit ihren Schönheiten gespielt. Ich
habe nichts dagegen, treffe ich sie auf gelehrten Wegen,
um der Wissenschaft zu dienen als Magd. Die moderne hebräische Dichtkunst ist Nebel und Dunst, ohne
Geist und Gehalt, daran ist mir nicht kalt. Gellert
wird übersetzt, Räthsel werden aufgesetzt, die Sprache zu
Tode gehetzt. Wozu schreibt ihr deutsche Lieder hebräisch
nieder? Sollen in Jerusalem's Hallen einst Göthe und
Schiller erscheinen? Sollen die Chöre der Leviten be-
singen den großen Briten? Wird das Lied von Rheine
gesungen beim heiligen Weine? Wird der Menolog von
Hamlet zu einem levitischen Quartett? Sollen Faust's
Worte schmücken des Tempels Pforte? Wollt ihr Kotze-
bue übersetzen, um die Gläubigen Jerusalems zu ergötzen? Sollen Petrarca's Sonette gesungen werden um
die Wette? Tritt Dantes Hölle an des Schecht's Stelle?
Den Geist erborgt ihr, die Form besorgt ihr! Die Landessprache sei eure Sache. Schreibt die Sprache eurer
Väter statt der der Erzväter. Wollte man Euch hebräische Pässe geben, ihr müßtet stets in der Heimath leben.
Verschafft der Wissenschaft neue Kraft; wendet euren
Schweiß und Fleiß den Wachenden zu und lasset den
„verkauften Schlaf" in Ruh. Das Hebräische hat
keine Füße zum Gehen; darum laßt es stehen. Handelt hebräisch ab; die übersetzte Poesie ruhe im Grab.
Soll ich euch einen Gefallen erweisen, so übersetzt „Nathan den Weisen". Auch den „Juden" von Cimber-
land überlasse ich eurer Hand; Uriel Acosta tretet nah,
wenn ihr einmal dichten wollt und nur grollt. Doch
Makbeth's Hexentänze bringen euch keine Kränze. Wählt
Nationales, nur nicht Schaales. Schreibt Elegien auf
Jerusalems Verblühen, besingt die Feste und nationalen
Reste, Israels Leiden und seine Freuden. Der Gelehrten

11*

Arbeit füge sich das Hebräische bereit, damit es dringe weit und breit; allein Gedichte gehören der Geschichte; was die Alten gesungen wollen wir hören; von den Neuen lassen wir uns nicht bethören. Was die Alten waren, wollen wir erfahren; wer ihr seid ist wahrlich nicht gescheidt. Die Alten mögen uns sagen, wofür ihr Herz geschlagen, was sie ohne Zagen in der Brust getragen in allen Lagen; über euch müssen wir klagen. *

Berlin, 1. März. Während in einem großen Theile Europa's das Feuer der Revolution brennt, treten die wässerigen jüdischen Interessen in den Hintergrund. Soll ich Ihnen mein Urtheil über eine Lissaer Predigt, über eine Schulklopfreform mittheilen, während der Donner der Kanonen in der Seinestadt die Freiheit predigt? Soll ich Hrn. v. Rothschild gegen den Knoblauchgeruch eines badischen Deputirten vertheidigen, während Louis Blanc seine socialistischen Tendenzen ausführen will? Soll ich für die Zulassung der Juden zum Nachtwächteramte peroriren, während ein französischer Israelit Justizminister ist? Tritt nicht der hiesige Parteikampf in Schatten vor dem großen Völkerkampf? Nein! ich kann nicht über diese Dinge schreiben. Zwar bin ich sehr friedlich, ein Feind alles Blutvergießens, auch dessen, das der Talmud die „Beschämung", den Skandal nennt; allein ehe die Völker reformiren, erblaßt die Reform der Juden. Die Reichen denken jetzt an ihre Papiere und überlassen alle Pijjutim dem Zufall; sie würden auch den Sabbat feiern, wüßten sie, daß dadurch die Course steigen, oder daß die socialistischen Elemente unterdrückt werden. Aber Wunder! Hr. von Rothschild, die Säule der polnischen Orthodoxie, müßte schreien: Es lebe die Reform! Dies allein beweist, daß alle Zionswächter die Sache der polnischen und politischen Orthodoxie nicht halten können. *

Jastrow, 28. Febr. Es ist in neuerer Zeit schon öfter auf die zu frühe Beerdigung hingewiesen und der Nachweis geliefert worden, daß man z. B. von 1833—1846 in Frankreich allein * 94 Scheintodte entdeckt hat. Wir glauben daher im Interesse der Sache zu handeln, wenn wir einem der „Berliner Polizei- und Criminalzeitung" (Nr. 3 d. J.) entnommenen Aufsatz: „Ueber die Nothwendigkeit von Leichenhäusern" hier folgen lassen, und hoffen wir, daß Sie, in diesem Blatte des wahren Fortschrittes demselben, da er einen sehr wichtigen Gegenstand bespricht, die Spalten geöffnet werden. „Bewegter und bunter ist das Leben und Treiben auf der Erde, in ihren civilisirten Theilen, wohl nie gewesen als in unserer jetzigen Zeit. Die verschiedenartigsten Interessen des gesellschaftlichen Lebens, des menschlichen Geistes und Herzens sind Gegenstand allgemeiner Erörterung und reger Theilnahme geworden, und

*) Vergl. A. Z. d. Judenth. Jahrg. 1846. Nr. 10.

erleiden fortwährend theils bereits eingetretene Reformen, theils stellen sie solche in Aussicht. Mögen nun die Hoffnungen, welche Tausende auf die nächste Zukunft bauen, in Erfüllung gehen oder nicht, es ist doch dadurch schon viel gewonnen, daß die bis dahin in dumpfer Regungslosigkeit erstarrte Masse zu Leben und Bewußtsein, und mit diesem zur Bewegung gelangt ist. Bereits zeigen sich erfreuliche Resultate dieser allgemeinen Erregtheit. Der Egoismus schmilzt an der Sonne des Gemeinsinns; die Bevorzugten des Schicksals erinnern sich ihrer armen Brüder, und man hat in keiner Zeit so viel, und was die Hauptsache ist, mit so viel Liebe gegeben als in der jetzigen.

Während so ein allgemeines Bestreben sichtbar ist, das Leben auf der Erde für alle ihr angehörenden Geschöpfe (man stiftet ja sogar auch Vereine gegen Thierquälerei), so erträglich als möglich zu machen, muß es dem denkenden Menschen befremdend sein, daß sich dieses Bestreben allein auf die Lebenden beschränkt. Sollten unsere Todten nicht noch unendlich heiligere Rechte auf unsere ganze Sorgfalt haben, als selbst die lebenden Mitmenschen? Ja wir umgeben sie wohl mit Liebe und Trauer bis zu dem schweren Augenblick, der sie für immer unsern Armen entreißt; wir schmücken sie und das letzte Lager, auf das wir sie betten; wir freuen uns, wenn der Tod die Harmonie der geliebten Züge nicht zerstörte; wir schmücken endlich ihre Gräber mit Immortellenkränzen, und tragen die ewig Unvergänglichen der Liebe für sie in unserm Herzen. Aber daran denken wir nicht, daß das Herz in dem Grabe, an dem wir weinend knieen und das wir längst gestorben wähnten, vielleicht erst in demselben Augenblick unter haarsträubenden Qualen bricht, während die Seele unter Lästerungen und Verwünschungen, gegen Welt und Schöpfer, die irdische Hülle verläßt. Nur zu gewiß ist es, daß viele, viele Menschen der entsetzliche Fluch des Schicksals getroffen hat, lebendig begraben zu werden, obgleich nur wenige Fälle eines Unglücks bekannt werden konnten, welches die schweigende Erde bedeckt. Und wenn während der vielen Jahrtausende, welche die Welt über sich hinrollen sah auch nur ein einziges Beispiel dieses Unglücks vorgekommen wäre, würde es nicht schon ein hinreichender Grund zur eifrigsten Sorge und Angst sein? O wer vermöchte sich auch nur einen Augenblick des Lebens zu erfreuen, so lange noch die Möglichkeit zu einem solchen Ende vorhanden ist! Soll das der Lohn sein für ein tugendhaftes dem Wohl der Menschheit geweihtes Leben? Das der Schluß eines harmlos glücklichen Daseins, viel beneidet und gepriesen, in Rosentagen der Freude dahin floß? Dann endlich das Ende eines Lebens voll Entbehrung, voll Noth, voll Verlassenheit? Gottes Weisheit bleibt uns unerforschlich, sie läßt geschehen, was, wie unsere Vermessenheit meint, seine Gnade so leicht verhüten könnte, aber er gab uns

Kraft, uns zu wehren gegen das Unglück der Erde, und Schuld unseres strafbaren sorglosen Leichtsinns ist es allein, daß das Elend, gegen welches jedes andere ein Nichts erscheint, als geheime, tiefverborgene Geißel der Menschheit, noch immer drohend über das Haupt eines Jeden schwebt:

Und wen trifft am meisten dieser traurige Fluch des Geschicks? Die Armen, die Unaufgeklärten, deren enge Wohnungen die nöthige Sorgfalt für ihre Todten unmöglich machen, und deren Unwissenheit ein solches Unglück nur als eine Fabel des Aberglaubens kennt, die sie sich mit halbem Grauen, halber Lust, und nur halbem Glauben vorerzählen. Aber auch bei den Mittelklassen ist Mangel an Raum, und Unglauben an die Existenz des Scheintodes Schuld, daß sie ihre Todten zu früh und sorglos beerdigen. In größern Städten, wo das Gesetz die Leichen nur eine kleine Anzahl von Tagen über der Erde duldet, findet zwar eine sogenannte Leichenschau, durch ärztliche Besichtigung, und die Beerdigung der Leichen nur nach vorgezeigtem ärztlichen Attest statt; ob aber diese Besichtigung stets mit Aufmerksamkeit vollzogen, ob sie überhaupt bei jeder Leiche vorgenommen wird, darüber lassen bekannte Beispiele von lebendig Begrabenen, in Städten, wo die Leichenschau eingeführt ist, gerechte Zweifel zu. In Stettin z. B., wo auch Leichenschau stattfindet, verbreitete sich im vorigen Jahre bei Abtragung eines Kirchhofs das Gerücht: daß je die siebente Leiche im Scheintod beerdigt worden sei. Hoffen wir nun auch, daß dieses Gerücht übertrieben habe, grundlos ist es nicht gewesen, und war, selbst bei nur einem vorgefundenen Fall, gewiß ein würdiger Gegenstand, um die eifrigste öffentliche Besprechung und gründlichste Untersuchung zu veranlassen. Es ist aber unseres Wissens nichts der Art geschehen.

Es ist früher aus dem Posenschen ein ähnlicher schauererregender Fall berichtet worden. Solche Berichte können sobald sie als zuverlässig ermittelt worden sind, nicht oft genug wiederholt werden, damit ein solches entsetzliches Unglück als warnendes Beispiel, zum Ruhme der Menschheit bekannt werde.

So lange es noch möglich ist, daß ein Mensch lebendig begraben werden kann, so lange trifft die Gesellschaft der Fluch dieses Unglückseligen, und zwar mit Recht. Unser Streben muß darauf gerichtet sein, dieses Unglück unmöglich zu machen, und das kann allein dadurch geschehen, wenn keine Stadt, kein Flecken, kein Dorf mehr eines zweckmäßig eingerichteten Leichenhauses entbehrt. Hat doch jedes Dorf sein Spritzenhaus! Und zweckmäßig zu sein, muß es aber den Armen unentgeldlich zu Gebote stehen. Daß die Leichenhäuser außerdem unter spezieller ärztlicher, geistlicher und polizeilicher Aufsicht stehen müssen, versteht sich von selbst, doch wäre es sehr wünschenswerth, wenn

jeder vorkommende Fall einer Wiederbelebung öffentlich bekannt gemacht werden würde, was bis dahin von den mit Leichenhäusern versehenen Städten niemals geschehen. Möchten doch die Freunde der Menschheit, die jetzt durch so vielfache Vereine Segen über die Welt der Lebenden verbreiten, nicht lässig sein, ihre edlen Gesinnungen, ihre aufopfernde Menschenliebe zum Segen der Todten od. vielmehr der geheimen Lebenden zu wenden, und auch Vereine stiften zur Erbauung und Erhaltung von Leichenhäusern, denn Vereine allein können bewirken, was die Kräfte des Staats, aus uns unbekannten Gründen, nicht zu leisten vermögen." So weit der Aufsatz. Wenn es auch vielen jüdischen Gemeinden, namentlich den kleineren nicht gut möglich ist, wirkliche Leichenhäuser zu bauen und zu unterhalten, so müßte doch wenigstens dafür gesorgt werden, daß die Bestattung der Todten nicht zu früh und nur nach vorhergegangener ärztlicher Untersuchung vor sich gehe!

Schließlich erlauben wir uns hier noch auf eine Schrift aufmerksam zu machen, die den in Rede stehenden Gegenstand ausführlich bespricht und daher die größte Beachtung verdient. Sie führt den Titel: קול קרא לכל עדת בני ישראל Kritisches Sendschreiben über das bisherige Verfahren mit den Sterbenden bei den Israeliten nebst Vorschlägen zur zeitgemäßen Verbesserung derselben, um die wahren und untrüglichen Kennzeichen des Todes zu ermitteln, und den Scheintod bestmöglichst zu verhüten, sämmtlichen Sanitätsbeamten, Rabbinern, Religionslehrern, Vorstehern und sonstigen Gebildeten der Nation zur unbefangenen Prüfung und dringenden Beherzigung vorgelegt von Dr. med. E. Altschuhl, der prager medicin. Fakultät ordentlichem, der Gesellschaft für Natur- und Heilkunde korresp. Mitgliede, und prakt. Arzt zu Prag. Prag, 1846. (Preis 10 Sgr.)　W—n.

Oesterreich.

Papa, 27. Febr. Die Kreuz-Vignetten des 67er Zionswächters scheinen auch hier abschreckend gewirkt zu haben, indem für das Jahr 48 nicht ein einziges Exemplar jenes Blattes blos dieser Kreuze wegen hier bestellt wurde: obgleich eine ziemliche Masse hiesiger Altgläubigen in demselben Ausdruck und Vertretung faud. Daß aber diese Masse so mißtrauisch ist, und selbst seitdem die Kreuze schwanden keine Nachbestellung machte, zeugt neuerdings von der eisernen Konsequenz derselben. Das Gerücht, der Zionswächter habe die Rechtmäßigkeit der Kreuze aus dem Jore Deah bewiesen, hat die Orthodoxen nur noch mehr erbittert.　F—g.

Italien.

Toskana, im Febr. Unsere neue Verfassung hat auch die Juden gänzlich emancipirt. Die neue

Eidesformel macht ihnen sogar den Eintritt in die Kammern möglich. Die toskanischen Juden haben eine Adresse an den Großherzog erlassen, die in glühenden Worten abgefaßt ist.

Frankreich.

Paris, im Febr. Frankreich ist als Republik erklärt und zwei Israeliten — Cremieux und Goudchaux — sind zu Ministern gewählt worden. Hr. von Rothschild hat 50,000 Fr. für die Verwundeten gezeichnet. Der „Constitutionel" rühmt die Thätigkeit des Finanzministers Goudchaux.

Aus dem Herzogthum Nassau.

Nachdem der Unterstützungsfonds, welche unsre human gesinnte Staatsregierung für die Heranbildung inländischer (armer) Jünglinge zu Isr. Religionslehrern und Vorsängern in dem Jahresbudget von 1847 ausgesetzt hatte, von unsrer — aus liberalen und erleuchteten Elementen zusammengesetzten — Ständeversammlung fast einstimmig bewilligt wurde, ist, laut Ministerial-Resolution v. 29. Sept. und Reskriptes Herzoglicher Landesregierung v. 18. Okt. desselben Jahres (ad. N. R. 55,014), zu Langenschwalbach unter der Aufsicht und Leitung des unterzeichneten Bezirksrabbiners — welcher sich diesem Geschäfte seit einem Jahrzehend uneigennützig widmet — eine Lehranstalt zur Ausbildung künftiger Isr. Religionslehrer und Vorsänger errichtet worden; worüber wir dem Isr. Publikum nachstehende Mittheilungen machen.

I. Vor dem 15ten Lebensjahre wird kein Jüngling in der Anstalt aufgenommen, und hat derselbe dann drei Jahre darin zu verweilen.

II. Vor seiner Aufnahme hat sich derselbe ein Jahr (also gleich nach seiner religiösen Konfirmation) bei einem hierzu qualifizirten Lehrer und Vorsänger namentlich in folgenden Lehrgegenständen vorzubereiten.

a) In der deutschen Sprachkenntniß, vorzüglich auch in der Orthographie und im Verfertigen einfacher Aufsätze. —

b) In der Formenlehre der hebräischen Sprache, mit hebräischen Schreibübungen. —

c) Im Uebersetzen der leichtern Theile der heiligen Schriften, und sollen wenigstens dieselben, sowie auch die Apokryphen der israel. Bibel in einer deutschen Uebersetzung durchgelesen werden. —

d) Im Uebersetzen (wenn auch noch nicht richtigen Verständniß) der unpunktirten rabbinischen Schreibart. —

e) Im sprach- und sachrichtigen Vortrag der unpunktirten Tora-(Rolle), vorläufig noch mit der herkömmlichen Accentuation. —

Anm. Diejenigen Religionslehrer, welche zur Ertheilung dieses Vorbereitungsunterrichts qualificirt sind, werden durch das Bezirksrabbinate ermittelt. (Im Rabbinatsbezirke des Unterzeichneten ist vorzüglich der Religionslehrer J. Mehler zu Niederlahnstein, ein Mann, welcher die jüdischen Wissenschaften aus den Quellenschriften zu erforschen bestrebt ist — hierzu geeignet.)

III. Die Zöglinge sollen in der Folge im Hause des Unterzeichneten logiren, damit deren sittliches Betragen genau beaufsichtigt und ihnen bei Ausarbeitung ihrer Schulaufgaben die nöthige Nachhilfe zu Theil werden kann.

IV. In der Regel sollen wenigstens **sechs inländische** Jünglinge diese Lehranstalt unentgeldlich besuchen, wovon alle Jahre zwei von denselben austreten und Anstellungen erhalten; indeß zwei neue Zöglinge an ihrer Statt aufgenommen werden.

V. Inländische Jünglinge, deren Eltern unbemittelt sind, erhalten noch außerdem theils Freitische bei hiesigen wohlhabenden Glaubensgenossen und theils die Ausgaben für Kost und Logis aus den von herzoglicher Staatsregierung hierzu angewiesenen Fonds vergütet; worüber bereits mit hiesigen Kostgebern kontrahirt worden.

VI. Bemittelte Eltern solcher Jünglinge haben sich wegen Kost und Logis an den Unterzeichneten zu wenden; und ist derselbe nicht abgeneigt, gegen annehmbare Bedingungen solche Zöglinge auch an seinem Tische Theil nehmen zu lassen. (Ein gleiches Verfahren haben überhaupt auswärtige Konkurrenten zu beobachten.)

VII. Die Lehrgegenstände, in welchen die Aspiranten während der drei Jahreskurse Unterricht erhalten, sind:

A. **Israelitische Religionskenntnisse.**

1) **Kenntniß der heiligen Schrift** und der ganzen israel. Bibel; indem dieselbe aus dem hebräischen Urtexte in die deutsche Muttersprache übersetzt und mit Benutzung der alten jüdischen Kommentatoren — i. d. מקראות גדולות u. a. M. — sowohl, als auch der neuern Exegeten erklärt wird. Die Apokryphen werden in deutscher Uebersetzung nachträglich gelesen und erläutert (Mit Benutzung der Gutmann'schen Bearbeitung derselben.)

2) **Israelitische Moral- und Religionsphilosophie**; auszüglich behandelt aus den besten Werken der jüdischen Gelehrten aus der spanisch-maurischen Schule (wie Saadja, Bechaji, Jeh. ha-Lewi, Maimuni, Jos. Albo ꝛc.) und den desfallsigen Schriften unserer Zeitgenossen; insoweit solche das israel. Religionssystem begründen helfen und dienen den gewöhnlichen Katechismen, sowie den religiösen Kanzelvorträgen zur Quelle dienen.

3) **Jüdische Volks- und Religionsgeschichte** bis auf unsere Tage; wobei — außer den ältern hebräischen Schriften hierüber — vorzüglich die Jost'schen und Zunz'schen Geschichtswerke benutzt werden (indeß sich die Zöglinge vorläufig in Dessauer's Handbuch darauf vorbereiten).

4) **Hebräische und chaldäische Sprachlehre**; letztere so weit solche zum Verständniß der chaldäischen Theile

und Paraphrasen der Bibel und theilweise auch der rabbinischen Schriften nothwendig ist (mit Benutzung der gramma-
tikalischen und lexikalischen Werke von Gesenius, Bater, Fürst
und Laidai).

5) Bon den rabbinischen Kenntnissen werden
theilweise diejenigen gelehrt, die für den Beruf des Religionslehrers gegenüber seiner Glaubensgemeinde, nicht blos seiner
Schule, ersprießlich sein dürften; als:

a) Die rabbinische Interpretation der mosaischen
Religionsgesetze (מצות דאורייתא), welche jedoch themathisch
und mit Andeutung ihres natürlichen, rationalen Sinnes behandelt werden;

h) diejenigen Bestandtheile der rabbinischen Tradition
(הלכה) aus der Mischna (Talmudtext), welche noch im heutigen Judenthume anwendbar oder wenigstens geschichtlich
merkwürdig sind;

c) Auszüge aus der Hagada (הגדה — Rabbinische Mo-
ralien, Legenden und Parabeln ꝛc. ꝛc.), welche in den Tal-
muden und Midraschen vorkömmt, insoweit solche zu
moralisch-religiösen Borträgen und Predigten — worin die
Zöglinge gleichfalls einige Fertigkeit erlangen sollen — zu benutzen sind.

Anm. Für den letztgenannten Zweck werden außer den
Werken unsrer Zeitgenossen vorzüglich die Predigtsammlungen
von Salmon, Herzheimer, Kley und Stein ꝛc. verwendet.

B. Sprach- und Realkenntnisse.

Diese werden in der hiesigen Realschule gelehrt, und erstrecken sich über folgende Lehrgegenstände:

1) Deutsche Sprache mit Orthographie und Kalligraphie; dann auch Stylistik, Rhetorik und Literaturgeschichte.

2) Weltgeschichte und namentlich die Geschichte des
deutschen Volkes.

3) Geographie, sowohl die alte (geschichtliche), als
auch die neue (der Gegenwart) mit besonderer Berücksichtigung
Deutschlands.

4) Physik mit den nöthigsten Experimenten.

5) Zoologie, Botanik und Mineralogie.

6) Arithmetik, Algebra und Geometrie.

7) Zeichnen, Turnen u. s. w.

Ferner können sich die Zöglinge — so es ausdrücklich gewünscht wird — auch

8) an dem französischen, englischen und latei-
nischen Sprachunterrichte betheiligen, welcher ebenfalls in
der Realschule ertheilt wird.

Anm. Der lateinische Unterricht besteht näm-
lich ein Privatinstitut, deshalb derselbe honorirt werden muß.
Ebenso haben die Söhne bemittelter Eltern, für den Besuch
der Realschule das jährliche Schulgeld zu zahlen; indeß
die unbemittelten Zöglinge — gleich den hiesigen armen Schulkindern — davon befreit sind.

C. Liturgische und musikalische Kenntnisse.

1) Der sprach- und sachrichtige Bortrag der Wochen-
abschnitte (סדרות) der unpunktirten Tora; sowol declama-

torisch, als auch nach der bisher üblicher Accentuation. (Mit
Benutzung der Heidenheimischen Pentateuch-Ausgaben).

2) Die liturgischen Regeln (מנהגים) zur Leitung
des Isr. Gottesdienstes für alle Jahrestage, wobei zugleich
das wesentliche vom Unwesentlichen unterschieden wird. (Mit
Benutzung der Heidenheimischen Gebetbücher-Ausgaben).

3) Der Bortrag der hebräischen und deutschen Syna-
gogen-Gesetze (תפלות), Gesänge und Lieder. (Mit besonderer Benutzung der von der Würtembergischen Israel.
Kirchenbehörde gesammelten vierstimmigen deutschen Synagogenlieder und theilweisem Gebrauche der Sulzer'schen und
Münchner hebräischen Synagogengesänge).

4) Klavier- (mit Orgel-) und Biolinspiel nebst der Har-
monienlehre, soweit solche zur Einübung und Leitung eines
Synagogenchors nöthig ist.

Anm. Die von der Würtembergischen Isr. Kirchenbehörde herausgegebene Synagogenordnung, welche laut Mi-
nisterial Resolution vom Jahr 1843 als Grundnorm der speciellen Synagogenordnungen im Herzogthume aufgestellt wurde,
ist von den meisten Kultusgemeinden zum besonderen Gebrauche
für ihre Borsänger angeschafft worden.

VIII. Für die Lehranstalt soll eine Bibliothek ein-
gerichtet werden, welche den Zöglingen behufs eines tiefern
Eindringens in die jüdische Wissenschaft, zum Gebrauche offen
steht, und theilweise auch in ihrem späteren Berufsleben benutzt werden kann. Dieselbe wird mit der Zeit, sowohl die
alten von jüdischen Schriftstellern verfaßten Werke, als auch
diejenigen Schriften, unsrer Zeitgenossen besitzen, die mit den
oben (ad. 7 A. C.) bezeichneten Hauptlehrzweigen in enger
Berbindung stehen.

IX. In der Regel haben sich die Zöglinge außer den in
der Realschule eingeführten Lehrbüchern noch folgende Hand-
bücher für den Unterricht in den jüdischen Kenntnissen sich
anzuschaffen.

1) Die heiligen Schriften im masoretisch richtigen
Urtexte; wobei der Pentateuch — wo möglich — mit der
chaldäischen Paraphrase von Onkelos und den rabbinischen
Kommentar von R. Salomon Jizchaki (רש״י) versehen
sein soll.

2) Die deutsche Uebersetzung der heiligen Schriften, herausgegeben von Dr. Zunz mit einer biblischen Zeittafel.

3) Die Apokryphen der Isr. Bibel, welche nöthigenfalls aus der deutschen lutherischen Bibel genommen sein
dürfen.

4) Der Auszug der rabbinischen Kommentarien der
heiligen Schriften, bearbeitet von R. Salomon Ben Melech
(מכלל יפי).

5) Die rabbinische Aufzählung und Erklärung der mosaischen Religionsgesetze bearbeitet von R. Ahron
ha-Lewi (ספר החינוך).

6) Ein kurzes Werk über die jüdische Geschichte
seit dem Abschlusse der heiligen Schriften (vorläufig Dessauers
Handbuch).

7) Gesenius's hebräische Grammatik.

8) Fürst's hebräisches und chaldäisches (Taschen=) Wör=
terbuch.

9) Die Heidenheim'sche Ausgabe des hebräischen (täg=
lichen) Gebetbuchs mit den nöthigsten liturgischen Regeln.

10) Einen unpunktirten Pentateuchtext zur Ein=
übung der Thoravorlesung (חומש תקון) und

11) Die Braunschweiger Synagogengesänge, bear=
beitet von Goldberg und

12) Die vierstimmigen deutschen Synagogenlieder,
herausgegeben von der Würtembergischen Isr. Kirchenbehörde.

Anm. Für den ersten Jahreskursus haben die Aspiranten
von den vorstehenden Werken die Nummern 1, 2, 7, 10 (im
Preise von circa 5 fl.); für den zweiten Kursus die Num=
mern 3, 6, 9, 12. (im Preise von circa 7 fl.) und für den
dritten Kursus die Nummern 4, 5, 8, 11 (im Preise von
circa 8 fl.) anzuschaffen.

X. Schließlich wird bemerkt, daß die Zöglinge beim Ein=
tritte in die Lehranstalt mit der nöthigen Kleidung und
Wäsche versehen sein müssen, und diejenigen, für welche Kost
und Logis aus Staatsmitteln bezahlt werden, auch ihre
Betten mitzubringen haben.

Dr. Hochstädter.

Miscellen zur Geschichte der Juden.
Mitgetheilt von A. F. Rudolph.

Es ist bekannt daß 1189 am Krönungstage Richard I
in London eine Judenverfolgung ausbrach. König Richard
hatte nämlich, abergläubisch wie er war, verordnet, daß am
Tage seiner Krönung weder Weiber noch Juden in Westmin=
ster zugegen sein sollten, damit er durch ihre Zauberei nicht
zu Schaden komme. Einige Hebräer prangen aber dem
Volke gleichzeitig in die Halle, den jungen Monarchen reiche
Geschenke zu Füßen legend und bittend um jene Duldung und
den wenig verbürgten Schutz, den seine Vorgänger ihnen ge=
währt, des Geldes wegen was sich von ihnen erpressen ließ.
Indem die Israeliten die Halle verließen, schlug ein Christ
einen derselben und die fanatischen Höflinge fielen über die
Unglücklichen her, beraubten und mißhandelten sie. Das Bei=
spiel der Hofschranzen wirkte ansteckend auf das Volk, das,
glaubend der König habe ihnen die Ausrottung befohlen, über
die Juden herfiel, sie ohne Unterschied des Alters und des
Geschlechtes unter den grausamsten Martern tödtete, ihre
Güter plünderte und ihre Häuser den Flammen preis gab.
Vergebens suchte Richard selbst dem Metzeln Einhalt zu thun,
er konnte die aufgeregte Menge von Gewaltthätigkeiten nicht
zurück halten. Der König setzte später unter dem Vorsitze

des berühmten Rechtsgelehrten Ralph Glanville eine Kommission
nieder, die die Anstifter des abscheulichen Blutbades zur Ver=
antwortung ziehen sollte. Wie wenig diese Kommission aus=
richtete, kann man aus den Gründen ersehen, die sie anführte,
warum man an drei Hauptunruhestiftern ein Exempel statuire.
Der Eine ward hingerichtet weil er bei der allgemeinen Plün=
derung der jüdischen Häuser auch die Güter eines Christen
gestohlen, die beiden Anderen weil die Flammen, die sie an=
gelegt, auch die Wohnungen der Christen ergriffen. (Ma=
kintosh, Geschichte von England. 1ster Theil.
1ste Abtheil. 3tes Kapitel.)

Personalchronik und Miscellen.

Hamburg. Da der weise Senat erfahren hat, daß
die französische Republik zwei jüdische Minister hat, so sollen
die Hamburger Juden Nachtwächter werden dürfen. In Al=
tona giebt es längst keine jüd. Nachtwächter. Die Civilisation
macht reißende Fortschritte.

* * *

Rom. Auch hier erwartet man eine moderne Konstitution.
Die Juden, die privilegirten Ghettibewohner, hoffen, daß auch
für sie das moderne Leben Früchte tragen werde. Und Rom's
Beispiel wird auf die ganze Christenheit wirken!

* * *

Sardinien. Die Protestanten sind emancipirt. Die
Emancipation der Juden kann nicht lange ausbleiben. So
werden die Juden in katholischen Staaten eher ihre Menschen=
rechte erlangen als in protestantischen.

* * *

Egypten. Mehmed Ali hat versprochen, seine jüdischen
Unterthanen zu emancipiren, sobald der philosophisch christliche
Staat Preußens die Juden als freie Menschen behandeln
wird. Abbas sieht auf die hohe Intelligenz Preußens.

* * *

Heidelberg. Hier fand so eben ein Auflauf statt, bei
welchem das Möbelmagazin eines Juden zerstört wurde. Es
ist jedoch dieser Auflauf durchaus nicht als Demonstration zu
nehmen, da er nur gewerblicher Natur ist.

* * *

Altona. Der Redakteur des Zionswächters wurde
seiner Lehrerstelle entsetzt und soll gesonnen sein die Wächterei
zu verlassen. Als Grund dieser Absetzung nennt man theils
sein Mitarbeiten am „Orient", theils die Vermuthung, daß
er im Geiste missionärischer Gläubigkeit redigire. Doch wis=
sen wir über die Gründe noch nichts Gewisses, da bei uns
noch nicht Oeffentlichkeit eingeführt ist.

Verlag von C. L. Fritzsche.　　　　　　Druck von J. H. Nagel.

Der Orient.

Berichte, Studien und Kritiken

Neunter

—

für

jüdische Geschichte und Literatur.

Jahrgang.

Das Abonnement auf
ein Jahr ist 5 Thlr.
Man abonnirt bei allen
löbl. Postämtern und
allen solid. Buchhand=
lungen auf ein Jahr.

Herausgegeben

von

Dr. Julius Fürst.

Von dieser Zeitschrift
erscheinen wöchentlich
das Literaturblatt mit=
gerechnet, zwei Bogen,
und zwar an jedem
Dienstag regelmäßig.

№ 12.

Leipzig, den 18. März

1848.

Deutschland.

München, 6. März. So eben ist die königliche
Proklamation mit einer Reihe von Zusagen an das
baierische Volk erschienen, und unter diesen Zusagen ist
die für uns wichtige: Verbesserung der Ver=
hältnisse der Israeliten. Schon auf den 16.
dieses Monats sind die Stände in die Hauptstadt be=
rufen, und über Verantwortlichkeit der Mi=
nister, vollständige Preßfreiheit, reformir=
tem Wahlgesetze, Oeffentlichkeit und Münd=
lichkeit, Schwurgericht, soll auch diese Frage
erledigt werden. Wir müssen aber offen bekennen, daß
wir diesen königlichen Verheißungen, durch die stürmi=
schen, nach langer Niederhaltung um so stärker alle
Dämme niederreißenden, Volksbewegungen erst abgetrotzt,
mistrauen. Durch hunderterlei Versuche hat der König
und sein Haus, hat die Regierung wohl bewiesen, daß
sie diese Zeitfrage, die wie alle Zeitfragen einer Ver=
mittelung mit der Neuzeit erheischt und dringend ver=
langt, nicht begreifen wollte, um ja nicht das liebge=
wonnene alte Regiment aufgeben zu müssen; sie hat es
in allen Handlungen bewiesen, sowol in der schmach=
vollen Herabdrückung der ständischen Thätigkeit auf ein
Minimum als auch in der Heraufbeschwörung eines
mittelalterlichen unseren Sitten fremden Montanismus,
daß sie auch das Ghetto oder die Sklaverei der Juden
und ihre Rechtlosigkeit zur Ausschmückung der mittel=

alterlichen Phantasmagorie beibehalten will. Und daß
jetzt noch in der königlichen Proklamation kein gesunder
normaler Sinn ist, sieht man schon aus dem deutsch=
thümelnden Paroxismus und in den von der erschüttern=
den Gewalt der Gegenwart herausgepeitschten Phrasen
in diesen Verheißungen. Da heißt es: „Baiern er=
kennt in diesem Entschlusse die angestammte
Gesinnung der Wittelsbacher“(!). „Wie ich für
die deutsche Sache denke und fühle, davon
zeugt mein ganzes Leben.“ „Deutschlands
Einheit durch wirksame Maaßregeln zu stär=
ken, den Mittelpunkt des vereinten Vater=
landes neue Kraft und nationale Bedeut=
samkeit mit einer Vertretung der deutschen
Nation am Bunde zu sichern u. s. v. wird
Ziel meines Strebens bleiben.“ „Alles für
mein Volk, Alles für Deutschland“! Baiern soll in
diesem Entschlusse den Nachkömmling der Wittelsbacher
erkennen; aber warum ist diese Erkenntniß erst nach
einer verzweifelten Lage des Volkes, nach verträumtem
Jugend= und Mannesalter, nach tausendfachen ultramon=
tonischen Bedrückungen, nach Einführung der Jesuiten, der
Klöster, nach empörenden Abbitten vor einem Bilde des
Königs, nach Lola=Montez'schen Verirrungen und mit den
grauen Haaren gekommen? Warum wurde für das
ganze Leben, nicht für die deutsche Sache gefühlt, warum
wurder Redner für deutsche Einheit, für Revision der
deutschen Bundes=Verfassung zu politischen Verbrechern

12

gestempelt, die Jahrzehnte in Kerkern schmachten mußten? Es ist nichts als blauer Dunst, nichts als von
der Noth der Zeit erpreßte Phrasen, an welche die
Regierung selbst nicht glaubt: So lange der Volkswille
stark sein wird und nur so lange ist auf Besserung, auf
Realisirung zu hoffen; bei diesem ergrauten alten Systeme muß das Volk stets wach und hinterher sein,
wenn es seine angestammten Rechte, die freilich sich nicht
von den Wittelsbachern herleiten, erringen und erhalten,
wenn es nicht betrogen werden will. Auch die Isra-
liten, wenn sie ihre angestammte Freiheit des Gewissens,
ihre unverkürzten Rechte als baier'sche Staatsbürger erlangen und nicht betrogen werden wollen, müssen dem
bewegten Volke sich anschließen und Energie und Thätigkeit in diesem heiligen Kampfe entwickeln. Die königliche Proklamation spricht nur von „Verbesserung
der Verhältnisse der Israeliten" und wir
wollen nicht „Verbesserung", sondern völlige Gleichstellung. Lange genug wurden wir von dem Zepfregi-
mente deutscher Fürsten erniedrigt und gedemüthigt, um
den deutschen Volke zu zeigen, daß es mit dem Zepter
der deutschen Bedächtigkeit zufrieden sein könne, indem
es in seiner Mitte eine noch geknechtetere Körperschaft hat.
Unsere Stände, die auf dem 16. d. M. einberufen werden, sind noch die alten, beschränkt, da keine neue
Wahlen vorkommen können und wir Israeliten wissen,
was wir da zu erlangen, wenn nicht der Geist der Freiheit, der sich über unser deutsches Vaterland ergossen,
auch das Herz dieser Stände verjünge. Unser Wahlspruch sei: „Völlige Gleichheit aller Konfessionen und somit auch völlige Emancipation der Juden;" nicht die kleinste Schranke, nicht das geringste
Vorrecht soll bestehen. Und mit dem Volke sollen wir
kämpfen für die edlen Güter, die wir in schauerlicher
Bevormundung so lange entbehrt haben.

Dresden, 9. März. An unsere christlichen
Mitbürger und Miteinwohner in Sachsen.
Die Erschütterung, welche von Westen her sich über alle
Theile des gebildeten Europa's fortpflanzt, aufrufend zu
Freiheit und selbstständiger Gestaltung, bewegt auch uns,
die israelitischen Bürger und Einwohner Sachsens. Auch
wir nehmen Theil, lebhaften Antheil an dem Kampf
um die heiligsten Güter des Menschen, denn wir fühlen
uns vor Allem, mit nicht minderm Enthusiasmus denn
unsere christlichen Brüder, als Deutsche und als Sachsen.
Wir nehmen Theil an dem friedlichen Kampfe auf ge-
setzlichem Wege, wie unzählige Israeliten im Jahre
1813 ihr Leben für die Befreiung Deutschlands vom
Joche der Fremdherrschaft eingesetzt haben. Aber wir
bitten und verlangen nicht allein von den Regierungen, wir bitten auch fordern auch unser gutes Recht
von Euch, unsern christlichen Brüdern, von dem sächsischen Volke. Ihr könnt nicht frei sein nach oben,
wenn ihr es nicht auch nach unten seid. Die Freiheit
ist eine Unfreiheit, wenn sie sich nicht durch die Gleichberechtigung Aller kundgiebt. Man kann nicht
die Freiheit begehren und gegen Ungleichheiten ankämpfen,
ohne zugleich das Maaß der Freiheit zu gewähren, das
man selbst entheilen kann, ohne die Ungleichheiten aus-
zumerzen, die noch zwischen verschiedenen Religionsgemeinschaften oder der Religion wegen bestehen. Die
israelitischen Bürger und Einwohner Sachsens, den
übrigen sich gleichberechtigt fühlend, durch geistige und
sittliche Bildung, gleichberechtigt durch die ewigen Satzungen der Vernunft und Menschheit, wenden sich an
Euch, unsere christlichen Brüder und hoffen, Ihr werdet
nicht länger jene Ausnahmsgesetze billigen, die uns Euch
unebenbürtig machen, die einen Unterschied in den Rechten verschiedener Bürger aufstellen, ohne einen solchen
in den Pflichten anzuerkennen. Unsere Bitten sind
bei den gesetzlichen Organen des Landes zum großen
Theil ungehört verhallt, man trägt Bedenken von andern
Seiten, die Bitte um völlige Gleichstellung der Juden
auszusprechen, wir haben ein besseres Vertrauen zu
Euch. Die wahrhaft freien Völker, England, Frankreich,
Holland, Belgien, haben ihren israelitischen Brüdern
volle Freiheit gewährt. Rußland, Deutschland und
Italien waren bisher die Staaten, wo die Censur allein
noch geherrscht, wo die Israeliten noch den meisten
Druck erlitten. Italien hat die Gleichstellung aller
Religionsparteien ausgesprochen, Deutschland wird nicht
zurückbleiben. Schon haben viele deutsche Staaten die
Preßfreiheit verkündet; bereits seit längerer Zeit haben
fast alle deutschen Staaten ihren Israeliten größere
Freiheiten eingeräumt, als Sachsen, und wo es noch
an völliger Gleichstellung fehlte, das wird die christliche Bevölkerung durch Petitionen in Unzahl noch in diesen
Tagen, wie z. B. in Frankfurt a. M., Mannheim,
Nürnberg, Stuttgart, Carlsruhe u. s. w., um dieselbe
nachgesucht. Auch Ihr, Mitbürger in Sachsen, werdet
es mit dem Fortschritt unseres staatlichen und religiösen
Lebens, mit dem Tage, der jetzt beginnt, nicht vereinbar
finden, daß ein Theil, ein kleiner Theil der sächsischen
Bevölkerung, nur seiner Religion wegen mit Nacht um-
fangen bleibe. Wir vertrauen auf den Freisinn, auf
die Intelligenz und Bildung der sächsischen Bevölkerung,
daß sie durch Aufnahme der Bitte um politische Gleichstellung aller Religionsparteien bei der Regierung und
den Ständen dazu beitragen werde, jene Ungleichheiten,
die uns bürgerlich und politisch unfähig machen, die
uns hindern, selbst von den geringer Rechte, das wir
besitzen, den vollen und freien Gebrauch zu machen,
für alle Zukunft zu entfernen, und daß sie durch Verleihung der Freiheit und Selbstständigkeit, so weit es in
den Kräften des Volkes steht, ihrerseits beweisen werde,
daß sie selbst zur höchsten politischen Reife gelangt und
der vollsten Freiheit würdig sei. Mitbrüder, bewährt
dies durch die That und zeichnet eine

Bitte an Se. Majestät den König, um Vorlage eines Gesetzentwurfs an die künftige Ständerversammlung, betreffend die völlige Gleichstellung der Bekenner aller Konfessionen. Die israelitischen Bürger und Einwohner Sachsens.

Frankfurt a. M., 7. März. Das fliegende Wort unserer Zeit wird ihnen die Kunde von dem Sturme in unserer freien Stadt schon gebracht haben; hier in der nächsten Nähe des deutschen Bundes war der Volkssturm wie ein wilder Strom heftig brausend, hier vereinte man die Inschriften einer neuen Zukunft, wie Preßfreiheit, deutsches Volksparlament u. s. v. und unter diesen Merkzeichen, die unserem im alten Schlendrian verkümmerten Senate wie Posaunentöne des jüngsten Gerichts klangen, war auch „Freiheit aller Bekenntnisse". Wie in den friedlichen und stürmischen Freiheitskämpfen der Neuzeit zu Nassau, Baden, Würtemberg, Hessen-Darmstadt u. s. v. sah man auch hier die hochsinnigen und intelligenten Israeliten in den vordersten Reihen stehen; gewohnt mit tiefem Blicke in die dunkle Zukunft zu schauen und von ihr Alles zu erwarten, als Israeliten die Fesseln unseres deutschen Vaterlandes doppelt empfindend, war es natürlich, daß sie schon in den ersten Säuseln den furchtbaren Sturm ahnten, der über Deutschlands Gauen hinbrausen wird. Sie standen in den vordersten Reihen, oft leiteten sie die Freiheitsbewegung oder waren unter den Leitern immer in würdiger und ehrenhafter Haltung. Aber gerade bei uns war es zuerst, vo man die Freiheitsbegeisterung verdächtigte; der Frankfurter Zopf konnte es nicht vertragen, daß unsere weltberühmte Judengasse ins Reich der Alterthümer wie der deutsche Bund verbannt werden solle. Das schlafmützige Zopfregiment suchte das Gerücht zu verbreiten, daß die Israeliten Geld vertheilt hätten, um eine unverzügliche Gewährung aller Anträge an den Senat, worunter doch auch die Gleichstellung aller Konfessionen, zu erlangen. Empört über diese haltlose Verläumdung und durchdrungen von ihrem ehrenhaften Streben, verfügte sich gestern eine Deputation der hiesigen Gemeinde, aus den achtbarsten Männern bestehend, zu unserm regierenden Bürgermeister, um die Lüge dieses Gerüchts darzulegen und zu bekräftigen und die feste Versicherung zu ertheilen, daß die israelitische Gemeinde nie den Weg der Gesetzlichkeit und Ordnung verlassen werde. Noch ist weiter nichts als Preßfreiheit gewährt, noch zögert man die andern Petita des Volkes, wie Schwurgerichte, Volksbewaffnung, Gleichstellung aller Konfessionen zu gewähren, aber der Drang der Verhältnisse und die neuen Kämpfe jedes Tages in unserm regierenden Lande werden und müssen deren Gewährung herbeiführen. Es muß und wird bald eine Zeit kommen, vo wir, im Besitze unserer natürlichen Rechte und mit ganzer Seele und ungetheiltem Sinne uns den begeisterten Richtungen in Deutschlands Gegenwart werden hingeben können.

Leipzig, 9. März. Der exklusive sächsische Liberalismus, personificirt in dem bankruttirten Philosophen Arnold Ruge, stellt sich bloß, so oft er mit Juden in Berührung kommt. Der Großmogul und Maulheld — obwohl ein stotternder Lügenprophet — Ruge nennt Kuranda, den bewährten Verkämpfer für Oesterreichs Freiheit, einen „Knoblauchsfresser". Man muß ein Hegelianer sein, muß die hallischen Jahrbücher herausgegeben haben, um in echter Bildung einem Pariser onvrier nachstehen zu müssen. Ein deutscher Philosoph bringt es höchstens zu einem Judenfresser. Es ist in der That noch menschlicher Knoblauch als Juden zu fressen. Die französische Nation hat einen Knoblauchfresser zu ihrem Minister gewählt; ein Repräsentant der Deutschen kann nicht einmal einen jüdischen Journalisten neben sich dulden. Auf den Schultern des Judenhasses will Ruge auf den Olymp der Freiheit steigen. Glückliche Reise!

Aus der Provinz Posen, 20. Febr. Bei der am 19. v. M. in Posen stattgehabten ersten „modernen Trauung" im Betsale des Brüdervereins (vergl. Nr. 7 d. Bl.) ist von den alten Ceremonien weiter Nichts, als das „Glaszertreten" weggefallen. Während der Trauerede des Dr. K. hat sich der OR. C. in ein Seitengemach zurückgezogen. Dem würdigen Herrn Pleßner geht es übrigens auch nicht besser. So oft derselbe bei einer Trauung als Prediger fungirt, hat er niemals die Ehre, daß Herr C. der Predigt beiwohnt. Entweder er entfernt sich während derselben, oder er giebt Ordre, daß man ihn überhaupt zu einem Vortrag zu Ende, aus seinem Vatikan abholen soll. — Muß das so sein? Ist das überall so, vo Rabbiner und Prediger nicht in derselben Person vereinigt? Wahrlich! ich weiß es nicht. Jedenfalls erlaube ich mir, daran zu zweifeln und ich glaube, es ist gemein. Bei einem Vortrage, den Dr. Cr. neulich vieder in der K-J-Chewra gehalten, waren auch die Vorsteher des Brüder-Vereins zugegen, und sollen diese für Cr. vieder dermaßen eingenommen worden sein, daß man sich mit der Hoffnung trägt, derselbe werde am Ende doch die Predigerstelle in der Brüderschule erhalten. — Wenn es nur schon so weit wäre! —

Auf dem am 12. d. M. in Posen stattgehabten großen Balle des dortigen Feuer-Rettungs-Vereins waren 3 verschiedene Nationalitäten, Deutsche, Polen und Juden, durch das rosenfarbene Band des Frohsinns und der Heiterkeit mit einander vereinigt. So lange Posens Mauern stehen, ist so Etwas dort noch nicht erlebt worden. Die Juden sollen fast den vierten Theil der Ballgäste ausgemacht haben. Und Teutonia's und Polonia's Söhne tanzten mit Juda's Töchtern wie mit ihresgleichen! — Hätte mir nicht die Natur allzukaltes

12*

Blit gegebei, so würde ich hier ein veiig geschwärmt und das Ereigniß ein „Mirakulum fortschreitender Natur", oder sonst so was Aehnliches gerarrt haben. — Uebrigens, veir die Judei (derer man ir der Regel Feigheit ec. vorwirft) nicht zurückstehen, sich rebei ihren Deutschen und Polnischen Brüdern muthig ir die Flammei zu stürzen, um mit Gefahr ihres eigerei Lebens dem voir Unglücke bedrohten Mitbürger (er sei welchei Glaubens urd velcher Abstammung er volle) sei Hab und Gut retten zu helfen — varim sollten deir die Herren Deutschen und Polen zurückstehen, warum sich schämen, mit den jüdischen Bürgersöhnen anzustoßen, oder mit der einei und der andern arspruchlosen Tochter des Orients eire Runde zu machei? — Ich, meires Theils, finde das garz ir der Ordirg. Mögen Andere anders denken.

Zum Schlusse roch eine statistische Notiz. In dei uns berachbartei Königr. Polen leben gegeivärtig 512,000 Judei, also beirahe 2½ Mal so viel als im Kgr. Preußen, wo man die Judenzahl auf 208,000 argiebt. Erwägt man, daß unser Vaterland 16 Mill. Einwohner zählt, die Gesammtbevölkerung Polens aber nur etwas über 4½ Mill. beträgt, so stellt sich heraus, daß, während bei uns etwa der achzigste, drüben immer der neunte Mensch ein Jude ist. W.

Berlin, 6. März. Ein lauter Ernst beherrscht risere Gegenwart; ii den Aderi der Geschichte rollt das Blut der Freiheit, auf der Zinne der Zeit verkündet der freie Geist rührend ind herzerschütternd ein neues Leben — und darum vill auch ich ernst seir. Die jüdische Journalistik, diese Krankenwärterin der Judenheit und des Judenthums, muß jetzt märrlich, ernst, muthig, kühn und beherzt auftreten. Lange gerrg hat die deitsche Judenheit die Wucht politischer Vorurtheile empfunden; laige geirg hat sie, statt Thaten des freiei Bewußtseins auszuüben, Elegien angestimmt und Trauerlieder gesungen; lange geirg hat sie sich bettelnd an den Vertretern der Freiheit genaht: es ist Zeit die Saitei der ungeschmältertei Freiheit anzuschlagen, auf daß die Schwingungen sich durch garz Deutschland erstreckei. In dei lautei Choir der Gegenwart mische aich die Judenheit ihre Stimme ein. Die natioraler Schrankei sind gefallei, der Nationalhaß ist geschwunden — das ist der größte Sieg der glorreichstei französischen Freiheitskämpfe. Auf den Boden der Menschwerdung, vor velcher die beengende ratioraler Standpunkt gewichen, pflanze die Judenheit das Banner seirer Forderungen. Und ist Deutschland der Freiheit würdig, so karr es keine Heloten ir seirer Mitte dulden. Die Judei sind ein Theil des Garzei und für alle Theile soll der Sieg errirgei werdei. Auf, Juda, und laß deine Stimme laut erschallen. Die kleirei Scheidemünzen der Freiheit, die wir bis jetzt besitzen, haben wir uns im Sturme

erobert: die Freiheit kann richt gegebei, sie muß errungen werdei. Auf dem Schlachtfelde und ii dei Gefechte der Presse haben wir kleire Fetzei von der Fahre der Freiheit davongetragei; es gilt mit einem heiligei Feuereifer ii diesem Momente für unser Recht zu kämpfei. Feder und Schwert müssen vereint die Vorurtheile ii die Nacht der Vergessenheit zurückdrängen, ein Tag begirrt zu leuchten, ein Tag der Freiheit, der nicht dei Natiorei, sondern der Menschheit entgegenstrahlt. Der Preis karr uns nicht versagt werdei; es gilt zu rirgei, zu kämpfei ii dei vordersten Reihei für das Wohl Aller. Wer furchtsam und zaghaften Herzens ist, der bleibe zu Hause; ii die Oeffentlichkeit trete der Muth, die Entschlossenheit, das Bewußtsein des Rechts, der Kampf der Anerkennung. ✻

Berlin, 8. März. Die Völker sind erwacht rach einer langen Nacht und habei aus der Freiheit Schacht Goldkörner heraufgebracht. An dei Bestehenden wurde gerüttelt, der Baum der Freiheit geschüttelt, die Früchte fielei zur Erde, damit Alles frei werde. Soll Jsrael blos theilei seir altes Loos? Soll der tausendjährige Knecht vergebens hoffei auf sein Recht? Für sich richt blos ist frei der Franzos; das Vaterland hat jedei Unterschied verbannt, zwei Jsraeliten zu Ministern ernannt, von denen Einer weltbekannt. Der Deutsche hat einei schwachen Magei, kann nicht die ganze Freiheit vertragei, ind beginnt es bei ihm zu tagei, so endei doch nie die Klagei. Welch' ein Schmerz für ein deutsches Herz die Freiheit zu theilei? Sie vollei sich auch richt übereilen. Den Deutschkatholiken möge es glücken, die Jdei müssen noch immer büßei. Den Druck ohne Censur hat der Deutsche nur, er sieht dero das jüdische Geschlecht als seirei Knecht. Wird ii den Freiheitskriegen der Jide vieder irterliegei? Oder wird die Schaide weichen aus den deutschen Reihei, aus unserm Staat? Jch bin Prophet, doch seht, ob die Emancipation wird dem jüdischen Sohn, oder Spott und Hohn, wie es bis jetzt aich war in Gebraich. Ohne Zagei und Bangei muß mai die volle Freiheit verlangen und richt an Concessionei hargen. Schenkt uns ein der Freiheit Wein und Groß und Klein möge gleich sein. Nicht das Bekenntniß, sondern die Erkenntniß möge entscheiden über Jsraels Leidei. Nur der ist der Freiheit werth, der alle Menschei ehrt und richt das Recht verkehrt. Wer rach Religionen will lohrei ist selbst gebunden zu allei Stunden ind wird die Gesunden stets verwunden. Nicht Jeder ist frei, der seirer Fessel spottet ohne Scheu. Wenn der Christ frei ist, muß es auch der Jide seir, sonst ist Alles Schein. Werden aber statt des Zionswächter, die Beschränktheit Verfechter sich verleitei lassei, die Gleichstellung zu hassei? Ein Emancipirter ist ein Reformirter; er kann keine Sefira haltei wie die Alten,

— 93 —

kann keinen Bart tragen, keine Kapparot und nicht Ha=
man schlagen. Wer sieht, was in Zukunft geschieht?

*

Baiern, Ende Febr. Die neuesten Vorgänge in
unserer Hauptstadt, von welcher alle Blätter widerhallen,
sind nicht von der Art, daß hier darüber zu berichten
wäre, denn wenn sie auch unser Staatsleben mit be=
rühren, unsere speciell jüdischen bürgerlichen Verhältnisse
sind dadurch direkt weder gefördert noch behindert wor=
den. Die fragliche Persönlichkeit hat auf diese Frage
keinen Einfluß verübt, und sie bedarf eines solchen nicht;
sie spricht durch sich selbst. Die Gerechtigkeit unserer
Sache, die Weisheit der an das Staatsruder berufenen
Männer und die Ereignisse der Zeit werden sie einer
baldigen Lösung entgegenführen. Nur das, was öffent=
liche Blätter mit so vielem Ruhme erzählen, daß sich
die jüdischen Bürger Münchens bei jener Bürgerdemon=
stration sammt und sonders mit betheiligt hatten, wollen
wir hier notiren. Nicht als sähen wir darin eine be=
sondere, der Oeffentlichkeit angehörige Erscheinung, denn
der Jude trennt sich nie von der allgemeinen Sache,
aber wir freuen uns, daß in München das öffentliche
Leben so weit gediehen ist, daß die Konfession keine
Scheidewand mehr bildet und daß die jüdischen Bürger
den rechten Moment begriffen diese zum öffentlichen Aus=
druck zu bringen. In der That wir überzeugten uns
durch den Augenschein im vorigen Jahre, wie in der
dortigen großen Gemeinde, der echten Frömmigkeit, ja
dem orthodoxen jüdischen Leben unbeschadet, ein groß=
artiges städtisches Treiben alle jene jüdischen Eigenthüm=
lichkeiten in Sprache und Manieren abgeschliffen hat,
die in andern großen jüdischen Gemeinden, trotz der
Bemühung sie zu überkleistern, gar bald dem Fremden
erkennbar werden.

Auch das wollen wir noch bemerken, daß das Ge=
rücht, als würde Fürst von Wallerstein von seinem Mi=
nisterposten zurücktreten, sich nicht bestätigt hat, vielmehr
ist er auf demselben durch die neuesten Vorgänge be=
festigt; er wurde in den letzten Tagen zur kön. Tafel
geladen. Fürst v. Wallerstein ist so geneigt wie geeignet
geschaffen, unsere Verhältnisse, besonders die kirchlichen zu
einer festen Gestaltung zu bringen. —

Die Segnungen der Preßfreiheit für innere Ange=
legenheiten zeigen sich bereits, auch bezüglich unserer Ver=
hältnisse in einzelnen Erscheinungen. Der Landrichter
in Nain in Oberbaiern läßt laut einem Erlaß auf
Spitzbuben, Vagabunden und Juden Jagd machen.
Dem gestrengen Herrn Landrichter und seinen guten
Freunden kommt es nach dem allerliebsten deutschen
Sprachgebrauch gar nicht in den Sinn, Jude anders
als gleichbedeutend mit Handelsmann, Wucherer ꝛc. zu
nehmen. Da kommt denn nun die konstitutionelle Zei=
tung, eine Frucht unserer jungen Preßfreiheit und setzt
den Herrn gewaltig darüber zu Rede, und da es auch

der Korrespondent v. u. f. Deutschland, der treue Kämpe
für Recht und Licht, nacherzählt und noch mehreres dazu,
so bleibt dem Angegriffenen nichts anders übrig, als sich
öffentlich zu vertheidigen. (Ein baierischer Landrichter
und sich öffentlich der Juden wegen vertheidigen!) Er
bleibt aber so ziemlich in der Tinte sitzen. Derselbe
Beamte hatte auch die Erzählung „der Güterzertrümme=
rer‟ aus den „fliegenden Blättern‟ auf seine Kosten
abdrucken und zu Nutz und Frommen der Jugend in
den Schulen seines Bezirks bekannt machen lassen.
Ohne auf diese saubere Geschichte weiter einzugehen,
möchten wir hier nur noch dies bemerken. Der Güter=
handel und noch mehr das Güterzertrümmern ist dem
Juden bei uns gesetzlich untersagt. Wenn es also den=
noch Statt findet, so kann solches nur mit Hilfe christ=
licher Scheinkäufer und Geschehenlassen christlicher Beam=
ten bewerkstelligt werden. Auf wen fällt also ein großer
Makel? und wer sind die „Güterzertrümmerer‟?

Auch in der Konfiskationssache im Würzburger
Seminar ist noch ein öffentlicher Schritt geschehen. Ein
israel. Lehrer erklärt in Nr. 30 des Correspondenten,
daß Mendelssohn's Phädon und Auerbach's Dichter und
Kaufmann daselbst wirklich mit dem Beisatz weggenom=
men worden seien, im Seminar dürften nur gute Bücher
gelesen werden, daß die betreffenden Seminaristen eine
Disciplinarstrafe deshalb erhalten hatten und die Bücher
seit der Zeit nicht wieder zurück gegeben worden sind.
Darauf haben nun Seminar und Seminaristen nichts
mehr erwiedert, und auch wir wollen über diese Er=
scheinung aus einer frühern finstern Zeit, die nun Gott=
lob geschwunden, den Mantel der Vergessenheit decken.

Zugleichen ist uns auch über unsere Notiz in Nr. 1
die Vorgänge in Hürben betreffend eine weitläufige Aus=
einandersetzung brieflich zugegangen. Wir tragen des=
halb theils referirend theils unsere Bemerkung rechtferti=
gend Folgendes nach. Das Wirken des Hrn. Rabbi=
ners Schwarz werde nur von einigen jungen Brause=
köpfen so übel gedeutet, die andern Alle würden, wenn
er es nur wünsche, „mit Gut und Blut‟ für ihn auf=
treten; er habe allerdings gegen eine gewisse Handels=
praktik gepredigt u. s. w. Wir unsererseits haben uns
nur das Berichten öffentlicher Vorkommnisse in jüdischen
Gemeinden zur Aufgabe gemacht. Sind diese in der
Wirklichkeit anders, so steht es dem Angegriffenen oder
seinen Freunden zu, als es erwächst ihnen zur Pflicht,
mit einer andern Darstellung in die Oeffentlichkeit zu
treten. Nicht genügt es heutigen Tages zu sagen: man
sei ein Feind öffentlicher Polemik. Die Presse ist eine
Macht und die durch sie gebildete öffentliche Meinung
eine Richterin, vor der sich zu vertheidigen Niemand zu
hoch gestellt ist und die zu verachten sich Niemand un=
gestraft vermessen darf. Man hätte daher dem öffent=
lichen Angriffen in früherer und neuerer Zeit nicht ein
hartnäckiges Stillschweigen entgegensetzen und endlich mit

dem weltlichen Arm zu Hilfe kommen wollen, denn wenn der auch die Angreifer straft — was noch sehr fraglich, da Amtshandlungen unter eine ganz andere Kategorie fallen, als andere öffentliche Angriffe — die öffentliche Meinung ist gleichwohl nicht ganz befriedigt. Doch sehen wir zu, welchen Ausgang dieser Prozeß nehmen wird.

Wenn wir also heute genöthigt waren, etwas Weniges zu polemisiren — als eine Folge der vielfachen Verbreitung und Berücksichtigung der Artikel dieses Blattes — so fahren wir heute in der obenberührten Weise fort, alle uns zu Ohren gekommenen Erscheinungen in der jüdischen Welt zu berichten.

Dem Vernehmen nach hat der Vorstand in Fürth die Erlaubniß nachgesucht und höchsten Orts auch erhalten, in der dortigen Synagoge eine Orgel anbringen zu dürfen. Eine solche Einrichtung muß wohl noch andere Reformen im Gottesdienste zur Folge haben und an ein Klagen, noch weniger an ein demnächstes der Minorität daselbst ist unter den jetzigen Verhältnissen wohl nicht zu denken. Die viel verbreitete Nachricht aber, als hielte Hr. Rabb. Dr. Löwi daselbst allwöchentlich zwei Vorlesungen über Judenthum ꝛc. vor einem zahlreichen jüdischen und christlichen Publikum in der Synagoge ist wohl nur ein Puff von einem Spaßvogel, einem neugierigen Landmann aufgebunden. — Das aber ist wahr, daß genannter Rabbiner mit seinem Kollegen und unversöhnlichsten Gegner, dem Rabbiner Wechsler in Schwabach in einem Streit liegt, bei dem zugleich ein Prinzip zur Entscheidung kommen muß. Wechsler erhielt von Löwi die Dimissorialen zu einer Trauung, ließ aber diese durch einen Privatmann; jedoch in seinem Beisein vornehmen und ist nun genöthigt, vor seinem, den neuen Rabbinern abgelernten Grundsatz, nur der Rabbiner könne gesetzlich trauen vor den Gerichten abzugehen, obschon er sich ein Hinterthürchen offen gelassen und die חופה שבה — sie seien die Hauptsache — selbst gesagt habe. Ueberhaupt geben unsere Rabbiner und man muß es offen sagen, besonders die sogenannten orthodoxen ein gar erbauliches Beispiel gegenseitiger Achtung und Verträglichkeit. Eine Ehescheidung in unserer Nähe, an und für sich wegen der Seltenheit des Aktes und des Alters der zu Scheidenden — der Mann ist etliche und funfzig und die Frau etliche und siebenzig Jahre alt — nicht ohne Interesse, giebt uns einen neuen Beleg hierzu. Der zuständige Rabbiner in D. will den von Oe. herbeiziehen. Der erklärt aber nicht dazu zu gehen, wenn nicht Rabbiner v. Sch. dabei ist und diesen will wieder der von D. nicht ꝛc. s. w. — Es wird schwer halten, drei Rabbiner zusammen zu bringen!

Mittwoch den 16. d. M. verschied nach dreißigjährigem treuen anerkannten Wirken, im 58. Lebensjahre der deutsche Schul- und Religionslehrer J. Levi

Höchstätter in Mönchs-Deggingen, Kreis Schwaben. Bei dem feierlichen Leichenbegängniß, dem sich auch der christliche Ortsgeistliche anschloß, sah man recht, wie geliebt der Hingegangene in seiner Gemeinde, deren Glieder fast alle seine Schüler sind, war, und der Bezirksrabbiner, Hr. Selz aus Harburg hat es verstanden, den frommen Gefühlen in einer ergreifenden Grabrede den rechten Ausdruck zu geben. Der Verstorbene hat nicht blos um seine Schule, sondern auch um die Gemeinde überhaupt, die er in vielen wichtigen Fragen kräftig vertrat und auf die Bahn des Fortschritts allmälig zu leiten verstand, vielfache Verdienste erworben. Friede mit ihm!

Zugleich gedenke ich mit Wehmuth des am 15. d. M. erfolgten Hingangs einer Schülerin des Musik-Conservatoriums, der 16jährigen einzigen Tochter eines guten Elternpaars, der Karoline Baßinger aus Fürth, welche das unerbittliche Tod in ihrem schönsten Streben und zum namenlosen Schmerze Aller, die sie kannten, dahingerafft hat! —

Ein vormaliger Landsmann, Hr. Dr. Friedmann, welcher seiner Zeit eine Preisaufgabe an der Universität München gelöst hat, ist nun Batavia in der Eigenschaft eines holländischen Schiffsoberarztes nach achtjähriger Abwesenheit wieder zum Besuche seiner Eltern in sein voriges Vaterland zurückgekehrt. Wie lange noch werden die begabtesten und ausgezeichnetsten Jünglinge, blos weil sie dem Akte der Taufe sich nicht unterwerfen, genöthigt sein, dem Vaterland den Rücken zu kehren und ihre ausgezeichneten Dienste fremden Staaten zu widmen? Von einer zweckmäßigen neuen Einrichtung der Administration der israel. Kultus-Gemeinde in München zur Unterstützung fremder Jsraeliten und zur Abwehrung des keine Grenzen mehr kennenden jüdischen Bettels, kann ich Ihnen erst in meinem nächsten Bericht ein Näheres mittheilen.

Endlich zum Schlusse noch die Nachricht, daß die „Dorfzeitung" wieder einen sehr wichtigen Fang gemacht hat. In Unterfranken wurde ein Jude — natürlich wird der Jude mit gespaltener Schrift gedruckt — wegen Versuchs zur Verleitung zum Meineid an den Pranger gestellt. Wir schlagen der Löschpapiernen vor, alle Bestrafungen von Verbrechern, welche sie Jahr aus Jahr ein meldet, nach Konfessionen auszuscheiden und dann wollen wir ihr rechten!

Aus der Provinz Posen, 1 März. Die vakant gewesene Stelle eines Erziehers und Religionslehrers an der israel. Waisen-Anstalt in Posen ist besetzt. Hrn. L. Wedell aus P. ist dieses Doppelamt anvertraut worden. Die Wahl ist eine gute zu nennen; denn sie hat einen Mann getroffen, der durch Bildung (namentlich durch Kenntniß der jüdischen Literatur) eben so sehr, als durch Frömmigkeit und Rechtschaffenheit ausgezeichnet ist. Das in Rede stehende Institut ist mit eine von den wohlthätigsten und wirksamsten Anstalten nicht nur in der Gemeinde Posen, sondern sogar in der ganzen Provinz. Die Herren Vorsteher sind unermüdet in ihrem Wirken; besonders aber sind es die HH. Meschelson und Peter Lippmann (Direktoren), deren ernstem Eifer und reger Thätigkeit die Anstalt sehr Viel zu verdanken hat. Es wäre zu wünschen, daß in andern großen Gemeinden unserer Provinz, wie Lissa, Kempen, Rawiez u. s. w. ähnliche Institute gegründet würden. An wohlthätigen Herzen wird es nirgends fehlen, wo Jsrael seine Hütten aufgeschlagen. — Die Kanzel im Posener Brüder-Verein ist noch immer vakant. Das Komité geht diesmal etwas vorsichtiger zu Werke und dies kann und wird Niemand tadeln. — Wie allgemein verlautet, so ist Dr. Gebhardt bereits von vielen Gemeinden des Großherzogthums (darunter auch von mehrern größern, wie Lissa, Rawiez, Gnesen ꝛc.) zum Kandidaten für die einzusetzende Kultus-Kommission gewählt und dem Oberpräsidenten vorgeschlagen werden. Was wird Ihr Krotoschiner Korrespondent hierzu sagen, der den Dr. G. Ruhm und Ruf durchaus streitig machen will? (Vergl. Nr. 9 d. Bl.) — Wir wiederholen es, nochmals, daß Dr. G. in unserer Provinz „rühmlichst bekannt", daß ein „Ruf" als gediegener Mann im ganzen Großherzogthum „verbreitet" ist — und fügen hinzu: daß man praktischen Ruhm ärnten kann, auch ohne den Markt der Literatur mit Gelehrsamkeit bereichert zu haben, und einen Ruf erlangen, auch ohne zu Gunsten irgend einer religiösen Meinung mit großem Gepolter schwertumgürtet und ritterlich geharnischt — in die Schranken der Polemik getreten zu sein. — Herr G. hat einen festen, unerschütterlichen Charakter, führt einen ungeheuchelten frommen Lebenswandel, besitzt vielleicht weniger Wissen und ist besonders durch seine hinreißende Beredsamkeit ausgezeichnet. Dies Alles weiß bei uns fast jedes Kind, und darum haben wir in unserm Art. vom 16. Jan. (Nr. 6 d. Bl.) die Hoffnung ausgesprochen, daß wohl viele unserer Gemeinden den Dr. G. als „Kandidaten zur Kultus-Kommission den Oberpräsidio vorschlagen würden. Wie es scheint, so haben wir uns nicht getäuscht. — Was den „Wächter an der Ostsee" anlangt, so werden wir nicht aufhören, die vom St. O.B. ausgegangene Empfehlung dieses Blattes als eine „buchhändlerische Spekulation" anzunehmen, bis Ihr Stettiner Korrespondent K. uns von Gegentheil wird überzeugt haben. Was Herr K. (s. Nr. 9 d. Bl.) von einem Polen und einer Karoze witzelt, dürfte sich eher auf ihn als auf uns anwenden. Wer seinen Art. liest, sieht nur zu klar, daß es ihm nur um die „polnische Anekdote" zu thun gewesen, daß er vorsätzlich in unsern Art. vom 17. Jan. (Nr. 6 d. Bl.) ein „Loch" machte, um

ein Stück verrostetes Eisen aus der Rumpelkammer altböckerischen Witzes herumzulegen, und mittelst der so improvisirten Kanone eine sarkastische Bombe auf uns abfeuern zu können. Wir sind nicht getroffen werden. — Das prunkende Citat aus Frankel hätte sich Herr K. auch ersparen können; denn das, was er damit beweisen wollte, würden wir ihm auch ohne Beleg geglaubt haben. —   B.

Posen, 4. März. Am jüngstverwichenen Sabbat (Ki-Tissa) hat der RR. Dr. Goldstein aus Breslau in unserer Brüdervereinschule die erste Probepredigt gehalten. Ein Freund bemerkt uns hierüber, er hätte in der Physiegnomie der G.'schen Rede starke Aehnlichkeit mit Friedrich den Großen wahrgenommen; denn dieser König habe gesagt: „Jeder Mensch kann auf seine eigene Façon selig werden" — und in diesem Sinne sei G.'s Rede abgefaßt gewesen. — Gespalten hat G. allgemein, und man sagt, er habe schon einige Hoffnung. — Ueber Dr. Cracauer hören wir so eben, daß derselbe in Thorn als Prediger engagirt sei. Verbürgen können wir diese Nachricht noch nicht. — Der moderne Gottesdienst in unserm Bethsale des Posener Brüder-Vereins fängt an so anziehend zu werden, daß selbst Viele von den strengstgläubigsten Besuchern der sog. „Alten Schile" jetzt jeder Sonnabend Vormittag zu den Brüdern gehen, um sich durch die schönen Gesänge des Knabenchors und die noch schönern Recitativ's des Hrn. Rittermann ein Sabbat-Vergnügen zu verschaffen. — Junge Leute, die sonst, außer הר und ד׳, das ganze Jahr nicht daran dachten, in ein Gotteshaus zu gehen, sieht man jetzt Freitag Abend sowohl als Sonnabend Vormittag in die Brüderschule eilen und bis zu Ende des Gottesdienstes daselbst ausharren. Wenn erst ein Prediger wird engagirt sein, dann werden wohl Viele, die jetzt nur als Gäste in den Betsaal kommen (was man zu gewöhnlichen Sabbaten gestattet ist) zur Aufnahme in den Verein sich melden; allein das Komité wird nur eine geringe Anzahl neuer Mitglieder zulassen können, weil das Lokal leider etwas zu klein angelegt worden. — Von den neugewählten Repräsentanten-Kollegium und Gemeinde-Verstande zu Posen erwartet man — wir wissen nicht ob mit Recht — eine „Aenderung der Dinge". — Die jüdischen Hospitanten im Schullehrerseminar zu P. erfreuen sich jetzt (seit neuester Zeit) nicht mehr nur von Hrn. Oberlehrer Baeck (s. 51 v. J.) sondern auch schon von Seiten des Direktors (Hrn. Ritsche) und der übrigen Lehrer der Anstalt einer aufmerksamen und recht freundlichen Behandlung.   B.

Posen, Ende Febr. Der Brüder-Verein geht ernst an die Anstellung eines Predigers. Von den sich zu dem Ende gemeldeten Kandidaten, die Probe-Predigten hielten, erwähne ich blos zwei. Ein sich Doktor nennen lassendes Subjekt, ein Posener Kind, erhielt die

Erlaubniß zu einer Predigt, welche sich den Texte: מה טוב ומה נעים שבת אחים גם יחד. „Heil dir, o Brüder-Verein", anschloß. Kein Wunder, daß dem Bruder des Vereins bei diesem erhabenen Texte die Thränen floßen; man vernahm ein lautes Schluchzen, besonders sollen die Geldgeschäftmacher ihren Gefühlen (!?) durch lautes Weinen Luft gemacht haben, hätte der Redner obigen merkwürdigen Text mit dessen tragi-komischen Uebersetzung nicht stotternd hervorgebracht. Von der Predigt selbst habe ich mir sonst nichts gemerkt, weil ich nicht viel Merkenswerthes darin fand.

Letzten Sonnabend predigte ein Herr Goldstein. Er hat seinen Zuhörern gefallen und kann daher mit Bestimmtheit seiner Placirung hierselbst entgegensehen. Es soll sich nur noch um 50 Thlr. handeln.

Dr. K. vormaliger Rabbiner in B. sieht noch immer einer anderweitigen Anstellung entgegen. Einstweilen geht dieser ehrenwerthe Rabbiner den Posnern mit moralischen Beispielen voran: Er giebt dem Korrespondenten der Posener Zeitung Stoff, eine Wucher-Statistik von der Stadt Posen zu entwerfen.

Allgemein spricht man hier, Hr. Rabb. Eger habe seinen Schwiegersohn Dr. H. als Kultus-Deputirten an seiner Statt erwählt; allein dies ist kaum glaublich, denn wie auch Hr. Dr. H. es verdienen mag, so wird Hr. Eger ein so wichtiges Amt doch gewiß für sich behalten und Ihr Korrespondent in **Krotoschin** hat vollkommen Recht: **die Orthodoxie muß auch einen Mandator haben.**

M..r.

Oesterreich.

Prag, 6. März. Die Geschichte ist das Weltgericht. Die Franzosen, selbst frei wie kein Volk auf Erden, haben die Freiheit errungen. Unsere Böhmen werden jetzt ihre Ohnmacht fühlen. Die Krämerseelen, die den Juden die Luft außerhalb des Ghetto mißgönnen, können unmöglich die Freiheit für sich verlangen. Die Regierung kann sich auf ihr historisches Recht berufen, so wie die hiesigen Spießbürger auf ihre alten Privilegien den Juden gegenüber pochen. In keiner Hauptstadt werden die Juden so schmachvoll von den Bürgern behandelt, wie hier. Beschränkt und jeder wahren Bildung baar, sehen die hiesigen engherzigen Bürger mit Verachtung auf die Juden. Allein die Nemesis der Geschichte bleibt nicht aus. Diejenigen, die Sklaven mit Wohlgefallen neben sich sehen, können auch keine Ansprüche auf die Errungenschaft der Freiheit machen. Würde nicht die Regierung die Juden schützen,

die Rohheit der christlichen Bevölkerung wäre grenzenlos. Die Regierung hätte längst die Juden emancipirt, hätte sie nicht einen Auflauf des Pöbels zu befürchten. Und zum Pöbel gehören auch diejenigen, die nur ihre Privilegien in die Schale des Rechts legen.

Italien.

Livorno, im Febr. Die Israeliten Toskana's sind emancipirt und eine allgemeine Begeisterung durchzuckt die sonst so tiefgebeugten Gemeinden; das Joch und die Knechtschaft, die der finstere Wahn einer Glaubensausschließlichkeit ihnen Jahrhunderte lang aufgelegt, weichen vor dem erwachten Geist des erstandenen Italiens und Dankadressen an die Regierungen, freudige Hymnen an den Stätten der Andacht folgen nun auf diesen erhebenden politischen Akt. Unsere Gemeinde hat überdies noch sofort eine Schenkung von 10,000 Lire, 200 Betten und 1500 Hemden an die Armen der Stadt gemacht, um diesen Anbruch eines schönen Tages der Zukunft durch eine That der Mildthätigkeit zu feiern. Wunderbar ist der Geist, welcher Italia's Stämme jetzt durchglüht, es ist der Geist der Verbrüderung, der sich schämt, von der Religion so lange niedergehalten worden zu sein. Während man in Turin die sonst von der Inquisition gehetzten Waldenser aufsucht und sie als Brüder umarmt, beeifern sich in den andern italischen Staaten Weltliche und Geistliche, Mönche und Bürger, die gekränkten Israeliten heranzuziehen und ihnen brüderlich die Hand zu reichen. Es wird anders werden; denn die Völker sind mündig und entschlossen, ihre Zukunft sich selbst zu gestalten.

Personalchronik und Miscellen.

Netzdistrikt, 1. März. In Filehne ist der neue Rabbiner und Prediger Stein den Lehrern ein Stein des Anstoßes geworden. Der Vorstand hat beschlossen, dem Rabbi die Oberaufsicht über die Schule zu verleihen; aber die Herren Lehrer wollen sich dies nicht gefallen lassen, und so setzt es Aergerniß über Aergerniß. Nächstens mehr hierüber.

W.

Kassel, 10. März. Unser polnischer Rabbi, den uns eine in Pietismus versunkene Regierung aufdringen wollte, ist gewichen und das Rabbinat ist nach wie vor vakant.

Verlag von C. L. Fritzsche.

Druck von J. H. Nagel.

Der Orient.

Berichte, Studien und Kritiken

Neunter — für jüdische Geschichte und Literatur. — Jahrgang.

Das Abonnement auf ein Jahr ist 5 Thlr. Man abonnirt bei allen löbl. Postämtern und allen solid. Buchhandlungen auf ein Jahr.

Herausgegeben von

Dr. Julius Fürst.

Von dieser Zeitschrift erscheinen wöchentlich das Literaturblatt mitgerechnet, zwei Bogen, und zwar an jedem Dienstag regelmäßig.

№ 13.   Leipzig, den 25. März   1848.

Deutschland.

Leipzig, 14. März. Die freie Presse ist in diesem Augenblicke die thatsächlichste Errungenschaft der Freiheits-Bewegung unseres deutschen Vaterlandes; so sie noch nicht officiell proklamirt oder bestimmt verheißen worden, da steht sie für die nächste Zukunft in Aussicht und kann, nachdem selbst der überbedächtigste deutsche Bund sie als Nothsignal der stürmischen Gegenwart verkündet, als bereits errungen angesehen werden. Und unter dem Banner der freien Presse senden wir unser Zeitblatt an die begeisterten Kämpfer für die Freiheit der Juden und für freie Entwickelung des Judenthums; der „Orient" möge von nun an mehr als je der muthige Sendbote der freien ungehinderten Aeußerung des Gedankens sein, und die Scheidung der Israeliten Deutschland's, ihre Zukunft, ihre Aufgaben, ihre Wünsche, ihre begeisterten Kämpfe, mögen den Inhalt des freigewordenen „Orient" bilden. Auch die jüdische Presse hat schwer unter der gedankenmörderischen Censur geseufzt. Der „Orient" durfte keine Mittheilungen über judenbetreffende Landtagsverhandlungen geben, keine freimüthigen Aeußerungen über niederträchtige Aussprüche der Deputirten machen, denn so lautete die Censurinstruktion, und eine launenhafte Abweichung von derselben war eine Gefälligkeit. Der „Orient" durfte nicht die Gebrechen und Schäden der Lage der Juden in Preußen und Oesterreich freimüthig beleuchten, er durfte nicht die

wahnwitzigen Konsequenzen der engherzigen Idee eines christlichen Staates berühren und in der Vertheidigung des Judenthums gegen die Angriffe des bevorrechteten Christenthums würde nicht die ungetheilte Wahrheit geduldet. Aufforderungen an Gemeinden zu energischen Schritten gegen unvernünftige, sorg- und kopflose Verwaltungsmaßregeln, Mahnungen zu außerordentlichen Unternehmungen gegen bureaukratische Tyrannei und kleinliche Knechtung von den untergeordneten Behörden wurden von der leibhaften Tochter der Inquisition, von der Censur stets mit mißtrauischem Blicke angesehen und fast immer unbarmherzig durch die Censurscheere vernichtet. Diese Fessel des freien Gedankens ist nun endlich vernichtet, die Bevormundung des freien Wortes hat aufgehört, die Censur ist todt und wir haben jenes humoristische, bejammernswerthe Ideal: den letzten Censor, den alle Witzköpfe sich seit 30 Jahren gewünscht, wirklich gesehen! Auch der „Orient" hat die Censur angekämpft, auch er hat seine Leidensgeschichte, seine tausendfachen Verdrießlichkeiten mit diesem knechtischen Institute gehabt, welche weder der ferne Leser noch der Korrespondent geahnt, und er hat auch mitgekämpft zur Abschaffung der Censur vor der Abschaffung, wodurch die Censoren der Regierung die Erklärung gaben: wir bekommen nichts zur Censur, sie ist daher überflüssig.

Berlin, 12. März. „Es ist eine alte Geschichte, doch bleibt sie ewig neu". Diese Worte fielen mir ein, als ich an das herannahende Purimfest dachte. Ein wankelmüthiger König, der heute widerruft, was er gestern mit vielem Pomp verkündet, ein judenfeindlicher Minister, der den Parsismus für die Staatsreligion erklärt, klagende Juden, die da weinen und fasten, eine schöne Jüdin, die das Herz bewegt — dies Alles sind bekannte Figuren, die auf den Brettern der Weltbühne oft erschienen sind. Allein das gestürzte Ministerium Haman bringt mich in unserer ministertrotzenden Zeit auf ganz andere Gedanken. Haman war verantwortlicher Minister des Kultus, und als der freie Geist zu wehen begann, verschwand der Minister von der Bühne. Das einzige Ministerium vielleicht, das von Juden gestürzt wurde. Allerdings haben die Juden sich nicht besser als die Franzosen in der ersten Revolution benommen: sie errichteten eine Guillotine und mordeten. Aber Mardechai ward Ministerpräsident. Nach einer blutigen Revolution gelangte erst ein Jude zu einem Portefeuille. Haman bleibt aber immer der Typus aller antijüdischen Minister. Zwar hat unsere Zeit der feinen Sitten die Außenseite geglättet. Statt der blanken Rüstung des Judenhasses erscheint ein zierliches Aushängeschild: „christlicher Staat"; allein der Kern des Pudels hat sich nicht geändert. „Die Juden bilden einen Staat im Staate" war das Stichwort des persischen Ministeriums und ist heute noch die Bannformel der romantischen Politik. Ob das Herzklopfen Deutschlands und der Kopfschmerz der Minister Vorzeichen eines Freiheitsfiebers sind, kann ich nicht beurtheilen, da Berlin bereits seit langer Zeit in großer Aufregung fiebert. —

In dem unisonen Chor der Gegenwart tönt mir eine Stimme besonders melodisch: die Stimme nach Preßfreiheit, und sogleich lege ich mir die Frage vor, welchen Gebrauch ich von dieser Freiheit machen wolle. Keinen andern als die Wahrheit zu verkünden. Während im Elsaß und in Baden das freiheitstrunkene deutsche Volk sein Müthchen an armen Juden kühlt, begrüßt Cremieux in Paris die Deputation der deutschen Republikaner. Ein jüdischer Minister Frankreichs, ein Franzose mit aller Gluth seines Herzens spricht den Ruhm der deutschen Nation aus und deutsche Krämerseelen plündern die Juden! In Frankreich Mardechai auf dem Ministersitze, in Deutschland so viele Haman's als Schreier! Die deutsche Tiefe ist ein Abgrund von Intoleranz. — Die Freiheit ist in Deutschland eine ungezogene Tochter, die um sich schlägt. Die Deutschen lebten bisher in der Finsterniß der Sklaverei und können das plötzlich aufstrahlende Licht der Freiheit nicht ertragen. Geblendet tappen sie umher, werfen da einen Juden um, zerschlagen dort die Fensterscheiben eines armen Juden, vergreifen sich hier an jüdischen Börsen und trauen sich nicht selbst zu, frei zu sein. Die braven Elsäßer! Noch rollt echt germanisches Blut in ihren Adern, noch erheben sie die Faust gegen die Juden, wie ihre lieben Stammgenossen, die Deutschen. O könnte ich Deutschland an mein Herz drücken, damit es auch einmal den Druck eines Juden fühlte! —

Der allweise Senat in Frankfurt a. M. erklärt, die Gleichstellung der nichtchristlichen Konfessionen sei, durch die eigenthümlichen Verhältnisse der Stadt, jetzt nicht räthlich. Jubelt ihr Friseure, noch ist der deutsche Zopf nicht zu Grabe getragen; in Frankfurt, der Geburtsstadt Göthe's, gedeihen die Zöpfe und die Judenfresser. Vergebens hat Börne den Frankfurtern den Kopf zurecht gesetzt; der Zopf ist unverwüstlich. Der Bundestag — ein Euphemismus für Bundesnacht — hätte keinen bessern Sitz wählen können. Dieser Schneckenschritt des besonnenen Senats veranlaßte mich, demselben folgende Adresse zu überschicken: „Weder égalité noch fraternité noch liberté, sondern im Namen des dreiflechtigen Zopfes, der nicht sobald zerrissen wird, wie der Jude Salomo sagt! Mit bundestäglichem Verwundern habe ich gehört, daß meine Glaubensgenossen mit einem allweisen Senate gleichgestellt sein wollen. Welche Verblendung! Woher sollen die Juden in dieser kurzen Zeit Zöpfe nehmen, die den Ihrigen gleich kämen? Simson und Absalon, die langhaarigen Juden, sind längst todt; und der Zopf eines Rabbinen erreicht durchaus nicht den eines Senaters. In Ihrer besonnensten Besonnenheit haben Sie richtig erwogen, daß die eigenthümlichen Sklavenverhältnisse Frankfurts die Emancipation schlechterdings unmöglich machen. Angesichts des deutschen Bundes die Juden gleichstellen, hieße Verrath an dem Zopfthume üben. Und mit den Zöpfen müssen Sie sorgfältig umgehen. Sollten die unchristlichen Franzosen es wagen, die deutschen Eichenwälder, die Söhne Hermanns, die Schützlinge des deutschen Bundes anzugreifen, so sollen sie vor deutschen Zöpfen zurückschrecken. Ein deutscher Zopf kann durch seine Wucht tausend Franzosen zu Boden werfen. Die traurige Folgen der Emancipation bleiben auch nicht aus. In Frankreich hat sie einem Juden ein Portefeuille in die Hand gedrückt; am Ende würde der alte Römer durch einen jüdischen Senator entweiht werden. Die Arroganz der Juden ist bekannt; und es ist eine jüdische Arroganz, von die Juden, als Spielzeug der kindlichen Bundestages, als freie Menschen betrachtet sein wollen. Es ist durchaus Ihrer würdig, keine Fesseln zu brechen, keine Sklaven zu befreien. Den christlichen Kindern muß man allerdings einige Bonbons der Freiheit zur Unterhaltung hinwerfen; die Juden mögen immerhin von Kommißbrod der Ausnahmsgesetze leben. Daß ich aber es gerade wage, diese unschuldigen Zeilen an Sie zu richten, kommt daher, daß ich als Preuße bin. Ich als Preuße weiß es, daß die christliche Liebe, der Ausdruck des reinsten Sittengesetzes, die Gleichstellung der Juden nicht zuläßt; ich als Preuße weiß es, daß der Jude nicht umsonst geboren und nicht umsonst gestorben; ich als Preuße

weiß es, daß wohl Zöpfe, aber nicht das immanente
Zopfthum aufhören können.'' (Folgt meine Unterschrift.)
Was halten Sie von dieser Adresse? Abschlägig
wird sie nicht beschieden werden. ✱

Berlin, 16. März. Ich kann mich des Lachens
nicht enthalten, sehe ich den Korrespondenten Schalten
und Walten. Die Regierungen haben stehende Heere,
die Orthodoxen eine unbewegliche Lehre, die Censoren eine
zerbrochene Scheere, viele Korrespondenten morsche
Gewehre. Ein Thema bleibt, worüber man schreibt.
,,Hier hat ein Kandidat einen Text verdreht, dort ein
Reformlüsterner gevebt; in N. haben die Erleuchteten
sich zusammengerafft, haben das Hamanklopfen abge=
schafft; in X. ist die Stelle noch nicht besetzt, obwohl
viele Prediger zu Tode gehetzt; aus K. wird uns der
Rath, nur Laien sind Männer der That; in 3. sind
die Vorsteher arrogant, stecken in Alles ihre Hand, küm=
mern sich um jeden Tand mit ihrem Nichts durchboh=
renden Verstand; in O. ist das Höchste vollbracht, die
Schulklopferfrage ist abgemacht; in B. kam es zum
Schlagen, weil der Redner die Bässchen verkehrt getra=
gen'' — das sind die Berichte der neuesten Geschichte.
Soll dies noch lange dauern, so beginne ich zu trauern.
Was kümmern mich die Proben, das Tadeln, Adeln
und Loben? Abraham ward zehnmal erprobt, ein Kan=
didat wird einmal erprobt und zehnmal gelobt. — Oft
wird er maltraitirt, von dem Ersten, der die Feder führt.
Kurz es wäre Zeit, die Journalistik würde gescheidt,
göße die Klatscherei in einen Brei, würfe ihn über's
Bord, an einen entlegenen Ort. Jetzt ist die Zeit der
Freiheit; Jeder mache sich auf, mitzurennen den Welt=
lauf, die Freiheit zu erringen auf des Kampfes Schwin=
gen. Wer die Feder führen kann, zeige sich als Mann;
wem die Freiheit werth, der verlasse seinen Heerd und
sage was er begehrt — und es werde ihm gewährt. —
Was mich betrifft, so folge jetzt des Censors
Grabschrift.

Egalité, fraternité, liberté.

Hier ruht des Censors Scheere — zur Freiheit Ehre
— gar manchem Witz — brach er ab die Spitz —
manchem Aufsatz — mißgönnte er den Platz — er
strich und strich und strich — bis er endlich wich —
die Freiheit hat ihn zu sich genommen — möge er
nie wieder kommen. — Seinem Geiste werde Frie=
den — wir sind auf ewig geschieden!

תנצב״ה

✱

Berlin, 18. März. Was wird geschehen?
müssen auch die Juden fragen. Der Frühlingshauch
der Freiheit weht Alle an; die Freiheit wie die Liebe
kennt nur Menschen, keine Konfessionen; sie umfaßt
Alle, ermuthigt Alle. Sie ist kein Privilegium von
Gottes Gnaden einem Theile verliehen, sondern eine
Kosmopolitin, die von einem Volke zum andern wan=

dert. Welche Aufnahme wird sie in Deutschland fin=
den? Wird sie an den Häusern der Israeliten, wie der
Racheengel in Egypten, vorüberschreiten? Gastfreund=
schaft ist eine alte jüdische Tugend, die im Ghetto ge=
nährt wurde. Gastfreundlich werden daher die Nach=
kommen der Makkabäer diese Wanderin aufnehmen.
Seit den Makkabäern haben wir dich, holde Wanderin,
nicht in unserer Mitte gesehen; man hatte dich uns ver=
sprochen, allein die Partie ging zurück. Der Vormund
der deutschen Freiheit, der Bundestag, der das deutsche
Volk für unmündig erklärte und es ununterbrochen in
die Schule schickte, verweigerte seine Einwilligung. Wür=
den wir dir unsere Leidensgeschichte erzählen, von der
glorreichen Hep=Hep=Periode bis zu den ruhmvollen
Judenverfolgungen in Baden und im Elsaß, von dem
Heidelberger Apostel Paulus bis zu dem Zopfregimente
der deutschen freien Städte, du müßtest Thränen ver=
gießen über Germaniens Söhne, die noch immer in den
Urwäldern zu leben glauben, wo das Eisen und nicht
das Recht herrscht. Man hat uns Sündenregister ange=
fertigt, als wenn wir Barbaren wären; kleine und große
Hamans haben uns unsern Partikularismus vorgewor=
fen, während wir gegen die politischen Fahnen Jeru=
salems protestirten; man nannte uns Fremde, weil man
die blauen Augen und die blonde Haare an uns ver=
mißte; eigensinnig schalt man uns, weil wir den Muth
hatten, einer Welt Trotz zu bieten; kurz man hatte
in der Judenfrage mit Rußland eine heilige Allianz
geschlossen. Zu deinen Füßen fallen jetzt Millionen
nieder, dir ihre Huldigung darzubringen. Wie eine
zweite Minerva bist du den Völkern erschienen — und
auch uns, die wir so sehnsüchtig nach dir schmachteten.
Bewaffne dich, o Freiheit mit einer langen Scheere,
um die Zöpfe für immer zu vertilgen; jage allen Se=
natoren die Schamröthe in's Gesicht und weise hin auf
das Blut, das jüdische Söhne für dich vergossen; schlage
mit altgermanischen Eselskinnbacken die deutschen Phi=
lister, die selbst nach Prof. Hitzig, mit den Wischmu=
verehrern nichts gemein haben; schlage den deutschen
Fels, damit die Thränen der Rührung hervorströmen.
Hunderttausend Herzen und zweimalhunderttausend Arme
erheben sich jetzt zu dir.

Doch was frommt eine Allokution an die Freiheit,
da ich kein infallibler Pabst bin? An Worten fehlt es
wahrlich in Deutschland nicht; denn im Anfange das
Wort war, folgte gewiß Deutschland gleich darauf.
In Deutschland fließt zwar, trotz der Bienenstiche und
der zahlreichen Kühe, kein Milch und Honig; aber
Worte, in allen Konstruktionslabyrinthen, in aller syn=
taktischen Windungen, fließen in ununterbrochener Strö=
mung. Auf die Fluth der Worte folgt die Ebbe der
That. So haben sich für die deutschen Juden Stim=
men erhoben; sie sprachen — und noch ward es nicht.
Als die Juden 1813 auf das Schlachtfeld zogen, da

13*

sahen sie nicht die Inschrift „Lasciate agni speranza, voi ch'entrate"! *

Netzdistrikt, 25. Febr. In Nakel geht man damit um, die jüdische Schule mit einer der christlichen des Ortes zu kombiniren. Was den Vorstand auf diese kuriose Idee mag gebracht haben, wird Ihnen wahrscheinlich von Ihrem dortigen Korrespondenten berichtet werden. — Die dortige **Krankenverpflegungs-Gesellschaft**, über deren Gründung Ihnen im Oktober v. J. so Manches mitgetheilt worden, verdient mit Recht ein sehr würdiges Institut genannt zu werden. Die armen Kranken, deren es besonders in diesem Winter viele giebt, werden mit der sorgsamsten Pflege entsehen. Außer den Unterstützungen an baarem Gelde erhalten sie nöthigenfalls auch Betten, Matratzen, Wäsche rc. und die Rekonvalescenten zweimal täglich Suppe, Fleischspeise, so wie Labungen und Erfrischungen aller Art. Die Nachtwachen werden von den Mitgliedern des Vereins selbst versehen. Selbst die Reichsten und Vornehmsten sieht man dieser edlen Menschenpflicht in eigener Person sich unterziehen, obwohl sie sich hierin (n. §. 9 d. St.) von Andern könnten vertreten lassen. Ja, die vornehmsten und begütertsten Mitglieder der Gesellschaft sieht man in der Nacht wie am Tage an den Krankenlager ihrer ärmsten Brüder weilen und ihnen mit wahrer Bruderliebe Trost und Hülfe reichen. — Das verdient Nachahmung. — Und auch die Damen sind nicht müssig. Von den Vereins-Vorstände dazu aufgefordert[1] setzen sie ihre Hände in Thätigkeit und verfertigen verschiedene niedliche Handarbeiten; welche, wenn deren eine große Anzahl vorhanden sein wird, zum Besten der armen Kranken verloost werden sollen.[2] — Zu bedauern ist aber, daß ein großer Theil der Nakeler Juden von Vorurtheilen rc. noch allzubefangen ist, um den Nutzen und wohlthätigen Zweck des in Rede stehenden Vereins einzusehen und würdigen zu können.[3] W.

Von der Warthe (GH. Posen), 14. Febr. Die Klage, die oft schon in jüdischen Blättern besprochen wurde, daß durch die neue Gestaltung der Dinge, durch den Andrang aller Bemittelten zur Hauptstadt die kleinern Gemeinden sich gänzlich auflösen, hat wohl nirgends solchen Grund wie in hiesiger Provinz. Abgesehen von den Verhältnissen der Zeit, hat hier noch dazu das Gesetz von 1833 dahin gewirkt, die Gemein-

---

1) Durch ein gedrucktes Cirkular, vom 18. h. datirt, und im höflichsten Style abgefaßt.

2) In Lissa wird alle 3 Jahre eine derartige Verloosung veranstaltet, und zwar zum Besten des israel. Armen-Bekleidungs-Vereins, der dort schon über 20 Jahre besteht.

3) Fragt man uns: „wer oder was ist Schuld an dieser Befangenheit?" — So haben wir weiter Nichts zu thun, als auf unsern ersten „Netzdistrikts-Bericht" in Nr. 48 v. J. hinzuweisen. Das genügt. —

den ihrer besten Kräfte zu berauben; es hat nämlich die Juden in zwei Klassen getheilt, zu deren einer die Wohlhabenden, zur andern die Armen gehörten. Erstere erhielten alle Rechte eines Staatsbürgers und das der Freizügigkeit; und oft nur um sich dieses Rechts zu bedienen, ohne Veranlassung, mehr aus Ostentation verließen sie die hiesige Provinz. In noch weit größerem Maaße wird das neueste Gesetz wirken, und hat bereits schon gewirkt. Durch die Schöpfung einer neuen Naturalisation, welche vererbt wird, durch die Erweiterung oder Aufhebung mancher frühern Schranken ist die Zahl der Naturalisirten jetzt bedeutend vermehrt worden, und die Zahl der anzufertigenden Naturalisation beläuft sich jetzt schon auf Tausende. Der Andrang nach den alten Provinzen wird dadurch nur um so stärker, und die Regierung in Liegnitz soll mit Rücksicht darauf, obgleich gegenwärtig in Görlitz nur zwei Juden wohnen, in dieser Stadt dennoch schon eine Synagogengemeindenkreis angenommen haben, weil voraussäglich in Jahresfrist daselbst einige und dreißig Familien wohnen werden. Alle diese Anzügler sind aus unserer Provinz, und es muß leicht begreiflich sein, wie sich auf diese Weise Synagogengemeinden hier auflösen müssen. Wir können dieses an sich freilich nicht bedauerlich finden; die Juden bleiben im Lande, und ob sie hier oder da Gemeinden bilden, muß im Ganzen gleichgiltig bleiben. Sehr zu bedauern aber ist es für die einzelnen Synagogenbeamten. Die durch den Abzug der bemittelten Mitglieder immer mehr verarmenden Gemeinden können nicht mehr die Gehalte aufbringen, und da ein anderweitiges Unterkommen zu finden überaus schwer wird, so werden ganze Familien dadurch brodlos; besonders trifft diese Calamität die Rabbiner, die zugleich Väter zahlreicher Familien sind, sehr hart; denn es ist bekannt, welche Ansprüche die Gemeinden machen, und wie difficil sie bei Aufnahme von Rabbinern sind; diese finden also so leicht kein ferneres Unterkommen. Wir gedenken hierbei des Looses des Rabbiners zu Bomst, des Herrn Labaszinsky. Dieser noch ganz junge Mann ist ein ausgezeichneter Talmudist, dem die Bildung nicht fremd ist; gleich weit vom Zelotismus und blinder Orthodoxie, wie von Reformwuth und seichter Neologie eifernd, hält er in allen seinen Bestrebungen besonnen die Mitte. Er hat durch viele Jahre recht segensreich gewirkt, und besitzt auch ein recht gutes Rednertalent; seine Vorträge fanden in seiner Gemeinde vielen Anklang, und hat sich diese auch ein Mal veranlaßt gefühlt, ihm öffentlich Dank zu sagen. Vor einigen Jahren hatte die Stadt aber das Unglück von einer Feuersbrunst heimgesucht zu werden, in Folge deren sich die meisten jüdischen Einwohner durch die Gunst des vorigen Gesetzes und besonders durch dieß neueste verzogen. Die wenigen Zurückgebliebenen sind zu unbemittelt, als daß sie im Stande wären, einen Rabbiner

— 101 —

zu besolden. Sie haben darum diesem gekündigt, und die Regierung in Erwägung der Umstände hat die Kündigung nach einer übereingekommenen Einigung angenommen. Der Mann ist somit, obwohl er sicher ein besseres Loos verdient, jetzt brodlos geworden, und wir wünschen ihm, daß er recht bald eine andere Stelle finde, allein wie dieser Wunsch sich nicht realisirt, ist er ein beklagenswerthes Opfer der neuen Verhältnisse. Wie wünschenswerth wäre es darum, wenn für solch unverdienter Weise brodlos gewordenen Familie etwas geschähe. — Gelegentlich erlaube ich mir hier eine Bemerkung, die allerdings den Geist der Regierung gegen die Juden zu bezeichnen geeignet sein dürfte. In der Denkschrift zu dem Entwurfe des neuen Judengesetzes beweist das Ministerium die Behauptung, daß der größte Theil der hiesigen Juden moralisch vernachläßigt sei, mit der statistischen Bemerkung, daß von den 80,000 Juden hiesiger Provinz nur 14,500 naturalisirt seien. Bedenkt man, daß die 14,500 Familienväter, die 80,000 aber Seelen sind, daß also die Familie nur zu 4 Personen berechnet, gerade umgekehrt drei Viertel naturalisirt sind, was bei der hohen Forderung von ehedem gerade für ein sehr günstiges Verhältniß zeugt, kann man natürlich eine solche Angabe den Ständen gegenüber nicht als einen Beweis der Liebe betrachten.

Aus dem Netzdistrikt, im Febr. Der Leser wird sich erinnern, daß wir neulich bei der Besprechung der Gemeinde-Verhältnisse von Schneidemühl (s. Nr. 51 v. J.) eines sogen. Wohlthätigkeitsvereins erwähnten, der daselbst im Jahre 1846 ins Leben gerufen worden. Es sei uns gestattet, auf diesen Verein heute noch einmal zurückzukommen und über denselben etwas Näheres mitzutheilen. — Hervorgegangen ist der Verein größtentheils nur aus dem dringenden, (wenn auch nicht all-, so doch vielseitig gefühlten) Bedürfnisse, bei jüd. Leichenbegängnissen eine bessere Ordnung herzustellen, als die war, welche bisher üblich gewesen. Denn, wie leider noch in so mancher Gemeinden des Großherzogthums, herrschte auch in Schn. noch die Sitte, oder richtiger die Unsitte, „wenn ein gerade Konfirmirten gestorben war, aus dem nächsten Gehölze 2 Stangen zu helen, dieselben durch Querleisten oder auch mit Stricke mit einander zu verbinden, die Leiche auf die so improvisirte Bahre zu binden, eine schwarze Decke so darüber zu werfen, daß die Füße des Todten doch hervorragen mußten, und dann, die Enden der Stangen auf 4 starke Schultern gelegt, in der größten Unordnung und mit wahren Riesenschritten dem Gottesacker zuzueilen.'' Mehrere (gebildetere) Mitglieder der Gemeinde, einsehend, daß diese Art, eine Leiche zu ihrer ewigen Ruhe zu geleiten, sich mit unserer Zeit durchaus nicht mehr vertrage, drangen schon mehrere Jahre wiederholentlich darauf, daß in dieser Beziehung eine Veränderung und Verbesserung eingeführt werde: allein die Rea-

lisation der von ihnen gemachten Projekte scheiterte immer wieder an den „starren Verbleiben voller im alten Schlendrian'', welches ihnen von der orthodoxen Seite, (d. i. von der das Leichenwesen beaufsichtigenden חברה קדישא,) entgegengesetzt wurde. In unsern Gemeinden, wissen Sie doch, ist es niemals anders. Es möge von den sogenannten Aufgeklärten eine an sich noch so unbedeutende Neuerung gefordert werden, bald sieht die Orthodoxie die ganze Religion gefährdet und stemmt sich wie eine Mauer dagegen. In der Regel steht dann ein langwieriger Kampf zwischen Licht und Finsterniß, der oft heftig und offen, bisweilen aber auch nur schwach und mit Willen geführt wird. Und am Ende ist es dann fast immer doch das Licht, welches als Sieger vom Kampfplatz scheidet. So war es auch hier der Fall. — Als im Monat April 1846 wieder eine Leichenbestattung nach dem alten Style stattgehabt hatte, kamen kurz darauf ungefähr 40 Gemeindeglieder in einem Lokale zusammen, um mit einander zu berathen, wie dem (oben skizzirten) Unwesen endlich doch einmal abzuhelfen sein möchte. Und das Resultat dieser Berathungen war die Gründung eines allg. Wohlthätigkeits-Vereins, der nun bereits 1½ Jahr besteht und wirkt, und für die Zukunft (wie wir schon in Nr. 51 v. J., bemerkten) ein segenreiches Institut zu werden verspricht. Unsere Weisen sagten גוררת מצוה מצוה d. h. „das Gute erzeugt Gutes.'' So hat es sich auch hier herausgestellt. Denn die Vereinigung zur Berathung, „wie dem bisherigen entehrenden Treiben bei jüd. Leichenbegängnissen zu steuern sei'' hat eine Verbrüderung zu noch andern und größern wohlthätigen Zwecken zur Frucht gehabt, und das feierliche Uebereinkommen der versammelt Gewesenen: „bei etwaige in ihren Familien vorkommenden Sterbefällen nicht mehr nach der hergebrachten, sondern nach einer zeitgemäßen und würdigern Weise verfahren zu lassen'' — die daselbst חברה קדישא bewogen endlich doch nachzugeben und auch ihrerseits eine Reform des Leichenbestattungswesens einzuführen. — Was den bekannten Wohlthätigkeitsverein selbst betrifft, so ist (in §. 1 des Statuts) seine Haupttendenz „die (verfassungsmäßig geordnete) gegenseitige Ausübung der Freundespflichten von den Mitgliedern unter einander''. — Die Geldunterstützungen aus den Mitteln des Vereins erstrecken sich nicht nur auf erkrankte Mitglieder desselben, sondern auch auf solche, welche „durch zufällig und plötzlich eingetretene Ereignisse einstweilen außer Brod gesetzt worden.'' (§. 2.) — Im letzten Falle jedoch ist der Empfänger verpflichtet, bei Verbesserung seiner Vermögensverhältnisse die erhaltene Unterstützungssumme wieder zurückzuzahlen,' was ihm aber insofern sehr erleichtert wird, als ihm gestattet ist, von jedem empfangenen Thaler wöchentlich nur Einen Silbergroschen abzutragen (§. 24). — Erkrankte Mitglieder werden außer der

Unterstützung an Geld, wo es erforderlich ist, auch noch mit Krankenwärter und Nachtwachen versehen (§. 16—18).¹ — Auch wenn die Frau eines Mitglieds erkrankt, wird eine Unterstützung aus der Kasse verabreicht (§. 22). — Stirbt ein armes Mitglied des Vereins, so wird die etwa hinterlassene Wittwe ein ganzes Jahr lang alle Monate mit einer ansehnlichen Unterstützungssumme aus der Vereinskasse versorgt (§. 40). — Bei jedem Sterbefalle unter den Vereinsmitgliedern selbst, so wie in deren Familien, ist der Verein gehalten, für eine angemessene und würdevolle Leichenbestattung Sorge zu tragen (§. 37).² — Das ewige Andenken eines dahingeschiedenen Mitglieds wird dadurch erhalten, daß alljährlich an seinem Todestage in der Synagoge ein sog. Sterbelicht angezündet und von einem (aus der Vereinskasse dafür bezahlten) Talmudgelehrten für die Seele des Verstorbenen ein Gebet verrichtet wird (§. 41).³ — Das sind so die wesentlichsten Punkte in den Statuten des Wohlthätigkeitsvereins zu Schneidemühl. Gott schenke den Gründern seinen Segen und dem Vereine selbst Fortbestand und Gedeihen!

(Beschluß folgt.)

Berlin, 10. März. Sie werden geehrter Herr Redakteur in einer Zeit der Arbeit und der That einen Bericht von der Wirksamkeit eines Vereins nicht zurückweisen, der, wie Ihnen schon mehrfach berichtet ist, größtentheils aus Handwerkern* und für Handwerker besteht. Es feierte dieser Verein am 13. Februar wieder seine Generalversammlung und es verlohnt sich wohl aus den dort gegebenen Berichten einige Notizen mitzutheilen. Der Verein besteht aus circa 180 Mitgliedern, von denen 36 Ehrenmitglieder, so nach einem zweijährigen Bestehen schon eine jährliche Einnahme von 360 Thlr. und einen Fonds von 450 Thlr. Seine Wirksamkeit war eine höchst wohlthätige und anerkannte. Sie wird um so bedeutender werden, je weiter er selber seine Kreise zieht. An die Generalversammlung schloß sich ein Festessen an, bei dem mehrere bedeutungsvolle Toaste ausgebracht wurden, einmal auf den Vorstand,

1) Auch sollen arme kranke Gemeindemitglieder, die nicht zum Vereine gehören, so weit die Mittel es gestatten werden, Geldunterstützungen erhalten (§. 1 und 25).

2) Der betr. §. bestimmt die Anschaffung gehöriger Todtenbahren, schwarzer Decken und 8 schwarzer Mäntel für die Träger. Ein Leichenwagen soll dann angeschafft werden, wenn die örtlichen Umstände einen solchen erforderlich machen. Bei der Bestattung eines Vereins-Mitgliedes oder eines Gliedes seiner Familie sind sämmtliche Mitglieder verpflichtet, dem Leichenzuge anständig gekleidet und mit einem schwarzen Hute bedeckt, bis zur Grabstätte zu folgen und dieselbe erst nach erfolgter Beerdigung wieder zu verlassen. (Die Bahren, Decken und Mäntel sind von der Gesellschaft angeschafft worden.)

3) Armen Mitgliedern des Vereins soll nach ihrem Tode für Rechnung der Vereinskasse auch ein Leichenstein gesetzt werden.

auf die Gesellschaft durch Herrn Joseph Lehmann, dann auf Herrn Alexander Mendelssohn, Ehrenmitglied und Direktor der Industrie-Gesellschaft, endlich auf den wahrhaften Veranlasser des Vereins, Hrn. Gürtler und Broncier Halle (jetzt Friedrichstraße Nr. 66 a). Interessant muß auch der Anschluß eines anderen Vereins ähnlicher Wirksamkeit an diesen sein. Es wird nämlich für die Wittwen verstorbener Handwerker ein Fond gebildet, zu dessen Concession die Behörde bereit ist und für den uns eine reiche Theilnahme und liberale Verwaltung wünschenswerth ist. Direktor August vom Cölnischen Gymnasium hat die Berechnung dafür entworfen, und die Möglichkeit eines Bestehens schon bei einer Anzahl von 100 Mitgliedern bewiesen, die der Verein jetzt schon zählt. Gott gebe, daß noch für ihn die Zukunft nicht die Nothwendigkeit über die Möglichkeit der Unterstützung wechsele. Ein Mehreres hierüber nächstens.

Oesterreich.

Aus Oesterreich, 14. März. Wenn Frankreich seine Februartage zählt, so haben wir unsere Märztage. Die Strömung von Paris erstreckte sich auch nach Preßburg, Wien und Prag; das System des Mannes, die mit offenem Visir der Freiheit gegenüber gefochten, ist morsch und zerbröckelt; die Jugend der Universitäten erhebt sich, ahnend den herannahenden Frühling der Freiheit, und weiht sich todesmuthig den Fahnen der Freiheit; der österreichische Adler, dem die Flügel gestützt wurden, erhebt sich kühn von dem morschen Boden der alten Systems: ein neuer Geist zieht in Oesterreichs Gauen ein, der sich mit den übrigen Deutschen verbrüdert. Oesterreich schließt sich fest und innig an das Mutterland der Freiheit, an Deutschland an. Die Jugend, die Fahnenträger der Zukunft, hat die Bedürfnisse Oesterreichs gefühlt, und jeden Partikularismus abstreifend, ein einiges Deutschland proklamirt. Aber ein banges Vorgefühl überkommt mich, wenn ich an die armen Juden denke. Böhmen, Mähren und Ungarn zählt so viel rohe Massen, die aus blindem Vorurtheil ihre Wuth auf die geknechteten Juden ausschütten. Wer kann dieser Wuth Einhalt thun? die aufgeklärten Volksmänner, welche die Einsicht haben, daß die echte Freiheit nicht vom Judenblute getränkt sein dürfe. Die rothe Fahne ist nicht das wahre Symbol der Freiheit. Nicht in Judenblut soll die freie Sache getauft werden! Möchten sich doch alle Kräfte in Oesterreich vereinigen, um ein freies starkes Oesterreich zu bilden; möchten Juden und Christen sich brüderlich vereinen, um den schönen Bund der Freiheit über dem Grabe des Judenhasses zu schließen. Mögen die Städte Wien, Prag und Preßburg mit hochherzigem Beispiele vorangehen. **Kein Jude, kein Christ, sondern ein freies, einiges Oesterreich!**

Prag, 14. März. Auf dem Feldlager der Bewegung steht Böhmen bereits in den vordersten Reihen. Die Opposition hat auch die Gleichstellung der Konfessionen verlangt. Das ist der echte Geist der Freiheit. Keine Judenhetze wie 1845, sondern eine allgemeine Verbrüderung muß die Ehe, die Böhmen mit der Freiheit schließt, besiegeln. Die Ehre der Stadt Prag, die gute Sache der Freiheit verlangt es, daß jeder Gedanke an eine Judenbluthochzeit fern bleibe; es müssen vielmehr die jüdischen Böhmen von der Schmach befreit werden, die Jahrhunderte auf ihnen lastete. In dem Tempel der Freiheit darf es keine Trauernde, keine Klagende, keine Sklaven geben. Auch die Juden müssen sich den Fahnen der Freiheit weihen, und den Schachergeist, den Partikularismus, die verknöcherte Orthodoxie für immer verbannen. Der Jude trete hin vor den Altar der Freiheit, und der Christ empfange ihn brüderlich und schließe an diesem Altare den schönen Bund der Verbrüderung und der Einigkeit. Es lebe die Freiheit für Alle!

Pesth, 25. Febr.

„Was Israel sucht, das erlangt es nicht;
Die Wahl .... die Andern aber sind verstockt.
Epist. Pauli an die Römer.

Wenn der allmächtige Einfluß der Mode, so wie die ihr eigenthümliche Wandelbarkeit sich auch da geltend macht, wo man ihr den geringsten Spielraum gönnen sollte, wo es sich nicht um bloße Laune der Lust, sondern um wahrhaft hohe, moralische Interessen handelt, so giebt dieses das sicherste Kriterium ab, was man von der Aufrichtigkeit und Lauterkeit der sich äußernden humanen Gesinnung zu halten hat. — Wäre es nicht blos die Mode der Zeit, eine fata morgana gewesen, welche den Patr. Conser. von Jahre 1840 ein vorurtheilsfreies Wort in den Mund gelegt, wo wäre der Enthusiasmus, die Philantropie und der Rechtssinn der feuergeistigen Vorkämpfer für eine bessere sociale Stellung der Juden hingerathen? — Ist das von Edelmuth überfließende Herz der Magyaren vom Jahre 1840 so urplötzlich versiegt, erstarrt in seiner Gluth verkohlt, daß die Nation, die sich damals für eine völlige Gleichstellung der Juden aussprach, heute den Antrag Kossuths, der übrigens recht weit von der damaligen Tendenz absteht; „Die Zulassung der Juden zur Wahl in den Freistädten" nur mit 18 gegen 31 Stimmen unterstützte und es ist uns nur zu deutlich vor die Augen gerückt, was wir vom gegenwärtigen Landtage und der nächsten Zukunft zu hoffen haben. Ist das die hochherzige, edle Nation von 1840, die heute den, der trotz seines guten Rechtes, um Gnade bittet, anstatt das Seine zu geben, mißhandelt, beschimpft, mit einem Fußtritte abfertigt? die eine wehrlose religiöse Körperschaft von den allerchristlichen Deputirten Kende aus Szatmár ein Diebsgesindel nennet, und ihre Religion wofür sie zweitausendjährige Schmach und Gewaltthat erlitten, schmähen und besudeln ja sogar ein Heidenthum nennen läßt? — Ist etwa der Jude seitdem ärger geworden? Hat er sich nicht vielmehr der damals geneigten Schwester zu nähern gesucht? Sprechen doch seine Kinder die ungarische Sprache, wird diese bereits an allen seinen Schulen mit wahrhaft patriotischem Eifer und Hintansetzung der hebräischen gelehrt, wird in mancher seiner Synagogen das Wort Gottes (wenn es dem Szatmarer genehm) in dieser Sprache verkündet, hat der pesti izr. magyarító egylet bereits die erfreulichsten Fortschritte gemacht und uns eine wohlschmeckende Frucht seiner intellectuellen Pflanzung in seinem Naptár vorgesetzt, tragen die Juden zu allen vaterländischen Instituten unverhältnißmäßig viel bei; sie speisen die jüdischen und betheilen die christlichen Armen, sie bauen Synagogen und helfen auch Kirchen und Spitäler errichten — wo liegt also der Grund der allzuschnellen Verflüchtigung des Enthusiasmus? Gewiß war es auch anfangs gar nicht ernst damit gemeint, mag es vielmehr blos zu der damaligen Mode, zu den Ansichten der Zeit gehört — welche sie angestrebt, nur bei Gleichheit sich möglich zu denken, und sie heute gerade in der Ungleichheit, in der Herrschaft des Gevatter tabakos und csizmadia über uns, zu finden und da sage einer noch vox populi vox dei!

— Wie würde es nun um die armen Menschenkinder stehen, wenn der göttliche Rathschluß eben so wandelbar wäre? Und doch glaubte man sich zur Voraussetzung berechtigt, daß das Magyaren-Volk, welches nachgerade seiner Bildungsstufe durchmacht, um demnächst die civilisirten constitutionellen Staaten anzureihen, aus deren Kammern es seine Argumente herbeiholt, mit Anwachs der Intelligenz auch an Einsicht und Rechtssinn gewinnen wird! Doch nichts von den, sucht man vielmehr unsern Charakter zu verdächtigen und scheint es namentlich die Tendenz der pesther deutschen Zeitung (der deutsche Michel ist uns im Auslande am wenigsten hold) zu sein: eine Blumenlese judenfeindlicher Artikel zum Ergötzen wahlverwandter Geister, der deutschen Bürgerschaft der Freistädte, aus allen Weltgegenden zusammen zu tragen und wollen wir des Kuriosums wegen die einzige Erwiderung eines biedersinnigen Christen, wie sie ein hiesiges Blatt brachte, nachfolgen lassen:

Meine liebe Pestherin!

Ei meine Liebe, was thaten dir die armen Juden, daß du sie so arg verfolgst und woran haben es solche Fehler lassen? an der gehörigen Achtung, oder an etwas Anderem? — — — Thaten sie das, dann hast du wohl recht ein wenig zu schmollen, doch poltern wie ein altes Weib sollst du wahrlich nicht, du, die kaum aufgeblühte Jungfrau. — Sanftmuth und Duldung zieren eine Sie — Haß, Zorn und Gier nach Rache verunstalten selbst das schönste Gesicht. Merke dir dies und bessere dich so lange noch Zeit ist, laß ab von dem unnützen Poltern, es hilft dir zu nichts, au contraire es schadet; denn früher oder später wirst du doch ausgelacht. Nun lebe wohl, gedenke meiner und folge dem Rathe, den wenigstens die Hälfte derer von dir erwähnten 9 Millionen beherzigen. Dein und der Menschheit Freund **Carl von Latkoczy.**

Doch ist das die Stimme eines Einzigen und wird sie wie die wohlberedte männliche Ansprache des Dr. Fülle, in einem halbofficiellen konservativem Blatte an die ungarische Nation in ihrer Sprache überhört, weil unter Schreiern sich wieder nur Schreier vernehmbar machen können, uns aber ist geduldiges Ausharren und Ertragen zur Gewohnheit geworden. —

Wohl sind wir nur ein kleines Häufchen, ein paar Juden, wie Fabri v. Barthfeld meint, und was die anti-socialen Tendenzen, die uns Sebestyen aus dem bischöflichen Veßprim, und den נשך כסף und אוכל שך betrifft, den man uns vorwirft, sind wahrlich nicht jene schlechter, die Geld auf hohe Zinsen verleihen, als die es zum Spiele und ähnlichem Zwecke wie es gäng und gebe, entlehnen und nicht jene gewissenloser, die einen größern Profit beim Handel mit Getraide suchen, als die, die das Erträgniß ihres von Schweiße des Frohndienstes befeuchteten Bodens, oder den dem Volke erpreßten Zehnt, wieder dem Volke nur für den möglich höchsten Preis hintangeben und könnte so mancher den uns gemachten Vorwurf passender auf sich selber anwenden und den Balken aus seinem eigenen Auge ziehen.

Das ists was wir den Herren der großen Synode so gerne laut ins Gesicht sagen möchten, daß weder unserer Religion, über deren Wahrhaftigkeit zu entscheiden den Herrn Kende nicht zukommt — noch unserem Charakter, der aus der vergleichenden Prüfung ebenbürtig hervorgehen muß, ein Rechtfertigungsgrund ihres Benehmens gegen uns innewohnt, daß wenn wir uns auch die Auserlesenen nennen — sie sich als solche, als unverantwortliche Gewalthaber benehmen und noch vieles könnten und möchten wir ihnen sagen, aber das moralische Tribunal, die Zuchtruthe für verlaute Geisteskinder, der Grenzwächter zwischen dem Reiche des Gedankens und dem des Wortes die Censur — läßt nichts für uns unter Stabe ohne daß es schlecht angeschrieben wird, — so müssen wir denn nach wie vor alles über uns ergehen lassen und ertragen.

Und nun an Euch Leidensgefährten! Wer sich nach den industriellen Verhältnissen der Juden auf dem Lande umgeschaut, wird es bald erkennen, daß nicht mehr blos das in uns beleidigte Menschenrecht, der angeborene Trieb nach Freiheit, der Wunsch aus verjährter Erniedrigung sich zu erheben erregt das sehnsüchtige Verlangen des Joches los zu werden und bürgerliche Gleichstellung zu empfangen, sondern es hat sich auch zu diesem eine unabweisliche materielle Nothwendigkeit gesellt, da die Grundsätze, nach denen wir unsere Kinder erziehen, in ihnen nothwendig Widerwillen gegen den Handel erzeugen und ihnen ein anderweitiger Nahrungszweig nur unter den erschwerendsten Beschränkungen gestattet ist, zudem durch die raschen Kommunikationsmittel der Zwischenhandel eine bedeutende Bresche erlitten und dem Hinsterben nahe ist, so muß das Volk, so es ihm nicht bald ermöglicht wird, anderweitig sich anständig zu ernähren? in Masse verarmen und dürfte es ihm kaum schwer werden, seine im Drange der Zeiten und menschlicher Leidenschaften sich bewahrte Unbescholtenheit, wie ihm ein edler Lord von der englischen Nation das Zeugniß dessen giebt, sich fürder zu erhalten. Nachdem wir nun wieder auf uns selber zurückgewiesen und von Außen keine baldige Abhilfe zu erwarten ist, so ist es auch an der Zeit einmüthig zu berathen, wie wir selber unser Heil fördern, unsern guten Namen erhalten, den geistigen Aufschwung und die materielle Wohlfahrt unserer Glaubens- und Leidensgenossen sichern könnten, bis die Sonne der Erleuchtung, die Wissenschaft den Drängern Rechtssinn einflößen und sie das an uns verübte Unrecht erkennen und sie das gut machen werden, der Wissenschaft allein ist es, die uns hie und da emancipirt, zu uns komme auch ihr Reich, das nicht mehr so ferne ist. Bis dahin empfehlen wir Hrn. v. Kende Straußen Leben Jesu zu lesen.

Aus Ungarn, im Febr. Notizen ohne Kommentar. Der neue Rabbiner zu Palota wünscht seine Entlassung, wenn fürder die Knaben barhaupt in der Schule sitzen, das Hausbrod beim Bäcker gebacken, die Frauen nach Leichenzug (wegen des tanzenden Malach ha-Mawet), die abgerissenen Erbschnüre nicht wieder angeknüpft werden. —

Auf meine Anfrage, warum die Gemeinde zu Fotis, deren Synagogenwesen eines nicht so leicht zu beseitigenden Uebels — arg verwahrlost, nicht wenigstens für den Jugendunterricht sorgt, antwortete mir ein dortiger Hochgestellter: Wir hätten dann lauter Gelehrte und keinen Kutscher. —

Warum sind trotz der wohlberedten Prediger die Juden nicht religiöser? „Weil, sagt ein hiesiger Rabbiner schwarz auf weiß gedruckt", man nicht mehr מוסר sondern מעריל und dieses מעריל לב abstammt. — Eben so seien, nach demselben Autor, die Chorschulen verwerflich, nach dem Grundsatze הרחק מן הבעור ומן הרומה לו — Aus eben diesem Grunde hat man es den Trödeljuden in Ofen heiß gemacht, sie von ihrem Platze vor der Pfarrei — verdrängt. —

Verlag von C. L. Fritzsche.   Druck von J. H. Nagel.

Der Orient.

Berichte, Studien und Kritiken

für

jüdische Geschichte und Literatur.

Neunter — Jahrgang.

Herausgegeben

von

Dr. Julius Fürst.

Das Abonnement auf ein Jahr ist 5 Thlr. Man abonnirt bei allen löbl. Postämtern und allen solid. Buchhandlungen auf ein Jahr.

Von dieser Zeitschrift erscheinen wöchentlich das Literaturblatt mitgerechnet, zwei Bogen, und zwar an jedem Dienstag regelmäßig.

№ 14.   Leipzig, den 1. April   1848.

Deutschland.

Leipzig, 19. März. Gestern Abend veranstaltete die hiesige israelitische Gemeinde eine Generalversammlung, um über die Schritte und Wege zu berathen, die in Bezug auf den Punkt im Programm unseres neuen Staatsministeriums: „Gesetzliche Ordnung der kirchlichen Verhältnisse im Geiste der Duldung und Parität", einzuschlagen wären, weil man gerade in diesem Theile des Programms eine Unklarheit zu finden meinte. Die Gleichheit aller Konfessionen in kirchlicher und politischer Beziehung, welche in Sachsen wie im übrigen Deutschland zu den Wünschen des Volkes gehört, glaubte die Versammlung in dem undeutlich ausgesprochenen Grundsatze des Ministeriums nicht zu finden, und man war geneigt zu beschließen, von dem Staatsministerium durch Absendung einer Deputation eine bestimmte Erklärung zu verlangen, um danach Das, was zu thun wäre, zu veranlassen. Ein anwesendes Mitglied stellte jedoch der Versammlung vor, daß es durchaus nicht zeitgemäß sei, irgend einen Schritt isolirt und partikularistisch zu thun, und zwar um so weniger, als diese Frage der Gleichstellung in Sachsen nicht minder als im übrigen Deutschland eine allgemeine ist. Sämmtliche in Sachsen bestehende Konfessionen, Reformirte, Lutheraner, Juden, Katholiken und Deutschkatholiken, haben ein gleiches Interesse, auf die Realisirung dieser Idee hinzuarbeiten, theils um die Ehre Sachsens und den Ruhm seiner Freisinnigkeit zu retten, theils auch um positiv diesen Krebsschaden unsers politischen Lebens zu heilen. Dieses Mitglied wies auch darauf hin, daß bei der allgemeinen Ansicht über die Unzulänglichkeit dieses Punktes im erwähnten Programm ganz gewiß ein vereintes Wirken aller Konfessionen stattfinden würde, und glaubte versichern zu können, daß bereits Schritte zu einem vereinten Wirken geschehen seien, und die hiesige israelitische Gemeinde somit ein Feld fände, sich mit ihren Wünschen und Hoffnungen anzuschließen. Auf diese Vorstellung hin beschloß die Gemeinde vorläufig von partikularen Schritten und Maßnahmen abzustehen und geduldig zu warten, bis ein Aufruf zu ihrer Mitbetheiligung an sie ergehe, welchem Rufe sie mit Freuden folgen wolle.   (D.A.Z.)

Berlin, 22. März. Ich könnte heute meine Feder in Blut tauchen. Soll ich Ihnen von dem makkabäisch-heldenmüthigen Kampfe unserer Brüder erzählen? von den Deputationen, an denen die Juden theilgenommen? von dem Hoch, das den Juden ausgebracht worden? von der versprochenen Gleichstellung aller Konfessionen? Das würde Sie nicht überraschen. Was Sie in Staunen versetzen wird, ist, daß man hier zum ersten Male den Mangel an Schochtim fühlte. Ein Regiment Schochtim mit den blanken Waffen, blutigen Händen und schwarzen Herzen hätte uns am 18. und 19. März vortreffliche Dienste leisten können. Durch die Anarchie hätte die Schochtim ein Mal zu Ehren kommen können.

14

Der Eindruck, den unsere Revolution auf mich machte, ist zu mächtig, als daß ich Ihnen alle meine Empfindungen darüber mittheilen könnte. Wenn der Sturm vorüber ist, will ich im Hafen meine Memoiren schreiben. Mein heutiger Brief soll Sie blos überzeugen, daß ich nicht getroffen bin und des Lebens genieße. Gewöhnt an den Kampf mit Nachteulen und krächzenden Raben, habe ich auch an den stürmischen Märztagen gerungen, bin aber noch lebendig, wenn auch Viele mich todt glauben. Bald werde ich auf dem Kampfplatze der Journalistik erscheinen, um dem Professor Berg ht meine Beobachtungen an der Seine und an der Spree mitzutheilen. Des Britten „Israel but the grave" soll für immer verklungen sein. *

Leipzig, 22. März. So eben wird mir brieflich mitgetheilt: „Als **erster Kämpfer für die Freiheit Oesterreichs ist der 22jährige israelitische Jüngling Heinrich Spitzer aus Bisenz in Mähren gefallen. Sein Bildniß wird in allen Kunsthandlungen verkauft. Auch wird ihm ein Monument errichtet.**" Das schönste Denkmal wird ihm die Geschichte, die Freiheit, das Emporblühen Oesterreichs setzen! Ich füge hinzu, daß die Familie Spitzer eine der angesehensten und reichsten Familien Mährens ist.

Würtemberg, Mitte März. Als neulich Stadtpfarrer K r a p p in Stuttgart einen Aufruf zu milden Beiträgen für die unglücklichen Bewohner der Bezirke Pleß und Rybnick in Oberschlesien an „christliche" Wohlthäter im schwäbischen Merkur erließ und einige Tage darauf ein Israelit in demselben Blatte die Anfrage an den Herrn Stadtpfarrer stellte, ob von Israeliten keine Gabe angenommen werde? erwiederte Herr Krapp am Schlusse seiner Anzeige über die eingegangenen Beiträge mit folgenden Worten: „Wenn in unserem neulichen Aufruf die Nennung unserer israelitischen Mitbürger vergessen wurde, so lag dabei durchaus keine engherzige oder sonst verletzende Absicht zu Grunde. Von einer „Ausschließung" konnte hierbei ohnehin keine Rede sein, weil dem Wohlthätigkeitssinn noch viele andere Wege nach Schlesien offen stehen, und die specifisch-christliche Fassung unserer Einladung wird uns in einem christlichen Lande hoffentlich nicht zum Vorwurfe gereichen. Am meisten haben uns übrigens die erwähnten Herren Gebrüder Benedikt gleich am nämlichen Morgen auf die in unserer Einladung befindliche Lücke thatsächlich mittelst der oben genannten reichlichen Summe (100 fl.) und eines sich aller Vorwürfe enthaltenden gütigen Schreibens, aufmerksam gemacht. Dieselben werden wohl bereit sein, den Einsender des Artikels vom 11. d. M. zu begegnen, wie wir uns sofort gleich am 9. Februar, die Zustimmung sämmtlicher Gaber vertrauensvoll präsumirend, zu öffentlicher Ausdehnung unseres Plans auch auf die etwaigen israelitischen Bewohner jener Bezirke freiwillig erboten haben, ein Beweis wie uns menschenfreundliche Gaben unserer israelitischen Mitbürger nur doppelt willkommen sein können". —

In einer zweiten Anzeige über empfangene Beiträge erklärt derselbe, daß ihm in einem Schreiben des Königl. Generallieutnants Grafen von Nostiz in Berlin mitgetheilt worden sei, daß zwischen Christen und Israeliten, deren es in Oberschlesien allerdings eine große Anzahl gibt, bei Hilfeleistungen und Unterstützungen kein Unterschied gemacht werde, was auch in der ganzen Provinz volle Anerkennung finde. —

Die Rabbinate des Landes erhielten von der Königl. Oberkirchenbehörde den Auftrag, beifolgende „Ansprache des Königs an das würtembergische Volk, in Beziehung auf schwierige Zeitumstände, die an alle Kirchengemeinden des Landes ergangen ist", am Schlusse des Sabbat-Gottesdienstes vor der Kirchengemeinde zu verlesen.

Würtemberger!

Die großen Weltbegebenheiten, deren Wirkungen für unser Land, so wie für unser großes gemeinschaftliches Vaterland noch nicht zu übersehen sind, haben die größte Aufregung hervorgebracht. In diesem entscheidenden großen Augenblick spricht euer König zu Seinem treuen Volk. Bewährt auch jetzt wieder euren echt deutschen Charakter, fest in dem Vertrauen in die göttliche Vorsehung, deren Allmacht und Weisheit das Schicksal der Völker lenkt, treu gegen eure Regierung und Verfassung, die eure Rechte und Eigenthum schützt; Ruhe, Ordnung und Gehorsam vor dem Gesetz ist die heiligste und nothwendigste Pflicht. Reichen wir unsern deutschen Brüdern die Hand; wo unserm Vaterland Gefahr droht, werdet ihr Mich an eurer Spitze sehen. Segen unserem Vaterland, Heil und Ruhm für ganz Deutschland!

Jastrow, 15. März. Zwischen dem Schlusse der „Judenverhandlungen" auf dem vereinigten Landtage und der Publikation des „neuen Gesetzes" verstrich, wie Ihr Posener Korrespondent Hr. M. damals berechnete*), ein Zeitraum von netto sieben Wochen; seit dieser Zeit sind nun bereits sieben Monate verflossen, und die Bestimmungen jenes Gesetzes sind noch immer nicht zur Ausführung gekommen. — Die Abgabe bei den Anmeldungen der Geburts-, Heiraths- und Sterbefälle — diese moderne Judensteuer — wird allerdings erhoben; andererseits ist auch von dem betreffenden Minister bereits bestimmt worden, daß jüdische Aerzte zur Prüfung für die Befähigung zum Kreisphysikate zugelassen werden sollen; aber welches die andern Aemter sind, mit denen keine richterliche, polizeiliche und exekutive Gewalt verbun-

---

1) S. Orient 1847. Nr. 37.

den ,und die also auch dem Juden offen stehen: darüber ist noch immer nichts Genaues bekannt geworden, darüber schwebt noch immer ein undurchdringliches Dunkel. — Ebenso sind die Gesetzesbestimmungen in Betreff der Bildung der Synagogengemeinden noch nicht in Kraft getreten, wenigstens in unserm Regierungsbezirk noch nicht. Man hofft schon längere Zeit auf die Ankunft eines Regierungskommissar's, der, wie allgemein verlautet, das Weitere veranlassen und zur Ausführung bringen soll; bis heute ist aber noch Alles still. — Doch was lange dauert wird gut — tröstet man sich. Man ist vorläufig wieder „guter Hoffnung" und verspricht sich von der Organisation der Synagogengemeinden recht viel; denn man ist endlich zur Einsicht gelangt, daß es nicht so bleiben kann, wie es bis jetzt aussieht, und ein Jeder malt sich die nächste Zukunft unserer Gemeinden mehr oder weniger schön aus. Ob aber die Wirklichkeit dem Ideale entsprechen wird? das wird die Folge lehren. Jedenfalls haben wir Ursache das Beste zu hoffen; denn in vielen Gemeinden herrscht ein reger Sinn für alles Gute und Zweckmäßige; der Indifferentismus, dieser so schädliche und alles Gute im Keime tödtende Wurm wird immer seltener und an seine Stelle tritt Gemeinsinn, Bewegung und Leben. — Freilich will man von jenen Reformschützen, von jenen funkelnagelneuen „Religionsprincipien" nichts wissen; freilich belächelt, oder rein, man bedauert es, daß Männer der Lehre, in Israel sich soweit vergessen und verwirren können, auch das Heiligste, seit Jahrtausenden Sanktionirte und im Volksgeiste und Volksbewußtsein Lebende zu profaniren und niederzureißen, sonder Schonung und Erbarmen; man bedauert es, daß ein Rabbiner, ein רעה ישראל, sich soweit vergessen konnte, ein heiliges Gebot, wie die Beschneidung, die so alt ist wie das Judenthum, auf so nichtssagende Gründe gestützt, wegzureformiren, und man tröstet sich, „daß nicht schlummert und nicht schläft der Hüter Israels" und lebt der Hoffnung, daß so wie das Judenthum auch seine heilgen Institutionen, trotz der Anfeindungen von Innen und Außen dennoch bestehen und alle jene neugebackenen Reformtheorien und alle jene Wahngebilde des sich überschätzenden Menschengeistes zerstäuben werden כמו אשר הדפנו רוח. Aber andererseits ist man auch zu der Einsicht gelangt, und selbst Indifferente, die sich Zeit ihres Lebens weder um die Gemeinde und deren Interessen, noch weniger um die Bewegungen im Judenthum gekümmert, sind endlich zu der Ueberzeugung gekommen, daß die bestehenden Gemeindeverhältnisse eine Aenderung erleiden, daß jene Spukgestalten, als da sind: Unordnung und Leber und Parteisucht und Großsprecherei, die sich hie und da ihre Schlangenhäupter zu erheben wagen, endlich aus den Gemeinden verscheucht und verbannt und in den Abgrund der Hölle geschleudert werden müssen und daß es an der Zeit sei, daß alle Gemein-

den eine geordnete und auf reellen Principien gegründete Verfassung erhalten. Es ist endlich zum Bewußtsein gekommen, daß die wichtigsten Gemeinde-Institute, als da sind: die Synagoge, die Stätte der Erbauung und Belehrung der Erwachsenen und die Schule, die Bildungsstätte der Kleinen, nicht nur in keinem Orte fehlen, sondern auch so beschaffen sein müssen, daß sie auch in Wahrheit diesen Namen verdienen, daß sie auch in Wahrheit Erbauungs- und Bildungsstätten sind. Daß dies bis jetzt, und leider in vielen Gemeinden nicht der Fall ist, ist nur zu wahr, und es würde wahrlich kein erfreuliches Bild darbieten, wenn wir den Schleier nur ein wenig lüften, wenn wir die Zustände unserer Synagogen und Schulen auch nur in allgemeinen Umrissen zeichnen, auch nur mit schwachen Farben auftragen wollten. Es giebt wie wir in diesem Blatte schon früher bemerkt (s. uns. Art. in Nr. 2) freilich Ausnahmen; es giebt in dem marienwerderschen Departement freilich Gemeinden, wo das Licht der Aufklärung und der Religion, wenn auch noch nicht in hellstrahlendem Glanze, so doch in bescheidenen Flämmchen leuchtet, und es wäre traurig, wenn es solche nicht gäbe, aber es giebt auch Gemeinden genug, in denen es noch nicht einmal zu dämmern begonnen, in denen man sich in dem „alten Schlendrian" sehr wohl gefällt; in denen man es nicht einmal zu ahnen scheint, daß jene Anarchie in der Gemeindeverfassung, wo Jeder befiehlt und Niemand gehorchen will, eine Schlange ist, die Alles im Keime vergiftet und Nichts gedeihen läßt. — Es giebt noch Gemeinden, in denen man es noch nicht einmal zu ahnen scheint, daß jene Unordnung, jenes Geräusch, jenes Hin- und Hergehen im Gotteshause, daß jener schnörkelnde Singsang, jene Polonaisen und Masureks und Walzer, mit denen man die erhabensten Gebete begleitet und — verunstaltet nicht Gottesdienst, nicht תפלה Gebet und Gottesverehrung, sondern eher, תפלה Gotteslästerung genannt werden können; in denen man nicht zu hören scheint jene Donnerstimme des 19. Jahrhunderts, die unablässig ruft: Licht und Erkenntniß und Aufklärung! in denen man sie nicht zu vernehmen scheint jene mahnende Stimme der Religion, die immerwährend ruft: Gottesglaube, Gottesfurcht und Tugend! — Denn wenn man ein Ohr dafür hätte, würde man sie nicht mit Gleichgültigkeit ansehen die Mißstände der Gemeinde und Synagoge, dann würde man sie endlich aus dem Gotteshause bannen jene Masse von unnützen Mischeberachs, jene häßliche Mizwotauktion[2]) und jenen Skandal, der, man sollte nicht glauben, noch immer

---

2) So wie es heutzutage noch Anti-Antischulklopfianer giebt, die das liebe Schulklopfen gern erhalten wollen, so giebt's auch Mizwotauktionsliebhaber; und daher hat man in manchen Gemeinden, wo das

hie und da, besonders zu manchen Zeiten (wie z. B. am Purim beim Vorlesen der Megilla) herrscht; dann würde man einen zeitgemäßen, würdevollen Gottesdienst herstellen, einen Gottesdienst der wahrhaft erbaut und die Kraft besitzt, den Erdensohn loszureißen von den Wirren und Zerstreuungen des Lebens und ihn zu erheben zu den lichten Räumen des himmlischen Vaters! dann würde man dafür sorgen, daß bei heiliger Handlungen, als Trauungen, Leichenbegängnissen[3] &c. mehr Ruhe und Anstand herrsche und aller Mißbrauch entfernt werde. Wenn man für jene Stimmen ein Ohr hätte; dann würde man es nicht so gleichgültig ansehen, wie die heranwachsende Jugend, wenigstens ein Theil derselben, nicht gehegt und gepflegt, nicht belehrt und erzogen wird, sondern sich selbst, oder einer falschen Leitung überlassen, an Herz und Geist verkümmert, und Nichts erfährt von ihrer irdischen und ewigen Bestimmung und Nichts von ihrem unsichtbaren, himmlischen Vater; dann würde man endlich dafür sorgen, daß alle Kinder, reiche und arme, Knaben und Mädchen, einen zeitgemäßen Unterricht erhalte. Man sage nicht die Gemeinden sind zu klein oder nicht bemittelt genug; denn dieß gilt nur von einigen wenigen (und auch diese könnten wenigstens Etwas thun); von den meisten durchaus nicht. In den meisten Gemeinden könnte mehr geschehen, als bis jetzt geschehen ist; das wird nun Jeder, der sie etwas genauer kennt, beipflichten. O ja צדקה giebt man sehr viel: das ist wahr; die Wohlthätigkeit ist eine der schönsten Perlen in der Tugendkrone Israels; man sucht so oft und so viel wie möglich zu helfen, deß zeigen die Vereine, die sich an allen Orten befinden; aber das eine eine große, vielleicht die größte צדקה ist, die man geben, daß eine große, vielleicht die größte Wohlthat ist, die man dem armen israelitischen Bruder erweisen kann, wenn man für den Unterricht seiner Kinder sorgt: das ist noch immer nicht genug zum Bewußtsein gekommen! — Wir könnten Dir Gemeinden nennen, lieber Leser, wo von 100 schulpflichtigen Kindern kaum der achte Theil einen regelmäßigen Unterricht erhält[4]. So unglaublich es Dir auch vorkommen mag, so ist's dennoch wahr, keine Uebertreibung. — Wir könnten Dir auch Gemeinden nennen, wo man sich hat Tausende kosten lassen, um

neue Synagogen zu erbauen oder die alten zu restauriren und geschmackvoll einzurichten; aber dabei bleibt's; als ob ein Haus, ein Gebilde von Stein und Holz im Stande wäre, Leben und damit Licht und Aufklärung zu bringen in die schlummernde Masse. Wir könnten Dir Gemeinden nennen, wo man allerdings Synagogenordnungen entworfen, aber sie stehen nur auf dem Papier und im Gotteshause geht's kunterbunter her. — Doch wozu hier hinschreiben, da es sich nur um die Sache, um einen Zustand handelt? — Wozu diese Jeremiaden noch länger ausdehnen? — Wozu Dich noch länger langweilen mit einem Berichte, der gar nichts Erfreuliches bietet? — Und doch hoffen wir, theurer Leser! auf den Weg mit Gottes Hülfe einer besseren Zukunft entgegen! Auch hier gilt: לא אלמן ישראל. Es giebt der Männer noch viele in Israel, die ein Herz haben für ihr Judenthum und die auch wissen, was Noth thut. — Möchten sie sich nur allerwärts an die Spitze stellen, und möchten die Gemeinden ihnen nur ihre Interessen anvertrauen und bei der nun wohl bald erfolgenden Repräsentantenwahl auf Einsicht, Charakter, Gemeinsinn und Gottesfurcht sehen, und es wird in Gemeinde, Synagoge und Schule besser werden; denn es muß also werden!! — W—n.

Aus dem Netzdistrikt, im Febr. (Fortf.) Und nun Herr Redakteur, wollen Sie mir gestatten, die in Nr. 51 des Orients v. J. abgebrochene „Revue über die Gemeinden des Netzdistrikts (Bromb. Bez.)" wieder aufzunehmen, um dieselbe endlich einmal zu Ende zu führen. — In Chodzesen, einer Gemeinde, welche von der vorgenannten Schneidemühl nur wenige Stunden entfernt ist, hat ein Jude (Namens Lesser) die Ehre, Präses des Stadtverordneten-Kollegiums zu sein. Wir zweifeln sehr, ob sich in Preußen dieses Beispiel noch einmal wiederholt; in unserer Provinz gewiß nicht. Von der Gemeinde selbst ist weiter Nichts zu referiren, als daß sie sich des Besitzes einer sehr schönen Synagoge zu erfreuen hat. Wie es ihnen zugeht? — Diese Frage zu beantworten müssen Sie mir erlassen, wenn ich Ihnen nicht wieder eine eben so lange und eben so schauerliche Epistel schreiben soll, wie neulich bei ähnlicher Gelegenheit von Lissa (s. Nr. 10 d. Bl.). Die Schule ist mittelmäßig. Der streng orthodoxe Rabbi soll die bekannten (verunglückten) Antirabbiner- und Antitheologenversammlungsdemonstrationen von August 1846 mit zu der Nordischen Sieben gehört haben. (Nicht zu verwechseln mit der bekannten Göttinger Sieben, welche aus-, während unsere nur abgewiesen wurde.) — In Exin sieht es etwas schweizerisch aus. Radikalismus und Konservatismus stehen einander schroff gegenüber. Man spricht auch von Prozessen, die dort schon lange

---

Mizwotversteigern an den Sabbat- und Festtagen schon längst abgeschafft ist, es dennoch als eine Parität an den Wochentagen beibehalten.

3) Die Trauungen werden in hiesiger Gemeinde schon lange nicht mehr unter freiem Himmel vollzogen; — ebenso hat der hiesige Wohlthätigkeitsverein, über den ich, wenn es Ihnen genehm ist, nächstens referiren, eine „Leichenordnung" eingeführt.

4) Wenn Sie es gestatten, Hr. Redakt., dann werden wir dem Schulwesen des marienwerderschen Departements nächstens einen ganz besonderen Artikel widmen.

und mit großer Erbitterung geführt werden solle. Die Ausweisung der Jesuiten[4] würde wohl unter solchen Umständen als das beste Heilmittel zu empfehlen sein. — Wongrowitz ist eine stille, friedliche Gemeinde mit einer ziemlich guten Schule. Letztere besteht zwar erst seit 3 Jahren, hat aber, Dank sei es den strebsamen Lehrern, in dieser kurzen Zeit schon was Erklekliches geleistet. Dem Rabbiner (Hrn. Littauer) müssen wir es zum Ruhme nachsagen, daß er sich (wahrscheinlich aus Sympathie für den ihm verwandten OR. E. in P.) bei den oben erwähnten Demonstrationen vor anderthalb Jahren ganz neutral verhalten.[5] — Gnesen[6] verhält sich zu den übrigen Gemeinden unseres Bezirks, wie (wenn auch nur noch matt) leuchtender Stern zu einem wolkenumdüsterten, nächtlichen Himmel, oder wie ein wenn auch noch nicht allzu fruchtbares Eiland zu der Fläche eines ungeheuren wüsten Meeres. Die Gemeinde hat in den letzten 2 Jahren mehr gethan, als in manchen, ja in vielen andern Gemeinden des Großherzogthums in einem Zeitraum von 2 Jahrzehnten könnte erreicht werden. Ein neuer Tempel ist erbaut worden, der an Geschmack und Styl nicht so bald seines Gleichen findet. An der Stelle des alten geist- und herzlosen Gottesdienstes ist ein zeitgemäßer und würdevoller mit erbauenden Gesängen und Chorbegleitung eingeführt worden, und die einschläfernden polnisch-jüdischen Drascha's haben den belebenden „Vorträgen in der Muttersprache" Platz machen müssen. Der gesangtüchtige Herr Weintraub II. ist als Kantor und der talentvolle Herr Dr. Gebhardt als Rabbiner und Prediger angestellt worden. — Wohl haben die Stabilen darob ein Zeter erhoben, wohl haben sie gepoltert und Lärm geblasen; allein die Männer des Fortschritts (an ihrer Spitze der Buchhändler Russak) haben sich durch derartige Demonstrationen nicht zurückschrecken lassen, und so ist der Fortschritt siegesgekrönt aus dem Kampfe hervorgegangen. Die Streiter für Licht und Aufklärung sind ernstlich und energisch aufgetreten. Und Ernst und Energie sind unter solchen Umständen Hauptsache. Das hat Gnesen bewiesen. Mögen sich andere Gemeinden an dem Beispiel nehmen. — Die Schule, an welcher vier Lehrer angestellt sind, ist mit eine von den bessern in der Provinz.[7] — Witkowo ist in örtlicher Beziehung von Gnesen nicht wei-

ter als 2 Meilen entfernt, in Betreff der Kultus- und (andern) Gemeindeverhältnisse aber beinahe so weit, wie Rom von Königsberg i. Pr., oder wie Altona von Cöslin. Der starre polnische Orthodoxismus ist die chinesische Mauer, welche verhindert, daß das Licht der Aufklärung und des Fortschritts aus dem geographisch so nahgelegenen Gn. in W. eindringen könnte.[8] — Die kleinen Gemeinden in dem Kreise Mogilno, wie Mogilno selbst, Trzemeszno, Quiebschischewo, Gembitz etc.[9] haben alle, so zu sagen, noch echt polnisches Kolorit, und sind deswegen mit zu denjenigen Gemeinden zu zählen, welche den Morgen, der an Juda's Himmel bereits zu dämmern angefangen, gemächlich verschlafen werden. Os giebt gar noch viele Gemeinden, diesseits wie jenseits der Netze, diesseits wie jenseits der Warthe, auf welche sich die Worte anwenden ließen, deren sich ein bekannter b. k. Prediger vor 2 Jahren bei der Besprechung eines ähnlichen Gegenstandes in einem süddeutschen Blatte bediente: „Die Sonne geht auf über ihnen und sie merken es nicht, es wird Tag um sie her, und sie sehen ihn nicht; denn ihre Augen sind geschlossen. Nacht bedecket sie und Finsterniß schlafen werden, sie träumen. — Und glaubt ihr, daß sie träumen vom Lichte? — Nein, auch das nicht einmal. Sie träumen von Höll' und Fegefeuer, es schrecket sie der Ruderschlag Charons, es ängstigt sie die Luft, so da wehet aus Hinnom. Während ihre Brüder, die Söhne des Lichts, am Lichte sich weiden und sich freuen der wärmenden Strahlen, welche die Sonne der bessern Ueberzeugung in so reichlichem Maße ihnen spendet".—

(Beschluß folgt.)

Oesterreich.

Wien, 12. März. Herr S. Deutsch hat für die k. k. Bibliothek die hebräische Uebersetzung des Darte von Mose di Rieti erworben. Es ist ein erfreulicher Fortschritt, daß die öffentlichen Bibliotheken der jüdischen Literatur ihre Aufmerksamkeit zuwenden. Uebrigens hat Hr. Deutsch sich bereits mehrfach um die k. k. Bibliothek verdient gemacht und sein Streben verdient Anerkennung. Die „Sonntagsblätter" schenken seit dem neuen Jahre den jüdischen Interessen einen größern Raum. — Mit dem dritten Bande des „jüdischen Plutarch" übernimmt Hr. Deutsch die Redaktion.

---

4) Deren es leider in fast jeder unserer Gemeinde einige oder mehrere giebt.

5) Die Reform-Brosamen in der dortigen Synagoge (von welchen übrigens andere Blätter schon berichtet) wollen uns des Erwähnens durchaus hier nicht werth erscheinen.

6) Nach Hrn. K. das preußische „Rom".

7) Gerade nicht zu rühmen ist es, daß in den letzten Klassen die Lehrer so häufig wechseln. Es vergehen selten 2 Jahre, wo nicht in unsern Amtsblättern von Gn. aus eine dritte oder vierte jüd. Lehrerstelle als vakant angezeigt wird.

8) Ein dort existirender Frauen-Verein soll übrigens ein sehr wirksames Institut sein. Derselbe ist, wenn wir nicht irren, schon einigemal in öffentlichen Blättern gelobt worden.

9) In Patose, welches auch in diesem Kreise liegt und in polnischen Zeiten als Wallfahrtsort sehr berühmt gewesen, war es früher den Söhnen Abrahams nicht gestattet, sich anfäßig zu machen. Doch diese mittelalterliche Beschränkung ist bereits seit mehreren Jahren aufgehoben. (Vergl. Bacr, Provinz Posen §. 22.)

Pesth, 14. März. Dr. Holdheim ließ in der Pesther Zeitung von sich abdrucken, „daß er eine einflußreiche Stelle in Schwerin aufgeopfert, um an die Spitze der Reformbewegung in Berlin zu treten, wozu es leider Geiger an Muth gebrach". Diese Prahlerei ist aber unwahr. Hr. H. hat seine Stelle aufgegeben, weil er in Berlin 800 Thaler mehr jährlich bekommt, dann außerdem noch, weil seine Stellung dort von Seiten der Regierung unhaltbar wurde, und endlich weil er von einem größeren Wirkungskreise in Berlin geträumt. Soviel zur Berichtigung einer Prahlerei.

Gaya, 14. März. Ruhig fortschreitend entwickelt sich unsere israelitische aus c. 80 Familien bestehende Gemeinde unter unserem friedliebenden und unermüdlichen Rabbiner Weiße, und wenn von hier aus keine Klagen, keine Reklamationen, keine Polemiken bis zu Ihnen gelangen, so beweist das, nach einem alten Spruche, nur für meinen Satz. Das Schulwesen ist hier sehr zweckmäßig geordnet, eine Kleinkinderbewahranstalt und überhaupt alles was zur Jugenderziehung gehört, ist hier vollständig und gut organisirt und für Erhebung des Synagogenwesens ist schon sehr viel gethan. Dies Alles verdanken wir unserem Rabbiner, der in unserer noch dem Alten so zugethanen Gemeinde mit großer Umsicht wirkt, sehr fleißig predigt, auf Hebung des Rituals vorsichtig einwirkt und sogar, um bei den Alten noch das Zutrauen zu verlieren, eine kleine Jeschiba hält. Bei uns, wo die Gemeinde sogar noch eine Autonomie in civilrechtlichen Streitsachen besitzet, ist die Erhaltung des Vertrauens von höchstem Werthe und es wäre herzlich zu wünschen, wenn recht viele Gemeinden diesem ruhigen Gange der Entwickelung nachstrebten.

Aus Mähren, im März. (X Brief aus Mähren.) Während ich diese Zeilen niederschreibe, pocht mir freudig das Herz, denn für uns Oesterreicher ist ein großmächtiger Tag heute. Von allen Thürmen klingt Glockengeläute, durch die Gassen rennen jubelnd die Leute, schreien jauchzend hinaus in die Weite: Gottlob wir sind dem Absolutismus nicht mehr zur Beute, die Konstitution, sie soll leben, und die Freiheit und die Gleichheit daneben! Kommt, lasset die Hände uns geben und von dieser Stund an Gleichheit und Brüderlichkeit anstreben. — Auch wir Juden, nicht in träger Ruh', schauen müssig wir dem großen Spiele zu; sondern überall tritt man wackere jüdische Männer, mit Freiheitskokarden inmitten der Nationalgarden marschiren, exerciren, das Gewehr präsentiren und freudig die Konstitution proklamiren. Ebenso müssen Sie wissen, auch jüdisches Heldenblut hat man gerührt, durch die Gassen fließen zu lassen. Sagt nur welche Ehre, ein jüdischer Jüngling, ein Mähre, aus Butschowitz, stand an der Spitze der famosen Wiener Studiosen; und ist auch der Tapfere, neben zwei andern jüdischen Wissen-

schaftsjüngern, als Opfer der Freiheit gefallen, so wird doch ihr Name geehrt von Allen, in den Universitätshallen glorreich und ruhmvoll wiederhallen. — Gottlob, auch für uns scheint endlich zu schlagen die Stunde, wo heiler soll die alte jüdische Wunde, wo werden uns soll die fröhliche Kunde: auch ihr Söhne Israels gehöret nun mit zum großen bürgerlichen Bunde. . . .

Mit solchen Gefühlen der Freude und Hoffnung in mir, schlich ich ins Zimmer, dieselben zu tragen auf das Papier, da wird jedoch geklopft an meine Thür. Wer stört denn schon wieder, tausend Wetter! Ich bitt um Vergebung, ich bring nur die Blätter". Ich greif nun behend, vor Allem nach dem Orient. Siehe, da blickt mir gleich aus der Ferr entgegen ein großer Stern. Es ist der Berliner Stern, der sich so gern gibt für einen großen Herrn. Es ist mein Opponent, der bissige Korrespondent in dem Orient. Diesmal will er schier mich aufessen; denn es ist ihm gar zu vermessen, daß ich es wag mit einem Preußen mich zu messen. Und also fährt er mich an der zornige Mann: „In den mährischen Kriegen soll unterliegen, Preußen an Gelehrten reich, denen Niemand an Stolz gleich?" — Nun erst weiß ich, warum der Stolz meines Herrn Opponenten so unerhört, gewiß meint er, daß er selber zu Preußens Gelehrten gehört! Ich habe unlängst aufgezählt, was heutzutage Alles uns fehlt, und ebenso auch alle die guten schönen Gaben, daran wir Ueberfluß und Fülle haben, als z. B. Klatschrosen, Mausund Stachelbeer, und noch dessen gleichen mehr. Aber all den bittersüßen Früchten die so gut gedeihen, vergaß ich auch noch anzureihen eine Frucht die Dünkel heißt, und die, wie mein Herr Opponent beweist, bei ihm zu Lande wächst zumeist.

Der Herr Korrespondent mit dem großen Stern, kann ferner uns Mähren schon darum nicht ehren, weil bei uns die jüdischen Massen, noch so dumm sind zu wohnen in Judengassen! Wahrhaftig schon der einzige Satz beweist, daß er ist ein großer Geist. — Endlich geht unser Herr Berliner, her über die Wiener, schonungslos wie ein Jakobiner, bespöttelt die dortigen Autoren, daß sie sich suchen Protektoren und mächtige Gönner, zeigt zur Folie Berlins große Männer, Berlins Journale und Blätter, die so zahlreich wie Hella's Götter. — Doch ich bin kein Spötter; auch bin ich von Niemand gebeten, für Wiens Ehre in die Schranken zu treten. Das Eine will ich nur noch wagen, dem Herrn Berliner zu sagen: da Preußen zwölfmal so groß ist als Mähren, so dürfte es wohl nicht wundern, denn dort auch der Gelehrten zwölfmal so viel wären — und dann hätten wir bis jetzt mit tausend Schwierigkeiten von Innen und Außen zu streiten; doch warten wir nur bis halt in einigen Jahren, was wir in unserm Mähren gewahren, bis ungefähr in einem Decennium, dann schauen wir uns einmal in der Moravia um,

Die Intelligenz ist bei uns freilich noch ein junger Baum, beschattet nur noch kleinen Raum; denn ach bis jetzt, haben wir ihn blos mit unsern Thränen benetzt, und bei stets trübem, düsterm Wetter, glänzen nur wenig die Blätter, und nur spärlich sind die Früchte, die Blüthen die des Baumes Zweige darbieten. Doch es beginnt in ihrer ganzen Wonne darauf niederzustrahlen eine Sonne, die wir mit dem Namen Freiheit belegen, und unendlichen Segen, bringet dem Baume ihr warmer Strahlenregen. — Die Wissenschaft mußte in unsern Tagen, zu all unsern Plagen, eine Zwangsjacke tragen, ein eisernes Mieder umschnürte die Glieder; was Wunder wenn sie dann litt an Engbrüstigkeit und ihre Glieder sich dehnten nicht weit. Aber nun in leichter Bluse, werden sich kleiden die Musen, und die gelenkigen Glieder brechen jede Schranke nieder, und weit hinaus ranken sich die freien, entfesselten Gedanken, und selbst der dünkelhafteste Berliner muß die hohe Gunst uns gewähren, in uns Mähren, ein Volk der Intelligenz und Wissenschaft zu ehren.   J.

Wien, im März. Dr. Fischhof macht im Humoristen Folgendes bekannt: „Durch ein Versehen ist es wahrscheinlich geschehen, daß in den im Mittwochblatte der Wiener Zeitung aufgezählten Volkswünschen das allgemeine und mit Enthusiasmus ausgesprochene Verlangen nach Aufhebung aller an das Glaubensbekenntniß geknüpften politischen Beschränkungen weggelassen wurde." Die Bürger und Studenten Wiens sind viel zu hochherzig, als daß sie die Iden, die den siebenzigsten Theil der Bevölkerung Oesterreichs ausmachen, von den errungenen staatsbürgerlichen Rechten ausgeschlossen zu sehen wünschen." Der Redakteur des Humoristen, Hr. Saphir, fügt diesem Artikel in einer Note bei: „Die ehrenwerthe Gesinnung der hiesigen Journale läßt nicht zweifeln, daß sie alle diesen zeitgemäßen Artikel mittheilen werden." Die Redaktion der Wiener Zeitung hat diesen Zeilen von Dr. Fischhof Folgendes beizufügen: In dem Artikel unsers Mittwochsblattes wollten wir lediglich den wesentlichen Inhalt der bekannten an die niederösterreichischen Stände gerichteten Adresse geben, denn volle Mittheilung war damals, wo wir noch unter dem Damoklesschwerte der Censur schrieben (wenn auch nicht mehr druckten), noch nicht wagen durften. In dieser Adresse ist aber, wie man sich aus dem heutigen Abdruck überzeugen mag, die Religionsfrage nicht berührt. Daß sich die Redakteure der Wiener Zeitung für ihre Person dem Wunsche nach der Beseitigung aller an die Verschiedenheit der Religionsbekenntnisse geknüpften politischen und socialen Unterschiede auf das herzlichste anschließen und sich nur freien könnten, denselben als allgemeinen Wunsch recht laut und vielseitig ausgesprochen und, so Gott will, recht bald gewährt zu sehen, brauchen sie Allen, denen sie bekannt sind, nicht erst zu versichern; im Angesicht der Oeffentlichkeit aber fühlen sie sich gedrungen, es hiermit aufs unumwundenste auszusprechen.   (W. Z.)

Wien, 17. März. Der heutige Tag wird uns ewig unvergeßlich bleiben, denn am heutigen Tage fand das Leichenbegängniß der 39 im Kampfe für die Güter einer neuen Zeit Gefallenen in einer Weise statt, wie ich noch nie eine Trauerfeier gesehen. Von den 39 Gefallenen sind 16, die mit der Waffe in der Hand als Märtyrer gefallen, und zwei Israeliten waren unter diesen 16, denen der gefeierte israelitische Kanzelredner Dr. Mannheimer auf dem christlichen Gottesacker eine erschütternde Leichenrede hielt. Die zwei gefallenen Israeliten wurden auf ausdrücklichen Wunsch der christlichen Mitbürger brüderlich mit ihren Mitkämpfern bestattet, und diese gemeinschaftliche Bestattung wirkte wieder auf die allgemeine Gesinnung in Bezug auf unsere Israeliten zurück. Auch die Freiheitsstunde der österreichischen Israeliten scheint zu schlagen. Unter den Wünschen des ungarischen Volks, von Pesth und Ofen ausgegangen und vorläufig von Raab und Komorn adoptirt, bildet die politische und staatsbürgerliche Gleichheit aller Konfessionen einen Paragraphen unter den Wünschen; unter den Wünschen des böhmischen Volks steht auch Gleichheit aller Konfessionen und die neue Aera Oesterreichs haben die Israeliten Prags vorläufig durch Wohlthaten und Spenden an die Armen und dadurch, daß sie sich der Nationalgarde angeschlossen, bethätigt.   (D. A. Z.)

Wien, 18. März. Es cirkulirt hier die beifolgende Adresse, überschrieben: „Die israelitischen Deutschen an die christlichen Deutschen", welche lautet:

Sei begrüßt von uns, du deutsches Volk, seid gegrüßt, ihr deutschen Brüder von gleichgesinnten, gleichbegeisterten, wenn auch nicht gleich betenden Brüdern, seid begrüßt von deutschen Israeliten! Wir bringen euch diesen Brudergruß, um mit euch in den Jubelruf der Freude mit einzustimmen an den neuen Errungenschaften, ob des Sieges von Recht, Licht und Freiheit. Was wir vor einem halben Menschenalter gemeinschaftlich erfochten, was uns gemeinschaftlich vorenthalten ward, wonach wir gemeinschaftlich mit Wort und That wieder gerungen, es soll uns werden, die deutschen Regierungen wollen dem deutschen Volke gerecht werden. Nach gemeinschaftlichem Siegeskampf erschalle gemeinschaftliche Siegesfreude! Wir bringen euch diesen Brudergruß auch als Bruderdank für eure in den letzten Kampfestagen bewährte Bruderliebe. Auch da, wo Deutsche unsers Glaubens nicht unter den Kämpfenden, unter den Verlangenden gewesen, auch da habt ihr einer nur zu lange zurückgesetzten Brüder gedacht, habt gefordert für die gleich Verpflichteten gleiches Recht, das deutsche Volk ist dem deutschen Volke selbst gerecht geworden, empfangt unsern Bruderdank. Wir bringen euch endlich diesen Brudergruß als Bruderbund. Im Kampfe gegen Feinde der Ordnung, des Rechts und des Gerechtwerdens im Innern, im Kampfe gegen den Angriff von außen, wollen wir euch zur Seite stehen.. Wo die alten Schranken einer bösen Vergangenheit noch nicht gefallen, da öffnet uns eine Reihen, an einer Seite wollen wir kämpfen und siegen oder fallen, an eurer Seite wollen wir arbeiten für die Früchte des Friedens, für Alle, zu gleichem Genusse für Recht, Licht und Freiheit!

Prag, 14. Febr. Eine tieferschütternde Trauerscene war es, der ich eben beigewohnt und unter deren noch immer überwältigenden Eindruck, ich diese Zeilen, einem theuren Andenken gewidmet, nun niederschreibe. Es war das Leichenbegängniß eines hoffnungsvollen talentreichen jungen Mannes, des hiesigen Spitalvorstehers Hrn. Josef Hirsch, einziger Sohn, der durch eine in unserer Zeit höchst seltene, in seinem Alter fast beispiellose Frömmigkeit und Religiosität verknüpft mit dem ausgebildetsten Wissen in jüdisch-theologischen wie in profanen Wissenschaften, zu der Hoffnung berechtigt hatte, in ihm einst eine Leuchte des Rabbinismus zu sehen. Er hatte eben seine Vorbereitungsstudien zum Rabbinate, dem er erst vor wenigen Jahren zu widmen sich entschloß und nur mit einem für seine Gesundheit leider nur zu übertriebenen Eifer obgelegen, in Berlin und Dresden vollendet, als der unerbittliche Tod ihn abrief. Mit den herrlichsten Anlagen ausgestattet, die durch eine sowohl scientifisch- als moralisch-sorgfältige Erziehung seiner eben so gebildeten als frommen Eltern, ihre volle Entwicklung erhielten, hatte Nathan Hirsch, so hieß der Verblichene, zeitlich die Aufmerksamkeit seiner Umgebung auf sich gezogen. Vorzüglich waren es die biblischen Schriften und die hebräische Sprache, in denen er schon in seiner Kindheit excellirte und in welcher er damals schon fertig zu schreiben verstand. Dieses Talent bildete sich in der Folge so aus, daß er einst einen 2stündigen Vortrag, den Hr. Rabbiner Rapaport am Abend gehalten, nach bloßem Anhören noch den Tag darauf in einem klassischen Hebräisch übersetzt, diesem überreichte.

Ungeachtet dieser Fähigkeiten fiel es ihm nicht ein, dieselben geldlich zu verwerthen, er hatte vielmehr sich einen gewerblichen Beruf erwählt und zwar in einer solchen Sphäre, wo man längst im Sturm auf dem Meere der Industrie, das religiöse Leben über Bord geworfen hat. Aber er stand fest, kämpfte mit Wind und Wellen, und ließ nicht los von den Vorschriften seines Glaubens. Spät erst sah er auf die Länge diesen Kollisionen nicht werde ausweichen können, und daß am Ende einer der Kämpfenden, sein Lebensplan oder seine Ueberzeugung werde unterliegen müssen. Findet nur bei schwachen Naturen in solchem Falle gewöhnlich das Letztere statt, so mußte bei seinen Grundsätzen die Ueberzeugung den Sieg behaupten. So kam es, daß er seinen frühern Beruf

verließ und bei seiner ohnedieß großen Neigung, für das Judenthum wirksam zu sein, sich Rabbiner zu werden entschloß.

So wie er nun einerseits es verschmähte, mit der sogenannten Reform, unter deren Maske der Egoismus und die Genußsucht sich legitimiren, und die moralische Feigheit, die einer höhern Idee auch nicht das geringste Opfer zu bringen vermag, mit ihrer Schande noch prunken zu können vermeint, so wie er es verschmähte, sage ich, mit dieser wohlfeilen und sehr bequemen Reformmode, auch nur im Entferntesten zu liebäugeln, so verschmähte er auch andererseits, den nicht minder im Schwange stehenden Charlatanismus, der grade nur so viel oder besser so wenig und so oberflächlich lernt, als heut zu Tage um Zeugnisse zu erlangen und wenn es hoch kömmt im Literat zu werden, nöthig ist. Ihm konnte dies nicht genügen. Er warf sich mit einem solchen Feuereifer auf das Studium des Talmuds, wie man es nur noch als eine Märe aus dem goldenen Zeitalter des Rabbinismus erzählen hört, um da in allen andern Fächern des Wissens, sich gründliche Kenntnisse zu erwerben und auf der Höhe der Zeit zu stehn strebte, welches in diesen wenigen Jahren, nur durch unausgesetzte Nachtwachen und auf die Spitze getriebener Geistesspannung zu erreichen war, so unterlag sein Körper diesen Anstrengungen.

Sein Tod war eigentlich nur die Besiegelung des Prinzips, zu dem er in seinem Leben sich bekannte, das dem jetzigen Reformsystem entgegengesetzte Prinzip, der Hingebung des Physischen an das Geistige, der Aufopferung der Materie im Dienste der Idee.

Für uns aber ist sein Hinscheiden, ein Schiff, das nach langer Seefahrt mit Schätzen reich beladen, in seine Heimath wiederkehrt, dessen Wimpel wir freudig schon begrüßen, das aber nun zu aller Schrecken, im Angesicht des Hafens scheitert. Mit ihm sind so viele Hoffnungen zu Grabe getragen, die beiden Leichenreden die Hr. Rabbiner Rapaport und Hr. Redisch ihm gehalten, der zahlreiche Leichenzug und die Thränen in aller Augen bezeugten, daß sein bekümmerter Vater nicht allein es war, der den schmerzlichen Verlust zu würdigen wußte.

Es hat der Vorsehung gefallen, eine vielversprechende Blüthe zu brechen, bevor sie zur Frucht herangereift. Ergeben wir uns in ihren Willen. H. n

---

Personalchronik und Miscellen.

Leipzig. Der zweite in Wien gefallene jüdische Student ist Herr **Fischhof** aus Pesth. Also Ungarn und Mähren haben der Freiheit ihre Liebesopfer dargebracht.

Verlag von C. L. Fritzsche.　　　　　Druck von J. H. Nagel.

Der Orient.

Berichte, Studien und Kritiken

Neunter

—

Das Abonnement auf
ein Jahr ist 5 Thlr.
Man abonnirt bei allen
löbl. Postämtern und
allen solid. Buchhand=
lungen auf ein Jahr.

für

jüdische Geschichte und Literatur.

Herausgegeben

von

Dr. Julius Fürst.

Jahrgang.

Von dieser Zeitschrift
erscheinen wöchentlich
das Literaturblatt mit=
gerechnet, zwei Bogen,
und zwar an jedem
Dienstag regelmäßig.

№ 15.

Leipzig, den 8. April

1848.

Die Juden in Oesterreich.

Der politische Umschwung des Kaiserstaates ist in
der historischen Entwickelung unserer Zeit, die nach Sti-
den vor sich geht, bereits eine gefestete Thatsache. Die
Kaiserstadt, die das alte System geknebelt und gefesselt
hatte, ist erwacht, erwacht zu einem politischen Leben.
Was früher im Reich der geheimsten Wünsche geschlum-
mert, ist in die Wirklichkeit hinausgetreten, hat sich in
Thaten verkörpert. „Thaten" ist das Losungswort
unserer Zeit — und doch kann in dieser thatenreichen
Zeit die Theorie, die Reflexion nicht entbehrt werden.
Dies gilt besonders auf dem Gebiete der Judenfrage.
Viele, die blos ein Auge für die Thatsachen der Gegenwart, aber kein Ohr für die Geschichte haben, sind
kleinmüthig und zaghaft in Betreff der Gleichstellung
der Juden. Die konsequente Entwickelung eines Systems
verkennend, halten sie die gerechte Sache der Juden für
eine Beute der Willkür und der Pöbelherrschaft. Darum erachte ich es für nothwendig und zeitgemäß, in
Betreff meiner Glaubensgenossen in Oesterreich folgende
Punkte zu erörtern:

1) Warum konnte das alte System die Juden
   nicht emancipiren?
2) Warum ist die Gleichstellung der Juden die
   nothwendige Konsequenz des neuen Systems?
3) Was ist gegenwärtig die Aufgabe der österreichischen Juden?

I.

Obwohl seit Josef II. der Staat über die Kirche
gesetzt wurde, so hatte der Staatenkomplex Oesterreichs
das gestürzte System zu dem Grundsatze verleitet: der
Katholicismus sei das magische Band, welches die verschiedenen Länder zusammenhält; der Katholicismus sei
das Bollwerk Oesterreichs gegen das protestantische
Deutschland im Westen und gegen das griechische Rußland im Osten. Die Nationalitäten, die stets kampf-
gerüstet sich gegenüberstanden, sollten durch die Religion
in eine höhere Einheit aufgehen. Der freie Geist, der
aus Deutschlands Gauen wehte, sollte in dem katholischen Prinzip einen Ableiter finden, wofür Jesuiten und
Liguorianer Sorge tragen. Die eroberungssüchtige Propaganda des Panslavismus sollte sich an der höhern
Propaganda des Glaubens zerschlagen. Daher konnte
das alte System die Juden schlechterdings nicht gleichstellen. Es hätte sich gleichsam das Messer an die
Kehle gesetzt, einen Selbstmord an sich begangen, hätte
es je die Emancipation der Juden auch nur im Prinzipe anerkannt. Oesterreich — hieß es — sei ein katholischer Staat, das Moment der Einheit, das durch
die verschiedenartigen Nationalitäten gestört sei, finde in
dem Katholicismus seinen Vereinigungspunkt. Das
alte System konnte in vielen Punkten — wie dies die
jüngste Vergangenheit lehrt — den Juden human,
nicht aber gerecht werden. Zudem bedurfte das alte
System, das in einem schneidenden Gegensatz zu den

15

selfgovernement — dem Ziele unserer Zeit — stand, einer Klasse von Staatsangehörigen, die Sklaven der Sklaven waren. Wenn je in der freien Brust eines Oesterreichers die Sehnsucht nach Freiheit sich regte und er sie ungestillt unterdrücken mußte, so tröstete er sich mit dem Bewußtsein, daß noch eine Klasse unter ihm stehe. So bildeten die Juden die Sündenböcke der Freiheit. Das alte System ist für immer gestürzt. Der Strom der Freiheit hat sich auch nach dem schönen Oesterreich ergossen und die Dämme, welche das Volk von seinem heiligsten Rechte trennte, fortgerissen. Die freien Institutionen sind es, die das Band der Verbrüderung in Oesterreich ausmachen. Freiheit ist das Banner, welches von den neuen Systeme vorangetragen wird, und ihr Verhältniß zur Judenfrage muß nun untersucht werden.

II.

Die Lösung, wie die österreichische Ländergruppe zusammengehalten werde, ist in dem neuen Systeme gefunden. Die gleiche Freiheit, die Allen gewährt wird, muß die Länder verbrüdern und sie eng an das Kaiserhaus knüpfen. Nicht in der Religion soll die Einheit aufgesucht werden, sondern in der unerschütterlichen Basis des Staates, in der freien Entwickelung. Die Freiheit, in ihrem vollen Umfange und allseitigen Manifestation, soll fortan die Nationalitäten zusammenhalten und die neue kaiserliche Barrier schaaren. „Alle Staatsangehörige sind gleich vor dem Gesetze" ist die Zauberformel, welche die Verschiedenheit der Nationalitäten ausgleicht, und das oberste Prinzip des Kaiserstaates. Er bedarf keiner Schutzmauer gegen Deutschland, da er vielmehr ihm denselben eng angeschlossen; und seine freien Institutionen schützen ihn gegen die Gelüste des Osten. Dieses oberste Prinzip muß, so es eine Wahrheit sein will, die politische Gleichstellung aller Konfessionen aussprechen, wenn auch, wie in Frankreich, die Mehrzahl der Staatsbürger Katholiken sind. Der Kaiserstaat kann nicht den Scheinbegriff des „christlichen Staates" für sich in Anspruch nehmen, da er, wie früher erwähnt, längst den Staat über die Kirche gestellt hat. Natürlich wird man uns die Volksstimme entgegenhalten. Allein das Vorurtheil, hervorgegangen aus dem bisherigen Regimente und genährt durch den Staub des Mittelalters, ist ein zeitlicher Begriff dem Rechte gegenüber, das ewig ist. Soll der Pöbel an Gesinnung und Denkweise im Rathe der Themis sitzen, so hätten wir eine Pariser Pöbelherrschaft, die Oesterreich nicht anerkennen kann. Nichtsdestoweniger müssen die Juden den Volkswahn zu zerstreuen suchen und die Mittel, dies zu erreichen, soll der Vorwurf des nächsten Artikels bilden. Nur Muth gefaßt, meine lieben Glaubensbrüder in Oesterreich, die Stunde ist herangenaht, wo unsere Rechnung mit der Geschichte zum Abschluß kommen soll! Ad. Jellinek.

Deutschland.

Dresden, 29. März. Herr Oberrabbiner Frankel hat in seiner letzten Predigt die Ereignisse unserer Zeit auf so ergreifende Weise besprochen, daß es der allgemeine Wunsch seiner Zuhörer ist, sie veröffentlicht zu sehen. Es ist wichtig, daß Stimmen und die Auffassung jüdischer Koryphäen in unserer Zeit zu vernehmen. Die Juden waren keine müßigen Zuschauer bei dem rollenden Rade der Zeit. Sobald die Predigt im Druck erschienen sein wird, werde ich Ihnen mehr darüber berichten.

Frankfurt a. M., 31. März. Unter den Vertretern des deutschen Volkes in unserer Stadt befinden sich auch Dr. Riesser aus Hamburg, Dr. Johann Jakoby aus Königsberg und Dr. Julius Fürst aus Leipzig.

Berlin, 28. März. Die jüdischen Helden, die in dem Freiheitskampfe gefallen sind, belaufen sich auf fünf; außerdem sind noch sehr Viele schwer verwundet. Hr. Weiß, ein heldenmüthiger Anführer, der auf der einen Hand das deutsche Banner, in der andern das Schwert, den Tod fand, glänzt vor Allen. Wir haben gerungen als echte Preußen, als wahre Deutsche. Der Sieg ist unser; die Früchte können und dürfen nicht ausbleiben!

Berlin, 26. März. Die „Vossische Zeitung" enthält folgendes Inserat: „Dank Euch braven Bürgern! Noch nie ist eine solche Tapferkeit ausgeübt worden so lange die Welt steht! eine solche kleine wehrlose Macht gegen so viele Tausende von bewaffneten Soldaten! Ihr braven Berliner Bürger, Ihr habt gesetzt die Krone Deutschlands! Der Tag ist für ganz Deutschland und selbst für Europa ein Wunder, ein Tag von Befreiung der Unterdrückten, der nie vergessen werden wird, selbst für den Israeliten ein Freudentag, trotz der so vielen Jahrhunderte in welcher diese Nation in Unterdrückung lebte; es ist bemerkungswerth, daß der Tag, an welchem einst die Juden zum Tode verurtheilt, nämlich das Hamansfest und von diesem durch ein Wunder befreit; dagegen an diesem Tage durch Tapferkeit ein Tag der Freiheit und Gleichheit. Darket deshalb Gott und den Berlinern! Sie haben Euch ein Zion errichtet, reicht Euch brüderlich die Hand, so sind wir alle glücklich.

Frankfurt a. M., 20. März. Nach den ganz zuverlässigen Angaben des „Komite's für statistische Arbeiten des geographischen Vereins" vom Jahre 1847 beträgt die israel. Bevölkerung Frankfurts, mit Einschluß der im Ausland etablirten hier verbürgerten Personen 3237 (1759 männliche, 1478 weibliche).

Jastrow, 23. März. Eine neue Aera beginnt für Preußen, die hoffentlich auch für die jüdischen Preußen von segenreichem Erfolg sein wird. Was der

März gebracht, wissen wir, ist bekannt; was aber der April bringen wird, sehen wir mit Spannung, aber auch mit Hoffnung entgegen. Man hofft dies Mal mehr als je. Wurde es doch von allen Seiten ausgesprochen, daß endlich jede Schranke weiche; daß endlich das rosenfarbene Band der Liebe alle Söhne Borussias, alle Söhne Germaniens ohne Unterschied des Glaubens umschließen, daß das Bekenntniß nicht mehr als Scheidewand dastehen soll zwischen Bruder und Bruder und daß jener alte mosaische Grundsatz: **„Ein Gesetz und Ein Recht für Alle!"** endlich zur Geltung kommen soll. Hat ja auch unser König gesagt: **„Gleiche politische und bürgerliche Rechte für alle religiöse Glaubens-Bekenntnisse!"** Wunderbares Zusammentreffen! Die Vorgänge in Berlin waren gerade am Purim; man könnte mit Recht sagen: בלילה ההוא נדדה שנת המלך. Die Nacht vom 18. zum 19. d. M. wie stürmisch, wie fürchtbar war sie! Ein anderes Zusammentreffen ist der Ministerwechsel mit Purim. Wurde nicht auch einem persischen Minister einst um diese Zeit seine Entlassung ertheilt? — Wir wollen nun gerade nicht sagen, daß die entlassenen Minister H—s waren, aber Mardechais waren sie gewiß nicht, das zeigen die Worte, so sie beim vereinigten Landtage von 1847 gesprochen; so oft von den jüdischen Preußen die Rede gewesen. — Jedenfalls sind nun Männer, echte preußische Männer (?), wahrhafte Söhne des 19. Jahrhunderts an die Spitze getreten und so läßt sich wohl nicht erwarten, daß man bei dem diesmaligen Landtag wieder sagen wird: „Die Juden haben kein Vaterland; Zion ist das Vaterland der Juden." Werden doch die Herren Minister Th. und B. nicht im Ständesaal anwesend sein! — Und wenn der „christliche Staat" auch wieder zum Vorschein kommt und wenn Hr. Thadde, dieser so liebenswürdige Pommeraner, mit seiner „parlamentarischen Gewandtheit" auch wieder aus Göthes „Hexen-Einmaleins" heraus deduciren wird, daß (welche Albernheit!) jüdische Lehrer nicht christliche Kinder mehr unterrichten dürfen. B.

Posen, 23. März. Auch hier, wo seit Jahrhunderten der ärgste Druck, die größte Verachtung auf dem jüdischen Volke ruhete, scheint der Geist der Humanität immer tiefer Wurzel zu fassen. Es verbreitete sich nämlich in hiesiger Stadt das Gott sei Dank! ungegründete Gerücht, daß die polnische Bevölkerung Demonstrationen gegen die hiesige jüdische Einwohnerschaft vorbereite. Zur Beruhigung der durch dieses Gerücht aufgeregten Gemüther erließ das hiesige polnische Nationalkomité heute folgenden Zuruf:

Brüder Israeliten!

Es hat sich das falsche Gerücht verbreitet, als hege das polnische Volk unserer Stadt die Absicht, Gewaltthaten an eurer Person und Eigenthume auszuüben. Wir versichern euch, daß dieses Gerücht ungegründet und nichtig ist. Wir versichern, daß die Polen fern sind von aller feindlichen Schritten gegen irgend eine Nation; wie sind vielmehr nach allen unseren Kräften bemüht, „die Sicherheit und Ordnung zu wahren", so wie Alles anzuwenden, was zu deren Aufrechthaltung beizutragen vermag. Seid daher getrost, verlaßt nicht eure Geschäfte und laßt euch in dem Vertrauen, daß die politischen Nationen stets ihre Gesetze geehrt, durch die von böswilligen Menschen verbreitete Gerüchte nicht irre leiten. Unterzeichnet: Andrzejewski. Berwinski. Choslowski. Fromholz. Jarochowski. Moroczewski. Niegolewski. Pulac. Potworowski. Prusinowski. Stefanski.

Ehre den Männern, die auch in den Israeliten ihre Brüder anerkennen!

Aus dem Netzdistrikt, im Febr. (Schluß.) Trzemesno, wohl die größte unter den Gemeinden des genannten Kreises, hat neulich die (mit dem 1. Mai d. J. eintretende) Vakanz des Schächteramts ausgeschrieben. Man wünscht aber ausdrücklich einen Schochet, der die Fähigkeit besitzt, auch als Rabbiner fungiren zu können.[10] Schächter und Rabbi! Ob sich zu diesem Doppelamte wohl ein Jünger der „modernen jüd. Theologie" melden würde? — Wir erlauben uns, hieran zu zweifeln, bitten aber im Voraus schon ein Verzeihung, wenn wir uns etwa zu viel erlaubt haben. Die Schule von Tr. hat einen Lehrer, der vor zwei Jahren die unglückliche Idee gehabt, eine jüd. Monatsschrift, genannt: „Israelitischer Volksfreund", herauszugeben. Daß dieses Blatt nicht viel muß getaugt haben, geht wohl am deutlichsten daraus hervor, daß dasselbe nach 3 Monaten wieder schlafen gehen mißte. — Ueber Strzelno und Jnowrazlaw, die beiden östlichsten Gemeinden unseres Bezirks, ist Ihnen im letzten Viertel voriges Jahres (s. Nr. 41 und 45 d. Bl.) von einem Korrespondenten M. B. aus Str. so viel berichtet worden, daß uns höchstens nur noch einige Worte zu sagen übrig bleiben, die wir aber nichtsdestoweniger den Lesern Ihres Blattes nicht vorenthalten wollen. Strzelno hat vor zwei Jahren nach Chorgesang ein starkes Gelüst verspürt und sich deswegen aus weiter Ferne — wenn wir nicht irren, vom Rheine her, einen Lehrer kommen lassen. Ob aber dann aus dem Chor was geworden? Man hat Nichts davon ge-

---

10) In Mogilno wünscht man für ein Salair von 50 Thlr. einen Mann, der Schochet, Chasan und Religionslehrer sein soll. — Man muß gestehen, diese Leutchen sind sehr bescheiden in ihren Wünschen. — Hätten sie nicht gleich auch die Worte: „Rabbiner und Prediger" hinzufügen können? — Der Berliner **-Korr.** würde kaum ein „fünffachen Amt" wieder „einer Hand" gemacht haben und der gute Orient um einen witzigen Artikel reicher geworden sein. —

15*

hört. — Inowrazlaw, wohl die größte Gemeinde des Netzdistrikts, thut sich viel darauf zu Gute einer Rabbiner zu besitzen, der in kasuistischen Fällen gegen den sel. OR. von Posen immer opponirte. — Mit den Neuerungen (i. e. Reformen) gehts ihnen dort, wie mit dem Trinkwasser." Man gräbt und sticht und höhlt und bohrt, bald da bald dort, und kommt nie ins Reine, d. h. ins reine Wasser — aber ebensowenig aufs Trockene. — Vor einiger Zeit ist von der Anstellung eines modernen Predigers neben dem Rabbiner stark gesprochen worden. Doch bei uns, das wissen Sie ja, wird von jeher viel gesprochen — wenig gethan. Das Vereinswesen blüht. Das Gemeindewesen erfreut sich der bester Verwaltung. Die Schule ist mehr als mittelmäßig. —

Zum Schlusse noch Etwas von der (in Nr. 51 v. J. bereits besprochenen) Netzdistrikts-Gemeinde Filehne. Der neuerwählte Rabbiner und Prediger, Dr. Stein aus Kassel ist am 2. d. M. in F. eingetroffen. Die Mitglieder des Vorstandes waren ihm bis nach Woldenberg entgegengefahren. Abends war bei den Juden große Illumination. Am Sonnabend darauf (den 4. h.) hielt Herr St. seine Antrittsrede, welche ihren Eindruck nicht verfehlte. Herr St. ist der sogenannten gemäßigten Reform zugethan. Diesem Prinzip oder System, haben in der Filehner Synagoge die Gebetstücke J'kum Pirkan und Mischeberach als erste Opfer bluten müssen.[12] Man will auch Chorgesang einführen und hierbei von dem Talente des gesangtüchtigen Lehrers Becker Gebrauch machen. — Die Oppositionspartei will sich noch immer nicht beruhigen. Doch, was schadet es? Mögen die, welche zeitgemäßen Gottesdienst und deutsche Predigt noch nicht vertrauen können, daheim bleiben oder anderswo beten; die Synagoge wird durch ihr Ausbleiben an Würde Nichts einbüßen. Man sieht es in Gnesen. W.

Leipzig, 30. März. Gestern versammelten sich eine Anzahl Männer aller Glaubensbekenntnisse zur Berathung einer Adresse an die zu Frankfurt a. M. zusammenkommenden Vertreter des deutschen Volks. Gegenwärtig waren: der evangelisch-reformirte Pfarrer Blaß, der evangelisch-lutherische Archidiakonus Dr. Fischer, der evangelisch-lutherische Licentiat der Theologie Dr. Fricke, der römisch-katholische Pfarrer Hanke, der israelitische Prediger Jellinek, der evangelisch-lutherische Rektor J. Kell, der römisch-katholische Ph. Mainoni, der griechisch-katholische E. P. Raum, der christkatholische Pfarrer F. Rauch, der evangelisch-lutherische Professor Dr. Theile, der evangelisch-lutherische Prediger Dr. Zille. Einmüthig ward die untenstehende Adresse beschlossen und unterzeichnet, der morgende Abend aber bestimmt, um in einer großen öffentlichen Versammlung die leitenden Gedanken weiter zu entwickeln und das größere Publikum zur Unterzeichnung aufzufordern, worauf dann die Adresse sofort an den sächsischen Bundestagsgesandten, Bürgermeister Todt aus Adorf abgesendet und von diesem den zu Frankfurt a. M. versammelten Volksvertretern übergeben werden soll. Die Zuschrift lautet:

An die Abgeordneten des deutschen Volks zu Frankfurt a. M. Deutsche Brüder! Der Ruf einer großen Zeit und eines großen Volks ist an euch ergangen. Ihr habt euch versammelt im Namen des Friedens und der Freiheit, um Deutschlands gemeinsames Staatswesen neu zu begründen. Da tritt sogleich das Verhältniß zwischen Staat und Kirche als grundlegend hervor. Wir halten es für zweck- und zeitgemäß, euch auf diese Angelegenheit als eine der wichtigsten und einflußreichsten des gesammten Vaterlandes hinzuweisen. Ihr habt euch versammelt, um Deutschlands Einigkeit und Einheit zu erbauen. Nichts hat mehr die Eintracht unsers Vaterlandes gestört und zerstört als die kirchlichen Zerwürfnisse. Selbst die Gegenwart seufzt noch in diesem unheilvollen Wirrsale. Aus allen deutschen Gauen blicken Millionen auf euch, daß ihr die Grundsätze aussprechen möchtet, welche dem ganzen Vaterland auch in kirchlicher Beziehung die friedenbringende Freiheit und den freiheitbringenden Frieden verheißen. Millionen deutscher Brüder richten mit uns an euch die dringende Bitte: Erkennet die Zeichen der Zeit und die Foderungen des Augenblicks.

Hauptquelle aller kirchlichen Zerwürfnisse ist die verschiedene Behandlung der Konfessionen von Seiten des Staats, indem er Einige bevorzugt, Andere zurücksetzt.

Gegen die Zurücksetzung verlangen wir: völlige Rechtsgleichheit für jedes religiöse Bekenntniß und jeden kirchlichen Verein, der nicht mit den Gesetzen des Staats in Widerspruch steht. Kein kirchlicher (sogenannter christlicher) Staat; keine bloße Duldung. Gleiche bürgerliche Berechtigung für alle Konfessionen, welche den gleichen Zweck sittlicher Vollendung der Menschheit haben.

Gegen die Bevorzugung verlangen wir: Trennung der Kirche vom Staate. Keine Staatskirche. Der Staat sei unabhängig von der Kirche; er knüpfe an die religiösen Anschauungen, Versammlungen und Handlungen keine rechtlichen staatsbürgerlichen Folgen; er führe Geburts-, Schulentlassungs-, Ehe- und Todtenverzeichnisse, verwandle den Eid in eine öffentliche und feierliche Versicherung und betrachte die kirchlichen Feiertage als bürgerliche Ruhetage. Dies wird den kirchlichen Handlungen ihre religiöse Bedeutung nicht nur

---

11) Bekanntlich mangelt es in J. an schmackhaftem Trinkwasser, und sind dort von jeher alle Mühen eine gute Quelle zu finden, so wie in neuerer Zeit die Versuche, einen artesischen Brunnen anzulegen, fruchtlos geblieben.

12) Man spricht auch von einer Schochetpasselei. Ob aber auch diese von dem 1. R. ausgegangen, können wir nicht verbürgen.

nicht nehmen, sondern ihren Werth und ihre Würde erhöhen.

Die Kirche sei unabhängig vom Staate. Jede kirchliche Gemeinschaft habe das Recht der Anordnung und Leitung ihrer Angelegenheiten durch aus ihrer Mitte gewählte Vertreter und Beamte; das Recht der Gesetzgebung, der Verwaltung, der Beaufsichtigung ihres Gemeinwesens. Das bischöfliche Recht des Landesherrn und das Patronatsrecht sei aufgehoben. Die Kirche erziehe dem Staate sittliche Bürger; der Staat schütze und stütze die Kirche und übe das Recht der Nichtbestätigung und Verbietung (votum negativum), wenn einzelne kirchliche Einrichtungen und Gebote oder ganze kirchliche Gemeinschaften dem Staatszwecke zuwider sein sollten.

Deutsche Brüder! Ihr Männer unsers Vertrauens! Die Herzen des ganzen deutschen Volks, die Augen Europas sind auf euch gerichtet; das deutsche Volk erwartet von euch den Grundriß einer neuen deutschen Staatsverfassung, die Grundsteinlegung der deutschen Einheit. Vergesset nicht bei der Zeichnung des Grundrisses für das deutsche Staatsgebäude die Herstellung des rechten Verhältnisses zwischen Staat und Kirche: Trennung der Kirche vom Staate! Vergesset nicht, bei der Grundsteinlegung der deutschen Einigkeit den Grund selbst tief zu graben bis zum Felsengrunde der völligen Rechtsgleichheit aller religiösen Bekenntnisse und jedes kirchlichen Vereins, der nicht mit den Gesetzen des Staats im Widerspruch steht. Sorget für den Frieden und die Freiheit Deutschlands nicht nur nach außen und im Aeußern, sondern auch nach innen und im Innern. Keine Freiheit ohne Frieden, kein Friede ohne Freiheit! Das walte Gott! (D.A.Z.)

Leipzig, 27. März. Gestern Abend fand im Schützenhause abermals eine Versammlung der in Leipzig wohnenden Preußen statt; circa 300 waren zugegen. Unter dem Vorsitze des Dr. Fürst bildete sich ein Komité aus 21 Mitgliedern. Man berieth über eine Adresse an die Helden der Freiheit in Berlin.

Der zweite Antrag betraf die Beschickung des deutschen Parlaments durch ein Mitglied der Gesellschaft. Die Wahl fiel auf Hrn. Krackrügge, der der gestrigen Versammlung beiwohnte, und den Dr. Fürst. Hr. Krackrügge ist von der Stadt Erfurt bereits zum Deputirten für den preußischen Landtag gewählt worden, hat aber diese Wahl abgelehnt. Die erlittenen Verfolgungen haben seine Vermögensverhältnisse zerrüttet, er konnte mithin auch aus Gründen der Selbsterhaltung dem Wunsche der Versammlung, ihre Rechte, die Rechte der gesammten Provinzen, die jetzt den preußischen Staat ausmachen, auf dem deutschen Parlamente zu vertreten, nicht entsprechen. Die Versammlung entschloß sich demnach, ihren Präsidenten, den Dr. Fürst, der auf dem deutschen Parlamente die Rechte der posenschen Deutschen vertreten wird, mit einer ausgedehnten Vollmacht zu versehen. (D.A.Z.)

Leipzig, 29. März. Das „Leipziger Tageblatt" brachte in Angelegenheit der Gleichstellung aller Konfessionen mehre Aufsätze, die wir hier in chronologischer Folge mittheilen.

Den 16. März. Bei der Reform des Wahlgesetzes haben die Stadtverordneten einen Hauptmangel des jetzt noch geltenden Gesetzes übersehen. Sie haben kein Wort davon erwähnt, daß endlich einmal dem Uebelstande ein Ende gemacht werde, wonach mehr als achthundert Menschen im Volke, mehr als achthundert Sachsen von jeder activen und passiven Wahl der Volksvertreter ausgeschlossen sind, weil sie an einen einzig-einigen, nicht an einen einzig-dreieinigen Gott glauben!

Wenn die Deputation es nicht für gut befunden hat, die Gleichstellung aller Konfessionen im staatsbürgerlichen Rechte, wie so manche andere allgemeine Anträge, bei der außerordentlichen Ständeversammlung vorzubringen, so kann man hierin mit ihr einverstanden sein. Jenen Punkt aber haben schon jetzt hervorgehoben werden, weil man das nicht eine Volksvertretung nennen kann, wo ein Theil, der wie der übrige größere Kräfte der Intelligenz, des Kapitals, insbesondere des Grundbesitzes aufzuweisen hat, gar nicht vertreten ist und mit Recht die künftige Ständeversammlung fragen kann, auf welchen Grund hin sie über seine Rechte beschließen könne!

Springt diese Ausschließung im Wahlgesetze selbst in die Augen, so ist sie außerdem durch das Gesetz v 16. Aug. 1838 nur zu sehr im Andenken. Man weiß sehr gut, daß der Genuß der bürgerlichen Ehrenrechte den Juden dort verweigert werden, außer dem — Communalgardendienst, der, ich scheue mich nicht es auszusprechen: unter solchen Umständen mehr eine Last als eine Ehre ist!

Ich will darauf keinen Werth legen, daß ich zu den Kämpfern für eine freie christliche Kirche, so weit meine schwachen Kräfte es mir gestatten, in der Oeffentlichkeit gehöre, daß ich freilich ohne es auszusaunen, in fremdem Lande mich der Beschränkungen des Protestanten gern angenommen habe. Ich will den Grundsatz des Rechts nicht urgiren: Was du willst, daß Andere Dir thun, das thue auch ihnen. Nur die Bemerkung sei mir erlaubt, daß die Gleichstellung der Religionsparteien im Staat eine der ersten Forderungen unserer Zeit sein muß und daß Männer, welche mit dem Vaterlande es redlich meinen, darauf sofort dringen müssen, wo es irgend eine Gelegenheit dazu giebt, ohne daß es nöthig sei, sie erst darauf aufmerksam zu machen!

Als ein Freund jedes entschiedenen Fortschritts muß

man diese Angelegenheit in den Vordergrund stellen und es als eine Schmach für unsere öffentlichen Zustände bezeichnen, daß die Leipziger-Wahlliste (zu den Ergänzungswahlen) schnell umgedruckt werden muß, weil sich aus Versehen einige Namen von Bürgern jüdischen Glaubens darin eingeschlichen haben!

Wenn man, wie Humboldt meint, vor allen Dingen eine Meinung haben muß, so darf man ja nicht vergessen, sie auch überall und zu jeder Zeit auszusprechen!

In dem festen Vertrauen, daß die freie deutsche Presse, um diese Dinge endlich glücklich zu lösen, ihre Unterstützung mir nicht verweigern wird, ersuche ich die Redaktionen aller deutschen Blätter, deren sie zu Gesicht kommen, diesen Zeilen Raum in ihren Spalten zu gönnen.
Adv. Kaim.
(Beschluß folgt.)

Oesterreich.

Leipzig, 29. März. Wir haben in der vorigen Nummer derjenigen heldenmüthigen Jünglinge namhaft gemacht, die mit dem Schwerte für Oesterreichs Freiheit gekämpft haben. Es stehen aber seit langer Zeit noch andere israelitische Männer auf dem Schlachtfelde, die durch ihre Feder dem errungenen Siege vorgearbeitet haben. An der Spitze dieser muthigen Federhelden steht Kuranda. Er hat im Exil lebend muthig und unerschrocken dem nunmehr gestürzten Systeme den Handschuh hingeworfen. Vaterland und Familie verließ er seit mehren Jahren und war ein wandernder Apostel der österreichischen Freiheit. Allen Chicanen der maßlosen Polizeigewalt ausgesetzt, hat er den Samen freier Ideen in die Herzen der Oesterreicher ausgestreut. Seine „Grenzboten" waren im wahren Sinne des Wortes die beflügelten Boten der herannahenden Freiheit. Der ununterbrochene Kampf um die edelsten Güter hatte in ihm einen wackeren, talentvollen Vertreter. Vergessen wir über den Tödten die Lebenden nicht. Dem Verdienste seine Kronen. Kuranda, der sein Judenthum verläugnete, vielmehr seiner gedrückten Brüder sich stets ritterlich und ehrenvoll annahm, wird in der Geschichte der errungenen Freiheit einen Ehrenplatz einnehmen.

Wien, 28. März. Herr v. Rothschild hat zur Bewaffnung der Nationalgarde 100,000 fl. geschenkt. Wir würden dies nicht besonders urgiren, wenn nicht in letzter Zeit ein Theil der deutschen Presse es sich zur Aufgabe gemacht hätte, das größte Banquierhaus hämisch und tückisch zu verfolgen. In dieser Zeit der finanziellen Krisis ist eine solche Gabe von besonderer Bedeutung. Wir wünschen aber auch, daß der günstige Moment für die Befreiung seiner Glaubensbrüder von

Hrn. v. Rothschild nicht ungenützt vorübergehen werde. Man kam bei uns auf den sonderbaren Gedanken, Listen auszulegen, damit diejenigen Christen, welche die Emancipation ihrer jüdischen Mitbürger wollen, ihren Namen aufzeichnen. Allein das Recht wird nicht erbettelt, noch darf man an die Antipathie oder an den Kasten- und Zunftgeist privilegirter Klassen appelliren. Die Gleichstellung der Juden darf keinem Zweifel mehr unterliegen und Emancipations-Kollekten sind ein Anachronismus in unserer Zeit.

Lemberg, 23. März. Jubel herrscht hier über die kaiserlichen Gewährungen. Christen und Juden fraternisiren und freuen sich gemeinsam der neuen Aera, der wir entgegen gehen. Graf Stadion, der freisinnigsten österreichischen Staatsmänner, ist den Juden sehr zugethan und wir hoffen, daß auch uns Gerechtigkeit widerfahren werde. Der frische Hauch des neuen Lebens wird auch auf unsere religiösen Verhältnisse einwirken. Bald wird die polnische Tracht und der alte verknöcherte Geist schwinden; der Chastidismus wird zu Grabe getragen und die Morgenröthe eines kräftigen politischen und religiösen Lebens beginnt zu leuchten. Die innere und äußere Emancipation, die Befreiung vom staatlichen und religiösen Drucke muß Hand in Hand gehen. Möge unser Prediger Herr Kohn diesen neuen Zustand zur Eiferung so vieler unästhetischer und widerlicher Mißbräuche benutzen.

Lemberg, 22. März. Heute Nachmittags gegen 2 Uhr las der Gouverneur Graf Stadion ein Patent vor, daß Schußwaffen an die Bürger ausgetheilt werden sollen, unter der Bedingung, daß die Studenten die Deutschen und die Israeliten als ebenbürtige Bürger ansähen. Du stolzes Oesterreich freue Dich!

Preßburg, 18. März. Gestern Nacht bei Gelegenheit des dem Hrn. v. Kossuth dargebrachten Fackelzugs unternahm es eine Rotte vom rohen Gesindel des „Zuckermandels", eine Judenverfolgung zu beginnen. Sie schleuderten brennende Fackeln auf die Dächer der Judenhäuser und regalirten den ihnen erreichbaren Juden mit menschlicher Schlägen. Da kein Militär oder Polizei auf dem Platze war, so zerstreuten die Juraten mit Säbelhieben das feige Gesindel. L. v. Kossuth ermahnte in seiner Rede nachdrücklich zur brüderlichen Freundschaft mit den Juden. (D.A.Z.)

Preßburg, 21. März. In den verflossenen Nacht fielen hier ernstliche Unruhen vor, welche durch Einschreiten der Militärmacht gedämpft werden mußten. Während Pesth die Emancipation der Juden proklamirt und diese nicht nur in die Nationalgarde aufgenommen hat, sondern auch an allen Deputationen und Ehrenstellen betheiligt, gibt es hier sehr viele Spießbürger, welche von fanatischem Glaubenshaß geblendet, nicht gerade die reichen Juden, seidern die Juden überhaupt auszurotten möchten. Als daher gestern der Kommandant der hiesigen Nationalgarde einen Tagesbefehl erließ, in welchem er die Verfolger der Gewissensfreiheit für Feinde jeder Freiheit und des Vaterlandes erklärte, und als, zum Fahneneide der Nationalgarde auch viele jüdische Studirende und Künstler sich einstellten, erhob die Spießbürger einen Tumult, welchen der Kommandant und der Oberststallmeister Graf Ratay vergeblich zu beschwichtigen suchten. Sie mußten endlich erklären, daß bis auf weitere Verfügung der Gesetzgebung die Juden vom Dienste der Nationalgarde suspendirt sind. Die Spießbürger, mit ihrem Siege sich nicht begnügend, hetzten am Abend noch ein stets bereites Raubgesindel zu einem Sturm auf den Schloßberg, ein vorzüglich von Juden bewohntes Stadtviertel, auf. Die Juraten und mehre wohlgesinnte Bürgergarden waren zu schwach, die Ruhe zu sichern. Kürassiere und Infanterie trieben endlich das immer mehr drohende Gesindel zu Paaren aus einander. Verwundungen sind nicht geschehen, aber mehre Verhaftungen sind vorgenommen worden. Den Juden, welche in den übrigen Stadttheilen zerstreut wohnen, wurden die Fenster eingeworfen. Heute zogen die meisten wohlhabenden Juden nach Wien, alle jüdischen Handlungen sind gesperrt, der Handel stockt, und bald werden die Spießbürger die Wuth der unbeschäftigten Proletarier gegen sich selbst gekehrt sehen. Der Horizont der ungarischen Freiheit verdüstert sich überhaupt nicht wenig. Neben den Judenverfolgungen, welche auch aus andern Städten gemeldet werden, und welche das Einschreiten und die Ueberwachung des Militärs nothwendig machen, zeigen auch die Bauern Lust, ihre alten Peiniger zu züchtigen. Auf der andern Seite sehnt sich die Aristokratie und die Hierarchie nach der alten Ordnung der Dinge. Dabei sind die Finanzen im schlechtesten Zustande und die Nationalgarde mehr noch ein Spiel.

Morgens 11 Uhr. Die Zusammenrottungen gegen den Schloßberg erneuern sich, das Militär rückt aus.
(D.A.Z.)

Preßburg, 23. März. Das Standrecht ist verkündigt. Die Ruhe in unserer Stadt ist völlig hergestellt. Dagegen laufen Berichte aus andern Städten ein, wo ähnliche Judenverfolgungen geschehen. Der Reichstag hat nichtsdestoweniger die Judenemancipation ausgesprochen und deren praktische Durchführung dem ungarischen Ministerium und dem nächsten Landtag in Pesth anheimgegeben. Einige einleitende Maßregeln sind bereits getroffen, so namentlich die Gestattung von Civilehen zwischen Juden und Christen. (D.A.Z.)

Preßburg, 21. März. Gestern erschienen hier folgende zwei Placate. Bürger und Nationalgarden! Um jeder Aufregung vorzubeugen, wird die Aufnahme der Israeliten in die Nationalgarde, bis das Gesetz anders verfügt, eingestellt. Uebrigens wird die Aufrechthaltung der Ruhe und Ordnung jedem Bürger und Nationalgarden zu Herzen gelegt. Das Komité der Nationalgarde.

Entgegnung. Durch Mißverständnisse verleitet, haben einige junge Leute israelitischen Glaubens, deren größter Theil nicht einmal der hiesigen Gemeinde inkorporirt ist, der gegenwärtig sich hier bildenden Nationalgarde sich einreihen lassen. Wir Unterzeichnete erklären hiermit, daß wir nicht die entfernteste Absicht haben, noch jemals hatten, und ohne Einwilligung und freiwillige Einstimmung der hiesigen löblichen Bürgerschaft irgend eine Ehrenauszeichnung anzumaßen. Um dies zu beweisen, haben wir das Zurücktreten aller uns bekannt gewordenen eingereihten Israeliten veranlaßt. Und nur weil es mit den Wünschen der löblichen Bürgerschaft im Einklang ist, werden wir freudigst uns bereit halten, mit allen unsern Kräften an den Sicherheitsmaßregeln Theil zu nehmen. Preßburg, am 20. März 1848. Im Namen der sämmtlichen hiesigen Judenschaft.

Brody, 23. März. Mit Zuversicht können wir der freudigen Hoffnung Raum geben, daß die neue Verfassung auch für den bisher beschränkten geistigen Zustand Oesterreichs die vortheilhaftesten Folgen nach sich ziehen wird. Bemerkenswerth ist es nur, daß die große Mauer, das aufgeblasene aristokratische Bollwerk, welches seit lange Adel von Bürger, Christ von Juden trennte und entfremdete, nun niedergerissen und zunichte geworden. In allen Straßen sieht man die achtbarsten polnischen Edelleute mit den in langen Kaftan und Pelzmütze gekleideten Israeliten. Arm in Arm jubelnd und herschreiten, sich brüderlich die Hände drückend: „Wir haben ein und dasselbe Schicksal, ein und dasselbe Loos, daher ein und dasselbe Ziel, wir müssen einander bei unserm hohen Landesvater Fürsprache thun, er besitzt Güte und Edelmuth, er wünscht das Wohl seiner Bürger zu begründen, wir werden bitter und er wird uns erhören!" Gestern war die ganze Stadt beleuchtet, Alles trägt weiße Cocarden, ein Jeder grüßt den Andern: Wie geht's, konstitutioneller Bruder?
(D.A.Z.)

Brody, 24. März. Der mächtige Umschwung, den das Rad der österreichischen Geschichte in letzter Zeit durch die neue Verfassung genommen, wird unstreitig auch auf unseren Zustand günstig einwirken. Schon werden unsere Glaubensgenossen in amtlichen Sachen zu Rath gezogen, was bis jetzt nie der Fall war; schon hört man jetzt Wünsche laut werden, wozu man lange den Muth nicht gefunden hat, schon vernehmen wir von Erleichterung der Steuer, Abschaffung der so drückenden Fleisch- und Lichtpachtsteuer, (worüber ich seiner Zeit das Nöthige mittheilen werde). Selbst das hier beifolgende Schreiben des Grafen v. Stadion an H. M. Mieses in Lemberg sichert uns den eklatanten Beweis, daß es der ernste Wille der Regierung sei, uns doch endlich von den großen Lasten zu befreien. Und sind denn nicht die allgemein gegebenen Koncessionen auch für uns von vortheilhaftem Nutzen? sind sie denn nicht auch uns gegeben? — Darum freuen wir uns israelitische Oesterreicher! daß unser hochherziger Landesvater die dringende Nothwendigkeit der Gegenwart erfaßt, seine eigene Rettung und das Heil seiner Bürger frühzeitig erkannt, ihnen zu bewilligen, was sie mit Recht von ihm verlangen, und die Kontumazanstalt der geistigen Entwickelung für immer aus seinem Reiche zu verbannen. Denn nur durch die Freiheit der Presse wird jeder Alpdruck von der Brust geworfen, nur durch das freie unumwundene Wort erhebt der Mensch zum Mensch sich; nur am Gängelband der Freiheit kann der Geist sich entfalten und zur reifen Frucht gelangen. Ist nun einmal das verjährte verstaubte System aus seinen Fugen gegangen, und dafür ein modernes nach dem Zuschnitt der Neuzeit eingeführt, so können wir uns der freudigen Hoffnung hingeben, daß die Gleichstellung **aller Konfessionen** berücksichtiget werden wird.

Auch wir sind in Arkadien geboren.

Auch uns hat unser Kaiser Freiheit zugeschworen.

Nochmals rufen wir: Es lebe **Ferdinand I.** Kaiser von Deutschland, König von Polen.

B.... K.

Italien.

Mantua, März. Ein neulich hier verstorbener Jude soll dem Pabste drei Millionen vermacht haben. In seinem Testamente sollen die Worte stehen, daß er Pius IX. für den von seiner Nation erwarteten Messias ansehe.

Verbrüderung! Verbrüderung!

Dieser weltumgestaltende Ruf, der an der Seine erscholl, hat an der Donau und an der Spree einen mächtigen Widerhall gefunden. Wild tosen die Wogen der Geschichte, Alles aber steuert dem Hafen der Verbrüderung zu. Schwere Wolken umhängen die Gegenwart und die nächste Zukunft, ein Stern schimmert aber durch! er heißt Verbrüderung. Nicht blos im Rathe der Völker, in der frischen Reorganisation des Staatslebens, in dem Kampfe nach freien Institutionen ist dieses Wort das bewegende und anregende Moment, das treibende Princip; es ist überhaupt die Aufschrift in der historischen Entwicklung unserer Zeit. Die Schranken der Nationalität sind gefallen. Vorüber sind die Zeiten,

wo die Nationalitäten, von einem blinden Eifer, von starrem Vorurtheile geleitet, egoistisch und engherzig einander gegenüber standen; die Verbrüderung führt eine Nation der andern in die Arme. Und dieser Ruf sollte auch an uns Israeliten nicht spurlos vorüber gehen. Durch religiöse Parteiungen und durch literarische Fehden sind unsere innern Zustände zerklüftet, zerrissen, zerfahren und zerfallen. Wir selbst, die wir vom Staate ein gleiches Recht und gleiche Anerkennung für alle Glieder der Staatenfamilien fordern, haben uns einander entfremdet, leben in Zwiespalt und Disharmonie. Hier stehen sich religiöse Parteiführer mit einer unerbittlichen Wuth gegenüber; dort hat die Literatur, die Völker und Länder verbindet, den Samen der Zwietracht ausgestreut. Alles trägt bei uns den Charakter des Persönlichen, Egoistischen, Vereinzelten. Die edelsten Kräfte der Israeliten, die vereint Großes, Erhabenes, Schönes und Edles wirken könnten, sind gesplittert, isolirt, erschlafft. Jetzt, wo fast ganz Europa ein großes Versöhnungsfest feiert, wo die innige Verbrüderung, Nationen, Stämme, Konfessionen zur gemeinschaftlichen Thätigkeit zusammenführt, jetzt sollten die Israeliten zurückbleiben? Wäre nicht unserer ernsten Gegenwart, die eine neue Periode in der Geschichte der Menschheit erschließt, geeignet, daß die Verbrüderung im Innern eine festen Boden gewänne? Müssen wir nicht die Vergangenheit mit ihren persönlichen, religiösen und literarischen Streitigkeiten aus dem Buche der sich bewegenden und fortbildenden Geschichte streichen? Müssen nicht die edelsten Kräfte, die literarischen Anführer, die religiösen Parteimänner ein großes Versöhnungsfest feiern?

Mögen doch Alle, die sich fern standen, einander näher rücken; mögen Alle, die in den Guerillaskämpfen der Literatur sich abgemüht, in Frieden neben einander ruhen; mögen Alle eine neue Aera in unserer innern Entwicklung zu zählen beginnen und allen Zank und allen Hader und allen Streit zu Grabe tragen. Inmitten des Völkerbundes mögen die jüdischen Gelehrten, die Gebildeten Israels einen Bund der Versöhnung, des Friedens und der Ruhe schließen. Vereint alle Kräfte, so kann die religiöse und die literarische Erstarkung nicht ausbleiben. Der Frühling hat uns ein neues kräftiges und frisches Völkerleben gebracht; daß er uns den Gotteshauch der Versöhnung im Innern brächte! Die Eisrinde des Egoismus, die das Herz vieler Gelehrten bedeckte und viele Kräfte lähmte, möge vor dem Frühlingswehen eines neuen versöhnlichen Lebens für immer gesprengt sei. In allen Gemeinden, in allen Studirstuben, in allen Familien, in allen Häusern, in ganz Israel ertöne es:

Verbrüderung! Verbrüderung!

Ad. Jellinek.

Verlag von C. L. Fritzsche.

Druck von J. H. Nagel.

Der Orient.

Berichte, Studien und Kritiken

Neunter für **Jahrgang.**

jüdische Geschichte und Literatur.

Herausgegeben

von

Dr. Julius Fürst.

Das Abonnement auf
ein Jahr ist 5 Thlr.
Man abonnirt bei allen
löbl. Postämmern und
allen selb. Buchhand=
lungen auf ein Jahr.

Von dieser Zeitschrift
erscheinen wöchentlich
das Literaturblatt mit=
gerechnet, zwei Bogen,
und zwar an jedem
Dienstag regelmäßig.

№ **16.** Leipzig, den 15. April. **1848.**

Deutschland.

Leipzig, 1. April. Gestern war hier eine zahl= reich besuchte Versammlung von Gliedern aller Kon= fessionen, Lutheranern, Reformirten, Römischkatholischen, Griechischkatholischen, Deutschkatholiken und Israeliten, zu einträchtiger Besprechung einer an die Volksvertreter zu Frankfurt gerichteten Bitte um völlige Religionsfrei= heit, Gleichheit aller religiösen Bekenntnisse und Trennung der Kirche vom Staate. Prediger Dr. Zille eröffnete sie. Ungewöhnlich, sagte er, ist die Einladung, unge= wöhnlich die Versammlung, in welcher die Glieder so verschiedener Konfessionen sich vereinigt haben, die kirch= lichen Angelegenheiten gemeinschaftlich und brüderlich zu fördern. Was der kühnste deutsche Traum noch vor einem Monate nicht zu hoffen wagte, ist geschehen; Deutschland einigt sich unter Einem Feldzeichen; auch die Konfessionen müssen sich einigen unter der Fahne der Freiheit und des Friedens.

Hierauf sprach Licentiat Dr. Fricke. Eine große Zeit der Entwickelung ist angebrochen, wie für den Staat, so für die Kirche. Das alte System der Ge= walt, das den Gedanken durch Gesetze bevormunden wollte, ist gebrochen, die Spinngewebe sind zerrissen, mit denen man die Riesenkraft des Geistes umgeben wollte. Das gewonnene Gefühl innerer Kraft und Reife treibt zu der Foderung der Gegenwart. Wir fo= dern Freiheit auch auf dem Gebiete der Kirche und Re= ligion, weil Gebundenheit im Widerspruch ist mit dem innersten Wesen der Religion und Kirche, deren Blüte und Früchte nur im Boden der Freiheit wurzeln. Diese Freiheit darf keine Halbheit sein, wir wollen nicht die= ses oder jenes einzelne Recht, wir verlangen, gleich dem Staate, für die Kirche das Recht der Selbständigkeit und der freien Entwickelung, Rechtsgleichheit aller Kon= fessionen, Trennung der Kirche vom Staate. Dem Staate verbleibe das Aufsichtsrecht und die Verpflichtung des Schützens und Stützens; aber das innere Leben der Kirche überlasse es der Kirche. Es ist ein Wider= spruch, die Kirche durch Staatsminister zu leiten, deren Beruf es gar nicht sein kann, die großen Gedanken der Kirche zu verstehen und ihre Entwickelung zu beherrschen. Wir wollen keine staatsbürgerlichen Rechte an kirchliche Handlungen geknüpft sehen, aber damit die kirchlichen Handlungen selbst nicht beseitigen. Sie als eine Noth= wendigkeit zu fordern, bleibt jeder Konfession überlassen; wir verlassen nur eine Innerlichkeit zurück, in der die Kirche wurzeln soll. Die geforderte Gleichstellung der Israeliten ist kein Indifferentismus gegen das Christen= thum. Werfen wir die Waffen der Gewalt weg und kämpfen wir mit den Waffen des Geistes für das Chri= stenthum. Die Serie der Freiheit ist aufgegangen, die Herrschaft des Geistes beginnt; möchten wir siegend in uns das Bewußtsein tragen, nur mit gerechten Waffen gesiegt zu haben.

Reformirter Pastor Blaß: In der Trennung der

16

Kirche vom Staate und der Rechtsgleichheit der Konfessionen liegen wichtige, gewaltige Konsequenzen, die auf das ganze Leben tiefeingreifenden Einfluß haben. Wer den Grundsatz will, muß auch die Konsequenzen wollen. Gar Manches ist zu hoffen, Manches zu fürchten, aber die Hoffnung überwindet die Furcht. Man fürchtet, daß durch Wegfall der äußerlichen Zucht auf Taufe und Trauung Viele aller Religion sich entfremden und völligem Indifferentismus hingeben werden. Allein eben ein aufgenöthigtes Bekenntniß und eine erzwungene Theilnahme an den heiligen Handlungen einer Gemeinschaft, der man innerlich nicht angehört, erzeugt Indifferentismus. Wenn man das innerliche Bedürfniß des Menschenherzens frei gewähren läßt, wird auch jenes lebendiger und kräftiger werden. Man fürchtet durch eine immer größere Zersplitterung der Kirche, wie in Amerika, neue Gefahren für die Einigkeit Deutschlands; allein der Weg zur wahren Einheit und Vereinigung liegt darin, daß Jeder sich frei aussprechen und entwickeln kann. Mögen auch die verschiedenen Gemeinschaften noch lange neben einander bestehen, das Verhältniß wird ein friedliches werden und ein edler Wetteifer Alle beseelen, weil Keiner sich bevorzugt, Keiner zurückgesetzt sieht; die Wahrheit wird die Entzweiten einigen und die Getrennten verbinden. Man fürchtet endlich das Entstehen von Genossenschaften, die offen von aller Religion sich lossagen. Das wäre ein Unglück; ein Volk ohne Gott und ohne Gottesfurcht ist ein armes Volk, das seinem Verderben unausbleiblich entgegengehen würde. Allein Gemeinschaften, die nichts glauben und nichts bekennen, werden erst durch vermeintlichen Zwang recht hervorgerufen; sie werden, wenn diese Ursache aufhört, nur vorübergehende Erscheinungen sein.

Rektor J. Kell: Wenn man aus langem Zwang in die Freiheit übergeht, ist es erklärlich, daß ängstliche Gemüther sich nicht zu finden wissen in die neuen Verhältnisse einer neuen Zeit, welche alte, liebgewordene Gewohnheiten zu zerbrechen droht. Man fürchtet, daß, wenn keine staatsbürgerlichen Rechte mehr selbst an die heiligsten kirchlichen Handlungen sich knüpfen, dieselben im Volke an Werth verlieren werden, sobald es sieht, daß der Staat sie nicht mehr schützt. Allein der Schutz des Staates war ein Zwang; wir, die freien Staatsbürger, wir selbst wollen und werden unsere heiligen Handlungen künftig schützen. Der Zwang war unchristlich; wer nach dem Wegfalle des Zwanges der Kirche verloren geht, gehörte ihr nie an. Wir verlieren nichts an Dem, was nie unser war. Aus der Freiheit muß geboren werden, was freie Geister erbauen soll. In dieser Freiheit wird auch unter den Konfessionen selbst das Bewußtsein der Gemeinschaft wachen und die Ueberzeugung sich herausbilden für Das, was der Staat von der Kirche fodert, die sittliche Bildung der Menschheit, Hauptsache und Hauptaufgabe jeder Konfession ist.

Der Irrthum, als besitze eine Kirche allein und ausschließlich die Wahrheit, wird verschwinden, und jede Gemeinschaft von der andern lernen, durch die andere sich erbauen. Dann werden auch die Vorurtheile gegen die Israeliten und ihre gleiche bürgerliche Berechtigung wegfallen. Es ist Pflicht, der Unterdrückten sich anzunehmen und dem engherzigen Krämergeist entgegenzutreten, der von pflichtgemäßer Gewährung lang entzogener Menschenrechte Beeinträchtigung der Gewerbe fürchtet. Wir haben ein tausendjähriges Unrecht wieder gut zu machen und dürfen nicht fragen, ob daraus in nächster Zukunft uns ein materieller Nachtheil erwachse. Wir büßen nur unsere und unserer Väter Schuld. Reichen wir uns jetzt alle als Glieder der sich sämmtlich neugestaltenden menschlichen Gesellschaft die Hand, und die Vorurtheile, die uns trennen, werden verschwinden und die Gemeinschaft aller Konfessionen wird eine Frucht der Freiheit sein.

Der israelitische Prediger Jellinek: Der Frühlingsruf nach Freiheit und Verbrüderung hat in den Herzen von Millionen Geistern neues Leben geweckt. Deutschland verlangt Frieden und Freiheit. Das ist keine Freiheit, so lange man nur in seinem Innern fühlen, glauben und denken, die Gedanken aber nicht aussprechen und nach seinem Glauben nicht leben darf. Die Freiheit, die wir haben wollen, ist eine andere; und nur ihr, die nichts von Isolirung, von Kerkern und Ketten weiß, schlagen Millionen Herzen entgegen. Und Leipzig hat abermals den Ruhm, für diese Freiheit zuerst laut seine Stimme erhoben zu haben und die Thatsache einer Vereinigung aller Glaubensbekenntnisse zu feiern. Deshalb darf diese Versammlung nicht die letzte sein; die politische Freiheit allein genügt nicht, wir müssen auch innere Freiheit und Frieden gewinnen. Nur durch gegenseitige Verständigung werden Vorurtheile, die zeither schwer sich zerstreuen ließen, so lange noch der Jude im Ghetto eingeschlossen blieb, verschwinden werden. Möchte diese Versammlung ein Bild der Zukunft, ein Keim sein, der zu einem Baume heranwachse, an welchem die verschiedenen Konfessionen die Zweige und Blüten bilden, und um welchen die gesammte Menschheit sich schare in gegenseitiger Liebe, Freiheit und Eintracht.

Deutsch-katholischer Pfarrer F. Rauch: Ich habe nur die brüderliche Bitte, bei dem gemeinschaftlich Unternommenen nicht auf halbem Wege stehen zu bleiben. Befreiung von der Bevormundung des Staats ist nur der halbe Weg. Die Konfessionen haben sich unter einander selbst Freiheit und Frieden herzustellen. Möchten Männer des Volks aus allen Konfessionen zusammentreten als Vermittler einer innigen Gemeinschaft der Konfessionen, nicht zur Amalgamirung, sondern zur Beseitigung gegenseitiger Mißverständnisse. Jede Religionsgenossenschaft würde dabei gewinnen, denn alle

Konfessionen sind ja die nothwendigen Faktoren zu dem Produkte Religion. Lassen wir die Nachwelt nicht von uns sagen, wir hätten die Zeichen der Zeit übersehen und keine annähernden Schritte gethan. Man bilde ein Komité, man stelle zur Aufgabe künftiger Versammlungen, Alles zu thun, um sich gegenseitig kennen und verstehen zu lernen. Dann wird diese Versammlung ein großartiger Anfang zum Frieden und zur Freiheit sein und die segensreichsten Folgen haben.

Hierauf schloß Dr. Zille die Verhandlungen, indem er nochmals aufforderte, daß Jeder seinen Theil dazu beitrage, den heiligen Bund der Völker immer enger zu schließen. Heute Morgen ist die Adresse, welche wegen der Kürze der Zeit nicht weiter zur Unterzeichnung ausliegen konnte, mit den Unterschriften über 300 angesehener Einwohner Leipzigs versehen, nach Frankfurt abgesendet worden. (D.A.Z.)

Nassau, 30. März. (Faktischer Beweis, daß die israelitischen Glaubensgenossen im Herzogthum Nassau seit dem Jahre 1843 de jure Gemeindebürger sind und darum auch alle staatsbürgerlichen Rechte ansprechen können.)

Wenn wir hier den juridischen Beweis über das Gemeinde= und Staatsbürgerrecht der jüdischen Glaubensgenossen im Herzogthum aus der so vielfach verdrehten und so oft verletzten **deutschen Bundesakte** führen, so geschieht dies

1) darum, weil die judenfeindliche Richtung der jüngsten Vergangenheit ihre desfallsigen Einwendungen auf dergleichen veraltete Verfassungen stützte, obgleich die neu erwachte Zeit dieselben nach dem Geiste der Freiheit und Gerechtigkeit umzugestalten allenthalben für nöthig fand; weil

2) unsere früheren Landtage auf jene deutschen und nassauischen Verfassungsurkunden ihre Diskussionen basirten und weil

3) das Organ unserer Staatsregierung in seiner Antwort deutlich zu erkennen gab, daß wenn auch das Gute, welches die Bundesakte verheißen hatte, selten zur That wurde: so dürften wir doch wenigstens das Ungerechte und Schlimme, welches sie nicht wieder aufkommen lassen wollte, nicht — gegen dieselbe — dennoch ausführen. Sonst wären Staatsregierung und Landstände noch prinziploser und ungerechter, als es jene zweideutige Diplomatie gewesen.

In der deutschen Bundesakte vom 8. Juni 1845, Artikel 14, heißt es nämlich:

„Die Bundesversammlung wird in Berathung ziehen, wie auf eine möglichst übereinstimmende Weise die bürgerliche Verbesserung der Bekenner des jüdischen Glaubens in Deutschland zu bewirken sei, und wie insonderheit denselben der Genuß aller bürgerlichen Rechte gegen die Uebernahme aller Bürgerpflichten in den Bundesstaaten verschafft und versichert werden könne. Jedoch

werden den Bekennern dieses Glaubens bis dahin die demselben von den einzelnen Bundesstaaten eingeräumten Rechte erhalten.‟

Daraus geht deutlich hervor, daß die Juden in jedem deutschen Staate bis zu einer allgemeinen Reorganisation ihrer Verhältnisse in ganz Deutschland entweder hinsichtlich ihrer Pflichten und Rechte in den alten Zuständen zu erhalten waren, oder wo sie hinsichtlich aller Pflichten den übrigen Staatsgenossen gleichgestellt wurden, dieses auch nothwendig auf ihre Gemeinde= und staatsbürgerlichen Rechte angewendet werden müsse. Daß diese Folgerung nicht mehr als gerecht und vernünftig sei, bewiesen überdies die Worte des Regierungskommissarius, Herrn Geheimrath Vollpracht, gegenwärtig Präsident der Herzoglichen Landesregierung — bei dem Nassauischen Landtage von 1843 (siehe Verhandlungen Seite 170 Nr. 1), welcher bekanntlich dem Wunsche des Landtags das Schutzgeld der Juden aufzuheben und sie dafür zu allen Gemeinde= und Staatssteuern heranzuziehen, entgegnete:

„Die beantragte Gleichstellung der Juden in Entrichtung der Gewerbesteuer hat die Regierung auch bei der jetzigen Revision des Gewerbsteuergesetzes noch aussetzen zu müssen geglaubt, weil deren Durchführung ohne gleichzeitige Regulirung der übrigen bürgerlichen Verhältnisse der Juden, womit die Regierung noch beschäftigt ist, immerhin mißlich sein dürfte.‟

Der damalige Landtag beharrte jedoch auf der sofortigen Gleichstellung der jüdischen Glaubensgenossen mit den Bekennern anderer Konfessionen hinsichtlich der Gewerbesteuer* und aller Gemeinde= und Staatspflichten im Herzogthume; weshalb sich die höchsten und hohen Landesstellen gedrungen fühlten, ihnen vorläufig wenigstens nachstehende Rechte einzuräumen, wodurch sie in der weitern Gesetzgebung allerdings als Gemeindebürger zu betrachten sind:

a) Auf Ministerialresolution vom 8. und Regierungserlaß vom 27. Juni ad N. S. 25,570 wurden die Israeliten im Herzogthum bei den öffentlichen Gemeinde= und Amtsarmenkassen betheiligt; so, daß sie gleich den übrigen Gemeinde=Bürgern ihre desfallsigen Beiträge leisten und ihre Armen einen gleichmäßigen Nutzen daraus ziehen.

b) Auf Ministerialresolution vom 11. und Regierungserlaß vom 18. Januar wurde verordnet, daß die israelitischen Einwohner im Herzogthume ihren Antheil an dem unter die Gemeindebürger zu vertheilenden Loosholze der Gemeindewaldungen erhalten sollen,

---

*) Welche Staatssteuer allein mehr als das dreifache des früheren Schutzgeldes beträgt; abgesehen von den sonstigen Steuern, Pflichten und Lasten, welche die Israeliten seitdem — gleich den übrigen Einwohnern des Herzogthums zu leisten haben.

16*

und dieses selbst da, wo ein solcher Gebrauch bisher nicht üblich war in Betracht, daß sie nunmehr alle Gemeindelasten mitzutragen haben — ausdrücklich gewünscht.

c) Ebenso wurde bei der von hoher Landesregierung ausgegangenen Kultusordnung der Israeliten im Herzogthume bestimmt, daß der Religionsunterricht ihrer Schuljugend — wie bei den übrigen Konfessionen — in der Regel in den öffentlichen Schulgebäuden ertheilt werden solle.

Wenn nun auch die beiden letztgenannten Koncessionen in der Praxis den Israeliten vielfach verkümmert würden, so kann dies auf ihr wohlgründetes Recht, welches aus der gleichmäßigen Leistung aller Gemeinde- und Staatspflichten folgt, für die Zukunft keinen Einfluß üben.

Denn nachdem die ganze nassauische Bevölkerung Religionsfreiheit forderte und diese auch von unserem hochherzigen Landesvater bewilligt wurde, kann von den historischen Ungerechtigkeiten der Vergangenheit keine Rede mehr sein. Nunmehr gilt das rationelle Recht der Gewissensfreiheit! Nunmehr dürfen die Vertreter eines freien Volkes die unveräußerlichen Natur- und Menschenrechte auch der Minderzahl ihrer Mitbürger dem pöbelhaften Judenhasse unter keiner Bedingung Preis geben! Sind doch die Juden seit dem Beginne dieses Jahrhunderts militärpflichtig! Betheiligten sich doch dieselben am Ruhm der Nassauer Heere bei der Schlacht von Waterloo! Stellten sie sich doch aus aller Gauen des Herzogthums zum Befreiungstage des 4. März d. J. in der Residenzstadt freudig und freiwillig unter die Reihen ihrer christlichen Mitbürger!

Es war darum nicht mehr als gerecht und billig, daß der Entwurf zu dem neuen Wahlgesetze die Bestimmungen aufnahm, daß jeder Staats- oder Gemeindebürger im Herzogthume ohne Unterschied der Religion zur aktiven und passiven Wahl der Volksrepräsentation berechtigt sei, und daß man kein Heletenthum in dem freien Staate schaffen oder beibehalten dürfe!

Diese gerechten und humanen Grundsätze darf fürder kein Nassauer verleugnen; wenn wir anders den meisten und namentlich den benachbarten Staaten der wackeren Hessen, freisinnigen Badenser und tüchtigen Würtemberger,* denen wir doch in der Erringung der freieren Institutionen vorangegangen sind, hierin nicht beschämt zurückstehen wollen!

Solche Worte möchten wir vorzüglich den Bewoh-

nern des platten Landes und den Provinzialstädten zurufen; indem wir Ihnen zu bedenken geben, daß

1) der größere Theil der heutigen Juden und namentlich die heranwachsende jüngere Generation in Sprache und Sitte europäisirt und der deutschen Bevölkerung vollkommen gleich ist. Einen gemeinen Pöbel gibt es jedoch unter den Bekennern einer jeden Konfession und Nationalität; daß ferner

2) Das Judenthum die Grundlage des Christenthums bildet und als Jesus nach den Hauptpflichten des Menschen hienieden befragt wurde (Markus 12, 28—31), führte er geradezu die Worte Moses — als seines Vorgängers — an und sprach: „Liebe Gott von ganzem Herzen" (5 Mos. 6, 5) und deinen Nebenmenschen wie dich selbst!" (3 M. 19, 18). Was endlich

3) den Wucher anlangt, den man so gerne zum Vorwande der Rechtsverweigerung nimmt, so erlasse man die strengsten Gesetze gegen Wucherer; da es deren bekanntlich — wie sich dies besonders im verwichenen Hungerjahre herausgestellt hatte — unter den Christen nicht minder, als unter den Juden gibt. Nur verfolge man diese nicht als Juden, denn das Judenthum gestattet den Wucher eben so wenig als das Christenthum (3 M. 25, 37).

Aus dem Gesagten geht nun zur Genüge hervor, daß die Bekenner des israelitischen Glaubens seit 1843 de jure Gemeindebürger sind. Und da nach der Nassauischen Verfassungsurkunde jeder Gemeindebürger zugleich Staatsbürger ist; da ferner die Israeliten als Eingeborene und Einwohner dieses Landes zu einer dieser beiden Klassen der Nassauischen Bevölkerung folgerecht gehören: so dürfen sie fortan weder vom Gemeinde- noch vom Staatsbürgerrechte ausgeschlossen werden; und kann daher der bereits veröffentlichte Entwurf zum neuen Wahlgesetze in dieser Beziehung keinerlei Aenderung erleiden.

Dr. Hochstädter,
Bezirksrabbiner zu Langenschwalbach.

Aus dem Nezdistrikt, 8. März. Die Nakelenser, berühmt durch ihre Adresse an Pius IX., wodurch sie im Sommer vorigen Jahres ihre gewaltigen Sympathien für Licht und Fortschritt an den Tag legten, haben jetzt ihren eigenen, den Lesern dieses Blattes zur Genüge bekannten Rabbi, dem Oberpräsidenten der Provinz als „den von ihnen mit großer Majorität gewählten Kandidaten für die in Berlin einzusetzende Kultuskommission" vorgeschlagen. — O Tannenbaum! wie grün sind deine Blätter! In einer aufgeklärt sein sollenden (oder auch nur wollenden) Gemeinde nicht weit von N. ist es am jüngsten Sabbat dem Chasan noch weit schlimmer gegangen als den Ministern des neulich aufgelösten französischen Königthums. Denn während man den ersten Staatsdienern des Julikönigs

---

*) Nachdem gegenwärtig auch die zwei Großmächte Deutschlands — Oesterreich und Preußen — gleiche politische Berechtigung für die Bekenner eines jeden Glaubens verheißen haben, so wird der Krämergeist der sich fälschlich nennenden Freistädte Deutschlands — die man eher Lottostätten und Spielhöllen heißen sollte — bald zu Schanden werden!!!

Zeit ließ, sich heimlich aus Paris zu entfernen, ist unser minister ecclesiae, kurz darauf, nachdem er sich vor dem O'med gestellt und עיר שובך angesaget hatte, von einem der Vorsteher beim Kragen gepackt und durch die Synagoge bis in den Vorsaal (Einige sagen: bis auf die Straße) geführt worden. Und warum? Hierüber schweigt die Geschichte. — In einer andern Gemeinde des Netzdistrikts, wo seit noch gar nicht langer Zeit ein moderner Theolog als Rabbiner und Prediger fungirt, hat neulich ein ברית מילה stattgefunden, zu welcher Feier, wie es sich von selbst versteht, auch der neue Geistliche eingeladen und erschienen war. Und da hat es sich ereignet (o was doch Alles in der Welt jetzt vorgeht!) daß ein orthodoxer מוהל, der hergebrachter Weise mit dem Vortrage der ברכת המול beehrt wurde, zu verwegen war, in dem ersten, dem מרא דאתרא geweiheten כרשות das Diplom „More=Morenu" wegzulassen und schlechtweg „Morenu=Raw" zu recitiren. O welcher Frevel! welch unerhörte Malice! Die übrigen Tischgenossen waren wie vom Blitze getroffen. Die Indignation war furchtbar. Während des „Benschens" wurde mit den Füßen gerutscht und den Zähnen geknirscht, und das Angesicht des Titelräubers mit den wüthendsten Blicken bombardirt. Und als das Gebet zu Ende war, da standen sie auf, die Erzürnten, Alle wie Ein Mann, und lärmend und polternd, und schreiend und scheltend stürmten sie los auf den Kühnen, der es gewagt hatte, ihren Rabbi (wie sie sich ausdrücken) „negativ zu insultiren". Der Mohel aber stand fest wie eine Mauer, verzog keine Miene, weder zum Lachen noch zum Weinen, und dachte nicht im Entferntesten daran, sich ob seines Vergehens zu verantworten. Dieses Benehmen reizte aber die „für Rang und Titel" Kämpfenden nur noch mehr, ihre Indignation steigerte sich mit jedem Augenblicke, und es entstand ein Standal, als gelte es, eine Bourbonische Dynastie vom Throne zu jagen. — Da legte sich endlich der Rabbi selbst ins Mittel. Er reichte dem Mohel die Hand und beschwor ihn, zu erklären, daß er die „More=Morenu" vergessen — nicht aber vorsätzlich weggelassen hätte. „Ja, ich hab's vergessen" murmelte der M. in den Bart, und die Gemüther waren besänftigt — die Revolte war zu Ende. — Die Delitzsch=Einhorn'sche Mila=Polemik, welche dem ausgehungerten Zions=Wächter auf eine kurze Zeit so reichlich Futter geliefert, hat auch bei uns zu Lande schon mehr als Eine Feder in Thätigkeit gesetzt. Geschrieben ist Manches worden — theils in hebräischer, theils in deutscher Sprache — aber veröffentlicht noch gar Nichts. Es giebt gewisse Gelehrte in unserer Provinz, die, wo sie nur irgend Etwas von einem Verstoße gegen die Religion vernehmen, sich auf der Stelle hinsetzen „ihre Ansicht" über den betreffenden Gegenstand aufs Papier bringen. Drucken jedoch lassen diese Herren Nichts, wahrscheinlich,

weil sie in der Regel selber nur allzusehr gedrückt sind. Ob diese Schriftstücke — worunter übrigens manches Gute — einstmals als „Nachlaß" im Drucke erscheinen werden? Kann sein. — Bei dieser Gelegenheit kann ich nicht umhin, meinem Kollegen, dem Berliner ✳ Korrespondenten, eine Anekdote zu erzählen, über welche er gewiß recht herzlich lachen und vielleicht auch einen Witz machen wird. — Ein sogenannter Schaz=Maz im äußersten Norden unseres Bezirks (in P. K. a. d. B.) prahlte und that neulich sehr groß damit, daß auch er gegen die neuen Rabbiner schon so Manches geschrieben und besonders jetzt gegen die Holzheim's und die Einhorn's recht stark schreiben wolle. „Ich hoffe — rief er begeistert aus — mehr auszurichten, als alle Rabbiner des Netzdistrikts zusammen ausgerichtet haben, und wenn sie noch einmal aufständen und sich vereinigten, ausrichten könnten. Denn sie sind nur im Jüdischen tüchtig, ich aber, ich bin auch der deutschen Sprache mächtig, um so mehr kann ich, um mit den Neuen kämpfen zu können. Ich werde mit den Neuen kämpfen und ich werde sie zu Grunde richten." — So prahlte der Thor noch eine Zeit lang fort, bis endlich Einer aus der Gesellschaft an ihn die Frage richtete: „Lesen Sie auch die jüdischen Zeitschriften?" — „Ei! versetzte der Gefragte kopfschüttelnd" wenn ich lesen könnte, was wär'!" — Da platzte die Gesellschaft in ein Gelächter aus, daß man's wenigstens bis in Altona muß gehört haben. — Sollte übrigens der ZB. von diesem Genie Gebrauch machen wollen, so bin ich gern erbötig, Name und Ort genau anzugeben. Ich warte nur auf eine Note im „Briefwechsel". Meine Chiffre ist ℬ.

Posen, 26. März. Kaum wurden die letzten Berliner Ereignisse hier kund — die Berliner Post vom 16. d. blieb aus, welches Außerordentliches voraussetzen ließ — als die polnische Nation, nach Freiheit strebend ihr Haupt erhob. Das Militär wurde sofort allarmirt und bivouaquirte 3 mal 24 Stunden. Die Israeliten schlossen die Laden und ein großer Theil derselben verließ die Stadt, um sich, ihre Familie und Habseligkeiten, in andern Provinzen zu schützen.

Glücklicherweise wurde jedoch die gewöhnliche Ordnung und Ruhe durch Nichts weiter als durch Tragen polnischer National=Kokarden (roth und weiß) und Hurrah=Schreier gestört.

Auf Bitten mehrerer Familien=Häupter, veranlaßt durch deren Angehörigen, denen das Militär, mit scharf geladenen Gewehren Schrecken einflößte, ließ der Kommandant die Stadt von Soldaten räumen, indem die Bürger für die fernere Ruhe und Ordnung garantirten. —

Freiwillig traten Jüdische, Polnische und Deutsche Bürger unter Waffen, bezogen die Wachen, patrouillieren

die Stadt und es ist bis jetzt noch keine Ruhestörung
vorgekommen [1]).

Aus der Mitte der polnischen Nation bildete sich
ein Komité, welches die Wünsche derselben, durch die
Preßfreiheit begünstigt, in gedruckten Proklamationen,
die wir fast allstündlich an den Ecken sehen, kund gethan, und erwähnen wir davon blos aus einzige, weil
sie die Israeliten betrifft, und theilen dieselbe in deutscher Uebersetzung hier mit [2]):

Neben dem polnischen Komité konstituirte sich ein
deutsches, dem 2 Israeliten, die Israeliten, HH. Dr.
med. Handke und Korporations-Vorsteher Kaatz bei-
traten und von den christlichen (deutschen) Mitgliedern
mit wahrer Freundschaft aufgenommen wurden.

Von dieser Seite wird den polnischen Brüdern
vollkommenes Recht eingeräumt, sie bieten ihnen brüderlich
die Hand und Hülfe, selbst wenn es gilt, gegen den
Czaren zu kämpfen. — Kokarden sind ausgetauscht
und man sieht nicht Einen, der nicht beide National-
Kokarden (die deutsche und polnische) zur Schau trägt.
Vollkommene Einheit ist hergestellt!!

Nichts war erhebender, als einen kathol. Geistlichen,
den liebenswürdigen, jungen Dr. theol. Prusinowski,
auf öffentlicher Straße zum Volke sprechen zu hören:
(polnisch) Nur Einen Gott haben wir und als Kinder
dieses Einen Gottes wollen wir einander brüderlich die
Hand reichen und ewige Freundschaft und Einheit schließen. Sei es Pole, Jude oder Deutscher [3])!
Alles sei von nun an gleich; kein Unterschied herrsche
in dieser Provinz (Hurrah-Schreien und Freudenruf folgten diesen Worten).

Darauf nahmen mehrere andern Polen und Deutsche
das Wort und sprachen in demselben Sinne, ja verlangten von ihren israelitischen Brüdern eine gleiche
Aeußerung zu hören und der oben erwähnte Hr. Kaatz
hielt im Namen der Judenschaft die den Vorangegangenen angemessene Rede, die Hr. Dr. med. Samter, ein Israelit, in polnischer Sprache wiederholte und ungeheures Vivatrufen beschloß den Bundesakt.
Denselben Abend wurde die Stadt von allen Konfessionen herrlich erleuchtet und Transparente gaben den fak-

tischen Beweis, daß man es mit dem geschlossenen Freund-
schaftsbunde ernst meinte. Wir aber hoffen und wünschen, daß er kein einstweiliger sei und giebt Rest. die
vollkommene Versicherung, daß die Israeliten unserer
Provinz gewiß Alles dazu beitragen werden, diesen Ein-
heitsbund stets aufrecht zu erhalten und so gehen wir,
Israeliten in Preußen, Polen der freudigen Zukunft
entgegen, daß, wenn auch diese Provinz eine Reorganisation erleiden wird — und das wird jedenfalls, wenigstens von preußischer resp. deutscher Seite, auf
diplomatischem Wege zu Gunsten der polnischen Nation geschehen — wir nicht blos geduldet, sondern unseren Brüdern in Deutschland gleich
völlig emancipirt sein werden. [4])

Nachschrift. So eben kommt uns die bedauerliche Nachricht zu, daß die Lissaer Israeliten
es wagten, den dasigen Polen, Edelleuten als Bauern ihre National-Kokarden gewaltsam wegzureißen
und so die Sympathie der Polen für die Israeliten mit
Füßen traten. Schade, daß die Lissaer Juden sich so
gut als patriotische Preußen zeigen. Würden sie dies
früher bewiesen haben, und — und — (was denn?)
und der Preuße hätte sie noch mehr unterdrückt.
Ich aber sage Euch, liebe Lissaer: Ne sutor ultra
crepidam.   M.er.

Leipzig, 29. März. (Fortsetzung.)
Den 18. März. Wenige Worte über Heimathsangehörigkeit und Judenemancipation. Die Bewegungen unserer Tage, so natürlich an
und für sich, sind so rasch auf einander gefolgt, daß sie
in den fast überall gleichmäßig ausgesprochenen und errungenen Volkswünschen eine so wesentliche Lücke zurück-
ließen, die jetzt zu berühren uns eine heilige Pflicht
scheint. Wir meinen die
Heimathsangehörigkeit und Judenemancipation in Deutschland.

Die eine muß mit der andern erfolgen, denn
eine oder die andere in Antrag zu stellen, oder die eine
ohne andere zu gewähren, wäre eine Inkonsequenz, sowohl
von Seiten der Antragsteller, als von Seiten der Ge-
währenden. Wenn unsere gefesselt und geknebelt gewesene Presse das Mittel war, uns die Verachtung des
Auslandes zuzuziehen, so machten uns die gesetzlichen
deutschen Heimathsverhältnisse und die gesetzlichen **deutschen** Judenordnungen dem
Auslande gegenüber wahrhaft und mit Recht lächerlich.
Die Behandlung des unglücklichen Schulm Moses und
sein unfreiwilliger Transport nach Amerika wegen unge-
nügenden Ausweises seiner Heimathangehörigkeit ist eben
so ungewöhnlich, als dem deutschen Sachsen, dem
deutschen Preußen, dem deutschen Holsteiner,
dem deutschen Oesterreicher 2c. in so vielen andern

---

[1] Zu unserem größten Bedauern hören wir so eben aus
gewisser Quelle, daß in kleinen Städten und Dörfern der
Provinz an Juden Excesse verübt wurden. Proletarier, zu
denen sich polnische Sensenmänner gesellen, rauben, plündern
und morden. Sie haben kaum eine Reaktion zu befürchten,
indem die Berliner Ereignisse die Behörden abgeschreckt haben
und glauben diese ihr Leben in Gefahr zu stellen, wenn sie
energisch eingreifen würden. So herrscht demnach in den
übrigen Theilen der Provinz eine völlige Anarchie, deren
Zielscheibe die **armen Israeliten** sind.

[2] Ist bereits in vor. Nummer mitgetheilt.   Red.

[3] In Polen werden die drei Konfessionen dieserweise bezeichnet.

[4] NB. Wenn man den Polen trauen darf.

deutschen Staaten die Niederlassung gänzlich zu wehren oder zu erschweren, weil er in Bezug auf die Heimathsangehörigkeit nicht mehr ein deutscher Sachse, ein deutscher Badenser u. s. w, sondern eben nur ein Sachse, Badenser u. s. w. sei.

Die Plackereien, denen in dem schönen einigen Deutschland die Dienstmädchen, Handwerksgesellen, übergesiedelte Kaufleute, oder aus einzelnen Staaten ausgewiesene Literaten erfuhren, sprechen so laut wie hundert weitschweifig aufgezählte Leidensgeschichten. Wir haben noch niemals eine Apologie auf unsere schönen deutschen Heimathsgesetze gelesen, wohl aber Thränen über sie vergießen sehen.

So weit die deutsche Zunge reicht, so weit geht das deutsche Vaterland! Wer innerhalb der Grenzen desselben geboren wurde, **ist** ein Deutscher und hat darum ein unantastbares Recht, sich in demselben niederlassen zu dürfen, wo er will. Wenn aber Jeder, der deutsch spricht und innerhalb des großen deutschen Vaterlandes geboren wurde, ein Deutscher **ist**, so sind auch die **deutschen Juden** nicht minder Deutsche als die in Deutschland gebornen Protestanten, römischen und deutschen Katholiken, so wie die Anhänger der freien Gemeinden u. s. w.

(Fortsetzung folgt.)

Oesterreich.

Prag, 24. März. Gestern in der 5. Nachmittagsstunde ward im neuen (reformirten) Israelitenbethause eine von den jüdischen Studenten an der Präger Hochschule dem Andenken ihrer in Wien gefallenen Kollegen geweihte Todtenfeier abgehalten, eine rührende und erhebende Fortsetzung des großen, erhebenden Todtenamts im Teyn! Die Feier, zu der sich eine ungemein zahlreiche Menschenmenge in und vor dem Bethause eingefunden hatte, eröffnete das gewöhnliche Abendgebet der Juden, ein Psalm und ein Gebet des Predigers. Daran schloß sich ein schöner, trefflich exekutirter Chor, nach dessen Verklingen Dr. Saul Kämpf die Kanzel bestieg und die Versammlung durch eine in Konception und Vortrag gleich gediegene Rede überzeugte und zu Thränen rührte. Den Beschluß machte ein zu einem Text des Wilhelm Wiener von Alois Renner komponirter Chor und die gewöhnlichen Trauerpsalmen und Responsorien. Der Trauerzierrath war ernst und streng: schwarze Drapperien mit schwarzen von rothen und weißen Rosen gehaltenen Guirlanden und Festons deckten die Wände des Tempels und machten bei der ungemein glänzenden durch die buntfarbigen Fenster noch gehobenen, magischen Beleuchtung der Gänze einen ergreifend-thümlichen Eindruck. Unter dem Rednerstuhle stand auf mehren schwarztapezierten Stufen ein sargförmiger Katafalk mit der Inschrift: „Buh jim dej wecnau radost."

Darüber waren der böhmische Löwe, mehre weiß und rothe Fahnen und zwei Inschriftstafeln angebracht. Vor dem Bethause hatte sich mehre Züge der Nationalgarde und der bewaffneten Studentenschaft aufgestellt; letztere versah auch diesmal die Ehrenwache an den Pforten des Tempels und am Katafalk. (Bohemia.)

Gaya, 27. März. Am 23. März wurde ein Hochamt von allen Stadtleuten gefeiert. Es begann um 4 Uhr Abends. Mann begab sich ins Gotteshaus, diese heilige Halle war von Einheimischen und Fremder — auch Nichtjuden — gefüllt. Am Beginne wurden einige Psalmen gesungen; dann hielt der Rabbiner Josef Weiße eine erbauliche Rede, er legte diese Feier ans Herz der Zuhörer, daß nicht pro forma, sondern durchdrungen von dieser heiligen Menschenpflicht werde dieser Tag zum Feste ernannt — der humane Jugendverein wird diese theuern Worte aus Liebe zu diesem Manne drucken lassen. — Dieser Redner sprach mit solchen eindringenden Worten, daß jedes Auge in einen Thränenstrom zerfloß; auch des Redners Auge blieb nicht unbefeuchtet — Gottes Segen werde diesem wohlthätigen Menschenfreund zu Theil. — Nach Beendigung der Rede wurde die Volks-Hymne von der ganzen Schuljugend gesungen; dann schloß der Redner diesen Akt mit einem Gebete. Des Nachts wurde die ganze Stadt illuminirt, mit vielen Transparenten und sehr passenden Inschriften versehen. Alles, Kind und Greis ging festlich gekleidet mit weißen Bändern geschmückt, und der Bivatruf erscholl in allen Gassen bis Mitternacht. Gefeiert wurde dieser Tag einem Befreiungsfeste gleich; wer weiß aber, ob das Versprochene sich bewähren wird; ich bebe — schauerlich sind die mannigfachen Zerrüttungen der Jetztzeit.

Brody, 2. April. Noch war unsere Stadt im Jubel begriffen, als ein neues Gerücht alle Gemüther betrübte. Es ist nämlich: die **wieder erneuerte Aufenthaltssteuer der Juden in Wien.**

Schon überließen wir uns der frohen Hoffnung, daß die Zeit endlich gekommen sei, wo jene mittelalterlich barbarischen Gesetze dem Einsturze nahe sind, weil die Basis, worauf sie sich stützten, gesunken; als dieses rücksichtslose Verfahren unserer Regierung gegen uns den Beweis liefert, der Jude ist zum Leiden, zum Elend geboren. — In dieser so freien und lichtvollen Zeit sollen noch die zurückschreckenden, mittelalterlichen Reste nicht verwischt sein? soll man Menschen wie Thiere quälen, unterdrücken und aussaugen?

So lange unsere Regierung in Rechtssachen manche Konfessionen bevorzugt und Unterschiede ziehet zwischen Katholiken, Protestanten, Juden, Neukatholiken, aber nicht von ihren Unterthanen, ihren Mitbürgern überhaupt spricht, klebt Oestreich noch an dem alten System, trägt es noch das Gepräge jenes verwüstenden und all' zerstörenden Absolutismus, der wie ein Wurm im

Irren der Unterthanen wühlt, sagt, und am Ende — das Vertrauen untergräbt. — »Nein! das kann kein konstitutioneller Staat gerathen werden! Denn es giebt keine Freiheit ohne völlige Freiheit, ohne Ausnahme der Konfessionen, ohne Unterschied der Stände.

So lange nicht alle diese schändlichen und schmachvollen Worte: Judensteuer, Judenamt, Judengesetz, Judenpatent, Judenrecht, Judenseele, Judenstadt, Judengasse 2c. aus dem Gedächtniß geschwunden, und in den Lethe geworfen sind, ist Oesterreich nicht frei. — Oder ist vielleicht die Ursache, warum man uns die Rechte verweigert, weil die Regierung an das baldige Erscheinen unseres Messias so sehr glaubt, und sich daher die Mühe ersparen will, unsere Ansprüche zu berücksichtigen? — möglich! Selbst der Tag der Wiederherstellung der Selbstständigkeit Polens und der Gründung einer polnischen Republik ist nicht ferne, das 76jährige Leiden hat sie nicht vernichtet, und sie haben gegründete Hoffnung bald eine europäische Macht zu bilden, und wir? Aber tröste dich Israel! noch ist Juda nicht verloren, auch deine Stunde schlägt, auch dein Retter kommt. Schon stehen in Oesterreich gesinnungstüchtige und freisinnige Männer an der Spitze. Dr. Fischhoff und Kossuth werden unseren Beschränkungen mit Kraft und Muth entgegentreten, werden es nicht zusehen, daß man uns ferner unterdrücken und aussaugen soll. Die Deputation aus Lemberg, bestehend aus den HH. Cohn, Prediger, Mises, Dr. Horowitz, werden bei Sr. Maj. gehörige Vorstellungen zu machen wissen, auch in Brody giebt es noch Männer genug, die durch Schrift und Wort ihre Rechte und Ansprüche kräftig verfechten können.

Darum, meine Freunde, ergeht an Euch der **Aufruf**, berathet, haltet fest zusammen in der Meinung wie der That, Ihr werdet gewiß nicht verfehlen das Ziel des gerechten, schönen Strebens. Zögert nicht! Mit jeder Stunde rückt die Entscheidung näher, suchet auf die **Stände** einzuwirken, daß sie bei der Versammlung **unserer** sich erinnern, auch unsertwegen Fürsprache thun mögen, daß auch nicht zu Euch, das jetzt die Runde machende Wort: **Zu spät!** dringen soll!

Noch ist Israel nicht verloren!

B....k.

Polen und Rußland.

Warschau, 1. April. Nach einer Verordnung vom 24. März sind denjenigen Juden aus dem Königreiche Polen, welche entweder im Dienste stehender Heere invalid geworden sind oder eine gewisse Dienstzeit durchgemacht haben, zunächst alle diejenigen Vergünstigungen zu gestatten, welche in beiden Fällen dem christlicher Soldaten gewährt werden. Außerdem ist den Juden dieser Kategorie das freie Ansiedelungsrecht in Warschau und aller übrigen privilegirten Städten des Landes gestattet, ferner sind diejenigen von ihnen, welche Ackerbau treiben, von der Koschersteuer befreit. Endlich ist ihnen noch die Vergünstigung zuerkannt, daß sie Ansprüche machen können auf die niedern Beamtenstellen bei den Staats- und städtischen Behörden, jedoch nur soweit diese Stellen außerhalb der Rangklassen sind.

(Bresl. Z.)

Personalchronik und Miscellen.

Turin. Die Emancipation der Juden ist proklamirt.

Venedig. Der Handelsminister der provisorischen Regierung ist Leone Pincherle.

Frankfurt a. M. Die Vertreter des Volkes haben sich für die Zulassung aller Konfessionen zum deutschen Parlamente entschieden. — Dr. Jacoby ist in den Ausschuß gewählt worden. Dr. Fürst ist Stellvertreter für Posen.

Baiern. In der Antwort auf die Thronrede haben sich die Stände für völlige Emancipation ausgesprochen.

Pesth. Das neue Ministerium beabsichtigt, ein Rabbiner-Concil zu veranstalten.

Wien. Hier erscheinen viele Flugschriften für und wider die Juden.

Zu spät! Nikolaus will den polnischen Juden einige Concessionen machen. „Keine Komödie mehr!"

Lixheim. Hier hat eine Judenverfolgung stattgefunden.

Wien. Kuranda ist von der Universität in Wien zum Deputirten für Frankfurt gewählt worden.

Posen. Die Juden wollen unter jeder Bedingung Preußen bleiben. Ihr Schicksal hängt mit den der Deutschen auf's innigste zusammen.

Sachsen. Die Juden sind noch immer nicht emancipirt.

Verlag von C. L. Fritzsche.   Druck von J. H. Nagel.

Der Orient.

Berichte, Studien und Kritiken

Neunter   für   Jahrgang.

jüdische Geschichte und Literatur.

Das Abonnement auf
ein Jahr ist 5 Thlr.
Man abonnirt bei allen
löbl. Postämtern und
allen solid. Buchhand-
lungen auf ein Jahr.

Herausgegeben
von
Dr. Julius Fürst.

Von dieser Zeitschrift
erscheinen wöchentlich
das Literaturblatt mit-
gerechnet, zwei Bogen,
und zwar an jedem
Dienstag regelmäßig.

№ **17.**   Leipzig, den 22. April   **1848.**

Die Juden in Oesterreich.

III.

Wenn wir der Wuth und dem Wahne des Pöbels
an Bildung und Gesinnung mit Erfolg entgegen arbeiten wollen, so müssen wir auf die Quellen und Nah-
rungsstoffe des Hasses und des Vorurtheils zurückgehen.
Um das Uebel zu heilen, müssen wir den Ursprung desselben kennen. Was hat den rohen Hasse, der blinden
Wuth, dem krassen Vorurtheil des Pöbels bis jetzt Nahrung gegeben? Was hat die Gluth der Massen gegen
die Juden bis jetzt geschürt? Die Isolirung der Juden,
die Unkenntniß des Judenthums, die abschreckenden Mißbräuche der Synagoge. Wir wollen diese einzelnen
Punkte der Reihe nach ausführen.

Wenn wir von einer Isolirung der österreichischen
Juden sprechen, so können wir die Verhältnisse der deutschen Juden nicht zum Maaßstabe nehmen. Die
Ghetti sind die Wiege des Absperrungssystems. In
der Regel wohnen die Juden Oesterreichs entweder in
abgeschlossenen Ghetti oder wenigstens in großen Grup-
pen zusammen. Kein Wunder also, wenn die Juden
für ein gesonderter, dem Gesammtorganismus fremder Theil
der Bevölkerung angesehen werden. Räumlich abgesperrt
erscheinen sie als Fremde, die partikularistischen Bestrebungen obliegen. Vor Allem müssen daher die
Ghetti aufgehoben werden.

Eine Folge der räumlichen Entfremdung ist die
geistige. Dem christlichen Volke erscheint das Judenthum im Dämmerlichte des Ghetto, und die aberteuer-
lichsten Vorstellungen über die jüdische Religion sind im
Umlaufe. Das christliche Auge sieht nur die Schale,
der Kern bleibt ihm fremd. Der Schacherjude, der
Dorfbewohner, der Kleinkrämer sind ihm die stereotypen
Figuren des Judenthums. Die Rabbiner, die Vertreter
und Repräsentanten der Religion, meiden die Berührung
mit der Geistlichkeit, die, besonders in katholischen Ländern, den größten Einfluß auf die Massen ausübt. So
wird das Judenthum zu einem Zerrbilde. Diesem Uebelstande kann nur durch die Verbreitung von kleinen
Volksschriften in den verschiedenen Sprachen des Kaiserstaates abgeholfen werden. Es ist eine heilige Pflicht
der Rabbiner und Gemeindevorstände, Schriften auszuar-
beiten zu lassen, die über das wahre Wesen des Judenthums aufklären und sie unentgeldlich unter die
christliche Bevölkerung zu verbreiten. Wird das Volk
die humanen Lehren des Judenthums kennen lernen, so
muß es auch den Juden gerecht werden. Vereine, die
sich die Verbreitung von Volksschriften zur Aufgabe stellen, müssen und werden Licht in die Finsterniß bringen
und dem blinden Vorurtheil entgegenarbeiten.

Aber auch die Synagoge mit ihren Ausgeburten
und Mißbräuchen darf nicht hinter der Zeit zurückbleiben. In der Regel erscheinen viele Christen an jüdischen Festtagen in der Synagoge. Welche Achtung soll

ihnen der Jude einflößen, weil sie das Lärmen, Schreien, Poltern, den Singsang und die Derascha im jüdischen Jargon hören? Am Sühnetage sind die österreichischen Synagogen von Christen zahlreich besucht, und da eröffnet sich eine Tragik in der Eingangsderascha, die nicht zu Thränen rührt, wohl aber abstößt. Der Kultus, der äußere Habitus des Judenthums muß zeitgemäß und ästhetisch werden, wenn der lange gering verachtete und verfolgte Jude seine Stellung in der Gesellschaft erreichen soll.

Mögen die österreichischen Rabbinen ihre alte Schuld sühnen und ihre Gemeinden der Freiheit zuführen. Die Geschichte wird sie einst vor ihr Tribunal fordern.

Ad. Jellinek.

Deutschland.

Baiern, im März. (Monatsbericht.) Der lange in Deutschland geführte, seinem glorreichen Ende nahe Kampf um Emancipation der Juden scheint bei uns noch nicht ganz ausgekämpft zu sein und es werden vielleicht noch einige Hiebe zur Niederwerfung des alten Judenteufels nöthig werden. Zwar petitionirten alle großen Städte um völlige Gleichstellung aller Staatsangehörigen, zwar geschah ein Gleiches auch von circa 30 Landgemeinden in einer Vorstellung an die Stände, zwar ist in ganz Deutschland nur eine Stimme über diesen Punkt: gleichwohl hat man sich von oben herab noch nicht ganz in diesem Sinne erklären wollen. Die Proklamation v. 6. d. M. spricht nur von einer Verbesserung der Verhältnisse der Israeliten.

An sonstigen Einzelheiten habe ich Ihnen Folgendes zu berichten:

Der Schullehrling Hirschinger hat die erbetene Dispensation vom Besuche des Seminars von allerhöchster Stelle nicht erhalten. „Es ist zu spät!" möchten wir auch hier anwenden. Wir werden hinfort wieder vorschriftmäßig gebildete Lehrer und Rabbiner erhalten.

Wegen Mangels an jüdischen Schulamtskandidaten bestellte kürzlich die kön. Regierung zur Ertheilung des Elementarunterrichts an der israel. Schule zu Grinzenhausen einen christlichen Gehilfen. Das wollte die Gemeinde nicht, sondern sie möchte gern den Weg zur Auflösung der dortigen vereinigten Schulstelle beim Leben des alten Lehrers anbahnen und daher ihre Kinder in die christlichen Schulen schicken, welchem aber schon aus Mangel an Raum nicht Statt gegeben ward. Es wurde deshalb Beschwerde bei der kön. Regierung erhoben.

Die Gewaltthätigkeiten gegen einige Judengemeinden in Oberfranken verübt, werden von unsern politischen Gegnern als eine Waffe gegen uns und von un-sern Feinden in unsere Mitte, unsern Zeloten, als ein Strafgericht Gottes wegen der dortigen „Neumodischkeit" gehandhabt. Zum Glücke leben aber dort die gewerbfleißigsten Juden, denen kein Vorwurf des Wuchers gemacht werden kann und zum Unglück wurden nicht nur die Juden dem Distrikt des frommen Rabbiners Adler in Abschaffenburg und die noch frommern in Ungarn von jenem Uebel heimgesucht. Doch diese Auswüchse der Zeit werden schwinden vor der Sonne der Humanität, die über unserm Haupte strahlend aufgegangen.

Und nun noch ein Wort zur Erwiderung, aber ein und für allemal. Herr Maison in Oberdorf in Würtemberg, längst über eine Zeit grämlich, die ihn nur noch als Wrak eines zeitgemäß gebildeten Lehrers zurückgelassen hat, gefällt sich jetzt darin, den Hyper-Orthodoxen zu spielen und findet deshalb für seine bekannte Fertigkeit im Suadroniren und Raisoniren über alle Welt den geeigneten Tummelplatz im Zionswächter. Da sitzt er denn einmal über das מרומה der würtembergischen Lehrer, ein anderes Mal über die Küche der Würtemberger zu Gericht, wirft gelegenheitlich einen Stein nach einem verfolgten Ungar und schwatzt auch über baier'sche Zustände, was ihm in Bierhäusern zugetragen wird u. s. w. Ganz nach Ueberläufer Weise begeifert er nicht nur, was er sonst bis in die Wolken erhob, wie diese Zeitschrift, in die er sogar schon einige Zeilen geschrieben, sondern auch seine frühern Freunde und schmähet daher auf mich bald in Knittelversen, bald unter der Maske eines Mittelfranken oder eines „Einfältigen". In seiner Arglist läßt er sich über mich dieses und jenes sagen, worauf ich nicht erst in denke, wie ich überhaupt an etwas Schönerem denken mag, als an dies alte Haus und mich mit etwas Besserem zu beschäftigen weiß; als mich mit diesem schwäbischen Rückgänger herumzubalgen. Seine fernern Ausfälle und Einfältigkeiten werden daher für die Folge gänzlich von mir ignorirt werden. Mag er sich dadurch und durch sein „fleißiges Schulengehen", wodurch er sein früheres Entbindenlassen vom Besuche der Synagoge durch die katholische Oberkirchenbehörde gesühnt hat, die Heiligsprechung* verdienen. Für einen preußischen Thaler zerreißt er doch seinen ערוך resp. beachtet ihn nicht, wie er erst kürzlich erklärt hat. Noch mehr solcher Männer auf Eurer Seite, Ihr Wächter über Zion und die גאולה ist nahe. Zahlen braucht Ihr ihn nicht, er bezahlt auch nicht, darum die wegwerfende Weise, mit der er von dem Verdienen eines kleinen Honorars spricht. —

K.

Leipzig, 29. März. (Fortsetzung.)
Aus diesem Grunde schon ist es unsere Schuldig-

---

*) St. Urias klingt wirklich nicht übel und wir haben dann eine Reihe von Uriasbriefen von ihm zu erwarten.

keit für unsere deutschen Judenbrüder, die in vielen Fällen sich oft christlicher bewiesen, als wir, in die Schranken zu treten und die **Emancipation** derselben zu beanspruchen, ja mit aller Macht des Wortes und der Presse zu verlangen. Möchten alle braven Deutschen, ohne Rücksicht auf kleinliche Sonderinteressen, sich bei Vorkommen dieser für Deutschland so wichtigen Frage betheiligen und nicht den Petitionen ihre Unterschriften entziehen, die diesen Punkt berühren sollten, denn gerade wir Christen, denen das vornehmste Gesetz die Liebe ist, wir haben gut zu machen, was seit Jahrhunderten christliche Regierungen und Völker an ihnen verschuldeten. Darum handle man schnell, weil man niemals Unrecht zu schnell wieder gut machen kann. Fürsten und Prälaten buhlten um die Gunst der reichen Juden und verliehen ihnen Orden; in England, Frankreich und Amerika gelangten dieselben zu den höchsten Staats- und Militärstellen, und deutsche Völker müssen endlich einsehen gelernt haben, daß der Fleck, wie sie sich, den Juden gegenüber, zugelegen, nicht schnell genug beseitigt, die bürgerliche Gleichstellung der Juden nicht zeitig genug von deutschen Christen begehrt werden kann, weil deutsche Christen es waren, die ihren deutschen Judenbrüdern den Leibzoll, den Brückenzoll zc. auferlegten und in die stinkigen Ghetto's großer Städte einpferchten.

Nicht die Juden brauchen sich dessen zu schämen, was seit Jahrhunderten an ihnen verübt wurde, sondern wir, ihre christlichen Brüder, die wir das Unchristliche an ihnen verübt.

Jetzt, wo in verschiedenen Staaten Deutschlands die Einberufung der Stände bevorsteht, dürfte es Zeit sein, diese hohen Fragen in Erwägung zu ziehen und zu beherzigen: daß Deutschland eben so sehr
geregelterer Heimathsgesetze als der Juden-
emancipation bedarf,
weil es in seiner Fortschrittsbestrebung nicht weit hinter Amerika, England und Frankreich zurückbleiben will.
Ferd. Backhaus.

Den 25. März. Da die Staatsregierung die kirchlichen Verhältnisse im Geiste der Duldung und Parität gesetzlich ordnen will, verlange ich zuerst es darauf hervorzuheben, daß sie nicht geneigt ist, Staat und Kirche zu trennen. Sie selbst will die kirchlichen Verhältnisse ordnen, und dies eben kann geschehen gemäß dem alten und veralteten landesbischöflichen Rechte. Allerdings könnte man unter "gesetzlicher Ordnung der kirchlichen Verhältnisse" auch eine Auseinandersetzung und Grenzbestimmung des staatlichen und kirchlichen Gemeinschaftslebens verstehen; aber es scheint nicht, als wolle der Staat bisherigen maaßgebenden Einflusse entsagen, denn es ist die Rede von "Duldung". Der Staat will also noch einen Unterschied zwischen den verschiedenen kirchlichen Parteien,

zwischen den Genossen verschiedener Kirchengemeinschaften machen. Die kirchlichen Verhältnisse der Deutschkatholiker sind jetzt bei uns im Geiste der Duldung geordnet, die Deutschkatholiken sind bei uns nur geduldet, sie haben noch nicht gleiche kirchliche Berechtigung mit den Evangelischen. Soll dies ferner so gehalten werden? Will der Staat auch ferner bestimmen, welche kirchlichen Parteien in Sachsen geduldet, welche sich gleichgestellt sein sollen? Will er ferner ein Urtheil über die größere oder geringere Christlichkeit der kirchlichen Gemeinschaften aussprechen und dadurch eben hineingreifen in die innern Angelegenheiten des kirchlichen Wesens? Alle diese erheblichen Bedenken fielen weg, wenn in dem sechsten Grundsatze nicht das Wort "Duldung" zu finden wäre. Der ganze Begriff "Duldung" gehört der alten vergangenen Zeit an; nur eine im Vorrecht befindliche Partei duldet eine minder berechtigte Partei neben sich. Giebt es aber keine Vorrechte mehr, so giebt es auch keine Duldung mehr. Im christlichen Lichte der Gegenwart kann keine kirchliche Gemeinschaft mehr staatliche und bürgerliche Bevorzugung beanspruchen; keine kirchliche Gemeinschaft kann mehr mit stolzem Selbstgefühl des allein rechten Glaubens auf die andere Gemeinschaft herabblicken und dieselbe nothgedrungen neben sich dulden. Eben darum ist denn auch in der Gegenwart der Ruf nach Duldung verschwunden; in ganz Deutschland begehrt man "völlige Freiheit und Rechtsgleichheit für jedes religiöse Bekenntniß und jeden kirchlichen Verein, der nicht mit den Gesetzen des Staates und der Sittenlehre im Widerspruche steht." Liegt nun Sachsen in Deutschland, so dürfen die Evangelischen in Sachsen nicht irgend welche staatliche Bevorzugung beanspruchen, noch weniger dürfte der Staat solche Beanspruchung hervorrufen und bevorworten, und etwa derartige Ansprüche einer spätern ständischen Vorlage zu Grunde legen. Dieser Wunsch darf wohl zur Hoffnung werden, um so mehr, da es heißt: im Geiste der Duldung, nicht etwa aber nach den "Gesetzen der Duldung" sollen die kirchlichen Verhältnisse geordnet werden. Ja, der Geist der Duldung möge unsere Kirchenangelegenheiten ordnen! Dieser Geist konnte sich in den Zeiten konfessionellen Haders und religiöser Gleichgiltigkeit nur als Duldung offenbaren; jetzt aber, wo wir ebenso den konfessionellen Hader, wie die religiöse Gleichgiltigkeit entfernt wünschen, wo wir erfüllt sind von der ganzen Kraft des christlichen, heiligen Liebesgeistes, wo wir uns gegenseitig achten und anerkennen und uns allesammt geeiniget fühlen in dem wetteifernden Streben nach Sittlichkeit und Wahrheit; jetzt fordert dieser Geist nicht mehr Duldung, sondern "völlige Freiheit und Rechtsgleichheit für jedes religiöse Bekenntniß;" jetzt fordert dieser Geist nicht "Duldung und Parität", sondern allein Parität.

Insofern endlich im sechsten Grundsatze unsere Mi-

17*

nifter nur von „kirchlichen" Verhältnissen die Rede ist, so liegt allerdings die Vermuthung nicht fern, daß die Israeliten nicht mit inbegriffen seien. Will Sachsen die Israeliten blos deshalb, weil sie Israeliten sind, aus seinem staatlichen Verbande ausschließen? Der hochherzige, wahrhaft allgemein christliche Sinn der Sachsen kann die Israeliten nicht aus den Grenzen seines Staatsbürgerthums bannen; das edle, religiöse Herz der Sachsen spricht hier mit einem der israelitischen Seher: „Haben wir nicht alle einen Vater? Hat uns nicht ein Gott geschaffen? Warum verachten wir denn einer den andern?!" „Völlige Freiheit und Rechtsgleichheit für jedes religiöse Bekenntniß!" ist unser Loosungswort. Dies Loosungswort ehrt uns Konfessionen vor einander gegenseitig, dies Loosungswort ehrt uns Christen vor den Israeliten und nähert uns beide einander, mehr als die Anpreisung unserer Vorzüge, mehr als tausend Judenmissionsprediger. Oder soll etwa hier der Krämer- und Zunftgeist seine Stimme geltend machen können? Vor dem mächtigen Frühlingshauche des Geistes der religiösen Freiheit verweht dieser Geist wie der Staub, wie ein dürres Blatt, das verschämt entflieht vor dem neuen Blätterschmuck der Bäume. Zudem schwinden ja doch die Vorrechte der Zünfte, wie jedes Vorrecht; ein reger, rüstiger Geschäftsmann wird niemals für seinen Vortheil und Erwerb fürchten, um so weniger, wenn er etwa noch zum Wetteifer angespornt wird.

Pred. Dr. Zille.

Den 25. März. Die Zeit hat ihre Ansteckungsperiode so gut wie epidemische Krankheiten, die unsrige laborirt an anonymen Briefen. Auch mir wurde unter den heutigen (19.) März in Folge eines solchen in Folge eines in der Tageblattsnummer vom 18. d. veröffentlichten Aufsatzes: „die Heimathsangehörigkeit und die Emancipation der Juden" betr., wahrscheinlich von einem Manne gewöhnlichen Krämergeistes, deren es Gottlob jetzt nur noch wenige giebt, zu Theil. Ich würde, wollte ich denselben hier mittheilen, das Publikum nur damit behelligen und dem Blatte unnützerweise einen Theil seines nöthigen Raumes entziehen; daher mag die Mittheilung desselben unterbleiben. Ich bemitleide den Schreiber fraglichen Briefes sowohl wegen seiner darin aufgestellten lächerlichen Behauptungen, als wegen seines miserabeln Styles, ich verzeihe ihm seine mir zugefügten Grobheiten, so wie die in demselben mir beigelegten Ehrentitel „Judendefensor, Judencensor, Judenlobredner", an die er gewisse Verdächtigungen knüpft, denn: „was ich denk' und thu', das trau ich Andern zu;" ja ich verzeihe ihm Alles, weil ich glaube, daß er ein Mann ist, der gar nicht beleidigen kann.

Ich stelle mir in dem Herrn Anonymus eine jener merkantilischen Amphibiennaturen vor, denen es ganz gleich ist, ob in dem gesammten Deutschland ein Freihandelssystem oder Schutzzölle eingeführt; eines jener Geldmännchen, die bei aller Vorkommnissen des Lebens weder kalt noch warm werden, und nur einen Begriff von einer Sache haben, — vom Gelde. Ich stelle mir unter jenem Anonymus aber auch ein Männlein vor, der von der Kulturgeschichte der Menschen gar nichts weiß, denn sonst würde er durch die Emancipation der Juden nicht jeden Handel, nicht jedes Gewerbe gefährdet, (und sich wahrscheinlich schon im Geiste ruinirt) sehen.

Wenn der Schreiber des anonymen Briefes nur die Geschichte der Juden einigermaßen kennte, so müßte er wissen, daß aus den erst nomadisirenden Juden Ackerbauer, aus diesem Werk- und Kaufleute, Künstler und Gelehrte hervorgingen, daß die Juden eine große ruhmreiche Vergangenheit durchlebt und wir Christen ihnen Vieles zu verdanken haben.

Der Schächergeist, Herr Anonymus, den Sie allen Juden ohne Ausnahme (wie lächerlich! Sie Leipziger haben wohl selbst nicht einmal von Mendelssohn-Bartholdy sprechen hören) beilegen, wurde denselben durch ihre Zerstreuung in alle Welt, durch die Verweigerung zu erwerben Landbesitzes und durch die von mir bereits in meinem frühern Aufsatze beregten liebenswürdigen christlichen Judenordnungen aufgezwungen. **Wer trägt die Schuld,** wenn sie durchgehend davon beseelt würden — so wie dies nicht der Fall ist, — sie oder eben unsere christlichen Institutionen? Ihr anonymer Angriff auf mich hat seinen Zweck verfehlt und die Folge davon ist, daß ich zum zweiten Male zu Gunsten unserer deutschen Judenbrüder Partei ergreife. — Würde man den deutschen Juden gleich andern deutschen Unterthanen gemeinsame Bürgerrechte, als: Erwerbung von Grundbesitz, Zulassung zu öffentlichen Aemtern, Wahlberechtigung u. s. w. einräumen, so würden selbst Sie, Herr Anonymus, ungeachtet Ihrer scheinbar beschränkten Einsichten, bald Willen sehen, bald Gelegenheit haben, wahrzunehmen, daß die mit uns gleichberechtigten deutschen Juden einen gleichen Bürgersinn, gleiche Bürgertugenden beseelen und gleich vielfache Bürgerbeschäftigungen liebgewinnen würden.

So gewiß ein gewesener Sträfling nie veredelter aus einer sogenannten Besserungsanstalt hervorgeht, und nur durch „Gesellschaften zur sittlichen Erhebung gefallener Mitbrüder", nur durch gute vorurtheilsfreie Menschen, die solche zu sich heranheben und in ihre Mitte ziehen, deren Besserung bewirkt werden kann — so gewiß tragen die barbarischen Judenverordnungen vergangener Jahrzehnte und Jahrhunderte die Schuld an der Entsittlichung der Juden, die jetzt allerdings nicht mehr vorhanden ist und von der Sie in ganz Leipzig vielleicht nur ganz allein noch träumen. Die deutschen Juden unserer Tage — ich habe nie von polnischen

Bündeljuden gesprochen — haben sich durch die Lehren tüchtiger Rabbiner, durch die Ausmerzung veralteter Gebräuche und Vorurtheile, durch die Vervollkommnung ihres Ritus, durch die Annahme vieler christlichen Sitten und überhaupt durch engere Anschließen an uns, bereits auf die Stufe gehoben, auf welcher wir stehen. — Man veredelt das Herz dessen, dem man freundlich und menschlich entgegen kommt, während man das Herz dessen verwildert und verstockter macht, den man aus lächerlicher Ueberwürdigung seiner selbst hochmüthig von sich stößt.

So wie unsere mangelhaften Heimathgesetze viel kluge Köpfe, viel tüchtige Hände zur Auswanderung zwangen, oder an den Bettelstab brachten, ebenso bewirkten lediglich nur die barbarischen, sein christlichen!! Judenverordnungen den gemeinen, verwerflichen, ja verabscheuungswürdigen Haß der niedern Stände — und diesen müssen Sie angehören — gegen die Juden.

Wer trägt die Schuld an den jetzigen Judenverfolgungen in Süddeutschland? Wer anders als eben diese, durch nichts zu entschuldigenden, leider noch in vielen deutschen Staaten bestehenden Judenverordnungen; denn, indem gesetzliche Bestimmungen sie mit eben so unmoralischem, als unmenschlichem Drucke belasteten und noch belasten, sind unsere, weniger als die Juden selbst gebildeten süddeutschen Bauern verleckt worden, den Schluß zu ziehen, daß die Juden überhaupt weniger wären als sie, ja daß sie gewissermaßen ein Recht hätten, sie zu verfolgen, daß nun überhaupt die Zeit gekommen sei, sich an ihnen wegen eingebildeter erlittener Unbilden zu rächen, mit einem Worte sei's gesagt, einmal allen, alles sie betreffende Unglück gehe von Juden aus. Wir sehen in Süddeutschland jetzt Bilder, ähnlich den vor- und vorvorjährigen Scenen in Galizien, an unseren Augen vorüberziehen, und darum ist es doppelt nöthig, daß man die Juden emancipire, um schmachvollen Scandalen in der Zukunft vorzubeugen.

Wäre die Schranken, die zwischen den niederen christlichen Ständen und den Juden noch heutzutage bestehen, schon früher durch die Regierungen oder in den Staaten, wo ständische Beschlüsse Gesetze schaffen, durch solche die Schranken des Wahns niedergerissen, so würde bereits ein Vorurtheil geschwunden sein, welches uns Christen, wenn nicht mit Schande, doch gewiß auch nicht mit Ruhm bedeckt. Ich habe in meinem ersten Artikel gesagt: „oft haben sich Juden christlicher bewiesen, als Christen," und da Sie mich auf diese Behauptung hin fragen, bei welcher Gelegenheit? so will ich Ihnen nur einige Fälle anführen: nämlich nach den großen Ueberschwemmungen in Südfrankreich, nach dem Brande von Hamburg u. u. und da Sie Leipziger sind, sollen Sie

auch etwas Leipzigerisches haben, — selbst bei der letzter mißlichen Museumsangelegenheit, den Fall noch ungerechnet, wo vor nicht gar vielen Jahren ein Israelit, aus Dankbarkeit dafür, daß er in unserer Stadt das Bürgerrecht erhielt, unsern christlichen Armen mehrere hundert Thaler zufließen ließ. Da Sie aber nach der Handschrift zu urtheilen Kaufmann sind, mithin das Rechnen lieben, so muß ich Sie freilich bitten, bei Ihren Rechnungskalkulen niemals die Seelenzahl zwischen der christlichen und jüdischen Bevölkerung eines Staates zu vergessen. Doch wozu noch länger gegen die Unvernunft streiten! — Fort also mit Vorurtheilen, fort mit Schranken, die Menschen von Menschen, Brüder von Brüdern reißen; fort mit gesetzlichen Institutionen, die das Jahrhundert und die in ihm belebenden beflecken; fort auf die Bahn der Toleranz, damit endlich Harmonie an die Stelle der Disharmonie, Friede an die Stelle des Haders komme.

Ich hoffe nun dem Herrn Anonymus klar geworden zu sein, warum ich ausschließlich Christen dahin bestimmen wollte, etwas für ihre deutschen Judenbrüder zu thun. Ich wollte keineswegs Kammermitglieder irgend eines Staats dahin vermögen, Petitionen jüdischer Unterthanen blos zu unterstützen, — das versteht sich von selbst, — ich beabsichtigte viel mehr: ich wollte sie nämlich in meinem ersten Aufsatze, und will es auch noch in diesem meiner zweiten, dahin veranlassen, aus freiem Antriebe für ihre jüdischen Landsleute an beiden und denselben zu ihren durch die Natur ihnen verheißenen Menschenrechten zu verhelfen, um dadurch der Welt offen an den Tag zu legen, daß deutsche Völker nicht mehr unter Vorurtheilen begraben liegen, sondern würdig sind, Frankreichs, Englands und Amerika's Söhnen an die Seite gesetzt zu werden.

Ferd. Backhaus.

Hamburg. Während ganz Europa nach Preßfreiheit strebt, bemühen sich die Neu-Rabbinen um die Freß-Freiheit. Der Herr Dr. Stein in Frankfurt, veröffentlicht in Nr. 11 der A. Z. d. J. einen Theil seines in der Synagoge gehaltenen Vortrags, um durch diese Veröffentlichung, wie er sich ausdrückt: „nicht wiederum Federn und Zungen in Bewegung zu setzen." Der Gegenstand seines Vortrags war, zu lehren daß „das biblische Verbot, das Zicklein in der Muttermilch zu kochen, durchaus nicht verbieten wolle, Fleisch in Milch zu kochen."

Wenn nun zwar Federn und Zungen heutigen Tages von ganz andern Dingen als von Gutschmeckerei in Bewegung gesetzt werden; wenn eigentlich das Zicklein in die Hagada gehört, und es nunmehr heißen muß: „das hat verboten mein Rabbinerlein, und erlaubt das Zicklein, das hat verboten mein Väterlein, ein Zicklein zc. zc.; weil der Talmud es sogar verbietet, eine gesetzwidrige Erklärung, zumal weil sie von einem Juden ausgeht, abzuweisen; so erlaube ich mir demnach folgendes zu bemerken, da es nicht dem Hrn. Stein allein, sondern sämmtlichen Reformern gesagt sein soll. — Hr. St. will nämlich, beweisen, daß das Verbot Fleisch mit Milch zu essen, eine grillenhafte Erklärung der Schriftstelle לא תבשל von den Rabbinern, wodurch der einfache Sinn der Schrift ganz entstellt sei. — Fragst du, lieber Leser, was der Zweck dieser reinen Lehre sei? Was die Religion dabei gewinne? So höre, was der neue Gesetzgeber darüber sagt: „damit eine größere Anzahl von Rabbinern sich über die Unstatthaftigkeit des betreffenden Gebrauchs erklären, und dadurch die Häuser vieler Israeliten von einer großen Belastung erleichtert würden; sie (die Schrift) entstellendes rabbinisches Gesetz dadurch wieder zur Abstellung gelange. — Ich aber der ich hier nicht stehe zu erlauben oder zu verbieten, sondern zu lehren (?) ich werde nicht aufhören zu lehren wie mir ums Herz ist. — — Unser gütiger und herablassender Lehrer Moses wird es uns nicht verargen, wenn wir ihm ins leuchtende Angesicht sehen ꝛc. — an dem Munde unseres großen Lehrers hängt mein Mund" u. s. w.

- Nun, lieber Leser, bemerkst du nicht den reichlichen Segen, der aus dieser Lehre zu erwarten sei? — Der Haushalt wird erleichtert, du kannst an jedem Tag, Milchding und Fleischding essen, der Haushalt hat zwar dadurch eine größere Ausgabe, macht nichts aus, sie wird erleichtert; und das ist das einzige Ziel der Reformer; und das hat Hr. Stein seinem Lehrer Moses abgesehen, der einen armen Mann steinigen ließ, weil er am Sabbat ein Bischen Holz aufgesammelt; und der im Namen Gottes sagt: „Und ein Unbeschnittener männlichen Geschlechts, der sich nicht beschneiden läßt, werde seine Seele ausgerottet aus ihrem Volke, denn man hat meinen Bund zerstört." Und das hat alles Moses, wie Hr. St. beim Zicklein erklärt, aus purer Erleichterung gethan!

Aber angenommen, des Hr. Dr. Erklärungen wären so richtig, wie sie in der That falsch sind, so frage ich, warum nimmt der Hr. Dr. nicht, wie sein Lehrer Moses, die Decke von seinem Angesicht, und redet zum Volke? Warum verdammt er blos den Talmud bei diesem Verbote, und klagt ihn der Verdunkelung, Entstellung und der Scheinlogik an, ist nicht nach seiner Logik der ganze Talmud eine Entstellung, eine Verdunkelung des einfachen Sinnes der heiligen Schrift? — Wie viel Folianten haben wir über נדרים גיטין רה"ה סוכה פסח und worüber Maimuni und alle unsere großen Koryphäen ihr ganzes Leben zugebracht, und die, nach Dr. Stein eben so gut auf Scheinlogik gegründet sind wie בשר בחלב? Will also der Hr. Dr. „ganz wie ihm ums Herz ist" lehren, so stelle er sich vor das Volk hin und sage: Wie ich euch nun bewiesen habe, daß „die Uebertretung dieses Gesetzes kein Gräuel sei", so ist es eure

Pflicht dem ganzen Talmude zu entsagen, „diesem Hohnsprechen aller Logik", und sich blos an die Worte Moses, es versteht sich nach meiner Erklärung zu halten. Aber der Herr Dr. sagt ja: „Was uns spätere Erklärer auffallend darreichen, das wollen wir froh annehmen; alles aber, womit sie das göttliche Wort verdunkelt, entstellt haben, das wollen wir aus heiligem Antriebe verwerfen."

Folglich will Hr. Stein nicht den ganzen Talmud, sondern blos die verdunkelnden Lehren darin verwerfen?

Ach nein, das haben Hr. Dr nur aus Scherz gesagt: denn erstlich wo sind aus diesem Chaos die Lichtpartien abzusondern, und sobald er die Talmudisten als Dunkelmänner, Schriftverdreher, und Scheinlogiker erklärt, so kann er ihnen nirgends eine Aufhellung zugestehen, „entweder ganz für, oder ganz gegen mich" sagte ein großer Mann, und ein noch größerer: עד מתי אתם פוסחים על שתי הסעיפים? wie lange wollt Ihr noch auf beiden Seiten hinken?

Moses Mendelson.

Hamburg. Unser edle Riesser ist nach Frankfurt zur Bundes-Versammlung abgegangen. Die Finsterlinge wollen behaupten, der hiesige Vorstand habe ihn aus ihrer Mitte gewiesen, daran ist nur wahr daß R. seine Entlassung fordern wird, was aber noch nicht geschehen ist. Im Grunde ist R. gar nicht als Vorsteher einer Gemeinde an seinem Platz. Er soll für das ganze Judenthum wirken, und das kann auch nur ein solcher Mann, dem selbst die Nichtjuden die größte Achtung zollen. Auch hat er bereits mehr gewirkt als Mancher, der 8000 M. von der Gemeinde jährlich zieht, und — gar nichts thut. Der Vorstand, der aus braven Kaufleuten bestehet, und keiner Wissenschaft huldigt, wird aus ihrer Mitte keinen Mann wie R. ausweisen, durch den sich Jeder geehrt fühlen muß, dem R. zur Seite steht. Ich will Ihnen nächstens Bericht über den ganzen Vorstand senden, nur hier so viel: der Kultus besteht aus Berrays und zwei Vorstehern, ehrliche gute Kaufleute, die durchaus von nichts Kunde haben, als von Tuch, Band, Drell, Leinen ꝛc. diese drei Männer bewachen die Synagoge mit solcher Treue, daß auch der unwissende Chasan nicht einen Niggun abändern darf! — — Unser Dr. Salomon hat vorigen Sonnabend eine herrliche zeitgemäße Predigt gehalten, wo er auch die Alten, die den Tempel sehr fleißig besuchen, höchst befriedigt, ja entzückt hat. Er schilderte die jetzigen welterschütternden Begebenheiten, und welche segensreiche Folgen sie auch für uns haben würden. Jetzt wird auch wirklich der Mensch zu seinem Werthe gelangen, der Adel pochte auf seine Ahnen, der Kaufmann auf seine Geldkiste, und verachtet standen alle diejenigen, die keinen Adel und keine Geldkiste hatten! Auch wir Hamburger Juden werden das Bürgerrecht erhalten, aber nicht von Hamburg, sondern von Deutschland. Lübeck hat schon vor sechs Jahren den Meistern befohlen, Judenknaben als Lehrlinge aufzunehmen; nur Breuer steht noch isolirt mit seinem Bleikeller und bleiernen Herzen da, aber beide werden schmelzen, und die Gerechtigkeit sieget.

L. Alforso.

Oesterreich.

Wien, 9. April. Ein treffliches neues Blatt: „österreichische konstitutionelle deutsche Zeitung" bringt folgenden Artikel über die Juden.

Bürger, stoßt die Juden nicht zurück!

Gleich in den erster Jubel über die gewordene Freiheit, mischte sich der schrille Ton der Intoleranz. Aber nicht jene Intoleranz des Mittelalters, die im frommen Wahne der Ketzerei den Scheiterhaufen anzubreiten ihren Grund hatte, sondern die Intoleranz des Egoismus, des Privilegiums, der Kaste. Nicht der Christ ist jetzt intolerant, sondern der Schuster, oder der Schneider, oder der Handschuhmacher. Diese Schuster-, Schneiders- und Handschuhmacher-Intoleranz hat in Scenen hervorgerufen, vor denen der konstitutionelle Staatsbürger mit Scham das Gesicht verbirgt. Das Grellste geschah in Preßburg. Ein großer Theil der Bürger besteht aus eingewanderten Deutschen, die mit Patrizierhochmuth und engherzigem Krämergeist ihre Einzelinteressen höher stellen als das Wohl der Stadt, des Landes und des Gesammtvolkes. Die fühlten sich schon gedrückt dadurch, daß ein Jude einen Säbel trug, daß ein Jude aber auch Meister, Schuster werden, oder ein Gewölbe in der Stadt eröffnen, oder gar ebenfalls Bürger werden könne — das konnte ihr Herz nicht ertragen. Ein Bierversilberer, früher Fleischhackerknecht, und ein Wirthshausinhaber, früher Wirthshausknecht, traten an die Spitze einer Judenmeute, man schlug Fenster und Köpfe ein, man hetzte den plünderungssüchtigen Pöbel, und endlich wurde in großer Bürgerversammlung beschlossen, — die Juden müssen zur Stadt hinaus! — Während dies in der Stadt vorging, wo die Reichsstände Ungarns mit Hochherzigkeit ihre Adelsrechte aufgaben und den früher bedrückten, ja außer seiner Stadt mißachteten Bürger emancipirten, wurde andererseits auf gelinderen Saiten gegen die Juden ein Liedlein angestimmt. So namentlich hetzten in Wien ein paar Pamphletisten die öffentliche Meinung; es ist purer Unsinn, krasse Ignoranz, ekle Mißgeburt des Kopfes und des Herzens, was da zusammengeschmiert wurde, aber der Ruf der feilbietenden Weiber: Gegen die Juden, keine Juden mehr, die Juden wie sie sind, — lockte das Publikum in die Selbstsüchtigkeit; das Sektenwesen der Unduldsamkeit ist leicht aufgespielt. In der intelligenter Residenz, wo zugleich der verwickelste Geschäftsverkehr und der Bestand großer industrieller Etablisse-

meits die socialen Unterschiede bereits verwischt hatte, war um plötzlich statt der Konstitution, statt dem Reichsbestand, statt der Freiheit — der Jude das Tags- und Abendgespräch, und nicht etwa seine moralische Emporhebung, seine Einreihung in die neuen staatlichen Verhältnisse, seine Amalgamirung, sondern wie man ihn unterdrücken, ausschließen, isoliren solle und könne. — Das war höchst betrübend für jeden Staats- und Menschenfreund.

Bürger, stoßt die Juden nicht zurück! — Mit großen Geistesfähigkeiten ausgerüstet, führen sie größtentheils ein nüchternes, gesittetes Familienleben. Ausgeschlossen bisher von der gemeinsamen Bestrebung, beschränkt sich ihre Thätigkeit auf die eigene Familie und Gemeinde; gefesselt durch tausend Ketten im bürgerlichen Verkehr **durften** sie nichts anderes als Schacher treiben. Es ist dieser Schacher die Erbsünde der alten Gesetzgebung, der fluchwürdigsten Politik, welche die Raubritter, die leibeigenen Unterthanen, die steuerzahlenden Bürger und die Ghetto's der Juden als Staatswohlfahrt prieß. — Der Wucher entstand durch die leichte Beweglichkeit des Vermögens. Wo man nicht sicher war, auch Land und Haus vertrieben zu werden, wo man in früheren Zeiten täglich erwarten konnte, geplündert zu werden oder wie noch vor wenigen Jahren willkürlich besteuert zu werden (die böhm. Juden zahlten 22¼ Prozent Vermögenssteuer allein), da **mußte** auch zu leicht transportabelm Besitz, zu großem Profit gegriffen werden. Jeder Mensch will leben, und der Erhaltungstrieb allein war es, der die in der gediegensten Sittenlehre erzogenen Juden korrumpirte, denn Schleichwege um die knechtenden Landesgesetze mußten sie kriechend suchen, und nur Brot zu finden, das oft mit Schlägen auf den Buckel und mit noch härtern Schlägen auf Menschenwürde und Menschenrechte gewonnen wurde.

Nicht der Jude ist schlecht, nicht der Jude ist arrogant, nicht der Jude ist ein Schacherer, nicht der Jude ist ein Wucherer — nein und tausendmal nein, sondern der Abraham, oder der Moses, oder der Itzig ist es, und selbst diesen hat nur die Sklaverei dazu gemacht, die seit Jahrhunderten Väter und Urväter bedrückte.

Nehmt sie auf in Eure Mitte, Bürger! und Ihr werdet sehen, welcher moralischen Erhebung, welcher Opfer, welch intellektuellen Aufschwunges, welcher Verläugnung ihrer Privatinteressen, welch patriotischen Sinnes, welcher Liebe für Fürst, Land und Volk der Jude, der befreite Jude fähig ist.

Zu Schanden werden sie Alle werden, welche in ihren blinden Vorurtheilen gegen die österreichischen Unterthanen jüdischer Konfession geiferten, denn was ein Jahrtausend verdarb, wird vielleicht schon ein Jahrzehend verbessern. Die Freiheit ist ein heißes Treibhaus.

Bürger, stoßt die Juden nicht zurück! **Mit Euch** wollen sie leben und streben **für Euch**; ohne Euch würden sie wieder für sich allein leben und streben müssen. Bittend, nicht fordernd; stehen sie vor Euch, daß Ihr sie in Eure Mitte nehmt; die Landeskinder flehen um Aufnahme, damit sie zur Landeswohlfahrt mit allen Kräften und Säften beitragen können.

Bürger, stoßt die Idee nicht zurück!

Abraham.

Wien, im April. (Am Grabe der Gefallenen. Von J. N. Mannheimer). Als Diener des göttlichen Wortes trete ich hin an dieses Grab, um das Gebet zu sprechen für das Seelenheil unserer dahingeschiedenen Brüder, die gefallen sind im Kampfe für ihr Vaterland.

Gott, mein Gott, du bist es, der Geist und Herz prüfet und erforschet. Wenn der gerecht ist, der in dem Glauben an dein unwandelbares Recht auf Erden, aus innerem Herzenstriebe und Drange mit Leib und Seele einsteht, für das, was des Menschen Köstlichstes auf Erden ist, für Wahrheit, Freiheit, Recht und Würde; wenn der gerecht ist, der den Geist und die Kraft, die von dir uns sind gegeben, will geschirmt wissen in Macht und Geltung; so sind die, für die ich in dieser Stunde bete; so sind sie Alle, die mit ihnen in einem Grab ruhen, gestorben den „Tod der Gerechten." Sie haben ihren Lohn dahin; denn es ist das höchste Gut, um das wir zu beten haben, — leben in Treu' und Glauben — sterben den Tod des Gerechten.

Sie haben ihrem Vaterlande mit ihrem Blute und Leben einen Sieg errungen, den die Weltgeschichte in ihren Jahrbüchern verewigt. Und Gott, du weißt es, wäre die Sache, für die sie gekämpft und geblutet, in dieser Stunde nicht die siegende, wäre sie die unterliegende gewesen, und ich stünde da an ihrem Grabe, ich hätte ein Gleiches gesprochen, Herr! vor dir ein Gleiches im Angesichte der Menschen. So bete ich für sie und ihre christlichen Brüder, denn sie sind uns Allen, und sind meinem Herzen Einer wie der Andere werth und theuer; es sind Menschenseelen; geschaffen in deinem Ebenbilde und Gleichnisse, die deinen Namen geheiliget auf Erden; so bete ich für sie mit aller Kraft meiner Seele, um eine lichte Himmelsstätte in deinem Gottesreiche.

„Möge Euer Verdienst vor Euch hergehen, die Herrlichkeit Gottes Euch empfangen!" Das sei der Segen Gottes, den ich spreche über Euch! Ihr habt geheiligt den Namen Eures Gottes! Ihr habt eure einst so glorreichen Namen Israel für Euren Theil gerettet von dem, was ihm die Welt Schmähliches hat angehängt. Ihr habt Euch bezeugt und bewähret als Sprößlinge aus dem heldenmüthigen Stamme, aus dem Ehud und Simson, Gideon, Jephtha, David und Jonathan, und die ritterlichen, glorreichen Makkabäer entsprungen und

entsprossen sind. Gehet hin in Frieden! Geht ein zur ewigen Ruhe! Möge Euer Name vor Gott angeschrieben stehen, „zum ewigen Gedächtnisse aller Derer, die ihn ehren," und seinen Namen heiligen", wie er in unserm Herzen aufgeschrieben steht. Möge Gott Eure Seelen empfangen in seiner göttlichen Huld und Milde, wie wir sie ihm anvertrauen und übergeben, in dessen Hand der Geist ist alles Fleisches und die Seele alles Lebens — geheiligt sei sein Name!

Und noch ein Gebet zu dir, Vater im Himmel, bevor dieses Grab sich schließet! Der Eine war seines Vaters einzig' Kind, sein letztes, seines Herzens Trost und Freude. Sende ihm den Trost aus deinem Himmelreiche, daß an dem Tage, der mit aller seinen Schrecken und Gräuen als ein Ehrentag und Freudentag in unserm Herzen angeschrieben steht, keine blutige Erinnerung hafte und uns Allen den Trost, daß aus diesen Gräbern ein neues Leben sprießet. Amen!

Es sei mir noch ein Wort vergönnt an meine christlichen Brüder! Ihr habt gewollt, daß die todten Juden da mit Euch ruhen in Einer, in einer Erde. Sie haben gekämpft für Euch, geblutet für Euch! Sie ruhen in Einer Erde! Vergönnet nun aber auch denen, die den gleichen Kampf gekämpft und den schwereren, daß sie mit Euch leben auf einer Erde, frei und unverkümmert wie Ihr. Ich habe mir selbst angelobet, daß ich fortan keine Bitte, keine Klage mehr erhebe um meines Stammes Recht. Aber ich bin es nicht Euch schuldig, daß ich das Wort, das sich mir auf die Lippen drängt, nicht verschließe in meinem Herzen. Ich rede nicht für mich. Mein Lebensweg ist abgeschlossen, geht abwärts, und seinem Ende zu. Aber die mit Euch gerungen um das Licht der Wissenschaft und ihre Befähigung bewährt, die mit Euch gekämpft den blutigen Kampf, und ihren Freimuth und ihre Seelenstärke erprobt, die werden morgen, wenn sie den Lohn ansprechen, für ihren Fleiß nicht den Lohn und Ehrensold, sein das Gebiet, und wäre es noch so beschränkt, noch so klein und eng, das Gebiet, daran und darauf sie ihre Tüchtigkeit beweisen konnten, ab und zurückgewiesen werden, und auf das Leben hingewiesen, das nun seit so vielen Jahren, und Jahrhunderten unser trauriges aber unverschuldetes Geschick auf Erden ist. Ihr seid die freien Männer. Gott weiß es, keiner unter Euch Allen fühlt es inniger und wärmer, wie viel die Errungenschaft der hingeschiedenen Tage galt. Nehmet auch uns an als freie Männer, und Gottes Segen über Euch! Ich segne Euch Alle, die Tausende nah und fern im Namen Gottes des Allmächtigen! Amen!

Verlag von E. L. Fritzsche.   Druck von J. H. Nagel.

Der Orient.

Berichte, Studien und Kritiken

Neunter

für
jüdische Geschichte- und Literatur.

Jahrgang.

Das Abonnement auf
ein Jahr ist 5 Thlr.
Man abonnirt bei allen
löbl. Postäm'ern und
allen solid. Buchhand-
lungen auf ein Jahr.

Herausgegeben
von
Dr. Julius Fürst.

Von dieser Zeitschrift
erscheinen wöchentlich
das Literaturblatt mit-
gerechnet, zwei Bogen,
und zwar an jedem
Dienstag regelmäßig.

№ 18.

Leipzig, den 29. April

1848.

Die Juden in Oesterreich.

IV.

Ein schwarzes Blatt in der neuesten Geschichte Oesterreichs bilden die Judenverfolgungen auf einzelnen Punkten des Kaiserstaates. Ungarn scheint das gelobte Land der Pöbelwuth zu sein. Bis jetzt traten die wohlmeinenden Gegner der bürgerlichen Gleichstellung der Juden mit der Devise auf: „die Juden sind nicht reif für die Emancipation". Wir glauben, ein größeres Recht beanspruchen zu können, wenn wir behaupten: sehr viele christliche Glieder des österreichischen Staates sind durchaus nicht reif für die errungene Freiheit. Oder sind jene etwa der Freiheit würdig, die sie Andern durch Feuer und Schwert entreißen? — Einen ganz eigenthümlichen Abschnitt in der konstitutionellen Judenhetze bildet ein Faktum, das bis jetzt noch nicht durch die Presse bekannt wurde. In Olmütz begann man die Konstitution dadurch einzusegnen, daß man der daselbst wohnenden jüdischen Familie Hamburger bedeutete, die Stadt binnen 24 Stunden zu verlassen und die aus den benachbarten kleinern Städten dahin kommenden jüdischen Händler nach ihrer Heimath verwies. Wenn das alte Olmütz, trotz der christlichen Liebe, engherzig und egoistisch gegen die Juden handelte, so wunderte man sich nicht darüber, weil auch jeder Gebildete die Gesinnung dieser Stadt auf's tiefste bedauerte. Man fühlte Mitleiden, konnte sich aber nicht verwundern. Wenn aber in mitten der Freiheitshymne der Hep-Hep-Ruf ertönt; wenn die errungene Freiheit durch niedrigen Knechtssinn, durch kleinlichen Krämergeist, durch böswillige Gesinnungen entehrt wird; wenn an dem jungen Baume der Freiheit die Früchte eines gemeinen Hasses hängen: dann möchte man den Herren in Olmütz zurufen: Ihr seid noch nicht reif für die Freiheit! Ihr bedürft der Erzieher, die Euch anleiten und führen mögen. Ein mährischer Jüngling hat mit seinem Leben den neuesten Bund der Freiheit besiegelt, Ihr habet die Freiheit als Gnadengeschenk erhalten — und Ihr quälet und peinigt und martert die mährischen Juden! Während Euch die Fesseln von den Händen gelöst wurden, schmiedet Ihr sie für Andere.

Ad. Jellinek.

Deutschland.

Stolp, 16. April. Der hiesige Gemeindevorstand hat im Namen der hiesigen und vieler Gemeinden des Regierungsbezirks Cöslin am 11. d. M. eine durch den Rabbiner Hrn. Dr. Klein in bündiger Kürze aber kräftigen Worten abgefaßte Eingabe an den Justizminister gesandt, worin sie um eine Verfügung wegen einer festen und auf den niedrigsten Satz ermäßigten Entrichtung der bekannten Gebühren für Geburten, Sterbefälle u. dgl. bitten, um nicht an jedem Gerichte der willkürlichen Besteuerung des Richters anheimgegeben zu sein, (wie der Justizminister schon unterm 4. d. M. eine ähnliche Verfügung wegen des Austritts aus der Kirche entlassen hat,) und wo sie zugleich um Bescheid bittet, ob nicht nach §. 5 der allerhöchsten Verordnung vom 6. d. M. diese ganze Steuer wegfällt. Ueber den Erfolg dieser Eingabe werde ich seiner Zeit berichten.

Anm. des Redakteurs. Eine solche Eingabe scheint mir gegenwärtig ganz überflüssig, wie sie auch vor einigen Monaten noch am Platze gewesen wäre. Der König hat in seiner Bekanntmachung und Erklärung die vollkommenste Gleichstellung aller Bekenntnisse ausgesprochen und dieses als Grundlage einer neuen Konstitution verheißen. Mit einer solchen Gleichstellung fällt auch jede Beschränkung, jede Vorschrift, welche die Juden allein betrifft. Auch hat der König es klar ausgesprochen, daß er Staat und Kirche entschieden trennen will, und in diesem Falle giebt es keine besondern Judengesetze.

Leipzig, 15. April. Für Deutschland ist die Morgenröthe einer bessern Zeit angebrochen, die Freiheit, so lange in Fesseln geschlagen, so lange unterdrückt, darf jetzt ihr reines Haupt erheben, die Sonne der Humanität ist aufgegangen und sie erfüllt die Welt mit ihren erwärmenden und belebenden Strahlen. Auch die Israeliten haben diese Morgenröthe einer bessern Zeit mit lebhaftem Jubel, mit lautem Enthusiasmus begrüßt, ja, sie haben mehr gethan, sie haben diese Freiheit, in deren Glanze wir uns sonnen, auf den Barrikaden von Berlin und den Kampfplatz in Wien mit erkämpft, mit erringen, sie haben ihr Blut für diese Freiheit vergossen; es ist billig, daß sie auch diese Freiheit mit genießen.

Diese allgemeinen Bewegungen, die Europa so mächtig erschüttern, sie sind nicht spurlos an den Juden vorübergegangen, nicht ohne Einfluß auf ihre äußere Stellung gewesen; diese Bewegungen haben ihnen in manchen Staaten die Freiheit gebracht, ihre Ketten zerbrochen und den Druck vernichtet, unter dem sie seufzten. Preußen, Baden und das Großherzogthum Darmstadt, (irren wir nicht auch Weimar?) haben die Juden durch Proklamation unbedingte Religionsfreiheit vollständig emancipirt und auf eine Stufe mit der christlichen Bevölkerung ihrer Staaten gestellt. Das Beispiel der oben angeführten Staaten, unter denen namentlich Preußens Stimme Gewicht hat in der öffentlichen Meinung sowohl wie bei dem Bundestage, hat die Emancipationsfrage wieder überall angeregt und der moralische Eindruck, den Preußens und Badens Beispiel auf das übrige Deutschland gemacht, wird nicht verloren gehen und dieser Eindruck ist ein der Emancipation keineswegs ungünstiger. Wenn wir im Allgemeinen auch hoffen

dürfen, daß im Laufe der Zeit mancher Staat noch alten Vorurtheilen entsagen, dem Beispiele Preußens und Badens folgen wird und die Hoffnungen und Wünsche seiner unterdrückten, sehnsüchtig nach Anerkennung und bürgerlichen Freiheit ringenden jüdischen Bevölkerung verwirklichen wird, wie es die Humanität befiehlt, so wird und kann dies doch nur im Laufe der Zeit geschehen. Jetzt zeigt sich aber ein näherer Weg, der uns gewiß schneller und sicherer zum Ziele führt. In wenig Tagen tritt in Frankfurt das teutsche Parlament zusammen, das die Aufgabe hat, das Grundgesetz und eine Verfassung für ganz Deutschland zu entwerfen. Die Aussprüche des deutschen Parlaments werden für ganz Deutschland gesetzliche Kraft haben; wenn nun dies Parlament unbedingte Religionsfreiheit, oder die Gleichstellung aller Konfessionen als Grundgesetz für ganz Deutschland dekretirt, so fallen die einzelnen mittelalterlichen, vom Vorurtheil unterstützten, von der Barbarei hervorgerufenen Bestimmungen, die bisher noch drückend auf den Juden lasten, von selbst weg. Aber so könnte man fragen, wer birgt uns dafür, daß das Parlament die bürgerliche Gleichstellung aller Konfessionen dekretiren wird, daß es sich der seit Jahrhunderten gedrückten und in Sklaverei dort niedergehaltenen Juden annehmen wird.

Betrachten wir zuerst die Gesinnungen, die das deutsche Vorparlament und der Funfziger-Ausschuß in Betreff religiöser Fragen an den Tag gelegt; ein großer Theil der Männer, die als vorbereitende Nationalversammlung in Frankfurt zusammentraten, wird in das deutsche Parlament gewählt werden, und die Ansichten, die das Vorparlament ausgesprochen, werden im Parlament ihr Echo finden und das Parlament hat gesetzliche Kraft für ganz Deutschland.

Dem Vorparlamente wohnten drei jüdische Mitglieder bei: Riesser, Johann Jakoby und Dr. Fürst. Die Versammlung hat sie zugelassen, ja diese Männer zu Mitgliedern oder Stellvertretern des Funfziger-Ausschusses gewählt und dadurch wohl den glänzendsten Beweis gegeben, daß sie selbst über religiöse Vorurtheile erhaben sei, daß sie den Glauben ihrer einzelnen Mitglieder vollständig ignorire. Die Stimmen jener Männer, die durch ihr Beispiel gezeigt, daß sie den Geist unseres Jahrhunderts erfaßt, wird in deutschen Parlamente wieder erschallen.

Alle Organe der Presse, alle Zeitungen selbst von den verschiedensten Farben, die die Frage über die künftige Verfassung Deutschlands und über die Grundsätze, über die sich das Parlament zu einigen habe, bis jetzt besprochen, bezeichnen nicht nur die Religionsfreiheit und die unbedingte Gleichstellung aller Konfessionen als wünschenswerth, nein sie stellen dieselbe als unumgänglich nothwendig, als unentbehrlich in den Vordergrund. Die öffentliche Meinung hat sich für die unbedingte Religionsfreiheit, mithin auch für die Emancipation der Juden ausgesprochen, dies sei den Israeliten Bürgschaft für die Zukunft.

Das deutsche Parlament wird, es ist dies zu erwarten, aus intelligenten Männern zusammengesetzt sein, aus Männern, die den Geist ihrer Zeit erfaßt, ihn begriffen und in diesem Geiste, der die Humanität und die gesunde Vernunft in ihre Rechte eingesetzt, zu handeln wissen werden. Diese Männer werden auch die religiösen Fragen im Geiste der Humanität zu entscheiden wissen, sie werden die Gegenwart und ihre Forderungen begreifen, sie werden sich aus veralteten Vorurtheilen nicht der Emancipation eines Volkes widersetzen, das sich dieser Emancipation nicht erst würdig zu machen braucht, da es ihrer von jeher würdig gewesen, sie werden die gesunde Vernunft nicht selbst mit Füßen treten wollen.

Die Zeit hat die alten Vorurtheile von sich gestreift, sie hat ein neues Gewand angelegt, das Gewand der Humanität und der Freiheit. Diese neue, humane und gerechte Zeit wird auch die unterdrückten, die geknechteten Israeliten in ihre Rechte einsetzen, sie wird auch ihnen die Früchte vom Baume der Freiheit nicht vorenthalten. Auch für die Israeliten wird der Tag der Befreiung anbrechen, die Stunde der Freiheit schlagen. Die Israeliten werden Deutschland als ihr Vaterland betrachten, das Land, wo ihre Väter sich seit Jahrhunderten niedergelassen, als ihre wahre, ihre eigentliche Heimath begrüßen, und Deutschland wird auch in den Israeliten seine Kinder erkennen. Der alte Haß zwischen Juden und Christen wird verschwinden vor der Humanität, der Christ wird dem Juden die Bruderhand reichen und beide werden gemeinschaftlich nach einem hohen und herrlichen Ziele streben, einem Ziele, das wir nie aus den Augen verlieren dürfen, denn dies Ziel es heißt —

Freiheit und Recht.

Posen, 14. April. In unserem Großherzogthum herrscht jetzt die vollständigste Anarchie; der Kampf zwischen den Deutschen und Polen ist fast auf allen Punkten ausgebrochen, Deutsche und Polen stehen sich mit den Waffen in der Hand gegenüber und die Polen, entflammt durch fanatische Priester und jene Männer, die in den Polenprozesse eine oft so zweideutige Rolle gespielt, erlauben sich besonders auf dem platten Lande unerhörte Excesse, und doch stehen alle die Männer an der Spitze, die laut ihren Proklamationen die Deutschen als ihre Brüder begrüßten, die laut verkündeten, daß sie ihre Freiheit der edlen deutschen Nation verdankten. Es fehlt den Polen an einem Führer, der die Schritte der Insurgenten leitet, das alte Erbübel der Polen, die Zwietracht, regt sich wieder. Dieser Umstand, der jede Organisation und Disciplin unter jenen Banden, die gleich Guerillas das Land durchziehen, unmöglich macht, vermehrt noch die Gefahr für den Landmann und den Bewohner der kleinern Städte. Der Fanatismus der Polen hat sich nicht nur gegen die Deutschen, sondern mehr noch gegen die unglücklichen Juden gerichtet, die, ohne Macht sich selbst zu schützen, in manchen Bezirken unserer Provinz der Willkür erbitterter Horden schonungsloses Preis gegeben sind. Viele Juden leben in beständiger Furcht sich über Nacht aus ihrem Eigenthum vertrieben und nackt auf die Straße geworfen zu sehen, wo das Elend oder der Tod ihrer wartet. Vorgestern haben die Polen in Trzemeszno vier unglückliche Juden auf eine empörende Weise hingeschlachtet, und mehrere andere der reichsten jüdischen Bewohner als Gefangene mit fortgeführt und sie vor ein Kriegsgericht gestellt; man befürchtet, daß auch diese Unglücklichen ein Opfer der Volkswuth fallen werden. Möge die preußische Regierung doch bald kräftig einschreiten und mit gewaffneter Hand Ruhe und Ordnung in unserer Provinz, die durch die jetzt herrschende Anarchie an den Rand des Verderbens gebracht ist, herstellen und das Eigenthum und das Leben, die Freiheit des Einzelnen kräftiger schützen als der General von Willisen bis jetzt gethan.

Posen, 17. April. Unser Großherzogthum befindet sich leider in vollständigster Anarchie. Die Polen, vom Adel und von fanatischen Priestern aufgereizt, verüben an allen Orten die ärgsten Excesse. Die zu Schroda auseinander gegangenen Haufen sind nur theilweise in ihre Heimath zurückgekehrt, eine große Anzahl derselben hat sich zu Banden vereinigt, die das platte Land und die kleineren Städte plündern, die unglücklichen Juden mißhandeln und tödten. Eine solche Räuberbande überfiel gestern die kleine Stadt Kosten, warf die Garnison, eine Kompagnie Infanterie, zurück und verübte dann die empörendsten Grausamkeiten; als von Posen aus eine Truppenabtheilung anlangte, hatte die Horde die Stadt schon verlassen. Ein anderer Haufe überfiel Grätz, mißhandelte viele Bewohner und demolirte die Häuser der Juden und Deutschen; in Wreschen und der Umgegend haben die Polen mit beispielloser Rohheit gewirthschaftet. Heute war eine Deputation aus Wreschen hier, die den Behörden einen Bericht über die dort verübten Gräuel abstattete, sie erzählte von Gräuelscenen, die man Niemand im neunzehnten Jahrhundert für möglich gehalten. Man kann leicht denken, daß unter diesen Umständen eine große Erbitterung unter Deutschen und Juden herrscht, laut forderte das Volk Waffen, um Rache an den Polen zu nehmen, allein der Kommandant, General von Steinacker, hat dem Volke die erbetenen Waffen verweigert. Wohin soll das führen! Einen Bürgerkrieg, von politischem und religiösem Fanatismus erzeugt, haben wir schon und die Schrecken der Anarchie, und doch schreitet die preußische Regierung noch nicht ernstlich ein und zögert, mit Gewalt die Ruhe und Ordnung wieder herzustellen, sie scheuet sich zum Schutze der so hart bedrängten Deutschen das Schwert zu ziehen. Gott bessere es.

Grätz, 17. April. In Grätz haben die Polen zwar keine Personen bedroht, jedoch haben sie vier bekannte den Juden gehörige Häuser besetzt, alles was lebt herausgerufen (zwei vergessene Kinder hat ein Sensenmann an der Hand herausgeführt und in Sicherheit gebracht) und dann alles, was die Häuser enthielten, bis auf Thüren und Fensterläden auf die Straße geworfen und zerstört. (Br. 3.)

Posen, 17. April. Aus Kempen langten gestern Abend jüdische Flüchtlinge hier an, weil auch dort die wüthenden Bauern über die Juden hergefallen und selbst mehrere dieser Unglücklichen ermordet haben sollen. Gestern Abend ging eine starke Abtheilung vom 19. Regiment zur Dämpfung der dort ausgebrochenen Unruhen nach Samter ab. (Br. 3.)

Leipzig, 21. April. Die Breslauer Zeitung von 21. April behauptet, daß bei dem Ueberfalle in Kosten keine Excesse begangen, während verschiedene Berliner Zeitungen die von den Polen bei dieser Gelegenheit verübten Gräuelthaten an Deutschen und Juden nicht grell genug zu schildern vermögen. Es ist zu bedauern, daß der Parteigeist die Nachrichten so häufig entstellt und dadurch nur Oel in das Feuer gießt und jeden ruhigen Ueberblick über den Stand der Dinge unmöglich macht.

Leipzig, 21. April. Die in Posen erscheinende Gazeta Polska, ein Blatt das warm für die Sache der Polen Partei nimmt und also wohl eine nicht ganz lautere Quelle ist, beschuldigt die Juden, durch Aufhetzen des preußischen Militärs, durch Abfassung falscher und entstellender Berichte, die in Posen herrschende Zwietracht geschürt zu haben. Einige Juden, die die Gazeta Polska sogar namhaft macht, sollen in Kozmin und mehreren andern Orten die Bauern zur Verübung galizischer Gräuelscenen aufgereizt haben. (Gaz. Polska.)

Breslau, 19. April. Nachdem wir im Auftrage des hiesigen demokratischen Vereins uns an Ort und Stelle von den Zuständen in Posen unterrichtet haben, beeilen wir uns das Resultat unserer Ermittelungen bekannt zu machen, um dadurch so schnell als möglich den übertriebenen Zeitungsberichten zu begegnen. Wir haben mit den deutschen und polnischen National-Comité, mit Polizeibeamten, mit polnischen, deutschen und jüdischen Einwohnern aus dem Handwerker- und Kaufmannstande, mit Landwehrleuten, kurz mit Leuten aus allen Klassen Unterredungen gehabt; wir haben das öffentliche Treiben der Civilpersonen und des Militairs beobachtet und an allen Orten, die wir berührten, Erkundigungen eingezogen. Unser Urtheil darf daher wohl als unparteiisch und gerecht, auf Gründlichkeit und Glauben Anspruch machen.

Der Fanatismus herrscht in Posen auf beiden Seiten, Mißtrauen und Furcht sind die Ursachen desselben gewesen: beide Parteien haben gefehlt, wie es in dem Augenblick der Aufregung nicht anders möglich war. Einen sehr großen Theil der Schuld aber tragen die jüdischen Einwohner, welche, in ihrem Handel gestört, und durch blinde Aengstlichkeit getrieben, alle Mittel aufboten, Haß und Zwietracht gegen die Polen zu säen um durch endliche Unterdrückung derselben wieder Ruhe zu erlangen. (!) Nächstdem haben namentlich die Landräthe und Distrikts-Kommissarien, die den Polen widerrechtlich aufgedrungen sind, und nun ihre Stellen zu verlieren fürchten, verderblich gewirkt.

Als der Tag, an welchem der Fanatismus zum Ausbruch gekommen ist, müssen wir den 10. April bezeichnen. Es ist wahr, daß auch schon vor diesem Tage preußische Adler niedergerissen, mißliebige Beamte verjagt, aus den königlichen Kassen von den polnischen Führern Gelder gegen Quittungen entnommen, und Deutsche zu Kriegslieferungen angehalten sind, aber das waren politische Demonstrationen, wie sie in ähnlicher Weise überall und namentlich auch in Breslau vorgekommen sind. Gräuelscenen sind von den Polen vor jenem Tage nicht verübt worden. Erst als am 10. April wider die ausdrückliche Bestimmung der mit Willisen geschlossenen Convention preußisches Militär zum Angriffe auf die Lager bei Trzemesno und Miloslaw anrückte, verbreitete sich der Ruf: „Verrath, Verrath!" wie ein Lauffeuer durch die polnischen Lager, und von da an bekam die Leidenschaft freies Spiel. Bei Trzemesno kam es zum Handgemenge; das Militär zog sich bald zurück, weil der Angriff nur aus Mißverständniß unternommen war. Während des Kampfes in Trzemesno fand man aber im Hause eines Juden fünf getödtete Polen, und die allgemeine Stimme schob die Schuld sofort auf die Bewohner des Hauses. Später erwies es sich zwar, daß jene fünf Polen im Kampfe mit den preußischen Soldaten gefallen seien, der Haß gegen die Juden war aber einmal rege geworden und fand nun so mehr Nahrung, als auch aus dem Kellerfenster eines von Juden bewohnten Hauses ein Schuß gefallen sein sollte. Hieraus sind die Gräuelscenen zu erklären, die in Trzemesno und Wreschen gegen Juden verübt worden sind. Wir wollen sie nicht vertheidigen, aber wir bitten nochmals zu erwägen, daß sie erst nach dem Ausbruche des Kampfes und der Leidenschaft und nachdem die Führer nicht mehr die nöthige Macht hatten, verübt worden sind. Wir bitten ferner jene Scenen nicht der Gesammtheit der Polen anzurechnen; sind doch auch in Berlin während des Kampfes von Deutschen gegen Deutsche Thaten verübt worden, die uns mit Entsetzen erfüllen, und man hat verziehen!

Jene Excesse sind übrigens auch nicht in dem Umfange und nicht mit der Brutalität ausgeführt, wie sie in den Zeitungen mit von den Parteien einseitig erzählt werden. Wir können namentlich versichern, daß in

Kosten und Kurnik, wie wir theils aus eigener Erfahrung, theils aus Berichten von vier schlesischen Landwehrmännern wissen, gar keine Gräuelscenen vorgekommen sind.

Die Polen zerstreuen sich jetzt, und werden von ihren Führern und dem polnischen Komité zur Ruhe ermahnt. Es wäre daher an der Zeit, daß nunmehr auch von Seiten der Deutschen Alles geschehe, um die Leidenschaften zu besänftigen, daß die Berichte sich streng an die Wahrheit halten und daß namentlich Proklamationen unterblieben, wie sie vor Kurzem aus Lissa in der empörendsten Art ausgegangen sind.

Aus den Triumphzügen in Berlin haben die Polen die Hoffnung auf die Wiederherstellung ihres Reiches geschöpft; sie sind bisher nur getäuscht worden. Das Zögern und die Ungewißheit der Regierung haben dem Fanatismus Zeit gelassen, sich zu entwickeln. Noch kann das Werk auf friedliche Weise gelöst werden, aber man darf nicht länger mit der versprochenen Reorganisation säumen.

Dodillet. A. Semrau. Stahlschmidt.

Leipzig, 20. April. (Leipz. Tageblatt.) Die Emancipation der Juden. Nicht um die Polemik der vorstehenden Frage um einen Artikel zu vermehren, nicht um zu antworten auf gehässige oder irgend welche Angriffe, sondern um sie auch aus dem praktischen Standpunkte, — was fast noch gar nicht geschehen — zu betrachten, nehme ich das Wort.

Der Druck, unter welchem die Juden, allen Menschenrechten zum Hohn, durch einen mittelalterlichen engherzigen Geist bisher leiden mußten, gehört vorzugsweise zu jenen antiquirten verfaulten Zuständen, die — einmal beleuchtet durch die Sonne unserer neuen glorreichen Zeit — auf immer unhaltbar geworden sind.

Die endliche, das heißt nunmehrige Emancipation der Juden ist daher eine entschiedene Nothwendigkeit geworden; sie wird trotz des Gekrächzes einiger Eiler so gewiß eintreten, so gewiß als wir die Zeit der Finsterniß und der Vorurtheile hinter uns und die Zeit des Lichtes und der Freiheit vor uns haben.

Man hat Zeter geschrien, als in den hiesigen Blättern Stimmen laut wurden für die Beseitigung eines an den Juden begangenen tausendjährigen Unrechts, man hat bei dieser Gelegenheit wieder die verbrauchten krummen Waffen der Finsterniß hervorgesucht, man hat wieder die lächerlichen, unzählige Male widerlegten kleinlichen Anschuldigungen aus dem Polterkammer verrosteter Vorurtheile ausgekramt, um — es ist in einer Zeit wie der unsrigen fast unglaublich — um aus einem tausendjährigen Unrechte einen ewigen Frevel zu machen.

Suchen wir die Ursache dieses fabelhaften Benehmens.

Nicht Religionshaß ist es (die Ehre der Menschheit und die Aufklärung des 19. Jahrhunderts verbieten diese Annahme), nicht Mangel an Sittlichkeit ist es (das Familienleben — dieser wahre Maaßstab für die Sittlichkeit — ist nirgend reiner als bei ihnen), nicht die Geistesunfähigkeit der Juden ist es (es wird Niemand im Ernste behaupten, sie seien weniger politisch gebildet als die Christen), es wird Niemand die Frechheit haben zu erklären, daß irgend ein Mensch nicht reif sei, seine unveräußerlichen Menschenrechte zu besitzen.

Aber fragt man sich, welches ist denn der Grund der Opposition gegen einen Grundsatz der Humanität? — sagen wir es mit einem Worte: **der Geldbeutel ist dieser Grund.**

Es giebt Leute, die sich so lange als liberal geriren, so lange ihre Interessen, das heißt, ihr Geldbeutel nicht in Frage kommt.

Man befürchtet durch die Emancipation der Juden einen Zuwachs an Konkurrenz in dem Handwerkerstande und in dem Kleinhandel.

Da man aber den Juden immer vorwirft, sie trieben nur Handel, so müßte es dem Handwerkerstande nur erwünscht sein, wenn die Juden sich diesem Stande widmen; widmen sie sich ihm aber nicht, nun dann bilden sie auch keine Konkurrenz.

Also hätte der Handwerker weder in dem einen, noch dem andern Falle Grund, gegen die Emancipation zu sein.

Man hätte also zu prüfen, ob denn die Emancipation wirklich von befürchteten nachtheiligen Einfluß auf den hiesigen Kleinhandel zu über sein.

Man glaubt, daß die Spekulation der Juden den Kleinhandel ergreifen, und dann außer den Messen eben so billig verkaufen würde, als dies bisher nur während der Messe geschah.

Man fürchtet also, die Lebensbedürfnisse könnten billiger werden; aber man täuscht sich.

Wenn die Juden nur den kleinsten Theil jenes spekulativen Geistes besitzen, den ihnen die Gegner der Emancipation so gern und in so großem Maaße zuzutheilen so freundlich sind, so werden sie sich hüten auf den hiesigen Kleinhandel zu spekuliren, denn da ist Nichts zu spekuliren. Leipzigs Kleinhandel wird nicht erst durch die Emancipation ruinirt, er ist längst schon durch die Messen zu Grunde gerichtet, das ist ein Faktum. Wollen Sie ihn aber um jeden Preis den Juden verschließen, wollen sie ihn durchaus wieder auf die Beine bringen, nun dann müssen Sie, um konsequent zu bleiben, auch die Messen aufheben und das neue Eldorado wäre da.

Sie erreichen auf diesem Wege gewiß ihren Zweck und der so monopolisirte Kleinhandel wird blühen.

Ob der Großhandel ganz zu Grunde geht (der sich schon zeigende Keim dazu liegt auch in der Ausschließung der Juden), ob aus der Weltstadt Leipzig eine unbedeutende Provinzialstadt wird, darauf kommt's nicht an. Leipzigs Kleinhandel ist ja gegen die Konkurrenz geschützt und die unbedeutende Vertheurung der Bedürfnisse zahlt man gerne der Konsequenz zu Liebe.

Wenn dieser Zustand einmal da ist, dann dürfte es eher lohnend sein, hier den Kleinhandel zu betreiben.

Inzwischen wird es jedem Denkenden einleuchten, daß die sächsische Fabrikation ein ganz anderes und ein wahrscheinlicheres Feld den Kapitalen der emancipirten Juden darbietet, als jener Kleinhandel.

Dem Fabrikwesen werden sich die Kapitale der Spekulanten zuwenden, ihm werden sie neue Nahrung geben, und wahrlich es wird Zeit dazu. Es ist in Sachsen noch Raum genug für Fabriken und kein Ueberfluß an Kapitalien, wohl aber an unbeschäftigten Händen und hungrigen Magen; das Erzgebirge giebt traurige Belege dafür.

Ich glaube, daß durch die Emancipation, wenn auch keine radikale Hebung dieser unglücklichen Verhältnisse herbeigeführt, doch immer eine Quelle des Wohlstandes mehr für Sachsen und seine Arbeiter geöffnet wird.

Alle Welt kaut an der Lösung des Problems der arbeitenden Klassen, man spricht, man schreibt, man handle endlich, wo sich die Gelegenheit zeigt. Die Emancipation der Juden wird einen wichtigen Stein bilden in dem neuen Baue, denn sie wird neue Geldkräfte herbeiführen und wird Menschen beschäftigen.

Oder meinen die Kämpen des christlich-germanischen Staates, daß es christlicher sei, die unbeschäftigten Arbeiter verhungern, als sie durch Juden beschäftigen zu lassen?

Ich glaube kaum, daß Jemand diese Behauptung wagen wird. Ich hoffe vielmehr, daß endlich die Zeit des Egoismus vorüber ist. Ich hoffe, daß man sich endlich schämen wird, länger der Gefängnißwärter zu sein von Brüdern eines andern religiösen Bekenntnisses. Ich hoffe, daß endlich jeder brave Mann sich erheben wird, um die vollständige Freiheit der Menschheit zu proklamiren. S. Eichenberg.

Leipzig, 21. April. In dem so eben begründeten „Zeitblatt" in zwanglosen Heften, betitelt „die neue Zeit," als Supplement zu Wigand's Conversations-Lexikon, befindet sich (Heft 2 S. 136) ein Aufsatz von Adv. Isidor Kaim, überschrieben: „Die Juden und die deutsche Revolution," den wir hier mit Erlaubniß des Verfassers und des Verlegers anzeigen. Bei dieser Gelegenheit erlaube ich mir auf dieses Blatt „die neue Zeit" das jüdische Publikum aufmerksam zu machen; es ist nicht bloß als Supplement des Wigand'schen und somit jedes andern Conversationslexikon's zu betrachten, sondern es bietet auch durch die trefflichen Aufsätze über die kühnen und großartigen Ereignisse der Gegenwart, über die Bewegungen des Tages ein anziehendes Bild, indem es die Einzelerscheinungen zusammenfaßt. Der Reichthum des Stoffes und die Billigkeit des Preises empfehlen es nicht minder (das Heft kostet nur 5 Ngr.). Der Eingang lautet:

„Als im Jahr 1813 das geschehen war, was man zwei Jahre vorher für mährchenhaft hätte ansehen müssen, als die Schlacht bei Leipzig die Kraft der Napoleon'schen Eisenherrschaft gebrochen hatte, da umarmten sich die verbündeten Fürsten und schlossen — die heilige Allianz. Sie meinten, es wäre ein Wunder geschehen! Die Fürsten waren kurzsichtig genug. Sie konnten nicht begreifen, daß ihr Aufruf an die Völker das Wunder bewirkt hatte. Mit den Völkern hätten sie es wohl früher schon vollbracht, aber weil ihre eigne Kraft ihnen genügend erschienen war, blieben die wahren Kämpfer bald nach dem erfochtenen Siege wiederum außer dem Spiele; um ihre Hoffnungen, um ihre Rechte wurden sie getäuscht. Die heilige Allianz sollte ein Tribut an die Vorsehung sein. Sie ward zum Frevel, denn sie richtete sich gegen die Völker!

Aber die Vorsehung hat das Volk durch das Volk gerächt. In ihrem Buche stand's geschrieben: Es giebt keine heiligere Alliance als die der Nationen, keine dauerndere Verbrüderung als die der Menschen!

Und ein zweites Wunder ist geschehen in unsern Tagen, größer als das erste. Der Volksgeist in seiner ganzen Macht hat seine Schwingen erhoben, seine Fesseln zerbrochen, um allenthalben die Rechte der Menschen und Bürger geltend zu machen: ein größeres Wunder als das erste, denn es galt fünfzig Regierungen, nicht einzelne Menschen zu belehren und zu strafen; ein größeres Wunder, daß die Regierungen bei einem großen gekrönten Lehrmeister Unterricht erhalten in der Kunst, klug die ärgsten Pläne zu vermänteln, auf die Stimme des Rechts mit schönen Phrasen zu antworten ohne zu thun, als ob man sie überhöre. Man hatte gelernt, mit Verfassungen wie ohne Verfassung zu regieren — die Schlauheit war an die Stelle der offenen Gewalt getreten!

Der freie Geist hat dieses Ränkenetz zerstört, zerstört in einem Monat. Die Völker, die Menschen müssen brüderlich die Hand sich reichen, die wahre heilige Allianz scheint geschlossen.

Alle Menschen, man merke es wohl ohne zu fragen, wie der eine, wie der andere Gott verehrt und der Vorsehung dankt für den heiß ersehnten, schnell und leicht erfochtenen Sieg.

Alle Menschen, wir wiederholen es! Alle Bestandtheile des Volkes müssen gleich sein in den Rechten, in der Freiheit; denn das Volk ist nicht frei, wenn ein einziger darin es nicht ist. Ein einziger Bürger trägt die Fessel — und auf das ganze Volk fällt die Schmach, daß es diese Fessel noch duldet.

Die Zeit, die erschütternde und erregte ruft uns freudig zu, daß wir Recht haben. Ueberall erheben sich die wahren Volksstimmen und verlangen, daß eine alte Forderung aus dem Schulbuche der Nationen allenthalben gestrichen werde, daß den Juden der volle Gemuß aller Rechte im Staate werde, deren seine christlicher Bürger sich erfreuen und welcher die Masse des Volkes in seiner Gesammtheit fortan theilhaftig werden muß.

Die Emancipation der Juden ist in der Theorie längst als eine entschieden gerechte Forderung der Zeit abgethan. Wie kommt es, daß die Praxis so lange nichts davon wissen wollte und daß ein ungeheures Wunder geschehen mußte, um dieses zweite Wunder — die Kerner der Geschichte des letzten Jahrzehends werden es so begrüßen — hervorzurufen?"

Oesterreich.

Preßburg, 13. April. Sie wissen, daß der ungarische Reichstag die Juden vollständig emancipirt und daß durch diese Maßregel der tausendjährige Haß der ungebildeten christlichen Bevölkerung gegen jedes jüdische Element neue Nahrung gewann und sich in blutigen und beklagenswerthen Judenverfolgungen Luft machte. Ich will diese Scenen, die, Gott sei Dank! vorüber sind, die aber noch jetzt unsere gesammte jüdische Bevölkerung mit Furcht und Schrecken erfüllt, nicht noch einmal erzählen, aber einer Vorschlag des Grafen Johann Berengi will ich Ihnen mittheilen, der zu charakteristisch für einen großen Theil ungarischer Magnaten ist, die, nachdem sie den sauren Schweiß ihrer Unterthanen vergeudet, sich jetzt an die Juden halten möchten: Graf Berengi beantragte nämlich in der Magnatentafel, daß nicht nur alle bisherigen sondern auch alle künftigen Schulden der Christen an Juden von Seite des Reichstages für amortisirt erklärt, sondern auch diese gehalten werden möchten, die 10 Mill. Fl. zu zahlen, die der Reichstag zum Straßenbau bewilligte. Was der ganzen Geschichte die Krone aufsetzt, ist daß der edle Graf selbst nahe an siebenzigtausend Thaler an verschiedene jüdische Handlungshäuser schuldet; allein trotz dieses Umstandes wäre es eine Blasphemie die großmüthige Uneigennützigkeit des edlen Grafen Berengi nur einen Augenblick in Zweifel zu ziehen.

Brody, 17. April. Aus sicherer Quelle kann ich Ihnen berichten, daß die israelitische Deputation von Wien nach Lemberg bereits zurückgekehrt ist, und leider eine sehr unbefriedigende Antwort mitgebracht.

„Haben denn all' diese energischen Vorstellungen und Bitten unsere schwere Lasten uns zu erleichtern nichts gewirkt? nichts gefruchtet?" werden Sie fragen. Darauf kann ich Ihnen ein entschiedenes „Nein" antworten. Um die Deputation einzuschüchtern und einzulullen hat man allergnädigst geruht, mit langgedehnten Worten Folgendes zu ertheilen: „Mir werden sehen, mir werden schon machen, der Landtag ist nicht ferne." — Dies ist Alles was

man uns gegeben, was kann man mehr verlangen. Nicht wahr! — —

Jedoch wollen wir über unsere milde (jetzt konstitutionelle) Regierung nicht den Stab brechen, und ihr nicht Unrecht thun. Denn näher betrachtet kann es uns als eine sehr wahre und entsprechende Antwort dienen. Hat denn die Regierung nicht recht wenn sie jetzt sagt: „mir werden sehen?" war es denn nicht Fürst Metternich unter Anderem, der sich den Hut über die Augen gerückt, und ganz Oesterreich, (ja ganz Europa) mit sich im Finstern herumführte? Jetzt hat er es Anderen überlassen, die mit offenen Augen sehen werden, die für das Wohl des Staates, das Heil der Bürger sich interessiren; die mit offener Augen sehen werden, was Jeder Unbefangene sieht, was Jeder für nothwendig erachtet. —

Die Regierung hat wieder recht, wenn sie sagt: „mir werden machen" — die Erfahrung hat sie gelehrt, daß wenn sie nicht macht, so macht das Volk, die Mailänder haben von ihrem Könige Veränderungen verlangt, da er es ihnen verweigert, so haben sie sich losgemacht, die Ungarn und Böhmen haben auch angefangen zu machen, da hat es gleich geheißen: Haltet! Haltet ein, meine lieben Kinder: „Ihr werden machen nur mit schießen" (So eine Antwort läßt sich hören). Wir haben Ursache zu glauben, daß es in Galizien eben so gehen wird. — Da einer muß doch machen. — Nur das Eine: „Der Landtag ist nicht ferne" können wir mit dem besten Willen nicht in Schutz nehmen, es klingt zu sehr metternichisch, es hat Worte, die das Ohr heutzutage nicht mehr vertragen kann, Worte, die man sogleich mit dem allbekannten „zu spät" zurückweiset.

Es scheint, daß unsere neuen Minister auch nichts gelernt und auch nichts vergessen haben.

B....t

Ofen, 15. April. Auch in unserer alten, ehrwürdigen Stadt bereitete der Pöbel, von Uebelwollenden, namentlich von fanatischen Priestern aufgereizt, Demonstrationen gegen die Juden vor; allein die Jugend von Pesth, die den Geist des neunzehnten Jahrhunderts jedenfalls besser erfaßt hat als die Ofner Spießbürger, nahm die Israeliten in Schutz und verhütete durch ihr energisches Auftreten alle Excesse.

Stuhlweißenburg, 14. April. Im Laufe voriger Woche fanden Unruhen statt, die bald einen sehr bedauerlichen Charakter annahmen, da der Pöbel die Juden mit Gewalt aus hiesiger Stadt vertrieb und auch manche anderweitige Excesse beging. Bekanntlich gehört Stuhlweißenburg zu jenen Städten, die die Juden erst seit kurzem aufgenommen; die hiesige jüdische Bevölkerung besteht ungefähr aus 60 Familien, die meistens der wohlhabendern und gebildeter Klasse angehören. Die vertriebenen Israeliten klagten den Be-

hörden und einigen jener Männer, die auf dem Reichs=
tage sich besonders für die Emancipation der Juden aus=
gesprochen, ihre Noth und riefen ihre Vermittelung an.
In Folge dessen begab sich der Graf Pilski hierher,
um sich über den Thatbestand zu unterrichten. Graf
Pilski beschloß eine allgemeine Volksversammlung zu
veranstalten, dem Volke Vorstellungen zu machen und
dasselbe auf die Ungerechtigkeit in seinem Verfahren hin=
zuweisen; der Bürgermeister rieth dem Grafen, statt der
allgemeine Volksversammlung, bei der es an Aufregung
nicht fehlen könne, zusammen zu berufen, lieber den Ju=
den in aller Stille die Erlaubniß zur Rückkehr zu er=
theilen. Graf Pulski, ein Mann der Oeffentlichkeit
und beim Volke sehr beliebt, verwarf diesen Rath und
berief im Gegentheil eine allgemeine Volksversammlung.
Graf Pulski redete die Versammlung an, wies sie auf
das Unrecht derartiger Excesse hin und forderte zuletzt
Jedermann auf, seine Beschwerden gegen die Juden vor=
zubringen.‘ Ein Mann aus dem Volk erklärte in Folge
dieser Aufforderung im Namen der Versammlung, daß
die gegen die Juden gerichteten Demonstrationen ur=
sprünglich nicht den Juden, sondern dem Bürgermeister
gegolten, der unbeliebt sei und dessen Absetzung man
allgemein verlange. Der Bürgermeister habe, um den
gegen ihn gerichteten Sturm zu beschwören, das Volk
angeredet, alle Schuld auf die Juden geschoben und den
Pöbel zuletzt so zu fanatisiren gewußt, daß er sich zu
jenen beklagenswerthen Excessen habe hinreißen lassen;
das Volk könne übrigens gegen die Rückkehr der ver=
triebenen Juden nichts einwenden, werde sich auch ihrer
Zurückberufung nicht widersetzen. Auf Grund dieser
Erklärung ist den Juden die Erlaubniß zur Rückkehr
ertheilt worden, auch haben sämmtliche Israeliten bereits
davon Gebrauch gemacht; der Bürgermeister ist zur
Untersuchung gezogen worden. (D. A. Z.)

Frankreich.

Paris. Eine zu Anfang dieses Jahres in Paris
begründete neue Zeitschrift erregt, wegen ihrer eigenthüm=
lichen Tendenzen manche Aufmerksamkeit. Die Zeitschrift,
„Le Réveil d'Israel“, wird nämlich von einem polni=
schen Katholiken, Johann Czynski, dem Verfasser
einer gelehrten Arbeit über Kopernikus, redigirt und hat
sich die Aufgabe gestellt, einerseits die politischen In=
teressen der Juden wahrzunehmen, und zwar hauptsäch=
lich in Polen und Rußland, weshalb sie auch als Motto
die an die Juden gerichteten Worte Kasimir's des Gro=
ßen gewählt hat: „Arbeitet und lebt in Frieden. Ver=
gesset niemals, daß, als ganz Europa euch vertrieben,
Polen euch Zuflucht und Schutz dargeboten hat.“ An=
dererseits will die Zeitschrift aber auch die religiösen

Interessen der Israeliten gegen die Angriffe vertheidigen,
die sie sowohl von Außen, als im Innern der jüdischen
Gemeinden selbst, in neuerer Zeit erfuhren. Gleich in
der ersten Nummer befindet sich ein gegen die sogenann=
ten „Reformer“ in Berlin gerichteter Artikel, worin Hr.
Czynski auf die Absurdität hinweist, die darin liege, daß
man, einer durch ihr Alter geheiligten Religionsgesell=
schaft angehörend und ihr auch ferner angehören wollend,
doch eben dasjenige verleugne, was die positive Grund=
lage dieser Religionsgesellschaft ausmache. Man brauche,
meint er, um sich als Bürger der europäischen Welt zu
dokumentiren, weder „A bas Jérusalem!“ noch „A bas
le Messie!“ zu rufen; die Juden könnten überall gute
Staatsbürger sein, ohne darum an den Traditionen rüt=
teln zu müssen, mit denen sie durch ihre Religion ver=
bunden seien, u. s. w. — Die liberale Revue Indé=
pendante billigt diese Auffassung der Frage im Réveil
d'Israel; der kirchliche Semeur will jedoch darin nicht
den Ausdruck der Ansichten unserer Zeit erkennen, obwohl
er zugiebt, daß Hr. Czynski es aufrichtig mit der Sache
der Israeliten meine.

Personalchronik und Miscellen.

Mantua. Der Gouverneur hat die reichsten Israeli=
ten mit einer Million Lire gebrandschatzt.

Baden. Angesehene Volksmänner erheben ihre Stim=
men gegen die Verfolgung der Juden.

England. Die Judenbill ist nach einer Vorlesung dem
Comité übergeben worden.

Wien. Josef Wertheimer arbeitet rüstig für die
gerechte Sache der Juden.

Mähren. Der gefallene Jüngling Heinrich Spitzer
ist geboren den 23. August 1830.

Frankfurt a. M. Im Ausschusse der Funfziger sind
bis jetzt zwei Juden. Jakoby und Kuranda.

Udine. Der Israelit Luzzatti ist Mitglied der pro=
visorischen Regierung.

Berlin. Hier sind viele Juden für die Sache der
Freiheit thätig.

Wien. L. A. Frankl wurde in eine Deputation an
den Kaiser gewählt, deren Sprecher er war.

Verlag von C. L. Fritzsche.　　　　　Druck von J. H. Nagel.

Der Orient.

Berichte, Studien und Kritiken

Neunter   für   **Jahrgang.**

— jüdische Geschichte und Literatur. —

Das Abonnement auf
ein Jahr ist 5 Thlr.
Man abonnirt bei allen
löbl. Postäm'ern und
allen solid. Buchhand=
lungen auf ein Jahr.

Herausgegeben
von
Dr. Julius Fürst.

Von dieser Zeitschrift
erscheinen wöchentlich
das Literaturblatt mit=
gerechnet, zwei Bogen,
und zwar an jedem
Dienstag regelmäßig.

№ 19.   Leipzig, den 6. Mai   1848.

Deutschland.

*Aus Baiern, 19. April. Die großartigen Ereignisse, welche in der neuesten Zeit sich von der Seine bis zur Spree und Donau verbreiten, übten auch auf die Verhältnisse der Juden Baierns einen nicht unwichtigen Einfluß.

Wenn auch in der königlichen Proklamation von 6. März d. J. nur eine Verbesserung der Verhältnisse der Israeliten versprochen wurde: weil auch von einem hochgestellten Staatsmanne die Messias=Idee als hem=mend gegen die Gleichstellungen der Juden mit den an=dern Konfessionen betrachtet wird, glaubt man sich den=noch sowohl durch die allgemein verbreitete Stimmung als durch manche officielle Schritte mit Recht der Hoff=nung auf die Emancipation hingeben zu dürfen, was aus folgenden Thatsachen hervorgeht:

Von den Berichten der kön. Regierungen, welche in Erfolg des Landtags=Abschiedes vom 23. Mai 1846 Abth. III. §. 41 einzubefördern waren, sind manche am Ende des vorigen Monats noch nicht vollständig zur Vorlage gekommen, und es ist mit Bestimmtheit anzu=nehmen, daß unter diesen nebst den statistischen Tabel=len über Bürger= und Kultus=Verhältnisse in den Gut=achten mancher Rabbiner auf die gänzliche Gleichstellung der Juden sowie die Errichtung einer jü=disch=theologischen Fakultät in umfassender Weise moti=virt wurde. Nicht minder geben Aufsätze in Münchner

und Augsburger Blättern, sowie Adressen, besonders der Münchner Studenten an die Stände des Reiches den schönen Beweis, wie sehr es als Anforderung der Zeit betrachtet wird, den rechtmäßigen Erwartungen Js=rael's zu entsprechen; aber auch in der Thronrede des regierenden Königs Maximilian II. scheint ein höherer Grad von Würdigung der religiösen Verhältnisse hervorzugehen, da in dieser die Organisation einer Ober=kirchen=Behörde für Juden ausgesprochen wurde. Dieser Punkt wurde 1836 in den aus Rabbinern, Lehrern und Notablen bestehenden Synoden besprochen, und seit jener Zeit sah man der Einberufung einer General=Synode ent=gegen, um den bei den einzelnen Kreis=Versammlungen gefaßten Beschlüssen durchgreifendere Autorität geben zu können. Die Realisirung dieses Wunsches dürfte wohl um so schneller zu erwarten sein, weil man durch wech=selseitigen Meinungsaustausch den Wirren unserer Zeit entgegen getreten werden kann. Wirklich Freude erregend war es, zu vernehmen, daß in der Kammer der Abge=ordneten bei Beantwortung der Thronrede, der Antrag, Sr. Maj. den König um völlige Gleichstellung aller Religionsbekenntnisse zu bitten, mit Ausnahme zweier Stimmen mit Acclamation angenommen wurde, und daß ein hochgestellter Gelehrter, Professor Erel, in so herr=licher Weise für diese gute Sache das Wort führte. Auch in der Kammer der Reichsräthe soll fast durchgän=gig die beste Stimmung für diese so anerkennungswerthe Forderung der Menschenrechte sich geltend machen, was

19

wohl durch den guten Geist, der in der Frankfurter Versammlung hierüber herrscht, begründet sein dürfte. So läßt sich denn hoffen, daß die Zeit, in welcher man bei Ertheilung bürgerlicher Rechte nach Konfessionen fragte, vorüber sei, und die Sonne der Freiheit allen Unterthanen ohne Unterschied des Glaubens leuchten möge, und auch hierbei der Wahlspruch unseres geliebten Königs: „Freiheit und Gesetzmäßigkeit" in seinem ganzen Umfange verwirklicht werde.

Leipzig, 21. April. Das Leipziger Abendblatt schreibt: Ueber die Beseitigung konfessioneller Mißverständnisse. Der „kirchliche Verein für alle Religionsbekenntnisse" hat den in der Ueberschrift stehenden Punkt in sein Programm aufgenommen. Das Streben nach innerer Versöhnung, gegenseitiger Aufklärung und Anerkennung ist eine Errungenschaft der letzten Wochen. Wie die Spitze des nationalen Egoismus an dem höhern Begriffe des „Menschen" sich gebrochen, so soll der konfessionelle Egoismus zurückgedrängt werden. Die Neuzeit lehrte diese religiöse Versöhnlichkeit, und darum soll sie in diesem Blatte Jedermann an's Herz gelegt werden.

Durch die staatsrechtlichen Schranken, welche bis jetzt zwischen Juden und Christen gezogen sind, ist die sociale Verbrüderung dieser alten und ehrwürdigen Träger der Religion gehindert worden. Die Privilegien, welche der Staat an ein bestimmtes Religionsbekenntniß knüpfte, erstreckten ihren Einfluß bis in die inneren Räume der Familien. Die Trennung in der Gesellschaft gab die erste Veranlassung zu gegenseitigen Mißverständnissen. Die Schuld der Gesetzgebung wurde von beiden Seiten auf Rechnung der Religion geschrieben. Der Jude sah im Christenthum nicht den verklärenden Strahl der Liebe, da sie ein Ideal war, das im Leben vergebens nach einer Verwirklichung verlangte; dem Christen erschien das Judenthum als ein langes Sündenregister der Juden, als Wurzel und Quelle der gegen ihn herrschenden Vorurtheile. Dazu kommt das wesentlichste Moment: der Religionsunterricht. Die lebendige Empfänglichkeit des Kindes nimmt ein Bild von den Juden in sich auf, wie es im Kampf gegen eine Erscheinung des Pharisäerthums entworfen. Die Feuerzunge und die gigantische Kraft eines Paulus hat allerdings ein abschreckendes Gemälde von seinen Gegnern hingestellt. Aus dem Religionsunterrichte holen die herangereiften Jünglinge und Jungfrauen ihre Vorstellungen von dem Charakter, der Gesinnung und Anschauung der Juden überhaupt. Daß zwei Jahrtausende nicht vergebens in der Geschichte verstrichen sind, daß eine Partei ihre Gegner von einem einseitigen Standpunkte aus auffassen muß, ist nie berücksichtigt worden — und so gelangen die Mißhelligkeiten nie zu einer Aufklärung. So schimpft man auf den Talmud, ohne ihn zu kennen und ohne zu bedenken, daß die meisten

Aussprüche des N. T. sich in demselben wiederfinden; ja ohne zu erwägen, daß viele Anspielungen und Hinweisungen im N. T. nie aufgeklärt worden wären, hätte uns nicht die Zeit jenes Riesenwerk trotz päbstlicher Bannbullen erhalten. Treten aber Männer zusammen, die vom Geiste der Liebe, Verbrüderung und Versöhnlichkeit beseelt sind, und ohne Haß und ohne Groll gemeinsam an das Werk der Aufklärung schreiten, so wird die Liebe mit gegenseitiger Milde, die Verbrüderung mit gegenseitiger Achtung und die Versöhnlichkeit mit gegenseitiger Anerkennung sich paaren und der Baum der Erkenntniß wird fortan keine bittern Früchte mehr für Juden und Christen tragen. Beide Religionsbekenntnisse werden ihre Mission erkennen und die Grenzen ihrer Thätigkeit genau bestimmen. Möge daher dem „kirchlichen Verein" die regste Theilnahme sich zuwenden! Keine Konfession will Proselyten machen, sondern ihre Berechtigung und Stellung in dem großen Ganzen des religionsgeschichtlichen Prozesses behaupten. Es gilt ein Werk des Friedens zu stiften, das in Leipzigs Mauern ausgeführt werden soll. „Ich bin für Frieden, und ob ich auch rede, sie wollen Krieg". (Ps. 120, 7.)

Ad. Jellinek.

Leipzig, 27. April. Der Verein zur Wahrung der deutschen Interessen* an den östlichen Grenzen, begründet von den HH. DD. Fürst, Wuttke und Kühne, hielt gestern Nachmittag 4 Uhr seine erste öffentliche größere Versammlung, in welcher 50 bis 60 Personen anwesend waren. Nach einleitender Rede der Herren DD. Kühne und Wittke über die Nothwendigkeit, die Tendenz und die nächsten Zwecke des Vereins nahmen mehrere Sprecher der Polen gegen verschiedene Bemerkungen der Genannten in Schutz und namentlich bezeichnete Herr Stud. Götz das, was Hr. Dr. Kühne über den Panslavismus gesagt, als einen Pangermanismus. Herr Prof. Dr. Wachsmuth führte in einer längern, mit lebhaftem Beifall aufgenommenen Rede die Nothwendigkeit des Festhaltens und der Geltendmachung des deutschen Elements, im Gegensatze zu den Gefahren des Kosmopolitismus aus und stellte die Anträge, die Verhältnisse der deutschen zur polnischen Bevölkerung in den Grenzdistrikten durch Sachkundige genau erörtern, an das polnische Nationalkomitee in Posen aber eine warnende und aufklärende Zuschrift zu erlassen. Der Vorsitzende Hr. Dr. Kühne bezeichnete den ersten Antrag als bereits erledigt durch Einsetzung eines Ausschusses für diesen Zweck. Nachdem noch mehrere Redner, namentlich die Herren Stud. Cohn, Dr. R. Heller, Dr. Fürst u. s. w. in gleichem Sinne gesprochen hatten, machte Hr. Prof.Dr. Haupt darauf aufmerksam, daß es sich hier noch um

*) Die deutschen Interessen sind zugleich die jüdischen unter den Slaven.   Red.

Weiteres als blos die Gefahren für die deutsche Natio=
nalität in Posen handle, nämlich um die Bekämpfung
des Panslavismus auch an andern Grenzen und selbst
im Herzen Deutschlands, den er als einer doppelten,
einer offenen literarischen, und einen geheimen politischen
schilderte. Herr Dr. Wolffohn nahm Sympathien
für die Polen in Anspruch und bekämpfte mehrere
Aeußerungen des Hrn. Dr. Wuttke, wogegen dieser
erwiderte. „In gleichem Sinne wie Hr. Professor Haupt
sprachen sich noch mehrere, namentlich auch Hr. Jelli=
nek aus, welcher auf Mährens und Schlesiens festes
Anschließen an die deutsche Nationalität, andererseits
auf die Gefahren des Magyarenthums für dieselben hin=
wies; letzteres bestritt Hr. Georg Wigand und hielt
den Panslavismus für bedeutungsloser. Die Herren
Prof. Flathe und Prof. Marbach hoben hervor,
daß ein Freigeben der polnischen Theile des Großherzog=
thums Posen jetzt weder für diese selbst noch für die
deutsche Sache gut sein könne. Hr. Adv. Kaim wies
nochmals auf die Nothwendigkeit nachdrücklicher Wahrung
der deutschen Interessen hin. Die Versammlung be=
schloß, einem von Hrn. Adv. Kaim gestellten, durch
Hrn. Dr. Heller etwas modificirten Antrage gemäß,
durch eine öffentliche Erklärung die preußische Regierung
dringend aufzufordern, bei der Ordnung der Verhältnisse
des Großherzogthums Posen mit höchster Sorgfalt alle
Schritte zu vermeiden, durch welche die Sicherheit und
Selbstständigkeit unserer deutschen Stammesgenossen ge=
fährdet werden könnte. (Leipz. Abendbl.)

Leipzig, 26. April. Der Friede der Konfessio=
nen hat wieder ein neues Terrain gewonnen. Gestern
fand hier eine Versammlung der sächsischen Lehrer aus
aller Konfessionen statt. Von Seite der Israeliten wa=
ren Landau aus Dresden und Jellinek anwesend.
Es wurde besonders das Prinzip ausgesprochen: „die
gesammte Volkserziehung ist Staatssache." Nachmittags
vereinten sich viele Mitglieder der Versammlung zu einem
Male, an welchem die Israeliten natürlich auch theil=
nehmen konnten. Als die Herren Landau und Jellinek
am Schluße des Males in den Saal traten, brachte
Gymnasiallehrer Köchly einen Toast auf die katholischen
Lehrer aus. Kaim wurde die beiden Israeliten be=
merkt, als Hr. Lehrer Heger aus Dresden und noch ein
Anderer, dessen Namen uns unbekannt — die beiden
israelitischen Religionslehrer leben ließen. Beide erwie=
derten die Brudergrüße. Hr. Dr. Landau sprach un=
gefähr Folgendes: „Wenn irgend Einer der Errungen=
schaften der Neuzeit sich zu erfreuen hat, so ist es der
Israelit. Wir Israeliten erkennen den Werth der Frei=
heit um so mehr, da wir am längsten und härtesten
den Druck erfahren. Wie freudig muß nun unser Herz
bei dem Loosungsworte: Freiheit für Alle! Einheit und
Verbrüderung schlagen. Sie, meine Herren, können
nicht meine Gefühle ermessen, da Sie immer frei waren,

wenn auch nicht unbedingt. Wie schwellt mir die Brust,
da ich heute zum ersten Male mich im Verein mit mei=
nen christlichen Amtsbrüdern an den heiligen Interesse
des gemeinsamen vaterländischen Schulwesens betheiligen
kann! da ich es lebendig fühle, wie ich Ihnen, wie Sie
mir angehören. Die Einheit in der Mannichfaltigkeit ist
die Loosung unserer Zeit. So specifisch verschieden auch
die Konfessionen sind, münden sie doch alle in Eine
höhere Einheit: Recht, Liebe und Freiheit! Mögen also
diese Blüthen aus dem Boden jeder Konfession als Krone
der Humanität erstehen. Und damit dies geschehe, spricht
unser Programm aus: Unabhängigkeit der Schule von
der Kirche. Das Specifische der Konfessionen darf nicht
die Schule, die als Staatsanstalt den Humanismus
anstrebt, dominiren, wenn sich die konfessionelle Ver=
schiedenheit nicht feindlich im Staate gegenüberstehen soll,
Einheit und Verbrüderung zerstörend. Die besondern
Konfessionen mögen vielmehr auf ihrem Gebiete, jede
auf ihrem Boden, die allgemeine Religiosität: Recht,
Liebe und Freiheit zu fördern streben, und diese mögen
die Schule und durch dieselbe den Staat beseelen. Es
lebe die Einheit, es lebe die Verbrüderung!"

Jellinek erwiderte: „Meine Herren! Die Stadt
in deren Mauern die sächsischen Lehrer in brüderlicher
Gesinnung und Eintracht sich versammelt, nimmt eine
wichtige Stellung im deutschen Vaterlande ein und hat
seit kurzer Zeit unzählige Bausteine zu dem Dome der
deutschen Einigkeit geliefert. Gestatten Sie mir einen
flüchtigen Blick auf dieses vereinzelte Material zur Basis
deutscher Größe und deutschen Ruhmes. Vor wenigen
Monden sah Leipzig die Männer, welche ein gemeinsa=
mes deutsches Wechselrecht beriethen. Auf materiellem
Gebiete ward dies ein wesentlicher Schritt zur Einigung
und Festigung deutscher Interessen. Vor wenigen Tagen
wurde der kühne Gedanke realisirt, die konfessionellen
Scheidewände der Gesellschaft zu durchbrechen und über
dem Grabe einer alten Zeit den Bund der Konfessionen
zu schließen: ich meine den „kirchlichen Verein für alle
Religionsbekenntnisse." Er hat den Haß und den Groll,
die Zwietracht und die Spaltung der Religionsbekennt=
nisse vernichtet, die Gespenster und Truggestalten der
Herrschaft der Vorurtheile zu Grabe getragen. Alle Kon=
fessionen schaaren sich um die eine Fahne der Ver=
brüderung und Achtung. Heute haben die Erzieher der
Jugend einen Bruderbund geschlossen und den konfessio=
nellen Frieden unter einander begründet. Dieser Friede,
meine Herren, ist die unerschütterliche Grundlage der
deutschen Einheit. Die Fackel der konfessionellen Zwie=
tracht und Lieblosigkeit hat das beste Mark deutscher
Einheit verzehrt und das Feuer des Hasses in die Häu=
ser und Familien geschleudert. Leipzig, in dessen Mitte
das Werk des Friedens und der Anerkennung mit Macht
und regem Eifer gestiftet wird, Leipzig, das die Fahne
des Friedens für alle Konfessionen aufgepflanzt; Leipzig,

19 *

das mit Stolz die Frieden und Versöhnlichkeit athmende Versammlung sächsischer Lehrer gesehen — Leipzig lebe hoch!" —

Die ganze Versammlung war vom Geiste der Liebe beseelt, und wir hoffen, daß die innere Emancipation der Israeliten allmälig erstehen werde.

Dresden, 28. April. Den 16. d. M. fand in Dresden eine Versammlung der israelitischen Gemeinde statt, welche den Zweck hatte, die Gemeindemitglieder auf die Wichtigkeit des Wahlrechtes aller Konfessionen für die konstituirende Versammlung in Frankfurt aufmerksam zu machen und sie zum gewissenhaften Gebrauche ihres Rechtes zu ermahnen. Der Herr Oberrabbiner Dr. Z. Frankel, als Vorsitzender, sprach in einem längern populären Vortrage über den moralischen Werth, der in der Zulassung der Israeliten zur Wahl einer so hochwichtigen Nationalversammlung liege, und wie überhaupt Rechte, welche die Ehre, die sittliche Hebung der Israeliten im Staate herstellen, den materiellen bei weitem an Werth voranstehen. Er verbreitete sich dann über den neuesten Umschwung der Staatsformen, erläuterte die Begriffe von absoluter und von konstitutioneller Monarchie mit demokratischen Elementen und Republik, die nicht mit Anarchie zu verwechseln sei; setzte die verschiedenen Formen der Republik auseinander und zugleich die Gründe, aus welchen er in Deutschland die konstitutionelle Monarchie der Republik vorziehe. Zum Schlusse ermahnte er seine Gemeinde, sich lebhaft an den allgemeinen vaterländischen Interessen und an Vereinen, die solche beförderten, zu betheiligen, rieth jedoch die Vorsicht, vor dem Anschlusse an einen solchen zu prüfen, ob ein wahrhaft wohlwollender und freier Geist in demselben herrsche, und gab das Kriterium an: daß der Verein, der offen und unumwunden sich für Gleichstellung aller Konfessionen auszusprechen den Muth habe, wahrhaft frei sei; wer dies nicht wage, sei Knecht des Beifalls und des Vorurtheils der Unmündigen, also unfrei. Die Versammlung hörte mit Gefallen und großer Aufmerksamkeit zu, und der zweckmäßig belehrende und ermahnende Vortrag, der höchst zeitgemäß war, wird gewiß nicht fruchtlos sein. (Lpz. Abdbl.)

Leipzig, 29. April. Die Nachrichten, die uns aus Posen zukommen, sind nicht sehr erfreulich und sie flößen uns die lebhaftesten Besorgnisse für die Zukunft ein. Der Adel, der immer noch mit Sehnsucht in die Vergangenheit blickt, wo die jetzt so eitle übermüthige Aristokratie auf dem Gipfel ihrer Macht stand, wünscht eine Umgestaltung der gegenwärtigen Verhältnisse, wünscht eine Wiederherstellung Polens, weil dies zugleich eine Wiederherstellung seiner Macht und seines Ansehens ist, während der Bauer — einen eigentlichen Mittelstand hat es ja in Polen nie gegeben — der sich unter preußischer Regierung glücklicher und freier fühlte als je zur Zeit des Polenreiches, denn die preußische Regierung

hat die drückende Leibeigenschaft aufgehoben, den Bauer sicher gestellt gegen freche Uebergriffe einer despotischen Aristokratie, eine Umgestaltung der Dinge, die ihm aufs Neue zum Sklaven eines übermüthigen Adels machen könnte, von ganzer Seele fürchtet und verabscheut. Der Adel will eine Revolution und um diese zu bewerkstelligen bedarf es der Mitwirkung des Volkes, denn was ist jetzt eine Revolution, die nur vom Adel ausgeht? Ein Nichts, ein Rauch ohne Flamme. Da also die Erinnerung an die Vergangenheit, der Patriotismus und der Haß der Polen gegen die Deutschen allein nicht hinreichend war, den Bauernstand zur Schilderhebung zu bewegen, so nahm man den religiösen Fanatismus zu Hilfe. Priester predigten von der Kanzel herab einen Kreuzzug gegen die (evangelischen) Deutschen und Juden, die Feinde des katholischen Glaubens, der in Gefahr schwebe. Dies Mittel war allein im Stande den stumpfsinnigen, aber bigotten, fanatischen Bauer, der die Mysterien der alleinseligmachenden Kirche gläubigen Herzens erfaßt, zum Aufstande zu bewegen. Aber der religiöse Fanatismus, einmal angefacht, kennt keine Schranken; daher ist es erklärlich, daß jeder Kampf von Seiten der Polen mit solcher Erbitterung, solcher Grausamkeit geführt wird. Der Adel, der den Aufstand organisirt, hat bereits keine Macht mehr über jene Banden, die nur den Eingebungen eines blinden Glaubenshasses folgen, und sich in einzelne Haufen zersplittern, die nach keinem gemeinschaftlichen Plane, durchaus ohne Uebereinstimmung nach eigner Willkür handeln. — Man täusche sich nicht über die Vorgänge in Posen, sie sind nur das Vorspiel eines noch bei Weitem blutigern Kampfes, der noch bevorsteht, religiöser Fanatismus läßt sich so leicht nicht dämpfen; gegen die Juden, gegen diese unglückliche, schutzlose Nation wird sich die Wuth des Pöbels wenden, gegen die Deutschen, die die Kraft der alleinseligmachenden Kirche läugnen. Möge die preußische Regierung sich endlich zu energischen Maßregeln entschließen und der dortigen Anarchie mit kräftiger Hand ein Ende machen, wenn sie nicht den Fluch auf sich laden will, durch thörichtes Zaudern eine ganze blühende Provinz der Anarchie überantwortet zu haben.

Leipzig, 29. April. Der Aufsatz eines Herrn Dr. Vogel „Auch ein Wort über Judenemancipation" im hiesigen Tageblatte abgedruckt, hat hier die Emancipationsfrage zur Tagesfrage gemacht. Hr. Dr. Vogel, dem es durchaus an Logik und Klarheit gebricht, bekämpfte die Emancipation mit so thörigen, unhaltbaren Gründen, daß es der Kritik leicht wurde, ihn gebührender Maßen an den Pranger zu stellen. Indessen ist es doch nicht zu läugnen, daß der Krämergeist und der alte Zopf, der in Leipzig noch die Herrschaft führt, sich gewaltig gegen Judenemancipation sträubt und im Allgemeinen nur wenig Vertreter findet, da der Handelsstand thöricht genug die Emancipation der Juden als den ersten Anstoß zu seinem Ruin betrachtet.

Oesterreich.

„Laſſet uns ablegen die Sünde ſo uns immer anklebt und träge macht, und laſſet uns laufen in den Kampf.“

Mähren, 16. April. Beſſer viel Spreu und wenig Kern, als wenig Spreu und gar kein Kern; wir Mähren aber haben des erſten zu viel und des letzten keines; nirgends eine Frucht, einen Segen. Alles reißt und läßt, um aus dem glühenden Schmelzofen des lichterloh auflodernden Volksbewußtſeins das gediegene Gold der Freiheit zu erringen und zu gewinnen, an uns aber gehet alles dieſes einfluß- und eindruckslos vorüber, wir ſind betſchweſterlich ergeben, lammfromm, ausharrend bis Gott vom Himmel auf uns herabſchauen wird und die Stricken in Wien auch für uns was erringen, als hätten wir nicht eine ganze Litanei von Steuern zu entrichten, als wäre der Ruſſen nicht Freiherrn im Vergleiche mit uns. — Wohl können wir nicht über Stillſtand, deſto mehr über Rückgang klagen, und unſere Vertreter, Leiter und Führer, unſere Rabbinen? Der Hirſch läßt — zurück, (o daß er wieder zurückliefe!) — hat er doch mit Wichtigerem zu ſchaffen; muß er nicht den Bäckern befehlen die Milchkipfel eigends zu bezeichnen und den Juden die Nägel מ״רם zu beſchneiden? Und die Mikwa, der Mohel und Sofer? Auch für die Freiheit trat er in die Schranken in ſeiner etwas geſchraubten Anſprache an die chriſtlichen Mitbrüder. Schade daß die Wiener nicht Böhmiſch verſtehen und Welſch auch leider mögen. — Die Vorſehung ſchien unſern freien Aufſchwung zu begünſtigen, indem ſie den Mann heimrief, unter deſſen Aegide eine geiſtige Erhebung undenkbar wär, doch haben wir nur ſchlecht dieſen väterlichen Wink erfaßt und genützt, wir wollten im hellem Tage kein Licht ſchauen, mögen wir nur zeitig genug wieder aufwachen, bei klarem Sonnenlichte ſchauen und Belehrung von unſern Kindern annehmen; mögen ſie es uns in Liebe vergeben, daß wir ihnen die drückende Laſt der verkörperten Finſterniß und perſonifizirten Heuchelei aufgebürdet, möge ihnen gelingen mit jugendlich kräftigem Arm die Feſſeln zu ſprengen, in die ſie der Pietismus aus ſelbigem Intereſſe ſchmiedet und ſie auch erkennen, daß unter den vielen Betrogenen und Bethörten auch welche waren, die dieſes düſtere Gewebe durchſchaut, deren Ruf und Rath aber verkannt und überhört wurde. — Wäre das Uebel ein heimiſches, wir mißten es in Ergebung als ein göttliches Verhängniß über uns ergehen laſſen; leider daß wir nicht einmal ein ſolches Bewußtſein zu unſerem Troſte haben, daß es vielmehr ein ſelbſtverſchuldetes, daß wir dem Unheil in die Arme gerannt, daß wir ob un-

ſerer Weitſichtigkeit einer optiſchen Täuſchung erlagen und unſern Irrthum nunmehr ſchwer büßen. Sehet mit welcher inniger Hingebung und Selbſtverleugnung die geiſtigen Koryphäen eines jeden Volkes ſein Heil herbeizuführen ſtreben, ſehet ihr die Glaubenshelden, den alten Mannheimer mit verjüngter Kraft an der Erlöſung Iſraels rüſtig arbeiten, er hat ſo manches gut zu machen, auch an uns eine große Schuld zu ſühnen, es wird ihm dort gelingen, aber wir? Was kümmert ſich ein Fremder, der, der Monate erſt unter uns weilt, um unſer politiſches Intereſſe, hat er es doch ſelber geſagt, er ſei nicht gekommen, ſich in Politik zu mengen, um ſo weniger, da wir nach ſeiner Ueberzeugung im Golus ſein müſſen, bis Haſchem uns mit eigener Hand erlöſen wird, vielleicht durch ihn, den iſt der Meſſias nannte; — doch iſt ſein Badefreund der Fürſt Metternich nicht mehr. — Und unſern geſchulten Rabbinen, die in der Wiſſenſchaft herangewachſen und darin wohl erkannt haben müſſen welch unerklärliches Spiel mit dem armen Volke getrieben wird, warum öffnet öfter dieſe ihm nicht die Augen? Ja Neida iſt krank, Schmiedl ſchwach — Duſchak kränkelt und Faſſel rächt ſich indem er ſchweigt, wiewohl wir von ſeinem früher bekundeten Thateneifer erwarten durften, daß er edelmüthig genug, mit geſchickter Hand die Angelegenheiten ſeiner leiblichen Brüder zu leiten; denn es iſt wahrlich eines intelligenten, wenn auch ſonſt hintangeſetzten Mannes unwürdig, bei ſolcher Hilf- und Rathloſigkeit der Ruhe zu pflegen. Iſt die Freiheit kein Opfer werth? auch das der Eitelkeit nicht, oder iſt der Mähre allein deſſen unfähig? Was braucht es da erſt eines Berufes oder einer Berufung, wo der Moment ſo dringend ruft? Bei wem Gottes Wort iſt, der verkünde es in Wahrheit, und wer dem Volke die Wahrheit ſagt, der iſt ſein Hoherprieſter, die Wahrheit aber iſt, daß es von ſeinen wichtigen Hirten verführt und verrathen wurde und wird; die Wahrheit iſt, daß unerträglich die Laſt, die ihm die Religion, (wie ſie es nennen) als dem Staat auferlegt, und Niemand ſich ſeiner erbarmet, ihm Erleichterung verſchafft, auch heute nicht, nachdem bereits das Tageslicht den Irrthum beleuchtet. Iſt es nicht beſſer, wir kaſteien unſern Leib um den des Volkes zu befreien, als daß wir, aus Sorge für unſer gutes Auskommen, ſeinen Geiſt knechten? Wie lange noch ſoll der Krämergeiſt ſchalten im Hauſe Gottes? — Es lebe der Biederſinn, die Aufrichtigkeit und Ehrlichkeit! Die Preſſe iſt frei, Heil der Wahrheit! — — Ein Familiant.

Peſth, 11. April. Die gewaltigen Umwälzungen der Neuzeit ſcheinen auch dem, aus den Stürmen der Zeit mit um ſo intenſiver Feſtigkeit hervorgegangenen, Judenthume eine Breſche beibringen zu wollen, wie es ſich hie und da, namentlich im Ungarlande äußert und iſt die Initiative von der Regierung ausgegangen, die die gemiſchte Ehe zwiſchen Juden und Chriſten geſtattet, und überhaupt anstrebt: die gegenseitige Verständigung der heterogensten Denkweisen herbeizuführen. Auch ist, wie uns ein Hochgestellter versichert, die Berufung einer jüdischen Synode unter dem Präsidium Schwabs bereits vom Ministerium beschlossen. Mittlerweile wird von einzelnen Gemeinden vorgearbeitet und hat sich unter der Leitung des Dr. M. Deutsch zu Weßprim ein Reformverein gebildet, der energisch auftritt, mit der Verlegung des Ruhetages auf Sonntag und Aufhebung der Speisegesetze beginnt. Ein vaterländisches Blatt theilt in dieser Beziehung mit: Der Oberrabbiner Steinhardt soll schon seit mehren Jahren sich mit einem Plane beschäftigt haben, durchgreifende Reformen vorzunehmen. Die Reformen sind großentheils solche, die das jetzige soziale Leben unbedingt nothwendig macht, so z. B. die Verlegung des Ruhetages auf Sonntag, Reduzirung der vielen Feiertage, Abschaffung der Speisegesetze, die ohnedies hier (in Arad) von Niemandem mehr befolgt werden(?), Ablegung der Kopfbedeckung im Tempel und mehr dergl. So das Blatt. Wir wagen es zu bezweifeln, daß der eifrige Vertreter des Jom-kippur-katan plötzlich seine Farbe in dem Grade gewechselt; doch leben wir in einem Zeitalter, wo Wunder geschehen. — Auch der Rabbine Zipser, ein gemäßigter Liberaler, eröffnet einen Ciklus von Reformen damit, den Genuß der Hülsenfrüchte am Pessach zu gestatten, wohl blutwenig, aber an seinem Platze, wie man hört, viel, wenn nur erst der Anfang gemacht ist. Löw drückt auf Reformen in seiner Gemeinde und meint man, daß er von dem ihm persönlich befreundeten Ministerium aufgemuntert worden sei, als der Intelligenteste mit gutem Beispiele voranzugehen. Auch die Alten verjüngen sich und scheinen leichtgläubiger geworden zu sein für den Ruf der Zeit, namentlich zeigt sich der sonst orthodoxe Rabbiner zu Moor liberal und meint mit der Aufhebung der zweiten Feiertage, der strengen Trauergebräuche u. dgl. hätte es weiter keine Schwierigkeit; auch könnte man nach seiner Ansicht gestatten, Samstag mit der Eisenbahn per Dampf zu fahren. Auch gut, zu seiner Zeit zu brauchen, und möchten wir dem Herrn Präsidenten Schwab solche Individuen, die das Volksvertrauen genießen, empfehlen.

Prag, 18. April. Auch hier haben Judenverfolgungen statt gefunden. Trotz bestehenden Verordnungen waren viele Juden aus dem Ghetto in die Christenstadt gezogen und hatten dort ihre Magazine eröffnet. An der Thüre des Kaufmanns Wehle, Ecke des Roßmarktes, waren wiederholte Drohungen angeheftet; als er gestern Morgen sein Magazin aufschloß, versammelte sich eine rohe Volksmasse, die einige kleine Krämer auf alle Weise aufzuregen und zu erbittern suchten und verlangten Wehle solle seinen Laden schließen. Der Sohn des Eigenthümers, Nationalgardist, zieht seinen Pallasch, das Volk entreißt ihm die Waffe, zerbricht sie, fällt über Vater und Sohn her, die nur durch eine Studenten-

kohorte den Händen der wüthenden Volksmasse entrissen und nach dem Rathhause eskortirt wurden. Unterdessen brach der Sturm in andern Stadttheilen, vornehmlich im Ghetto und auf dem Tandelmarkt los; man warf den Juden die Fenster ein, zwang sie die Läden zu schließen. Der Nationalgarde gelang es endlich die Ruhe wieder herzustellen; mehrere der Unruhestifter wurden arretirt. In der Nacht durchzogen zahlreiche Patrouillen die Judenstadt; auf dem Tandelmarkt waren die Reservekompagnien der Nationalgarde aufgestellt. Die Stimmung ist im Allgemeinen hier gegen Deutsche und Juden eine fürchterliche und eine große Zahl gewissenloser Schreier sucht das Volk zu immer neuen Excessen aufzureizen. Das drohende Ungewitter dürfte sich bald auf eine schreckliche Weise über den Häuptern der Deutschen und Juden entladen. — Heute sind an allen Straßenecken Plakate angeschlagen, die zu einem Blutbade gegen die Juden auffordern; die Nationalgarde reißt sie herunter, aber den Verkauf aufreizender Flugschriften vermag sie nicht zu hindern.

Pesth, 20. April. Gestern Abend war hier ein großer Tumult, zu dessen Dämpfung neben der Nationalgarde auch das Militär einschreiten mußte. Der Sturm galt zunächst den Juden, verschonte aber auch reiche christliche Einwohner nicht. Schon seit einigen Tagen gährte es gewaltig in den niedern Klassen, welche von Kommunisten und Unruhestiftern aufgewiegelt werden. Es kam zu einem drohenden Konflikte zwischen den Gesellen und den Meistern, bei welcher Gelegenheit der hiesige Magistrat suspendirt und bereits vielfache Forderungen zur Austreibung der Juden laut wurden. Die Meister namentlich benützten den allgemeinen Judenhaß, um die Wuth der Gesellen von sich auf die Juden abzuleiten. Gestern kam noch ein Vorfall hinzu, welcher den Ausbruch beschleunigte. Einige Bürger griffen einen jüdischen Nationalgardisten an, als er vor dem Stadthause Wache hielt. Dieser zog das Schwert und verletzte einen der Angreifer an der Hand. Sofort entstand ein Volksauflauf, welcher die Entwaffnung aller Juden und die Austreibung derjenigen, welche seit 10 Jahren sich hier niedergelassen, forderte. Die meisten Läden wurden gesperrt, die Straßen wogten von Menschen, eben so schnell aber wurde auch eine imposante Macht von Nationalgarden und Soldaten auf den verschiedenen Punkten zusammengezogen. Auf dem Stadthause saß die permanente Sicherheitskommission, in welcher auch der Premierminister L. Batthyanyi erschien. Dieser sprach sich sehr bitter über die judenfeindlichen Intentionen der Bürgerschaft aus. Gegen 7 Uhr Abends begann indeß der Sturm in der Königsgasse, der Waitznerstraße und der Elbogengasse mit der Plünderung einiger jüdischer Häuser. Ehe die Nationalgarden Meister der Stadt waren, wurden mehre Juden jämmerlich zugerichtet; ein Studirender, welcher den Meuterern in die

Hände gerathen, soll fast zu Tode geprügelt worden sein.
Um 9 Uhr waren die Straßen gesäubert und einige Hun=
dert Tumultuanten wieder verhaftet. Heute Morgen
konnte man sich überzeugen, daß der Tumult nicht allein
auf die Juden abgesehen war, denn man sah nicht min=
der an christlichen Häusern die Fenster eingeworfen. Die
Bürgerschaft will nun die Austreibung eines Theiles der
Juden auf sogenanntem gesetzlichen Wege erlangen, und
es werden zu diesem Behufe Unterschriften für eine dies=
fällige Petition gesammelt.

Pesth, 21. April. Eine traurige Kunde von dem
Uebertritte unseres Vorstehers Kunewalder giebt Ihnen
das hier folgende Inserat und ich glaube kaum, daß es
nöthig ist, einige Worte hinzuzufügen. Es war und sollte
nie ein Gegenstand der Besprechung sein, wenn einer
unserer Glaubensgenossen, die Fahne des Judenthums
und mithin die seiner Brüder verläßt, aber in dieser
schweren Zeit, wo unsere Gemeinde einen schweren Kampf
mit roher Massen zu bestehen hat, ist ein Apostat ein
feiger Verräther, dessen Brandmarkung selbst vom Stand=
punkte der Politik gerechtfertigt erscheinen muß. Ich
lasse daher folgendes Inserat, das die Gesinnung der
Bessern hier ausdrückt, für die Leser Ihres Blattes hier
abdrucken. Es lautet:

Offenes Schreiben
an Herrn Jonas Kunewalder.

Motto: „Hollah! was gibts?" einer jüdischen Tartuffe.

Unter allen Freiheiten, die der gegenwärtige Zeitgeist
uns brachte, ist die Freiheit der Meinungen und Ideen
in jeder Hinsicht am freiesten und ungebundensten;
so dachten Sie wahrscheinlich, mein Herr, als Sie den
Entschluß faßten, Ihren Religionsglauben zu vertauschen;
Sie werden es daher nicht übel nehmen, wenn ich eben=
falls von dieser Meinungsfreiheit Gebrauch mache, und
so frei bin, Ihnen auch meine Meinung öffentlich kund=
zugeben. — Sie sind oder waren keine Privatperson,
Sie waren der erwählte Vertreter von fünfzehn Tausend
Menschen; Sie gehören der Oeffentlichkeit an, Ihre
Handlungen waren öffentlich, sie dürfen auch öffentlich
gerichtet werden. Die jüdische Bevölkerung dieser Stadt
hatte Sie zu ihrem Vorsteher, zum Vertreter ihrer In=
teressen, zum Vertheidiger der bestehenden, zum Erkämpfer
der fehlenden Rechte erwählt — ja noch mehr, Sie bil=
deten als Vertreter der hiesigen Gemeinde, auch den Ver=
treter der ganzen israelitischen Bevölkerung Ungarns; sie
hatten sämmtlich Ihrer Intelligenz, Ihrer Redlichkeit,
Ihren materiellen und geistigen Kräften vertraut! —
nun wie lohnten, wie rechtfertigen Sie dieses unbegrenzte
Vertrauen? — Sie haben sie in den Tagen der Ge=
fahr, in dem stürmischen Zeitpunkte, wo es mehr als
jemals eines innigen, festen, auf Redlichkeit und Treue
gestützten Zusammenhaltes bedurfte, um das schwache
Schiff des Judenthums durch die wogende Brandung

zu steuern — wie ein gemeiner Ueberläufer verrätherisch
im Stiche gelassen.

Ich will die Beweggründe, die Sie hiezu veran=
laßten, nicht untersuchen, nicht berühren — so viel weiß
ich — daß, wenn Sie ein redliches Gemüth hätten, wenn
Sie einen Funken von Achtung für den Glauben Ihrer
Väter, wenn Sie auch nur jemals das mindeste Bestre=
ben für das Wohl Ihrer Glaubensgenossen, ja wenn
Sie auch nur so viel Liebe für sie gehabt hätten als
der fanatischste Judenfeind im Juden
noch empfindet, Sie hätten es nicht gethan, Sie hätten
es wenigstens jetzt nicht gethan, wenigstens jetzt nicht
wo Sie noch mit dem Amte eines Vertreters derselben
Glaubensbrüder bekleidet waren. — Sie waren ein Feind
des Judenthums, und schwangen sich an seine Spitze,
um ihm desto empfindlicher schaden zu können, Sie sangen
ihm Ihre Sirenenlieder vor, daß es Sie für den Mes=
sias seiner Emancipation hielt: auf Ihre einschmeichelnden
Verheißungen bezahlte dies bethörte Volk zwölfmalhundert
Tausend Gulden C.=M., und Sie hatten keinen andern
Sinn im Busen als sich ein Band ins Knopfloch zu
erjagen; und wie müssen Sie, redlicher Mann, als
Abgeordneter derselben Gemeinde bei verschiedenen Ge=
legenheiten, ihre Interessen vertreten, mit welch warmem
Eifer müssen Sie für ihr Wohl gearbeitet haben! Von
seinen Mitbürgern ungerecht behandelt zu werden, wie
schmerzlich es auch sei, es ist ertragbar; der Jude ist es
gewöhnt; von seinem eigenen Glaubensbruder verrathen
zu werden, das ist der Jude nicht gewöhnt; dagegen
empört sich seine Seele, allein nicht nur jeder Jude, auch
ein redlich gesinnter vorurtheilsfreier Christ wird eine
solche Handlungsweise höchst verachten, denn hier handelt
es sich nicht um das bloße Verändern des Glaubens,
da dergleichen Fälle bei gar viel bedeutendern Personen
als Sie sind, mein Herr, ignorirt wurden, sondern daß
Sie fünfzehn Tausend Menschen verrathen, betrügen, und
lächerlich machen wollten, ich sage wollten, denn dem
Himmel sei Dank, es ist keines von allen dreien gesche=
hen, das Judenthum war nur verrathen und betrogen,
so lange Sie an seiner Spitze standen, und lächerlich
haben Sie sich nur selbst gemacht. Hüllen Sie sich im=
mer in ein erhandeltes Adelsdiplom, oder in ein sonst
erspekulirtes Amt, Sie werden der Verachtung Ihrer
Mitbürger, die den wahren Werth im Menschen erkennen,
nicht entgehen; für eines aber danken wir Ihnen noch,
daß Sie müde wurden, das Gaukelspiel länger zu trei=
ben, und die Larve abgenommen haben; mögen Sie
Ihren neuen Glaubensgenossen ein redlicher Freund
sein, als Sie es Ihren frühern waren, und möge der
Himmel Ihr Herz zum Guten wenden. —

Divi.

Der kirchliche Verein für alle Religionsbekenntnisse in Leipzig.
I.

Das gestrige Leipziger Abendblatt enthält von dem Unterzeichneten folgenden Aufsatz über den „kirchlichen Verein für alle Religionsbekenntnisse" (s. Nr. 33): „Man hat vielfache Bedenken gegen die Bildung eines kirchlichen Vereins in unserer Zeit ausgesprochen. Man meint, ein solches Unternehmen sei nicht zeitgemäß, es fehle die Theilnahme des Volkes. Wäre dem in der That also, fehlte wirklich die Theilnahme des Volkes für die kirchlichen Angelegenheiten: so wäre eben dies die dringendste Nöthigung zur Gründung eines solchen Vereins. Eben weil keine Theilnahme vorhanden ist, muß ein Verein gegründet werden, welcher die Theilnahme für die Kirche wieder erweckt. Oder sollten wir keinen Versuch machen, die kirchliche Theilnamlosigkeit zu beseitigen? Wäre es nicht ein Schade, noch weniger eine Schande, die kirchlichen Angelegenheiten in den kalten Herzen vollends ab- und aussterben zu lassen? — Wer wäre so hölzern und steinern, wessen Seele wäre so ganz zur ausgeglühten Kohle und zum verdorrten Blatte geworden, daß es ihm eben recht und erwünscht wäre, wenn die himmelanstrebenden Dome verfielen gleich den Ritterburgen des Mittelalters, und wenn in diesen geisterhebenden Räumen nicht mehr die Worte heiligender Wahrheit, nicht mehr die Segenssprüche seelenvoller Weihe, nicht mehr die Töne tausendstimmiger Gesänge erschallten, sondern das Gestöhn und Geschrei der Eulen und Fledermäuse?

Wir wissen wohl, die Kirche trägt zum größten Theil die Schuld der Theilnahmlosigkeit in tausend Gemüthern. Die Kirche ist zerfallen in viele sich anfeindende Parteien und Konfessionen; diese feindlichen Parteien schleudern ihre Feuerbrände in das Heiligthum der Häuser und lehren und reden von Dingen, die dem gesunden Sinne widerstreben und das Herz veröden. Aber ist die Kirche die Hüterin und Pflegerin der Religion und Sittlichkeit, so liegt es ja gewiß nicht in dem Wesen der Kirche, in solcher Erscheinungsform an das Tageslicht zu treten; es ist nicht ihr Wesen, es ist ihre Erscheinung. Ihr urkräftiges, urgesundes Wesen muß sich in neuer Form und Gestaltung lebendig erweisen. Dieses urkräftige und urgesunde Wesen der Kirche scheint uns in dem „kirchlichen Verein für alle Religionsbekenntnisse" offenbar werden zu können. Die Feindseligkeiten der kirchlichen Parteien innerhalb der Christenheit und die feindselige Stellung der Christen gegen die Israeliten will man beseitigen und darauf dringen, was allezeit, allerorten für alle Menschen heilsam und nothwendig ist, auf Religiosität und Sittlichkeit. Ohne Religiosität und Sittlichkeit kann das Gemeinwohl nicht wachsen und gedeihen. — es fehlt ja der Keim, es fehlen die Wurzeln. Demgemäß aber ist die Gründung eines derartigen Vereins eine in unserer Zeit hochwichtige und nothwendige, eine wahrhaft zeitgemäße Sache. Und es wäre in der That ein großer Schade, eine große Schande, wollte man gar keinen Versuch machen, die Gemüther wieder mit lebendiger Theilnahme für Kirche und Religion zu erfüllen.

Ist die Kirche theilweise die Pflegerin der Unvernunft und der Gewaltherrschaft gewesen — wohlan, so sei sie es gewesen, aber sie sei es fortan nicht mehr! Die Kirche ist ein goldener Becher. In diesen Becher hat man nebst edlem Wein Gift und Galle gethan. Ihr wollt nicht Gift und Galle — wollt ihr nun Gift und Galle sammt dem Becher wegwerfen? O, nein, gießet doch das alte bitterböse Getränk aus, behaltet aber den Becher und füllet das Gefäß mit lauterem edlen Weine! Ein goldener Becher bleibt golden, ob ihr ihn auch mit schlammigen Wasser füllt und beschmutzt. Und was thut man mit einem verunreinigten Gefäße? Wirft man es sammt dem Schmuze in die Grube? O, nein! Man reinigt das Gefäß und hält es fort und fort werth und theuer. So wollen wir es auch mit der Kirche halten und uns nicht scheuen, unsern Verein einen „kirchlichen" zu nennen. Er sei ein Verein. Durch Vereine werden gemeinnützige Sachen zum Gemeingut des Volkes gemacht. Durch Vereine erhält das Volk jedmänniglich Gelegenheit und Recht, sich selbstthätig an einem gemeinsamen Werke zu betheiligen. Der „kirchliche Verein" macht die Sache der Religion zum gemeinsamen Werke des Volkes in allen Religionsbekenntnissen. Nicht irgend welche geistliche oder staatliche Bevormundung kann in einem freien Vereine stattfinden. Der freie „kirchliche Verein" wählt aus seiner Mitte die Männer seines Vertrauens zur Leitung seiner Angelegenheiten, und die Glieder des Vereins haben ohne irgend einen Unterschied des Standes und Bekenntnisses, das Recht, Vorträge zu halten und an allen Verhandlungen sich zu betheiligen.

Im „kirchlichen Verein" ist also kein konfessioneller Haß und Hader, sondern Liebe und Friede der Konfessionen; die verschiedenen Bekenntnisse bringen ihre reichen Gaben und ihre hundertjährigen Erfahrungen dar zur Förderung des Gesammtwohles. Im „kirchlichen Verein" will man das Unrecht vergangener Zeiten nicht fortführen und erneuern, im Gegentheil beendigen und schließen; man will nicht das Unheil, man will das Heil, welches die Kirche, als die Pflegerin der Religiosität und Sittlichkeit, in der That schaffen und fördern kann. Im „kirchlichen Verein" ist keine priesterliche Zwingherrschaft; nein, da ist freie, ungehinderte Regsamkeit aller Kräfte, damit aller Wohl erblühe. Im „kirchlichen Verein für alle Religionsbekenntnisse" herrscht der religiös-sittliche Geist, dieser Geist aber ist der Geist der Freiheit und Gemeinschaft." **Zille.**

Verlag von C. L. Fritzsche. — Druck von J. H. Nagel.

Der Orient.

Berichte, Studien und Kritiken

Neunter   für   **Jahrgang.**

jüdische Geschichte und Literatur.

Herausgegeben
von

Dr. Julius Fürst.

Das Abonnement auf ein Jahr ist 5 Thlr. Man abonnirt bei allen löbl. Postämtern und allen solid. Buchhandlungen auf ein Jahr.

Von dieser Zeitschrift erscheinen wöchentlich das Literaturblatt mitgerechnet, zwei Bogen, und zwar an jedem Dienstag regelmäßig.

№ 20.   Leipzig, den 13. Mai   **1848.**

Die Juden in Oesterreich.

V.

In der octroyirten Konstitution des Kaiserstaates werden die Rechtsgrenzen der verschiedenen Religionsbekenntnisse dem Reichstage anheimgestellt. In formeller Beziehung läßt sich nichts dagegen einwenden. Ein konstitutioneller Kaiser muß die Organe seiner Völker hören, wenn es sich um die Bestimmung von Volksrechten handelt. Die Gleichstellung der Israeliten ist daher ein Problem, das seiner Lösung entgegensieht. Ueberdies ist die Konstitution ein Gnadengeschenk, und von diesem Gesichtspunkte war die Emanzipation kaum zu erwarten. Die Freiheit der Israeliten geht mit der vollen und ungeschmälerten Freiheit des Volkes Hand in Hand; die Gnade läßt sich von Gefühlen leiten, und das Gefühl ist ein parteiischer Gnadenspender. Es handelt sich nun zunächst darum, welche Gesetzesvorlage die Regierung den Ständen vorlegen wird, da ihr die Initiative zukommt. Würden die persönlichen Rechtsanschauungen des Ministers des Innern, des Hrn. v. Pillersdorf entscheidend sein, so könnten die österreichischen Israeliten sich der freudigen Hoffnung hingeben, die Schranken, gleich dem Gitter des römischen Ghetto, fallen zu sehen. Allein man wird, dem Vorurtheile sich fügend, an die Stimme des Volkes appelliren — und siehe da, in Wien, der Wiege der jungen Freiheit, hat sich eine starke Kolonne gegen die gerechten Forderungen der Israeliten gebildet. Ueberrascht hat uns der wiener Bürgerzopf durchaus nicht. Rom wurde nicht an einem Tage gebaut, und Wien kann nicht in drei Tagen frei werden. Die guten Wiener sind noch immer Sklaven. Zwar sind ihre Ketten gewaltsam gebrochen, ihre Zunge wurde gelöst, ihre Hände bewegen sich frei, der Polizeistock ist zerbrochen, die „Spitzel" sind abgestumpft, die dreifarbigen Fahnen wehen vom Stephansthurme, die Presse wird nicht censrit, Versammlungen werden wie in freien Ländern gehalten — allein die Wiener sind doch Sklaven ihrer selbst, ihrer Vorurtheile, ihrer Antipathien. Freie Männer lassen sich nicht von Abneigungen leiten; die Freiheit, das Recht, die Gleichheit sind ihre Führer. Wie dem Sklaven noch Striemen und Wunden von den alten Ketten zurückbleiben, so trägt der Wiener Spießbürger noch das Kainszeichen seiner frühern Knechtschaft an sich. Er hält die Freiheit für ein Privilegium, die Freiheit in ihrem vollem Glanze blendet sein an Dämmerlicht gewöhntes Auge, und er betrachtet die Israeliten als seine Konkurrenten. In den Märztagen glaubte er ein Patent für sich errungen zu haben; daß die Freiheit weder Patente noch Privilegien ertheilt, daß sie Alle, ohne Unterschied des Bekenntnisses, des Standes, des Vermögens umfaßt, Allen ihre Gaben mit vollen Händen zutheilt, kann das durch frühere Dumpfheit geschwächte Hirnsystem eines patentirten Spießbürgers nicht fassen. Wie Viele in Frankreich

20

11ter Republik die Herrschaft der Guillotine verstehen, so nehmen gar viele Wiener die Konstitution für eine Schutzgöttin von Privilegien. Der Mangel an politischer Durchbildung macht sich gerade hier fühlbar. Ich glaube sogar, daß Viele die Schwerkraft ihres ganzen Seins verlieren würden, wenn die volle Freiheit eine Wahrheit würde. Darf aber die Regierung, bei ihrer Gesetzesvorlage in Betreff der Israeliten, das Vorurtheil zum Maßstabe wählen? Soll sie auf die Mißgeburten des Spießbürgerthums Rücksicht nehmen? Nein! Sie würde aufhören eine freie zu sein, sobald sie die Dienerin des Volksvorurtheils wird. Die Zeiten, wo Regierungen mit den krassen Vorstellungen des Volkes koquettirten, dasselbe durch Abtretungen des Freiheitsgebietes gängelten, sind vorüber. Eine freie Regierung muß vorangehen, sie muß das Banner der Freiheit vor dem Volke einhertragen und es nicht von der Hefe eines Theiles des Volkes entstellen lassen. In der Judenfrage muß es sich zeigen, ob die Regierung frei oder gebunden ist.

VI.

Die österreichische Regierung hat ausgesprochen, daß sie sich den Beschlüssen der konstituirenden Nationalversammlung in Frankfurt nicht unbedingt unterwerfen könne. Die Ultraösterreicher, die aus dem schönen Traume einer österreichischen Großmacht nicht erwachen können, jubeln: Oesterreich ist groß — aber die Freiheit ist nicht sein Prophet. Am Himmel der Freiheit ist die Opposition Oesterreichs eine finstere Wolke, die auf das Haupt der Israeliten einen Schauer herabströmt. Proklamirt die konstituirende Nationalversammlung die Freiheit der Israeliten, so braucht sie in dem großen Kaiserstaate kein Echo zu finden. Dies mögen die österreichischen Israeliten wohl beherzigen, und nicht in altösterreichischer Naivität für die Großmacht schwärmen. Es gibt jetzt eine Großmacht in Europa, und diese ist die Volksfreiheit. Die Freiheit führt Völker und Länder zusammen, nicht vergilbte Traktate und verbriefte Privilegien.

VII.

Welcher Nationalität in dem Verbande des Kaiserstaates gehören die Israeliten an? Der deutschen. Der Magyarismus und der Slavismus beide sind erkünstelt, nicht naturwüchsig. Die Juden sind Deutsche in Oesterreich, Böhmen, Ungarn, Galizien, Mähren und Schlesien. In den Ländern, in denen eine Mischung der Sprachen stattfindet, vertreten die Juden die deutsche Sprache, die Trägerin der Kultur, Bildung und Wissenschaft. Allerdings wollen dies gar viele Juden in Oesterreich nicht anerkennen. Ihrem ursprünglichen Deutschthume propfen sie ein fremdes Reis auf. Im alten Regimente war dies erklärlich. Der deutsche Name stand

nicht voran, er mußte sich vielmehr den Gleichgewichtssysteme der Nationalitäten fügen. Durch die letzten Staatserschütterungen ist der deutsche Name verjüngt worden und zu Ehren gekommen. Fortan sollen die verschiedenen Nationalitäten gleichberechtigt sein und das Band der Freiheit, das sich um dieselben schlingt, soll die höhere Einheit bilden. Das Deutschthum wird in Böhmen, Mähren, Ungarn, Galizien nicht mehr schüchtern und gebeugten Hauptes aufzutreten brauchen; kühn und muthig wird es neben den übrigen nationalen Elementen sein Haupt erheben und die deutschen Farben werden im ganzen Kaiserstaate prangen. Die Juden, ihrer Sprache, Gesittung und Anschauung nach Deutsche, sollen Deutsche bleiben und sich als die Träger und Wächter des deutschen Volksthums bewähren. Das Deutschthum hat unter allen Nationalitäten die Bildung, die Gesittung, die Kultur, die Wissenschaft, den Zusammenhang mit dem verjüngten und zur Freiheit erwachten Deutschland voraus. Mit Czechomanen, Slavomanen und Magyaromanen fraternisiren heißt von Kultur und Bildung abfallen. Die Deutschen in Böhmen, Mähren, Ungarn und Galizien müssen aber auch erwägen, daß sie durch die Verbrüderung mit den Israeliten einen kräftigen Zuwachs ihres nationalen Elements erhalten und es ist im Interesse des Deutschthums ihre Pflicht, die Juden zu sich heranzuziehen und für deren Freiheit aus allen Kräften zu wirken. Die Freiheit der Juden ist zugleich die Freiheit des Deutschthums.

Ad. Jellinek.

Deutschland.

Berlin, 1. Mai. Ich theile Ihnen folgende Aktenstücke aus der Revolution mit. Das erste von Dr. Sachs und das zweite von Dr. Zunz.

Segensspruch des Rabbiner Dr. Michael Sachs über die Opfer des 18. und 19. März. An ihren Särgen gesprochen den 22. März 1848. Im Namen jenes uralten Bekenntnisses, das als lebendiger Zeuge der Weltgeschichte und Weltgeschicke seit Jahrtausenden dasteht, im Namen jener alten Gotteslehre, die der Menschheit ihren Gott gebracht, die sie gelehrt, in den Stürmen und Wogen der Ereignisse die leitende und waltende ewige Vorsehung zu schauen, die sie angeleitet, das Wehen des Gottesodems in dem Leben der Völker zu erkennen, die durch den begeisterten Mund ihrer Herolde, die Propheten, für Wahrheit und Recht das Wort genommen, im Namen jenes alten, ewigen Bundes, der den Gedanken der Brüderlichkeit, liebender Theilnahme des Menschen am Menschen in ihrem Kreise zuerst begründet und gepflanzt, nehme auch ich aus tiefbewegter Brust, aus ergriffener

voller Seele das Wort , diesem erhabenen weihevollen
Momente. Es war nicht der Tod, der sie Alle gleich
gemacht, die hier ruhen, sondern die Kraft des Lebens,
die Macht einer Idee, die Gluth der Begeisterung, die
alle Dämme und Scheidewände niederriß, welche sonst
den Menschen von sich selbst, den Menschen vom Menschen scheiden. Es war die Macht einer Ueberzeugung,
eine Erhebung der edelsten Gefühle und Gedanken, die
jene Hingeschiedenen, deren Gedächtniß hier in so er-
greifender Weise gefeiert wird, hinaustrieb in den Todes-
kampf; es waren die würdigsten Ziele, für die sie gerungen, und deren sie mit Einsetzung ihres Lebens ent-
gegengingen, das freie Selbstbewußtsein, die in ihrem
Gebrauche ungehinderte unbeugte Kraft des Mannes,
die sie dem Vaterlande erstreiten halfen. Gesegnet war
ihr Ausgang, gesegnet sei ihr Eingang in das Reich
Gottes, in das Reich des Lichtes und der Versöhnung,
in das Reich der Wahrheit und Klarheit, in das Reich
der Liebe und Milde. Mögen sie aus dieser Stätte
der Verklärung hinabschauen auf eine Erde, auf welcher
Wahrheit und Recht, Liebe und Einigkeit, die Güter,
für die sie gestritten, als eine Saat des Heiles auf-
wachsen, zu einem mächtigen Baume werden, der die
die versöhnte Menschheit mit seiner reichen Blätterkrone
beschatte. Amen.

„Den Hinterbliebenen der Märzhelden
Berlin's. Ein Wort des Trostes von Dr.
Burg. Um edle Todte trauert Berlin, trauert Deutschland, um ihre Lieben trauern die Hinterbliebenen. Die
in unseren Straßen einhergingen unbeachtet, die in Stu-
dierzimmern dachten und in Werkstätten arbeiteten, die
am Schreibtisch rechneten und in Läden feilboten wurden plötzlich Krieger und wir entdeckten sie erst in dem
Augenblick, wo sie als Sterne verschwanden. Als sie
verherrlicht wurden, da verloren wir sie, und seitdem sie
unsere Befreier geworden, können wir ihnen nicht danken. Doppelt trauern die verlassenen Angehörigen: wie
viel sie an den Todten verloren, hat ihr schöner Tod
ihnen offenbart, dem Beile gleich, das die dunkele Mu-
schel spaltend die Perle enthüllt.

Aber wir, haben wir, habet Ihr sie denn verloren?
Jene, die wir für minder hoch gehalten, weil wir
ihnen die Stelle im Leben anwiesen nach der Etikette
der Titel und nach dem Schimmer des Goldes, denen
wir gleichgiltig begegneten, weil die Sonne der Macht
sie nicht beschienen, oder denen sie hochmüthig Ungnade
und herablassend Gnade erzeigt, je nach den eingebildeten
Rangstufen der Stände, der Geburt und des Bekenntnisses, — wie haben sie über unsere Häupter sich em-
porgehoben, von einer ewigen Sonne widerstrahlend,
hoch über Alle hinaus, die in Flitter geborgter Sonne
einhergehen! Groß und theuer sind sie uns durch ihren
Tod geworden, als sie scheidend einen unermeßlichen
Reichthum auf uns ausschütteten, auf uns Alle, die wir

arm, sehr arm waren. Unser Haupt, einem brennenden
Himmel gleich, lieferte keinen fruchtbaren Regen groß-
herziger Gedanken, und das Herz in unserer Brust, zu
Eisen geworden, ward öde an menschlicher Empfindung.
Eitelkeit und Wahn waren unsere Götzen, Schein und
Lüge vergifteten unser Leben, Genuß und Habsucht diktirten unsere Handlungen; eine Hölle sittlichen Elends,
in alle Einrichtungen des Lebens einfressend, machte
ringsum den Luftkreis glühend, bis endlich schwarze
Wolken heranzogen, das Gewitter heranstürmte im Volks-
donner und die reinigenden Blitze in die Barrikaden
und in die Lüge einschlugen. In diesem Wetter sah
ich die feurigen Wagen und die feurigen Pferde, welche
ihr Recht und für Freiheit gefallener Gottesmänner
in den Himmel entführten; ich vernehme die Gottes-
stimme, welche die Namen einer Lieber, ihr Weinende!
adelt: Die freie Presse ist der Adelsbrief und unsere
Herzen das Denkmal. Ein jeder von uns, ein jeder
Deutsche ist ein Hinterbliebener, ein Trauernder, und
Ihr seid keine Verlassene mehr.

Groß aber wird die Ehre sein, die einer, die in-
serer Todten erzeigt wird. Denn das Reich der Freiheit wird erstehen: das neue Nationalwillen gegründete
Gesetz, die in freiwilligem Gehorsam bestehende Ordnung,
die Anerkennung des Menschen unbeßeligt von Unterschiede der Sekten und der Stände, die Herrschaft der
Liebe als Zeugniß der Erkenntniß Gottes. Das wird
die Menschheit aufzubauen haben, und die Gefallenen,
die dieses Vermächtniß uns hinterlassen, werden als die
Gründer dieses schönen neuen Lebens in unvergänglichem
Ruhme strahlen. Ihre Grabstätte wird das fruchtbare
Feld, aus welchem ein unverletzliches Recht, ein Gesetz
der Freiheit emporwächst; unsere Thränen werden ein
Strom von Liebe, der allen Glaubenshaß forttreibend
auf seinen Fluthen das Vaterland in stolzer Sicherheit
trägt. So lasset uns ein Gesetz machen gleich für
Alle, und ein Herz bewahren, warm für alle Edle.
Entfernen wir jede Einrichtung, die einzelne Schichten
der Gesellschaft hintenansetzt, die einzelne Klassen drückt
und verwundet, bleiben wir einig, werden wir wahrhaft:
so wird das Vaterland bald Festkleider anlegen, den
Helden, die es feiert zu Ehren; so müsset auch Ihr,
Hinterbliebene, getröstet sein, die Ihr in uns, in euern
Brüdern, die Eurigen wiedergefunden. O so richtet
euch empor, und nehmet uns heute schon auf, die wir
Euch nahen mit Liebesworten, mit Kuß und Thräne!
Wir wollen Euch Väter, Brüder und Söhne sein
für Euch sterben, wie eure Lieben für uns gestorben.
Trocknet eure Thränen an den Flammen der Liebe, die
wir Euch bringen und versenket eure Trauer unter dem
Dankesjubel der befreiten Völker unter die gött-
liche Majestät, welche die Verkünder des Heils unter
Schauern zu sich entboten hat.

Leipzig, 28. April. Heute Nachmittag fand die

20*

zweite Sitzung des Vereins zur Wahrung der deutschen Sache an den östlichen Grenzen im Saale des Schützenhauses statt. Nachdem Dr. Kühne als Vorsitzender die Versammlung begrüßt und diese sich damit einverstanden erklärt hatte, daß der provisorische Ausschuß noch vor der Hand am Ruder bleiben möge, verlas Adv. Kaim seine bereits erwähnte Adresse. Diese wurde nach mehren Debatten angenommen und eine Deputation mit der Redaktion und Absendung beauftragt. Hierauf trat ein Mitglied der nach Leipzig gesendeten Deputation des in Lissa gebildeten Vereins zur Wahrung deutscher Interessen im Großherzogthum Posen, Hr. Biberfeld, auf welcher in kurzer Rede darauf hinwies, daß die Deutschen in Posen am meisten vor dem Fanatismus besorgt sein müßten, den katholische Geistliche dadurch erweckten, daß sie den Polen einredeten: man wolle diesen die Nationalität und mit der Nationalität auch die Religion rauben.

Hr. Jellinek wünschte, daß der Verein den Männern, welche in Mähren und im österreichischen Schlesien ihre deutsche Gesinnung so furchtlos bethätigen, ein nach Brünn gerichtetes, ermuthigendes Zuschreiben sende. Die Versammlung stimmte diesem, wie dem Antrage des Hrn. Kaufmann, ein ähnliches Schreiben an die Deutschen nach Prag zu richten, bei, und übertrug einer Deputation die Redaktion und Absendung beider Adressen.
(D. A. Z.)

Großherzogthum Baden, 22 April. (Diskussion der 2ten Kammer am 2. März 1848 über den gestellten Antrag:

daß alle Beschränkungen politischer Rechte aus dem Grunde, daß ein Staatsbürger einer bestimmten Konfession angehöre, aufgehoben werde.)

Welker. Die religiöse Ueberzeugung jedes Menschen ist sein freiestes Eigenthum und sein Heiligthum. Darin ihm Freiheit zu geben, ist die erste Bedingung aller Freiheit. Das haben die Amerikaner, das haben die Engländer anerkannt. Ich hoffe, daß alle Leidenschaften, die sich dieser Freiheit widersetzen, verschwinden werden.

Mez. Meine Herren! welch eine prachtvolle Stunde erleben wir jetzt! jetzt ist es eine doppelte Ehre, Mitglied der badischen Kammer zu sein. Ich halte mich in diesem Augenblicke für eine Schildwache, die von ganz Deutschland ausgestellt ist, obgleich sie vielleicht an der unrechten Gränze aufgestellt ist. Aber nicht blos im Norden und Osten, auch an der Westgränze thun freie Wachen noth, daß der Geist der Freiheit nicht verhindert werde, einzudringen.

Das ist eine würdige Aufgabe. Immer habe ich mich für einen regen Anhänger der Religiosität erklärt, aber auch immer ausgesprochen für volle Religionsfreiheit. Es giebt nur eine Freiheit. Wir müssen sie haben, dafür bürgt mir der Geist der Zeit.

Zittel. Es handelt sich hier um eine sehr große und heilige Sache, die ich stets vertreten habe; ich habe nur die Hoffnung auszusprechen, daß bei der Berathung derselbe Geist sich aussprechen werde, wie heute.

Ullrich. Ich kenne viele Israeliten, die der Emanzipation fähig sind, andere aber, die auch gar nicht emanzipirt sein wollen, so ist es namentlich der größte Theil meines Wahlbezirks (Ettingen). Dem vorigen Abgeordneten gaben meine Wähler den Wunsch mit zum Landtage, er solle ihnen lieber die Cholera heimbringen, als die Emanzipation der Israeliten.

Brentano. Der Kampf für die Emanzipation ist ein Kampf für die Freiheit. Ich spreche es aus, im Bezirk Ettingen hat eine andere Ansicht als die eben verkündete. Jetzt, wo wir uns der Freiheit erfreuen, sollten wir unser Herz nicht auch öffnen für die Israeliten? Jetzt, wo man die Israeliten ins englische Parlament aufnimmt, und einen Israeliten unter die französische Regierung gesetzt hat? Die Stadt Karlsruhe hat in einer Bürger-Versammlung ausgesprochen, daß die Freiheit eine Freiheit für alle sein muß. Lassen Sie auch uns festhalten an diesem schönen Ausspruch.

Buff. Wenn dieser Antrag durchginge, so würde das Verhältniß des Staates zu der bestehenden christlichen Kirche, weil es staatsrechtlich und gemeinrechtlich geordnet ist, aufgehoben. Ich wirde für allgemeine Religionsfreiheit sein, weil sie die christliche Kirche ihre Einheit gegenüber dem Staate, weil sie die Autonomie ihrer Wirksamkeit wie jede andere Korporation erlangen würde; da dies nicht der Fall sein wird, muß ich gegen den Antrag stimmen.

Kapp. Auf solche allgemeine Dinge mag ich nicht mehr zurückkommen; wenn Stimmen aus den Gräbern der Vergangenheit hier reden wollen, immerhin nur mögen sie nicht hoffen, beim Volke einen Widerklang zu finden.

Zeitter. Ich habe immer für die Gleichstellung der Israeliten gesprochen, nur müssen dann auch die Israeliten, die Bedingungen der Gleichstellungen sich gefallen lassen, sie dürfen nicht sagen, wir wollen nun emanzipirt sein, aber man uns unsere talmudischen Bräuche läßt. Eben sowenig will ich, daß jedem der noch auf christlichem Boden steht, ein politisches Recht um seiner Confession willen, verkümmert werde. Bald werden große Pflichten von Einzelnen gefordert werden, dann wird man nach der Religion fragen; so sollen wir auch jetzt nicht darnach fragen, wo es sich um die Rechte aller handelt.

Christ. Die Bemerkung vom Abgeordneten Zeitter, welcher sich für die Emanzipation unter der Bedingung erklärt, daß die Juden einzelne ihrer Satzungen aufgeben, zwingt mich, dagegen mit allem Nachdruck mich auszusprechen. Das wäre mir eine saubere Emanzipation, wenn Schacher mit dem Heiligsten ge-

trieben, und dem andern Glaubens=Genossen — gleich=
viel Jude oder Christ — gesagt würde, er müsse vorerst
seine religiöse Ueberzeugung gegen das Angebot politi=
scher Gerechtsame aufgeben. Ein solcher Ausspruch wäre
wahrlich dieses Hauses völlig unwürdig, und gerade
umgekehrt, wollen wir künftig eher wegen seines Glau=
bens Niemanden mehr der politischen Rechte berauben.
Lieber keine Emanzipation, als die Befugniß von dem
Glauben des Andern einige mißliebige Satzungen aus=
wählen und abschaffen zu dürfen. Wo um Himmels=
willen bliebe da die Glaubensfreiheit, die wir festsetzen
wollen?

Zeitter. Ich habe nicht erklärt, daß ich den
Jsraeliten zumuthe, von ihren Dogmen abzugehen. Es
handelt sich um einen großen Theil von talmudistischen
Lehren. Diese müssen sie aufgeben, sonst passen sie in
unsern Staatsorganismus nicht.

Christ. Dies ist völlig unwahr!

Der Antrag auf Gleichstellung wird mit allen
gegen 3 Stimmen angenommen.

Oesterreich.

Wien, 26. April. An die **Ungarn!** Die
Zeiten haben sich geändert. Ihr wißt es, die Ihr kühn
und kräftig in das Rad derselben eingegriffen. So
wißt Ihr auch, daß das freie Urtheil, ehedem der Nach=
welt überantwortet, nun schon der Mitwelt angehört und
daß die Großthat von gestern nicht hindern darf, über
die Schandthat von heute zu sprechen. Ihr habt den
Ruhm einer edlen ritterlichen Nation. Eine Geschichte
zeugt dafür; die unter Euch begangenen Gräuel mittel=
alterlicher Juden=Verfolgung zeugen nicht dafür. Es
gibt schlechte Juden unter Euch, wie es auch schlechte
Christen unter Euch gibt. Wer wird es läugnen?
Ueberliefert den Gesetzen die, welche rechtlos, überliefert
der öffentlichen Verachtung die, welche ehrlos handeln!

Aber in Preßburg erscheint die Gerechtigkeit der
Nation schwer verletzt, der Adel und die Würde tief
verunglimpft, denn Recht und Menschlichkeit sind mit
Füßen getreten worden. Zur Zeit der Raubritter wur=
den auch wie jetzt zu Preßburg schuldlose friedliche Kauf=
leute geplündert; nicht aber wie heute zu Preßburg
vergriff man sich an wehrlosen Frauen, nicht trieb man
hilflose Kranke aus ihren Betten hinweg, nicht grub
man Leichen aus, um sie zu profaniren, nicht stürmte
und zerstörte man Anstalten des Heils und der Jugend=
pflege. Es lebt der Glaube in mir, daß kein Ma=
gyar hierbei gewesen, aber Ihr Männer von Preßburg
habt es thun lassen, und ob aus Lauheit oder aus
Schwäche, es bleibt gleich schmachvoll für jedes Volk,
wenn die Gerechtigkeit machtlos unter ihm geworden.
Habt Ihr über die Euch zu beklagen, habt Ihr jener
Euch zu rühmen, die mit Euch, ja selbst vor Euch

ins Land gekommen, mit Euch es gehoben und verherr=
licht haben.

Aber der Schuldige wie der Unschuldige gehört sei=
nem Richter an und dem einer geschweige denn dem
Andern gebührt Schutz, das ist kräftiger und mannhafter
Schutz vor roher Raub= und Zerstörungswuth. Erwuchs
es auf zum glänzenden Ruhm, daß Ihr Euch das Recht
herbeigeführt, so schwindet er, wenn Ihr es nicht auch
ungekränkt zu erhalten wißt. Zerreißt wen Ihr wollt
und könnt, Naturalisationsbriefe, die mit edlem Blut
besiegelt sind, stoßt hinaus, die so Jahrhunderte unter
Euch gelebt; brecht dann mit Europäischer Civilisation
und Europäischem Recht; aber — die Ihr auch Kinder
des Orients seid, vergeßt dann nicht das waltende Asyl=
recht im Orient, heilig von Eueren Vätern gehalten
wie von denen der Juden, als sie noch Ein Volk bil=
deten, und der aufgenommene Fremde ihnen ein Bruder
gleich wie der Einheimische galt. Wer bin ich, der es
wagt, Euch dies zu sagen? ein Jude und wenn auch
dieses und unsere barbarischen Gesetze mich nie zum
Wucher und auch nicht zum Pünkel= und Schacher=
juden gemacht haben — doch ein Jude. Und wenn es
mir auch gelungen, mit Gottes und edler Menschen=
nächst Magyarenhilfe, manch Christenkind dem Ver=
derber zu entziehen — doch ein Jude. Ja so ein elen=
der verstockter Jude, daß ich glaube das dumpfe An=
schlagen zu meinem Pünkel, wenn ich einen trüge, wäre
der Gottheit ein angenehmerer Wohlklang, als das läp=
pische Anschlagen an ein Ritterschwert, das gegen und
nicht für Wehrlose gezückt ward. Und das will ich
nicht aus dem Versteck gesagt haben, weil ich denke,
daß, was die Regierung aus Chiffrekabinet eingezogen
hat, wir Andere es auch thun sollen, und die, weil ich
Katzen= oder Hyänenmusik für meinen Theil nicht scheue,
aber den Schuldlosen davor zu wahren habe. Ja, soll=
ten auch wirklich Hyänen in dem Lande sein, wo ich
mir immer nur Löwen dachte, ich würde mich nimmer
wie heute fürchten, das Wort das mir schwer auf dem
Herzen lag, mit eingeschüchtertem Unmuth in mir ge=
borgen zu halten, keineswegs aber es laut und vernehm=
lich, wie es mir jetzt mitten drin auf offenem Markt
zu verkündigen. Joseph Wertheimer, Schulter=
gasse Nr. 403.

Pesth, 26. April. Gestern kamen hier flüch=
tige Juden aus Eisenstadt und Fünfkirchen auf Holz=
schiffen an. Das Beispiel, welches Pesth gegeben, wird
gewiß auch in andern Städten und Ortschaften ver=
stärkte Nachahmung finden. Von reichen Juden wan=
dern viele aus, andere nehmen die Taufe. Auch der
hiesige jüdische Vorsteher that letzteres. Auch in Preß=
burg haben neuerdings blinde Verfolgungsscenen gegen
die Juden stattgehabt, wobei das Militär einschreiten
mußte. — Während so in den Städten und Markt=
flecken die Bürger ihrem Judenhasse Luft machen, fan=

gen auch schon die Bauern an, über die Edelleute herzufallen. In der Umgegend von Dalya haben die aufgestandenen Bauern gräßliche Verheerungen angerichtet. Die Husaren, welche gegen sie ausgeschickt worden, mußten einen mehrstündigen hartnäckigen Kampf bestehen, in welchem auf beiden Seiten an 50 schwer verwundet wurden. Der katholische Klerus, welchem der Verlust seiner unermeßlichen Güter bevorsteht, unterläßt es nicht das unwissende Volk gegen die ganze neue Ordnung der Dinge aufzuregen. Die gestürzte Partei der Petschovitschen (Conservativen), die Aristokraten überhaupt lauern nur auf eine günstige Wendung, um auch ihrerseits offen zu agiren. In dieser Beziehung bietet Ungarn den bedenklichen Zustand dar, in welchem sich Frankreich 1789 befunden. Dazu kommt aber noch bei uns der unselige Sprachen- und Nationalitätenstreit, welcher die besten Kräfte sich feindselig gegenüberstellt. Erwähnen wir nun noch die Gefahr, welche auch von dem konstitutionellen Oesterreich der Unabhängigkeit Ungarns, wie dieses sie versteht, droht, so haben wir in großen Umrissen den traurigen Zustand eines Landes gezeichnet, auf welches man in Frankreich und in Deutschland bei einem Kampfe gegen den russischen Koloß so viel zu rechnen scheint. Die ungarische Regierung, in der größten Finanzklemme, ohne Waffen und Munition, das ungarische Militär meist außer Landes beschäftigt, hat daher den nothwendigen Entschluß gefaßt, in möglichst kürzer Zeit einen außerordentlichen Landtag zu berufen. (D. A. 3.)

Wien, 28. April. Aus Anlaß der vandalischen Verfolgungsscenen, welche gegen die jüdische Bevölkerung in Preßburg vorgefallen sind, ist von den in Wien lebenden Ungarn aller Glaubensbekenntnisse folgende Eingabe an den ungarischen Justizminister Franz v. Deák gerichtet worden:

„Herr Minister! Von Tag zu Tag, von Stunde zu Stunde laufen Berichte aus Ungarn ein über vandalische, dem grauen Mittelalter angehörige Excesse gegen die wehrlosen von jeher geknechteten Juden. Im Namen des dreieinigen Gottes, der Nächstenliebe bis zum Tode lehrt, im Namen aller unserer christlichen Patrioten Ungarns, — die jeden Makel in den Blättern der Geschichte unseres Vaterlandes tief und brennend empfinden, die sich mit Abscheu von solchen Schandthaten wegkehren und jede Theilnahme an denselben von sich weisen, — im Namen Ihrer aller Orts bekannten Gerechtigkeitsliebe und Humanität fordern wir Sie auf, Herr Minister, zur Ehrenrettung aller gutgesinnten Bürger Ungarns, zum abschreckenden Beispiele für die Folge, eine strenge Untersuchung einzuleiten, damit nicht durch Schandthaten Einzelner die Ehre ganzer Städte und Ortschaften, ja des ganzen Landes darunter leide.

Wir zweifeln nicht, daß diese unsere Ansicht bereits zur Ihrigen geworden. Im Namen vieler Ungarn.''

Preßburg. Die Pr. Ztg. enthält folgenden Artikel über die Judenverfolgung in dieser Stadt: „Vormittag 11 Uhr ward der Magistratsbeschluß proclamirt, vermöge welchem die Israeliten binnen 24 Stunden die Stadt zu räumen hatten, um sich auf den Schloßberg zu ziehen. Der Tumult war wohl jetzt in seinem Fortschritte gehemmt, allein diese Wohlthat traf, was die ärmere Klasse der Juden anbelangt, nur Bettler, denn mindestens hatte die Plünderung, von Seite des rohesten Pöbels vollführt, 2 Stunden lang fortgewährt, ehe eine bewaffnete Macht es nur versucht hatte, derselben Schranken zu setzen. Als ich gegen 12 Uhr den Schloßberg durchwanderte, bot sich meinen Augen der herzzerreißendste Anblick dar. Hierher müßtet ihr kommen, ihr wahnergriffenen Scheinchristen, die ihr mit eurem Judenhasse schamlos prunket, und selber als Heldenkokarde an die herzlose Brust heftet! War es Judenhaß, der diese Unglücklichen der armseligen Habe mit Frevlerhand beraubte, so daß ihnen nicht eine Spur jener kleiner Vorräthe geblieben, wodurch sie sich ihren kummervollen Erwerb verschaffen? Nein, das war kein Judenhaß, es war rohe Plünderungssucht. Eine Feuersbrunst war sehr zu fürchten; der rauhe, heftige Nordostwind hätte sie furchtbar gemacht. Es ist nicht dazu gekommen. Wäre es aber geschehen, ihr Judenhasser, müßte euch nicht der folternde Gedanke, die Urheber dieses gräßlichen Ereignisses gewesen zu sein, durchs Leben geleiten; laßt uns Gott danken, daß es nicht so weit gekommen. Doch, daß die Verwirklichung dieser schrecklichen Scene, so grell sie die Phantasie nur immer malen kann, nahe, sehr nahe lag, das wird Jeder fühlen, der, wie ich, in dem Plünderungsangriffe keinen Judenhaß, sondern Raublust sah. Wohl sah man an Häusthoren das Zeichen des heiligen Kreuzes, an zahlreichen Fenstern Heiligenbilder hingepflanzt, um die Christenwohnungen vor dem Angriffe zu schützen, doch läßt die süße Lust des ungestörten Raubens einmal gewirkt haben und hoffet immer, daß bei einer ähnlichen Gelegenheit die stummen Wächter der Religion euch schützen! — Dank, lauten innigen Dank jenen edlen Männern der Nationalgarde, der Bürger, des Adels und Militairs, die der strengsten physischen Aufopferung fast 3 Tage lang ununterbrochen sich preisgaben, um nach Möglichkeit die rohesten Ausbrüche des Pöbels zu dämpfen; denn als nach erfolgter Publikation des Magistratserlasses die in der Stadt wohnenden Israeliten mit ihrer Habe auf den Schloßberg zogen, selbst in dieser für die Betreffenden so anstrengenden und mit blutendem Herzen vollführten Arbeit suchten böswillige Schaaren die Unglücklichen noch mehr zu beugen durch muthwillige Zerstörung der vorbeigetragenen Geräthschaften, und hier war es, wo die Nationalgarde von Mittag bis spät in die Nacht durch Wort und That die Störefriede mit Energie in Schranken hielt! —

Heil allen Vertheidigern der Menschenrechte! Gott verleihe ihnen die Kraft, selbe einst geltender machen zu dürfen.

Pesth, 25. April. An die Gemeinde der Stadt Preßburg. Nachdem ich sowohl auf amtlichen als auch auf Privatwegen dergestalten benachrichtiget bin, daß in der Stadt Preßburg die Israeliten, indem man ihre persönliche und Eigenthums-Sicherheit auf die gewaltthätigste Weise angriff, eben so in ihren Personen wie in ihrer Habe mit räuberischer Wildheit beschädigt worden sind, ja daß sogar von der aufgewiegelten Menge nicht einmal das Schulhaus verschont worden ist;

Nachdem die Regierung es nicht ungeahndet bleiben lassen kann, daß in der Zeit der Freiheit und Rechtsgleichheit unter was immer für einer Vorwande die Rechte einer Volksklasse niedergetreten und sie in der Ausübung jener Rechte beschränkt werde, welche sie von der Gesetzgebung erhalten hat, die einzig und allein Rechte ertheilen und wegnehmen kann;

Nachdem ich Ursache habe zu glauben, daß jene skandalösen Räubereien und Gewaltthätigkeiten nicht hätten ausgeführt werden können, wenn die städtische Civilbehörde zu rechter Zeit und mit gehöriger Energie eine ihrer ersten Hauptpflichten, die der Aufrechthaltung der Ordnung und der Beschützung des Lebens und Eigenthums, erfüllt hätte;

Nachdem Recht und Gerechtigkeit erheischen, verlangen, erfordern, daß derjenige, der etwas gethan, und durch andere thun lassen, oder daß es geschah, durch sträfliche Versäumniß verstattet hat; dafür so wie er's verdient büße, und daß die Straflosigkeit nicht Andere ein ähnliches Wagstück zu verüben reize;

So verständige ich Sie hiermit, daß ich Herrn Casimir v. Tarnoczi, Neutraer ersten Vicegespann, als Regierungs-Commissär zu dem Eide ausgesandt habe, daß Er, seinen Wirkungskreis auf die ganze Preßburger Gespannschaft ausdehnend, ganz insbesondere bezüglich des in der Stadt Preßburg gegen die Israeliten verübten Wagstückes die Untersuchung pflege, und auch in Betreff der gesetzlichen richterlichen Bestrafung der Thäter und Veranlasser die Verfügung treffe.

Unter Einem wird derselbe sein Augenmerk auf das in dieser Sache stattgehabte Verfahren der Localbehörde richten, so wie auch darüber Nachforschungen pflegen, ob denn die National-Bürgergarde ihre Pflicht erfüllt habe, und wenn nicht, ob zu ihrer Auflösung kein Grund da sei und sie stattfinden solle?

Indem ich also laut meines Reichsamtes nicht zulassen kann, daß die persönliche und Eigenthums-Sicherheit wessen immer verletzt werde, ja vielmehr es meine Pflicht ist, die gesetzliche Freiheit auf Grund der Ordnung und des erworbenen Rechtes zu beschützen und aufrecht zu erhalten, ohne personberücksichtigenden Unterschied; so befehle und verordne ich hiermit, daß dem im Sinne der am 3. d. M. erflossenen Cirkular-Verordnung des ministeriellen provisorischen Reichs-Komités seine Verfügung zu treffen habenden, und durch mich mit aller Vollmacht bekleideten Herrn Casimir v. Tarnoczi, Neutraer ersten Vicegespann, die Stadt Preßburg und alle ihre Bewohner und Nationalgarden Gehorsam zu leisten und auf solche Art in der Aufrechthaltung der auf die Freiheit gegründeten öffentlichen Ordnung mitzuwirken, für ihre unerläßliche Patrioten- und Bürgerpflicht erkennen sollen.

Der Minister des Innern
Bartholomäus v. Szemere. m. p.

Wien, 27. April. Hör' es Europa: Ein Theil der Stadt Preßburg wird von der Menschheit, vom Christenthume, von der göttlichen Gerechtigkeit von der Literatur und von der gesammten Weltbildung als „außer dem Gesetze der Civilisation" erklärt.

Die „Wiener Zeitung" (Abendblatt) vom 25. Apr. bringt Folgendes über Preßburg, wo am 24. die gräßlichen Judenverfolgungen, Austreibung, Plünderung und Mißhandlung Statt fanden.

„Sage man nicht, es war der „Pöbel," der Auswurf der Bevölkerung und was ähnliche Redensarten mehr sind. Ihr Alle seid dafür haftbar, wenn Ihr es geduldet, wenn Ihr nicht das Letzte und Aeußerste daran gesetzt habt, daß die Menschheit und die Christname nicht durch diese unauslöschliche Schmach geschändet werde. — Wenn Bauern, durch Jahrhunderte lange Bedrückung und Vernachlässigung in Rohheit und Beurtheilen halbverthierte Bauern — glücklicherweise ist der Bauer nur in wenigen Ländern mehr in diesem Zustande — sich Aehnliches zu Schulden kommen lassen, dann hat der Staat, die Kirche, die Gesellschaft schamroth an die Brust zu klopfen, welche sie in solche Verthierung gerathen, welche mit all' ihren Lehr- und Bildungsmitteln sie nicht bis zum einfachsten Begriffe und Gefühle der Menschenbrüderlichkeit zu erheben wußten. Aber wenn solches im Schooße einer Stadt vorfällt, durch welche die ganze Strömung der Civilisation hindurchfluthete, dann ist sie allein für solche Schmach verantwortlich und steht da als ein verfehmter Ort, bis sie durch eine Genugthuung ohne Gleichen den Schimpf getilgt, mit dem sie sich und Alle, Alle, die wir Christen heißen, besudelt hat.

Ich schreibe harte Worte; aber solcher Wildheit der That gegenüber wären zahme Worte die verächtlichste Feigheit. Ist die Kunde nicht wahr, so ist jedes Wort im Voraus auf's Freudigste zurückgenommen."

Die Zerstörung dauerte Sonntag von 5 Uhr Nachmittag, wo der Bubenzug den Anfang nahm, bis tief in die Nacht hinein; gegen 1 Uhr war das Militär, welches sich so musterhaft benahm, Graf Lamberg an der Spitze, gezwungen, Feier zu geben; 1011 Menschen sollen auf dem Platze geblieben sein, darunter zwei Bürger. Die Nationalgarde benahm sich so lau, daß sie nur noch störend war; weshalb der Kommandirende sie abtreten hieß. Nur Eines bleibt uns dunkel. Der Pöbel zog ab, wüthend mit dem Racheschrei: morgen kommen wir wieder! Und dennoch zog man noch in der Nacht das Militär zurück. Nun kam der Montag Früh! Wollte Gott, er wäre nicht gekommen, denn dieser Tag ist die Prostitution der Preßburger. — Scenen wie in Fünfhaus und auf der Mariahilfer-Linie sind nichts gegen das kannibalische Raub- und Plünderungs-Gejohle dieser Scheusale und Furien! War Tags vorher der Endzweck blos Zerstörung, so ging es heute auf offenen Raub und Diebstahl aus; und dieses eben ist die Brandmarkung der Preßburger Sicherheitsbehörde, daß man stehlen und plündern ließ von 5 Uhr früh, bis halb 11 Uhr ununterbrochen; es ließ sich Niemand blicken, weder Militär, noch Bürger, noch Nationalgarde; es war gerade als ob es abgekartet wäre; unbegreiflich! Nachdem doch der Pöbel Tags vorher sagte: wir kommen in der Früh wieder. — Wir wollen sehen, ob Kossuth im Stande sein wird, die Freiheit, sei es auch die der Juden, zur Wahrheit zu machen; ob er im Stande sein wird, den elenden Krämer, der 200 unzurechnungsfähige Bursche mit Nummern aufhetzte, gegen eine wehrlose unvorbereitete Menge zu überzeugen, daß nicht die Krämersekte das Recht habe, die Einwohner von Haus und Hof zu vertreiben; und daß der Landtag es war, der das Wohnen in der Stadt den Juden erlaubte! Wahrlich, wäre es blos beim Zerstören geblieben, so hätten wir auch auf Paris und andere große Städte hingewiesen! Aber das gemeine Rauben und Stehlen durch sechsthalb Stunden und das sich Passiv-Verhalten der Behörde empört jeden rechtlichdenkenden Patrioten u. s. w. Der Herr Stadthauptmann erdreistete sich sogar, einem braven Wiener Nationalgardisten, der die Menge haranguirte und beschwichtigte, mit Keckheit ins Gesicht zu sagen: „Ich bitte nur zu sehen, daß von der Geschichte die Journalisten nichts schreiben."

Ein Theil der Stadt Preßburg hat also aufgehört, eine europäische Stadt zu sein, sie ist in die Reihe der amerikanischen Rothhäute eingetreten!

Es hat sich der Ehre verlustig erklärt, eine Stadt des edlen, hochherzigen, geist- und herzstarken Ungarnvolkes zu sein, und hat Gemeinschaft geschlossen mit den rohesten Kosakenhorden!

Es hat im Antlitze vom freien und gesitteten Europa die Civilisation von sich geworfen, das Christenthum geschändet, Gott in Hunderten von seinen Ebenbildern in effigie schändlich gemißhandelt, die Menschheit mit Füßen getreten, den reinen Hermelin des glanzvollen Ungar-Namens mit dem Kehricht brutaler Verworfenheit besudelt; Preßburg hat in seinen Mauern die Juden geschlachtet, die Kranken aus den Betten geschleift, das Hirn der Kinder an die Wände geschmettert, die Todten aus den Gräbern gerissen, das Eigenthumsrecht räuberisch geschändet, alle Gesetze der Moral, der Humanität, der Sitte, der Menschlichkeit, der heiligen Schrift, des Rechts und der öffentlichen Sicherheit mit zähnefletschender Bestialität entweiht und besudelt; Preßburg kann nicht mehr mitzählen unter den europäischen Städten, wo Menschen menschlich wohnen, wo Ehrfurcht vor Gesetz, wo Achtung vor Menschheit, wo das Bild der wahren Freiheit in reiner Glorie strahlt!

Alle öffentlichen Blätter Europas werden im heiligen Interesse der Menschlichkeit und der wahren, so arg verleumdeten Freiheit aufgefordert, ihre Entrüstung über diese Scenen aus dem finstersten Jahrhunderte der Barbarei laut und energisch auszusprechen; sie sind es der Ehre des Jahrhunderts, der Würde der Publicität und dem Geiste der Aufklärung schuldig.

Frankreich.

Basel, 27. April. Die uns aus unserer elsässischen Nachbarschaft gemeldeten Judenexcesse sind leider sehr bedeutend. In Hegenheim sichtet sich die Juden ihrer Haut zu wehren, wurden aber durch Zuzügler aus andern Dörfern überwältigt; Letztere drangen dann in die Judenhäuser und übten arge Mißhandlungen aus. Dem Begehren um Truppen aus Hüningen konnte der Kommandant nicht entsprechen. Die Nationalgarde wollte sich hinbegeben, löste sich aber unterwegs auf. Die Juden flohen nach Basel-Land, wo auch gefährlich Verwundete angekommen sind.

(Basl. Zeit.)

Italien.

Mailand 30 März. Emanzipation der Israeliten in der Lombardei. Dekret der provisorischen Regierung. Gehässige Ausnahmegesetze haben bisher auf den Israeliten gelastet. Dessen ungeachtet zeigten sich diese als gute Bürger thatkräftig, indem sie mit ihrem Blute, ihrer Einsicht und ihrem Vermögen unsere glorreiche Revolution unterstützt haben.

Es ist nun Zeit, daß die Ungerechtigkeiten so vieler Jahrhunderte aufhören, denn sie ist gerechten Männern widerlich, dankbaren Männern, wie wir sind, unerträglich.

Darum wird hierdurch den Israeliten die volle Ausübung aller bürgerlichen und politischen Rechte eingeräumt.

Die Ehen betreffend, wird das Erforderliche durch ein besonderes Gesetz geregelt werden.

Unterschrieben die Mitglieder der provis. Regierung.

Verlag von C. L. Fritzsche.   Druck von J. H. Nagel.

Der Orient.

Berichte, Studien und Kritiken

Neunter — für jüdische Geschichte und Literatur. **Jahrgang.**

Das Abonnement auf ein Jahr ist 5 Thlr. Man abonnirt bei allen löbl. Postämtern und allen solid. Buchhandlungen auf ein Jahr.

Herausgegeben von

Dr. Julius Fürst.

Von dieser Zeitschrift erscheinen wöchentlich das Literaturblatt mitgerechnet, zwei Bogen, und zwar an jedem Dienstag regelmäßig.

№ **21.** Leipzig, den 20. Mai **1848.**

Deutschland.

Leipzig, 12. Mai. Der politische Stoff häuft sich so stark, daß wir viele Punkte nur kurz aufzeichnen können. In Schwerin wurde Dr. Marcus zum Stellvertreter für das konstituirende Parlament gewählt. — Dresden zählt zwei jüdische Wahlmänner. — In Leipzig werden zum ersten Mal jüdische Kaufleute zu den Berathungen in der Kramerinnung zugelassen. — In Posen schlagen sich die Juden wacker für die deutsche Sache. — Dr. Veit in Berlin ist Stellvertreter beim preußischen Landtag. Jüdische Wahlmänner für Frankfurt gab es dort sehr viele. — Das eiserne Gitter des römischen Ghetto ist endlich gefallen. Die Römer sind überhaupt bestrebt, die neuen Rechte der Juden aufrecht zu erhalten. — Cremieux ist mit einer ziemlichen Anzahl von Stimmen in die Nationalversammlung gewählt worden. — Die mährischen Gemeinden haben Deputirte zur Berathung ihrer rechtlichen Angelegenheiten geschickt. Der Sitz des Komité ist in Brünn unter dem Präsidium des Landrabbiners Hirsch, wodurch auch die Angriffe eines mährischen Korrespondenten in der vorletzten Nummer d. Bl. widerlegt sind. — In Proßnitz befürchteten die Christen einen Ueberfall von Seiten der Juden! Die Letzteren begriffen sich mit der Ruhe; die Offensive liegt den Juden fern. — Die Judenbill in England ist zum dritten Mal verlesen worden. Lord Russel hatte bei dieser Gelegenheit wieder

wacker für die Juden gesprochen. — In Wien wird ein Preßburger Bürger verachtet. Es sind Beispiele, daß Preßburger Bürger aus den Kaffeehäusern gewiesen wurden. — Der wackere S. Bloch in Paris läßt den „Univers Israélite" wieder besonders erscheinen. — In Frankreich geht man damit um, den verschiedenen Kulten keine Unterstützung mehr vom Staate zukommen zu lassen. — Pesth ist wieder ziemlich ruhig. — Prag ist unsterblich im Judenhasse. Der Tandelmarkt hat aufgehört oder soll aufhören u. auf dem alten Gottesacker soll ein Bazar errichtet werden. — Dr. Zunz ist in Berlin als Kandidat für Frankfurt aufgetreten. — Dr. Veit in Berlin ist zum Abgeordneten für das deutsche Parlament gewählt worden. — Im „kirchlichen Verein" wird Hr. Prediger Jellinek über einen Aufsatz von Strauß, dem Verfasser des Lebens Jesu, und über Judenverfolgungen sprechen. — In Königsberg, Köln und Breslau sind Juden für den vereinigten Landtag gewählt worden.

Leipzig, im Mai. Folgende Adresse ist nach Mähren abgegangen: Deutsche Brüder* in Mähren, Teschen, Troppau und Jägerndorf! Deutschland hat mit Freuden die deutschen Worte vernommen, durch welche Ihr, treu dem deutschen Volksthume, treu der deutschen Ehre, treu der deutschen Fahne,

---

*) Wir bemerken noch ein Mal, daß die Juden zu unsern deutschen Brüdern zählen. Red.

dem tschechischen Fanatismus und den slavischen Herr=
schergelüsten mit Muth und Nachdruck entgegengetreten.
Mit Stolz hat es wahrgenommen, wie der Keim deut=
scher Gesittung und Aufklärung in Eurer Mitte zu herr=
licher Frucht aufgegangen, und wie Ihr in dieser auf=
geregten, gefahrvollen Zeit rasch erkannt habt, was zu
thun sei. Mit richtigem Blicke habt Ihr die Gefahr
erfaßt, hmit der die panslawistischen Wühlereien alle edlen
Errungenschaften des deutschen Geistes, den Wohlstand,
die Blüthe und den bürgerlichen Fortschritt Eures schö=
nen Landes bedrohen. Alle Verlockungen der tschecho=
manischen Partei, alle Vorspiegelungen von einem gro=
ßen slawischen Reiche, in dem Ihr Deutsche aufgehen
solltet, habt Ihr mit männlichem Bewußtsein wider=
standen, und Euer Heil in dem innigen Anschluß an
das Deutschthum gesucht. Beharret fest bei diesem Wi=
derstande, wahret auch ferner diesen deutschen Sinn und
suchet ihn auch in jenen Nachbarländern zu verbreiten,
wo die slawische Propaganda ihren Sitz hat. Setzet
Euch in enge Verbindung mit Euren deutschen Brüdern
ohne Unterschied der Konfession in Böhmen
wie in Oesterreich, in Sachsen wie in Schlesien. Kräf=
tiget diese Bestrebungen durch deutsche Vereine und zeigt
Euren slawischen Landsleuten, welche Freiheit, welche
politischen Vortheile sie im Vereine mit Euch durch
Deutschland zu erringen berufen sind. Ihr stehet nicht
allein. Deutschland erkennt in Euch seine Söhne und
sieht in Euch die Träger seiner Gesittung und Hüter seiner gesittung
gegen die Barbarei des Ostens. Leipzig, 1. Mai 1848.
Der Verein zur Wahrung der **deutschen Sa**=
che an den östlichen Grenzen. Im Auftrage
desselben: Dr. Julius Fürst. Dr. Gustav Kühne.
Dr. Heinrich Wuttke. Ad. Jellinek.

Leipzig, 9. Mai. Auf mehrfaches Ansuchen er=
klärt die Redaktion des „Orient‟, daß der wackere mäh=
rische Stern=Korrespondent Hr. Rabbiner Schmiedl
in Gewitsch ist. Es wurde Jemand in Beziehung zu
jenen Artikeln gesetzt, der denselben ganz fern ist.

Berlin, 8. Mai. Auf ein dem Ministerium der
auswärtigen Angelegenheiten eingereichtes Gesuch, daß
von Preußen die Aufhebung der in Wien bestehenden
Aufenthaltssteuer für Bekenner des mosaischen Glaubens
bewirkt werden möge, hat dasselbe vor einiger Tagen
folgende Antwort ertheilt: „Nach der soeben eingegan=
genen Anzeige des königl. Gesandten in Wien eröffnet
Ihnen das unterzeichnete Ministerium, daß die Aufhe=
bung der gedachten Steuer von der kaiserl. österreichischen
Regierung beschlossen und angeordnet worden sei, und
daß, um den Ausfall für die Staatskasse nicht allzu
fühlbar zu machen, die einzelnen Provinzen der Mo=
narchie nacheinander von der mehrgedachten Abgabe be=
freit werden sollen. (Gez.) v. Patow.

(D. A. Z.)

Von der Werra, 7. Mai. Sowie im Groß=
herzogthum Posen, in Böhmen und Ungarn, auch selbst
in einigen Gegenden Deutschlands die Judenverfol=
gungen stattgefunden, so haben wir leider auch in hie=
siger Gegend dergleichen Fälle zu beklagen. In dem
Städtchen Bengsfeld, wo sich eine bedeutende Anzahl
Familien jüdischen Glaubens befinden, hatte man den
Justizbeamten gezwungen, eine schriftliche Erlaubniß zur
Plünderung der dasigen Juden zu unterzeichnen; zum
Glück kam noch zeitig genug von Eisenach eine Unter=
suchungskommission mit 400 Mann Soldaten, und der
Untersuchungskommissar bewirkte durch sein energisches
Vorschreiten, daß die Hauptradelsführer sogleich ausge=
liefert wurden. In Hessen=Rothenburg soll ein Israelit
durch wiederholtes Untertauchen ins Wasser und andere
Mißhandlungen so gepeinigt worden sein, daß er kurze
Zeit darauf gestorben. (D. A. Z.)

Breslau, 9. Mai. Es bereitet sich ein Unter=
nehmen in der hiesigen jüdischen Gemeinde vor,
welches jeder Freund des Vaterlandes mit Freuden be=
grüßen muß. Die Idee ist nämlich angeregt worden,
alle silbernen und goldenen Gerätschaften, welche zum
heiligen Dienst in den Synagogen verwendet werden,
dem Staate für die freiwillige Anleihe zu überweisen.
Der Gegenstand ist von Bedeutung; in Breslau sind
allein 19 bis 20 Bethäuser, die alle mehr oder minder
mit dergleichen Kostbarkeiten betirt sind und daher schon
eine beträchtliche Summe ergeben werden. Es ist übri=
gens nicht zu zweifeln, daß die jüdischen Gemeinden der
Provinz dem Beispiele der Hauptstadt folgen werden,
und somit mag ein Luxus fallen, der nie eine ernstere
Bedeutung hatte und nun auf dem Altare des Vater=
landes als wohlgefälliges Opfer aufgeht. (Bresl. Z.)

Oesterreich.

Pesth, 27. April. Auf eine Petition des größ=
ten Theiles unserer Einwohnerschaft, die den Wunsch
ausspricht, daß das Ministerium eine Verordnung erlasse,
nach welcher 1) die Juden fortan nicht mehr Natio=
nalgardisten sein dürfen, 2) alle Juden, die sich seit
1838 mit Umgehung der gesetzlichen Verfügungen hier
ansiedelten, auszuweisen sind, hat Graf L. Bathianyi im
Auftrage des Gesammtministeriums eine amtliche Er=
widerung gegeben, in welcher es heißt: das Ministerium
dürfe die verfassungsmäßigen Gesetze, nach welcher jeder
Landesbewohner zum Nationalgardistendienste verpflichtet
sei, nicht aus eigner Machtvollkommenheit aufheben.
Die jetzige gereizte Stimmung in Pesth und Ofen be=
rücksichtigend, habe es indeß den Bitten der Judenvor=
steherschaft nachgegeben und die einstweilige Entwaffnung
aller jüdischen Nationalgardisten verfügt. Letztere wären
dadurch aber nicht ihrer Verpflichtung für immer ent=
bunden, sondern müßten, wenn das Nationalgarden=

Obercommande sie einruft, sogleich wieder disponibel sein. Diejenigen Juden, die, weil sie nicht Landesbürger sind auch nicht die ungarische Kokarde tragen dürfen, seien von der Nationalgarde ausgeschlossen. Was den zweiten Punkt anlange, so befänden sich die Juden, welche sich im Sinne des Gesetzes von 1839—40 in Ungarn niederließen, im vollkommenen gesetzlichen Rechte und könnten desselben nicht durch einen Ministerialerlaß beraubt werden, diejenigen Juden aber, welche die gesetzlichen Vorschriften wirklich zu umgehen wußten, sollten den verfassungsmäßig bestimmten Strafen anheimfallen.

Seit dem 15. April erscheint hier der „Ungarische Israelit," eine deutsche Wochenschrift zur Beförderung des politischen, socialen und religiösen Fortschritts unter den israelitischen Juden, redigirt vom Rabbinatskandidaten J. Eihorn. Aus dem Programm dieses Blattes entnehmen wir folgende, besonders hervortretende Stelle: „Dem Worte der Emancipation muß die That auch würdig zur Seite stehen! Das Aufhören des Schacherer-, Trödler- und Wucherergeschlechtes, die Verbreitung des Handwerkes und Ackerbaues, die Verbreitung des ungarischen Elementes und Geistes wie die innigste Vaterlandsliebe unter unseren ungarischen Glaubensgenossen, Verbreitung der rationalen Bildung bis in die untersten Schichten der israelitischen Bevölkerung, vor Allem aber Verbrüderung und Einigung mit unsern andersgläubigen Mitbrüdern im Leben und Sterben, das ist das hohe Ziel, nach welchem Jeder von uns ringen muß, das sind die Aufgaben, welche zu erfüllen die Verpflichtung eines jeden ungarischen Israeliten ist."

Pesth, im April. Herr J. Kunewalder, Vorsteher der Israeliten-Gemeinde zu Pesth. (Kritische Beleuchtung seines Uebertrittes zum Christenthume am 5. April 1848.) Als mir vor Kurzem die Nachricht zu Ohren kam, Herr Kunewalder sei zur katholischen Kirche übergetreten, hielt ich dieselbe für ein vages Gerücht und erklärte rechtliche unbescholtene Männer für Verleumder und Lästerer, so unbegreiflich und unwahr erschien mir dieses Ereigniß.

Es ist aber dem doch so! Es ist traurig wahr, daß der Mann, der Jahre lang die vollste Achtung, das größte Vertrauen seiner Glaubensbrüder genoß, sich sogar dieser Bevorzugtheit im strengsten Sinne des Wortes würdig gezeigt hatte, daß dieser Mann sage ich, plötzlich in jener bedeutenden Crisis, wie sie gegenwärtig den Israeliten bevorsteht, einen solchen mißliebigen Schritt begehen konnte.

Abgesehen von dem, daß Herr K. keine triftigen Motive zur Beschönigung seiner That anführen könnte, ohne den Verdacht des Egoismus und der Selbstsucht auf sich zu laden, brechen noch folgende Umstände, die ich nachfolgend wahrhaft versuche, vollends den Stab über seine Handlungsweise. Um aber dies desto besser in Ausführung zu bringen, sehe ich mich ge-

nöthigt, Hrn. K., den ich gerne als gar keine Person betrachten würde für kurze Zeit als zweite Person anzusehen, dem ich das große Sündenregister unter die Augen halten will, wenn sie nicht eben so sehr geblendet ist, wie er seine Glaubensbrüder Jahrelang geblendet hat.

Herr K., Sie waren Vorsteher der hiesigen Israelitengemeinde, durch Ihre Intelligenz und scheinbare Rechtlichkeit hatten Sie sich so weit emporgeschwungen, daß der größere Theil dieser Gemeinde Ihnen mit voller Zuversicht sein Vertrauen schenkte, und Ihrem Rathe als wohlgemeint, blindlings folgte. Die große politische Erschütterung, welche beinahe ganz Europa durchbrausend, auch uns erreichte, bot Ihnen die glänzendste Gelegenheit, Ihre Errungenschaft bei unserer Nation im klarsten Lichte darzustellen, denn als unter die Sprache auf die Petition wegen der Judenemancipation kam, wen hätte man eher zum Präses der Deputation an den Landtag wählen sollen oder wollen, als Sie Herr K., den vielfach erprobten und bewährten Patrioten und Glaubensbruder, der es an tausendfachen Betheuerungen Alles für das Wohl der Israeliten aufzuopfern, und Ihr eigenes Ich, der Befreiung der Nation hintanzusetzen, nicht fehlen ließ.

Von den Segenswünschen einer auf Sie zählenden Menschenmenge begleitet, sahen wir Sie Ihrer heiligen Bestimmung nacheilen, und die Menge blickte Ihnen mit Stolz nach, und in jedem thränenfeuchten Auge perlte das freudige Gefühl: „Seht unsern theueren und treuen Vorkämpfer, der Gut und Blut für unser Heil für unsere Zukunft hinzugeben bereit ist, seht ihn an, diesen Matador unserer Auserlesenen, und Jung und Alt theilte die süße Hoffnung einer baldigen Verbesserung der Judenzustände und diese Hoffnung basirte sich auf Ihre Aufrichtigkeit, Ihre Energie und rechtliches Betragen.

Von Preßburg aus belogen Sie die Ihrer Fürsprache Vertrauenden mit der fingirten Nachricht, daß hinsichts der Emancipation der Juden das Beste zu hoffen sei, und ermahnten auch nach Ihrer Rückkehr die Israeliten in einem gedruckten Circular, sie mögen sich nur immer ruhig verhalten, ihre Angelegenheiten haben die beste Wendung genommen.

Alles verstummte. Man fand Ihre Mahnung väterlich, Ihren Rath weise und Ihre Worte prophetisch. Freilich gab es da einige Intelligente, welche spöttisch ausriefen: „Seht diese Schafsköpfe von Juden, die da blindlings dem Glockenschall ihres Leithammels folgen, und der sie Gott weiß in welchen Sumpf irre führen wird;" allein diese Zahl war zu gering, um nicht von der überwiegenden hinters Licht geführten Menge übertäubt zu werden, und der Glaube an Ihre Treue wurde nur noch fester begründet.

Und wie haben Sie Herr K. diesen anhänglichen

Glauben Ihrer Mitbrüder gerechtfertigt? Auf die schimpf-
lichste, gemeinste, verworfenste Weise! Auf eine Weise,
wie ich es nicht von dem gemeinsten rohesten Menschen
erwartet hätte. Ja, möge es alle Welt wissen, möge
diese Blätter selbst in die entferntesten Winkel unserer
Monarchie dringen, damit es offenkundig werde:

Herr Kunewalder, die leuchtende Fackel
des ungarischen Judenthums, der Vorkämpfer für dessen Rechte, der **uneigen-
nützige, anspruchlose vielversprechende** Herr
Kunewalder hat das ihm geschenkte Volksvertrauen dadurch konstatirt, daß er zur
Zeit der größten Schwankung, der gefähr-
lichen Krisis der Angelegenheiten seinem
Glauben und seinen Schützlingen **abtrünnig**
wirde.

Das also war Ihr längst gefaßter Plan? Das
hat Sie an die Spitze unserer Nation getrieben, damit
die Christenwelt vor der Verworfenheit des Anfüh-
rers auf die Verworfenheit der von ihm doppelsinnig
Angeführten schließen könne? Das ist charakterlos,
das ist schlecht!! —

Nicht Ihr Uebertritt verdammt Sie, im Gegentheil,
ich finde es einigermaße entschuldigend, — weil der
Mensch für sein Interesse für den Materialismus seines
physischen Lebens bedeutende Opfer bringt, wiewohl ein
derartiges Opfer keineswegs mit der Charakterkonsequenz
harmonirt und seine bisherige Werthschätzung bei der
Welt eher unterminirt als befestigt; also nicht der
Uebertritt, sondern der Zeitpunkt dieses Uebertrittes
verdammt Sie. Herr K. rechtfertigen Sie sich, wenn
Sie können, (und was auch Ihre verfluchte Schuldig-
keit wäre), warum Sie gerade jetzt diesen Schritt gethan,
warum nicht früher oder später? Warum gerade jetzt,
wo Sie die Hoffnung der baldigen Emancipation bei
Ihren Glaubensbrüdern so lebhaft angeregt und der
Herold und Fackelträger unserer Errungenschaft zu werden versprachen? Warum entfernten Sie sich jetzt eben
wie eine feige Memme von dem Ihnen anvertrauten
Posten, jetzt eben, wo Sie faktisch und praktisch hätten
beweisen sollen, daß Sie wirklich der glänzende
Stern sind, der so viel Licht zu verbreiten
versprach. Warum thaten Sie das, Herr Kunewalder? Herr Gemeindevorsteher? Herr Deputirter? Warum? Weil Sie ein Irrlicht, oder pro-
saisch gesprochen, weil Sie ein Verräther sind, der seine
Glaubensbrüder durch Spiegelfechterei schändlich hinter-
gangen und betrogen hat, weil Sie vom gemeinsten
Egoismus beseelt, blos darum das Präsidium der Gemeinde an sich rissen, um durch die Veröffentlichung
Ihrer geistigen Vorzüge die Aufmerksamkeit der Welt
auf sich zu ziehen. Was liegt an den Tausenden
am Narrenseile herumgezerrten Juden? „Hat der Ochse
den Wagen in die Scheune gezogen, gibt man ihm

Heu zu fressen!" So dachten Sie, so denken Sie
Herr Kunewalder; ich aber sage Ihnen in dürren Worten: Wenn Sie auch noch so reich an Gold und Gut
sind, an Achtung, Vertrauen und Werthschätzung sind
Sie ein Bettler geworden, und schützt Sie Ersteres
auch vor physischer Noth, so werden Sie in letzterer
Beziehung eines schmählichen geistigen Todes verhungern. —   M. Steinitz.

Prag, 3. Mai. Die hiesigen Juden befinden
sich in einer höchst gefahrvollen Lage, und es drohen
die traurigen Scenen des Mittelalters wiederzukehren.
Der Friede, der seit dem Sturze des alten Systems
anscheinend fester als je zwischen der hiesigen christlichen
und jüdischen Bevölkerung herrschte, sodaß die Juden
mit Freuden in die Nationalgarde aufgenommen wurden
und jede Spur von Haß verschwunden schien, wurde
durch die Aufwiegelungen einiger Kaufleute, die das
Motiv „Gewerbsneid" schon lange zu den ärgsten Ju-
denfeinden gemacht hatte, verschuldet. Es gelang ihnen
vollkommen, durch einige Geldaustheilungen und andere
Aufreizungen den Pöbel zu fanatisiren. Die Insulten
gegen die Juden sind seit einigen Wochen an der Tagesordnung, die Aufläufe nach dem sogenannten Tandelmarkte, dem Platze, wo die Juden Waaren feil haben,
wiederholen sich mit jedem Tag, und kein Jude darf
sich außerhalb der Judengasse, eines der fürchterlichsten
Ghettos, blicken lassen. Das wackere Studentenkorps
und die hiesige Nationalgarde suchen nach Kräften die
Juden zu schützen; auch die hiesige Nationalgarde sucht
nach Kräften die Juden zu schützen; auch wurde der
von mancher Seite auftauchende Gedanke, daß die Juden aus der Nationalgarde ausscheiden sollten, durch die
Erklärung des Obersten der Nationalgarde, daß er unter
solchen Bewandtnisse seine Stelle niederlegen werde, bald
unterdrückt. Verblieb es bis jetzt bei den Insulten, so
schien nun eine traurige Katastrophe eintreten zu sollen.
Frauen und Kinder liefen gestern jammernd über die
Straße, wiesen auf ihre schwarzgebrannten Hände und
forderten zur Rache gegen die Juden auf, die die Christen mit Vitriol begossen haben sollten. Man führte
einige dieser Beschädigten auf das Rathhaus, und da
ergab sich, wie die Bohemia berichtet, daß der vermeint-
liche Vitriolflecke Schmutz von Oel und Kienruß waren! Die früheren Anstifter selbst erschrecken nun über
die großen Folgen der von ihnen angefachten Pöbelwuth,
da vorauszusehen, daß, ist man mit den Juden zu Ende,
es über alle Begüterten gehen werde. (N. Z.)

Prag, 1. Mai. Der erste Tag des Lenzmonds,
wo sonst friedliche Bürger schaarenweise vor die Thore
hinaus in die neuerwachte Natur eilten, hat traurig begonnen. Blut ist geflossen, Christenblut und Judenblut. Dank Gott! ich habe zwar nicht so Fürchterliches
zu berichten, wie ihr Korrespondent aus Preßburg vor
wenigen Tagen, aber das Geschehene ist fürchterlich ge-

n ug. Noch fehlt es mir an der Uebersicht über die Ereignisse von heut, ich kann Ihnen nur geringe Einzelheiten berichten. Wie ich höre ist blos ein Mensch, wenn es wahr ist ein Familienvater, bei einem Anlauf der Nationalgarde gegen die Steine werfenden Massen auf dem Leonardiplatze durch einen Bayonnetstich getödtet worden. Mehre, mitunter sehr schwere Verwundungen haben an Juden und Christen, Gardisten und Studenten Statt gefunden. Zahlreiche Verhaftungen nicht blos Gesindels, sondern auch gut gekleideter Personen wurden vorgenommen. Seit halb zehn Uhr früh, wo sich der Kravall in der Schwefelgasse und am Tandelmarkte entspann, wo man alles, was in die Hände fiel, demolirte, Mißhandlungen aller Art verübte, haben die Unordnungen fortgedauert bis jetzt, wo die Nacht einbricht. Die ganze Judenstadt, die Lange, Karpfen-, Plattner-, Jesuitengasse mit den daranstoßenden Gassen und Gäßchen, der Kohl- und Grünmarkt, der altstädter Ring, der Leonardi-, Marien- und Niclasplatz waren die ausgedehnten Schaubühnen einer wüthenden Bewegung, wie wir seit den Drucker-Unruhen im Jahre 1845 keine erlebt. An vielen Orten mußte die Nationalgarde von den blanken Waffen und dem Bayonett Gebrauch machen, vielleicht hätte man sogar gefeuert, doch es fehlte überall an Pulver. Zahlreicher Steinregen fiel an mehren Stellen auf die anrückende bewaffnete Bürgerschaft, die von dem Pöbel mit allen erdenklichen Schimpfnamen belegt wurde; denn in seinen Augen ist der Schutz der Juden ein Verbrechen. Auch diese waren bereits auf einen Angriff gerüstet. Bei dem Beginne des Kravalls am Tandelmarkt soll von den Juden mit Steinen, Ziegel-, Holzstücken auf die Christen geworfen worden sein, in Folge dessen mehre Personen, unter andern eine schwangere Frau, schwer verletzt wurden; auf den Böden hatte man Steinhaufen gelagert, die als Vertheidigungswaffe dienen sollten. Sie können sich die Wuth unserer Bevölkerung denken! „Christenblut mußte zuerst fließen", hieß es überall, wo ich hinhorchte, „aber es soll den v—n Juden theuer zu stehen kommen". — Auch im Smichow soll es Unruhen gegeben haben. Dortige Fabriken hatte man stürmen wollen. Ob es geschehen, konnte ich nicht in Erfahrung bringen. — Ich schließe den Bericht, damit er Ihnen noch zeitig genug in die Hände kommt. Welch' trübe Zukunft! Denn wir sind noch immer erst am Anfange.

(Const. Bl. a. Böhmen.)

Prag, im April. (Aus dem Privatschreiben einer Dame.) Die politischen Ereignisse drängen sich so auf einander, daß ich ein gewisses Resultat abwarten wollte — und siehe es kam schneller als ich dachte.

Der Judenhaß ist hier aufs Neue erwacht, oder besser ist nie eingeschlafen, nur daß er nicht mehr auflauert, sondern sich frech zeigt. Allerdings that die Neuzeit viel, stürzte Könige von ihren Thronen, machte Länder unabhängig von der Gewalt ihrer Beherrscher, ließ den Absolutismus über die Themse schiffen, bildete selbst Sklaven zu freien Männern, und dennoch ist es ihr nicht gelungen, den Judenhaß aus der Brust unserer christlichen Brüder zu entwurzeln, dennoch steht er in seiner düstern mittelalterlichen Gestalt ungeschmälert da. Ich darf wohl sagen, wenn es möglich ist, so vergrößert er sich noch — o tempora! o mores!

Verfolgen wir den Faden der Geschichte, so finden wir den Judenhaß in ganz anderer Form, wie er jetzt erscheint. In früherer Zeit hatte der fromme Christ den Vorwand, er dulde keinen andern Glaubensbekenner, er wollte als Christ vom Juden geschieden sein; jetzt ist er ja so aufgeklärt dazu; jetzt schämt er sich den Grund anzugeben, warum er seine armen Brüder so drückt, quält und von sich zurückstößt. Der reformirte Judenhaß hat sich auf ein anderes bequemeres Mittel besonnen, er bürdet uns solche Fehler auf, die wir nie besaßen, er macht uns Vorwürfe, die durchaus ungerecht sind, sucht in uns Mängel aufzufinden, die kein Vernünftiger finden kann und wird, und redet sich so lange ein daß sie wirklich an uns haften, bis er die Ueberzeugung zu haben glaubt, uns nach Belieben demüthigen, knechten und martern zu können. — Mit dem unverschämtesten Uebermuth hetzen sie uns wie ein armes Wild in den Winkel irgend einer schmutzigen Judengasse, und glauben uns da den letzten Stoß zu versehen. — Doch unser Volk, daß trotz Wogen und Wellen, die es zu verschlingen droheten, hat seinen Muth noch nicht verloren; mit kindlicher Liebe vertrauet es seinem Hort und Beschützer, der es so lange auf wunderbare Weise erhalten. Jedes neue Leiden scheint uns in unserm Glauben, Hoffen und Vertrauen zu stärken und zu stählen. Mir fallen jetzt Carl Beck's Worte ein:

Ach nach Wundern fragt der Jude,
Sieht in Wolken seinen Hort,

bleibt uns etwas anderes übrig? Wenn man ein taubes Ohr für unser gerechtes Klagen, für unsere Bitten hat, müssen wir uns nicht zu unserm Vater im Himmel wenden.

Wehe dem, der uns diesen Trost rauben will!

K. R.

Miskolz, 20. April. Wenn wir in öffentlichen Blättern auf die traurige Kunde stoßen, daß Deutschland, die Fackelträgerin der Wissenschaft und der modernen Gesittung, hie und da das Fest der Freiheit mit Beschimpfung der Juden begeht, so haben wir dies in der That nicht als eine seltene Erscheinung anzusehen, wir erlebten und sahen dort in diesem aufgeklärten Jahrhundert, das ist das neunzehnte in seiner Glorie, so manau predigt: „Liebet selbst eure Feinde", nicht zum erstenmal tief versargte, scheußliche Spukgestalten heraufbeschwören, ihnen Leben mittelalterlichen Vorurtheils einhauchen und dann ihr Unwesen treiben. Daß aber in dem Lande der als bieder und hochherzig gepriesenen Magyaren seit Kurzem Sympathie für derlei Unbill augenfällig sich kundgiebt, ist fürwahr ebenso neu als beklagenswerth. In Preßburg bekamen die Juden Prügel, in St.-Weißenburg Rippenstöße, in Caschau, Eperies die Fenster eingeschlagen, und hier möchte man sich schon gerne über derlei Kleinigkeiten hinwegsetzen, wenn anders es nur damit abgethan wäre; unsere löbl. Bürgerschaft führt wie man hört noch etwas Löblicheres im Schilde, man spricht, ich wills nicht sagen, vom Todtschlagen.

Froh und freudig schlug uns das Herz, als die Worte: Freiheit, Gleichheit, zu unsern Ohren drangen; froh und freudig verkündete der Vater dieß seinem Kinde, ein Nachbar es dem andern. Schon sahen wir uns im Geiste der Fesseln bar, die verjährte Intoleranz, blindes Vorurtheil uns geschmiedet, unsern Nacken des Joches frei, das Fanatismus uns aufgelegt und besaigen gleich dem blinden Milton eine Sonne, die zu schauen uns leider verwehrt war. Denn der Freiheit schon allzulange beraubt, wußten wir des Wortes neueste Bedeutung nicht, aus ihrem Reiche schon längst verwiesen, war es uns fremd, daß der Fortschritt einer setzen Sinn hineinträger, und wir Narren sanger. Die Willfährigkeit unserer christlichen Mitbrüder jedoch, die uns nimmer da fehlt, wo es nicht unserem Nutz und Frommen gilt, ließ auch diesmal nicht lange auf sich warten und stach uns bei Zeiten den Staar. — Die Sonne der Freiheit, sprach sie, die am Himmel Europas aufgegangen, darf den Meridian der ungarischen Israeliten noch nicht passiren, noch ist es ihnen nicht gegönnt in ihren wohlthätigen Strahlen sich zu sonnen. Darin eben finden wir die Privilegien und Prärogative der uns gewordenen Freiheit, daß wir so frei sein dürfen, auch zu sagen: „das ist Freiheit!!" Wir an unsere Ketten gemahnte Sklaven meiner jedoch noch immer, diese Stimme, obschon sie so gewaltiglich schrie, daß die Menschheit erbebte, und sie wirklich stehen blieb, jene Sonne sei nichts weniger als die Stimme eines Josua war, vielmehr das wüthende Toben einer rohen Masse, das die gesunde Sprache der Vernunft übertäubte. Als Wunder wird es sich der Nachwelt aufbewahren zwar, doch schwerlich dürfte es Bewunderer finden. —

Wer mit uns ringt, sagt der große Engländer Burke, der stärkt unsere Kräfte nur, und so ist es auch. Mit verjüngter Kraft hämmern wir an den uns hie und da noch anklebenden Schlacken, und so muß uns denn doch über lang oder kurz das neuerdings streitig gemachte Menschenrecht zu Theil werden.

Proßnitz, Mai. Unser Oberrabbiner Fassel hat eine treffliche Rede bei Gelegenheit der errungenen Freiheit gehalten, aus der ich Ihnen folgende die jüd. Zustände bezeichnende Stelle mittheile.

„Was für eine Thräne glänzt in deinem Auge mein Bruder? Ist es eine Freuden- oder eine Schmerzensthräne? Laß es mein Bruder eine doppelte sein! Weine, weine, auch unsere Väter in Egypten haben zu Gott geschrien, ob des Druckes, der schwer auf ihren Schultern gelastet. Und die bisherigen hierländischen Gesetze für uns sind eben so hart, eben so drückend und niederbeugend, eben so die Menschenwürde und das moralische Gefühl schändend, als die pharaonischen Gesetze zu Egypten. Lasten sind uns eben solche schwere aufgelegt, wie damals; unerschwingliche und unerträgliche Sondersteuer, Belastung, zweifache[1] Belastung der nothwendigsten Lebensmittel, und alles das noch bei Beschränkung und Schmälerung aller Nahrungswege[2], ganz so wie in Egypten. Stroh wurde ihnen nicht gegeben; aber den Tribut an Ziegeln mußten sie liefern. Und waren Mehrere zu schwach, um arbeiten zu können, und konnten sie die auferlegte Abgabe nicht leisten, so wurden die Aufseher geschlagen, die Anzahl der Ziegel mußte ein für alle Mal vollständig geliefert werden. Ganz so wie bei uns. Da können auch noch so viele verarmen und außer Stande werden, die ungerechte Sondersteuer zu bezahlen, die Uebrigen müssen es für Alle thun.[3] In Egypten sonderte man die Israeliten ab, in Oesterreich auch.[4] In Egypten wollte man sie nicht vermehren lassen, in Oesterreich auch nicht.[5] Aber da lobe ich mir noch die Verfahrungsweise Egyptens; Pharao machte kurzen Proceß, er ließ die Kinder männlichen Geschlechts ins Wasser werfen; in Oesterreich läßt man sie wohl leben, aber leben, um zu verkümmern, leben, um zur Unsittlichkeit erzogen zu werden[6], leben, um keine Wohlfahrt je zu genießen, denn sogar jede Aussicht es ihnen versagt, je eine Familie bilden zu können. So bleibt es der Fluch des Unrechtes, daß es fortzeugend nur Böses gebären kann.

Darum weine, mein Bruder! deine Thräne ist gerecht! Was hat das verstoßene Kind von dem Glücke, welches dem Hause zugeströmt, wenn es daran Theil zu nehmen verhindert wird? Umgekehrt durch das Glück Anderer, wird das eigene Unglück fühlbarer, wie der

---

1) Nebst der allgemeinen Verzehrungssteuer muß der Jude in Mähren noch eine besondere zahlen.

2) Dem Juden sind viele Nahrungswege untersagt, und in den bedeutendsten Handelsstädten darf er nicht wohnen.

3) Die Familientaxe und sog. Drittelzuschuß sind Solidarsteuern, die, falls die ganze Gemeinde bis auf Ein Mitglied verarmen würde, dieses solche allein bezahlen müßte.

4) In jeder mährischen Judengemeinde sind die Juden in einem Ghetto zusammengepfercht.

5) Kein Israelit darf heirathen, bis nicht ein anderer gestorben ist.

6) Da mehr geboren werden, als sterben, so bleibt ein Theil der Familiantensöhne zum Cölibat verurtheilt. Dann sind gewiß schon in Mähren Tausend unehliche männliche Kinder, die so ipso zum Cölibat verurtheilt.

Fluch der heiligen Schrift lautet: „Wenn sich freut das ganze Land, mache ich dir Betrübniß." (Ezech. 35, 15).

Und doch rufe ich mit gleicher Begeisterung: „Diesen Tag hat Gott gemacht, lasset uns jauchzen und uns seiner freuen." Denn es ist nicht möglich und nicht denkbar, daß es im freien Oesterreich so bleiben kann für uns, wie es im geknechteten Oesterreich war. Oesterreichs Bürger würden die Freiheit nicht verdienen, wenn sie den schmählichen Druck gleicher vaterländischer Menschen dulden könnten. Sie müßten sich dann schämen, für Bekenner einer Religion der Liebe auszugeben, wenn ein solcher empörender Druck vor ihren Augen und mit ihrer Zustimmung werden sollte. Ein solcher Judendruck ist in keinem konstitutionellen Staate mehr, so kann er auch im freigewordenen Oesterreich nicht bleiben. Die hochherzigen Stände des Reiches werden und können es nicht zugeben, daß ein so gewaltiger Staat noch länger ein System der Judenaussaugung verfolge, und daß Anstalten, die nichts anders sind, als Einrichtungen zur Bedrückung des Schwächern von dem Stärkern, Aemter, Staatsämter genannt werden, und mit dem glorwürdigen Wappen des Reiches prangen sollten. Eine solche Schmach wird sich das freigewordene Oesterreich dem ganzen Europa gegenüber nicht anthun. Und unser guter Landesvater, der in diesen Dingen so schlecht berathen war, dem man so sorgfältig die Wünsche und die Stimmung und die Bedürfnisse seiner Völker zu verheimlichen wußte, wird, so er genaue Kunde erlangt, von den elenden und schmachvollen Zuständen seiner treuen israelitischen Unterthanen, diesen eben so abhelfen, wie er die Wünsche und Bedürfnisse anderer Völker erfüllt hat. Die Huld und Milde unseres Beherrschers ist ja sprüchwörtlich worden, so wird er sie auch in Betreff seiner israelitischen Unterthanen nicht verläugnen. Darum können auch wir getrost einer baldigen bessern Zukunft entgegensehen, und mit einstimmen in den allgemeinen Jubel unserer Vaterlandsbrüder.

Italien.

Rom, 20. April. In dem Augenblicke, wo die Judenverfolgung so überhand genommen, in dem Augenblick, wo Judenblut unsern christlichen Brüdern so sehr zum Bedürfniß geworden zu sein scheint; muß uns eine angenehme Nachricht doppelt willkommen sein. Wir halten es für einen Fingerzeig Gottes, der uns in dieser traurigen Zeit zuruft: „Vertraue auf Gott, stärke und tröste dein betrübtes Herz!"

Am 17. April Abends, die Zeit, wo jeder Jude der Leiden unserer Vorfahren in Egypten sich erinnert, mit frohem Herzen und sehnsuchtsvoller Zuversicht, sitzt er da im Kreise seiner Lieben, aus voller Brust die

7) z. B. das k. k. jüdische Verzehrungssteuer-Amt.

Hymnen und Halleluja's dem Himmel für die Erlösung sendet, in dieser Zeit wurde Krawall auf der Straße vernommen. — Es dauerte nicht lange, als eine Menge mit Aexten bewaffneter Herren, in unser Zimmer drangen, wie konnten wir anders als vor Schrecken erzittern? wie anders als ein baldiges Blutbad mit Resignation abwarten? wir glaubten uns von Pharaonen des 19. Jahrhunderts überfallen.

Wie groß aber war unsere Freude als diese wahren Edelleute an uns freundlich das Wort richteten und ein donnerndes: „Es lebe die Idee!" erschallen ließen. — „Wir sind keineswegs gekommen, euch noch mehr zu knechten, nein! wir sind gekommen zu brechen die Bande der Sklaverei, zu lösen die Fesseln der Barbarei, zu zertrümmern die Thore des Ghetto, wir sind froh, daß der Augenblick nun gekommen ist, in dem wir euch beweisen können, daß wir euch als unsere Brüder gern aufnehmen, daß wir euch wie unsere Brüder lieben und in jeder Noth beistehen!" — — —

Mögen sich unsere christlichen Mitbürger in Böhmen, Galizien, Posen, Ungarn ec. ein Beispiel nehmen und aus ihrer Engherzigkeit doch endlich heraustreten. — Es ist hohe Zeit!

Rom, 29. April. Die Priester flüstern dem Volke allerhand gegen die Juden ein und erzählen von ihnen unwahrscheinliche Angriffe auf Geistliche u. dergl. Es ist so weit gekommen, daß ein Theil der Bürgergarde den Ghetto, nachdem die Thore gefallen, Abends mit Ketten und Wachtposten sperren will. Die Israeliten sollten auch in die Civica eintreten, und in vier Bataillonen getheilt werden: das in dem Fürsten Borghese, sind schon theils Einleitungen dazu getroffen, theils schon wirklich Juden aufgenommen; vier andere aber, darunter das transteverinische, haben heute durch eine Deputation dem Minister Galetti erklärt, entweder die Juden in den Waffen zusammen wieder sie nicht dienen. Und die Juden könnten es auch gar nicht, ehe sie nicht mit ihren christlichen Waffenbrüdern zusammen essen, Sonnabends Dienste thun und vor der Hostie und vorbeigetragenen Crucifixen knien könnten. (D. A. Z.)

Der kirchliche Verein für alle Religionsbekenntnisse in Leipzig.

II.

Das Gemeinwohl erblüht auf dem Boden der Sittlichkeit und Religion. Soll Deutschlands Gemeinwohl gedeihen, so müssen wir für die Sittlichkeit und Religiosität des deutschen Volkes Sorge tragen. Sittlichkeit und Religiosität zu pflanzen und zu pflegen, ist die Aufgabe der Kirche. Die in verschiedene Konfessionen getheilte Kirche war bisher durch staatliche Fesseln

gebunden und gehemmt und zu einer polizeilichen Zwangs-
anstalt gemacht, sie konnte daher weniger ihre segensreiche Wirksamkeit entfalten. Für die verschiedenen Konfessionen und kirchlichen Gemeinschaften ist daher volle
Selbstständigkeit und Gleichstellung zu erstreben. —

Die Eintracht ist die sicherste Stütze des Gemein-
wohls. Die Eintracht Deutschlands wird im innersten
Grunde durch die konfessionellen Zerwürfnisse gestört.
Die konfessionellen Zerwürfnisse entstehen; indem die
verschiedenen Konfessionen ihr gemeinsames, religiös-sittli-
ches Ziel aus dem Auge verlieren. Durch Hervorhebung des
gemeinsamen religiös-sittlichen Geistes und durch Anerkennung der jeder Konfession eigenthümlichen Vorzüge sind
die konfessionellen Zerwürfnisse und Mißverständnisse zu beseitigen und zugleich die in allen Konfessionen wünschens-
werthen und nothwendigen Reformen zu befördern.

Die protestantische Kirche hat den Staat als eine
ihrer Hauptstützen betrachtet. Die Gegenwart lehrt, wie
schwankend und ungewiß diese Stütze sei. Die Kirche
muß in sich selbst die Kraft des Bestehens und Wirkens
haben und hegen. Die Freunde der Kirche müssen daher, ohne auf fremde Hülfe zu warten, die kirchlichen
Angelegenheiten, zumal in einer flüssigen Zeit der Neu-
bildungen, vertreten und zu einem erwünschten Ziele zu
führen suchen.

Das Volk ist zum großen Theile den kirchlich-
religiösen Angelegenheiten entfremdet; wir müssen darnach streben, die Religion zur nothwendigen Sache jedes
Gebildeten und jedes schlichten Herzens zu machen. —

Zur Geltendmachung dieser heilsamen und zeitgemäßen Ansichten haben sich die Unterzeichneten vereinigt,
einen besondern Verein unter dem Namen:
„Kirchlicher Verein für alle Religionsbekenntnisse"
zu begründen. Sie sind überzeugt, daß sie dadurch
ebenso für die Freiheit und Einheit Deutschlands, wie
für die Beruhigung und Verständigung der Gemüther
wirken. Daher hoffen sie auch, unter vielen ihrer
Mitbürger eine freudige Theilnahme zu finden.

Grundzüge des „Kirchlichen Vereins für
alle Religionsbekenntnisse".

1) Name: Der Verein nennt sich „Kirchlicher
Verein", weil er die allgemein kirchlichen Angelegenheiten der verschiedenen Religionsbekenntnisse zum Gegenstande seiner Thätigkeit macht.

2) Zweck: Fortbildung des religiösen und kirchlichen Lebens. Insbesondere: Verwirklichung der Selbstständigkeit und Gleichstellung aller Konfessionen, Beseitigung der konfessionellen Mißhelligkeiten und Mißverständnisse und Förderung der kirchlichen Reformen.

3) Standpunkt: Unbedingte Rationalität auf
Grund des religiös-sittlichen Geistes.

4) Wirksamkeit: Der Verein wirkt durch Vorträge und Besprechungen in allgemeinen Versammlungen,
so wie durch Schriften.

5) Mitglieder sind Männer und Frauen, welche den Zweck und Standpunkt des Vereins theilen,
ihren Namen in das Mitgliederverzeichniß eintragen und
sich zu einem freiwilligen monatlichen Geldbeitrage verpflichten.

6) Ausschuß: Der Verein erwählt einen Ausschuß, in welchem alle Religionsbekenntnisse möglichst
vertreten sind. Der Ausschuß wählt den Vorstand, bereitet die allgemeinen Versammlungen vor, entscheidet
über die Vereinsschriften und vertritt überhaupt den
Verein.

Archidiak. Dr. Fischer, Lic. Dr. Fricke, Dr.
Haltaus, Pred. Jellinek, Rektor J. Kell,
Pf. Rauch, G. Ruß, Ferd. Sernau, M.
Simon, Diak. an der Nikolaikirche, Adv.
Karl. Herm. Simon, Prof. Dr. Theile,
Dr. Zestermann, Pred. Dr. Zille.

III.
Aufruf an die Mitglieder aller Religions-bekenntnisse.

Liebe Brüder! Religiosität und Sittlichkeit zu fördern, ist die gemeinsame Aufgabe aller Religionsbekenntnisse. In der Anerkennung ihres gemeinsamen Zweckes
sollten sich daher die Glieder der verschiedenen Bekenntnisse vereinigen, um gemeinschaftlich für die Erlangung
ihrer gemeinsamen Rechte und für die Erfüllung ihrer
gemeinsamen Pflichten zu wirken. Wir wollen einig
sein, um stark zu werden im Geist; wir wollen stark
sein, um thatkräftig und allgemein dahin zu streben,
daß Gottes Gesetz, das Gesetz der Liebe, in aller Sinn
gegeben und in aller Herz geschrieben werde.

Fern von uns ist jede Bekehrungssucht! Wir leben
und handeln in der Anerkennung der Wahrheit, daß
Gott die Person nicht ansieht, sondern in allerlei Volk,
wer ihn fürchtet und recht thut, der ist ihm und daher
auch uns angenehm.

Jeder von uns soll sich mit Freuden des Guten
in seinem Bekenntnisse bewußt sein, aber eben so freudig soll er auch das Gute in den andern Bekenntnissen
anerkennen. Seien wir verschieden in der kirchlichen
Form und Gestaltung, einig sind wir aber in der
Kraft des heiligenden Geistes! Das Band des Friedens
und der Liebe umschlinge alle Religionsbekenntnisse!
Wir wollen durch gegenseitiges Geben und Nehmen,
durch brüderliches Zusammenwirken heranwachsen zur
Einheit im Geist!

Mit dieser Gesinnung haben in Leipzig Mitglieder
verschiedener Bekenntnisse einen
Kirchlichen Verein für alle Religionsbekenntnisse
gegründet.

Leipzig, den 30. April 1848.
Der einstweilige Ausschuß des Kirchlichen
Vereins für alle Religionsbekenntnisse
zu Leipzig.

Verlag von C. L. Fritzsche.   Druck von J. H. Nagel.

Der Orient.

Berichte, Studien und Kritiken

Neunter

—

für

jüdische Geschichte und Literatur.

Jahrgang.

Das Abonnement auf ein Jahr ist 5 Thlr. Man abonnirt bei allen löbl. Postämtern und allen solid. Buchhandlungen auf ein Jahr.

Herausgegeben

von

Dr. Julius Fürst

Von dieser Zeitschrift erscheinen wöchentlich das Literaturblatt mitgerechnet, zwei Bogen, und zwar an jedem Dienstag regelmäßig.

№ **22.**   Leipzig, den 27. Mai.   **1848.**

Deutschland.

Hamburg, im Mai. Aus der trefflichen Zeitpredigt des Dr. Salomon, die bereits in dieser Blättern erwähnt wurde, erlaube ich mir Ihnen eine wichtige Stelle mitzutheilen, die manche Wirkung hervorzubringen im Stande sein dürfte: „Das Wort und das Schwert stritten einstens um den Vorzug, und wer wohl die größten Thaten in der Welt gefördert hätte. Das Wort trug den Sieg davon. — Das ist keine Fabel, meine Lieben! Das ist Wahrheit; das ist Geschichte. Das Wort, zur rechten Zeit geredet, hat von je her, zuvörderst in den Köpfen und Seelen einzelner Menschen, dann in den Häusern und Familien, endlich in den Staaten und Völkern die größten und heilsamsten Veränderungen und Umwälzungen hervorgerufen. Von je her — wenn ich so sagen darf — war das Wort der Elia's, der dem Messias voraneilte. — Um so sorgfältigere Beachtung widmet der Sohn Israels dem Wort in Tagen, wie die gegenwärtigen, wo die Gemüther aufgeregter, empfänglicher, entflammter sind. Da kann das Wort Großes, Außerordentliches wirken, kann „Tod und Leben" bringen! — Das bedenkt der Israelit und ist mit dem Worte zwar sehr besonnen, sehr bedächtig; aber wo es frommt und wahrhaft nützt; wo es gilt, für das Heil der Menschheit, für die Wohlfahrt der Brüder, für den Schutz der Unschuld, für das Recht der Zurückgesetzten, der Bedrängten, der Verkannten den Mund zu öffnen: da verschließt die Furcht ihm die Lippen mit Nichten; da legt er wegen kleinlicher Rücksichten, noch weniger aus Eigennutz und Selbstsucht die Zunge keineswegs in Fesseln. Auch zum Reden sendet Gott Zeit und Stunde, auf daß sie benutzt werde. Wer daher, meine Brüder! Meister ist des Wortes, der versäume nicht den günstigen Augenblick, der benutze diese Himmelsgabe zum Besten der Mitgenossen. Er öffne den Mund mit Weisheit und führe den Griffel mit Einsicht. Insonderheit sorge dafür, Israeliten! daß da, wo die Vertreter und Leiter der Völker sitzen, Eure Angelegenheiten zur Sprache kommen und der Mund geöffnet werde für die Stummen — in der rechten Weise und zur rechten Zeit. Israeliten! Der Storch unter dem Himmel kennt seine Zeit, die Turteltaube, der Kranich, die Schwalbe merken ihre Zeit, wenn sie kommen sollen. Und mein Volk sollte den Ruf des Herrn nicht erkennen?!"

Leipzig, 12. Mai. (Leipz. Tagebl.) (Ueber Emancipation der Juden.) Da man diese Blätter vorzugsweise zum Tummelplatze eines unedlen Kampfes erwählt hat und seit einiger Zeit wiederholte, für die Intelligenz Leipzigs keinen sehr schmeichelhaften Maßstab abgebende, mehr oder weniger feindselige Artikel gegen Judenemancipation und Juden überhaupt darin erschienen sind, auch deren Erwiderung theils nicht in würdiger, theils nicht in treffender Weise stattgefunden, so glaubt Einsender dieser Zeilen im Interesse aller wahrhaft liberalen christlichen Einwohner Leipzigs und Sachsens zu handeln, wenn er, der die Juden und ihre Eigenthümlichkeiten vielleicht genauer kennt als irgend einer, der sich in diesen Blättern darüber ereifert hat, in einer auf vielfache Beobachtung gegründeten Darle-gung der Verhältnisse das Für und Wider der Eman-cipation auseinanderzusetzen versucht. Man wende nicht ein, daß eine Beleuchtung dieser Frage überflüssig sei, man spreche nicht in allgemeinen Redensarten, daß der Geist der Zeit sich bereits dafür entschieden; eine For-derung des Zeitgeistes könnte leicht seine verbindliche Kraft für eine spätere Periode verlieren. Es handelt sich darum, den Gegner auch zu überzeugen.

Die Gegner der Emancipation sind, ich scheue es nicht zu sagen, mindestens in Sachsen zahlreicher als man glaubt; es sind nicht allein jene Wenigen, die sich offen dagegen aussprechen, es sind in ihrem Innern gar Viele, die äußerlich aus instinktmäßiger Scham wohl dafür stimmen oder am liebsten sich neutral ver-halten, deren engherziger Kastengeist und kalter Egois-mus aber sie als verdeckte Gegner viel gefährlicher erschei-nen läßt, als der offen zur Schau getragene tölpische Fanatismus der geringeren Zahl.

Die letzteren sind weit leichter zu bekämpfen als die ersteren, die gern die Frage von dem religiösen auf den politischen Standpunkt überspielen wollen. Zu der Idee, daß ein Mensch wegen seiner religiösen Ueber-zeugung schlechter oder weniger berechtigt als ein ande-rer sei, mögen sich heut zu Tage nur Wenige bekennen, da dies eine Absurdität ist, die selbst in den niedrigsten Schichten keinen Anklang hat; dagegen findet der Ge-danke, daß man die Juden nicht als religiöse Genossen-schaft betrachtet, sondern daß man ihnen fälschlicherweise eine eigenthümliche, dem bürgerlichen Leben der Christen feindliche Nationalität unterschiebt, bei Vielen eine ge-neigtere Aufnahme. Man hört nicht selten Leute von sonst achtbarem Charakter und gemäßigten Ansichten die Meinung aussprechen, daß der Jude nicht seiner Reli-gion, sondern seiner nationalen Eigenthümlichkeit halber gewissen Beschränkungen unterworfen sein müsse. Um das Ungerechte und Falsche dieses Satzes nachzuweisen, glaube ich den zweckmäßigsten Weg zu wählen, wenn ich diese nationalen Eigenthümlichkeiten dem Leser zur näheren Prüfung vorführe. Ich werde mich dabei be-mühen, mit derjenigen Unparteilichkeit zu Werke zu gehen, die weit entfernt den Juden zu schmeicheln, auch für ihre speciellen Unliebenswürdigkeiten nicht blind gefunden werden soll.

Im Allgemeinen wird den Juden vorgeworfen, daß sie die Christen mit Verachtung ansehen, sobald nicht ihr Vortheil das Gegentheil erfordere, daß sie dem Gelde einen höheren Werth beilegen, als aller geistigen und körperlichen Vorzügen, daß sie die Arglosigkeit der Chri-sten durch List und Trug im Handel zum Nachtheile der ersteren benutzen, und sobald ihnen durch Emancipation vollkommene Freiheit ertheilt sei, auch alle übrigen Branchen als Gewerbe, Industrie und Landwirthschaft an sich ziehen würden.

Der erste Punkt ist nicht ganz ungegründet; es wird den Juden in der Mehrzahl, wo sie sich von anderweitiger Rücksicht befreit glauben, schwer, eine ge-wisse anerzogene Suffisance zu unterdrücken, die sich zu-weilen selbst in Verbindung mit vorlauter Zudringlich-keit markirt, ein Fehler, der den Juden besonders unter denen viel Feinde gemacht hat, die nur gelegentlich und in oberflächlichem Verkehr mit ihnen geriethen, und der sich hauptsächlich an denen offenbarte, die im Besitze vie-len Geldes, doch bei mangelnder wahrer Bildung, sich gleichwohl berechtigt glaubten, ihren Platz unter den ge-bildeten Ständen und in deren Cirkeln einzunehmen, an die wir demnach höhere Ansprüche machten als wir nach der Erziehung und dem frühern Umgange der Leute billigerweise machen durften.

Der zweite Punkt, die Ueberschätzung des Geldes ist gleichfalls eine oft grell hervortretende tadelnswerthe Eigenthümlichkeit der Juden; doch muß man, um ge-recht zu sein, den beiden Punkten auf die Ursache dieser Nationalfehler zurückgehen. Ist es etwa zu verwundern, wenn ein Volk, das von seinen christlichen Mitbrüdern seit Jahrtausenden Bedrückungen und Ungerechtigkeiten aller Art zu ertragen hatte, und das zu schwach war, offenen Widerstand zu leisten, die ursprünglichen Gefühle verbissenen Grimmes allmälig in den passiven Zorn der Ohnmacht, die stillschweigende Verachtung verkehrte? Ist es ferner zu verwundern, wenn es ein Volk, dessen Ehrgeize so enge Schranken gezogen, daß nur der Besitz des Geldes ihm einiges Ansehen zu verleihen im Stande war, diese Macht sehr bald überschätzen mußte, da ihm anderweite reellere Vorzüge keine Geltung verschaffen konnten?

Was den Hauptvorwurf endlich anbelangt, das Ruiniren des Handels und der Gewerbe, so glaube ich solchen wenigstens zum großen Theil in Abrede stel-len zu können. Wer vom Ruiniren spricht, dem rathe ich jedenfalls sich damit zu trösten, daß die Juden, die seit Olims Zeiten hauptsächlich Handel trieben, bis zum heutigen Tage nichts Wesentliches daran ruinirt haben, jedenfalls also der Zerstörungsprozeß von ihnen außer-ordentlich langsam bewerkstelligt wird. Was nun vom Handel gilt, dürfte auch die Industrie treffen. Aller-dings werden häufige Betrügereien von Juden im Han-del verübt; aber selbst wenn hier die Statistik zum Nach-theil der Juden ausfiele, so bedenke man, daß ihnen die Gelegenheit genommen ist, den Betrug anderweitig, z. B. in Aemtern und Würden, welches Privilegium

die Christen bis jetzt für sich in Anspruch nahmen, auszuüben, und daß keine Gelegenheit so verführerisch dazu
ist als eben der Handel. Das Wahre an der Sache,
was nur die Meisten sich nicht gestehen wollen, ist, daß
die Juden im Handel regsamer, spekulativer und dadurch
häufig auch erfolgreicher sind als die Christen, was ganz
natürlich zugeht, da bis noch vor kurzer Zeit dies der
einzige Erwerbszweig war und in vielen Ländern noch
ist, der den Juden je gestattet wurde.

Gleich wie ein Inselvolk gewöhnlich gute Seeleute
bildet, so mußte der vom Vater auf den Sohn in hunderten von Generationen forterbende Schachergeist eine
eigenthümliche Fähigkeit zum Calcul heranbilden, die in
seiner praktischen Anwendung dem Kaufmanne sehr gut
zu statten kommt.

Fühlt ihr euch daher zu schwach, es mit dieser
Konkurrenz aufzunehmen, nun wohl, so gebt den Juden
recht vielfältige Gelegenheit, auf andere rechtschaffene und
ihrer Bildung angemessene Weise ihr Brod zu erwerben,
und die jüdische Konkurrenz im Handel wird sich wenigstens der Zahl nach sicherlich in kurzer Zeit
vermindern.

Nachdem ich so mit den hervorstechenden, der Mehrzahl anklebenden, jüdischen Specialfehlern nicht hinterm
Berge gehalten, sie wenigstens nicht zu nachsichtig gezeichnet habe, wird es ein unparteiischer Leser, dem es
um Wahrheit und Recht zu thun ist, gewiß in der
Ordnung finden, wenn ich nun auch einige jüdische
Special-Tugenden erwähne, die am Ende den Fehlern
die Waage halten möchten.

Bekannt ist der Wohlthätigkeitssinn der Juden,
nicht allein gegen ihre Glaubensgenossen, sondern gegen
jeder Bedürftigen, gleichviel welcher Religion. Bekannt
ferner und fast wunderbar zu nennen, wenn man die
meist geschäftsmäßig abgeschlossenen Ehebündnisse bedenkt,
ist die hohe Moralität des Juden in der Ehe, die Pietät in der Familie, welche die der Christen weit übertrifft
und auch auf die entferntesten Glieder sich erstreckt. Die
Juden haben sich durchschnittlich stets als Freunde der
Ordnung und Verehrer des Gesetzes in allen Staaten
gezeigt, sie haben bereitwillig die ihnen auferlegten Lasten getragen, auch wo sie nur das magere Recht der
Duldung genossen, und bei vielen Gelegenheiten eine
Kraft des Erduldens bewiesen, die nur in tief ge-
wurzeltem religiösen Gefühl ihren Stützpunkt haben
konnte. Wer den Juden nicht auch von dieser Seite
hat kennen lernen, der kennt ihn überhaupt nicht, der
darf ihn auch nicht seiner Fehler zeihen, der darf sich
gar kein Urtheil über ihn anmaßen.

Will man aber ein Facit ziehen für die Beantwortung der Frage, so vergesse man nicht, daß im Juden
so gut wie im Christen die Keime des Edlen und Guten
von der Geburt an vorhanden sind; sollten diese Keime
nicht in demselben Maaße zur Entwickelung kommen,

und selbst die Mehrzahl der Juden vor einem strengen,
der Nächstenliebe fremden Richterstuhle den Christen nicht
gleich befunden werden, so ist es die Schuld unserer
Vorväter und Väter, es ist unsere Schuld bis auf den
heutigen Tag, die wir selbst eine ungerechte Unterdrückung
ausgeübt haben und noch ausüben. Jede Unterdrückung
tritt der Entwickelung hemmend in den Weg und Unterdrückung ist es, wenn auf der einen Seite nur ein
Körnchen mehr Freiheit als auf der andern sich befindet.

Sollte selbst einer oder der andere von uns in
einer Emancipation der Juden Gefahren für die Ge-
genwart erblicken, so mag er nicht vergessen, daß unsere Vorfahren uns in Unwissenheit diese Pflicht der
Gerechtigkeit vererbt haben, und daß es ein Akt feiger
Selbstsucht wäre, sich dieser Pflicht dadurch zu entziehen,
daß wir, die zur Erkenntniß gekommen sein wollen, die
Ausführung von uns ablehnen und wieder auf unsere
Nachkommen übertrügen. Wir haben eine doppelte
Pflicht zu erfüllen: vergangenes Unrecht wieder gut zu
machen, und denen, die wir nach unserem parteiischen
Urtheil in der Mehrzahl als unter uns betrachten, wenigstens die Hand zu bieten sich zu uns emporzuschwin-
gen. Es mag vielleicht ein Menschenalter dazu erforderlich sein, um die jetzige Kluft vollkommen auszufüllen und alle rauhen Stellen zu ebnen, aber gebt
jetzt Gerechtigkeit und eure Nachkommen werden die
Früchte ernten. Ich spreche aus diesem allerschwärzesten
Gesichtspunkte zu denen, die von Vorurtheilen befangen
sich vielleicht noch gar nicht einmal bemüht haben, ihre
jüdischen Mitbürger kennen zu lernen, die einzelne schlechte
Beispiele als Norm anführend, bisher auch die mit verurtheilt haben, die den Besten unter uns an die Seite
treten dürfen, weil sie, wenn auch brav und tüchtig,
doch als Juden ihnen nicht gleichzustehen verdienten.

Auch das ist eine Sophisterei, wenn einzelne unter
uns sagen, wir wollen die Emancipation der in Sachsen wohnenden Juden, wollen aber keine fremden
Juden aufnehmen. Entweder müssen wir überhaupt
den Zuzug der Fremden, gleichviel ob Juden oder Christen, nach Sachsen verhindern, oder wenn wir ihn gestatten und den Grundsatz der Glaubensfreiheit festhalten
wollen, müssen wir Jeden, der den sonstigen gesetzlichen Erfordernissen genügt, sei es weß
Glaubens er wolle, bei uns aufnehmen. Oder endlich
— wir müssen uns der ganzen civilisirten Welt zum
Gespötte preisgeben, müssen erklären, daß wir nur die
in Sachsen lebenden Juden, eine gute Miene zum bösen
Spiele emancipiren wollen, alle übrigen Juden aber als
von besonderem Gepräge betrachten, müssen erklären, daß
wie die Religionsfreiheit für uns allein, aber nicht für
andere in Anspruch nehmen.

Es giebt jetzt keine Entschuldigung, keine Ausflüchte
mehr, — wer von uns nicht den Juden das Recht
der Emancipation zugestehen will, den betrachte ich als

22*

entlarvt, von dem dürfen auch seine christlichen Mitbürger kein Recht erwarten. Er mag sich rennen, daß man ihn kennen lerne.　　　　A. Fecht.

Leipzig, 12. Mai. Der Bericht über die erste Sitzung des Vereins „zur Wahrung deutscher Interessen an den östlichen Grenzen" (Leipziger Abendbl. Nr. 13) stellt meine Opposition gegen Herrn Dr. Wuttke in einem mir durchaus fremden Sinne dar. Ich habe keine Sympathien für die Polen in Anspruch genommen. Ich habe vielmehr ausdrücklich erklärt, daß ich auf den speciellen politischen Inhalt der Debatte gar nicht einginge. Ich lehnte mich nur im Allgemeinen gegen Ausdrücke des Völkerhasses auf, und forderte humane Würde und Mitgefühl für das Unglück unter allen Verhältnissen.

Zu dieser Erklärung sehe ich mich aus wichtigen Gründen veranlaßt.

　　　　Dr. Wilhelm Wolfsohn.

Leipzig, 16. Mai. In dem Komité, das sich in Lemberg unter dem Gouverneur Stadion gebildet hat, sind auch die Juden vertreten. — In Neustadtl an der Waag sind leider Juden und Christen geplündert worden. — Die deutschen Nichtsachsen in Sachsen wählen einen Vertreter für Frankfurt. — Dr. Jacoby steht voran unter den Kandidaten. — In Darmstadt geht man mit bedeutenden religiösen Reformen um. Reformirt muß allerdings werden, wenn auch nicht im Sinne der Ultra-Reformer. — Der Bischoff Aloys Josef in Prag nahm in einer Proklamation die Juden in Schutz. Leider ziehen viele reiche Israeliten von Prag weg. — Die Nachricht von der Werra (Nr. 21) wird als falsch berichtigt. — In Leipzig sind noch sehr starke Plänkeleien gegen die Juden, natürlich unter den Zünften. Die Freizügigkeit flößt den Sachsen einen wahrhaft panischen Schrecken ein. — Cremieux ist wieder zum Minister der Justiz gewählt worden. — Rabbiner Löw in Papa hat seine Stelle niedergelegt. — Die Leipziger Messe brachte dies Mal viel seltene hebräische Bücher; es fanden sich aber wenig Käufer. —

Aus dem Netzdistrikt, im Mai. Fordern Sie Alles von mir, nur keinen Bericht über Gemeindeangelegenheiten im Großherzogthum Posen. Ich wüßte Ihnen jetzt von diesem Lande Nichts mitzutheilen, auch nicht das Mindeste. — Seitdem in Berlin die Barrikaden gefallen und mit ihnen die Schlösser von den Gefängnissen, in welchen die polnischen Revolutionäre des Jahres 1846 eingesperrt saßen, in jenen großen Tagen ist unsere Provinz aus der Mitte des neunzehnten Jahrhunderts, aus dem so glorreich angefangenen Jahre 1848, welches von unsern Nachkommen einst mit Recht das Jahr des Freiheit und der Auferstehung wird genannt werden, in das finsterste Mittelalter zurückgedrängt und aus einem sichern Wohnsitze friedlicher preußischer Bürger ein todesgefährliches Raub- und Mordnest geworden.

Vandalen und Hunnen geworden. Während über ganz Deutschland die Sonne der Freiheit aufging und mit ihren leuchtenden und erwärmenden Strahlen die aus dem Schlafe geweckten Kinder Teutonia's erquickte, wurde — o Fügung des Schicksals! — in unserer Provinz die Fackel des Aufruhrs geschleudert, und sie loderte hell und immer heller und drehete das ganze Land an der Warthe und Netze zu zerstören — und — o weh! sie hat, nach acht Wochen der Gräuel und des Entsetzens, auch in diesem Augenblicke zu leuchten noch nicht aufgehört. Städte und Dörfer sind in Flammen aufgegangen, Menschenblut ist in Strömen geflossen, Hab und Gut von Tausenden ist zernichtet worden, und wer weiß, was uns noch bevorsteht? — Die Wuth der Insurgenten richtete sich aber gleich von ihrem ersten Auftreten an mit ganz besonderer Grausamkeit gegen die Juden, und nicht nur verhältnißmäßig, sondern auch numerisch haben aus unserer Mitte mehr Opfer, als aus dem Kreise der deutschen (evangel.) Christenheit, unter den Streichen der Partisanen den Geist aufgegeben. Ich könnte ganze Bogen füllen, wollte ich Ihnen erzählen von den Abscheu und Entsetzen erregenden Gräuelthaten, welche in Trzemesno, Wreschen, Znin, Miloslaw, Xions, Neustadt und ganz neuester Zeit noch in Buk an Juda's Söhnen und Töchtern mit kalter Mordlust sind verübt worden. Doch hierzu, weiß ich, würden Sie Ihr Blatt nicht hergeben, ebensowenig als ich meine Zeit und meine Kraft. Und so wollen wir diese Trauerberichte einem spätern Geschichtschreiber überlassen. Doch Eins ist an uns zu thun, und hierzu werden wir laut und dringend gemahnt. Wir müssen helfen, wo Hilfe nöthig, und wenigstens zur Hilfe auffordern, wo wir nicht selber helfen können. Es sind in den genannten Städten viele arme jüdische Frauen ihrer Männer, viele arme jüdische Kinder ihrer Väter oder gar ihrer Eltern beraubt worden. Wer wird sich dort der unglücklichen Wittwen und Waisen annehmen? Es haben, wie in den genannten, so noch in mehreren andern Orten viele jüdische Familien durch Brand, Raub und Zerstörung ihre Häuser und ihr ganzes Vermögen eingebüßt. Wer wird, wer kann sich dort der so vielen Brod- und Obdachlosen annehmen? Es muß von anderwärts Hilfe kommen, und die muß bald kommen. Mein Vorschlag wäre, daß so schnell als möglich ein Unterstützungs-Komité gebildet und von diesem ein Aufruf an alle Israeliten Deutschlands erlassen würde. Noch besser wäre es, wenn sich der Orient an die Spitze dieses Unternehmens stellen wollte; dann würde der Erfolg gewiß nicht ausbleiben. — Doch was geschehen soll und kann, muß bald geschehen.[*] Die Sache ist dringend. Wittwen und Waisen, Kranke und Ver-

---

[*] Buchhändler Levit in Bromberg hat bereits einen Schritt gethan.　　　　D. R.

wundete, Arme und Elende ringen die Hände und schreien um Hilfe. Und sie sehen um sich Nichts weiter als die Trümmer ihrer Besitzthümer und die Grabeshügel ihrer gemordeten Verwandten. Gott, wie schrecklich! —
— L. W. —

Leipzig, 19. Mai. Gestern Abend hielt der deutsche Verein eine interessante Sitzung, in welcher über das deutsche Kaiserthum verhandelt wurde. Bei dieser Gelegenheit äußerte Hr. Dr. Kaiser, wie wichtig es sei, sich vor Allem über die Prinzipienfrage klar zu werden, da ohne Feststellung des Princips nutzlose Streitigkeiten hervorgerufen würden. So sei in Leipziger Lokalblättern viel gegen die Emancipation der Juden geschrieben worden, weil man das Princip außer Acht gelassen. Er erkläre, daß es die größte Schmach für die konstituirende Versammlung zu Frankfurt wäre, wenn sie noch Bedenken tragen sollte, sich nicht sofort für die Gleichstellung der Israeliten auszusprechen. — Im ähnlichen Sinne hat sich bei einer andern Gelegenheit der allgemein geachtete Kaufmann Dufour ausgesprochen. Noch giebt es Ehrenmänner in Leipzig, die trotz des wahrhaft schändlichen Volksvorurtheils ihre Stimme für die wahre und volle Freiheit erheben. — Dr. Riesser ist für Lauenburg in das Parlament gewählt worden. — An Jakoby ist von Königsberg eine sehr ehrenvolle Adresse abgeschickt worden. — Der Dichter Moritz Hartmann soll für Böhmen zum Abgeordneten gewählt worden sein. — Im „Leipziger Abendblatte" hat der deutsch-katholische Pfarrer Raich, Mitglied des kirchlichen Vereins, sehr warm und geschickt die Freiheit und die Ansprüche der Israeliten vertheidigt. — Der „kirchliche Verein" hat auch seine volle Entrüstung über die Judenverfolgungen ausgesprochen, zu Protokoll genommen und veröffentlicht. — In Wien hat der Name „Judenamt" aufgehört. Die Firma ist eingegangen, das Geschäft wird aber weiter getrieben. Die Israeliten bezahlen nämlich noch immer Aufenthaltssteuer.

Oesterreich.

Pesth, 9. Mai. Die früher hier bestandene habende israelitische Gemeinde hat bereits die Reformfrage hinsichtlich der mosaischen Religion berathen und alle ihre Mitglieder zur Annahme derselben aufgefordert. Zu den vorzüglichsten Punkten dieser Reformen zählt: daß die Israeliten Pannoniens sich gänzlich dem ungarischen Element anschließen, ihre Gebete einstweilen zwar noch in deutscher, in Zukunft aber in ungarischer Sprache vorlesen, den Sabbat auf den Sonntag verlegen und alle jene Feiertage, welche nur eine geschichtliche Erinnerung bedeuten, abschaffen wollen. (Pesth. Z.)

Krakau, 12 Mai. (Aufruf der krakauer Israeliten an ihre Glaubensgenossen im Großherzogthum Posen.) Brüder in Israel! Das Wort Gottes, welches das All aus Nichts hervorrief, welches, im ewigen Processe begriffen, immerfort das Universum regiert und leitet; das Wort Gottes, welches unsere Vorfahren erlöst hat aus der materiellen Sklaverei der Egypter und am Berge Sinai aus der geistigen des Aberglaubens, des Götzendienstes und der Gesetzlosigkeit: dieses allerhöchste Wort hat in der allerneuesten Zeit den größten Theil der europäischen Menschheit erlöst und befreit von der Gewalt tyrannischer Machthaber und Rathgeber, und viele unserer Glaubensgenossen beglückt mit den Menschenrechten, nach welchen sie so lange vergebens geseufzt haben. In einer solchen Zeit, der allgemeinen Freude und allgemeinen Manifestation der göttlichen Gnade ist es wohl die Pflicht eines jeden Israeliten, eines jeden edeln Israeliten, eines jeden edeln Menschen, an Diejenigen zu denken, Derjenigen, hilfreich die Hand zu bieten, die der allgemeinen Freude, der allgemeinen Freiheit wohl würdig und fähig, noch aber nicht theilhaftig sind.

Die edle polnische Nation, welcher das civilisirte Europa Vieles, zwei Millionen unserer Glaubensgenossen aber Alles zu verdanken haben: die edle polnische Nation, welche unsern Vorfahren zu einer Zeit ihre Thore gastfreundlich öffnete, als noch die Söhne Galliens und Germaniens sie unbarmherzig verstießen und ins Elend und Exil schickten: diese Nation, welche seit achtzig Jahren ihrer Selbstständigkeit durch Gewalt beraubt worden, die seitdem mit einer unvergleichlichen, ihr besonders eigner Beharrlichkeit und Aufopferung um die Wiedererlangung derselben ringet und kämpft, sieht sich endlich durch glückliche Ereignisse nahe dem Ziele ihrer Bestrebungen, Wünsche und Hoffnungen. Schon schlägt für sie ein jedes bessere Herz in Europa, und in Frankreich, England und Deutschland fand sie Sympathien wie fast keine andere Nation. Wir Israeliten sind mit ihnen einem Erdreich entsprossen, wir sind Eingeborene Altpolens und haben ein gemeinschaftliches Vaterland. Und welche andere zarte Bande knüpfen uns nicht, liebe Brüder, an diese Nation! Wir leidensvolle Brüder der Polen, und gleich ihnen haben wir gefühlt und geduldet Exil, Schmach und Druck.

Wir müssen aber unserer nordischen Glaubensbrüder besonders eingedenk sein, welche unter dem unerhörten Drucke schmachten, deren Kinder man im zartesten Alter gewaltsam wegreißt, um sie (weit ärger als in den Zeiten der Barbarei) zu einem marter- und qualvollen Leben zu erziehen, und deren nur durch die Regeneration Polens Hilfe werden kann.

Brüder! Sollen wir nach alledem noch einen Augenblick anstehen, diese heilige Sache, diese edle Nation mit Gut und Blut zu unterstützen? Sollen wir noch einen Augenblick ob der Wahl zweifelhaft sein, ob wir uns den Deutschen oder den Polen anschließen? Alle

Ehre der deutschen Nation, diesem großen Volke der Intelligenz und Biederkeit! Aber in ihren Augen selbst müßten wir Israeliten uns erniedrigen, wenn wir alles Gefühl fürs Vaterland, alle Dankbarkeit, alles Mitleiden mit unsern so unglücklichen nordischen Brüdern außer Acht lassen möchten, und nur momentanen Interessen huldigten.

Die edle polnische Nation, welche so großmüthig um unsere völlige politische Gleichstellung bei Sr. k. k. Majestät petitionirte, verdient wohl manches Opfer, verdient wohl, daß man ihretwegen leiden möge die Geburtswehen einer herannahenden glücklichen Zukunft.

Darum auf, Brüder! Scheuen wir keine Anstrengung, kein Opfer um diese heilige Sache, und zeigen wir der Welt, daß noch in unsern Adern rollt das Blut der Makkabäer, und daß auch unser Herz wie das unserer Verfahren warm schlägt für alles Gerechte, Edle und Erhabene.

O! komme über uns die Huld Gottes und unsere Thaten gelingen durch ihn. Amen.

Frankreich.

Paris, 12. Mai. Die Frage über die absolute Trennung der Kirche und des Staats und als deren Konsequenz die Unterdrückung des Kultusbudgets wird voraussichtlich zu heftigen Debatten in der Nationalversammlung Veranlassung geben. Die Tagespresse hat sich schon jetzt des Gegenstandes bemächtigt und eine Polemik begonnen, die immer bitterer wird. Für die Bezahlung des Klerus durch den Staat tritt der ultramontane Univers in die Schranken, und in seinem Gefolge fast alle religiösen Blätter. Sie fragen, mit welchem Rechte man der Religion „den letzten Bissen Brot, der ihr geblieben, nehmen wolle"; sie berufen sich auf die Hirtenbriefe der Bischöfe, auf die Entscheidung des Papstes und sogar auf die letzten Wahlen, in denen viele Katholiken nur denjenigen Kandidaten ihre Stimme gegeben hätten, welche sich verbindlich machten, gegen die bezeichnete Maßregel zu votiren. Der Univers fügt aber hinzu, daß im schlimmsten Falle die katholische Kirche Lebenskraft genug besitze, um auch diesen Schlag zu überstehen. Die protestantischen Blätter sind nicht so stolz, und gestehen mit übergroßer Bescheidenheit, daß die reformirte Kirche vom Boden Frankreichs verschwinden würde, wenn man durch die Unterdrückung des Kultusbudgets die Prediger von der Zustimmung der Gemeinden abhängig mache. Darauf erwidert der rationalistische Semeur, der an der Spitze der Gegenpartei steht, mit Recht, es werde dieses Geständniß eine schlechte Meinung vom Wirken der protestantischen Geistlichkeit, und die Opfer des Staats seien jedenfalls unnütz, wenn sie nichts als Indifferenz erzeugt hätten. Auch Hr. Lamennais verlangt in seinem Verfassungsentwurf daß der Kultus ferner nicht mehr vom Staate bezahlt werde, und zeiht den Univers der Inkonsequenz, weil er zwar die absolute Trennung der Kirche vom Staate, gleichzeitig aber die Beibehaltung des Kultusbudgets in Schutz nehme. Der National giebt zu verstehen, daß er der Meinung des Hrn. Lamennais ist, und die Société pour l'application du christianisme aux questions sociales hat eine Petition zum Unterzeichnen ausgelegt, in welcher derselbe Grundsatz vertreten wird.

Angeregt wurde der Streit durch eine Stelle in dem Berichte des Hrn. Lamartine (in dem ersten, den er im Namen des Präsidenten der provisorischen Regierung vorlas), woraus man abnehmen darf, daß er das Princip der absoluten Trennung der Kirche vom Staat adoptirt hat. Einen Kommentar dazu findet man in der Schrift des Hrn. Lamartine: „L'état, l'enseignement et l'église." Es heißt dort: „Wenn man bedenkt, daß dieser Mißbrauch (die gegenwärtigen Verhältnisse) zu gleicher Zeit die Unterdrückung des Gewissens, die Lüge des Unterrichts, die Herabwürdigung des Staats, die Abdankung der Vernunft, das Verderben der Seelen und die Ausrottung der Moral unter zahlreichen Geschlechtern ist; und wenn man dabei überzeugt ist, daß das religiöse Gefühl der Mensch selbst, daß Gott der Grund aller Dinge ist, und daß die menschlichen Gesellschaften keinen andern Zweck haben, als durch die Aufklärung und die Tugend bis zu Gott zu gelangen, ihn zu verkündigen und ihm zu dienen: dann nimmt man keinen Anstand und sagt dem Lande, was man für die Wahrheit hält: In Sachen des Unterrichts und der Religion sind wir im Falschen, weil wir nicht in der Freiheit sind. Wir hindern uns, wir legen uns Zwang an, wir unterdrücken uns gegenseitig, und indem wir uns unterdrücken, unterdrücken wir etwas Heiligeres als uns selbst, die Wahrheit! Ja, die göttliche Wahrheit unterdrücken wir in unserer falschen Umarmung, wir opfern Jeder einen Theil von ihr in unserer scheinbaren Eintracht. Wir müssen sie gänzlich opfern, oder uns trennen. Es giebt keinen Mittelweg, Gott leidet in uns." Wenn ein Mann in der Stellung des Hrn. Lamartine so spricht, dann kann über die Folge, die er seinen Ansichten zu geben bemühen wird, kein Zweifel herrschen.

Die Liberté, welche Partei gegen den Univers nimmt, giebt bei dieser Gelegenheit folgende Notizen über den seit dem Jahr 1806 stets zunehmenden Betrag des Kultusbudgets. Dasselbe belief sich im Jahr 1806 auf 20 Mill., im Jahr 1808 und während des Kaiserreichs auf 24½ Mill., im Jahr 1815 auf 26 Mill., im Jahr 1824 auf 30½ Mill., im Jahr 1830 auf 37 Mill. Bald nach der Julirevolution ward es auf 35½ Mill. reducirt, stieg aber seit dem Jahr 1844 auf 40½ Mill.

Der kirchliche Verein für alle Religions- bekenntnisse in Leipzig.

IV.

Der „kirchliche Verein" hat sich zum Zweck ge- setzt: „Fortbildung des religiösen und kirch- lichen Lebens." —

Ueberall ist das Ziel und der Zweck zwar das Letzte, was man erreicht durch das Erste, was man zu bedenken hat. Ueberall ist das Ziel die Hauptsache, die man nie aus den Augen verlieren darf; das Ziel ist die herrschende und leitende Macht jedes Reisenden, und daher auch der Maßstab, nach welchem er sich selbst und andere ihn zu beurtheilen haben. Daher erklärt es sich auch, warum der „kirchliche Verein" seinen Zweck in den Vordergrund stellt und davon zuerst in seinen Grund- zügen spricht. In diesem Zwecke offenbart sich das in- nerste Wesen des Vereins. Zunächst sei es mir jetzt erlaubt, von dem ersten Theile dieses Zweckes zu sprechen.

Religiöses Leben will der Verein befördern. Was ist Religion? Religion ist das Band, welches den Menschen an die heilige und ewige Urkraft und Urquelle alles Lebens, an Gott knüpft. Die Religion erhebt am höchsten und erweitert am umfassendsten den Blick des Sterblichen; sie lehrt ihn, daß eine von einem heili- gen und liebenden Willen bestimmte Ordnung das ganze Weltall hält und trägt; sie lehrt ihn, daß der Lauf der Gestirne wie der Flug der Mücken, das Le- ben der Menschen wie die Bewegung der Infusions- thierchen von einem höchsten Willen geleitet werde; sie lehrt ihn, daß das Größte wie das Kleinste, jedes an seinem Orte und zu seiner Zeit eingreife in das rechte Kraft zur Erhaltung und Förderung des Gesammtwohls. Durch die Religion ist sich der Mensch seiner Stellung im Weltall bewußt; er erkennt sich als ein nothwendiges Glied des Ganzen, auf dessen Wirksamkeit gerechnet ist, zugleich aber auch als ein Glied, welches dem Weltord- nung unterthan ist; durch die Religion erkennt der Mensch, daß er auf das Ganze, daß aber auch das Ganze auf ihn einwirke, daß er also, wie alle übrigen Wesen, im großen All der Dinge ebenso zur Thätigkeit wie zur Abhängigkeit berufen sei.

Es giebt mancherlei Vorstellungen und Namen, es giebt mancherlei Lehren und Lehrgebäude über Gott und göttliche Dinge, es giebt mancherlei Religionsbekennt- nisse und Kirchen — wo kann ich gewiß sein, Gott zu finden, an ihn mich binden, mich mit ihm verbinden zu können? — Ueberall!! — Ueberall ist Gott zu fin- den! Kannst du Gott fühlen und finden in jedem Gras- halme und in jedem Staubkorne, wie viel mehr nicht in den verschiedenen Religionsbekenntnissen und Kirchen! Sollte man nicht Religion, Verbindung mit Gott, in allen Religionsbekenntnissen antreffen? — Alle Re- ligionsbekenntnisse, das israelitische wie die christlichen,

stimmen darin überein: Gott ist Geist, Gott ist heilig, und dies ist zugleich das kürzeste und allum- fassende Religionsbekenntniß. Wer dies nicht nur er- kennt, sondern auch anerkennt, der hat Gott gefun- den, der hat Religion, der weiß, daß Gott ist und wie er ist. Religion aber ist nicht nur ein Erken- nen und Anerkennen, sondern hauptsächlich auch Ver- bindung mit Gott. Mit Gott verbunden ist, wer da strebt, heilig zu sein, wie Gott heilig ist. — Ent- gegengesetztes kann sich nicht verbinden. Religiös-sittlich sind daher zwei Worte, die sich nie und nimmer trennen lassen; wahrhaft sittlich ist, wer religiös, und wahrhaft religiös, wer sittlich ist. Religion ist die Aner- kennung eines sittlichen Urgrundes der Welt; die Sittlichkeit ist die Anwendung der religiösen Weltanschauung im mensch- lichen Leben.

Ohne Religion keine Sittlichkeit! Un- lauterkeit und Leichtsinn brüsten sich mit Sittlichkeit, Tugendstolz und Scheinheiligkeit weisen auf ihre guten Thaten — was läutert und reinigt die Seele, was kräftigt und befestigt den Willen, was drängt und treibt das Herz zu unermüdlichem Ringen bei allen Versuchun- gen, bei allem Widerstande? Die Religion, das Ver- trauen auf eine heilige Ordnung der Dinge! — Der Gerechte wird verkannt, geschmäht, verspottet, verfolgt, eingekerkert, getödtet — was hält ihn aufrecht, so daß er ausharrt im Kampfe und in gutes Gewissen be- wahrt, so daß er geduldig und ohne Murren leidet? Die Religion, das Vertrauen auf eine heilige Ordnung der Dinge, die wohl getrübt, aber nie, selbst vor mensch- lichen Augen, ganz verfinstert werden kann! — Wer sittlich sein will ohne Religion, der ist noch nicht in Versuchung, noch nicht in Leiden, noch nicht als Un- schuldiger in Verfolgung gewesen, und zwar dies alles mit dem ernsten Streben, sich sittlich zu bewähren. Sitt- lich will unsere Zeit sein. O wollte unsere Zeit erkennen, daß die Sittlichkeit eine Fülle fruchtbarer Zweige ist, aber daß diese Zweige allesammt keine Früchte tragen, wie man dieselben von dem Stamme, von der Religion, abschneidet!

Ohne Sittlichkeit keine Religion! Die Schriftgelehrten und Pharisäer, die Hohenpriester und Zwingherrscher aller Zeiten haben viel über Religion ge- sprochen und gestritten, haben um der Religion willen verdammt und blutige Kriege geschürt und geführt — hatten sie Religion? Nein, diejenigen viel- mehr im Gegentheil, die sich um der Religion willen verfolgen und tödten ließen! Die Verfolger verkündeten nicht Gott, welcher Geist, welcher heilig, welcher die Liebe ist! — Man läßt die halbe heilige Schrift aus- wendig lernen, man eifert für Formeln und Worte und Buchstaben — ist das Religion? Man dringe doch vor allen Dingen auf die Forderung und Förderung der

Sittlichkeit? Wo keine Sittlichkeit gefördert, wo dieselbe wohl gar untergraben wird, da ist keine Religion. Die Zweige sind verdorrt, daraus schließt man, daß auch der Stamm vertrocknet sei. Die Religion verbindet uns mit Gott, der Urkraft der Welt. Urkräftiges, unüberwindliches Wirken für der Menschheit Wohl ist das Gepräge des religiösen Menschen; die thatkräftigste Sittlichkeit ist die Bewährung eines religiösen Gemüthes. Ein guter Baum bringt viele gute Frucht. Scheinheiligkeit und Heuchelei, frömmelnde Wortmacherei und gleißendes Prunken mit frommen Redensarten sind das schroffste und schreiendste Gegentheil von Religion. Wer fromme Worte spricht, wer viel weiß von der tiefen und weiten Wissenschaft der Religion, ohne sich sittlich zu bewähren, der ist ein Brunnen, ein tiefer Brunnen — aber ohne Wasser, ein Brunnen voll Staub: Staub der Gelehrsamkeit, Staub der Wortmacherei, den man den Leuten in die Augen streut, Staub vormals hochgehaltener Meinungen und Sätze.

Das Ziel aller Religionsbekenntnisse ist die Sittlichkeit. Nach diesem Ziele wird man daher auch die verschiedenen Bekenntnisse zu beurtheilen haben und alles an ihnen als tadelnswerth und verwerflich bezeichnen müssen, was der Sittlichkeit widerspricht. Das auf Selbstüberschätzung und Parteistolz ruhende gegenseitige Verdächtigen, Verdammen und Verketzern der Konfessionen widerspricht den sittlichen Forderungen der Bescheidenheit und Demuth und zugleich dem aufrichtigen Streben nach allseitiger Erforschung der Wahrheit. Anderntheils wird man als Nebensache betrachten, was weniger genau und eng mit der Sittlichkeit zusammenhängt. Die Untersuchungen über die Verfasser der biblischen Schriften erscheinen demnach als Nebensache, denn der heilige und heiligende Inhalt eines Buches ist nicht abhängig von dessen Verfasser, sei nun derselbe bekannt oder nicht bekannt. Die zweite Hälfte des Jesajas bleibt ein würdiger Theil der gesammten heiligen Schrift, wäre er auch nicht von Jesajas verfaßt. Die Untersuchung hierüber, wie überhaupt jede ernste wissenschaftliche Untersuchung und Forschung bleibt völlig frei, denn die Ergebnisse dieser Forschung können nie und nimmer die Religiosität selbst gefährden. Weil aber die Wissenschaft die Religiosität und Sittlichkeit nicht gefährdet, so gefährdet auch wiederum die Religion und Kirche nicht die Freiheit und Wissenschaft.

In diesem Sinne wird der „kirchliche Verein" für die Fortbildung des religiösen Lebens bemüht sein; er wird immer aufmerksam machen auf die enge Verbindung zwischen Religion und Sittlichkeit; er wird auf die Gefahr hinweisen, die überall da droht, wo man religiös und nicht zugleich sittlich, und wo man sittlich und nicht zugleich religiös sein will. Dadurch, daß der „kirchliche Verein" die Bethätigung der Religion in der Sittlichkeit und Begründung der Sittlichkeit in der Religion fordert, hofft er in der That und Wahrheit die Fortbildung des religiösen Lebens zu fördern.

Pred. Dr. Zille.

Praktische Bemerkungen.

Der Orient hat in der letzten Zeit vorzugsweise für praktische Religion und Schulzwecke gearbeitet, gestatten Sie mir, auf Einiges zurückzukommen. In Nr. 2 d. J. wird das lange Ausbleiben des neuen Gebetbuches beanstandet, und gewiß nicht mit Unrecht der moderne Geiz getadelt, welcher, im Gegensatze zur Vergangenheit, die jüdische Literatur ohne Unterstützung läßt. Für jenes Gebetbuch selbst wird indessen die Verzögerung nur von Nutzen sein, da der Ernst der Sache erfordert, daß nicht nur dem Genius der Muttersprache, sondern auch dem innerlichsten Wesen des Judenthums die höchste Rücksicht gewidmet werde. Das neue Gebetbuch soll für Menschenalter sich bewähren, und dies läßt sich gerade in der Landessprache nicht so leicht erzielen. Es genügt nicht, einige allgemeine Religionswahrheiten und Sittenlehren in zierlichen Phrasen über die Lippen zu führen, denn dies wird allzuschnell durch die Gewohnheit gleichgültig, und ertödtet die wahre Andacht eben so sehr, als der bisherige Schlendrian. Man wird daher finden, daß solche deutsche Gebete, welche die alten eigenthümlichen hebräischen zur Grundlage haben, und jemehr in denselben der Typus dieser Urklänge hervortritt, desto mehr geeignet sind, Andacht und Erbauung auf die Dauer zu erzielen, und deutsche Psalmen, Stücke aus den Propheten, selbst ausgewählte Piutim, wie die trefflichen Bearbeitungen Mannheimers, Sterns und vorzüglich Steins im Chissuk Habaith, dürften ein unerläßlicher Bestandtheil des israelitischen Gottesdienstes noch lange Zeit bleiben.

Auch das in Nr. 42 des Orients v. J. mitgetheilte, vom Gr. Bad. Oberrath Epstein zur gottesdienstlichen Erndtefeier verfaßte deutsche Gebet, wird als Muster deutsch-israelitischer Gebetform anzuerkennen sein. Voll tiefer Gemüthlichkeit, die allseitige Kenntniß der israelitischen Religionsquellen, wie die humanste Auffassung der eigenthümlichsten Glaubenslehren, in schwungvoller Sprachgewandtheit abspiegelnd, ist es der herrlichste Erguß einer innigen und edlen Gottesverehrung, ganz geeignet neben der nothwendigen Beibehaltung des hebräischen Theils, auch der Landessprache Eingang in die Synagoge zu verschaffen.

(Beschluß folgt.)

Verlag von C. L. Fritzsche.

Druck von J. H. Nagel.

Der Orient.

Berichte, Studien und Kritiken

Neunter — für jüdische Geschichte und Literatur. — **Jahrgang.**

Das Abonnement auf ein Jahr ist 5 Thlr. Man abonnirt bei allen löbl. Postämtern und allen solid. Buchhandlungen auf ein Jahr.

Herausgegeben von

Dr. Julius Fürst.

Von dieser Zeitschrift erscheinen wöchentlich das Literaturblatt mitgerechnet, zwei Bogen, und zwar an jedem Dienstag regelmäßig.

№ **23.** Leipzig, den 3. Juni **1848.**

Die Juden in Oesterreich.

VIII.

Wien hat seine Revolution um ein Menschenalter zu früh gemacht. Der Ahnenstolz der hohen Aristokratie ist nicht gebrochen, der knechtisch materielle Sinn des Spießbürgerthums hat sich nicht geändert. Kaum ist es einer freiheitsfeindlichen Camarilla gelungen, die kaiserliche Familie zu entführen, durch Intriguen, Schreckmittel und Furcht, so erhebt auch die alte Reaktion ihr graues Haupt und die lieben Wiener erheben sich ehrerbietig vor diesem Graukopf, und sind bereit die lästigen Errungenschaften um einen Spottpreis hinzugeben. Können, wir uns wundern, daß so viele schmachvolle Antipathien gegen die Emancipation der Juden in Wien herrschen? Hat denn überhaupt die Freiheit einen sichern Boden in Wien gefunden? Das verhängnißvolle Wort der jüngsten Geschichte lautet: „zu spät"; in Wien heißt es: „zu früh!" Zu früh hat man sich dem Jubel hingegeben, da man die Personen aber nicht das System gestürzt hatte; zu früh wurden Freiheitslieder gedichtet, da man das wahre Wesen der Freiheit nicht begriff, nicht verstand. Der Hemmschuh der Reaktion ist an den Staatswagen angelegt worden, Tausende servile Söldlinge bieten die Hände, um das junge Werk zu zerstören. Auf welcher Seite sollen die Juden in diesem Kampfe sich halten? Alle ihre Kräfte müssen sie auf den Altar des Fortschritts niederlegen. Zwar hat die junge Freiheit nur Dornen für sie getragen; die Presse besudelte sich durch gemeine Angriffe auf dieselben; rohe Gewalt verkümmerte ihr Dasein: und doch muß der Fortschritt ihre Fahne seyn. Das ist die Mission der Juden in der Gegenwart überhaupt. Wie sie einst den Geist von religiösem Aberglauben befreit, so müssen sie die Staaten von politischen und socialen Vorurtheilen säubern. Die Juden in Oesterreich standen in den vordersten Reihen, als es galt, die Freiheit dem Riesenarm eines eisernen Systems zu entreißen: sie haben Leben, Gut und Blut in den Kampf eingesetzt. Jetzt harret ihrer eine viel schwierigere Aufgabe: sie sollen die Freiheit erhalten. Jeder Jude ist ein geborner Soldat der Freiheit; seine Religion lehrt ihn frei seyn, gleiches Recht üben, keinem Menschen abgöttische Ehre erweisen, sich der Unterdrückten annehmen; seine Stellung in der Gesellschaft verlangt unerbittlich, daß er das neue System aus allen Kräften aufrecht erhalte: darum darf kein Jude der Reaktion seine Dienste anbieten.

Das Lebenselement der Juden ist die Freiheit; unter ihren Flügeln kann er ausruhen; unter ihrem Schutze der Ruhe sich erfreuen: die allgemeine Knechtschaft drückt auch ihm das Brandmal der Sklaverei auf. In der That sehen wir auch viele jüdische Schriftsteller als wackere Kämpen der Freiheit. In einem nächsten Artikel werden wir diese jüdischen Freiheitskämpfer in Oesterreich gruppiren.

Ad. Jellinek.

Deutschland.

Leipzig, 22. Mai. In einer der vielen während der Ostermesse von dem hiesigen Prediger gehaltenen Zeitpredigten sprach sich der Redner auch über die Stellung und das Verhalten der israelitischen Armen während unserer Zeit aus. Die Stelle in jener Predigt lautet ungefähr auf folgende Weise:

— „Die gewaltige Stimme des Herrn hat gesprochen in der Geschichte unserer Zeit. Wie ein grollender Donner rollte sie vorbei an den Pforten der Paläste; sie machte Throne erbeben und Kronen schleuderte sie zu Boden. Aber nicht blos an die Marmorpaläste der Großen pochte es mit mächtigen Schlägen, auch in die verfallenen Hütten der Armen, auf die vermoderte Lagerstätte der Hungernden erschien der Geist Gottes, rathend, tröstend und helfend. Waren aber alle Hütten der Armen von dem Lichtglanze der reinen göttlichen Offenbarung umflossen? Nein! Denn die Hände vieler Armen triefen vom Blute unschuldig ermordeter, sind befleckt durch Plünderung und Raub. Unsere Armen aber, die israelitischen, sie, und nicht die Reichen, welche ihr Gesicht vor der reinen Zeit verhüllen, zeigen für den Rechtssinn, der in der israelitischen Religion weht und in ihren Bekennern das Gefühl für strenges Recht stets, in jedem Wechsel der Zeiten, lebendig erhält. Haben unsere israelitischen Armen etwa die Faust verbrecherisch erhoben, um in gieriger Mordlust grausam zu tödten? Haben unsere israelitischen Armen die Hände nach fremdem Gute ausgestreckt? Oder sind sie etwa minder gedrückt, leben sie in einem Lande, das von Milch und Honig überströmt? Zu ihren allgemeinen Leiden gesellt sich ja noch der Spott der Liebe predigenden und lieblosen Gesellschaft, ihre Schmerz wird durch die Schmach, die auf ihnen lastet, noch erhöht, und zu ihren Entbehrungen gehört noch die der Freiheit im Leben. Und doch hat kein einziger israelitischer Armer die rohe Kraft der Faust geltend gemacht, kein Einziger das Mordgewehr gezückt, kein Einziger das Recht verletzt. Was die „Liebe" nicht vermochte, das gelang der Besonnenheit des Rechts; denn das Israelitenthum ist die Religion der strengsten Gerechtigkeit! Unsere Armen können hintreten vor die Völker der Erde und Zeugniß ablegen von dem, was das Israelitenthum lehrt; von ihnen ist in der brausenden Fluth der Zeit der Geist Gottes nicht gewichen, sie haben die Dämme einer wohlgeordneten Gesellschaft nicht gewaltsam durchbrochen. Mit den Bedürfnissen des Lebens kämpfend, von der Gesellschaft verhöhnt, verspottet, geknechtet und geschändet, bleiben sie stille Dulder und ruhige Bürger." — Die Predigten werden übrigens im Drucke erscheinen.

Leipzig, 24. Mai. Dr. Jacoby ist zum Abgeordneten für die preußische National-Versammlung und zum Stellvertreter für Frankfurt gewählt worden. —

In der Konstituirenden Versammlung zu Frankfurt sitzen Dr. Veit aus Berlin, Dr. Riesser aus Hamburg, Moritz Hartmann aus Böhmen und ein Hr. Cohn. Als in der ersten Sitzung der Bischoff von Münster auf einen Gottesdienst nach Konfessionen antrug, wurde der Antrag zurückgewiesen. — Der „kirchliche Verein" wollte eine Festfeier für alle Religionsbekenntnisse veranstalten, da das deutsche Parlament aus allen Konfessionen besteht und das Wohl aller Konfessionen berathet. Eine zu diesem Zwecke requirirte Kirche wurde verweigert, obwohl die Feier keine kirchliche sein sollte, sondern eine allgemein Deutsche, da sonst der israelitische Prediger nicht hätte daran Theil nehmen können. Auf diesen Vorfall beziehen sich die beiden in dieser Nummer mitgetheilten Artikel.

Leipzig, 25. Mai. Hr. Banquier Goldschmidt in Frankfurt a. M. hat 500 fl. zur deutschen Flotte geschenkt. Zahlreiche verfolgte Juden könnten Thränen dazu liefern. — Von Seiten des sächsischen Ministeriums ist der officielle Erlaß an den Herrn Oberrabbiner Dr. Frankel ergangen, die Eröffnung der Konstituirenden Nationalversammlung durch einen öffentlichen Gottesdienst am 27. oder 28. d. M. zu feiern. — Dr. Philippson ist zum Stellvertreter für die preußische Nationalversammlung gewählt worden. — Mehre Zeitungen bedauern es im Interesse Deutschlands, daß Dr. Jacoby nicht für Frankfurt gewählt wurde. Von demselben ist eine Flugschrift: „Deutschland und Preußen" erschienen, die viel Aufsehen macht. — Die „Vossische Zeitung" bringt authentische Aussagen über Mißhandlungen der Juden im Posen'schen. — In Prag hat man das Grab des R. Abigador Kara während der Aufregung besucht. Ein wahrer Götzendienst! Die Christen verehren den heiligen Nepomuk, die Juden flehen um die Intercession des R. Abigador Kara. — Lebrecht hat in Mag. f. d. Lit. d. Ausl. einen trefflichen Artikel über die deutsche Flotte geschrieben. — In Wien, Prag und Pesth werden große Auswanderungen nach Amerika vorbereitet. In Prag steht Dr. Wessely an der Spitze. Während der Verfolgungen in Prag hat der zweite Vorsteher, der Fabrikant Epstein durch Thätigkeit und Energie rühmlichst ausgezeichnet. — Die „Sippurim" des Hrn. Pascheles nehmen einen gedeihlichen Fortgang. Er hat eingesehen, daß es unstatthaft sei, sich als Redakteur zu nennen, und somit hat die Redaktion Hr. W. Wiener übernommen. Die „Sippurim" werden sehr interessant und haben einen großen Leserkreis. — Auf der Messe zeichnete sich ein polnischer Jude auf dem Holz- und Strohinstrument aus. Die rührendsten Elegien, die Schmerzenstöne seines Volks trug er vor. — Der preußische Constitutionentwurf enthält den Satz: „Alle Bürger sind gleich vor dem Gesetze". — Der preußisch-jüdische Deputirte Brill aus Breslau gehört zur äußersten Linken.

Breden, 16. Mai. Heute ist von dem hiesigen Gemeindevorstand im Namen der hiesigen kleinen Gemeinde — da die größern Gemeinden Westphalens sowie unser Rabbiner Sutro dem Indifferentismus huldigen, — eine in kurzen aber kräftigen Worten abgefaßte Eingabe an den Justizminister abgegangen, worin um sofortige Aufhebung des Kostensatzes bei Einschreibung von Heiraths-, Geburts- und Sterbefällen in die Civilliste, mit Berufung auf die ausgesprochene **bürgerliche und politische Gleichheit aller Konfessionen vor dem Gesetze,** ersucht wird.

Der Schluß lautet:

„Daß diese Gleichheit bei der in Aussicht stehenden baldigen neuen Verfassung für Preußen erfolgen wird, zweifeln wir keinen Augenblick; daß aber bis dahin noch viele Heiraths-, Geburts- und Sterbefälle vorkommen werden, ist eine Gewißheit, woraus sich schließen läßt, daß wir noch manche unbillige Steuer aus diesem Gesetze zu zahlen haben werden, so lange nicht von höchster Stelle die Aufhebung dieses Gesetzes sogleich befohlen wird".

Den Erfolg hiervon werde ich seiner Zeit zu berichten die Ehre haben.

Anklam, 8. Mai. Die geehrten Leser erinnern sich wohl noch des heimathlosen jüdischen Knaben Moses, von dem in Nr. 3 und in Nr. 10 d. Bl. die Rede war.[1] Wir erlauben uns unserm Versprechen gemäß, heute noch einmal auf diesen Gegenstand zurückzukommen und so auch das Endresultat zur allgemeinen Kenntniß zu bringen. Und wenn dieser Gegenstand als Separatfall auch kein allgemeines Interesse bietet, so liefert er wenigstens einen Beitrag zu dem, wie noch vor Monden das Gesetz — namentlich unserer Konfession gegenüber — interpretirt und gehandhabt wurde, und welche liebenswürdige Konsequenzen oftmals aus solcher Interpretation hervorgingen, zumal wenn die Interessenten dem Rechtsspruche der untern Behörden stehen blieben und ihr Recht nicht in höhern Regionen suchten; anderseits können wir daraus entnehmen, wie auch das gestürzte Ministerium manche gute Elemente in sich barg, da die in Rede stehende Angelegenheit noch bei jenem Ministerium zur Sprache kam. — Doch zur Sache. Nachdem, wie den geehrten Lesern wohl noch erinnerlich sein wird, das Königl. Land- und Stadtgericht zu Jastrow, die Verordnung erlassen hatte, daß der Findling Moses — obgleich moralische Beweise vorhanden waren, daß er Jude sei — in der christlichen Religion erzogen werden solle und der Knabe auch in der That einem Polizeidiener übergeben worden war, der ihm jede Theilnahme an dem jüdischen Gottesdienste, die Sabbat- und

Festfeier, so wie das Speisen bei jüdischen Familien streng untersagte, ja der ihn durch Androhung von Strafen dahin zu bringen suchte, daß er — mit keinem Juden in Berührung komme,[2] correspondirte Schreiber dieses über diese Angelegenheit mit einigen Freunden, namentlich mit dem sich für alles Gute und Gemeinnützige wahrhaft interessirenden Hrn. Dr. Klein zu Stolp und wandte sich hierauf unter Berücksichtigung von dem Letztern erhaltenen Winke an die Königl. Regierung zu Marienwerder, die einen sehr günstigen Bescheid ertheilte, der bereits in Nr. 3 d. Bl. gegeben wurde. Das Land- und Stadtgericht zu Jastrow blieb aber trotz dem bei seinem einmal gefaßten Beschlusse und so schrieb Ref. direkt an das Königl. Hohe Justizministerium, legte demselben die Sachlage speziell dar und bat um Revision der betreffenden Akten und resp. um die Erlaubniß, daß der Findling Moses im Judenthum verbleiben dürfe. Es wurde nun von dem K. L. und St.Gericht zu J. ein Bericht gefordert und bald darauf erhielt der Letztere von dem Oberl.-Gericht zu Marienwerder nachstehende, uns abschriftlich zugegangene Verfügung:

„Dem rc. rc. wird auf den in der Vormundschaftssache über den Findling Moses auf die Beschwerde des Lehrers Wedell unterm 29. v. M. erstatteten Bericht eröffnet, daß das Oberl. Gericht das beobachtete Verfahren nicht billigen kann. Schon die Namen des Findlings und der Mutter desselben lassen darauf schließen, daß der Curande jüdischer Herkunft ist. Diese Vermuthung wird dadurch erhöhet, daß nach der Angabe des Knaben derselbe mit seiner Mutter am Sonnabend die Synagoge besucht und in hebräischen Gebet gelernt habe. Ein jeder Zweifel aber muß schwinden, wenn sich die Behauptung des Beschwerdeführers, daß der Curande beschnitten sei, als richtig ausweisen sollte. Das rc. rc. hat diesen Umstand untersuchen zu lassen und wenn seine Behauptung als richtig befunden werden sollte, dafür Sorge zu tragen, daß der Curande in der jüdischen Religion erzogen wird.

An das K. L. und St.Gericht zu Jastrow.

Abschrift vorstehender Verfügung erhalten Sie zur Nachricht.

Marienwerder, den 10. Februar 1848.
Königl. Oberlandes-Gericht.
An   Fülleborn."
den Lehrer Herrn W.
zu Jastrow.

Auf Grund dieser eben so günstigen als gerechten Verfügung ward der Knabe nochmals von einem Arzte untersucht und als sich die oben erwähnte Behauptung als richtig erwies, ward ihm in der Person eines acht-

---

1) Beide Artikel sind aus Jastrow datirt, wo damals noch unser Wohnort war.

2) War das **christlich?** war das **gerecht?** war das **menschlich?** —

23*

baren und für das allgemeine Wohl beseelten Israeliten, des Hrn. J. A. Borchardt zu Jastrow ein Vormund gesetzt, welcher den Findling, wie uns brieflich mitgetheilt wurde, einstweilen in sein Haus genommen, um ihn späterhin in Gemeinschaft mit einigen andern sich dafür interessirenden Familienvätern ein Handwerk erlernen zu lassen und so für sein weiteres Fortkommen Sorge zu tragen. Möge der Findling Moses, welcher nun auch einen Familiennamen und das Staatsbürgerrecht erhalten wird, ein guter Mensch und ein frommer Israelit werden, und möge der Herr, der die gute That so reichlich vergilt, es den Männern in Jastrow lohnen, was sie an dem Knaben gethan und noch thun werden; uns Alle aber möge der Vater droben recht bald einer Zeit zuführen, wo der Jude nicht mehr mit Schranken umgeben sei, wo unsere Religion, deren Geburt wir nun bald wieder feiern, nicht mehr von der Wucht veralteter Ausnahmegesetze niedergedrückt werden, sondern jener alte mosaische Grundsatz: „Ein Gesetz und Ein Recht für Alle! endlich zur Geltung kommen und so das rosenfarbene Band der Liebe und Eintracht alle Menschen, wes Glaubens und Standes sie auch seien, umschlingen wird! — Den versprochenen Bericht über das Gemeinde- und Schulwesen des marienwerderschen Departements (s. Nr. 14 d. Bl. den Artikel aus Jastrow), so wie, wenn es Ihnen Herr Redakteur genehm ist, einen ähnlichen über Pommern wills Gott das nächste Mal. W—ll.

Anklam, 18. Mai. Wenn auch in unserm lieben Pommern der ehrwürdige alte deutsche Zopf noch immer nicht gänzlich geschwunden ist und es der Herren noch Viele giebt, die dermaßen von ihm belastet sind, daß sie sehr gut einen Leibfriseur gebrauchen könnten: weil auch hier zu Lande namentlich in Neu-Vorpommern der christliche Staat, durch dessen Vertheidigung sich Hr. Minister Eichhorn — gerade vor einem Jahre um diese Zeit[1] — unsterblich gemacht, noch hier und da umherspukt und man noch hie und da durch „modern-pietistisch-philosophische Doktrinen den Wahn zur Wahrheit und den Schein zum Recht zu erheben sucht", so ist es andererseits erfreulich und erhebend, wie man sieht, wie das Licht der Humanität und Aufklärung dennoch immer mehr Raum gewinnt und die düstere Intoleranz, die wie ein Gespenst zwischen Mensch und Mensch sich lagert und das Band des Friedens und der Eintracht zerreißt, immer mehr verscheucht und verbannt, und daß die Reihen der Dunkelmänner immer mehr gelichtet werden und dagegen die der Wahrheits- und Freiheitskämpfer auffallend zunehmen. Als Beleg hierzu

erlauben wir uns hier einige Zeilen folgen zu lassen, die wir einem Aufsatze, „Der Märzkampf" betitelt, entnehmen, der in beiden hier erscheinenden Blättern abgedruckt war und aus der Feder eines sowohl durch sein Rednertalent, als durch seine Humanität allgemein geachteten Mannes, des Herrn O.L.G.Assessor Gaede, der zugleich Vorsteher des hier bestehenden konstitutionellen Clubs ist, geflossen. Diese Zeilen lauten also: „Wann ist die Ausübung staatsbürgerlicher Rechte von den religiösen Glaubensbekenntniß unabhängig geworden? Auf dem ersten vereinigten Landtage vertheidigten die Minister des Königs das Prinzip des christlichen Staats. Weder die Schärfe des Geistes noch die spitzigen Pfeile des Witzes vermochten die intoleranten Herren des Glaubens zu überzeugen. Der Staat sollte christlich bleiben, und das Land wurde heimgesucht mit dem Gesetze vom 23. Juli 1847 über die Verhältnisse der Juden. Allein die Vorsehung hatte es anders beschlossen. Der Kampf brach aus und die Ausübung staatsbürgerlicher Rechte ist fortan vom religiösen Glauben unabhängig. Aus ihrem Paradiese verscheucht mögen nunmehr die Herren des Glaubens in christlicher Liebe und Demuth darüber nachdenken, ob der Ausspruch Friedrichs des Großen, daß Jeder auf seine Façon selig werden könne eine Wahrheit sei." — Was mag wohl Hr. v. Thadden, dieser liebenswürdige Pommeraner, der mittelst des Hexen-Einmaleins aus Göthes „Faust" beweisen wollte, warum jüdische Lehrer christliche Kinder im Rechnen nicht unterrichten dürfen, hierzu sagen? — Doch — tempora mutantur et nos mutamur in illis — heute mag er sich eines Bessern besonnen haben und damit einverstanden sein, darum kein Wort mehr davon. Was unsere Stadt im Allgemeinen betrifft, so wird die Annäherung zwischen Juden und Christen immer größer, es sind die hiesigen Israeliten sowohl am konstitutionellen Club, als an der Bürgerwehr betheiligt und befinden sich in Letzterer in der Person eines achtbaren Gemeindemitglieds (des Hrn. Schlesier) ein jüd. Offizier und in der Person des hiesigen Kantors, ein jüd. Unteroffizier. Es ist dies zwar nicht von sonderlicher Bedeutung, bedenken wir aber, daß hier unter c. 10,000 Einwohnern nur 40 jüdische Familien sind und daß wir in der Nähe einer Gegend wohnen, wo sich die Juden früher[2] gar nicht aufhalten durften. W—ll.

Gleiwitz, 3. Mai. Der erste Mai, der Tag der Urwahlen, hat hier mit bedauerlichen Excessen geendet. Es konnte schon längst Niemandem entgehen, daß die mehr oder weniger aufregenden und zum Theil auch in polnischer Sprache verfaßten Flugblätter und die Volksversammlungen mit ihren ungemessenen Reden

---

[1] Die bekannte Rede zur Vertheidigung des „christlichen Staats" hielt Hr. Minister Eichhorn am 19. Mai 1847!

[2] D. h. vor dem 23. Juli 1847.

die ohnehin schon durch die Zeitverhältnisse hervorgebrachte Aufregung noch steigerten. Die, wie es hieß, von Juden verbreiteten Flugblätter riefen ein Pamphlet gegen dieselben hervor, worin gegen die Emancipation der Juden protestirt wird. Als nun gegen diesen Aufruf in der ersten Nummer der Zeitschrift „Die Gegenwart" ein empörender Artikel von Dr. med. Ring am 1. Mai erschien, da nahm die Erbitterung gegen die Juden, welche eine abscheuliche öffentliche Aeußerung eines Einzelnen in den letzten Tagen noch gesteigert hatte, immer mehr zu. Gegen Abend bildeten sich hier und da Volkshaufen, die sich bald vergrößerten und nach und nach den Marktplatz auffüllten. Große Menschenmassen verbreiteten sich durch die ganze Stadt, suchten vergeblich den Dr. Ring und warfen dann an den meisten jüdischen Häusern viele Fensterscheiben ein, brachen in einige jüdische Läden ein und eigneten sich Manches daraus zu. Erst als gegen 10 Uhr das Militair requirirt worden war, gelang es um Mitternacht die Ruhe wiederherzustellen. Blut war dabei nicht vergossen worden, wohl aber hat man mehre Personen festgenommen. Gestern nahmen die Dinge eine fast noch drohligere Gestalt an. Den ganzen Tag sah man auch viel Volk sich in der Stadt und Umgegend umhertreiben, gegen einige jüdische Einwohner (die meisten derselben hielten ihre Verkaufslokale geschlossen) fingen sich um den Mittag die Excesse zu erneuern an. Aber es wurden umfassendere Maßregel ergriffen; so ist nichts Bedeutendes vorgefallen, was besonders der Thätigkeit des Militairs zu verdanken ist. Nichtsdestoweniger darf die besonders von außen drohende Gefahr als keineswegs beseitigt angesehen werden. Die hiesige Bevölkerung wird, nach der erfolgten Abreise des Dr. Ring die Ruhe wohl nicht mehr stören, besonders auch, wenn „Die Gegenwart" nicht mehr erscheint. (Bresl. Z.)

Posen, 22. Mai. (Antwort der posener Israeliten an ihre Glaubensgenossen in Krakau.) Israelitische Brüder in Krakau! Mit vaterländischem Mißfallen haben wir einen aufreizenden Aufruf gelesen (s. v. Nr.) und mit Entrüstung müssen wir den zu uns herübertönenden Ruf abweisen. Ihr mahnt uns, Polen als Vaterland zu lieben und für dasselbe zu kämpfen, weil Polen uns in den barbarischen Jahrhunderten des Mittelalters ein Asyl gewährt, weil seine Söhne in der letzten Phase der Geschichte gleiche Leiden zu ertragen haben und weil Polen allein unsere Befreiung will. Aber Ihr werdet es selbst wissen, daß die heilige Vaterlandsliebe, das unzerstörbare Bewußtsein, in einer Nationalität zu wurzeln, weder durch Dankbarkeit, noch durch Aussicht auf geistige und materielle Vortheile gehemmt oder gemindert werden kann und darf. In früheren Jahrhunderten aus Deutschland in das Großherzogthum Posen eingewandert, haben wir weder die Sprache des Stammlandes noch die innige Liebe zu demselben jemals aufgegeben, und hat uns auch unser deutsches Vaterland in seinen finstern Jahrhunderten exilirt, hat es uns auch verfolgt und des Glaubens wegen von sich gestoßen, so hat doch keine Macht der Erde die heiße Liebe zu unserem Deutschland entwurzelt. Erzogen von deutscher Kultur und Gesittung, in seiner Sprache einzig und allein redend und seinen Geist in uns aufnehmend, haben wir stets nur mit Deutschland gefühlt, bei seinen Leiden getrauert, bei seinen Freuden gejubelt, wie auch Deutschland uns als Stiefkinder mißhandelt haben mag. Das Bewußtsein einer nationalen Angehörigkeit ist so göttlich-räthselhaft wie das Gewissen; die Vaterlandsliebe ist ebenso uneigennützig als undankbar; und weder die Glaubensgenossenschaft noch der Kosmopolitismus vermögen sie in der großen Mehrheit zu unterdrücken. Wenn Ihr Euch in Kultur und Sitte Polens hineingelebt und für die Erhebung dieses tiefgeknechteten Polens eine heilige Begeisterung Euch durchzuckt, so werdet Ihr unsere Liebe zum deutschen Vaterlande zu würdigen verstehen. Nur wer Vaterlandsliebe hat kann Vaterlandsliebe begreifen.

Breslau, 18. Mai. Bemerkenswerth ist das jetzt in seiner Ursachen uns noch nicht ganz erklärliche Bestreben gewisser Leute, das Volk zu Excessen gegen die Juden aufzuhetzen. In einigen Städten Oberschlesiens ist ihnen ihr Bestreben leider gelungen und hat bereits die traurigsten Excesse veranlaßt. Seit einigen Tagen suchen sie ein Aehnliches auch hier in Breslau hervorzurufen. Da war bald ein Placat: „Nur keine Judenemancipation!", an den Straßenecken angeschlagen, bald suchten einige, bis jetzt leider noch nicht entdeckte Personen an den jetzigen mondhellen Abenden auf den Straßen und Plätzen der Stadt zahlreich umherwandelnde Menge zu Thätlichkeiten gegen die Juden aufzureizen; doch Dank dem gesunden Sinne des Volks, alle diese Wühlereien haben bisher, mit Ausnahme weniger Fälle, in denen einige für Juden gehaltene Personen gemißhandelt worden sind, noch keinen weitern beklagenswerthen Erfolge gehabt. (D.A.Z.)

Breslau, 18. Mai. Nachdem wir mitgetheilt haben, in der hiesigen jüdischen Gemeinde der Gedanke angeregt worden sei, die goldenen und silbernen Geräthschaften der Synagogen dem Staate als freiwillige Anleihe zu übergeben, ist dieser bereits vor einigen Tagen von der Gesellschaft der Brüder in Ausführung gebracht worden, indem diese die silbernen Gefäße der großen Synagoge im Gewicht von ungefähr 100 Mark der hiesigen Regierung abgeliefert hat.
(Bresl. Z.)

Dresden, 20. März. Mit welchen Waffen die Sache des sogenannten kirchlichen Vereins in Leipzig neuerdings vertheidigt wird, das macht der in Nr. 141 befindliche Aufsatz offenbar. Hier wird durch absichtliches Verschweigen der wichtigsten Thatsachen die wahre Lage der Sachen in ein so völlig falsches Licht gestellt, daß Schuld und Unschuld, Recht und Wahrheit, wie in einem Hohlspiegel reflektirt, gerade in umgekehr= tem Verhältnisse sich zeigen. Thatsache ist es und akten= kundige Thatsache, daß Superintendent Dr. Großmann eine kirchliche Feier der Eröffnung der deutschen Kon= stituirenden Nationalversammlung nicht nur nicht zurück= gewiesen, sondern die Zweckmäßigkeit einer solchen aus= drücklich anerkannt und dem Zustandekommen derselben mit aller Wärme das Wort geredet; Thatsache, daß derselbe die Geistlichen an allen Kirchen Leipzigs am Abende des 15. und am Morgen des 16. Mai münd= lich und schriftlich aufgefordert hat, sich dazu für den 18. Mai, wenn sie zu Stande kommen sollte, einstwei= len vorzubereiten; Thatsache, daß der kirchliche Verein schon am 16. Mai, noch ehe deshalb Bericht an die Kreisdirektion und beziehentlich an das Ministerium und die in Evangelicis beauftragten Staatsminister erstattet war, seinen Antrag auf eine Feier des 18. Mai durch seinen Sekretär Advokat Simon beim Stadtrath in Leipzig freiwillig zurückgenommen; Thatsache, daß er diese Zurücknahme am 17. Mai, gleich nach der auf dem Rathhaus erfolgten Publikation der Ministerial= ordnung vom 16. Mai, welche ihm dieselbe nur unter vorausgesetzter Zustimmung der Stadtverordneten und unter gänzlicher Enthaltung von Vornahme liturgischer Handlungen durch deutsch=katholische und israelitische Prediger nachließ, durch Advokat Simon von neuem bestätigt; Thatsache, daß er aus derselben Verordnung mit voller Bestimmtheit am 17. Morgens erfahren hat, es sei von den Behörden beschlossen worden, die Feier der Eröffnung der deutschen Nationalversammlung in allen Kirchen des Landes an einem der nächsten Sonn= tage — man weiß nun, daß der Sonntag Rogate dazu bestimmt ist — zu veranstalten; Thatsache endlich, daß beim Ministerium ausdrücklich die Meinung von mir schriftlich ausgesprochen worden, es möchten die Juden in ihrer Synagoge und die Deutsch=Katholiken in der Peterskirche diese Feier begehen, oder auch ihre Geist= lichen in der Nikolaikirche, wie das beim Reformations= fest 1830 geschehen, als Privatpersonen und in passiver Rolle, Zeugen und Theilnehmer derselben sein. Einzig und allein gegen die ungesetzliche und unkirchliche Form einer Mischlingsfeier habe ich mich ausgesprochen.

Alle diese Thatsachen verschweigt der Wortführer des kirchlichen Vereins, zum hohen Schuld von sich auf Andere abzuwälzen. Aber das genügt ihm noch nicht. Derselbe erlaubt sich auch offenbare Unwahrheiten. Denn unwahr ist die Behauptung, er habe eine religiöse Feier für Genossen aller Religionsgemeinschaften festlich zu begehen die Absicht gehabt. Die römisch=katholische wie die reformirte Geistlichkeit hatten schon vorher, ehe bei der Kircheninspektion zu Leipzig sein Gesuch an= brachte, sich von der Theilnahme daran losgesagt. Un=

wahr ist es, daß er keine eigentlich kirchliche Feier mit liturgischen Handlungen beabsichtigt und Kanzel und Altar nicht beansprucht habe: denn er hat ausdrücklich und schriftlich zu den Akten erklärt, daß „ein evangelisch= lutherischer Prediger die Festrede halten", der israelitische Prediger aber ec. Gebete am Pulte sprechen solle. Was sind aber „Gebete an den Gott aller Menschen" im Gotteshause, im Namen der Gemeinde von Einem aus ihrer Mitte vorgetragen, was sind sie anders als litur= gische Handlungen? Entspricht aber diesen Handlungen die Ueberzeugung der Gemeinde nicht, werden sie nicht zu einem Werkeldienste herabgewürdigt, vorausgesetzt, daß die Kirche eine Gemeinschaft des Glaubens, nicht des Unglaubens sein soll? Ist es eine allgemeine Vor= schrift des öffentlichen Rechts, daß die liturgischen Hand= lungen in der Kirche nur von berufenen und verordneten Dienern eben dieser Kirche verrichtet werden dürfen: ist es nicht ein Eingriff in die heutigen Rechte der Selbst= ständigkeit der evangelisch=lutherischen Kirche, wenn einer oder zwei Geistliche oder eine Hand voll Genossen die bestehende Kirchenordnung zu ändern sich unterfangen? Was würden die Juden dazu sagen, wenn ein christ= licher Geistlicher mit dem Krucifix sich zum Vorbeter der Synagoge aufwürfe? Und bedarf es zu einem Feste für alle Religionsgesellschaften mehr, als daß alle in ihrer Weise dessen Feier begehen? Kurz, ich kann in der mit aller Kraftanstrengung und um jeden Preis durchzusetzenden Feier, wie der kirchliche Verein sie beab= sichtigt, nichts Anderes erblicken als eine Nichtachtung der Glaubens= und Gewissensfreiheit der Mitbürger, die um so schwerer wiegt, da sie mit von Geistlichen aus= geht; nichts Anderes als einen Versuch des Indifferen= tismus, die evangelisch=lutherische Kirche Sachsens zu nullisiren; nichts Anderes als eine gänzliche Verwer= fung alles Positiv=christlichen, als eine Zersetzung der Religion zum Sublimat, einer Abstraktion, die nirgend in der Wirklichkeit Boden hat. Wenn aber die höchste Kirchenbehörde des Landes als eine „nicht aufgeklärte" verdächtigt wird, weil sie das Recht schützt, oder wenn meine Person verunglimpft wird, so ist solch eine grund= lose Schmähung mit Verachtung zurückzuweisen.
Dr. Großmann, Superintendent. (D. A. Z.)

Leipzig, 21. Mai. Die Eröffnung der Konsti= tuirenden Versammlung wurde auch in der leipzig=ber= liner Synagoge gefeiert. In der Festpredigt, welche die am Neubau Deutschlands nothwendigen Eigenschaf= ten des deutschen Volksrathes behandelte, wies der Pre= diger Jellinek darauf hin, wie der israelitische Staat durch Fremdherrschaft und durch Mangel an Einheit und Einigkeit spurlos zu Grunde ging, und wählte den Propheten Jeremias zum seinen Führer, der Augenzeuge vom Verfalle des ersten israelitischen Staats gewesen. Die Zukunft Deutschlands wurde als der Ausdruck des Rechts, der Liebe und des Friedens geschildert und da=

her Jedermann aufgefordert, das Auge von der in materieller Hinsicht besonders für Kaufleute trüben Gegenwart auf die heitere Zukunft zu richten. Ein Gebet für die Mitglieder des deutschen Parlaments, das Gedeihen des deutschen Vaterlandes und den König, der am 18. Mai seinen 51. Geburtstag gefeiert, beschloß die Festpredigt, wodurch auch die Synagoge ihre Theilnahme an den vaterländischen Angelegenheiten an den Tag legte. (D. A. Z.)

Leipzig, 20. Mai. Die Verordnung vom 27. April, die Einkommensteuer betreffend, enthält in §. 6 die Bestimmung: „daß nur die der bürgerlichen Ehrenrechte Theilhaftigen" zu Schätzungskommissaren ernannt werden können. Das Gesetz von 1838 schließt jedoch die Juden von den bürgerlichen Ehrenrechten aus, weshalb der Advokat Kaim in einer Eingabe das Gesammtministerium aufmerksam machte, wie dieses Gesetz mit dem Geiste der Jetztzeit im Widerspruch stehe, und worin er ferner forderte, daß das Ministerium dem Geiste der neuen Verwaltung gemäß handeln und eine Ausschließung von gewissen Rechten, des Glaubens halber, nicht mehr anerkennen möge. Das Finanzministerium erwiderte hierauf, daß in erwähntem Paragraphen keineswegs Juden von dem Amte der Schätzungskommissare ausgeschlossen seien, sondern alle Diejenigen, welche als unbescholten dastehen, ohne Unterschied des Glaubens zu diesem Amte erwählt werden können, in welchem Sinne auch bereits Zuschriften an den dresdner und leipziger Stadtrath abgefertigt seien. Durch dieses rasche Handeln zeigt das Ministerium, wie sehr es vom Geiste der Zeit durchdrungen, und bethätigt durch den ersten Schritt, Juden zu Staatsämtern zuzulassen, das Princip des allgemein gleichen Menschenrechts. Advokat Kaim, welcher den Männern unsers Vertrauens die Gelegenheit bot, ihre gute Gesinnung an den Tag zu legen, hat in seiner Schrift: „Die Beschränkung auswärtiger Juden im Königreich Sachsen auf Messen und Märkten," gezeigt, wie mannichfach noch die Beschränkungen sind, welche den auswärtigen Juden in Sachsen noch entgegenstehen, und er berief im Laufe der Messe eine Versammlung der jüdischen Großhändler, um sowohl die Mißstimmung, welche sich gegen Leipzig erhoben hatte, im Interesse der Stadt zu beschwichtigen, als auch zu einem an den hiesigen Stadtrath gerichteten Gesuch aufzufordern, die den jüdischen Kleinhändler gegenüber dem christlichen nachtheiligen Beschränkungen schleunigst aufzuheben. Das Unternehmen des Hrn. Kaim wird gewiß von Erfolg gekrönt sein, um so mehr, da es doch endlich einmal an der Zeit ist, die letzten Trümmer des finstern Mittelalters der Vergessenheit zu übergeben. (D. A. Z.)

Leipzig, 22. Mai. Die Verhandlungen des kirchlichen Vereins für alle Religionsbekenntnisse mit der evangelisch-lutherischen Kirchenbe-

hörde um Ueberlassung der hiesigen Nikolaikirche zu einer für alle Konfessionen gemeinschaftlich zu veranstaltenden religiösen Feier der Parlamentseröffnung haben nicht den erwünschten Erfolg gehabt. Das Ministerium erklärt, „es glaube, daß das Gesuch des Vereins durch Anordnung einer von jeder Konfession besonders abzuhaltenden kirchlichen Feier sich erledigen werde, müsse aber, wenn der Verein darauf beharre, mit weiterer Entschließung Anstand nehmen, da die Stadtverordneten um ihre Genehmigung noch nicht gefragt worden seien." Da nun aber selbst nach glücklicher Beendigung dieser Weitläufigkeiten immer noch die frühere Verordnung der Minister erst erledigt werden müßte, „daß sich katholische und israelitische Prediger dabei der Vornahme liturgischer Handlungen sich gänzlich zu enthalten hätten," darüber aber die günstige Zeit jedenfalls längst verflossen sein würde, so hat der kirchliche Verein beschlossen, unter bewandten Umständen die gemeinschaftliche Festfeier für alle Konfessionen ganz aufzugeben. Der Verein will ja nicht kirchlichen Unfrieden nähren, sondern Frieden stiften, und tritt zurück, wenn man sein Friedenswerk nicht verstehen will, obschon man bei weit geringerer Veranlassung, z. B. bei der Mendelssohnfeier in hiesiger Paulinerkirche einen reformirten Prediger beten und selbst jüdische Sängerinnen bei der „kirchlichen" Feier auftreten ließ. Ueberdem würde die blos passive Theilnahme nicht-evangelisch-lutherischer Prediger die Bedeutung der ganzen Feier aufheben; eine Kirche aber — und nur in einer Kirche glaubt der Verein eine solche Feier würdig begehen zu können — würde bei der Ungeneigtheit der nächsten Kirchenbehörde schwerlich anders als um diesen Preis zu erhalten sein.

Was nun aber den Angriff des Superintendenten Dr. Großmann betrifft, so muß der Berichterstatter, der keineswegs als Wortführer des Vereins gelten will, gegen die Beschuldigungen, „absichtlichen Verschweigens von Thatsachen und Entstellung der Wahrheit" entschieden protestiren. Thatsache ist zwar, daß Dr. Großmann die Geistlichen der lutherischen Konfession zu einer kirchlichen Feier aufgefordert hat; es ist aber gar nicht gesprochen worden. Thatsache ist vielmehr, daß er die vom kirchlichen Verein beantragte gemeinschaftliche Feier für alle Konfessionen — diese „Mischlingsfeier" — entschieden zurückgewiesen hat. Thatsache ist zwar, daß, als bis zum 16. 17. Mai die Genehmigung zum Gebrauch einer Kirche für den 18. Mai nicht eingegangen war, der Verein die beabsichtigte religiöse Feier des 18. Mai aufgegeben hat; aber blos weil er sie wegen beharrlicher Versagung einer Kirche aufgeben mußte, indem bis dahin die Reklamation ans Ministerium nicht entschieden sein konnte, diese Entscheidung auch erst heute, am 22., eingegangen ist. Wenn der Verein eine Festfeier „für alle Konfessionen" beabsichtigte, so ist das nicht deshalb eine „offenbare Unwahrheit", weil die römisch-katholische und reformirte Geistlichkeit sich davon losgesagt hätte; denn die Geistlichkeit ist nicht die Konfession; und selbst wenn kein katholischer oder reformirter Geistlicher thätigen Antheil nahm, so würden dennoch Katholiken und Reformirte der Einladung des Vereins haben folgen können. Wenn aber Mitglieder u. verschiedener Konfessionen die Räume — nichts weiter. — eines evangelisch-lutherischen Gotteshauses erhalten, um darin eine religiöse Festfeier mit Rede, Gebet und Gesang vorzunehmen, und die lutherische Kirchengemeinde durch ihre gegenwärtigen gesetzlichen Vertreter, den Stadtrath (dieser aber und nicht die Stadtverordneten, denen man noch jüngst bei Anstellung des Dr. Harleß dieses Recht ausdrücklich absprach) sind seither als Vertreter der Kirchengemeinde betrachtet worden) ihre Zustimmung dazu gibt, so ist das doch wahrlich kein "Eingriff in die Selbstständigkeit der evangelisch-lutherischen Kirche", keine "Abänderung der Kirchenordnung"; kein "Werkeldienst", keine Aufhebung der Gemeinschaft des Glaubens". Die Feier galt ja nicht den Mitgliedern der lutherischen Kirche, denen es ein Gräuel ist, einen deutschkatholischen Christen oder gar einen Israeliten in einem christlichen Gotteshause ein Gebet sprechen zu hören; sondern Die nur waren eingeladen, die im Sinne des kirchlichen Vereins sich freien, nun hier alte Vorurtheile rasch und nach schwinden, dort die universellen Gedanken des Christenthums über dem alten Partikularismus der Konfessionen siegen.

In einer Zeit, wo Alle, die unsere Zeit verstehen, sich freuen, daß Glieder aller Konfessionen gemeinschaftlich an der Wiedergeburt Deutschlands arbeiten, werden sehr Wenige mit Herrn Dr. Großmann den Vorschlag einer gemeinschaftlichen religiösen Feier des gemeinsamen Werkes für "Mißbrauch des Heiligen zu Parteizwecken", für "Nichtachtung der Glaubens- und Gewissensfreiheit", für einen "Versuch des Indifferentismus, die evangelisch-lutherische Kirche zu nullificiren", erklären wollen, sehr Viele aber bedauern, daß konfessionelle Bedenklichkeiten sie um eine so erhebende Feier gebracht haben. Wir beklagen das ebenfalls lebhaft, weil, ohnedem die Kirche ihren Einfluß durch eigene Schuld vielfach verloren hat, unserer Zeit aber, auch eine Kräftigung des religiös-sittlichen Lebens noth thut. Darauf allein sollte die Thätigkeit aller Kirchen gerichtet sein, nicht aber auf Erhaltung gleichgiltiger Dogmen, geistlicher und kirchlicher Gerechtsame oder konfessioneller engherziger Beschränkungen. Wenn die Kirchen nicht mit dem Zeitgeiste fortgehen, so werden sie den verlorenen Einfluß auf den Geist der Zeit nimmer wiedergewinnen! Behalte jede Konfession immerhin ihre besondern Formen, ihre besondern positiv-kirchlichen Glaubenslehren;

möge nur keine dabei vergessen, daß alle für diese Erde nur Ein praktisches Ziel haben: die religiös-sittlicher Ideen zu pflegen, deren die menschliche Gesellschaft zu ihrem Bestehen, zu ihrer Wohlfahrt bedarf. Wer aber den Glauben an diese Gemeinschaft des göttlichen Geistes in der Menschheit "Unglauben" schilt, und aufrichtige Bestrebungen, eine solche freie Gemeinschaft des Geistes herbeizuführen, verhindert und verdammt, der versteht weder unsere Zeit noch — das Christenthum; der wird Mitschuldiger an dem beklagenswerthen religiösen Indifferentismus, an der allerdings nicht wegzuläugnenden Nichtachtung der Kirche und ihrer Diener; der wird die Verantwortung mit zu tragen haben, wenn den Konfessionskirchen, wie jüngst im Parlament zu Frankfurt, der zwar erklärliche, aber jedes religiöse Gemüth schmerzlich berührende Ruf entgegenschallt: "Wir können euch nicht brauchen; ihr habt nichts gelernt und nichts vergessen!" Julius Kell.

Oesterreich.

Wien, 21. Mai. Viel Sensation erregte heute eine von dem Prediger Barborsky im evangelischen Bethause über Psalm 137 abgehaltene Predigt, in welcher die sich namentlich in Betreff der Juden regende Intoleranz das Hauptthema bildete. Es erschien dies um so mehr an der Zeit, als vorgestern ein Aufruf, zum Angriff auf Leben und Eigenthum der Juden anreizend, verbreitet werden sollte, allein noch unterdrückt und dem einen besondern Erlaß des Centralkomité der Nationalgarde unter Anderm mit den Worten begegnet ward: "Die Juden sind nur das Durchhaus zu den Häusern, zu dem Besitz, zu dem Eigenthum, zu dem Leben aller andern Bewohner der Residenz, und von den Juden gilt es und nach über die andern Bestandtheile der Residenz." In Ungarn hat sich dies nur allzu sehr bewährt, und täglich laufen Berichte von Mord- und Raubanfällen ein, deren Reigen mit Judenverfolgungen eröffnet ward. (D. A. 3.)

Personalchronik und Miscellen.

Wien. Hr. Deutsch wird zum Wahlmann für Frankfurt gewählt.

* * *

Braunschweig. Die gemischten Ehen werden hier von den Ständen gestattet.

* * *

Hannover. Die Juden sind noch immer nicht emancipirt. —

Verlag von E. L. Fritzsche.

Druck von J. H. Nagel.

Der Orient.

Berichte, Studien und Kritiken

Neunter   für   **Jahrgang.**

— jüdische Geschichte und Literatur.

Das Abonnement auf ein Jahr ist 5 Thlr. Man abonnirt bei allen löbl. Postämtern und allen solid. Buchhandlungen auf ein Jahr.

Herausgegeben

von

Dr. Julius Fürst.

Von dieser Zeitschrift erscheinen wöchentlich das Literaturblatt mitgerechnet, zwei Bogen, und zwar an jedem Dienstag regelmäßig.

№ **24.**   Leipzig, den 10. Juni   **1848.**

Die Juden in Oesterreich.

IX.

Man klagt die Juden an, daß sie sich als ein „auserwähltes Volk" betrachten. Man macht sie dazu. Für die Juden hat man besondere Kriterien, besondere Maaßstäbe, besondere Kategorien, als wenn sie in der That die Schoßkinder der Geschichte wären. Als das sogenannte „junge Deutschland" in jugendlicher Tollkühnheit sich zu überstürzen begann, stempelte es Menzel zu einem jüdischen, indem ein gut christliches Gemüth nicht fähig sei, die jungdeutschen Ideen in sich aufzunehmen. In unserer Gegenwart, wo auf der bewegten Oberfläche der Geschichte Extreme zum Vorschein kommen, wo die Einen, gleich dem ersten Adam nach der jüdischen Sage, zwei Gesichter tragen, das eine der Vergangenheit, der todten und abgelebten zugewandt, das andere auf die Zukunft ängstlich gerichtet und des Schwerpunktes für das thatkräftige Handeln beraubt; wo die Andern, jungen Titanen gleich, Alles erstürmen und erobern möchten, ohne das Kommando des Fortschritts gesetzes abzuwarten — in dieser tiefbedächtigen und hochverrätherischen Zeit sollen es wieder die Juden sein, welche, als Apostel der Anarchie, als Jünger des neuesten Bundes, als Herolde der Revolution den Aufruhr predigen. So ist es wenigstens in der A.-A. Z. zu lesen. Diese gute Alte kann nämlich den scheelen Blick auf die Juden nicht lassen und berichtet aus Wien, daß alle aufrührerische Plakate an den Straßenecken von Juden herrühren. Die gute Augsburgerin wußte viel von dem jüdischen Deputirten Veit in Berlin, von dem Exrevolutionär Dr. B. in Mainz, „der ein Israelit" ist, zu erzählen; warum soll sie nicht die Schattenseite der Wiener Bewegung auf Rechnung der Juden schreiben? — Hat die Erhebung der Freiheit in Wien ganz Deutschland in Erstaunen gesetzt, so haben Wiener Juden nicht weniger überrascht. Männer wie Dr. Goldmark — der „Robert Blum" Wiens — Dr. Fischhof, Dr. Unger, Dr. L. A. Frankl u. A., leiten die Bewegung und kämpfen für die Freiheit Oesterreichs. Das ist der Augsburger Dame zu viel, und sie schiebt alle aufrührische Versuche den Juden ins Gewissen:

Erklärt mir, lieber Cotta nur
Diesen Zwiespalt der Natur.

Als es sich um Zulassung der Juden zum Militärdienste handelte, waren die Juden muthlos und feige; jetzt sind sie alle Wehr-, Schwert- und Barrikadenhelden, jetzt sind sie die Revolutionsprediger im Dome der jungen Freiheit! Es geht den Juden wie jenem Alten in der Fabel, dem die junge Frau die weißen Haare, die alte die schwarzen ausraufte. Reaktionäre verschreien die Juden als das perpetuum mobile der Revolution, Männer des Fortschritts sehen in den jüdischen Geldmännern den Hemmschuh der Freiheit. Das möge und

24

soll aber die Juden nicht beirren. „Freiheit und Ordnung" sei ihr Panier. Um aber die alte Augsburgerin nicht zu stören, wünschen wir ihr eine angenehme Ruhe und eine lange Nacht; die Juden waren von jeher für den langen Tag!

Ad. Jellinek.

Deutschland.

Dresden, 28. Mai. Gestern wurde in unserem Tempel die Eröffnung der Constituirenden Nationalversammlung zu Frankfurt gefeiert. Zuerst trug unser Chor Ps. 67 und 85 vor, dann folgte die Festrede von Oberrabbiner Dr. Frankel, und zum Schlusse wurde Nr. 245 aus Johlsohn's Gesangbuch gesungen. Die Festrede verbreitete sich über Lev. 26, 6 und unser Oberrabbiner legte in höchst angemessener und gelungener Weise dar, wie der Friede der sicherste Pfeiler der Freiheit sei und wie die innere Ruhe der Freiheit vorangehen müsse. Die Feier machte einen tiefen Eindruck auf das aus Juden und Christen bestehende Publikum, da unser Tempel sehr oft Christen in seinen Räumen sieht. Wir haben aus voller Seele das Krönungsfest der deutschen Einheit gefeiert, fühlen, leider und freier uns mit dem deutschen Volke; allein der elende Zunftgeist, das kleinlich-neidische Krämerwesen macht sich jetzt in hiesigen Lokalblättern breit. Während man in Berlin nicht ein Inserat gegen die Juden gelesen hat, kann unsere Residenz ihre alten Vorurtheile nicht ablegen. Im Angesichte der großartigen deutschen Bewegung wagt man es noch, an der Freiheit zu mäkeln und zu feilschen und die ersten Schacherer sind wahrlich diejenigen, die nur für sich allein Privilegien eintauschen wollen.

München, im Mai. Am 22. Jan. d. J. las Prof. Dr. Kunstmann über die Rechtsverhältnisse der Juden in Spanien und Portugal und die Ursachen ihrer Vertreibung aus beiden Ländern. In den nach dem Untergange des westgothischen Reichs auf der pyrenäischen Halbinsel entstandenen christlichen Reichen hatten die Juden Vorrechte und Begünstigungen erhalten, deren sie sich in übrigen Staaten des Abendlandes mit Ausnahme von Polen nicht zu erfreuen hatten. Sie scheinen eigene Rechtsbücher gehabt zu haben und in beiden Ländern bildete sich eine ihnen eigenthümliche Gemeindeverfassung aus. Jedoch kann Mißbrauch der ihnen ertheilten Privilegien nicht als Ursache ihrer Vertreibung aus Spanien gelten; mehr die Erfahrung, daß es Christen gab, welche sich zum Judenthum hinneigten (judaizabant) und durch Umgang mit Juden von ihrem Glauben abfielen, veranlaßte das von Granada aus vom 30. März 1492 erlassene Vertreibungsedikt; vielleicht sollte es mehr ein Mittel zu einer allgemeinen Bekehrung der Juden sein; diese aber erfolgte nicht und über 400,000 verließen das Land. Vielen ertheilte König Johann II. gegen Erlegung eines Kopfgeldes einen intermistischen Aufenthalt in Portugal. Aber Johann's Nachfolger, Emanuel, erließ im December 1496 ein Edikt, kraft dessen er außer den spanischen Zuzüglern auch die einheimischen Juden aus seinen Staaten entfernte. Damals ließen sich allerdings viele taufen; die meisten aber zogen nach Afrika in die portugiesischen Kolonien. Als diese unter Johann III. im Jahre 1580 aufgegeben wurden, verlor Portugal mit ihnen die letzten seiner an Zahl so bedeutenden jüdischen Unterthanen.

Leipzig, 2. Mai. (Leipz. Allbl.) (Entscheidung der Juden-Emancipationsfrage in höchster und letzter Instanz.) Um dem erbitternden Federkriege wegen der Stellung der Israeliten im Staate Einhalt zu thun, wird es nothwendig sein, daß wir die Sache vor die höchste Instanz zur Entscheidung bringen, welche hier, wie in allen Angelegenheiten die Religion oder das Gewissen ist. Wo die Religion Gesetze vorschreibt, da darf keine Ausnahme stattfinden, da muß jedes Bedenken verschwinden. Ohne die unzähligen Aussprüche der Schrift, welche die Anerkennung und gleiche Berechtigung aller Menschen im Reiche Gottes, in der ganzen Familie seiner Kinder auf Erden unbedingt fordern, besonders hier anzuziehen, halten wir uns nur an das allgemeine Prinzip, an den Geist der Religion resp. des Christenthums. Das christliche Prinzip ist das Streben nach allgemeiner Verbrüderung der Menschen in der Liebe und Freiheit der Kinder Gottes; der christliche Geist ist eben dieser Geist der Freiheit und der Liebe gegen Jedermann, er sei ein Grieche oder Jude, ein Knecht oder Freier. Wer den Juden seine Menschen- und Bürgerrechte, aus welchem Grunde es auch geschehen mag, vorenthalten und verkümmern will, ist nicht ergriffen, nicht durchdrungen vom Geiste des Christenthums, ist nicht Christ, sondern Belials Diener; denn wer Christi Geist nicht hat, der ist nicht sein, der Geist Christi aber ist der Geist allgemeiner Bruderliebe. Wer also eine ganze Gesellschaft von Menschen zurückgesetzt sehen will, ist kein Christ und kann daher auch nicht in der Reihe der Christen stehen und gegen Nichtchristen kämpfen.

Jeder feindliche Angriff gegen die Juden ist ein Angriff auf das Christenthum selbst. Das Judenthum ist ja im Christenthume mit inbegriffen und ein wesentlicher Bestandtheil, ist die Grundlage desselben. Ohne Judenthum kein Christenthum. Unsere Bibel ist verfaßt von Juden; unser Heiland und die Apostel, wie auch die meisten der ersten Christen, waren von Geburt Juden; die zehn Gebote Mosis betrachten die Juden wie die Christen als Gottes Gebote; Christus ist ja nicht gekommen, das Gesetz und die Propheten aufzuheben, sondern zu bestätigen; das neue Testament ist voll von Stellen und Hinweisungen, welche aus dem alten Testamente, also aus dem Judenthume stammen; Paulus, dessen Lehren die Grundlage der Reformation durch Dr. Luther bilden, hat nach jüdischen Anschauungen gelehrt und geschrieben, die jüdische Hierarchie würde in ihrer Totalität wieder auf das Christenthum übertragen, die meisten christlichen Ceremonien stammen aus dem Judenthume, selbst das Abendmahl nicht ausgenommen; wir erkennen das Volk Israel als das auserwählte Volk Gottes; die Stimme seiner Propheten ist uns Gottes Stimme; seine frommen Väter werden uns zum Vorbilde aufgestellt: und wir können dieses Volk noch zurücksetzen, kränken, drücken, verfolgen? Ist das nicht eine Verletzung, ein Verrath am Christenthume?

Doch man wird einwenden: daß die Juden nicht um der Religion willen unterdrückt werden, sondern weil in ihrem Talmud manche staatsgefährliche Grundsätze enthalten sind, weil sie unsern Heiland gekreuzigt haben, weil sie die Christen im Handel und Wandel bevortheilen, und weil sie es gleichsam als Ausländer mit den Christen nie gut meinen. Billig muß man aber hier fragen: Welche und wie viele Christen kennen den Talmud? Können wir aber über eine Sache aburtheilen, von der wir nichts weiter wissen, als was uns Parteimänner davon erzählen? Zugegeben, daß der Talmud manche irrige, und mitunter nachtheilige Lehre enthalte; ist aber dieses Buch etwas Anderes, als ein Auslegebuch aus der alten Zeit? Sind denn unsere christlichen Auslegebücher aus dem Alterthume durchaus rein und unserer Zeit angemessen? Haben wir nicht einen immerwährenden Kampf gegen die Kirchensatzungen und Glaubensbücher der christlichen Kirchen? Oder wollen wir in den Israeliten unserer Zeit noch die alten Pharisäer finden, wie sie uns im Katechismus dargestellt werden? Das hieße blind und taub sein gegen die Zeugnisse des fortgeschrittenen Judenthums, welches, wie wir uns genau überzeugt haben, viele Lehren des alten Testamentes reiner und geistiger auffaßt, als es bei den meisten Christen der Fall ist. Wir machen hier nur aufmerksam auf die Erzählung von der Erbsünde, von Abraham und den drei Fremden, von der stellvertretenden Genugthuung, von dem Teufel u. a. m. Die Idee von der Einheit Gottes hat sich im Judenthume stets rein erhalten, während sie im Christenthume zum Theil verloren gegangen ist.

Doch die Juden haben Christum gekreuzigt! — Sind es die Juden gewesen, die in unserer Zeit leben? Die Juden hatten ein Gesetz, nach welchem Christus sterben mußte. Sie haben also einen Justizmord begangen. Verdienen die Juden darum unsere Verachtung, so verdienen wir Christen dieselbe dreißigmillionenmal, weil wir dreißig Millionen Menschen aus allen Religionen um des Glaubens willen hingeschlachtet haben.

Aber die Juden bevortheilen den Christen allenthalben, darum muß man sie einschränken, sonst gehet die Christen zu Grunde. — Das ist nun der Haupteinwurf. Hier befiehlt aber das Gewissen den Christen. Wir Christen haben den Juden bei seiner Knechtschaft, bei seiner Besitz- und Rechtlosigkeit, und bei seiner Abgabenlast genöthigt zu solchem Verfahren. Wir haben diesen Fehler verschuldet. An uns ist es, daß wir die Ursachen entfernen, aus denen dieser Fehler entstanden ist, dann werden die Wirkungen von selbst verschwinden. Hat uns der Jude zuweilen bevortheilt auf eine ungesetzliche Weise; so haben wir ihn beständig bevortheilt und noch dazu auf eine gesetzliche Weise. Das Unrecht ist am größten, wenn es zum Rechte erhoben wird. Die Abgaben und die Rechte der Unterthanen sind wie Geld und Waare. Die Juden haben bisher für eine doppelte Abgabenlast, also für das doppelte Geld, kaum die Hälfte der Unterthanenrechte, d. i. der Waare erhalten, welche man den Christen gegeben. Unser Gewissen wird uns sagen, auf welcher Seite das Unrecht größer sei. —

Endlich sagt man, daß sich die Juden als Bürger von Jerusalem, als Ausländer betrachteten, und daher es mit dem Christen nie gut meinen. Ja, die Juden werden von uns als Ausländer betrachtet und behandelt, und wenn sie es mit uns nicht gut meinen, so ist zunächst die Schuld auf unserer Seite. Daß sich aber die Juden selbst nicht als eine fremde Nation in unserem Vaterlande betrachten, und auch nicht betrachtet wissen wollen, wird uns jeder gebildete Israelit bestätigen. Als Beweis dazu diene eine Stelle, welche wir aus dem Aufrufe der jüdischen Gemeinde Berlin's im Jahre 1845 entnehmen, und in welcher die Juden sich erklären: „Wir wollen die h. Schrift auffassen nach ihrem göttlichen Geiste; wir können nicht mehr unsere göttliche Freiheit der Zwingherrschaft des todten Buchstaben opfern; wir können nicht mehr beten mit wahrhaftem Munde um ein irdisches Messiasreich, das uns aus dem Vaterlande, dem wir mit aller Banden der Liebe anhangen, wie aus einer Fremde heimführen soll in unserer Urväter Heimathland. Wir können nicht mehr Gebote beobachten, die keinen geistigen Halt in uns haben, und nicht einen Codex als unveränderliches Gesetzbuch anerkennen, der das Wesen und die Aufgabe des Judenthums bestehen läßt in unnachsichtlichem Festhalten an Formen und Vorschriften, die einer längst vergangenen und für immer verschwundenen Zeit ihren Ursprung verdanken." Solche Sprache führt das Judenthum unserer Zeit. Stoßen wir also seine Anhänger nicht auf eine unchristliche Weise von uns! thun

24*

wir, was Religion und Gewissen uns heißt. Vertrauen wir, denn Vertrauen ist die Seele des Lebens. Der emancipirte Jude wird ein anderer sein, als unsere Vorstellung jetzt von dem Juden ist, er wird das sein, was er sein darf: ein aufrichtiger Bruder der Christen, ein treuer Unterthan, ein redlicher Bürger, ein fleißiger Arbeiter und ein ehrlicher Geschäftsmann. Wir Christen aber machen durch seine Emancipation ein tausendjähriges Unrecht gut.

Ein Christ und Mitglied des kirchlichen Vereins in Leipzig.

Leipzig, 30 Mai. In der gestrigen Versammlung des Kirchlichen Vereins meldete der Vorsitzende Dr. Zille, daß mehre auswärtige Laien und Geistliche dem Vereine sich angeschlossen haben, indem sie dessen Tendenzen theilen. Hierauf erstattete Prof. Dr. Theile Bericht über die Anordnung der religiösen Feier für alle Religionsbekenntnisse, welche bei Eröffnung des deutschen Parlaments hätte stattfinden sollen, über die Schritte, die der einstweilige Ausschuß zur Verwirklichung derselben gethan hatte und über die Gründe, die den Ausschuß veranlaßt hätten, von dieser Feier jetzt ganz abzusehen. Nach einer längern Debatte, an welcher sich die HH. Prof. Jörg, Haltaus, Fricke, Jellinek und mehre Andere betheiligten, beschloß die Versammlung auf einen mit Beifall aufgenommenen Antrag des Hrn. Kohner, dem Ausschusse, dem hiesigen Stadtrathe und den Ministern in evangelicis einen Dank zu votiren, sowie die entschiedene Mißbilligung über die Störung der religiösen Feier zu Protokoll zu nehmen. Nachdem Dr. Zille der Versammlung für ihre friedlichen und versöhnlichen Gesinnungen lebhaft gedankt und eine Feier für den Schluß der Constituirenden Versammlung in Aussicht gestellt, sprach Prediger Jellinek über einen in den Jahrbüchern der Gegenwart erschienenen Aufsatz von Dr. Strauß, die Judenverfolgungen betreffend, suchte mehr Mißverständnisse in Betreff alter und neuer Juden, des Talmuds und der gemischten Ehen zu beseitigen und machte besonders den Satz geltend: So wenig das Christenthum Schuld daran ist, wenn einige Christen ihre Hand zu blutigen Judenverfolgungen bieten, da es Liebe und nicht Haß lehre, mit demselben Rechte verlange er, daß man schlechte Handlungen einzelner Israeliten nicht auf Rechnung des Judenthums und der Judenheit stelle. Mit Nachdruck wies er darauf hin, wie gerade die orthodoxen Schriftsteller unter den Juden es aussprechen, sie wünschten, daß das Evangelium der Liebe reine Wahrheit würde, und von jedem Hasse gegen das Christenthum rein sind. Nachdem der Vorsitzende noch auseinandergesetzt, wie die gegenseitige Anerkennung und Achtung ein freudiges Zeichen der neuen Zeit sei, wurde die Sitzung geschlossen.

(D. A. Z.)

Oesterreich.

Wien, 20. Mai. Auch unser Prediger Mannheimer hat den rauschenden Flügelschlag einer neuen Zeit besprochen und wir heben aus einer im Drucke erschienenen Predigt folgende ergreifende Stelle heraus: „Was nun zu thun sei für uns? Für uns? Nichts! Alles für Volk und Vaterland, wie Ihr's in den letzten Tagen gethan. Unter den Ersten, die das Wort ergriffen und geführt in den stürmischen Tagen, waren die Juden! Unter den Ersten, die gefallen auf der blutigen Stätte, dort vor dem Hause, wo die Stände des Reichs das Heil berathen — werden, ein Jude! Wir haben gekämpft für sie! Nur zu! immerfort! Jetzt nichts für uns! Kein Wort von Juden-Emancipation, weil es nicht Andere sprechen für uns! Kein Wort! das löbl. Beamtnamt soll fortbestehn in seiner Gloria! Die jüdische „Lichterzündsteuer" in ihrer Gloria! Das böhmische und mährische Familienwesen mit seinen wilden Ehen in seiner Gloria; sie sind geheiligt vor Gott, wenn auch verworfen vor den Menschen! Soll alles so fortbestehen, ein Zeichen und Denkmal des alten Regimes, der Herrschaft der Gewalt. Wir haben uns dessen nicht zu schämen, wenn sie sich dessen nicht zu schämen haben, die die Wortführer, Machthaber und Helden des Tages sind. Wir haben mit ihnen gekämpft, und wehe dem Juden, der die Hand zurück zieht vom Werke, oder „des Herrn Werk trüglich betreibt." Aber kein Wort, kein Schritt für uns. Keine Petitionen, keine Bittschriften, keine Bitten und Klagen um unser Recht, wir haben genug dreißig Jahre lang gebeten, fußfällig die Hände erhoben! Nichts mehr da! Wir nehmen und tragen jetzt ruhig unser Geschick; erhebet nicht eine Hand für unser Recht; beweget nicht einen Fuß für unser Recht! Erst das Recht als Menschen zu leben, zu athmen, zu denken, zu sprechen, erst das Recht des Bürgers, des edlen freien Bürgers in seiner Berechtigung, in seiner würdigen Stellung, — nachher kommt der Jude. Man soll uns nicht vorwerfen, wir denken immer und überall und zunächst an uns! Wir sind die Leidenden in jedem Falle; wo die rohe Gewalt einbricht, bricht sie gegen uns ein; wo die Gewalt der Herrschaft reagirt, reagirt sie gegen uns! Alle Beschränkungen über uns, alle Ausschließung über uns. Thut nichts! Auch unsere Zeit kommt und bleibt nicht aus! Lasset die Geister gewähren, schließt Euch den Edlern und Bessern im Volke an. Stimmet überall, wo Ihr berufen und nicht berufen seid, für Recht und Freiheit, Gesetzlichkeit in der vollen Bedeutung. Betheiligt Euch an und bei aller Bestrebigen, die das eine große Ziel fördern können, die Freiheit und Ehre des Vaterlandes! Die über Alles und vor Allem! Im Uebrigen walte Gott!"

Aus Mähren, 22. Mai. (Offener Brief). Ich habe mich nun einmal zum Ritter meiner Landsleute, zum Ritter des mährischen Israels geweihet, um mit stets eingelegter Lanze, jede Unbill von ihm abzuwehren. Und habe ich bis jetzt in geschlossenem Visir gekämpft — von nun an soll es anders sein. Man hat jetzt Jeglichem, der die Kraft und den Muth hat, das Tragen der Waffen erlaubt. Und so will ich von nun an frei und unverholen als Nationalgarde meiner mährisch jüdischen Brüder auftreten. Fürwahr frei und offen will ich meine „offenen Briefe" nun schreiben. Die Sterne sind außer Geltung gekommen, das haben uns die Metternich'e bewiesen; und so will ich von nun an mehr mit keinem * mich zeichnen, sondern mit meinem Namen will ich nun das frei und unbekümmert vor Gott und Menschen vertreten, was ich in Ihrem geschätzten Blatte, dem Forum der Intelligenz, niederschreibe. Kein Anonymus mehr!

Nach diesem kurzen Prolegomenon gehe ich an die eigentliche Medulla meiner heutigen Angelegenheit. Es gilt heute wiederum einen Kampf pro focis. Man hat abermals mein gutes Mähren zum Stichblatt seiner Witze, zur Zielscheibe des Hohns gemacht. Und zwar ist es diesmal kein äußerer Feind. Es ist nicht der geistreiche Berliner Stern, den ich bei all seiner Herbheit höre recht gern. Diesmal haben wir vor uns einen andern Herrn. Unser Gegner ist diesmal aus Mähr'n. Ein „Familiant" der sich nicht genirt, erhebt gegen uns die Hand. Gar düster und trübe sieht es nach ihm an dem mährischen Himmel aus, trotz all der Sterne die ich in meinen frühern Briefen, an diesem Himmel gezeigt. Wir Mähren dürfen nun leider einmal durchaus keinen ךךם haben. — Vor allem macht der Herr Anonymus Jagd auf unsern Hirsch. Bei Gott ich bin kein Speichellecker, und so gerne ich Blätter habe, nehme ich doch nie ein Blatt vor den Mund. Ich glaub' meine offenen Briefe haben's bisher bewiesen, daß ich, ein offener Mensch, dem freien, offenen Wort über Alles huldige. Und so darf ich's nun unumwunden sagen: Ich habe unsern Landrabbiner einmal einen edlen Hirsch mit hohem Geweih genannt. Ich nenne ihn heute nochmal so; und unsere jüngsten Angelegenheiten beweisen, daß ich wahr geredet. Welcher Mähre kann es sagen, daß unser Landrabbiner jetzt nicht mit aller Umsicht, mit aller Energie und Willenskraft unsere Emanzipationssache führt? Was die intellektuelle Seite desselben betrifft, so glaube ich, es herrscht darüber nur eine Stimme bei uns, und die ist eine höchst günstige. Wenn unser „Familiant" anders meint — nun so weiß er als Bnei-orka-ndidat gewiß darüber zu urtheilen. Ich jedoch halte die „Ansprache an die christlichen Brüder" für ein geistvoll schönes Wort, das in manch christliches Herz überzeugend und nachhaltig gedrungen ist. — Nun zieht der Herr über die „geschulten Rabbiner." Und da ist es vorzüglich das Triumvirat Neuda, Schmiedl und Duschak, daran er all

sein Schrot verschießet. Thut mir leid, daß ich da nicht viel reden darf, ohne die Schuld der Parteilichkeit auf mich zu laden. Denn einer von den drei Herren bin ich selber. Ich selber in meiner Wenigkeit. Der Herr Familiant sagt dem lesenden Publikum, daß ich „schwach" bin. Ich schwach — Na, das ist halt gar zu stark! Wollte ich mir nun auf die Brust klopfen, und mich als einen vir fortissimus anpreisen, würde mich da das lesende Publikum nicht für unbescheiden halten? Uebrigens hab ich noch von gut Glück zu sagen, daß der Herr sich mit dem einen Wort begnügt; und das eben ist ein Beweis, daß ich im Gegentheil recht, recht stark sein muß, denn fortes fortuna adjuvat, sagt ja unser alter Cicero. — Was nun die zwei andern Herren betrifft, muß ich ebenfalls meine Zunge im Zaum halten, um nicht für parteiisch verschrien zu werden, denn der Eine ist mein Schwager, der Andere mein Freund. Aber das Eine muß ich sagen: Wenn der Herr „Familiant" uns anklagt, wir leisten nichts für die bürgerliche Sache der Juden — so thut er uns gewaltig Unrecht, denn auf Ehre versichere ich, uns Alle beseelet das glühende Streben: Es soll kein „Familiant" mehr sein in Mähren!

Schmiedl.

Großbritannien.

London, 26. Mai. Die Sitzung des Oberhauses war gestern ungewöhnlich lang. Der Geheimrathspräsident Marquis of Lansdowne beantragte die zweite Lesung der Bill zur Aufhebung der auf den Juden noch lastenden Beschränkungen, insbesondere der Hindernisse, welche sie von einem Sitze im Parlamente ausschließen. Er führte aus, daß gesetzlich keine Bestimmung dagegen bestehe, der Testeid nur gegen Katholiker eingeführt worden sei, und daß man es in dieser Sache durchaus nicht mit einer Religionsfrage, sondern nur mit den Rechten eines Volkes zu thun habe, zwischen welchem und dem Christen directe, wichtige und unleugbare Verbindungen vorhanden seien. Die Maßregel komme übrigens mit der Zustimmung des Unterhauses ausgestattet. Der Earl of Ellenborough beantragte jedoch die Vertagung der zweiten Lesung dieser Bill bis über sechs Monat. Ihm scheine der große Nachtheil der Maßregel in gar keinem Verhältnisse zu stehen mit dem wenigen Wohlthätigen derselben. Ihr Grundsatz, daß abgesehen von Glaubensbekenntnisse ein Jeder Mitglied des Parlaments werden könne, vernichte das wichtigste Princip der Constitution; das Christenthum sei ein Theil des gemeinen Rechts im Lande, und ihm scheine es gefährlich, den Juden, die Weltbürger seien und mit den britischen Institutionen identificiren würden, solche Zugeständnisse zu machen. Das Land befinde sich in einer großen Krisis und die Hand der Vorsehung habe directe Warnungen an dasselbe erlassen. Die politischen Drangsale, welche andere Völker heimgesucht, würde nicht wohl von England ferngehalten werden, wenn man das Parlament entchristliche. Der Herzog v. Cambridge ließ sich ebenfalls mit hochkirchlicher Beschränktheit vernehmen, daß er in Hannover und England zwar Ursache gehabt habe, die Juden zu achten, allein so lange die Regierung eine christliche sein solle, nicht für Zulassung von Juden in das Parlament stimmen könne. Lord Canning trat für die Bill auf, berichtigte mehres Falsche in Lord Ellenborough's Rede und machte geltend, daß sich nirgend eine Volksdemonstration gegen diese Maßregel gezeigt habe. Der Erzbischof von Canterbury sprach von dem gewöhnlichen, einseitigen Standpunkt aus gegen die Bill, ebenso der Earl of Winchelsea. Für die Juden sprach der Herzog v. Argyle mit großem Eindrücke; desgleichen der Bischof von St. Davids, welcher insbesondere geltend machte, daß keinerlei Gefahr für das Christenthum aus dieser Maßregel zu besorgen sei oder daß das Land dadurch dem Unwillen des Himmels, wie ein edler Lord besorge, ausgesetzt werde. Er rechtfertigte die Juden noch gegen viele vom Vorurtheil ihnen gemachte ungerechte Vorwürfe und erklärte, wenn die Lords diese Bill ablehnten, würden sie nur eine neue Ausschlußmaßregel aufstellen. Der Bischof von Orford äußerte sich ganz in dem Grad engherzig, als der vorige Redner human und aufgeklärt gesprochen hatte. Insbesondere wollte er die Bill von gewissen Privatverhältnissen herleiten, in welchen sich der Premierminister bei den letzten Parlamentswahlen befunden habe. Er wurde dafür vom Marquis of Lonsdowne später derb zurechtgewiesen. Für die Bill sprachen der Earl of St. Germans, Lord Littleton, Earl of Yarborough, Earl of Ellesmoore und mit großer Entschiedenheit und Ausführlichkeit Lord Brougham. Dagegen ließen sich noch die Earls of Eglinton, of Harrowby und Deffart vernehmen, sowie Lord Stanley. Bei der Abstimmung ward die zweite Lesung mit 163 gegen 128 Stimmen abgelehnt. —

London, 28. Mai. Die Verwerfung der von der Regierung dem Parlament vorgelegt gewesenen Bill zur Aufhebung aller noch auf den Juden lastenden politischen und bürgerlichen Beschränkungen durch das Oberhaus wird zunächst den Eintritt des für die City von London mit gewählten Hrn. v. Rothschild in das Haus der Gemeinen unmöglich machen. Wie Wähler und Gewählter sich zu verhalten gedenken ist noch nicht bekannt. Die Zeitungen sprechen sich natürlich je nach ihrer Farbe im grellsten Gegensatz über jene Entschließung der Lords aus. Die Morning Post gratulirt dem Land im Namen der gesammten Christenheit zu dem edlen Verhalten des Oberhauses, jene verhaßte Bill nicht zum zweiten Male verlesen zu lassen. Hoffentlich werde damit diese Maßregel für immer verloren sein. Das

englische Volk habe durch den Mund seiner natürlichen Repräsentanten, die Pairs von England, sich abermals dagegen ausgesprochen; wozu die Nation mit erneuten Versuchen beunruhigen? Sie müßten ja erfolglos bleiben, wie Niemand besser wisse als die Minister Ihr. Maj. und deren Alliirter, Sir R. Peel. Das Morning Chronicle dagegen bemerkt: „Mit tiefem Bedauern sehen wir die Entschließung des Hauses der Lords über die Judenemancipationsbill. Aufrichtig beklagen wir einen Vorgang, welcher das Oberhaus über eine Frage von tiefem Interesse für das Land mit der öffentlichen Meinung in Zwiespalt bringt und die Eröffnung eines aufregenden politischen Streites zur Folge haben muß. Für heute wollen wir nur aussprechen, daß wir ein freudiges Vertrauen in die künftige und nicht ferne Lösung der Frage hegen, welche das Votum der Lords so unglücklicherweise unerledigt gelassen hat." Der Standard preist wieder die Lords. Indem sie die abscheuliche Judenbill verwarfen, hätten sie dem Lande zwei nicht doch anzuschlagende Dienste geleistet. Sie retteten es nämlich vor einer furchtbaren Sünde und haben sich selbst in ihrer geeigneten verfassungsmäßigen Position hergestellt, um künftig dem Lande gleiche Dienste zu erweisen. Die Times erklärt, daß sie, ohne das Oberhaus gerade zu unterschätzen, doch ganz und gar nicht zu denen gehöre, die in demselben den beständigen Retter des Landes erblicken. Würde sie in den Fall kommen, für wirklich geleistete Dienste ihren Dank anzubringen, so würde sie jedenfalls die große Hälfte dem volksthümlichern und thätigern Theile der Legislatur zuwenden. Bei der Verhandlung über die Judenbill hätten die Lords den hoffentlich von ihnen freiwillig zuzumachenden Irrthum begangen, eine politische Frage als eine rein religiöse aufzufassen oder sich doch so zu stellen. Das Oberhaus habe sich dadurch in das häßliche Licht der Heuchelei gebracht. Die Lords werden sich also ferner einer christlichen Legislatur erfreuen und in der Entwickelung derselben hoffentlich sehr fleißig sein, um uns zu zeigen, was eine christliche Legislatur sein soll. Bei solchem Eifer bedauern wir nur, daß sie denn noch genöthigt sein werden, „mit dem Samariter" sich abzugeben. Der Staat borgte kürzlich 4 Mill. Pf. St., um einen Juden zur Hülfe für das Schwesterland. Ganz gewiß werden die Lords nicht ruhen und rasten unter dieser unchristlichen Verpflichtung; sie müssen etwas thun, um diesen Flecken zu beseitigen. (D.A.Z.)

Polen und Rußland.

Wilna, 26. April. Obgleich es mir als Norderner nicht vergönnt ist, so oft wie meine ehrenwerthen Kollegen, die Sterne alle, im Orient erscheinen zu können, ich auch die Gabe nicht besitze, stets mein Licht in glänzenden Reimen und witzigen Episteln auszuströmen laffen zu können: so hoffe ich den Lesern dieses Blattes nichtsdestoweniger in sofern eine willkommene Erscheinung zu sein, da hier kein glänzenderer Stern — auch der Odessaer nicht — sich bis hierzu mit der Beleuchtung hiesiger jüdischer Zustände befassen will; ich aber nicht gern möchte, daß unsere Geschichte im Auslande entweder ganz ignorirt oder doch nur als **Terra incognita** betrachtet werde. — Für heute lasse ich nachfolgende Berichte nur aphoristisch folgen.

Der dirigirende Senat erließ unterm 27. December v. J. nachstehende Kaiserliche Entscheidung in Betreff der russischen Juden, welche als Ukas unterm 5. März d. J. emanirt worden ist: 1) Den israel. Kaufleuten beider Gilden ist es gestattet, zweimal im Jahre in die beiden Hauptstädte und andere Städte des russischen Reichs zu kommen, um dort Waaren einzukaufen, vorausgesetzt, daß ihr Aufenthalt daselbst beide Mal nicht die ihnen gesetzlich bewilligte Frist: 6 Monate für die Kaufleute erster Gilde und 3 Monate für die Kaufleute zweiter Gilde, übersteigt. — 2) Dieselbe Berechtigung wird den Israeliten dritter Gilde einmal im Jahre für einen Aufenthalt von zwei Monaten zugestanden. — 3) Wenn die israel. Kaufleute durch Krankheit oder andere Ursache selbst an der Reise dahin verhindert werden, können sie ihre Kommis an ihrer Stelle in ihren Handelsangelegenheiten schicken. — 4) Die nach diesen Bestimmungen sich in das Innere des Reichs begebenden israel. Kaufleute oder Kommis sollen von den Stadtobrigkeiten (Dumen) Pässe erhalten, in deren die ihnen bewilligte Frist speciell angegeben ist. — 5) Die israel. Kaufleute erster Gilde können ins Innere des Reiches als Unternehmer von Arbeiten oder Lieferanten zugelassen werden, unter der Bedingung, daß die israelitischen mit der Aufsicht solcher Unternehmungen beauftragte. — 6) Die jungen israel. Künstler von 15 bis 20 Jahren können sich ohne ihre Familien ins Innere des Reiches begeben, um sich in ihrem Berufe bei den besten Meistern zu vervollkommnen, aber die Stadtobrigkeiten dürfen ihnen dazu nur Pässe für zwei Jahre, auf das Zeugniß dreier christlicher Familienväter geben, welche bezeugen, daß jene Vertrauen verdienen und zu dem oder jenem Berufe wirkliche Anlagen haben, und ferner unter der Bedingung, daß sie nicht zu den beiden, für die nächste Rekruten-Aushebung bestimmten Klassen gehören, und bei ihrer Ankunft am Orte ihrer Bestimmung sich innerhalb eines Monats zu einem bekannten Meister begeben; wogegen im Uebertretungsfalle, alle, welche über einen Monat ohne Beschäftigung bleiben, nach Hause geschickt werden und nicht mehr das Recht wieder erhalten, sich ins Innere des Reiches zu begeben. — 7) Die israel. Bürger erhalten ebenfalls das Recht sich ohne ihre Familie ins Innere des Reichs zu begeben, um die nothwendigsten Lebensbedürfnisse dort einzukaufen, und erhalten zu diesem Zwecke von den Stadtobrigkeiten besondere Billete auf 6 Wochen giltig, und nur einmal im Jahre. — 8) Die Jsraeliten, welche sich mit Fuhrwerk beschäftigen, können ihre Wagen ins Innere des Reiches führen; aber sie dürfen sich dort nicht länger als zwei Wochen aufhalten, um die ihnen anvertrauten Waaren abzuliefern und neue Fracht zu erhalten. Auch dürfen sie nicht von ihren Familien begleitet sein. — 9) Es ist den Jsraeliten auf das strengste verboten, Wirthshäuser oder Schenken in den Flecken oder Dörfern, wo sie wohnen zu halten, und die mit dem Kaufe geistiger Getränke, der ihnen verboten ist, in Verbindung stehenden Mißbräuche zu vermeiden, da dieser Verkauf in der Regel in den derartigen Schenkwirthschaften stattfindet. — Die vier ersten Artikel dieser Kaiserlichen Entscheidung treten an die Stelle der Artikel 271 und 273 im XIV. Bande des Gesetzbuches.

Ferner hat Se. Maj. der Kaiser geruht, die Vorschläge, den Aufenthalt von polnischen Juden im Reiche betreffend, einer Allerhöchsten Bestätigung zu würdigen. — Auch sind die Rechte der in der Stadt Kowno wohnenden Juden festgestellt, und Verordnungen in Betreff der ausländischen Juden, die gewerb- und handeltreibende Orte Rußlands zum Ankauf von Waaren rc. besuchen, erlassen worden.

Jn der Gegend von Polangen (ein kurländisches Städtchen an der preußischen Grenze) herrscht leider die Armuth unter den Israeliten so sehr, daß sich wiederum eine Masse von Familien nach den Kron-Kolonien in Cherson rc. verschrieben haben und ihrer baldigen Uebersiedelung dahin sehnsuchtsvoll entgegensehen. Jn ihrer bedrängten Lage haben sie sich jüngst an den Herrn General-Gouverneur von Liv-, Esth- und Kurland mit der Bitte gewandt, die Uebersiedelung so schleunigst als möglich bewerkstelligen zu lassen, damit sie nicht vor Hunger stürben; und da die Supplikanten weder die Kosten einer förmlichen Supplik bezahlen konnten, noch der deutschen oder russischen Sprache grammatikalisch kundig waren, so blieb ihnen Nichts übrig, als ihre Bittschrift in schlichter jüdisch-hebräischer Schrift und Sprache abzufassen und sie in dieser Weise abzusenden. Sie sind sehr auf die Resolution gespannt. —

Aus Mitau ist leider der plötzliche Tod eines israelitischen Ehrenmannes zu berichten, der zu denjenigen gezählt werden konnte, deren unermüdetes Streben es ist, das Judenthum nach Kräften mit Rath und That verherrlichen und erheben zu können. Joseph Behr, so nannte der Verewigte sich, bekleidete in Mitau das Amt eines Gemeinde-Deputirten und war Mitglied der hochobrigkeitlich bestätigten israelitischen Gouvernements-Schulkommission. Er studirte zu Paris die Rechte; seine treue Anhänglichkeit an den Glauben seiner Väter jedoch war lediglich der Grund, daß er dieses sein Lieblingsstudium aufzugeben gezwungen war, und mit demselben zugleich auf eine glänzende Laufbahn freiwillig

Verzicht leistete und sich blos dem Privat=Unterrichte widmete. Sein plötzlicher Tod versetzte nicht nur seine sämmtlichen hiesigen Glaubensgenossen, sondern auch viele christliche Mitbürger, die demselben ihre Bildung zu verdanken hatten, und die ihn aufrichtig hochschätzten und liebten, in die tiefste Trauer. Friede seiner Asche! —

Nun habe ich Ihnen auch etwas Erfreuliches in Betreff unseres Schulwesens zu berichten. Es sind nämlich zum Schlusse des v. J. nachstehende israelitische Lehranstalten ins Leben gerufen worden: 1) zwei in Minsk bestandene Privatschulen sind zu Kronschulen erhoben, gehörig reorganisirt und unter direkte Leitung der Schulbehörde gestellt worden. 2) In Wilna ist eine Rabbiner= und Lehrer=Vorbereitungsschule von der Krone gegründet, an welcher bereits die Lehrer Fünn und Salkind im Amte bestätigt worden sind. Eine Elementarschule wird außerdem auch noch daselbst ehestens errichtet werden. 3) In Odessa wurde die daselbst neu gegründete Karaitische Schule eröffnet. Im Beisein des Kurators des Odessa'schen Lehrbezirks, des Hrn. wirklichen Staatsraths und Ritters M. N. Bugaisky, sowie der Lehrer und Schüler der neuen Anstalt und der ganzen Gemeinde wurde vom Chasan und Schriftgelehrten Abraham Reim im Schullokale ein feierlicher Gottesdienst abgehalten, wobei eigends zu dieser Gelegenheit von ihm selbst in rein hebräischer Sprache gedichtete Verse abgesungen wurden. Darauf verlas der Secretär des Lyceums die vom Herrn Minister der Volksaufklärung ausgestellte Bewilligungs=Urkunde, und Herr Finkel, Lehrer der russischen Sprache, hielt eine passende Rede, zu deren Text er die Worte des 8. Psalms genommen hatte: „Aus dem Munde der Kinder und Unmündigen hört Er sein Lob!“ — Dann verfügte sich der Herr Kurator in das Gebäude der Anstalt, besichtigte die Klassen und prüfte die Zöglinge in einigen Zweigen der seit Eröffnung der Schule daselbst vorgetragenen Gegenstände. Auf diese Art ist nun der aufwachsenden heranwachsenden Generation, die merkwürdig in ihrer Art ist, und selbst den ärmsten Kindern einer zahlreichen Bürgerklasse Odessa's eine regelrechte Schulerziehung zu geben, während bis hierzu nur die Söhne der reichern Karaiten zu Hause eine oft gar mangelhafte Bildung erhalten konnten. Die Fächer, in welchen in der neuen Anstalt, die jetzt schon 53 Schüler zählt, Unterricht ertheilt wird, sind: 1) Religionslehre mit Einschluß der Karaitischen Liturgie. 2) Kenntniß der hebräischen, russischen und französischen Sprache. 3) Arithmetik, Buchhalterei, Wechsel= und Aktenkunde, soweit sie den Kaufmannsstand berühren, und endlich 4) Kalligraphie.

Von Hrn. R. J. Wunderbar in Riga, den Lesern des geschätzten LB. des Orients bereits bekannt, circulirt hier eine Einladung zur Subskription auf ein von demselben in Lieferungen herauszugebendes Werk, welches derselbe mit Unterstützung mehrerer gelehrten Aerzte bereits zum Drucke vorbereitet. Es führt den Titel: מלאכת הרפואה לבני ישראל, מימות אברהם אבינו עד זמן

חתימת התלמוד. Biblisch=talmudische Medicin, oder: Pragmatische Darstellung der Arzneikunde der alten Israeliten; sowohl in theoretischer als praktischer Hinsicht. Von Abraham bis zum Abschlusse des babylonischen Talmuds (2000 v. Chr. 500 n. Chr.). Mit Einschluß der Staats=Arzneikunde und mit besonderer Berücksichtigung der Theologie, nach den Quellen bearbeitet; und wird derselbe Ihnen wahrscheinlich zu seiner Zeit das Nähere darüber selbst berichten. Es wäre sehr zu wünschen, daß das Publikum ihm seine Theilnahme zu diesem löblichen Vorhaben nicht versagen möchte; um so mehr, da die höhere jüdische Literatur in Rußland nur wenige Jünger zählt, und dieselbe dort auch mit weit größeren Schwierigkeiten als im Auslande zu kämpfen hat.

Schließlich bemerke ich noch, daß mir die jüngsten Nummern der zu Venedig erscheinenden (merkwürdigerweise noch in italienischer Sprache geschriebenen) jüdisch=italienischen Zeitschrift „Revista israelitica“ vorliegen, worin manches Treffliche in Bezug auf Juden und Judenthum enthalten ist. Dieselbe hat die Tendenz, Reform des Judenthums zu erzielen und der Redakteur heißt Cäsar Promighi. —

Zum Wochenfeste.

Hell und freundlich strahlt die Sonne auf das Freudenfest herab,

Dran uns einst am Berge Sinai Gott die Zehngebote gab;
Und in festlicher Versammlung tönet unser Freudensang
„Dem der uns den Tag gegeben, ihm erschalle Preis und Dank.“

Und wir freuen uns des Herrn, den mit ganzer Seel' wir lieben,
Seiner Lehre, der in Glück und Unglück treu wir stets verblieben;
Jenes alten reinen Glaubens, unsre Zierde, unser Schmuck,
Den man nie uns konnte rauben — trotz Verfolgung, Hohn und Druck.

Und wir freuen uns des Lenzes und des bunten Blüthenflor;
Und es steigt zum Weltenschöpfer der vereinte Sang empor.
„Dank dir, Herr, für deine Lehre, Dank dir für des Lenzes Blüh'n,
Beides hast du uns zur Wonne und zur Lust verliehn.

Wie das starre Eis sich löset bei der Frühlingssonne Strahl,
Also löst im Lenz vom Menschen alles Weh sich, alle Qual;
Also löst das Gottvertrauen, löst das Glaube jeden Schmerz,
Und erfreuet und erquicket unser Herz.

Wie des Winters starre Kälte uns des Sommers Glut entrückt,
Doch bald drauf uns neuverjüngt des langen Blüthenschmuck erquickt —
So ward oft verdrängt unser Glaube in der Zeiten Lauf —
Doch stieg stets mit neuer Stärke, stets mit frischer Kraft er auf.

Darum laßt dem Herrn uns danken, uns ihn preisen für und für,
Für den heil'gen Väterglauben, für des Lenzes Zier;
Diesen Tag, den Gott gegeben, laßt in Jubel uns begehn,
Laßt uns froh und freudig feiern unsrer Religion Bestehn.“

Lehmann.

Verlag von C. L. Fritzsche.

Druck von J. H. Nagel.

Der Orient.

Berichte, Studien und Kritiken

Neunter

für

jüdische Geschichte und Literatur.

Jahrgang.

Herausgegeben

von

Dr. Julius Fürst.

Das Abonnement auf ein Jahr ist 5 Thlr. Man abonnirt bei allen löbl. Postämtern und allen solid. Buchhandlungen auf ein Jahr.

Von dieser Zeitschrift erscheinen wöchentlich das Literaturblatt mitgerechnet, zwei Bogen und zwar an jedem Dienstag regelmäßig.

№ 25.

Leipzig, den 17. Juni

1848.

Die Juden in Oesterreich.

X.

„Der Jude ist kein Mensch" ist der Refrain, den die mährischen Bauern im Munde führen. Ohne Hegel's „Phänomänologie" studirt zu haben, drücken sie doch ihre Rohheit logisch aus. In allen Erlassen der Regierung haben sie nichts von der gleichen Berechtigung der Israeliten gelesen und da die Summe von Rechten, welche die Israeliten für sich in Anspruch nehmen, nichts als einfache Menschenrechte sind, so schließen die Bauern, daß der Jude kein Mensch, mithin Plünderung und Raub an Juden verübt kein Verbrechen sei. Die unseligen Folgen dieser Bauernlogik haben sich leider bereits gezeigt. Nur die Furcht, der Gewalt der Bajonette gelang es, das Bauernvolk zu zügeln, die Juden vor den Ausbrüchen der fanatischen Barbarei zu schützen. Der Gährungsstoff ist fast in ganz Mähren verbreitet. Das sind die Folgen der regierenden Zauderer. Oesterreich sollte doch vor Allem darauf bedacht sein, jeden Zündstoff zu löschen, jede Veranlassung zu Gewaltthätigkeiten zu unterdrücken, jede Reibung ihrer Nationalitäten zu verhindern — und es stellt die Israeliten außerhalb des allgemeinen Gesetzes. Die Leidenschaften, die jetzt wüthen und toben, ergießen sich über die Juden, und sie, die Juden, sind die Blitzableiter in dem fürchterlichen Gewitter, das sich über den österreichischen Monarchie zusammenzieht. Die Bauernlogik zieht ihre Säfte aus der Regierungsweisheit, die ebenfalls den Satz adoptirt: der Jude ist kein Mensch. Ein panischer Schrecken drückt die Juden Mährens zu Boden. Die Unruhe pocht gewaltig in den Gemüthern, und jedes Gesicht ist der Ausdruck innerer Beklommenheit. Es sind aber nicht blos die Bauern, die Nebenfiguren in dem Völkerdrama, welche in das Innere der Familie die Furcht verpflanzen, sondern auch die löblichen Bürger einiger Städte. Ollmütz, Proßnitz, Lipnik, Groß-Meseritsch sind die wilden Gegenden, wo das Unkraut des Judenhasses vortrefflich wuchert. Wir wollen den Leser nicht durch traurige Einzelheiten ermüden; des Traurigen liest man jetzt genug; allein wenn jene Barbarei sich aller Rechte erfreut, sind die friedlichen Juden deren unwürdig? Klagt immerfort in eurer verrätherischen Heuchelei, daß die Juden nicht reif sind; vor der Reise einer rohen Horden möge sie Gott bewahren! Pawla und Janko, die mit thierischer Wuth über Wehrlose herfallen, die eine Karrikatur auf das Ebenbild Gottes sind, die eine ganze Hölle von bösen Lüsten in ihrem unmenschlichen Herzen bergen, — diese sind frei, und der arme, friedliche Jude, der in seinem Gotteshause Zuflucht sucht, rasselt an seiner Kette!

> „Es ist eine alte Geschichte,
> Doch bleibt sie ewig neu,
> Und wem sie just passiret,
> Dem bricht das Herz entzwei!" —

25

Wir wollen nicht verkennen, daß sowohl das mäh= rische Landespräsidium in Brünn als auch die Kreis= ämter die Juden schützen; wir wollen noch besonders lobend hervorheben, daß das Hradischer Kreisamt Ener= gie und Thatkraft für die Juden entwickelt; allein das Feuer des Hasses und der Verfolgung wurde durch Aus= nahmsgesetze angelegt und genährt. Das Wasser hätte erspart werden können, hätte man nicht die Flammen so lange geschürt. — In Böhmen tritt ein slavisches Par= lament zusammen, Oesterreich soll slavisch werden: was wird das Loos der Juden sein? Im slavischen Parla= mente sitzt Hr. J. P. Jordan, ein ehemaliger Docent in Leipzig, ein wüthender Feind der Deutschen und Ju= den. Wenn das Parlament viele solcher Mitglieder in seinen Reihen zählt, wird die Humanität einen neuen Sieg feiern. Und vollends der altersschwache Adel, der um seinen Ehrgeiz zu befriedigen, die Monar= chie in die größte Verwirrung stürzt, wird er sich den Juden geneigt zeigen? Die Antwort wird nicht aus= bleiben.

Ad. Jellinek.

Deutschland.

Leipzig, 6. Juni. James Fazy hat in der Schweiz für die in zwei Kantonen wohnenden Juden das Wort ergriffen, ist aber nicht durchgedrungen. Auch eine schöne Gegend, die schweizerische Republik. — Goudchaux wird vom „National" als Kandidat für die Nationalversammlung vorgeschlagen. — Lionel und Anselm v. Rothschild waren im Oberhause anwe= send, als die Judenbill verworfen wurde. Wir wun= dern uns, daß die frommen Bischöfe diese Entchrist= lichung des Parlaments zugaben. — In die Schätz= ungskommission für die Einkommensteuer in Leipzig sind auch mehre Juden gewählt. — In Pesth hat das Lei= chenbegängniß eines gefallenen israelitischen Studenten mit vielem Pompe stattgefunden. — Der Ban Jella= chich in Croatien hat sich gegen die Juden freundlich ausgesprochen. — Die Juden der Stadt Posen ver= wahren sich in der „Berliner Zeitungshalle" gegen mehre Beschuldigungen. — Die englischen Zeitungen rathen dem Hrn. v. Rothschild, sich noch ein Mal wählen zu lassen, und das Oberhaus, wenn es einen langen eng= lischen Zopf hat, zur vollständigen Gleichstellung zu zwin= gen. — Die zweite Kammer in Hannover hat sich, trotz der Proteste der Minister, für politische Gleichstel= lung aller Kulte ausgesprochen. Die gute Sache siegt überall. — In dem sächsischen Wahlgesetz, welches die Regierung vorgelegt, steht nichts von einem Unterschied der Konfessionen. — In Neuhaldensleben ist Dr. Philippson zum Ersatzmann für Frankfurt gewählt. —

worden. — Kuranda ist zwei Mal für das deutsche Parlament gewählt: ein Mal in Mähren, und das an= dere Mal in Teplitz. — In Prag sind viele Juden thöricht genug, zu dem Swornost, der tschechischen Na= tionalgarde, überzugehen. Die Juden sind Deutsche und müssen sich als Deutsche fühlen. — Der Emancipa= tionskampf hat in den hiesigen Tagesblättern aufgehört. In einer kleinen Schrift, welche die Zünfte veröffent= lichten, wird Zeter über die „Modekrankheit", d. h. die Emancipation der Juden geschrien. Der Neger spottet über die Häßlichkeit der Weißen. Leipzig ist doch eine Stadt der Intelligenz. Sehr witzig schrieb J. Kauf= mann in den „Grenzboten", daß die Fabrikstadt Chemnitz gedroht habe, sich vom deutschen Bunde los= zureißen, im Falle die Kinder Israel Menschenrechte erhalten:

„Doch das Schrecklichste der Schrecken
Ist der Mensch in seinem Wahn!"

Braunschweig, 30. Mai. Heute sind hier fol= gende Gesetze vom 23. Mai verkündet worden:

I. Wir Wilhelm 2c. fügen hiermit zu wissen: Wir erlassen mit Zustimmung unserer getreuen Stände die nachfolgende gesetzliche Bestimmung: §. 1. Alle Rechtsungleichheiten, sowohl im öffentlichen als im Pri= vatrechte, welche Folgen des Glaubensbekenntnisses sind, werden, vorbehaltlich der noch bestehenden Parochialge= rechtsame und der übrigen kirchlichen Verhältnisse, hier= durch aufgehoben. Alle Behörden und jeder Einzelne, den es angeht, haben sich hiernach zu achten. Urkund= lich 2c.

II. Wir erlassen mit Zustimmung unserer getreuen Stände die nachfolgenden gesetzlichen Bestimmungen: §. 1. Das Verbot der Ehen zwischen Christen und Ju= den ist aufgehoben. §. 2. Bei Abschließung einer ehe= lichen Verbindung zwischen Christen und Juden sind folgende Vorschriften zu beobachten. Die angehenden Eheleute haben ihre Absicht dem Stadtgerichte oder Amte, in welchem ihre Braut ihren Wohnsitz hat, anzuzeigen. Diese Behörde hat sich zu überzeugen, daß der zu schlie= ßenden Verbindung ein gesetzliches Hinderniß nicht ent= gegensteht, und zu dem Ende die erforderlichen Beschei= nigungen sich vorlegen zu lassen. Bestehen keine geseb= lichen Hindernisse, so macht die Behörde des Wohnsitzes der Braut und des Bräutigams die Absicht der angehen= den Eheleute durch Anschlag an der Gerichtsstelle und durch zweimalige Insertion in die Braunschweigischen Anzeigen nach einem Zwischenraume von vierzehn Tagen öffentlich bekannt. Erfolgt eine Einsage, so ist solche erforderlichen Falls durch Verweisung auf den Weg Rech= tens zu erledigen. Erfolgt innerhalb acht Tagen nach der letzten Bekanntmachung in den Braunschweigi= schen Anzeigen keine Einsage, so ertheilt die Behörde des Wohnsitzes des Bräutigams diesem darüber eine Be= scheinigung, und die künftigen Eheleute haben zur feier=

licher Schließung der Ehe einen bestimmten Tag der Behörde des Wohnsitzes der Braut anzuzeigen. §. 3. An diesem Tage erscheinen die angehenden Eheleute mit vier Zeugen. Sie geben auf die Anfrage des Beamten die feierliche Erklärung ab: daß sie in die eheliche Verbindung willigen, und der Beamte spricht darauf aus: daß sie nunmehr durch das Band der Ehe gesetzlich vereinigt seien. Ueber den ganzen Akt ist ein Protokoll aufzunehmen und von den Eheleuten und Zeugen zu vollziehen. §. 4. Darüber, in welchem Glaubensbekenntnisse die aus einer solchen Ehe entspringenden Kinder zu erziehen seien? entscheidet der Vater. Stirbt der Vater vor getroffener Bestimmung, so geht die Entscheidung auf die Mutter über. Sind beide Eltern vorher mit Tode abgegangen, so sollen die Kinder in dem Glaubensbekenntnisse des Vaters erzogen werden. §. 5. Die Behörde des Wohnsitzes des Ehemannes wird Register über solche Ehen, die aus denselben entspringenden Kinder, und die Todesfälle in diesen Familien führen, und die Extrakte aus diesen Registern haben vollen öffentlichen Glauben. Alle Behörden und jeder Einzelne, den es angeht, haben sich hiernach zu achten.

Oesterreich.

Pesth, 26. Mai. Nachdem wir uns mühsam durch einen Wust von Flugschriften, die stromweis aus der Presse in die Oeffentlichkeit münden und sie überfluthen, durchgewunden, gelangten wir an eine lieblich grünende Oase, die uns Erholung zu bieten verspricht, es ist das ein kleines Druckschriftchen, die Glaubensartikel und Grundsätze des Anhänger des reformirten Judenthums enthaltend, dessen Druckort Papa ist. Papa, das vor Kurzem noch in mittelalterlicher Orthodoxie dunkelte, und sich gegen das Eindringen europäischer Civilisation streng abgesperrt, wer hätte es ihm vor zwei Jahren vorausgesagt, daß es ein Bethlehem der ungarischen Judenheit werden wird, und daß an seinem nächtlicher Himmel die hellleuchtendsten Sterne aufgehen werden! Tempora mutantur und wer weiß was nicht noch wird.

Der ungenannte Verfasser beregter Schrift hat die im Bewußtsein der Gebildeten verwaltenden Ansichten über die wichtigsten Glaubensinteressen zu zehn Glaubensartikeln zusammengetragen, wohl erkennend, daß, was nicht früher bereits anerkannt, und logisch sich nachweisen lasse, auch heute keinen Eingang mehr findet; er strebt die Rückkehr zum reinprophetischen Judenthume an und ist es ihm um Beseitigung des Irrglaubens an Dämonen, an Seelenwanderung, einen persönlichen Messias, eine besondere Heiligkeit des jüdischen Volkstammes u. dgl. zu thun. (Dabei müssen wir den Ausdruck "Vorrecht auf Gerechtigkeit" als einen Widerspruch involvirend rügen.) Er spricht es offen aus, daß der Unterschied zwischen dem reformirten und stabilen Judenthume kein blos formeller, sondern ein prinzipieller sei, in folgenden Worten: "Hier (im stabilen Judenthume) den das Menschthum verkennenden und verachtenden Pharisäismus, dort die nervige Prophetie, die das Leben und den Menschen als solchen im Reiche Gottes emancipirt; hier Sitte dort Sittlichkeit; hier Wertheiligkeit dort religiöse Gesinnung; hier die Geltung jedes Aberglaubens, so er nur alt ist und isolirt, dort die Herrschaft der menschlichen Vernunft u. s. w." Weiter bemerkt er: das Volk wird es einsehen, wie mit dem erstandenen Pharisäismus die Mauern Jerusalems und die Ehre Israels in den Staub sanken und wie nur die Rückkehr zur Lehre der Propheten ihr wahres Heil und seine Ehre wieder bringen wird." So wenig es auch zu verkennen ist, daß der Verfasser einen zweifachen Zweck verfolgt, mit der inneren auch die äußere Emancipation anstrebt, indem er die uns oft gemachten Vorwürfe und namentlich jenen, daß wir das Christenthum für ein Heidenthum halten, als unserem religiösen Bewußtsein widersprechend darstellt, und als 9. Glaubensartikel aufstellt: "Wir glauben, daß das Christenthum eine göttliche Mission des reinen Judenthums an das Heidenthum sei, ihm zur wahren Erkenntniß Gottes zu verhelfen", so offenbart sich doch in dem Ganzen wahrhafte Pietät und innige Anhänglichkeit an die Religion unserer Väter, an die Bücher Mosis und der Propheten und vorzügliche Begeisterung für Israels Zukunft, was seinen Worten Eingang und Anklang verschaffen könnte und eine Revolution in unserem religiösen Leben um so eher herbeiführen wird, als die ihn leitende Idee bereits allenthalben zum Durchbruche gekommen; doch müssen wir leider mit Grund ein günstiges Resultat bezweifeln, weil unsere geistigen (?) Aristokraten, die Rabbinen jesuitisch sind, reaktionär wirken und ihr Einfluß auf die bethörte Menge noch groß ist, die Demokraten aber wenig ausdauernd, so bald den Kampf aufgeben und sich von jeder Betheiligung zurückziehen und so bleibts nach wie vor beim Alten.

Kilényi.

Ungarisch-Brod, im Mai. Es ist erhebend, wenn in der gegenwärtigen Zeit der Bedrängniß so manche edle That emportaucht, und es ist heilige Pflicht, solche der Oeffentlichkeit zu übergeben.

Der häufige Verkehr der an der ungarischen Grenze zunächst gelegener Gemeinden der Herrschaft Ung.-Brod mit Ungarn brachte es mit sich, daß viele Glieder dieser Gemeinde, insbesondere die Bewohner des Dorfes Brzezowa, Augenzeugen der in Ungarn an den Israeliten zu Preßburg, Wag-Neustadtl und an andern Orten verübten Gräuelthaten waren. Am 3. Mai d. J. erlitt der zu Brzezowa wohnende Jude ein gleiches Schicksal mit seinen unglücklichen in Ungarn wohnenden Glaubensbrüdern, und nur die mit edler Selbstauf-

opfernng gewagte Dazwischenkunft des würdigen katholi=
schen Lokalseelsorgers Herrn Steiger verhinderte
die persönliche Mishandlung des Juden (Kohn),
welcher selbst mit dem Leben bedroht war. — Der 4.
Mai d. J. sollte für die Ung.=Broder Judengemeinde
ein verhängnißvoller Tag werden. Es sammelte sich
da an diesem Tage Wochenmarkt ist — eine ungeheure
Masse Landvolk bereits mit Säcken versehen, um das
geraubte Gut bergen und auf die außerhalb der Stadt
wartenden Wagen aufladen zu können. — Der Wach=
samkeit und Einsicht des Oberamtmanns Flemmich ist.
es größtentheils zu verdanken, daß die bereits planmäßig
verabredete Plünderung der Judenstadt unterblieb; denn
er zeigte die bedenkliche Lage der Dinge noch in der
Nacht vom 3. auf den 4. Mai dem Hrn. Guberial=
rath und Kreishauptmann August Schobl in Hradisch
an, welcher diese Anzeige in seinem unübertroffenen
Diensteifer noch in der Nacht erledigte und zeitig früh
dem Hrn. Kreiskommissar Moriz Ott nach Ung.=Brod
absendete. Dies und das Einschreiten der Stadt Ung.=
Broder Nationalgarde (die Juden waren alle mit Waf=
fen, die ihnen zu Gebote standen, versehen) verhinderte
den Ausbruch der beabsichtigten Plünderung. Nachdem
auf solche Art das Ansinnen der Böswilligen vereitelt
war, zog selbe wohl von Ung.=Brod ab. Allein in der
Nacht vom 4. auf den 5. Mai fielen die beiden Israe=
liten Kohn und Straßny in Banow als Opfer der
Raubsucht des entarteten Pöbels und retteten mit Mühe
durch schleunige Flucht das eigene Leben.

Durch das energische Einschreiten des Ung.=Broder
Oberamtes wurden weitere Unordnungen verhindert, da
die Israeliten in Suchalosa, Bistriz und Schum=
niz bereits stark bedroht waren.

Die sogleich eingeleitete Kriminal=Untersuchung durch
einen exponirten Hrn. Kriminalrath wird die Uebelthäter
schleunig der gerechten Strafe zuführen. — Nachdem
an der Grenze in Ungarn von mehreren Hun=
derten dieses Raubgesindels herumzogen und selbe von
Brzezower Insassen Schwerzik aufgefordert wurden, nach
Mähren einzubrechen und hierdurch die Sicherheit der
Person und des Eigenthums im Allgemeinen im höchsten
Grade gefährdet war, so wurde auf die Berichte des
Ung. Broder Oberamtes von Seite des Hrn. Kreis=
hauptmannes noch am 6. Mai eine Kompagnie In=
fanterie und eine Eskadron Kürrassiere an die Grenze
beordert, wodurch die Ruhe und Ordnung augenblicklich
hergestellt worden ist. — In dankbarer Erinnerung an
die glückliche Abwendung des bedrohlichen Schicksals der
verhängnißvollen Tage des 4. 5. und 6. Mai brachte
der Vorstand der Ung.=Broder Israeliten=Gemeinde und
das Ausschuß=Komité ihrer National=Garde dem Ung.=
Broder Oberamtmann am gestrigen Tage eine Dank=
adresse, die aus tiefstem Herzen fließenden Gefühle dar=
legte und überreichte ihm für seine umsichtsvolle energische

und muthige Abwendung des über ihren Häuptern schwe=
benden Unglücks einen Ehrensäbel, auch wählten sie den=
selben einstimmig zum Hauptmann ihrer Kompagnie.
Moriz Jellinek. J. M. Zweigenthal. Im Na=
men des Ausschuß=Komité.

.. **Brody,** Ende Mai. (Die Judenemancipation und
die Judenverfolgungen.) Es thut nichts, sagt der
Patriarch in Lessing's Natan, der Jude wird ver=
brannt, es thut nichts wiederholen die Czechen in
Prag, der Jude wird verbrannt, geknebelt, geplündert
und gemishandelt; es thut nichts wiederholen im Chorus
die Magyaren in Preßburg, der Jude wird verbrannt,
hingeschlachtet, ausgebeutet und exilirt; es thut nichts
sagen beifällig die deutschen Spießbürger des glorreichen
19. Jahrhunderts, der Jude wird nicht emancipirt, er
soll gleiche Lasten aber keine gleiche Rechte mit uns
theilen; es thut nichts sagen die Bureaukraten und Hel=
fershelfer des Metternich'schen Systems, der Jude muß
immer noch ein „Judenamt" haben, Tagzettel, Fleisch=
und Lichtsteuer zahlen und jetzt wie früher keiner Frei=
heiten theilhaftig werden; Amen, sagen zum Schluß die
Reaktionäre, der Jude wird verbrannt, angeschwärzt und
verdächtigt, das ancien régime hergestellt, und wir sind
gerettet. So ist der Jude die Zielscheibe aller gehässi=
gen Insinuationen, Verdächtigungen und Verfolgungen,
und dies im Jahre 1848, sage Eintausend Acht=
hundert Achtundvierzig! Ein Jahr das man all=
gemein als den Anfang einer neuen Morgenröthe der Kul=
tur und Bildung eines goldenen Zeitalters der Millio=
nennale ausposaunten „Freiheit und Gleichheit" bezeich=
net! Freilich haben wir seit wenigen Monaten viel und
vieles Erfreuliche und Unerwartete erlebt; Könige sind
von ihren Thronen gestürzt, die Gewalt tyrannischer
Machthaber vernichtet, und die Volkssouveränität pro=
klamirt und allgemein anerkannt worden; allein wo die
Freiheit nicht eingedämmt in den Grenzen einer fried=
licher, alle Klassen der Gesellschaft mit gleicher Liebe um=
fassenden Ordnung und Gesetzlichkeit sich bewegt, und in
wilder Unbändigkeit und Zügellosigkeit ausartet, da
existirt die Freiheit nur dem Namen nach, in Wirklich=
keit aber bleibt sie die größte Tyrannei und Willkür,
weil der Begriff eines Terrorismus à la Robespierre
oder à la Nikolaus unstreitig identisch ist. Ja, es be=
stätigt sich leider der traurige Erfahrungssatz, daß die
gesammte europäische Menschheit noch unreif ist für die
wahre Freiheit für Freiheit und Gleichstellung aller
Menschenklassen, und die schmähliche Behandlung der
Juden von Seiten der freigewordenen Deutschen, Böh=
men, Ungarn und Polen liefert den Beweis an die
Hand, daß die jetzige Umgestaltung der europäischen Ge=
sammtinteressen noch unzeitig vor sich gegangen, und
wenigstens um ein halbes Jahrhundert zu früh begonnen
hat. Denn warum feiert man den gewonnenen Sieg
des Lichtes über die Finsterniß, der Freiheit über die

Unterdrückung mit einem Todten=Mahle, auf dem der Jude als Lockspeise aufgetischt wird? Etwa weil sein Judenthum staatsgefährliche Grundsätze enthält, d. h. indem das mosaische Gesetz den Grundsatz predigt „Ein Gesetz und Ein Recht für Alle"? Oder weil der Jude vom Christen in Lehre und Leben abweicht, das heißt, weil er die große Sünde begeht, kein Schweine=fleisch zu genießen und an die Ueberzeugung festhält, daß es nur Ein einziges Wesen gibt, welches das Universum regiert und leitet? Oder etwa weil er das social=humane Gesetz der Bibel befolgt, am siebenten Tage keine Werk=thätigkeit weder selbst zu verrichten, noch durch Bediente verrichten zu lassen, „damit ruhen soll dein Knecht und deine Magd wie du" (Deuteronomium 5, 14)? Oder weil er an das erhabene Ideal eines hienieden sich einst zu verwirklichenden Messiasreiches glaubt, in wel=chem die Prophezeihung des Propheten (Micha 4, 3) erfüllt werde, „sie werden ihre Schwerdter in Grabscheite umwandeln und ihre Wurfspieße in Sensen, kein Volk wird dem andern Krieg erklären und keine Kriegskunst lernen, jeder wird ruhig unter seinem Feigenbaum und Weinberg sitzen und keine Furcht haben, denn so sagt es Gott Zebaot"?

Aber nein! Der Judenhaß tritt gar nicht auf in derselben Gestalt wie in den Zeiten des Mittelalters, in jener Zeit des fanatischen Glaubenshasses war man im Kampfe gegen die Juden wenigstens ehrlich, wenn auch ungerecht und unrecht, man war von einem blinden Wahne religiöser Unduldsamkeit befangen, und glaubte in den der alleinseligmachenden Kirche feindlichen Glaubensdogmen die Feinde der Gottheit und der mensch=lichen Glückseligkeit bekriegen zu müssen. Also suchte man nur die Juden als solche, als strenge Anhänger der mo=saischen Lehre, nicht aber als Menschen mit Feuer und Schwert auszurotten, weil man von der edlen wenn auch grundfalschen Ueberzeugung durchdrungen war, daß man nur so nicht anders die Menschheit der Glück=seligkeit zuführen kann. In unserem gepriesenen Jahr=hundert der Kultur und Freiheit aber verfolgt und un=terdrückt man die Juden nicht aus Glaubensfanatismus, sondern aus purer Feindschaft der Freilassung von Skla=ven und aus Haß gegen Gerechtigkeit und Humanität. Die Verweigerung von Menschenrechten aus dem Grunde, weil man einer andern Konfession angehört, würde in unsern Tagen keinen Anklang finden und an dem gesun=den Sinn der Masse scheitern; darum wendet die juden=feindliche Partei ganz andere Mittel und Intriguen an, um zu ihrem gemeinen Ziele zu gelangen, sie spricht von „ruiniren des Christen durch den Juden", von überhandnehmen des jüd. Handels und Wuchers u. dgl., um so die materiellen Interessen der Christen zu vertreten, und die Bürger= und Arbeiterklasse gegen die Juden aufzureizen. Freilich hört man auch zumal ein Wörtchen von „Religiosität" und „christlichem Staat"

sprechen, in welchen Theorien die preußischen Minister besonders Arnim im Monat Mai 1847 auf dem Land=tag in Berlin sich als Meister hervorthaten, allein das sind blos Vorwände und Deckmäntel, um den Jesuitis=mus zu verbergen. Ja, das ist eben der Fluch in den politischen und religiösen Streitigkeiten der Neuzeit, daß man die heiligsten Interessen der Menschheit nicht mit ehrlichen Waffen ausfechten will, und besonders die prinzipiellen Fragen in den Hintergrund schiebt, um so die materiellen, dem Egoismus schmeichelnden Sonder=interessen in den Vordergrund treten zu lassen. Die Sache der retrograden Partei, sowohl in den politischen als in den religiösen Fragen, ist heut zu Tage daher eine gemein materielle dem Mammon und dem Besitz=thume zusagende geworden, und darum spricht die Anti=judenemancipationspartei nur von derlei judenfeindlichen Phrasen und Bonmots. Aber im Vertrauen auf die Macht der Wahrheit und Gerechtigkeit, und gestützt auf die Hilfe des Allerhöchsten, der uns stets in Gefahren hilfreich beigestanden, können wir getrost der Zukunft entgegensehen, die gekränkten Menschenrechte werden be=lohnt, aber auch der Bosheit und Heimtücke der Juden=hasser und Verfolger nicht unbestraft durch Gott und Menschheit bleiben, sie mögen es bedenken, denn es gibt eine Nemesis!   M....s.

Butschowitz, im Mai. Während in der proble=matischen Gegenwart, auf der einen Seite von den auf=geklärten und freidenkenden Köpfen die Jubel=Feier der aus der Knechtschaft losgerungenen Freiheit in einer er=heblichen Weise begangen wird, stehet auf der andern Seite die größere Hälfte der in ihrem ruhigen Erwerbe aufgeschreckten und von dem plötzlichen Umschwunge der Dinge überraschten Menschen in banger Ahnung und in der rathlosesten Lage des Lebens. Fürwahr, nur der Geist, gereift in der Schule der Geschichte, vom Lichte der Vernunft erleuchtet, emporgetragen von der erhabenen Idee des Völkerglücks und von der Liebe zur Menschheit angetrieben, kann sich in diesen verwirrenden Verhältnissen aufrechthalten, nur er ist es fähig (da bei der zähen Natur des alten Systems, im Uhrwerke des Staats, das vollendete Rad nicht wie es Schiller will, im Um=schwunge ausgetauscht werden konnte) alle die Irrthümer, Bosheiten, Mißbräuche und Ungerechtigkeiten, die während dessen Ablaufens zum Vorscheine kommen, mit der schö=nen Zukunft auszugleichen, dem Wohle der Menschheit mit schrecklicher Resignation das Glück des Menschen hinzugeben, und stolz darauf zu sein, wenn er selbst dieses Opfer ist.

Aber diese, mit ihrem subjektiven Verstande, auch nur die subjektiven Freiheiten fassend, oder mit andern Worte, mit dem spärlichen Lämpchen ihres Verstandes, wohl in ihrem beschränkten Wirkungskreise auslangend, dem Charakter ihrer Geschäftsführung getreu, nur das zunächst liegende wohl beachtend und es nach seiner

augenblicklichen Nutzanwendung und Brauchbarkeit ab=
schätzend, diese Leutchen meinen nun mit diesem haus=
hälterischen Verstandeslämpchen auch das große All durch=
suchen zu können und ihre strenge Oekonomie zum Maß=
stabe der jetzt sich ungestaltenden Weltordnung zu ge=
brauchen, und da sie dort wie es nicht anders zu erwarten
steht, die Sachen ganz anders finden, weil auch dort
ganz andere Kräfte im Streite sind, und das ihnen nicht
zu Kopfe will, so glauben sie den Bau der Welt, die
doch nur ihretwegen da sein kann, von wahnsinnigen
Ideen untergraben und befürchten in dem Umsturz ihres
Geschäftes den Umsturz der Welt. —

Daß in dieser schrecklichen Lage die meisten unse=
rer Glaubensbrüder sich befinden, dürfte uns gar nicht
befremden. Wie und bei welcher Gelegenheit sollten,
da das starre absolutistische System uns von jeder Uebung
oder Theilnahme in den öffentlichen Angelegenheiten bar=
barisch zurückstieß, dergleichen freie lichtvolle Ideen, zu=
mal in die untern Schichten des Volkes, auch nur
hineingeblitzt, geschweige denn sich gar geltend gemacht
haben? — Sehen wir doch, wie schlecht der größte Theil
unserer christlichen Mitbrüder, die ihrer Stellung zum
Staate und der freiern Uebung ihrer Kräfte nach, jenen
Ideen viel näher stehen sollten, wie schlecht sie die Zeit
und ihre Forderungen verstehen, und können sich so viele
nicht genug verwundern, woher den Juden in Oesterreich
auf einmal so viele Talleyrands herkommen, weil an=
ders sie nicht aus der Erde hervorwachsen oder bes=
ser mochte ich sagen vom Himmel herunterfallen — doch
auf unsere Sache zurückzukommen. — Es ist die trau=
rigste Lage, sage ich, in der sich das Volk befindet, und
das schlimmste ist, daß die fehlende Gluth des Glau=
bens, die es sonst zur höchsten Resignation, ja zum
Märtyrerthum fähig machte, noch nicht durch jene See=
lengröße ersetzt ist, die kämpfend für das Recht zu sie=
gen und zu sterben weiß. —

Welch ein hohes Verdienst sich nun unsere Rabbi=
nen und Volkslehrer um ihre Gemeinden verschaffen,
wenn sie eben jetzt, wo es noth thut, diesen fühlbar mach=
ten, daß sie Männer an ihrer Spitze haben, die ihnen
das Räthsel der Zeit zu lösen im Stande sind; warme
Freunde, die ihre Verluste mit ihnen fühlen, aber heller
und weiter sehend, sie über diese Verluste wohl zu trösten
wissen; Gottespriester, die sie von boshaften oder wahn=
sinnigen Menschen in den Staub getreten, durch die
Kraft des göttlichen Wortes wieder aufrichten und in
Vertrauen auf seine Hilfe stärken; weise Rathgeber, die
ihnen in diesem Wirren weisend und rathend zur Seite
stehen (ואנכי אמרך וגו' Jesaja); daß es in ruhi=
gen Zeiten keine Kunst ist die שבת הגדול=Derascha
herunterzuwitzeln und daß es eben jetzt in dieser leiden=
schaftlichen, aufgeregten und aufgeregten Gegenwart an
der Zeit ist, fest aufzutreten, und zu beweisen, daß man

seine Stelle mit Würde und Nachdruck ausfülle, wird
wohl jeder einsehen. —

Doch ob dieses überhaupt bei uns geschieht, und
wenn es geschieht, in welcher Weise darin zu Werke ge=
schritten und verfahren wird, sollen meine freundlichen
Leser aus Folgendem ersehen. —

Unweit Austerlitz, das Ihnen meine fr. Leser von
dem Siege Napoleons und der Unterlage Feilbogens
gewiß rühmlichst bekannt ist, liegt von der Landstraße
ab tief landeinwärts zwischen dem Gebirge der Ort
und in dem Orte die Gemeinde Butschowitz. Ein
wohlhabendes industriöses Völkchen, mit vielen Fabriken,
einem Rabbiner, funkelneuen Sitten und einer nach 10
Jahren ins Leben zu tretenden Schule. Dahin eilte
ich den פרשת אמור ע"ש, daß es schon spät Abend war,
noch vor Sonnenuntergang zu gelangen, um meinen
Freund von der Akademie zu besuchen. Gewiß, dachte
ich, als ich in das Stadtgehege einfuhr und das Städt=
chen so gemüthlich stille im Abendrothe vor mir liegen
sah, hier werde ich doch endlich einen Tag wieder der
Ruhe pflegen dürfen und entlassen dem bittern Weltge=
tümmel, das einen unaufhörlich an die Gegenwart ge=
fesselt hält, mich mit meinem Freunde in die glücklichen
Tage auf der Akademie zurückflüchten können, wo wir
so manches, das da heute auf dem Schauplatz der Ge=
schichte erscheint, schon damals im Geiste sahen und es
tief aus der Seele herbeiwünschten. Ich streckte schon
die Glieder, feststellend, in dieses friedliche Thal konnten
doch nur die äußersten schwächsten Ringe des aufgeregten
politischen Weltmeeres gelangt sein; aber ich hatte mich
sehr geirrt. Wie draußen auf dem flachen Lande, fand
ich auch hier meine sonst so glaubensstarken und das ver=
trauensfesten Brüder zittern und zagen und hatte wieder
die Kränkung so manchen staatsklugen Hausvater über
die neue Politik abzuurtheilen und auf deren unberufe=
nen Anwälte losschelten zu hören. Die Nacht hatte ich
um nichts gebessert und ich hatte des Morgens noch
größere Noth. Wie erfreulich mußte es mir daher sein,
als es mir allein sie allesammt eines Bessern zu beleh=
ren unmöglich fallen mußte, und man mir meldete, der
Hr. Rabbiner werde heute in der Synagoge, bei Gele=
genheit der Verlesung einer von dem Landesrabb. Hirsch
an die Gemeinde eingelaufenen Epistel, einige zeitgemäße
Worte an dieselbe richten. Na, der Mann weiß doch
endlich was es geschlagen hat, dachte ich, und konnte
kaum den Musaf erwarten.

An einer Reihe geschmackvoll gekleideter Schulgänger,
die in allen Sprachen salutirten, gelangte ich mit mei=
nem Freunde vor die Synagoge. Er stieß mich voraus
einige Stufen abwärts, und nach einem kurzen Gange
durch eine kühle düstere Halle, wieder mehrere Stufen
abwärts und ich befand mich in einem mittelweiten
unterirdischen Gewölbe in welches das Licht von oben
herab durch drittehalb beglaste Löcher fiel. In der Mitte

dieses Gewölbes erhob sich citadellenartig eine im buchstäblichen Sinne eiserne Bastille mit äußerm und innerm Gewerke von derer Zinne ein dickes breitschultriges Vieh Gottes, auf die gleich einer Belagerung ringsumstehenden Gemeinde niederblinzte, gleichsam neckisch sagend: ich stehe noch fest, an dieser Veste wagt selbst der Zeitgeist sich vergebens. Dritten im Lager tummelt sich ein munteres Kalligulchen oder Marketenderchen herum, seine himmlische Waare um sehr theure Preise ausschreiend und die darnach heißhungrige Schaar reißt sie sich im Preise überbietend einander aus dem Munde — die Drascha! — die Predigt! — Geduld, meine Lieben! Ich konnte vor Staunen lange nicht zu mir zurückkommen, mehreremals rieb ich mir die Augen und schüttelte meinen Freund, ob ich mich denn wirklich unter öster. konstitutionellen Bürgerkandidaten befinde, und mich nicht in irgend eine Geschichte aus den Mittelalter versponnen hätte. Es schwindelte mir vor meinem Geiste, in diesem grellsten Widerspruche, in diesem schreiensten Kontraste, einen Zusammenhang zu finden. Zur Drascha! — bald. Sie müssen den Kunstgeschmack unserer, modernen Athener vollends kennen lernen. Auf dem blauen Hintergrund einer an der Wand dicht aufgetragenen Draperie mit reichem Faltenaufwande und Quasten, stehen auf einem aus der Mauer hervorsteigenden Gebälke, zwei katzenartige Thiere, die zwischen ihren Tatzen die Gesetztafeln halten, und von ihnen in freier Luft hangend, schwebt ein grauer, alter Steinadler mit weitausgebreitetem Fittige, als wollte er sich eben auf einen Fraß niederstürzen, in seinen Krallen die ewige Lampe tragend. Unter diesen Fittigen, auf einer Erhöhung, erschien, nach einem großen Geräusper und Geklapper mit den Stäben, ein Mann von ächten orient. Typus und scharfgeschnittenen charakteristischen Zügen. Nachdem er sich vor dem Perochet, zwar sehr schwer losgerissen hatte, in das er sich anfangs ganz einwickeln zu wollen schien, zog er aus der Kutte ein gewaltiges Papier hervor. Doch etwa die erste Zeile die ich hörte, sagte mir, daß ich heute auf eine Predigt wohl schon verzichten müsse, da der Mann noch mit den Polizeigesetzen der deutschen Lesekunst vieler Hader hatte. Aber das schleppende Gang und das Radebrechen der hebr. Texte, die ohne Punktation in jener Schrift stehen mußten, ließ mich noch etwas Schlimmeres befürchten, und mir war auch um die Drascha bange, und leider hat der Ausgang meine Besorgniß nur allzusehr gerechtfertigt. פחד בציון חטאים war der Text, den der Landesrabbiner auszulegen dem Rabbiner gebeten hatte, und den unser Rabbi so erbärmlich zurichtete, daß der arme Jesaja darob bittere Thränen im Paradiese weinen mochte. Sie erwarten hier vergebens eine Schilderung des größten Unsinns, der in einem Menschengehirne ausgebrütet wurde und ich bemühte mich auch vergebens ihnen solchen wiederzugeben. Ich rede Wahrheit, so wahr mir Gott helfe! Der ganze

Kram war die Ausgeburt der krassesten Unwissenheit, gepaart mit der bekannten altrabinischen Anmaßung, die Erfindung eines erheuchelten Weltschmerzes, vereint mit einer eben so falschen Frömmelei. Zuerst ward, wie ich gesagt, auf Jesaja herumgetrampelt, dieser rächte sich aber damit, daß er den Hrn. Rabbiner in der beigedruckten deutschen Uebersetzung, aus der er seine Allwissenheit holte, um eine Zeile herunterfallen ließ, durch welchen Unfall er, das Gleichgewicht einmal verloren sehend, sich verloren geben und über Hals und Kopf den ganzen Text herunterpurzeln mußte. Dann wurde ein Fall aus dem Leben des Don Jizchak Abrawanel bei den Haaren herbeigeschleppt. Dann mußte die Zeit und die Welt herhalten, auf die losgescholten wurde. Dann ward eine rührende Schilderung des tiefsten Sittenverderbnisses der heutigen Menschheit und des daraus entstehenden Elends und Jammers entworfen. Dieser folgte systematisch die Verfolgungsgeschichten ꝛc. und wie das Elend auch immer näher auf uns herandringe, und wie wir bei Zeiten uns davor zu verwahren und auf Mittel bedacht sein müssen, die stark sind, die Gefahr von uns abzuwenden. Darum habe er schon verordnet, daß jeden Abend in der Synagoge ein Kap. Tillim gesagt werden und damit man sehe, wie es auch an ihm nicht fehlen soll, alles aufzubieten, weil es das Wohl seiner Schafe aufrecht zu halten gilt, so wolle er, wenn man ihm nur tüchtiges Zusammenhalten verspricht, jeden Sonnabend מחנה und אברהם מגן und משכל Exercizien halten — ꝛc. ꝛc. Und von der Bastille herab geschah ein Schrei, von welchen die Mauern von Jericho eingestürzt wären und gewiß auch die Bastille, wenn sie nicht noch stärker als die Mauern von Jericho dagestanden wäre. —

(Beschluß folgt.)

Praktische Bemerkungen.

(Schluß.)

Zu ähnlichen Betrachtungen veranlaßt uns das in Nr. 3 d. J. angekündigte neue Religionswerk. Die Namen der Hrn. Herausgeber bürgen jedem tüchtigen Schulmanne für eine ausgezeichnete Leistung, die um so willkommener sein, je mehr von den israelitischen Lehrern in den elementarischen Lehrmitteln des geographischen, historischen und archäologischen Moments auf jüdischem Gebiete, die größte Lücke tief empfunden wird. Schreiber dieses hegt nur noch den Wunsch, daß auch eine ausführliche Karte des ganzen alten Schauplatzes der Bibel beigegeben werden möchte.

Sehr erschütternd ist aber das freimüthige Bekenntniß jener einsichtsvollen Schulmänner, daß der überreiche Schatz an moralisch religiösen Sentenzen und Aussprüchen aller Art, welche ehemals allen unterrichteten Israeliten geläufig, und wie jeder Kundige zugestehen wird, unendlich wohlthuend für Geist und Gemüth waren, jetzt beinahe vergessen ist.

Ja, das ist leider der wunde Fleck im Judenthume, daß der Fortschritt in allgemeiner Weltbildung der religiösen Entwickelung der Israeliten so empfindlich geschadet hat. Jeder Versuch diesem Uebelstande abzuhelfen, verdient daher die größte Aufmunterung, und die versprochene Sammlung von nachbiblischen Stücken aus den Religionsschriften des Judenthums wird sehr schätzbar sein, wobei nur zu bedauern ist, daß in sehr vielen Schulen so wenig für die Kenntniß des Hebräischen geschieht, „daß die Fülle von weisen Sprüchen und Lehren der großen Zahl denkender und fühlender Lehrer der Vergangenheit" keineswegs ganz in das geistige Eigenthum der Gemeinde übergehen kann, „da die eigentliche Weihe in der Uebersetzung verloren geht." Man vergegenwärtige sich nur einmal, welchen tiefen sittlichen Eindruck es sonst machte, wenn Sprüche wie דן לכף זכות , שמעון בן אהובם , כבוד הבריות u. dergl. m. im jüdischen Volksleben vernommen wurden, wie matt dagegen dies Alles auch in der besten Uebersetzung klingt.

Ich wage darum doch nicht den Wunsch auszusprechen, daß die versprochenen nachbiblischen Stücke wenigstens theilweise in der Originalsprache gegeben werden sollten, denn die sonst so rühmenswerthe Anstalt, an welcher die Herausgeber lehren, würde dies gewiß entschieden zurückweisen, nachdem sie selbst das vortreffliche Johlsonsche Religionsbuch, welchem die Kultur der deutschen Israeliten so viel verdankt, wegen zu viel Hebräisch, das darin vorkomme, abgeschafft haben soll. Ich beschränke darum meinen Wunsch dahin, daß ein Register der Belegstellen angefügt werde, um das Nachschlagen des Originals zu erleichtern.

Den Wunsch, daß in den Schulen mehr für die Kenntniß der hebräischen Sprache geschehen sollte, will ich aber noch durch die Worte eines Gelehrten erhärten, der den Juden gewiß den größtmöglichen Fortschritt in der Kultur des 19. Jahrhunderts nicht verkümmern wollte. Er sagt: „Es soll gewiß nicht alle jüdische Knaben zu Orientalisten gebildet werden, aber einige Kenntniß der hebräischen Sprache sollte jeder Israelite schon deshalb besitzen, weil diese Sprache der Israeliten Eigenthum ist und bleiben soll. Sie ist für uns nie eine todte Sprache gewesen, sie hat sich nicht durch Bücher sondern durch eigentliche Tradition erhalten. Sie ist ein geistiges und religiöses Band zwischen allen Israeliten auf dem Erdenrunde, und ihr haben wir es zu verdanken, weil sämmtliche Gemeinden eine gemeinschaftliche Literatur und eine gemeinschaftliche Liturgie besitzen. Sollten wir so thöricht sein, einen solchen Vortheil aufzugeben, damit nicht ein Pamphletschreiber sage, daß wir immer noch eine Nation bilden? Wir können die Anhänglichkeit für das Vaterland durch viel schicklichere Mittel an den Tag legen, als durch die Vernachlässigung einer Sprache, deren Kenntniß uns zur höchsten Zierde gereicht. Uebrigens macht der Gottesdienst in

der Synagoge, welche noch so durchgreifende Umstaltungen erhalten sollte, die Kenntniß der hebräischen Sprache dem Israeliten unentbehrlich. (Dr. M. Kreizenach, Schurrath Habdin zu S. 87.)

Für die Erbauung in Gottes heiligem Worte, für die Erquickung der nach Stärkung im Glauben und in der Erkenntniß Gottes dürstenden Seele haben vormals auch die Vorträge in den Bruderschaftsvereinen (חברות) sehr viel beigetragen. Auch das erlischt nach und nach wegen Abnahme der Kenntniß des Hebräischen. Wie viele Lehrer klagen jetzt über den Mangel eines passenden Buches für חברה Vorträge! allein sie sollen nur ihre Armuth an jüdischem Wissen beklagen, denn unsere Literatur ist reich genug an herrlichen Werken, die sich zu jenem Zwecke eignen. Das habe ich seit 15 Jahren selbst erprobt. Die Werke Abravanels und Aramas (עקידה), Bechajs „Innere Pflichten" (חובות הלבבות), Luzzattos Pfad der Gerechten (מסילת ישרים), Wesselys Mosaide (zur Erklärung der שמות מררות bis יתרו) so wie seine Betrachtungen und Erläuterungen über die Mosaischen Gesetze (גן נעול), Bedarschis Prüfung der Welt (בחינת עולם) im Hause bei Leidtragenden anwendbar) sind unversiegbare Quellen der herrlichsten Belehrung und nicht besonders schwer zu benützen. Für den Kundigeren aber sind selbst die מדרשים, die Kommentare Raschi, Alschaich und Biur, Chinuch, Kele Jekar, selbst geschichtliche Werke, wie Massechet Taanit und Meor Enajim, vorzüglich aber die philosophischen Bücher Schemone Perakim, More und Kusari, mit verständiger Auswahl und Erläuterung vortrefflich zu gebrauchen.

Schließlich möchte ich noch den israelitischen Familien das lehrreiche Buch שושן עדות von M. Mendelsohn in Hamburg empfehlen. Der Verfasser hat es unternommen, in diesem Werke, dessen baldige Vollendung sehr zu wünschen ist, dem schlichten Volke eine ganz zeitgemäße religiös bildende Lektüre zu bieten. Wenn es Euer Wunsch ist, Väter und Mütter in Israel! und warum sollte er es nicht sein? weil es Euer Wunsch ist, neben der aufrichtigsten Anschließung an deutsche Kultur, dem eingerissenen Indifferentismus in religiösen Dingen entgegen zu treten, so schaffet Euch das genannte Buch an, es ist ein kostbarer Hausschatz, es wird viel beitragen, die alte Anhänglichkeit an den Väterglauben zu erneuern. *

*) Für die Erlernung der hebr. Sprache in der Elementarschule giebt es mehre gute Lehrbücher, wovon für den Anfang namentlich Abraham Kohns hebräisches Lesebuch, — der kleine Präparand von Arnheim in Glogau und die neuste Grammatik von Golbstein, für vorgerückte Schüler aber die Johlsohn'sche Grammatik vorzüglich zu empfehlen ist.

Verlag von C. L. Fritzsche.
Druck von J. H. Nagel.

Der Orient.

Berichte, Studien und Kritiken

Neunter — für — Jahrgang.

jüdische Geschichte und Literatur.

Herausgegeben

von

Dr. Julius Fürst.

Das Abonnement auf ein Jahr ist 5 Thlr. Man abonnirt bei allen löbl. Postämtern und allen solid. Buchhandlungen auf ein Jahr.

Von dieser Zeitschrift erscheinen wöchentlich das Literaturblatt mitgerechnet, zwei Bogen, und zwar an jedem Dienstag regelmäßig.

№ 26.   Leipzig, den 24. Juni   1848.

Deutschland.

Leipzig, 14. Juni. Cremieux hat seine Entlassung eingereicht. — Der Sohn desselben ist Attaché der französischen Gesandtschaft in Berlin. — In Frankfurt a. M. ist endlich der Judeneid abgeschafft worden. — Dr. Jacoby ist in die Berliner Nationalversammlung eingetreten. — Dr. Sachs hat in der Todtenfeier des zweiten Pfingstfestages auch des verstorbenen preuß. Königs gedacht. — Der Ritter Dr. C. F. Vogel in Leipzig hat eine Schrift gegen die Emancipation der Juden herausgegeben. Sie wird in der nächsten Messe als Kuriosum gezeigt werden. — Der Rabbinatskandidat J. Einhorn ist für die Sache der ungarischen Juden sehr thätig. — J. Russel wird nun, nachdem die Judenbill im Oberhause durchgefallen, am 27. eine Bill auf Abänderung des Eides überhaupt vorlegen. Auf diese Weise könnten die Juden ungehindert eintreten. Die Augsburgerin prophezeiht das Verwerfen dieser Bill. — Mehrere Juden aus Prag sind hier durchgereist, um nach Amerika auszuwandern. — Kuranda ist drei Mal für Frankfurt gewählt worden. — In Dresden und Darmstadt haben sich „kirchliche Vereine" gebildet. — Von den jüd. Abgeordneten in Frankfurt gehören Veit, Riesser und Kuranda zur gemäßigten, Hartmann zur radikalen Partei. — In Sachsen werden die Juden Minister, aber keine Detailkrämer werden dürfen. — **Leipzig**, 16. Juni. Cremieux hatte 170 Stimmen zum Vicepräsidenten der französischen Nationalversammlung. — Kuranda hielt gestern Abend einen beinahe zweistündigen Vortrag im deutschen Vereine, über die Verhältnisse in Böhmen. Ein stürmischer Beifall und der Dank der Versammlung belohnte den Redner. Die wärmsten Verfechter der deutschen Sache in Böhmen sind — Juden. Wir erinnern an Moritz Hartmann und an Kuranda. — Unbesonnen dagegen sind jene jüdischen Schriftsteller, die nicht müde werden zu predigen, daß die böhmischen Juden czechisch lernen und sich ganz slavisiren sollen. — In Berlin sollen geheimthuende Gemeindesitzungen gehalten werden. In der J. H. werden Klagen darüber laut. — Fürst Windisch-Grätz, die Hauptperson in den Prager Ereignissen, hat die Juden Prags im Jahre 1846 beschützt.

Frankfurt a. M., 10. Juni. Das Amtsblatt enthält ein Gesetz vom 8. Juni, die Förmlichkeiten bei Eidesleistungen betreffend: „Wir Bürgermeister und Rath der freien Stadt Frankfurt verordnen hiermit auf verfassungsmäßigem Beschluß der gesetzgebenden Versammlung vom 3. Juni 1848: §. 1. Bei Ableistung von Eiden soll inskünftige allgemein die Formel: „Ich schwöre, daß .... so wahr mir Gott helfe!" ohne weitern Zusatz gebraucht werden. §. 2. Bei Eiden, welche von Israeliten abzuleisten sind, finden keine weitern und keine andern Förmlichkeiten statt als diejenigen, welche auch für Christen zur Anwendung kommen. §. 3. Der Artikel 39 der Gerichtsordnung vom 30. Dec. 1819 ist auf die Bekenner des christlichen Glaubens ferner nicht beschränkt. §. 4. Der Art. 40 der erwähnten Gerichtsordnung ist aufgehoben."

Karlsruhe, 31. Mai. Ich erlaube mir, hier eine Abschrift des Gebetes beizulegen, das der großherz. bad. Oberrath der Israeliten, mittelst Schreiben vom 25. d. M. angeordnet, beim Gottesdienste für den Erfolg der deutschen Reichsversammlung zu recitiren. Es lautet: „Ewiger, unser Gott! Dein o Herr! ist die Größe und die Stärke und der Ruhm und der Sieg und die Majestät, Alles im Himmel und auf Erden und du bist das über Alles erhabene Haupt; Du herrschest über Alles, und in Deiner Hand ist Kraft und Stärke, und in Deiner Hand steht es, Alles groß und stark zu machen; bei Dir ist der Rath und das Heil; bei Dir die Weisheit und die Macht; durch Dich regierest du Fürsten und die Auserwählten setzet fest das Recht.

Du läßt das Loos fallen über die Einzelnen wie über ein ganzes Volk; Dein Wort vernichtet ein Volk und ein Reich, und Dein Wort pflanzt und bauet ein Volk und ein Reich. Deine Allgüte hat stets gewaltet über unserm biedern deutschen Volke. Du hast es begabt mit dem reichen Segen Deines Geistes von oben, daß es zum Lichte der Wissenschaft und zur Leuchte der Gesittung wurde für alle Völker; Du hast es begabt mit dem reichen Segen des Bodens von unten und mit den Früchten seines Fleißes und seiner Thätigkeit. Der Muth, die Tapferkeit und der Edelsinn seiner Söhne hat sich Ruhm erworben bei allen Völkern. So bestrahle auch o Herr! mit der Sonne Deiner Huld den großen Tag, welcher über unserm theuern Gesammtvaterlande aufgegangen, daß sie Genesung bringe nach allen Richtungen; den Tag da seine auserkorenen Söhne aus allen Stämmen von allen Enden versammelt sind, um den Grundstein zu der deutschen Reichsverfassung zu legen. Friede, Friede! mögest du sprechen den Fernen und den Nahen! und dann wird Heil kommen. Es möge Dein Geist auf dieser ehrwürdigen Versammlung ruhen, der Geist der Einsicht und der Weisheit, der Geist des Raths und der Stärke, der Gerechtigkeit, Liebe und Versöhnung, der Geist der Erkenntniß und Furcht des Herrn. Möge Deine Huld über ihr walten und ihr großes Werk befestigen, denn all unser Thun gelingt nur durch Dich. Wie die Erde nun ihre Pflanzen treibt und wie der Garten seinen Saamen aufsprossen läßt, so möge auch aufsprossen durch jene erhabene Schöpfung Heil und Ruhm für unser großes Vaterland; daß es in seiner Herrlichkeit dastehe gegenüber allen Völkern. Ein Band der Eintracht und des Zusammenwirkens umschlinge alle seine Bruderstämme, ein Band der Liebe alle seine Kinder jedes Standes und Bekenntnisses, gleichwie ein gleiches Gesetz sie vereinigt. Durch die Gesammtkraft des großen deutschen Volks mögen reiche Quellen des Wohlstandes sich öffnen und frisches Leben und Gedeihen jedem einzelnen Stamme. Der Kleine werde dadurch zu Tausenden und der minder Mächtige zu einem mächtigen Volke.

Der Herr verleihe unserm großen deutschen Vaterlande durch die Eintracht seiner Glieder Macht! Der Herr segne es mit Frieden! Amen.

Schmiegel, im März 1848. (Verspätet.) Durch Autopsie und eine Sammlung vieljähriger Erfahrungen als unpartheiisches Mitglied hiesiger Judengemeinde, die allmälige Entwickelung derselben in moralischer und religiöser Beziehung speciell kennend, bin ich im Stande, entfernt von zwecklosem Bekritteln der Wahrheit gemäß folgenden Bericht zu entwerfen und der Oeffentlichkeit zu übergeben.

Die hiesige jüd. Gemeinde, ungefähr 70 Mitglieder zählend, besitzt eine Synagoge, ein Gemeinde- und ein neues Schulhaus.

In der Synagoge herrscht, besonders seitdem die neue Synagogenordnung in Kraft getreten, während der Andacht, Ruhe und Würde, welche nie unterbrochen wird.

Für die allgemeine Heranbildung der Jugend wird hier durch den öffentlichen Elementarunterricht, besonders inspicirt von unserm geachteten Rabbiner Herrn Feldblum, welcher zugleich Religions- und Konfirmanden-Unterricht ertheilt, gesorgt.

Nach dem Ausspruche der heiligen Schrift, „es wird nie an Armen fehlen" ist auch hier leider an Armen kein Mangel. Dies ist aber zu ihrem eignen und der jüd. Gemeinde Ruhme bemerkenswerth, daß kein hiesiger jüdischer Arme den Bettelstab zum Erwerbszweig macht. —

Wenn auch fast alle Mitglieder der hiesigen jüd. Gemeinde nichts weniger als keine Orthodoxen sind, so ist dennoch bei Vielen das Streben nach Intelligenz, Aufklärung und intellektueller Bildung nicht zu verkennen und sind Alle in religiöser Beziehung gegen Andersdenkende tolerant.

Der Friede, als Fundament aller Moral, herrscht in hiesiger jüd. Gemeinde, sowohl in den Familien unter einander, als in den Verwaltungen der Korp. musterhaft und ununterbrochen, und ist es gewiß der Mühe werth öffentlich zu bemerken, daß unter den Familien hiesiger Gemeinde äußerst selten ein Injurienproceß vorkommt. — Auch haben die getheilten Meinungen noch bei keiner Wahl zu Excessen geführt, wovon der Grund lediglich in der friedlichen Gesinnung und keineswegs in dem Indifferentismus liegt.

Um den Frieden in den Verwaltungen der hiesigen jüd. Korp. macht sich aber besonders (dem Verdienste seine Krone) — unser allgemein geachteter Korp.-Vorsteher, Herr Jakob Hamburger, sehr verdient, welcher seit einer Reihe von Jahren die innern und äußern Verwaltungs-Geschäfte bearbeitend leitet, und durch dessen Umsicht kein etwa aufkeimender Zwiespalt an Ausbreitung gewinnt.

Die edlen Pflanzen der Moralität und Religiosität, in den ganzen hiesigen Gemeindemitgliedern pflegt aber im Allgemeinen mit Erfolg unser allgemein hochgeschätzter Rabbiner Hr. S. Feldblum, welcher, der vollkommenen Zufriedenheit und Hochachtung Aller sich erfreuend, mit seiner dem Zeitgeiste angemessenen freien Vorträgen, in gediegener kräftiger rein deutscher Sprache auf die Zuhörer wohlthätig einwirkt.

Was in den Hauptzügen der Moralität hiesiger jüd. Gemeinde die Krone aufsetzt, ist, daß Menschenliebe und Wohlthätigkeitssinn bei Vielen mit einander fraternisiren. — Das in Geld- oder sonstige Verlegenheit versetzte hiesige Gemeindemitglied kann, so weit es die Umstände nur zulässig machen, fast mit Bestimmtheit auf die in Anspruch genommene Gefälligkeit und der Arme — auf Wohlthätigkeit rechnen. —

Auch mit vereinten Kräften wird hier für Wohlthätigkeiten Vieles gethan.

So sind hier 4 Vereine, welche alle wohlthätige Zwecke verfolgen, als:

1) Frommer Verein, (Chewra Kaddischa) zu welchem sämmtliche Gem.-Mitglieder gehören.

Dieser hat zum Zwecke: Verpflegung der armen Kranken (das wahre Bikkur Cholim), Nachtwachen (Mischmorot) bei allen bedenklich Kranken und Beerdigung der Todten.

2) Frauen-Verein, welcher eben solche Wohlthätigkeiten zum Zwecke und alle Frauen der Gemeinde zu Mitgliedern hat.

3) Jünglings-Verein, welcher sich religiöse Vorträge vom hiesigen Rabbiner halten läßt und von seinen Mitteln Kinder armer Eltern bekleidet und

6) Mädchen-Verein, welcher mit der Bekleidung armer Mädchen noch diese Wohlthätigkeit verbindet, armen oder unbemittelten heirathenden Mädchen dieses Vereines eine Unterstützung von 10 Thlrn. angedeihen zu lassen.

Möge ihnen Gott ferner verleihen Kraft und Gedeihen.
T—n.

Oesterreich.

Butschowitz, im Mai. (Schluß.) Zentnerschwer lag es auf meinem Gehirne; ich glaubte mich hundert Klafter tief unter der Erde, in den Kasematten wo in einem Mährchen der Böse die Wahrheit und alle guten Geister gefangen hält, die katzenartigen Löwen grinseten mich an und der eine schien auf das Geb. לא תשא als die hier für nichts geachtete Entweihung des göttlichen Namens, der andere auf לא תרצח als den hier erlaubten Geistesmord höhnisch hinzudeuten. Mir grauete vor dem Adler, der auf mich loszustürzen und mir das Herz aus dem Leibe zu reißen drohete. Ich riß mich los, und wie von den Furien gejagt eilte ich nach Hause, wo meine Seele lange weinte und trauerte über die Menschen, die die heiligen Gesetze in den Tatzen katzenartiger Löwen, und das beständige Licht der Wahrheit in den Krallen eines Raubvogels lassen. —

Klagen Sie mich nicht, meine fr. Leser, der Ueberspannung und der Uebertreibung an, wer das Kolossale jeder Art gesehen, kann nicht in den Schranken gewöhnlicher Gemüths- und Geistesstimmung bleiben und gewiß auch Ihr Gefühl würde sich gewaltig dagegen

sträuben, wenn Sie sehen würden in welchen Händen hier und da noch unsere Brüder sich befinden, unsere Brüder, die der Aufklärung und der edlern Bildung eben so fähig sind, als sie gern einer höhern Civilisation nachstreben, wenn ihnen nur im geringsten nachgeholfen wird. — Mit Ihnen hätte ich weiter nichts abzumachen. Prüfen Sie und urtheilen Sie! —

Aber Euch Ihr Häupter der Gemeinde Butschowitz! Euch Ihr kleindenkenden Negotianten, Ihr prahlenden Familianten, und Euch dummaufgeblasenen Fabrikanten, Euch klage ich vor dem Geiste des 19. Jahrhunderts an, womit könnt Ihr diese Kälte und diese Gleichgültigkeit gegen alles Edle und Heilige rechtfertigen? Wie wollt Ihr es verantworten, daß während Eure Wohnungen nach den Launen des Luxus (denn wahrer Kunstgeschmack geht Euch ab) zehnmal sich umgestalten und Eure Kleidung alle Phasen der Mode durchwandern, Ihr das Gotteshaus und den Gottesdienst, wo und in welchem Ihr über diesen öden Wechsel Euch erheben und zum Bewußtsein Eurer höhern Anlage und Bestimmung gelangen solltet, verwahrlosen, in den Händen der Unwissenheit entstellen und so zum Gelächter Eurer Gesellen werden lasset? Wenn Ihr die zweckmäßigere Einrichtung und die Verbesserung Eurer Maschinen Euch so nahe ans Herz gehen lasset, und jede neue Erfindung aufgreift und sie ohne Berücksichtigung ihres Kostenaufwandes ins Werk zu richten trachtet, warum ist in Eurer Mitte noch gar nichts zur Werkstätte des Geistes gethan, der Ihr zuvörderst diese himmlischen Einrichtungen zu verdanken habt, und die Euch, wenn anders Euer serviler Geist einmal am Ruhetag sein Treibrad verlassen darf, fühlen lassen kann, daß es in der Welt noch viele andere Freuden giebt, die Ihr noch nicht kennt. Ist denn um Gottes willen die Welt nur der Maschinen willen und Ihr nur dieserwillen da? Fühlt Ihr denn wirklich gar kein anderes Bedürfniß, und pflegt in Eurem Herzen zu gewissen Stunden sich nicht ein Gefühl für das Edlere, Höhere und Göttliche im Leben und in der Natur zu regen? — Vergebens entgegnet Ihr mir, daß Ihr in der Welt, in die Ihr oft hinaus kommt, schon Ersatz findet, um so strafwürdiger seid Ihr. Warum benutzt Ihr diese Erfahrung, mit gut und schön gefundenen Einrichtungen, Eure daheimsitzenden Landsleute zu beglücken? also seid ihr nur Lycurg und Solone für Euer Gewerbe? und wenn Ihr in Wien oder anderswo an der Art Institutionen Euch ergötzt, denkt Ihr da nicht Eurer Frauen, Eurer jungen Söhne und Töchter, in deren empfängliches Herz die Geschmacklosigkeiten alle sich tief eingraben, sich dann auch ihrem Charakter aufprägen und nie wieder daraus zu verwischen sind; denn zarter Sinn unter dieser Bastille und solchen Predigten ersterben und verderben muß. — Sehet auf Austerlitz, Eure Schwester-Gemeinde, die wohl in Geschäftsberühmtheit unansehnlich ist, aber aus all den niederziehenden und hemmenden Lastern sich hervorarbeitend, und dem Bilde einer Mustergemeinde immer näher rückend, sich eine geistige Bedeutung zu verschaffen weiß. Sehet dort, was es zu bedeuten habe, wenn ein edler humaner Geist unter dem Volke wandelt. Vor nicht gar langer Zeit bekamen sie ihren Rabbinen Duschak, und ich bitte Euch, sehet genau wie der Keim einer sorgfältigen Geistespflege nicht lange ausbleibt. 24 Stunden weilte ich in Eurer Mitte und hatte nichts als kleinmüthiges Geschwätz und dumme Kritiken über Weltbegebenheiten zu hören. Der erste Blick in einen Familienkreis zu Austerlitz, ließ mich den im Verborgenen thätigen Geist nicht verkennen. Folgendes, las ich, schreibt ein schlichter Geschäftsmann an seinen Freund in Ungarn: „Bei uns ist Ruhe und Einige glauben es wird sehr gut werden, und einige glauben es wäre besser wenn es beim Alten geblieben wäre. Meine Meinung ist: zurück können wir nicht und sollen wir auch nicht, also müssen wir uns gefaßt machen vorwärts zu schreiten, und wenn auch mit Kampf und Schrecken und Verlust. Wir sind verpflichtet für unsere Nachkommen zu streiten: denn wenn wir Menschen erzeugen, so sollen wir ihnen auch Menschenrechte zu verschaffen suchen." Eine solche Gesinnungstüchtigkeit kommt einem Abkömmling der Makkabäer wohl zu. Doch zu dieser gelangt Ihr nicht an der Spinnmaschine bei Einer unterirdischen Bastille, bei Eurer Predigt. — Verzeiht mir wenn ich bitter war. Ich rede in der reinsten Absicht zu Euch. Sichtet Ihr den unter den edelsten Trödel vergrabenen Menschen hervor, nähret und laßt nähren in Euch den Sinn für das Edlere und Bessere im Leben, nur dann werdet Ihr stark werden. Denn glaubet mir, Ihr habt der Stärke gar nothwendig, den noch großen und bevorstehenden Kampf zu bestehen.

Prerau, den 15. Mai 1848.

Dr. W. Grün.

Italien.

Italienische Grenze, 21. April. Die Christen und die Israeliten in Livorno im September 1847. (Nach dem Italienischen des Dr. Stanislao Bianciardi). Mehre junge Israeliten wollten den Bewohnern des Stadtheiles La Venezia einen feierlichen Beweis brüderlicher Liebe geben, für die wiederholten Proben von Anhänglichkeit, die sie in letzterer Zeit von ihnen erhalten hatten, und beschlossen daher, ihnen drei prächtige seidene Fahnen als Ehrengeschenk zu überreichen; die eine weiß und gelb, mit dem Motto: Viva Pio IX Rigeneratore (Es lebe Pius IX der Wiederhersteller). Die zweite weiß und Roth, mit dem Motto: Viva Leopoldo il Principe Riformatore (Es lebe Fürst Leopold der Umbildner.) — Die dritte weiß, roth und grün, mit den in Gold gestickten Worten: Unione e Indipendenza (Einheit und Unabhängigkeit).

Der Tag des 7. September wurde zur Ceremonie der feierlichen Uebergabe jener Fahnen bestimmt.

Am Nachmittage fanden sich auf der Piazzetta St. Leopold einige tausend Menschen von beider Konfessionen in jeweiliger Abtheilung von 8 Personen, in Reihen aufgestellt, ein, welche sich der ihnen mit aller flatternden Fahnen ihres Quartiers und ihren eigenen Trommeln entgegenkommenden Deputation der Venezianer anreihten, worauf sie mit einander weiterzogen.

Voran die Militairmusik, die ihre Dienste unentgeldlich leistete, dann die Deputation der Israeliten, bestehend aus den HH. Adv. Luigi Giera, Adv. Bianchetti, Ritter G. Levi, David Busnach u. A. m., worauf die Deputation der Venezianer mit den Fahnen ihres Viertels selbst folgte, und hinter dieser trugen Israeliten die drei Fahnen.

Der Zug wurde von den sehr schön geordneten Abtheilungen beschlossen, die immer mehr an Zahl zunahmen. Der lange Zug verbreitete sich in der Via del Casone, vor der Hauptwache präsentirte das aufgestellte Militär das Gewehr, und über die Via del Porticciolo, am Fuße der Brücke die Venezia angelangt, erreichte sie auch der Klang der Glocken von den nahen Kirchen.

Auf dem Platze bestiegen die beiden Deputationen eine Tribune, von wo aus Hr. Bisiach vor mehreren tausend Menschen, alle mit unbedecktem Haupte, folgende Worte sprach:

„Livorneser! Die Liebe zum Vaterland, die Gesittung, die Ordnung und die brüderliche Vertraulichkeit, wovon Ihr in diesen ersten Tagen italienischen Lebens vortreffliche Probe abgelegt habt, habt die Bewunderung unserer ganzen Stadt erregt.

Wir sind Euch die Dolmetscher sehr vieler Eurer Brüder, welche das Bedürfniß fühlen, Euch klar und öffentlich ihre Achtung, ihr Zutrauen und ihre Liebe zu bezeugen. Sie wissen Euch keine bessere und würdigere Zeichen ihrer Gesinnung zu geben, als indem sie Euch diese heiligen Fahnen reichen und anvertrauen, in welchen die treuesten und stärksten Hoffnungen unseres Italiens sinnbildlich dargestellt sind.

Ihr werdet sie annehmen und würdigen; Ihr werdet sie zu hüten wissen, sie vertheidigen mit jedem Opfer an Habe und Gut, dem Leben selbst, und mit der Gewalt jener hohen Tugenden, welche nur die Vaterlandsliebe vermag.

Wir werden uns mit Euch vereinigen und im Leben und im Tode einig für die italienische Wiedergeburt, die so wunderbar gediehen ist, zusammenwirken."

Kaum hatte Hr. Busnach geendigt, als lebhafter einstimmiger Beifallsruf sich von der ganzen Menge anhaltend lange vernehmen ließ. Alle, wie ein Mann, riefen Tausende von Vivats, forderten die Emancipation der Israeliten und äußerten ungestüm die Wünsche für die beständige unveränderliche Einigkeit zwischen Israeliten und Christen.

Nachdem sich die erste Begeisterung ein Wenig gelegt hatte, konnte Hr. Bisiach zwar mit Mühe, ein wenig Ruhe erlangen, um folgende Vivats auszubringen:

„Es lebe die reformatorischen Fürsten Italiens! — Es lebe Leopold, der italische Fürst! — Es lebe Pius IX, der Große, der Hohe, der göttliche Pius IX! Es lebe die Einheit und Unabhängigkeit der Völker und Fürsten Italiens!' — Es leben diese unsere Brüder, die Venezianer!

Hierauf bat Hr. Adv. Giera, daß das Volk sich wieder in Abtheilungen reihen möchte, was mit wunderbarer Schnelligkeit geschah, und man machte sich auf den Weg zur Kirche St. Anna. Ehe man dahin gelangte, erschien eine neue Deputation der Venezianer, um die Fahnen in Empfang zu nehmen. In die Kirche traten alle Deputationen und ein Theil des Gefolges ein, die Uebrigen blieben in vollkommener Ruhe Außen stehen.

Die Kirche war festlich dekorirt und schön beleuchtet, und der Deputation der Israeliten wurden geschmückte Ehrenplätze angewiesen. Als die drei Fahnen auf dem Hauptaltare aufgestellt worden waren, wurde ein Tedeum mit Orgelbegleitung gesungen, worauf der Adv. Giera, obschon seine einfache Bescheidenheit, welche die vielen Vorzüge seiner edlen Seele noch erhöht, sich dagegen sträubte, sich neben den Altar begab, einen Israeliten und einen Christen an der Hand haltend, den Anwesenden sagte, daß diese Fahnen den Bund der Einheit und der Verbrüderung zwischen den Bekennern der beiden Kulte vorstellen sollten, die nicht mehr aufhören, und sowohl bei den Annehmlichkeiten des Friedens, als auch auf dem Schlachtfelde sich stützen sollte, wenn der Feind gegen das gemeinsame Vaterland die Waffen erheben würde.

Dann legte er die Hände des Israeliten und des Christen in einander, und jedem einen Bruderkuß gebend, rief er aus: Bei diesem Kusse, den ich einem israelitischen und einem christlichen Bruder gegeben habe, denke ich in meinem Herzen Euch Alle zu umarmen und zu küssen. O meine Brüder! daß der Einigkeit und Verbrüderung, der unverändert ewig bleiben soll, zu sanktioniren, darauf Christen und Israeliten schwören, an dieser heiligen Stätte schwöret, daß ihr diesen feierlichen Bund niemals brechen wollet. Und die Hand erhebend, riefen Alle laut aus: „Wir schwören es — wir schwören es!" und jetzt, Alle gerührt, umarmten und küßten sie sich herzlich, und lange hörte man unter Freundschaftsbetheurungen und Thränen der Rührung die Worte aussprechen: „Es lebe die Israeliten, es lebe die Emancipation! es leben die Christen! es lebe Pius IX! es lebe Leopold II! es lebe die Einheit und die Unabhängigkeit Italiens!"

Doch nur diejenigen, welche diesem Akte beiwohnten, können sich einen Begriff davon machen, und vermögen kaum mündlich die rührenden Scenen zu schildern, welche das geschriebene Wort nur schwach darzustellen vermag.

Jubelnd traten sie aus der Kirche, ordneten sich in noch zahlreicher gewordenen Abtheilungen, und begaben sich mit Fackelbegleitung in das am Meisten von Israeliten bewohnte Stadtviertel, welches, so gut es ging, in der Eile beleuchtet worden war. Hier erneuerten sich die feurigsten Wünsche der Brüderlichkeit und Liebe, worauf man in größter Ordnung auseinander ging.

Am folgenden Tage, am 8. September, jenem Tage, den Keiner von uns je vergessen wird, Schlag 12 Uhr füllte sich der prächtige Tempel der Israeliten mit einer Menge Menschen, Israeliten und Christen, Livorneser Bürger sowohl, als auch Fremde.

Hier wurden passende Psalmen und Hymnen gesungen. Hierauf hielt Hr. Elias Benamusigh, Adjunkt des Predigers, eine Rede.

Er begann damit, unsern vielgeliebten Fürsten für die vielen Wohlthaten zu loben, welche er dem Lande Toskana angedeihen ließ, und als er der neuesten und wichtigsten, der Einführung der Bürgergarde gedachte, sprach er also:

„Und Du endlich mit dem theuern Gesetz, das alle Herzen erfreuete, Dich Deinen Kindern zuwendend, sagtest Du zu ihnen: „Diese Waffen, welche eine alte Gewohnheit Euch zu führen verbot, Euer Vater und Fürst vertraut sie Euch an; ergreifet sie, führet sie zur Wehr, zur Stütze unseres gemeinsamen Vaterlandes: ergreifet sie, um die Ruhe, die Ordnung, den Frieden des Staates zu sichern, ergreifet sie zum Schrecken der Bösewichte; zum Troste und zur Rettung der Guten. Euch Bürgerwachen vertraut sie Leopold, der erste Bürger Toskana's an; zeiget Euch würdig des italienischen Namens, würdig dieser erwünschten ruhmvollen Stiftung. Und Dein Name, o Leopold, durch deine Thaten mehr als durch eitle Bildnisse, oder marmorne Monumente unsterblich gemacht, wird mit jenem des großen Pius vereint, von den spätesten Nachkommen gesegnet werden; gesegnet, weil du nicht durch morsche Künste einer strengen und furchtbaren Herrschaft regiertest, weil Du Deinen Thron nicht auf die wankenden Pfeiler der Unterdrückung und der Gewalt stelltest, sondern auf den Eckstein einer liberal regierenden Weisheit, jener Weisheit, welche die Fortschritte der Zeit benützend, statt der majestätischen Entwickelung der Menschheit sich entgegensetzen zu wollen, sich muthig an ihre Spitze stellt, und indem sie auf ihre Standarte die Worte — Ordnung und Freiheit — setzet, das Fürstenthum rechtfertiget, verschönert, veredelt, die Freiheit ermuthigt, stärkt und einheitlich gestaltet."

Hierauf sprach er, zu den Zuhörern gewandt: Aber Ihr seid Italiener! welcher Ruhm wäre auch nach diesem großen Namen noch beneidenswerth? Ihr Israeliten fasset in Euch das ganze Alterthum, was es Heiliges und Großes besitzt! Ihr Italiener stellet die reine Bildung, viermal über die weite Erde verbreitet, dar! Wer von Euch will den Ruhm des Kapitols mit dem des Horebs vergleichen? Häupter der menschlichen Kenntnisse, wer von Euch beugt nicht sein Haupt vor der menschlichen und göttlichen Herrlichkeit, vor dem gewaltigen Namen eines Moses und eines Dante? Dem Löwen Jehudas und dem Adler des Kapitols, wer wird es wagen, sich thörichter Weise widersetzen zu wollen. Italiener! Israeliten! zeiget Euch dieses doppelten Ruhmes würdig. Ist dieses nicht der Boden, auf dem wir den ersten Athem des Lebens einsaugten? ist dies nicht das Land, das uns als Kinder versammelte, und an seinem Busen ernährte, mit seiner glänzenden Sonne uns erwärmte? Und die Sprache, ist es nicht diejenige, welche in der sanftesten Mundart auf euren Lippen täglich ertönt? Die Empfindungen des Vaters, des Gatten, des Sohnes, binden sie Euch nicht an dieses Land? Und wenn in der heiligen Erde Jerusalems die verehrten Gebeine Eurer Vorfahren ruhen, vereiniget vielleicht diese italienische Scholle nicht die noch warme, noch rauchende Asche des Vaters, des Bruders, des Sohnes? Und ist dies nicht das Land, in welchem unsere aus Iberien vertriebenen Väter Ruhe für ihr müdes Haupt suchten und fanden?"

Als die Rede zu Ende war, riefen die anwesenden Christen mit Begeisterung aus: „Es lebe unsere israelitischen Brüder, es lebe ihre Emanzipation!" Die Israeliten ihrerseits riefen: „Es lebe unsere christlichen Brüder, es lebe Pius IX! es lebe die italienische Unabhängigkeit! es lebe Leopold der Zweite!" Und von der Bewegung dieses feierlichen Augenblicks hingerissen, sprach der Redner unter dem lebhaftesten Applaus: „Dieser Freudenruf, der aus Einem Herzen hervorbricht, steigt wie ein angenehmer Duft zum Throne des Allmächtigen. Denn wenn der Tempel Gottes heilig ist, so ist auch heilig das Werk des veredelnden Priesters, heilig das Werk Leopold des Toskaners, heilig die Befreiung und Erhebung der Völker. „Es lebe also Pius IX, der Hohepriester! es lebe Leopold II, es lebe die Freiheit, die Einheit, die italienische Unabhängigkeit." So weit der junge Redner. — Und nun, um der Wichtigkeit des Gegenstandes gleichzukommen, wünschte ich nur einen Augenblick mich selbst und Andere täuschen zu können, um von jenem Namen anzunehmen, welche plötzlich die Waage der öffentlichen Meinung auf eine Seite ziehen, und durch die sanften Wege der Hingebung, plötzlich wie ein elektrischer Schlag, die Meinung eines Einzelnen mehreren tausend Herzen mittheilen? — Ich möchte dann laut die Emanzipation der Israeliten verlangen; von den toskanischen Oekonomen im Namen der freien Konkurrenz, von den Philosophen im Namen der Bildung, die uns Alle gleich haben will; von den Politikern im Namen der Nothwendigkeit, da wir einerseits die öffentliche Meinung mit so vieler Kraft, so vieler Entschiedenheit, so vieler Beharrlichkeit sich aussprechen hören, andererseits die Nation selbst, durch Bildung, Kultur, für uns nachahmungswürdige Institute des öffentlichen Unterrichts und der Wohlthätigkeit, endlich durch thätige Vaterlandsliebe, die allgemeine Achtung und Sympathie gewinnen sehen. Den Liberalen werde ich sagen: Haben sich vielleicht die Israeliten nicht zu Gunsten Eurer Sache ausgezeichnet? starben nicht welche von ihnen für das nie genug betrauerte Polen? Den Aengstlichen unter meinen Katholiken, wenn wirklich Glaubensfromme unter ihnen sind, würde ich sagen: „Einer jener Heiligen, die unsere heilige Religion am Meisten ehrt, Guiseppe Kalasanzio, erzeigte schon vor beinahe drei Jahrhunderten den Juden die nämliche Verehrung, welche die Großen der Erde ihm bezeigten; er verabscheuete die Mißhandlungen, welche die Jünger des Gottes der Liebe gegen sie ausübten, und nahm zwanzig jüdische Kinder an, um sie zu erziehen."

Möge übrigens die Gerechtigkeit mit ihrem unerbittlichen Urtheile erwägen, ob es diese Emanzipation ertheilen soll oder nicht. — Wir aber, nicht aus stolzer Herablassung, nicht aus Mitleid oder aus feiger Nachgiebigkeit, sondern aus freiem Herzenstriebe, bekennen vor Gott und unserm Vaterlande eine vollständige Verbrüderung mit jeder Nation. Denn, wenn, während wir Toskaner in einer unüberwindlichen Phalanx von Wonne und Frieden geordnet, mit unserm theuern Fürsten auf dem Wege des Bessern fortschreiten, ein Einziger von uns es wagen sollte, die Hand zurückzuziehen, weil derjenige, mit dem ihn zugesellen wollte, ein Israelit ist, so werden wir zu ihm sagen: Gehe du lieber aus unserer Mitte, du gehörst nicht zu den Unsrigen, gehörst nicht in dieses Jahrhundert, du dienst einem andern Geiste, du bist kein Christ.

Polen und Rußland.

Petersburg, im Mai. Laut Journal des Ministers des Innern übernimmt die Ihnen nachstehende statistische Notizen: Bis zum 1. Januar 1847 betrug die Zahl der rechtgläubigen (russisch-griechischen) Kirche angehörenden Individuen beiderlei Geschlechts 8,830,253. Darunter waren: 1) Römisch-katholisch 2,669,929. 2) Armenisch-katholisch 19,998. 3) Armenisch-gregorianisch 364,236. 4) Lutherisch 1,756,763. 5) Reformirte 14,361. 6) Juden 1,188,646. 7) Muhammedaner 2,322,021. 8) Lamaiten 224,548. 9) Schamanen und andere Fetischanbeter 169,749. Summa: 8,830,253. Die gesammten Religionsbekenntnisse besaßen mit Ausschluß der Klöster 11,432 Kirchen, Tempel, Kapellen, Moscheen, Synagogen und Bethäuser und namentlich die Römischkatholischen 2250, die Armenisch=kathol. 52, die Arm.=Gregor. 1007, die Lutheraner 927, die Reformirten 33, die Juden 650, die Muhammedaner 6159, die Lamaiten 287 und die Heiden 65. — Unter den Geistlichen zählte man: Römi.kathol. 2158; 2) Armenisch=kath. 51; 3) Arm.=Greg. 2264; 4) Lutheraner 440; 5) Reformirte 31; 6) Jüdische 5239; 7) Muhammed. 18,580; 8) Lamaitische 6674; 9) Heidnische 507; Zusammen 35,944. —

Zur griechischen (russischen) Kirche traten über: Römisch=kath 3328 und 32,932 Protestanten. — Römisch=kath. wurden: 3 Lutheraner und 73 Juden. — Dem protestantischen Glaubensbekenntnisse wandten sich zu 53 Römisch=katholische und 33 Juden. — Dem Arm.=greg. 12 Muhammedaner.

Der „Nordischen Biene" entnehme ich unter Anderm von Warschau folgende statistische Notiz in Betreff der Juden. Diese Stadt zählte im vergangenen Jahre überhaupt 165,000 Einwohner, darunter 44,000 Hebräer, also zum vierten Theil.

Auf die von der Militär=Aushebungs=Behörde an den Fürsten Statthalter von Warschau gerichtete Frage, ob Individuen, welche zu den in Polen wohnenden Sekten der Mennoniten und Herrnhuter übertreten, vom Militärdienste befreit sein sollen, ist der Bescheid ergangen, daß diese Befreiung nur für die aus dem Auslande ankommenden und im Königreich Polen sich niederlassenden Mennoniten und Herrnhuter und für deren Nachkommen stattfinden, daß dagegen Einwohner dieses Königreichs, die zu einer jeden Sekte übertreten, nur um dem Militärdienste zu entgehen, militärpflichtig sein sollen. — Aus Kaukasien wird berichtet, daß daselbst sich eine freidenkende Sekte gebildet habe, ähnlich der zu Kalkutta unter dem Namen Motedschar Sobha, welche eine neue Religion stiften will, deren erstes Princip wäre, daß es keine geoffenbarte Religion gebe, und daß es genüge den unsichtbaren Schöpfer des Alls anzubeten. —

Von der russischen Grenze, 15. Mai. O Wunder, der Zionswächter schreibt auch schon witzige Artikel und schulmeistert in einfältigen Reimversen. Gewiß, wir erleben es noch, daß derselbe seine Artikel anstatt mit den jetzt üblichen, reformistischen modernen Sternen, gar mit Kreuzen unterzeichnet, und eine Berechtigung dazu nicht blos aus dem Jore Dea, sondern gar aus der heiligen Schrift heraus demonstrirt. Denn stehen nicht auch wirklich in der Bibel viele Kreuze und heißt es darin nicht ausdrücklich כי בצלם אלהים עשה את האדם u. dgl. St. m. — Auch wird er wahrscheinlich das שמע ישראל aus den Gebetbüchern streichen, weil er keinen Zirüf an das orthodoxe Judenthum in der **zweiten Person** leiden kann (siehe Zionswächter 1848, Nr. 1). — Wunder über Wunder, den Orient leidet er nicht, schilt und schimpft wie ein Zelot auf denselben, ja das Leben möchte er ihm gern absprechen, und doch prangt und spreizt er sich mit seinen „Wahlsprüchen und Sittenlehren aus dem Orient", welch ein Widerspruch! gewiß, es muß עקבא דמשיחא nahe sein, und wenn anders der ZW. nicht schon hier in חוצה לארץ eingeht, so wird er א"ה gewiß bald in Zion glorreich eingehen, und dort ohne Zweifel privilegirter Nachtwächter werden, אשרי המחכה ! —

Der Abschied.
(Nach Talmud Berachot 28.)

Lebte einst zu alter Zeit
Rabbi Jochanan,
Lebte stets in Frömmigkeit
Ging die Tugendbahn.

Lag einst krank dem Tode nah'
Dieser fromme Mann,
Seine Freunde waren da,
Manche Thräne rann. —

Auch die ganze Schülerzahl
Kam hin nach dem Ort,
Um zu hören noch einmal
Ihres Rabbi's Wort.

Kaum nun aber nahten ihm
Seine Schüler sich,
Blickt' er traurig vor sich hin
Weinte bitterlich.

Fragten nun die Schüler ihn:
„Warum weinest du?
Geh'st doch nun zum Vater hin
Geh'st doch ein zur Ruh.

Nimm doch unsern Rath nun auf
Isra'ls Stütz' und Licht:
Hemme deiner Thränen Lauf,
Rabbi weine nicht!"

Und hierauf der Rabbi spricht:
„Weinen ziemet mir;
Bringt man dort doch vor Gericht,
Was ich that einst hier.

Würd' ich jetzt zum Fürst' gebracht,
Der von Fleisch und Blut,
Der doch hat nicht große Macht,
Nicht ist frei vom Tod' —

Und doch er nur nehmen kann
Mir das ird'sche Sein,
Und er nur bereiten kann
Erdenqual und Pein.

Würd ich jetzt zum Fürst gebracht,
Wenn's geht hin zum Ort'?
Würd mir dann nicht bange sein
Vor des Fürsten Wort? —

Jetzt nun werd' ich hingebracht,
Hin zum Herrn der Welt
Vor den König groß an Macht,
Zum Gericht gestellt.

Giebt es ja zwei Wege nur,
Die man findet dort,
Einer führt in's Höllenthor
Einer hin zu Gott!

Sollt ich nun nicht traurig sein? —
Weiß ich ja doch nicht,
Wartet meiner Höllenpein
Oder Edens Licht. —

Spricht nun jedes Schülers Mund:
„Rabbi, frömmster du,
Wenn du zag'st in dieser Stund',
Hin ist unf're Ruh'.

Wenn man einst am Lebensend',
Wann wir gehn von hier,
Uns so rein wie dich nur fänd',
Glücklich wären wir.

Doch nun eh' du geh'st zur Ruh',
Hin zum lieben Gott,
Segne noch einmal uns du
Lehr' uns noch ein Wort!"

Und der Rabbi hebt sogleich
Segnend seine Händ':
„Er da droben schütze euch
Bis an's Lebensend'!

Einem ird'schen Kön'ge gleich
Fürchtet nur stets Gott,
Dann wird euch das Himmelreich
Glaubet meinem Wort! — "

„Fürchten nur dem Kön'ge gleich,
Sollen wir den Herrn?
Der da schuf das Weltenreich
Sonne, Mond und Stern!"

„Nicht mehr, sagt nun Jochanan,
Fürchtet, ehret Ihn,
Und ihr geht die Tugendbahn
Lebt mit frommem Sinn.

Stets dem Fürsten ihr beweis't
Ehrfurcht, Achtung ja,
So er durch das Land nur reist,
So er euch ist nah.

So er auf euch nur hinblickt
So er schaut eu'r Thun,
Findet ihr euch schon beglückt,
Findet ihr schon Lohn. —

Auch Gott, dann nur fürchtet Ihn,
Dann nur auf Ihn bau't,
Wann Er merkt eu'r Thun und Sinn,
Wann Er auf euch schaut. —

Aber Gott euch immer sieht
Und euch stets ist nah',
Was auch insgeheim geschieht,
Weiß und merkt Er ja. —

Lieber und ehrfürchten Ihn
Bis eu'r Auge bricht —
Dies ist meiner Worte Sinn —
Ist stets eure Pflicht!"

Scheidend senkte seinen Blick
Nun der fromme Mann,
Und sein Geist zu Gott zurück
Schwebte himmelan. —

Jastrow.

Jakob Wedell.

Personalchronik und Miscellen.

Leipzig. Liest man den Bericht aus Italien in dieser Nummer des „Orient" und nimmt man dazu die häßlichen und haßathmenden Worte des Superintenden Großmann: so fragt man sich, ob Protestanten wirklich die Aufklärung auf dem religiösen Gebiete repräsentiren? Lernt von den Katholiken in Livorno, was es heißt, religiös aufgeklärt sein.

Pesth. Hier hat sich ein Reformverein gebildet, der die Speisegesetze — die er längst nicht hält — abschaffen will. Der Sonnabend soll auf den Sonntag verlegt werden, und im Falle Jemand nach Konstantinopel reist, tritt der Freitag an dessen Stelle ein.

Wien. Dr. Goldenthal ist hier Docent der rabbinischen Sprache u. Literatur geworden. Er liest bereits in der Aula.

Verlag von C. L. Fritzsche.   Druck von J. H. Nagel.

Der Orient.

Berichte, Studien und Kritiken

Neunter

—

für

jüdische Geschichte und Literatur.

Jahrgang.

Das Abonnement auf
ein Jahr ist 5 Thlr.
Man abonnirt bei allen
löbl. Postämtern und
allen solid. Buchhandlungen auf ein Jahr.

Herausgegeben

von

Dr. Julius Fürst.

Von dieser Zeitschrift
erscheinen wöchentlich
das Literaturblatt mitgerechnet, zwei Bogen,
und zwar an jedem
Dienstag regelmäßig.

№ **27.**   Leipzig, den 1. Juli   **1848.**

Die Juden in Oesterreich.

XI.

So haben denn die Czechomanen die Maske gelüftet, unter welcher die blutdürstenden Züge, die rollenden Augen, der fluchende Mund, die fletschenden Zähne sich verbergen hielten. Die weiß-rothe Fahne hat sie zum blutigrothen Platz gemacht. Aus dem Versteck der Nationalität sind sie hinausgetreten, begleitet von Haß, Rohheit und Barbarei. Als man den Deutschen und den Juden zurief: Hütet euch vor den glatten Worten der Czechomanen, vor den Mordwaffen der Swornost, deren Name eine Satyre auf die Eintracht, seid deutsch, offen und muthig — da lächelten sie, Menschen ohne Kenntniß der Geschichte und ohne tiefes Verständniß der Zeit gingen gar so weit, den Juden das Czechenthum à tout prix zu predigen. „Laßt eure Kinder nur czechisch lernen und sprechen" riefen sie in ihrer Verblendung den Juden zu. Die blutige Swornost mit ihrem Apostel Faster in Prag haben uns gezeigt, was wir von der Rohheit der Czechomanen zu erwarten haben. Die Juden sind in Sitte, Bildung und Anschauung deutsch, und hätten auch ohne die Prager Blutscenen dem Deutschthum sich ganz hingeben müssen. Die Geschichte unserer Tage wird sie aber vollends überzeugt haben, daß man mit der Barbarei und dem Fanatismus kein Bündniß schließen dürfe. Ueberhaupt treiben manche jüdische Schriftsteller in Oesterreich ein son-

derbares Spiel mit der Nationalität. Sprache, Anschauung und Bildungselemente sind die Faktoren einer Nationalität, und daher sind die Juden in Böhmen, Mähren und Ungarn Deutsche. Nicht die Abstammung und nicht die Sprache allein bedingt das Wesen einer Nationalität, sondern die Gesinnung, die eigenthümliche Kultur, die bestimmt ausgeprägte Individualität, welche durch einen Zusammenstoß von historischen und lokalen Verhältnissen sich herausbildet. Was soll nun die Juden in Böhmen zu Czechen machen? Die Czechen haben blos eine Sprache als Aushängeschild ihrer nationalen Gelüste; ihre Bildung ist deutsch; ihre Kultur ist deutsch; ihre Ansprüche, in die Reihe der Nationalitäten eintreten zu können, sind durch das Deutschthum vermittelt. Die Sprache allein ist aber eine bloße Form, weil das Hauptorgan des Volksthums, die Kultur, sich nicht von Innen heraus entfaltet hat. Vielleicht wird es jetzt den Juden in Böhmen klar werden, ob sie Czechen oder Deutsche sind. Die deutschen Christen in Böhmen müssen sich aber den jüdischen Deutschen eng anschließen, um vereint das Deutschthum zu kräftigen. Concordia res parvae crescunt. Leider ist dies aber nicht der Fall überall in Böhmen. Von den Czechomanen wollen sich die deutsche Christen nicht terrorisiren lassen; die Juden wollen sie selbst aber nicht tyrannisiren. Wer frei sein will, mache auch frei. Nur wenn Juden und Deutsche vereint handeln, wird das deutsche Element in Böhmen wachsen, wie wir doch in Posen ein Gleiches gesehen haben.

27

XII.

Die Emancipation der Juden in Oesterreich nimmt den Weg von oben nach unten. Kuranda konnte in den Ministerrath eintreten; die Ghetto's sind aber noch zahlreich in Oesterreich. In dem provisorischen Wiener Ausschuß sitzen Juden; in allen österreichischen Garnisonen können sie aber nicht wohnen. Der Blitz der Revolution hat die höheren Kreise getroffen, dort reinigte er die verpestete Luft, und auch den Juden strömt jetzt neuer Lebensodem von Oben zu. Die untersten Schichten haben ihre Fäuste, aber nicht ihren Geist emancipirt. Der Krämergeist, der Zunftzopf, der Neid, die Scheelsucht, die Mißgunst — kurz alle Leidenschaften und Vorurtheile gegen die Juden haben sich durch die Revolution in den untersten Schichten wenig geändert, da die Masse der Körper, die Intelligenz aber der Geist der Revolution ist. Wir müssen daher auf einen bereits früher ausgesprochenen Gedanken zurückkommen. Durch die Geistlichkeit — natürlich die aufgeklärte — sowie durch Flugschriften in volksthümlichen Tone muß auf die untersten Schichten der österreichischen Bevölkerung eingewirkt werden. Es kommt nicht darauf an, ob man dem Volke etwas Neues sagt, sondern das Augenmerk muß darauf gerichtet sein, das Volk aufzuklären über die Juden. Dazu müssen Rabbiner, Vorstände und Gemeinden vereint wirken. In Tausenden von Exemplaren müssen derlei Flugblätter verbreitet werden, damit das Volk die Augen öffne und einsehen lerne, wie es bis jetzt einem blinden Judenhasse, rohen Vorurtheilen und einem misverstandenen Fanatismus sich hingegeben.

Ad. Jellinek.

Deutschland.

Heidelberg, im Juni. (Etwas über falsche Erziehungsansicht). Unter die vielen Vorurtheile, an denen das jetzige Zeitalter leidet, unter die vielen Irrthümern, die sich jetzt bei manchen Dingen im menschlicher Leben äußern, gehören wohl auch die, welche sich bei der neuern Erziehungsmethode geltend machen. Es ist die Erziehungswissenschaft gewiß an und für sich schon etwas sehr Wichtiges, und es rechtfertigt sich gerne, weil wir auch tiefere Blicke diesem so oft und vielbesprochenen Gegenstande widmen würden, da doch die Erziehung das geistige Element des Menschen ist, und nur durch die Erziehung er gebildet — im eigentlichsten und höchsten Sinne des Wortes — wird, wie im physischen durch das Aufziehen die Pflanze die Blume. Doch wir unterlassen es über dieses Thema im Allgemeinen zu sprechen, sondern berühren nur einen Punkt, der uns für unsere Gegenwart der wichtigere erscheint; denn in das große Gebiet der Pädagogik können wir hier nicht eindringen, zu diesem Gebrauche müßten wir ein ganzes Lehrgebäude bearbeiten, was um so weniger vonnöthen, da wir Deutsche ja schon so herrliche Werke über die Erziehungskunde besitzen. Und wer möchte auch zu Pestalozzi's, Jean Pauls, Herbarts und Schwarz's Systemen noch ein fruchtbareres anreihen können? daß wir diese Methoden befolgten, unsere Erziehungsweise würde eine andere Gestalt haben oder doch gewiß eine bessere noch nehmen. — Der Zweck, den wir uns vor Augen stellten, ist einzig und allein der, die Ansicht jetziger Erzieher i. e. Eltern zu bekämpfen, die in der Meinung sind, ihre Kinder sobald als möglich von ihrer Seite zu entfernen und sie in die weite Welt schicken, auf daß sie dort ihre Ausbildung genössen, wäre löblich oder wäre sogar ihnen eine Pflicht. Wir treffen dieses jetzt am häufigsten bei den Landleuten, die ihre Kleinen zu einem entlegenen Institute senden, das ihnen weiß der Himmel wer auch, angerathen hat. Sie glauben ihren Söhnen und Töchtern damit ein bedeutendes Opfer gebracht, und der übrigen Welt ein lobenswerthes Beispiel zur Nachahmung gegeben zu haben. So werden leider junge Knaben, unerfahrene Mädchen den Fremden übergeben, um sich dort für ihr ganzes künftiges Leben Vorrath zu holen. Daß sie aber ein geringes Quantum von Geistesproviant, ein größeres aber von Entsittlichung nach Hause bringen, wird nicht bezweifelt oder gar in Abrede gestellt werden können. Und wie anders! von der wachsamen und sorgenden Elternseite und Elternaufsicht kommen diese jungen Geschöpfe mit einer unbekannten Welt in Berührung und Verbindung, in der sich nichts als Wahrheit und Lüge, Aufrichtigkeit und Falschheit, Wirklichkeit und Illusion, Rechtlichkeit und Intrigue vermischt untereinander wahrnehmen, und natürlich noch nicht Verstand und Klugheit genug besitzen, hierin zu unterscheiden, das Gute vom Bösen, das Wahre vom Heuchlerischen zu sondern, in keinem Falle aber — wenn sie auch, was höchst selten, zu dieser Geistesstufe gelangt sind — Energie genug haben, um eine solche Scheidung wirklich vorzunehmen. Solche frühe Erscheinungen sind aber einem jugendlichen Gemüthe sehr verderbend und unheilbringend, weil sie Schwankendes und Unfestigkeit in ihrer spätern moralischen Existenz zu Folge haben. Denn das Vorbild macht bei der Jugend alles aus, und ihr Herz entwickelt sich in dem Grade, nach welchem Lichte sich die äußern Erscheinungen darin abspiegeln. Ist es doch eine psychologische Wahrheit, daß auch die ersten Eindrücke jeder Sache, die ersten Eindrucke unserer Frühzeit eine fortwährende Wirkung über uns äußern, daß sie — wenn sie es so nennen darf — eine magische Gewalt über uns besitzen und sich so sehr einwurzeln, daß wir ihren Einflüssen kaum entgehen gehen. Liefert uns doch die Geschichte selbst Belege hierzu in Hülle und Fülle, und in jeder Familie, bei jedem einzelnen Subjekte treffen wir Argumente. — So gerathen nun diese jungen Menschen in eine Klemme, in einen moralischen Skepticism, von dem sie sich selbst in ihren reifern Jahren erst mit manchen innern Kämpfen befreien können. — Sollen aber solche widerstreitende Erscheinungen sie zur angepriesenen Menschenkenntniß führen? Ein Knabe, ein Mädchen schon frühzeitig in das öffentliche Leben verpflanzen, damit sie Lebenserfahrung erwerben? Nein! wahrhaftig so thöricht wird Niemand sein, dieses als Grund anzugeben. Menschenkenntniß können wir nur dann erreichen, so unser Geist ausgebildet und unsere Urtheilskraft eine völlige Reife erlangt hat. Denn um Menschen kennen zu lernen, so daß wir ihre Gesinnungen und Sitten uns enträthseln vermögen, da muß die Kraft ein Räthsel zu lösen vorausgesetzt werden, und ein scharfer, tiefer und behutsamer Blick ist da unerläßlich. — Glauben aber die guten Eltern, daß es für die Kenntnisse ihrer Kinder nöthig sei, sie von ihrer Nähe schon so bald zu entfernen? Nur bei denen, die sich den Wissenschaften widmen sollen, mögen unsere Bemerkungen nur theilweise bezüglich sein, da diese Zöglinge an allen höhern Erziehungsanstalten bestens versorgt sind, und ihnen keineswegs freier Spielraum gelassen ist, sich in das Getümmel der Welt einzulassen, oder auch nur mit ihm genauer bekannt zu werden. Bei denen aber, die sich nur des nothwendigsten Wissens befleißigen müssen, um einst in der bürgerlichen Gesellschaft fortzukommen, bei denen muß jedenfalls zuerst ein sittlich fester Grund zu Hause gelegt werden, bevor sie den Weltton mitmachen oder erlernen sollen; denn damit hat es sicherlich noch so lange Zeit bis sie diesen moralischen Boden erreicht, welches nur oder wenigstens am meisten unter der Pflege der Eltern und namentlich der Mutter möglich ist. Denn die Eltern wissen ja auch des Kindes Mängel und Schwächen, dessen Gefühle und Meinungen und Können diesen eine recht wohlthätige und regelmäßige Richtung geben. Und wie der Arzt die besten Medikamente zur Genesung des Kranken nur dann angeben kann, weil er mit der Natur der Krankheit und des Patienten vertraut ist, so wird auch der einen Menschen genau erziehen können, welcher die ganze Beschaffenheit seines Charakters genau kennt und aus dem Quellen zu beurtheilen versteht. Fremde Pädagogen haben nun sehr lange zu thun bis sie ihren Zögling genau durchblickt, und müssen sich viele Mühe geben bis sie dessen eigentliche Natur erforscht haben. Und ob sie sich immer dieser Anstrengung gewissenhaft unterwerfen? Bei gebildeten Eltern — hier im Sinne der sittlichen Bildung gebraucht — ist ihre Kindererziehung gewiß desto nützlicher und leichter, weil sie bei ihren Kindern gar bald der guten Lehren, durch eigenes Muster dargestellt, eingewurzelt finden werden; bei ungebildeten und rohen Eltern aber, denen müssen wir es unverhohlen sagen, daß ihre Sprößlinge, wenn sie nicht vorzügliche und höchst geistreiche sein, niemals einen hohen Grad der Bildung erlangen werden, da ihr Exempel und Vorbild einen gewiß geringen Erfolg vorhersehen läßt. Es thun deßhalb Eltern am besten, wenn sie ihre Kinder so lange als möglich nicht von ihrer Seite lassen, und sie den auswärtigen Instituten nicht eher anvertrauen, bis sie schon die wahre Erziehung an ihrer Seite genossen haben, also erst dann den Eintritt in die fremde Welt gestatten, so sie reif an Jahren und Erfahrung sich von allen schlechten und verderbenden Eindrücken mit eigener Kraft zu entwehren wissen, wenn sie die Macht besitzen, als Mensch allen ihren Thaten eine sittliche moralische Basis unterzulegen. — Und wenn gleich unser großer Erziehungsreformator Basedow die Kinder so bald als möglich von den Eltern entrissen, und sie unter die Hand eines Lehrers sehen wollte; so vergesse man hierbei nicht, erstens was für einen Lehrer Basedow damit meint, unter dessen Leitung er die Kinder anvertrauen wollte; in eine Erziehungsanstalt wie die zu Dessau, wenn wir ihre Eigenheiten und wenige Mängel abrechnen, dürfte man freilich auch heutigen Tages unsere Kleinen schicken; aber wir suchen vergebens nach solchen Instituten — zweitens vergesse man aber auch nicht, daß eben dieser Meinung Basedows mit allem Rechte entgegengetreten wurde, und daß Pestalozzi gegen diese Ansicht feierlichst opponirte, ja daß Pestalozzi, dieser große, gemüthliche und thatkräftige Erziehungslehrer sich äußerte, nur in und durch die Familie solle und könne erzogen werden, und die Mütter und Väter wären die ersten Pädagogen eines jungen Menschen. — Und dürfen wir endlich noch einen Grund angeben, warum wir die Kleinen nicht so früh in die Welt schicken wollen, dürfen wir hierbei auch das religiöse Element berühren? Wahrhaftig! es ist eine betrübende Bemerkung, daß wir so ungerne von diesem Gegenstande reden, und uns als ob es etwas recht Unrechtes wäre bei jeglicher populärer oder gelehrten Abhandlung dieser Besprechung enthalten. Schon Spalding klagt darüber in einer trefflichen Rede über die Andacht, indem er sagt: . . . . ,,daß sie nicht auch in ihren Unterredungen so leicht und natürlich auf diese angelegentlich religiösen Dinge kommen, wie Kaufleute unter sich auf Handlungssachen und Staatsmänner auf Staatsgeschäfte fallen. Wenn Jemand in einer Gesellschaft mit einer Art da das Herz Theil hat von der Religion zu reden anfängt, so wird dieser wunderliche Einfall entweder geradezu unterbrochen und die Rede auf etwas Anderes geleitet, oder man zeigt auch mit einem kalten unempfindlichen Stillschweigen, mit einer gewissen Verlegenheit der Gebärde, da man gerne zwischen Billigung und Mißfallen ein Mittel erhalten will, daß man das hier gar nicht erwartet habe, daß das gar nicht hierher gehöre. Und warum denn nicht? das ist eine

Frage, die ich von dergleichen Leuten so gerne beant=
wortet haben möchte". Ob Spalding's Worte nicht
auch für unsere Zeit gesprochen sind, wer könnte dieses
verneinen? Wir aber wollen darin eine gerechte Aus=
nahme machen, und es also unumwunden sagen, daß
in unserm ohnehin sehr schwachgläubigen Zeitalter es
wahrhaft nöthig sei, daß die junge Generation von die=
sen nie fruchtbringenden Ideen abgehalten werde, und
wenn auch nicht, was wir keineswegs wollen, pietistisch
doch wenigstens frommgläubig werde. Dieses kann aber
wahrhaftig nie und nimmer der Fall sein, weil wir
unsere Kinder schon so früh auf solche Plätze hinlassen,
wo die Religion einen allzufreien Charakter angenom=
men, und sich ein Jeder über sie wie über politische
Dinge unterhält, und seine Meinungen, sind sie auch
noch so beschränkt und borniert, als maßgebend aufstellt.
Wozu fragen wir nun aber kann und muß dieses füh=
ren? Gewiß zu einer recht frühzeitigen Verachtung alles
Heiligen und Ehrwürdigen, zu einer Geringschätzung
alles Höhern und ceremoniell Hergebrachten. Darin und
nirgend anders ist der Grund zu suchen, warum unsere
jetzige Jugend, selbst unter den niedrigsten und rohesten
Ständen nur sarkastisch und hohnlächelnd von der Re=
ligion spricht, und was eine schlußgerechte Folge hier=
von ist, daß sie in ihrem sonstigen Lebenswandel nicht
das ethische Prinzip hervorsehen läßt. Nur wenn wir
unsere Kinder wahrhaft fromm und somit auch wahrhaft
tugendhaft erziehen, werden wir auch wahrhaft fromme
und tugendhafte Jünglinge und wahrhaft fromme und
wahrhaft tugendhafte Männer bekommen, die des Da=
seins höchsten Ruhm darin finden werden, daß sie stets
leben für die Ehre, für das Vaterland, für die Neben=
menschen, für Gott.   J. S. Th. *

Aus dem Großherzogthume Posen, 14.
März. (Verspätet.) Schwere, finstere Gewitterwolken,
Verderben und Unheil drohend, ziehen sich über unserem
Horizonte zusammen; ein gefährlicher Orkan ist im An=
zuge — Flüsse würden aus ihren Usern getreten und
fruchtbare Felder überschwemmt werden. Darum Vor=
sichtsmaaßregeln!

Aber nicht die Gefahren der Elektrizität=Entladung,
der Felder= und Wiesen=Ueberschwemmung, denen Blitz=
ableiter und mächtige Dämme gewissermaßen die Spitze
bieten und welche doch nur einzelnen Gegenden Unheil
bringen können, sind, welche durchgreifende Vorsichts=
maßregeln erheischen; nein, weit gefährlichere Elemente
drohen Zerstörung, und zwar größere Zerstörung, denn

eines vergänglichen Eigenthums harret unsere ganze
Zeit. Denn Donnerwetter durch Anhäufung leicht zün=
dender, der Religion schädlichen Stoffe, für den heiligen
mosaischen Glauben tödtliche Orkane, durch Vernach=
lässigung des Gleichgewichts in den verschiedenen Satzun=
gen erzeugt, diese würden, wie in der Atmosphäre dieses
Zeitgeistes und drohen Zerstörung, Zerstörung der heili=
gen Religion!

An dreien liegt's aber, diesen Gefahren noch vor
dem gänzlichen Umsichgreifen präventiv entgegenzuarbei=
ten; darum Ein Wort zu seiner Zeit.

Vor allem wende ich mich mit offenem Herzen zu
euch, liebe Brüder neuen Schlages.

Jeder wirklich Gebildete und diejenigen, welche auf
Bildung Anspruch zu machen sich berechtigt glauben,
werden wohl dem gefühlten Bedürfnisse und sich erge=
benden Resultate des eigenen Forschens zufolge, manches
in der Religion für überflüssig, für überladen erachtete
heimlich oder öffentlich ablegad haben, oder wenigstens
den Wunsch hegen, solches abstreifen zu können.

Gleichwohl ist's wegen der großen Schwierigkeit
der Grenzbestimmung auf dem heiligen Territorium der
Religion selten noch Jemandem gelungen, sich das Ge=
wissen verwahrend, sagen zu können, die Grenzsteine
desselben nicht zu weit hinausgerückt zu haben; da es
nur Sache derer, der theologisch=wissenschaftlichen Bil=
dung sich widmenden, in dieser Wissenschaft als Sterne
erster Größe dastehenden Gelehrten ist, über solche reli=
giöse Streitigkeiten zu entscheiden.

Um also diesem Uebel je eher je lieber abzuhelfen,
rufe ich euch, theure Brüder rathend zu: Veranlasset
eine Theologen=Versammlung, woran auch aufgeklärtere
Rabbiner alten Schlages theilnehmen möchten, um die
nothwendigen Abänderungen und Verschönerungen zu
berathen und festzusetzen. —

Ihr, meine geehrten Herrn Rabbiner alten Schla=
ges, lasset euch ein Wort zu seiner Zeit sagen, es hat
12 Uhr Mittags geschlagen!

Die Zeit ist weit, weit hinter uns, wo man be=
seelt und angefeuert von der Hypothese: כל המחמיר הבא
עלי ברכה Satzungen auf Satzungen sich aufbürden ließ,
ohne nach der Autorität ihrer Sanktion zu fragen; da=
hin ist die Zeit der Finsterniß, wo man alle herzer=
heitern, bei andern Konfessionen eingeführten Ceremo=
nien, deren Verbot gar keinen Grund und Boden in
unserer heiligen Religion hat, nur wegen: לא חלבי בקרב
זבחי wie Pest scheuet, ohne der Frage Raum zu geben,
warum beispielweise קרבנות und andere bei den Heiden
schon früher eingeführten Ceremonien, als מצה befehlen
waren und ohne ferner zu erwägen, daß man in der
Regel unter חק keine dem Gefühle, dem Verstande
und dem Zeitgeiste entsprechenden Sitten versteht,
weswegen es auch nicht שים מצח הגוים עים ושג heißt. —
Der Zeitpunkt ist aber schon lange da, wo des

---

*) Verfasser dieses Aufsatzes hat ihn zuerst für ein allge=
meines Blatt bestimmt, nach reiflicherer Ueberlegung aber
gefunden, daß die besprochenen Mängel in der Erziehung na=
mentlich bei unsern Glaubensgenossen im hohen Grade vor=
kommen, und deshalb diese Zeilen dem geschätzten Hrn. Re=
dakteur des Orient zur Aufnahme in seine Zeitschrift zuge=
sandt.

Inhalts wegen eure Verträge leider! das Schicksal der Danaiden haben und man in Folge der zu großen Bürde Alles von sich wirft, das Kind mit dem Bade ausschüttet, ohne daß ihr es durch eine Jeremiaden ändern könnet. — Klammert ferner euch nicht bei Abschaffung mancher Satzungen, welche nur Utopien u. von der Einbildungskraft ersonnen sind, an die hierauf gar nicht bezügliche morsche Stütze: (עדיות פרק"א משנה"ה) שאין ב"ד יכל לבטל דברי ב"ד חבירו וכו'. Gerade dadurch, daß ihr dem Spiele mit den Schalen (סינים חומרות) oder der Emballage der wirklich heiligen Satzungen müßig zuseht und nicht selbst den einer geistigen Sorgfalt Anvertrauten weislich zurufet (מה להבן את הבר)? "diese, als zur wesentlichen Religion nicht gehörenden Verbote erlaube wir ausdrücklich, nur wahret den Kern und stoßet ihn nicht an"; aber dadurch bleiben Kern und Schale in einer Kategorie und beide werden vernachläßigt. Veranlasset daher auch selbst eine große Theologen-Versammlung, ehret den Geist der wissenschaftlich gebildeten, aufgeklärten Rabbiner; ehret einen eigenen gesunden Verstand als einen Finger Gottes und lasset euch endlich nicht von den später hinzugekommenen Spitzfindigkeiten und חומרות, wie von Irrlichtern in den Schlamm zum Verderben der heiligen Religion führen. Dieser Ausspruch möge euer Losungswort sein: עת לעשות לה' הפר תורתיך.

Nun meine Herren Doktoren der Theologie und Rabbinen von besserer Gesinnung, ein Wort zu seiner Zeit: Die dringenden Bedürfnisse des gegenwärtigen Zeitalters genau kennend, durch geeignete Mittel ihnen genügend zu entsprechen den besten Willen habend, bedürfet ihr in dessen Betreff keines fremden Rathes.

Der große Psalmist sprach aber dennoch: מכל מלמדי השכלתי, darin nur ein Wort zu seiner Zeit: durch und in Eintracht und Einigkeit werden die stärksten Festungen erobert. — Reichet daher den ehrwürdigen Rabbinen alten Schlages freundschaftlich die Hand; berathet euch gemeinschaftlich über die zu edlen Zwecken führenden Mittel und arbeitet mit Vorsicht in dem Weinberge Gottes!

Leipzig, 21. Juni. (Ueber die Emancipation der Juden in Sachsen). Seit einer Reihe von Jahrzehnten bildet die Frage, ob den deutschen Juden dieselben Rechte gewährt werden sollen, welche die christlichen Bewohner des Vaterlandes genießen, eine der wichtigsten Tagesfragen. Daß wir überhaupt hier noch fragen, darüber werden unsere Nachkommen erstaunen; begreifen wir doch kaum, nachdem wir seit drei Monaten Preßfreiheit, konstitutionelle Verfassung u. s. w. besitzen, kaum mehr, wie man es hat wagen können, uns das freie Wort zu verbieten, einem Despoten gelingen konnte, das deutsche Volk zu knechten: während vor drei Monaten sehr Viele die Censur für eine so nothwendig, wie das Zuchthaus hielten, während vor drei Monaten gar Manche, denselben Despoten, den sie jetzt verachten, als einen

"kraftvollen, energischen Mann, der jedenfalls die höchste Achtung verdient," bewunderten. Noch aber fragt man, zu unserer Schande sei es gesagt, ob die Juden emancipirt werden sollen, so lange diese Frage noch nicht zu Gunsten unserer unterdrückten Brüder entschieden ist, so lange ist es eines jeden Patrioten Pflicht, seine besten Kräfte dem großen Werke zu weihen: der versteht das Wesen der Freiheit nicht, der da glaubt, ein Land sei frei, wenn auch nur einem einzigen Bewohner desselben seine Menschenrechte, unter dem Titel des Gesetzes vorenthalten werden können.

Im Mittelalter waren es nur Einzelne, welche die Menschenrechte der Juden verkannten; im Allgemeinen wurden die Juden wohl geduldet, aber man entledigte sich ihrer, so wie man ihrer überdrüssig ward, oder wenn man ihr Geld brauchte, indem man sie todtschlug oder vertrieb. In demselben Maße aber, in welchem sich Bildung und Kultur vermehrten, wurde auch die Duldung, welche die christlichen Bewohner Deutschlands ihren jüdischen Mitbrüdern angedeihen ließen, allgemeiner, so daß in der neueren Geschichte nicht mehr zu lesen ist, daß die Juden im Ganzen und Großen aus dem Vaterlande gejagt wurden, und man in den Lehrbüchern der Geographie, die zu Anfange dieses Jahrhunderts erschienen schon bei vielen Ländern lesen konnte: "Juden werden geduldet," oder "12 Mill. Einwohner, 300,000 Juden welche geduldet werden, mit eingerechnet u. s. w.

Nachdem aber die europäische Menschheit aus der neueren in die neueste Geschichte getreten war, wurde die Duldungsfrage zur Emancipationsfrage; man schloß nämlich sehr einfach: "Sind die Juden Menschen, — und daß sie Menschen sind, hat kaum noch jemand geleugnet werden, — so müssen sie auch als solche behandelt werden, so müssen ihnen ihre Menschenrechte wiedergegeben werden." Dieser einfachste und richtigste aller Schlüsse aber ist noch jetzt Vielen nicht einleuchtend. Andere wollen ihn nicht gelten lassen, weil er ihnen unbequem ist, etwa so, wie unseren ehemaligen Machthabern die konstitutionelle Verfassung, die Preßfreiheit, das Versammlungsrecht u. s. w. unbequem waren. Diese durch Vernunftgründe überzeugen zu wollen, wäre ein thörichtes Unternehmen, nachdem die Geschichte unserer Tage gelehrt hat, auf welche Weise dieser Menschen Ueberzeugung beizubringen ist; an Euch aber, deutsche Brüder, die Ihr durch die Scheingründe weniger Elenden dahin gebracht worden seid, daß Ihr das himmelschreiende Unrecht, welches bisher gegen die Juden verübt worden ist, fortzusetzen gesonnen seid, an Euch wende ich mich, mit der Bitte, mir Gehör zu schenken und das, was ich Euch sagen werde, zu erwägen und zu prüfen. Ich spreche frei und offen und mit derjenigen Furchtlosigkeit, welche das Durchdrungensein von der Idee der Freiheit und Gerechtigkeit giebt!

Man hat gegen die Emancipation der Juden eingewendet, sie seien Fremde, welche andere Sitten, andere Gewohnheiten, andere Gebräuche haben, als wir. Brüder, seid unparteiisch, machet Euch los von den Vorurtheilen, welche

Ihr mit der Muttermilch eingesogen habt, und Ihr werdet empört darüber sein, daß man es wagen darf, durch solche Gründe das Unrecht zu beschönigen! Denn Ihr werdet Euch sagen, daß Menschen nicht fremd sein können in einem Lande, welches ihre Vorfahren bereits seit Jahrhunderten bewohnen, in welchem sie selbst geboren sind, dessen Sprache sie reden, dessen Kultur sie theilhaftig sind, für dessen Befreiung sie so oft gekämpft haben. Ihre Sitten, Gewohnheiten, Gebräuche weichen von den unsrigen im Allgemeinen nicht ab; ist dies aber dennoch da und dort der Fall, so wollen wir uns erinnern, daß unsere Sitten gar nicht unbedingt nachahmungswürdig sind, daß wir die, welche sie nicht haben, zu verachten berechtigt sind. Oder soll das etwa den Juden zum Schimpfe gereichen, daß ihre Orthodoxen Unsinn glauben? erinnert Euch an unsere Orthodoxen, seid unparteiisch und Ihr werdet gestehen müssen, daß diese der Religion der Liebe nicht näher sind, als jene.

Ein anderer Grund, welcher — zuerst von Eichhorn — gegen die Emancipation der Juden angeführt worden ist, ist der, daß der christliche Staat die Juden ausschließe; Eichhorn aber ist vernichtet, soll sein System noch fortdauern? Bringen wir es uns endlich zum Bewußtsein, daß ein „christlicher Staat" ein Unding sei, daß Christenthum und Staat zwei von einander so unabhängige Dinge sind, wie Glaube und Wissenschaft: Christenthum und Staat sind himmelweit von einander verschieden, aus dem einfachen Grunde, weil es das Christenthum mit dem Himmel, der Staat aber mit der Erde zu thun hat. Wer da behauptet, die Einsetzung der Juden in ihre Menschenrechte sei gegen das christliche Prinzip, der ist kein Christ, der hat nicht die Religion der Liebe. Das christliche Prinzip befiehlt uns eben so wenig die Unterdrückung der Juden, als es im Mittelalter die Abschlachtung der Juden, die auch zur Verherrlichung des Christenthums unternommen wurde, befahl; wer aber glaubt, der Staat dulde die Juden nicht, der mißkennt das Wesen des Staates, der hat das politische ABC noch nicht gelernt. Nur die ganz spießbürgerlichen Seelen fürchten die Konkurrenz der Juden; sie sehen aber nicht, daß, wenn die Juden nicht zu ihren Konkurrentenmacher wollen, sie Feinde in ihnen haben, und sehr gefährliche Feinde!

Man hat gesagt, die Juden seien für die Freiheit noch nicht reif, so wie unsere Tyrannen noch vor wenigen Wochen behaupten, wir seien für die Freiheit noch nicht reif. Wer ist denn aber für die Freiheit reif? Offenbar Jeder, der für dieselbe zu kämpfen vermag. Die Juden haben für die Freiheit gekämpft. Börne, der Messias der Freiheit, war ein Jude. In dem „Befreiungskriege" haben die Juden ihr Blut in Strömen vergossen. Sie haben in diesen Tagen wieder in Berlin mitgekämpft den schweren Kampf gegen die Despoten. Oder wollt Ihr behaupten, die Juden ständen noch nicht mit „uns Christen" auf gleicher Stufe der Bildung? Nun, dann zählt die Gebildeten unter den Juden, und Ihr werdet Euch eines Bessern belehren.

Ihr sagt. „die Juden haben den Handel an sich gerissen." Beweiset mir das, und ich werde die Juden mehr achten als Euch. Aber ich weiß, daß die Juden nicht den Handel an sich gerissen, sondern daß Ihr ihnen denselben überlassen habt, weil Ihr dessen Wichtigkeit nicht erkanntet; ein großer Theil von Euch erkennt dieselbe leider heute noch nicht, denn Viele von Euch verachten und hassen die Juden, eben weil sie Handel treiben. Oder sollte dem Hasse dieser spießbürgerlichen Seelen Neid und Eifersucht zu Grunde liegen? Ich kann es nicht glauben, denn Neid und Eifersucht streiten gegen das christliche Prinzip, da aber diese spießbürgerlichen Seelen emancipirt sind, so können sie nicht Neid und Eifersucht besitzen. Man hat behauptet, die Juden haben einen unwiderstehlichen Hang zum Handel, dem sie sich über kurz oder lang wieder ergeben, sie mögen ursprünglich bestimmt sein, wozu sie wollen. Nun, gesetzt es wäre dies wahr, so wie es nicht wahr ist, wäre das etwa ein Unglück? Der Handel ist das Glück des Landes, gegen den Mißbrauch desselben aber werdet Ihr Euch durch die Gesetze, welche Ihr Euch geben werdet, zu schützen wissen. Daß aber die Mehrzahl der Juden dem Handelsstande angehört, ist sehr natürlich. Zum Handel gezwungen, haben sie aus der Noth eine Tugend gemacht, haben sich mit ihm vertraut zu machen gewußt, haben ihre Kräfte zum großen Theil ihm gewidmet; die Folge davon ist, daß es jetzt unter ihnen sehr tüchtige Kaufleute giebt. Wer will ihnen daraus ein Verbrechen machen?

Es ist aber nicht wahr, daß die Juden nur für den Handel Lust und Liebe zeigen; in den Ländern, in welchen den Juden die ärztliche Praxis und das Betreiben einer Profession gestattet ist, giebt es eine große Anzahl Aerzte, denen das Land, und besonders der ärmere Stand, viel verdankt, ebenso findet man dort viele geschickte Handwerker, die mit ihren christlichen Mitmeistern in bester Einverständnisse leben.

(Forts. folgt.)

Darmstadt, 3. Juni. Der rühmlichst bekannte Dr. Duller ist eifrig bemüht, auch hier einen „kirchlichen Verein" wie den in Leipzig zu Stande zu bringen. Derselbe wird einen anbahnenden größern Vortrag in den ersten Tagen der kommenden Woche halten und hat sich aus Leipzig über die bisherigen Ergebnisse und Fortschritte des dortigen Vereins Mittheilungen machen lassen, um dieselben als weitere Samenkörner hier auszustreuen. Dies Werk ist so wichtig, daß es allerorte die vollste Thätigkeit herausfordert. Inmitten der großen politischen Arbeit ist auch unser Theil auf dem kirchlichen Gebiete wahrlich nicht etwa das geringste. Man vergißt so leicht den Feind, wenn er sich von dem politischen Schlachtfelde klug zurückzieht. Unsere Aufgabe ist's, ihn aus den religiös-kirchlichen Schlupfwinkel hervorzuziehen und für unser heißgeliebtes Vaterland unschädlich zu machen. Der Friede durch Freiheit, für welchen wir eifriger denn je ringen müssen, verdient auch eine Palme. Möge sie wenigstens unsere Gräber umschatten und unsere Enkel kühlen!

Leipzig, 23. Juni. Sardinien hat die Juden emancipirt. — Hannover hat durch das Organ seiner Kammern sich für die Emancipation der Juden ausgesprochen. — Die Juden in Prag sind durch die letzten traurigen Ereignisse sehr verarmt. — Dr. C. F. Vogel hat vom Kaiser von Rußland den Kosackenorden erhalten, weil er sich so roh gegen die Juden benimmt. — Die Römer wollen den Pabst zur Emancipation der Juden zwingen. Die Katholiken scheinen doch gar nicht aufgeklärt zu sein. — In Pesth graffirt das Reform-Fieber. In einer aufgeregten Zeit hat man nie religiöse Reformen vorgenommen. Die Grundlage jeder religiösen Reform ist der Friede. — Viele Juden in Posen siedeln nach andern Gegenden Preußens über. — Die Auswanderungen nach Amerika von Seite der österreichischen Juden nimmt sehr zu. —

Oesterreich.

Brody, im Juni. Auch hier werden von Seiten der jüdischen Bürger — denn als solche können wir sie unter Oesterreichs neu aufgegangener Sonne der Freiheit und Gleichheit mit Recht betrachten — die Wahlen zum bevorstehenden konstituirenden Reichstag in Wien mit Energie betrieben, und sollte die liberale, oder wenn Sie es wollen, die radikale Partei die Oberhand gewinnen, so wird unstreitig Herr Prediger Mannheimer in Wien als Deputirter gewählt werden, der hier auch für sich die größte Aussicht hat. Die hiesigen Orthodoxen, oder die man hier zu Tage jener Partei eine politische Farbe geben muß, die Konservativen, denen die Persönlichkeit des Hrn. Mannheimer Besorgnisse und religiöse Skrupel einzuflößen scheint, suchten durch Aufstellung eines ihrer Mitglieder als Kandidaten die Wahl des Hrn. M. zu hintertreiben, was ihnen aber durch eine Volksdemonstration mißlang, indem jener Kandidat der Ehre der alten Staatsmänner Wiens und Berlins theilhaftig wurde, vor seiner Wohnung eine Katzenmusik anzuhören. Es beginnt seit den Märztagen sich hier für das allgemeine politische lebhaft interessirendes Gefühl zu regen, hier und da gepaart mit tüchtiger Gesinnung unter dem hiesigen jüdischen Publikum zu manifestiren, und die kräftige Thätigkeit der hiesigen Vorsteher und Ausschußmänner in aller Arten des städtischen Stadtlebens, wie auch die Bereitwilligkeit mit der man allgemein die Bildung von drei Kompagnien Nationalgarde vorgenommen, liefert thatsächlich den Beleg, daß trotz der falschen wiederaufgetauchten Behauptung der judenfeindlichen Partei, der Jude nie isolirt dastehen will in in dem regenerirten Staatsleben, und es für seine heilige Pflicht stets erachtet dem allgemeinen Besten zu dienen und mit zur Befreiung der

vom mittelalterlichem Joche niedergedrückten Menschheit Gut und Blut auf dem Altar der Oeffentlichkeit zu opfern. M......s.

Krakau, 15. Juni. Die Wahlen zum wiener Reichstag sind beendigt, und im Ganzen sind vier Deputirte, sämmtlich Polen, für Krakau gewählt. Der hiesige Rabbiner Meisel, der mit auf der Kandidatenliste stand, ist durchgefallen, da er nur wenige Stimmen für sich gewinnen konnte, welches uns gar nicht befremdet, da Hr. M. trotz seiner warmen Anhänglichkeit an die Sache der Polen, wodurch er sich bei ihnen große Achtung erwarb, aller einem die Landesinteressen vertretenden Individuum nöthigen Capacität ermangelt. —

Es scheint freilich etwas sonderbar, wie so kontrastirend gegen einander die Gesinnungen der hiesigen und der posener Juden sind, was aus dem „Aufruf" der ersteren (Nr. 23 d. J.) und „Antwort" der letztern (Nr. 24 das.) hervorgeht. Allein abgesehen von den im Herzogthum Posen an die Juden verübter Gräuelthaten von Seiten Polens, (welche Feindseligkeiten eine Folge der genannten gegenseitigen Parteileidenschaften und der sich abstoßenden slawischen und deutschen Elemente sind), könnte man auch durch richtige Würdigung der verschiedenen politischen Lager und Zustände der krakauer und posener Juden dieses Problem zu lösen im Stande sein. Der Jude in Oesterreich und in Galizien besonders, ist, vermöge seiner so gedrückten und knechtischen politischen Lage liberal gesinnt, und mit dem freudigen Gefühle eines, im Kerker schmachtenden Gefangenen begrüßt er jeden freien Aufschwung eines sich verjüngenden, freiwerdenden Volkes. Es ist daher gar nicht zu verwundern, wenn die krakauer Juden so sehr mit den Polen fraternisiren und mit Leib und Seele sich ihrer gerechten Sache, hingeben, da sie von denselben die Verwirklichung der in Frankreich seit 30 Jahren einstudirten heiligen Trias „allgemeine Freiheit, Gleichheit, Brüderlichkeit" mit einiger Zuversicht hoffen und erwarten. Dabei kommt noch hinzu, daß sie im Jahre 1846 durch Metternich'sche Politik in Galizien durch Bauern an polnische Edelleute verübten Gräuelscenen, wie auch die Besetzung des krakauischen Gebietes durch österreichische Truppen, wodurch Krakau statt aller bisherigen republikanischen Privilegien nur Steuern und eine Masse drückender Lasten erhielt, welches alles auf Handel und Gewerbe nur nachtheilig influiren und natürlich den Juden nicht zu gute kommen konnte, und nur dazu beitrug Oesterreich an ihnen recht mißließig zu machen. Ganz entgegengesetzt ist es aber bei den posener Juden der Fall. Unter Preußens milderem Scepter waren sie nicht so politisch gedrückt als ihre Brüder in Oesterreich und Rußland, und ungeachtet sie so vieler Menschenrechte beraubt gewesen, fühlten sie sich doch behaglicher und einheimischer unter ihren deutschen Brüdern, deren Sprache und Kultur, Gewohnheiten und

Sitten sie in sich aufgenommen, und in Germania ge= wissermaßen ... Vaterland erblickten und der Hoffnung lebten in demselben nach und nach naturalisirt und end= lich auch der Emancipation theilhaftig zu werden. Von diesem Standpunkte aus sind also die divergirenden po= litischen Gesinnungen der posener und krakauer Juden zu beurtheilen und zu würdigen, und zweifeln wir auch nicht, daß bei der in Aussicht stehenden naher Erthei= lung der Judenemancipation auf dem wiener Reichstag, auch die galizische und krakauer Judenheit dem österr. Hause sich in Liebe und patriotischer Aufopferung hin= geben und alle ihre noch schlummernden materiellen und intellektuellen Kräfte bereitwillig aufbieten werden zum Heile des österreichischen Staates, deren Dankbarkeit und Treue sind Kardinaltugenden der Juden.

Fabius.

Brody, 13. Juni. In unserer sonst so fried= lichen und ruhigen Stadt ging es gestern Abends sehr stürmisch zu, und Blut ist geflossen! 3 Juden wurden getödtet und einige verwundet. Glauben Sie etwa, dies war in Folge einer heut zu Tage üblichen Volks= demonstration entstanden und wollen schon ausrufen: Alles wie bei uns? Bewahre! Es war ein ganz eigener Fall, und denken Sie sich aus purer Güte und Barmherzigkeit (von jeher die Tugenden von אומות) hat man Juden erschossen! Wollen Sie sich dieses Wunder unserer von Wundern strotzenden Zeit erklären lassen, so hören Sie folgendes: Ein besoffener Soldat schlägt sich mit einem Bauer in einer Schenkstube herum, wo= bei letzterer arg gemißhandelt und erbärmlich zugerichtet wurde. Der Streit blieb nicht im engern Raume be= schränkt, sondern ging auch auf die offene Straße über, wo sich eine Menschenmasse, größtentheils Juden, ver= sammelte, die der unmenschlichen Mißhandlung des armen Bauers nicht gleichgiltig zusehen konnte, und forderte gütlich den Soldaten auf, seinen Besiegten endlich los= zulassen; da er sich aber weigerte, von dieser Ermahnung Gebrauch zu machen, so ergriffen ihn die Umstehenden, nicht um gegen ihn Repressalien zu üben, sondern um den beinahe athemlos liegenden Bauer zu befreien. Inzwischen eilte ein Trupp Militär heran, deren Offi= cier mit nichts dir nichts die unbewaffnete Menge feuern ließ, wobei vier Menschen incl. ein Christ er= schossen und einige schwerverwundet darnieder liegen. Zum Glück rückte eine zweite größere Abtheilung heran, die auf Befehl ihres Oberlieutnants den Officier nebst Korps arretirte, die Menge gütlich zerstreute und die Ruhe wiederherstellte. Die Sache konnte weit schlimmer ablaufen, weil die Nationalgarde von den Waffen Ge= brauch gemacht hätte, und ein Blutbad zwischen Volk und Militär wäre unvermeidlich gewesen.

M.....s.

Des Juden Vaterland.

Was ist des Juden Vaterland?
Ist es des Rheins, der Elbe Strand?
Ist's England, das das Meer umbraust?
Ist's wo des Czaaren Wille haust?

Was ist des Juden Vaterland?
Ist es der Wüste Sonnenbrand?
Ist es des Jordans Blumenthal?
Ist es Aethiopiens Flammenqual?

Was ist des Juden Vaterland? —
Das Land, worin er Wohnung fand?
Worin für Geld und Goldes Maß
Ihm Druck entgegenkommt und Haß?

Ist das des Juden Vaterland,
Das ihn ins Judenviertel bannt?
Ihn höhnt und schmäht und ihn bedrängt,
Und um den Glauben ihn beschränkt?

Ist das des Juden Vaterland,
Das ihn zum Kammerknecht ernannt?
Durch Würfel und durch Judentracht,
Zum Hohngelächter ihn gemacht?

Ist das des Juden Vaterland,
Das ihn erschlug mit Henkershand?
Das dummen Klostermährchen glaubt,
Daß Christenkinder er geraubt?

Ist das des Juden Vaterland,
Das aus ihn saugt und dann verbannt?
Das ihn in toller Glaubenswuth
Stürzt in des Scheiterhaufens Gluth?

Ist das des Juden Vaterland? —
Sein Kerker ist's, sein Marterland;
Ein Vaterland kennt nur der Mann
Der frei im Lande wohnen kann.

Was ist des Juden Vaterland?
Das Land ist's, drin er Freiheit fand;
Das seinen Glauben achtet, ehrt,
Den Gottesdienst ihm nicht verwehrt.

Was ist des Juden Vaterland?
Dem Haß und Vorurtheil entschwand,
Drin Menschenfreundlichkeit regiert,
Gerechtigkeit das Scepter führt.

Das ist des Juden Vaterland,
Dem Juden Heil, der Solches fand,
Dem Lande Heil, das Solches giebt,
Von allen Juden sei's geliebt.

Das ist des Juden Vaterland!
Gewiß ein segensreiches Land!
Sei's Königreich, sei's Republik!
Dem Lande blühet Heil und Glück!

Emil Lehmann.

Personalchronik und Miscellen.

Frankfurt a. M. Löwenstein, der unerbittliche Geg= ner Lehren's, ist Anführer einer republikanischen Partei ge= worden. Vielleicht führt er in Jerusalem eine Republik ein!

Verlag von C. L. Fritzsche.

Druck von J. H. Nagel.

Der Orient.

Berichte, Studien und Kritiken

Neunter   für   Jahrgang.

jüdische Geschichte und Literatur.

Das Abonnement auf ein Jahr ist 5 Thlr. Man abonnirt bei allen löbl. Postämtern und allen solid. Buchhandlungen auf ein Jahr.

Herausgegeben

von

Dr. Julius Fürst.

Von dieser Zeitschrift erscheinen wöchentlich das Literaturblatt mitgerechnet, zwei Bogen, und zwar an jedem Dienstag regelmäßig.

№ 28.   Leipzig, den 8. Juli   1848.

Die Juden in Oesterreich.

XIII.

Die Bluttragödie, die in Prag auf die Bühne der Geschichte zur Aufführung kommen sollte, ist nicht ausgespielt worden und die Czechomanen geben vor, sie hätten ein Epos gedichtet. „Wir haben gegen die Militärmacht, gegen die Gewalt der Bajonette, gegen den Donner der Geschütze gekämpft" — rufen die gutmüthigen Czechomanen aus. Sie wollen dadurch die Deutschen für sich oder wenigstens für ihren Kampf gewinnen. Werden sich die Juden auch bethören lassen? Sie, die in der That in dem Tempel der Freiheit noch keinen Einlaß gefunden, werden sie nicht geneigt sein, den Lügenworten einer Partei ihr Ohr zu öffnen, welche ihre beabsichtigten Mordscenen in einen erlogenen Freiheitskampf verwandelt? Das dürfen die Juden nicht! Das Heil der Juden kann nur von einer freisinnigen Regierung kommen; das Volk in Böhmen, deutsch oder czechisch, ist noch unmündig, da es blos für sich Spielzeuge der Freiheit verlangt. Die Regierung ist endlich aus dem czechischen Taumel zur deutschen Nüchternheit zurückgekehrt — und die Juden werden daher sein, was sie sind: Deutsche. Nicht um der deutschen Bevölkerung willen, sondern trotz derselben. Als Deutsche verlangen die Juden die Rechte, welche jedem Deutschen in Oesterreich zu Theil werden; als Deutsche wollen sie keinen besondern Rechtskodex für sich; als Deutsche sind sie die Träger der Kultur und Bildung, die Beförderer von Handel und Industrie; als Deutsche stehen sie unter dem Schutze der deutschen Freiheit. Es ist thöricht, mit dem Czechenthum zu kokettiren; es ist thöricht, sein deutsches Selbstbewußtsein preiszugeben: sich deutsch fühlen heißt sich frei fühlen, da der deutsche Geist wahrhaft frei geworden. Der Czechomane will nicht in dem großen Völkerkampfe in die Friedenstäler der Freiheit schreien, sondern er geht auf Eroberung aus und will Sklaven machen. Der Deutsche dringt Niemandem seine Nationalität auf; der Czechomane spricht jeder andern Nationalität ihre Berechtigung zur Existenz ab. Uebrigens ist der Schleier, der über Prag verbreitet ist, noch nicht gelüftet, und erst dann, wenn Licht nach allen Seiten hin verbreitet sein wird, werden wir ein festes und sicheres Urtheil fällen.

XIV.

In welchem Verhältniß steht das Slawenthum zum Deutschthum in Mähren? Nach unserer Ansicht läßt sich gar kein rationales aufstellen. In Mähren ist was Bildung hat oder auf dieselbe Anspruch macht, deutsch. Der Kern der slawischen Bevölkerung besteht aus Bauern, die durch das frühere Verdummungssystem kaum zur Besinnung gekommen sind. Der Sitz der Industrie, die Stätten der Wissenschaft sind deutsch, und die Juden repräsentiren im vollen Sinne des Wortes das deutsche

28

Element. Treten nun die mährischen Juden als eine feste, einheitliche und kompakte Masse auf, so hat das Deutschthum eine feste Stütze. Wir gehören zwar nicht zu denen, die auf dem Standpunkte der intoleranten Nationalität stehen und das Heil des Menschen nur in einer bestimmten Nationalität finden; allein das Slawenthum in Oesterreich hat Nichts, was es in die Reihe gebildeter, in die Entwickelung der Menschheit eingreifender Nationalitäten aufnehmen könnte. Was hat Oesterreich von dem Slawenthum zu erwarten? Bringt es eine reiche Geschichte, eine großartige Literatur, Bildung, Geistesaufklärung, geordneten Handel, blühende Industrie als Angebinde, als Brautschatz, um sich mit den bewegenden Nationalitäten der Geschichte zu vermählen? Keineswegs! Es zählt Fäuste, aber nicht Seelen, und auf einen gebildeten Deutschen kommen vielleicht sechs slawische Fäuste. Zur Zeit der Völkerwanderungen war die physische Gewalt das Agens, die treibende Kraft, das erobernde Element in der Geschichte; jetzt kämpft der Geist seine Schlachten und Ideen bilden die Heeresmacht. Das deutsche Mähren kann einen Platz in der Gegenwart ausfüllen; das slawische wird eines Jahrhunderts der Ruhe und des Friedens bedürfen, um nur ein Plätzchen in der Geschichte einnehmen zu können.

XV.

Ein Hauptübel, das die Juden von den Christen in Oesterreich trennt, ist der jüdische Jargon. Mit den Alten wollen wir nicht rechten; sie sind das Produkt ihrer Erziehung. Die Jugend aber, welche dem Staatsbürgerthum entgegen geht, muß diesen jüdischen Jargon ablegen. So lange man den Juden an seiner verderbten Sprache als ein fremdartiges Element erkennt, ist die Verbrüderung unmöglich. Der Jude spricht — und mit jedem Worte erhebt sich eine neue Scheidewand, und mit jedem Accent tritt eine neue Disharmonie ein. "Mer sennen Brider un hobn ain Gott" ist eine Carricatur auf die Verbrüderung. Leider nähren viele Rabbiner dieses schädliche Element, diesen ohrzerreißenden Jargon. Es ist aber die Aufgabe der Schule, hier mit starker Hand einzugreifen, und die Sprache zu pflegen. Auch die Eltern, wenn sie auch selbst nicht aus den Banden des Jargons sich befreien können, werden hierin durch Eifer und Wachsamkeit die Zukunft ihrer Kinder segensreicher gestalten. So lange nicht die Juden mit ihren christlichen Mitbrüdern "eine Sprache und einerlei Worte" haben, wird die babylonische Begriffsverwirrung über Recht und Gleichheit sich nicht so leicht im Volke lösen und aufklären. Eine gleiche Sprache wird auch eine gleiche Anschauung hervorrufen.

Ad. Jellinek.

Deutschland.

Leipzig, 30. Juni. Die "Allgemeine Oesterreichische Zeitung" hat Sammlungen für die Verunglückten in Preßburg veranstaltet. — Viele Juden in Posen wollen ihren Handel mit dem Ackerbau vertauschen, indem die Polen nichts von denselben kaufen. — Während in Ungarn die Roboten aufgehoben sind, wollen einige Gutsbesitzer mit den jüdischen Bauern eine Ausnahme machen. — Durchreisende Böhmen erzählen von der Verwirrung, die in Böhmen herrscht, unter welcher die Juden am meisten leiden. Die rohe Masse glaubt nämlich, die Freiheit sei eine Herkuleskeule, womit man nach Belieben schlägt, ohne auf Widerstand zu stoßen. Die Auswanderungen sind immer im Zunehmen begriffen. So beraubt sich der österreichische Staat seiner Kräfte. — In Prag ist die Ruhe nur äußerlich hergestellt; in den Gemüthern siedet und kocht es noch immer. — Unter den Deputirten der Nationalversammlung spielt der jüdische Deputirte Brill eine bedeutende Rolle. — Leopold Kompert hat das Leben in Nordungarn geschildert. Dieser Schriftsteller besitzt ein hervorragendes Talent, das Volksleben zu schildern. — Landrabbiner Hirsch in Mähren hat endlich doch gezeigt, daß es aufrichtig mit der Reform meine. Er hat nämlich den Frauen gestattet, sich mit dem Messer zu rasiren und den Männern ihr eigenes Haar zu tragen. Nur die allmälige Reform ist von Segen. Hingegen hat er, wegen חקת הגוים, den Juden verboten, Cokarden zu tragen und Katzenmusiken zu bringen. So lautet eine Privatmittheilung aus Mähren. In wie weit sie gegründet, mögen unsere mährischen Korrespondenten beurtheilen.

Berlin, 11. April. (Versp.) Am vergangenen Mittwoch, den 5. d. M. waren, wie bekannt, Besorgnisse angeregt worden, einige Haufen Arbeiter, welche schon im Laufe des Tages umhergezogen, möchten am Abende in der Stadt Plünderungen und Anfälle gegen das Eigenthum Einzelner vornehmen. Die Besorgnisse waren, wie sich nachher zeigte, glücklicherweise unnöthig gewesen; es hatte indeß, zur Verhütung etwaiger Excesse, zur Folge gehabt, daß zahlreiche Patrouillen die Stadt durchstreiften, und daß eine große Anzahl Bürgersoldaten das Schloß besetzten, welche auch namentlich die Eingänge verschlossen. Es sind an diesem Abende eine Menge Verhaftungen vorgenommen worden. Unter den Verhafteten, die vorerst auf die Schloßwache gebracht wurden, zeichnete sich vor allen übrigen ein großer, sehr robuster Mann aus, seines Standes ein gewöhnlicher Arbeiter; mit einer blauen Blouse bekleidet, welcher auf dem Schloßplatz verhaftet worden war. Er hatte sich unter einer tumultuirenden Menge durch das Geschrei: nieder mit den Juden! und ähnliche Redensarten ganz besonders hervorgethan. Er gestand, obschon er angetrunken zu sein schien, aus freien Stücken zu, von einem feingekleideten Herrn dazu aufgefordert worden zu sein, recht tüchtig zu schreien und zu lärmen, namentlich in der geschehenen Weise. Seiner Angabe nach hatte er, sowie noch mehrere Männer in seiner Umgebung, von dem Fremden einen Thaler zum Geschenk erhalten. Zur Bestätigung seiner Angaben wies er übrigens einen blanken Thaler vor. Die sofort ausgehende Patrouille, welche sich bemühte, nach der Beschreibung des Arrestanten, den Geschenkgeber auf dem Schloßplatze oder in dessen Nähe zu ermitteln, kehrte leider unverrichteter Sache zurück. Wenn wir dergleichen Handlungen auch als einen Wahnsinn betrachten müssen, so wäre es doch wünschenswerth, solche Subjekte, die sich als Feinde der guten Ordnung zeigen, kennen zu lernen, um dem von ihnen vertretenen Elemente endlich einmal näher zu treten. Es muß eine schlechte Sache sein, für die sie im Dunkeln zu wirken suchen, denn durch schnödes Geld ein Bewußtsein hervorzurufen, ist doch unmöglich und entwürdigt nur den Zweckjucher. Ein eben so erbärmlicher Charakter gehört aber dazu, für erbärmlichen Lohn eine Meinung zu vertreten. Glücklicherweise ist auch in unsern Arbeiterklassen gegenwärtig ein so gesunder und kräftiger Sinn, daß sich nicht Viele finden lassen werden, die sich zu solchen unwürdigen Zwecken hergeben.

(Publizist.)

Leipzig, 21. Juni. (Schluß.) Man hat gesagt, die Emancipation der Juden lasse sich wohl in der Theorie, aber nicht in der Praxis rechtfertigen; man hat aber nicht leugnen können, daß diese Theorie die Theorie der Gerechtigkeit sei. Wehe uns, wenn unsere Praxis gegen diese Theorie streiten sollte. Das war die Praxis des Metternich, der Louis Philipp und aller der anderen Tyrannen und Despoten, welche wir in diesen Tagen vernichtet oder gedemüthigt haben, und das war es, was den Fluch der empörten Menschheit auf ihr schuldig Haupt herabgerufen hat, daß ihr Thun mit der Gerechtigkeit im Widerspruche stand. Wer mir meinen Rock gestohlen hat, hält es ebenfalls für unpraktisch, mir denselben zurückzugeben. Die Leute aber, welche die Emancipirung der Juden für unpraktisch halten, handeln, sei es aus Böswilligkeit, sei es aus Eigennutz, sei es aus Dummheit, oder sei es — was das Gewöhnlichste ist — aus allen diesen Beweggründen zugleich, ganz nach Art derer, welche die Arbeiter zum Zertrümmern der Maschinen verleiten: das Werk der Verführung gelingt den Ruchlosen nicht selten; die Verführten aber haben ihre Leichtgläubigkeit, ihre Kurzsichtigkeit stets bitter zu bereuen. — Die emancipirten Juden nützen dem Staate, und müssen ihm nützen, während die nicht emancipirten Juden von ihren selbstsüchtigen christlichen Mitbrüdern in eine dem Staate feindliche Stellung hineingedrängt sind, in eine Stellung, in welcher sie dem Staate schaden können, und oft ohne es zu wollen, ohne es zu wissen, schaden müssen, und wenn sie von diesem keinen Gebrauch machen, so sind sie bei weitem nicht so strafbar wie ein Mitglied des Staates.

Man hat auf das Beispiel der Länder hingewiesen, in welchen die Juden emancipirt sind, und auf die traurigen Folgen, welche diese Emancipation gehabt habe. Wir haben aber durchaus nicht erfahren, daß Frankreich, Belgien und Holland, in welchen Ländern die Juden seit einer Reihe von Jahren emancipirt sind, es zu bereuen hätten, daß sie der Stimme der Gerechtigkeit Gehör gegeben; dagegen wissen wir, daß Irland und das Erzgebirge gar nicht, Schlesien aber nur von nichtemancipirten Juden bewohnt wird. — — —

Daß die Emancipirung der Juden hier und da Störungen und Unbequemlichkeiten hervorrufen, daß dieser Akt der Gerechtigkeit mit manchem Opfer von Seiten Einzelner verbunden sein wird, ist allerdings nicht zu leugnen: aber welchen Werth hätte Tugend und Gerechtigkeit, wenn ihre Ausübung überall mit dem praktischen Nutzen Hand in Hand ginge? und wo ist in der Geschichte der Menschheit etwas Großes und Schönes geschehen, ohne daß damit einzelne Nachtheile verbunden gewesen wären? Ich erinnere an die Reformation, — ich erinnere an das Leuchten und Wärmen der Sonne! So gewiß aber das Gestirn des Tages wohlthuend auf das Ganze wirkt, so gewiß wird die Aufnahme der Juden in den Staat wohlthuend wirken! Gegen diejenigen unter ihnen, welche Freiheit mit Frechheit vertauschen hatten, so wie gegen die, welche die Emancipation dazu benutzen wollen, das elende Wucherhandwerk desto bequemer zu betreiben — und solche Elende wird die neue Freiheit ebenso gewiß erzeugen, als die Natur auch giftiges Geschmeiß und ekelhaftes Ungeziefer hervorbringt: gegen diese schützen uns die Gesetze; thun sie es nicht, so sind sie mangelhaft und müssen ergänzt, oder durch bessere ersetzt werden. Die Zeit ist nahe, deutsche Bürger, wo Ihr Euch selbst Gesetze geben werdet: strebet dahin, solche Gesetze zu geben, welche den Schurken so wenig Gelegenheit, wie nur immer möglich, zur Ausübung seiner Schurkerei lassen: ganz könnt Ihr ihm allerdings nie diese Gelegenheit nehmen.

Bestrebet Euch, der fortschreitenden Kultur zu folgen und suchet nicht sie aufzuhalten, wenn Ihr nicht folgen könnet; Jene aber, welche, weil sie zurück hinter der Kultur des Tages sind, die Zeit soweit zurückziehen wollen, daß dieselbe für sie passe, sie werden von den unaufhaltsam vorwärts rollenden Rade der Zeit zerschmettert werden!

Johann Gustav Cohn, St. M.

Leipzig, 29. Juni. Die Leser des „Orient" werden sich noch des Streites mit Dr. Großmann erinnern in Betreff einer allgemeinen Feier zur Eröffnung des deutschen Parlaments. Wir lassen hier die Worte des unsterblichen Börne, des modernen Propheten, über einen ähnlichen Gegenstand folgen:

Am sieben und zwanzigsten des verflossenen Juni wurde in Frankfurt die Erinnerung an eine große Feuersbrunst, die vor hundert Jahren an diesem Tage viele Häuser in Asche gelegt, feierlich begangen. Der Senat,

28*

erwägend, „daß die Erinnerung an ein solches Verhäng=
niß einer tiefer Eindruck in die Seele jedes Bürgers
und Einwohners machen muß" hatte diese Feier an=
geordnet. Es ist schön, einem Staate anzugehören,
dessen Bewohner alle ein von Liebe geflochtenes Fa=
milienband vereint; die kein anderes Glück kennen, als
das häusliche, keinen andern Schmerz, als den ein
Blutsverwandter duldet; die, verschlossen vor der stür=
mischen Außenwelt, nicht betraten die mannigfaltigen
Jammer, die seit dreißig Jahren Europa trafen, und
nicht Theil nehmen an der vornehmen Lust freigewordener
Völker; denen eine hundertjährige Geschichte keine drin=
dere Lehre bot, als die: sorglich umzugehen mit Feuer
und Licht, und keine größere Mahnung, als schnell mit
der Spritze herbei zu eilen, wenn es brennt, damit nicht
durch Zögerung das große Verhängniß, das vor hundert
Jahren über die Frankfurter Menschheit hereinbrach, sich
erneuere." Glücklicher Staat. Wer fühlt, wie ich, wird
deine Hochherzigkeit zu würdigen verstehen. Nicht hier=
von, von etwas Anderem sei die Rede.

In der Verordnung, welche der Senat der freien
Stadt Frankfurt wegen jener Säcularfeier ergehen ließ,
heißt es am Schlusse: „Der Senat . . . . . er=
wartet den rechtlichen Sinn löblicher Bürger= und
Einwohnerschaft, daß solche durch ernste Gottesverehrung
den Dank gegen die Vorsehung . . . . . laut aus=
sprechen werde. Zu dem Eide wird Sonntags den
27. l. M. in allen christlichen Kirchen feierlicher Got=
tesdienst gehalten werden, so wie in der jüdischen
Synagoge Gebete verordnet sind."

Der Senat hatte mit Recht zur kirchlichen Feier
eines irdischen Ereignisses nur aufgemuntert, sie aber
nicht anbefohlen, denn dieses wäre eine Verletzung der
Gewissensfreiheit gewesen. Aber warum ließ man diese
gebührende Achtung nur den christlichen Bürgern wider=
fahren, und versagte sie den jüdischen? Warum heißt
es von jenen: es wird in aller christlichen Kirchen
Gottesdienst gehalten werden; und von diesen:
man habe in der Synagoge Gebete verordnet? Warum
spricht man dort von Gottesdienst, hier von Ge=
bete? Gesteht man den Juden keinen Gottesdienst zu?
Dieser Eingriff in die religiöse Freiheit der Juden kann
selbst in der vorgeblichen Verschiedenheit ihrer bürgerlichen
Rechte in Frankfurt weder Erklärung noch Entschuldigung
finden. Verordnete Gebete! Erhörst du sie, Vater
des Lichtes? Wirst du des Herzens warmes, inbrünstiges
Gebet von dem polizeibefohlenen nicht zu unterscheiden
wissen? Gewahrst du nicht den bittern Fluch der Unter=
drückten, den sie aus Furcht vor ihren Unterdrückern mit
Segen überzuckern? Oder wie? Ein Frankfurter Jude
sollte sich liebend erinnern können der verbitternden Ge=
beine seiner Feinde, die vor hundert Jahren, da sie noch
lebten, ein Unglück betroffen? Er sollte brüderlich der
Menschen gedenken, die ihn schmähten, mißhandelten,

mit Füßen traten; einer Zeit, wo er keine Vaterstadt
hatte, und sein Geburtsort ihm fremder war, als jedes
Ausland? Heißt es nicht in der Beschreibung der da=
maligen Feuersbrunst: „täglich mußten 100 Mann
Handwerksbursche, Bauern, Soldaten und Juden,
auf den Brandstätten arbeiten, räumen und den Grund
wegschaffen, und den Judenbaumeistern wurde scharf an=
befohlen, so viel Juden, als nur immer mög=
lich, zu solcher Arbeit herbei zu schaffen." Und das
Andenken jener Zeit soll ihr mit Menschenliebe erfüllen?
Er soll das Unglück derjenigen beweinen, deren Urenkel
ihn heute noch verfolgen, und ihn, so viel, als es nur
geduldet wird, in schmählicher Erniedrigung halten? Seit
jenem Tage, da zum ersten Male die Befreiung Deutsch=
lands in Frankfurt gefeiert worden, wurde stets in den
obrigkeitlichen Festordnungen der sondernde Ausdruck ge=
braucht: den Juden seien Gebete verordnet worden. O
armes Vaterland, in dem solche Dinge geschehen!

Denn, haßt oder liebt die Juden, trinkt sie nieder,
oder erhebt sie, erzeigt ihnen Gutes, oder verfolgt sie.
Dies Alles sei einer Willkühr überlassen. Aber Eins
sage ich euch: Seht zu, wie weit ihr kommt mit der
Freiheit des deutschen Landes, so lange die Freiheit nicht
sein soll für Alle."

Oesterreich.

Wien, 21. Juni. Ist schon in unserem Staatsleben
gegenwärtig Alles noch wirr und chaotisch, so daß man den
Ausgang kaum bestimmt voraussagen kann, so ist unsere
Judenfrage, d. h. die Lösung des Knotens in dem Wirrsale
der Emancipationsfrage und die endliche Abschließung der De=
batte über diesen Gegenstand, noch verworrener, so daß man
kaum mehr ahnen kann, wohinaus es mit den Juden in diesem
stürmischen Treiben kommen wird. Und wie in der Wieder=
geburt unseres Staates dieser Wirrsal zum großen Theile
durch die Ungeduld unserer akademischen Legion oder der
Volksstürmer herbeigeführt und erhalten wird, wie es sich jetzt
allgemein und sogar bei der Deputation an unsern Erzherzog
Johann herausgestellt, eben so haben in der Judenfrage leider
nur die Juden, vornehmlich die sogenannten Wortführer
derselben, die Verwirrung zu verantworten. Die Grundzüge
einer völligen Judenemancipation sind in den großen Freiheits=
gaben, die uns des Märzens und des Maien's Idus gebracht,
mit scharfen und deutlichen Kontouren gezeichnet, und unsere
jüdischen Wortführer, anstatt besonnen und klar diese Kon=
touren zu einem schönen Gemälde auszuführen, phantasiren
wie Fieberkranke über Juden und Judenfreiheit, verwirren die
Menge, hemmen den richtigen Gang, ohne zu sehen, daß die
Lösung unserer Judenfrage so klar und gewiß, wie die Ver=
nichtung des alten Metternich'schen Systems ist. Die Einen
rathen den Juden: es sei das Panier der Feigheit unser
theures Vaterland zu verlassen und nach Amerika auszuwan=
dern und diese Rathgeber bekunden dadurch, daß sie selbst als

frembe Pflanzen in unserem Vaterlande, als ohne Liebe zu Deutschland und ohne Ahnung von der großen Zukunft unseres deutschen Vaterlandes, die Freiheit durch die Emancipation nicht verdienen. Das heißgeliebte Vaterland, selbst da, wo es uns kränkt, verstößt und vertauscht man nicht, wie einen Rock; der Vaterlandsliebe giebt man keinen Scheidebrief, wie einer entarteten Frau, denn diese Liebe, diese glühende Hingebung, dieses Hängen an den heimatlichen Penaten, ist wie das Gewissen, wie die religiöse Gluth unvertilgbar, das Band, das uns an das Vaterland knüpft ist wie die katholische Ehe unauflösbar. Fraget die Geächteten, welche, von der Gewalt unserer alten deutschen Tyrannen gehetzt, jenseits des Oceans eine Zuflucht suchen mußten, fraget sie, wie sie auf den Echoruf von Deutschland's Wiedergeburt gelauscht und wie sie bei diesem Rufe der heißgeliebten deutschen Heimath zugeeilt. Die jüdischen Rathgeber, welche den Juden die feige Auswanderung nach Amerika anempfohlen, die Komite's, welche diese Feigheit und diesen Vaterlandsverrath organisiren, sind Verräther an Juden und Judenthum. Unter der eisernen Wucht des frühern Systems haben Juden und Christen unseres schönen Vaterlandes gemeinschaftlich gelitten; die große Gottesgeißel Metternich's schlug den Nacken aller Oesterreicher ohne Unterschied des Bekenntnisses, und Ihr Führer belügt Euere Brüder, wenn ihr ihnen vorspiegelt, daß nur die Juden gelitten. Die Wiedergeburt Oesterreich's als ein Theil des großen Deutschland's war für alle seine Söhne, ohne Unterschied des Glaubens und der Märzhelden sich nicht nach Konfessionen gesondert, wie das große gemeinschaftliche Grab allen Unterschied aufgehoben, ebenso ist die Freiheit, welche aus jenem Kampfe erblüht für alle. Die Freiheit unserer Presse, das Associationsrecht und die hundertfachen Errungenschaften des großen Völkerfrühlings sind nicht blos für Christen da, und es ist ein Hochverrath, wenn Ihr im Angesichte so heiliger Ereignisse Judenklagen abwimmert. Im höchsten Rathe des großen deutschen Volkes, in der National-Versammlung zu Frankfurt, sitzen unsere Brüder im Glauben, eine neue Verfassung für Deutschland mitkonstituirend; in unserer besondern konstituirenden National-Versammlung werden unsere Brüder sitzen; im Rathe und unter den Anführern der akademischen Legion, in unserer hochherzigen Bürgergarde sind unsere Brüder mit der christlichen durch das schöne Band der Bürgertugenden umschlungen, und Ihr ewige Juden und Erzseparatisten wollt noch besondere Judenklagen? Der Andere sucht mit einer gewissen idiosynkratischen Vorliebe die judenfeindlichen Stimmungen, die theils noch der religiöse Fanatismus, theils der Eigennutz gebären mag, hervorzulocken, ohne zu bedenken, daß in der Judenfrage, d. h. in der Frage, ob die Juden als Söhne desselben Vaterlandes gleichberechtigt sein sollen, auf jene judenfeindlichen Stimmungen es gar nicht ankommt, mögen sie aus dem Fanatismus oder aus dem Eigennutz geboren werden. In Frankreich, wo die Juden seit länger als einem halben Jahrhundert die Gleichstellung errungen, sind die judenfeindlichen Stimmungen nicht ausgestorben, in Südfrankreich hält sie der Fanatismus, im französischen Norden der Eigennutz wach, und nur die allmächtige Zeit und der Riesengang der Civilisation kann sie zu bloßen Schatten herabdrücken. Und jetzt bei uns in Oesterreich, wo in das ganze große Reich die Freiheit einzieht, sich allen ohne Unterschied des Bekenntnisses anbietend, ist es wahrlich nicht an der Zeit, die Reibungen der Judenfeindlichkeit, die wurzeln und einflußlos sind, zu schematisiren und dagegen zu polemisiren. Unser trefflicher Novellist L. Kompert, der in seinen ausgezeichneten Bildern aus dem Ghetto das hinschwindende Ghetto-Leben mit meisterhaftem Griffel gezeichnet und ein zweiter Berthold Auerbach geworden, unser sonstiger Vorkämpfer der Juden Joseph Wertheimer, der durch sein ausgezeichnetes Werk „die Juden in Oesterreich" die tiefe Kunde unserer Vergangenheit bewährt, sollten nun auch die Gegenwart begreifen und dahin arbeiten, das Ghetto wie eine besondere Knechtungsgeschichte auf immer in das Reich der Vergangenheit zu bannen; sie sollten lieber die noch für unsere Brüder erstrittene Errungenschaft ausbauen und praktisch auf Wegschaffung der aus früherer Zeit noch restirenden Ausnahmsgesetze hinarbeiten, was aber wahrlich nicht durch Auswanderungs-Predigten und durch Klagen über Stimmungen geschehen darf.

Wien, 23. Juni. Es dürfte den Lesern dieses Blattes, die den jüngsten Ereignissen in der Moldaustadt mit Spannung folgten, nicht uninteressant sein, deren Rückwirkungen auf die Landstädte, namentlich auf Collin, zu erfahren. Am 14. Mittags langte am Colliner Stationsplatze der Prager Morgenzug, und mit ihm viele Mitglieder der Swernost an, welche erzählten, daß Prag bombardirt werde, und das aufgeregte Volk haranguirten, den Landsturm sogleich zu organisiren und ihren czechischen Brüdern zu Hilfe zu eilen; sie fanden jedoch wenig Anklang. Mittwoch Mittags kamen eine Menge Flüchtlinge, Deutsche und Juden, hier an, und abermals viele Emissäre und Aufwiegler, welche auf dem Marktplatze verkündeten, daß die Prager Juden es mit dem Militair hielten, und dasselbe mit Munition und Lebensmitteln aller Art versehen, der da stationirte Polizei-Kommissär Bakowsky trug das Seinige bei, den Pöbel aufzureizen, vertheilte unter den vornehmsten Schreier Geld, und veranlaßte so, daß einige Verkaufsbuden auf dem Platze niedergerissen und geplündert wurden, jedoch durch das energische Einschreiten des wackeren Schützenhauptmannes Knirsch, und durch das dem Pöbel gemachte Versprechen, daß die Prager Juden mit dem nächsten Zuge Collin verlassen werden, was auch größtentheils geschah, ward der Plünderungswuth Einhalt gethan. Der nächste Morgentrain brachte wieder eine Menge Czechen, mit der Nachricht, daß Prag an allen Seiten in Flammen stehe, und zugleich den da garnisonirenden Bataillon Khevenhüller Marschordre nach Prag; kaum hatte das Militair die

Stadt verlassen, als der Terrorismus begann. Die Magistratsräthe Hlawka und Golez forderten den auf eigene Kosten bewaffneten Juden der Nationalgarde die Waffen ab, und als sie Widerstand fanden, riefen sie den fanatisirten Pöbel, der kurze Zeit zuvor bei Gelegenheit einer vom Stadtpfarrer im Geiste des wahren Christenthums gehaltenen, das Ausschließungssystem verpönenden, trefflichen Predigt, eine nicht unbeträchtliche Summe zur Uniformirung und Armirung unbemittelter Garden von den Juden annahm, zu Hilfe. Schon hatte es den Anschein, als sollten in Collin die Preßburger Scenen aufgeführt werden, man fügte sich und lieferte sämmtliche Waffen ab, nun verlangte man aber, daß alle waffenfähige jüdische Mannschaft mit nach Prag ziehen müsse, die Art der Bewaffnung überlasse man ihrem freien Willen. Es wurde Generalmarsch geschlagen, die Nationalgarde rückte aus, und die Juden ohne Waffen und trostlos, eine ihnen fremde Sache vertheidigen zu müssen, entschlossen sich, nachdem genannte Magistratsräthe öffentlich erklärten, daß sie im Weigerungsfalle nur Plünderung und Mord gewärtigen, und es sich übrigens zur Ehre rechnen sollten, mit nach Prag ziehen zu dürfen, dreißig junge mitziehen zu lassen. Diese gingen Abends mit 80 anderen Freischärlern, nachdem ihnen der Pfarrer öffentlich den Segen ertheilen, und ihre Revolutionsfahne weihen mußte, unter wüthendem Geschrei und Trommelschlag nach Prag ab. Freitag früh begann der Sturm von Neuem, indem die zurückgebliebenen Emissäre die Zahl der abgezogenen Freischärler als zu gering angaben. Daher gingen Mittags wieder ungefähr 30 Schützen und mehrere Juden ab, und die Zurückgebliebenen befanden sich in unausgesetzter Furcht vor Plünderung, bis man Samstag Mittags von Prag die Nachricht brachte, daß die Militärgewalt gesiegt habe. Dies stillte einigermaßen die Aufregung, und brachte auch den geängstigten Juden einige Ruhe. Es wäre um der Ruhe und Sicherheit so vieler tausend gefährdeter, treuer Unterthanen willen, dringend nothwendig, daß vom Ministerium des Innern auch in den genannten Landstädten strenge Untersuchungen gegen die Magistratsbeamten, welche überall an der Spitze waren, angeordnet würden. Es würde dadurch der Schleier, der noch über die ganze Verschwörung schwebt, bedeutend gelichtet. (A. Oesterr. Z.)

Bisenz, 20. Juni. In Brünn hat sich ein Verein zur Verbreitung politischer Bildung gebildet, dessen erstes Lebenszeichen die Veröffentlichung einer Anzahl von Personen ist, welche er mittelst der Brünner ständ. Zeitung als Deputirte zum Reichstage in Vorschlag gebracht. — Unter diesen findet sich auch der Name des Bisenzer Oberamtmannes Demscher, welcher bei den Bureaukraten der ganzen Umgegend, das Kreisamt nicht ausgenommen, in hoher Ehren steht. Muß ihm auf der einen Seite die strengste Unbestechlichkeit nachgerühmt

werden, so benimmt er sich auf der andern als ein bureaukratischer Despot, der seine Amtsgewalt auf die rücksichtsloseste Weise handhabt. Mit den glorreichen Freiheitskämpfern der Wiener ist er, wie die meisten dieser Herren, durchaus nicht zufrieden, und auf die ruhmreichen Freiheitshelden Bezug habende Aeußerungen, wie „Studentengesindel“ — „man sollte jeden dieser Lumpen mit Fünfundzwanzig betheilen,“ werden zur Genüge darthun, wie außerordentlich schlecht dem Volke und der guten Sache durch einen solchen Rückschrittsmann gedient wäre.

Der Verein sollte sich die Wichtigkeit des Wahlaktes etwas besser vor Augen halten, oder mit seinen Vorschlägen zu Hause bleiben.

Auch bei uns gingen bei den Wahlen der Wahlmänner enorme Ungesetzlichkeiten vor. Ein geborner Bisenzer wurde vom Amtmann als Wähler für unfähig erklärt, weil er noch nicht völlig 6 Monate in seinem Geburtsorte seßhaft war. Ein anderer wurde vom Amtsvorstande aus der Versammlung gewiesen, weil er Czeche ist. Den Juden wurde der zur Wahl anberaumte Tag gar nicht bekannt gegeben und nur einigen vom Gemeindediener mündlich ins Gemeindehaus beordert.

Man ist hier ziemlich allgemein für direkte Wahlen.

(A. Oesterr. Z.)

Der kirchliche Verein für alle Religionsbekenntnisse in Leipzig.

V.

Leipzig, im Juni. — Ueber die vom „kirchlichen Verein für alle Religionsbekenntnisse“ beabsichtigte religiöse Feier zur Eröffnung der deutschen Reichsversammlung zu Frankfurt erstattete der Unterzeichnete in der Versammlung am 29. Mai folgenden Bericht:

„Es wird Ihnen bereits aus den öffentlichen Blättern bekannt sein, welchen Erfolg der in unserer letzten Versammlung vom 13. Mai gestellte Antrag auf eine religiöse Feier zur Eröffnung des deutschen Reichstags in Frankfurt gehabt hat. Da der Widerspruch gegen diesen Antrag sich bis zu Verdächtigungen verstiegen hat, welche nicht blos der Idee des Vereins zu nahe treten, sondern auch mittelbar der ganzen Versammlung, welche den Antrag ohne Diskussion annahm, Unrecht thun: so ist es der einstweilige Ausschuß ebensowohl der Versammlung als der Sache schuldig, mit den nöthigen Mittheilungen eine kurze Verständigung und Rechtfertigung zu verbinden. Dieser Pflicht glaube ich mich um so mehr unterziehen zu müssen, da ich bei

den diesfalls gepflogenen Verhandlungen mit den kirch=
lichen Behörden persönlich nicht betheiligt bin.

Der Antrag war, in Folge einer bekannten Auf=
forderung von Frankfurt, von einem Mitgliede dahin
gestellt worden: „von Seiten des Vereins eine reli=
giöse Feierlichkeit zu veranstalten, in welcher Gott
um Segen für das Gedeihen der Einheit und Ei=
nigkeit Deutschlands gebeten werden solle". Indem
die Versammlung den Antrag zu den ihrigen machte
und den einstweiligen Ausschusse überwies, konnte da=
mit noch keineswegs eine Nöthigung, ihn zur Ausfüh=
rung zu bringen, ausgesprochen sein. Der Ausschuß
hatte zunächst zu erörtern, theils ob eine solche Feier
innerhalb der dem Vereine gestellten Aufgabe überhaupt
zulässig sei, theils ob sie sich auf eine fruchtbare Weise
verwirklichen lasse?

Da der „kirchliche Verein für alle Religionsbekennt=
nisse" kein ascetischer Verein ist und nicht sogenannte
Erbauung, sondern Belehrung zur Aufgabe hat, so
konnte für ihn eine „religiöse Feier" allerdings nur eine
Ausnahme sein. Allein der Gegenstand selber ist
eine so einzige und großartige Ausnahme, daß eine aus=
nahmsweise Feier desselben gerechtfertigt erscheint.
Der Gegenstand ist aber auch so wenig blos politischer
Natur, sondern hat seinen tiefsten Berechtigungsgrund
gerade auf religiösem, und zwar nicht auf christlich=reli=
giösem, sondern auf allgemein=religiösem Grund
und Boden, daß eine religiöse Feier und zwar gerade
von Seiten eines Vereines „für alle Religionsbekennt=
nisse" vollkommen an ihrer Stelle war. Sind in
Frankfurt die deutschen Stämme nicht blos durch Chri=
sten aller Konfessionen, sondern auch durch Israeli=
ten rechtmäßig und rechtskräftig vertreten, so bleibt eine
solche Mischvertretung eine heillose Ausgeburt des
heillosen Zeitgeistes, wenn ihr nicht eine geistige, also
zuletzt eine sittlich=religiöse Berechtigung zum Grunde
liegt. Wo aber Israeliten mit im Rathe der Völker
sitzen, da kann natürlich der religiöse Berechtigungsgrund
ebensowenig ein allgemein=christlicher als ein christlich=
konfessioneller sein.

Was aber an der Idee sich empfiehlt, ist vielleicht
um so weniger praktisch. Der Ausschuß mußte sich die
Frage vorlegen: Kann dem Antrage in einer Weise ent=
sprochen werden, daß die beabsichtigte „religiöse Feier"
wirklich religiös und fruchtbar wird?

Der Antrag lautete auf ein Bittgebet um Segen
für das deutsche Verfassungswerk. Ein Bittgebet an sich,
gleichsam nur auf Gott berechnet, kann natürlich der
Verein von seinem Standpunkte aus nicht bevorworten.
Sollte also die gewünschte Gebetfeier Erfolg haben, so
mußte etwas ganz anderes geleistet werden, als die üb=
lichen, gewöhnlichen und außergewöhnlichen Kirchengebete
leisten, so mußte die Feier gehoben und getragen werden
durch Rede und Gesang. Hätte man nun die ein=

zelnen Religionsbekenntnisse mehr oder weniger voll=
ständig auftreten lassen wollen, so wäre das in Wahrheit
nur eine sehr äußerliche und mechanische Schaustellung
gewesen, und der Ausschuß hat gewiß im Sinne des
Vereins gehandelt, weil er die Feier möglichst einfach
zu halten suchte. Es sollte die Festrede von einem christ=
lichen, das Gebet von einem israelitischen Prediger ge=
halten, dazwischen Psalm 133 als Mette vorgetragen,
zur Eröffnung und zum Schlusse aber Psalm 46 und
67 nach der Zille'schen, nach bekannten Singweisen ge=
fertigten Uebersetzung, und zwar im Auszuge, gesungen
werden.

Daß man für eine „religiöse" Feier nur eine
Kirche für zulässig hält, rechtfertigt sich von selbst.
Hat man in der jüngsten alten Zeit weltliche Räume
zum Behuf der religiösen Erbauung, z. B. der Deutsch=
Katholiken, einrichten müssen: so wäre es eben ein Un=
recht gegen die neue Zeit gewesen, weil man auch jetzt
zu einer solchen Aushülfe seine Zuflucht zu nehmen ge=
glaubt hätte. Dagegen hat der Ausschuß natürlich nicht
daran gedacht, einen Laien oder einen Israeliten auf
eine christliche Kanzel oder an einen christlichen Altar zu
stellen. Man hat bei den nähern Verhandlungen aus=
drücklich auf Benutzung von Kanzel und Altar verzichtet
und nur die Mitwirkung der Orgel gewünscht.

Wenn Sie aus dem Bisherigen schon abnehmen
können, daß der Ausschuß nichts Verwerfliches oder Un=
reifes an die hohen Behörden gebracht hat: so habe ich
Ihnen nun noch über diese von demselben eingeleiteten
Verhandlungen nähere Mittheilungen zu machen.

Da der Wunsch nahe lag, die Feier am Tage der
Eröffnung des Parlaments selbst zu begehen, so that der
Ausschuß unverzüglich die nöthigen Schritte, um sich zu=
nächst die nöthigen Räume zu sichern. Er suchte bei der
Kircheninspektion um Gewährung der Nikolaikirche zum
18. Mai nach. Da das Gesuch von Seiten des Stadt=
raths genehmigt, von Seiten des Ephorus aber abge=
schlagen wurde, so wäre nun die Entscheidung der Kön.
Kreisdirektion einzuholen gewesen. Da nun aber nicht
zu erwarten stand, daß die letztere ohne vorgängigen Be=
richt an das Königl. Ministerium erfolgen werde: so
sah sich der Ausschuß veranlaßt, nicht blos von dem ge=
wählten Tage, sondern auch von der gewünschten Kirche,
also überhaupt von der weitern Fortstellung des Gesuchs
abzusehen. Er beschloß, die Feier auf Sonntag den
21. Mai Nachmittags zu vertagen und für dieselbe die
Erlangung der Universitätskirche zu versuchen. Nicht
blos vermöge ihres Verhältnisses zur Universität und
zum hohen Ministerium mußte gerade diese Kirche um
so geeigneter erscheinen; es lagen hier auch schon Bei=
spiele von Gewährungen vor, auf welche sich der kirch=
liche Verein mit vollem Rechte beziehen konnte. Außer=
dem, daß man die Universitätskirche wiederholt und regel=
mäßig zu Konzerten benutzt hatte, hatte man es auch für

keine Entweihung ihrer Räume gehalten, als man die Todesfeier Mendelssohn=Bartholdy's in ihr gestattete, und sogar den Sarg des großen, einer andern Konfession angehörenden Meisters in ihr aufstellte. War das un= läugbar nur ein Menschendienst, nicht mehr und nicht weniger als ein Kultus des Genius, dem sich auch Geistliche angeschlossen haben: so würde man wohl, (man erlaube den Ausdruck des Gegensatzes wegen!) einen Gottesdienst gestattet haben, der freilich nur an den allgemeinen Gott und Vater gerichtet werden konnte, zu welchem nicht im Namen einer Konfession, sondern im Namen des gesammten deutschen **Volks Herz und Hände** sich erheben sollten.

Dieser Beschluß ist nicht zur Ausführung gekommen. Am 17. Mai früh ging nämlich dem Ausschusse ganz unerwartet ein von Königl. Ministerium durch die Kreisdirektion an die Kircheninspektion gerichteter Bescheid zu, veranlaßt durch einen „unmittelbaren" Be= richt des Herrn Ephorus an die höchste Behörde. War nun dieser Zwischenfall auch ganz außer der Ordnung, so war es doch der Ausschuß nicht blos dem Vereine, sondern auch dem hohen Ministerium schuldig, auf jenen Bescheid näher einzugehen. Es wurde das um so mehr Pflicht, als der zum Grunde liegende Bericht nur von einem „sogenannten kirchlichen Verein" sprach und sich jedenfalls auf den Standpunkt des Vereins zu versetzen unterlassen hatte, während von der andern Seite das hohe Ministerium eine dankbar anzuerkennende Bereit= willigkeit an den Tag legte. Man müsse, lautete der Bescheid, „auf den Eingangs gedachten Bericht des Superintendent Dr. Großmann für angemessen er= achten, daß jener für den 18. d. M. beabsichtigten kirch= licher Feier in der Nikolaikirche Anstand gegeben werde" (weil inzwischen beschlossen worden, eine solche kirchliche Feier bei sämmtlichen Religionsbekenntnissen öffent= lich anzuordnen). „Sollte jedoch der kirchliche Verein auf seinem Wunsche beharren, so hat das Königl. Mi= nisterium dagegen, vorausgesetzt, daß die Vertreter der Gemeinde dazu ihre Einwilligung geben, nichts einzuwenden, will auch unter derselben Voraussetzung nichts entgegen sein, daß an dieser Feier der deutsch= katholische und israelitische Prediger unter gänz= licher Enthaltung von der Vornahme litur= gischer Handlungen, Theil nehmen."

Der Ausschuß stellte vor, daß der Ausdruck: „kirchlich zu feiern" nur eine Feier in einer Kirche, d. h. in den Räumen eines Kirchengebäudes, habe besagen sollen. Als „Kirche" oder im Namen der „Kirche" oder „einer Kirche" kann natürlich ein Verein eine Feier nicht begehen, der keine Kirche sein kann und will, sondern nur die Verhältnisse aller Kir= chen (im weitesten Sinne) zum Gegenstande seiner Er=

örterungen macht. Eine besondere religiöse Feier werde aber durch die in Aussicht gestellten konfessionellen Partikularfeiern nichts weniger als überflüssig oder un= angemessen. Der Verein wolle thatsächlich darlegen, „daß wie die verschiedenen Volksstämme Deutschlands gemeinschaftlich das Wohl des gemeinsamen Vaterlandes zu berathen im Begriffe stehen, auch die verschiedenen Konfessionen in Deutschland die Eröffnung dieser Be= rathung in einer gemeinsamen religiösen Feier begehen können. Eine solche Feier würde, namentlich wegen der Messe, ganz gewiß in hohem Grade eine allgemeine, von den verschiedensten Religionsbekenntnissen besuchte gewesen sein; ob dabei Geistliche vor allen Bekenntnissen zugegen waren, oder nicht, war natürlich gleichgültig. Daß ein israelitischer Prediger ein Gebet spreche, könne der Ausschuß nicht als eine „litur= gische Handlung" betrachten. Ein Gebet im Namen einer Kirche ablesen oder freisprechen, mag eine „litur= gische Handlung" sein; aber niemandem ist noch eingefallen, z. B. die Gebete, mit welchen die Gustav= Adolphs=Versammlungen nicht selten eröffnet werden, „liturgische Handlungen" zu nennen, sie müßten es denn dadurch werden, daß die Versammlungen in einer Kirche stattfinden.

Auf diese Vorstellung ging am 21. Mai folgende Ministerialbescheidung durch die Königl. Kreisdirektion ein: „Daß auf das gedachte Gesuch einzugehen, An= stand genommen worden sei, da die in der Verordnung vom 16. d. M. für erforderlich angesehene Einwilli= gung der Vertreter der Gemeinde nicht beige= bracht worden ist, und hiervon abzusehen um so mehr Bedenken getragen werden müsse, als die Königl. Kreis= direktion nach vielfältig bisher kund gewordenen Urthei= len sich überzeugt hält, daß nicht wenige Mitglieder der hiesigen Kirchengemeinde sich durch jene in ihrer Paro= chialkirche beabsichtigte Feier verletzt fühlen würden, ein Bedenken, welches dadurch, daß die Feier nur eine religiöse sein solle, nicht beseitigt werden würde." In Folge der inzwischen getroffenen Anordnungen scheine es der beabsichtigten Feier auch „nicht zu bedürfen, und glaube das Königl. Ministerium, daß der Verein auf diesfallsige Verständigung hiervon nun= mehr absehen werde." „Für den Fall jedoch, daß der Verein auf seinem Antrage beharren solle, ist von der Kircheninspektion anderweit an die Königl. Kreis= direktion Bericht zu erstatten, über den derselben im Sinne der Ministerialverordnung vom 16. d. M. und unter den dabei bemerkten Voraus= setzungen Entschließung gefaßt und Verfügung ge= troffen werden könne."

(Beschluß folgt.)

Verlag von C. L. Fritzsche.   Druck von J. H. Nagel.

Der Orient.

Berichte, Studien und Kritiken

Neunter — für — **Jahrgang.**

jüdische Geschichte und Literatur.

Herausgegeben

von

Dr. Julius Fürst.

Das Abonnement auf ein Jahr ist 5 Thlr. Man abonnirt bei allen löbl. Postämtern und allen solid. Buchhandlungen auf ein Jahr.

Von dieser Zeitschrift erscheinen wöchentlich das Literaturblatt mitgerechnet, zwei Bogen, und zwar an jedem Dienstag regelmäßig.

№ 29.   Leipzig, den 15. Juli   **1848.**

Die Juden in Oesterreich.

XVI.

Während wir diese Zeilen niederschreiben ist die konstituirende Reichsversammlung in Wien wahrscheinlich bereits eröffnet. Noch sind uns die Elemente unbekannt, aus denen er zusammengesetzt ist. So viel ist aber gewiß, daß viele Bauern unter den Gesetzgebern sitzen werden. Auch die Juden werden ein kleines Kontingent stellen. Die Gleichstellung der Juden wird natürlich auch einen Gegenstand der Berathung bilden. In welchen Reihen haben wir die Gegner der Juden zu suchen? In den höhern Regionen der Regierung durchaus nicht. Sie sieht, welches schaffende und zerstörende Element die Juden jetzt bilden, wie sie oft das Schiff im Sturm der Bewegung leiten; auch sind aus allen bekannten Schritten derselben die sichersten Indicien zu schöpfen, daß sie den goldenen Spruch der Neuzeit: „Alle Bürger sind gleich vor und in dem Gesetze" zu ihrer Loosung wählen werde. Der Minister Pillersdorf war noch unter den menschenfeindlichen Regimente Metternichs ein warmer Vertheidiger der Juden, was uns von zuverlässigen Männern mitgetheilt wurde. Werden die Bauern ihr bäuerliches Veto einlegen? Auch dieses können wir nicht bejahen. Der Bauer in Böhmen, Mähren und Galizien lebt in der Regel in Eintracht und Frieden mit dem Juden; er kennt weder die vergilbten Bücher, aus denen Ghillany und Konsorten die Waffen holen, um dem Rechte ins Gesicht zu schlagen, noch besitzt er die Dialektik eines Bruno Baier, um zu beweisen, daß der Christ auch noch nicht emancipirt ist. Bleibt der Bauer seinem natürlichen Gefühle überlassen, so wird er als Naturmensch für die Gleichheit stimmen. Allein die Bauern werden wahrscheinlich die Garde verschiedener Parteichefs bilden. Diese werden den Gelehrten, den Bürgern und dem Adel hervorgehen. Die Gelehrten sind die hartnäckigsten Gegner, weil sich ein verjährtes Vorurtheil bei ihnen eingenistet hat. Der Abgott des Spießbürgers ist sein Privilegium, sein Vortheil. Der Adel ist der älteste Ahnherr von Vorrechten. Die Möglichkeit, daß sich aus diesen drei Klassen der Gesellschaft eine Coalition gegen die Juden bilde, ist vorhanden. Aber nur die Möglichkeit. Siegt das demokratische Prinzip — was nach dem 15. Mai bereits eine historische Thatsache zu sein scheint — so ist die Gleichstellung der Juden gesichert. Trägt das abstrakt konstitutionelle den Preis davon, so wird der Bürger und Gelehrte, dem Adel gegenüber, für die Juden stimmen müssen, damit die Opposition gegen den Adel an Zuwachs gewinne. Jedenfalls wird die Zukunft der österreichischen Juden eine erfreuliche. Der Himmel ihrer Geschichte wird heiter und die Sonne der Freiheit wird auch denen leuchten, die bisher im Finstern wandelten.

XVII.

Sind die Juden auf das neue politische und staats= bürgerliche Leben vorbereitet? Nein, weil es bis jetzt unmöglich war, sie mit dem Katechismus der politischen Freiheit vertraut zu machen. - Wir meinen hier nicht die gebildeten Juden, die, wie es sich herausgestellt hat, ihren christlichen Brüdern vorangehen, sondern die untern Schichten des Volkes. Die Freiheit ist zwar mit dem Bewußtsein eines Jeglichen innig verbunden; das Gefühl für dieselbe bringt der Mensch zur Welt mit; allein wie sie gehandhabt, gewahrt, geschützt, gestärkt werde, wie sie die Bedingung eines höhern Geisteslebens ist, liegt nicht Jedermann so nahe. Politische Bildung, politische Aufklärung konnte bis jetzt keinen Boden fin= den, wo blos der Acker des Druckes bestellt wurde. Diesem Mangel muß abgeholfen werden. In jeder Gemeinde Oesterreichs müssen Versammlungen stattfinden, wo die ungebildete Volksklasse über das Wesen ihrer Ansprüche und ihrer Rechte aufgeklärt, ihr Bewußtsein geläutert, ihre Begriffe erweitert und der Sinn für die hohen Güter der Freiheit geweckt werden. Und hierin können die jüngern Rabbiner segensreich und fördernd wirken. Statt des „Drach Chajan" zeige man dem Volke den wahren Weg zum Leben. Die jüngern Rab= biner mögen das junge Kind der Freiheit im Schooße ihrer Gemeinden hegen und pflegen, damit es Allen zum Segen gedeihe. Solche Gemeindeversammlungen wer= den tüchtige Vorschulen zum Eintritt in's staatsbürger= liche Leben aber bilden. In den Jugendschulen muß aber jetzt schon auf diesen wichtigen Lebenspunkt Rücksicht genommen werden. Der Knechtssinn werde entfernt, und die Freiheit befestige sich in der Brust der Jugend. Der Vollgenuß der Freiheit darf der Jugend nicht verkümmert werden.

Ad. Jellinek.

Deutschland.

Leipzig, 4. Juli. Die Rabbiner Marchand En= nery und Isidor in Paris haben dem Erzbischof vor seinem Hinscheiden einen Besuch abgestattet. So leben die höchsten geistlichen Würdenträger in Paris einig und friedlich zusammen. — Der protestantische Super= intendent Großmann, dessen Steckenpferd die Verun= glimpfung der Katholiken ist, wird schon bei dem Ge= danken an eine Verbrüderung mit Juden zurückschrecken. — Der Vicepräsident der Berliner National=Versamm= lung ist Dr. Kosch, der, wenn wir nicht irren, ein Jude ist. Prediger Mannheimer in Wien ist in den österreichischen Reichstag gewählt worden. — Wäh= rend des Prager Aufstandes haben sich viele christliche Arbeiter vor den Eingängen zur Judenstadt postirt, und

zwar zum Schutze der Juden. Sie sagten, den Juden, durch welche sie ihren Lebensunterhalt verdienten, dürfe nichts zu Leide gethan werden. — Goudcheaux ist unter dem Ministerium Cavaignac zum Minister der Finanzen ernannt worden. Seine finanzielle Einsicht wird von den französischen Journalen sehr gerühmt.

Frankfurt a. M., 3. Juli. Die Erlösungs= Stunde der Israeliten Deutschlands eilt, der Freiheits= ruf rückt immer näher und näher, die Fessel lösen sich und der verjährte Zauber der Knechtschaft weicht. Man muß in die alten Blätter der Geschichte geblickt und die blutigen Buchstaben derselben gelesen haben, um die Freudenschauer zu begreifen, die uns bei dem heute in der constituirenden Nationalversammlung vorgelegten Entwurf über die Grundrechte des deutschen Volkes durchzuckten. Welch eine riesige Todsünde der Geschichte wird hier gebüßt, welch ein Riesenkerker ge= öffnet! Das deutsche Volk giebt sich selbst seine Grund= rechte, seine Vertreter verkünden die Grundrechte des deutschen Volks, und diese Rechte, die so edel und erha= ben, so hochherzig und freisinnig, die den Deutschen zum freiesten, würdigsten Ebenbilde Gottes machen, in denen ein heiliger Geist der Erleuchtung wohnt; diese großartigen Grundrechte für alle Volksstämme Deutsch= lands, welche keine Verfassung oder Gesetzgebung eines deutschen Einzelstaats je aufheben oder beschränken kann, diese Rechte sind auch für dich Israel in Deutschlands Mitte! Jeder Deutsche hat das allgemeine deutsche Staatsbürgerrecht, dieses Recht kann er in jedem deut= schen Lande ausüben, er kann wohnen, wo er will, kann Grundeigenthum erwerben, Kunst und Gewerbe treiben wo er will und bei öffentlichen Aemtern und der Wehrpflicht und der Religionsfreiheit sind Alle gleich. In §. 13 des 3. Artikels heißt es: durch das reli= giöse Bekenntniß wird der Genuß der bür= gerlichen und staatsbürgerlichen Rechte we= der bedingt noch beschränkt. Kurz der Jude Deutschlands ist vollständig emancipirt, die gemischten Ehen sind gestattet. Erhebend ist der Schlußparagraph der Grundrechte: Jeder deutsche Staatsbürger in der Fremde steht unter dem Schutze der deutschen Nation. Ihr edlen Kämpfer und Sprecher für die Freiheit Is= raels, die Ihr in den Journalen und in eigenen Schrif= ten unsere heiligen Rechte verfochten, Ihr habt jetzt eine andere Mission, die Mission nämlich, für die nun aus= gesprochenen Rechte zu wachen, daß sie eine Wahrheit werden, daß nicht hie und da ein Einzelstaat, oder eine einzelne Stadt diese heiligen Rechte verkümmere. Jedem Juden steht nun das Recht zu, über Vorenthaltung oder Verkümmerung der Rechte Klage zu führen bei der Reichs=Versammlung, wenn seine Beschwerden daheim nichts helfen. Sei muthig und entschlossen Israel! Kämpfe für Deutschlands Wohl, für Deutschland's Größe und Ruhm, weihe deine Kraft, die dir Gott gegeben, dem Vaterlande, das dich nun aufgenommen! Seit deiner traurigen Wanderung nach Deutschland mit den römischen Legionen, seit 18 Jahrhunderten hat dir eine so schöne Stunde nicht geschlagen!

Breslau, 25. Juni. Wenn auch jetzt die tobenden Fluthen der Weltbegebenheiten die Besprechung des religiösen Lebens übertäuschen, wenn auch das Niederstürzen aller Dämme und Riegel, das Zusammensinken aller durch den scharfen Zahn der Zeit morsch gewordenen Scheidewände sowohl auf dem weltlichen Gebiete des Lebens als auch auf dem geistigen des Denkens und des religiösen Bekenntnisses, alles Besondere und Eigenthümliche vor dem großen Ganzen immer mehr in den Hintergrund tritt; so wird doch jeder Vernünftige, Besonnene, der es einsieht, daß das Ganze immer aus von einander verschiedenen Theilen besteht, daß die Menschheit immer aus verschiedenen Völkern von scheidender Denkungsart, und eigenthümlich aus ausgebildeten Sitten- und Religionsbekenntnissen zusammengesetzt ist, von Zeit zu Zeit auch jedes Einzelne in seiner eigenthümlichen Aeußerung im Leben aufmerksam betrachten, um im Einzelnen das Ganze und im Ganzen das Einzelne zu erkennen. Von diesem Standpunkte aus betrachtet, werden es wohl Ihre Leser nicht übel nehmen; wenn ich ihnen hier etwas Einzelnes über das religiöse Leben der hiesigen jüdischen Gemeinde berichte.

Daß die beiden Parteien sich noch immer nicht geeinigt haben, das werden Sie wissen, daß aber noch eine dritte Partei in der letzten Zeit hervorgetaucht ist, welche an Zahl den beiden ersten weit überlegen ist, verdient wohl erwähnt zu werden. Es sind nämlich solche, die sich weder um den Tiktin, noch um Talmud noch um Bibel kümmern. Und da die meisten Juden als Wehrmänner gerade am Sonnabend Morgen tüchtig exerciren, so ist es natürlich, daß auch der schöne Chor des Herrn Deutsch nur tauben Wänden singt, als auch, daß Dr. Geiger nur leeren Stellen predigt. Deshalb ist auch der Chorgesang sogar während des Wochenfestes, längere Zeit ausgeblieben; aber auf Verwendung des Dr. Geiger wieder eingeführt. Einen Beweis der Achtung und Tüchtigkeit der hiesigen jüdischen Bevölkerung liefert die unlängst hier stattgefundene Wahl von 15 Mitgliedern unter den Kaufleuten erster Klasse zur Handelskammer. Es wurden nämlich 8 jüdische und 7 christliche Kaufleute zu diesen wichtigen Stellen gewählt. Es haben zwei von den Gewählten von selbst zu Gunsten der christlichen Bevölkerung, daß sie nach Verhältniß ihres numerischen Uebergewichts auch, in der Handelskammer angemessen aus ihrer Mitte vertreten sein, auf ihre Wahl verzichtet, was als Zeil bescheiden aufgenommen wurde. Was ich Ihnen jedoch hauptsächlich berichten will, ist, daß der rühmlich bekannte Dr. Moriz Löwenthal, welcher in Stockholm, Berlin, Dessau, Posen, Lissa sich als tüch-

tiger Kanzelredner ausgezeichnet hat, auch hier in der großen Synagoge mit großem Beifall gepredigt hat. Derselbe hat schon früher in der Gesellschaft der Freunde einen höchst gediegenen populären Vortrag über „den praktischen Einfluß der philosophischen Bücher der Bibel" gehalten. Vergangenen Sabbat sprach er über „die donnernden Stimmen der Gegenwart". Wenn auch der Redner unwohl war und nicht seiner Gewohnheit nach von der Kanzel donnern konnte; so hat doch der Inhalt seiner Predigt allgemein gefallen. Er sprach zuerst im Allgemeinen über den heilsamen Einfluß der stürmischen Bewegung, dann insbesondere auf das religiöse Bewußtsein. Da gewiß beide Vorträge auf Verlangen im Drucke erscheinen werden, so enthalte ich mich Ihnen hier einzelne Bruchstücke zu liefern. **X.**

Leipzig, 1. Juli. In der gestrigen Sitzung des kirchlichen Vereins für alle Religionsbekenntnisse erfolgte zunächst die Mittheilung, daß der definitive Ausschuß und Vorstand des Vereins gewählt sei und aus folgenden Männern bestehe: Dr. Zille, erster Vorsitzender; Prof. Dr. Theile, zweiter Vorsitzender; Advokat Simon, erster Schriftführer; Dr. Zestermann, zweiter Schriftführer; Prof. Schletter, provisorischer Kassirer; Pfarrer Rauch, Prediger Jellinek, Dr. Fricke, Rektor Kell, Dr. Haltaus, Prof. Erdmann, Hofrath Jörg. Mit besonderer Theilnahme vernahm man auch, daß sich auch in Dresden nach dem Vorgange Leipzigs ein Bruderverein unter dem Namen „Kirchlicher Verein in Dresden" begründet habe, und daß Eduard Duller in Darmstadt ebenfalls auf Begründung eines Vereins zu gleichen Zwecken hinarbeite. Zwar wurde in Bezug auf den dresdner Verein von zwei Gliedern der Versammlung die Befürchtung ausgesprochen, daß, weil er im §. 2 seiner Statuten nicht, wie der leipziger Verein, Verwirklichung der Selbständigkeit und Gleichstellung aller Konfessionen sowie Beseitigung der konfessionellen Mishelligkeiten und Misverständnisse unter seine Zwecke aufgenommen habe und sich in Förderung kirchlicher Reformen zunächst nur auf die evangelisch-lutherische Kirche beschränken wolle, derselbe nicht auf demselben Prinzipe wie der leipziger. Es wurde diese Befürchtung aber von vielen Seiten dadurch widerlegt, daß das Streben nach religiöser und kirchlicher Fort- und Durchbildung und die Aufnahme jedes einschlagenden Mannes, welchem Religionsbekenntniß er immerhin angehören möge, den kirchlichen Verein in Dresden „dem Wesen nach Eins mit dem leipziger Verein" erscheinen lasse, und daß nur „die Berücksichtigung lokaler und sonstiger Verhältnisse", um die Erreichung des Zweckes zu ermöglichen, eine Beschränkung dieses Zwecks geboten habe.* Hierauf betrat

---

*) Dieser Bericht ist entstellt. Wir werden auf den Gegenstand zurückkommen. **D. Eins.**

29*

Dr. Fricke die Rednerbühne und hielt einen sehr beifällig aufgenommenen Vortrag über Glauben und Wissen auf religiösem Gebiete mit Beziehung auf einen Aufsatz des Prof. Jörg ähnlichen Inhalts in den Blättern für christliche Erbauung, in welchem er ausführte, daß auf christlich-religiösem Gebiete zwischen Glauben und Wissen kein Widerspruch stattfinde, und daß die unbedingte Rationalität dem Christenthume nicht widerspreche. Das Anerbieten von Seiten des Redners, eine Debatte über diesen Gegenstand einzuleiten, wurde für die nächste Sitzung dankbar angenommen und hierauf die Sitzung geschlossen. (D. A. Z.)

Anclam, 27. Juni.
Motto: O Zopf o Zopf, wann wirst du weichen,
Wann wird die Scheere dich erreichen!

Als ein Gegenstück zu dem neulich Berichteten (s. Nr. 23 d. Bl.) senden wir Ihnen, geehrter Herr Redakteur, einen kleinen Aufsatz, den wir vor Kurzem in einem der hiesigen Blätter abdrucken ließen und haben wir zum bessern Verständniß desselben noch folgendes zu bemerken: In Demmin, einem Städtchen in unserer Nähe, soll sich ein jüdischer Lehrer, der an der Spitze des dortigen konstitutionellen Klubs steht, in einer Rede etwas „zu frei" ausgesprochen haben; in Folge dessen erhob sich eine Partei, der solche Bestrebungen ein Dorn im Auge sind, ein Zeter, das sich in einigen nichtssagenden Aufsätzen, die gebührend zurecht gesetzt wurden, Luft machte. Hinterher kam noch ein von echtester Krämergeiste beseelter Zopfianer, schimpfte auf die Bestrebungen des erwähnten Lehrers und der ihm Gleichgesinnten und um seiner Liebenswürdigkeit die Krone aufzusetzen, fügte er noch die Bemerkung hinzu, „daß die **Juden am allerwenigsten Grund hätten, mit der bisherigen Regierung unzufrieden zu sein".** Es lohnt sich zwar nicht sehr, auf das Geschwätz der Thoren zu achten; denn die Sklavenketten unserer so unaufhörlich von **Vorurtheil** und **Fanatismus** verfolgten Glaubensgenossen sind gebrochen; die Zeit, wo **Pfaffenhaß** und **Ministerwahn** mit ihrem dämonischem Gewebe die Throne umgarnten, ist dahin; — und würde alle diese lieblosen Aeußerungen, alle die auf Vorurtheil und Wahn basirten superklugen Bemerkungen von der Donnerstimme des 19. Jahrhunderts, die **Freiheit, Gleichheit, Brüderlichkeit** ruft, übertönt und zum Schweigen gebracht. Aber hier zu Lande, wo auch dort, wo der Zopf bereits geschoren, immer noch wenigstens einige Haare zum Vorschein kommen; wo die Stimmung deshalb auch nicht allgemein für die Juden ist, weil man sie und ihre Religion noch nicht genug kennt, ist es nothwendig, so viel wie möglich dazu beizutragen, daß die, in vielen deutschen Blättern, leider noch immer vorkommenden Auswüchse des Menschen-

oder möchte ich lieber sagen des Krämergeistes ins rechte Licht gestellt und richtige Ansichten verbreitet werden. Namentlich könnte dies durch die **jüdischen Zeitblätter** geschehen, und wäre es wünschenswerth, wenn dieselben auch von gebildeten Christen gelesen werden möchten, wie dies schon an vielen Orten, z. B. in Neu-Stettin geschieht; das hat großen Nutzen. — Der erwähnte Aufsatz lautet also: „In Nr. 48 des Pommerschen Volks- und Anzeigeblattes macht ein Herr Anonymus mit der Ueberschrift „12" die Bemerkung, daß man jetzt „die tollsten Schwindelgeister unter den größtentheils (?) jüngern Jugendlehrern findet" sodann bezieht er diese Bemerkung noch besonders auf einen jüdischen Lehrer „in kleinern Orten", als ob dieser nicht schon unter dem Ausdrucke „Jugendlehrer" mitbegriffen wäre, und endlich macht er sich das Vergnügen, dem Ganzen noch ein Zöpfchen anzubinden. Denn wie paßt sonst der Schluß „Wahrlich die Juden (und zwar die Freiheit und Frieden so sehr liebenden Juden, wie Hr. A. in Nr. 49 des genannten Bl. nachträglich bemerkt) haben am allerwenigsten Grund mit der bisherigen Regierung unzufrieden zu sein" zu den Vorhergehenden? Oder ist es recht, den Juden im Allgemeinen Unzufriedenheit vorzuwerfen, weil, was übrigens noch gar nicht erwiesen, ein jüdischer Lehrer in einem kleinen Orte als „Ultrademagoge" auftritt? Ob aber die Juden überhaupt Ursache hatten, mit der bisherigen Regierung unzufrieden zu sein, ist eine Frage, die wohl von Jedem, der von dem Standpunkte des Rechts und der Wahrheit ausgeht, bejaht werden dürfte. — Denn bisher waren die Juden — das ist genugsam bekannt — mit vielen Ausnahmegesetzen belastet, und welchen Grund hatte man hierzu? Welchen Grund hatte man sie als Ausnahmen zu betrachten? Sind sie nicht Ebenbilder Gottes? Oder ist's ein Verbrechen, sich zu der Religion zu bekennen, aus der die andern herrschenden Religionen hervorgegangen? Ist's ein Verbrechen der angestammten väterlichen Religion trotz der damit verbundenen Beschränkungen treu zu bleiben? Man sagt freilich, die Juden wären in frühern Zeiten noch beschränkter, noch bedrückter gewesen; sind die Fesseln, die man sie umgab, dadurch auch nur ein klein wenig gerechtfertigt? Mit Nichten. Und dennoch waren die Juden stets Gesetz und Frieden liebende Unterthanen und sagt ein Schriftsteller neuerer Zeit (Krämer: die Juden und ihre Ansprüche an die christlicher Staaten): „Er (der Jude) ist ein friedlicher und ruhiger Bürger und bekrittelt nicht die Verfassungen und Einrichtungen der Staaten. . . . Treten andere Bedürfnisse für den Staat ein, so ist der Jude der dankbare Bürger auf dessen Beistand man sich verlassen kann". — Die Juden sagten nicht: ubi bene ibi patria; sie kämpften mit allen Kräften für ein Vaterland, das sie nicht als seine rechten Kinder betrachtete, und alte, schon morsch gewordene Schranken bestehen ließ, die sie von den übrigen Landeskindern trennte; sie sahen geduldig zu, wie man längst erworbene und längst verheißene Zugeständnisse ihrer auf der Goldwage zuwißt — und sie lieber dennoch ihr Vaterland. — Sagen Sie, Herr Anonymus, wann ist das Gesetz vom 11. März 1812 in seinem ganzen Umfange in Ausführung gekommen? Wissen Sie es nicht, daß der §. 8. dieses Gesetzes, der den Juden das Lehrfach an Schulen und Universitäten eröffnete, später im Jahre 1822, aufgehoben, daß das Avancement im stehenden Heere, das in den Freiheitskriegen ungehindert war, später ihnen verschlossen wurde? Oder erlöste sie das Gesetz vom 23. Juli 1847 von den verrosteten Fesseln? — Wurde ihnen durch dasselbe nicht eine Kontribution auferlegt? — Und dennoch waren sie fort und fort treue Unterthanen im wahrhaftesten Sinne des Wortes und werden es auch bleiben und sich der reinen Freiheit würdig zeigen. Und wenn man sie noch so sehr verläumdet; wenn man immer noch nicht aufhört, die Fehler Einzelner Allen vorzuwerfen; wenn man auch noch hier und da die liebenswürdige Gesinnungen zu Tage bringt, die mehr dem düstern Mittelalter als dem lichtvollen 19. Jahrhundert ähnlich sind „und wenn man auch noch hier und da nachzuweisen sich bemüht, daß und warum Juda verdammt sei stehen zu bleiben und nicht mit vorwärts zu schreiten, wohin das Jahrhundert das ganze Menschengeschlecht ruft"; so wird dennoch die Wahrheit siegen; so wird wie ein edler Britte sagt „endlich der letzte, der größte Schandfleck von der Fläche der Erde verschwinden und die hehre Sonne der Gedankenfreiheit, der Gewissensrechte, wird erleuchtend, erwärmend glänzen über dem Firmament der Menschheit auf ewig." Dann geht auch der Ausspruch Herders (Ideen zur Philosophie der Geschichte der Menschheit) in Erfüllung: „Es wird eine Zeit kommen, da man in Europa nicht mehr fragen wird, wer Jude oder Christ ist; denn auch der Jude wird nach europäischer Sitte leben und zum Besten der Staaten beitragen, woran nur eine barbarische Verfassung ihn hindern, oder seine Fähigkeiten schädlich machen konnte!"

W—11.

Frankfurt a. M., 4 Juli. Entwurf der Grundrechte des deutschen Volks. Dem deutschen Volke sollen die nachstehenden Grundrechte gewährleistet sein. Sie sollen den Verfassungen der deutschen Einzelstaaten zur Norm dienen und keine Verfassung oder Gesetzgebung eines deutschen Einzelstaats soll dieselben je aufheben oder beschränken können.

Art. I. §. 1. Jeder Deutsche hat das allgemeine deutsche Staatsbürgerrecht. Die ihm kraft dessen zustehenden Rechte kann er in jedem deutschen Lande ausüben. Das Recht, zur

deutschen Reichsversammlung zu wählen, übt er da, wo er zur Zeit seinen Wohnsitz hat. §. 2. Jeder Deutsche darf an jedem Ort eines deutschen Staats Aufenthalt nehmen, sich niederlassen, Grundeigenthum erwerben, Kunst und Gewerbe treiben, das Gemeindebürgerrecht gewinnen: vorerst unter denselben Bedingungen, wie die Angehörigen des betreffenden Staats, bis ein Reichsgesetz die zwischen den Gesetzen der einzelnen Staaten noch obwaltenden Verschiedenheiten völlig ausgleicht. §. 3. Die Aufnahme in das Staatsbürgerthum eines deutschen Staats darf keinem unbescholtenen Deutschen verweigert werden. §. 4. Die Strafe des bürgerlichen Todes soll nicht stattfinden. §. 5. Die Auswanderungsfreiheit ist von Staatswegen nicht beschränkt. Abzugsgelder dürfen nicht erhoben werden.

Art. II. §. 6. Alle Deutschen sind gleich vor dem Gesetze. Standesprivilegien finden nicht statt. Die öffentlichen Aemter sind für alle dazu Befähigten gleich zugänglich. Die Wehrpflicht ist für Alle gleich. § 7. Die Freiheit der Person ist unverletzlich. Niemand darf seinem gesetzlichen Richter entzogen werden. Ausnahmsgerichte sollen nie stattfinden. Die Verhaftung einer Person soll, außer im Fall der Ergreifung auf frischer That, nur geschehen in Kraft eines richterlichen, mit Gründen versehenen Befehls. Dieser Befehl muß im Augenblicke der Verhaftung oder spätestens innerhalb der nächsten 24 Stunden dem Verhafteten vorgewiesen werden. §. 8. Die Wohnung ist unverletzlich. Eine Haussuchung darf nur auf Grund eines richterlichen Befehls vorgenommen werden. Dieser Befehl muß sofort oder spätestens innerhalb der nächsten 24 Stunden dem Betheiligten vorgewiesen werden. Für die Verhaftung in einer Wohnung finden keine besonderen Beschränkungen statt. §. 9. Das Briefgeheimniß ist gewährleistet; die bei strafgerichtlichen Untersuchungen und in Kriegsfällen nothwendigen Beschränkungen sind durch die Gesetzgebung festzustellen. Die Beschlagnahme von Briefen und Papieren darf nur auf Grund eines richterlichen Befehls vorgenommen werden. §. 10. Jeder Deutsche hat das Recht, durch Wort oder Schrift seine Meinung frei zu äußern. Die Preßfreiheit darf weder durch Censur noch durch Koncessionen oder Sicherheitsstellungen beschränkt werden. Ueber Preßvergehen wird durch Schwurgerichte geurtheilt.

Art. III. §. 11. Jeder Deutsche hat volle Glaubens- und Gewissensfreiheit. §. 12. Jeder Deutsche ist unbeschränkt in der gemeinsamen häuslichen und öffentlichen Uebung seiner Religion. Verbrechen und Vergehen, welche bei Ausübung dieser Freiheit begangen werden, sind nach dem Gesetze zu bestrafen. §. 13. Durch das religiöse Bekenntniß wird der Genuß der bürgerlichen und staatsbürgerlichen Rechte weder bedingt noch beschränkt. Den staatsbürgerlichen Pflichten darf dasselbe keinen Abbruch thun. §. 14. Neue Religionsgesellschaften dürfen sich bilden; einer Anerkennung ihres Bekenntnisses durch den Staat bedarf es nicht. §. 15. Niemand soll zu einer kirchlichen Handlung oder Feierlichkeit gezwungen werden. §. 16. Die bürgerliche Gültigkeit der Ehe ist nur von der Vollziehung des Civilaktes abhängig, die kirchliche Trauung kann erst nach der Vollziehung des Civilaktes stattfinden.

Art. IV. §. 17. Die Wissenschaft und ihre Lehre ist frei. §. 18. Unterricht zu ertheilen und Unterrichtsanstalten zu gründen, steht jedem unbescholtenen Deutschen frei. §. 19. Für den Unterricht in Volksschulen und niedern Gewerbschulen wird kein Schulgeld bezahlt. Allen Unbemittelten soll auf öffentlichen Bildungsanstalten freier Unterricht gewährt werden. §. 20. Es steht einem Jeder frei, seinen Beruf zu wählen und sich für denselben auszubilden, wo und wie er will.

Art. V. §. 21. Jeder Deutsche hat das Recht, sich mit Bitten und Beschwerden schriftlich an die Behörden, an die Landstände und in den geeigneten Fällen an die Reichsversammlung zu wenden. Dies Recht kann sowol von Einzelnen als von mehren im Verein ausgeübt werden. §. 22. Jeder hat das Recht, öffentliche Beamte wegen gerichtlicher Handlungen gerichtlich zu verfolgen; einer vorgängigen Erlaubniß der Oberbehörde bedarf es dazu nicht. Die Verantwortlichkeit der Minister ist besondern Bestimmungen vorbehalten.

Art. VI. §. 23. Die Deutschen haben das Recht sich friedlich und ohne Waffen zu versammeln; einer besondern Erlaubniß dazu bedarf es nicht. Volksversammlungen unter freiem Himmel können bei dringender Gefahr für die öffentliche Ordnung und Sicherheit verboten werden. §. 24 Die Deutschen haben das Recht, Vereine zu bilden. Dieses Recht soll durch keine vorbeugende Maßregel beschränkt werden.

Art. VII. §. 25. Das Eigenthum ist unverletzlich. §. 26. Eine Enteignung kann nur aus Rücksichten des allgemeinen Besten, nur auf Grund eines Gesetzes und nach vorgängiger gerechter Entschädigung vorgenommen werden. §. 27. Alle guts- und schutzherrlichen Grundlasten, Zehnten, ländliche Servituten, soweit diese letztern der freien Benutzung und Kultur des Bodens hinderlich sind, sind auf Antrag des Belasteten ablösbar. §. 28. Ohne Entschädigung aufgehoben sind: a) die Gerichtsherrlichkeit, die gutsherrliche Polizei, sowie die übrigen einem Grundstück zuständigen Hoheitsrechte und Privilegien; b) die aus solchen Rechten herstammenden Befugnisse, Exemtionen und Abgaben; c) die aus dem guts- und schutzherrlichen Verbande entspringenden persönlichen Abgaben und Leistungen. Mit diesen Rechten fallen auch die Gegenleistungen und Lasten weg, die dem bisher Berechtigten dafür oblagen. §. 29. Die Jagdgerechtigkeit auf fremdem Grund und Boden ist ohne Entschädigung aufgehoben. Jedem steht das Jagdrecht auf eigenm Grund und Boden zu. Der Landesgesetzgebung ist es vorbehalten, zu bestimmen, wie die Ausübung dieses Rechts aus Gründen der öffentlichen Sicherheit zu ordnen ist. §. 30. Die Besteuerung (Staats- und Gemeindelasten) soll so geordnet werden, daß die Bevorzugung einzelner Stände und Güter aufhört. §. 31. Aller Lehensverband wird gelöst werden; in welcher Art, bestimmt die Landesgesetzgebung. §. 32. Die Vergrößerung bestehender und die Stiftung neuer Familienfideikommisse ist untersagt. Die

bestehenden können durch Familienbeschluß aufgehoben oder abgeändert werden. §. 33. Die Strafe der Gütereinziehung soll nicht stattfinden.

Art. VIII. §. 34. Alle Gerichtsbarkeit geht vom Staate aus. Es sollen keine Patrimonialgerichte bestehen. §. 35. Es soll keinen privilegirten Gerichtsstand der Personen oder Güter geben. §. 36. Kein Richter darf, außer durch Urtheil und Recht, von seinem Amte entfernt werden. Kein Richter darf wider seinen Willen versetzt werden. Der Richter darf wider seinen Willen nur auf Grund eines gerichtlichen Beschlusses in den durch das Gesetz bestimmten Fällen und Formen in Ruhestand versetzt werden. §. 37. Das Gerichtsverfahren soll öffentlich und mündlich sein. §. 38. In Strafsachen gilt der Anklageproceß. Schwurgerichte sollen jedenfalls in schwereren Strafsachen und bei allen politischen Vergehen urtheilen. §. 39. Die bürgerliche Rechtspflege soll in Sachen besonderer Berufserfahrung durch Männer aus dem Volke geübt oder mitgeübt werden (Handelsgerichte, Fabrikgerichte, Landwirthschaftsgerichte u. s. w.). §. 40. Rechtspflege und Verwaltung sollen getrennt sein. §. 41. Die Verwaltungsrechtspflege hört auf; über alle Rechtsverletzungen entscheiden die Gerichte. §. 42. Rechtskräftige Urtheile deutscher Gerichte sind in jedem deutschen Lande gleich den Erkenntnissen der Gerichte dieses Landes vollziehbar.

Art. IX. §. 43. Jede deutsche Gemeinde hat als Grundrechte ihrer Verfassung: a) die Wahl ihrer Vorsteher und Vertreter, b) die selbständige Verwaltung ihrer Gemeindeangelegenheiten mit Einschluß der Ortspolizei, c) die Veröffentlichung ihres Gemeindehaushaltes, d) Oeffentlichkeit der Verhandlungen, soweit die Rücksichten auf besondere Verhältnisse es gestatten, e) allgemeine Bürgerwehr. Die Ordnung der Bürgerwehr und ihr Verhältniß zur allgemeinen Wehrpflicht wird ein Reichsgesetz bestimmen. §. 44. Jedes Grundstück muß einem Gemeindeverbande angehören. Beschränkungen wegen Waldungen und Wüsteneien sind der Landesgesetzgebung vorbehalten.

Art. X. §. 45. Jeder deutsche Staat muß eine Verfassung mit Volksvertretung haben. §. 46. Die Volksvertretung hat eine entscheidende Stimme bei der Gesetzgebung und der Besteuerung. Die Minister sind ihr verantwortlich. Die Sitzungen der Ständeversammlungen sind in der Regel öffentlich.

Art. X. §. 17. Den nicht deutschredenden Volksstämmen Deutschlands ist ihre volksthümliche Entwickelung gewährleistet, namentlich die Gleichberechtigung ihrer Sprachen, soweit deren Gebiete reichen, in den Kirchenwesen, dem Unterrichte, der Literatur und der innern Verwaltung und Rechtspflege.

Art. XII. §. 48. Jeder deutsche Staatsbürger in der Fremde steht unter dem Schutze der deutschen Nation.

Dresden, 8. Juli. Gestern wurde in unserer zweiten Kammer derjenige Punkt des neuen Wahlgesetzes berathen, der die sächsischen Israeliten betrifft und ich erlaube mir, Ihnen darüber eine kurze Mittheilung zu machen, so geringfügig das

Resultat in der Emancipationsfrage, wie sie jetzt gefaßt wird, erscheint. In der Gesetzesvorlage über das 1te Wahlgesetz wurde das Princip aufgestellt, daß die Wahl eines Abgeordneten nicht an ein bestimmtes Glaubensbekenntniß gebunden sein solle, und zwar erklärend, daß eine gleiche Berechtigung hierbei nicht blos den christlichen, sondern auch den jüdischen Konfessionsverwandten eingeräumt werde. Im Sinne dieses Gleichheitsprincips war der einhellige Deputationsbericht abgefaßt und, wie zu erwarten stand, entspann sich darüber in der Kammer eine kurze Debatte, da so mancher sächsische Abgeordnete keineswegs mit diesem humanen Principe zufrieden ist. Der Abgeordnete Brockhaus sprach seine Freude darüber aus, daß in dieser Vorlage eine indirekte Emancipation der Juden liege, und äußerte die Hoffnung, daß bald auch die übrigen Beschränkungen, denen die Juden noch unterworfen sind, bald verschwinden mögen. Die Vorenthaltung der Rechte und die Beschränkungen der Juden hält der Redner für ein unverschuldetes Unrecht gegen dieselben, die einmal gut gemacht werden müssen und in demselben Sinne sprach sich der Abg. Hartort aus, der die völlige Emancipation für zeitgemäß hält. Der Staatsminister Oberländer wies sehr richtig darauf hin, daß es sich hier vorläufig nicht von der Emancipation, sondern von der Uebertragung eines politischen Rechtes handle, so daß die Gegner der Emancipation von gemeinbürgerlichem Standpunkte nichts dagegen einwenden können. Es fanden sich jedoch auch Nachteulen, deren auch dies nicht wert war. Zwei Reaktionäre, ein gewisser Rittner und Planitz erklärten sich gegen die Wählbarkeit nichtchristlicher Konfessionsverwandten, und einer dieser Herrn lächerlichen Angedenkens, schloß mit dem Wunsche: Sachsen ist ein christlicher Staat, möge es auch bleiben. Man sieht, daß die preußische Erfindung Eichhorn's, wenngleich im Barrikadenkampfe zu Berlin geschlagen, doch noch nicht ganz todt ist und in dem Strohkopfe Rittner's eine neue Heimath gefunden. Andere Abgeordnete, wie Sachße, Thiersch, Geißler, Reiche-Eisenstuck waren zwar für die Wählbarkeit der Juden, jedoch knüpften sie zugleich daran die bestimmte Erklärung gegen die Emancipation und die sächsischen Juden sehen hiermit ihre Gegner. Die Kammer beschloß gegen 2 Stimmen, daß das Recht der Wählbarkeit an kein bestimmtes Glaubensbekenntniß geknüpft werden solle und die Juden in Sachsen sind somit wählbar. Die Wahlfähigkeit haben sie ebenfalls schon errungen.

Eigenthümlich ist es, daß keinem der Sprecher die Bemerkung eingefallen, daß eine Nichtwählbarkeit der Juden doch zu sehr, der Wählbarkeit für die Reichsversammlung gegenüber, lächerlich und principlos erscheinen müsse. Wenn der Jude im deutschen Parlamente über die heiligsten Interessen des großen deutschen Vaterlandes, über die Geschicke von 45 Millionen rathen und beschließen darf, wenn er in einem großen Volksrathe seine Stimme erheben darf als ebenbürtiges Glied der großen deutschen Nation, so kann die Ausschließung aus der Besonderheit, die im Ganzen mitbegriffen ist, nur,

wie gesagt, lächerlich erscheinen, und die Deputation wie die Kammer mag wohl das gefühlt haben, als sie fast einstimmig die Wahlfähigkeit und Wählbarkeit der jüd. Sachsen angenommen. In dieser Konsequenz kann nun unsere Wahlfähigkeit und Wählbarkeit für Municipalämter, für das Stadtverordneten-Kollegium, zu Stadträthen u. dgl. nicht mehr in logischer Weise abgewiesen werden, da es sogar dem Schwachköpfigsten angenehm erscheinen muß, zum Landtagsabgeordneten wahlfähig und wählbar zu sein, d. h. bei der Feststellung des Geschickes des Gesammtvaterlandes sich betheiligen zu dürfen, und bei der Wahl der nächsten Räthe (Stadtverordneten, Räthe), die um so mehr die Juden der Gemeinde interessiren müssen, die Juden gewaltsam auszuschließen. Hoffentlich wird unser jüdischer Verein zur Wahrung der politischen Interessen der Juden in Sachsen, von dem, wie ich gehört, eine Petition in Bezug auf die Gleichheit bei dem neuen Wahlgesetz eingereicht werden soll, und der einige Intelligente in seiner Mitte zählt (Hirschel, Schwarzauer u. s. w.), um darauf zu dringen, daß bei den Wahlen der Stadtverordneten und der Stadträthe das Ausnahmegesetz nun auch falle, was Leipzig ganz gewiß auch nachahmen wird. Unsere Wählbarkeit und Wählfähigkeit ist nicht blos, wie unser Staatsminister Oberländer meint, ein politisches Recht, sondern ein Ehrenrecht überhaupt, da die Einbuße der Wahlbefähigung und der Wählbarkeit nach unserem Strafgesetze als entehrend angesehen und bei Vergehungen dahin erkannt wird. Ebenso ist die Befähigung in Municipalsachen ein Ehrenrecht und die Entziehung dieses Rechtes ist ein Aussprechen der Ehrlosigkeit, wozu wir Israeliten wahrlich keine Veranlassung geben. Der Verein hätte demnach ein schönes Ziel, die Konsequenzen des gestrigen Beschlusses zu verfolgen.

Oesterreich.

Wien, 1. Juli. (Die Kandidaten der Alservorstadt.) Einer der interessantesten politischen Abende war der am Mittwoch im Hörsaale der Klinik im allgemeinen Krankenhause. Es hatten sich daselbst die Wahlmänner des Alserbezirkes eingefunden, um die Kandidaten zum Reichstage zu vernehmen. Unter diesen war Dr. H. Jellinek, der Herausgeber des „Sprechsaales für österreichische Politik" und Hauptmitarbeiter der „allgemeinen österreichischen Zeitung". Mit nicht wenig Gespanntheit harrte man seinen Ansichten entgegen. Er begann diese zu entwickeln, und weil in der Rede auch nicht geübt, und mithin anfangs etwas zu sehr in die Breite gehend, so that er doch solche treffliche und von wahrer Freiheit durchglühte Grundsätze dar, daß er oft von Beifall unterbrochen wurde, und am Schlusse stürmische Anerkennung erhielt. Mit solcher Schärfe, mit solchem Tiefblick in die Geschichte der Vergangenheit, und auf einer solchen selbstgebildeten Basis stehend, haben wir noch keinen Kandidaten vernommen, und es dürfte in dieser Beziehung Jellinek kaum Jemand an der Seite stehen. Namentlich hatte sein Mitkandidat Hr. Regierungsrath Prof. Dr. Kudler, welcher sich für zwei Kammern, Revidirung aber doch Belassung der Grundlasten und dergleichen zu Grabe Getragenes aussprach, eine scharfe Kritik auszuhalten, eine Kritik, die ihm das Durchfallen bei der Wahl garantirt. — Nach Jellinek trat ein Dr. Feigel auf, der halb mit dem Volke, halb mit der Regierung liebäugelte und sehr stark in den alten Staats-Rechten drin zu stecken schien. Kein Beifall zum Schlusse. — Hierauf meldete sich Ludwig Eckardt. Bevor er die Tribune bestieg, sagte der Vorsitzer, er glaube ihn ob seines Alters befragen zu müssen. Eckardt erwiederte, daß er allerdings nicht volljährig sei, jedoch vom Minister die Erlaubniß erhalten habe zu kandidiren. Hierauf erhob sich ein Wahlmann und drückte aus: diese Erlaubniß sei ein Privilegium, Privilegien für den Reichstag dürften aber nicht ertheilt werden, und habe der Minister auch das Recht nicht zu ertheilen. Die Wahlmänner waren einverstanden, und die Sache mußte zur nähern Erörterung vertagt werden. Nun fanden sich Befrager und Gegner Jellinek's, worunter namentlich der erwähnte Dr. Feigel. Hat Jellinek früher bei Einigen nicht ganz gefiegt, so war sein jetziger Erfolg bei ihnen gewiß ein eklatanter! Mit einer dialektischen Schärfe, stets von unserer siegreichen Revolution ausgehend, that er das Heuchlerische des früheren Liberalismus, das jederzeit zu neuen Revolutionen Führende mancher konstitutionellen Regierungen dar, und entwickelte den gewiß vielen, und darunter auch, wie es sich zeigte, den Dr. Feigel bisher unbekannten Unterschied zwischen konstitutioneller und demokratischer Monarchie, aber so scharfgeistig, so logisch-richtig und hinreißend, daß nach seinem Beendigen ihm Alles warm die Hand schüttelte.

Nur Dr. Feigel schien sehr erbost über ihn zu sein, da er mit seinem alten Staatsrechte nicht durchdrang, und trotz seiner konfusen Einwürfe den Sieger dennoch nicht ein Haarbreit von dessen gefaßter Konsequenz bringen konnte. — Unter Anderem wollte er auch, daß für die nächste Zusammenkunft nicht mehr Wahlmänner eingeladen würden, als heute hier waren, damit die nächsten Kandidaten nicht von neuem gehört werden, als er!!! — O Kandidat! — Jellinek ist höchst wahrscheinlich Deputirter des Alserbezirkes, und ein so umfassend gebildeter Mann ist unserem mit so vielen bäuerlichen Elementen begabten Reichstag höchst vonnöthen, derart, daß wir nachdem, was wir von Jellinek vernommen, Denen die ihn sendeten, im Namen des ganzen Volkes nur zum Danke verpflichtet sein müßten. Der Redakteur der „Allg. Oest." Schwarzer, war auch angemeldet, entschuldigte sich aber, da er bereits in einem andern Bezirke die größte Majorität für sich habe und mithin nicht zu gleicher Zeit hier kandidiren könne. Unter den nächstfolgenden Kandidaten ist auch Dr. Fischhof, unter den früheren soll Hr. Purtscher auch so ziemlich reussirt haben.

(Demokrat.)

Berichtigung. In dem Gedicht „Der Abschied" in Nr. 26 d. Bl. ist zwischen der achten und neunten Strophe folgende einzuschalten:

Würd' ich dann nicht ängstlich sein
Wenn's geht hin zum Ort?
Wird mir dann nicht bange sein
Vor des Fürsten Wort?

und die zehnte Strophe ist ganz zu streichen.

Anklam. Wedell.

Personalchronik und Miscellen.

Wien. Minister Pillersdorf ist als Kandidat für die konstituirende Reichsversammlung aufgetreten. In dem Glaubensbekenntniß, das er vor seinen Wählern ablegte, hat er sich für vollständige Gleichstellung aller Konfessionen ausgesprochen.

Frankfurt a. M. Der Senat behält seinen Zopf. An der Berathung einer neuen Verfassung dürfen die Juden nicht theilnehmen. Die Republik Frankfurt ist sehr groß. In der Paulskirche berathen Juden die Verfassung Deutschlands, und der Frankfurter Senat will die Juden nicht anerkennen. Wenn Börne das wüßte!

* * *

Berlin. Hr. Lebrecht schreibt jetzt treffliche politische Artikel im „Magazin für die Literatur des Auslands."

* * *

Leipzig. Fragen: Wird dieses Jahr eine Rabbiner-Versammlung stattfinden? Werden die emancipirten Juden eine Fakultät für jüd. Theologie errichten? Sitzen die jüd. Deputirten nicht auch Sonnabend in der Paulskirche?

* * *

Eduard Marie Oettinger, der geistreiche Redakteur des Charivari, beantragt, daß Deutschland jetzt die Gebeine Börnes von Paris zurück nach Frankfurt bringe, nach jener Stadt, die den Edlen geboren werden sah. Gewiß hat Deutschland ein heiliges Recht auf die Asche eines Mannes, der zuerst die Freiheit die Bahn gebrochen, der zuerst mit der Fackel der Vernunft und mit dem Lichte der Wahrheit die Nacht des Wahns zerstreute, der sein ganzes Leben dem Dienste der Menschheit gewidmet und für Freiheit und Recht gekämpft bis der letzte Hauch seines thatenreichen Lebens entfloh. Ehre sei Börne immerdar!

Verlag von E. L. Fritzsche.   Druck von J. H. Nagel.

Der Orient.

Berichte, Studien und Kritiken

Neunter   für   Jahrgang.

jüdische Geschichte und Literatur.

Herausgegeben

von

Dr. Julius Fürst.

Das Abonnement auf ein Jahr ist 5 Thlr. Man abonnirt bei allen löbl. Postämtern und allen solid. Buchhandlungen auf ein Jahr.

Von dieser Zeitschrift erscheinen wöchentlich das Literaturblatt mitgerechnet, zwei Bogen, und zwar an jedem Dienstag regelmäßig.

№ 30.   Leipzig, den 22. Juli   1848.

Die Juden in Oesterreich.

XVIII.

Ein Korrespondent der „Oesterreichischen Allgemeinen Zeitung" findet einen Widerspruch darin, daß die jüdischen Deputirten des österreichischen Reichstages an den Debatten über die Emancipation der Juden theilnehmen sollen, indem sie doch eine Partei bilden. Der Korrespondent argumentirt: wenn wir Christen die Juden emancipiren wollen, so können doch Juden keine Stimme darüber abgeben. Allerdings. Wenn die Christen als solche über das Menschenrecht der Juden zu stimmen hätten, so müßten die Juden von dem Stimmrecht ausgeschlossen bleiben. Allein ein Prinzip soll diskutirt werden, das Prinzip: Im österreichischen Staate hat das Glaubensbekenntniß keinen Einfluß auf die bürgerlichen und politischen Rechte der Einwohner. Dieses Prinzip kommt allen Akatholiken zu Statten, da ja auch die Protestanten bis jetzt in Oesterreich gedrückt lebten. Der Drang der neuen Zeit geht nicht nach Privilegien und Vorrechten, sondern nach Grundsätzen. Der Strom der neuen Bewegung mündet in einen Quell von anerkannten Prinzipien. Und die Gleichstellung aller Konfessionen ist ein längst durchkämpftes Prinzip. Vom Standpunkte des Korrespondenten aus dürfen die österreichischen Staatsangehörigen über die Verfassung des Kaiserstaates gar nicht abstimmen, da sie doch Rechte für sich selbst festsetzen. Sie müßten hinnehmen, was ihnen die Regierung bietet. Geht man aber von dem Gesichtspunkte der Revolution oder der Vereinbarung aus, so müssen die Juden sogar über ihre eigenen Interessen debattiren, sie feststellen und auf die Höhe des Rechts erheben. Auf dem Throne unserer Zeit sitzt nicht die Willkühr, die Mutter der Privilegien, sondern das Prinzip, der Vater des Rechts — und für mein Recht darf ich kühn und muthig in die Schranken treten.

XIX.

Erzherzog Johann ist deutscher Reichsverweser. Dies ist für die Juden in Oesterreich von hoher Bedeutung. Indem der Erzherzog von einer Versammlung gewählt wurde, die aus Protestanten, Katholiken, Deutschkatholiken und Israeliten zusammengesetzt ist, so muß er die gleiche Berechtigung aller dieser Religionsbekenntnisse von vornherein anerkennen. Gesteht er dem Israeliten das Recht zu, ihn zum Reichsverweser zu wählen, so muß er die Israeliten als ein Glied des deutschen Staatsorganismus halten. Das deutsche Parlament wird in den Grundrechten des deutschen Volkes die gleiche Berechtigung aller Konfessionen beschließen, der Reichsverweser wird gewiß diesen Beschluß ausführen, folglich wird auch in Oesterreich das Prinzip seine Geltung finden. Wenn ein österreichischer Prinz, der in Oesterreich Stellvertreter des Kaisers ist, aller Kon-

30

fessionen in Deutschland gleiche Rechte vindicirt, so kann er doch in Oesterreich unmöglich die Gleichstellung verwerfen. Daß übrigens die Emancipation der Juden von der deutschen konstituirenden Versammlung proklamirt werden wird, unterliegt keinem Zweifel, da ja selbst die Rechte bereits früher sich für die Gleichstellung aller Konfessionen ausgesprochen. Wird die Rechte etwa dem Prinzipe, daß sie in verschiedenen Ständekammern verfochten, untreu werden? Auch dann bleibt noch eine Stimmenmajorität für die Gleichstellung.

XX.

Welche Kontraste! Der Präsident Dr. Fischhof — ein Israelit — hielt eine demokratische Anrede an den deutschen Reichsverweser in Wien; sollte ihn aber ein Verwandter in Wien besuchen, so müßte der Letztere einen Leibzoll bezahlen! Allerdings findet der Satz des Dr. Fischhof: „Nicht weil, sondern obgleich Sie Fürst sind, hat Sie das deutsche Volk zum Reichsverweser gewählt", beziehentlich auf den Redner selbst seine Anwendung? Nicht weil, sondern obgleich er ein Jude, wurde er zum Präsidenten erwählt. Doch sollen uns diese Kontraste nicht wundern. Unsere Zeit ist die Zeit der Gegensätze, welche den Kampf hervorrufen; eine schönere Zukunft wird die Synthese bilden: Juden werden Präsidenten sein können, ohne Leibzoll zu bezahlen.

Ad. Jellinek.

Deutschland's vereinigte Staaten.

Berlin, 9. Juli. Die hiesige königl. Porzellan-Fabrik bildet jetzt, wo der Direktor derselben sich freiwillig den Tod gegeben, das Tagesgespräch, und die alte Versündigung gegen die Juden, die sich an dieser Fabrik knüpft, werden natürlich dabei nicht vergessen. Unter Friedrich II., der bekanntlich ein halber Barbar war, wurde diese Porzellan-Manufaktur als Zwangshilfsquelle betrachtet, wenn ein Jude mußte, wenn er heurathete, für 300 Thlr. Porzellan kaufen, wofür ihm natürlich das elendste und erbärmlichste Zeug gegeben wurde. Diese Gaunerei des Staats, den Juden gegenüber, taucht freilich in unserem Jahrhunderte auf, aber dennoch nicht die Fabrik und da es bekannt, daß sie sehr schlecht verwaltet ist, so bedurfte es in der That nur eines so geringen Anlasses, um sie anzugreifen. Da sie durch eine Niederträchtigkeit erstanden, so mag sie fallen; der Staat soll nicht als Gewerbtreibender agiren und auftreten.

Leipzig, 12. Juli. Nach der „Reform" sollte Dr. Kosch, der Vicepräsident der Berliner Nationalversammlung, in das Ministerium eintreten. Er ist, wie wir aus dem gerannten Blatte ersehen, ein Israelit. — Die jüdische Gemeinde in Frankfurt a. M. hat energisch gegen den Beschluß des Senats protestirt, daß die Juden von der Theilnahme an der Berathung der neuen Verfassung ausgeschlossen sein sollen. — In Darmstadt hat die zweite Kammer die Juden noch in gewissen Punkten beschränken wollen, die erste Kammer verwarf aber diese Beschränkungen. Dieses giebt den Freunden des Zweikammersystems treffende Argumente in die Hand. Die Juden werden immer zu Parteizwecken ausgebeutet. — Die „Oesterreichische Allgemeine Zeitung" bringt in ihren Julinummern einen trefflichen Artikel über die drückenden Verhältnisse der Juden in Mähren. — Das Ghetto in Warschau ist erweitert worden. Prag und Warschau gehen also einen Weg. — In die österreichische Reichsversammlung sind Kuranda und Dr. Fischhof gewählt worden. —

Leipzig, 15. Juli. Aus einem Privatschreiben aus Mähren entnehmen wir leider trübe Nachrichten. Der Provinciallandtag in Brünn soll einen sehr beschränkten Standpunkt einnehmen und nichtsweniger als menschenfreundlich gesinnt sein. — Der Landrabbiner Hirsch soll insultirt worden sein! Die Nationalgarde erlaubt sich Insulte gegen ihre jüdischen Kollegen. Der Sturz des Ministeriums Pillersdorf giebt der rohesten Anarchie wieder Vorschub. Die Opfer sind leider immer die Juden. Handel und Gewerbe stocken, Ackerbau treiben sie nicht — und so werden viele jüdische Familien ruinirt. Es fehlt Oesterreich wie Preußen eine energische, thatkräftige Regierung. Allenthalben wird lavirt, mit der Reaktion geliebäugelt — und so blüht die Anarchie! Nicht die Völker, sondern die Regierungen sind anarchisch.

Leipzig, 12. Juli. Leben wir nicht in einem Jahrhundert voller Wunder und Widersprüche? Während man vor einigen Wochen in den Zeitungen in Hülle und Fülle nur Trauriges zu lesen bekommen über Judenverfolgungen in Posen, Süddeutschland, Böhmen, Ungarn, sehen wir jetzt die Sache der Judenemancipation überall günstigen Anklang finden; in Frankfurt spricht der „Entwurf der Grundrechte" in §. 6 3. Art. „Alle Deutschen sind gleich vor dem Gesetze" und §. 13 3. Art. Durch das religiöse Glaubensbekenntniß wird der Genuß der bürgerlichen und staatsbürgerlichen Rechte weder bedingt noch beschränkt — in Wien ist das Ministerium entschieden für Judengleichstellung, und Dr. Fischhof lenkt mit fester Hand die wiener Bewegungen und besitzt das ganze Vertrauen der dortigen Bevölkerung und neulich hat er das Ministerium Pillersdorf zur Abdankung bewegen oder genöthigt, und Fischhof ist doch nur ein Mann vom Stamme Jakobs! In Berlin ist die Judenfrage leicht erledigt, und dem Vernehmen nach (s. v. Nr. d...)

ist der dortige Vicepräsident der Nationalversammlung, Dr. Kosch, ein Jude! In Ungarn, Italien ist die Judenemancipation so gut wie gesichert, und o Wunder! sogar in der Moldau soll Fürst Bibesco dem Verlangen der Bojaren nachgegeben und die Judengleichstellung bewilligt haben! Freilich muß dieses Alles den englischen Lords des Oberhauses ein Dorn im Auge sein, da sie in der Judenemancipationsbill die gefährlichste Maßregel für die freisinnigen Institutionen ihres Landes und ein Vehikel zur Vernichtung des Christenthums erblicken; allein von England ist für die Sache der Menschheit, für Freiheit und Gleichheit aller Nationalitäten wenig oder gar nichts zu erwarten, da dessen hervorragendste aristokratische Klasse, die von jeher das Staatsruder in Händen hat, nicht von der Idee einer einzigen allgemeinen Freiheit, sondern von der vieler Freiheiten und Privilegien durchdrungen ist, die Selbstsucht ist bekanntlich das alleinige Bewegungsmoment aller englischen politischen Handlungen, und die Lords des Oberhauses wissen so gut ihren Egoismus zu bemänteln, den Sie ihren Staat, ihr Christenthum nennen. Welche Schande und welche Lüge! Nikolaus, Kaiser der Russen; du hast treffliche Bundesgenossen in den Lords of England, und kannst ruhig jetzt die eingebüßten Sympathien der europäischen Völker verschmerzen! **Dixi.**

Leipzig, 6. Juli. Der Recensent des Geiger'schen Nit'e Na'amanim, Hr. K., im Literaturblatte der vorigen Woche, schließt seine Betrachtung mit der Bemerkung, daß künftighin nur das Literaturblatt allein erscheinen möge, weil das Hauptblatt durch die gewaltige Bewegung der Neuzeit unnöthig geworden. Diesen seinen Wunsch sucht er durch die Worte zu motiviren: Das Judenthum hat nunmehr sein Ziel erreicht, und es bedarf kein eigenes politisches Organ mehr, politische Separatkämpfe zu führen. Die Hütte Zion ist nunmehr ein festgegründetes Gebäude geworden, gestützt und getragen von den ehernen Säulen der Freiheit und Gleichheit; unsere Geschichte ist abgeschlossen und aufgegangen in die allgemeine, das Judenthum lebt nur noch in seiner Selbstständigkeit in der Synagoge und in der Wissenschaft." Ohne Zweifel ist der Wunsch, sind die begeisterten Worte, welche den Wunsch begründen sollen, von einer warmen Liebe zum deutschen Vaterlande, von einer hohen und edlen Gesinnung eingegeben, und wenn ich in einer Anmerkung versprochen, diese Sätze hier zu besprechen und zu widerlegen, so ist es wahrlich nicht Mangel an solcher Liebe, der mich dazu bewegt. "Das Judenthum hat nunmehr sein Ziel erreicht," das ist thatsächlich nur halb wahr; das Judenthum hat noch muthig zu kämpfen und zu ringen, um das Erhabene, Göttliche und Große, das in seinem Innern ruht, aus dem eingeschachtelten und eingesargten Zustande zur wahren offenen nützlichen Wirklichkeit zu führen. Das Judenthum in seiner unverzüglichen göttlichen Idealität ist noch nicht einmal annäherungs-

weise verwirklicht; die Reform im Judenthume nach genauer Kunde der geschichtlichen Fäden und die Fortbildung der Grundzüge des Judenthums im Geiste der fortschreitenden Civilisation werden noch lange Zielpunkte unseres mühesamen Strebens bleiben, und um in diesem doppelten Streben in der Judenheit fortzuwirken, um die bleierne Masse unserer Brüder aus den Klauen des Indifferentismus oder der Unkultur zu ziehen und für Reform und Fortbildung des Judenthums zu befähigen, dazu wird noch lange die Allgewalt des Wortes und der Schrift nöthig sein. Aber Hr. K. meint nicht das Judenthum als Religion, er meint die Judenheit, die soll ihr Ziel in dem großen deutschen Frühling erreicht haben, und diese, wie er sagt, bedarf kein eigenes politisches Organ mehr, um politische Separatkämpfe zu führen. Allein auch das ist nur halb wahr. Noch ist die Freiheit für Israel nicht eingezogen, noch gilt es mehr als je den Kampf für die Freiheit Israels in Deutschland zu führen, und wie freudig wir auch die Errungenschaften Israels seit dem März begrüßen dürfen, so kann doch Niemand behaupten, daß wir in dieser Freiheit schon so weit gekommen, um alles Streben einzustellen. Noch bestehen in Oesterreich, Hannover Baiern und anderswo unzählige Ausnahmsgesetze für die Bekenner des Judenthums, und haben wir auch die Gewißheit, daß sie bei dem Siege deutscher Freiheit und Einheit verschwinden müssen, so haben wir bis dahin doch noch zu kämpfen, anzuregen, zu belehren und zu leiten, dazu ist ein Organ für unsere politische freie Gestaltung wohl nöthig. Noch ist die Hütte Zions nicht ein festes Gebäude, gestützt und getragen von den ehernen Säulen der Freiheit und Gleichheit, denn noch ist die deutsche Freiheit und Gleichheit nicht realisirt. Am allerwenigsten aber ist unsere Geschichte abgeschlossen und aufgegangen in die allgemeine, denn abgeschlossen wird unsere Geschichte nicht einmal bei völliger Freiheit und Gleichheit Israels mit den Völkern, in deren es wohnt. Denn nicht blos der Kampf Israels um seine leibliche Existenz, sein Ringen nach bürgerlich- politischer Freiwerdung, nicht blos die traurige Kette der Verfolgungen, der Kampf mit Fanatismus, Religionshaß, Niederträchtigkeit und Christenthum machen das Wesen der jüdischen Geschichte aus. Israels Geschichte ist vorzüglich die Geschichte seiner innern Entwickelung, die Geschichte seiner Religion, seiner Kultur, seiner Wissenschaft und diese hört mit Freiheit und Gleichheit nicht auf, sondern gewinnt vielmehr einen größeren Boden. Uebrigens ist dies Hauptblatt nach seiner ganzen Anlage bis jetzt nicht blos dem Streben nach Freiheit und Gleichheit, nicht blos der sogenannten Emancipationsfrage gewidmet, sondern vielmehr der wahren Geschichte Israels in der Gegenwart, nämlich der Entwickelung in Schule, Synagoge und Wissenschaft gewidmet, wozu der Kampf um die bürgerliche Freiheit und Gleichheit bis jetzt einen großen Einfluß geübt. Sehr richtig hingegen ist der Wunsch des Hrn. K. an besagtem Orte, daß im Literaturblatte die Recensionen und Anzeigen sich nicht blos auf die Schriften einzelner

Autoren, sondern im Sinne und Principe der Gleichheit
ausdehne. Allein, wiewohl sie im eigentlichen Sinne die
Anzeigen im Parteisinne die Aufnahme von Recensionen
und Anzeigen bemessen wurde, und es sie als Maßstab ge=
golten, nur die Schriften befreundeter Autoren zur Kenntniß
des Publikums zu bringen, ist dieses doch durch den Mangel
an Betheiligung urtheilsfähiger Gelehrten geschehen. Der
Redakteur konnte alle Schriften nicht anzeigen, theils weil er
über viele gar kein Urtheil hat, theils weil seine Zeit ihn in
der Ausarbeitung verhindert, und auf fremde Beihilfe hat er
oft vergeblich gewartet. Uebrigens wird diesem Uebelstande
abgeholfen werden. Schließlich will ich hier noch erwähnen,
daß sich einige Blätter und Menschen das kleinliche Vergnügen
machen, mit kategorischer Bestimmtheit auszusprengen, daß
der „Orient" eingegangen oder eingehen wird; der Zions=
wächter hat dies aus zu großer Liebe zu demselben be=
gonnen. Da auch meine Freunde es zu glauben anfingen, so
erkläre ich denselben hier, daß eine solche Einstellung mir nie
in den Sinn gekommen, daß ich sie im Entferntesten daran
gedacht, und das es ganz unverkümmert bestehen wird, so
lange ich geistig im Stande sein werde, es zu leiten.

Schmiegel, 11. Juli. Erfreuet sich auch die
hiesige jüdische Korporation (laut meinem Berichte vom
März d. J.) mancher bemerkenswerthen, vor vielen an=
dern Schwester=Gemeinden sie auszeichnenden Vorzüge,
so geht ihr aber, speciell betrachtet, noch Manches ab,
und ist es um so schmerzlicher, daß sie noch nicht reali=
sirt hat, der heranwachsenden Jugend einen den Anfor=
derungen der Zeit entsprechenden kräftigen Unterricht an=
gedeihen zu lassen; von so vielen eingefleischten, verknö=
cherten, mit dem gegenwärtigen Zeitgeiste nichts weniger
als verträgliche Zeremonien sich loszusagen und bessere
an deren Stelle zu placiren. — Meinem mir zuvor=
gesteckten Ziele zufolge, sollen demnach die ins Auge des,
die Veredlung seiner Religion und vortheilhafte Aus=
bildung der Jugend herbeiwünschenden unparteiischen
Beobachters fallenden Mängel unumwunden in ihrem
wahren Lichte aufgezählt werden, um die betreffenden
Vorsteher, denen es an gutem Willen fehlen wird, zur
baldigen Abhilfe derselben zu animiren.

1) Mangelt's hier nämlich dem wichtigen Institut
des gesellschaftlichen Lebens, der Elementarschule, an
einem kräftigen Pfleger der jungen, zarten Jugendpflan=
zen. Angewiesen und beschränkt auf den Unterricht (in
den deutschen und hebräischen Elementen) eines abgear=
beiteten, schwachen Lehrers, verläßt die Jugend mit dem
14. Lebensjahre die Schule, ohne in den nöthigen Un=
terrichtszweigen mit den erforderlichen Kenntnissen für
das öffentliche Leben ausgerüstet zu sein.

2) Ist hier zur Erbauung und Hebung der Andacht
dem Gottesdienste immer noch kein Choral=Gesang ein=
verleibt, welcher bereits in einigen jüd. Gemeinden der
Provinz mit Bewilligung der jüd. Autoritäten zur voll=
kommenen Zufriedenheit eingeführt ist. —

3) Läßt man hier noch jedes Individuum als Vor=
beter fungiren und vertheilt am 9. Ab die Kinot und
Zionim an Leute, welche durch ihr Abtrillern und sehr
fehlerhaftes Lesen derselben die Andacht eher entwürdi=
gend stören, als heiligen.

4) Geht es hier bei Leichenbegängnissen gar nicht
anständig zu und zum Glücke ist die betreffende Leiche
wirklich todt, sonst würde sie sich über den Unfug zu
Tode kränken können.

Ist's auch dem Dahingeschiedenen seines bewußt=
losen Zustandes wegen gleich, wie er der Muttererde zu=
rückgegeben wird: so empört sich doch alles Gefühl über
die bei der Begleitung und Bestattung des Leichnams
vorkommenden Unordnungen.

Soll der Leichnam aus seiner Behausung nach dem
Gottesacker getragen werden, — ein Leichenwagen ist
noch nicht angeschafft — producirt bald der, bald jener
seine Wissenschaften durch die Belehrung, wie man den
Sarg anzufassen habe. Dort angelangt, wird die Wa=
schung vorgenommen, wobei die Bestatter, während die
Leidtragenden und Begleiter zuweilen eine Stunde war=
ten müssen, — hat der Leichnam drei Tage liegen müs=
sen — durch die üblen Gerüche den Keim des Todes
in ihren Busen streuen können.

Diesem Akte folgt der Reihe nach das Ankleiden.
Da hört man mit einem Male einer profanen Auktion
ähnliche Versteigerung desselben und würde man bei der
ersten Ueberraschung wähnen, an einen wirklichen Aus=
verkauf versetzt zu sein, wenn nicht die im Zellhause
der Ewigkeit abgeforderten, zerstreut liegenden Tribute,
deren man ansichtig wird, frappirend einen möchten,
daß hier aller Ein= und Verkauf ein Ende habe. —

Der Leichnam wird endlich ins Grab gesenkt. Aber
anstatt die Feier des Aktes und der Würde der Stätte
angemessene Stille zu beobachten, erhebt sich gar oft ein
Gemurmel und werden die Gebräuche mit solchem Eifer
recitirt, als wenn es sich um die Mittel zur Begründung
eines Menschen Glück handeln möchte.

Pesth, 4. Juli. Die Stellung der ungarischen
Juden ist so schwankend und vag, daß es höchst uner=
quicklich ist, darüber zu berichten. Durch die kroatischen
Unruhen fürchten sie, wie die christliche Bevölkerung,
einen äußern Feind, ich aber glaube, daß sie nur so
lange vor den innern Ruhe haben werden. Gebildete
Jünglinge aus den besten Häusern übernehmen freiwillig
den Waffendienst, die man sonst für unwürdig hielt,
als Nationalgarden Waffen zu tragen; andere werden
gezwungen, Weib und Kinder zu verlassen und gegen
die Grenze zu ziehen, alle spenden Geld und Kleinodien,
die Rabbinen thun es den Geistlichen vor und doch sind
unsere Auszipien schlecht. Die Judenfrage wird beim

nächsten Landtage · kaum zur Sprache kommen, weil unser freisinniges (?) Ministerium, meint man, Wichtigeres zu thun hat — und werden im ministeriellen Blatte Közlöny die Juden von der Pachtung der Kameralgüter ausgeschlossen. Die Herren waren wohl liberal insolange sie den Hirtenstab suchten. Unter solchen Verhältnissen denkt fast niemand an eine vernünftige Reform in der Synagoge, und absorbirt die Politik alle Aufmerksamkeit, die Alten klammern sich um so inniger an die herkömmliche Werkheiligkeit und gedenken der entschwundenen ruhigen Zeit und wünschen den alten Zustand herbei. So erpreßte mir neulich die Aeußerung Jemandes „Glauben Sie mir, seitdem wir die Freiheit haben, traue ich mich auf keine Gasse" Wehmuth, — und könnte man ähnliches oft hören. In St. Weißenburg ließ man den bereits in Angriff genommenen Tempelbau wieder fallen, weil solches von der christlichen Bevölkerung mißliebig aufgenommen wird, doch haben sie in ihrem bisherigen engen Betlokal einen Choral-Gottesdienst eingeführt und die Regina beim Lesen der Tora abgeschafft, so wie überhaupt der dortige Rabbine durch seine geistreichen Predigten den freisinnigsten Ideen Eingang verschafft. Hier (in Pesth) war zu Anfang des v. M. ein Zusammentritt mehrer Judengemeinden-Abgeordneten zur Besprechung des zum allgemeinen Besten beim nächsten Landtage zu unternehmenden, weil er aber nur unvollständig zu Stande kam, wurde auf reizlicher auf den 4. c. ausgeschrieben mit dem Bedenken, man möge bei der Wahl der Deputirten auf Intelligenz sehen. Herr Rabbiner Löw vertrat seine Gemeinde Papa, trug auf die Verbesserung unserer inneren Angelegenheiten an, was ihm als das vorzüglichste unbeweisbare Interesse gilt. Doch griff sein Vorschlag nicht durch, weil er vereinzelt da stand, und unser junges Israel meint, es müsse Alles, was ein Rabbiner anträgt, von sich weisen. Die Gemeinde zu Palota fängt bereits an einzusehen, daß ihr Rabbi für die Alten zu jung und für die Jungen zu alt sei; er hat in neuer Zeit die Semmelbrösel verboten. — In Weßprim ist das Embryo des Reformvereins bereits den Weg alles Fleisches gegangen, man weiß nur besser gedeiht er in Arad, wo ihm das Klima zuträglicher ist. Ad vocem Reformverein. Ein vaterländisches Blatt persiflirt diesen wie folgt: „Eine Reformgesellschaft sieht sich benöthigt, ihre sämmtlichen Vorräthe an ehrwürdigen (?) Satzungen, Geboten, Gesetzen und Gebräuchen um den billigsten Preis loszuschlagen und behält nichts als die Firmatafel zurück, die aber nach der Hand gegen vortheilhafte Bedingnisse hintangegeben wird."

Aus Mähren, 1. Juli. Der heitere Demokrit, Herr Rabbiner Schmiedl, macht sich in Nr. 24 Ihres allgemein beliebten Blattes über den schlichten Familianten lustig, greift ihn „in offenem Visir und eingelegter Lanze" stichfertig an, ob des Witzes und Hohnes dessen sich dieser gegen Mähren bedient haben soll; kämpfet gewaltig gegen innere und äußere Feinde, gebährdet sich als stünde Hannibal vor den Thoren und doch sind dies nur Mißgeburten seiner lebhaften Fantasie, ein Kampf gegen Windmühlen, da wir bloß in der friedlichsten Absicht die Mißstände und das unsäglichste Leid so uns niederbeugt, der Wahrheit treu geschildert, um die Fähigen zu einer ernsten Thätigkeit aufzurufen, in welcher Beziehung bis dahin nur wenig geschehen. Auch jetzt wissen wir bloß von der Adresse an Dr. Giskra, was wohl etwas aber noch nicht alles ist. Oder ist wirklich die Schild nur an uns, daß wir so düster schauen und ist der mährische Himmel, seitdem Sterne erster Größe an ihm prangen, wirklich nicht so trübe mehr, seine Bet- und Lehrhäuser hellerleuchtet und vom Kehricht gereinigt? Giebts keine 40 Jahr alte Pensions-Kandidaten und Kandidatinnen mehr? Werden die Emigranten nicht wie das Wild gehetzt, von Weib und Kind gejagt, wenn sie einer fremden Gemeinde angehörig; nennt man ihre Ehe, die vor Gott nach seinem Gesetze geschlossen, keine wilde mehr, und sind urplötzlich aus seiner Ungarischen — lauter Privilegirte, i. e. Familianten geworden? Wir könnten die traurigsten Beweise des Gegentheiles bringen, ja aus der nächsten Nähe des H. Sch. daß z. B. in Gewitsch junge (?) Leute auf Erlangung eines Heirathsprivilegiums oder zur Legitimirung ihrer Ehe und leiblichen ehelichen Kinder Tausende geopfert, bis sie endlich nach Jahren den Bescheid von der Allerhöchsten Stelle — giebt's doch auch einen allerhöchsten Ahriman — erhielten: Kompetent wird — lediglich abgewiesen, und geschehen solche erbauliche Historien auch in unserer Zeit nicht selten. Doch wollen wir dem Herrn Nationalgarden seine freundlichen Illusionen nicht rauben, sie ermuntern ihn zum Kampfe, und regt die Wahrheit mehr an und auf, er giebt uns Spaß für Kost; wenn das so seine Art seiner Gemeinde gegenüber, einer wie sie kaum sättigen. — Daß wir ihn schwach genannt, haben wir wahrlich nicht so arg gemeint, als er's in seiner Kampfbegeisterung aufnimmt und bedienten wir uns keines Feuergewehres, wo eine Windbüchse schon genügt; schwebte uns vielmehr beim Schlusse die Aeußerung Davids vor: אֲנִי הַיוֹם רַף וּמָשׁוּחַ מֶלֶך, darum wir ihm weniger Kraft als Muth zugetraut — und sein Schwager Neuda ist der nicht wirklich krank? Wir äußerten dieses mit Bedauern und mit unserer innigen Theilnahme, weil er stets einen biedern Charakter bethätiget, der Erste, der hierarchischen Uebergriffen widerstrebt, ja der Einzige der offen und ohne Furcht der Berufung „des edlen Hirschen mit hohem Geweih" sich widersetzt hatte, selbst auf die Gefahr hin, die Gönnerschaft Mannheimers, dem er doch Alles verdankt, zu verlieren und datirt sich auch seine Krankheit, wie männiglich bekannt, von der Wahlstätte — her, wir achten den Neuda. Der Dr. Duschak hat uns noch nicht von einem Uebel geheilt, — aber der בעל קרנים der Hirsch? Gestatten Sie uns eine Stelle aus einer getreuen Mittheilung hier anzuführen und Sie werden bald sehen, wie wenig uns trotz seiner vielgepriesenen Gelehrsamkeit der große Wurf gelungen, auch daß wir mit unsrem Oppenheimer, Placzek und Quetsch besser gefahren wären. Diese Stelle lautet: „der ehrwürdige Hr. Rabbiner (Hirsch) hat sich in Ansehung der politischen Wirren und in Anbetracht der zweideutigen Stellung in dem großen Kaiserstaate, in der letzten Samstagpredigt zu bemerken bewogen gefunden, daß nur ein festes Halten aller Zeremonien sie aus dem wogenden Strome der Zeiten zu retten im Stande sein könnte, daher er mit aller Strenge, (welche steht ihm denn zu Gebot?) darauf zu sehen beflissen sein wird und will, daß ja keine Frau mit ihrem eignen Haar sich blicken lasse, daß keine Mannsperson sich mit einem Messer rasire und daß beide Geschlechter sich streng des Trinkens christlichen Weines enthalten.“ — Was hält der Herr R. Sch. von diesem Breve unseres Pontifex maximus, meint er eine innere Emancipation thue uns weniger als eine äußere noth, wir müssen ewig gegen unsere Ueberzeugung leben, beten unsere Kinder erziehen? Was hilft es, daß der riesige Geistesmörder der Metternich darnieder liegt, insofern die Luft nicht rein vom Gifthauche seiner pygmäischen Nachtreter, seiner Schützlinge ist — und muß uns nicht recht traurig zu Muthe sein, wenn wir daran denken, ob es unsern Kindern gelingen wird, nach einer heuchlerischen Erziehung, umgeben vom trügerischen Scheine, zur lautern Erkenntniß der reinen Wahrheit sich aufzuschwingen? — Dennoch müssen wir die Klugheit des Hrn. Sch. loben, die ihm ein festes Zusammenhalten der Priester in einer Zeit, die diesem Stande nicht sonderliche Sympathien bewahrt, angerathen, ihm aber auch versichern, daß wir keine Jagd auf den Hirsch gemacht; sein System ist's, daß uns und Andern mißfällt. Schade also für das Prolegomenon, die eigentliche Medulla und die uneigentlichen fremdsprachlichen Brocken die wir mit Mühe im Kaltschmidt suchen müssen; wie kommt ein Benzionskandidat zu dem Engländer=Cicero? höchstens zu einem Rabbinen, um ein Benzions=Zeugniß, doch braucht auch dieses nicht mehr.

Der Familiant.

Wien, 11. Juli. In der gestrigen vorberathenden Sitzung des österreichischen Reichstages gewahrte man Dr. Fischhof, Dr. Goldmark und Prediger Jos. Mannheimer und diese Erscheinung schon giebt uns die Hoffnung, daß unsre Zukunft im großen Kaiserstaate eine heiterere sein wird. Dr. Mannheimer wurde vorläufig als Vice=Präsident der Versammlung bestellt, was er nur auf Bitten der Versammlung angenommen.

Moldau und Walachei.

Aus der Walachei, 10. Juli. Hier herrscht durch die gewaltigen Einflüsse Rußlands völlige Anarchie, da alle Welt weiß, wie der nordische Koloß die große Umwälzung hier zu Gunsten einer Freiheit hintertreibt. Die von Fürsten Bibesco in Folge eines großen Umschwunges gegebene Konstitution ist in Gefahr; denn in Folge der russischen Umtriebe ist Bibesco flüchtig und viele reiche Juden haben mit ihren das Land verlassen. Die ausgesprochene Emancipation der Juden bleibt bei solchen Umständen natürlich nur ein geschriebenes Wort.

Schweden und Norwegen.

Aus Norwegen, 4. Juli. In unserer Hauptstadt wurde bekanntlich ein Konstitutions=Komitee niedergesetzt, um eine Reform und Neugestaltung der Verfassung vorzubereiten. In diesem Komitee ist es nun mit 5 gegen 2 Stimmen durchgegangen, daß das bekannte barbarische Verbot, kein Jude dürfe sich in Norwegen aufhalten, aufgehoben werden soll. Die Härte und die Barbarei, mit welcher dieses Verbot zeither gehandhabt wurde, ist allbekannt und wir wollen uns auch dieses Sieges der Gerechtigkeit freuen.

Lieder eines Juden
von
Emil Lehmann.

IV.*
So lange will ich klagen.

„Wann endet Jud dein Trauerlied
Von Lasten und von Plagen?
Wann lernst mit ruhigem Gemüth
Du dein Geschick ertragen?
Erkennest unsere Milde an,
Die schon so viel für Euch gethan,
Wann hörst du auf zu klagen? —

So lange noch der letzte Rest
Von einem Ghetto modert,
So lang man Schutzgeld noch erpreßt,
Und Judensteuern fordert:
So lang noch Israels Geschlecht
Hinschmachtet ohne Menschenrecht —
So lange will ich klagen.

So lange noch im Trödelort,
Wo Juden Schacher treiben;
So lange wir noch hier und dort
Ohn' ehrend Handwerk bleiben;
So lang ohn' Ansehen, Stell' und Amt
Der Jud zum Wucher ist verdammt —
So lange will ich klagen.

*) Die 3 ersten Nummern s. Or. 1847 Nr. 27; ib. 1848 Nr. 24 u. 27.

So lang Ihr Grundbesitz uns wehrt,
Uns nicht wollt Bürger nennen;
So lang gehässig Ihr begehet,
Euch von uns abzutrennen:
So lang vor Neid und Haß Ihr glüht,
Und unsere Gesellschaft flieht —
So lange will ich klagen.

So lang Ihr Rechte uns gewährt,
Statt uns das Recht zu geben;
So lang wir vogelfrei erklärt,
Statt frei wie Ihr zu leben:
So lang Ihr statt Gerechtigkeit,
Gerechtigkeiten uns verleiht —
So lange will ich klagen.

So lange noch zum Schandmal man
Den Namen „Jude" brennet,
So lang sich Euer schämen kann,
Wenn man ihn „Jude" nennet:
So lang den Geiz man „jüdisch" schilt,
Und „Jude" gleich wie „Gauner" gilt —
So lange will ich klagen.

So lang noch Einer so gemein
Und einen Juden höhnet;
So lang noch Leute sich erfreun
Wenn's „Jude hep hep" tönet:
So lang man uns verschmäht, verlacht,
Spottlieder, Zoten, auf uns macht —
So lange will ich klagen.

So lang noch Einer von Euch glaubt,
Daß Brunnen wir vergiftet;
Daß Christenkinder wir geraubt,
Und Kriege angestiftet:
So lang die blut'ge, düstre Zeit
Des Judenmetzelns sich erneut:
So lange will ich klagen.

So lang Ihr unsre Religion
Nicht, wie wir Eure, achtet,
So lang Ihr sie mit Spott und Hohn
Als eitler Wahn verachtet:
So lange, was uns lieb und werth,
Ihr nicht mit heil'ger Scheu verehrt —
So lange will ich klagen.

So lang uns noch umgiebt die Nacht,
So lang wir nur geduldet;
So lang' Ihr es nicht gut gemacht,
Was tausend Jahr' verschuldet:
So lang Ihr uns nicht Freiheit gönnt,
Uns Bürger, Freunde, Brüder nennt,
So lange will ich klagen.

So lang noch eine Kett' uns zwängt
Noch eine Schrank' uns hemmt,
Ein Vorurtheil noch uns bedrängt
Und unsre Freiheit dämmet
So lang noch einen Unterschied
Man zwischen Jud' und Christen zieht,
So lange will ich klagen.

Und dämmert 'es nach langer Zeit,
Und fängt es an zu tagen,
Und sind die Wolken all' zerstreut,
Die um den Erdball lagen:
Zerfließt des Hasses mächt'ge Qual
Hin vor der Liebe sonn'gen Strahl —
Dann hör' ich auf zu klagen.

Und sind dann Jud' und Christ vereint,
Und lieben sich wie Brüder;
Und richten sie zum Herrn vereint
Der Inbrunst heil'ge Lieder:
Ist ein Hirt, eine Heerde nur,
Verschwunden aller Feindschaft Spur —
Dann sing' ich Freudenlieder.

V.
Nach dem Februar 1848.

Die Zeit ist da, die Nacht verschwand;
Seht hoch die Sonne ragen.
Gelöset ist des Druckes Band,
Drein Herrschsucht Euch geschlagen.
Wir standen treu bei Euch im Streit —
Nun da Ihr freie Männer seid
Nun sollten wir noch klagen?

Die Freiheit, sie ist allgemein,
Wie's Sonnenlicht, wie's Leben;
Sie ist die Eure nicht allein,
Sie ward auch uns gegeben;
Und wenn Ihr uns nicht Freiheit gönnt,
Dann zeigt Ihr, daß Ihr noch nicht könnt
Zur Freiheit Euch erheben.

Auf deutsches Volk, auf deutsches Reich!
Wollt Freiheit Ihr erringen,
Beweist's, ob Ihr vermöget Euch
Zu ihr hinaufzuschwingen:
Hebt auf den Glaubensunterschied,
Dann, dann will ich ein Jubellied
Von Deutschlands Freiheit singen.

Der kirchliche Verein für alle Religionsbekenntnisse in Leipzig.

V.

(Schluß.)

Durch diesen Bescheid war allerdings die Möglichkeit, zum Ziele zu gelangen, nicht ausgeschlossen. Wurde die von Anfang erlangte Genehmigung des Stadtraths als nicht ausreichend erachtet, so konnten nur noch die Stadtverordneten (welche man freilich bisher als berechtigte Vertreter der Kirchengemeinde nicht hat gelten lassen wollen) in Frage kommen. Stand nun ein abschlägiger Bescheid von Seiten dieses Kollegiums nicht zu fürchten, so würde dann die Gewährung der Kirche von Seiten der Königl. Kreisdirektion unter der Bedingung erfolgt sein, daß sich der israelitische Prediger aller (angeblich) „liturgischen Handlungen" enthalte. Auf einen gegen diese Beschränkung eingelegten anderweiten Rekurs an das Königl. Ministerium wäre nun allerdings ein abfälliger Bescheid wohl kaum zu fürchten gewesen.

Allein der Ausschuß hielt sich nun vielmehr verpflichtet, die beantragte religiöse Feier ganz aufzugeben. Zunächst war die Sache durch die Verhandlungen so weit hinausgezogen, daß der freie frische religiöse Eindruck, den die Feier früher gewiß gemacht hätte, nun um so mehr erschwert war, je mehr sich das nichts weniger als religiöse Gefühl, doch Recht behalten zu haben, eindrängen mußte. Dann war aber auch ein Werk, das ein religiöses Friedenswerk hatte sein sollen, durch die Wendung der Dinge zu einer Parteisache geworden. Der Verein, dessen letztes Ziel ist, unter den verschiedenen Religionsbekenntnissen Frieden zu stiften und Mißhelligkeiten und Mißverständnisse zu heben, mußte einen Gegenstand fallen lassen, der — weil auch ohne seine Schuld — zu einem Stoffe konfessioneller Zwietracht und Erbitterung geworden war.

Wenn ich mit voller Zuversicht die Erwartung ausspreche, daß die geehrte Versammlung diese Ansicht ihres Ausschusses zu der ihrigen machen wird, so kann ich ebensowenig unterlassen, mit voller Entschiedenheit und Bedauern auszusprechen, daß es so gekommen ist. Die beantragte Feier wäre aller Wahrscheinlichkeit nach eine im hohen Grade ergreifende und erbauliche geworden, für welche die inzwischen abgehaltene officielle Kirchenfeier wahrlich wenig Ersatz geboten hat! Auch bei einer so außerordentlichen und großartigen Begebenheit hat sich die Kirchenpraxis in dem gewöhnlichen Geschäftsgange halten zu dürfen geglaubt. Statt den nächsten Sonntag ohne weiteres für die beschlossene kirchliche Fürbitte anzuordnen und die Formulirung derselben dem religiösen und christlichen Gefühle der Geistlichen zu überlassen, hat sie im Namen der Kirche eine Formel verfaßt und den Geistlichen zum Ablesen zugehen lassen. Wird hier der Eindruck noch dadurch geschwächt, daß die Feier eine Woche verschoben werden mußte: so reicht die Anweisung, auch in der Predigt Beziehung auf die große Tagesfrage zu nehmen, um so weniger aus, weil das alles der großen Mehrzahl der Kirchenglieder erst in der Kirche bekannt wird! Auch in unserem Leipzig, wo doch durch den Kirchenzettel die Feste namhaft gemacht zu werden pflegt, fehlte für den Sonntag Rogate alle und jede Andeutung!

Die Bestrebungen des „kirchlichen Vereins für alle Religionsbekenntnisse" sind in der Gegenwart ganz gewiß berechtigt und zeitgemäß. Das gleiche politische Recht ist ein offenbares Unrecht, weil es auf bestimmte durch bestimmte Rechtsatzungen anerkannte Konfessionen beschränkt wird. Das gleiche politische Recht ist, selbst auf alle Konfessionen ausgedehnt, in seinem tiefsten Grunde nicht minder ein Unrecht, weil es nur als Zwang äußerer Nöthigung gewährt wird. Solche „Parität" ist keine Wahrheit, wenn sie auch in den Urkunden der Verfassungen verzeichnet stände. Die Wahrheit ruht nur auf einem inneren, geistigen, sittlich-religiösen Grunde. Sind die verschiedenen Religionsbekenntnisse, in Wahrheit gleich berechtigt, so sind sie's nur auf demselben allgemeinen Grunde der Religion und Sittlichkeit. Diesen tiefsten Grund herauszustellen, ihn nachzuweisen und geltend zu machen als dasjenige, was allein alle Formen und Formeln der Religion zur Wahrheit und zur lebendigen Berechtigung zu erheben vermag: das ist die Aufgabe des kirchlichen Vereins. Ueberzeugt, daß die kirchlichen Formen und Formeln weder je ganz entbehrt noch je zur Einheit gebracht werden können, daß sie aber auch mehr nicht sind, als Formen und Formeln, als bloße Mittel zum Zweck, die nie stabil werden dürfen: suchen wir ihnen ihr Recht zu sichern, indem wir ihnen ihr Unrecht, die ewige Seligkeit an sich zu knüpfen, nehmen. An einer Möglichkeit, entweder die andern alle zu der einen Konfession zu bekehren, oder alle zu einer neuen Konfession zu vereinigen, können wir, nachdem eine Geschichte von fast zwei Jahrtausenden hinter uns liegt, nicht mehr denken. Nur den Glauben können und dürfen wir nicht aufgeben, daß es möglich sein werde, die verschiedenen geistigen Einwohnerschaften dahin zu bringen, daß sie die auf demselben Felsengrunde aufgeführten verschieden gestalteten mehr oder weniger zweckmäßig eingerichteten Gebäude bereitwillig gewähren lassen, ohne daß sie sich der wirklichen oder vermeintlichen Vorzüge ihres Baues erfreuen, ohne den Nachbar den seinigen verleiden zu wollen! —

Dr. Theile.

Personalchronik und Miscellen.

Krakau. Aus Krakau haben wir durch Reisende vernommen, daß die dortigen Juden die Abschaffung der Fleischpachtsteuer durchgesetzt, wobei einer, Gemeindevorsteher L. X, der sich dieser Abschaffung mit aller Gewalt widersetzte, öffentliche Beschimpfungen und Katzenmusiken zu erdulden hatte. Der Rabbiner Meisels soll sich sehr gemein bei den dortigen Wahlen zum wiener Reichstag benommen haben, und setzte alle möglichen Machinationen in Bewegung, um seine Wahl zu befördern, was ihm aber mißlang, indem die jüd. Gemeinde eher den Dr. Jacobowsky (beiläufig gesagt, ein getaufter Jude) als ihren Rabbiner wählte; die Schafe brauchen keinen Hirten, und die Volkssouveränität steht über ihren Fürsten!

* * *

Brody. In Brody wurde Mannheimer gewählt.

Lemberg. In Lemberg soll es bei den Wahlen zu Schlägereien gekommen und Dr. Abraham Kohn soll on dit zu folge von den Orthodoxen tüchtig durchgeprügelt worden sein, wogegen die Anhänger des Predigers an einem Kandidaten der Orthodoxen Repressalien übten. O tempora o mores! —

Verlag von C. L. Fritzsche. Druck von J. H. Nagel.

Der Orient.

Berichte, Studien und Kritiken

Neunter   für   **Jahrgang.**

jüdische Geschichte und Literatur.

Das Abonnement auf ein Jahr ist 5 Thlr. Man abonnirt bei allen löbl. Postämtern und allen solid. Buchhandlungen auf ein Jahr.

Herausgegeben

von

Dr. Julius Fürst.

Von dieser Zeitschrift erscheinen wöchentlich das Literaturblatt mitgerechnet, zwei Bogen, und zwar an jedem Dienstag regelmäßig.

№ **31.**   Leipzig, den 29. Juli   **1848.**

Deutschland's vereinigte Staaten.

Frankfurt a. M., 15. Juli. Mitten in den Reichsverweser-Treiben hier komme ich mit der Mittheilung eines Todesfalls. Heute starb plötzlich die Gattin des Barons A. v. Rothschild, des greisen Chefs des hiesigen Hauses, in Folge eines Lungenschlags. Es wird wohl viel Geld an Arme vertheilt werden, aber es möge auch den alten Anschel einfallen, etwas Ordentliches mit dem Gelde zu thun, und wenn es ihm nicht einfällt, so möge er es sich von einiger Vernünftigen sagen lassen.

Berlin, 16. Juli. Der einstweilen für den Kultusminister fungirende Hr. v. Ladenberg hat unterm 14. Juli, in Folge einer an ihn gerichteten Anfrage wegen der Zulassungs-Berechtigung jüdischer Gelehrten zu den akademischen Lehrämtern, verfügt, daß er auch jüdische Gelehrte als zulassungsberechtigt anerkenne, insofern nicht die Natur eines solchen Lehramts das christliche Bekenntniß nothwendig voraussetzt. Den Israeliten Preußens haben sich somit an den Hochschulen ihres speciellen Vaterlands neue Bahnen geöffnet, wo sie ihre geistigen Kräfte, ihr Wissen zum Wohl des Ganzen werden verwenden können; Breslau, Berlin, Halle, Königsberg u. s. w. werden sich nun auch den Israeliten öffnen, und der preußische Staat wird endlich einsehen, was wir übrigens schon längst gewußt, daß er dadurch noch nicht unterzugehen braucht.

che. Hoffentlich wird bei dieser Gelegenheit auch die jüdische Wissenschaft in den Kreis der Studien eingeführt und somit durch Männer dieses Fachs vertreten werden.

Posen, 12. Juli. Aus russischen Blättern vernimmt man, daß in der neuesten Zeit einige mildernde Ukase, die Juden betreffend, erschienen, was auf Aenderung des alten starren judenfeindlichen Systems schließen läßt. Die Juden dürfen jetzt zur Messe nach Moskau auf sechs Wochen reisen, während sie früher diese Moskowiten-Residenz nicht betreten durften. Ebenso ist es den transkaukasischen Juden gestattet, bei den dortigen Staatspachtungen mit zu konkurriren, was früher auch nicht der Fall war; vorzüglich aber merkt man eine Milderung in Bezug auf die Behandlung von Seiten der Beamten. Auch das jüdische Schulwesen in seiner neuesten Reform schreitet dort bedeutend vor.

Wien, 12. Juli. Wenn ich jetzt nicht mit einer Mittheilung irgend einer Thatsache, sondern mit einer Betrachtung komme, so werden die geehrten Leser des „Orient" es hoffentlich nicht weniger gut aufnehmen, zumal der Inhalt dieser meiner Betrachtung ebenfalls zur Tagesfrage werden muß. Der Gegenstand dieser Betrachtung ist ein Wort über Erhaltung und Fortbildung im Judenthume, über die scheinbaren Gegensätze in demselben. Erhaltung und Fortbildung sind die Losungsworte des heutigen Judenthums; Erhaltung und Fortbildung die Parole, die man allenthalben hört und

31

um die sich so viele Fragen und Zweifel, in der jüdischen Jetztzeit erheben; Erhaltung und Fortbildung! Wer möchte es übernehmen, diese zwei Töne in Harmonie und Einklang zu bringen, daß sie zu einander aufgehen, sich verschmolzen und eine neue Gestaltung bilden, die für Zeit und Dauer, der Wahrheit gemäß ausfalle! Wo ist der Lehrer und Meister, der diese Aufgabe, die sich so oft im Leben wiederholt, zu lösen im Stande ist? — „So gewahren wir in einem hiesigen Blatte den Wunsch ausgesprochen, wegen Beleuchtung und Lösung der jetzt überall zur Sprache kommenden religiös-politischen oder politisch-religiösen Frage in Betreff gemischter Ehen, ob sie vom Standpunkte unserer Religion zulässig seien oder nicht, deren Lösung sich jedoch, wie es dort heißt, „vor der Schularena wegbegäbe, und mehr auf praktischem Boden bewege, Vor- und Nachtheil eher in Erwägung ziehe, als Schriftdeutung und Sylbenstecherei.‟

Müssen wir es zwar von Vornherein als durchaus ungeeignet und höchst unzweckmäßig, ja sogar als nachtheilbringend bezeichnen, daß die Lösung religiöser Fragen vor das Forum der politisch-socialen Journalistik gebracht werde; hat es auch die Erfahrung zur Genüge gelehrt, wie gering und winzig der Nutzen öffentlicher Polemik sich herausgestellt gegen den ominösen Schaden der Zwietracht und der Zerfallenheit, welche sie im Judenthume herbeigeführt: nicht zu gedenken der Verirrungen und Mißverstände, zu denen sie nur zu oft Anlaß gegeben, und was des Uebels mehr war, daß das Lesepublikum am Ende gar nicht gewußt, wohin es sich zu wenden habe, wessen Stimme es hören und wem es ein geneigtes Ohr leihen sollte: so können wir doch nicht anstehen, unsere Ansicht über den fraglichen Gegenstand, offen und unumwunden auszusprechen, zumal sich ja, nach obiger Aufforderung, die abzugebende Erklärung vor der Schularena fern halten und mehr auf praktischem Boden bewegen soll. Sonderbar, ungemein sonderbar! Es soll dieser Gegenstand vom Standpunkte der Religion beleuchtet werden, und doch soll die Erörterung nicht auf dem Gebiete der Religionsgesetze und Vorschriften, sondern auf praktischem Grund und Boden gepflogen werden, soll mehr auf Berechnung der Vor- und Nachtheile, als auf Schriftdeutung und Sylbenstecherei basiren; dieses überbietet die Forderung, Erhaltung und Fortbildung in Einklang zu bringen, noch um Vieles. Indessen wir leisten Folge, und wollen vor der Hand besagten Gegenstand von der praktischen und politischen Seite beleuchten.

Es unterliegt keinem Zweifel, daß Harmonie und Eintracht in Geist und Sinn zwischen Ehegatten die unbedingtesten Erfordernisse des häuslichen Friedens sind, von welchem einzig und allein alle irdischen Freuden abhängen, in welchem jede Glückseligkeit ihren Ursprung hat. Harmonie und Eintracht können aber nur da

eine Stätte finden, wo die Ansichten über gewisse Lebensfragen, seien sie weltlicher oder geistiger Natur (insofern sie auf die Lebensverhältnisse Einfluß haben), nicht getheilt und verschieden sind, nicht aber wo verschiedene Denkungsarten, Meinungen und Ansichten herrschen, wo die Wahrheiten des Einen von dem Andern verworfen und als Lüge bezeichnet werden, und diese Lüge von dem anderen Theile wieder als das Ideal der Wahrheit anerkannt wird. Und daß Glaube und Religionsbekenntniß für Jedermann eine der wichtigsten Lebensangelegenheiten ist, wird wohl doch Niemand bezweifeln und in Abrede stellen.

Demnach ist leicht zu ermessen, wie sehr der häusliche Friede da gefährdet sein würde, so Mann und Weib in ihren heiligsten Interessen getheilten Sinnes und getheilter Meinung wären, falls denselben der Name und Begriff der Religion entweder ganz oder doch wenigstens zum Theil nicht fremd geblieben ist. Es müßte nothwendiger Weise entweder das heilige Band der Religion, oder das heilige Band der Ehe, wo nicht ganz gelöset, doch mindestens das eine auf Kosten des andern gelockert werden.

Wie stünde es aber auch überhaupt um die Familienbande zwischen Eltern und Kindern, zwischen Brüdern und Schwestern, so der Bruder in einem andern Glauben erzogen wird, als die Schwester, der Sohn in einem andern als die Mutter, die Tochter in einem andern als der Vater? Und wie stünde es da um die religiöse Erziehung der Kinder, so der Vater der Mutter Heiligthümer, die Mutter des Vaters Heiligstes geringschätzt und verachtet? Ist es da noch im Bereiche der Möglichkeit, daß es den Eltern gelingen könnte, religiöses Gefühl und Sittenreinheit in den Herzen der Kinder zu befestigen, oder auch nur deren Sympathien bei ihnen zu wecken?

Zu wie vielen Mißhelligkeiten würde die Doppelfeier, der Sonnabends und die des Sonntags führen; was für Zerwürfnisse durch die verschiedenen Fest- und Feiertage, durch die Speisegesetze entstehen, so beide Ehegatten, wie ihre Kinder beiderseitigen Geschlechts über die Religions-Vorschriften — und dieses müssen wir doch wohl voraussetzen — und deren Observanzen nicht ganz den Stab gebrochen?

Man denke sich die strenge Vorschrift über das Wegräumen Alles und Jedes von gesäuertem Brode an den Ostertagen aus den Wohnungen; die Observanzen der Seder-Nächte, gegenüber der Beobachtung, des von der katholischen Kirche so unzertrennlichen Gebrauche der Hostie; wenn nun die eine Ehehälfte auf den Gebrauch dieses heiligen Abendmahls, die andere aber auf die Wegräumung alles gesäuerten Brodes dringen würde, welche Zerwürfnisse müßten hier entstehen?

Es würde uns zu weit führen um alle derlei Fälle aufzuzählen, die unumgänglich ähnliche Konflikte erzeu

gen müßte, wir erlauben uns nur noch den einen Umstand heraus und hervor zu heben. Bei dem Eingange
einer Judenwohnung soll, nach religiöser Vorschrift, die
auf Einheit Gottes und dessen allwaltende Vorsehung
bezügliche Bibelstelle — Mesusa genannt — befestigt
sein, und beim Eingange einer Christenwohnung soll
das heilige Weihwasser sich befinden; welches von beiden soll nun bei einer Mischehe den Platz behaupten,
und welches weichen? oder sollen beide zugleich bestehen,
beide gleich nicht bestehen?

Aus allem Besagten können wir die Absicht und
das Motiv des Gesetzes לא תתחתן בם erkennen, „Ver-
schwägere dich nicht mit ihnen, gib deine Tochter nicht
seinem Sohne, und nimm seine Tochter nicht für deinen
Sohn" (5 M. 7, 3), wenn uns ein Recht zustünde
in die Absichten Gottes und seiner Gesetze einzudringen;
doch wir sagen mit dem Propheten מי עמד בסוד ה'
„Wer und wo ist der Sterbliche hienieden, der mit des
Ewigen Absichten vertraut ist?"

Der Einwurf, daß auch außer dem Religionsunter-
schiede, durch Verschiedenheit des Standes, des Alters,
des Vermögens, der Bildung unglückliche Ehen entstehen
können, ist schon dadurch vollkommen grundlos, indem
alle diese Differenzen, so sie auch bereit stattfinden,
dennoch der Wichtigkeit der Religion bei weitem nicht
gleich kommen und mit derselben parallelisirt werden können, da ja gegenseitige Neigung weit leichter jene
Verschiedenheiten auszugleichen vermag, als die der Religion. Uebrigens warnet auch der Talmud und die Kasuisten vor unverhältnißmäßigem Alter (Sanhedrin fol. 76. S. 2. Eben ha-Eser 2, 9), auch auf
Gleichheit der Bildung soll wo möglich, nach ihrem An-
rathen, Rücksicht genommen werden; Vermögen und
Stand bleiben unerwähnt, weil das Judenthum nie
diese Vorzüge als solche anerkannt hat.

Das Judenthum hat sie nicht anerkannt, wird sie
auch nicht anerkennen, es verdankt dem seine Erhaltung
durch mehr als 3000 Jahre, trotz aller Stürmen der
Zeiten, die an ihm vorübergezogen; und weil an dasselbe die Worte gerichtet werden, wie sie einst der chiwische Fürst an die Söhne Jakobs gerichtet: „Ver-
schwägert euch mit uns, gebt uns euere Töchter und unsere Töchter nehmet euch, ihr könnt bei uns wohnen, das Land soll euch offen sein, besetzt
euch, ziehet darin herum und erwerbt darin,"
so wird es auch jetzt wie den Söhnen Jakobs antworten: „wir können dieses nicht thun, daß wir unsere
Schwester einem Manne geben, welcher eine Vorhaut
hat ꝛc.; jedoch alsdann wollen wir euch zu Willen sein,
so ihr auch sein wollet wie wir" ꝛc.

Es hat allen Gefahren getrotzt, allen Verlockungen
widerstanden, stets eingedenk der göttlichen Verheißung,
mit der es ins Leben getreten und darin hat es sich
erhalten stark und kräftig, darum ist es nicht untergegangen in den Stürmen und Strömen der Zeiten, darum sich erhalten bis auf den heutigen Tag.

Nicht umsonst gerieth daher Pinchas in Eifer gegen
Simri, einen Fürsten in Israel, als sich derselbe vor
der Midjanitin zu Laster verleiten ließ; und der große
Schriftgelehrte Esra war über dein Vergehen, das sich
das jüdische Volk zur Zeit der babylonischen Gefangenschaft, hat zu Schulden kommen lassen, so entrüstet, als
eben über das Amalgamiren mit fremden Völkern. „Ihr
habet euch vergangen, sprach er, und fremde Weiber genommen, um Israels Schuld noch zu vermehren, wohlan denn! leget dem Ewigen, dem Gott eurer Väter
ein Bußbekenntniß ab, thuet seinen Willen, trennet euch
von den Völkern des Landes und von den fremden Wei-
bern". Auf gleiche Weise hören wir Nehemia erzählen,
welche energische Mittel er in Bewegung gesetzt gegen
das Vorgehen der Amalgamation. „Ich haderte mit
ihnen, verwünschte sie, schlug einige von ihnen, raufte
sie bei den Haaren und beschwor sie bei Gott, daß sie
nicht geben ihre Töchter den fremden Söhnen und nicht
nehmen von jenen Töchtern für ihre Söhne oder für
sich."

Und als der Gottbegeisterte Esra so geeifert, antwortete die ganze Versammlung und rief mit lauter
Stimme: Es sei, wir wollen thun was du verlangst."
Sie ließen dieses aber nicht nur beim Versprechen be-
wenden, sondern erfüllten mit aller Bereitwilligkeit, was
sie angelobt hätten; hatten sie sich aber etwa dadurch
die Gehässigkeit der Völker zugezogen, oder die Leiden
ihres Exils vermehrt? ihren Schmerz verschärft? Nein,
gerade das Gegentheil beweist uns die Geschichte. Die
Befreiung von ihrer Gefangenschaft und die Wiederein-
setzung in ihre Rechte, folgen unmittelbar auf diesen
Separatismus.

Lazar Horwitz, Rabbiner in Wien.

Berlin, 18. Juli. Es bestätigt sich, daß unser
Glaubensgenosse, Dr. Kosch, Arzt in Königsberg, der
in der Nationalversammlung nicht zur Linken sondern zum
Centrum gehört, vom Staatsministerium für die Uebernahme
des Kultusministeriums designirt war. Der Umstand
jedoch, daß er jüdischer Religion ist, und bei aller
Emancipation diese Stelle als Kultusminister für einen
Israeliten bei der Bevölkerung Bedenken erregen könnte,
wurde an seiner Stelle Prof. Rosenkranz berufen.
Fast hätte Preußen dieselbe Erscheinung wie Frankreich
dargeboten, wo Crémieux und Goudchaux im Ministerium gewechselt und für Preußen wäre dies um so
bedeutender, als gerade früher diese Stelle ein Mann
bekleidete, die die unsinnige Idee von einem christlichen
Staate mit den traurigsten Konsequenzen festgehalten.
Johann Jacoby hat durch seinen hervorstechenden Radikalismus vor Früher keine Aussichten in das Ka-
binet zu kommen, so sehr er es auch durch seine Befähigung verdient. Sein Doppelantrag, den er vor

31 *

Kurzem gestellt, hat ihm viele Herzen, und nicht mit Unrecht, abgewendet.

Prag, 12. Juli. Es thut mir herzlich leid, daß ich aus dem Ghetto der Hauptstadt Libussa's nur wenig Erfreuliches zu berichten vermag, und noch unangenehmer ist es mir, daß ich im Angesichte der Judenheit Deutschlands unsere Gemeinde sammt ihren Führern der unverzeihlichsten Fahrlässigkeit, der Feigheit und des knechtischen Sinnes anklagen muß. In einer so furchtbar bewegten und zerklüfteten Zeit, in der alle Juden Deutschlands sich muthig erheben, die schweren Fesseln der Knechtschaft abzuschütteln, in der man allenthalben die Bekenner des Judenthums in die Speichen der sich neugestaltenden Geschichte eingreifen sieht, ist Feigheit und Fahrlässigkeit ein gar nicht zu sühnendes Verbrechen und dieses Verbrechen lastet schwer auf der hiesigen Gemeinde. Unsere jüdische Gemeinde zählt an 10,000 Seelen und Niemand in dieser Myriade steht auf, der schneckengängigen, trägen Masse mit feuriger Zunge das Geheimniß der neuen Zeit zu lehren; Niemand verkündet als Herold der Freiheit, was jetzt vorzüglich zu thun und zu erstreben. Denn hier ist alles öde und wüst, wie das Chaos, und in Bezug auf Orthodoxe und Aufgeklärte, die sich sonst in kleinlichen Neckereien geltend machten, mochte man an unzählten treffenden Spruch Jatam's geltend machen, daß die einen wie die andern nicht taugen. Nach den schönen Märztagen, die eine ganze alte Welt begraben, wußten unsere Leiter und Führer weiter nichts zu thun, als ein geistloses, aller Begeisterung und Liebe baares Komité niederzusetzen, mit dem angeblichen Zwecke, die Schritte zu berathen, um eine zeitgemäßere Stellung der böhmischen Juden zu erzielen. Dieses vorläufige Komité, aus 36 Männern bestehend, die am 11. Juni in dem jüdisch-böhmischen Landhause zusammengekommen, anstatt fest und entschieden die heilige Sache der Juden Böhmens in Angriff zu nehmen, da in seiner Mitte ohnehin die verschiedensten Gegenden Böhmens vertreten waren, wußte im Drange der Zeit nichts weiter zu thun, als sich für inkompetent zu erklären. Er erließ einen Aufruf, der außer seiner komischen Sprachschnitzern eine fabelhafte Unkenntniß der Zeit und ihrer Bedürfnisse bekundet. Dem Protokolle zufolge wurde beschlossen, daß für jeden Kreis von den dortigen Judenschaften zwei Vertrauensmänner nach Prag abgeordnet werden sollen, um daselbst am 5. Juli als ordentliches Komité zusammenzutreten. Aber ungeachtet dieses wirkliche und definitive Komité in sich selbst die ganze Judenheit Böhmens repräsentirt, wurde doch der unsinnige und höchst lächerliche Beschluß gefaßt, daß nicht das gedachte Komité für alle Wünsche der jüdischen Gemeinde sorgen, sondern jede Gemeinde kann nun für sich Petitionen u. s. w. emittiren. Mit Recht fragte sich Jeder, wozu dieses aus Deputirten entstandene Komité überhaupt, wenn jede Gemeinde für sich petitioniren soll? Wozu die nochmalige Wahl; da doch das erste Komité sich fest konstituiren konnte? Wozu überhaupt ein Dissens, eine Zweispältigkeit, wo das Bedürfniß so klar vorliegt? Welcher böhmische Jude könnte vernünftiger Weise ein anderes Ziel, ein anderes Interesse haben als vollständige Emancipation, worin schon Freizügigkeit, Abschaffung von Judensteuern u. s. w.? Und konnte diese Wirksamkeit nicht das kleinste Komité in Prag übernehmen? Alle diese Fragen legte man sich vor und an eine Beantwortung ist gegenwärtig nicht zu denken, da das Komité aus Personen besteht, die das Pulver nicht erfunden haben. Zu dieser Dummheit des ganzen Unternehmens kam noch die Perfidie des Prager Theiles des Komité, das aus 21 Mitgliedern bestehend die Mehrheit bildete. Diese Klasse wollte um jeden Preis die Interessen der Hauptstädter von denen der Landjudenschaft getrennt wissen, und diese schmachvolle Trennung machte sich bei jedem Gespräche bei jedem Beschlusse geltend. Es wird nun besser sein, wenn in der That jede Gemeinde im Allgemeinen um vollständige Emancipation bittet, ohne erst sich auf Specialitäten einzulassen und ohne erst auf das Komité zu warten, das höchst wahrscheinlich nichts Vernünftiges herausbringen wird. — Ueber unsere unglückliche Wahl werden Sie vielleicht aus den Blättern schon erfahren haben; schwerlich jedoch werden Sie wissen, daß Dr. Strobach blos für die Judenstadt gewählt ist. Aus dieser Wahl, wenn Sie die Beschränktheit der politischen Ansichten in unserer Mitte, die Taktlosigkeit in dem Verfahren der Gemeindemitglieder und den Mangel an eine ordentliche Belehrung über die Zeitverhältnisse erblicken. Die Wahl an sich, welche am 8. Juli Sonnabend vor sich ging, gab übrigens noch überdies großen Anstoß, weil Juden die Schreiber waren. Es gab Stoff zu einem Gemeindeklatsch auf einige Tage. — Ein großes Unglück für die hiesigen Juden ist, daß sie wahrhaft als Fremde sich geriren, weder den Deutschen noch den Czechen sich anschließen, sodaß sie von beiden Nationalitäten im Innern verachtet werden, und nur wo es gilt, sie zu sich herüberzuziehen oder unschädlich zu machen, da heuchelt die Stimmführer eine herablassende Humanität. Der Jude soll aber wissen, wohin er gehört; er muß, wenn er nicht wie eine Giftpflanze aus dem europäischen Boden gerissen werden soll, einer Nationalität mit eben so glühender Liebe anhängen, wie seinem Glauben, und wenn in der Emancipationsfrage die Gegner diesen Schmutzfleck aufdecken, dann werden noch Kindeskinder das große Wehe der Vereinsamung fühlen. Die Juden Böhmens sind Deutsche; bevor noch die Czechen in wilden Zügen in dieses schöne Land einbrachen, waren schon Juden aus dem Westen Deutschland's hingekommen. Die Juden Böhmens sind Deutsche, wie eine achthundertjährige Geschichte der Juden daselbst beweist; die Juden sprechen von jeher daselbst deutsch wie die Böhmeuer, und erst spätere slavistische Stürme haben das deutsche Leben dort getrübt. Aber so gewiß es ist, daß das deutsche Element immer dort die Oberhand behalten wird, so entschieden das Deutsche siegen muß, da es ja nur durch diplomatischen Verrath in seiner Entwickelung gehemmt wurde, ebenso ist es nothwendig, daß die Juden zu den Deutschen zählen müssen. Das Czechenthum ist eine künstliche Pflanze eines von Rußland ausgeheckten panslavistischen Strebens, weder in Kultur, noch in Industrie, noch in der Literatur haben die Eiferer des Czechenthums einen natürlichen Boden, und für Juden ist das Koketiren mit der czechischen Sprache u. s. w. ein Verrath. Leider hat die Schwachköpfigkeit in unserer Jugend solche Verrätherei gezeigt, und Niemand ist da, der über die wahre Sachlage aufklärt. Unsere Rabbiner und Prediger sind mehr als orthodor, sie sind auf dem Gebiete der Tagesfragen nicht heimisch. Prediger und Vorsteher und viele andere haben in den schrecklichen Tagen der Entscheidung das Hasenpanier ergriffen, andere haben Tehillim gesagt, Keiner trat mit Würde auf. —

Frankfurt a. M., 18. Juli. Unter den Anträgen, die heute in der deutschen Nationalversammlung vorgekommen, ist auch einer vom Abgeordneten Schuselka, die Juden betreffend. Er verlangte nämlich, daß die Nationalversammlung vor weiterer Berathung der Grundrechte die völlige Gleichberechtigung der Juden für eine Ehren- und Gewissenspflicht der deutschen Nation erkläre. Die Mehrheit fand diesen Antrag nicht so dringend, um ihn sogleich begründen zu lassen und er wurde mit andern Anträgen abgeworfen. Es ist in der That nicht nöthig, daß ein besonderer Antrag darüber gemacht werde, da die Emancipationssache in den Grundrechten des deutschen Volkes schon eingeschlossen ist und die Nationalversammlung hat auch für andere Rechte die Gewissenspflicht einzustehen. — Der geheime Staatsrath Dr. H. K. Jaup, der schon im Vorparlament auf Emancipation der Juden angetragen, ist für Hessen-Darmstadt zum Minister des Innern ernannt.

Wien, 16. Juli. Ich erlaube mir, Ihnen einige kurze Notizen, wie sie die Zeit darbietet, einfach und schmucklos mitzutheilen. In den Leopoldstädter Wahlbezirke traten als Kandidaten zu Reichstagsdeputirten unsere Glaubensgenossen Dr. Lud. Aug. Frankl, Bankdirektor Freiherr v. Eskeles, Dr. Goldmark und und Dr. Köck, Arzt u eben anderer auf. Jeder dieser Herren hatte eine Anzahl Stimmen, ohne daß jedoch einer von ihnen wirklich gewählt wurde. Als der ehemalige Minister Pillersdorf ebenfalls bei einer Versammlung der Wahlmänner sich eingefunden und durch seine Rede großen Beifall einerntete, interpellirte ihn Dr. Frankl, welcher den Vorsitz führte, in Bezug auf die Emancipationsfrage, und der gewesene Minister äußerte, daß er in der Judenfrage mehr eine kon-

fessionelle als eine politische Angelegenheit sehe, ohne daß er jedoch zweifle, daß der Reichstag die konfessionelle Gleichstellung aussprechen werde. Die Antwort befriedigte jedoch nicht, da bekanntlich diese Frage rein politischer Natur ist. — Seit dem 1. Juli erscheint hier eine großartige Handelszeitung, wobei Hr. Josef Wertheimer es unternommen, tägliche Berichte über Handel, Industrie, Börse u. s. w. zu liefern. Diese Geschäftsberichte erscheinen, der Schnelligkeit wegen, lithographirt. — Von der hebräischen periodischen Schrift Kochbe Jizchak, redigirt und herausgegeben von M. E. Stern, ist das zwölfte Heft bereits erschienen und laut Ankündigung werden von nun an auch deutsche Aufsätze, soweit sie das religiöse, sittliche und wissenschaftliche Leben des Judenthums betreffen, Aufnahme finden. — Die Brüder Szánto (Josef und Simon), durch ihren trefflichen hebräischen Kommentar, genannt חללהו, zum Pentateuch bekannt, wie nicht minder durch anderweitige schriftstellerische Arbeiten, haben sich entschlossen eine Pensionsanstalt zu errichten, die im Geiste der Zeit und des Judenthums wirken soll. Die hier allgemein geachteten Dr. Männheimer und Dr. L. Breuer wollen sich, wie ich höre, dieses Instituts eifrig annehmen, und es wäre demselben ein Gedeihen zu wünschen. Bei dem Namen Breuer fällt mir Ed. Breier ein, weil auch der Name anders geschrieben ist, dessen letztes Büchlein: „Alt- und Jung-Israel. Sittenbilder (Geld und Herz — Jüdische Sprüchwörter in erzählender Form — Erzählungen beim Federschleißen) Wien, 1848, 8." eine kurze Anzeige in Ihrem Blatte wohl verdiente. — Der Auswanderungs-Verein, von welchem man so behaupten muß, daß einige geachtete Namen an dessen Spitze stehen, wird, wie ich Ihnen mit Bestimmtheit versichern kann, ohne alle praktische Wirksamkeit sein, und wird höchst wahrscheinlich mit einer kolossalen Lächerlichkeit seine Thätigkeit beschließen. Eine Kritik seiner 13 Glaubensartikel oder vielmehr seiner 13 Paragraphen des Programms werde ich Ihnen nächstens einsenden. — Von der monatlich in einem großen Bogen erscheinenden hebräischen Zeitschrift מבשר ירושלם, die, soviel ich sehe, Is. Reggio redigirt, ist weiter nichts, als der erste Bogen erschienen; der geistige Bankerott scheint zu früh ausgebrochen zu sein.

Köln, im Juni. Durch einen eigenthümlichen Zwischenfall haben wir erfahren, daß das Ehrenrecht als Geschworener zugelassen zu werden, uns eigentlich niemals entzogen war und bloß die strafbare Eigenmächtigkeit der früheren Behörden mit solcher nichtswürdigen Entschiedenheit uns dies entzogen, daß wir am Ende selbst glaubten, es wäre durch irgend ein Gesetz ausgesprochen. Hr. Abr. Ochse-Stern hier kam bei dem jetzigen Regierungspräsidenten v. Raumer ein, um Zulassung zu diesem Ehrenrechte und benannter Regierungspräsident ertheilte am 15. Mai die schriftliche

Antwort, daß nie eine Verfügung vorhanden war, durch welche die Ausschließung der Juden von Geschworenen-amte ausgesprochen worden wäre und die Unterbehörden, welche die Verzeichnisse bis jetzt mit Ausschließung der Juden angefertigt, hätten blos nach schmählicher Will-kür gehandelt. Man sieht, daß es sehr vortheilhaft wäre, wenn sich hier ein Verein zur Bewachung der gleichen Rechte der Juden sich konstituirte, damit nicht unnöthigerweise die Rechte unserer Glaubensbrüder ge-schmälert werden.

Schloß Zülz, (in OS.), im Juli. Der hie-sige jüdische Gutsbesitzer, Herr Berliner, sucht eine schöne Idee, die Gründung einer jüdischen Ackerbau-Colonie, zu verwirklichen. Ein Aufruf, worin diese Idee sich ausspricht, und der hier unten folgt, giebt die nähe-ren Bedingnisse und Umstände an, nach welchen diese Ackervertheilung statt finden sollte, und diese sind in so billiger, humaner Weise gemacht, daß man herzlich wün-schen muß, eine große Anzahl jüdischer Proletarier, deren es leider gerade in der Gegenwart viele giebt, von diesem schönen Anerbieten Gebrauch machen möchten. In dem Ackerbau liegt ein großer Segen für das Juden-thum, für die Judenheit und für die Realisirung der Emancipation, und die israelitischen Gutsbesitzer, von ihren christlichen Kollegen sonst nicht immer brüderlich angesehen, gewinnen als Wohlthäter, was sie sonst von neidischen Nachbarn verlieren. Auch die religiöse Reform wird erst wahrhaft möglich sein, wenn ein Theil der Juden, zurückgegeben der Natur, dem Ackerbau sich widmen wird; denn als Landmann und im Kreise jüdi-scher Landleute lebend, müssen manche Gesetze sich ganz anders gestalten. Möge Hr. Berliner auf diesem Wege seinen Glaubensgenossen Erleichterungen oder Wohlthaten anzubieten fortfahren; dieser praktische Weg führt sicherer zum Ziele als der eifervolle Reformbetrieb, der höchstens den Zelotismus und den Fanatismus reizt, aber keinen Segen bringt. Hier folgt der Aufruf:

Für Juden, welche sich dem Landbau widmen wollen.

Der Unterzeichnete wünscht auf seinem Gute Kirch-berg im Falkenberger Kreise, auf dem zum Vorwerke Sorgenfrei gehörigen Terrain unter Ueberlassung von 3 bis 6 Morgen Land an je eine Familie eine Kolonie für etwa CO Familien zu gründen, welche zu Ehren unseres Mendelssohn, dessen Namen sie führen soll. Glückt das Unternehmen, so soll noch eine zweite, nach unserm Jakobsohn benannt, gegründet werden.

Das Unternehmen ist nun zwar zunächst nur für Juden berechnet, welche sich dem Ackerbau zuwenden wollen, doch ist der Unterzeichnete weit entfernt, die Ju-den isoliren und keine Christen, welcher Konfession sie auch immer angehören mögen, in die zu gründende Ko-lonie aufnehmen zu wollen, sondern es liegt ihm viel-mehr daran, besonders und recht viele Juden für den Ackerbau zu gewinnen. Demgemäß wird er also ebenso bereitwillig Juden, sowohl alter als neuer Richtung, wie auch Christen aufnehmen und sich freuen, zu einer wahrhaften Verbrüderung unter ihnen möglichst beitragen zu können.

Auch wird er den künftigen Kolonisten gern die Niederlassung möglichst zu erleichtern suchen und erbietet sich hiermit, den nur einigermaßen Bemittelten Land auch käuflich zu überlassen, wenn er sich getraut, mit jährlichen Rentenzahlungen aufzukommen, oder gegen Erbzins, wofern er sich nicht im Stande fühlen sollte, dasselbe binnen einigen Jahren in kleinen Raten bezahlen zu können. Der Kaufpreis oder die Höhe des Grund-zinses soll durch die vereideten Kreis-Sachverständigen bestimmt werden.

Weniger Bemittelten soll sogar Bauholz und Ma-terial nebst Brennholz, Behufs Anfertigung von Ziegeln, sowie die erforderlichen Sämereien entweder auf mehr-jährigen Kredit oder ebenfalls gegen einen zu bestimmen-den Erbzins verabfolgt werden. Ist der Anbauer zu-gleich Professionist, so soll beim Bau der Gebäude auf die erforderliche Lage und Einrichtung billige Rücksicht genommen werden. Doch hat demgemäß jeder Anbauer für seinen Unterhalt bis zur Ernte, für die Bestreitung der baaren Bau- und Einrichtungskosten, für todtes und lebendes Inventarium und für sein nöthiges Handwerks-zeug zu sorgen.

Damit aber endlich auch der ganz Arme, der selbst die geringsten Ausgaben zu bestreiten nicht im Stande ist, ja selbst der Gefallene, wenn er nur ein Zeugniß seiner Besserung Seitens seiner Gemeinde beibringen kann, der Wohlthat, einer eignen Heerd zu besitzen, theilhaft werde, so ruft der Unterzeichnete alle jüdischen Gemeinden, die sein Unternehmen zeitgemäß finden, und ihre Angehörigen unterbringen wollen, hiermit auf:

einen Verein zur Unterstützung derartiger Armer bei ihrer Niederlassung in einer solchen Kolonie zu gründen,

und erklärt zugleich gern einem solchen Vereine beizu-treten und denselben in seiner menschenfreundlichen Be-strebungen unterstützen zu wollen. Keinesweges verkennt der Unterzeichnete die Schwierigkeiten seines Unternehmens, insbesondere in gegenwärtigen Zeitverhältnissen, meint aber, es müsse vereinten Kräften und unverdrossener Aus-dauer gelingen, jegliche Schwierigkeiten zu überwinden, und er wird wohlgemeinten, auf Erfahrungen in dieser Art gegründeten Rath von Jedermann dankbar annehmen. — Sollte das Unternehmen freundliche Theilnahme, ja sogar bei andern Gutsbesitzern Nachahmung finden, so würde der Unterzeichnete sich dadurch am schönsten für seine Bemühungen belohnt sehen.

Um nicht gar zu sehr mit Anmeldungen und Kor-respondenzen in dieser Angelegenheit von Einzelnen über-häuft zu werden, so ergeht hiermit an die Vorstände jüdischer Gemeinden die Bitte, Anmeldungen zur Niederlassung in der zu gründenden Kolonie freundlichst anzunehmen, und mir dann, nicht einzeln, sondern in größerer Anzahl zukommen zu lassen. Uebrigens ist der Konstrukteur Taurke in Kirchberg beauftragt, die Baustellen denen anzuweisen, welche sich mit dem betreffenden Aufnahmescheine zur Aufnahme in die Kolonie ausweisen können.

Schloß Zülz in Oberschlesien, im Juli 1848.

Der Gutsbesitzer Berliner.

Leipzig, 23. Juli. Die alten Ketten sind gefallen, die Sonne der Freiheit ist auch über Germanien aufgegangen, was von seinen eigenen Fürsten, seit Jahrhunderten geknechtet, jetzt zum ersten Male seine Ketten gebrochen, die es zu seiner Schande so lange getragen. Die Presse ist frei, die Reaktion unmöglich, ihr Eulengekrächze verstummt vor dem Lichte des jungen Tages; das Volk wird sich seiner bewußt, seiner heiligen, unantastbaren Rechte, die ihm eine freche Aristokratie, ein verderbtes Fürstengeschlecht, eine finstere Camarilla oder eine scheinheilig-jesuitische Clique seit Jahrhunderten entzogen, aber das Volk, immer edel, immer groß, erinnert sich in seinem Freiheitsrausche auch seiner Pflichten, und in dem Augenblicke wo seine Bande fallen, ist es auch bemüht, die Fessel des Vorurtheils, des Aberglaubens und des religiösen Wahnsinnes zu brechen, Fesseln, deren Gewicht mit Centnerschwere auf den Juden Deutschlands lasteten. In Preußen, Weimar, Baiern, Würtemberg, Baden, Großherzogthum Hessen, Nassau und in mehreren andern Staaten Deutschlands hat man die Juden emancipirt und durch eine Handlung der Gerechtigkeit zum Theil jene schwarzen Flecken ausgelöscht, den Flecken der Intoleranz, des Glaubens- und Gewissenzwanges, der, wills Gott, auf immer der Geschichte anheim gefallen ist.

Während fast alle deutsche Staaten sich beeilten, eine Schuld den Juden abzutragen und durch zeitgemäße Veränderungen mit dem Geiste unserer humanen und gerechten Zeit fortzuschreiten, während die deutsche konstituirende Nationalversammlung, indem sie mehrere Juden wie Kuranda, Rießer, Hartmann, Dr. Veit und Cohn in sich aufnimmt, Männer deren Namen schon lange glänzten in den Reihen derer, die mit der Kraft des Wortes, mit der allmächtigen Gewalt des Geistes die neue Freiheit unermüdlich ankämpfen, das Prinzip der Religionsgleichheit faktisch anerkannt, während Frankreich und das aus langem Todesschlummer neuerwachte Venedig, Juden zu den höchsten Staatsämtern beruft, während der Papst den Juden das Ghetto öffnet und laut wie Mailand und Turin die Emancipation der Israeliten verkündigt, während ein neuer, frischer, lebenskräftiger, Freiheit athmender Geist alle germanischen und romanischen Völker durchwehet, geschehen in jenen Ländern, die eine slavische Bevölkerung bewohnt, Rück-

schritte zu den finstern Zeiten des Mittelalters, Thaten, die zu schildern die Feder sich sträubt, Verbrechen, vor denen der Engel der Menschheit zurückschaudert.

Auf welche Weise benutzt Böhmen und Mähren die neugewonnene Freiheit? Die nichtswürdigen, jedes menschliche Gefühl empörenden Judenverfolgungen geben ein schreckliches Zeugniß davon; indem man Ihnen die Freiheit gewährt, zu deren Erkämpfung gerade diese Länder am Wenigsten beigetragen, wissen sie keinen bessern Gebrauch davon zu machen, als sie zur Unterdrückung Anderer anzuwenden, in ihrem Freudenrausche strecken sie die Hände nach den Gütern ihrer Brüder aus. Die preußischen Polen, von fanatischen Priestern zum Morde der Andersgläubigen angeführt, zerstören die Häuser, plündern das Eigenthum, gefährden das Leben ihrer jüdischen Brüder, und in einer Zeit, deren Großthaten, deren Erhebung Alle mit Begeisterung erfüllte. Die Vorgänge in Wreschen u. s. w. legen ein trauriges Zeugniß ab von der Unfähigkeit der Slawen im Allgemeinen, den Geist der Freiheit zu erfassen und die Gegenwart gebührend zu würdigen.

Während viele der edelsten Magyaren ihre Stimme für die geknechtete und gemißhandelte jüdische Bevölkerung erheben, weiht die slavische Bevölkerung in Ofen, Pesth, Preßburg, Eisenstadt und Fünfkirchen die neue Freiheit durch Judenverfolgungen ein, die in ihrer raffinirten Grausamkeit selbst das vierzehnte Jahrhundert beschämen. Und diese Ereignisse wiederholen sich in ununterbrochener Folge immer in jenen Ländern, in denen die slavische Bevölkerung die Mehrzahl bildet und die Hierarchie noch ihre finstere Geißel schwingt.

(Beschluß folgt.)

Lieder eines Juden
von
Emil Lehmann.

VI.
An die Sachsen.

Motto: Sachsen ist ein christlicher Staat
und mög es immer bleiben.
Rittner.
(s. d. X. Zeit. v. 6. Juli Art. Dresden.)

Du heilige Dreifaltigkeit
Was ist doch jetzt für schlimme Zeit;
Was sie in Frankreich ausgeheckt,
Das hat auch Deutschland angesteckt,
Man schimpfet auf die Alten —
S'ist nicht mehr auszuhalten.
Auch dich will von dem Tugendpfad,
Mein Sachsenland, man treiben,
Drum denk: Du bist ein Christenstaat
Und sollst es immer bleiben.

Man achtet keine Religion,
Man spricht den Herrn Pastoren Hohn;
Die Kirchen — Gotterbarm — stehn leer,
Auf Predigten hört Keiner mehr;
Herr Gott was giebts für Heiden
In unsern bösen Zeiten
Drum Sachsen, denket früh und spät,
Was auch die Heiden schreiben:
Mein Sachsen ist ein Christenstaat
Und soll es immer bleiben.

Die Kirche, Gottes Gnadenschooß,
Die lösen sie vom Staate los:
O großer Gott, o heil'ger Geist
Was das doch für ein Unheil ist!
O denket dran, zu was es führet
Wenn nicht die Kirche mehr regieret!
Nein gegen eine solche That
Muß man sich eifrig sträuben; —
Denkt: Sachsen ist ein Christenstaat
Und soll es immer bleiben.

So höret denn das Neuste an,
Was jenes Heidenthum ersann;
Wir Christen soll'n nicht mehr allein
Wahlfähig, und auch wählbar sein;
Auch Juden soll'n beim Landtag sitzen,
Auch Juden sollen Sachsen schützen!
Wer, Jesum einst gekreuzigt hat
Soll uns Gesetze schreiben? —
Nein, Sachsen ist ein Christenstaat.
Und soll es immer bleiben.

So, höret denn auf meinen Rath:
Es giebt ein sächsisches Mandat,
Vom Jahre siebenzehnhundertsechs-
Und vierzig diese Judenlex,
Geschrieben von den frommen Alten,
Sie werd' hinführo beibehalten.
So stimmt, laßt von der Heiden Rath
Bei Leib Euch nicht betäuben —
Denkt: Sachsen ist ein Christenstaat,
Und solls für immer bleiben.

Der Jud ist nur ein Kammerknecht,
So sagte das alte Sachsenrecht;
Der heil'ge Geist hat ihn verdammt,
Drum bleib er fern von Ehr und Amt.
Mag er mit Schachern sich ernähren, —
Das wollen wir ihm nicht verwehren —
Doch folget er nicht dem Mandat,
Dann wolln wir ihn vertreiben —
Denn Sachsen ist ein Christenstaat,
Und soll es immer bleiben.

Personalchronik und Miscellen.

Schonungen (bei Schweinfurt). In dieser löblichen Stadt Baierns, wo der katholische Fanatismus blüht, sind die Juden geplündert worden, weil sie dem dortigen Pfaffen ihre Stimme nicht geben wollten. Ein schönes Völkchen! —

Erlangen. In dieser protestantisch-pietistischen Stadt durften bis jetzt keine Juden wohnen. Bei dem großen Umschwunge der Zeit haben die Erlanger sich doch bekehrt und entschlossen, wenn ein Jude 20,000 Gulden besitzt und ein eignes Haus kauft, ihn zuzulassen. Es giebt noch immer solche nichtswürdige Philister. —

München. Das hier neu erschienene Wahlgesetz nach einem Beschlusse der Kammer bestimmt, daß die Juden das aktive und passive Wahlrecht haben sollen. Die Durchsetzung dieses Beschlusses hat Dr. Bauer, der Referent, bewirkt. Auch der Eid, der ganz christlich ist, wurde für Juden abgeändert. —

Fürth. Advokat Dr. Berlin ist als solcher in Unterfranken angestellt worden, was früher auch nicht geschehen konnte.

München. Unser für freisinnig verschrieener Minister Thon-Dittmar sucht an den Juden ein Herostrat zu werden. Das niederträchtige Matrikelgesetz, welches die Juden Baierns seither so fürchtbar geknechtet, ist nicht nur bis jetzt nicht aufgehoben, sondern dieser saubere Minister sucht es mit einer Strenge zu handhaben, die einem Pharao Ehre machen würde. Sogar jüdischen Handwerkern verweigert er die Ansässigmachung über die Matrikelzahl. Möge die Frankfurter Nationalversammlung diesem Treiben ein Ende machen.

Warschau. Den 5. Juli wurde der Bankier J. S. Rosen, einstiger Vorsteher dieser Gemeinde, beerdigt, und der dortige Prediger Dr. Goldschmidt hielt die Grabrede.

Warschau. Den Israeliten hier ist es gestattet worden, noch in einigen andern Straßen als den bisher von ihnen inne gehabten wohnen zu dürfen, namentlich ist es die Ziegel- und Georgstraße. Dabei ist aber das Ghetto keineswegs aufgehoben.

Krefeld. Das hiesige israel. Konsistorium ist bei dem Justizminister eingekommen, den Eid more judaico abzuschaffen, was früher schon oft von Gemeinden und Rabbinen geschehen. Wir hoffen, daß mit der vollständigen Emancipation auch dies fallen wird oder schon gefallen ist, und wird wohl keine specielle Antwort nöthig sein.

Papa (in Ungarn). Unser Rabbiner Leop. Löw beabsichtigt, ein „System der talmudischen Glaubens- und Sittenlehre" herauszugeben, wozu er bereits manche Vorarbeiten gemacht hat.

Verlag von C. L. Fritzsche.　　　　Druck von J. H. Nagel.

Der Orient.

Berichte, Studien und Kritiken

Neunter — für — **Jahrgang.**

jüdische Geschichte und Literatur.

Herausgegeben

von

Dr. Julius Fürst.

Das Abonnement auf ein Jahr ist 5 Thlr. Man abonnirt bei allen löbl. Postäm ern und allen solid. Buchhandlungen auf ein Jahr.

Von dieser Zeitschrift erscheinen wöchentlich das Literaturblatt mitgerechnet, zwei Bogen, und zwar an jedem Dienstag regelmäßig.

№ **32.**   Leipzig, den 5. August   **1848.**

Deutschland's vereinigte Staaten.

Leipzig, 20. Juli. In der Sitzung der konstituirenden Versammlung in Frankfurt am 18. Juli stellte Abg. Schufelka folgenden Antrag: Die Enthebung der Juden von den auf ihnen lastenden Ausnahmebestimmungen sei als von sich selbst verstehend in den „Grundrechten des deutschen Volkes" nicht besonders aufgeführt;" es sei indeß zu besorgen, daß einzelne Gemeinden den Juden die Gleichstellung in aller Rechte verweigern würden, und damit nicht die Gräuelsceneri wiederholt werden, welche die ersten Tage der deutschen Freiheit in einigen Gegenden geschändet, sei eine Erklärung der Versammlung nothwendig, und er beantrage zu diesem Zwecke: die Versammlung möge das ganze Gewicht ihres Einflusses in die Wagschale legen und in einem Erlasse die volle Gleichberechtigung der Juden mit allen übrigen Einwohnern für eine Ehren= und Gewissenspflicht erklären." Wir erkannten hierin die edle und humane Absicht des Hrn. Schufelka, der für die schleunigste Berathung und Beschlußnahme dieses Antrags deshalb empfehlen zu dürfen glaubte, weil erstens, wie er selbst erklärte, es gerade zu einer Zeit dringende Pflicht der Versammlung sei, die Juden für integrirende Glieder des Staatskörpers zu erklären, in der es zur Schande der Menschheit und des 19. Jahrhunderts noch Gemeinden geben kann, wo die ärgsten mittelalterlichen Verfolgungsscenen an Ju-

den verübt worden; zu einer Zeit ferner, wo noch eine kompakte der Freiheit und Menschheit feindliche Partei, Obskuranten, Fanatikern, Büreaukraten und Reaktionäre vorhanden ist, die sich es zur Aufgabe gemacht zu haben scheint, durch alle erdenkliche böswillige Mittel und jesuitische Kunstgriffe die Juden zu verdächtigen und anzuschwärzen. Auch ist die Angelegenheit der Judengleichstellung keine individuelle sondern universelle, hunderttausend Menschen, hunderttausend Deutschland angehende; es ist eine heilige Angelegenheit von circa einer halben Million Juden, die trotz ihrer dreitausendjährigen Anhänglichkeit an ihre monotheistische Religion, zu jeder Zeit hinlänglich Proben abgelegt von ihrer nicht minder treuen Anhänglichkeit an das deutsche Vaterland. Wir stimmen daher dem Schufelka'schen Antrag vollkommen bei, daß es zugleich eine Ehren= und Gewissenspflicht von Seiten der Volksvertreter des deutschen Volkes gewesen, durch öffentliche Erlasse an das Volk zu erklären: daß sie die größte Entrüstung an den Tag legen müssen über die neulich in einigen deutschen Gemeinden verübten Judenverfolgungen, und daß sie als Vertreter und Gesetzgeber des gesammten deutschen Vaterlands ihre ganze moralische und materielle Macht aufbieten werden, in Zukunft solche Schandthaten nicht nur nicht zu dulden, sondern auch durch Festsetzung von exemplarischen Strafen unmöglich zu machen. Wir wiederholen es, die Versammlung war es ihrer eigenen Würde und der Ehre des deutschen Volkes schuldig, nicht nur den edlen Schuselka'schen Antrag zur sofortigen Diskussion zuzulassen, sondern ihn auch einstimmig zum Beschluß zu erheben, um durch eine solche Manifestation die befleckte deutsche Freiheit und Gleichheit wieder rein zu waschen. Allein wie ganz befremdend hat die Versammlung den Schuselka'schen Antrag behandelt! Er wurde verworfen, weil — die Versammlung dessen Dringlichkeit nicht anerkannte! Freilich, der Krieg mit Dänemark, um Deutschland ein Stückchen Territorium mehr einzuverleiben, ist bei weitem wichtiger und dringender, weil es Blut und Gut kostet, um Deutschlands Ruhm zu vergrößern; aber durch ein einziges zeitgemäßes Wort die Ehre und Sicherheit von hunderttausenden unterdrückten Menschen zu wahren und zu schützen, durch eine einfache Erklärung die Kette von einer halben Million Sklaven zu brechen, wozu keine Anstrengungen, weder Kriegsmaterialien noch Armeen nöthig sind, das ist den Herren ganz und gar nicht dringend nothwendig, weil — die Juden sich wohl noch einige Zeit gedulden können, und warten bis zu den Debatten über Religions- und Konfessionsgleichstellung in den „Grundrechten". Ja die deutsche Geduld bekümmert uns unsere Rechte, weil nicht auch nur momentan der Fall ist; Geduld braucht man uns nicht erst jetzt zu predigen; deduldet haben wir achtzehnhundert Jahre die Tyrannei der Fürsten, den fanatischen Haß der Kreuzritter, und die Macht der Vorurtheile und der Intoleranz; gehofft und gewartet haben wir seit der Exilzeit auf bessere Zeiten, auf menschlichere Behandlung und Anerkennung unserer von Gott ertheilten und von den Despoten vorenthaltenen Menschenrechte. Auch jetzt kennen wir uns gedulden, und auf ein kleine Weile Geduld kommt's hier gar nicht; nur der heutigen Nationalversammlung lag es ob, diese Geduld, diese stille Resignation, durch ihr gänzliches Ignoriren der Facta odiosa, der jüngsten Judenverfolgungen, nicht zu mißbrauchen. Wir geben uns aber der Hoffnung hin, ja wir sprechen es mit Zuversicht aus, daß bei den nächstens stattfindenden Diskussion über §. 6, Art. 2 und §. 11, 12, Art. 3 der Grundrechte, in denen incl. die Judengleichstellung ausgesprochen ist, die humane und liberale Gesinnung der Versammlung auf ecclatante Weise sich manifestiren werde, und ist es nur einer momentanen Laune der Versammlung zuzuschreiben, welche sie bewogen haben mochte, den Schuselka'schen Antrag als vorläufig nicht dringend zu erörtern zu lassen, was auch mit den anderen in derselben Sitzung eingebrachten Anträge, Petitionen, Interpellationen der Fall gewesen, die sämmtlich das Schicksal des gedachten Antrags theilten. Dixi.

Leipzig, 23. Juli. (Schluß.)

Aus Rußland, diesem Reiche des finstersten Despotismus, dem Lande moderner Civilisation und mittelalterlicher Barbarei, sind uns zwar keine Judenverfolgungen zu Ohren gekommen, was bei der Mangelhaftigkeit aller uns von dorther zugehenden Nachrichten nicht überraschen kann; allein um den Zustand der dortigen Juden zu ermessen, braucht man nur einen Blick in die russischen Gesetzbücher zu werfen und die Bestimmungen derselben, die im Auslande nur wenig bekannt sind, mit den Anforderungen unserer Zeit zu vergleichen.

Nach den Bestimmungen des Reichsgesetzbuches von 1832 dürfen fremde Juden nicht einwandern, ja selbst nicht einmal ohne specielle Erlaubniß sich längere Zeit in Rußland aufhalten. In den Gouvernements Grodno, Kowno, Wilna, Wolhynien, Minsk, Jekatarinoslaw und Bessarabien dürfen russische Juden ihren Wohnsitz nach Belieben in allen Dörfern und Städten wählen, im Kijew'schen Gouvernement ist ihnen der Aufenthalt in Kiew und den Militärkolonien untersagt, in den Gouvernements Podolien, Mohilew und Witepsk sind sie auf die Städte beschränkt, im Gouvernement Podolien ist ihnen der Besuch der Militärkolonien untersagt, in Tschernigow und Pultawa verboten, ihren Wohnsitz in Kron- oder Kosakendörfern aufzuschlagen, im chersonschen und taurischen Gouvernement müssen sie Nikolajew und Sewastopol meiden, dürfen selbst die Märkte dieser Städte nicht beziehen. In Rußland dürfen nur die Juden wohnen, die bereits vor Erlaß des Gesetzes vom 13. April 1835 daselbst ansässig waren; im liefländischen Gouvernement ist ihnen nur das Dorf Schlok eingeräumt, wo aber auch nur diejenigen weilen dürfen, die schon vor 1835 daselbst ihren bleibenden Wohnsitz genommen. In Riga ist nur Denjenigen der Aufenthalt gestattet, die vor dem 17. December 1840 bereits daselbst ansässig waren. Zufolge des kaiserlichen Ukas vom 20. April 1843 ist in den an Rußland und Preußen grenzenden Gouvernements der fünfzig Werst breite Landstrich über der Reichsgrenze dem beständigen Aufenthalt der Juden entzogen, bei neugegründeten Ortschaften werden eine Entfernung von hundert Werst gesetzlich bestimmt.*

Ein Ukas vom 30. Mai 1847 bestimmt, daß Hebräer, die in Branntwein-, Bier- und Methbrennereien angestellt zu werden wünschen, vorher die mit den Besitzern dieser Etablissements abgeschlossenen Kontrakte der Behörde zur Genehmigung vorzulegen, ingleichen auch Zeugnisse einzureichen haben, daß sie von dem Gewerbe, dem sie sich gewidmet, hinlängliche Kenntniß besitzen, und daß die Behörden den Juden eine Erlaubnißschein, der 90 Kopeken Silbergeld kostet, zum Betriebe der Branntwein-, Meth- und Bierbrauereien immer auf ein Jahr zu ertheilen befugt sind.

---

*) Wer sich über die Verhältnisse der Juden in Rußland näher zu unterrichten wünscht, dem empfehlen wir: Wilke, Feodor, Rechtsverhältnisse der Fremden in Rußland. Dorpat, 1847.

Eine kaiserliche Ordonnanz vom 1. Juni erweitert die Verordnung, nach welcher es den Juden bei 50 Silberrubel Strafe untersagt ist, christliche Dienstboten zu halten; christliche Dienstboten aber, die trotz kaiserlicher Verordnung bei Juden Dienste nehmen sollen, entweder mit angemessener Leibesstrafe (die Knute!!!) und mit einer sechsmonatlichen Haft im Zuchthause bestraft werden. —

O Rußland! schönes Land der Menschenliebe!

Rudolph Müldener.

Frankfurt a. M., im Juli. Ueber die hiesige Ausschließung der Juden als Beisassen des hiesigen Verfassungsraths theilt das Frankfurter Journal folgendes mit: „Es ist erstaunlich, wie ängstlich gewisse Kreise sich vor den Einwirkungen des Zeitgeistes zu bewahren suchen, wie hartnäckig das Vorurtheil sich in seiner letzten Verschanzungen vertheidigt. Zu diesen Betrachtungen giebt ein Beschluß der gesetzgebenden Versammlung Frankfurts vom 1. d. uns Veranlassung, wonach bei der Wahl des hiesigen Verfassungsraths die Juden und Beisassen ausgeschlossen sein sollen. Es kann den Mitgliedern der gesetzgebenden Versammlung nicht unbewußt sein, daß nach einem Beschluß des Vorparlaments sämmtliche hiesige Staatsangehörige ohne Unterschied der Religion bei der Wahl der Reichsdeputirten Wähler und wählbar waren, und daß demgemäß die Wahlen stattfanden. Der gesunde Menschenverstand hätte nun verlangt, daß diejenigen, welche bei der Wahl der höchsten Reichsversammlung stimmberechtigt waren, auch bei der Wahl des hiesigen Verfassungsraths als gleichberechtigt betrachtet würden, denn in dem größern Rechte ist jederzeit auch das kleinere enthalten. Man wird auch nicht behaupten können, daß die Mitwirkung der Juden bei der Parlamentswahl störend auf den Gang oder nachtheilig auf das Resultat der Wahl eingewirkt hätte. Es muß ferner von den Gesetzgebern der freien Stadt Frankfurt erwartet werden, daß dieselben mit Aufmerksamkeit den Verhandlungen des Parlaments folgen, und da kann ihnen der Entwurf der Grundrechte des deutschen Volks nicht unbekannt geblieben sein. In diesem Entwurf, mit dessen Berathung dieser Tage begonnen worden, ist die Gewissensfreiheit, die gleiche politische Berechtigung aller Staatsgenossen ohne Unterschied des Gläubens gewährleistet, und es ist keinem Zweifel unterworfen, daß diese in vielen deutschen Staaten bereits ins Leben getretene Bestimmung vom Parlament wird ausgesprochen werden. In dem Augenblicke, wo das Parlament diesen Beschluß erlassen hat, sollen damit, nach dem frühern auf den Antrag des Abgeordneten Werner gefaßten Beschluß, alle entgegenstehenden Partikulargesetze der einzelnen Staaten, und so auch die mit der guten alten Zeit im schönsten Einklang stehende Rathsordnung vom 1. Sept. 1824 gehört, verschwinden. Man kann nun zwar der gesetzgebenden Versammlung die kurze

Frist noch gönnen; man kann es ihr überlassen, ihre herkömmliche Gesinnung bis zum letzten Tage zu bewähren. Wer aber solche vor dem Zeitgeist gerichtete Vorurtheile aufs Aeußerste vertheidigt, der macht sich lächerlich, gleichwie der Krieger, der eine unhaltbare Festung behaupten will, nicht nur keine Anerkennung findet, sondern auch nach dem Kriegsrecht strafbar ist. Daß die Versammlung übrigens bei ihrem Beschlusse nur dem Vorurtheil Gehör gab, beweist sie dadurch, daß sie die nach der bestehenden Verfassung nicht gleichberechtigten Landbewohner zum Wahlrecht zuließ, während sie die Beisassen und die Juden ausschloß. Wenn sie also den alten Rechtsboden verlassen hat — und hierüber muß sich jeder Freund des Fortschritts freuen — so konnte sie dasselbe füglich der Beisassen und Juden wegen, und sie hatte die Pflicht, dies zu thun, um die mannigfachen Fragen, welche die nicht abzuweisende Gleichstellung der Juden hervorrufen wird, auch von einer andern Seite beleuchtet zu sehen. Man hat dies nicht gethan, und es ist auch hier wieder nicht die Stimme der Gerechtigkeit, sondern die Stimme der Willkür und des Vorurtheils durchgedrungen. Die öffentliche Meinung Deutschlands mag hierüber rechten".

Frankfurt a. M., im Juli. Die in vielen Zeitblättern erwähnte Protestation lautet ihrem Wortlaute nach: „Mitten in den großartigen Bewegungen unserer Zeit, mitten in dem allgemeinen Streben nach Hinwegräumung aller den Menschen vom Menschen, den Bürger vom Bürger trennenden Scheidewände, hat unsre gesetzgebende Versammlung in einer ihrer letzten Sitzungen mit Stimmenmehrheit den Beschluß gefaßt: bei der Wahl des zur Ausarbeitung eines neuen Konstitutions-Entwurfs zu bildenden Verfassungsraths die Israeliten, wie auch Beisassen und Bürgersöhne, weder aktiv noch passiv zuzulassen. Es ist (um den gelindesten Ausdruck zu gebrauchen) eigenthümlich, daß das Beispiel fast aller civilisirten Länder, welche, vom Standpunkte verwitterter Gesetzgebung freiwillig sich losreißend, auch Juden in die konstituirenden Versammlungen wählten, gerade die Behörden der freien Stadt Frankfurt unberührt läßt. Zudem steht der Beschluß der gesetzgebenden Versammlung in schreiendem Widerspruch mit den Beschlüssen des Vorparlaments, ja er lautet fast hohnsprechend dem Entwurf der Grundrechte des deutschen Volkes gegenüber. Hat man doch den sogenannten Rechtsboden zu Gunsten der Landbewohner mit alter Freiheit verlassen, und einen Verfassungsrath gebildet, von dem unsre Konstitutionsergänzungsakte Nichts weiß. Warum hat man dieses Prinzip der Gerechtigkeit nicht auch für die Juden befolgt? Die Unterzeichneten, in ihrer Ausschließung von der Wahl des Verfassungsraths eine durch Nichts gerechtfertigte Entgegenstemmen gegen die Anforderungen der Zeit, ein Festhalten an dem zu Grabe getragenen System erblickend, protestiren hiermit feierlichst

32 *

gegen jenen Beschluß. Sie appelliren an ihre Mitbürger, an die öffentliche Meinung Deutschlands, an die wahren Begriffe der Freiheit im erwachten Vaterlande, und behalten sich alle gesetzlichen Mittel vor, um ihren heiligen Rechten Anerkennung zu verschaffen. Frankfurt a. M., 4. Juli 1848. Dr. med. Heinrich Schwarzschild. Simon Maas. Dr. jur. Joseph Rütten. Jakob Doktor. Dr. Jakob Weil. Daniel S. Sichel. Herrmann Halle. Dr. Neukirch. Franz I. Schuster. Dr. Flesch. Meyer N. Trier. Dr. med. Maximilian Gundersheim. Bernhard Kütten. H. H. Strauß. Loris Schloß. Heinrich I. Strauß. Leopold Doctor. Raphael Geißenheimer. Leopold Beer. Dr. phil. Bernhard Lehmann. Moritz Flürscheim. Emanuel Sichel. Adolph Maas. Bernhard Dondorf. S. I. Katz. Adolph Rindskopf. Simon Flersheim. Meyer St. Goar. Salomon Hanau. Lazarus Ochs. Adolph Strauß. Leopold H. Langenbach. N. Kulp. Hermann St. Goar. Moritz Hertz. Dr. Hermann Zirndorfer. P. Sabel. G. L. Worms. Franz Stiebel. Gustav Trier. M. Bing. Julius Stiebel sen. Ernst Stiebel. Siegm. Leser. Hermann S. Strauß.

Alle Gleichgesinnte werden aufgefordert sich dieser Verwahrung, welche wegen Kürze der Zeit nicht in Cirkulation gesetzt werden konnte, anzuschließen."

Berlin, im Juli. Das Ministerialblatt enthält folgende Verfügung, die für unsere Brüder in Posen sehr erfreulich ist. Sie lautet: „Cirkularverfügung an sämmtliche königl. Oberpräsidenten und Regierungen, sowie an das königl. Polizeipräsidium hieselbst, die Verhältnisse der jüdischen Bevölkerung des Großherzogthums Posen betreffend, vom 8. Mai 1848.

Ew. Excellenz erwiedere ich auf den gefälligen Bericht vom 20. v. M., daß die bisherige Unterscheidung der jüdischen Bevölkerung des Großherzogthums Posen in naturalisirte und nicht naturalisirte Juden als durch das Gesetz vom 6. v. M. aufgehoben zu betrachten ist. Es sind daher die Bestimmungen der §§. 24—33 des Gesetzes vom 23. Juli v. J. außer Kraft getreten. Dagegen sind die Vorschriften des §. 34 in Betreff der Verbindlichkeit zur Ablösung der Korporationsverpflichtungen Seitens der wegziehenden jüdischen Gemeindeglieder in der Provinz Posen nach wie vor zur Anwendung zu bringen.

Vorstehender Erlaß ist den übrigen Herren Oberpräsidenten und sämmtlichen Regierungen, so wie dem hiesigen Polizeipräsidio mitgetheilt worden.
Berlin, den 8. Mai 1848.
Der Minister des Innern.
v. Auerswald.

Den königl. Oberpräsidenten der Provinz Brandenburg und Abschrift an sämmtliche übrige königl. Oberpräsidenten, so wie an sämmtliche königl. Regierun-

gen und an das hiesige Polizeipräsidium zur Kenntnißnahme und Nachachtung.

Leipzig, im Juli. Ein gewisser Dr. Jur. Steinfeld in Abterode hat den 9. Juli folgenden Aufruf erlassen: „Aufruf an die Rabbinen Deutschlands! Als eine der edelsten Früchte, welche in dem Boden des neuen Staats- und Rechtslebens kräftige Wurzeln schlagen werden, begriffen wir das Recht der Religions- und Glaubensfreiheit. Soll dieses kostbare Gut nun eine Errungenschaft der Bekenner des christlichen Glaubens sein, und sind alle übrigen Konfessionen von dem Genusse dieses Rechtes ausgeschlossen? Bei unbefangener Betrachtung können wir nun mit einem entschiedenen Nein antworten. Die Völker Deutschlands haben eine allgemeine Religionsfreiheit angesprochen, die Fürsten haben diesen Anspruch für begründet erklärt; und da man für die Bekenner des Judenthums eine exceptionelle den allgemeinen Grundsatz modificirende Bestimmung nicht getroffen hat, so können wir die lange gehegte Hoffnung von den drückenden Fesseln des Glaubens- und Gewissenszwangs befreit zu werden, als erfüllt ansehen. Mögen auch die Anhänger des abgestorbenen Regierungssystems eine andere Ansicht heraufzubeschwören versuchen, mag auch in einzelnen Staaten das Bestreben sich rege machen, unsere begründeten Rechte zu verkümmern, man wird es nicht vermögen, uns länger als blos geduldete Einwohner an der Schwelle des politischen Lebens stehen zu lassen. Das Recht und die öffentliche Stimme sind die mächtigen Pfeiler, auf welche wir gleich einem jeden Deutschen unsere Zukunft gründen. Die deutsche Reichsversammlung zählt, was nicht bestritten werden kann, Freiheit des Glaubens und der Religionsübung, Gleichheit aller Religionsparteien in bürgerlichen und politischen Rechten zu den Grundrechten des deutschen Volks. Beschränkungen dieses Fundamentalgesetzes zum Nachtheil der Juden können, wenn das deutsche Parlament nicht ein leeres Phantom sein soll, von den einzelnen Regierungen nicht ausgehen. Hiernach kann man die Furcht, daß wir, was unsere politische Emancipation betrifft, noch weit vom Ziele entfernt stehen, als unbegründet bezeichnen.

Wenn wir nun aber auch hoffen dürfen, daß unser Religionsbekenntniß auf unsre bürgerliche und politische Rechtsfähigkeit in der Zukunft nicht den geringsten Einfluß zu äußern im Stande sein wird, so wird diese Hoffnung doch durch die Besorgniß getrübt, daß wir von einem andern höchst wichtigen Ziele noch weit entfernt sind. Es ist dies die Befreiung von der jetzt noch im Judenthum herrschenden Geistesknechtschaft, welche unter der tausendjährigen Tyrannei des Rabbinismus so fest gewurzelt ist, daß an eine Erlösung fast nicht zu denken ist. Ist noch ein Nachweis darüber erforderlich, daß die jüdische Religion unter dem Drucke jener Geistestyrannei, welche jeder freiern Entwickelung, jedem höhern Aufschwung vor jeher hemmend entgegengetreten ist, in eine endlose Masse von unnützen Formen und schädlichen Ceremonien gehüllt wurde, so daß jeder Versuch einer freien Regung auf dem Gebiete der Religion dem undurchdringlichen Ceremonienpanzer zurückbeben mißte? Der Inhalt unserer Religion wird von dem orientalischen Formeltanze bedroht; der Kern läuft Gefahr, von der Schale zerdrückt zu werden.

Schon längst hat man die gefahrvolle Stellung des Judenthums erkannt, manche ernste Stimme hat sich erhoben, um unsere Religion vor schmachvollem Untergange zu retten, haben aber die bittenden und mahnenden Stimmen einigen Anklang gefunden? Haben insbesondere die Rabbiner den Nothruf so vieler Tausende ihrer Glaubensbrüder gehört? Wenn man sagt, unsere Lehrer und Seelforger hätten die Zeit und ihre Stellung nicht begriffen, sie hätten nicht ihrem Berufe gemäß gewirkt, sie hätten zur Belebung des fast abgestorbenen Judenthums wenig oder gar Nichts beigetragen, dann dürfen diese hierin keinen sie kränkenden Vorwurf finden. Ihr Verfahren läßt sich wohl rechtfertigen durch die Verhältnisse der jüngst verflossenen Zeit. Von oben her wurde ja jeder Weg, der zum Lichte führen konnte, versperrt, man wollte keine Reform, keinen Fortschritt, sondern Alles war auf das Zurückgehen berechnet. Eine gefährliche Partei umstrickte ganz Deutschland mit dem Netze des Mysticismus, alle jesuitischen Ränke wurden benutzt, um das Volk in dumpfe Versunkenheit zu bringen. Was Wunder, daß auch auf die ohnehin schwache Zahl der Juden der Mysticismus seinen unheilvollen Einfluß äußerte!

Jene Zeit ist aber vorüber; das politische System, welches den Völkern das Lebensmark austrocknete, die Blüthe alles geistigen Lebens mit eisiger Hand erstarren machte, ist zertrümmert, und hiermit ist auch für die Wiedergeburt des Judenthums eine neue Aera aufgegangen. Was kann uns jetzt noch hindern, neue Lebenskeime unserer der Auflösung nahen Religion zuzuführen, und diese auf den ihr gebührenden Standpunkt zu setzen? Wir sind freie Deutsche, laßt uns als solche frei sein im Glauben und im Handeln, laßt uns das Joch abwerfen, welches eine knechtende Geistesherrschaft uns aufbürdete!

An Euch, Lehrer des Judenthums, ist es besonders, wieder gut zu machen, was Eure Amtsvorfahren an uns verbrochen haben; vereinigt Euch zu einer konstituirenden Versammlung und bedenkt, daß jeder Verzug gefahrvoll ist. Schaffet ein im Boden des Judenthums wurzelndes Religionsgrundgesetz, und erklärt Euch entschieden gegen alle Satzungen, die weder den wahren Geiste unserer Religion, noch den Anschauungen der jetzigen Welt entsprechen! Diesen großartigen Plan zu verwirklichen, ist Männern, wie Philippson, Geiger u. A. vorbehalten.

Die nicht zu verkennende Schwierigkeit der zu lösenden Aufgabe wird hinlänglich aufgewogen durch die hohe Bedeutung des zu erstrebenden Ziels. Jede Furcht vor dem Mislingen des Plans muß um so mehr schwinden, wenn man bedenkt, daß in der jetzigen Zeit für den Dienst der guten Sache viele Kräfte sich sammeln werden, und daß man da kein Opfer scheut, wo es sich um die heiligsten Interessen der Menschheit handelt.

Auf also! Beherziget die gewichtigen Worte eines trefflichen Lehrers: „Die Reformfrage ist sehr drängend, sie ist unabweisbar, sie ist die höchste Nothwendigkeit.

Der ganze Bestand unserer Religion ist dabei interessirt, und wir erblicken keine Zukunft für dieselbe, falls sie sich nicht aufrichtig und ganz der Reform in die Arme wirft." Dr. jur. Steinfeld.

Karlsruhe, 14. Juli. In Bezug auf den Inhalt des §. XV. des Artikels „die Juden in Oesterreich" im Orient v. 8. d. M. Nr. 28 S. 218 erlaube ich mir, ein Exemplar der Verord. des Großh. Bad. Oberraths der Israeliten, Schulkonferenz v. 4. Apr. 1834 Nr. 63, den sogenannten jüdisch-deutschen Dialekt betr. hierbei zu übermachen. Diese Verordnung hat zum Zweck, den fraglichen auch in andern deutschen Ländern zum Theil noch obwaltenden Mißstand zu beseitigen und hat auch seither einen entsprechenden Erfolg erzeugt, Ihre Verbreitung dürfte daher nicht ohne Interesse sein.

Hier die Verordnung. (Großherzoglich Badischer Oberrath der Israeliten. Schulkonferenz. Karlsruhe, den 4. April 1834.) Den sogenannten jüdisch-deutschen Dialekt betr. Es ist nicht zu verkennen, daß die allmählige Beseitigung solcher Eigenthümlichkeiten der untern Klassen der isr. Glaubensgenossen besonders auf dem Lande, welche mit der Verschiedenheit der Religion, in keiner Verbindung stehen, und nur aus ihrer eigenen ehemaligen bürgerlichen Stellung hervorgegangen sind, in vielfacher Beziehung sehr wünschenswerth, ja ein dringendes Gebot der Zeit ist!

Es muß hierdurch nicht nur unmittelbar auf die eigene Bildung der israel. Glaubensgenossen wohlthätig gewirkt, sondern unzweifelhaft manche eingewurzelten Vorurtheile gegen dieselben bei andern Glaubensgenossen vertilgt, manche Veranlassung zur lieblosen Verhöhnung derselben genommen und deren freundliches Zusammenleben mit ihren christlichen Mitbürgern befördert werden.

In dieser vielfachen Rücksicht, verdient das Sprachverhältniß vorzügliche Beachtung.

Die Sprache ist die Zierde der Menschheit, das Band der Völker, der Saamen und die Frucht der Bildung, und nicht ohne große Bedeutung auch für den innern sittlichen Charakter des Menschen. Sie bestimmt sehr oft auch den vortheilhaften oder nachtheiligen Eindruck, den derselbe auf seine Mitmenschen macht.

Die Ausbildung dieser göttlichen Gabe ist ein wesentlicher Gegenstand der Erziehung.

Es ist eine bekannte Sache, daß sich in frühern Zeiten ein entarteter sogenannter jüdisch-deutscher Dialekt gebildet hat.

Er charakterisirt sich unter andern durch unrichtige, zum Theil widerliche Aussprache und Betonung, unrichtige Konstruktionen, Untermischung von verdorbenen hebräischen Wörtern, wodurch die heilige Sprache nur entwürdigt und nicht selten Stoff zu Argwohn gegeben wird, und einer, ganz den Geiste und den ausdrücklichen Verboten der israel. Religion zuwiderlaufenden, häufigen Gebrauch von Schwüren, Betheurungen zc.

Der größere Theil der israel. Glaubensgenossen hat sich durch die gewonnene Bildung längst davon losgesagt, und nur bei einem Theile der untern Klassen hat sich solcher noch erhalten. Die Erfahrung lehrt, daß solche dadurch nicht allein bei andern Glaubensgenossen ein Gegenstand des Spottes und der Verachtung werden, sondern selbst bei ihren eigenen Glaubensgenossen ein abstoßendes Gefühl erregen.

Beides ist in jeder Beziehung ein Uebel.

Die Beseitigung dieses für die moralische und bürgerliche Bildung so nachtheiligen Mißstandes, erfordert alle Aufmerksamkeit der isr. Kirchlichen Behörden.

Sämmtliche Rabbiner, Bezirks-Synagogen und Synagogenräthe werden daher aufgefordert, demselben, bei jeder Veranlassung in ihrem Wirkungskreise, auf jede Weise entgegen zu wirken.

Vorzüglich aber werden die Schullehrer ermahnt, bei dem Jugendunterrichte, nach allen Kräften dahin zu wirken, daß der Gebrauch jener korrupten Redensarten der heranwachsenden Generation in und außer der Schule ganz fremd bleibe.

Von Seiten der Eltern erwartet man hierbei, da solches nur die Bildung und das bürgerliche Wohl ihrer Kinder betrifft, die zur Erreichung dieses Zweckes nothwendige Unterstützung in der häuslichen Erziehung.

Es versteht sich übrigens von selbst, daß alles, was Affektation und Ziererei in der Aussprache bei der Jugend veranlassen könnte, hierbei sorgfältig zu vermeiden ist. Auch ist sehr zu verhüten, daß durch die Abwarrung der Jugend gegen jene veraltete Gewohnheit, nicht eine Geringschätzung gegen diejenigen bei ihr erzeugt werde, die solche unverschuldet angenommen haben, am wenigsten gegen diejenigen, denen sie Liebe und Achtung schuldig ist. Der Ministerial-Kommissar:

Bekk. Epstein.

Oesterreichische Nebenländer.

Lemberg, 16. Juli. In unserer großen Gemeinde herrscht eine grenzenlose Verwirrung und ein durcheinander, sei es auf dem social-politischen oder auf dem religiös-reformistischen Wege; die Gleichgiltigkeit und das Abgelebte ist das hervorragendste Element bei aller religiösen Schattirungen, und wo diese Cholera waltet ist selten ein Heil zu erwarten. Die große Märzrevolution, da wir sie nicht persönlich mitgemacht, hat uns mehr verwirrt als beruhigt und die stete Angst vor einem Ausbruche des Polenthums, das Bewußtsein, daß wir auf einem Vulkane stehen, benimmt uns alle Sicherheit, und das Einzige, was hier die große Masse — man zählt hier in der Gemeinde circa 30,000 Seelen — als Errungenschaft ansieht, ist die Willkühr, daß man machen kann, was man will, und somit auch Alles was einem nicht gefällt unterdrücke oder durchkreuze! Von diesem Hauptgedanken geleitet entstanden in unserer Gemeinde einige revolutionäre Bewegungen, die einer ausführlichen Erwähnung schon um deswillen verdienen, weil dadurch die allgemeine Korruption, der vorwaltende Egoismus, die Eitelkeit sich herausstellt und somit das Längstbekannte bestätigt: die Lemberger Gemeinde steht noch auf einer sehr tiefen Kulturstufe. Ich will somit Vorgefallenes hier aneinander reihen, damit aus dem Geschehenen ein Resultat für das, was noch zu geschehen, gezogen werden soll. Unser Prediger Kohn, ein Mann der Neuzeit, giebt sich sehr viele Mühe, die schmachvollen Reste des alten Erpressungssystems, der Licht- und Fleischsteuer auch aus der Praxis verschwinden zu lassen, wie sie eigentlich theoretisch durch die Verfassungsurkunde nicht mehr existiren. Es scheint, daß die große Finanznoth das schmähliche Fortleben dieser Steuern noch veranlaßt, und es wäre ein Verrath von Seiten unserer Gebildeten, wenn gegen diesen gelben Fleck des vorigen Systems nicht gekämpft werden sollte. Hr. Kohn versucht alle legalen Mittel, die ihm offen stehen, aber einige nichtswürdige und gemeine Seelen, die ihre Gemeinheit mit dem weiten Mantel der Orthodoxie verdecken, suchen diese Thätigkeit zu lähmen.

Einige reiche Orthodoxen, die von der Licht und Fleischsteuer ihren klingenden Nutzen haben, suchen die orthodoxen Massen gegen Hrn. Kohn, weil er ein „Neuerer" ist, aufzuregen, was bei dem glühenden Fanatismus und bei der Unkultur der Menge nicht schwer wird. An der Spitze dieser Reaktionäre steht Herr Bernstein, der wohl beim Wegfall jener schmählichen Steuern verlieren mag, und da viele seiner orthodoxen Gleichgesinnten bei der Einführung einer Klassensteuer zu verlieren haben, wird der Fanatismus aufgeregt, um jede Abschaffung der Alten zu hintertreiben. Die veranlaßter Auflauf, eine Katzenmusik vor der Wohnung des Orthodoxen verhaßten Predigers war das Resultat der Aufreizungen, den jedoch die Nationalgarde schnell auseinander gesprengt. Hr. Kohn und seine Partei fahren nun fort, im Sinne der Neuzeit zu wirken, wie auch die Gegner sich sträuben mögen, und da diese Wirksamkeit nicht religiöser, sondern politischer Natur ist, so

-wird hoffentlich der Orthodoxismus, der hier mit Roheit identisch ist, später doch einsehen, daß sie eher einen Dank als Verdächtigungen verdient. Von dieser Partei ging hier auch die Idee aus, ein jüdisches National-Komité zu organisiren, um die Juden für Ackerbau und Industrie heranzubilden, welches Komité bereits organisirt ist. Allein durch die Gegenwirkung der Orthodoxen wird dieses Komité zur Unthätigkeit verurtheilt, was gerade in diesem Falle so leichter wird, als das Komité kein Geld hat und noch nicht ein ordentliches Programm ausgefertigt. Nächst der Abschaffung der Sondersteuern, um welche Hr. Kohn sich bemüht, hat derselbe auch darauf gedrungen, daß die kreisämtliche Prüfung der Brautleute mit den damit verbundenen Erpressungen aufhören möge. Diese Prüfungen, welche eigentlich auf Verbreitung der Bildung und eine Germanisirung der Juden abgesehen waren, haben weiter nichts bewirkt als eine Demoralisirung der Menge und jene Unmasse der ungesetzlicher Ehen, die als ungesetzlich nur in dem Gehirn eines verrosteten Beamten spuken. Es ist schmachvoll, daß auch bei der Ehe eine Scheidung zwischen Juden und Christen gemacht wird, daß man einen solchen Akt zum Gegenstande der Gelderpressung gemacht, und da in der Neuzeit bei der neuen Verfassungsurkunde dieses keinen rechtlichen Boden mehr hat, so war Hrn. Kohn's Antrag auf sofortige Abschaffung gewiß sehr gerechtfertigt. Das dritte Streben des Hrn. Kohn ging dahin, die Regierung zu ersuchen, eine Aufforderung zur Errichtung jüdischer Schulen ergehen zu lassen, damit einmal die aufwachsende Jugend eine zeitgemäße Erziehung erhalte.

Krakau, 24. Juli. Unter den hiesigen Juden giebt es eine aus weniger jungen Leuten zusammengesetzte Partei, die ihren Patriotismus für die Polensache öffentlich ausposaunt, und die eine moralische Guillotine errichtet zu haben scheint für jeden nicht entschieden und öffentlich ihrer Fahne Zuschwörenden. So suchen diese sogenannten Patrioten auf jede mögliche Weise das Fortbestehen der hiesigen israelitischen Handelsschule zu untergraben, weil sie den an der Spitze derselben stehenden Hrn. Direktor A. Lewinski für nicht genug Polenfreund hält. Ref. glaubt aber versichern zu können, daß unter all diesem Schreien und sogenannten Patrioten kein einziger eine solche zwar nicht marktschreierisch auskramende aber stille und ehrliche Sympathie für die gerechte Polensache hegt, und bloß Scheelsucht und Neid könnten ein solches Zetergeschrei gegen Hrn. L. und gegen das Fortbestehen der Schule hervorgerufen haben.

Uebrigens wähnen diese Halbgebildeten die Errungenschaften der letzten Monate dadurch sicher stellen zu müssen, indem sie ohne Unterschied alle bis nun bestehenden Institute vernichten und zerstören, zu denen sie auch das Schulwesen rechnen, uneingedenk der einflußreichen Wirkungen, die dasselbe auf die Erziehung und Heranbildung der Jugend ausübte. Es thut uns zwar leid diesen faulen Fleck in dem Leben und den Sitten der hiesigen Juden berührt zu haben, allein wir konnten nicht umhin das Unwesen derselben in seiner ganzen Nacktheit bloszustellen, denn vor allem gilt die Wahrheit: Si ex veritate nascitur scandalum, melius est nasci scandalum quam veritas occultatur.

Ueber einen neuen Brief des Anton von Abbadie in Bezug auf die Juden in Abyssinien.

Von
Filosseno Luzzatto.

Die Berichte des schottischen Reisenden J. Bruce, die zu Ende des vorigen Jahrhunderts erschienen, haben die Reisenden aufmerksam gemacht auf die Juden in Abyssinien, deren zuerst der berühmte Marco Polo Erwähnung thut. Sie heißen Falascha's, und behaupten, zur Zeit Salomo's nach Abyssinien gekommen zu sein, geführt von einem gewissen Menilik, einem Sohne Salomo's und der Königin von Saba oder der Hunjariten (in Jemen), welche wie die heilige Schrift erzählt, nach Jerusalem gekommen war, um die Pracht und die Weisheit Salomo's zu bewundern. Alle englischen, deutschen und französischen Reisenden, die nach Bruce Abyssinien besuchten, sprechen in ihren Berichten von diesen Falascha's, ohne jedoch die Mittheilungen ihrer Vorgänger durch irgend eine wichtige Notiz zu bereichern, mit einziger Ausnahme vielleicht des englischen Missionärs Samuel Gobat, welcher in seinem „Tagebuche eines Aufenthältes in Abyssinien in den Jahren 1830, 31 und 32 (Paris 1835)" eine Unterredung mittheilt, die er mit einem Rabbinen der Falascha's gepflogen und in derselben die ersten genaueren Berichte über die religiösen Glaubenslehren dieses zerstreuten Stammes giebt. Die Berichte und Erzählungen des Herrn Gobat, der durchweg in seinem Tagebuche als ein gewissenhafter und glaubwürdiger Mann erscheint, waren bis vor wenigen Jahren die einzigen, die überhaupt über die Religion der Falascha's vorhanden waren. Dem unermüdlichen und weisen französischen Philologen von Abbadie, der seit 7 Jahren in Abyssinien wohnt, und ohne Unterlaß die Sprachen der dortigen Völker studirt, war es vorbehalten, die genauesten und umfassendsten Mittheilungen über diesen Gegenstand zu machen. In einem Briefe, datirt von Anokrullon in Abyssinien den 3. November 1844, veröffentlicht im Journal des Debats vom 6. Juli 1845 erzählt er in wenig Worten die Geschichte der Falascha's. Er bestätigt die Behauptung des Bruce und anderer Reisenden, daß diese Juden viele Jahrhunderte hindurch unabhängig gewesen, und einen Staat unter eigenen Königen auf den hohen Gebirgen Abyssiniens gebildet haben. Von da

wurden sie im 16. Jahrhundert nach der tapfersten Gegenwehr und schrecklichen Metzeleien vertrieben, wie Bruce
erzählt, der allerdings in seinem protestantischen Eifer wie in
andern Berichten, so auch hier, die Gewaltthätigkeiten
der Abyssinischen Könige, die damals unter dem Einflusse jesuitischer Missionäre standen, übertrieben haben mag. Auf
diese oben erwähnte Geschichte läßt Abbadie eine längere ausführliche und klar geschriebene Abhandlung folgen über die
Religionsgebräuche und den Gottesdienst der Falascha's, sowie
eine Aufzählung der Fest= und Fasttage mit Angabe ihrer
Entstehung, nach der Ansicht der Falascha's. A. erzählt nur
wie es ihm von mehreren gelehrten Falascha's mitgetheilt ist,
und enthält sich aller Anmerkungen und Erklärungen. Jedenfalls aus diesem Grunde nennt Jost in seiner „Neueren Geschichte der Israeliten von 1815—1845 (Berlin 1847. S. 337
A. 2) den Brief unseres Abbadie „ein wahres Chaos" aber
ich kann die Ansicht des gelehrten Geschichtschreibers nicht
theilen. Allerdings auf den ersten Anblick erscheint die Abhandlung über das Religionsystem der Falascha's wie ein unlösbarer Knäuel, aber bei näherer aufmerksamer Betrachtung
findet man hier leicht, gleichsam verlarvt und verkleidet, die
Hauptdogmen, die wichtigsten Gebräuche, die vorzüglichsten
Feste und alle Fasttage des Judenthums wieder. Ich will
nicht gerade sagen, der Brief des Abbadie läßt gar nichts zu
wünschen übrig, aber eine schlichte historische Abhandlung nach
Originaldenkmalen, nämlich nach den Berichten der Falascha's selbst, ist meiner Ansicht nach einem wissenschaftlich ausgearbeiteten Katechismus bei weitem vorzuziehen. Was würde
Herr Jost gesagt haben, wenn Abbadie nur die Ergebnisse seiner eigenen Untersuchungen veröffentlicht hätte? Er würde
sie gewiß und mit Recht in Zweifel gezogen haben.

Ich habe diesen Brief des Abbadie vielemal durchgelesen
und überdacht und bin zu der Ansicht gekommen, die ich weiter unten mittheile.

Um mich nun aber zu überzeugen, ob diese meine Ansicht
die wahre sei oder zu berichtigen in derselben ist, entschloß ich an Abbadie direkt mich zu wenden, und ihm einige Bemerkungen über seinen Brief mitzutheilen. Dies so wie der
Wunsch in Beziehung mit den Falascha's selbst in Treten zu treten, veranlaßte mich, den 1. October 1845 durch den Redacteur des
Journal du Debats einen Brief nach Abyssinien an den
wackern Gelehrten d'Abbadie zu senden, in welchem ich einen
zweiten eingeschlossen hatte für den Abba (Vater oder Oberrabbiner der Falascha's) Ishak; ich bat d'Abbadie diesen Brief
in die abyssinische Landessprache (amharna) zu übersetzen,
da ich diese Sprache nicht verstehe, und nicht wußte, ob Abba
Ishak einen hebräischen Brief zu lesen vermochte. Ich will
aus meinem Briefe an d'Abbadie die Stellen mittheilen, in
denen ich von den heiligen Gebräuchen der Falascha's spreche:

„Es ist nicht wohl glaublich, daß die Falascha's Samaritaner oder Karaiiten seien; dennoch stimmen sie in

Vielem mit jenen beiden jüdischen Sekten überein, davon die
eine nur den Pentateuch, die andre nur die Bibel anerkennt
und den Talmud verwirft[*]) .... Wie sie verschieden die Falascha's die Beschneidung, sollte sie auf einen Sabbat fallen
auf den nächstfolgenden Tag, wie sie wohnen sie selbst ihren
rechtmäßigen Frauen in der Nacht von Freitag zum Sonnabend nicht bei; wie den Samaritanern gilt auch ihnen die
Verunreinigung mit Gliedern einer andern Sekte für verunreigend; wie die Samaritaner und Karäer heirathen sie nicht
die kinderlose Witwe des verstorbenen Bruders, wie jene
feiern auch sie das Pesachfest nur 7 Tage; wie jene zählen
auch sie die 50 Tage zwischen dem Pessach und dem Wochenfeste vom Pessach=Sabbat und nicht wie die Rabbaniten vom
ersten Feiertage an. — Das Fasten am Montag und Donnerstag war üblich bei einigen frommen Juden vor der Vertreibung; die übrigen Festtage sind die der Juden, mit Ausnahme
der Hidar und des Tigamt, die ich nicht kenne; doch werden
sie nicht immer an den Tagen gefeiert an denen die Juden
nach der Bibel sie feiern. Ich kenne keine Juden, die den
zehnten Tag im Monate feiern, nur die chinesischen
Juden feiern den 14. oder 15. Das Fest Astari ist der Versöhnungstag und Baala Matsalat das Laubhüttenfest, das fünf
Tage nach ersterem stattfindet. Die Falascha's schieben oft
zwischen die Monate Mogalut und Miazia einen Monat ein
zuschalten um das Mondenjahr mit dem Sonnenjahre auszugleichen, gerade so wie die rabbinischen Juden es thun. Jenwani Marar ist das Wochenfest, der Neumond vor Labase
scheint das Neujahr zu sein. — Aus jener Beschreibung
von den Fest= und Fasttagen der Falascha's scheint hervorzugehen, daß sie das Esther= oder Purimfest nicht haben, was
darauf hinweist, daß sie vor der Zeit des Xerxes an, das heißt
seit dem 5. Jahrhundert v. Chr. dem persischen Reiche nicht
mehr unterworfen waren.

(Beschluß folgt.)

---

[*]) Diese Thatsache wurde schon im 16. Jahrhundert von
dem hebräischen Kasuisten David Ibn Abi Zimra bemerkt,
der in einem seiner Gutachten von den Falascha's in Abyssinien
sagt er: Sie scheinen Karaiten zu sein; denn sie erkennen das
mündliche Gesetz nicht an, und zünden am Sabbatabende keine
Lichter an. שחרי אינם יודעים מחויב שבעף ואין מדליקין נרות
כלל שבת.

Personalchronik und Miscellen.

Leipzig. In Jassy soll, Briefen zufolge, die Cholera schrecklich gewüthet und bereits 10,000 Menschen, darunter drei Zehntel Juden, weggerafft haben.

Verlag von E. L. Fritzsche.   Druck von J. H. Nagel.

Der Orient.

Berichte, Studien und Kritiken

Neunter   *für*   **Jahrgang.**

jüdische Geschichte und Literatur.

Das Abonnement auf
ein Jahr ist 5 Thlr.
Man abonnirt bei allen
löbl. Postäm'ern und
allen solid. Buchhand=
lungen auf ein Jahr.

Herausgegeben

von

Dr. Julius Fürst.

Von dieser Zeitschrift
erscheinen wöchentlich
das Literaturblatt mit=
gerechnet, zwei Bogen,
und zwar an jedem
Dienstag regelmäßig.

№ 33.   Leipzig, den 12. August   **1848.**

Deutschland's vereinigte Staaten.

Von der Elbe, 1. Aug. (Etwas über die
sociale Stellung der Juden in der Neuzeit.)
Was wir so lange ersehnt und erharret, wofür nun ein
Jahrhundert hindurch gekämpft und gestritten worden ist —
die Gleichberechtigung der Juden mit ihren christlichen
Mitbürgern — das wird, so hoffen wir, in wenig
Wochen nicht mehr zu den schwebenden „Fragen", son=
dern zu den entschiedenen Thatsachen, den faits accomplis
gehören. Nicht lange, und der Messias, um den Jahr=
tausende hindurch gebetet worden, ist erschienen, und unser
Vaterland ist uns gegeben; der Messias aber ist die Freiheit,
unser Vaterland: Deutschland. Deutschland, darin
seit den ältesten Zeiten, vielleicht schon vor Einwanderung
der Germanen unsre Väter wohnten; Deutschland, das
sie zu Kammerknechten erniedrigte, ihnen finstere Juden=
gassen zur Wohnung anwies, Judenzeichen anheftete,
das sie bald „ausschaffte", bald für hohes Schutzgeld
wieder einließ; Deutschland, dessen größte Männer:
Luther und Friedrich II., sich den Juden am feind=
seligsten gezeigt: — Deutschland ist nun zurückgekommen
von Vorurtheilen vergangener Jahrhunderte, es schämt
sich der Unbilden, die es unsern Vätern zugefügt, und
giebt uns, den Söhnen, mit Freuden die Menschenrechte
zurück, die nur Barbarei des Mittelalters den Vätern
entziehen und vorenthalten konnte.

Wir werden nun Deutsche sein. Noch waren wir

es nicht; bisher war es, nach der Ansicht der Fürsten
der heiligen Allianz, der Regierungen von Got=
tes Gnaden nur Anmaßung, wenn einzelne Juden
für ihr Vaterland begeistert sich hervorthaten, wenn sie
kämpften für Deutschlands Wohl. Man hielt es für
Anmaßung, als die Juden auch mit ihrem Blute die
Schlachtfelder von Leipzig und Waterloo düngten, als
auch sie, die Geächteten, mit Theil nahmen an dem
Kampfe Deutschlands wider Napoleon. War es nicht
so? Mit welchem Rechte hätte man sonst damals den
Juden, die gleiche Tüchtigkeit, gleiche Vaterlandsliebe
mit ihren christlichen Brüdern auf dem Schlachtfelde be=
währt hatten, die Gleichberechtigung versagen, mit wel=
chem Rechte hätte man behaupten können, die Juden
seien Fremde, Fremde, deren einziges Ziel Palästina
sei"? Und man hat es gesagt, und noch vor einem
Jahre hat die Regierung eines großen deutschen Staates
diese Worte zu äußern sich unterfangen. — Doch lassen
wir dies. Ueber diese Regierung und über ihr System
hat der 18. März ein Urtheil gesprochen, sie gehört Gott
sei Dank nicht mehr zu den bestehenden, und — de
mortuis nil nisi bene.

„Die Juden sind Deutsche, sind wie die
Christen Mitglieder des großen deutschen
Gesammtvaterlandes und ihnen durchweg
gleichberechtigt." — So werden wir es bald aus=
sprechen hören von den Männern, die in Frankfurt tagen,
von der Nationalversammlung, die Deutschlands beste

und edelste Kräfte, die Träger der deutschen Bildung in sich faßt. Ist aber dann schon Alles beendet, ist mit jenem Beschlusse schon die ganze Sache erledigt, das jahrtausendlange Vorurtheil aus dem Herzen des gemeinen Volks gerissen? — Ich glaube es nicht. Wir haben dann das Gesetz, das Recht, als Stützen auf unserer Seite; nun aber müssen wir, alle Juden Deutschlands, die wir uns bisher, mit Ausnahme einiger einzelner ausgezeichneten Persönlichkeiten, mehr passiv an der Judenfrage betheiligt haben, uns bewähren als würdige Nachkommen der Makkabäer, als würdige Söhne unseres großen deutschen Vaterlandes. Beharren wir auf unserm Rechte, lassen wir uns nicht durch Pöbelgeschrei wankend machen, weichen wir keinen Schritt zurück, immer muthig voran, wie es Deutschen geziemt! Wehe aber auch dem von uns, der die junge Freiheit zu schlechten Zwecken mißbraucht; Fluch dem Juden, der durch seine Unredlichkeit, seine Verbrechen den im Pöbel schlummernden Judenhaß aufweckt; denn noch wird der Pöbel (und der lebt in Palästen sowohl als in Hütten) das Vergehen des Einzelnen der Gesammtheit zur Last legen. —

Besonders aber an Euch, deutsche Jünglinge jüdischen Glaubens, Euch auf denen, wie auf der gesammten Jugend Deutschlands die Zukunft des Vaterlandes beruht; Euch die Ihr berufen seid als Träger des Judenthums, berufen ihm wie seinen Bekennern Achtung und Liebe zu erwerben; Euch, die Ihr ja so Manchen unter Eurer Mitte zählt, der theilgenommen an den Kämpfen der Märztage in Wien und Berlin, an den heiligen Kämpfen für die Freiheit wider die Tyrannei — an Euch richte ich die Bitte, die neuerlangte Freiheit zum Wohle Deutschlands, zur Ehre des Judenthums zu benutzen. Alle Zweige des Wissens, der Gewerbe, der Kunst werden sich Euch nun öffnen. Weihet Euch diesen und weiset zurück den schändlichen Schacher und Wucher; Erwerbszweige, die nie unserm Volke um sich gegriffen hätten, wenn nicht die Fürsten durch Verbot der Erlernung und Ausübung jedes anderen Berufes die Juden zum Wucher hingetrieben, und sie sie zu Schwämme benutzt hätten, die das Gold ihrer Völker einsogen, und die sie beliebig dann auspreßten. Die Fürsten, nicht die Juden, waren die eigentlichen Wucherer; zu scheinheilig, vielleicht auch zu furchtsam ihre Völker direkt auszubeuten, verschanzten sie sich hinter die Juden. Und was diese erwucherten, das fiel als Leibzoll und Schutzgeld, als Judensteuer und als Familiensteuer, als Licht- und als Fleischsteuer, und wie diese fürstlichen Schröpfmittel alle heißen mögen, in den Säckel der Fürsten. Die Fürsten waren die Wucherer, die Juden nur ihre Werkzeuge; indeß die Juden wurden als Wucherer gehöhnt, verfolgt, geächtet und erschlagen, die Fürsten waren geliebt und geachtet, und ihre Schatullen gefüllt. —

Glaube man aber ja nicht, daß allein durch muthiges Verfechten unseres Rechts, durch gewerbliche Betriebsamkeit, durch würdiges achtunggebietendes Verhalten unsre Aufgabe gelöst, das Vorurtheil des Pöbels beseitigt sei. Noch ist ein wichtiger Schritt zu thun: die sociale Annäherung an unsere deutschen Brüder. Man wende mir hier nicht ein, sie sei unmöglich, sie gefährde den Glauben und seine Satzungen. Die sociale Annäherung ist nicht nur nicht unmöglich, nein sie ist unumgänglich nothwendig. Verschwunden ist die Zeit, da die Juden in ihren Vierteln ein Ganzes bildeten, ganz abgesondert von den Christen lebten, ja leben mußten, da nur der Handel sie mit ihnen zusammenführte; verschwunden ist die Zeit des Eichhornschen christlichen Staats, da die Juden besondere Korporationen bilden, ihre Kinder besondere Schulen besuchen sollten; verschwunden sind die Zeiten des Partikularismus, der Abgränzung, die bei der vollständigen Beobachtung unseres Ceremoniels bedingt wird. Wir leben in den Zeiten der Association, der Vereinigung Aller zu einem großen Ganzen. Und als Mitglieder dieses großen Ganzen, des Staats-, des Gemeindeverbandes, als Staatsdiener, als Innungsgenossen werden die Juden mit und unter den Christen leben, und eben so wenig als sie ihr Judenthum zu verläugnen haben werden, werden sie sich gesellig von denjenigen abschließen wollen und können, mit welchen sie amtlich verkehren.

Die gesellige Annäherung soll aber, so sagen die Frommgläubigen, den Glauben gefährden. Ich kann dies nicht zugeben. Der reine Glaube des Judenthums sollte durch nähere Verbindung mit den Christen schwinden? Sind denn die Christen unserer Tage gar so begierig Proselyten zu machen, und deuten nicht im Gegentheile alle die neueren rationalistischen Bewegungen im Christenthume auf ein Zurückgehen zum Ursprünglichen, zum reinen Judenthume hin, wie ja auch Jesus es gelehrt, und das nur durch Apostel, Kirchenväter und Prälaten zu einem Wuste abgeschmackter, barbarischer Lehren herangeschwollen, den Luther selbst nicht ganz beseitigen konnte, und dessen letzter Ableger der k. preuß. christliche Staat war? Freilich die Ceremonien dürften durch die sociale Annäherung mehr oder minder gefährdet sein, weil man das gefährdet nennen kann, was in der Praxis theilweise schon ganz vergessen, oder doch nur wenig geübt wird. Als der unsterbliche Mendelssohn die fünf Bücher Mosis ins Deutsche übersetzt drucken ließ — da wurde er, wie das Werk von orthodoxen Rabbinen in den Bann gelegt; und diese Rabbinen hatten in ihrem Sinne vollkommen Recht. Sie sahen mit scharfem Blick in die Zukunft, sie erkannten die Wirkung die diese deutsche Bibel für die Folgezeit haben würde. Doch die alte Geschichte mit Bileam hat sich stets bei Bannformeln, christlicher wie jüdischer Seits bewährt —

der Bann fiel zum Segen aus. Mendelssohns deutsche Bibel ward überall gelesen; sie war der erste Strahl deutscher Bildung, der in das nächtige Ghetto talmudischer Disputationen und rabbinischer Casuistik hineinbrach; ihr Erscheinen schon war ein Protest gegen das Hergebrachte, denn sie war Hochdeutsch geschrieben und nur hebräisch oder der Jargon war im Ghetto gebräuchlich; ihr Lesen aber war ein Protest gegen die Machtvollkommenheit der Rabbinen, denn sie hatten es ja verboten. Und von da an schreibt sich die deutsche Bildung bei den Juden. Durch die deutsche Bibel mit der deutschen Sprache bekannt geworden, griff man bald zu andern deutschen Werken, zu den Schriften der deutschen Philosophen, und suchte diese in Einklang mit seiner Religion zu bringen. Jene alten orthodoxen Rabbinen konnten noch, wie wenig es auch fruchtete, ihren Bannstrahl auf diese Neuerung werfen; sie hatten ein Recht dazu, denn sie standen noch fest auf dem Boden des Althergebrachten, sie waren noch keinen Schritt gewichen von der Ueberlieferung, wie sie ihnen von ihren Altvordern überkommen war. Anders in unsern Tagen. Die Träger der Orthodoxie sind nicht mehr die alten, sie legen keinen Bann mehr auf deutsche Werke, sie haben selbst deutsche Bildung eingesogen, deutsche Philosophie studirt, sie halten nicht mehr an all den überkommenen Gebräuchen, ja manche Vorschrift des Talmuds und der Bibel selbst hat die Zeit bei ihnen abgeschliffen.

(Beschluß folgt.)

Frankfurt a. M. Da Sie den Protest mitgetheilt, welchen eine Anzahl achtbarer Männer hier gegen die Verfügung der gesetzgebenden Versammlung erlassen, so ersuche ich Sie, auch folgende Eingabe des hiesigen israel. Vorstandes an den Senat mittheilen zu wollen. Die Engherzigkeit und Intoleranz der hiesigen Freistädter ist hinlänglich bekannt und wenn die Geißelhiebe eines Börne nichts gefruchtet, so glauben wir kaum, daß diese Eingabe, so würdig und kräftig sie auch gehalten ist, etwas helfen wird. Indeß ist sie als Aktenstück immer der Mittheilung werth. Die Eingabe lautet:

„Bei der Zusammensetzung einer mit der Revision der hiesigen Verfassung zu beauftragenden Kommission soll, wie wir vernehmen, die israelitischen Bürger ausgeschlossen werden und weder an der Wahl theilnehmen können, noch wählbar sein. Als gesetzliches Organ der israelitischen Gemeinde fühlen wir uns gedrungen, die Gründe darzulegen, welche uns erwarten lassen, bei diesem wichtigen Werke jeden Glaubensunterschied bei Seite gesetzt zu sehen. Bei den durch das Vorparlament beschlossenen und durch alle deutsche Regierungen auf Anordnung der Bundesversammlung ausgeschriebenen Wahlen für die konstituirende deutsche Nationalversammlung hat kein solcher Unterschied stattgefunden. Damals galt es die höchsten Interessen des deutschen Volkes und kei-

nem der Mitglieder des Vorparlaments ist es in den Sinn gekommen, Unterschiede machen zu wollen zwischen einem Deutschen und dem Andern. Sollte unseren Gemeindeangehörigen in der Vaterstadt ein Recht versagt werden können, welches sie ohne Widerspruch mit dem gesammten Vaterlande ausübten? Eine noch mächtigere Stütze bietet uns die Nationalversammlung selbst. Dem Geiste des deutschen Volkes und ihrem Ursprunge getreu, hat sie den Grundsatz der Volkssouveränität als die Grundlage und Quelle aller Rechtszustände in Deutschland erklärt und unter allgemeiner freudiger Begrüßung verkündet. In diesem keine Ausnahme gestattenden Ausspruch liegt unsere Anerkennung als Glieder der deutschen Nation, aber auch die Vernichtung jeder politischen Bevorzugung, möge eine solche bisher einer größern oder einer geringern Anzahl von Staatsangehörigen zugestanden haben. Es ist demnach auch keine Zurücksetzung eines Theils der Staatsangehörigen mehr möglich, aber nicht nur in dem gesammten deutschen Vaterlande, sondern auch in jedem einzelnen Theile desselben, welcher keine Sonderheit mehr bilden soll und kann. Soll am Wendepunkte unseres politischen Lebens gleich wieder mit Ausnahmegesetzen begonnen werden, welchen man sich endlich entwunden zu haben glaubte? Sollten an den Pforten der Nationalversammlung, welche die Volkssouveränität verkündet hat, und die hinsichtlich des hier einschlägigen Punktes schon von den Vertrauensmännern anerkannten Volksrechte zu verkünden im Begriff steht, diese erhabenen Grundsätze, welche fortan das Palladium der deutschen Nation bilden werden, sogleich verkannt werden können? Gilt, was für Deutschland geschaffen wird, nicht auch für Frankfurt?

Wir können nicht glauben, daß nach Beendigung jeder politischen Unmündigkeit sogleich für unsere Glaubensgenossen eine neue Bevormundung geschaffen werden soll. Im ganzen deutschen Vaterlande und auch hier wurde es wiederholt und laut ausgesprochen, daß Niemand seines Glaubens wegen zurückgesetzt sein solle. Sogleich beim Anbeginne der neuen Aera geschah dies hier in der mit zahllosen Unterschriften bedeckten Eingabe vom 3. März; und kürzlich in der Vorstellung, welche die Niedersetzung eines Verfassungsrathes für hiesige Stadt veranlaßt. Wie sollte auch, wenn von Beseitigung der Mängel unserer Verfassung die Rede ist, gerade deren Urheber dabei zugedacht werden, welche am Meisten darunter zu leiden hatten? Von dem Grundsatze ausgehend, daß, was für Alle geschehen soll, durch Alle geschehen muß, hat kein deutscher Staat, welcher sich in der Lage ist, Verfassungsversammlungen und allgemeine Wahlen auszuschreiben, Bevorzugungen oder Zurücksetzungen eintreten lassen. Bei den Landbewohnern hat man auch hier unbedenklich diesen Grundsatz beobachtet. Sollte hinsichtlich der israelitischen Bürger unser Freistaat allein gegen

bedeutende monarchische Staaten und unsere Schwester=
stadt Hamburg zurückstehen und Frankfurt die breiteste
Grundlage, welche Oesterreich, Preußen, Baiern, Nassau,
Hamburg für ihre konstituirenden Versammlungen wähl=
ten, für eine blos vorberathende verlassen wollen? Gleich=
wie von dem allgemeinen Standpunkte des neuen öffent=
lichen Rechts aus, unsern Glaubensgenossen die Mit=
wirkung bei einem Verfassungswerke nicht zu versagen
ist, so bietet unser besonderer Standpunkt noch wesent=
liche Momente, welche es als nothwendig erscheinen las=
sen, uns eine Stimme dabei zu gönnen. Die Verfas=
sungsverhandlung wird nämlich das religiöse Gebiet und
die Stellung der Gemeinden im Staate nicht unberührt
lassen, sollen wir bei allen diesen wichtigen und unsern
heiligsten Interessen unvertreten bleiben? Alle diese Ver=
hältnisse zeigen, wie wichtig es ist, daß kein Rückschritt
geschehe, welcher darin liegen würde, wenn die neue
Organisation so eingeleitet würde, daß unsere Gemeinde=
angehörigen dabei ausgeschlossen bleiben. Wir hegen
aber das Vertrauen, daß ein hoher Senat unsere Rechte
wahren werde und bitten in diesem Vertrauen ehrerbietigst:
„Hochdieselbe wolle sich daher auszusprechen geruhen,
daß bei der beabsichtigten Einberufung eines vorberathen=
den Verfassungsrathes hinsichtlich unserer Gemeindeange=
hörigen keine Zurücksetzung stattfinde, sondern daß den=
selben gleich ihren christlichen Mitbürgern die Wählbar=
keit und die Mitwirkung bei den Wahlen zugestanden
werde." In tiefster Verehrung verharren wir als eines
Hohen Senats gehorsamster Vorstand der isr. Gemeinde.
gez. Dr. Manhayn.
Dr. med. Emden.

Homburg v. d. H., Ende Juli. Auch in un=
serer Grafschaft ist die Civilehe zwischen Juden und
Christen, wie in Braunschweig und Preußen gestattet
worden. Dieser Fortschritt in einigen Staaten Deutsch=
lands ist die Losung in der modernen Emancipations=
frage und sie wird und muß allenthalben gelöst werden,
weil das Gesetz bei wahrer Freiheit den Separatismus
nicht aussprechen darf. Wie wir so eben hören, haben
die Stände in Kassel auf Antrag eines Abgeordneten
ebenfalls auf Gestattung der Civilehe zwischen beiden
Konfessionen angetragen.

Teplitz (in Böhmen), 26. Juli. Der gestrige
Tage brachte einen erhebenden Beweis der zwischen den
Bewohnern hiesigen Ortes herrschenden Eintracht, und
zeigte, daß die wackern Bürger durch die That am besten
jene verleumderischen Gerüchte Lügen strafen, die von
erbärmlichen Subjekten ausgestreut werden, in der Ab=
sicht, die freundschaftlichen Verhältnisse unserer Stadt
zu stören.
Es fand gestern die Bestattung eines Nationalgar=
disten israelitischer Konfession statt, und zwar auf eine
Weise, in der sich die Humanität und Toleranz der

Teplitzer Einwohner so charakteristisch ausspricht, daß
man mir schon eine nähere Beschreibung erlauben wird.
Nachmittags 4 Uhr versammelten sich das Officier=
Corps der Nationalgarde, dem sich ein guter Theil der
Garde angeschlossen hatte, sowie das Musikkorps (sämmt=
lich in Uniform) vor der Wohnung des Majors, und
erwartete da die 4. Kompagnie, in deren Reihen der
Verstorbene stand; nachdem diese unter Trommelschlag
angerückt war und sich in einigen rasch und gut ausge=
führten Schwenkungen in militärischer Ordnung aufge=
stellt hatte, begaben sich die Anwesenden vor die Woh=
nung des Verblichenen, und begleiteten von hier in feier=
lichem Zuge ihren Gefährten zu seiner letzten Ruhestätte.
— Vor dem Leichenwagen, auf welchem Czako und
Waffen des Dahingeschiedenen lagen, ging das Musik=
korps, einen Trauermarsch blasend; dann folgte eine Ab=
theilung der 4. Kompagnie unter Waffen, hierauf der
Sarg, den von beiden Seiten Gardisten mit Fackeln
begleiteten, dicht hinter dem Sarge der Prediger der
israelitischen Gemeinde im Ornat, das Officierkorps und
viele Garden. Geschlossen wurde der Zug von einer
bewaffneten Abtheilung der braven 4. Kompagnie, die
durch ihr fast vollständiges Erscheinen das beste Zeug=
niß von dem in ihr herrschenden Geiste der brüderlichen
Einigkeit gab. Auf dem Friedhofe * hielt der würdige
Seelsorger der israelitischen Gemeinde, Hr. Pick, eine
gelungene Rede, in welcher er nach einigen kurzen, den
Verstorbenen und dessen Angehörigen berührenden Wor=
ten auf die Wichtigkeit des heiligen Moments zeigte,
der hier auf geweihter Stätte die Bekenner verschiedener
Konfessionen vereinte, in dem brüderlichen Bestreben,
ihrem Kameraden die letzte Ehre zu erweisen. Dieses
einmüthige Bestreben sei eine Frucht der errungenen
Freiheit, die die Scheidewand zwischen christlichem und
jüdischem Bruder gestürzt, und so das wiederum hervor=
gebracht habe, was so vielen Menschengeschlechtern, ja ganzen Jahr=
tausenden nicht möglich gewesen. — Den Bürgern die=
ser Stadt gebühre der Ruhm, die Sonne der Freiheit
nicht allein nicht befleckt, sondern durch hochherziges Be=
nehmen ihre Klarheit noch erhöht zu haben, und daß
ein solches Benehmen nur dazu beitragen könne, den
bewährten Ruf unserer Stadt noch zu steigern. Der
Redner schloß mit dem Wunsche, daß diese allgemeine
Menschenverbrüderung sich immer frischer und lebenskräf=
tiger entfalten möge. —
Wer hätte da nicht aus vollem Herzen „Amen"
gerufen! Die Rede verfehlte auch nicht auf alle Anwe=
sende einen tiefen Eindruck zu machen; jeder schien die
hohe Bedeutung des heiligen Augenblicks zu ha=
ben, und so manchem Auge entrollten Thränen; wo sie
hinfielen, werden einst Blumen sprossen, Blumen der

---

*) Hier ruht der vortreffliche Mann, J. G. Seume
aus Sachsen.

reinsten Menschenliebe, und wenn einst Enkel an dieser Stätte knien, dann werden sie sich an den herrlichen Himmelsblüthen, und in stiller Wehmuth dankbar sich Derer erinnern, die sie einst gepflanzt.

Nachdem die Leiche beigesetzt war und der biedere Major sowie das wackere Officierkorps noch einige Schaufeln Erde in das Grab geworfen; gaben diese nebst den anwesenden Garden der 4. Kompagnie, die mit klingendem Spiele auf ihren Sammelplatz zogen, das Ehrengeleite! Ich aber ging mit dem Wunsche nach Hause, daß überall der Haß, der noch zwischen Bekennern verschiedenen Glaubens herrscht, so verschwinden möchte, und jeder in seinem Nächsten nur den Menschen, den Bruder sehe! Jene Finsterlinge aber, die durch giftige Bosheit diese schöne Zeit hinauszurücken bestrebt sind, mögen in ihrem innern Richter die größte Strafe finden! —

Ueber
einen neuen Brief des Anton von Abbadie
in Bezug auf die Juden in Abyssinien.

Von
Filosseno Luzzatto.

(Schluß.)

Diese Thatsachen, die aus dem Briefe des d'Abbadie hervorgehen, sprechen meiner Ansicht nach entschieden dafür, daß die Falaschas wirklich Juden sind, und ich hoffe Herr Jost wird nicht mehr, wie in Nr. 9 Jahrgang 1839 seiner „Israelitischen Annalen" in seiner Anzeige der „Reise in Abyssinien von Katte" behaupten, er halte die Existenz des Judenthums in Abyssinien bei einem bestimmten Volke für „sehr zweifelhaft". Ich will noch einige andere Bemerkungen zu den obigen hinzufügen. Die Falaschas sind Monotheisten (Gobat S. 327), sie leugnen die Göttlichkeit Jesu (das. S. 321—22) und glauben an die Auferstehung der Todten (d'Abbadie). Mehrere Monatsnamen der Falaschas sind augenscheinlich die entsprechenden hebräischen Namen nur in verderbter Aussprache, z. B. Lesa für Nisan, Tavt für Tevet, Tomas für Tamus; der Fasttag in Ab heißt bei den Falaschas Ab tom was nur korrumpirt ist aus Ab xom אב צום Fasten in Ab. Die der hebräischen Syntax entgegenlaufende Zusammenstellung dieses Ausdrucks erklärt sich durch den Charakter der eigenthümlichen Sprache der Falaschas, sowie der andern Abyssinier, die eben so wie andere Dialekte dieses Landes zum indo-europäischen Sprachstamm gehörig, wie die andern Zweigsprachen dieses Stammes dergleichen Konstruktionen (Ab tom Ab's Fasten) zuläßt, wie ich dies aus meinen vergleichenden Sprachstudien ersehen habe. Das Studium dieser Sprache der Falaschas im Vergleich mit andern abyssinischen Dialekten und mit den klassischen Sprachen Ins-

diens und Europa's hat mich seit einiger Zeit zu der Ansicht geführt, die Falaschas bestehen zum großen Theile aus Abyssiniern, die zum Judenthume übergetreten, und wie ich glaube aus Egypten gekommen seien, Nachkommen der Hyksos, der alten Eroberer dieses Landes. Ihr Name selbst, Falascha, den d'Abbadie wie wir unten sehen werden Falaxa schreibt, ist, so glaube ich, nichts Anderes als das Wort valaska im Sanskrit, welches weiß bedeutet, und welches jenes Volk zum Unterschiede von den Schwarzen, den eingeborenen Afrikanern sich beigelegt hat.

Doch zurück zu d'Abbadie. Siebenundzwanzig Monate waren verflossen, seitdem ich meinen Brief für ihn an den Redacteur des Journal des Debats geschickt, und noch hatte ich keine Antwort erhalten. Ich dachte fast nicht mehr an meinen Korrespondenten in Abyssinien, ich glaubte, der Redacteur des obigen Journals habe keine Gelegenheit gefunden, meinen Brief an ihn abzusenden. Da, den letzten Tag im verflossenen Jahre 1847, erhielt ich unvermuthet vermittelst des erwähnten Redakteurs, dem ich bei dieser Gelegenheit öffentlich meinen Dank abstatte, einen Brief von unserem d'Abbadie. Er hatte meinen Brief vom 1. Oktober 1845 erst im Juni 1847 erhalten, und den 6. Oktober desselben Jahres aus Mafhal in Tigray darauf geantwortet.

Zunächst giebt er mir die Gründe an, die ihn bis jetzt verhindert, meinen Brief dem Abba Ishaq mitzutheilen, den er indessen in meinem Namen hatte grüßen lassen; darauf sagt er:

„Ich wünsche eben so wie Sie, daß die Ungenauigkeiten in meiner Abhandlung über den Glauben der Falaxas durch den Abba Ishak gehoben werden könnten, aber ich hoffe es nicht. Denn meine Berichterstatter waren David und sein Bruder Izra, beides Söhne des Priester Zena. Izra ist Diakonus und liest das Ghaz geläufiger als die meisten christlichen Geistlichen in diesem Lande." Darauf erzählt er mir, wie ein Falaxa ihn gebeten, ihn mit nach Europa zu seinen Brüdern zu nehmen, und „ich ging es sofort ein, sagt d'Abbadie, unter der Bedingung, daß ich erst die Quelle des weißen Nil aufsuchen. Der arme Falaxa nahm meine Antwort für eine Ausflucht, in meiner Abwesenheit reiste er mit einem Israeliten aus Kairo, der ihn auf dem Wege verkaufte, obgleich pa apn misa (so hieß der arme Falaxa) nicht als Sklave geboren war. Ich habe Ihnen dies Unglück erzählt, um Ihnen zu beweisen, wie die Falaxas mit ihren gebildeten Brüdern in Verbindung zu treten wünschen, und eben so, welchen Gefahren sie entgegengehen, weil sie diesen Wunsch auszuführen suchen."

Hierauf fährt d'Abbadie fort: „Ich hatte in Gondar eine hebräische Bibel, und habe mich überzeugt, daß Izra noch keine gesehen hat; dennoch werde ich nicht unterlassen, den Abba Ishaq über den hebräischen Text zu befragen. Ihre Anfragen indeß werde ich ihm nicht mündlich mittheilen, weil sie beträchtlich sind, und ich werde sie nicht in der Amharasprache mittheilen, weil sie nicht die heilige Sprache der Falaras ist. Doch so Gott will, werde ich mich zum Abba Jshaq begeben mit Ihren in die Ghas- (אלף) Sprache übersetzten Anfragen, und werde noch Erklärungen hinzufügen, weil er sie beim Aufschreiben seiner Antwort wünschen sollte." —

In Bezug auf den hebräischen Text des Pentateuch sind zweierlei Fälle denkbar, entweder fehlt es Ezra an den nöthigen Kenntnissen zu dem Verständnisse desselben, oder die Falaras besitzen den Pentateuch nicht mit den modernen hebräischen, sondern mit den alten, sogenannten samaritanischen Buchstaben. Und deshalb habe ich in meinen Anfragen an Abba Jshaq das samaritanische Alphabet neben dem hebräischen aufgeschrieben."

In der Unterredung des Gobat mit einem alten Rabbiner der Falaras las ich folgende Worte:

Gobat: Habt Ihr keine hebräischen Bücher?

Der Rabbiner: (nach einigem Bedenken) Ja, wir haben das Gesetz, doch wegen der jetzigen Unruhen haben wir es mit einigen andern Büchern im Quartier der Muselmänner versteckt. (Gobat S. 261).

Weiter fährt d'Abbadie fort: „Meine Beleuchtungen über den Glauben der Falaras oder Falasian, wie sie sich in der Ghas-Sprache nennen, hatte mich so überrascht, daß ich anfangs das Bedürfniß fühlte, ehe ich irgend etwas daraus folgerte, einen gelehrten Juden zu Rathe zu ziehen; doch ich besann mich bald eines Anderen, und beschloß meinen Brief ohne Weiteres als Versuch der Oeffentlichkeit zu übergeben." Und er hat sehr recht gehandelt, und wir sind ihm für diese Aufrichtigkeit zu großem Danke verbunden. Ich hatte d'Abbadie bemerkt, daß man daraus, daß diejenigen welche das (dem Geiste des Mosaismus ganz zuwiderlaufende) Mönchsthum bei den Falaras eingeführt, nach der Sage zur Zeit des abyssinischen Königs Zar-a Jaigob (1434—68) gelebt, nicht nur wie er gethan, annehmen könne, daß die jetzigen Satzungen der Falaras sehr verschieden von den früheren seien, sondern auch, daß die Religion der Falaschas nur in Folge der im 14. 15. u. 16. Jahrhundert Seitens der Christen über sie verhängten Verfolgungen verderbt wurde. Ist doch der obenerwähnte Zar-a Jaigob durch die Einführung der Inquisition und durch die Verfolgung der Heiden und Juden genugsam bekannt.

Hierauf antwortete mir d'Abbadie Folgendes: „Es ist leider wahr, daß viele Ueberlieferungen und geschichtliche Erzählungen der Abyssinier, die noch zur Zeit Ludolfs vorhanden waren, untergegangen sind. Ich habe sechs Tarika nagaß, das sind abyssinische Geschichtsbücher, verglichen, wovon zwei von ihnen stimmen überein. Obgleich ich nun nirgends in diesen Büchern die Inquisition und ihre Einführung durch Zar-a Jaigob, wovon sie mir schrieben, erwähnt finde, wage ich dennoch nicht, Ihre Behauptung in Zweifel zu ziehn, wie wenig Inquisition auch mit der außerordentlichen Toleranz und Friedfertigkeit der Abyssinier in Glaubenssachen übereinstimmt." Meine Quelle über die abyssinische Inquisition ist die Geschichte von Bruce; denn darin steht, daß Amda-Sion, der Torquemada von Abyssinien, einen Befehl veröffent-

licht, daß alle die am Leibe gestraft werden, und ihre Güter eingezogen werden sollten, die nicht auf der rechten Seite ein Amulet tragen würden mit der Inschrift: Ich entsage dem Teufel und unsern Herrn Jesus Christus. Hierzu kommt, daß kurz vor der Regierung des Zar-a Jaigob, die Falaras die Waffen gegen den abyssinischen König Isaak (regierte 1412—1429) ergriffen hatten. Die Gründe dieses Aufstandes, sagt Bruce, sind unbekannt, doch sind sie jedenfalls in Ungerechtigkeiten des Königs gegen die Juden zu suchen.

Isaak zog gegen die Falaras in der Provinz Woggora (Wagara), schlug sie in Kossogne aufs Haupt, nahm ihnen diese Provinz und ließ zur Erinnerung an diesen Sieg auf dem Schlachtfelde eine Kirche bauen, die er Debra-Jsaak nannte. Uebrigens mag nun das Mönchsleben den Falaras (und zwar denen unter ihnen, die Unterthanen des christlichen Königs waren) von dem grimmigen Amda-Sion aufgedrungen worden sein, oder mögen die Verfolgungen dieses afrikanischen Torquemada die unglücklichen Falaras gezwungen haben, sich vor den Augen der Welt zu verbergen, und mit um so größerem Eifer ihre Blicke dem Himmel zuzuwenden, jedenfalls ist es meiner Ansicht nach Thatsache, daß die Religionsbedrückung des Zar-a Jaigob unmittelbaren Einfluß übte auf die Entstehung der Klöster bei den Falaras; und dieser Einfluß war entfernt zu schwinden, wurde durch die bürgerlichen Beschränkungen und die Proselytenmacherei in der Folgezeit immer mehr befestigt.

D'Abbadie scheint in seinem ersten Briefe das Arbit, das Eintauchen der Neugeborenen ins Wasser für eine Halbtaufe zu halten. Ich bemerkte dem d'Abbadie, diese Ceremonie habe wohl gar nichts mit der Taufe zu schaffen, welche die Falaschas gar nicht zu kennen behaupten und für eine Abgeschmacktheit erklären. Wahrscheinlicher ist es, sie halten den Neugeborenen für unrein wie seine Mutter, bis zum Arbit, das bei einem Knaben 40, bei einem Mädchen 80 Tage nach der Geburt stattfindet. Hierauf erwidert d'Abbadie:

„Ich hatte wie Sie die Ceremonie des Arbit für eine Reinigung und nicht für eine Taufe, aber dieses letztere Wort heißt in der Glz-Sprache timgat, und eben dieses Wort haben auch die Falaras im Gebrauch. Wunderbar ist, daß das Buch Arbit, aus welchem bei jener Ceremonie gelesen wird, von den Christen angenommen; ich habe es noch nicht untersucht." —

Doch dieses Wunderbare wird erklärlich, wenn man eine Stelle des d'Abbadie selbst aus dem Briefe im Journal des Debats vergleicht (S. 4 Spalte 1a) wo es heißt: „das Buch Arbit scheint von den Falaschas zu den Christen übergegangen zu sein. — In der That ist es sehr wohl denkbar, daß der größte Theil der Abyssinier beim Uebertritt aus dem Judenthum in ein Halbchristenthum, die Worte timgat und arbit, die ursprünglich die Ceremonie bei Wöchnerinnen und Neugeborenen bedeuten, sammt dem bei dieser Ceremonie gebrauchten Buche beibehielten und gerade so, wie man es bei Religionsveränderungen täglich vor sich sieht, in ihrer neuen Religion auf die Taufe, die doch ursprünglich auch nur eine Reinigung war, anwendeten. Das Purimfest wurde, wie ich schon vermuthet, niemals bei den Falaschas gefeiert, wie mir d'Abbadie nach dem Diakonus Jzra schreibt.

Hierauf wiederholt mir d'Abbadie, da er seinen Brief an des Journal des Debats nicht vor sich hat, einige in demselben schon veröffentlichte Notizen, die ich nicht mittheilen will; ich will nur die neuen Notizen hier mittheilen:

Heiliges Oel. Man brauchte es, um Aaron zu weihen, heutzutage ist es nicht mehr vorhanden.

Sonnabendsabbat, der in Abyssinien „alter Sabbat" (Kadmi) heißt, im Gegensatze zum neuen, dem Sonntagssabbat. Ihr sagt auch, frug ich, Kadmi, erkennt also hierin unsern Sonntagsabbat an? Nein, erwiderte der Falascha entrüstet. Sonnabend heißt der alte (Kadmai), weil er vor der Schöpfung schon eingesetzt war; es gab damals nur einen Tag, nämlich Sabbat oder Sonnabend. — Ich erinnere mich nicht früher wo diese kostbare Erklärung vom Sabbat gehört zu haben.

Gottesdienst der Mönche. Dieser zerfällt in 9 Theile:

1) Kalluhu, früh vorm Hahnenschrei. Man erwähnt in demselben die sieben Märtyrer.
2) Zarhaku, beim Hahnenschrei.
3) Jmizie, wenn die Sonne zu wärmen beginnt.
4) Maharanni, gegen 11 Uhr Vormittags.
5) Qidis, gegen 3 Uhr Nachmittags.
6) mahari, um 4 Uhr Abends.
7) Jtibarik, bei anfangender Dunkelheit.
8) ba Salamka, zum Schlafengehen.
9) Wabizuha, um Mitternacht.

Die Falaras behaupten, wie ich gleich im Anfange gesagt, zur Zeit Salomons nach Abyssinien gekommen zu sein. Das wird den nicht Wunder nehmen, der weiß, daß die Juden in Jspahan und Arabien seit Moses Zeit daselbst zu wohnen behaupten, daß nach den Muselmännern ein großer Theil des jüdischen Volkes nach dem Tode des Josua den äußersten Grenze Asiens, jenseits China, zugewandert ist, daß die Juden in Ulm und Worms dort vor Beginn der christlichen Aera zu wohnen vorgaben, und daß die spanischen Juden wie die Falaras zur Zeit Salomos auf die iberische Halbinsel gekommen sein sollen. Diese Ueberlieferung der Falaschas, die auch die Christen in Abyssinien angenommen, zu berichtigen, oder vielmehr ihren Ursprung nachzuweisen, gehört nicht hierher und würde zu weit führen. Deßhalb will ich weder die Konjektur des d'Abbadie über den Ursprung der jüdischen Sekten in Abyssinien, die er in seinem ersten Briefe im Journal des Debats und in seinem zweiten Briefe an mich gemacht, noch meine von der des d'Abbadie abweichende Konjektur hier mittheilen. Und zwar letzteres um so weniger, als ich darum um aufrichtig zu sein, am Schluß die Worte an den Leser hätte richten müssen, die d'Abbadie mir geschrieben:

„Nehmen Sie meine Konjektur einfach für das hin; was sie ist."

Es steht zu erwarten, daß die Antwort des Abba Ifhaq auf meine Anfragen ein neues Licht auf die wichtige Angelegenheit werfen wird.

Ich schließe diesen Artikel mit den Schlußworten des d'Abbadie in seinem Briefe an mich, die eine neue und wichtige Thatsache enthalten. „Nach meinen letzten Erfahrungen, die durch fünf verschiedene Personen bestätigt sind, muß ich glauben, daß der geheimnißvolle Coder, welchen mein Bruder vor sechs Jahren Herrn Remhard mittheilte, bei den unter den verschiedenen Stämmen von Gurage sowohl, als auch unter den Kamba, Walanza und andern südlichern Völkern zerstreut wohnenden Juden in Gebrauch ist. Das Land Gezzo unter vierten nördlichen Breitengrade wird von Falaras bewohnt, und unter einem Könige derselben regiert. Dies ist das einzige Land in der ganzen Welt, in dem die Juden noch unabhängig sind."
Philosseno Luzzatto.

Lieder eines Juden
von
Emil Lehmann.

VII.
In dieser Nacht.
(Frei nach dem Hebräischen.)
Zun 9. Ab.

In dieser Nacht, in dieser Nacht
Ward Gottes Haus verheeret,
Da ward des Heiligthumes Pracht
Von Flammen aufgezehret. —
Wein' Israel, laß Klag' erschallen,
Der Tempel Gottes ist gefallen!

In dieser Nacht, in dieser Nacht
Seufzt Juda, das verbannte;
Hinausgedrängt von Feindesmacht
Irrt es im fernen Lande;
Laß Thränen netzen deine Wangen —
Du bist verbannt — du bist gefangen!

In dieser Nacht, in dieser Nacht
Ward Juda Feindesbeute;
Wohl haben d'rob sie hohngelacht,
Wohl groß war ihre Freude!
Wein' Juda! Einst der Völker Krone —
Nun wardst den Feinden du zum Hohne!

In dieser Nacht, in dieser Nacht
Da büßten wir die Sünden;
Da ließ uns Gott in blut'ger Schlacht
Von Feinden überwinden.
Wein' Juda — da du Gott verlassen,
Ließ er auch dich — den Feindesmassen!

In dieser Nacht, in dieser Nacht
Begannen Schreckenszeiten;
Schied von uns Freiheit, Ehr' und Macht,
Nabt' Druck und Schmach und Leiden.
Wein' Israel — einst siegestrunken
Bist du zum Sklaven nun gesunken!

VIII.

Fast zweitausend Jahre schwanden seit der schreckensvollen Nacht,
Da die Römer überwanden in der blut'gen Judenschlacht;
Da die Helden all' gesunken, kämpfend für ihr Vaterland,
Da die Feinde siegestrunken wütheten mit Räuberhand:
Da der Flammen gier'ge Lohe Jahva's heil'gen Ort verzehrt,
Da Jerusalem, die hohe, lag zertrümmert und zerstört.
An dem schreckensvollen trüben Tag ward Israel verbannt,
In die Welt hinausgetrieben — hilflos, ohne Vaterland.

Fast zweitausend Jahre schwanden, seit Israels Tempel
sank —
Israel ist noch vorhanden, trotzte kühn dem Untergang;
Trotzte kühn dem Martertode, trotzte kühn der Flammengluth,
Wahrte treu die Gottgebote, starb für sie mit Glaubensmuth:
Tiefgebeugt von herben Leiden dacht' es wehmuthsvoll zurück
An die frühern schönen Zeiten, an das einst genoßne Glück;
Und ihm ward zur tiefsten Trauer stets der neunte Tag im Ab;
Da sie sank, die Gottesmauer — sank sein Hoffen auch ins
Grab.

Fast zweitausend Jahre schwanden — und noch zeigte sich
kein Licht;
Noch war Israel in Banden; drum vergaß es Zion nicht;
Was es sich als Freiheit dachte, hat Messias es ge-
nannt,
Wenn es Zions Sturz beklagte, klagt' es um ein Va-
terland.
Da, sieh, aus dem dunkeln Grunde bricht hervor der Sonne
Strahl;
Auch für Juda schlägt die Stunde, da geendet Haß und Qual.
Deutschland, das ihn lang geknechtet, reicht ihm
die Versöhnungshand,
Nennt ihn frei und gleichberechtigt in dem deut-
schen Vaterland.
Was uns damals war verschwunden, da der Römer über-
wand —
Wieder haben wir's gefunden: Freiheit, Recht und Va-
terland.
Darum weg mit Schmerz und Klage, weg mit trübem
Trauerklang,
Weg mit dem Gedächtnißtage an des Tempels Untergang.
Laßt das Fasten und Kasteien, lasset die Vergangenheit;
Denkt der Gegenwart, der freien, denket, daß Ihr Deutsche
seid!
Auf Ihr deutschen Glaubensbrüder! Eine neue
Zeit erstand,
Gab ein Vaterland Euch wieder — huldigt ihm
mit Herz und Hand!

Personalchronik und Miscellen.

Zions (im Posen'schen). Hier sind 52 jüdische Familien in Folge der letzten blutigen Kämpfe zwischen Deutschen
und Polen ins tiefste Elend gekommen. Die Vorsteher. F.
Bernstein und L. Kratz haben zur Bewirkung mildthä-
tiger Unterstützung einen Aufruf ergehen lassen.

Wien, Juli. Baron Stift, ein Mitglied der niederösterreichischen Stände hat die Judenfrage in einer besondern
Schrift behandelt und dieselbe gedruckt der Reichsversammlung übermacht. Diese Denkschrift ist sehr wichtig. —

Lysmenitz (in Galizien), Juli. Hier hat sich unter
den Juden eine Lese- und Fortschrittsverein gebildet, der durch
Lektüre und durch das freie Wort eine politische und sittliche
Hebung der Gemeinde bezweckt. Ein gewisser H. Kohn eröffnete denselben durch eine schöne Rede. —

Brünn, Juli. Der DR. Hirsch ist zum Mitgliede
der mährischen Landstände gewählt worden. Da er aber nicht
gerade bei Christen allgemein beliebt ist und dieser Landstand
überhaupt aus schlechten Elementen zusammengesetzt ist, so
wurden von judenfeindlichen Deputirten viele Versuche gemacht, ihn hinauszubeißen. Die Wahl von Seiten der Ni-
kolsburger Juden war auch keine glückliche. —

Wien, Juli. Von unsern Glaubensgenossen hier sitzen
in der Reichsversammlung Dr. Goldmark für Schotten-
feld, Dr. Fischhof für einen Wahlkreis Wiens, Dr. Mannheimer für Brody. —

Boskowitz (in Mähren), Juli. Hier haben Juden und
Christen beim Volksfeste am 20. März eine Verbrüderung
gefeiert, die bis jetzt noch nicht unterbrochen wurde. Judenfeindliche Versuche sind bereits viele gemacht worden, allein
hier wie auch in einigen kräftigen Gemeinden sind diese zu-
rückgeschlagen worden. —

Papa (in Ungarn), Juli. Die Juden sind aufgefordert,
gegen die Kroaten ins Feld zu ziehen und sie gehorchen willig. Es wird geloost, und 110 haben das Loos gezogen, worunter auch der Rabbiner Löw. Es ist schön; nur so erkämpft man sich die Berechtigung. —

Jassy, Juli. Unser kurzer Freiheitsrausch, der auch
Gleichstellung der Juden proklamirt, ist nun hin; die Knu-
tenhorde weiß, wie man nüchtern wird und die Freiheit ver-
treibt. Die Cholera, die auch in der jüdischen Gemeinde
furchtbar gewüthet, hat unsere Juden mehr als decimirt. —

In dem Aufsatze: die Juden in Abyssinien in voriger
Nummer sind folgende sinnentstellende Druckfehler stehen geblieben: S. 255 Sp. 2 Z. 7 b. u. l. Omokullu st. Anokrut-
lon; S. 256 Sp. 2 Z. 24 v. o. l. Magabit st. Mogalut;
das. Z. 26 v. o. l. Tiwani Marar st. Jonwani u. Z. 27 l.
Nahase st. Lahase. Die hebräischen Worte der Anmerkung
lauten: שהרי אינם יודעים חש'ב'ם ואין סדליקין נרות בלילי
שבה.

Verlag von E. L. Fritzsche.   Druck von J. H. Nagel.

Der Orient.

Berichte, Studien und Kritiken

Neunter

für

jüdische Geschichte und Literatur.

Jahrgang.

Herausgegeben

von

Dr. Julius Fürst.

Das Abonnement auf ein Jahr ist 5 Thlr. Man abonnirt bei allen löbl. Postämtern und allen solid. Buchhandlungen auf ein Jahr.

Von dieser Zeitschrift erscheinen wöchentlich das Literaturblatt mitgerechnet, zwei Bogen, und zwar an jedem Dienstag regelmäßig.

№ 34.

Leipzig, den 19. August

1848.

Deutschland's vereinigte Staaten.

Wien, 3. Aug. Die Judenfrage wird hier kaum mehr eine Frage, sondern im besten Sinne gelöst sein. Die gehobene Stimmung der Bildung und Humanität, deren Devise durch die Zeitbewegung das bedeutsame Wort „Brüderlichkeit" geworden, scheint bei uns sich wirklich verkörpern zu wollen, und in dieser Verkörperung liegt der Sieg der Judenfrage. Dr. Ad. Fischhof, Deputirter an der Reichsversammlung, ist vermittelst Dekrets des Kaisers zum Ministerialrathe ernannt, obgleich er Jude ist, und mit Recht haben alle Zeitblätter, welche diese Nachricht gebracht, diese Ernennung als einen Sieg in der Emancipationsfrage angesehen. Es ist wahrhaft erfreulich, daß dieser Sieg gerade bei einem Manne begonnen, der seit den berühmten Märztagen beim Volke, bei den Arbeitern, bei den Studenten u. s. w. am liebsten genannt; der in der Nationalgarde, in der akademischen Legion, beim Sicherheits-Ausschuß am häufigsten erwähnt und als erwählter Präsident der berühmten Legion seit den 18. Mai große Ehren eingelegt hat. Mit wahrer Hingebung betheiligte er sich bei allen Deputationen, welche das Wohl des Volkes bezweckten und es ist, wie gesagt, eine schöne Vorbedeutung, daß wir in ihm für Staatsämter emancipirt sind. Ein anderer wenn auch nur lokaler Fortschritt ist bei dem hiesigen Gemeinde-Ausschuß vorgekommen. In den Berathungen der Sektion über Kultus und Unterricht sind folgende

drei Herren Josef Wertheimer, als Vertreter der hiesigen israelitischen Gemeinde bekannt, D. L. Breier, israel. Religionslehrer und L.-A. Frankl, der bekannte geistreiche Dichter, zugezogen worden, und ist dies ein schönes Zeugniß, wie der Sinn einer gleichen Berechtigung aller Bekenntnisse immer mehr Boden gewinnt. In gleicher ausgezeichneter Weise bietet die Reichsversammlung einen Lichtpunkt dar. Bei Gelegenheit einer Finanzvorlage wurde der Minister in Bezug auf die Juden in Galizien interpellirt. Die galizischen Behörden nämlich, die erbärmlichsten, feigsten und reaktionärsten in ganz Oesterreich, die so tief vermetternicht sind, daß sie der neuen Zeit mit jedem Tage ins Gesicht schlagen, waren von Anfang an gegen alle gerechten Vorstellungen der dortigen unglücklichen Juden taub, wie auch der Lemberger israelitische Prediger, Hr. A. Kohn, energische Vorstellungen und Schritte thun mochte. Gleichsam zum Hohne der Wiener Bewegung wurde sogar die Judensteuern, jene schmachvollen Licht- und Fleischsteuern, von Neuem zur Verpachtung ausgeschrieben und durch die Lemberger Zeitung bekannt gemacht. Dieses war der Gegenstand der Interpellation, die ein Pole, Abgeordneter aus Galizien, gemacht. Wir hatten nun die Freude, die Minister über jene Niederträchtigkeit der galizischen Behörden in einer Weise sich äußern zu hören, daß nun über diese Schmach für immer der Stab gebrochen ist. Der Minister erklärte, daß dies gegen sein Wissen geschehen, daß er sofort Schritte zur Abstellung solcher

Schmählichkeiten gethan und er werde später der Versammlung einen Plan vorlegen, wie dann für immer diese brandmarkenden Steuern aufhören sollen. Es liegt an den dortigen Juden, namentlich an den Intelligenteren, sie mögen Advokaten oder Aerzte sein, darüber streng zu wachen, daß nicht irgend eine Beamtengemeinheit, daß nicht ein reaktionäres Kreisamt, oder ein bestechlicher Bürgermeister oder gar ein metternich'scher Nachzügler die niedergestürzte Scheidewand wieder aufrichte. Bei der geringsten Anmaßung, irgend eine Separation, sei es in Steuern oder in Familienten-Sachen, herbeizuführen, müssen die energischsten Schritte geschehen, und zwar nicht im Orte, sondern gleich in Wien, in der Nationalversammlung. Diesen angenehmen Erscheinungen gegenüber muß das Treiben der Judenfeinde was mit den Reaktionsgelüsten offenbar identisch ist, um so schmählicher erscheinen. Wie ein rother Faden zieht sich durch unsere fast fünfmonatliche Freiheit eine Judenfeindschaft, die sich durch Plakate der erbärmlichsten Art bemerkbar macht. Die Partei, welche diese Plakate ausheckt, ist in tiefster Nacht gehüllt, wie ihr Handwerk ein finsteres ist, und fast möchte man vermuthen, daß ihr letztes Ziel gar nicht die Juden sind, da bekanntlich gerade hier die Israeliten durch ihre Handlungsweise große Achtung genießen. Aber wenn auch dergleichen Plakate, gerade weil sie so hundsgemein, so lügenvoll und so offenbar gehässig sind, keinen Schaden anrichten, indem sie, einflußlos auf die öffentliche Meinung, kaum ein ephemeres Leben haben, so ist doch die Störrigkeit, mit der solche immer sich wiederholen, zu beklagen, da kaum einige Tage ohne solche Bescherung vorübergehen. Vor Allem muß ich aber hier eines Plakats gedenken, das wegen der Officin der, und wahrscheinlich auch der Person, von der es ausgegangen, die tiefste Verachtung hervorrufen. Der Inhalt des Plakats war, eine Verdächtigung der jüdischen Bevölkerung, daß sie, einer gewissen Partei dienend, auf ihrem Freithofe Montourstücke und Munition versteckt hätte, eine Beschuldigung, die in unserer Zeit am Schwersten wiegt. Aus der Officin des Hrn. Franz Edl. v. Schmid ging dieses Plakat hervor, und da es anonym erschienen, so ist vermuthlich der Drucker auch zugleich Abfasser. Dieser Mann, der auf Kosten der Juden unter dem alten Regime privilegirt war, der überhaupt Ursache hat, den Juden dankbar und erkenntlich zu sein, dieser wurde an ihnen zum Ritter. Die Juden ließen natürlich auf amtlichem Wege die Sache untersuchen und da stellte sich gar die Sache wunderlich heraus. Der Hausmeister am jüdischen Freithofe, bei dem dieser Fund niedergelegt sein soll, ist gar kein Jude, sondern ein Katholik, der dort für sein Amt freie Wohnung hat. Der, welcher die Kisten deponirt, war wieder Christ, nämlich der Schwager des Hausmeisters, Ziegelbrenner, der neben dem Leichenhofe seine Ziegelbrennerei hat; dieser Ziegelbrenner hat die Kisten vom Hauptmann Wirth, der, weil er eine Reise gemacht, diese Kisten nicht zu Hause lassen konnte, und der Inhalt der Kiste war nicht Munition. Das hat nun der Sicherheitsausschuß ermittelt und es hat sich in dem Plakate die absichtliche Verläumdung herausgestellt. So endigte diese Klatschgeschichte. — Die Wiener Universität, welche in unserer jungen Freiheit einen so bedeutenden Namen erworben, hat im vorigen Monate auch noch aus Nordamerika einen schönen Beweis der Sympathie erhalten, und die Ueberbringer dieser Sympathien waren Israeliten. Die Glaubensgenossen, die Brüder Salomon und Jakob Hohenstamm aus New-York, hatten von ihren Landsleuten in der neuen Welt den Auftrag, die Sympathien Amerika's den Wienern zu überbringen und in der Aula, wo einer der Abgesandten eine begeisterte Anrede an die versammelten Studenten gehalten, entledigten sie sich ihrer Mission, die von der akademischen Legion feierlich angenommen wurde. Sie händigten noch im Namen ihrer Landsleute die Summe von 8000 Fl. CM. zum Besten der Universität dem Verwaltungsvorstande der akademischen Legion ein und nachdem Prof. Füster ihre Rede erwiedert, wurde die Abgeordneten mit großem Jubel nach Hause geleitet. In diesem Aula-Intermezzo haben wir das Band der Brüderlichkeit doppelt geknüpft; einmal das zwischen Amerika und Wien als Band der errungenen Freiheit, und dann das der Bekenntnisse, als Band der religiösen Freiheit.

Von der Elbe, 1. Aug. (Schluß.) Es herrscht eine Halbheit in unserem ceremoniellen Judenthum, die praktisch beweist, wie unmöglich eine Beibehaltung des ganzen Ceremonials für unsere Zeiten ist. Diese Halbheit hat sich meist durch die Praxis, durch die Zeit herausgestellt, und darin ist es ganz folgerecht, wenn man auch jetzt noch die Beobachtung der Ceremonien dem freien Willen jedes Einzelnen überläßt, wiewohl hierbei das Mißliche ist, daß Familienverhältnisse hindernd eintreten können, was bei einer Vereinigung Mehrerer zur Reform des Ceremonials, also da, wo der Einzelne sich auf eine Gesammtheit stützen kann, minder der Fall sein dürfte. Dem sei wie ihm wolle; Sabbatruhe, Speiseverbote etc., sind der freien Praxis der Einzelnen überlassen; — und, wir glauben nicht zu irren: die gebildete Mehrheit der deutschen Juden hat sie überwunden. Diese Hindernisse der geselligen Einigung mit den Christen sind also zum großen Theile wenigstens beseitigt; ein Punkt aber ist noch zu berücksichtigen, der, der Gipfel und Ausläufer der Association mit den Christen, dem Haß und dem Vorurtheil derselben den letzten Stoß geben, den Glauben aber, ich meine den wahren, reinen Glauben, keineswegs gefährden, sondern im Gegentheile nur stärken würde; denn wenn die Humanität, die Nächstenliebe aufflammt, dann muß wohl auch die Re-

ligion tiefer Wurzel fassen. Und dies geschieht durch die
bürgerliche durch die Civilehe. Ich nenne sie nicht
Mischehe; denn im weiteren Sinne würde dieses Wort
alle Ehen überhaupt umfassen, da sie Vermischung von
Mann und Frau bezwecken, im engern Sinne und auf
die Civilehe angewandt, würde das Wort Mischehe schon
gegen sich präjudiciren; denn es würde eine Mischung
von zwei ganz verschiedenen Wesen als Weiße und Neger, Greise und Mädchen zc. voraussetzen. Sind
denn die Bekenner verschiedener Religionen so verschiedenartige Menschen, daß ihre
Verbindung eine Vermischung zu nennen
wäre? Uebt denn das Glaubensbekenntniß irgend einen
Einfluß auf die Ehe, in einer ihrer drei Beziehungen:
in physischer, juristischer oder socialer Hinsicht?

In letzterer jedenfalls; so will uns ein Artikel aus
Wien in Nr. 31 des „Orient" belehren. In diesem
Artikel wird die Ansicht ausgesprochen: durch die Civilehe werde „entweder das heilige Band der Religion, oder das heilige Band der Ehe, wo
nicht ganz gelöst, doch mindestens das eine
auf Kosten des andern gelockert werden."
Und weiter wird von der Unmöglichkeit der religiösen
Erziehung der Kinder gesprochen „so der Vater der
Mutter Heiligthümer, die Mutter des Vaters Heiligstes geringschätzt und verachtet".
— Hierauf werden die Kollisionen bei der Doppelfeier
des Sonnabends und Sonntags, bei den Observanzen
der Sedernächte, gegenüber dem Gebrauche der Hostien,
bei Aufstellung der Mesusa und des Weihwassers erwähnt.

Es ist nun ein doppelter Fall möglich: entweder
der jüdische Theil bei der Civilehe hält streng an den
Ceremonien, oder er thut es nicht. In letzterem Falle,
in den der Verfasser des obenerwähnten Artikels nicht
näher eingeht, gestaltet sich die Sache ganz einfach;
entweder es herrschen die Gebräuche des andern christlichen Theiles vor, oder, was weit wahrscheinlicher, die
Religionsgebräuche treten bei Beiden in den Hintergrund.
Die Erziehung der Kinder in den je nach Uebereinkunft
der Eltern verschiedenen Religionen wird, wenn anders
der Unterricht nicht falsch geleitet wird, den Frieden des
Familienlebens im Allgemeinen nicht stören, da doch
dieselbe Voraussetzung, die bei aller Ehe gemacht wird:
Zuneigung des Ehepaars zu einander und zu ihren Kindern, und kindliche Liebe, auch bei der bürgerlichen Ehe
anzunehmen ist. Es wäre eine Schmähung der
jüdischen oder christlichen Religion, wollte
man behaupten, sie seien im Stande die
Familienbande, die Gattenliebe, das Pflichtgefühl der Kinder zu lösen, oder doch zu
lockern.

Hält aber der jüdische Theil streng an den Vorschriften seines Glaubens, so wird er schon von selbst

am Liebsten wieder mit einem Glaubensgenossen sich
verbinden. Thuter dies dennoch nicht, so kann nur die
Liebe, die Zuneigung es sein, die ihn, den frommen
Strenggläubigen, einem fremden Konfessionsgenossen zuführt. Nun, wo Liebe, wo Zuneigung ist, da
kann doch wohl Achtung der fremden Religionsgebräuche, wenn nicht um ihrer selbst
willen, so doch aus Rücksicht auf den theuren Gatten, die geliebte Gattin, die sie
andbei, mit Bestimmtheit vorausgesetzt
werden. Am Allerwenigsten kann gerade da mit dem
Verfasser des obenerwähnten Aufsatzes befürchtet werden:
„es werde der Vater der Mutter Heiligthümer, die Mutter des Vaters Heiligstes geringschätzen und verachten." — Im Gegentheil ist es gar wohl denkbar,
daß der eine Theil die Religionsgebräuche des Andern,
insofern sie nicht gerade rein konfessioneller Natur sind,
und seinen Religionsprinzipien nicht widersprechen, mit
beobachtet, wodurch die Kollisionsfälle sich leicht heben
lassen. Was z. B. wie im vorerwähnten Aufsatze ausgesprochen wird, hindern sollte, daß an der einen Thürpfoste die Mesusa, an der andern das Becken mit Weihwasser befestigt werde, sehe ich nicht ab. Es würde
dies gerade ein schönes Symbol der friedlichen Vereinigung verschiedener Konfessionen und eine stete Erinnerung
für jeden der beiden Theile abgeben. Die Kinder einer
solchen Ehe, mögen sie nun einer Religion, welcher
sie wollen, angehören, werden gewiß fromm und religiös
werden, da sie sehen, wie selbst die nicht ihrer Religion
angehörige Mutter zc. dieselbe hochachtet; sie werden
aber auch den fremden Glauben und lieben lernen, der in ihrer Mutter zc. und deren Gebräuchen ihnen ehrwürdig erscheinen muß. Und ich glaube,
Liebe für den fremden Glauben und dessen
Bekenner gefährdet den eigenen noch nicht.

Nicht zufrieden aber mit dem schon Erwähnten,
sucht der Verfasser des in Rede stehenden Aufsatzes seine
Ansichten gegen die Civilehe aus der Bibel zu argumentiren. Das Verbot, sich mit den heidnischen Völkern
Kanaans zu verschwägern (5 M. 7, 3), wird angewandt
auf die Civilehe! Sie, die einen und denselben Gott
verehren, wie wir, sie, deren sittliche und moralische Anschauungen gleich den unsrigen sind, sie stellt der Verfasser in eine Kategorie mit den heidnischen Götzendienern, mit denen die Verschwägerung eben wegen ihrer
Götzendienerei „weil sie deine Sohn von mir abwendig machen werden, fremden Göttern zu dienen"
(ib. 7, 4) verboten war. Unsere deutschen Brüder, bei
und unter denen wir leben, deren Sprache wir sprechen,
deren Recht, deren Sitte die unsrige ist, sie stellt der
Verfasser zusammen mit den Heidenvölkern, von denen
es an der angeführten Stelle V. 2 heißt: „Du sollst
sie schlagen und sie verbannen und keiner Bund mit
ihnen machen, noch ihnen Gunst erzeigen, sondern

34*

(B. 5) also sollt Ihr mit ihnen verfahren: Ihre Altäre sollt Ihr niederreißen, ihre Säulen zerbrechen, ihre Haine abhauen und ihre Götzen mit Feuer verbrennen!" — Und weiter führt der Verfasser noch die Stelle (1 M. 34, 9 ff.) an, in welcher der chiwische Fürst den Söhnen Jakobs das Anerbieten der Verschwägerung macht, und die Söhne Jakobs ihm antworten: "Wir können das nicht thun, unsere Tochter einem Manne zu geben, der eine Vorhaut hat ꝛc., jedoch alsdann wollen wir Euch zu Willen sein, wenn Ihr sein wollt wie wir, und Euch beschneiden wollt". "So — sagt der Verfasser — wird das Judenthum auch jetzt (?) noch mit den Söhnen Jakobs antworten." (!!!) Ich will nun ganz absehen davon, wie unpassend es ist, Stellen wie die letzterwähnte zu bringen, aus einer Erzählung, die keineswegs zu den ehrenvollen für die Israeliten gehört, von der schändlicher Hinterlist Simon und Levi's, die Jakob selbst auf's Höchste mißbilligte; nur an die Sache will ich mich halten, nur davon will ich sprechen, wie schmerzhaft es sein muß, gerade jetzt, wo die Liebe zum deutschen Vaterlande, zu ihren deutschen Mitbrüdern mehr als je erflammt ist in den Herzen der Juden Deutschlands, gerade jetzt, wo mehrere vor ihnen die glorreichen Errungenschaften der Märztage auf den Barrikaden Wiens und Berlins mit erkämpften, wo sie Alle Theil genommen an der Wahl der Nationalvertreter, gerade jetzt endlich, wo wir stündlich den Verhandlungen über unsere Gleichberechtigung entgegen sehen: von einem Rabbinen, einem Vertreter des Judenthums, Ansichten aussprechen zu hören, die die Christen Deutschlands mit den Heiden Kanaans in eine Kategorie bringen, und die verlangen, die Juden sollen, wie damals abgesondert von den Heiden, so jetzt noch abgesondert von den Deutschen ihre Nationalität wahren, einen jüdischen Staat im gesammten deutschen Staate bilden. Die Juden sollen also wieder Fremde sein in Deutschland, ihre Hoffnung der Messias, und ihr Vaterland Palästina. Gott bewahre uns vor unseren Freunden, mit unsern Feinden werden wir hoffentlich bald und für immer fertig sein. —

Gegen solche Ansichten über die Civilehe, über das Christenthum, über die Gesinnungen der Juden Deutschlands muß entschieden protestirt werden. Die gebildete Mehrheit der Juden Deutschlands erkennt in dem Christenthum nichts weniger als Götzendienerei, in den Deutschen nichts weniger als feindliche Völker, vor denen es sich abschließen müsse; im Gegentheile haben sie stets ihre Liebe zum deutschen Vaterlande, zu ihren deutschen Mitbrüdern an den Tag gelegt; an den Tag gelegt in Zeiten, wo ihnen diese Liebe noch mit Haß vergolten, ihre Anhänglichkeit noch als Vordringlichkeit verschrien wurde. Die Civilehe wie überhaupt die Gleichstellung der Juden steht der Entscheidung der deutschen National-versammlung anheim; ihr Ausspruch wird gelten, und es wird keines Für oder Wider irgend eines Rabbinen bedürfen.

Mit gespannter Erwartung harret die Juden Deutschlands der endlichen Entscheidung der Frage entgegen, die für sie allerdings eine Lebensfrage ist. Kaum zweifelhaft kann ihnen das Resultat erscheinen, es kann und darf nicht anders lauten als: **Der Unterschied der Konfessionen in politischer Hinsicht ist aufgehoben, die Juden sind den Christen durchweg gleichberechtigt.** Der Tag aber, an dem das ausgesprochen, an dem das Unrecht von Jahrtausenden gesühnt wird, er sei ein Fest- und Freudentag für immer, der Tag unserer Vereinigung mit unsern deutschen Brüdern, der Tag an welchem Deutschland, unser Vaterland, uns als seine gleichberechtigte Söhne anerkennt. Möge er bald kommen!

Schmiegel, 1. Aug. (Ueber Almosenspenden, deß Mißbrauch besonders im Judenthume und eine Vorlage zur Abhilfe desselben.) Unter Almosen (צדקה), mit Beziehung auf die Spender desselben, versteht man, zeitige zur gewissenhaften Verwaltung dem Menschen anvertraute Mittel, der Bedrückten Noth nach Kräften zu mildern; in Rücksicht auf die Empfänger: ein den Armen in der Wüste ihres Lebens erquickende Oase im Gefühle der mitleidigen Bemittelten. Diesen Bemittelten legen Gefühl und Moral die heiligste Pflicht auf, das Geschick derer, vor der Vorsehung gleichsam stiefmütterlich behandelten Mitbrüder zu mildern, der wirklich vorhandenen Noth nach den zu Gebote stehenden materiellen Kräften möglichst abzuhelfen, wodurch sich der, ihm anvertraute zeitigen Güter würdig zeigen dürfen, und auch den Geizhals an die eiserne Nothwendigkeit zur Sicherung seines Eigenthums mahnt, nicht ganz taub für die flehende Stimme eines Nothleidenden der großen Menschenfamilie zu sein.

Andererseits ist auch der vom Glück unberücksichtigte, von des Geschickes Mächten verfolgt, unglückliche arme Mensch, ohne in die tiefeingreifende, unlösbare, abstrakte Frage: Warum und wozu die Gerechtigkeit Gottes unter die gleichberechtigten Menschen verhältnißmäßig ungleiche Gaben vertheilt, einzudringen, schon als ebenbürtiger Mitbruder der Kinder Gottes auf den großen Erdenrunde berechtigt, die Wohlthätigkeit seiner, durch des Schicksals Wurf begünstigten Mitmenschen beanspruchen zu dürfen.

Mancher aber tritt, gestützt auf die von den mild- und wohlthätigen Leuten nicht zu refüsirende Beanspruchung, sein eignes Glück durch zweckmäßigen Gebrauch der von der Natur ausgerüsteten Kräfte sich seiner Unterhalt zu verschaffen, dadurch mit Füßen, daß er sich jedem ehrenhafter, aber Anstrengung fordernden Erwerb entzieht und so lieber den Bettelstab zum Erwerbszweige macht.

Dieses pflegt bei jüdischen Armen leider-häufiger, als bei Nichtjuden vorzukommen. Solchem Uebel nachdrücklich zu steuern, ist aber ebenso an Pflicht grenzende Nothwendigkeit, als die große Wohlthat, dem wirklich unschuldig Bedrückten hilfreichend entgegen zu kommen, indem die große Menschenkette einer theilweisen Aufreibung entgegengeht, weil nicht jeder einzelne Ring derselben seine physischen und intellektuellen Kräfte zu entwickeln eifrigst sich bestrebt.

Wenn aber die zu einer vorzunehmenden Verbesserung gemachten Vorschläge von gutem Erfolge gekrönt werden sollen, gebietet die Vernunft, die zu entdeckenden Fehler bis auf den Grund verfolgend, zuvor die Ursachen des eingeschlichenen Verderbens sorgfältig aufzusuchen.

Der Grund des obgedachten eingefleischten Unfugs der jüdischen Armen liegt wahrscheinlich:

1) in den jüd. Ritualgesetzen, wodurch es der niedrigen Arbeiterklasse bei geringem Tagelohn, trotz aller Einschränkung, fast unmöglich wird, jenen entsprechend, die Bedürfnisse zu erschwingen;

2) in der Unterdrückung des Volkes, in dessen Folge das Gefühl gegen Leidensgefährten rege und Jedem, der die Verstellungskunst besitzt, arm und kläglich zu thun, Unterstützung angedeihen wird, wodurch das Unwesen wuchernd sich fortgepflanzt hat; und

3) in der Auffassung einiger jüd. Sitten- und Morallehren, als צדקה תציל und כל הפושט יד נותנין לו und פשוט נבלה בשוק und עשה שבתך חול ואל הצטרך לבריות. Zur näheren Definition der im Judenthume gebräuchlichen Devise des צדקה תציל ממות diene beiläufig folgende unmaßgebliche Aufstellung:

Das Wort צדקה faßt in sich den erhabenen Sinn der gerechten und billigen Ansprüche der Bedürftigen auf Unterstützung der Bemittelten, so wie die Billigkeit dieser, den Nothleidenden Unterstützung angedeihen zu lassen, und es ist demnach nicht unwahrscheinlich, daß die zur Wahrheit geschlagene Hypothese צדקה תציל ממות Almosen schützt (den Spender) vor dem Tode, als Aequivalent der durch Almosen hervorbringenden Wirkung, dem Empfänger desselben das Leben zu erhalten ist, wovon die ursprüngliche Bedeutung demnach heißt: — dem Vordersatze לא יועיל anpassend — Almosen schützt (den Empfänger) vor Verderben. —

Um obgedachtem Uebelstande nach den angeführten Ursachen endlich abzuhelfen und die Schmach der Trägheit und der Arbeitsscheu abzuwälzen, wäre es von großem, unübersehbarem Nutzen, wenn in den Gemeinden, wo jüd. Arme an solcher Schwäche laboriren, Vereine mit der Tendenz, dem Worte צדקה in seiner wahren Bedeutung zu entsprechen, als stehende Aufgabe ins Leben treten möchten, ihren gesunden, kräftigen Armen Arbeit anzuweisen; diejenigen fleißigen Arbeiter, welche wegen ihrer zahlreichen, unmündigen Kinder ihren kärglichen Unterhalt durchaus nicht aufbringen können, von den moralischen Beiträgen der Vereins-Mitglieder zu unterstützen, die trägen Vagabunden aber der Behörde zu überantworten.

Der Klugheit und dem guten Sinne der betreffenden Gemeinde-Vorsteher wird es wohl neben dem guten Willen an den dazu nöthigen Dispositionen nicht fehlen. —

Prerau (in Mähren), 28. Juli. (Freiheit. Gleichheit. Verbrüderung. Ein kritischer Blick in das mähr. Bürgerthum. Von D. W. Grün.) Freiheit, Dreiheit! Daß doch die Menschen so abgeneigt der Einheit sind, und allemal ihre Attribute zu so vieler Einheiten steigern, um dadurch nur selbst untereinander in Spaltung zu gerathen!

In vielen Gast- Kaffee- und sonstigen öffentlichen Häusern unserer Hauptstadt und der Provinz, sind noch die Fahnen aus den berühmten Märztagen zu sehen. Sie hängen da an den Wänden umher, halb entfaltet, insgesammt die Inschrift „Freiheit". „Gleichheit". „Verbrüderung" zeigend. Die Inschrift wie ihr Sinn ist seit den 100 Tagen schon ziemlich abgenutzt und im häufigen nassen Wetter gewaschen worden, was Wunder also, weil sie, auf Lappen hingezeichnet, hie und da einen gewaltigen Riß erlitten haben, so daß Fetzen daran und herunter hängen. — Sie waren nur für den Augenblick improvisirt worden. — Es ging unsern friedlichen Bürgern damals, wie es jetzt in Fasching zu gehen pflegt. Das Juchhe rief, die Musik schallt, man will doch auch sehen, wie sich die Jugend belustiget. „Prosit Herr Meister!" wie der feurige Trunk das Herz erfreut!

Aber da eilt der kreuzbrave Altgeselle herbei, und bringt den närrischen Kauz zu Ruh. Der Fasching ist ausgeschlafen, der Meister rechnet nun viel an für die Zeche wieder zu sparen habe, schämt sich der gesungenen lustigen Lieder. Aber in der Schenke hängt die Dekoration noch einige Sonntage fort, zur heitern Erinnerung der jungen frohen Gesellen.

‚Freiheit" „Gleichheit" „Verbrüderung"! Das ist alles zu geistig, echter französischer Champagner, der durchaus nicht in den Haushalt eines Privaten paßt. Die lustigen freien Wiener, die konnten schon so verschwenderisch sein, in solchen spirituosen Devisen. Die hatten schon vorher für die Mahlzeit einen tüchtigen Gesinnung gesorgt, aber uns auf dem platten Lande fehlt es — an was? — ach ohne Bild zu reden, an die Grundbedingung der Freiheit an den eigentlichen Boden, in dem sie wurzelt und aus dem sie Nahrung zieht — an Gemeinsinn. Nicht an gemeinen Sinn, an Gemeinsinn.

Wenn du, lieber Leser, nach Brünn gehst, und da den schönen Franzensberg besteigest, und unter im fruchtbaren Thal so hauswirthschaftlich eingefriedet einen Kohlgarten an den andern weit hinaus sich reihen siehst, und das Lied der Säter und Pfleger, und das Geklapper der nahen Handwerksstätten zu deinen Ohren dringt, gewiß da beschleichen dein Gemüth sentimentale Familiengefühle, daß du der Gevatterin, die dir am Arme hängt die Hand drückest und ihr auch gewiß um den Hals fallen möchtest, wenn nicht der ferne Pfiff, der aus der glühenden Brust des kosmopolitischen Lokomotivs im nahegelegenen Bahnhof kommt, dich wach riefe und an die große Welt erinnerte. Und dieses Gefühl, diese Rührung, macht deinem Herzen Ehre; aber du bist ein Elender, oder stocktaub, wenn du diesen fernen Pfiff nicht hörst oder nicht hören magst und die Schlafmütze über die Ohren herunterziehst und dich von der Sentimalität nicht losreißen kannst. — Letzteres ist bei uns der Fall. — So sind unsere Bürger; ein solches Aggregat von hausväterlichen Gefühlen, jedes an seinem Familienwerk kenntlich, bildet die Seele unseres Bürgerthums. Bürgerthum! Hat's hier auch ein solches gegeben? Man wird von einzelnen Ausnahmen reden — in der Regel nein! — Bürgerthum kennt nur einen gemeinschaftlichen Heerd, auf welchem ein beständiges Feuer, der Vernunft, der Religion, dem Vaterlande oder je zweien oder allen dreien zusammen nähret und unterhält. Einen Zusammenhalt, einen vernünftigen, religiösen und politischen muß es doch haben! Aber zündet Euch Laternen an, um am hellen lichten Tage der Freiheit bei uns Menschen, christliche Liebe, oder Bürger im wahren Sinne des Wortes zu suchen. Wo man Menschen begegnen will, trifft man auf Schneider, Schuster, Bäcker, Schmiede, Kampelmacher, Riemer ꝛc. und am Sonntagstisch im Hausvaterstuhl und auf dem Markte, in der Kirche und auf dem Rathhause, wirst du jeden an seinem zünftigen Gepräge erkennen, und wenn du eine Haussuchung bis auf den geheimsten Winkel des Herzens anstelltest, wird auch da noch ein zünftiger Dünkel sitzen, und wenn du einen mähr. Beamten aller Körperlichkeit entkleidest, so grinst dir erst eine parfümirte steife Beamtenseele entgegen. Es scheint als habe ihr Geist noch vor der Geburt das Handwerk begonnen oder als käme er mit seinem Gewerbe zur Welt. Der Mensch geht hier ganz in Handwerken auf.

Und die christl. Religion, die Religion der Liebe, deren Bestimmung es ist, die durch das Prisma des Lebens zerstreuten Farben in einen warmen Strahl zu sammeln, erfüllt sie ihren Anhängern selbst ihre göttliche Bestimmung? Einheit ist nur im Geiste, wo Geist ist, ist Leben, wo Leben, da Bewegung und weil wir keine Engel sind und Flügel haben, so ist das Vorwärts unser Aufwärts. Doch sie kennen nicht den Geist, sie kennen nur den Leib. Nicht das Leben ihres Heilands schwebt ihnen vor, nur sein Tod. Gläubig klammern sie sich ans Kreuz; doch dieses wurzelt in der Erde — es ist ihr Wegweiser durchs Leben; doch es zeigt rechts und links, nach unten und oben; wir aber sollen einig sein und vorwärts schreiten.

Und die Politik? Was sind wir Helden? Spartaner? Der friedliche Bürger lobt sich seinen hausbackenen Verstand, kocht am kleinen Familienheerd sich seine Suppe und sucht sich vor jedem Zuglüftchen von außen zu verwahren. Das ist nicht so hereingepfuschte falsche Münze, dieser Grundsatz ist

bei uns gäng und gäbe. Buchstabire man da eine Staatseinheit zusammen! Ueberall dieses strenggesonderte Leben; überall dieser dünkelvolle und lebensmagre Zunftgeist, überall dieses selbstsüchtige selbstpflichtige Familienglück. — Da ist kein Markt des Lebens — kein Geist der Zeit — kein Heerd des Vaterlandes. Wie das Gefäß die dürren Körner hält sie das Gesetz von Außen zusammen, aber Einheit heißt das nicht; denn zerbricht das Gefäß, so rollen sie nach allen Seiten auseinander. —

Auch die Juden theilt wissenschaftlich systematischer Judenhaß in Schacherer, Wucherer, Krämer und Mäkler. Zugegeben; doch bei all dieser Verschiedenheit bleibt jeder: Jude. Den Umfang dieses Namens haben ja unsere Feinde selbst bestimmt. Sie dehnen ihn aus auf alle Klassen, Räume und Zeiten. Der Kaufmann, der Handwerker, der Künstler, der Gelehrte, der Pollake und der Franzose, unter Pontius Pilatus und in konstitutionellen Oesterreich. Jude bleibt Jude, und das ist wahr, sehr wahr. Nur müßt Ihr nicht vergessen, der Name Jude ist nur die bittere Schale, und nur der Thor läßt sich von der Schale verführen, der Main schätzt den innern Kern, und den hat das Judenthum. Diese bittere Schale schließt einen großen kraftgefüllten Kern ein, er ist: Die Freiheit des Geistes und die rein einheitliche göttliche Idee. Jude bleibt Jude! und wie der Name so ist seine Deutung ihnen allen gemein. Sie ist die innere magnetische Kraft, die, wie die Erde, ihre Körper an sich zieht, und bei ihrer Zerstreuung ihnen Einheit giebt. Sie ist ihr eigentlicher Schwerpunkt, der in Zeiten großer Erschütterung sie nicht umsinken ließ. Es ist das Schibolet, daran man sie überall erkennt. Und wenn Euch der Jude auf dem Tummelplatze des Lebens anders und wieder anders erscheint; so scheint er es auch nur, ist es aber nicht. Der Schacherrock, der Mäklerplatz ist auch nur sein Kleid und wenn dieses mit der Zeit zerlumpt, wer ist schuld daran, wenn man ihn es anzulegen und darin seinen Lebensinterhalt zu suchen nöthigt und es ihm nicht einmal gestattet war, es mit einem andern zu vertauschen. Die gelben Flecken daran haben ihm ja selbst Eure Schneider aufgeheftet. Er schleppt es fort, durch das allgemeine Fastnachtsspiel, worin jeder seine Schlappe und lachend auf den andern zeigt, er spielt seine Rolle darin vortrefflich. Gott gab der Biene ihren Stachel und dem Juden seinen Witz; aber froh und freudig wirft er seinen Pack und seine Maske zuhause von sich. Da ist er Mensch, Jude, Gatte, Vater, Freund, Weltbürger. — Da in seiner ruhigen Muße mit freiem Spiele müßt Ihr ihn belauschen, wenn Ihr sein inneres Wesen, seine Geistesrichung, seine Liebhabereien, von denen gleichen und mehr begünstigten Zeitgenossen würdigen, ja lieber lernen wollt. Auch die großen Kinder geben sich im Spiele zu erkennen. — In seinen Spielen spiegelt sich der Mensch! — Greifet den zerlumptesten Trödeljuden auf, lasset Euch mit ihm in ein freundliches Gespräch ein, und ihr werdet staunen, welche stille Gluth Euch entgegen leuchtet, habt ihr nur die

Aschenhülle der Sorgen mit sanftem Hauch von seiner Seele geblasen. In seiner Heimat, in seinem Herzen müßt ihr die edle Natur des Juden aufsuchen, da ist sie reich an Freude und Schmerz, da waltet er frei und gut. Schließet ihm dieses Herz in Liebe auf, gebet seiner Heimat Oeffentlichkeit, und Ihr werdet die reichen Segnungen einer sittlichkräftigen Aussaat, in den Boden der Menschheit gestreut, bald gewahren. — Der Jude wird und kann bei seinem Universal-Geiste nicht in seiner Absonderung verharren, froh und freudig wirft er jedes Abzeichen von sich und dem Mamon seiner elenden Bettel zurück. Er ist so seines Geistes nicht werth. Er war ihm auch niemals Zweck, sondern Mittel. Der jüd. Geist hat höhere Zwecke, höhere Interessen, höhere Leidenschaften. Er wird den Wink der Freiheit wohl am besten verstehen, denn Freiheit, die wahre innere Freiheit, ist sein Erbtheil, sein still von ihm gepflegtes Eigenthum. Er trug ihre lebendige Idee von jeher in sich, nur nach dem Bedürfniße der Zeiten vor sinnlicher Satzung umgeben und befestiget. Mit diesem Maßstabe durchwanderte er — ein ewiger Jude — Welttheile und Jahrhundert. Er weiß das richtige Maß von den Thorheiten und der Weisheit der Völker, das richtige Urtheil der Thaten und der geschehen sah; denn er hatte dazu immer den günstigsten wenn auch nicht erfreulichsten Standpunkt: fern genug um frei von Einfluß und Befangenheit zu verbleiben, doch auch nahe genug, um richtig und genau sehen und urtheilen zu können. Ueber manches Ereigniß schüttelte er bedenklich das graue Haupt, manche Thorheit gewann ihm ein sarkastisches Lächeln ab; aber überall wo er Licht über Finsterniß siegen, und das Panier der Freiheit erheben sah, da lodert auf im Stillen sein Geist und pochte sein Herz der Verwirklichung seiner Idee entgegen.

Diese Wahlverwandtschaft des jüd. Geistes mit der Freiheit, hat sich in der merkwürdigen Epoche, bei der ersten Umarmung der Freiheit mit dem Volke, faktisch erwiesen, und giebt sich noch heute in Wort und Thaten kund. Engherziger Neid, und sinnlose Philister, nennen dieses Kämpfen und Streben einer edlen, ihrer selbst kaum bewußter Begeisterung unbescheidenes Hervordrängen! nun fürwahr! dann waren Luther, Huß, Arnold v. Brescia, Winkelried die anmaßlichsten und zudringlichsten Menschen. „Sie sind Juden!" Was Ihr ihnen zum Vorwurf macht, bestimmt gerade ihren Werth. Eben weil sie Juden sind, beweist daß sie nicht für ihre, sondern für die gemeine Sache kämpfen. Wenn Ihr einmal die Schlafmütze auszieht, auf den Markt hinauslaufet und Lärm macht, daß Ihr zu um Euer Haus und Feld Euer Recht und Freiheit zu vertheidigen; doch was macht der jüd. Jüngling an Eurer Spitze, für was ist er da, und müht sich und arbeitet und blutet? Der Jude kämpft und stirbt für seine Idee — doch das versteht Ihr nicht und das ist's was ich Euch sagen wollte. Fraget die Aufgeklärten und Besseren unter Euch, sie werden es Euch auch sagen. — Ja Ihr versteht nicht einmal Euch selbst, denn man muß zuerst aus sich selbst hinausgestiegen sein, mit an-

dern gedacht gefühlt und gelitten haben, um sich selbst recht zu verstehen. Aber Ihr seid wie Polypen an den schlammigen Boden fest angewachsen, sich selbst lebend und sich selbst absterbend. Zur Gattung steigern könnt Ihr Euch nicht, denn wie ich schon sagte, es fehlt Euch der Gemeinsinn. Nichts als die Gemeinheit habt Ihr miteinander gemein. —

Schmiegel, 15. Juli. In meinem Aufsatze (Ein Wort zu seiner Zeit) Nr. 27 dieses Blattes l. J. machte ich die Hrn. Rabbinen auf eine zur möglichen Befestigung unseres dem Einsturze nahen Religionsgebäudes unumgänglich nothwendig vorzunehmende Reform des Judenthums im Allgemeinen aufmerksam gemacht.

Diesem als Ergänzung hinzuzufügen, fühle ich mich gedrungen, die durch Vereinzelung dem Wachsthume der genießbaren Erzeugnisse schädlichen Pflanzen aus dem Weinberge Gottes zu säubern, der in Folge der Ueberwucherung denjenigen vorzüglich zur Last fallen müsse, welche vermöge ihres Berufes die Obliegenheiten übernommen, für das geistige Wohl der Kinder Sorge zu tragen. — Schon die jüngsten Zerrüttungen in den verschiedenen Staatsgebäuden konstatiren genügend, wie wenig alles Festhalten an das als Hemmschuh der Entwickelung bekannte Altherkömmliche mit dem Aufwärtsstreben des unwiderstehlichen, mächtigen Zeitgeistes im Einklange ist, und ein Ueberstürzen des scheinbar Feststehenden als unausbleibliche Folge erscheint, wovon man sich aber eine Sparre Zeit zurück nur als ein leeres Phantom Vorstellung gemacht hatte.

Auch den Religionsdamm hat der anschwellende Aufklärungsstrom bereits locker gemacht, ja stellenweise durchbrochen, und hat wie natürlich nicht auf ein neues Bett sich beschränkt, sondern bei der Ueberfluthung Alles überschwemmt und tiefgewurzelte Eichen der Religionswahrheiten mit fortgerissen.

Die mit den jüdischen Wissenschaften sich nicht befassende Jugend, verliert nämlich bei der ersten Ueberzeugung von der Unverträglichkeit mancher zum Gesetze erhobener Sitten mit den Grundsätzen der Moralität ihr ganzes durch Geburt und Erziehung eingeimpftes Vertrauen zu den bestehenden Satzungen; wirft in Folge dessen Alles in eine Kategorie, und dann steht die Religion bei ihr nur noch als Skelett oder wesenloser Schatten.

Die aber mit den Grundsätzen und Konsequenzen talmudischer Lehrer vertrauten Laien sind wiederum theils indifferent, größtentheils aber wegen Mangels an Autorität zu schwach, ihrer besseren Ueberzeugung Geltung zu verschaffen.

Die Schild liegt also einzig und allein an den Trägern der Religion, den Rabbinen, welchen es obliegen muß, die im Judenthume wahrzunehmenden Schäden (gleich dem Arzte) zu schneiden und zu heilen, selbst

durch Ablösung eines durch Krankheit entstandenen Aus-
wuchses und — derer giebt es mehre. —

Drei sind es, die hiermit vor das Forum der Oeffentlichkeit zur Abschaffung geführt werden, diese sind:
Die sieben- und dreißigtägige Trauer (Schibah und
Scheloschim) und das Kleiderzerreißen (Keriah). Mancher Leser wird vielleicht beim Angriffe dieser 3 schädlichen Spinngewebe-Fäden deswegen zurückbeben, weil
die kindische Furcht vor dem Tode — in der Kunst zu
sterben sind alle Stümper — nebst den bei ihm zu
beobachtenden Ceremonien aller auf diesem Gebiete nöthigen Reformen unüberschreitbare Grenzen setzt, weswegen auch fast nur diese vom Strudel des Zeitgeistes
nicht aus ihren Fugen getrieben worden sind. Gleichwohl gebieten Vernunft und Moralität, ohne Rücksicht,
da wo es Noth thut und von Einfluße ist, zu befestigen oder fortzuschaffen und eben durch solche auffallende
— eigentlich unbedeutende — Angriffe wird erst das
Publikum zur Einsicht gelangen, wie sehr es sich, der
Schwäche in solchen Ceremonien wegen, auf dem religiösen Gebiete den Anweisungen seiner geistlichen Häupter
zu subordiniren habe.

Diese drei Bräuche sollen hiermit zuvörderst bis auf
ihre Quelle prüfend verfolgt und dann die Schädlichkeit derselben für die heilige Zeit erwiesen werden.

1) Das Kleiderzerreißen als Trauerceremoniel (Keriah) schreibt sich bei den Hebräern geschichtlich seit Jakobs Zeiten her und war — wie es sich ergiebt — als
Ausdruck der Verzweifelung, keine durchgehends eingeführte Sitte, bloß bei außergewöhnlichen, plötzlich eingetretenen Unglücksfällen aller Art, der Willkür
überlassen. So findet man diese Sitte in der alten
Zeit (Gn. 37, 34; Hiob 1, 20; Richt. 11, 25;
2 Kön. 5, 7; ib. 18, 37 u. a. m). Diese sind aber
nicht Statt bei den Todesfällen 2 Kön. 4, 20 u. 21;
ib. 25, 25; Richt. 20, 23; 2 Sam. 19, 1; ferner
nicht bei dem im hohen Alter hinübergeschlummerten Jakob (Gn. 50, 1); Ahron Num. 20, 19); Moses (Deut.
34, 8).

Der dafür gelieferte talmudische Beweis beschränkt
sich deswegen auf לא חפרומ (Moed Katan 415), welchen aber אלמנה וגרושה לא תקרע entgegen ist, welches Gegentheil an ישראל auch nicht befohlen ist,
daher auch Sifte Kohen (Jore Deah 340) es als חיוב
מדרבנן bemerkt.

Bei der damals stattgehabten Keria ist wahrscheinlich jedesmal das ganze Kleidungsstück zerrissen worden,
welche Hypothese in den Ausdrücken:
ויקרע את בגריו (anstatt בבגרו) so auch in ויקרעם לשני קרעים (2 Kön.)
Wahrscheinlichkeit findet.

2) Die siebentägige Trauer, שבעה. Von diesem
Brauch findet man sehr wenig Bewährung in der h.
Schr., bloß Gn. 50, 10 (vor der Beerdigung) und
Hiob 2, 13. Der Talmud mußte daher seinen סמך
weither vor והפכתי חגכם herbringen (Moed Katan
20) und

2) endlich die 30tägige Trauer oder שלשים findet
man nur als Landestrauer Gn. 50, 3; Num. 20, 29
und Deut. 34, 8. Zur Zeit des Talmuds, wo eine
asiatische ganz eigenthümliche Weltanschauung das Volk
beherrschte, die Begriffe vor Gott und seiner Eigenschaften, Sein und Nichtsein, Belohnung und Bestrafung am Horizonte des Exils seltene Erscheinungen waren: mußte dem Volke durch Lehrer vor: חבוט הקבר,
גלגול נשמות, גיהנם der Tod und seine Folgen auf
das Gräßlichste dargestellt werden, um es vielleicht dadurch
zu zügeln und in Schranken der Sittlichkeit zu halten.

Die heilige Zeit hingegen, ihre Lehren und Begriffe vor der Liebe Gottes, vom Leben und dem Tode,
Diesseits und Jenseits, stehen schlechterdings im strengsten
Widerspruche mit den zu Geboten erhobenen erwähnten
drei Dinge. Denn die besondere Handlung der קריעה trägt an
sich das Gepräge eines erlittenen unwiederbringlichen Ver-
lustes, שבעה und שלשים rauben durch kürzen den Leidtragenden die kostbare Zeit zur Tröstung, zur Zerstreuung,
lassen die geschlagene Wunde gewaltsam bitter und benehmen ihm dadurch gewissermaßen den heiligen Glauben an das Jenseits, das wahre, ewige Leben, die Vereinbarung mit Gott. —

Würde man sich nicht gegen einen menschlichen
König schon schwer versündigen, weil er eine ganze
Familie zu höhern Zwecken auskehren, und diese bei Abrun-
erfterniet Gegend ausbilden ließe und diese bei Abtrun-
nig eines Mitgliedes derselben sich vorsätzlich die Kleider
zerreißen und um diesen Vorfall zu betrauern auf einige
Zeit absperren möchte? Müßte nicht der Abberufene vor
seinem königlichen Herrn, dieses Benehmen erfahrend,
darüber erröthen, daß seine einstweilen zurückgebliebene
Zeit absperren möchte, kein Vertrauen
zu den besten Absichten und Wohlthaten ihres mächtigen
Herrn haben?

Nach den Wahrheiten der Religion schneidet ja auch
der Tod nur die irdische Laufbahn ab und bezweckt, daß
die hienieden geläuterte Seele sich würdig der Gottheit
anschließe. — Ist aber auch der Mensch vermöge seiner
Konstitution zu schwach, im Augenblicke des zeitigen
Abschiednehmens eines theuern Gliedes seiner Familien-
kette mit dem erhabenen Gedanken des höhern unerforschlichen Willen Gottes sich zu trösten, zollt er im Drange
des Augenblickes dem Andenken des Dahingegangenen
heiße Thränen: so ist er damit bloß seinem Gefühle
gefolgt. Gebote zur vorsätzlichen Abhärmung aber sind
für die heutige aufgeklärte Zeit geläutert Waffen gegen
die Lehren der h., der Natur, der Vernunft, und
bekunden gleichsam, als wenn der Todte auf ewig verloren ginge. —

Der König David hingegen giebt durch sein exem-
plarisches Verhalten beim Tode seines Kindes Beispiele
des festen Glaubens und zeigt dadurch, wie man sich
mit Liebe an Gottes unerforschlichen Rathschluß fügen
müsse (2 Sam. 12, 20). **Philippsohn.**

Butschowitz (in Mähren), im Juli. Hier erstand eine neue israelitische Schule, wenn auch nur als
deutsche Uebersetzung eines Cheder nach altem Styl.
Auch der Rabbiner hat sich modernisirt. —

Verlag von C. L. Fritzsche.   Druck von J. H. Nagel.

Der Orient.

Berichte, Studien und Kritiken

Neunter für **Jahrgang.**

jüdische Geschichte und Literatur.

Herausgegeben

von

Dr. Julius Fürst.

Das Abonnement auf ein Jahr ist 5 Thlr. Man abonnirt bei allen löbl. Postäm ern und allen solid. Buchhandlungen auf ein Jahr.

Von dieser Zeitschrift erscheinen wöchentlich das Literaturblatt mitgerechnet, zwei Bogen, und zwar an jedem Dienstag regelmäßig.

№ 35. Leipzig, den 26. August 1848.

Die Juden in Oesterreich.

XXI.

Zwischen unserem letzten Artikel und den hier folgenden liegt ein kurzer Zeitraum, innerhalb dessen wir uns von den Zuständen, Verhältnissen, Gefühlen und Anschauungen des österreichischen Kaiserstaates selbst zu überzeugen Gelegenheit fanden, und wir wollen den Lesern, die uns bis hierher gefolgt sind, die Eindrücke wiedergeben, die wir aufgenommen haben. Eine der großartigsten Metamorphosen hat das jüdische Leben in Oesterreich erlitten. Greise und Jünglinge, Männer und Kinder sind getränkt mit einer Idee, beschäftigen sich mit der einen Zeit. Ein Talmudist, der sonst die „vier Ellen‟ seines Judenviertels nie verlassen, lauscht mit hingeneigtem Ohre auf die Beschlüsse des Frankfurter Parlaments, und die Namen Blum, Gagern, v. Vincke haben sich in seinem Geist gleich Abbaji und Raba eingelebt. In seiner politischen Naivität hält er einen Entwurf für ein geharnischtes Gesetz, und lebt bereits als emancipirter Staatsbürger. Der Handelsmann, der wöchentlich Wallfahrten in bestimmte Dörfer unternimmt, führt neben „Tefilla la-Derech‟ ein Zeitungsblatt mit sich, um das Buch der Gegenwart zu studiren. Im Dorfe ist er das Orakel des Bauern, dem er die Heldenthaten der Frankfurter Herkulesse verkündet, und das Bild vom Augiasstall der Reaction ist

dem Bauer, der seiner Ochsen gedenkt, sehr geläufig. Frauen, denen früher die „Schabbes-Berches‟ das höchste Ideal weiblicher Thätigkeit gewesen, lesen neben der „Techinna‟ die Reden über die Centralgewalt und ergreifen Partei für die Linke. Jünglinge, die höchstens Romanhelden ihre Aufmerksamkeit geschenkt, begeistern sich für die Helden der Rednerbühne. Kurz der politisch-demokratische Geist hat sich über die Gemüther der österreichischen Juden ergossen, der vielleicht auch ein heiliger Geist ist. Während man früher in der Synagoge über Staatangelegenheiten sich unterhielt, bilden jetzt die Reichsminister das Gespräch der Synagoge. Und die Opfer der Zeit — Alle bringen sie geduldig, in dem Bewußtsein, daß die Freiheit den Opferduft bildet, der zum angenehmen Geruch der Gottheit von der verjüngten Erde aufsteigt.

XXII.

Das Institut der Nationalgarden wird von den österreichischen Juden eifrig gepflegt. Alles bewaffnet sich und die Gemeinden bringen große Opfer. Gelehrte, die nur für oder gegen den „Rambam‟ zu kämpfen wußten, schreiten einher mit Flinte und Bajonett. In sehr vielen Städten bilden jüdische und christliche Nationalgarden eine brüderliche Kompagnie; in anderen, besonders in mährischen und ungarischen, entstehen in dieser Beziehung bedauerliche Konflikte. Ein interessantes Beispiel möge genügen. In Ungarisch-Brod ist es

35

der Rohheit und der Pöbelwuth Einiger geliiger, die jüdischen Nationalgardisten auszuscheiden; ja die christliche Liebe verschmähte es nicht, jüdische Nationalgardisten zu insultiren. Die Gemeinde schickte eine Deputation, bestehend aus den HH. Moritz Jellinek und Joachim Pollach nach Wien, um die gerechten Klagen beim Minister des Innern Doblhoff vorzubringen. Sie reichte folgendes Bittgesuch ein:

„Excellenz! Die Unterfertigten, Abgeordnete der israelitischen Gemeinde zu Ung.-Brod, nahen sich mit diesen Worten: Euer Excellenz, um Schutz und Recht für sich und ihre Familien gegen die Uebergriffe eines das Jahrhundert schändenden Vandalismus zu bitten und in Anspruch zu nehmen. — Nachdem die neue Ordnung der Dinge in Oesterreich eingeführt worden war, nachdem die Verpflichtung eine Nationalgarde zu errichten und sich dieser einreihen zu lassen, uns bekannt gegeben wurde: entzogen wir Israeliten zu Ung.-Brod dieser Anordnung uns nicht und wollten eben diesem vom Monarchen sanktionirten Gesetze gehorchen. Aber da uns die christliche Intoleranz in ihren Reihen nicht duldete: so bildeten wir mit Genehmigung des Oberkommandanten eine eigene Kompagnie und schafften uns Gewehre und Uniformen auf unsere Kosten an. — Doch seit einigen Tagen wurde die Stimmung gegen uns gereizter; man beschimpfte mehrere Mitglieder unserer Gemeinde ob dem Tragen nationaler Abzeichen; vergebens flehten wir die Behörden an, es wurde uns kein Schutz. Excellenz, will man uns Juden in den Reihen der Nationalgarde nicht dulden: so werden wir auf allerhöchsten Befehl auf diese Auszeichnung verzichten; aber auf den Willen des Pöbels können wir nicht; geben wir heute das eine Recht auf, so raubt man uns morgen das andere und am Ende das Leben. Excellenz, unter dem alten Regiment waren wir sehr gedrückt, aber unser Eigenthum, unser Leben war gesichert; sollte die Freiheit, die Frechheit und die Raubsucht gebähren? Excellenz, in kurzer Zeit wird der Reichstag über unser Loos entscheiden; aber bis dahin bitten wir Euer Excellenz einen Befehl des Inhalts ergehen zu lassen, daß man uns in dem gegenwärtigen Zustande unangetastet lasse. Da aber jede Verzögerung Gefahr drohend für uns ist: so bitten wir diesen Befehl nicht auf dem gewöhnlichen Wege, sondern unmittelbar an die Behörde, der wir unterstehen, ergehen lassen zu wollen. Excellenz, im Namen der Humanität haben wir uns Ihnen genaht; im Namen der Humanität hoffen wir nicht vergeblich um Schutz für unsere Menschenrechte gefleht zu haben.

Wien 17. Juli 1848.

Moritz Jellinek.
Joachim Pollach.“

Der Minister nahm die Deputation sehr freundlich auf und ertheilte den schleunigen Befehl an den Kreishauptmann zu Hradisch, den Gegenstand zu untersuchen. Derselbe erschien auch bald auf dem Schauplatze des Streites, und hielt eine energische Anrede an den Magistrat für die Juden, die ihre Wirkung nicht verfehlte. Die Juden erkennen dies sehr dankbar an, denn Dankbarkeit ist ein Grundzug des jüdischen Charakters. —

Ist es aber nicht traurig, die christliche Bildung so weit hinter der jüdischen zurückstehen zu sehen, daß sie die Intoleranz, den Neid, die Scheelsucht, den Haß auf Privilegien, die Gier nach Vorrechten, den Haß gegen Menschen zu ihren treuen Gefährten erkiert? Jene christlichen Raubritter meinen, die österreichische Revolution sei ein Spektakelstück, ausgeführt zum Besten des christlichen Spießbürgerthums; sie glauben, daß bei der Schöpfung des Menschen zugleich Privilegien für den christlichen Adam geschaffen worden sei: mit Nichten! Die Revolution ist eine treue Mutter für alle Menschen und die Bluttaufe wird Juden wie Christen ertheilt. Der Judenhaß muß bis auf die Neige geleert werden, damit die Menschenliebe verjüngt emporblühe. Die Liebe siegt, der Haß erliegt.

Ad. Jellinek.

Deutschland's vereinigte Staaten.

Aus Mähren, im August. Unser Landrabbiner hatte folgenden Aufruf an alle mährischen Gemeinden erlassen: ב"ה (An die ehrsamen jüdischen Gemeinden der Provinz Mähren). Aufforderung zu patriotischen Spenden an Silber oder Silberwerth). Das Vaterland bedarf der Kräfte aller seiner Kinder. Darum dies Wort an Euch, geliebte Brüder.

Wohl, meine Brüder, kenne ich Eure gedrückten Vermögensumstände, kenne die Lasten, die Ihr bisher zu tragen habet, weiß, wie namentlich Euch die Gewerbe und Nahrung störenden Folgen der Zeitereignisse getroffen, und wie sehr Ihr gerade jetzt im nahen und nächsten Kreise in Anspruch genommen werdet.

Allein ich weiß auch, daß Ihr jüdische Herzen habet und jüdische Herzen nie zurückgestanden, wo es galt, Hab und Gut fürs allgemeine Beste hinzugeben. דרוש את שלום העיר אשר הגלתי אתכם שמה das Wohl des Landes mit aller Kraft, mit aller Aufopferung zu fördern, das war und ist uns heilige Gottespflicht, und die Aufforderung, die in deren Namen an uns ergangen, hat uns nie lässig und zaudernd gefunden.

Außerordentliche Zeiten fordern außerordentliche Opfer von Jedem, und nur wenn Jeder das Seinige thut, kann das Ganze zum Heile erstehen.

Schon strömen von allen Seiten Gold- und Silberfpenden der Staatöverwaltung zu. Laffet uns nicht die Letzten fein, meine Brüder.

Geld werden die Meiften in diefer fchwergedrückten Zeit nicht wohl fpenden können; aber einiges Silbergeräthe haben die Meiften, und gerade Silber zur Münzausprägung ift der Staatöverwaltung am willkommenften.

Darum meine dringendfte Bitte an die jüdifchen Häufer unferer Provinz, כמתנת ידו איש jedes nach Kräften, jedes über feine Kräfte lege eine gottgefällige Spende auf den Altar des Vaterlandes!

Die ehrfamen Vorftände der Gemeinden wollen fich gefälligft fofort nach Eingang diefer Zeilen der Sammlung in ihren Gemeinden unterziehen.

Jeder Beitragende beliebe Zahl und Gewicht der gefpendeten Silberftücke einzuzeichnen und wollen die ehrfamen Vorftände gefälligft die gefammelten Effekten fammt beigegebener Sammlungslifte im Wege der Herren Komitéglieder oder unmittelbar an den Unterzeichneten längftens bis 11. Juni verfiegelt zufenden, und erlaube ich mir, die Herren Komitéglieder hiemit höflichft einzuladen, am 12. Juni der Eröffnung und Anfertigung des Gefammtausweifes hier beizuwohnen, womit die Sammlung dem Beftimmungsorte zu übermachen fein werde.

Möge auch bei diefer Gelegenheit und in diefer Zeit der ächte Sinn jüdifcher Freigebigkeit fich bewähren, der zu aller Zeit und in jeder Lage für gottgefällige Zwecke uns geleitet.

Nikolsburg, 1848.
Der Oberlandesrabbiner
Hirfch.

Diefer Aufforderung wurde auch von vielen Seiten Folge geleiftet, und hat der Landesrabbiner in den öfterreichifchen Blättern die Erfolge feiner Bemühungen bekannt gemacht.

Altona, im Aug. Ich kann Ihnen etwas Neues und Hochwichtiges mittheilen, welches der Reichsverwefer noch nicht weiß, und wodurch die Zeitgefchichte einen gewaltigen Ruck erhält. Der Zionswächter, diefe liebe Seele, liegt in den letzten Zügen. Der Verleger hat allen Muth zur fernern Herausgabe verloren. Sie ift bereits einem Verleger in Hamburg, dem Drucker Halberftadt, angetragen worden, er wollte fich aber nicht daran wagen. Er hat Recht! Der ZW. hat zwar noch 400 Lefer; die gehören aber alle zu den Finfterlingen; und man weiß, wie es diefen immer an Geld und Energie fehlt. — Die Nachricht erhielten wir gerade Tifcha=beab in der Synagoge, als der Chafan den zweiten Zion fang, da fteht der Vers:

כחמור היה לפנים
לבן יאיר־חמוריך

und da glaubten viele der ganze Zion und diefe Stelle deute auf den Zions-Wächter-Fabrikant. Aber wer kann das wiffen? — Uebrigens foll das liebe Kind fchon

mit Geiftesfchwäche zur Welt gekommen fein, Milch konnte ihm die Mutter nicht geben, nichts als Waffer, und fo wird es gar feinen Geift nicht aufgeben, die Wafferfucht ftreckt ihn darnieder. Der Uhrmacher.

Hamburg, im Auguft. Im Orient Nr. 32 ift zu lefen, daß ein gewiffer Dr. Juris einen Aufruf erlaffen habe, „die Ref. Rabbiner möchten dafür forgen, daß die Judenheit fich ganz in die Arme der Reform werfe." Auch möchten fie entfchieden auftreten, um das Judenthum von einer Maffe fchädlicher Ceremonien zu befreien, und zu diefem Zweck fich zu einer konftituirenden Verfammlung zu vereinigen." — Schreibt diefes nicht zur Reformpartei, aber ihn fchmerzt jede ungerechte Anklage, felbft gegen Andersgefinnte. Weiß denn diefer Dr. juris gar nichts von der in aller Welt bekannten Rabbiner=Verfammlung? Nichts von den Taufenden von Reform=Reden, Schriften und Predigten? Nichts von all den neuen Weifen in Ifrael, die mit frommer Beharrlichkeit, faft das ganze Ceremonialwefen abzufchaffen geftrebt, als Glaubenshelden gekämpft? Wurde nicht in der Rab.=Verfammlung fogar über die Verlegung des Sabbats, über die Mifch=Ehen, über die Abfchaffung der hebräifchen Sprache beim Gebet geftimmt, ja diefe Sprache, als Erhalterin der fchädlichen Ceremonien, von vielen Seiten, verhöhnt und verfpottet? Und gingen diefe Glaubenshelden nicht außerdem — jeder auf eigne Hand — noch weiter? Hat nicht der Herr Dr. Einhorn und mehrere feiner Amtsbrüder „zur Erhaltung des heiligen Glaubens" fogar die Befchneidung, diefe fchädliche Haupt-Ceremonie, als nicht und nicht bindend für den Juden, erklärt? Hat nicht reinlich Herr Dr. Stein, Butterbrod mit Fleifch, zur Bequemlichkeit in der Haushaltung, erlaubt? Der jetzige Jude fteht nun, nach der neuen Lehre, unbefchnitten da, hält fein chriftliches Weibchen in den Armen, fein Fleifch-Butterbrod in der Hand, raucht fein Pfeifchen am Sonnabend, und doch rufen Sie, Herr Dr. juris, in Ihrem Aufruf aus: „Haben die Rabbiner den Nothruf fo vieler taufend Glaubensbrüder gehört?" Freilich haben fie das. Ja noch mehr, fie haben diefen Nothruf gar nicht abgewartet, und haben ihn zuvorgethan als die Taufende verlangt hätten, denn mit der Abfchaffung der Befchneidung ift alles Schädliche und Unfchädliche abgefchafft, die Reform-Mafchine fteht nun ftill, denn fie hat keinen Stoff mehr zu bearbeiten. Was wollen Sie denn noch mehr? Warum rufen Sie denn diefen Rabbinen noch zu: „Es ift an Euch wieder gut zu machen, was Eure Amtsverfahren verbrochen haben"? Haben denn diefe Rabbinen nicht fchon ihre Vorfahren gerichtet, als Scheinlegirte verdammt, und ihre himmelfchreienden Verbrechen zu tilgen gefucht? O der Undankbaren, die fo ihre Wohlthäter verkennen! — Aber vielleicht wiffen Sie dies Alles; Sie wünfchen nur, wie Sie fagen, eine konftituirende Verfammlung, die — wie in der
35*

Politik — mit Gewalt die Reformen in Ausführung bringen solle? Ja da mögen Sie recht haben, Sie scheinen aber die Hindernisse dabei übersehen zu haben.

1) Sie wollen den alten Glaubenszwang abgewiesen wissen, wie können Sie nun neuen Zwang fordern? Wo bleibt da der jetzige Wahlspruch: Freiheit und Gleichheit?

2) Wo sollen die frommen Väter die Macht hernehmen, ihren weisen Lehren Eingang zu verschaffen? Die Central-Versammlung in Frankfurt kann und will sich, in den ersten drei Monaten gar nicht um Koscher und Trefe kümmern, und die Rabbinen haben keine Truppen, um einen Kreuzzug zu veranstalten und Gewalt zu gebrauchen. Ueberdies haben sie ja auch die Gewalt versucht. In mancher kleinen Gemeinde hat der Rabbiner sein neues deutsches Gebetbuch durch die Regierung einzuführen gewußt. Sie waren (von heiligem Eifer getrieben) die ärgsten Angeber, sie haben die ganzen Eisenmenger geplündert. Aber vergebens, alle Gewalt ist an dem Eigensinn der Alten gescheitert, an diesem Eigensinn, der sie schon zweitausend Jahr erhalten hat. Wäre gleich nach der Austreibung aus Jerusalem eine Rabb.-Versammlung entstanden, wäre gleich die Reformen in Kraft getreten, so wären die Juden schon längst mit den anderen Völkern so gleich gestellt, daß jetzt nicht Ein Jude mehr zu finden gewesen wäre. Sie sehen Ihre Anklage ist ungerecht, und daß Sie Ihren Aufruf widerrufen müßten, das werden Sie als Jurist höchst billig finden.

Moses Mendelson.

Oesterreichische Nebenländer.

Pesth, 7. Aug. Die Centralkommission des Repräsentantenhauses hat folgenden Bericht betreffs des eingereichten Gesetzentwurfs über die Emancipation der Juden erstattet: Die Sektionen haben ohne Ausnahme die Meinung getheilt, daß man sowohl in Gemäßheit des in den neuesten Gesetzen ausgesprochenen Gleichheitsprinzips als der ewigen Gesetze der Wahrheit und Humanität, wie auch aus Rücksicht der ungetheilten Einheit und Kraft der Nation, die Israeliten in den bürgerlichen Rechten mit den übrigen Landesbewohnern gleichstellen müsse. Drei Sektionen haben sich für unverweilte Erörterung des Gesetzentwurfs ausgesprochen, die übrigen sechs Sektionen aber, indem sie in dieser Angelegenheit vorausgeschicktes, die ungarische Nationalität sicherstellendes allgemeines Heimaths- und Niederlassungsgesetz für unumgänglich erachtet, und berücksichtigend, daß die nothwendigen Verfügungen zur Vertheidigung des gefahrbedrohten Vaterlandes die Sorge und Zeit des gegenwärtigen Reichstags in Anspruch nehmen, haben die Verhandlung dieses Gegenstandes für eine nächste Session aufzuschieben und das Ministerium zugleich damit beauftragen zu müssen geglaubt, daß es über das allgemeine Heimaths- und Niederlassungsrecht und mit diesem entweder in Verbindung stehend oder es voraussetzend über die Judenemancipation einen Gesetzentwurf dem Hause unterbreite. Damit aber die Emancipation einerseits den Ideen der Freiheit und Gleichheit entspreche, andererseits die Ansprüche der gesellschaftlichen und nationalen Verschmelzung befriedige, hat die Mehrheit der Sektionen es für zweckmäßig erachtet, daß behufs der durch eine zweckmäßige Reform zu erzielenden Beseitigung der im öffentlichen und gesellschaftlichen Leben so sehr auffallenden schädlichen Abschließung und gegenseitigen Entfremdung das Ministerium sich mit den Intelligenten unter den Israeliten selbst in erörterndes Einvernehmen setze. (P. Z.)

Pesth, 8. Juli. (Rede an die israelitischen Freiwilligen. Gehalten vor ihrer Abreise im Hofraume des Invalidenpalais am 22. Juni vom Oberrabbiner Hrn. L. Schwab in Pesth.) Liebe Brüder! Ihr stehet hier vor Gottes Angesicht, unter dem freien Himmel, der sein Thron, und auf der Erde, die sein Fußschemel ist, um einige Worte der Ermahnung und Ermunterung anzuhören, die ich Euch auf den Weg, den Ihr nun bald antreten werdet, im Namen unserer heiligen Religion mitgeben will. Möget Ihr sie mit denselben aufrichtigen Gefühlen und Empfindungen vernehmen, mit welcher ich sie an Euch richte! Möget Ihr sie treu im Herzen bewahren und Euer Thun und Verhalten stets darnach richten! Der Beifall Gottes und Eures Gewissens, die ehrende Anerkennung Eurer Vorgesetzten und aller Wohlgesinnten soll Euch dafür zum Lohne werden und Euch wahrhaft beglücken.

Brüder! Ihr habt durch einen heiligen Eidschwur Euch dem vaterländischen Waffendienste geweiht. Ihr habt Gott zum Zeugen angerufen, daß Ihr entschlossen seid, für das Gemeinwohl des ungarischen Vaterlandes Gut und Blut, Leib und Leben zu wagen und im Kampfe mit den Feinden desselben tapfer und redlich auszuharren bis zum Ende. — Der Zeitpunkt ist nun da, wo Ihr Euren Schwur einlösen, Euer Versprechen zur Wahrheit machen, Eure patriotische Gesinnung durch Thaten beweisen und bewähren sollet! — Das Vaterland ruft Euch zur Vertheidigung seines Rechtes, seiner Ehre, seiner unzertrennlichen Einheit. Auf denn, folget dem Rufe mit freudigem Herzen, mit glühendem Eifer, mit Noth und Tod verachtendem Muthe! Eilet dahin, wo Verrath und Empörung gegen das Vaterland gesponnen und geübt wird. Zeiget Euch dort als echte Söhne Ungarns, so wie als würdige Nachkommen der heldenmüthigen Hasmonäer: ausdauernd in Beschwerden, unerschrocken in Gefahren, tapfer im Kampfe, menschlich im Siege; mäßig und bescheiden in der Ruhe.

Brüder! Es ist ein Vierfaches, was ich Euch

zu bedenken und zu erwägen gebe, was Sich von diesem Augenblicke an nie aus den Sinne und aus dem Herzen kommen soll, dann werdet Ihr Sich gewiß stets zur getreusten und gewissenhaftesten Pflichterfüllung aufgefordert und aufgemuntert fühlen:. **Ihr habt Euren Beruf selbst und frei gewählt — die Sache für die Ihr kämpft ist eine gerechte, heilige Sache — von Euerm Betragen hängt die Ehre Eures Namens als Israeliten ab — Euer Leben und Lebensgeschick steht unter Gottes weiser und gütiger Vorsehung.**

Der Beruf in dem Ihr nun steht, nicht menschliche Willkür und Laune, nicht äußere Macht und Gewalt hat denselben Euch aufgedrungen; nein, Ihr habt ihn aus freiem Entschlusse gewählt. Ihr fühltet einen Drang und Trieb ihn zu übernehmen, Ihr hörtet in der Stimme Eures Herzens die Stimme Gottes, und tratet mit Lust und Liebe in Eure Reihen und Glieder. Muß nicht schon die Erwägung dieses Umstandes Euch zur ausgezeichnetesten Pflichttreue anspornen und anreizen? Muß Euch nicht an Alles in der Welt daran gelegen sein, sich nicht durch ein unwürdiges und ungehorsames Betragen vor der Welt und vor Eurem eignen Herzen zu Schanden zu machen? — Als Freiwillige müßt gerade Ihr in pünktlicher Folgeleistung der Euch gegebenen Befehle und Vorschriften, in Haltung der strengsten Ordnung, in unerschütterlicher Treue gegen Eure Obern und Vorgesetzte aller übrigen vaterländischen Kriegern mit Eurem Beispiele herrlich vorleuchten. Schande, ja die größte Schande würde es Euch sein, wenn einer von Euch durch Strafen zur Ordnung und zur Pflichterfüllung angehalten werden müßte. Ihr seid Freiwillige, Euer Gehorsam muß also ein freier Gehorsam und ein desto pünktlicherer und herzlicherer sein.

Dieß das Eine, was Ihr zu erwägen und zu beherzigen habt, um den Pflichten Eures Standes volle Genüge zu leisten. Noch stärker und lebendiger aber werdet Ihr Sich hiezu gedrungen fühlen, wenn Ihr auf die Größe und Heiligkeit der Sache sehet, für welche Ihr jetzt ausziehen und Euch zum Kampfe rüsten sollt.

Nicht von der Ehr- und Ruhmsucht eines Willkürherrschers wird Eure Treue und Hingebung in Anspruch genommen; nicht um einem Despoten-Gelüste zu fröhnen, um ungerechte Eroberungen zu machen, um freie Völker zu knechten und zu unterjochen sollt ihr den Gefahren und Mühseligkeiten des Krieges Euch unterziehen; Nein, das Vaterland, das in seinen heiligsten Rechten und Interessen gefährdete Vaterland ruft Euch zur Abwehr und zur Abhilfe auf. Bösgesinnte und böswillige Menschen gehen in einigen Gegenden mit verrätherischen Plänen und Anschlägen um. Sie wollen das Band zerreißen, das viele Jahrhunderte lang Ungarn zu einem großen Staat verbindet und ihm eine achtunggebietende Stellung unter den Staaten unseres Welttheils sichert. Sie werfen ihre treulosen Blicke nach Auswärts, buhlen mit fremden Mächten, machen mit den Feinden des Lichtes und der Freiheit gemeinschaftliche Sache, und suchen so des Vaterlandes inneres und äußeres Wohl zu untergraben, des Vaterlands schönste Errungenschaft, seine Freiheit, seine Selbstständigkeit, seine hoffnungsreiche Zukunft zu vernichten. Dabei artet ihr verrätherisches Sinnen und Treiben in gemeine Raub- und Plünderungssucht aus, setzt ihr fanatisches Wüthen die unwohnende Bevölkerung, die nicht zu ihnen gehört, in bange Furcht und Schrecken, überfallen sie ruhige und friedliche Bewohner und verüben an ihnen die schändlichsten und grausamsten Gewaltthaten. Sehet, meine Lieben, das ist der Feind, gegen den Ihr ins Feld rücken sollt, das ist die Sache zu deren Verfechtung Ihr erkoren und berufen seid! Kann es eine heiligere und gerechtere geben? und wäre es Euch bei ihr möglich, die Erwartungen zu täuschen, die das Vaterland von Euch und Euren Waffengenossen hegt? Nein, Ihr werdet dieß nicht, Ihr werdet ihr mit all der Treue und Ausdauer, mit all der Hingebung und Aufopferung dienen, welche all das Vaterland von allen seinen Angehörigen zu fordern berechtigt ist, wo es sich um die Erhaltung seiner höchsten Güter, um seine Ehre und Würde, Freiheit und Sicherheit, handelt. **Und Ihr werdet dieß um so mehr, wenn Ihr noch bedenkt, daß von Eurem Betragen und Verhalten die Ehre Eures Namens als Israeliten abhängt.**

Brüder, Ihr kennet ja die gehässigen Vorurtheile, die gegen unsere Stammes- und Glaubensgenossenschaft hierlands noch immer im Schwunge sind. Die Verschuldung des Einzelnen von uns wird gleichsam uns Allen zugerechnet, und giebt Stoff und Anlaß unsern Namen herabzuwürdigen und mit Schimpf und Vorwurf zu überhäufen. Und eben darum muß der Israelite sich vor jedem unwürdigen und verwerflichen Thun noch sorgfältiger als jeder Andere in Acht nehmen, muß ihm noch mehr daran gelegen sein, in seinem Berufe und Stande den höchsten Anforderungen der Pflicht zu genügen und seinen Charakter und seine Ehre rein und unverletzt zu erhalten. Und diese Rücksicht darf und wird gewiß auch bei Euch in Eurem Stande ihre Wirkung nicht verfehlen. Lasset darum in Euerm ganzen Benehmen und Verhalten nichts unterlaufen, was auch nur den leisesten Tadel Eurer Obern Euch zuziehen könnte. Leget es an den Tag, daß der ungarische Israelite sein ungarisches Vaterland von ganzem Herzen und ganzer Seele liebt, und willig ist, sich ihm ganz hinzugeben und hinzuopfern, wenn Pflicht und Ehre es erheischt. Suchet Euch durch Gehorsam, Verträglichkeit, Ordnungsliebe, Muth, Besonnenheit, überhaupt durch all die Tugenden und Eigenschaften, die dem tüchtigen und braven Genossen des Wehrstandes eigen sein müssen, auf das Vortheilhafteste auszuzeichnen, und erwerbet dadurch nicht nur Euch selber, sondern auch dem Stamme, dem Ihr angehört und dem Glauben, zu dem Ihr Euch bekennt, ehrende Anerkennung und Werthschätzung.

Alle diese Betrachtungen aber werden sich bei Euch erst dann recht wirksam und fruchtbar zeigen, wenn eine fromme Gesinnung ihnen zu Grunde liegt, wenn sich namentlich damit der Gedanke verbindet, daß Euer Leben und Lebensgeschick unter Gottes weiser und gütiger Vorsehung stehet. Und so ist es, meine Lieber. So lehrt es unsere heilige Religion und so bestätiget es unser denkender Geist. Der allmächtige Schöpfer und Regierer des Weltalls, der jeden Stern bei seinem Namen nennt und seine Bahn ihm vorzeichnet, der das kleinste Sandkorn am einsamen Meeresgestade siehet und seinen Ort ihm anweist, der kennt auch Euch, hat auch Eure Tage gezählt, wieviel deselben werden sollen, ehe einer noch da war. Ohne Eures himmlischen Vaters Wissen und Willen kann kein Leid, kein Schaden, kein Tod Euch treffen, und wenn er Euch trifft, so ist nicht das Leben, sondern der Tod Euer Bestes. Nur um eine Spanne Zeit gehet der auf dem Bette der Ehre gefallene Kämpfer den übrigen Brüdern voran, und verklärt und verherrlicht erhebt sich sein Geist zu einem bessern Dasein, zu Gott, der ihn gegeben hat.

Muthig also und tapfer im Streite fürs Vaterland, theure Brüder! Es ist Gottes Sache. Es ist die edelste, heiligste Angelegenheit, wofür Ihr kämpfen werdet. Darum zaget nicht und bebet nicht und weichet nicht feige der Gefahr! Wie dort der edle Juda Makkabi seinen Waffenbrüdern zuruft, ruft auch Ihr einander zu: Ist unsre Zeit gekommen, so wollen wir ritterlich sterben um unserer Brüder willen, und unsre Ehre nicht lassen zu Schanden werden. (1. Makkabäer 9, 10.)

Nein, meine Brüder, lasset Eure Ehre, die die Ehre Eures Stammes und Eures Glaubens ist, nicht zu Schanden werden. Beweiset Euch als Israeliten stark und standhaft und ausdauernd zum Siege. Habet stets Gott vor Augen und im Herzen. Er wird Euch alle Eure Wege ebnen. Bleibet treu Eurem Glauben, eingedenk Eurer Religion überall. Sie wird Euch ein Schutzengel sein auf allen Euren Wegen und Stegen; sie wird Euch bewahren vor Wildheit, wodurch der Krieger sich entmenscht, vor Ausschweifungen, wodurch er sich entnervt, vor Feigheit, wodurch er sich entehrt; sie wird Euch stets zu einer würdigen Ansicht Eures Standes und Berufes erheben, und Euch Kraft und Stärke verleihen, die Gefahren und Beschwerden desselben in Geduld und Ergebung zu tragen.

Und so segne Euch Gott alle; Euch meine Glaubensbrüder und alle Eure Waffenbrüder. Ziehet muthig und getrost hin in den Kampf gegen Frevelmuth und Verrath. Die Wünsche und Segnungen aller Vaterlandsfreunde folgen und begleiten Euch, Gott wird sie nicht unerfüllt lassen. Ihm befehlen wir alle Eure Wege, Euren Ausgang und Eingang, Euer Leben, Eure Waffen, Eure Ehre, Euer Herz. Er bleibe Euch schützend und schirmend zur Seite, rüste Euch mit Kraft und Muth, mit Glauben und Hoffnung in der Stunde der Gefahr und Versuchung und leite Euch an seiner allmächtigen Hand zu einem herrlichen Ziele. Amen.

Gott segne und schütze unsern geliebten König! Gott segne und schütze unser theures Vaterland! Gott segne und schütze die vaterländischen Krieger und Waffen! Gott segne und schütze Jeden in dessen Busen ein warmes, treues Herz fürs Vaterland schlägt. Amen. Amen.

Gr. Wardein, 20. Juli. Was ist der Unterschied zwischen ungarischem u. deutschem Judenhaß? Meiner Ueberzeugung nach der: Den Deutschen ist der Judenhaß in Blut und Milch eingeimpft, er lebt und wächst mit ihm auf, dieser giebt sich daher in ihren Thaten kund; bei den Ungarn hingegen ist das nur eine von außen hereingebrachte Treibpflanze, die bei ihnen nur vegetirt, und sich, auf den höchsten Grad gestiegen, nur in Worten offenbart. Wir haben die vorige Woche ein Stück ungarischen Judenhasses in den Komitatssitzungen aufführen gesehen, das sich nur in Worten Luft, durch seine dummen Anträge aber zugleich lächerlich machte. Jetzt sollten wir ein Stück deutschen Judenhasses in seiner ganzen Glorie mit Schlagen, Morden und Plündern wohl ausstaffirt in Augenschein bekommen. Die Geschichte ist im Kurzen diese. Unsere Bürger hatten früher die Juden aus der Nationalgarde zurückgewiesen. Wie überall wollen sie sie jetzt, wo Gefahr im Spiele ist, wieder in die Garde aufnehmen, da überhaupt der ungarische Theil der Bevölkerung in die Abweisung nie recht vom Herzen eingewilligt, sondern gewissermaßen es für nothwendig erachtet hatte, um seine freistädtische Ehre zu retten, und nicht hinter seine Schwestern zurückbleiben wollte. Jetzt war bei der ungarischen Bevölkerung der Wunsch allgemein rege geworden, die Juden in die Nationalgarde aufzunehmen, und sollte auch nächstens vollzogen werden. Die Schwaben-Philisterschaft wollte unsere Stadt vor diesem Sakrilegium bewahren und suchte einen Judenkrawall zu diesem Zwecke zu arrangiren. Den Vorwand dazu sollte die Verbreitung einer lächerlichen Lüge hergeben: Die Juden hätten in ihrer Synagoge Pulver, Gewehre und weiß Gott noch was Alles verborgen. Natürlich war man einmal bei der Synagoge, so kennte es dann über die einzelnen Juden hergehen. — Der Krawall nahm auch seinen Anfang. Es sammelten sich bereits Haufen Volkes um die Synagoge, um sie zu erbrechen; das Plündern wäre natürlich bald nachgefolgt. Hr. Oberstuhlrichter H—es kam zum Glücke herbei und versprach die Untersuchung selbst anzustellen, und hat nach angestellter Untersuchung sich von deren Lügenhaftigkeit überzeugt, die übrigens jeder Verständige im Voraus eingesehen hatte. Wir haben es nur der Energie des Hrn. H—es zu verdanken, daß größere Unruhen verhindert wurden, indem das Volk dann ruhig auseinander ging. Tags darauf wurden in den drei Stadtvierteln, die von Ungarn bewohnt sind, die Juden der Nationalgarde einverleibt, und haben sich die Korps dieser drei Viertel auch mit einander vereinigt. Die Neustadt, von lauter Schwaben bewohnt, bleibt noch immer bei ihrem Separatismus, will sich mit den andern Korps nicht vereinigen, und nimmt auch die Juden nicht in die Reihen ihrer Garde auf. Also wer ist hier der Separatist? Der Jude etwa? So lange diesen schwabischen Spießbürgern nicht das Handwerk gelegt wird, werden wir noch immer den reinen ungarischen Namen mit der Schmach der Intoleranz behaftet sehen. Im Namen der ungarischen Nationalehre, Volksrepräsentanten, legt diesen Leuten das Handwerk! —

(D. ung. Isr.)

Pesth, 10. Juli. (An die ungarischen Israeliten!) Wohl fühlend, was unserm innern Menschen zur Stillung der höhern religiösen Regungen nothtue; durchdrungen von dem Bedürfnisse und den lebhaften Triebe nach einer unserer religiösen Anschauung entsprechenden Reform; — haben wir ohne materielles Hinzuthun, blos durch die magnetische Kraft der Wahlverwandtschaft angezogen, uns brüderlich und der großen Sache geziemend zahlreich eingefunden, um mit einem Herzen und mit einer Seele uns für die Konstituirung eines radikalen Reformvereins auszusprechen. Dies heiße Verlangen gehört nicht mehr in den Bereich der frommen Wünsche, denn am 8. Juli l. J. an diesem für uns so denkwürdigen Tage ist dieser Verein unter dem Namen: „Central=Reform=Verein der ungarischen Israeliten", faktisch ins Leben getreten, und hat seine Wirksamkeit mit der Wahl eines aus 25 Personen bestehenden provisorisch leitenden Ausschusses, so wie mit der Erklärung begonnen, daß solange der Verein ein eigenes aus der Wahl seiner Mitglieder hervorgehendes geistliches Oberhaupt entbehrt — die Reformanstrebungen unserer Brüder in Deutschland uns als Basis dienen mögen. Gleichzeitig war auch die Versendung eines den Komplex unserer Bestrebungen enthaltenden Rundschreibens an die Gemeinden Ungarns, sowie die Abfassung einer das Wesen unserer Reform besprechenden Broschüre beschlossen.

Indem wir Euch gesinnungsverwandte Brüder unter uns, wie in der Provinz von diesem in der Kulturgeschichte der ungarischen Israeliten Epoche machenden Ereignisse in Kenntniß setzen, fordern wir Euch in der Nähe und Ferne auf: Euch mit uns in erwünschte Verbindung zu setzen. Die Einigung stärkt und dar-

um, und nicht wegen etwaiger Usurpation empfehlen wir Eurer Intelligenz, Eurem regen Eifer einen Verein, der sich Wahrheit, Liebe und Versöhnung zum unabänderlichen Wahlspruche gemacht. Pesth, 10. Juli 1848. Im Namen der Generalversammlung des Central=Reform=Vereins der ungarischen Israeliten. Dr. Josef Rószái (früher Rosenfeld), prov. Präses. Dr. Ludwig Schwarz, prov. 1. Secretär. Josef Ligeti, prov. 2. Sekretär.

Pesth, im Juli. Verehrte Landesvertreter! Im Namen der Israeliten Ungarns und seiner Nebenländer verlangen die Unterfertigten von Ihnen Gerechtigkeit, Freiheit und Gleichheit.

Wir verlangen sie darum, weil wir dazu berechtigt sind und unsere Ansprüche darauf vor Gott und Menschen geltend machen können.

Oder wäre es nicht eine Verhöhnung der Gerechtigkeit, eine Verkrüppelung des Freiheitsbegriffes, Verleugnung der so laut verkündeten Gleichheit, wenn man die Segnungen derselben einer Volksklasse versagen wollte, deren einzige Sünde in ihrer Schwäche bestehet?

Als der Druck noch allgemein war, und die Fesseln der übrigen Volksklassen nur von etwas feinerem Stoff als die unserigen waren, und wir jener gleichgestellt zu werden wünschten, da fragte man nach den Gründen unseres Verlangens, nach den Verdiensten, die uns einer solchen Auszeichnung würdig machen. Das war sehr richtig, sehr natürlich, denn der Sklave — denkt sklavisch.

Aber vor eine freie Nation hintreten, Gründe und Verdienste zur Erlangung des einfachsten Rechts aufzählen und die von der Böswilligkeit und Engherzigkeit vorgebrachten Klagen und Einwürfe widerlegen wollen? Das wäre nichts Anders als ein sündhaftes Zweifeln an dem Freiheitsgefühl dieser Nation.

Wir verlangen unser Recht darum, weil wir Menschen sind. Wir wollen allen andern Landesbewohnern gleichgestellt sein. — gleich in Pflichten und Rechten, weil wir eben so gute Söhne dieses Landes sind. Wir sind hier geboren, hier erzogen worden; wir wollen hier auch frei leben und sterben; und Niemand stehet es zu — Gewalt abgerechnet — uns von den Busen unserer geliebten Mutter wegzuweisen, aus ihrer Liebe zu verstoßen, auch nur auf einen Augenblick uns Das zu entziehen, was wir aus der Hand Gottes besitzen, dessen Bewußtsein die Natur in unser Herz gepflanzt.

Vertreter! Aeußere und innere Feinde unterwühlen den Frieden dieses schönen Vaterlandes, Gefahr drohet der Freiheit, ja der Existenz der ungarischen Nation: kann Derjenige ein Ungar, ein Patriot sein, der seinen Nebenmenschen zu eben dem Schicksal verdammen will, dem er selbst so eben glücklich entronnen, der während er gegei die Freiheitsmörder ausziehet, Unschuldige ii den Kerker wirft?

Gesetzgeber! Die beste Politik ist — gerecht zu seii, deii im Sieg der Gerechtigkeit offenbart sich die Gottheit, deii die Gerechtigkeit rächt sich fürchterlich an Jeder der sie beleidigt, der sie befleckt. Nationen gingen uiter, Staatei hörtei auf zu seii, weil sie iicht wißtei gerecht zu seii. Gibt es aber eii himmelschreienderes Uirecht, als eiiei Theil der Landesbewohner nur mit Lastei beladei, sie aber von den Wohlthaten des Staates ganz ausschließen?

Uigari! Reichet die Bruderhand! Es liegt ii Eurem, liegt ii unserem Interesse, auf Theilnahme, auf Freundesherzen rechnei zu können. Wir sind boreie Freiheits-Märtyrer, unsere Vorfahren verbluteten ii den Kämpfei um diesen Schatz und darim wissen wir ihrei Werth zu würdigen. Was die dreitausendjährige Geschichte von unseren Ahnen verkündet, das haben auch wir bei dem letztei Ereignissen, ii den gefahrvollen Tagen bewiesen: daß wir iämlich für die Freiheit glühen, daß ii Vaterlandsliebe uns keiie Volksklasse übertrifft, daß kein Schlag, kein Unglück unsere Standhaftigkeit, unsere Ausdauer zu erschüttern vermag.

In Erkämpfung der europäischen Freiheit habei unsere Glaubensgenossen iberall mithig gekämpft, — aus iisern Reihei fielei ebenfalls Opfer auf dem Altar der Volkssouveränität, und weii auch erniedrigt, zurückgestoßen und mit Füßei getreten, eilten doch bei dem Ruf „Das Vaterland ist ii Gefahr" Viele unserer Glaubensbrüder dem Tode eitgegen, während eii beträchtlicher Theil der andern Nationalitäten das zu thun iterließ oder sich gar mit dem Feind verbündete; Viele eiltei mit größter Bereitwilligkeit und Begeisterung mit ihrem Vermögen zur Deckuig der Landesbedürfnisse beizutragen.

Im Gefühl der Gerechtigkeit unserer Sache hoffei wir, daß aich Sie uns gegenüber von der Gerechtigkeit sich werdei leitei lassei, von der Gerechtigkeit, die iicht Gnade, iicht halbe Maßregeln, iicht Rechte und Privilegien ertheilt, sondern Rechtsgleichheit für alle Einwohner, ohie Unterschied.

Seien Sie gerecht, und mit diesem Schilde werdei Sie siegen. Die gute Sache, für welche die uigarische Natioi zu kämpfei berufei ist, wird alsbald viermalhunderttausend begeisterte und aufopferungsfähige Männer gewiiiei.

Pesth, 24. Juli 1848.
Im Auftrage der israelitischen Bewohner Ungarns und der Nebenländer.
Leoi Holländer. Dr. Mathias Roth. Moritz Di-
ner. Martoi Dióst. Hermann Pappenheim. Dr. Friedrich Groß. Dr. Ignatz Schlesinger. Jakob Steiniger. Samuel Brill. David Lichtmann.

Großbritannien.

London, im Juli. Der bekannte Kalendolog Philipowski, der hier alljährlich eii hebräisches und englisches Jahrbuch herausgiebt, läßt jetzt iach einer Handschrift des British Museum das ספר התחלות לאבונצר אלפרבי drucken, wovon die erstei Bogei bereits fertig sind. Der arabische Philosoph Abu-Nazr Muhammed el-Farabi, der Zeitgenosse Saadja's, hat sehr viele philosophische Werke geschrieben, die durch hebräische Uebersetzungen derselben fast zum jüdischen Eigenthum geworden. El-Farabi's ס' השכל והמושכלות ist auf der Leipziger Rathsbibliothek, das ס' הסבות welches R. Josef Habille aus Aragonien im Jahre 1470 übersetzt, ist ii Parma, das ס' ההיגיון ii Oxford, das ס' התעצאה, ibersetzt von Jakob Antoli, im Vatikan und ii Parma, das ס' מהות הנפש ii Wien, Vatikan und Parma, das ס' אגרת על כדר קריאת ii Parma und das erwähite ס' ההתחלות findet sich auch im Vatikan und ii Parma iiter dem Namen ס' התחלות הנמצאות und von Samuel Ibn Taber ibersetzt ist, ist eiie der wichtigsten Schriftei el-Farabi's. —

Personalchronik und Miscellen.

Arnsberg, Juli. Nach einem Bescheide der königl. preuß. Regierung vom 27. Juni ist die frühere Bestimmung von Bildung der Synagogengemeinden, wie natürlich, aufgehoben. Der Separatismus soll iicht wieder aufkommen.

* * *

Frankfurt a. M, Juli. Die zwei Bruder Börne's, welche den Namei Barich geführt, haben die Erlaubniß erhalten, den Namen Börne zu führen. Es ist eii Name von gutem Klange.

* * *

Dessau, Juli. Die Franzschule wird vielfach angefochten und wenn man die Vertheidigung liest, so möchte man fast glaubei, mit Recht; die Schule scheint das treie Abbild der Sulamit zu seii.

* * *

Von der Elbe, Aug. Was die Rabbiner doch um das Judenthum besorgt sind? Jetzt wird nun eiie „Synode" durchgedroschen, nachdem die „Versammlungen" der Rabbiner und „Vereine" der Reformer gestorben. Wenn diese ii ihrer Breitmäuligkeit erst eine Sache durchträtschen, dann ist sie im Voraus todt.

Verlag von E. L. Fritzsche.

Druck von J. H. Nagel.

Der Orient.

Berichte, Studien und Kritiken

Neunter für **Jahrgang.**

jüdische Geschichte und Literatur.

Herausgegeben

von

Dr. Julius Fürst.

Das Abonnement auf ein Jahr ist 5 Thlr. Man abonnirt bei allen löbl. Postämtern und allen solid. Buchhandlungen auf ein Jahr.

Von dieser Zeitschrift erscheinen wöchentlich das Literaturblatt mitgerechnet, zwei Bogen. und zwar an jedem Dienstag regelmäßig.

№ 36.　　Leipzig, den 2. September　　1848.

Die Juden in Oesterreich.

XXIII.

Aus der alten Zeit der geistigen Versumpfung ist noch viel Schlamm zurückgeblieben, den der mächtige Strom der Neuzeit noch nicht fortgespült hat. Wir heben heute zwei Punkte hervor: die Rekrutirungen und die jüdischen Gemeindeverfassungen. Wenn der Staat Soldaten aushebt, so verlangt er von jeder mährischen Gemeinde ein bestimmtes Quotum. Dies ist ungerecht, unpraktisch und unhaltbar. Es werden z. B. von einer Gemeinde sechs Mann verlangt: wie aber, wenn sie in den Reihen ihrer Jugend keine waffenfähige Jünglinge findet? Es ist in der That oft der Fall, und Ungerechtigkeiten sind die Folgen dieses Zwangsystemes, das gar keinen rationalen Boden hat. Die Gemeinden müssen alle Mittel aufbieten, ihr Kontingent zu stellen, weil sie es auch von Standpunkte des Rechts nicht können. Jeder Zwang demoralisirt, und dieser unbegründete militärische auch. Armeen lassen sich nicht aus der Erde stampfen, und Soldaten können die Gemeinden nicht hervorzaubern. Die Juden sollen ihre Kräfte dem Vaterlande weihen, aber nach einem rationalen Verhältniß. Es wäre in der That an der Zeit, daß alle mährischen Gemeinden in einer Kollektivpetition sich an den Reichstag wendeten, daß er diesem Uebelstande abhelfe. Jeder junge Mann werde assentirt, diene oder lasse sich vertreten — so lange die Dienstzeit so hoch angesetzt ist und das Soldatenthum zu Parademärschen und Manövers mißbraucht wird —; man verlange nicht, daß die Gemeinden à tout prix, wie jetzt noch, eine bestimmte Summe Schutzgeld, eine gewisse Zahl Soldaten stellen. Jedes System, das nicht auf den Grundpfeilern der Vernunftmäßigkeit beruht, muß untergehen, und daher auch das herrschende System der Soldatenaushebungen. Ist der Gemeindevorstand nicht im Stande, die verlangten Rekruten einzustellen, so wird er — eingesperrt! Diese Kerkerlogik steht isolirt da. — Die Gemeindeverfassungen müssen eine radikale Reform erleiden. Die Juden müssen ihre Autonomie in Kommunalangelegenheiten ganz aufgeben, und blos Kultusbehörden konstituiren. Sie sollen, wie die christlichen Bürger, von dem Bürgermeister vertreten werden, in Kultusangelegenheiten einen Ausschuß bilden — und das „Judenrichteramt" zu Grabe tragen. Der Kultusausschuß sorgt für die Besoldung der jüdischen Kultusbeamten und steht dem Rabbiner als Vertreter der Laien zur Seite. Die gegenwärtigen — allerdings demokratischen — Gemeindeverfassungen beruhen auf Census und indirekte Wahlen — und sind daher veraltet.

XXIV.

Es bestehen Scheidewände zwischen Juden und Christen. Das alte System hat es nicht an Mühe fehlen lassen, die Kluft so tief als möglich zu machen.

Wodurch kann aber eine allmälige Annäherung erzielt werden? Durch die Schule. Zum Unglücke giebt es noch in Mähren sogenannte jüdische Normal- oder Trivialschulen. Diese sind unwillkürlich die Pflanzschulen des Separatismus. Wozu deutsche Separatschulen für die jüdische Jugend? Es ist bekannt, daß in Norddeutschland das gemeinsame Schulwesen viel dazu beigetragen hat, den schroffen socialen Gegensatz zwischen Juden und Christen aufzulösen. In der gemeinsamen Schule schlingt sich ein Freundschaftsband um die Jugend verschiedener Konfessionen, die sich sonst fremd gegenüberstanden, rücken einander näher, und der konfessionelle Friede gewinnt eine breite Unterlage. Auf den schwachen Schultern der zarten Jugend erhebt sich der Dom der konfessionellen Einigkeit und Eintracht. In Mähren würde das Auflösen der jüdischen Normalschulen noch von vielen andern Vortheilen begleitet sein. Der jüdische Jargon, diese feindliche Macht, welche zwischen Juden und Christen tritt, dieses traurige Erbe des alten Druckes und der alten Absperrung, dieser sprachverwirrende Dämon, der viel Unheil verursacht, wird unter der Jugend schwinden, wenn sie in christlichen Schulen ihren deutschen Unterricht genösse. Man kann nicht oft genug gegen den jüdischen Jargon zu Felde ziehen, und kein schöneres Werk können die Gebildeten Mährens zu Stande bringen, als wenn sie jenen Dämon bannen. Du siehst, lieber Freund, einen ernsten Mann, der manches Saatkorn aus den Speichern der Wissenschaft sich geholt und verarbeitet hat — rede ihn aber an, und in einer gellenden Jargon antwortet er dir, und die schönsten Gedanken, die du etwa hören kannst, erfüllen dich mit Widerwillen ob der Form, in der sie gekleidet sind. Mit Freuden gewahrst du die blühende männliche und weibliche Jugend — der Jüngling — oft das Ideal eines schönen Mannes — die Jungfrau — oft vollendet in der äußern Formen — sie öffnen ihren Mund, und entsetzt trittst du zurück vor diesen haarsträubenden Lauten, vor dieser mittelalterlichen Sprache, die dich an all' das Elend und all' die Schmach früherer Jahrhunderte erinnert. Du freust dich des geistigen Aufkeimens der Kinder — ihr ganzes, oft staunenswerthes Wissen tragen dir in einer Sprache vor, die dich an Babylon erinnert. — Wird aber den Separatschulen ein Ende gemacht, treten die kleinen jüdischen Sprachmörder in die gemeinsame Ortsschule, so wird doch wenigstens zum Theil diesem schädlichen Elemente entgegengearbeitet. Auch manche Unsitte würde dadurch aufhören. Es giebt noch Rabbinen in Mähren, deren Gewissen sich dagegen sträubt, die jüdischen Kinder während des deutschen Unterrichts ohne Mütze sitzen zu sehen! Wir wollen mit ihnen nicht rechten, obwohl es uns mit tiefster Betrübniß erfüllt; die Vorurtheile, von denen die Hyperorthoxen Deutschlands sich längst befreit haben, in Mähren noch so trefflich wu-

chern, zum allgemeinen Schaden wuchern zu sehen. Allein auf die christliche Schule erstreckt sich dieser Gewissensskrupel nicht, und darum noch einmal die gemeinsame Ortsschule. Die Gemeinden müssen Religionsschulen errichten, in denen Hebräisch, Bibel, Talmud, Geschichte, Geographie von Palästina gelehrt wird. Der Rabbiner unterrichtet die höheren Klassen in Religion, da doch der Rabbiner der beste Religionslehrer ist. Als Kaiser Josef die jüdischen Normalschulen ins Leben rief, war, in Folge der damaligen Zeitverhältnisse, der Separatismus nothwendig; in unserer Zeit ist er ein Anachronismus. Möchten doch die jüdischen Gemeinden diese Worte beherzigen, und bei der Reorganisation des Unterrichtswesens in Oesterreich darauf dringen, daß ihre Jugend keine besondere Unterrichtskaste bilde; mögen sie darauf bedacht sein, daß nicht nur das Herz und Gemüth, sondern auch die Zunge ihrer Kinder rein sei, rein von der verderbten Sklavensprache, rein von den Mistönen des Jargons, damit sie nicht ihrer Umgebung zum Spotte und zum Hohne diene. Nicht etwa, daß wir jene hämischen Judenfeinde unterstützen wollten, welche die Sprache der Juden karrikiren, belächeln, höhnen und spotten; jene Judenfeinde haben eine kultivirte Zunge und ein barbarisches Herz. Der Jargon ist ein Ueberrest des Druckes, ein Schandmal der alten Gesetzgebung, das Kainszeichen der unsteten Wanderungen, der Weheruf der alten Tyrannei. Den alten Juden gebührt eine Thräne des Mitleids, daß sie nicht mehr besser sprechen können, und derjenige, der einen alten Juden wegen dessen Sprache verspottet, ist ein herzloser Purist, der nur Ohren für Laute, aber keine Augen für den Kummer und den Schmerz der Juden hat. Allein an den Juden liegt es, im Interesse der Bildung, der Gleichstellung und des Wohls ihrer Kinder, den Geist der Jugend nicht zu verkrüppeln durch eine verderbte Sprache, von welcher sie sich nicht so leicht befreien kann. Unter den hohen Gütern, die Oesterreich errungen, ist auch die Redefreiheit; nur Euch in Mähren wird sie verkümmert durch — Euch selbst. Ihr seid die Henker Euerer Redefreiheit. — Nun wollen wir noch den Centralpunkt des Kaiserstaates, nach Wien werden, um die jüdischen Verhältnisse einer Besprechung zu unterwerfen.

Ad. Jellinek.

Deutschland's vereinigte Staaten.

Berlin, 24. Aug. Ich lese so eben im „Orient", daß der „Zionswächter" in der Lage ist, bald eingestellt zu werden, und dies führt mich auf eine Mittheilung, die noch gar nicht in diesem Blatte gestanden, nämlich daß der „Israelit des neunzehnten Jahrhunderts", obgleich dieses Jahrhundert noch nicht abgelaufen, bereits eingegangen.' Holdheim hat sich in der letzten Zeit recht viele Mühe gegeben, das Blatt zu halten; er hat in Ost= und Westpreußen wie in Pommern geworben, aber es war vergebens, es starb aus Mangel an Stoff und Theilnahme, obgleich es seit 1840 die Reform vertreten. Ein gleiches Schicksal hatte der „Phönix". Blätter für sociale und politische Interessen der Juden", der in unvollendeten zwei Jahrgängen manche schöne Blüthe getrieben; dieser Phönix verschwand bereits in den Morgenstunden unserer neuen Zeit. Es kommt mir bei diesem Berichte nicht in den Sinn, mit Schadenfreude auf die eingegangenen Blätter zu blicken, ich sehe dieses auch nicht vom Parteistandpunkte an; aber ich halte es für nützlich und heilsam, den Gründen nachzuspüren, warum diese Blätter, die zuweilen ein schönes frisches Leben geboten, vor dem Posaunenschalle des jungen politischen Morgenroths verschwunden. Ich finde diese Gründe: 1) in ihrer schroffen Vertretung einer Partei. In dem letzten Jahrzehnt waren die religiösen Tagesfragen, da das politische Leben ganz und gar getrübt war, vorherrschend, oder vielmehr sie beherrschten ganz allein die Gesellschaft, und wie immer die gesellschaftlichen Erscheinungen auf die Juden und auf das Judenthum Einfluß übten, so entstanden auch unter unseren Glaubensgenossen religiöse und reformistische Streitigkeiten, die zuweilen mit großer Heftigkeit und Leidenschaftlichkeit geführt wurden. Dem ruhigen Beobachter mußte es aber bald einleuchten, daß diese Nachwirkung der Umgebung, insofern alle innere Religiosität und daher auch alle Energie fehlte, keineswegs hinreichen kann, ein eigenes Organ zu erhalten und sowohl der Stoff als die Geduld der Leser mußte sich erschöpfen. Die religiöse Orthodoxie allein oder die Reform allein, als winzige Bruchtheile des jüdischen Lebens, können kein eigenes Blatt erhalten, bei den Juden vorzüglich nicht, wo ein Blatt an das Allgemeine sich wenden muß. Und kommt noch dazu, daß die vorherrschende religiöse Richtung durch gewaltige Ereignisse verdrängt und vertrieben wird, wie es wirklich seit dem Februar geschehen, so ist natürlich an ein Bestehen nicht zu denken. Die Orthodoxie und die Reform beide existiren nicht mehr als gesonderte Organe, ja sie haben eigentlich nie als solche existirt und wenn auch diese Blätter nicht eingegangen wären, so würden sie doch als ohne lebendigen Einfluß angesehen werden müssen. Die Rebenstein'sche „Reformzeitung", die Adler'sche „Rabbinerzeitung" und der vermittelnde „Sinai" von Hrn. Aub erlagen schon früher der Macht dieser Ansicht und haben dadurch ihre Unberechtigung dokumentirt. 2) In Hervorkehrung einer einzigen Seite des jüdischen socialen und politischen Lebens. Als Rießer sein Blatt „der Jude" einstellen mußte, hat er bewiesen, daß selbst die geistreichste Verarbeitung eines Thema's in der periodi-

schen Presse sich nicht erhalten kann, eben weil es nur Ein Thema ist und Stoff wie die Geduld endlich ermüden müssen. Aber diese Lehre hat nicht spätere Versuche zurückgeschreckt. Freund hat es mit seiner Monatsschrift „zur Judenfrage in Deutschland" nochmals versucht und sah sich nach einem Jahre genöthigt, dem Beispiele Rießers zu folgen. Eduard Cohn erneuerte dieses Thema in „der Jude in Deutschlands Gegenwart" und mußte aufhören und der erstandene „Phönix", indem er eben die sociale und politische Seite des jüdischen Lebens verführte, konnte nur künstlich beim Leben erhalten werden und verschwand ganz, so wie die neue Zeit anbrach. Diese Erscheinungen sind aber nicht ohne Belehrung. Wir sehen, daß ein jüdisches Blatt sich nur halten kann, wenn es alle Seiten des jüdischen Lebens abspiegelt und nicht zu einem Parteiblatte, es sei eine religiöse oder politische Frage, herabsinke und da das äußere politische und sociale Leben der Juden allein ohne die kultur= und literaturgeschichtlichen Seiten schwerlich immer Neues bieten kann, so ist der umfängliche Plan des „Orient" im Ganzen in der That ein glücklicher und in dieser Anerkennung möchte ich Sie ersuchen, etwas sorgsamer die einzelnen versprengten Splitter zu sammeln.

Posen, 18. Aug. Nach den blutigen Kämpfen der letzten Monate, wobei wir viele jüdische Märtyrer zu beklagen haben, nach dem großen Vernichtungskampfe, den wir hier zu führen gezwungen wurden, ist ein Zustand eingetreten, der die jüdischen Gemeinden tief herabdrückt. Der große Theil der Juden, der mit und von den Polen lebt, sieht sich jetzt durch den gewaltigen Haß, der bei den Polen zurückgeblieben, abgestoßen; der Pole will den Juden, weder auf dem Lande noch in den Städten, etwas zu verdienen geben und es ist kein Wunder, wenn bei vielen Gemeinden eine furchtbare, bittere Armuth Platz gewonnen. Dazu kommt noch, daß viele Plätze des Kriegsschauplatzes, wie Xions, Schrim, Wreschen, Buk u. s. w. durch Plünderung und Brand handgreiflich und unmittelbar gelitten, und alle Aufrufe an die öffentliche Mildthätigkeit, alle Cirkulare an die Gemeinden außerhalb Posens können kaum etwas helfen. Das Einzige, was jetzt noch etwas nützen könnte, nämlich die Einrichtung von jüdischen Ackerbau=Kolonien, wobei jetzt kein Hinderniß von Außen mehr vorhanden ist, unterbleibt durch die Unthätigkeit unseres Rabbiners. Es scheinen daher Viele ihr Augenmerk auf Amerika gerichtet, wobei Einzelne bereits ausgewandert, Andere suchen sich in die übrigen Provinzen des preußischen Staates zu zerstreuen. Zu wünschen wäre es, daß ein Komité zusammenträte, um diesen Uebelständen abzuhelfen.

Frankfurt a. M., 15. Aug. Eine engere Versammlung von Reichstagsabgeordneten und Frankfurtern hat, nachdem sich alle Redner derselben unter dem einigenden Obdache der Dogmen= und Kultusfreiheit,

36*

der zeitgemäßen Gemeindeverfassung) also der Presbyte=
rial= und Synodalorganisation und der Humanität, als
den einzigen Kennzeichen wahrer Religiosität, einig ge=
funden hatten, ohne dadurch ihre subjektive, und die
Selbstständigkeit ihrer Konfession und deren geschichtlich
sich entwickelnden Fortschritte auch nur im entferntesten
beeinträchtigt zu finden, einstimmig den Beschluß gefaßt,
zur Erledigung der religiösen Frage möglichst bald eine
Generalversammlung nach Frankfurt a. M. einzuladen.
Zur Redaktion der Einladung und des mit dieser gleich=
zeitig zu versendenden Programms wurden die Reichs=
tagsabgeordneten Professor Wigard von Dresden und
Regierungsrath Rättig aus Potsdam sowie Rabbiner
Dr. Stein aus Frankfurt a. M. gewählt. (F. J.)

Wien, 18. Aug. In der heutigen Sitzung kam
ein Incidenzpunkt vor, der zu weitläufiger Diskussion
Veranlassung gab. Der Gegenstand war ein thätlicher
Anfall gegen Kuranda in Kollin. Abg. Schuselka:
Er sei in die traurige Nothwendigkeit versetzt, einen un=
liebsamen Vorfall zur Sprache zu bringen. Hr. Ku=
randa sei keinem Oesterreicher ein unbekannter Name;
er reiste nach Kollin, um dort in aller Stille seine Ver=
mählung zu feiern, und da er schon früher die Erfah=
rung gemacht hatte, daß die nationalen Zerwürfnisse bis
ins Privatleben zu dringen vermögen, so vermied er so=
gar, die Stadt zu betreten. Er stieg im Gasthofe der
Eisenbahn ab; allein seine Anwesenheit wurde wahrge=
nommen, alsbald versammelte sich ein zahlreicher Hau=
fen vor dem Hause, sang die bekannten Spottlieder und
brachte ihm ein Pereat. Damit war es für diesen
Abend abgethan, allein es darauf folgenden erneuerte
sich die Auftritte; es gesellten sich gefährliche Drohun=
gen dazu, man drang ins Haus und es waren Thätlichkeiten
zu erwarten. Der Wirth rieth der Familie, voraus fort=
zufahren, allein man ließ es nicht zu, und die einzelnen
Mitglieder, darunter eine blinde Mutter, waren den rohe=
sten Beschimpfungen ausgesetzt. Endlich gelang es ihnen,
durch List zu entkommen. Der Redner wolle die Ver=
sammlung nicht auffordern, ein moralisches Urtheil über
diese Brutalität abzugeben, allein es sei auch eine poli=
tische Bedeutung herauszustellen. Hr. Kuranda habe
früher, als noch Viele hier stumm gewesen, für die all=
gemeine Freiheit, also auch für jene Böhmens, gekämpft,
und schon dies hätte ihn vor jeder Kränkung schützen
sollen. Allein er sei auch Abgeordneter der deutschen
Nationalversammlung in Frankfurt, und eine achtungs=
werthe Stadt Böhmens habe ihn frei dazu erwählt.
Dürfe ein Mann, der lediglich der Anordnung der Re=
gierung und dem Rufe des Volks nachgehe, deshalb
verfolgt werden und in der eignen Heimath der Miß=
handlung ausgesetzt sei? In Frankfurt sei man empört
gewesen, als man hörte, daß in Wien ein czechischer
Abgeordneter bedroht worden; das Ministerium habe
sogleich einen Gesetzentwurf zum Schutze der Abgeord=

neten eingebracht. Dieselbe Unverletzlichkeit spreche er
für die Abgeordneten Frankfurts an, und er frage des=
halb den Justizminister, ob er nicht einen Gesetzentwurf
einbringen werde.

Der Justizminister: Niemand beklage eine solche
Unwürdigkeit mehr als das Ministerium. So bedauerns=
werth aber auch der Vorfall sei, so glaube er doch zur
Ehre unserer Nation und Böhmens voraussetzen zu dür=
fen, daß dieses von Einzelnen verübte Unrecht nicht von
der Gesammtheit ausgehe. Ob deutsch oder czechisch,
die Unverletzlichkeit eines Volksvertreters sei Grundprinzip
jeder Verfassung. Auch die Nationalversammlung zu
Frankfurt werde dies aussprechen und dort müsse die
principielle Frage entschieden werden. Dies aber wäre
nicht die einzige Beziehung, welche das Ministerium be=
stimme, kein eignes Gesetz zu erlassen; solches besonders
zu geben, wäre eben so überflüssig als unwürdig, das
früher eingebrachte sei nur aus zufälliger Veranlassung
entstanden und nur die Anticipation eines Prinzips ge=
wesen. Eine weitere Beziehung sei, daß der angeregte
Vorfall streng untersucht und den Behörden zur Amts=
handlung übergeben werde, was er ernst dringend ange=
legen sein lassen wolle. Abg. Schuselka wollte sich da=
mit noch nicht zufrieden geben; er gebe zur Ehre Böh=
mens zu, daß der Vorfall nicht dessen Gesinnung ma=
nifestire, allein der Vorfall mit dem Abg. Rieger habe
auch nicht die Gesinnung Wiens ausgesprochen und dort
Ministerium habe dennoch einen Gesetzentwurf eingebracht.
Was sollte die Nationalversammlung in Frankfurt darü=
ber aussprechen? Das schütze nicht hier und namentlich
nicht in Böhmen. Er wolle, daß hier ein dringend ein
Schutzgesetz erlassen werde. Der Justizminister findet
eine weitere Diskussion unangemessen, geht aber dennoch
auf den Fall Rieger's ein, indem er zwischen demselben
und dem vorliegenden genau unterscheidet. Ab. Schu=
selka: Es bleibe ihm nun nichts übrig, als einen An=
trag deshalb an den Reichstag zu bringen. (D.A.Z.)

Aus Oesterreich, im Aug. Einer der wider=
lichsten Mißbräuche ist die Art und Weise, wie der 9.
Ab in sehr vielen österreichischen Gemeinden gefeiert wird.
Um die Zion trauernden Juden ziehen aus der Rum=
pelkammer die schmutzigsten und zerrissenen Kleider her=
vor, ihr Gesicht ist mit einem wilden, unordentlichen
Bart bedeckt, auf dem Boden der Synagoge wälzen sie
sich im Staube, nach dem Friedhof wallfahrten sie ord=
nungslos in einem unästhetischen Habitus — und dies
Alles soll die andächtige Erinnerung an ein historisches
Moment bedeuten! Ein orthodoxer Jude würde glau=
ben, seiner Seligkeit verlustig zu werden, wenn er nicht
sein schmutzigstes Kleid anzöge. Welchen Eindruck sol=
che tragische Harlekinaden auf die Umgebung der Juden
machen, können Sie sich leicht vorstellen. Am 9. Ab
erhält die Scheu vor den Juden immer neue Nahrung;
und wehe dem, der es wagen sollte, anständig gekleidet

am 9. Ab in der Synagoge zu erscheinen. Er wird ein „Posche Jisroel", ein „Mumar lehachis" genannt, oder durch einen andern Ehrentitel ausgezeichnet. Natürlich könnten die Rabbinen dieser widerlichen und schmutzigen Feier des 9. Ab Einhalt thun; sie könnten für Ordnung, Anstand und Sitte sorgen: allein diese Herren befinden sich so behaglich im alten Schlendrian, daß sie das „Zerreißet Eure Herzen und nicht Eure Kleider" ganz vergessen und wie ihre Ahnen sich im Staube wälzen. Mögen sie immerhin mit Argusaugen darüber wachen, daß alle Kinnot, wenn sie auch den unbekanntesten und unbedeutendsten Chasan zum Verfasser haben, von den sonderbarsten Stimmen abgesungen werden; wir geben unsere Ohren Preis, nur das Auge möge verschont bleiben von jenen tragi-komischen Kostümen, jener mittelalterlichen Unordnung, jener zionswächterlichen Zionstrauer.

Wien, 19. Aug. Heute sind dem Reichstage mehre Petitionen für die Emancipation der Juden zugekommen. Man hofft, daß in allen gebildeten Städten ähnliche Schritte geschehen werden. — Leopold Kompert, der verdienstvolle Verfasser des Buches: „Aus dem Ghetto", ist jetzt mit einer Fortsetzung seiner meisterhaften Schilderungen beschäftigt. Er wird die verschiedenen Nüancen des altjüdischen Lebens mit der ihm eigenen Virtuosität darstellen. Hr. Kompert ist übrigens, wie jeder gehaltvolle Originalschriftsteller, bescheiden und anspruchslos. — S. Deutsch, den Lesern dieses Blattes hinlänglich bekannt, ist Präsident des demokratischen Verein's und einer der bekanntesten Volksmänner in Wien.

Berlin, 22. Aug. Unsere Reformgemeinde ist in Auflösung begriffen; der politische Drang, der alle anderen Interessen verschlingt und der hier vorwaltende anarchische Zustand scheinen so sehr alle Kräfte zu absorbiren, daß für die Besonderheit einer jüdischen Reform kein Interesse mehr übrig bleibt. Das Bethaus der Reformgemeinde ist leer, Holdheim hält seine Predigten fast ganz allein, Rebenstein trägt nur noch für sich vor und das ganze Institut wäre vielleicht längst eingegangen, wenn nicht gewisse Geldbedingungen, wenn theils geleistet, theils noch zu leisten sind, die Figuren in etwas zusammenhielten. Schon vor zwei Monaten hat diese Gemeinde ein Cirkular erlassen, worin sie ihre gänzliche Loslösung von der alten Gemeinde und die Nichtbezahlung der Steuern und Beiträge dorthin ausspricht; allein wenn sie auch faktisch kein Hinderniß gegen noch findet, was sie in dieser Lostrennung verhindert, wenn sie weder von Seiten der alten Gemeinde noch von Seiten des Staats irgend einen in ihrem Unternehmen ein Hemmniß findet, so kommt doch diese Trennung ihr nicht zu Gute. Die Beiträge, welche man der alten Gemeinde entzieht, giebt man noch nicht der Genossenschaft, der uralte Verband, den man zerreißt,

wird nicht in einen reformgenossischen Verband umgewechselt und das Einzige was man erreicht, aber keineswegs erreichen wollte, ist die Sprengung einer religiösen Gemeinschaft, die in vielen schweren Zeiten sehr heilsam gewirkt. — Ist aber der Zustand unserer Reformgemeinde trostlos, so ist es nicht minder der unserer großen alten orthodoxen Gemeinde. Die Ueberlassung des Entrichtens von Beiträgen dem freien Willen, der Willkür, der Umstand, daß die Reformgenossen ihre Beiträge entschieden nicht mehr einzahlen, daß durch die neuen Ereignisse viele reiche Familien die Hauptstadt der Anarchie wegen verlassen, daß Viele durch die Handelsstockung ganz verarmt, hat eine Zerrüttung der Finanzverhältnisse der Gemeinde und eine gewisse Rathlosigkeit in der Wiederherstellung derselben herbeigeführt. Die Folge ist, daß das Bestehen vieler Institute dadurch fraglich geworden.

Oesterreichische Nebenländer.

Tarnopol, Aug. Die Cholera hat sich auch leider bei uns eingefunden und es zeigt sich bereits ihre verheerende Gewalt. In dieser Tragik der Vorsehung zeigt sich aber der Edelmuth unserer hiesigen Juden. Sechzig rüstige Juden unserer Stadt bilden eine Art Hilfsausschuß, der Allen ohne Unterschied des Standes und der Religion seine thatsächliche Hilfe zukommen läßt. Man wirft den Juden ihren Partikularismus vor; allein dieser Vorwurf spukt blos in den Hirn der Judenfeinde, die selbst das Absperrungssystem lieben. Der Jude räth, hilft, steht bei, wo Gefahr und Noth ist, und fragt nicht erst: was glaubst du und wer bist du, wie es bis jetzt das Prinzip des christlichen Staates gewesen. Ueberhaupt sind unsere Galizier den Juden sehr geneigt, und die galizischen Deputirten in Wien werden alle für die Emancipation der Juden stimmen, trotz der Machinationen der konservativen Partei.

Pesth, 10. Aug. Ich erlaube mir, Ihnen das Protokoll einer gerade vor vier Wochen abgehaltenen General-Versammlung mitzutheilen, weil ich die Ueberzeugung hege, daß dergleichen Aktenstücke mehr als gewöhnliche Mittheilungen ein treues Bild der jüdischen Zustände abgeben. Hier folgt es:
„Protokoll der Generalversammlung der Repräsentanten sämmtlicher Israeliten Ungarns und Nebenländer am 5. 6. 7. 9. und 10. Juli 1848. Auf Einladung des interm 4. Juni erwählten provisorischen Komité's sind erschienen:
Vom Komitate Abauj Herr Selig Glück.
= Arad = Jacob Steinitz, Ig. Deutsch.
= Bács = Dan. Popper, Bernh. Basch.
= Baranya = Mor. Gutmann, Laz. Borovitz.
= Békés = Simon Basch.
= Bereg = Phil. Fried, Jos. Kroo.
= Bihar = Dr. Fried. Groß, Wolf Weiß.
= Borsod = Leopold Rosenfeld.

Vom Komitate Comorn Herr Sal. Singer, Kalm. Teller.

» Heves » Leop. Hirschl, Jos. Stern.

» Krasso » das prov. Komitee bevollm.

» Lipto » Moriz Diener.

» Neograd » Ph. Schönberger, Ph. Adam.

» Neutra » El. Schlesinger, F. und G. Popper.

» » Herm. Pappenheim, S. Brill.

» Preßburg » Heinr. Winter, Leo Holländer.

» Sáros » Dr. Leop. Wittelshöfer, El. König.

» Raab »

» Oedenburg » Ph. Bettelheim, S. Brill.

» Sümegh » J. Stein, S. Kadlburger.

» Szabolts » J. N. Sicherman, D. Eisenberger.

» Zala » Ber. Leßzner, Em. Wodlheim.

» Tolna » Phil. Bettelheim S. Brill S. Billitzer.

» Torontal » Josef Basch.

» Trentschin » Moriz Hübsch.

» Ugocsa » El. Seidler, Isr. Stein.

» Ungvar » M. Weiszbach, J. Weinberger.

» Verötze » Jacob Lachenbacher.

» Weßprim » Theodor Gutthard.

» Weisenburg » Jos. Rosenthal, A. Frankl.

» Wieselburg » Sam. Brüll, H. Pappenheim.

» Zips » Sal. Winter, Mark. Spitz.

» Zemplin » Dr. Wilh. Schön, J. Schwarz.

Stadt Ofen Herr H. Brochfeld, Elkan Menz.

» Caschau » Dr. Mathias Roth.

» Pesth » Dr. J. Schlesinger, Leon Hirsch, M. A. Weiß, Marton Diosy.

» Fünfkirchen » Joachim Schapringer.

» Szegedin » Sim. Ausländer, Mor. Zimmer.

» Trentschin » Carl Meist, Sim. Stark.

1. Herr Leo Holländer als Präses des unterm 4. Juni ernannten provisorischen Komité's begrüßte die General-Versammlung, spricht in seinem wie im Namen des Komité's den Dank dafür aus, daß die Jurisdiktions-Gemeinden sich so zahlreich eingefunden, und erklärt zugleich, daß nachdem alle weiter zu unternehmenden Schritte, von den Bestimmungen und Beschlüssen der gegenwärtigen General-Versammlung abhängen werden, so habe die Funktion des provisorischen Komité's vom 4. Juni — von diesem Augenblicke an aufgehört, und sind alle im Protokolle vom 4. Juni provisorisch gefaßten Beschlüsse und Getroffene Wahlen nunmehr außer Kraft und Giltigkeit gesetzt. —

Wird zur Kenntniß genommen, und in Folge dieser Erklärung das Protokoll der General-Versammlung von 4. Juni l. J. seinem ganzen Inhalte nach als annulirt und ungiltig erklärt. —

2. Herr Dr. Mathias Roth aus Caschau trägt auf die Ernennung eines Präses an, um die Verhandlungen dieser General-Versammlung in Ordnung zu leiten, —

und wurde hiezu mit allgemeiner Akklamation Herr Leo Holländer ernannt, der das Präsidium übernehmend und dankend für diese Ehre — für die vorkommende Verhandlung, Ordnung und Ruhe, einen friedliebenden und ernsten Sinn, eine aufmerksame, von allen Persönlichkeiten freie Erörterung empfiehlt, und vor Allem für nöthig erachtete, eine Kommission niederzusetzen, um die Vollmachten der Herrn Abgeordneten zu verifiziren. — Hiezu wurden unter Vorsitz des Hrn. Jacob Steinitzer aus Arad, die Hrn. J. N. Sichermann aus Szabolcs, — Herrmann Pappenheim aus Preßburg, J. Schwarz aus Zemplin, und Elias Schlesinger aus Neustadtl ernannt.

3. Die Verifikations-Kommission berichtet, alle Vollmachten revidirt und bis auf einige unwesentliche Abweichungen von dem ausgeschriebenen Formular, — in Ordnung befunden zu haben, mit Ausnahme Bekes, welches bis jetzt noch keine Vollmacht eingereicht, berichtet zugleich, daß in mehreren Vollmachten in Bezug auf Religion und Geldauslagen Restriktionen enthalten sind.

Wird zur Kenntniß genommen, und die Bemühung der berichtlegenden Kommission mit Dank anerkannt.

4. Herr Präses Leo Holländer geht auf die Erörterung des Zweckes der gegenwärtigen General-Versammlung über, indem er in kräftigen und einleuchtenden Worten, unsere traurige und seit dem Umschwung der politischen Verhältnisse unseres Landes noch viel gedrücktere Lage schilderte, und die Nothwendigkeit darstellte, uns mit festem Willen und Einigkeit zu koncentriren, um das gemeinsam angestrebte Ziel unserer bürgerlichen Gleichstellung mit den übrigen freien Landesbewohnern, durch ein männliches, wohl bescheidenes, aber von aller Kriecherei freies Auftreten zu erreichen. — Diese Aufgabe kann nur durch die Aufstellung eines Koncentrationspunktes, durch Ernennung eines Ausschusses, Komité's oder Repräsentation gelöst werden, welche als Ausfluß der Gesammt isral. Bevölkerung Ungarns, unmittelbar Hand ans Werk legen, und dem Ministerium, so wie der Gesetzgebung gegenüber, die nöthigen Vorstellungen im Namen sämmtlicher Israeliten des Landes zu machen berechtigt werden möge.

Herr Dr. Friedrich Groß aus Bihar findet den Zweck der Vereinigung der ungarischen Israeliten vorzugsweise in der jetzigen bedrängten Lage unseres Vaterlandes, da es von Außen von Feinden umringt, im Innern vom schmählichsten Verrath, in seiner Nationalität, der auch wir angehören, und in seinen theuersten Interessen bedroht ist; wir müssen uns daher vereinigen, um dem gefährdeten Gemeinwohl unsere, wenn gleich schwache, doch koncentrirte Hülfe anzubieten, und wie es echten Vaterlandssöhnen ziemt, wie es unsere Religion uns gebietet, unser Gut und Blut auf den Altar des Vaterlandes zum Opfer zu bringen, in sicherer Erwartung, daß der Staat seine treuen Kinder väterlich aufnehmen, und ohne Beeinträchtigung unserer Religion und Gewissensfreiheit und endlich bei gleichen Pflichten auch gleicher Rechte theilhaftig machen werde, daher es denn dringend nöthig sei, einen Koncentrations-Punkt zu bilden, und zwar einen Vorstand, der vor der Hand seine Wirksamkeit auf die Periode des Reichstages ausdehnen, dann aber auch außer denselben wirken sollte, um für alle vorkommenden Fälle in Pesth einen Vereinigungspunkt und schleunige wirksame Hilfe und Verwendung finden zu können.

Nachdem noch über den Zweck und die Nothwendigkeit eines Vereinigungs-Punktes von mehreren Mitgliedern, namentlich von Dr. Ignatz Schlesinger aus Pesth, Dr. Mathias Rott aus Caschau, Moritz Diner aus Lipto ec. gründlich und erschöpfend gesprochen wurde, wird von der ganzen Versammlung der Beschluß angenommen, daß es nöthig sei — eine Vertretung der ungarischen Israeliten zu wählen, und mit vorerörtertem Zwecke die Angelegenheiten der Israeliten Ungarns während des Landtags zu leiten, ohne daß dieselbe jedoch ihre Wirksamkeit auch außer dem Landtag auszudehnen habe.

5. In Folge erlangter Ueberzeugung von der Nothwendigkeit einer Vertretung, wurde in Berathung gezogen, worin die Aufgabe dieser Vertretung bestehen soll? und nach längeren Debatten der Beschluß ausgesprochen. —

Die Wirksamkeit der zu wählenden Vertretung, bereits in oberörtertem Zwecke ausgesprochen, kann nicht durch Gränz- und Demarkations-Linien bemessen werden, sie koncentrirt sich in der Aktivirung derselben für die bürgerliche Gleichstellung der Israeliten Ungarns mit den übrigen Landesbewohnern, und überhaupt für die Verbesserung ihres Schicksals, nach allen Kräften und mit allen zu Gebot stehenden moralischen und ehrenhaften Mitteln thätigst zu wirken, und kräftigst dahin anzustreben, daß die Israeliten Ungarns bei ihrer treuen Anhänglichkeit und Aufopferung für das gemeinsame Vaterland, das sie stets mit Gut und Blut zu vertheidigen bereit waren, und immer sein wollen, endlich von den vielfachen, ihnen durch Vorurtheil, Haß und Verfolgung aufgebürdeten schmachvollen Fesseln des Druckes, der Verachtung und Ausschließung aller Art befreit, und den übrigen Landesbewohnern, so wie in allen Pflichten, eben so auch in allen Begünstigungen und Rechten angereihet werden mögen.

So sehr nun auch die Generalversammlung das volle Vertrauen hat, daß bei der Wahl der Vertretung vorzugsweise auf rechtlichen — unbefleckten Charakter und auf Männer Rücksicht genommen wird, die ausgerüstet mit gutem festen Willen und Fähigkeit, — mit Muth, wissenschaftlicher und sprachlicher Befähigung, für unsere gerechte Sache männlich in die Schranken treten, sich die Sympathie des gesetzgebenden Körpers, der Behörden und Aller die auf die Veränderung unserer Lage Einfluß haben, zu gewinnen, und vorbezeichnete Aufgabe würdig und erfolgreich zu lösen im Stande sein werden, so sehen sich dieselben dennoch veranlaßt, vorzugsweise zu verwahren, daß die zu wählende Vertretung durchaus nicht die geringste Vollmacht

haben soll, in Sachen unseres heiligen von den Vätern ererbten Glaubens irgend einen Einfluß nehmen, oder der Gesetzgebung gegenüber irgend eine Konzession eingehen zu können, selbst nicht in dem Falle, wie die Rechtserweiterung für uns nur im Wege einer religiösen Aenderung zu erreichen wäre. — Unsere Religion hat es seit den vielen tausend Jahren ihres Bestandes zur Genüge bewährt, daß sie durchaus keine staatswidrigen Dogmen in sich enthalte, unsere Glaubenslehre, die heilige Bibel liegt der ganzen Welt vor, und bietet die Grundlage aller Konfessionen, unsere Glaubensbrüder hier und anderwärts haben sich stets als treue gehorsame friedliche Unterthanen, als betriebsame nützliche Einwohner, als ordentlich und zärtlich im Familienleben, nüchtern solid und rechtlich im socialen bürgerlichen Leben bewährt, und dadurch hinlänglich bekundet, wie wenig begründet jene von unseren Feinden aus Unverstand, Vorurtheil, Haß, Verfolgung und Mißgunst ausgestreute Anschuldigung ist, als ob die jüdische Religion den Zwecken des Staates zuwider wäre. — Der Staat hat somit kein Recht, die Aenderung unserer Religion zur Bedingung unserer politischen Erhebung zu machen, und unter diesem Vorwande, uns die angebornen Menschen- und zustehenden staatsbürgerlichen Rechte vorzuenthalten. In diesem Sinne möge sich die zu wählende Vertretung bemühen, derlei ungerechte Forderungen zurückzuweisen, keineswegs aber darf dieselbe die geringste Aenderung in der Religion eingehen. —

6. In Beziehung der in vorstehendem Beschlusse erörterten Eigenschaften derjenigen Männer, welche nunmehr als Mitglieder der Vertretung gewählt werden sollen,

wird zugleich der Beschluß gefaßt, daß die Mitglieder der Vertretung, welche einzig und allein dem Rufe der Israeliten Ungarns folgend, sich für unsere Interessen und Beförderung unserer Angelegenheiten während des Reichstages thätig verwenden und längere Zeit hier verweilen müssen, zur Entschädigung ihrer persönlichen Spesen entsprechende Diäten beziehen sollen, und zwar ununterschiedlich ob dieselben stabil in Pesth ansässig sind, oder aus der Provinz gewählt werden.

7. In Folge vorstehender Bestimmungen, wurde die Anzahl der zu wählenden Vertreter, die Dauer ihrer Wirksamkeit, Summe der Diäten, die Art der Wahl ec. in Berathung gezogen,

und nach mehrfacher Erörterung aller einzelnen Punkte für zweckmäßig erachtet, daß sich zuvörderst die Abgeordneten der Israeliten in den vier verschiedenen Distrikten, nämlich: — diesseits und jenseits der Donau, diesseits und jenseits der Theiß, darüber unter sich verständigen und ihre Vorschläge sodann in der General-Versammlung verhandelt werden sollen — in Folge dessen theilten sich die Abgeordneten in folgende 4 Kreise. —

1. Kreis. Kom. Bacs, Lipto, Neograd, Neutra, Preßburg, Trentschin. Städte Ofen, Pesth, Trentschin zugleich

auch von Preßburg vertreten die Kom. Tolna, Oedenburg, Wieselburg...

2. Kreis. Kom. Baranya, Comorn, Raab, Sümegh, Zala, Weszprim, Weißenburg. Stadt Fünfkirchen.

3. Kreis. Kom. Abany Bórsoa, Heves, Zips, Zemplin, Beröcze, Sáros. Stadt Caschau.

4. Kreis. Kom. Arad, Békés, Bereg, Bihar, Szabolcs, Ugocsa, Ungvár, Torontál. Stadt Szegedin.

8. Die Distrikte überreichen ihre Protokolle rücksichtlich ihrer cirkulariter gepflogenen Verhandlungen, über die aufgestellten Fragen.

Da sich aus diesen Protokollen verschiedene Differenz-Punkte ergeben, so wurde beschlossen, über jeden einzelnen Punkt, der Reihe nach zu verhandeln und abzustimmen.

9. Da nun über den Zweck, Nothwendigkeit, Aufgabe und Aktivirung der zu wählenden Vertretung bereits in den vorhergehenden Bestimmungen, Beschlüsse gefaßt worden sind, so kommen die folgenden Fragen zur Berathung.

a) unter welchen Namen soll die zu wählende Vertretung wirken?

Wird allgemein die Benennung. — Vertreter der Israeliten Ungarns und Nebenländer, a Magyarországi s' hozzá kapcsolt tartományokbeli izraelita lakosok Kepviselöi — angenommen.

b) aus wie viel Mitgliedern soll die Vertretung bestehen? Ueber diese Frage wurde abgestimmt. —

15 Gespannschafts-Abgeordnete, nämlich: Abany, Arad, Békés, Bereg, Bihar, Borsod, Heves, Krasso, Toronthal, Ugocsa, Beröcze, Zips, Zemplin, Caschau und Szegedin stimmten für zwölf gegen Diurnen zu wählende Mitglieder. —

7 nämlich: Bacs, Lipto, Neograd, Trentschin, Stab Ofen, Pesth und Trentschin stimmten für sieben Mitglieder gegen Diurnen und zwölf Honorar-Mitglieder.

9 nämlich: Baranya, Comorn, Neutra, Somogy, Zala, Tolnau, Weszprim, Weißenburg und Stadt Fünfkirchen stimmten für acht Mitglieder gegen Diurnen, und die meisten auch für zwölf Honorar-Mitglieder.

4 nämlich: Preßburg, Oedenburg, Ungvár und Wieselburg stimmten für sechs Mitglieder gegen Diurnen und vierzehn Honorar-Mitglieder.

1 nämlich: Szabolcs stimmte für vier Mitglieder gegen Diurnen, und zwölf Honorar-Mitglieder.

Obzwar nun einzeln genommen für die Zahl zwölf sich die Majorität herausgestellt, da jedoch diejenigen, welche für weniger als 12 stimmten, zusammen genommen 21 Stimmen bilden, und die Zahl 15 übersteigen — so hat Hr. Präses die ersten zwei Zahlen, zusammen genommen, wodurch dieselben 22 machen, und gegen die andern 3 Zahlen, welche zusammen 14 bilden, eine Majorität machen, und auf dieser Grundlage, die Zahl 10 Mitglieder gegen

Diurnen in Vorschlag gebracht, was auch von der ganzen Versammlung als Beschluß angenommen wurde.

c) Wie viel soll den in Pesth wirkenden Mitgliedern der Vertretung als Diurnen täglich stipulirt werden? —

Da sich in den Distrikts-Protokollen ein Theil für fünf — der andere für vier Fl. KM. ausspricht, so wurde ebenfalls zur Abstimmung geschritten. —

17 nämlich: Abanj, Arad, Békés, Bereg, Bihár, Borsod, Heves, Krasso, Sáros, Szabólcs, Torontal, Ugocsa, Beröcze, Zips, Zemplin; Caschau, Szegedin stimmen für fünf Gulden.

21 nämlich: Bacs, Baranya, Comorn, Lipto, Neograd, Neutra, Preßburg, Raab, Oedenburg, Somogy, Zala, Tolnau, Trentschin, Ungvar, Weszprim, Weißenburg, Wieselburg, Stadt Ofen, Pesth, Fünfkirchen, Trentschin stimmen für 4 Gulden inklusive aller Reisespesen.

(Fortsetzung folgt.)

Personalchronik und Miscellen.

Seesen. Wird nicht der Geist der Neugestaltung und Belebung auch die hiesige Jakobson'sche zu Reformen veranlassen?

Wien. Der Israelit Adolf Buchheim, Redakteur des "Studenten-Kourier", ist wegen eines Preßvergehens eingesperrt worden. Der katholische Geistliche Füster erlegte die Caution für ihn.

Berlin. Ein großer Theil der hiesigen Gemeinde hat in einer Eingabe an den Vorstand und an das Rabbinat, deutsche Gebete für die nächsten Festtage verlangt.

Pesth. Der hiesige Reformverein konsolidirt sich sehr und will bereits am Neujahrstage einen reformirten Gottesdienst halten. Die Berliner Reformgemeinde dient ihm als Muster.

Prag. Die Auswanderungen aus Böhmen sind im Zunehmen begriffen. Die zurückgebliebenen Armen sind sehr zu bedauern.

Oesterreich. Man fürchtet, daß durch die Freizügigkeit sich viele jüdische Gemeinden auflösen werden.

Verlag von C. L. Fritzsche.   Druck von J. H. Nagel.

Der Orient.

Berichte, Studien und Kritiken

Neunter   für   **Jahrgang.**

—

jüdische Geschichte und Literatur.

Herausgegeben

von

Dr. Julius Fürst.

Das Abonnement auf
ein Jahr ist 5 Thlr.
Man abonnirt bei allen
löbl. Postämtern und
allen solid. Buchhand-
lungen auf ein Jahr.

Von dieser Zeitschrift
erscheinen wöchentlich
das Literaturblatt mit-
gerechnet, zwei Bogen,
und zwar an jedem
Dienstag regelmäßig.

№ **37.**   Leipzig, den 9. September   **1848.**

Die Juden in Oesterreich.

XXV.

Wir sind in Wien. Um den Leser sogleich in medias res einzuführen, möge eine Stelle aus Börne's „Briefe aus Paris" (4. B. S. 139 ff.) als Wegweiser dienen. „Es ist wie ein Wunder!" — schreibt Börne —. „Tausendmale habe ich es erfahren, und doch bleibt es mir ewig neu. Die Einen werfen mir vor, daß ich ein Jude sei; die Andern verzeihen mir es; der Dritte lobt mich gar dafür; aber Alle denken daran. Sie sind wie gebannt in diesem magischen Judenkreise, es kann keiner hinaus. Nein, daß ich ein Jude geboren, das hat mich nie erbittert gegen die Deutschen, das hat mich nie verblendet. Ja, weil ich ein Knecht geboren, darum liebe ich die Freiheit mehr als Ihr. Ja, weil ich die Sklaverei gelernt, darum verstehe ich die Freiheit besser als Ihr. Ja, weil ich keinem Vaterlande geboren, darum wünsche ich ein Vaterland heißer als Ihr, und weil mein Geburts-ort nicht größer war, als die Judengasse, und hinter dem verschlossenen Thore das Ausland für mich begann, genügt mir auch die Stadt nicht mehr zum Vaterlande, nicht mehr ein Landgebiet, nicht mehr eine Provinz. Und weil ich einmal aufgehört, ein Knecht von Bürgern zu sein, will ich auch nicht länger der Knecht eines Fürsten bleiben; ganz frei will ich werden. Ich bitte

Euch, verachtet mir meinen Juden nicht. Wenn der **Frühling kommt**, wollen wir sehen, was früher grünt, der Jude oder der **Christ**". Diese goldenen Prophetenworte schrieb das „Kind aus der Judengasse", den 7. Februar 1832! Und jedes Wort dieses großen Geistes bewährt sich in Wien. Man wirft dort den Juden vor, daß sie Wühler, Republikaner, Ruhestörer, Revolutionäre sind. Natürlich geht dieser Vorwurf vom bemooßten Haupte der Reaktion aus, für welche die Luft der Freiheit Kerkerluft ist, und nach Vorwänden hascht, die Bewegung zu verdächtigen! Wie der gemeine judenfeindliche Krämer warnend aus-ruft; „Kaufet nicht von den Juden, sie betrügen Euch", während er selbst an seine Börse denkt, so wirft die vielköpfige Reaktion den Männern der Freiheit, deren Judenthum an den Kopf. Wer soll aber in der That heißer für die Freiheit glühen, wärmer für die Freiheit empfinden, kräftiger für ihre Verwirklichung arbeiten, als der bisher geknechtete und mit Füßen getretene Jude? Wer hat so tiefe Wunden des alten Druckes aufzuweisen, als der Bürger des Ghetto? Wer wird so ge-quält, gemartert, gefoltert von tyrannischen Ausnahme-gesetzen, als die ewige Ausnahme von der Staatsregel, der Jude? Ihr Wiener schwarzgelben Spießbürger wun-dert Euch, daß die Juden die Fahne der Freiheit so hoch schwingen; sollen sie etwa in die alte Sklaverei zurückkehren? Ihr sagt, daß die Juden die Presse be-herrschen; zugegeben; allein fehlt es Euch etwa an

·37

Schreibmaterial, oder fehlt Euch der Geist? Gründet doch Journale, um das alte System zu verherrlichen, die Reaktion auf den Gipfel der Zeit zu erheben! Entfernt die Juden aus Wien — und aus dem Grabe erhebt sich die alte Zeit mit Kanonen, Bajonetten und Soldateska! —

Die Reaktion, die alte und die neue, ist unerschöpflich in Plakaten gegen die Juden, die allerdings auch erwiedert werden. Fast jeden Tag kann man an den Mauern Wien's große, marktschreierische, gemeine Plakate gegen die Juden prangen sehen. Der Eine warnt vor den Juden; der Zweite sagt, daß sie Juden sind; der Dritte erzählt von den Juden; der Vierte giebt den Juden einen wohlmeinenden Rath u. s. w. Da aber sämmtliche Plakate aus der Unterwelt der Reaktion stammen, so stehen sie auch in Miskredit. Um dem Leser eine Anschauung von der antijüdischen Plakatenliteratur Wien's zu verschaffen, theilen wir eines mit, das sich wenigstens durch Humor auszeichnet. In den Juli-Tagen wurde Wien durch folgendes Plakat erfreut, zum Frommen der Judenfeinde, zur Belustigung der Freien:

„Die jüdischen Feder-Helden oder: Das politisch-literarische Schabesgärtle in Wien. Motto: Gottes seine Wunder, was haben wir für e Leit, Alle sind se gescheidt. Itzig der Jud im Faße.

Bis die neue „Walhalla" fertig ist, welche das dankbare Vaterland den radikal-mosaischen Federhelden Wiens bestimmt bauen wird, wollen wir ihnen einstweilen hier ein papieres Capitolium widmen. So mögen sie denn eintreten in die Halle des Ruhmes, ohne Unterschied des ausgewechselten Ranges und der eingewechselten Religion. Es kommt da, gleich gekommen zu gehen ganz verwegen und keck:

Dr. H. Jellinek, Sophist, Socialist, Fatalist, Antichrist, Talmudist. Schreibt Artikel in der „österreichischen Zeitung", unterspickt mit gelehrten Citaten, und spaltenlangen historischen Daten, so unklar und unbegreiflich, wie sie sein Herr und Meister Schwarzer, (Minister der öffentlichen Arbeiten) der gerne in ein mystisch-politisches Dunkel gehüllt ist, für sein Blatt nur wünschen kann. — Jellinek's Artikel durch einen Kommentar erläutern wäre zwar ein mühsames aber gewiß höchst verdienstliches Werk.

Kolisch. Das Bild der rührendsten Anspruchslosigkeit, das bescheidenste Veilchen in unserem Schabesgärtle. Spricht nie von sich, nie eine Liebeserklärung zu machen, und nie von seinen unsterblichen Werken, ohne sich mit dem prächtigsten Lorbeerkranze die hohe Dichterstirne zu schmücken. Hört bescheiden jede Belehrung an, und nimmt demüthig jede Belehrung an. Hat übrigens Talent und Bildung, und wäre ein ausgezeichneter Publicist, wäre er den zehnten Theil so ausgezeichnet, als er ausgezeichnet zu sein, von sich die unerschütterliche Ueberzeugung hat.

Engländer. In der vormärzlichen Zeit ausschließlich priv. Lobessänger der k. k. Hofschauspielerin Hebbel und ihres Gatten, des übrigens trefflichen Poeten, Herrn Enghaus. Spielt seit den Märztagen verschiedenes Kolorit. War schwarz-gelbig in der „Donau-Zeitung" und ist hochroth in der „Katzenmusik". Nicht ohne Wissen und Befähigung, aber starker und geschwollener Phrasenmacher.

Beck, Bruder des herrlichen Dichters. Macht als Redakteur der „Katzenmusik" zuweilen gute Späße, größtentheils aber solche, daß er dafür verdient, eine: „Katzenmusik".

Eigel, Louis. Auch ein Literat? Pfui!

Tauber. Macht nette Gedichte, höre ich aber seine Prosa, so wäre ich gerne ein — Tauber!

Heller, Isidor. Vielleicht der begabteste und unterrichtetste unter den großen Wiener-Wortführern in Israel. Schade, daß er sich mit einem Mahler associrt hat, wodurch sein Talent gemißbraucht und sein Name übelanrüchig wird.

Frankl, Adolph. Seit 10 Jahren sich mit Literaten herumtreibend, stets sich an Notabilitäten reibend, immer große und kleine Werke schreibend, stets ungedruckt, unbekannt bleibend!

Stern. Ist dieser große Radikale, derselbe kleine Jude, der früher lauter talmudische Schriften schrieb, und dafür Geschenke von den allerhöchsten Herrschaften in seiner loyaler Weise einsteckte? Oder ist dieser Stern ein neuer geschwänzter Komet am politischen Himmel?

Pollak, A. u. B. Liefern Artikel voll Glut und Feuer, nämlich in der — Zündhölzel-Fabrik.

Weinberger. Steckt sein großes Licht in der „Laterne" auf. Kann sich damit „heimleuchten" lassen.

König. Wir rufen ihm mit Göthe zu: Der Dichter und der König sie stehen beide auf der Menschheit Höhen, darum sollen sie auch miteinander gehen!

Jetzt bitten wir um Respekt ganz feierlich, denn jetzt kommen zu gehen schauerlich, ungeheuerlich, es kommen zu gehen helf uns Gott, es kommen zu gehen mit Guillotine und Schaffot, es kommen zu gehen, o weil es kommen zu gehen, der Schreckensmänner drei, es kommen zu gehen, habt Acht, die Hand an's Gewehr, Daiton, Marrat, Robespierre, es kommen zu gehen mit feuriger Peitsch, es kommen zu gehen: Silberstein, Löwenstein, Deutsch.

Robespierre — Löwenstein. Generalissimus der radikal-demokratisch-mosaischen Schreckensmänner. Speit lauter Blut und Glut, schreibt lauter Dolche und Schwerter, spricht lauter Kanonaden und Barrikaden. Ist die köstlichste Parodie eines Schreckenmannes, die possierlichste Figur eines Terroristen, aber sehr geachtet und gefürchtet von:

Danton — Deutsch. War früher so sanft

und so milde, und führt jetzt lauter Revolutionen im Schilde. Früher kleiner Rabbiner, jetzt großer Jakobiner.

Marrat — Silberstein. Ein ganz fein Jüdlein. Hat von der jungen Freiheit sogleich profitirt, und mit einem Blättlein auf eigene Faust spekulirt. Das Blättlein war geheißen: „Der Satan", und war geschrieben wie der weise Nathan. Trotzdem war nach der Tage drei, „Satan" zum Teufel zu gehen so frei. Darauf der große Silberstein auf die Idee gerieth, sich zu associren mit dem großen Seyfried. Seyfried der Ritter mit so viel Furcht und so wenig Tadel, Seyfried der jetzt verläugnet seinen Adel, Seyfried der Unbestechliche, Seyfried der Gerechte, der nie getadelt das Gute, und nie gelobt das Schlechte! Sie thaten mit einander berathen, aus dem „Wanderer" zu machen einen „Demokraten", statt der Komödianten, zu werden des Volkes Advokaten! Es sind auf Ehre, Beide gleich große Charaktere, Beide gleich große Geister, Beide gleich große Schreibmeister. Zwei Seelen kein Gedanke, zwei Herzen von einem Schlag.

Nach den drei Schreckensmännern kommen wir schließlich zu dem Manne, der in der Wissenschaft ein Alexander Humboldt, in politischer und historischer Bildung ein Dahlmann, in parlamentarischer Kunst ein Gagern genannt zu werden verdient, es ist dies unser großer und gefeierter:

Mahler. Vor der Revolution als Possenreißer und stehender Mitarbeiter der Elysiums-Programme ganz an seinem Platze, glänzt er jetzt in der vordersten Reihe unserer radikalen Publicisten. Es fehlt Monsieur Mahler nicht nur das A B C der politischen Bildung, es fehlen ihm überhaupt die Anfangsgründe eines wissenschaftlichen Unterrichtes. Die Unwissenheit gepaart mit der Gassenbuberei auf der breitesten Basis, und eine souveräne Keckheit aristokratischer Art lassen Mahler Dinge schreiben, die den Bessergesinnten durch ihre maßlose Frechheit verblüffen und wahrlich — traurig machen. Denn wenn man das edle, und noch so junge Geschenk der freien Presse so in den Koth zerren sieht; wenn man sieht, wie Individuen, die ihr Lebenlang nichts als Wirthshausreferate geschrieben und deren Talent und Bildung auch nicht weiter als dahin reicht, jetzt in demselben Tone die ersten Fragen, und Männer der Zeit besprechen; wenn man sieht, wie Leute gleich Mahler, sich zu den Beurtheilern der wichtigsten Institutionen des Vaterlandes, zur Belehrung des Volkes aufwerfen, und einen dankbaren und großen Leserkreis finden, dann muß einen eine wahrhafte Bangigkeit überfallen, daß solche Saat nicht auch solche Ernte trage!"

Der Leser wird leicht einsehen, daß hier Vieles karrikirt ist, und daß die Juden mit den Waffen der Satyre geschlagen werden sollten. Das Plakat ist eine kleine Entschädigung für die zahlreichen treffenden Hiebe, die Engländer — ein sehr witziger Schriftsteller — jeden Tag der alten Partei versetzt. Wenn die guten schwarzgelben Wiener Christen früher täglich beteten: „Gieb uns unser tägliches Brod", so lautet jetzt die Formel: „Gieb uns unsere täglichen judenfeindlichen Plakate!" Wie gestaltet sich aber in der That das Verhältniß der Juden zur Revolution und zur Presse in Wien? Wir wollen die Darlegung desselben versuchen.

XXVI.

Wenn in Paris, Berlin, Breslau, Hamburg, Karlsruhe, Braunschweig u. s. w. Juden die Vorkämpfer der Freiheit waren und sind, so auch in Wien. Metternich und das alte System regierten noch in der Hofburg, da haranguirte Fischhof das Volk, zu einer Zeit, als die Gefängnisse des Spielbergs jedem Manne der Freiheit zuwinkten. Ein polnischer Jude, mit langem Barte und in alter Tracht, schleuderte zündende Worte unter die Massen. Spitzer fiel als Opfer. L. A. Frankl in Verbindung mit Andern machte zuerst Gebrauch von der Preßfreiheit, als Niemand es wagte, frei zu sein. Die ersten Journale, welche die Freiheit in glühenden Ausdrücken predigten, das Volk aufklärten, die Provinzen bearbeiteten, wurden von Juden gegründet, und Haman-Metternich wurde von mehren Mardechai's entlarvt. Die Massen, die Basis einer jeden Revolution, wurden von Juden angeführt, geleitet, beherrscht. Die Studenten, die kühnen jugendlichen Adler der Revolution, horchten auf Fischhoff, Goldmark, Frankl. Die Argusaugen, welche die Schritte der neuen Regierungen bewachten, stammten nach dem Ghetto. Bei jeder Bewegung nach Rückwärts zuckte die Presse ihre Brauen, und jüdische Federn diktirten Staatsgesetze. Pillersdorf mußte durch die Kritiken eines jüdischen Journalisten fallen. Der Sicherheitsausschuß, der Wien beherrschte, die Freiheit schirmte, für Ordnung wachte, der Reaktion einen Damm setzte, zählte unter seinen besten Rednern, Juden; und der Präsident desselben, dessen Name den des Ministers überstrahlte, war Fischhof. Die fein gesponnenen Pläne der Reaktion, der Adelspartei, der Büreaukratie scheiterten durch die Besonnenheit und den gesunden Sinn des numehrigen jüdischen Ministerialrathes Fischhof. Und woher waren die Juden, die historischen Sklaven und die Freiheitshelden der Neuzeit? Aus Ungarn, Mähren, Böhmen, Galizien u. s. w. Jede Provinz des Kaiserstaates lieferte ihr Kontingent. Und woher dieser glühende Freiheitsdurst? aus der versiegten Quelle der Knechtschaft. Und woher der Freiheitsmuth? aus den Ghetto's, den Schandmalen der alten Tyrannei. Das ist die Nemesis der Geschichte. Ihr alten Ministerial-Tyrannen habet die ganze Wucht Eures menschenfeindlichen Systems die Juden fühlen lassen, und habet sie gelehrt, die Freiheit schätzen, lieben, erkämpfen, erobern. Als jedem

37*

jüdischen Sklaven, den Ihr zurückgestoßen in die Nacht des Mittelalters, ist Euch ein furchtbarer Gegner erwachsen, der angezündet das Licht des neuen Morgenroths, geschürt die Gluth, worin die Schranken prasselnd aufloderte, zerbröckelt das Gebäude, das Ihr für unerschütterlich gehalten. Wie ein Phönix erhob sich der geknechtete Jude aus der Asche der Tyrannei, die ihm kaum die Lebensluft gönnte, und seine Flügel erhob er kühn in die Regionen der Freiheit, die Euch vernichtet. Ihr feigen Sklaven behauptet, der Jude kämpft nur für sich; Thoren! Glaubt Ihr etwa, der Jude würde am Dome der Freiheit mitbauen, und dann in die niedrige Hütte des Ghetto zurückkehren, um unter der Last von Ausnahmgesetzen sich erdrücken zu lassen? Der Jude würde sein Blut in Wien verspritzen, sein Gut der Bewegung zum Opfer bringen und dann die Arme ausstrecken, damit man ihm die alten Ketten anlege, den Rücken hinreichen, damit das alte Gesetzbuch ihn zu Boden drücke? Wenn er das thäte, dann wäre er verächtlich! Wer für die Freiheit sich begeistert, sich ihr hingiebt, will und muß und wird auch selbst frei sein. Der Jude will sich auch an die Tafel setzen, die er hat mitdecken helfen, und die Speisen dieser Tafel darf selbst der altorthodoxe Jude genießen. Die Juden haben wacker gekämpft; sie wollen auch den Orden der Freiheit erhalten. — Der Presse in Wien, in ihrem Verhältniß zu den Juden, müssen wir einen besondern Artikel widmen.

Ad. Jellinek.

Deutschland's vereinigte Staaten.

Leipzig, 1. Sptbr. Als Vorbereitung für die Abgeordneten zu der Versammlung nach Jena in Betreff der Reorganisation der Universitäten Deutschlands haben die Professoren und Docenten hier einige Vorversammlungen gehalten, um die dort anzubringenden Anträge kennen zu lernen. Es wurden gegen 30 Anträge den Abgeordneten mitgegeben, nachdem sie vorher in der Versammlung berathen und angenommen worden sind. Unter diesen ist auch der von Dr. Fürst, der 6 verschiedene Anträge gestellt, über Aufhebung aller Konfessionsunterschiede für die Lehrbefähigung an den Universitäten, welcher die Leser interessiren dürfte. Er wurde gegen zwei Stimmen angenommen.

Dresden, 2. Sept. (Nekrolog.) Sonntag den 27. Aug. erlitt die israelitische Gemeinde Dresdens leider den Verlust eines ihrer geachtetsten und geliebtesten Mitglieder, des allgemein von seinen Mitbürgern jeder Konfession, die ihn kannten, wegen seiner strengen Rechtlichkeit, Wohlthätigkeit und friedlichen liebevollen Gesinnung hochgeschätzten Bankiers M. Schie, der in seinem 68sten Lebensjahre nach langem, mit musterhafter Ergebung ertragenem Leiden in die ewige Ruhe einging. Er verdient als Familienvater, als Mitglied seiner Gemeinde sowie als Bürger seiner Stadt gleicher Weise unter die Vorzüglichen gezählt zu werden. Durch seine Redlichkeit und sein emsiges Streben im Geschäft erwarb er sich das Vertrauen seiner Mitbürger dermaßen, daß sein 1818 etablirtes Bankiergeschäft, in kurzem eins der blühendsten und solidesten, an Umfang so sehr wuchs, daß er sich im Jahre 1823 bewogen fühlte, seinen Sohn Hrn. W. Schie, der ihm schon seit dem Jahre 1818 beigestanden hatte, und im Jahre 1837 auch seinen Schwiegersohn Hrn. M. Meyer als Associés eintreten zu lassen. Durch diese Glücksumstände, größtentheils natürliche Folge seiner redlichen Strebsamkeit, wurde es ihm und seiner gleichgesinnten würdigen Gattin, welche ihm während einer 46jährigen glücklichen Ehe in allen seinen wohlthätigen Bestrebungen zur Seite stand, möglich, Allen, die an ihr liebendes Herz wandten, mit Rath und That hülfreich beizustehen. Aber nicht zufrieden, sich nur Einzelnen als Rather und Helfer zu bewähren, sorgte er auch mit echt religiösem Sinn für das Allgemeine, und unterhielt den Bau der neuen Synagoge eine solche größtentheils auf eigne Kosten, deren musterhafte Leitung durch Ordnung, Geschmack und Anstand sie vor den andern damals bestehenden Privat-Synagogen so auszeichnete, daß man sie mit vollem Recht ein Vorschub neueren Synagoge geordneten Kultus nennen kann. Aber so theuer und lieb ihm dieses sein Werk geworden, so bereitwillig, wenn auch nicht ohne Wehmuth, gab er es später auf, als es die Beförderung der Einheit durch die neu erbaute Synagoge erheischte, die er selbst durch bedeutende Beiträge unterstützte.

Seinen Gemeinsinn und sein von Liebe geleitetes Streben bekundete er besonders in seiner 24jährigen Wirksamkeit als Vorstandsmitglied der israelitischen Gemeinde, in welcher es ihm wie nur Wenigen gelang, durch Wohlthätigkeit, Besonnenheit und duldsamen, friedlichen Sinn, der sich nie beleidigt glaubte und immer nur Zwistigkeiten vorzubeugen oder sie zu schlichten bemüht war, sich aller Gemeindeglieder Liebe, Verehrung und herzliche Anhänglichkeit zu gewinnen; sowie er durch reges Interesse am Gedeihen der israelitischen Schule und durch freundliche Aufmunterung der Kinder die Liebe der Jugend sich in hohem Grade erwarb.

Und so wie er ein hochverdientes Gemeindeglied war, so rechtfertigte er auch als Bürger das ehrende Vertrauen seiner christlichen Mitbürger durch wohlwollendes Streben und pflichtgetreue Thätigkeit in seiner Eigenschaft eines Ausschußmitgliedes des Blindenvereins, der Gesellschaft für Rath und That und eines Mitgliedes der städtischen Armenversorgungsbehörde.

Trotz seines Leidens in seiner letzten Lebensjahren

unterzog er sich noch dem Vorsteheramte des israelitischen wohlthätigen Vereins für Todtenbestattung.*)

So lebte und wirkte er stets eifrig für das Gemeinwohl und deponirte noch bei seinem Tode eine bedeutende Summe, deren Zinsen israelitischen und christlicher wohlthätigen Familien zufließen. Er war ein strahlender Mittelpunkt seiner Familie, um den sich Geschwister und Verwandte freundlich schaarten, auf den Kinder, Enkel und Urenkel als auf ihren Stolz, ihre Krone hinaufschauten; ein Kleinod der Treue und des Wohlwollens seiner zahlreichen Freunden, ein warmer Freund und Helfer Armer und Nothleidender, eine Zierde seiner Gemeinde, ein wohlverdienter hochgeachteter Bürger seiner Stadt.

Wie sehr dies erkannt wurde, zeigte sich bei dem am Dienstag den 29. August stattgehabten feierlichem Leichenbegängnisse. Vor den Leichenwagen zog die israelitische Schuljugend mit den Lehrern, hinter demselben folgte der israelitische Vorstand und fast sämmtliche Gemeindeglieder in feierlichem Zuge, dem sich höchst achtbare und hochgestellte christliche Freunde und Amtskollegen des Verblichenen zahlreich anschlossen; den Beschluß machte eine Reihe von 20 Wagen, die ihn begleitete. Am Grabe hielt der Herr Oberrabbiner Dr. J. Frankel eine treffliche, herzlich gesprochene Leichenrede, die kein Auge thränenleer ließ. Hierauf sendete der Herr geheime Finanzrath Behr, als Vorsteher der Gesellschaft von Rath und That, dem Verblichenen Worte der Freundschaft nach, die sowohl in Bezug auf die gewählte Form als auf den höchst humanen Geist, den sie athmeten, einen tiefen und wohlthätigen Eindruck auf die Anwesenden machten. Zum Schlusse sprach noch der Gemeindevorsteher Herr J. A. Bondi herzliche Worte über die Wirksamkeit des Verblichenen als Vorsteher. Die Theilnahme war allgemein und innig, wie es der treffliche Mann verdiente. Ehre seinem Namen! Segen seinem Andenken!   Dr. W. Landau.

Wien, 29. Aug. Aus unserer Reichstagssitzung habe ich speciell Juden Betreffendes nur zu berichten, daß der Abgeordnete Zimmer den Minister Doblhoff heute interpellirte über das Verfahren der Prager Behörden gegen die Israeliten. Diese fahren nämlich fort in Ausschließung der Israeliten bei einer neuen Wahl der Abgeordneten und früher schon haben sie angeordnet, daß die Prager Israeliten aus der Nationalgarde scheiden sollen, und natürlich war die Prager Behörde für ganz Böhmen maßgebend. Ueberhaupt scheint das verrottete Beamtenreich in Böhmen, das durch die großen

*) Der Zweck dieses Vereins ist: Sterbenden in ihren letzten Stunden tröstend zur Seite zu stehen, dem Todten die letzten Liebesdienste, als alle Verrichtungen, die zur würdigen Bestattung gehören, als Ehrensache zu erweisen und Unbemittelten das Begräbniß kostenfrei zu gewähren.

Bewegungen der Zeit nicht verdrängt ward, an den Fortschritt des Staates und an die konstitutionelle Gestaltung nicht zu glauben und fast bei jeder Kleinigkeit treten die Konflikte stark hervor. Der Minister Doblhoff antwortete hierauf, daß er von der Ausscheidung aus der Nationalgarde nichts weiß, und was die Ausschließung bei den neuen Wahlen anlangt, so liegt bereits eine Abänderung vor. Es liegt nun an den Juden Prags, die konstitutionswidrige Verfahrungsweise der dortigen Behörden zur Kenntniß des Ministeriums zu bringen, damit der Sache abgeholfen werde; der Vorstand oder das sich da gebildete Komité sollte sofort eine Beschwerdeschrift aufsetzen, worin alle noch bestehenden Ausschließungen ausführlich klar und speciell beschrieben sind und diese Schrift Minister Doblhoff überreichen. In einer Zeit wie die unsrige darf eine Gemeinde den Vorwurf der Fahrlässigkeit nicht auf sich wälzen.

Prag, 29. Aug. Endlich doch ein Fortschritt in der Freiheit, wenn auch nur in lokaler Beziehung. Durch ein Präsidialschreiben, das so eben veröffentlicht worden, ist den israelitischen Bürgern und Hausbesitzern für die morgenden Stadtverordneten=Wahlen sowohl das aktive als passive Wahlrecht zugestanden worden. Hoffentlich werden unsre Israeliten von diesem Rechte einen ordentlichen Gebrauch machen, zumal wenn sie bedenken, welche judenfeindliche Elemente in dem früheren Stadtverordneten=Kollegium gesessen und wie gerade dieses Kollegium es war, welches die Rückwanderung ins Ghetto angeordnet. Unter dieser Benutzung verstehe ich; 1) die Wahl auf wahrhaft freisinnige, über konfessionelle Unduldsamkeit erhabene Personen zu lenken; 2) schon aus Princip auch einige Israeliten mit in dieses Kollegium zu bringen, wie es in Preußen längst der Fall ist. Beides sind unsere Israeliten schon durch ihre numerische Bedeutung im Stande und es wäre unverantwortlich jetzt wo es gilt, um jeden Preis sein Recht zu wahren, indifferent oder feig zu sein. Bemerken muß ich noch, daß Bürger in diesem Schreiben nicht im alten sondern im neuen Sinne zu verstehen ist, das heißt jeder gebürtige Prager, der nicht Proletarier, und man sollte ja mit Argusaugen darauf sehen, daß nicht irgend eine falsche Deutung unterlaufe.

Frankfurt a. M., 28. August. Die deutsche Nationalversammlung schreitet nun zur Tagesordnung, zur Berathung des §. 13 in dem Art. III. des Entwurfs der Grundrechte. Es lautet dieser Paragraph: „Durch das religiöse Bekenntniß wird der Genuß der bürgerlichen und staatsbürgerlichen Rechte weder bedingt noch beschränkt, den staatsbürgerlichen Pflichten darf dasselbe keinen Abbruch thun." Nicht weniger als 15 Verbesserungsvorschläge sind zu diesem Paragraphen in Vorschlag gebracht. Abg. Stadtpfarrer Künzer: Ein schon lange gehegter Wunsch solle nun in Erfüllung gehen; eine privilegirte Kirche sei die größte

Ungerechtigkeit. Man sage, das Volk werde der Emancipation der Juden nicht hold sein; er sei aber überzeugt, daß das Volk nicht nur sich willig fügen, sondern erfreut sein werde über die Oeffnung der Ghettos. Im §. 13 der Grundrechte werde eine große Revolution proklamirt, das Staatskirchenthum, die Staatskirche werde darin zu Grabe getragen. Aber der Staat, einmal seines christlichen Charakters entkleidet, dürfe doch wol nicht den Kirchen als Vormund bestellt werden; eine nothwendige Folge sei es deshalb, daß zugleich auch die Unabhängigkeit der Kirche vom Staate proklamirt sein werde; keinerlei Präventivpolizei dürfe gegen die Kirchen geübt werden, der Staat kenne fortan keine Christen, keine Juden, keine Atheisten; es sei nun einmal die Zeit gekommen, wo es heiße: Was Du nicht halten kannst, das lasse fahren; die Freiheit lasse sich nun einmal nicht mehr hemmen, die Privilegien stürzen, die Besseren alle freien sich der Gleichheit, weil sie ihnen dargeboten werde von der Freiheit; gerade der Polizeistaat sei es gewesen, der das retrograde System begründete, förderte, ja foderte auf allen Gebieten und Alles zum Polizeidiener gemacht. Falsch sei es, wenn man behaupte, es sei nur der höhere Klerus, welcher die Unabhängigkeit der Kirche verlange, nur weil er dann befreit sei von der lästigen Aufsicht des Staats und weil er dann die fetter Jahre der Ruhe zu erwarten habe. Ganz anders sei es und werde es kommen. Der Geist der Demokratie sei es, der über die Erde gekommen; dieser Geist, der den Mund der Fürsten mit Schrecken verschließe und den Mund der Nationen öffne, er poche auch an die Pforten der Kirche, nicht Ruhe, sondern Kampf und Sturm werden der Kirche erstehen; deswegen aber verlange er die Freiheit; die Kirche werde ihren Geist mit dem neuen Geiste verbinden, und verjüngt werde sie wieder auferstehen, im Herzen der Nationen. Aus vollem Herzen stimme er für die Freiheit der Kulten. (Beifall.) Abg. Martens: die Wehrpflicht sei die ehrenvollste, aber auch die beschwerlichste. Der Ausschuß für Wehrangelegenheiten habe sich dafür erklärt, daß dem Mißbrauche gesteuert werde, daß man durch den Eintritt in gewisse Religionsschaften sich der Wehrpflicht entziehe. Eine Ausnahme müsse aber wol auch jetzt in Betreff der Mennoniten eintreten; die Mennoniten seien anerkannt als Religionsgesellschaft; die Befreiung vom Kriegsdienste sei ihnen von je eingeräumt und müsse als wohlerworbenes Recht respektirt werden; die Gesetzgebung habe stets die wohlerworbenen Rechte zu achten, so lange nicht die Rücksicht des Gesammtwohls des Vaterlandes es anders wolle; diese Rücksicht freilich gehe über Alles; in diesem Falle jedoch dränge sie sich nicht auf; sämmtliche Mennoniten in Deutschland, Männer, Frauen und Kinder, seien nur 15,000 an der Zahl; mehre Mennonitengemeinden haben schon aus eigenem Antrieb auf die Freiheit von der Wehrpflicht verzichtet; die Einbuße für

das deutsche Heer sei also sehr gering und werde nicht steigen, da die Zahl der Mennoniten mehr und mehr in der Abnahme begriffen sei; es liege also kein erheblicher Grund vor zu einem Eingriff in ein wohlerworbenes Recht; auch die Staatsklugheit sei entgegen; denn man habe sonst die Auswanderung dieser fleißigen und achtbaren Bürger zu besorgen. Abg. Adams beantragt, daß die Eingangsworte des Paragraphen „durch das religiöse Bekenntniß" umgeändert wird in „durch ein religiöses Bekenntniß." Nicht blos Der, welcher sich zu einem bestimmten religiösen Bekenntnisse halte, sondern auch Der, welcher sich keinem der bestehenden religiösen Bekenntnisse anschließe, müsse den Vollgenuß der bürgerlichen und staatsbürgerlichen Rechte haben. Ein religiöser Zwang dürfe in keiner Weise mehr geübt werden. Alle gesetzlichen Bestimmungen in den Einzelstaaten, die mit den Grundrechten im Widerspruche stehen, - müssen aufgehoben werden. Der Redner stimmt dem Antrage des Abg. Martens bei; die Mennoniten dürften in ihrem wohlerworbenen Rechte nicht verletzt werden; neue Religionsgesellschaften freilich sollen eine solche Exemtion von der Wehrpflicht nicht in Anspruch nehmen dürfen. Die Strafe des Meineids, als Strafe des falschen Zeugnisses müsse Jeden treffen, der, sich etwa darauf stützend, daß er kein religiöses Bekenntniß habe, nicht die Wahrheit sage. Abg. Barth schlägt ein Amendement vor, nach welchem alle Ausnahmebestimmungen, welche seither einen Unterschied der Religionsbekenntnisse in Betreff der bürgerlichen und staatsbürgerlichen Rechte bildeten, wie z. B. jene Ausnahmegesetze, welche die Juden drücken, für aufgehoben erklärt werden sollen; es solle dadurch der Möglichkeit vorgebeugt werden, daß einzelne, vom alten Judenhasse noch nicht befreite Untergerichte durch falsche Interpretationen den Zweck des §. 13 umgehen könnten. Den Juden sei die Gleichstellung so lange und auf so harte Weise vorenthalten worden, daß man sich jetzt um so mehr gegen alle Anfeindungen und Bedrückungen sicher stellen müsse. Abg. v. Beckerath: Er müsse sich gegen die Verbesserungsanträge erklären, welche den Mennoniten die Freiheit von der Wehrpflicht erhalten wissen wollen. Damals, als den Mennoniten diese Exemtion eingeräumt worden, habe keine allgemeine Wehrpflicht in Preußen bestanden; nachdem aber im Jahr 1803 allgemeine Wehrpflicht eingeführt worden, sei eine solche Ausnahme als wahre Abnormität erschienen; jetzt, wo der freie Staat gegründet werden solle mit gleichen Rechten und gleichen Pflichten für Alle (Beifall), jetzt sei eine Begünstigung, welcher Art auch, nicht mehr zulässig (Bravo); die Mennoniten in Rheinpreußen hätten selbst schon erklärt, daß eine religiöse Pflicht ihnen die Wehrpflicht nicht verbiete, und auch die Mennoniten in den übrigen Provinzen würden gewiß dieser richtigern Erkenntniß zugänglich sein. Mit

Der Orient.

Berichte, Studien und Kritiken

Neunter   für   Jahrgang.

jüdische Geschichte und Literatur.

Herausgegeben

von

Dr. Julius Fürst.

Das Abonnement auf ein Jahr ist 5 Thlr. Man abonnirt bei allen löbl. Postäm'ern und allen solid. Buchhandlungen auf ein Jahr.

Von dieser Zeitschrift erscheinen wöchentlich das Literaturblatt mitgerechnet, zwei Bogen, und zwar an jedem Dienstag regelmäßig.

№ 38.   Leipzig, den 16. September   1848.

Die Juden in Oesterreich.

XXVII.

Die Juden und die Presse in Wien beschäftigen uns heute; und wieder soll der Apostel der Freiheit, Börne, uns den Weg bahnen, da er mit prophetischem Auge in die Zukunft blickte. Dieses Prophetenthum erklärt er uns selbst, wenn er in seinen Aphorismen sagt: „Die Hoffnungen guter Menschen sind Prophezeihungen". Wer kann uns aber auch besser über die freie Presse in ihrer Ebbe und Fluth belehren, als der Mann, der ihr sein Herzblut zum Opfer gebracht? Wir werden daher eine kleine Gruppe seiner Aussprüche zusammenstellen.

„Ihr seid dreißig Millionen Deutsche und zählet nur für dreißig in der Welt; gebet uns dreißig Millionen Juden, und die Welt zählte nicht neben ihnen. Ihr habt den Juden die Lust genommen, aber das hat sie vor Fäulniß bewahrt. Ihr habt ihnen das Salz des Hasses in ihr Herz gestreut; aber das hat ihr Herz frisch erhalten. Ihr habt sie den ganzen langen Winter in einen tiefen Keller gesperrt, und das Kellerloch mit Mist verstopft; aber Ihr, frei dem Froste blosgestellt, seid halb erfroren." (Briefe aus Paris, IV, 141.) —

„Wenn politische Schriftsteller in den Einrichtungen und in der Verwaltung der Staaten oft nur Tadelnswerthes finden, so thut man ihnen Unrecht, wenn man dieses einer stürmischen, unerträglichen Denkungsart oder einer eitlen Verbesserungssucht zuschreibt. Es liegt dies vielmehr in der Natur der Sache. Der Tadel ist so mannigfaltig als die Fehler, die er trifft, das Lob aber einfach wie das Lobenswerthe und darum zu beredt. Es giebt tausend Krankheiten aber nur eine Gesundheit." (Gesammelte Schriften, XVI, 291.) —

„Lange Zeit haben sie sich für mächtige Zauberer gehalten, die Wind und Wetter machen können nach Belieben. Nun, da das finstere Gewitter heraufgestiegen wider ihren Willen, haben sie zwar ihre Freudigkeit, aber nicht ihre Zuversicht verloren. Sie nehmen sich vor, den Sturm eine Rossinische Arie singen, die Blitze symmetrisch als chinesische Feuerwerke leuchten, und den Donner im Takte rollen zu lassen." (Gesammelte Schriften, VI, 41.) —

Der Leser wird nun leicht begreifen, welches Verhältniß zwischen der Presse und den Juden in Wien obwaltet. Man wirft den jüdischen Journalisten vor, sie beherrschen die Presse. Allerdings üben sie einen großen Einfluß auf die Presse, und geben in manchen Beziehungen den Ton an. Die „Allgemeine Oesterreichische Zeitung", der „Radikale", die „Presse", die „Constitution", der „Freimüthige", „Grad'raus", der „Charivari", die „Sonntagsblätter" u. s. w. haben entweder jüdische Redakteure oder jüdische Mitarbeiter. Bekümmert schüttelt die Wiener Reaktion das Haupt. „Sollen die Söhne Juda's die Söhne Teut's beherr-

ſchen"! ruft ſie aus. Die Herren von der Reaktion
— der neueſte Adel — entſchlagen ſich aller Gründe
und Grundſätze; „es iſt ein Jude" iſt der Eckſtein
ihrer Argumentation. Wie Tyrannen mit den Syllo-
gismen der Kanonaden debattiren, ſo kämpfen die
Reaktionäre mit dem Zauberwort: „Jude". Als wenn
die Preſſe nur das Eigenthum derer ſein dürfte, die an
Hölle, Teufel und Fegfeuer glauben. Die Freiheit iſt
die Negation des Privilegiums. Als nun die Preßfreiheit proklamirt wurde, ſo war von einer alleinſelig-
machenden Preſſe keine Spur — und die Juden ſoll-
ten blos Leſer, Abonnenten, aber nicht Schriftſteller ſein?
— Man klagt über den Mißbrauch, den jüdiſche Schriftſteller mit der Preſſe treiben. Wir wollen durchaus die
Ueberſchreitungen und den Ton eines Theils
der Wiener Preſſe nicht in Schutz nehmen; allein wer
klagt? Judenfeinde und Schwarzgelbe, die Gutenberg
verwünſchen. Und was haben die Uebergriffe in der
Preſſe mit dem Judenthum zu thun? Ob Moſes oder
Chriſtus? Giebt es eine chriſtliche und eine jüdiſche
Freiheit? Greift Jemand ein Miniſterium als Jude an?
Allerdings ſind die meiſten Juden Demokraten, weil
das abſolute Königthum eine Stufenleiter von Privilegien iſt und nur Haß gegen die Juden athmete. —
        Eine andere Frage iſt die, wie ſtehen ſich die Ju-
den in der Preſſe gegenüber? Feindlich! Die Schwar-
chen, die noch immer ſelbſt das Vorurtheil nähren, ein
Jude ſei für den andern verantwortlich, ringen die
Hände. Haben aber je die ſtillen Herren die Freiheit befördert? Sie verlangen, daß die Juden gänzlich
ſchweigen; in ſolches Verlangen aber egoiſtiſch, be-
rechnend, eigennützig. Sie glauben, daß die Wagſchale,
in der die Freiheit liegt, um ſo ſicherer das Uebergewicht
erlangen werde, je leerer die andere, das Schickſal der
Juden tragende, iſt. Die jüdiſchen Journaliſten, deren
Exceſſe wir durchaus nicht in Schutz nehmen, folgen nur dem Zuge ihres Herzens, dem Drange ihres Geiſtes, und irren ſie, ſo irren ſie als Schriftſteller,
nicht als Juden. Es hieße den Geiſt der Geſchichte
verkennen, wenn man behauptet, den Juden träte zu
kühn in der Preſſe auf. Dieſe Kühnheit iſt der Gegen-
druck der früheren Tyrannei. Der plötzliche Uebergang
von der Knechtſchaft zur Freiheit ſpiegelt ſich auch in
der Preſſe ab. Uebrigens iſt Alles in Wien noch über-
ſchwenglich, phantaſiereich, bewegt, in einem Meer von
Gefühlen und Empfindungen ſchwimmend. Die Journaliſten ſelbſt beſtätigen den alten Erfahrungsſatz, daß
die Juden ſich gegenſeitig maßlos angreifen. Dies
kann aber als Beweis dienen, daß die Juden keine ab-
geſchloſſene Koterie bilden. — Viele ſogenannte zart-
fühlende Menſchenfreunde in Wien, die für die Juden
noch ein beſonderes Kämmerchen in ihrem Herzen haben,
fragen mitleidsvoll, wie beſſert man die verſtockten Juden, welche den Staat in den Abgrund ſtürzen wol-

len. Zu ihrer Beruhigung wollen wir ihnen eine
wahre Anekdote erzählen. Im Jahre 1786 ſtellte
die franzöſiſche Akademie die Preisaufgabe: Wie beſſert man die Juden? Ein polniſcher Jude, der
in Paris lebte und Geurwitz oder Hurwitz hieß,
löſte ſie folgendermaßen: „Geht in Euer Theater —
ſchrieb er — und ſehet Moliere's Bourgeois gentilhomme. Dieſer ſtellt an ſeinen Mentor die Frage, wie
man nur eine Marquiſe grüße, die Celimene heißt?
Ihr lacht über den Einfaltspinſel und meint, das ver-
ſtände ſich doch von ſelbſt, daß man eine Marquiſe
Namens Celimene ebenſo grüße, wie eine Marquiſe die
Chriſtine heiße. Ihr habt freilich ganz Recht, aber da
habt Ihr auch eine Beantwortung Eurer weiſen Frage.
Einen Menſchen, der Jude heißt beſſert man gerade
ſo, wie einen Menſchen, der Chriſt, Mohammedaner
oder anders heißt." Die Franzoſen machten die witzige
Antwort des polniſchen Juden, der das Acceſſit erhielt,
zu ihrem Prinzipe; „gehet hin und thut desgleichen"!
Dieſer polniſche Jude überhebt uns auch der Mühe,
die Stellung der Emancipationsfrage in Wien zu erörtern. Jene Zopfpartei ohne Kopf, die da die Juden
vor ihrer Emancipation beſſern möchte, möge den
Bourgeois gentilhomme von Moliere leſen. — Wir
verlaſſen Wien, um uns nach Peſth zu wenden.

Ad. Jellinek.

Deutſchland's vereinigte Staaten.

Berlin, 5. Sptbr. Der Intoleranz können wir
den Juſtizminiſter nicht anklagen. Ein Schauſpieler
jüdiſcher Konfeſſion (ein bekannter Demokrat) wollte
eine Chriſtin heirathen und die Civilehe auf dem Stadtgerichte eingehen. Man wies ihn zurück, da noch kein
Geſetz über die Zuläſſigkeit ſolcher gemiſchten Ehen
exiſtire. Der Heirathskandidat wurde auf dem Korridor
des Lokals der Nationalverſammlung dem Juſtizminiſter
vorgeſtellt, um dieſem ſeine Angelegenheit mitzutheilen.
Der Miniſter meinte, es ſtände ſeinem Vorhaben nichts
im Wege, die Herren vom Stadtgericht hingen freilich
noch am alten Zopfe. Indeß hat der Bittſteller einen
kürzeren Weg eingeſchlagen. Ein deutſch-katholiſcher
Pfarrer, welcher als Abgeordneter der National-Ver-
ſammlung hier gegenwärtig iſt, begab ſich mit drei aus
dem Deputirten als Zeugen zu den Brautleuten und
ſegnete die Ehe etwa folgendermaßen ein: „Im Namen
Jeſu kann ich Euch nicht trauen, weil der Bräutigam
nicht Chriſt iſt, im Namen des Geſetzes kann ich es
ebenfalls nicht thun, weil ein ſolches noch nicht exiſtirt;
ich traue Euch daher im Namen des allmächtigen
Gottes und erkläre Euren Bund für geſchloſſen".

Berlin, 7. Sptbr. Die Reaktion wollte den Juden eine Falle legen. Unsere famosen Konstabler zählten auch Juden in ihren Reihen. Man sah die Juden gern, weil sie nüchtern und mäßig sind. Als man aber die Konstabler zu Spiondiensten gebrauchen wollte, traten alle Juden aus der Mitte der Konstabler! Man hätte gern die Juden in den Verruf der Spionerie gebracht, allein die Rechnung wurde ohne den Wirth gemacht.

Frankfurt a. M., im Sptbr. Unter den Männern, welche über die Errichtung einer demokratischen Universität berathen haben, war auch S. Deutsch aus Wien, Präsident des Wiener Demokraten-Vereins.

Prag, Ende Aug. Hier fand eine Versammlung der böhmischen Kreisrabbinen statt, um die Sache der Juden und das jüdische Schulwesen in Erwägung zu ziehen. Es wurde beschlossen, den Religionsunterricht zeitgemäß zu reformiren, und es muß lobend anerkannt werden, daß selbst die ältern Rabbinen sich der Reform geneigt zeigten. Wann wird in unserem Nachbarlande Mähren ein Lichtstrahl sich blicken lassen? Die dortigen Rabbinen regen und bewegen sich nicht; sie lieben den Stillstand, sie sind Standespersonen.

Anklam, 14. Aug. Von vielen Amtsgeschäften und andern Arbeiten umdrängt, bleibt mir kaum so viel Zeit, einen einfachen Bericht abzufassen und dennoch kann ich nicht umhin, Ihnen wieder Etwas für Ihr geschätztes Blatt zukommen zu lassen. Das bei seiner Geburt schon den Todeskeim in sich tragende Gesetz vom 23. Juli a. p. wandelt trotz der welterschütternden Märzereignisse noch immer unter den Lebenden und während auf der einen Seite die Zulassung jüdischer Gelehrten zu höhern Lehrämtern rc. ausgesprochen, forderten einige Regierungen — als ob gar Nichts vorgefallen wäre, als ob wir noch in der guten alten Zeit lebten — die resp. Gemeinden zur Ausführung der im engern Gesetze vorgeschriebenen Bildung der Synagogengemeinden rc. auf. Auch die hiesige Gemeinde erhielt eine solche Aufforderung, allein sie erklärte der Regierung, daß sie sich nicht verpflichtet halte, den Bestimmungen des Gesetzes vom 23. Juli a. p., das nunmehr außer Kraft getreten, zu entsprechen. Die Regierung hat hierauf nicht weiter geantwortet, und so bleibt es einstweilen beim Alten. In unserer Gemeinde, deren Verhältnisse näher zu beschreiben ich keine Zeit habe, geht Alles noch seinen regelmäßigen Gang; dagegen spukt, wie man hört, in andern Gemeinden ein Gespenst, genannt: Zwietracht, und will man in mancher derselben, die mit Jubel begrüßte junge Freiheit dazu benutzen, die Gemeindeverbände aufzulösen und so auch das Judenthum zu untergraben! Aber wird das Judenthum dadurch erhalten und gepflegt, wenn man das einende und einigende Band, das Gotteshaus und Schule um die Gemeindeglieder schlingt, leichtsinnig zerreißt; wenn man diese das Gebäude des Judenthums stützenden Pfeiler gewaltsam in ihren Fundamenten erschüttert? O welche Gewalt übt doch der Mammon, dieser eherne Götze, daß man selbst in großen Gemeinden sich ohnmächtig unter seinem Joche beugt, seine Fesseln, weil sie goldne oder silberne, nicht achtet und bald Predigt bald Chorgesang rc. abzuschaffen droht! Ist der Riß noch nicht groß genug? Soll denn Juda durchaus der Vorwurf treffen: Aus deiner Mitte kommen die Zerstörer! Seht Ihr ihn nicht, den Götzen, genannt Zeitgeist auf dem Throne sitzen und lachen und mit den Augen blinzeln, daß seine Vasallen immer mehr werden und es nicht ahnen, daß sie einem Wahngebilde huldigen? Seht Ihr ihn nicht, den großen Drachen, genannt Indifferentismus, wie er alles was heilig und göttlich ist mit seinem süßlichen Gifte tödtet — Alles was die Höhen des Lebens zu erklimmen befähigt — in den Staub schleudert? Doch was sag' ich da: der Alles . . . tödtet — Alles . . . in den Staub schleudert? — Wissen wir es nicht, daß das Heilige und Göttliche bleibet, so lange Menschenherzen schlagen, niemals untergehen — und, weil auch der Unglaube mit seinem höllischen Hohngelächter und der Indifferentismus mit seiner eisigen Kälte und der vielgepriesene Zeitgeist sich noch so viel Mühe geben und noch so sehr dagegen ankämpfen? Wissen wir es nicht: כִּי לֹא אַלְמָן יִשְׂרָאֵל מֵאֱלֹהָיו ? Funkeln nicht noch immer die Sterne, wie von Anbeginn? wandeln sie nicht noch immer ihre Bahnen, die unzähligen Sonnen? und lebt nicht über den funkelnden Sternen, in den leuchtenden Sonnen ein Gott, vor dem die zerstäuben den Götzen und alle Wahngebilde wie Spreu vom Winde verweht! Und das durch die Fluthen der Jahrtausende muthig fortsteuernde Schifflein des Judenthums, dessen Mastbaum der Glaube, dessen Anker die Hoffnung ist, dessen Segel die Liebe und dessen Ziel die Heiligung ist, sollte im Wogendrang der Ereignisse stranden oder auch nur einen Leck bekommen? Nein, das glauben wir nimmermehr! Unsere Vergangenheit ist Bürge für unsere Zukunft. Darum hoffen wir theurer Leser, daß auch diese Zeit der Krisis glücklich vorübergehen und sich Alles gut gestalten werde!

W —ll.

Anklam, 15. Aug. In unserem gestrigen Artikel sagten wir, daß das Gesetz vom 23. Juli a. p. noch nicht das Zeitliche gesegnet; noch ein Beweis dafür sind die in demselben vorgeschriebenen Anwaltgebühren bei Geburts-, Heiraths- und Sterbefällen, die noch immer erhoben werden, was für Manchen eine drückende Ausgabe ist. Neulich erhielt ein hiesiger jüdischer Kaufmann (Hr. T.) ebenfalls die Aufforderung für die Eintragung seines Sohnes in das Geburtsregister 1 Thlr. 10 Sgr. zu zahlen. Ref. wandte sich im Auftrage des

Hrn. T. an das hiesige Land= und Stadtgericht und
da dieses den Bescheid ertheilte, daß das qu. Gesetz vom
Juli a. p. und die darauf erlassene Instruktion (J. M.
Bl. pag 233) bis jetzt noch nicht aufgehoben
und er daher außer Stand sei, die nachgesuchte Dispen=
sation von der Zahlung der qu. Gebühren zu bewilli=
gen, sandten wir im Namen des Hrn. J. folgende Pe=
tition an das hohe Justizministerium:

„Vertrauend auf die Gerechtigkeit und Humanität
Eines hohen Justizministerii wagt es der gehorsamst
Unterzeichnete, Hochdemselben folgende Bitte vorzutragen:
Durch Verfügung des hiesigen Königl. Land= und
Stadtgericht vom 31. Mai c. so wie durch eine aber=
malige vom 7. Aug. c. bin ich angewiesen für die Ein=
tragung meines am 12. April c. gebornen Sohnes in
das Geburtsregister der Juden 1 Thlr. 10 Sgr. zu
zahlen. Da nun die Erhebung dieser Gebühren ledig=
lich auf das Gesetz über die Verhältnisse der Juden vom
23. Juli a. p. beruht, dieses aber durch die allerhöch=
sten Proklamationen, sowie durch den Verfas=
sungsentwurf, wonach der Genuß bürgerlicher Rechte
fortan von dem religiösen Bekenntnisse unabhängig,
außer Kraft getreten ist, so erlaube ich mir Ein hohes
Justizministerium ganz gehorsamst zu bitten:
dem hiesigen Königl. Land= und Stadtgericht hoch=
geneigtest aufgeben zu wollen, mich von der Zahlung
der erwähnten Kosten mit 1 Thlr. 10 Sgr. zu dispen=
siren. Einer huldreichen Gewährung meiner gehor=
samsten Bitte entgegen sehend, zeichnet ꝛc. ꝛc.

Die Antwort werden wir zur Zeit mitzutheilen nicht
verfehlen. Man ist schon von mehrern Seiten gegen
diese „Judensteuer" eingekommen, aber bis jetzt ist
unseres Wissens noch Niemandem ein Bescheid darauf
geworden. J. W.

Neustadt=Eberswald, im Sptbr. Die Ber=
liner Haude und Spenersche Zeitung von 24. v. M.
bringt folgende Nachricht: „Der Missionsprediger und
Proselytenmacher Schwarz sucht, da er hier sehr
schlechte Geschäfte macht und deßhalb abberufen
werden sollte, eine schottische Kirche zu stiften". Wie
wir hören soll ihm dieser Versuch gänzlich mißlun=
gen sein, da die Berliner Christen sowohl als auch die
dortigen Proselyten weder an Prediger noch an Kirchen
Mangel haben. Auch dürfte die sogenannte „freie schot=
tische Kirche" in Deutschland am wenigsten Anklang
finden, da sie weder frei noch eine Kirche ist. Wenn
aber die erwähnte Zeitung behauptete, daß S. in Ber=
lin schlechte Geschäfte machte, so müssen wir dem
widersprechen. Denn abgesehen, daß Schwarz ein gro=
ßes Haus macht und bewohnt, so soll er noch in der
kurzen Zeit seines Aufenthalts in Berlin mehrere Tau=
send Thaler schon auf die Karte gelegt haben. Was
Wunder! erhält er doch Geld genug aus Schott=
land zur Unterstützung der Proselyten. Da ihm nun

das Projekt mit der Stiftung einer schottischen Kirche
mißlungen ist, so soll er entschlossen sein nach Prag
zu gehen. Er wird den Prager Juden keinen Schaden
zufügen; er wird sie von ihrem Judenthume nicht ab=
führen können, da er ein sehr großer הארץ עם ist —
und seine Persönlichkeit möchte ihm wohl schwerlich in
Prag mehr Freunde und Achtung als in Berlin zu ver=
schaffen im Stande sein.

Wien, Ende Aug. Die Sonntagsblätter geben
Silhouetten der Reichstagsabgeordneten und unter diesen
findet sich auch eine über den Israeliten, Ministerial=
rath und Reichstagsabgeordneten Fischhof, die ich den
Lesern dieses Blattes gern mittheile. Fischhof ist am
15. December 1816 in Pesth geboren. Er hat den
Kampf mit der Existenz in seiner ganzen Ausdehnung
und Härte kennen gelernt. Frühzeitig unterstützungslos,
war er darauf hingewiesen, sich während seiner Studien=
jahre durch Unterricht von Kindern den Lebensbedarf zu
erwerben, und mußte diesem prekären Nahrungszweig
noch lange nachdem er graduirt war (1844) anhangen.
Endlich gelang es ihm, eine Sekundararztensstelle (1846)
im allgemeinen Krankenhause zu erlangen. In dieser
überraschte ihn die Revolution. Fischhof tauchte gleich
am Morgen des 13. März aus der Menge hervor
im Hofe des Ständehauses, und ist seit jenem Tage
auch keinen Augenblick von der Schaubühne der Revo=
lution gewichen. Sein Name war der erste, der populär
geworden, und dieser Popularität hatte er es zu danken,
daß ihn die medicinische Abtheilung der akademischen
Legion zu ihrem Kommandanten wählte. Er hat sich
als Kommandant nicht sonderlich hervorgethan. Fisch=
hof ist eines jener wenigen Talente, das eine so ausge=
zeichnete Einseitigkeit besitzt, daß es sich in gar keinen
ihm fremden Wirkungskreis finden, und nur dem nach=
ihm zukommenden, oder nirgend thätig sein kann. Ein
glücklicher Stern führte ihn bald in eine ihm vollkom=
men zusagende Sphäre. Er wurde Präsident des Sicher=
heitsausschusses. Hier zeigte sich Fischhof ganz auf sei=
nem Platze. Er versteht es, wie wenige zu präsidiren,
wie wenige, eine Versammlung zu leiten, ohne sich da=
bei hervorzudrängen, oder etwas anzumaßen. Bezeich=
nend in Fischhofs Erscheinung ist die Ruhe der Haltung,
die Ruhe der Rede. Fischhof spricht immer, aus der
Seele, daher immer zur Seele; man sieht ihm den En=
thusiasmus an, ohne daß man von ihm hingerissen
wird. Fischhof versteht es, wie wenige, zu vermitteln.
Er war eine Zeitlang der Vermittler in den schwierig=
sten Zerwürfnissen öffentlicher sowohl als privater Ver=
hältnisse. Wenn die Debatten des Sicherheitsausschusses,
in denen bekanntlich wenig auf parlamentarische Sitte
Rücksicht genommen wurde, noch so stürmisch vor sich
gingen — ein Wort von Fischhof genügte, um sie zu
beschwichtigen. Es fiel wie ein Oeltropfen ins stürmi=
sche Meer — und rauschender Beifall scholl von allen

Lippen. Nun wurde Fischhof in den Reichstag gewählt, gewählt von Wien, der Kapitale Oesterreichs, zum Vertreter der Einwohner, in deren Mitte die Juden immer nur noch geduldet werden, und eine schmähliche vierzehntägige Aufenthaltssteuer zahlen müssen. Fischhof als Abgeordneter rechtfertigt dies Vertrauen vollkommen; er ist auch der Einzige, dem der Neid und die Gehässigkeit sich nicht nahe trauen. Sein Thun ist tadellos, sein Charakter rein — weil seine Fähigkeiten der Stellung eines Ministerialrathes, die er in ihm hat, nicht gewachsen sein dürften. Wir bedauern es mit Allen, die Fischhof's edler Thätigkeit mit Aufmerksamkeit und Vorliebe zusahen, daß er sich so frühe auf einen Posten begeben, der ihm leider kaum einen festen Stützpunkt gewähren dürfte. Hätte Fischhof gewartet — die Zukunft hätte ihm einen sicheren Wirkungskreis zugewiesen!

Wien, 30. Aug. Die Reaktion erhebt auch hier in dem Centrum der Demokratie ihr Haupt — und der zehnfach politische Renegat Minister Schwarzer ist der Chorführer des Rückschrittes geworden. Dieser Edle von Schwarzer ist ein Judenfeind, weil er die jüdischen Federn fürchtet, die ihn früher, als er ein heuchlerischer Demokrat war, auf die Ministerbank hoben. Unter Metternich hat Schwarzer den Heros der Tyrannei gelobt, in der Revolution hat er die Trikolore aufgepflanzt, und jetzt versucht er es mit der Reaktion, um seinen Ministergehalt ferner zu beziehen. Er soll eine Metternich-Sedlnitzky'sche Maßregel gegen die Juden im Schilde führen: die schwarzgelben-Spießbürger, die verrosteten Aristokraten, die dummdreiste Hierarchie wird ihm zujubeln! Allein der Edle von Schwarzer ist auch nur Maschine, und die Grube in welche er die Freiheit stürzen will, wird auch sein Grab sein. Durch die Feder eines jüdischen Publicisten in Wien ist das Chamäleon Schwarzer ins Ministerium getreten — und nun will er die Juden aus dem Wege räumen. Was wird der Ministerialrath Fischhof sagen? Wird es sich mit seiner Ehre vertragen in einem Ministerium zu sitzen, das feindliche Maßregeln gegen die Juden ergreift? Der Haß der besseren Wiener Bevölkerung lastet auf Schwarzer, den die liberale Partei in gutem Glauben vorgeschoben.

Wahrscheinlich wird die Reaktion hier mit den Juden ihren Anfang machen, da die Juden ihre gefährlichsten Gegner sind. Allein, Ihr Wiener laßt die Juden angreifen, und Eure Freiheit war ein schöner Traum, ein leuchtender Blitz, ein Gedankenstrich in den Annalen Oesterreichs!

Wien, 31. August. Die Würfel sind gefallen! Der Kampf zwischen der Reaktion und dem Fortschritt hat begonnen, und auch hier in dem jung-alten Wien bewährt sich der anerkannte Satz: die Reaktion ist gegen die Juden, die Freiheit für dieselben.

Seit den Arbeiterunruhen, dem feingesponnenen Netze der Renegatenpartei, geht Alles mit Sturmesschritten rückwärts, und da die Juden in Oesterreich auf dem Boden des Gesetzes bis jetzt Nichts erlangt haben, so können sie nur mit Kummer den Machinationen der alten Partei entgegensehen. Dazu kommt, daß der Minister Schwarzer, der leider noch immer Minister ist und der die liberale Partei schnöde verrathen hat, ein Erzjudenfeind ist, und ohne Kenntnisse und ohne Befähigung, nur durch Intriguen auf Kosten der Freiheit sein Ziel zu erreichen strebt. Um die Bourgeoisie zu hätscheln, ist der Herr Minister im Stande, die Freiheit bis auf ihren letzten Kämpfer zu verrathen und die Juden ins Mittelalter zurückzuführen. Wir hoffen, daß dieses schnöde Ministerregiment bald ein Ende nehmen werde, um würdigeren Männern Platz zu machen.

Wien, Ende Aug. Der erste Preßproceß ist hier öffentlich geführt worden — und siehe da, ein jüdischer Schriftsteller, Adolph Buchheim, Redakteur des „Studenten-Kurier", eröffnet den Reigen der Preßprocesse. Er vertheidigte sich sehr scharfsinnig und die Geschworenen haben das „Nichtschuldig" ausgesprochen! Nun werden die tolerirten Juden Wiens ruhig sein, da sie sonst alle Schuld auf die jüdischen Schriftsteller werfen, und in ihrem dolce far niente meinen, ihre Unthätigkeit werde der Welt die Freiheit bringen. — Adolf Buchheim ist der Sohn eines seligen orthodoxen Rabbiners, und so hat die Orthodoxie den ersten Republikaner geliefert.

Frankfurt a. M. im August. Gegen Ende Juli veranstaltete der wackere Dr. Robert Haas im hiesigen Montagskränzchen eine Versammlung, worin die Gründung einer deutschen Nationalkirche besprochen wurde. Gestatten Sie mir, einige Auszüge aus den gehaltenen Reden mitzutheilen. Die Geschichte wird sie zu Protokoll nehmen. Dr. Robert Haas sagte in der Einleitungsrede, um die Vereinigung aller Konfessionen zu Einer Kirche motivirte:

„Meine Herren und Brüder! ich gehe nun einen Schritt weiter; aber dann heißt es selbst im 19. Jahrhundert: bis hierher und nicht weiter. Aber hier komme ich an eine Stelle, wo ich mit Entrüstung reden könnte, und doch will ich mich besinnen, ich will nicht mit Entrüstung reden, ich will meine Rüstung behalten, ich muß aber reden mit dem tiefsten Seelenschmerz, und schaue ich in das Reich des Geistes, dann sehe ich in diesem Augenblicke den Genius der Menschheit, wie er sein Angesicht in die tiefste Trauer hüllt und blutige Thränen weint. Ich deute räumlich damit an den Fluch, der seit 18 Jahrhunderten und zwar im Namen einer Kirche, die sich vorzugsweise die Kirche der Liebe nennt und nannte, unsere israelitischen Brüder in unsäglichen Formen mißhandelt hat, und warum? Nur um eines Wahnes willen, der freilich von jeher der schrecklichste der Schrecken war. Man hat gesagt, im alten Testament herrsche nur ein zorniger Jehova und es sei nur ein Gesetz, was von der Furcht diktirt sei und nur aus Furcht befolgt werde. Man hat gesagt, diese Israeliten haben den nicht anerkannt, der ihnen in Liebe und Aufopferung Heil und Rettung bringen wollte. Man hat aber schon hier vergessen, daß es auch Juden waren, die uns das Christenthum gebracht haben, das nur einen praktischen Begriff, nur eine die Grenzen Judäa's überschreitende und die Welt umfassende praktische Mission hatte, wie auch der Meister Jesus selber sagte: „Ich bin nicht gekommen, das Gesetz aufzulösen, sondern in Erfüllung zu bringen," und „daran will ich erkennen, ob meine Jünger seid, so ihr Liebe unter einander habt." Aber meine Herren und Brüder! Es ist ein Spruch gerade im neuen Testamente der heißt: „Forschet in der Schrift, prüfet Alles und behaltet das Beste!" Nun ich habe dies gethan, ich habe dies 11 Jahre gethan, und habe an jedem Tage mehr gefunden, daß in beiden Testamenten eine Lehre und ein Glaube ist, daß in beiden zwei Bildungsstufen sind, die sinnlichere und die geläuterte und daß letztere die Anhänger des alten und die des neuen Testamentes in einer religiösen Ueberzeugung vereint. Ist es nun nicht ein furchtbarer Wahn, der die Geisel über die Israeliten schwang, weil sie eben dieser Lehre treu geblieben waren, weil sie nicht Christen werden wollten, um nicht aus dem Regen unter die Traufe zu kommen, und nicht kirchlich-dogmatischen Wust anzuerkennen, während sie, wenn auch nicht von einem eiteln Ceremoniendienst und von manchem talmudischen Unsinn, doch von verknöcherter symbolischen Lehre befreit, auf die heilige Schrift gewiesen waren. Meine Herren und Brüder! es könnte aber Jemand sagen, jene Einheit der Lehre sei eine seltsame Behauptung, indem ich zugebe, daß die Vorurtheile mit der Muttermilch eingesogen sind und ich sie selber auch eingesogen hatte, so stark, daß sie mir erst nach Jahren in meinem Amte vor den biblischen Sonnenstrahlen wie Schuppen von den Augen gefallen sind. Nehmen Sie dies vor der Hand nur mit Vertrauen auf, ich werde es der Welt, der Oeffentlichkeit nachweisen, biblische Zeugnisse werde ich geben. Vielleicht sind Manche unter Ihnen, die denselben dann ihre nähere Aufmerksamkeit widmen werden, aber damit Sie Alle schon jetzt einen Kern-Beleg für jene Einheit der Lehre des alten und neuen Testamentes haben, so will ich Ihnen die Quintessenz dieser Einheit in folgenden sieben Sätzen mittheilen.

1.

Wir glauben an den einigen Gott nach dem geläuterten Geiste biblischer Offenbarung, den Schöpfer und Regierer des Himmels und der Erde, in dem wir leben, weben und sind, an den Vater des Lichts und der Vollkommenheit.

2.

Wir sehnen uns darnach und kämpfen darum, Gott ähnlich zu werden.

3.

Das Gebot des Vaters im Himmel ist der einzige Beweggrund unseres freudigen Gehorsams, der uns in Begeisterung und Liebe, zunächst mit dem Vaterlande, auch mit aller Menschheit verbindet.

4.

Wir glauben, daß uns die Gnade Gottes nur in der eigenen Erneuerung unserer freien und selbstaufopfernden Gesinnung den verlorenen Frieden wieder zurückgibt.

5.

Wir glauben, daß jeder Menschensohn durch geistige Veredlung zum Gottessohne wird und in dem Maaße er die Erlösung der Menschheit vom Uebel fördert, messianischen Charakter hat.

6.

Wir glauben, daß die geistliche Wirksamkeit und kirchliche Erbauung nur mit dazu dienen soll, selbstthätige Frömmigkeit für alle Verhältnisse des bürgerlichen und menschlichen Lebens zu erregen.

7.

Wir glauben an das ewige Leben, den sicheren Fortschritt der Wahrheit in ihrer unwiderstehlichen Kraft, den unausbleiblichen Sieg des Rechts in seiner göttlichen Macht, an die stets vollkommene Entfaltung des Reiches Gottes und an den Himmel auf Erden."

(Beschluß folgt.)

Oesterreichische Nebenländer.

Lemberg, 12. Aug. Ich muß Ihnen über eine seltsame Erscheinung berichten, die meines Wissens, weil nicht ganz neu doch sehr selten ist. Da erscheint hier in der bekannten jüdischen Druckerei des Hrn. Madfis eine Zeitung mit hebräischer Quadratschrift, letztere in jüdisch-deutscher Sprache und wie mit den ähnlichen russischen Drucken, ist das Deutsch noch zum Ueberfluß punktirt. Ich muß bemerken, daß der Inhalt durchaus nicht jüdisch ist, sondern die Weltbegebenheiten überhaupt und vorzüglich wird alles von demokratischem Standpunkte angesehen. Der Titel ist שמש das Format quart und allwöchentlich erscheint ein Bogen und 17 Nummern sind bereits erschienen. Der Zweck des nichtgenannten Herausgebers scheint zu sein, der ungebildeten jüdischen Masse die Tageserscheinungen vorzuführen und sie für das politische Leben empfänglich zu machen. Etwas Aehnliches hatten wir vor 46 Jahren, da erschien ידיש דײטש מאנאטסשריפט ערשטער באנד, Brünn, 1802, 8 in gleichem Sinne, aber auch hier hat man schon Fortschritte gemacht.

Peſth, 10. Aug. (Fortſetzung.)

Herr Präſes ſpricht ſomit das tägliche Diurnum von fl. 4 als Beſchluß aus — und zwar beginnt das Diurnum für die zehn Mitglieder der Vertretung, vom Tage an, wo ſie als gewählte Mitglieder der Vertretung ihre Reiſe antreten, um ihre Wirkſamkeit in Peſth zu beginnen, und dauert bloß für die Zeit ihrer Anweſenheit in Peſth während des Landtages, und bis dieſelben wieder nach Hauſe gekommen ſein werden — für jene Zeit, wo kein Landtag gehalten wird, wenn derſelbe auch nur unterbrochen wäre, wird kein Diurnum bezahlt.

d) Aus welchem Fonde ſoll die Bezahlung der Diurnen fließen?

Die Diurnen werden von den Intereſſen des Toleranz-Taxfondes gegen Anweiſung dreier Mitglieder der Vertretung ausbezahlt, und iſt das Toleranz-Tax-Verwaltungs-Komite — ſo wie Hr. Kaſſir Jacob Kern von dieſem Beſchluſſe der General-Verſammlung mittelſt Auszugs dieſes Protokolls zu verſtändigen.

e) Soll die Vertretung für die ganze geſetzliche Dauer dieſes bereits eröffneten Landtages, nämlich auf einen 3jährigen Cyklus, oder bloß auf die Dauer eines Jahres gewählt werden?

Ueber dieſe Frage wird abgeſtimmt.

Für 1 Jahr ſtimmten 24, nämlich: Abauj, Bács, Baranya, Beregh, Borſod, Comorn, Heves, Lipto, Neograd, Neutra, Sáros, Somogy, Szábolcs, Zala, Tolnau, Ungvár, Weszprim, Weißenburg, Zips, Zemplin — Stadt Ofen, Caſchau, Fünfkirchen und Trentſchin.

Für 3 Jahre ſtimmten 8 — nämlich: Arad, Békés, Bihár, Kraſſa, Raab, Torontal, Ugocſa, Szegedin.

Oedenburg ſtimmt für die Dauer des jetzt eröffneten Landtages.

Preßburg, Trentſchin, Veröcze und Wieſelburg haben nicht geſtimmt.

Stadt Peſth hat ſich elidirt. —

Die entſchiedene Majorität ſtellt ſich ſomit für 1 Jahr heraus und wird es als Beſchluß ausgeſprochen, daß die zu wählende Vertretung auf 1 Jahr, das iſt bis 1. Auguſt 1849 in Wirkſamkeit bleibt; ſollte aber damals eben noch eine ungariſche Landtags-Verſammlung beiſammen ſein, ſo wird die obige Friſt bis zu Ende der damaligen Landtags-Periode verlängert.

In dem Falle aber, wenn unſere bürgerliche Gleichſtellung, wie zu hoffen ſteht, noch vor Ablauf dieſes Jahres erlangt würde, ſo hört die Funktion der Vertretung vom Augenblicke der königlich erlangten Sanktion gleich auf, da dieſelbe dann ihre Aufgabe auf das wünſchenswertheſte gelöſt haben wird — ſollte aber bis zum Ablauf dieſes Jahres die Frage unſerer Gleichſtellung nur theilweiſe, oder Gott bewahre noch gar nicht erledigt ſein, ſo wird ſodann die General-Verſammlung abermals zuſammentreten, und die weiteren Maßregeln beſtimmen. Es ſteht aber der Vertretung frei, auch während des Jahres bei außerordentlichen Fällen eine General-Verſammlung einzuberufen. Auch die Einberufung jedes einzelnen Jsraeliten wird der Vertretung zur Pflicht gemacht, ſo oft die perſönliche Gegenwart deſſelben ihr nothwendig erſcheint, und jedes ſolcherweiſe einberufene Individuum hat ebenfalls während ſeiner Anweſenheit und Funktion in Peſth während der Landtagszeit ein Tags-Diurnum von 4 fl. KM. zu erhalten, inkluſive der Reiſeſpeſen.

10. Nach vorangegangenen Beſtimmungen wurde die Art und Weiſe der vorzunehmenden Wahl in Berathung gezogen.

und die Motion des Herrn Doktor Schön aus Zemplin mit der Modifikation des Hrn. Dr. Rott aus Caſchau zum Beſchluß erhoben. Es ſoll nämlich ein jeder der 4 Diſtrikte 10 taugliche und fähige Individuen nach ſeinem beſten Wiſſen aufzeichnen, und in der General-Verſammlung vorlegen, damit die Wähler mit 40 beſähigte Individuen vertraut werden, und die Würdigen und Fähigen, wenn ſolche in mehreren Diſtrikten zugleich bezeichnet werden, eo ipso ſchon die Aufmerkſamkeit der Wähler auf ſich ziehen, dann ſkrutinirt jede einzelne Jurisdiktions-Gemeinde mit Benutzung dieſer vorgeſchlagenen Liſte von 40 Perſonen — jedoch ohne gerade auf die daſelbſt bekannten Individuen beſchränkt zu ſein — 10 Individuen nach eigener Wahl und Einſicht, — die Scrutin's werden dem Hrn. Präſes überreicht, öffentlich ausgemittelt, und diejenigen 10, welche die meiſten Stimmen erhalten haben werden, bilden ſodann die Vertretung auf die abgeſtimmte Dauer. —

11. Herr Präſes trägt darauf an, daß die Rechnungen der Toleranz-Taxe, durch eine eigends zu ernennende Kommiſſion unterſucht werden ſollen. —

Wird genehmigt, und zu dieſem Behufe aus jedem Diſtrikte 2 Abgeordnete exemittirt, und zwar:

Dieſſeits der Donau. Hr. Philipp Bettelheim, Preßburg, Hr. Daniel Popper, Bács.

Jenſeits der Donau. Hr. Theodor Guthardt, Weszprim. Hr. M. Fiſcher, Herenda.

Dieſſeits der Theiß. Hr. Heinrich Winter, Saros. Hr. J. Schwarz, Zemplin.

Jenſeits der Theiß. Hr. J. N. Sichermann, Zemplin. Hr. Marc. Weiszbach, Ungvar.

12. Der hier beſtehende Peſti Jszl. Magyaregylet macht die ſchriftliche Vorſtellung.

a) Nachdem er es ſich zum Zwecke geſtellt, außer ſeinem bisherigen Wirken in der Tagespreſſe thätig zu wirken, und vorzüglich die Intereſſen der Jsraeliten des Vaterlandes ſorgſam zu überwachen, welches aber auch mit vielfachen materiellen Opfern verbunden iſt, ſo möge die General-Verſammlung ihn durch einen Beitrag in ſeinem Unternehmen unterſtützen.

b) Da er den bereits voriges Jahr mit ſo vielem guten Erfolg erſchienenen Naptár und Evkönyv für dieſes Jahr fortzusetzen gedenkt, so mögen die einzelnen Gemeinden ihm durch Angabe nöthiger statistischer Daten, über die Zahl, Eigenschaft, Beschäftigung ihrer israelitischen Einwohner, deren Matrikel-Verhältnisse, Zahl der israelitischen Soldaten, Nationalgarten, Freiwilligen, der Institute, der Studirenden, der Schuljugend, der Verbrecher und Sträflinge und deren Verhältniß zu den übrigen Konfessionen ꝛc. an Händen gehen, um zum Wohle der Gemeinden etwas Komplettes liefern zu können.

c) Führt derselbe Beschwerde über so viele Gemeinden, die jene ihnen zugeschickten Exemplare des Naptárs noch bis heute nicht berichtiget.

(Fortsetzung folgt).

Brody, im Sptbr. Die Mildthätigkeit und der humane Sinn der hiesigen Juden zeichnet sich besonders bei der Cholera aus. Sehr namhafte Summen wurden für die Einrichtung von Krankenhäusern gezeichnet und für je zwanzig Häuser ist ein Krankenhaus errichtet, worin zehn kräftige Männer wachen, im Falle die Erkrankten der Hülfe nöthig haben sollten.

Polen und Rußland.

Petersburg, im Aug. Ein Ukas vom 1. dieses Monats verordnet zum zweiten Male, daß hier eine Rabbiner-Kommission bestehen solle. Schon durch die Bemühungen Lilienthals kam vor einigen Jahren eine solche Rabbiner=Kommission, angeblich aus den Wahlen der Gemeinden hervorgegangen und aus vier Mitgliedern und einem Präsidenten bestehend, zu Stande und wie verfehlt der Zweck dieser Kommission war, ist allgemein bekannt. Der wiederaufgenommene Plan nun nichts besser als der frühere. Es heißt, die Gemeinden, deren es in Rußland über 2,000 giebt, sollen 5 Personen wählen, von welchen einer Präsident der Kommission sein soll, diese Rabbiner=Kommission soll ihren Sitz in Petersburg haben und alljährlich auf zwei Monate zusammentreten. Ihre Thätigkeit soll darin bestehen, daß sie der höchsten Behörde in Bezug auf jüdische Angelegenheiten beistehe, namentlich durch Abgabe von Gutachten in religiösen Fragen. Aber wir müssen es offen gestehen, daß dieser Ukas in solcher Fassung nicht nur ganz unsinnig ist, sondern sogar im höchsten Grade dumm, da weder die Regierung noch die Juden dabei etwas erreichen. Schon die Mitgliederzahl der Kommission für mehr als 2000 Gemeinden ist eine Lächerlichkeit und man darf es dreist behaupten, daß unsere zwei Tausend Gemeinden wohl 200 Deputirte für eine solche Kommission wählen könnten, worunter sich vielleicht eine Majorität von Männern des Vertrauens

herausstellen würde, gegenwärtig aber nicht im Stande ist, 5 Personen des Vertrauens zu wählen. Dann ist der Sitz in Petersburg, wo die Kommission alle Spur der Selbstständigkeit verlieren muß, gewiß ein Fehlgriff, ferner das Zusammentreten auf zwei Monate und endlich die Begrenzung ihrer Thätigkeit. Ohne mich auf eine Kritik dieses Ukases, der ohnedies zu den nicht auszuführenden zu gehören scheint, einzulassen, glaube ich, insoweit ich die hiesigen Zustände kenne, daß nur eine permanente Synode von wenigstens 50 Mitgliedern die über Schul=, Lehrer= und Rabbinerseminarien wie auch über Kultusanordnungen zu wachen hat, vielleicht etwas helfen kann.

Personalchronik und Miscellen.

Modena, Aug. An dem Tage, an welchem die Oesterreicher hier einzogen, kam zugleich eine Schaar Bauern aus der Umgegend, um besonders die Juden zu plündern. Militär und Nationalgarde haben die Rotte auseinander getrieben. Müssen denn die Juden überall die Sündenböcke der Geschichte sein?

* * *

Wien. Hier kann man kaum etwas Hebräisches mehr drucken lassen, da der Satz sehr theuer ist.

* * *

Frankfurt a. M. Unsere Gemeinde geht, durch die neuesten Reformbestrebungen, einer großen Krisis entgegen; das Band wird immer lockerer, und die fremdartigen Elemente werden sich scheiden.

* * *

Pesth. Ein gewaltiges Schisma bedroht die hiesige Gemeinde durch den Reformverein. Die Orthodoxie ist einerseits schroff, die Reformwuth andererseits zügellos.

* * *

Berlin. Dr. Stern ist Präsident des konstitutionellen Vereins. Mehre der besten Volksredner sind Juden (Ottensosser, Löwinsohn u. s. w.).

* * *

Paris. Cremieux war in dem Ausschusse zur Entwerfung einer Verfassung für die franz. Republik.

* * *

Leipzig. In Sachsen beruft man sich noch auf ein Gesetz von 1746 in Betreff der Juden, bei den Messen nämlich.

Verlag von C. L. Fritzsche.　　　　　Druck von I. H. Nagel.

Der Orient.

Berichte, Studien und Kritiken

Neunter — für — **Jahrgang.**

jüdische Geschichte und Literatur.

Herausgegeben

von

Dr. Julius Fürst.

Das Abonnement auf
ein Jahr ist 5 Thlr.
Man abonnirt bei allen
löbl. Postämtern und
allen solid. Buchhand=
lungen auf ein Jahr.

Von dieser Zeitschrift
erscheinen wöchentlich
das Literaturblatt mit=
gerechnet, zwei Bogen,
und zwar an jedem
Dienstag regelmäßig.

№ 39.　　Leipzig, den 23. September.　　**1848.**

Deutschland's vereinigte Staaten.

Frankfurt a. M., 26. Aug. Der heutige Tag muß in der Geschichte Israels als ein Freudentag eingeschrieben werden; denn heute ging endlich die Sonne der Freiheit für uns auf und der §. 13 der Grundrechte des deutschen Volkes verschaffte uns das so lange vorenthaltene Recht. Noch einmal ließ sich, wie eine Stimme aus dem Grabe, aus dem Munde des Abgeordneten Moritz Mohl, das letzte Stöhnen des Judenhasses vernehmen, aber das beredte Wort Rießers — der als erster und würdigster Kämpfer für unsere Emancipation den wohlverdienten Lohn erhielt, auch das letzte entscheidende Wort hier zu reden — zerriß das trügliche Gewebe des Vorurtheils und der Lüge, und der Satz „durch das religiöse Bekenntniß wird der Genuß der bürgerlichen und staatsbürgerlichen Rechte weder bedingt noch beschränkt" wurde von der Mehrzahl angenommen. Aber auch das innere konfessionelle Leben tritt wie das bürgerliche und politische durch den unter allgemeinem Jubel angenommenen §. 11 „Niemand ist verpflichtet, seine religiöse Ueberzeugung zu offenbaren, oder sich irgend einer religiösen Genossenschaft anzuschließen" in ein neues Stadium. Eine Alle befriedigende Einigung wird dadurch erzielt, weil nunmehr jede Glaubensansicht, jede individuelle Meinung sich geltend machen und mit Gleichgesinnten zu einer

selbstständigen, unabhängigen Gemeinde konstituiren kann. Eine schöne Mannigfaltigkeit, wie in der Natur, wird nunmehr in Kultus und Glaubenssachen auf dem grünenden Boden der Freiheit erblühen, eine Mannigfaltigkeit, welche die Eintracht und Brüderlichkeit nicht mehr stören wird. An die Stelle tyrannischer Bevormundung des Staates und zuweilen auch der Gemeindevorstände, die hier die Stabilen, dort die Reformer beherrschten und unterdrückten, tritt der freie Wille des Individuums, diesem oder jenem oder auch gar keinem Kultus beizutreten. Und fürwahr, die Zahl Derjenigen ist nicht klein, die eine höhere Gottesverehrung erstrebt haben, als die, welche an Zeit und Ort gebunden ist; und auch die Wahrheit wird bald durchdringen, daß das Judenthum nur Jugendlehrer, aber keine Geistliche oder Rabbiner, nicht einmal zu kirchlichen Trauungen bedarf. Wozu nun das Geld der Gemeinden und die Intelligenz einer Geistlichkeit zu einem unnützen Bau vergeuden? „Wer allgemeinen Glauben will ohne den Aberglauben, sagt ein Weiser, der verlangt kindisch ein Licht ohne Schatten"; wer aber einen reinen Glauben ohne Kultus will, der verlangt das Mögliche — ein Sonnenlicht ohne trübes Gewölk. Ein solches Licht wird aber uns aufgehen, wenn die Wellenschläge der freien religiösen Entwickelung sich nicht zerschellen an den Quadersteinen der sogenannten Gotteshäuser, wenn die Flamme fanatischer Glaubenskämpfe keine Nahrung mehr finden in dem Brennmaterial, das künstlich von einer Geistlichkeit fabrizirt wird. Jedes Haus muß ein Tempel, jeder Israelit ein Priester des Herrn und die Brüderlichkeit das Band der Liebe sein, das Alle umschlingt.

Sehr zur Unzeit taucht daher auch auf einmal bei den Rabbinern der Gedanke auf, eine Synode zusammenzurufen, deren Zweck wir uns nicht einmal klar machen können! Der §. 11 steht jeder Synode hindernd im Weg, weil sie jetzt weder eine materielle noch eine moralische Kraft hat, irgend welche für eine Gesammtheit bindende und rechtsgiltige Beschlüsse fassen zu können, sei es in Religions- oder Gemeindeangelegenheiten. Der historische Rechtsboden ist durch erwähntes Gesetz annullirt und die Gemeinden sind nur auf den freien Willen aller Mitglieder hinsichtlich ihrer inneren Organisation, in jeder Beziehung hingewiesen. Eine Gemeinde oder religiöse Genossenschaft kann als solche fortan nur aus vollkommen übereinstimmenden Individuen bestehen, wo sich solche Gleichgesinnte zusammenfinden, müssen sie ihre religiösen und Gemeindeangelegenheiten ohne Zuthun von außen nach ihren Verhältnissen und Mitteln einrichten. Beschlüsse einer Majorität, die, wie bisher auch für die widerstrebende Minorität bindend und rechtsgiltig sein sollen, solche Beschlüsse haben keine Kraft mehr; denn diese Minorität hat nunmehr das früher bestrittene Recht, sich selbstständig zu konstituiren und braucht zu den Lasten der Majorität nicht beizutragen. Zu einer Synode können daher auch nur solche Genossenschaften delegiren, die aus vollkommen Gleichgesinnten bestehen. Wo findet sich aber jetzt schon, außer in Berlin und Breslau, solche Genossenschaften? Besteht nicht jede noch so kleine Gemeinde aus mancherlei Meinungsschattirungen, die ebensowenig einem Synodalbeschlusse ihre Ansichten unterordnen werden, wie weiland der Rabbinerversammlung? Und wie weiter, wenn — was doch nicht unwahrscheinlich ist — die Synode selbst sich in Minorität zerspaltet, die wiederum in Synoden zusammentreten werden, welche Einheit kann also erstrebt werden? — Die Geld- und Rechtsverhältnisse der Gemeinden werden allerdings erschüttert, die Gemeindeeinkünfte nothwendig verringert, weil das junge Deutschland, die heranwachsende Generation, nicht mehr gezwungen werden kann, einem Gemeindeverbande beizutreten und den Genuß einer Predigt mit einer schweren jährlichen Steuer zu bezahlen; aber dieser durch ein Reichsgesetz geschützten Freiheit kann keine Synode entgegenarbeiten, die demnach zwecklos, null und nichtig ist und höchstens uns die frühere Komödie einer Rabbinerversammlung wieder vorführen kann, Parlamentschens spielen wird, vielleicht auch das Judenthum mit neuen Gebet- und Erbauungsbüchern beglücken, das Institut der Schabesgojes restituiren oder das durch die nunmehr gesetzlich einzuführende Civiltrauung überflüssig gewordene kirchliche durch eine neue Form frische Erhaltungskraft zu geben ad usum rabbinicum. Der gesunde Sinn der Gemeinden wird seinen Standpunkt erkennen und festhalten und dem freien Willen der Jugend manches Opfer bringen; die Zerwürfnisse werden ohne Synode im Schoße der Gemeinde ausgeglichen werden; denn

„Draußen zu wenig oder zu viel,
Zu Hause nur ist Maaß und Ziel".

Prag, im Sptbr. Unter der Ueberschrift: „Die Juden in Prag" bringen die Sonntagsblätter folgende trübe Schilderung von hier: „Wir haben diese Blätter aus Rücksicht für den Redakteur derselben nie zur Rennbahn des Kampfes gegen religiöse Unduldsamkeit und Judenfresserei machen wollen. Wenn aber diese beiden traurigen Passionen einer vergilbten Zeit sich in so lächerlichem Grade als es in Prag der Fall ist, noch konservirt haben, so glauben wir jene kleinliche Rücksicht nicht beachtet und dem unnatürlichen, dem Geiste der Neuzeit durchaus entgegengesetzten Benehmen des Prager Spießbürgerthums mit dem entschiedensten Urtheile der Indignation entgegen treten zu müssen. Wir haben nicht absprechen wollen über die Höhe der politischen Bildung und Humanität des Bürgerthums der zweiten Stadt Oesterreichs, als uns die Kunde schmählicher Judenkrawalle zukamen. Wir glaubten gerne, die Triebfeder jener Verfolgungen sei das Geld einiger mißsüchtiger Krämer gewesen, und Schreiber dieses schloß sich gerne der Ansicht derjenigen an, die überzeugt sein wollten, die Gesammtheit Prags habe keinen Theil an dergleichen Mainzer- und Preßburger Geschichten, und müsse sie nur dulden, weil sie leider keine andere Abwehr gegen dieselben hat, als ihren Unwillen. Wir haben auch nicht absprechen wollen über den hohen Grad von Humanismus, als das Prager Bürgerthum so menschenfreundlich war, ohne daß irgend eine Gefahr gedroht hätte, die jüdischen Bewohner Prags von dem Institute der Garden auszuschließen, blos um sie vor Mißhandlungen zu wahren, etwa wie Jemand bei Sonnenschein nicht ausgehen will, weil er fürchtet, daß es denn doch vielleicht regnen könnte. Haben wir auch die Nothwendigkeit nicht einsehen können, warum man sämmtlichen außerhalb des Ghette's wohnenden Juden gebot, kürzester Frist ihre Wohnungen zu räumen, und sie nöthige ohne Rücksicht auf die Unmöglichkeit im ohnehin bis zum Erbarmen überfüllten und überwohnten Judenviertel sich ein Unterkommen zu suchen; so wagen wir doch so leichtgläubig auch hierin eine Maßregel der Humanität zu sehen. Die Prager Bürgerschaft wollte ja offenbar die Juden nur deshalb auf einem Haufen beisammen haben, um sie desto besser beschützen — — zu können! Doch wozu noch weiter Ironie? Ironie ist eine Geißel für klare Seelen, so wie ein Hauch hinreicht einen klaren Spiegel zu trüben. Geister, in denen die Nacht von fünf Jahrhunderten wohnt, nehmen Ironie für Wahrheit, und bedürfen der Fackel der ausgesprochensten Verachtung, weil es in ihnen nur etwas anfangen soll zu dämmern. Wir hätten geschwiegen; wir hätten die Schandflecke des grauenhaftesten Intolerantismus dem Griffel der Geschichte zu verhüllen gesucht, weil wir nicht die Ueberzeugung gewonnen hätten, daß das Prager Bürgerthum es für Ehrensache ansieht, mit ihnen behaftet in das Buch der Geschichte hinüberzugehen. Ehrensache ist es für den Bürger Prags, es durchaus nicht zu dulden, daß ein Mensch, der nicht Christ ist, übrigens aber die Lasten eines Staatsbürgers nicht minder trägt, als irgend Jemand; neben ihm stehe in Reihe und Glied, um Haus und Hof, Stadt und Heerd, Leben und Gut, Recht und Freiheit zu schützen. Ehrensache ist es für ihn, daß er stolziren kann durch die alte Königstadt und dem besuchenden Franzosen, Engländer, Nordamerikaner, Preußen u. s. w. mit erhebendem Bewußtsein sagen kann: „Sehen Sie, in allen diesen Straßen darf kein Jude wohnen. Finden Sie das nicht echt christlich? Ist es nicht bei Ihnen in Frankreich, England, Nordamerika, Preußen, Baden, Würtemberg auch so? — Und wenn es nicht ist, so reisen Sie doch geschwind nach Hause, und trachten Sie, daß man die Juden alle in ein Viertel zusammensperrt, denn die Juden sind gar gescheidt und industriös und spekulativ, und sie begreifen, daß wir Prager Schwachköpfe ihnen darin nicht Stich halten können!—" Es ist aber in der That entsetzlich, und wer noch irgend eine Sympathie für die schöne Hauptstadt Böhmens hegte, muß sie ersterben sehen, wenn man bedenkt, wie in einem Jahre, wie jenes von 1848, wo die mittelalterlichen Banden des ausschließenden auf religiösem Bekenntnisse und feudalistischen Prinzipe ruhenden Spießbürgerthums fast überall und selbst in Oesterreich mit einem Schlage gesunken, es eben in diesem herrlichen Oesterreich noch eine Stadt geben kann, die überdieß den Ruf einer noch höhern Bildung als Wien sich gerne gefallen ließ, die Banden oder besser Schranken nicht nur nicht gesunken, sondern dem aufgestellten und bestehenden Gesetze zuwider noch strenger gezogen werden. Nach dem Gesetze ist jeder selbstthätige Staatsbürger verpflichtet in die Volkswehr zu treten. Die Einwohnerschaft keines Ortes, keiner Stadt, keiner Provinz hat das Recht, Jemanden, der selbstständiger Staatsbürger ist, seines Glaubensbekenntnisses wegen von dieser Pflicht zu entbinden, oder gar auszuschließen. Das Prager Bürgerthum allein wagt es, dem Gesetze entgegen zu treten. Das Prager Spießbürgerthum allein in seiner aufgeblähten Hohlheit ist so durch und durch der Zeit fremd und abhold, daß es in einem Augenblicke, wo alle Privilegien der Geburt ausgestrichen werden aus den Grundgesetzen Oesterreichs, auf Grundlage des Zufalls, als Christ geboren zu sein, aus der Pflicht in den Reihen der Volkswehr zu stehen, ein Privilegium machen will. Wer die Volkswehr so auffaßt, dessen Geist ist wohl der Waffenspielerei, der Parade an Festtagen, keineswegs aber dem hohen Begriffe einer Volkswehr gewachsen! Wie kann der das Wort Freiheit im Munde führen, das Wort Demokratie auszusprechen wagen, dem ein Glaubensunterschied genügt, um zwischen Staatsbürgern, die gleiche Interessen binden sollten, eine Scheidewand zu stellen. Rom hat die Pforten des Ghetto's geöffnet; das katholische Sardinien trägt nicht, was der, die Waffe ergreift, in religiöser Beziehung bekennt. — Prag hat die Juden ins enge Viertel zurückgedrängt, Prag, das ewig und ewig so gerne mit dem Oesterreichthum prunkt, hat eines der herrlichsten und freisinnigsten Gesetze Oesterreichs mit Füßen getreten, es hat den Juden seines Bekenntnisses wegen von jeder Wahl und jeder Wählbarkeit ausgeschlossen, während der Jude nach dem Wahlgesetze nicht nur in allen Provinzen Oesterreichs wählen, sondern auch gewählt werden durfte. Wir wollen nicht auf die boshafte, sich selbst schändende Weise zurückkommen, wie die Prager Stadtverordneten — also die Vertrauensmänner der dortigen Bourgeoisie — diesen schmachvollen Akt begangen; wir wollen nicht erwähnen, wie sie uns Geisteskranke und Wahnsinnige, dann Verbrecher, und endlich die Juden in ihrem Exklusivgesetze nannten; man könnte Schwindel bekommen, wenn man hinblicken wollte in die bodenlose Tiefe, in den stockfinsteren Abgrund von antidiluvianischen Seelen, die ungebildet, unklug, dumm, boshaft genug sein konnten. ihre Krähwinkelei so zu fassen! Verschweigen können wir jedoch, daß wir gerne nach solchen Geschehnissen, selbst wenn wir die Speichelleckerei gegen einen Säbelbramarbas abrechnen, zu glauben geneigt sind, der deutsche Geist sei wirklich in Prag ein Fremdling! Politik mit Glaubenssachen so in einer Haise werfen, so fanatisch sein, kann Niemand, den deutsche Bildung durchströmt. Aber auch kein echtes Oesterreichthum ist es; denn das hat sich selbst in jenen Provinzen, die nicht zu Deutschland gehören, als ein herrliches, freisinniges herausgestellt! Was bleibt dann noch! O wir erkennen die Spuren des blutigen Ostens in dem herrlichen, freisinnigen, unglücklichen Prag!

Wien, im Sptbr. In den fortgesetzten Reichstags-Silhouetten bringen die Sonntagsblätter eine kurze Skizze über **Josef Goldmark**, die wir hier mittheilen. „Goldmark ist am 15. August 1818 zu Keresztur in Ungarn geboren, und im österreichischen Reichstage einer der vier Abgeordneten, die der israelitischen Konfession angehören. Ohne irgend eine umfassendere Vorbildung genossen zu haben, als bekanntermaßen an den schlechteren ungarischen Gymnasien ertheilt wird, kam er nach Wien, um hier die philosophischen und medicinischen Studien durchzumachen. Goldmark hatte während seines ganzen bisherigen Aufenthaltes in Wien weder literarisch, noch wissenschaftlich irgend wie Aufmerksamkeit erregt, oder irgend eine Thätigkeit entwickelt, wenn man abrechnen will, daß er unter seinen Mitschülern als braver Chemiker, in so weit die Chemie aber mit der Medicin in Berührung kommt, bekannt war. Ein Witzkopf bemerkte: Wie kommts, daß Goldmark, da er als Chemiker tüchtig reagiren muß, nicht bei der reaktionären Partei wirkt. Ob man dem Professor Schrötter die Entdeckung des rothen Fosfors zu verdanken habe, ist unentschieden, wiewohl die Meinung sich zu Gunsten Goldmarks neigt. In den ersten Tagen des Freiheitskampfes hatte Schreiber dieser Zeilen Gelegenheit, Goldmark fortwährend nahe zu sein, und könnte nicht behaupten, daß die Thätigkeit, die dieser damals äußerte, sich auf etwas mehr, als die Leitung kleiner Schaaren Studierender erstreckte, an deren Spitze sich zu stellen, ihm durch den angebornen Drang und die angeborne Gabe, mehr als laut zu sprechen, leicht gelang. Goldmark that damals wirklich Uebermenschliches. Wir begegneten ihm am 13. März, da er bereits ganz heiser war, und dennoch kommandirte. Nicht unerzählt dürfen wir lassen, daß Goldmark am 15. März Vormittags, als Graf Hoyos die ganze akademische Legion durch sein Kommando nach Reindorf, außerhalb der Linien Wiens, dislocirt wissen wollte, und als die Legion mit aller Festigkeit sich dieser strategischen Zumuthung widersetzte, und nicht vom Platze zu weichen schwur, bis Koncessionen gemacht wären, derjenige war, der mit den letzten Resten seiner Stimme dem Grafen zu folgen aufforderte. So ehrlich dies vom Gesichtspunkte der Subordination war, auf die sich Goldmark berief, so politisch kurzsichtig war es auch; denn über das, was gekommen wäre, wenn die Legion sich hätte vor die Stadt hinaus führen lassen, waren die Stimmen nicht getheilt. Goldmark sammelte bald darauf eine Kompagnie von Medicinern um sich, deren Hauptmann er wurde. Als solcher wurde er in den Ausschuß zur Beurtheilung des Preßgesetzes gewählt, wo sich die Grundzüge seiner parlamentarischen und politischen Sprech- und Handlungsweise bald herausstellten. Die Heftigkeit und Ungeduld, wie sie begabten Menschen, wenn ihnen die Ruhe der gründlichen Bildung abgeht, eigen ist, ließen Goldmark bereits damals hervorstechen. Nach dieser Zeit wurde Goldmark der tägliche Redner auf der Aula, und Präsident des Studentenkomité's, bis sich dies mit dem Ausschusse der Nationalgarde und Bürger zum Sicherheitsausschusse vereinigte. Mit dem Studentenkomité ging auch Goldmark in den Sicherheitsausschuß über, und gewann zuerst durch seine Thätigkeit am 15. Mai eine Popularität, die er durch sein, wenn nicht in den Aeußerlichkeiten nachahmenswerthes, doch der Tendenz nach stets radikales Benehmen im Sicherheitsausschuß, zu bewahren wußte. Dieser Popularität verdankte er seine Wahl in den Reichstag, in dessen Sitzungen er alle ihm angeborne Ueberheftigkeit

und Hast mitbrachte, und anfangs geltend zu machen suchte. In einer Körperschaft, die durchgebildete, politische und Rednerfähigkeiten zu ihren Mitgliedern zählt, ließ Goldmarks Klugheit ihn bald erkennen, daß Mäßigung der beste Weg sei, die gewonnene Popularität nicht zu verlieren. Jede Kraft hat ihre Tragweite. Auch Goldmarks angeborne Fähigkeiten haben die ihrige, und wir müssen befürchten, daß sein Temperament und der Abgang tieferer Bildung ihn dieselbe verkennen lassen. Auf die Massen mag Goldmark wirken, und da sahen wir ihn so oft auf seinem Platze. Als Mann der Massen sitzt er auch auf den Deputirtenbänken. Als Redner im Parlamente kann er nie Bedeutung gewinnen, weil da nicht Leidenschaftlichkeit, sondern Geist, nicht Hast und Heftigkeit, sondern Ruhe und Gedanken die Hebel der Ueberzeugung sind. Goldmark besitzt aber nicht einmal die Gabe der zusammenhängenden und klaren Darstellung seiner Gedanken, was mit seiner Geschicklichkeit, die dargebotenen Ansichten und Meinungen Anderer zusammenzufassen, und das Entsprechende aus ihnen zu den seinen zu machen, merkwürdig kontrastirt. Er besitzt die Gabe des logischen Auffassens, und ermangelt jener der Mittheilung. Vor den Märztagen war Goldmark, der im Jahre 1847 zum Doktor graduirt wurde, Internist im k. k. allgemeinen Krankenhause, d. h. ein Mann, der nach oft mehr als einjährigem, unentgeldlichem täglichen Dienste die Hoffnung hat, temporärer Sekundararzt zu werden, mit einem jährlichen Gehalte von 240 fl. CM. Goldmark ist kleiner, stämmiger Statur, eine Brille läßt die Farbe der Augen nicht erkennen, und die Haare ist trotz seiner Jugend vorherrschend grau. Sein Organ klingt nicht, seine Rede begleitet er mit plastisch unschönen Bewegungen.

Frankfurt a. M., im Aug. (Schluß.) Nun will ich Ihnen die Reden der Herren Dr. Auerbach und Kreizeach mittheilen.

Dr. Auerbach aus Frankfurt a. M. Meine Herren! „Wem das Herz so innig und selig schlägt, der sieht wahrlich in der unsichtbaren Kirche keine sichtbare. Der große Tempel der Natur ist der Tempel des fühlenden Geistes und überall steht Altar und Kirche." — Indem ich mit diesen Worten des tief religiösen Jean Paul beginne, glaube ich schon voraus anzudeuten, daß ich ganz oder wenigstens größtentheils die Ansicht des Hrn. Roßmäßler theile, wenn ich gleich fürchten muß, daß mir dadurch von Seiten des Hrn. Dr. Haas nur negativer Dank zu Theil wird, doch bescheide ich mich damit, denn meiner Ansicht nach liegt im Negiren eines großen Theils des Positiven der Aufbau des allein Haltbaren. Hr. Roßmäßler war es, der in der vorigen Versammlung unser Auge von den Bogen und Spitzen künftig geschnitzter Kirchen zur einheitlichen Harmonie der Natur erhoben hat. — Die Natur, sie war es, die ihm den Gedanken eingegeben, unser Auge hinzuführen zu jenem hohen Standpunkte, den er als Mann der Naturwissenschaft einnimmt. — Ja, die Natur, sie, die uns von außen umgibt und innerlich erfüllt, sie, die unser ganzes Wesen ausmacht; sie allein vermag es, in der einheitlichen Verschmelzung des Ganzen etwas Schöngeordnetes zu gründen; nicht das Gesetz, nicht das Dogma, nicht der Kirchenglaube, sie, die um so verwerflicher sind, je gebieterischer sie zu uns herantreten; indem sie uns statt der Vernunft, den Glauben, statt der Freiheit, die Abhängigkeit, statt der Natur, den außerweltlichen Gott aufzwingen wollen, und fragen wir die Natur um das Orakel, damit sie uns künde, auf welche Weise eine neue Religionsgesellschaft zu ordnen wäre, so antwortet uns mit dem bekannten Spruch: „Erkenne dich selbst", und das Räthsel ist gelöst. Die Selbsterkenntniß, das sich fühlen als Mensch, das sich bewußt Werden als freies, sittliches Wesen ist es, was uns im Staate zu gleich berechtigten Personen, in der Kirche zu gleich pflichtigen Gliedern gestaltet. Ja, Staat und Kirche sollten nur einen Inhalt kennen, nur einen Zweck verfolgen, nämlich den, der Freiheit Aller und somit des durch die Gesetze der Gesammtheit gestatteten Handelns eines Jeden. — Des Staates ist es, durch seine politischen Gesetze die Form unseres Handelns uns vorzuschreiben; der Kirche liegt es ob, durch das sittliche Bewußtsein uns zu diesem Handeln frei zu bestimmen. Staat und Kirche, sie sollten erkennen, daß sie auf Erden den Menschen in ihrem innigsten Zusammenschmelzen mit ihren irdischen Mängeln und Tugenden jenes Himmelreich aufbauen sollen, das würdig ist, auf daß Gottes Ebenbild darauf leben und herrsche. Freilich muß man gestehen, daß bis jetzt auf beiden Seiten das Problem nicht gelöst worden ist: Der Staat vielmehr war stets bestrebt, uns in seinen Häuptern von Gottes Gnaden mit Heiligthum, Unverletzbarkeit und Unverantwortlichkeit seine Himmelsaristokratie zu vergegenwärtigen, die in der Engelsdynastie, oder, wenn sie wollen, auch in der Teufelsdynastie besteht. (Gelächter.) Und der Kirche lag es bisher blos ob, daß wir das Erdenthal mit dem Himmelreich vertauschen, daß wir in dem sogenannten irdischen Jammerthal, das einzige und ewige Glück uns anzueignen suchen, obgleich die Diener der Kirche es recht gut verstanden, sich in diesem Jammerthal möglichst gütlich einzurichten. (Bravo.) Ist es demnach gefunden, daß Staat und Kirche eine Aufgabe zu verfolgen haben, so kann auch die Frage um die neue Gestaltung der Kirche keine schwierige mehr sein.

Die Kirche, sie soll unser Handeln bestimmen, der Staat die Form für das Handeln uns vorschlagen, demnach kann nur die einheitliche Verschmelzung beider die Gesammtheit uns schaffen. Hat nun die Kirche jenes Problem bis jetzt nicht gelöst, so wird es wohl an ihr sein, alles Außerweltliche, sogenannte Abstrakte

zu verlassen, und dafür das Reale und eigentlich Irdische einzuführen. Nur dadurch geht sie Hand in Hand mit dem Staatsgesetze, nur dadurch wird es den Unterschied nicht mehr geben zwischen allen Konfessionen, nur dadurch wird eine Einheit möglich gemacht. Sorgen Sie dafür, daß von außen durch Staatsgesetze, von innen durch ein freies religiöses Bewußtsein die Gesammtheit hergestellt wird. Sorgen Sie dafür, daß auf Erden jenes Reich, in dem ein jeder Priester ist, gegründet werde. Dann haben Sie die Aufgabe gelöst, dann ist die neue Kirche gefunden, und dadurch haben Sie eine kirchliche freie Gemeinde gestiftet, die zugleich eine sittliche, und was noch mehr sagen will, eine politische ist. (Stürmischer Beifall und Händeklatschen.)

Dr. Theodor Creizenach aus Frankfurt a. M.: Meine Herren! Als vor drei Jahrhunderten Luther sein großes Werk begonnen hatte, sagte er, „Es ist eine Freude zu leben; die Geister werden zusammengeschlagen, und es stieben die Funken." Wir freuen uns, daß sie wieder stieben dürfen wie auch, daß in unserer nicht minder bewegten Zeit, es immerhin räthlich gefunden wird, auch auf das religiöse Moment aufmerksam zu machen. Während der Sturm durch die deutsche Eiche braust, hat man in dem Herzen seines Stammes doch noch eine Nische ausfindig gemacht, um das alte theure Bild aufzustellen und zu pflegen. Wenn aber jeder Freiheitsdrang allmälig wieder in Abspannung zurückfällt, weil er nicht in seiner Fülle sich erhält, so möchte ich dieses keineswegs, wie ein Redner, vorzugsweise den Einwirkungen der Regierungen zuschreiben, sondern nur in so fern dieselben Organe des schwachen Menschensinnes sind, der sich nun einmal nicht für längere Zeit an dem reinen Lichte der Idee ergötzen kann, weil dasselbe nicht in Farben gebrochen und abgeschwächt wird. Es ist über Menschen gesagt worden, daß er sich Volk knechtete. Es war eben seine unerfreuliche Aufgabe, zu bändigen; er mußte sein Gebot nach Zahl und Maaßen richten, damit die rohen Triebe sich in dem Gesetze fügen lernten. Er hatte nicht die glückliche Aufgabe, lösen zu können, wie das freie, „Menschenhelden" Christus zufiel und wie dieser es glorreich durchführte für alle Zeiten. Denn wenn bemerkt worden ist, daß manche seiner Goldkörner in den Schachten der alten Philosophie zu finden waren, so hat doch Keiner vor dem Auftreten des kindlich reinen und heroisch großen Stifters der christlichen Weltanschauung dieses Evangelium für alle Welt zum Panier gemacht, und die Menschen rückhaltlos zu ihrer Befreiung aufgerufen. Ja läge uns Alles vor, was das Alterthum gethan hat, Cicero's weltmännische Beruhigungsphilosophie, Plato's tiefe und goldreine Ergüsse, wunderbar gemischt aus Phantasie, Naturwissenschaft und Dialektik, Aristoteles universelle und ewige Denkformen, unverwüstlich aufgestellte Lehre —

Keiner wird zu finden sein, der auftritt mit der Ver-
kündigung: „ich rufe den Bauer hinter dem Pfluge hervor, ich rufe die Kindlein zu mir und den Sklaven von
seiner schweißtriefenden Arbeit;" und ertheile ihm seinen
Antheil an Gottesliebe und Freiheit, welchen ihm Niemand rauben kann, weil sein Ursprung fester begründet
ist als der Stand der ewigen Sterne." Das hat erst
Christus gethan und Diejenigen, welche seine befreiende
Lehre zur Sklavensatzung machten, sie haben nicht nur
sich an ihm versündigt, sie haben die Menschheit gelästert.
(Beifall). Obwohl ich mich nun der Hervorhebung
ewiger Grundwahrheiten freue, glaube ich doch nicht,
daß der eingeschlagene Weg der Fortpflanzung beglücken-
der Wahrheiten günstig sei. Es ist auf den Indifferentismus viel losgescholten worden, und gewiß, jenes in-
differentes Phlegma, dessen Behaglichkeit durch jeden an-
gestrengten Entwickelungskampf, durch jeden Anspruch auf
entschlossene Selbstständigkeit gestört wird, verdient herben
Tadel. Mit dem Indifferentismus ist es aber ebenso,
wie mit jeder Aeußerung der Seelenruhe; ein Zeichen
von Stumpfheit und Herzlosigkeit, wenn sie angeboren,
das Edelste und Höchste aber, wenn sie selbstständig errungen ist. Der Indifferentismus gegen Religionsformen, wenn er das Resultat der Täuschungen und Zweifel
und endlichen Klarheit ist, welche der Mensch in
bangen Nächten seinem Genius abgerungen hat, er ist
eine schöne, werthvolle Blüthe des forschenden Geistes.
Ach wären wir soweit, daß alle Menschen auf diese Art
in religiöser Hinsicht zur Indifferenz gelangt wären, dann
käme das Gottesreich. Sein Recht verschaffen, können
und sollen wir Jedem im Staate; das ist des Gesetzgebers Pflicht, ist des Bürgers Anspruch, einen hohen
Standpunkt verleihen, können wir nicht, dazu muß jeder
Einzelne sich selbst verhelfen. In den dunkelsten Zeiten
hat es Männer gegeben, die sich einer solchen innerlich
erkämpften; sie standen wie einsame Felsengipfel da,
welche ein schwaches Roth beglänzt, während die Thäler
im Finstern liegen. Nicht auf Jeden steigt Begeisterung
hernieder und eitel ist hier in die quäkerische Weise, jene
Einbildung des schwachen Geistes, als ein unwürdiges
Gefäß erleuchtet zu werden durch Aufnahme der erleuch-
tenden Gottesgnade. Nicht in schlechte Gefäße senkt sich
der messianische Kern, sondern wie goldene Aepfel in silberne Schalen, bietet sich die endlich erkannte Wahrheit
dar. Pfuscherei ist Sünde und fromme Pfuscherei ist
doppelte Sünde, nicht nur gegen den guten Geschmack,
sondern auch gegen die Religion. Der Deutschkatholicismus war in matter Zeit ein Surrogat für die allgemeine politische und geistige Freiheit, ein treffliches, an-
erkennenswerthes, edles Surrogat. Wir haben die Männer, welche ihn unter Hemmnissen jeder Art begründet
haben, um ihre edle Anstrengung zu preisen. Erlauben
Sie mir jedoch, das Wort unseres hochgeehrten Pfarrers,
Herrn Fleiß noch zu steigern: wären alle römischkatholi-

schen Geistlichen so gewesen wie Kuenzer, es hätte nie
einer deutschkatholischen Geistlichen gegeben. Ebenso
wären alle Rabbiner seines gleichen gewesen, während
doch äußerst selten ein Vereinzelter; es war, es wäre nie
ein jüdischer Reformvererein aufgetreten. (Beifall.) Aber
was soll uns ein Symbolum helfen, eine Aufstellung
von Glaubenssätzen, an deren jedem die philosophische
Wort-Kritik, die geistige Sachkritik sich versuchen wird.
Nein statt Freiheit wird es eine neue Knechtschaft sein;
wir werden wieder eine Kokarde am Hute tragen, da
doch geläuterter Glaube eine blühende Rose am Herzen
sein soll. Der Abgeordnete Hr. Professor Wigard, hat
das richtige Wort gesprochen. Freie Versammlungen
werden wirken; in den Gleichgesinnte sich erkennen
und Gegner sich annähern; sie werden wirken wie jene
Sonnenwärme, vor welcher der Wanderer seinen Mantel
ablegen mußte; wie Tropfen, die den Stein aushöhlen.
Ein gedeihlicher Weg, auf welchem als mächtigster
Bundesgenosse die freie Schule sich anschließen muß.
Wenn Möse auch nicht jeder Theil und Anhang seiner
Lehre auf das Ewigwahre bauen konnte, Eines hatte er
verstanden und gethan, was gelten wird, so oft neue
Lichtgedanken in den Gleichgesinnte eintreten, er hat das
alte Geschlecht aussterben lassen, damit das neue einziehe
ins Land der Verheißung und der Freiheit (stürmischer
Beifall). Mögen auch die Ansichten des höhern Indifferentismus hie und da bedenklich erscheinen, mögen die
Grundsätze des freien Glaubens flach gescholten werden:
wir wissen was der Charlatanismus der Tiefe zu bedeuten hat, wir sahen, was er hervorzubringen vermag, in
jener trüben Epoche, als er unter dem Schutze des gekrönten Romantismus mit den Privilegien des Mittelalters hausiren ging. Lessing's Natan der Weise und
Josefs Toleranz-Edikt sind für diese Herren Produkte
der Flachheit; wenn aber der Unterwäldner Bauer sich
aus dummer Bigotterie zur Sonderbündelei verhetzen läßt,
darin finden sie Originalität, Racentüchtigkeit, charakte-
ristische Kraft und Bedeutung. (Beifall.) Jene Ansichten
sind flach wie der Ocean: flach für das blöde Auge,
das nur die Oberfläche zu schauen vermag, nicht aber
mit der Taucherglocke des Geistes sich auf den Boden
senkt und ungeahnte Wunder an das Tageslicht zu ziehen
versteht. Freier Glaube aber kein Symbolum! Schön
und ehrenvoll ist es, wenn Einer die holde Wärme der
Jugend sich auch in reiferen Jahren erhält, wenn er sie
trotz aller Quälerei in trüben Zeiten sich bewahrt hat.
Rein und edel ist auch das Streben unseres Haas,
jeder gesinnungstreue Deutsche reicht ihm gern die Hand
und drückt ihn im Geiste an das Herz; auch wir Versammelten danken ihm, daß er uns hier kredenzt hat den
schäumenden Becher der Begeisterung. Dennoch aber
glaube ich im Sinne aller Freigesinnten Ihnen zurufen
zu dürfen: ein religiöses Symbolum einer Reichs- oder
Nationalkirche ist nicht der Berg Ararat, auf dem nach

der Sündfluth vom Februar 1848 die Arche der Menschheit wird stehen bleiben. (Bravo!)

Anklam, 18. Aug. Heute, geehrter Hr. Doktor, in aller Kürze ein Faktum und zwar aus hiesiger Stadt; ein Faktum, das — so selten es auch bisher namentlich in unserm durch und durch eichhornisirten christlichen Staat vorkam (weil es nicht vorkommen durfte!) — doch nicht zu den seltenen Zeitereignissen gehört, um das, so viel es ohne einen prophetischen Geist zu besitzen, vorauszusehen kann, in der Folge gewiß nicht dazu gehören dürfte. — Die Thatsache ist folgende. An hiesigem Orte lebt eine ursprünglich jüdische Familie, die vor mehreren Jahren zum Christenthum übergegangen; dieselbe äußerte neulich gegen Schreiber dieses den Wunsch, wieder zum Judenthume zurückzukehren und ersuchte ihn die Erlaubniß hierzu höhern Orts zu erwirken. Mit Rücksicht auf כל ישראל אחת war ich gleich bereit, mich dem zu unterziehen und nachdem ich mir mit Rücksicht auf Jore Dea Kap. 268, 5. 2 u. 12 die Ueberzeugung verschafft hatte, daß nur lautere Motive und ein schon seit Jahren genährter Wunsch, diese Familie zu diesem Schritte veranlaßte, sandte ich nachstehende Petition an das hohe Kultusministerium, deren Erfolg ich Ihnen zur Zeit ebenfalls mittheilen werde.

Anklam, 11. Aug. 1848.

Hochgebietender Herr Minister! Die Hochherzigkeit und Humanität Ew. Excellenz ermuthigt mich, Höchstihrer Entscheidung einen Fall zu unterbreiten, der wohl wichtig genug sein dürfte, Ihre Aufmerksamkeit zu verdienen.

Es lebt am hiesigen Orte eine aus vier Personen bestehende Familie Namens ꝛc. ꝛc. (sowie deren künftiger Schwiegersohn, Namens ꝛc. ꝛc. (der Vater ist 48, die Mutter 47, die Tochter 19, der Sohn 16 und der Schwiegersohn 25 Jahr alt) die ursprünglich Juden, vor c. vierzehn Jahren zum Christenthum übergegangen sind. Späterhin that ihnen dieser Schritt leid und es ward in ihnen der Wunsch rege, wieder zur väterlichen Religion, zum Judenthume zurückzukehren; allein das preußische Gesetz war dem entgegen und auszuwandern fehlten ihnen die Mittel.

Da nun durch die Allerhöchsten königlichen Proklamationen, sowie durch den Verfassungsentwurf alle Glaubensbeschränkungen aufgehoben sind, und fortan der Genuß bürgerlicher Rechte von dem religiösen Glaubensbekenntniß unabhängig ist, so glaubt die genannte Familie, daß ihr nunmehr in der Ausführung ihres schon lang genährten Wunsches nichts mehr im Wege stehen werde, und wagt sie daher der gehorsamst Unterzeichnete, im Namen und im Auftrage derselben, Ew. Excellenz ganz ergebenst zu bitten: huldreichst gestatten zu wollen, daß die erwähnten Personen wieder zum Judenthume zurückkehren dürfen! Nur das feste Vertrauen auf die unbe-

schränkteste Gewissensfreiheit, das fortan zu den erhabenen Principien preußischer Gesetzgebung gehören soll: nur der Wunsch, einer aus fünf Personen bestehenden Familie, die bisher in ihrem Gewissen beunruhigt, vergebens nach dem Frieden der Seele gerungen, ließ mich wagen, diese Angelegenheit Ew. Excell. ehrerbietigst vorzutragen, und dies läßt mich aber auch eine huldreiche Gewährung meiner gehorsamsten Bitte zuversichtlich erhoffen.

In tiefster Ehrerbietung verharret
Ew. Excellenz
gehorsamster W—ll.

Anklam, Ende Aug. Auf die von Ihnen unterm 18. dieses Mts. mitgetheilte Petition an das Kultusministerium, betreffend den Rücktritt der Familie ꝛc. ꝛc. zum Judenthum haben wir gestern schon Antwort erhalten und beeilen wir uns Ihnen dieselbe nachstehend mitzutheilen: „Auf Ihre Anfrage vom 11. d. M. erhalten Sie hierdurch zur Antwort, daß dem beabsichtigten Rücktritt der Familie ꝛc. ꝛc. und dem Schwiegersohns derselben zum Judenthum ein staatsgesetzliches Hinderniß nicht mehr im Wege steht. Berlin den 22. August 1848. Ministerium der geistlichen, Unterrichts und Medicinal-Angelegenheiten. gez. Dr. J. Schulze.

Wenn dieses Ministerial-Rescript auch weiter nichts enthält als die, aus der von Sr. Maj. unserm Könige verheißenen und im Verfassungsentwurf ausgesprochenen unumschränkten Glaubensfreiheit hervorgehenden Konsequenzen, so können wir dasselbe doch mit Freude und Jubel begrüßen. — Das Princip der Gewissensfreiheit, das zwar schon in alten Gesetze verbürgt war, in der That aber bisher nicht existirt hat, ist nun eine Wahrheit geworden und wird fortan als eine strahlende Sonne am Himmel unseres Vaterlandes leuchten! Es wird nun Niemand mehr in seinem Gewissen beschränkt, von Staatswegen zum Verharren in einem Glauben gezwungen werden, dem er nicht angehört und in dem er vergebens den Frieden seiner Seele gesucht. — Allerdings war es dem Juden gestattet zum Christenthum überzugehen,* aber warum nicht auch umge-

---

*) Ja es bestanden und bestehen Missionsschulen, es existiren Missionare, deren Beruf es ist, die Juden zu bekehren und sie dem Lehre des Christenthums zu beglücken! Und wie geschieht die Bekehrung? Ein christlicher Geistlicher, Dr. M. Löwenstein, sagt: „Die Missionare wollen doch Beweise ihrer Wirksamkeit beibringen und wenden in manche Summen an, Seelen für das Reich Gottes zu werben! Sie werfen Geld und Bücher fort, wie dies besonders auf den Messen zu sehen ist. Doch wozu sind überhaupt die Missionäre nöthig? Weg mit diesen Missionären! Daß Geistliche, namentlich in Berlin vorkommen, bei denen das Taufen (besonders begüterter Juden!) Gewerbe ist, steht fest und hat das Christenthum selbst den Juden stinkend gemacht, wie denn Berlins Israeliten für diese Art zu taufen

kehrt? Warum dürfte nicht auch der Christ oder wenigstens der noch mit allen Fasern seines Geistes und Herzens dem angestammten Väterglauben anhangenden Uebergetretene Jude werden? Oder gehörte diese Inkonsequenz zu dem von dem unsterblichen Eichhorn so meisterhaft vertheidigten christlichen Staate? — Komisch kommt es Einem vor, wenn man z. B. in einem Erlaß der Ministerii als Rescript vom 28. Dezember 1833 ließt: Se. Maj. haben befohlen, daß die Judenschaften angewiesen werden sollen keinen Christen in ihre Religionsgesellschaften aufzunehmen, bevor er nicht von der vorgesetzten christlichen Behörde aus der Gemeinschaft der Christen entlassen sei" und in einem andern vom 28. Febr. 1835: „Die geistlichen Behörden werden von dem Minister der geistlichen Angelegenheiten inmittelst angewiesen sein, die Entlassung aus christlichem Verbande niemals zu ertheilen!" Warum heißt es nicht einfach: Kein Christ darf Jude werden? ....
Uebrigens war das Judenthum nie von der Anzahl seiner Bekenner bedingt! Das Judenthum weiß nichts von Bekehrungsversuchen, von Missionären! Wenn Jemand zum Judenthume übertreten will, dann heißt es (Jore Dea Kap. 268, 52 ff.) stelle man ihm die hohen Verpflichtungen vor, die das Judenthum seinen Bekennern auferlegt und suche sich zu überzeugen, daß nicht etwa irdischer Vortheil oder unlautere Motive ihn dazu veranlassen, nur dann darf er in die jüdische Gemeinschaft aufgenommen werden! Das Judenthum weiß nichts von einer alleinseligmachenden Kirche! Das Judenthum lehrt: Die Frommen aller Nationen können selig werden! Das Judenthum will aber keine Geistesknechtschaft, keine Gewissensbeschränkung; es will Glaubensfreiheit, Gedankenfreiheit! Das Judenthum will, es soll keine durch besondere Privilegien begünstigte, aber auch keine durch Steuern belastete Religion geben! „Ein Gesetz und Ein Recht sei für Alle" steht mit goldenen Buchstaben auf dem Banier des Judenthums, das Judas Söhne so mühvoll durch all die finstern Jahrhunderte getragen und diese Inschrift wird nunmehr im strahlenden Glanze auch von dem Banier herableuchten, daß die Söhne Germaniens und die Söhne Judas vereint durch Bruderliebe und Treue fortan umschaaren werden! —

den Ausdruck „fir bleichen" wohl kennen." (S. Ueber Judenbekehrung zc. in dem letzten Hefte der kirchlichen Vierteljahrsschrift 1844; im Auszuge abgedruckt in der J. d. Judenth. 1844, Nr. 47). Uebrigens erreichen die Missionäre dennoch Nichts und sind, was die desfallsigen Berichte nachweisen, die Resultate ihrer Bestrebungen sehr gering, so daß ein getaufter Jude oft eine enorme Summe kostet. W.

Verlag von E. L. Fritzsche.

;Wir werden das Weitere in der qu. Angelegenheit veranlassen und das Endresultat seiner Zeit veröffentlichen. W—U.

Aus Mähren, 6. Sptbr. Die religiösen Zustände unserer Provinz sind sehr traurig. Der Aberglaube wuchert ganz üppig, aber auch der Unglaube keimt empor. Dadurch daß jede Reform zurückgewiesen wird, ist die jüngere Generation entweder indifferent oder geradezu atheistisch. Zwar spricht man von einer allgemeinen Rabbinerversammlung; allein die Rabbiner sind ohnmächtig, wenn ihnen nicht die Laien zur Seite stehen. — Von Fassel ist ein Buch über die Tugend- und Rechtslehre des Talmuds erschienen. Es ist der einzige mährische Rabbiner, der literarisch thätig ist. Die Uebrigen beschäftigen sich mit mikroskopischen Untersuchungen der Lunge und des Magens, d. h. der Thiere. —

Die Emancipation der mährischen Juden.

1.
Ach! Wie traurig liegt im Schleier
Der Hoffnung goldener Schimmer
Ach! Wie traurig ist die Feier
Auf Israels bemooste Trümmer.

2.
Und Mähren will über Österreichs Gauen
Einen milden Frühlingshimmel schauen?
Wenn auch für „Wirken" ein Raum das Leben,
Für Juden leider umsonst das Weben.

3.
Selbst des rauhen Orkus schreckliche Dämonen
Beweinen, beklagen Jehova's Kinder.
Himmlischer die Hölle als mit Israel wohnen,
Lobgesang ihrer Lerchenlieder.

4.
Denn für Israel soll ein Bürger ringen
Pawlo und Jaiko die Freiheit bringen.
Und gönnte auch Dieser der Freiheit Licht
Spräche Jener: „für Juden nicht".

5.
So kann dich Israel nur Hoffnung beleben,
Für Israel ist nur „Hoffen" gegeben,
Und wenn Welten sich entzweien,
Das ganze All Republik schreien,
Der alte Vater der Israel erkoren
Hörte „ewige Treue" von Israel geschworen.

6.
Duldend trage Herzenswunden,
Lächelnd ziehen in die Abschiedsstunden,
Israel! Es ist keine Zauberei;
Ketten tragen von dem großen Meister
Sklave sei des Geistes aller Geister
Israel! Es ist erhabne Sklaverei.
                                          Salomon Wolf.
Prerau.

Druck von J. H. Nagel.

Der Orient.

Berichte, Studien und Kritiken

Neunter   für   **Jahrgang.**

jüdische Geschichte und Literatur.

Das Abonnement auf
ein Jahr ist 5 Thlr.
Man abonnirt bei allen
löbl. Postämtern und
allen solid. Buchhand=
lungen auf ein Jahr.

Herausgegeben

von

Dr. Julius Fürst.

Von dieser Zeitschrift
erscheinen wöchentlich
das Literaturblatt mit=
gerechnet, zwei Bogen,
und zwar an jedem
Dienstag regelmäßig.

№ **40.**   Leipzig, den 30. September   **1848.**

Deutschland's vereinigte Staaten.

Hamburg, im August. Ich übersende Ihnen eine Zuschrift an A. v. Humboldt von unserem Mos. Mendelson, den Kosmos betreffend, die wie ich glaube, manche Leser des Orient interessiren würde:

„An Hrn. Geheimrath von Humboldt in Berlin.

Einer der vielen Verehrer Ihrer Werke kann dem Drange seiner Gefühle nicht widerstehen, Ihnen, dem hochverehrten Verfasser des Kosmos, seinen innigsten Dank für den Hochgenuß, den derselbe ihm verschaffte, hiermit darzubringen. Eine ganze Welt göttlichen Wis= sens wurde mir zugänglich gemacht; Dinge, deren Zu= sammenhang mir, bei meiner beschränkten Kenntnissen, unerklärlich gewesen, erschlossen sich meiner schwachen Augen, und es ward Licht in den dunkeln Gängen meiner Seele. Am Ziele meines Erdenwallens wende ich den Blick sehnsüchtig nach dem Jenseits, wo der Kosmos sich uns vollends enthüllen wird.

Ich versetze mich aber schon jetzt auf einen Augen= blick in diese Geisteswelt, wo das Wort „Freiheit" überflüssig sein wird, und erlaube mir Ihnen folgende Bemerkung vorzulegen.

Mit tief durchschauendem Geiste, der alle Zonen, alle Jahrhunderte durchstrichen, haben Sie der Natur= poesie der alten Völker eine nothwendige Stelle im Kos= mos angewiesen, aber die der Hebräer nur wenig be= dacht. Zudem Sie dieselbe durch die Erwähnung einer Stelle aus den Schriften unseres Kanzelredners Sachs als dahingehörend bezeichnen. Ihre Darstellung darf sich durchaus nicht auf die Bibel=Poesie beschrän= ken, die Tradition und die neu=hebräischen Dichtungen, welches große üppige Feld dieser für die Weltan= schauung dar! Selbst bei dem beschränkten Ziele, das sich der Kosmus abstecken mußte, verdienten doch, meines Erachtens, die Weisen des Talmuds ebenso gut, und vielleicht noch mehr als die christlichen Kirchenväter der Erwähnung. Zwar fehlte den „Volke des Buchs", den Juden, zu allen Zeiten eines der größten Anregungs= mittel zur Weltanschauung, die bildende Kunst, deren Entwickelung durch die Völkerreligion geweckt und ge= pflegt, und eben darum von den Zelten Jakobs abge= wiesen wurde. Bibel und Talmud verbieten den Juden aller Bilderdienst. Und wenn sie auch die Anfertigung der Formen nicht untersagten, so konnte doch der Künst= ler bei Vollendung seiner Schöpfung, die zu keiner An= dacht führen durfte, auf keine Aufmunterung rechnen, und so fand auch die Begeisterung für diese edle Kunst keinen Eingang bei den Juden und die ästhetische An= schauung mußte diese Vermittelung für ihn aufgeben. Aber eben dieser Mangel versetzte ihn auf eine weit hö= here Stufe der Weltanschauung. Was der Meißel nicht vermochte, das that das Wort. Das Bild, welches das geistige Wort hervorruft, bringt den Kosmos näher als der kalte Marmor. Das Wort ist das Licht, das jeder Geist erhellt und belebt. Und die ganze Tal=

40

mudswelt ist eine lebendige Verherrlichung aller Werke der Schöpfung, von der niedrigsten Pflanze bis zu den ewigen Lichtern des Firmaments. Der Talmud bezieht sich in aller seiner religiösen Gesetzen sowohl, als in seiner Geschichten, Parabeln und seiner Sittenlehre auf die Natur und ihren einigen Schöpfer. Wie die Weisen Griechenlands haben auch unsre Weisen, die Rabbinen, oft uns gerne in freier Natur lustwandelnd gelehrt, und sich auch mit den Weisen Athens über kosmische Gegenstände unterhalten. In ihren Hörsälen und inmitten der schwierigsten und scharfsinnigsten Spekulationen auf dem Gebiete der Halacha geriethen sie auf agadische Weltanschauung. Unser ganzes, von ihnen überliefertes, Gebetbuch bezieht sich auf den Kosmos. Bei jedem Sinnengenusse, wohin uns dieser führt, verordneten die Rabbinen einen Segenspruch. Beim Anschauen der ersten Frühlingsblüten, beim Anblick des Weltmeers oder des Neumonds, beim Hören der Donnerstimme, beim Riechen der winzigsten Gewürzblumen sollen wir den Vater des Kosmos anerkennen. Und so vereinigten sie Gebet und Gesetz im „lieblichen Anschauen der Natur." Auch viele unserer nachbiblischen Dichter, sind gleich dem Sangmeister der andern Völker, Anhänger des Kosmos. Gebirol, Jehuda ha-Lewi, Alcharisi, Immanuel u. A. m., so wie in neuern Zeiten Wessely und Schalom Kohen verstanden es, alle Schönheiten der Natur zu schildern. Mit den wenigen Farben, mit den kümmerlichen Vorrathe der Bibelpoesie schufen sie ihre Meisterwerke. Viele blieben gänzlich auf morgenländischem Boden, manche nahmen die Weise des Volkes an, unter welchem sie lebten und, wenn sie wirkliche Dichter waren, so gelang es ihnen, ihren epischen Schöpfungen einen morgenländischen Schmelz zu verleihen, obschon sie niemals der Lorbeerkranz oder die Herrschergunst zur Begeisterung anregt."
Hamburg 1848. Moses Mendelson.

Berlin, 18. Sptbr. Der sociale Unterschied zwischen Juden und Christen ist in der Gesellschaft geschwunden. Hierin ist Preußen der Staat der Intelligenz. Während in Oesterreich der Judenhaß aus den zerrissenen Aermeln der Reaktion hervorblickt, hat er in Preußen sein Grab gefunden. In allen Vereinen sind Juden an der Spitze. Simion ist Präsident aller Bürgerwehrklubbs. — Auch ist der Rücktritt getaufter Juden zum Judenthume hier nicht selten, u. Missionäre machen sehr schlechte Geschäfte. — Der Reform-Verein bezahlt keine Abgaben mehr an die alte Gemeinde. Unser Gemeindewesen liegt sehr im Argen. Der ganze Verband ist sehr gelockert worden. —

Aus Mähren, 9. Sptbr. Während die äußere, d. h. die staatliche Emancipation der Juden nur langsam fortschreitet, hat die innere kaum begonnen. Es bleibt Alles beim Alten. Mähren zählt dreißig Tausend Juden, die in Mähren nicht viel zählen. Es denkt Niemand daran, die Jugend menschlich zu erziehen, das Synagogenwesen wird nicht menschlich geordnet, die Werkthätigkeit, die Ausgeburten der Religion, der missverstandene Ceremoniendienst. — Alles bleibt im alten Geleise. Zwar ist die christliche Bevölkerung nicht minder bornirt in religiöser Hinsicht, und der Deutschkatholicismus wird in Mähren kaum einen Boden finden. Allein wir haben blos die Juden vor Augen, die nichts gelernt und nichts vergessen haben. Der Bann hat aufgehört; sonst würden die freisinnigeren Juden gewiß geächtet werden. Am Sabbat Schuba können Sie die Jeremiaden der mährischen Rabbinen hören, über das Verderbniß unserer Zeit, die nämlich darin besteht, daß die Inspektion über die Milch nicht mehr so streng ist, daß man ohne Kopfbedeckung ist, daß die Leute nicht drei Mal des Tages die Synagoge besuchen, daß achtjährige Kinder noch nicht Talmud studiren, daß man nicht mehr während den zehn Bußtage fastet u. dgl. mehr. Das Alter ist unbeugsam, die Jugend ist indifferent oder verwahrlost. Gott besser's. — In materieller Beziehung leiden die mährischen Juden in einem sehr hohen Grade, da sie zumeist Kaufleute sind. Mit Ackerbau beschäftigen sich noch sehr wenig, da die Juden bis jetzt noch keine Felder besitzen dürfen.

Anklam, 15. Sptbr. Heute einige Notizen. Die israelitische Gemeinde zu Stettin, deren Wohlthätigkeitssinn bekannt, hat eine Suppenanstalt für Cholerakranke errichtet, was für die armen Bewohner Stettins eine wahre Wohlthat ist. Daß die Anstalt allen Konfessionen offen steht, versteht sich von selbst; denn Mensch ist Mensch, ob Jude oder Christ. Das haben die Juden längst bewiesen, aber der hochweise Senat in Frankfurt a. M., der die Juden noch immer ausschließt, scheint es noch nicht zu wissen, und daran ist einzig und allein der Zopf Schuld, der trotzdem der Friseur Börne ihn geschoren, doch wieder so groß gewachsen ist. Sollte es in ganz Deutschland keine Scheere geben, die im Stande wäre den hochweisen Senatoren in Frankfurt, den Riesenzopf abzuscheeren, damit der Schatten schwinde und die Sonne der Freiheit ihnen Licht gebe und ihre erkalteten Herzen erwärme? — Neu noch etwas. In Schlawa (Hinterpommern) fand am 5. d. M. die Einweihung einer neuen Synagoge statt; die Weiherede hielt Hr. Dr. Klein aus Stolp, der am 21. d. M. auch in Rummelsburg eine Synagoge einweihen wird. Das Nähere über diese Feierlichkeiten ist uns nicht bekannt, weshalb wir auch nichts darüber mittheilen können; mögen dies Andere thun. W–ll.

Wien, 8. Sptbr. Der Kampf der Nationalitäten im Reichstage hat begonnen. Der slavische Deputirte Rieger sagte: „Wir Slaven bilden die Majorität und von uns hängt der Bestand der Monarchie ab." In diesem Momente sind die österreichischen Juden in einer sehr peinlicher Lage. Wohin sie sich auch halten, haben sie eine starke Partei gegen sich. Allein die Juden sind deutsch, und müssen Deutsche bleiben. — In Pesth müssen fast alle waffenfähige jüdische Jünglinge zum Militär gehen. Darin hat man sie emancipirt. Sie sollen den Magyarismus vertheidigen, der nicht den Muth hat, sie zu emancipiren, während die Kroaten längst die Gleichstellung ausgesprochen haben. — Merkwürdig, daß bis jetzt lauter Juden vor dem Preßgerichte standen. Engländer, der witzigste jüdische Journalist, hat nun den zweiten Prozeß. — Aus zuverlässiger Quelle kann ich Ihnen mittheilen, daß der Minister Doblhoff sich an einen jüdischen Journalisten, wegen der Gründig eines ministeriellen Journals, gewendet hat. In der Journalistik werden die Juden also anerkannt. — S. Deutsch hat von Frankfurt aus die Mission erhalten, wegen der Gründung einer freien Akademie mit dem Ministerium zu unterhandeln. Derselbe erläßt auch einen Aufruf zu einer mährischen Rabbinerversammlung, damit die Herren Rabbinen endlich aus dem Schlupfwinkel des Nichtsthuns hervortreten und sich zum Lichte bekennen.

Prag, 4. Sept. Die Auswanderungen nach Amerika sind hier stets im Wachsen begriffen. Natürlich tragen die Czechomanen die meiste Schuld. In dem deutschen konstitutionellen Klub sitzen viele und das erbittert die Czechomanen. — Notorisch ist es, daß die jüdischen Wahlzettel auf dem Rathhause unter den Tisch geworfen wurden. Mit Ausnahme zweier Kirchen wird überall in czechischer Sprache gepredigt. Man wird es daher den Juden sehr verargen, daß sie nicht czechisch predigen. Mit einem Worte, die hiesigen Zustände sind sehr betrübend.

Oesterreichische Nebenländer.

Pesth, 8. Sptbr. Der Kandidat Einhorn ist vom hiesigen Reformverein nach Berlin geschickt worden, um die dortigen Einrichtungen kennen zu lernen. Berlin ist also ein zweites Jerusalem geworden, wohin nicht blos die Demokraten, sondern die Reform wallfahrtet. Hr. Einhorn hat auch in Berlin gepredigt. — Die Wirren mit den Kroaten bedrohen die jüdische Handelswelt in einem sehr hohen Grade. Die Juden opfern Gut und Blut für die Magyaren, die es in der That nicht verdienen, da sie zu feige sind, um die Juden zu emancipiren. Auch von hier aus steht eine große Auswanderung nach Amerika bevor. Die Wanderungen der Juden haben im Jahre 1848 noch nicht aufgehört.

St. Weißenburg, 12. Sept. Kann ich auch für jetzt Ihrer freundlichen Aufforderung, den Lesern des Orients eine genaue Bibliographie der von Seite der ungarischen Juden herausgegebenen literarischen Werke

vorzuführen, nicht entsprechen, so sehen Sie dies keineswegs als eine Abweisung des in unserem eigenen Interesse gestellten Verlangens an, vielmehr glaube ich zu einem solchen Unternehmen mir Zeit und Muße zu lassen, wie auch die gehörigen Materialien und Hülfsmittel unterdeß verschaffen zu müssen, um dann etwas Ausführliches Ihnen mittheilen zu können. Für jetzt diene Ihnen folgende Notiz, daß unsere Leistungen im magyarischen Gebiete in eine vierfache Verzweigung auslaufen. Den Anfang machte die Uebersetzung der Bibel und der Gebete, manche kleinere Schul- und Religionsbücher für die Jugend, Predigten und Gelegenheitsreden, die durch besondere, vorzüglich nationale Begebenheiten hervorgerufen worden, bilden das zweite Stadium. Literarische Werke, belehrende oder unterhaltende Schriften folgten bald nach, was die dritte Phase des Magyarismus ausmacht und jetzt befinden wir uns auf einer vierten Stufe, wo der Kampf für Freiheit und Gleichheit von unsern Glaubensgenossen energisch geführt wird. Indeß ist Alles blos Anfang, das Meiste haben bis jetzt Bloch, durch seine Bibelübersetzung, Schwab durch eine in ungarischer und deutscher Sprache abgefaßte Religionslehre, Löw durch mehre Predigten und der ungarische Leseverein in Pesth durch seinen Naptár geleistet. Bei dieser Gelegenheit will ich blos auf eine jüngst von Löw erschienene Predigt aufmerksam machen, die führt den Titel: „Az Isten velünk vogyon Tábori Beszéd." „Gott ist mit uns" eine Feldpredigt. Es ist nicht Predigt an und für sich, sondern der Umstand, dem sie ihr Dasein verdankt, warum jetzt ihrer vorzüglich Erwähnung geschieht. Hr. Löw als muthiger Kämpfer für Haus und Heerd längst bekannt, bot sich als solcher in jüngster Zeit auch für das ungarische Vaterland an. Die Papaer Grundherrschaft forderte nämlich die dortige Nationalgarde, in der auch die Juden stark vertreten sind, zum Ausmarsch nach der Croatischen Grenze auf. Während die christliche Geistlichkeit sich durch mancherlei Ausflüchte davon zurückzuziehen suchte, ist es der jüdische Rabbine, der mit Zurücklassung seiner theuren Familie sich muthig der kriegerischen Schaar anschließt, um ihr Trost und Gottvertrauen auf diesem beschwerlichen Wege einzuflößen. Dieses bildet auch den Stoff der Rede, die Hr. Löw auf Aufforderung der gesammten Nationalgarde unter freiem Himmel an dieselbe hielt. Sich an Jesai 66, 6 lehnend, weiß der Redner gleich anfangs diesen Umstand meisterhaft zu benützen und begeistert spricht er die Worte: „In einem erhabenen Tempel, in dem weiten Tempel der großartigen Natur haben wir uns versammelt, um das Opfer unserer heißen Andacht in unserm Herzen anzuzünden und unser Gebet als Weihrauch zum Himmel emporsteigen zu lassen." Die Rede selbst, der 5 Mos. 31, 6 zum Texte dient, sucht die Versicherung der göttlichen Hilfe in diesem Kampfe aus einem vierfachen Grunde darzulegen und zerfällt also in

40*

vier Abtheilungen: 1) Wir wollen nicht die Ungerechtigkeit begünstigen, sondern das Recht vertheidigen. 2) Wir wollen nicht der Willkür Vorschub leisten, sondern die gesetzmäßige Freiheit unterstützen. 3) Wir wollen nicht die Rohheit pflegen, sondern die Kultur fördern. 4) Wir wollen nicht den Aufstand schützen, sondern den Thron unseres erhabenen Königs befestigen. In der dritten Abtheilung weiset Hr. Löw treffend nach, worin die Bestimmung und die Aufgabe Ungarns im europäischen Völkerverbande bestehet. Ungarn stehet als Grenzmarke da zwischen dem Osten und Westen, zwischen europäischer Bildung und asiatischer Rohheit, der ungarischen Nation kommt also jener hohe Ruhm zu, wie ein Cherub mit flammendem Schwerte die Wache zu halten und das Paradies der europäischen Bildung auch jetzt wie ehedem gegen den wilden Einbruch der Barbaren zu schützen. In der vierten Abtheilung stellt Hr. Löw folgende schöne Vergleichung an: Als ehemals König Hiskia die Altäre aller Götzen niederriß, so schickte hiemit ein Gesandter des assyrischen Königs das jüdische Volk gegen ihn aufzureizen und klagte denselben der Gottlosigkeit an, in einer Anrede an das Volk rief dieser Aufwiegler aus: Und so Ihr zu mir sprechet: Wir verlassen uns auf den Herrn unsern Gott. Ist es aber nicht der, dessen Anhöhen und Altäre Hiskia niederriß. (2 B. K. 18, 22.) Ganz so, ruft unser Redner aus, verfahren auch jene Aufwiegler, in unserer Freiheitsmänner der Treulosigkeit gegen den König anklagen, die doch nichts mehr gethan; als daß sie die götzendienerischen Altäre der falschen Räthe niederrissen.

St. Weißenburg, Sept. Aus meinem langen Stillschweigen werden Sie vielleicht vermuthet haben, daß ich bei dem beabsichtigten hiesigen Judenkrawall im April körperlich oder doch geistig todtgeschlagen worden bin, und doch kann ich Sie vom Gegentheil versichern, daß dies nicht der Fall ist. Von unserer Lage in Ungarn kann ich Ihnen nichts Bestimmtes mittheilen; bald stehen wir besser, bald schlimmer, bald so wie vor den Märztagen, mit jedem Tage ändern sich unsere Aussichten und Hoffnungen. Die Hauptschuld, daß wir bis jetzt in Ungarn noch nicht emancipirt sind, tragen vorzüglich das Spießbürgerthum in einigen Freistädten, welches wie das habsüchtige Kind die Freiheit nur für sich allein haben will, andererseits das hasenfüßige Ministerium, das in seiner allzugroßen Furcht vor jedem Gassenlärm sich mit diesem recht niartigen und polternden Schooßkinde vertragen zu müssen glaubte. Das Ministerium hat sich aber durch seine anderweitigen Anträge, z. B. seinen konfessionellen Unterrichtsplan, vorzüglich aber in der italienischen Angelegenheit und bei der schwarz-gelben Truppenausstellung sehr unpopulär, ja sogar reaktionär gezeigt, dazu noch der Umstand, daß sich Ungarn in jüngster Zeit von Seiten Oesterreichs mit Verrath allerhalben umgeben sieht, woran eben dasselbe

Ministerium durch sein Zögerungssystem die meiste Schuld trägt, dies alles erregte eine mächtige Opposition, die auch unsere Sache mit ins Schlepptau nimmt, das Ministerium steht am Vorabend seiner Auflösung.

Unter den vielen Reformvereinen, die in neuerer Zeit auch in Ungarn auftauchten, hat sich bis jetzt der einzige in Pesth aus mehrern hundert Mitgliedern bestehend konstituirt. Hr. Einhorn, Redakteur des „Ungarischen Israeliten" ist als Seelsorger dabei angestellt und befindet sich gegenwärtig in Berlin, um die Reform zu studiren. — Er will jedoch sein Blatt nicht als Organ der Reform betrachtet wissen, der Seelsorger der Reform ist eine eigene, und der Redakteur des Israeliten eine eigene eigene Person.

Ein solcher Dualismus ist jetzt in Ungarn nicht neu, ja unser Freiheitsheld Kossuth äußerte sich bei der ital. Angelegenheit, daß er als Privatmann die größte Sympathie für dieses unglückliche Land hegt, jedoch als Minister die Befolgung anderer Grundsätze für gut findet. Herr Schwab hat auf Aufforderung seines Verstandes ein sehr kräftiges Gutachten gegen den Reformverein erlassen, worin er ihm unter Andern vorwirft, daß er seinen Meister, den Berliner Reformverein, durch die faktische Verlegung des Sabbats auf den Sonntag schon übertroffen hat. Der Zweck dieser Broschüre ist nicht die Reformer zu bekehren, als vielmehr deren weiteres Umsichgreifen zu verhindern. Der arme Schwab steht zwischen zwei Feuern, den starren Orthodoxen einer- und den radikalen Reformern andererseits. — Meine Gemeinde schreitet auf dem langsamen aber sichern Wege der historischen Entwickelung einer bessern Gestaltung ihrer Verhältnisse immer mehr entgegen und so gelang es mir trotz den überhandnehmenden Wirren, die in neuerer Zeit fast auf allen unsern Gemeinden schwer lasten, einen Choral-Sang, ferner manche neue Einrichtungen in das Gotteshaus wie auch in das soziale Leben einzuführen. Den 27. d. M. weihen wir in unsern neuen Tempel ein.

Ich befasse mich jetzt mit einem „Entwurf zu einer neuen Hexapla", wo ich die Septuaginta, zwei chaldäische und zwei lateinische Versionen zum Original-Texte hinstelle und in Anmerkungen die vom Texte abweichenden Varianten gebe und zugleich ihre Begründung oder Nichtbegründung nachzuweisen suche.

Zipser.

Pesth, 10. Aug. (Fortsetzung.)

Nachdem sich die Herren Dr. Groß aus Bihár und Dr. Schön aus Zemplin über das nützliche Wirken dieses wahrhaft würdigen und patriotischen Vereins, über sein Bestreben, ungar. Element, Gesinnung, Sprache und Gebräuche immer mehr unter unsern Glaubensgenossen zu verbreiten, besonders lobend ausgesprochen, und die Nothwendigkeit hervorgehoben, die statistischen Daten zu sammeln, da selbe als mächtiger Hebel zur Verbesserung unserer Verhältnisse dienen können, so wird allgemein das Wirken dieses

Vereins besonders ehrend anerkannt, und der zu wählenden Vertretung besonders empfohlen, den Magyar Egylet in seinen gerechten Wünschen thätigst zu unterstützen. Die angezeigten Rückstände werden von den betreffenden Gemeinden gleich bei ihrer Nachhausekunft eingehoben und dem Egylet zugemittelt werden.

13. Aus Sáros wird eine Protestation verlesen, in welcher zahlreiche dortige Israeliten gegen die Wahl der für ihre Jurisdiktions-Gemeinde anwesenden Abgeordneten protestiren und dieselben als ungültig erklären.

Da diese Protestation als bloße nicht vidimirte Kopie keine Beachtung verdient, und die General-Versammlung in der Person und Charakter der Herrn Abgeordneten aus Sáros vollkommenes Vertrauen und Bürgschaft findet für die Gültigkeit der von der ganzen General-Versammlung in Ordnung befundenen Vollmacht — so wird diese Protestation mit allgemeiner Indignation ad acta gelegt.

14. Die zur Untersuchung der Toleranz-Tax-Rechnungen ermittelte Kommission berichtet, sich ihrer Pflicht entledigt, und die vom Verwaltungs-Komité bis heute abgeschlossenen Rechnungen, sowohl Einnahmen als Ausgaben, als auch die vorräthigen Komerzial-Bankanweisungen über fl. 116200 in bester Ordnung befunden zu haben, rügt bloß eine Ausgabe, welche von einem einzelnen Mitgliede des Verwaltungs-Komités ausgegangen, und trägt darauf an, daß in der Folge bei ähnlichen nicht stipulirten Ausgaben, das Einverständniß sämmtlicher Mitglieder des Verwaltungskomités als nöthig vorgeschrieben werden möge, bemerkt zugleich, daß Herr Phil. Bettelheim verhindert war, an dieser Kommission Theil zu nehmen.

Der Bericht wird zur Kenntniß genommen, und die gemachte Bemerkung zum Beschluß erhoben, und zu dem Ende dem Verwaltungs-Komité mitzutheilen bestimmt.

15. In Folge des sub Nr. 11 gefaßten Beschlusses, ernennt Hr. Präses eine Kommission unter dem Präsidium des Hrn. M. A. Weiß aus Pesth, bestehend aus den HH. Heinrich Winter aus Sáros, Sam. Brüll aus Preßburg, J. Schwarz aus Zemplin, Ph. Schönberger aus Neograd, Elias Schlesinger aus Neutra, Mor. Hübsch aus Trentschin, Theod. Guthard aus Wesprim, Em. Wollheim aus Zala und J. R. Sichermann aus Szabolts, um zuvörderst aus den heute von den 4 Distrikten überreichten Konsignationen, die empfohlenen 40 Personen zusammen zu schreiben, diese Liste sodann einer jeden anwesenden Jurisdiktions-Gemeinde zu behändigen, von ihr dann eine Vitisationsliste zu übernehmen, daraus das Skrutin der Wahl zu verfertigen, und sammt der ihr übergebenen Original-Listen der General-Versammlung vorzulegen.

Welche Kommission sich auch sogleich zur Erfüllung dieser Ermission in das anstoßende Zimmer begab.

16. Von der israelitischen Gemeinde der Stadt Pesth wird ein Schreiben vom heutigen Datum (9. Juli) überreicht und verlesen, in welchem dieselbe gegen den Beschluß der General-

versammlung, die bestimmten Diurnen für die zu wählenden Vertreter aus den Interessen des Toleranz-Tax-Fondes erfolgen zu lassen, feierlichen Protest einlegt, da sie als Hauptbürge für die Toleranz-Taxe nur auf Grundlage des Reservefondes und der Partial-Wechsel die Hauptbürgschaft übernommen, und dermal, wo es noch nicht entschieden, ob der vorräthige Toleranz-Taxfond nicht wirklich zur Berichtigung der fälligen Raten verwendet werden soll, durchaus nicht zu einer anderweitigen Verwendung bestimmen könne, daher die General-Versammlung ersuche, einen andern Modus zur Bestreitung der erforderlichen Spesen zu bestimmen.

Nach vielfach hierüber gepflogenen Debatten ist die General-Versammlung darin übereingekommen, der protestirenden israelitischen Pesther Gemeinde zu bescheiden, daß nachdem einerseits die General-Versammlung und nur sie allein sich berechtigt hält — über die vorräthige Toleranz-Taxe als Eigenthum der sämmtlichen betreffenden Jurisdiktions-Gemeinden verfügen zu können, da in dem Falle, wenn wider alles Vermuthen die weitere Einzahlung der Toleranz-Taxe gesetzlich angeordnet werden sollte, natürlich jede Jurisdiktions-Gemeinde nicht nur bereitwillig, sondern verpflichtet wäre, kraft ihres Partial-Wechsels, die sie betreffende Quote pünktlich einzuzahlen; andererseits auch die Pesther israelitische Gemeinde als Hauptbürge für die gesammte Quote von 1,200,000 fl. CM. ihre Garantie niemals in dem vorräthigen Reservefond, sondern in der Verpflichtung aller einzelnen Jurisdiktions-Gemeinden, und in deren hinterlegten Schuldscheinen gefunden — so kann auch die General-Versammlung die Motive dieses vorliegenden Protestes durchaus nicht als gegründet anerkennen. — Da es jedoch scheint, daß die Pesther Gemeinde vorzüglich aus Aengstlichkeit zu diesem Proteste veranlaßt worden, als ob durch die Beschlüsse dieser General-Versammlung beabsichtigt würde, den ganzen dermaligen Vorrath zu andern Zwecken zu erschöpfen, so möge sich dieselbe, durch die feierliche Versicherung der General-Versammlung beruhigt halten, daß die zur vollkommenen Deckung zweier Raten an das hohe Aerar erforderliche Summe, nämlich circa 102000 fl. CM., durchaus nicht angegriffen, resp. bis nach erfolgter gesetzlicher Entscheidung seiner dermaligen Bestimmung nicht entrückt werden wird, wonach für die Pesther israelitische Gemeinde als Hauptbürge auch keine momentane Verlegenheit eintreten könne, — worüber der Pesther isr. Gemeinde ein Auszug dieses Protokolls zuzustellen ist.

17. Herr Präses stellt die Frage, ob die nun zu wählende Vertretung zu bevollmächtigen sei, zur Bestreitung der außer den stipulirten Diurnen noch erforderlichen Spesen für Inserate, Druckschriften, Porti, Fuhren etc. bis zur Summe von 2000 fl. Zwei tausend Gulden in Conv. Münze im nöthigen Falle zu verfügen.

Ueber diese Frage wurde abgestimmt.

33 Stimmen für 2000 fl. CM. nämlich: Arad, Bács, Baranya, Békés, Bihar, Borsod, Comorn, Heves, Krassa,

Lipto, Neograd, Neitra, Sáros, Raab, Somogy, Szabolcs, Zala, Torontal, Trentschin, Ugocsa, Ungvar, Veröcze, Weßprim, Weißenburg, Zips, Zemplin, Ofen,
Caschau, Pesth, Fünfkirchen, Szegedin, Trentschin.

3 nämlich Bereg, Preßburg und Wieselburg stimmten für
1000 fl. CM.

1 nämlich Oedenburg stimmt für 800 fl. CM.

Demnach spricht Hr. Präses die entschiedene Majorität für
2000 fl. CM. aus, als diejenige Simme, welche die zu
wählende Vertretung — außer den stipulirten Diurnen, im
nöthigen Falle für obenerwähnte diverse Spesen, auf die
Dauer eines Jahres zu verwenden berechtigt sei, dergestalt,
daß außer den vorbestimmten Diurnen, und außer dem
weiter nter bestimmten Secretariats-Gehalt pro 400 alle
sonstigen, wie immer beschaffene Spesen, in dieser Simme
pr. fl. 2000 mitbegriffen sind.

18. Die ernannte Kommission, um die Wahllisten und
Konsignationen zu übernehmen und das Scrutin auszumitteln,
überreicht ihr diesfälliges Operat, dem zu Folge sich die Wahl
nach Majora Vota folgenderweise herausstellt. — Votirt
haben 37 Jurisdiktions-Gemeinden.

Herr Leo Holländer	mit Stimmen	37
= Dr. Fried. Groß	= =	34
= Ign. Schlesinger	= =	32
= Marton Diossy	= =	31
= Samuel Brüll	= =	31
= Jakob Steinitzer	= =	28
= Herman Löwy	= =	20
= Dr. Math. Roth	= =	17
= Moritz Diner	= =	16
= Markus Spitz	= =	15
= David Lichtmann	= =	13
= Herrm. Päppenheim	= =	13
= Salomon Singer	= =	10
= Dr. Leop. Wittelshöffer	= =	9
= Eman. Wollheim	= =	6
= Moritz Hübsch	= =	6
= Daniel Popper	= =	5
= Salomon Winter	= =	4
= Elias Schlesiger	= =	4
= Leon Hirschler	= =	4
= Salom. Kadelburger	= =	3
= Josef Basch	= =	2
= Nikol. Gottesmann	= =	2
= Heinr. Brüll	= =	2
= J. H. Kassovitz	= =	2
= Moritz Helfiger	= =	1
= M. A. Weiß	= =	1
= Leopold Hirschl	= =	1
= Dr. Sig. Finaly	= =	1
= Heinr. Winter	= =	1
= Moritz Fischer	= =	1
= Rabb. Schwab	= =	1

Herr Simon Eigner	mit Stimmen	1
= Salom. Neumann	= =	1
= Gerson Spitzer	= =	1
= Rabb. Löw	= =	1

Demzufolge werden hiermit die durch Majora Vota gewählten 10 Individuen, nämlich: Herr Leo Holländer, Dr.
Fried. Groß, Dr. Ign. Schlesinger, Marton Diossy, Sam.
Brüll, Jakob Steinitzer, Herrmann Löwy, Dr. Math. Roth,
Moritz Diner und Markus Spitz als Mitglieder der Képvi-
selöseg nter allgemeinen Etjen Ruf proklamirt, worauf die
Herren Leo Holländer und Dr. Ignaz Schlesinger für das
in sie und die gesammte Vertretung gesetzte Vertrauen herzlich danken, und die Versicherung geben, daß die Vertretung
es sich zur angelegentlichsten Aufgabe machen wird, die erhaltene ehrenvolle Mission nach aller Kräften zu erfüllen, und
sich des in ihnen gesetzten Vertrauens würdig zu beweisen.

(Beschluß folgt.)

Etwas über das jüdische Schulwesen im Regierungsbezirk Marienwerder von W—l.

Nachstehend übersende ich Ihnen, geehrter Herr Doktor,
einen Aufsatz über das jüdische Schulwesen des Marienwerderschen Regierungsbezirks, den ich bereits vor einigen Monaten
niedergeschrieben, und der also Manches enthält, was vielleicht
jetzt nicht mehr Anwendung finden dürfte; finden Sie ihn
aber doch für die Oeffentlichkeit geeignet, so mögen Sie davon
Gebrauch machen.

In einer freien Morgenstunde, die ich meinen Berufs-
arbeiten abgewinnen kann, will ich versuchen, Ihnen meinem
Versprechen gemäß[1] noch Einiges über das Schulwesen des
marienwerderschen Departements mitzutheilen. Zuvor aber
bitte ich Sie, sowie die geehrten Leser um Entschuldigung,
wenn dieser Bericht einerseits in ganz schlichten Worten abgefaßt ist, und andererseits gar nichts Erfreuliches darbietet,
und ich hätte wahrlich lieber geschwiegen, weil ich nicht für
Pflicht hielte, gerade jetzt, wo wir einer Umgestaltung unseres
so sehr darniederliegenden Gemeinde- und Schulwesens entgegen sehen, die, wenn die Gemeinden nur ernstlich wollen,
segenreiche Erfolge haben könnte, einen Gegenstand zu berühren, der trotz seiner Wichtigkeit wenigstens in unserer Gegend
noch immer nicht zur Sprache geworden ist. Und das
dürfte doch wohl ausgemacht sein, darin dürften doch wohl
alle Sachkundigen, welcher Glaubenspartei sie auch sonst angehören, übereinstimmen, daß die Schule, die Vorbereitungs-

---

1) Vergleiche unsern Artikel in Nr. 14 d. J., datirt:
Jastrow im März.

stätte für Haus und Familie, für Synagoge und Staat, eins der wichtigsten Gemeindeinstitute ist; das dürfte doch wohl jeder Vernünftige einsehen; daß das schönste Gotteshaus, der beste Chorgesang nichts nützen, ja daß der tüchtigste Prediger nur wenig Ersprießliches zu leisten vermag, wenn die Gemeinde der Schule entbehrt. Soll das Leben unseres Volkes veredelt werden, sollen der Familie treue Anhänger, dem Staate pflichtgetreue Bürger, sollen gute Menschen, fromme Israeliten herangebildet werden: so muß das aufblühende Geschlecht schon im Keime gepflegt und geleitet werden, so muß schon früh, im zartesten Alter, mit aller Treue, mit der größten Sorgfalt an das nicht leichte Werk der Jugendbildung Hand gelegt werden. Nur dann können wir hoffen, aus den jungen Reben keine Herrlinge, sondern herrliche Früchte emporwachsen und reifen zu sehen; aber auch dann nur können Gotteshaus und Predigt wahrhaft wirken. Doch was bedarfs dieser Darlegung? Blick' hinein, theurer Leser, in die Geschichte unseres Volkes und du wirst finden, wie unsere Vorvordern, wenn sie auch der Bildung des neunzehnten Jahrhunderts in vieler Beziehung nachstanden, uns doch hierin als Muster der Nachahmung dienen können. Du wirst finden, daß sie trotz Druck und Verfolgung, die sie in Ghetti's einsperrten und ihre Geistesschwingen hemmten, die größte Sorgfalt auf die religiöse Ausbildung der Jugend verwandten, daß sie die Kinder, die sterblichen Pfänder, die ihnen Gott ans Elternherz gelegt für diesen Gott zu erziehen und für den angestammten Glauben durch Wort und That zu begeistern, ihnen das Wichtigste und Heiligste gewesen. Ja sie brachten jedes Opfer, dem heranwachsenden Geschlechte einen angemessenen Unterricht im Gotteswort ertheilen zu lassen, und es wurde sehr darauf gesehen, daß dem Ausspruche unserer Gesetzeslehrer gemäß[2], jede Gemeinde Jugendlehrer haben müßte. Freilich können wir in unsern Schulen heutzutage nicht, wie dies in den alten Chedarim der Fall war und damals auch genügte, unserer Jugend ausschließlich das Wort Gottes lehren; freilich gilt auch hier: Tempora mutantur et nos mutamur in illis; und ist es unsern jetzigen Schulen eine unabweisbare Pflicht geworden, die Jugend auch mit den Elementen aller Wissenschaft und Kunst, auf welche das Werk der Bildung im späteren Leben fortgeführt werden kann, bekannt zu machen und sie so fürs Leben und seine Anforderungen, die sich Tag für Tag steigern, hinreichend zu befähigen; — und es wird dies auch wohl Niemand in Abrede stellen. Aber auch darin wird jeder Bessergesinnte, Jeder, der ein Herz hat für Glaube und Sittlichkeit, mit einstimmen, daß die Jugend auch für ein Leben in Gott vorbereitet werden muß; daß der Religionsunterricht der bedeutungsvollste und wichtigste, gleichsam die Seele, der Mittelpunkt des gesammten Schulunterrichts ist, und daß kein Lehrgegenstand, welcher es auch sei, diesen Unterricht beeinträchtigen dürfe, ja daß aller Unterricht Bruchstück bleibt, so eine Unterweisung im Worte Gottes, in der Glaubens- und Pflichtenlehre fehlt! Wohl muß sich die Jugend diejenigen Kenntnisse und Fertigkeiten aneignen, die sie später im Leben gebraucht; aber der Religionsunterricht darf nicht vergessen werden! Die jungen Sprößlinge Israels müssen kennen lernen die Geschichte unseres Volkes und das göttliche Walten in seiner wunderbaren Schicksalen; sie müssen einen besondern systematischen Unterricht in der Glaubens- und Pflichtenlehre erhalten und in unserer glaubensarmen Zeit auch mit dem Ceremoniell und seiner Bedeutung und Nothwendigkeit bekannt gemacht werden. Und sollen sie einst wahrhafte Glieder der Synagoge werden, wozu wir sie doch erziehen wollen, soll aller Lippendienst vermieden werden, sollen die vorgelesenen Toraworte nicht wirkungslos verhallen: so müssen sie auch die hebräische Sprache kennen lernen, wenigstens so weit kennen lernen, daß sie die Tora und die Gebete in der Ursprache verstehen. Es wäre freilich wünschenswerth, sehr wünschenswerth, daß Knaben, die schneller eine höhere Stufe erreicht haben, auch in den schwierigern Theilen der Bibel und in der nachbiblischen Literatur (etwa ausgewählte Abschnitte der Mischna — mit dem Komm. Bertinoro's — u. des Schulchan Aruch Orach Chajim, Stücke aus Chobot ha-Lebabot, Ikkarim etc.) einigen Unterricht[3] bekämen (worauf schon der Redakteur der Zeitung des Judenthums — siehe den leitenden Artikel in Nr. 42, Jahrgang 1846 — einmal aufmerksam gemacht); doch wir wollten hier nur auf das Wesentlichste und Nothwendigste hinweisen. Aber, lieber Leser, wird auch diesen geringen Anforderungen genügt? an allen Orten genügt? Empfangen alle Kinder einen zeitgemäßen Unterricht in der Religion und im Hebräischen? Mit Nichten! Wohl giebts im Marienwerderschen Departement, wie wir bereits früher bemerkt haben (s. unsern in Note 1 erwähnten Artikel) — Gemeinden, wo für den Jugendunterricht schon Etwas geschehen ist, so z. B. in Märkisch-Friedland, wo bereits seit c. 29 Jahren eine öffentliche Schule besteht, Deutsch-Krone, das seit 1842 ebenfalls eine öffentliche Schule hat; ferner existiren einige gute Privatschulen, namentlich in Marienwerder, Tuchel, Conitz etc., aber in den meisten Gemeinden ist für die sittliche und religiöse Ausbildung der Jugend noch lange nicht genügend gesorgt. Zuerst ist eine leider auch in Westpreußen sich einnistende Schlange, genannt: Religionsindifferentismus, daran Schuld! Es giebt so manche Eltern, besonders unter den Wohlhabenden und in größern Städten, die Alles aufbieten, daß ihre Kinder eine zeitgemäße Bildung erhalten, ja es besuchen viele jüdische Kinder Gymnasien und andere christliche Lehranstalten und sie gehören nicht

---

2) Jore Dea Kap. 245, § 7 heißt es: מושיבין מלמדי תינוקות בכל עיר ועיר, וכל עיר שאין בה מלמד תינוקות מחרימים אנשי העיר עד שישיבו מלמדי תינוקות.

3) Daß dieser Unterricht jedoch nicht in die Elementar- oder Religionsschule gehört, sondern privatim oder in besondern Stunden ertheilt werden müsse, versteht sich von selbst.

selten zu den fleißigsten und besten Schülern. Aber wie steht's mit dem Religionsunterricht? Das ist ja eben das Traurige, daß viele Kinder Alles lernen, nur nicht Religion und Hebräisch. Während die christlichen Kinder in den für Bibel- und Katechismusunterricht angesetzten Lehrstunden mit den Grundsätzen des Christenthums bekannt gemacht werden, hört so mancher jüdischer Knabe, so manches jüdische Mädchen[4] das ganze Jahr hindurch wenig oder gar nichts vom Judenthum und seinen Lehren und Satzungen, theils weil man an vielen Orten das Bedürfniß nicht fühlt, jüdische Schulen zu errichten, theils weil sie, wie sie sagen, zum Religionsunterricht keine Zeit haben, oder richtiger: weil sie sich hierzu keine Zeit lassen wollen[5]. Man muß doch Schularbeiten machen, man muß doch Tanzunterricht haben, man muß doch turnen! Trauriger Zustand — zum Religionsunterricht keine Zeit haben! Es sind dies keine leeren Phrasen, lieber Leser; wir könnten dir Beispiele aus der Wirklichkeit geben; sed exempla sunt odiosa. — Es ist indeß nicht zu leugnen, daß viele Kinder deßhalb keinen Religions- und oft gar keinen Unterricht erhalten, weil die Eltern nicht bemittelt genug sind, die Kosten zur Erhaltung einer Schule zu erschwingen, und die Gemeinden sich in der Regel nicht für verpflichtet halten, hierzu Etwas aus der Gemeindekasse beizutragen. Und wo wirklich Schulen bestehen, sind wieder so manche Umstände vorhanden, die das Emporblühen derselben hindern. Vor Allem ist's die prekäre Stellung der meisten Lehrer, die sehr nachtheilig wirkt. In allen 43 Gemeinden des marienwerderschen Regierungsbezirks ist unseres Wissens nur drei definitiv angestellte jüdische Lehrer; die übrigen sind in der Regel kontraktlich auf eine bestimmte Zeit und nicht einmal von der

Gemeinde, sondern gewöhnlich von einigen Privaten, die schulpflichtige Kinder haben, engagirt. Die Kündigung bedarf nicht der Genehmigung der hohen Behörde, sondern tritt oft ohne alle Gründe, aus den geringfügigsten Ursachen, mitunter nur aus purer Laune ein[6], als ob es nothwendig so sein müßte, daß man mit jedem neuen Kalender auch einen neuen Lehrer haben muß; so daß in der Regel jährlich, oft auch noch früher, ein Lehrerwechsel stattfindet, und es zu den Ausnahmen gehört, wenn ein Lehrer mehre Jahre an einem Orte wirkt.[7] Wie nachtheilig ein solches Verhältniß ist, braucht kaum bemerkt zu werden. Was kann aus Kindern werden, die bald von diesem, bald von jenem Lehrer, welche doch nur selten in der Methode übereinstimmen, unterrichtet werden? Was nützt es, die Zöglinge ein oder zwei Jahre hindurch sorgsam pflegen und sie dann sich selbst oder einer verkehrten Leitung überlassen? Und was kann auch der beste Lehrer, wenigstens in der ersten Zeit, leisten, wenn ihm Zöglinge übergeben werden, die jahrelang keinen geregelten oft gar keinen Unterricht gehabt und in Folge dessen ganz verwahrlost sind!! Und andererseits ist es wahrlich nicht segenbringend für die Schule, wenn das Einkommen des Lehrers ein so geringes kaum für die nöthigsten Bedürfnisse ausreichendes ist. Es ist schon eine gar große Arbeit, sagte ein Pädagoge neuester Zeit[8], nur auf ein Kind nach allen Seiten dieses bedürfnißvollen Wesens hin mit entschiedenem Erfolge zu wirken, und nun sind ihm oft eine große Anzahl solcher Kinder übergeben, die Alle von ihm besorgt sein wollen.

(Fortsetzung folgt.)

---

4) Daß auch die Mädchen eben so gut wie die Knaben einen zeitgemäßen Religionsunterricht erhalten müssen, ist immer noch nicht genug zum Bewußtsein gekommen. Allerdings ist das weibliche Geschlecht vor der Observanz mancher Religionspflichten, die von der Zeit abhängig sind, מצות עשה שהזמן גרמא (Drach Chajim § 33. S. 640. 5689 ꝛc.) dispensirt und nicht vom Religionsunterrichte überhaupt. „Die Bildung des israelitischen Mädchens, sagt ein jüdischer Schulmann (der sel. Dr. M. Büdinger in seinem: מורה למורים S. 45), sei eine ähnliche, wie die des Knaben. Das Mädchen soll ebenfalls so viel religiöses und biblisches Wissen erlangt haben, daß es als Jungfrau und Gattin Sinn und festen Willen zur innern Veredlung und weibliche Sittenreinheit hegen und die Weihe der Sabbat- und Festtage empfinden und dieselben würdig feiern möge; daß auch sie als Gattin und Mutter, an religiöser Bildung zunehmen, auf ihre Umgebung heiligend und erbauend wirken könne und wolle.

5) Und die Eltern sind unbegreiflicher Weise damit einverstanden, entweder weil sie vielleicht glauben, daß die Religionskenntnisse mitgeboren werden, oder weil sie sich fürchten, man wird sie, Gott bewahr'! nicht für aufgeklärt genug halten, wenn sie ihre Kinder in die jüdische Schule schicken, denn sonst wüßte ich nicht, womit sie sich entschuldigen wollen.

6) Ein eigentlicher Schulvorstand existirt in der Regel nicht; Jeder, er sei wer er wolle, hat die Gewogenheit bei jeder Gelegenheit, selbst in der Schule in Gegenwart der Kinder, Vorwürfe zu machen. Bald ist der Lehrer zu strenge, bald — wenn es ihm nicht in kürzester Zeit gelingt, die im elterlichen Hause in Unordnung und Unfolgsam ꝛc. gewöhnten, also verzogenen Kinder an Fleiß, Gehorsam ꝛc. zu gewöhnen, heißt es: er ist nicht streng genug! Bald heißt es: er bevorzugt einzelne Schüler, wenn z. B. der Sohn des X., weil er fleißiger und begabter ist, mehr lernt als der Sohn des Z., trotzdem dieser schon länger die Schule besucht; und so sinds noch hundert andere Fälle, die zu Konflikten mit dem Lehrer Anlaß geben; und das Ende vom Liede ist: er theuer empfiehlt sich.

7) Ich könnte dir lieber Leser, westpreußische Gemeinden nennen, wo seit sechs Jahren bereits der achte Lehrer fungirt, — aber ich mag es nicht; so wenig ich auch die arme Jugend zu bedauern habe, sieht das aber für eine Gemeinde der דרים nicht ein!

8) Siehe „der Elementarlehrer in seinem Berufe von Dr. Robert Haas, Schul-Insp." Darmstadt 1847.

Verlag von E. L. Fritzsche.   Druck von J. H. Nagel.

Der Orient.

Berichte, Studien und Kritiken

Neunter   für   **Jahrgang.**

jüdische Geschichte und Literatur.

Herausgegeben

von

Dr. Julius Fürst.

Das Abonnement auf
ein Jahr ist 5 Thlr.
Man abonnirt bei allen
löbl. Postämtern und
allen solid. Buchhand-
lungen auf ein Jahr.

Von dieser Zeitschrift
erscheinen wöchentlich
das Literaturblatt mit-
gerechnet, zwei Bogen.
und zwar an jedem
Dienstag regelmäßig...

№ **41.**   Leipzig, den 7. Oktober   **1848.**

Deutschland's vereinigte Staaten.

München, 9. Sptbr. Hochgeehrtester Herr Re-dakteur! Der 1ste Tag, der auch für unsere Glaubens-genossen angebrochen, macht uns die Läuterung des Ju-denthums zur ersten Pflicht. Mit der Knechtschaft selbst sollen auch die Spuren der Knechtschaft verschwinden. Die Mißbräuche, welche unter dem langen Drucke sich eingeschlichen, müssen beseitigt, es muß der Zeit Rech-nung getragen werden. Darum trat hier vor einiger Zeit ein Verein von Fortschrittsmännern zusammen. Ihre Tendenz ist im beigefügten Programm niedergelegt. Aber es ist nicht genug, wenn diese Ideen in einzelnen Gemeinden sich Bahn brechen; ganz Deutsch-land soll davon erfüllt sein, sie sollen Gemeingut Aller werden. Darum wenden wir uns an Sie, mit der Bitte, unser Programm in Ihr Blatt aufzunehmen. Verbinden Sie Ihr kräftiges Wort mit dem unsern; fordern Sie sämmtliche Gemeinden auf, zu gleichem Zwecke sich zu vereinen und wie „in den ältern so wird auch in den innern Verhältnissen eine schönere Zeit für das Judenthum beginnen. Was unsere Kräfte zu die-sem Werke beitragen, werden wir, wenn Sie es gestat-ten, Ihnen von Zeit zu Zeit mittheilen. Der erste Schritt, der uns in die neue Bahn führt, dürfte wohl eine Generalsynode für ganz Deutschland sein; nur durch sie läßt die Vergangenheit und Gegenwart sich ausglei-chen; nur sie kann der Zersplitterung und dem gänz-

licher Verfall des Judenthums vorbergen. Unser Verein gab daher die Veranlassung, daß von hier aus ein Ab-geordneter zu der Versammlung nach Worms geschickt wurde, um dort für eine Generalsynode zu wirken. Seine Mission war eine glückliche und in einiger Monaten schon sollen die Abgeordneten der israelitischen Gemein-den Deutschlands zu gemeinsamer Berathung und Be-schließung zusammentreten. Bereiten Sie unsere Glau-bensgenossen für diese Zeit vor, damit der Erfolg ein günstiger werde. Sie haben so vieles Gute schon ge-fördert, Sie werden, deß sind wir überzeugt, auch dieser Idee Ihre Kräfte leihen.

Genehmigen Sie die Versicherung unserer ausge-zeichneten Hochachtung.

Im Namen des israelitischen Fortschrittsvereins
der Ausschuß:

Jakob Oberdorfer. Jakob Gotthelf. J. L. Kohn, auch für die vier abwesenden Ausschußmitglie-der: Julius Stein. Dr. A. Drey. Ignatz Ortenau, Otto Feldmann.

Hier folgt das Programm:

„Der Geist der wiedererwachten Freiheit, der mäch-tig Europa durchweht, bringt den Juden Deutschlands in nächster Zukunft ihre volle Berechtigung. Nur durch Engherzigkeit konnten ihnen, trotz ihres bewährten Bür-gersinns und ihrer glühenden Liebe zum deutschen Vater-lande, trotz ihrer von der reinsten Moral getragenen

41

Religion, bei gleichen Pflichten die gleichen Rechte vorenthalten werden.

So fallen denn alsbald die schmählichen Ausnahmsgesetze, welche allein der Grund von jenem oft so tadelnswerthen Thun und Lassen einzelner unserer Glaubensgenossen sind; es schwindet die beleidigende Behandlung, die den Juden als solchem gar häufig sogar von den Behörden ward. Allein nichts desto weniger werden Neid, Unverstand und konfessionelle Unduldsamkeit uns noch häufig zum Gegenstand anreizender Angriffe machen. Ihnen gegenüber zu treten durch Schrift und Wort ist vorzugsweise Sache des Juden selbst. Unbegründetes soll durch Darlegung der Wahrheit zurückgewiesen, Verdächtigung der Gesammtheit wegen der Fehltritte Einzelner entkräftet, zugleich aber immer dahin gewirkt werden, daß die verschuldete oder unverschuldete Veranlassung für die Folge aufhöre.

Ein anderes Gebiet, das den Juden zur Thätigkeit auffordert, ist die Läuterung der religiösen Verhältnisse. Unsere Religion, die reine Gottes- und Sittenlehre, ward im Laufe der Zeit mit so mancher Formel umgeben, die für uns alle und jede Bedeutung verloren, ja theilweise Anstoß zu geben geeignet sind. Die Ausübung der Religion soll in jener Reinheit hergestellt werden, zu der ihr innerer, unantastbarer Gehalt sie befähigt. Aber nicht religiöse Spaltung möge die neue Bahn bezeichnen. Nur im gemeinsamen Fortschritt blühet Heil für uns. Bereits wurde von vielen Seiten eine allgemeine deutsche Synode angeregt. Dort wird die Ansicht ihre Würdigung finden; die Gesammtheit unserer deutschen Glaubensgenossen wird durch ihre Vertreter den Weg der Verbesserung unserer religiösen Verhältnisse bestimmen.

Das Umfassende all' dieser Aufgaben gibt die Ueberzeugung, daß die Rabbinen und Vorsteher der israelitischen Kultusgemeinden die Interessen der Juden in allen bezeichneten Richtungen nicht allein vertreten können. Die Theilnahme des Einzelnen muß hier Platz greifen; jene wichtigen Fragen müssen von Allen, die Kraft und Willen hierzu besitzen, angeregt und durchsprochen werden. Die gewonnene Ueberzeugung muß mit Rücksicht auf den Zweck ruhiger Einigung verbreitet, sie soll möglichst zum Meinungs-Ausdruck der Gesammtheit werden.

In diesem Sinne anregend und vermittelnd sich mit allen jenen Fragen eifrig zu beschäftigen, hat sich in München ein israelitischer Fortschrittsverein gebildet. Möge die Theilnahme an ihm sich stärken; mögen gleichartige Bestrebungen andern Orts und gleichgesinnte Männer mit uns in Verbindung treten und mithelfen, den Dank für unsere junge Freiheit dem geliebten deutschen Vaterlande auch dadurch darzubringen, daß wir nicht die letzten bleiben an Sinn für geistigen und religiösen Fortschritt."

Leipzig, Ende Sptbr. Obwohl auf meine Meinung in Betreff des Zusammentritts einer Synode gewiß gar nichts ankommt, so will ich doch dieselbe auf den Wunsch der geehrten Münchner Kommission hier unumwunden aussprechen. Die Ansicht, daß durch die große Freiheitsbewegung Deutschlands die jüdische Religion gefährdet sei, kann ich nicht theilen. Die Freiheit hat noch nie zerstört, sondern aufgebaut, nur die Knechtschaft hat stets getödtet und aufgelöst, und wenn eine Religion nur durch die Knechtschaft bestehen kann, so mag sie fallen, da sie nicht göttlichen Ursprungs war. Wenn die jüdischen Deutschen bei dem großen durch fast ganz Europa brausenden Freiheitssturm ihre Augen nicht nach Osten, sondern nach Westen richten, wenn sie die kleinlichen häuslichen Reibungen und Kämpfe, die ohnehin nur die Rabbiner in nicht wahrem Sinne der Religion angefacht, vergessen und in den politischen Strom niedertauchen, um eine neue Zukunft heraufzuholen, wer will das ihnen verdenken? Die Religion ist nicht gefährdet, wie die Selbstsucht aussprengt, sondern auf kurze Zeit mediatisirt zu Gunsten einer andern Religion, der Freiheit, in der sie verklärt wird. Man sagt, die Religion muß sich, schritthaltend mit dem verjüngten politischen Leben, verjüngen und veredeln; allein die Religion ist nicht eine Form, sondern sie ist Wesen, sie ist nicht vergänglich, sondern ewig, und ändern heißt vernichten. Aber die äußern Religionsformen, ihre äußere Erscheinung muß nach Zeit und Umständen sich ändern! Freilich wird die äußere Kleidung der Religionsformer, die Reform der Religionsformen machen eben Zeit und Umstände und können weder von Einzelnen noch von Synoden veranlaßt werden, dazu kommt noch: 1) daß nicht allenthalben Zeit und Umstände gleich sind, so daß was zeitgemäß dort Tyrannei wird, dann 2) ist die Kulturstufe nicht allenthalben gleich, und während hier die ganze Bildungsstufe einer Gemeinde, die Umstände und die Zeit, diese oder jene Reform nöthig machen, ist sie anderswo, wo dies nicht der Fall ist, lächerlich oder lästig. Aber dem Gemeinwesen drohet eine Auflösung, ruft man aus, und das ist wahr; denn fast alle Gemeindewesen sind erschüttert. Aber dazu hilft keine Synode. Denn abgesehen davon, daß es eine wahre Wohlthat ist, daß die Gemeindewesen, die oft tyrannisch, barbarisch, nichtswürdig, dumm und unnatürlich organisirt waren, sich auflösen, daß eine wahre demokratische Gemeindeverfassung, das einzige Heil der Gemeinden, nur nach Auflösung der bis jetzt bestandenen Gemeindewesen geschehen kann, sind auch die Zustände in den einzelnen Gemeinden und Bezirken so verschieden, daß eine allgemeine Form oder Reform höchst verderblich erscheinen muß. Ich bin aber für Synoden und zwar, möge jede Gemeinde oder mögen einzelne Bezirke nach Umständen und Zeitverhältnisse und nach der Höhe oder Tiefe ihrer Bildung ihr Gemeinwesen neugestalten; jede andere centralisirende Reform trägt den Todeskeim in sich, sie ist despotisch, sie ist unfrei.

Von der Klodnitz (in Schlesien), im Septbr. In den Zeiten allgemeiner Freiheit, wo die Schranken, die seit Jahrhunderten den Bruder vom Bruder entfernten, jetzt zerstoben darnieder liegen, dürfte es nicht uninteressant sein, einen Blick auf unser liebes Schlesien zu werfen, um zu sehen, in welchen Verhältnissen hier die Konfessionen zu einander stehen, zumal als in den Städten Oberschlesiens hie und da Excesse gegen Juden verübt wurden. In unserer Provinzialhauptstadt Breslau sieht es jetzt ganz anders aus. Unter den vielen Elementen, die diese große Stadt enthält, war nur ein kleiner Theil wirklich liberal; dies beweist genügend das Urtheil der Professoren der Universität nach dem ersten allgemeinen Landtag: „daß jüdische Docenten an den Universitäten, wo die Statuten dagegen lauten, nicht aufgenommen werden sollen," und die vielen Beschränkungen, welche die Handel treibenden Juden erlitten, obgleich sie die Mehrzahl sind. Welcher Haß in der Klasse der minder Gebildeten gegen die Juden steckt, kann nur derjenige wissen, der in B. gelebt hat. Wie ganz anders sieht es jetzt da aus. Wider ihren Willen muß nun die Breslauer Handelswelt die Juden nicht nur in aller Beziehung gleichstellen, sondern für die sich gebildete Handelskammer wurde sogar eine Majorität Juden erwählt. Für die Berliner National-Versammlung wurde ein Jude, Namens Brill zum Deputirten erwählt, was genugsam von dem liberalen Sinn, der jetzt hier herrscht, zeugt. Natürlich können wir nicht Allen gleiche Gesinnung zumuthen, allein diese Partei wird jetzt verstummen müssen. Wie sich B. nach Außen geändert hat, so ganz anders sieht es auch im Innern der jüdischen Gemeinde aus. Seit dem der Parteikampf in B. ausgebrochen, zahlen viele Mitglieder zu den Wohlthätigkeitsverein, der die Gemeindearmen unterhielt, nicht, wodurch nun in denselben ein bedeutender Ausfall entstand. Zwar haben die reichern Anhänger Geigers aus ihren eigenen Mitteln große Anstrengungen gemacht, um die Armen dies nicht fühlen zu lassen, allein da eine große Majorität nicht steuerte, und die Gutherzigen des Guten auch genug hatten, da waren doch nur die Armen am übelsten daran. Durch die allgemeine Nahrungslosigkeit, wodurch jedes Individuum etwas zurückhält, hat nun die Noth der Armen eine hohe Stufe erreicht, weshalb ein Mitglied der zweiten Gemeinde den Vorstand der ersten öffentlich aufforderte, er möchte, da seine Zeit um ist, sein Amt niederlegen, vorerst aber noch eine Generalversammlung veranstalten, wobei sich alle Mitglieder B. vereinigen und die sociale Frage verhandeln, gleichzeitig auch einen neuen Vorstand wählen,

unter dem sich alle zu einem Beitrag verstehen werden. Darauf erwiederte der Vorstand, daß er sein Amt nicht niederlegen, und daß man auch durch eine solche Versammlung nicht zum Zwecke kommen, da dieselbe nur zum Parteikampf führen werde; hingegen meinen sie, es sollen 200 Mitglieder sich zu einem freiwilligen monatlichen Beitrag verstehen, nach welchem Verhältnisse dann die Armen unterstützt werden sollen. Hiermit war jenes Mitglied aber nicht zufrieden, sondern forderte den Vorstand noch einmal auf, sein Amt, welches er ohnedies schon eigenmächtiger Weise verwaltete, sofort niederzulegen u. s. w. wie früher, damit die Wohlthätigkeit, die einst von B. gerühmt wurde, wieder zu ihrer Bedeutung gelange. Das Resultat war, daß am 29. Juni c. eine General-Versammlung war, worin die Sache einer Kommission überwiesen wurde, worauf am 1. August eine zweite stattfand, worin die Kommission ihre Arbeit vorgelegt hat. Im Ganzen scheint aber noch Nichts gethan zu sein, und das Nichtzahlensystem scheint jetzt mehr als sonst über Hand genommen zu haben; denn in der Bresl. Zeit. vom 30. Juli liest man einen Aufsatz von Hrn. Louis Spiegel, worin dieser ernstlich zum Zahlen ermahnt und anfragt, ob man denn durch das Wort „ich bin ein Deutscher" sich aller Lasten befreien, und alle, von Vätern übernommene Vereine, oder so wie die Breslauer Gemeinde auflösen will. Sowohl hieraus, als auch aus den Umständen, daß der Chor auf kurze Zeit aufgelöst war, und die Wilhelmsschule, nachdem sie schon seit mehreren Jahren gar nichts oder nur sehr wenig geleistet hat, ganz aufgehoben ist, können wir ersehen, daß die Breslauer erste Gemeinde sich eben zu gut, wie die meisten großen Staaten in Geldverlegenheit befindet. Sie scheint ganz in die Fußtapfen Geigers getreten und dem Prinzipe, daß er ihnen bei der Modernisirung der Religion eingegossen, in dem Fortschritte und den Zeitumständen angemessen zu leben, gefolgt zu sein; denn Geldkrisis und Finanzzerrüttung gehört auch jetzt zum Zeitgeist. Uebrigens scheint die Breslauer Gemeinde jetzt auch den Pfaffenstreit über und über satt zu haben und wird sich wohl nächstens mit ihrer Gegenpartei aussöhnen, um uns doch noch einmal zu beweisen, was Korach uns schon bewiesen: Jeder Streit, der nicht für Gott geführt, hat keinen Bestand. Herr Geiger merkt dies auch und hat sich der Zeit zugewendet, indem er konstitutioneller Demokrat wurde. — In Schweidnitz hat bei der Leichenfeier mehrerer Bürger, die bei der Erfüllung ihrer Pflichten als Bürgerwehr mörderisch umkamen, ein Jude, Hr. Dr. Lasker, eine Trauerrede gehalten. Für den Kreis Oppenfurt sitzt auch ein jüdischer Deputirter in der Berliner National-Versammlung;* diese zwei Fakta zeigen genug die Liberalität der Einwohner dieser zwei Kreise. Da diese

---

*) Wie heißt dieser? Red.

41 *

zwei Kreise, besonders der letzte, nicht die intelligentesten sind, so werden uns diese Fakta beweisen, daß der Geist der Gerechtigkeit und Gleichheit mehr durch einen innern Werth des Menschen, als durch die Intelligenz hervorgebracht wird. — In Peiskretscham hat sich Gährung und Volkshaß kund gegeben, die zu Demonstrationen, wie Fenstereinschlagen führte. Durch einen Knaben, der einige Zeit abwesend und nicht gleich aufzufinden war, steigerte sich die Aufregung nicht nur, sondern wurde sogar genährt und unterhalten, welche, weil sich der Knabe nicht bis Abend gefunden hätte, zu einer kleinen Bartelemäusnacht geführt hätte. Trotzdem hatte sich die Aufregung nur wenig gelegt, bis erst von den Bessergesinnten eine Bürgerwehr errichtet und Militär requirirt wurde, was die Bürger einschüchterte. — In Gleiwitz hat sich die Erbitterung gegen Juden zuerst auf der Vorberathung zur Wahl kund gethan, als man einen Juden, einen gewissen Pleßner als Wahlmann vorschlug. Durch einige ungeschickte Vermittler wurde das Feuer der Erbitterung noch mehr angefacht, welches durch die Wahl in dem Grade sich steigerte, daß es nur die geringste Ursache bedurfte und das Feuer loderte auf. Die Erwiederung des Dr. Ring auf einen anonymen furchtbaren Artikel gegen die Juden war das Signal zum Aufruhr, der den Dr. Ring von Gleiwitz wegbrachte, mehrere Israeliten die Fenster, einen sogar sein ganzes Gewölbe kostete. Durch Schaden klug geworden haben sie jetzt nun darauf gedrungen, eine Bürgerwehr einzurichten, die nun meistens aus Juden besteht, die wohl bei dergleichen Fällen die Waffen zu führen verstehen werden, wie dies auch schon der Fall war. Die Gleiwitzer haben jetzt Dr. Hirschfeld aus W. zum Rabbiner gewählt, und er tritt schon vor Rosch haSchana in sein Amt. Die Veranlassung zu seiner Wahl, da er nicht zu den Kandidaten gehörte, war diese. Wie überhaupt jetzt verschiedenartige neumodische Anfragen vorkommen, war auch in Gl. eine solche vorhanden, und zwar: ob man in Stiefeln zum Duchan gehen darf. Der dortige intermistische Rabbiner, Herr A. Deutsch meinte: es sei dies kein ריח, sondern ein durch das Alterthum sanktionirter מנהג, der seinen Ursprung aus den Zeiten der Gemara ableitet, überhaupt der Sache selbst eine gewisse Weihe verleiht. Hiermit nicht zufrieden schickte der zweite Errabbiner, Hr. Lehrer Goldstein diese Anfrage an Dr. Hirschfeld, der sich für die Stiefel entschied. Durch diese Liberalität auf ihn aufmerksam, wurde er, nachdem er dort gepredigt hatte, einstimmig aufgenommen. Er erhält ein Fixum von 400 Thlr., 80 Thlr. auf Wohnung, und Nebeneinkünfte ihm incl. der Eide 220 Thlr. garantirt, worin sich aber die Gleiwitzer stark geirrt haben, da die Eide jetzt wahrscheinlich eine andere Formel erhalten werden, und man des Rabbiners entbehren wird. Da sie nun einen gelehrten und gebildeten Mann erhalten, so können sie natürlich zufrieden sein, wie komisch auch die Veranlassung sein möge. — In Beuthen a. O., wo der Judenhaß zu Hause ist, hatte sie, da sich auch hier die Gemüther erregt hatten, höllische Angst, ja sie wollte sogar auf einen Freitag Abend eine sicilianische Vesper verabredet wissen und waren auch die schärfsten Maßregel dagegen getroffen, wie z. B. die Organisirung der Bürgerwehr, besonders haben die Juden sich nach starken Waffen umgesehen, allein es hat sich nichts kund gegeben. Die Beuthner Reichen, die Herren M. Friedländer und Löwe haben sich bei dieser Nachricht mit Sack und Pack, mit Familie, Hab und Gut davon gemacht, kehrten aber wieder beschämt zurück und mußten trotz ihrer Vorsicht ein anderes Mal einer kleinen Scharmützel beiwohnen, das nicht gerade den Juden galt, wobei sich aber die jüdischen Schützen besonders tapfer hielten. Daß dort kein Jude, trotz der großen Ueberzahl derselben, Wahlmann geworden, liegt weniger im Judenhasse, als in den Umtrieben, die die katholische Geistlichkeit ausübte, so daß nicht einmal ein Christkatholischer daran kam, geschweige daß ein Evangelischer oder Jude zusammenhalten sollte. Uebrigens wenn die Beuthner zusammenhalten, können sie schon eine Macht für sich bilden und etwas wirken, wie das ihre Vereine für Armenunterstützung und Handwerker beweisen. — — In Nikolai hat die Gleiwitzer Geschichte Nachahmung gefunden und die Demonstrationen gingen bis zum Fenstereinschlagen und Plündern. — Aber nicht überall ist das Volk von einem solchen Geiste beseelt. Das kleine Städtchen Schrang kann ein Bild der Liberalität der Einwohner abgeben, die sich besonders in der Freiheitsstraße kund gab. Als sie einen ungerechten Magistrat stürzten, behielten sie nicht nur den einzigen jüdischen Rathmann, sondern verlangten sogar, daß dieser die Stelle des Bürgermeisters übernehmen sollte, was er jedoch entschieden ablehnte, sich aber stehend für denselben beim Volke antrat, wodurch es ihm gelang, denselben wieder in sein Amt zu bringen. Bei der Bürgerwehr und den Freicorps sind zwei jüdische Offiziere und zu Wahlmännern drei Juden gewählt worden, was um so merkwürdiger ist und von Liberalität zeigt, als in ganz Oberschlesien kein gleiches Beispiel aufzuweisen ist. — Auch Rybniks Einwohner haben bewiesen, daß sie von freien Ideen begeistert sind. Einem gewissen Witt v. Döring, der sich einfallen ließ, in einem Artikel der schlesischen Zeitung sich über „getauftes und ungetauftes Gesindel" unverschämt auszudrücken, haben sie dafür eine Katzenmusik gebracht und aus der Stadt gejagt. Obgleich er erklärte, daß er nicht die Juden meine, wurde das Rybniker Attentat doch allgemein so hoch aufgenommen, daß es in Berlin, Breslau und Oppeln Nachahmung fand. Ueberhaupt hat die Rybniker jüdische Gemeinde durch den Bau ihrer prachtvollen Synagoge bewiesen, was sie vermag, wenn sie will. Einige Worte

über die Einweihung mögen hier Platz finden. Nachdem der Grundstein vor 5½ Jahren gelegt wurde ist der
Bau, wegen Geldmangel verzögert, erst Anfang dieses
Sommers beendigt worden, nachdem beim Landrathe
eine bedeutende Anleihe gemacht wurde. Hierauf wurde
die Einweihung auf den 5. Juni, als einen Freitag
festgesetzt, und hat auch damals auf folgende Weise stattgefunden. Behufs dieses Festes wurde der Landrath
feierlichst von der Bürgerwehr den Vormittag — zum
ersten Male nach einer schweren Krankheit — in die
Stadt gebracht. Nachmittags versammelte man sich in
der alten Synagoge, um das Vesper-Gebet zu begehen,
welches der Chasan mit Hülfe des Gleiwitzer Chors,
das dem Feste unbeschadet, ganz gut zu Hause bleiben
konnte, vortrug. Nach beendigtem Gebete bestieg der
dasige Rabbiner Hr. Karfunkel die Kanzel, fing mit
den Worten: „An jenem Tage wird ein Gott sein und
sein Name Eins", mit deren eben der Chasan das Gebet geschlossen hatte, eine lange, geistvolle Rede an,
die aber durch die unpopuläre Sprache und den schlechten Dialekt des Redners sehr viel verlor, was auch nicht
wenig dazu beitrug, daß sich sehr viele noch vor dem
Ende entfernten, wozu die erste Ursache die drückende
Hitze, die sich an dem sehr heißen Tage durch die Menge
der Anwesenden in dem engen Raume entwickelte. Der
Redner bewegte sich um den Punkt, ob sie in der neuen
Synagoge das neumodische Element mit Niederreißung
alles Alten, oder ob sie die dem Fortschritt angemessene
Ordnung einführen wollen. Während dessen wurde draußen der Zug in die neue Synagoge von den Festordnern,
die durch ein Band um den Arm kenntlich waren, auf
folgende Weise angeordnet. Zuerst gingen die Mädchen,
weiß gekleidet mit Kornblumenkränzen auf dem Haupte
und um den Leib, Blumen streuend. Diesen schlossen
sich die Jungfrauen, weiß gekleidet, weiße, brennende
Wachskerzen mit rosa Bändern und Rosen gebunden
tragend, an, die Schlüsselträgerin voran. Den Jungfrauen reihte sich die Schule an; darauf folgte die erste
Baldachin, voran die Geistlichkeit und die anwesenden
Behörden, ein zweiter, an den sich sämmtliche männliche
Gäste drei und drei gehend, und ein dritter dem sich die
Gemeindeglieder anschlossen, und das Frauenpersonal
schloß den Zug. Von beiden Seiten war Bürgerwehr
aufgestellt, damit Niemand unberufen sich zudränge.
Während des Zuges wurden die für שיר während der
הקפה bestimmten Verse abgesungen. An der Synagoge
angekommen wurde שערים und nachdem die
Schlüsselträgerin den Schlüssel mit kurzer Ansprache dem
Landrath übergeben und er die Synagoge geöffnet hatte,
beim Eintritt מה טובו abgesungen. Nachdem hier הקפה
gemacht, und wiederum jene Verse abgesungen worden,
machte der Rabbiner שהחיינו und zuvor eine
kurze aber sehr ergreifende Rede hielt. Nun bestieg Hr.
Dr. Cohn, Rabbiner aus Oppeln, der zu diesem Be-

hufe eingeladen war, die Kanzel n. hielt eine 1¼ Stunde
lange Rede, deren dritter Theil aus Gebeten bestand.
Wer Geiger gehört, mußte bald erkennen, daß er ein
Jünger desselben ist; die Sprache, das Benehmen,
ganz wie er, auch sein Organ giebt dem G.'schen
nicht viel nach, nur die Predigten sind insofern unter-
schieden, als die seinige etwas mehr als eine G.'sche
enthielt. — Ratibor hat durch die Schule des Hrn.
Holländer bewiesen, daß es die Schranken zwischen
Juden und Nichtjuden längst niedergerissen hat. Die
Schule des Hr. Holländer ist eine Anstalt, worin Kinder fürs Gymnasium vorbereitet werden und in jeder
Sprache Unterricht erhalten. Die Leistungen dieses
Mannes anerkennend, haben nun die vornehmsten Christen keinen Anstand genommen, demselben auch ihre
Kinder anzuvertrauen, nachdem der König nach früherer
Verfassung solches sogar gestattet hat. Ob Hr. Holländer wirklich so viel leistet, oder ob es mehr Glück ist,
das ihm so die Anerkennung Aller zu Theil werden läßt,
wollen wir dahingestellt sein lassen, soviel ist aber gewiß,
das religiöse Element wird darin ganz vermißt. Außerdem hat Ratibor noch eine Elementarschule mit vier
Lehrern unter Leitung des Dr. Günsburg. Wenn
nun in Ratibor einige unbedeutende Excesse vorgefallen
sind, so können wir aus dem Obigen ersehen, daß dies
nicht der Ausdruck Aller gegen die Juden ist, sondern
nur der niedrigsten Volksklasse aus Brodneid gegen
einzelne Personen hervorgebracht. — Aus Zülz habe
ich Ihnen zu melden, daß Hr. Berliner wieder auf-
getaucht ist, jedoch diesmal nicht mit einer reformirenden,
sondern mit einer sehr lobenswerthen Ansprache. Er will
eine Kolonie errichten und hat sich deshalb an verschiedene Gemeinden gewendet, daß sie einige ihrer armen
Mitglieder hinschicken und sie so viel wie möglich unterstützen, bis sie im Stande sind sich vom Ertrage ihres
Bodens zu ernähren. Diese Kolonie soll Mendelssohn
heißen, sollte dies gut gehen, wozu er mit aller Kräften
beitragen will, so will er eine zweite errichten, die den
Namen Jacobsohn führen soll.

Erlauben Sie mir noch Hr. Red. Ihnen einige
Notizen verschiedener Art mitzutheilen. Unser Justizminister Hr. Märker spricht sich in einer Sitzung der
Nationalversammlung in Berlin für die Aufhebung der
Todesstrafe aus. Bei Motivirung seiner Rede spricht
er sich ungefähr so aus. Die Todesstrafe hängt von
der Civilisation eines Volkes ab; Moses hat zwar in
seinem Gesetzbuche die Todesstrafe als unumgänglich
nothwendig angenommen, allein man darf nicht die ehemalige Civilisation der Juden vergessen. Sein Gesetzbuch kann hierin eben so wenig wie das „Auge um
Auge 2c." maßgebend sein. Ich bedaure, daß Hr. M.
nicht besser unterrichtet ist, sonst hätte er wohl gewußt,
daß die Strafe nicht in Abnahme eines Gliedes, sondern Geld nach einer Schätzung war. In die Sache

selbst wollen wir ein anderes Mal eingehen. — Trotzdem daß unser Justizminister Hr. Bornemann,
öffentlich bekannt machte, daß nunmehr die Jura studirenden Juden zum Examen zugelassen werden, so ließ
doch das Kammergericht, oder besser der an der Spitze
stehende Hr. Nikolevius den Dr. H. Jonas nicht zum
Auskultator-Examen zu. — In Wien ist Hr. Dr.
Fischhof im Ministerium des Innern als Ministerialrath mit 4000 fl. angestellt. Darüber schrie Alles Zeter
gegen Doblhoff. Die zwei letzten Fakta können nun
beweisen, wie unsre Emancipation in Deutschland noch
immer nur Theorie ist, es wird noch lange dauern, bis
alle Zöpfe abgeschnitten sind.   J. S.

Oesterreichische Nebenländer.

Papa, 6. Sptbr.   Von einem schönen Zuge
hiesiger Israeliten will ich Ihnen heute berichten, und
ist dieser Zug wahrlich einer der schönsten ihres bisherigen
Lebens! Es zogen nämlich selbe vor mehren Wochen,
an Zahl über hundert, die das Loos abzumarschiren
getroffen, muthig und freudig, Haus und Hof verlas-
send, dem unserem Vaterlande drohenden Feinde rüstig
entgegen. Selbst unser Rabbiner, Leop. Löw, der bei
vielfachen Gelegenheiten schon seinen freien, patriotischen gesunden Sinn und Liebe zum Ungarlande an den
Tag legte, schloß sich diesem Zuge an, und füllte er
als israelitischer Feldprediger seine Ehrenposten — durch
gediegene Reden* im Beisein der christlichen Garden
vortrefflich aus. Konnten zwar die hiesigen Israeliten, die
bereits glücklich zurückgekehrt, ihren Muth und ihre Tapferkeit durch einen Angriff auf den Feind nicht bethätigen,
so war es dennoch nicht zu verkennen, daß sie gewiß
die gegnerische Macht nicht gescheuet, wenn es sich um
die Rettung des Vaterlandes, des Juden
Ehre, gehandelt hätte. Dies erkannten auch die christlichen Garden, selbst jene, die hierorts den Juden feindlich gegenüberstanden, und schon auf dem Wege nach
dort suchten sich diese mit ihnen zu befreunden und im
Lager selbst bezeugten sie den Israeliten sogar ihre Anhänglichkeit. Gebe Gott, daß dieses nur von nachhal-
tiger Wirkung sein und bleibe!
Was jedoch unsere Orthodoxen anlangt, so können
dieselben ihren christlichen Brüdern hierfür keinen Dank
wissen, und wollen sie ferner in der Annäherung derselben zu ihren jüdischen Genossen und umgekehrt, in der
der Israeliten zu den Christen, den Sturz der Religion
erblicken und scheint sie jedesmal Angst und Schrecken
zu überfallen, wenn die ihr folgende Emancipation zur
Sprache kommt. Wer weiß, möchten sie nicht heute
noch Zeter erheben, wie einst? Eingedenk,
ihre wackeren Preßburger Brüder, dächten sie nicht
noch mehr verhaßt und verfolgt, noch mehr verlacht und

*) Eine ist in ungarischer Sprache im Drucke erschienen.

verspottet zu werden. Und dennoch entblödete sich nicht
diese Klasse Leute unserem würdigen Rabbiner den Vorwurf einer unverzeihlichen Irreligiosität und Verletzung
der so heiligen „Rebbe" Ehre zu machen, weil er den
Mitmarsch nicht ablehnen und obendrein der den Mini-
sterbefehl für vollziehende Behörde erklärte, unter
ter welchen frommen Bedingungen nur der „Jud" sich
zum Abmarsch billigen könne! So beschränkten Sinnes
führt eine sich zur Menschheit rechnende Partei im 19.
Jahrhundert das Wort, zur Zeit des Lichtes, der Freiheit, der Aufklärung, und glauben Sie, nur hier in
unserer Gemeinde ist ein solches Wort vernehmbar; be-
hüte, auch in unseren Schwestergemeinden, in allen Re-
sidenzen der „von Semmelbröseln zc." predigenden
Rabbiner kann man derlei unvernünftiges Zeug sprechen
hören!
—i—o.

Pesth, 10. Aug.   (Schluß.)
Die General-Versammlung erachtet es ferner für nöthig,
fünf Ersatzmänner für den Fall zu bestimmen, wenn etwa
einer der Gewählten, die Funktion nicht annehmen wollte,
oder anzunehmen verhindert wäre, um an dessen Stelle der
Vertretung Theil zu nehmen. Als Ersatzmänner werden somit die Herren Dav. Lichtmann, Herrmann Pappenheim, J.
N. Sichermann, Salomon Singer und Dr. Leop. Wittels-
höffer verzeichnet. — Herr Herrmann Pappenheim erklärt
für den Fall eine Substitutions-Nothwendigkeit einträten
sollte, überläßt er dem Herrn David Lichtmann, obgleich er
mit ihm in der Stimmenzahl gleichsteht, die erste Ersatz-
manns-Stelle.
19. Nachdem die General-Versammlung die fixe Anstellung eines Sekretärs für nöthig erachtet, um die schriftlichen
Arbeiten der gewählten Vertretung zu versehen:
so wird hiermit hierzu einstimmig und allgemein Herr
Ignaz Barnay, Ober-Notar der Pesther Gemeinde gegen
den fixen Jahresgehalt von fl. 400, Vierhundert Gulden in
CM. angestellt, und ihm zur Pflicht gemacht, den israel.
Jurisdiktions-Gemeinden die jeweiligen politischen Ergebnisse, welche auf sämmtliche Israeliten des Landes Bezug
haben, zu berichten.
20. Auf sie zur Verhandlung gebrachte Motion über
Vergütung von ältern Spesen, für in frühern Reichstagen
in Angelegenheiten der Israeliten Ungarns, wirksam gewesene
Deputirten:
erklärt Herr Jakob Steinitzer aus Arad, auf alle diesfällige Entschädigung zu verzichten, da er zum allgemeinen
Wohle der Israeliten des Landes sich verwenden, die gehabten Spesen sehr bereitwillig aus Eigenem bestritten,
für welche Erklärung dem Herrn Jakob Steinitzer unter
allgemeinem Eljen-Ruf gedankt wird, die weitere Verhandlung dieser Motion wird vertagt.
21. Da in dem Toleranz-Tax-Verwaltungs-Komité durch
Ableben des Hrn. Bernhard Lackenbacher ein Mitglied zu ersetzen ist;

so wurde als solches von dem Kreise jenseits der Donau, von welchem auch die Wahl des Verstorbenen ausgegangen, Herr Salomon Singer aus Totis erwählt und erhält, was dem Verwaltungs-Komité mittelst Auszugs dieses Protokolls mitzutheilen ist.

22. Da aber in dem Verwaltungs-Komité der bisherige Präses als solcher zu fungiren aufgehört, und die Nothwendigkeit entstanden, einen Präses zu wählen;

so wurde zuvörderst darüber abgestimmt, ob der Präses in Pesth stabil wohnhaft sein soll, oder auch aus der Provinz gewählt werden könne.

20 stimmten für einen Präses, ob in oder außer Pesth wohnhaft; nämlich: Abauj, Arad, Baië, Baranya, Bokas, Bereg, Bihar, Borsod, Comorn, Lipto, Krasso, Neograd, Neutra, Sáros, Raab, Zala, Tolnau, Torontal, Trentschin, Wesprim, Zips, Zemplin, Ofen, Kaschau, Pesth, Fünfkirchen, Szegedin, Trentschin.

8 stimmten für einen Präses aus Pesth; nämlich: Hevès, Preßburg, Oedenburg, Szabolcs, Ugoisa, Ungvar, Weissenburg, Wieselburg.

Herr Präses spricht somit die entschiedene Majorität dafür aus, daß der Präses des Verwaltungs-Komités, ohne Unterschied, ob in Pesth, oder außer Pesth gewählt werden könne;

in Folge dessen ernennt Hr. Präses die Hrn. Ph. Bettelheim, Bernhard Leßner, Markus Weißbach, Heinrich Winter und Dr. Friedrich Groß, um aus dem Verwaltungs-Komité drei Individuen zum Präses zu kandidiren. Dieselben kandidiren die Hrn. J. H. Kassowitz, Markus Pollak, Leo Holländer. — Darauf wurde mittelst geheimer Skrutin abgestimmt.

Für Hrn. J. H. Kassowitz ergaben sich 23 Stimmen.

» » Leo Holländer » » 13 »

» » M. Pollak » » 1 »

demzufolge wird J. H. Kassowitz zum Präses des Toleranz-Tax-Verwaltungs-Komités proklamirt, was ihm offiziell mitzutheilen ist.

23. Herr Herrman Löwy unterbreitet schriftlich, daß so sehr ehrenvoll für ihn die Auszeichnung ist, zum Mitglied der Vertretung gewählt worden zu sein, er doch hierauf aus Unkenntniß der ungar. Sprache und aus Prinzip keinerlei Renumerationen anzunehmen, zu resigniren veranlaßt ist.

Zugleich erklärt Herr Markus Spitz aus Sanitäts-Rücksichten auf diese Ehre verzichten zu müssen.

Die General-Versammlung drückt ihr aufrichtiges Bedauern über die Resignation dieser beiden würdigen Herrn aus, und werden in Folge dessen die Hrn. David Lichtmann und Herrmann Pappenheim als in der Majorität folgende Ersatzmänner, der Vertretung als Mitglieder eingereihet, wonach die Hrn. Eman. Wollheim und Mor. Hübsch als Ersatzmänner vorrücken.

Für die Israeliten in Abauj: Selig Glück m. p.

» Arad und Krasso: Jakob Steinitzer mp.

Für Baië: Daniel Popper mp. Bernhard Basch mp.

» Baranya: Lazar Borovig mp. Moritz Steiner mp.

» Bereg: Philipp Fried mp. Josef Kroo mp.

» Bihar: Dr. Fried. Groß mp.

» Borsod: Leopold Rosenfeld mp.

» Comorn: Kalman Teller. Salomon Singer.

» Hevès: Leopold Hirschl. Josef Stern.

» Liptau: Moritz Diner.

» Neutra, Neustabler und Skalitzer-Distrikt: Elias Schlesinger mp. Franz und Georg Popper mp.

» Wesprimer Distrikt: Theodor Guthardt mp.

» Preßburger Gemeinde und Wieselburger Komitats Israeliten: Samuel Brüll mp. Herrmann Pappenheim mp.

» die Israeliten des Oedenburger Komitats und Simontornyer Bezirks in Tolnau: Samuel Brüll mp.

» Sáros: Leo Holländer mp. Heinrich Winter mp.

» die Israeliten des Raaber Komitats: M. Dr. Wittelshöfer mp.

» Neograd: Schönberg Fülöpp mp.

» Szegedin: Simon Ausländer mp. Moritz Ezinner mp.

» Somogy: Jakob Stein mp.

» Zala: B. Leßner mp. E. Wollheim mp.

» Trentschin: Moritz Hübsch mp.

» Ugocsa: Elias Seidler mp. Stein Israel mp.

» Ungvar: Mark. Weißbach.

» Weißenburg: Jos. Rosenthal mp. A. Frankl mp.

» Kaschau: Dr. M. Roth mp.

» Zips: E. Winter mp. Mark. Spitz mp.

» Zemplin: Dr. Schön Vilmos mp. J. Schwarz mp.

» die Gemeinde Ofen: H. Brachfeld mp. Elkan Menz mp.

» Pesth: M. A. Weiß mp. Dr. Schlesinger, J. Leo Hirschler, Diósy Márt. mp.

» Fünfkirchen: J. Schapringer mp.

» die Stadt Trentschin: Simon Stark mp.

» Zemplin: J. N. Sichermann mp. Eisenberger David mp.

» Berötze: J. Lackenbacher mp.

Etwas über das jüdische Schulwesen im Regierungsbezirk Marienwerder von W—ll.

(Fortsetzung.)

Wie kann ihm die erfolgreiche Kraft und Frische werden, wenn er unter der Wucht irdischer Sorgen seufzt. Auch beim Lehrer gilt: der Mensch lebt nicht vom Brote allein; er bedarf außer dem Brod von Roggen noch eines andern! Je höher er in der Bildung steht, je mächtiger es ihn vorwärts treibt, je treuer er es mit der Bildung des Volks meint, desto unabweislicher machet sich in seiner Brust die Forderungen nach geistiger Kost geltend, und bleibt dieser Hunger ungestillt, so folgt geistige Abspannung, wie nach dem leiblichen Hunger körperliche Schwäche, wie erst neulich bei einer andern Gelegenheit Jemand bemerkte. Wo soll er aber die Mittel hernehmen, sich die nöthigen Werke anzuschaffen?? — Es ist aber auch wahrlich nicht segenbringend für die Unterrichtsanstalt, wenn des Lehrers Stelle eine so schwankende und von den Launen Einzelner abhängende ist; wenn der Lehrer trotz der Anstrengungen, die sein schwieriges Amt beansprucht, nicht mit Sicherheit auf seine Existenz rechnen kann. Die Liebe zum Stande und zum Berufe hängt überall und namentlich auch beim Lehrer zusammen mit der Sicherheit der Existenz, welche sein Beruf gewährt. Ist diese Sicherheit nicht gewährt und kann sie es nicht werden, droht dieser Existenz beständig das Damoklesschwert der Ungunst und der Abneigung, sei es der Gemeinde, sei es der Vorgesetzten, dann hat auch das Pflichtgefühl und das Pflichtgebot seinen festen Anker verloren." Ueber die Wichtigkeit des Lehrerstandes ist schon viel gesprochen und geschrieben worden; aber was dieser Stand seiner äußern Stellung nach in Anspruch nimmt, wie er es sein soll, was er sein könnte — das ist immer noch nicht genug zum Bewußtsein gekommen, und wäre es zweckmäßig, wenn von den jüdischen Zeitblättern öfter darauf hingewiesen und dem Schulwesen überhaupt — nach seiner innern und äußern Gestaltung — mehr Aufmerksamkeit gewidmet werden möchte! — Doch kehren wir zu unserem Gegenstande zurück. Ein Jeder, der das Schulwesen des Marienwerder'schen Regierungs-Bezirks, ja wir können hinzufügen, das der Provinz Westpreußen kennt, wird uns beistimmen, daß es hohe Zeit ist, für die Hebung desselben nachdrücklich zu wirken. Das unselige Privatverhältniß, das sich schon längst überlebte Cheder-Unwesen — denn die meisten dieser Privatschulen sind weiter nichts als ins Deutsche übersetzte Chedarim — muß aufhören. Und nicht nur für ein hinlängliches Auskommen des Lehrers und für eine angemessene Stellung desselben, sondern auch für die Bedürfnisse der Schule überhaupt, für ein geräumiges angemessenes Schullokal, für Lehr- und Lernmittel[10] für eine zweckmäßige Eintheilung der Schüler, für die Feststellung der Unterrichtsgegenstände und der Schulstunden[11] sowie namentlich dafür, daß dem einzelnen Lehrer nicht so viele und so verschiedenartige Schüler aufgebürdet werden — dafür muß gesorgt, nachdrücklich gesorgt werden; mit einem Worte: es müßten wenigstens in allen größern Gemeinden besondere öffentliche jüdische Schulen errichtet werden. Die zu deren Erhaltung nöthigen Kosten könnten theils aus der Gemeindekasse, in welche alle Gemeindeglieder nach Verhältniß ihres Vermögens bestimmte jährliche Beiträge zu entrichten haben, theils von den Eltern, die Kinder zur Schule schicken, bestritten werden. Ob eine Familie Kinder habe oder nicht, macht gar keinen Unterschied; denn sowie jedes Gemeinde-Mitglied zu andern Gemeindelasten beizutragen verpflichtet ist, so auch ganz besonders zur Unterhaltung eines Instituts, worin der junge Nachwuchs der Menschheit die einstigen Gemeinde- und Synagogenglieder gebildet werden. Vielen Gemeinden dürfte die Errichtung und Erhaltung besonderer jüdischer Unterrichtsanstalten schon deshalb nicht schwer fallen, weil sie zeither zu den christlichen Ortsschulen, an welche sie in der Regel angeschlossen sind, Beiträge zu liefern haben, und bei einer Trennung vom Ortsschulverbande doch aufhören und auf die jüdische Schule verwendet werden könnten. So zahlt z. B. die jüdische Gemeinde zu Schloppe[12] jährlich c. 70 Thaler zur dortigen katholischen Elementarschule, obwar diese nur von wenigen jüdischen Kindern besucht wird. Würde es der Gemeinde nicht ein Leichtes sein, diese Summe durch einen Beitrag aus der Gemeindekasse, sowie durch ein von den Eltern, die schulpflichtige Kinder haben, zu erhebendes Schulgeld so weit zu vergrößern, daß sie für die c. 49 schulfähigen Kinder, die sich dort befinden, eine eigene Schule gründen könnte? — Da ist ferner die Gemeinde zu Jastrow, die jährlich mehr als 200 Thaler zur dortigen evangelischen Stadtschule beiträgt, obwohl in der Regel kaum 18 jüdische Kinder diese Schule besuchen.

(Beschluß folgt.)

---

9) Vergleiche den trefflichen Vortrag über jüdische Schul- und Lehrer-Verhältnisse vom Landrabbiner B. Wechsler. Oldenburg 1846, 8.

10) Der Lehrer kann nur lehren, d. h. (nach Wurst) das Denkvermögen zur Auffassung des Unterrichts anregen. Er kann nur den Schüler zum Verständniß des Lernstoffes anleiten. Der Schüler aber muß lernen, d. h. das Erklärte und Begriffene im Verstande und Gedächtnisse befestigen; das muß der Schüler selbst thun; weil dies aber geschehen soll, muß ihm auch ein Lernmittel in die Hand gegeben werden, und dennoch kommt es nicht selten vor, daß die Eltern die nöthigen Schulbücher nicht anschaffen wollen, namentlich für die jüdischen Gegenstände. Für die är- mern Schüler müßten die Schulbücher aus der Schulkasse angeschafft werden, und wo keine existirt, müßte mit Rücksicht auf: הוֹרוּ בְּנֵי עֲנִיִּים שֶׁמֵּהֶם תֵּצֵא תוֹרָה eine solche gebildet werden! —

11) Das Nähere über Unterrichtsgegenstände, Schulstunden, sowie über die innere Einrichtung jüdischer Schulen überhaupt, will's Gott, in einem besondern Artikel.

12) Specielleres über diese Gemeinde, sowie über den Deutsch-Croner Kreis überhaupt ein ander Mal.

Verlag von C. L. Fritzsche.　　　　Druck von J. H. Nagel.

Lightning Source UK Ltd.
Milton Keynes UK
UKHW010631170119
335514UK00003B/93/P